金石萃編

二

【清】王昶 撰

金石文獻叢刊

上海古籍出版社

金石萃編卷五十一

賜進士出身　誥授光祿大夫刑部右侍郎加七級王昶譔

唐十一

薛收碑

碑連額高九尺九寸二分闊三尺九寸三十八行行八十二字正書額題唐故太常卿上柱國汾陰縣公薛府君碑十六字篆書今在醴泉縣昭陵

蓋闕下□□□□□□陟茂闕下□□□勲高方□闕下
構而俯闕下雅俗□闕下□□□□□□□吏部侍闕下
□□□□□□□□□深八□闕下□□之□□闕下之
□闕下舉以孝廉□而不就雖翹車結軨□鴈□群□□

之□□□□□□□闕下□之故事及□茂陵之舊
章莫不討本尋原採賾索隱□□□闕下□□其謀乃
迎公太夫人□氏置乎城內公□任繼綵□□闕下□
□陳平餘智□背項之謀許□見機□歸□之闕下之賓
太沖□其□□□□其多藝闕下兼陝東道闕下□籌闕下
□□□爵闕下焉□□□充功闕下□　□□□□用□□
□□□闕下戌□德祖□□□□薛氏之後代闕下□
城欽至叙勲□上柱國　汾陰縣男食邑三百戶□□
□闕下□□耶佞者多忠愕者少臣無君不立君無臣何
以得安闕下懸古特隆以旌鯁直昔皋陶之對虞舜致□

□□□闕下嘉賓於東閤叅愛客於西園旣接□□闕下疇
昔□弟孫之闕下太宗與公□□□□敬書□與卿
□□□□闕下若為存養知卿叔姪之情□□□□加
安□□□□闕下於記錄暨繼明闕下□□　□□□□夢
君儀範傷悼特深旦　勅所司賜以粟帛闕下之□鏤對
逸簡於嵩岳多□□於□□□□□□□闕下戎馬
交馳飛曾連之箭□□起草□□之書□□□□□
闕下之功豈謂拂日翹枝條墜千尋之幹□天峻岳□類
萬仞之峯闕下□□□□　昭陵儀仗送至墓所往還□
□闕下葬闕下□□□闕下山移闕下□□　□□□□闕下

□□□□□□□□□□鼎□闕下□□□□□□□
□□　□闕下□□□□□□夜□□□□
車闕下

右唐薛收碑文字殘缺其可讀處以唐史校之無甚異同惟收之卒謚曰懿而史不書爾又收之子元超據唐史及此碑皆云名元超而楊炯盈川集載炯所為元超行狀乃云名振字元超蓋唐初人多以字為名耳金石錄

此碑殘缺存者數十字碑額題太常卿汾陰獻公據史永徽間贈太常卿而不書謚見史之佚者多也碑

書法亦類王知敬趙模而無名氏撰者據金石錄爲于志寧石墨鐫華

昭陵陪葬者百六十五人今存者僅十六碑記中載其十五惟遺此碑先師所録必目覩其碑與收得拓本者非然則闕之蓋其愼也碑止存百餘字而額尚完金石文字記補遺

按碑末行有云昭陵有云儀仗送至墓所尚可辨則收陪葬信也史皆缺載非醴泉縣志

按碑磨滅存者二百八十二字諸說謂百餘字者約畧之詞也薛收爲道衡之子北史薛辯傳孝通

字士達魏孝武永熙二年出爲常山太守興和二年卒子道衡字元卿隋高祖時授淮南道行臺尚書吏部郎歷内史侍郎拜司隸大夫煬帝將置之罪會議新令久不能決道衡謂朝士曰向使高熲不死令當久行有人奏帝怒曰汝憶熲乎付執法者推之奏曰帝令自盡縊而殺之妻子徙且末有子五人收最知名出後族父孺孺開皇中爲侍御史揚州總管司功參軍卒於襄城掾道衡友愛收初生養子孺宅隋書薛道衡傳語同而加詳舊唐書薛收傳云收字伯褒蒲州汾陰人年十二解屬文以父在隋非命乃潔志不仕大業末郡舉秀才固辭不應義旗起遁于首陽山將協義舉蒲州通守堯君素潛知收謀乃追入迎收所生母王氏置城内收乃還城後房元齡薦於太宗授秦府主簿判陝東道大行臺金部郎中東都平軍還授天策府記室參軍太宗初授天策上將尚書令命收與世南並作第一讓表竟用收者從平劉黑闥封汾陰縣男武德六年兼文學館學士嘗上書諫獵太宗手詔賜黄金四十鋌七年寢疾卒年三十三太宗與收從父兄子元敬書曰吾與卿叔共事

或軍旅多務或文詠從容何嘗不驅馳經畧款曲襟抱比雖疾苦日冀痊除何期一朝忽成萬古追尋痛悼彌用傷懷且聞其兒子幼小家徒壁立未知何處安置宜加安撫以慰吾懷因使人弔祭贈物三百段及登極後嘗夢收如平生又勅有司特贈其家粟帛貞觀七年贈定州刺史永徽六年又贈太常卿陪葬昭陵子元超九歲襲爵汾陰男新書傳語同皆可補碑之闕如碑云吏部郎即指父道衡官淮南道行臺尚書吏部郎也舉孝廉不就即收以父在隋非命潔志不仕大業末郡舉秀才

囧諱不應也迎公太夫人□氏置子城內即莫君素迎收所生母王氏置城內也道衡非命時妻子置且末此王氏則從且末迎來碑已泐其母姓賴舊史傳知爲王氏新史則從略矣公在襁褓即收初生養子族父儒宅也兼陝東道即太宗所授判陝東道大行臺金部郎中是也飲至敘勳封汾陰縣男即從平劉黑闥功也邪佞者多云云即上書諫獵也恩旨特降以旌鯁直即賜手詔及黃金也太宗與公云云卯爵叔姪之情云云即與元敬書意也夢君儀範賜粟帛即登極後夢收如平生也

戎馬交馳云云即命收撰讓表也拂日翹枝云云謂收卒之速也收以武德七年卒年三十三當生于隋開皇十二年道衡非命在煬帝嗣位之初其時收年十二也陪葬昭陵儀仗送至墓所贈官太常卿皆高宗永徽六年事即於是年追立墓碑也時收子元超方起用故恩澤有加焉碑雖殘闕過甚賴有史傳互證事實可蹤跡得之不啻如他碑之完善者金石錄所見搨本似尚多可讀處然云收之卒謚曰懿今碑額作獻恐金石錄傳寫誤也至陪葬昭陵兩唐書皆有明文而醴泉縣志以爲史皆缺載誤矣抱經堂跋有多識比廣微及荀陳琳之書二句今拓並未見之　又按今本文中子中說爲隋王通之門人共集其師之語所謂門人者皆貞觀時諸將相若房杜李魏二溫王陳諸人內有云內史薛公見子于長安謂子收曰汝往事之似收亦嘗師事王通者此事晁氏郡齋讀書志已疑而辨之按收爲王通門人洪适諸人考之世多所牴牾遂謂後人僞托然古來聖賢撰述多出于身故之後門弟子所纂述蓋非出于自撰則通當時必有其人亦必有其書特門人與王福畤

等所撰故記憶不真致多舛譌耳道衡妻王氏或係通之姑姊且係同鄉則往而受業理所當然如果收非門人而謂之門人則後來元超爲侍郎兼筦文學之任元超等又豈能任其僞托收爲通門人無可疑者惟收事跡既多故撰碑者不復贅述云

張允碑

碑連額高一丈二尺一寸廣四尺一寸二分三十一行行八十一字正書額題大唐故禮部尚書贈荊君之碑十二字篆書今在醴泉縣昭陵

上闕□□□□燕於□下下闕紺紀雲凝□時□下闕□□□

□馮之下闕之下闕□□□□□叟彰於□復賛慶成下闕大下闕
□□□逸□□道高衡泌垂薜帷而勵志□瑤戶而□
□□前賢之□□先聖之旨於下闕□□□□□□□
□標遠渠漢東猶其英烈江北仰其嘉猷俗推獨步時
稱□□厲炎靈版蕩□縣崩離下闕目□□□□□之
陰謀僻左丘之微婉引公爲師友特□優遊丕歷□圖
讖備詳興滅昔黃□□彩驗□苗之盛下闕□□□□□
□□□□□屢申借箸之謀遂 高祖九五飛天一六
光宅思□□之積想中涓之從武德元季授齊□府文
學下闕誠下闕改□齊□文學九□又轉行鄭□府文學公

曾微弥衛纍纖英藩寘醴猨 恩踰□穆□□菀菀
□□□下闕燕下闕行下闕參軍輕□□飛□西園之良宴長
裾晨曳鄴東平之樂善至如梁臺延藻賦夾水之懽樂
廷浮奇材□倚天之□□以下闕月 命公下闕共難經□
□雅□□揚高情俶儻飛談鋒起騁論濤驚百辟於是
解頤 一人由其拭目獨□四廉之□孤□□席之下闕
吏猾□澆公克奉朝章以毗游化務崇清簡政闡廉平
惠澤傍流嘉謡遠洽尋以東陽富域下闕露輕浮載草敬
讓爰興聊遵置碓之言俄喧伐枳之詠既而景催奔箭
禮就懸車□□□於下闕學下闕除國□祭酒詞條縱辯□

五白於環林言泉騁義降三□於辟沼教興青領術究
丹渾纓□風行之化□致月□之益□宏□禮□□□
所以下闕彼□□□□□□□□□□之□□□
□難□望□□方□斯授廿三年除散騎常侍出陪
鸞輅承密勿之榮入映貂璫□□□之重□□□達下闕
公累登下闕娛黃髮庶稱青緺屢申祈請久而方遂永徽
五年下 詔曰褒賢之義列代彝章尚齒之風□□□
□散騎常侍下闕歸□嘉聲於瑣闥懸車禮及抗表祈閑
宜錫崇班式旌高志可金紫光祿大夫下闕川悶蒼波風
驅白□方息云亭之禮奄纏夛室之悲以顯慶三季正

月七日遘疾薨於長安縣之下闕下□□□□□□□禮
窮寵秩桓榮侍講恩加詔葬故金紫光祿大夫復允識
量寬厚體業淳粹依仁遊藝經明行脩早蒙下闕德□□
□□□□□□□□□□□□之□以□安斯
鍾漏懸車邑里方養德於東序奄移舟於夜壑永言懿
範寔愴于懷□遠□□□□彝典下闕葬 昭陵 塲下闕
人監護轝以其年月日陪窆於 昭陵所禮也惟公靈
臺祕邃神府沖深□身以恭儉之□□德以忠下闕河之
疑□邁□□之□□□□之□□帝□之□綜微言
於繫表授雅訓於 宸衷覽稷起而知眞聰祉鳴而□

聖榮名　睿主委下闕德下闕表其芳□譖□□□莪化
恭勅處事平允居心徼橈不移始終無爽暨平淸輝已
訓縟禮猶加□八座之榮□九□之下闕公□□零泚□
□□□尉第二子濟子謙第四子巽弟六子小師並早
夭第五子律師泗州司馬第七子統師太常丞第八子
豐下闕之下闕徵□載□刊鍾鏤鼎功伐攸傳思撰芳猷樹
之神道俾淸埃之不絶與皎日而長懸其詞曰
上闕九輔祥鈞叶贊互顯題楨各隆棟幹辟來耀廡珠生
遂岸其口散□宏道華禁飛名零賤道德雅俗□聲帝師
□□學□□□下闕杳墳棠偃槐市其口四野風分三方鼎

立察景遊鷲贍星迴集師傅攸□　恩徽備及禮光錫
□龍□□□其下口闕奚□□□□□年登扶麻日就素範
攸簡靑規式授望表將髦德華朝秀其口□芝□□赤松
馳□方下闕切三友哀纏九族其九　恩隆　詔葬　澤被
幽堀地□畢□□原阡□□□□□□下闕

碑額題故禮部尚書碑已殘其可讀者有云故金紫
光祿大夫張允攷唐史儒學傳有張後允即其人而
碑曰張允豈字後允耶舊史無字而新唐書曰字嗣
宗然則後字衍耶碑書撰俱無姓氏書法精健是得
河南之支流而開平原之門戶者石墨鐫華

右碑無書撰人姓名及建碑年月前後磨滅已極中
有金紫光祿大夫張允知爲允碑又有顯慶二年正
月遘疾等字知爲唐人也趙錄張後允碑有目無跋
亦註顯慶三年三月無書撰姓名予意卽此碑但後
允系二名而此單名張字下更無殘泐何也唐書後
允傳字嗣宗蘇州崑山人碑云祿賜防閣陪塋昭陵
又與傳合豈嗣宗有二名耶抑後字爲衍文耶傳止
載後允之子齊邱與鑑而碑中未泐處有第三子謙
第四子巽第六子小師第五子律師泗州司馬第七
子統師太常丞第八子下缺不獨補史傳之遺亦以

證吾邑之誌爲未備也邑志有張承休爲後允之孫
恆州刺史多惠政而唐書不載孔子曰于其所不知
蓋闕如也疑以傳疑直以爲張允碑亦可金石後錄
太宗受學於張允文皇卽位尚在下僚乃自請老文
皇始悟置酒宴之尋以對孔門弟子稱旨授國子祭
酒卒加禮部尚書陪葬昭陵來齋金石刻攷略
碑已殘缺存六百餘字可辯者按唐書儒學傳有張
後允其官爵與碑同而碑稱張允字畫分明可信無
疑是新舊唐書之譌也金石文字記直稱張後允石
影鐫華辨之甚詳而仍稱後允考金石者原以正謬

誤也今從碑雍州金石記

復齋碑錄云李義府撰文關中金石記

按碑雖缺蝕尚存九百餘字視雍州金石記所見較多矣兩唐書傳皆從畧不及此碑之可見者猶詳今以碑之存字考其事蹟與兩傳參校紀其同異補其闕遺錄于後新書傳張後允字嗣宗崑山人祖僧紹梁零陵太守父沖陳國子博士入隋爲漢王諒并州博士舊傳不載祖名而云父中有儒學中沖互異惜碑前段巳缺不能定其孰是舊傳云後允從父在并州以學行見稱時高祖鎮太原

引拮賓館太宗就授春秋左氏傳郎碑所云□逸□□道高衡泌垂董帷而勗志□孫戸而□□漢東籍其英烈江北仰其嘉猷也傳云帝初在太原嘗問隋運將終得天下者何姓答以公家德業天下繫心云云郎碑云屬炎帝版蕩□縣崩離□□□之陰謀僻左邸之微婉引公爲師友特□優遇公歷□圖讖備詳興滅冀申借箸之謀也新書傳云義寧初爲齊王文學封新野縣公武德中擢員外散騎侍郎賜宅一區太宗即位進燕王諮議舊書傳云武德中累除燕王諮議參軍碑則云高祖

九五飛天一六光宅思□□之精想中涓之從武德元年授齊□府文學下闕改□齊□文學九□又轉行鄧□府文學按齊王即高祖第四子元吉舊傳稱義師起授太原郡守封姑臧郡公尋進封齊國公留鎮太原武德元年進爵爲王是元吉至武德元年始封齊王允之爲文學當在是時碑與元吉傳合若義寧乃隋恭帝侑年號高祖雖以義寧二年受禪於侑而建號武德尚在受禪之次年其時未有齊王之封則新史允傳謂義寧初爲齊王文學者誤也燕王即高祖第十九子靈夔舊傳稱

貞觀五年封魏王十年改封燕十四年改封魯者武德中及太宗即位之初皆未有燕王之封允何由爲諮議乎是又兩史允傳之誤也惟鄧王元亨爲高祖第八子舊傳稱武德三年受封貞觀二年授散騎常侍碑于轉行鄧□府文學之上隱隱有九字下闕一字必是武德九年也允之轉鄧府文學亦當在是時則碑爲有徵矣新傳云從王入朝帝令羣臣以春秋酬難郎碑云命公下闕共難經□□雅□□揚高情叙儻飛談鋒起辯論濤驚百辟于是解頤一人由其拭目者是也新傳云遷燕王

府司馬卽碑云吏猾□澆公克奉朝章以毗蕃化務崇清簡政閑廉平惠澤旁流嘉謠遠洽者是也新傳云出爲睦州刺史乞骸骨願得國子祭酒授之卽碑云尋以東陽高城（闕下）輕浮載草敬讓爰與聊遵置薤之言俄貯伐枳之詠旣而晨催奔箭禮就懸車（闕下）除國□祭酒者是也東陽當域指睦州置薤伐枳語誠不可曉細味之置薤疑卽漢陽郡人任棠事棠有奇節隱居教授太守龐參候之棠不與言但以薤一大本水一盂置戶屏前參思之良久曰水者欲吾清拔大本薤者欲吾擊强宗也

語見後漢書龐參傳枳有荆棘之義伐枳者伐其荆棘也二語似皆頌其睦州政績耳晨催二語謂乞骸骨也兩傳云遷散騎常侍碑云廿三年除散騎常侍兩傳云永徽中致仕加金紫光祿大夫碑云永徽五年下詔曰襃賢之義列代彝章尚齒之風□□□□□散騎常侍（闕下）懸車禮及抗表祈閑宜錫崇班式旌高志可金紫光祿大夫新傳云卒年八十三贈禮部尚書諡曰康陪葬昭陵舊傳作贈禮部侍郎以碑額證之則舊傳誤也碑云方扈云亭之禮奄纏夢奠之悲以顯慶三年正月七日遘疾薨于長安縣舍以其年月日陪葬于昭陵所按高宗以顯慶二年正月幸洛陽三年二月還京允之卒以正月其時高宗尚在洛陽碑借云亭字以紀幸洛陽之事也云方扈者當是撰文人自述其扈行也碑敘允諸子早夭者四人其第五子律師泗州司馬第七子統師太常丞第八子豐（闕下）當是現存兩傳皆不之及新傳獨詳孫齊邱官諡而齊邱之子鎰則兩史皆別有傳齊邱爲允之孫不知爲何人之子鎰爲齊邱子當爲允之曾孫而新史鎰傳云國子祭酒後允五世孫其誤如此

李靖碑

碑連額高一丈三尺一寸五分廣四尺七寸三十九行行八十二字正書額題唐故開府儀同三司尚書右僕射司徒衛景武公碑二十字篆書在醴泉縣昭陵

大唐故尚書右僕射特進開府儀同三司上柱國贈司徒并州都督衛景武公之碑　并序

□□□□□□□□□撰

□□□□□□□□□□

有唐建極將事補天物色異人營求國器採六奇於楚將而疆宇廓清揉九隨於商賢而彝倫式叙若乃西□□□東□□□□□□□□□□□□□□□□（闕下）公

諱靖字藥師隴西成紀人也源夫龍德在躬法混成而
謂道稷靈象辟縱飲羽以窮神辟諸吞乙　皇□□□
□□□□□□□□□□□□□□□□□□□闕下梓
靈源所漸美地冠於神州國諒攸章茂緒光於列代蓋
以被丁金石無侯一二詳焉曾祖慪後魏河泰□州刺
史□縣開□公□□□□□□□□□□□□□□闕下
和復硤殷五州刺史永康縣公中南降靈材高文梓關
西出將氣蓋倜成遊刃六條理棼絲而有緒擁□千□
□□□□□□□□□□□□□□□□□□□□□
闕下軍事荊州刺史綺歲權奇蒸成慶之高義弱齡耿分

服予路之嘉言竟能縶馬埋輪自立□□之嚳走魂□
□以□□□□□公心□□□□□□□□□□□□
□□闕下以納方部於徇中輜赴辛於跲下豈非帝錫賢
衡以祚　聖人比夫□成作師用康漢道滋泉入謚寔
沃□心生□□□□□□□之□□□□□□□□□
□□□□闕下行事咸施可久謀而後動智越老成覽而
納衆益合多士數召與語嘉其志氣每商權通變窮究
□□□□□之□□□□□□□□□□□□□□□
□□□□闕下之可畏矣年十有六長安令調爲功曹蓋
以望表黃閣光膺禮首英標赤縣不謝弓招俄而雍州

引□賓□□□□□□□□□□□□□□闕下崩次
骨嚴科濫加端士天倫之長竟被疑脂由是除公爲攸
縣令歷安陽三原孝績連寂於時□中萬字□□□
□□□□□□□□□□闕下設地險而分疆公乃以德
安邊長城趏析運奇耕敵合境無塵于時韶置爲梁久
盤澤國盜驪窮□留滯□鄉公□□□□□□□□□
□□□□□□□□闕下而渙汗流湯之振猶未倒戈漸
臺之衆尚嬰窮壘故知元天覆構非斷鼇之所持巨壑
騖彼背精衛□能□公□□□□□□□□□□□□
□□□□□□□□闕下引居將衛申之以心膂

　太宗地居帝子寘應寶圖則拓欽明內韜知臣之
鑒推心通夢賴納投□之□□□□□□□□□□□
□□□□□□闕下溪赤董守江塹以誰訶由是命公撫
寧荒懍建旟直指進次夔州招集遺黎將申問罪銑徒
□肇□□羣□利□沉□□□□□□□□□□闕下止
授以兵權煞勉瘡傷人皆拔拒奮揚哀怠娱並衝冠抓
城掩扉已經二載能勝兵者裁八百人夜□□□乘其
□意□□□□□□□□□□□□□□□□闕下揚塵
騷覺我師既勘人皆色變公徐據馬策而謂衆云賊擬
且謡是其怯也及未成列可以薄之□二百人蔽山□

□□□□□□□□□□□□□□□□□□□闕下是淸
定因請孝恭進討蕭銑　詔授行軍總管便事首逆于
時八月涼秋稻水湊荊門之阨二江□□□□□嶺
之□□□□□□□□□□□□□□□闕下其巢勢
若疾雷敵必無備遂徹不可以應速近召未足以成軍
計日就擒此兵家之上策也由是□計□爲先鋒□□
□□□□□□□□□□□□□闕下之爭搏救其懸
命處死地以鬬山先犯後軍□師遂惡賊爭虜掠散地
交馳公親率前莽射虛而進擒其僞帥由是□□□□
□□□□□□□□□□闕下江撫俯嶺外承制遥補百

越率從　勑授嶺南道安撫大使檢校桂州總管東漸
閩甌南踰象浦雕題鑿齒□□□□□□□□□□
□□□□□□□□□闕下烈□寵分觽投醪惠深
時雨玉桴括野候玉弩以馳威金鐲來颺指金陵而振
旅僶怨孤於洞澤□□□□□斬長□□□□□□
□□□□□□□□闕下太宗統極寵渥增隆徵拜刑
部尚書參豫國政別食邑四百戶仍以本官行太子左
衛率永徽轉兵部尚書丹□□□□□□□□□□
□□□□□□□□闕下俱遠若乃施□上列星野
於是分區大沙下布地脈因而致絕謂天驕子代盛中

原隨氏季年長□□□自□□□□□□□□□□□□
□□□□□□□□闕下引弓超忽白登不間吟鏑
公乃輕賚單景隨飛雪而長驅勒騎通霄籲遺風而遠
襲奄過高闕勢颱馳潛□□庭□如□□□□□□□
□□□□□□□□闕下之功是稱緊賴進封代國公
增邑三千戶加位左光祿大夫餘官如故襲代和戎賞
褒僻俗昔人出塞□號□□以□□□□□□□□
□□□□□□□□□闕下尚書右僕射當樞執憲象雨
露之無私辯俗經邦法岳瀆之爲紀遠淸迩晏晝一之
道無差翊政還□□三□□□□□□□□□□□

□□□□□□□□□□闕下上不能抑下　詔從之
加授特進許其閑逸散金之賞擬迹疏公松子之懽比
肩張傅安車宏大隱之義□□□□□□□□□□
□□□□□□□□闕下太宗憫茲視疾瘽彼遊魂乃
　詔徵公爲西海道行軍總管於是擕羽申令立表郎
戎懸旌鄯善之阿□戰□□□□□□□□□□□
□□□□□闕下彼有懸德改封衛國公授濮州刺史
疇其爵邑子孫承嗣太山如礪信誓之文不渝鏤鼎傳
銘典祿之□方□　□□□□□□□□□　□□
□□□□□□闕下詔曰儀比台階允歸時望位參袞

織必侯茂勲是以漢之鄧隲垂芳於往載晉之鄭袤著
美於當時特進衛國公靖□□□□□□□□□□□□
□□□□□□□□闕下居端副志在奉上知無不爲
叶贊之道既彰止足之風弥遠自蓮朝寵仍屬沉痾攝
養私第炎涼亟□□□□□□□□□□□□□□□□
□□□□□闕下職事望重台槐職彫神化追蹤昭伯騰
映前猷繼美叔林儀形當代庶將乞言膠序相禮云亭
大不慭□俄從化□以□□□□□□□□□□□□□
□□□□□□闕下詔贈司徒使持節都督并汾箕嵐
四州諸軍事并州刺史給東園祕器班劒卌人羽葆鼓

吹凶事所須並□優□□□□　□□□□□□
□□□□闕下景武公禮也惟公才膺衡石契合　休明
受律九天之上收功四維之表洞庭猥頓翦不崇朝惟
楊□□□如□□□□□□□□□□□□□□□□□
□□□□闕下始濟東流遊閟揭日未淹西崦巳晦將軍
從驃之客望祁山而慟悽承相開閣之賓對佳城而掩
泣乃與家□室□□□□□□□□□□□□
猶歎茂族同源　帝先齊雲標隴切漢分川□狀飲出
金輿在旃洪基誕　聖末派生賢秦州忠烈執羈從□
□□□□□□□□□□□□□□□□□□□□闕下

顧眄揚釆鼓動生風惟皇作極求賢委政軒后順風台
虞申命在我　明辟道包前聖擬漢潘荊如周引鄭□
宮南紀□□□□□□□□□□□□□□闕下智滲大
風威殲鑿齒夷波海瀲廓氛沉氾昏昏鹿塞淼淼雞田
編窅泱野蘊尔蒸天受律横衝電掃雲□□□□□
□□□□□□□□□□□□□□□□□闕下著績盜
宇騰聲壑舟潛從國棟俄傾託辰沉曜愛景韜精朝念
明暮哀深　詔葬士思令範緬懷宗□晉□□□□山
□□□□□□□□□闕下

碑陰

共十三行行二十字正書

唐特進衛國公李俊以正觀二十三年薨年七十九
贈司徒并州都督陪葬昭陵墳制如衛霍故事起冢
象鐵山積石山以旌殊功今按其墳在昭陵之左北
距山麓二里南距今醴泉縣三十五里冢爲三山之
狀主山與西山迤邐相屬而東北者勢若斷絕別爲
一山疑其一象積石而一象鐵山也其高五十五尺
東西五十五步周圍一百五十□步遺迹雄偉見之
者無不想其英槩能以功名始終爲一代之名臣也
前有神道碑乃許敬宗撰王知敬書其座元無趨制

規模皆例於英公未詳其然也訪古者可以觀焉元祐四年二月六日奉議郎權陝府西路轉運判官游師雄題宣義郎本司勾當公事陳令邑主簿蔡安時尉刁玠同觀邑令宣義郎呂由聖命工刻石

右李靖碑許敬宗撰唐初承陳隋文章衰弊之時作者務以浮巧爲工故多失其事實不若史傳爲詳惟其官封頗備史云爲撫慰使而碑云安撫使其義無異而後世命官多襲古號蓋靖時未嘗有安撫使也由是言之不可不正又靖爲刑部尚書時以本官行太子左衛率其封衛國公也授濮州刺史蓋太宗以功臣爲世襲刺史後雖不行皆史宜書其餘略之可也故聊志之集古錄

右唐李靖碑集古錄云靖之封衛國公也授濮州刺史蓋太宗以功臣爲世襲刺史後雖不行史宜書而不書者闕也余按新史長孫無忌傳載無忌以下授世襲刺史者凡十四人姓名俱存蓋其事已見于他傳則于本傳似不重載也金石錄

碑下半磨泐上半完好考金石錄爲許敬宗撰王知敬書歐陽永叔謂碑云爲安撫使及授濮州刺史云云余考前二事誠如歐公但舊唐書傳有改封衛國

公授濮州刺史仍令代襲例竟不行等語宋祁修新唐書削之但曰改衛國公耳歐公正與宋公同事何得云宜書不書也且舊書云未名藥師碑與新史皆作字藥師公又有弟名客師豈先名藥師后改曰靖而以藥師爲字耶石墨鐫華

其文有曰憫茲視宍宍即肉字謂蚩憨之人也史記李斯傳禽鹿視肉索隱曰禽鹿猶禽獸也言禽獸但知視肉而食之莊子及蘇子曰人而不學譬之視肉而食文子言人有二十五等其二十四等謂之肉人廣韻肉俗作宍越絶書陳音對越王斷竹續竹飛土逐宍作此宍字乃俗書也而今人以爲古字誤矣金石文字記

李衛公碑稍泐金石錄謂爲王知敬書知敬負書名其書遒美可愛唐初名手人止知虞褚如李衛公碑蘭陵公主碑崔敦禮碑高士廉塋兆記孔穎達碑馬周碑薛收碑褚亮碑有著名者有不著名者皆精妙絶倫不遜虞褚人罕見之故多不知也庚子銷夏記

碑下半磨泐存字二千碑陰有宋游師雄跋雍州金石記

舊志云存千五百字按篆額司徒字作從考徒字从辵土聲此誤从人从出謬于六書矣醴泉縣志

金石萃編卷五十一　唐十一　圭

碑殘蝕其文已不可次惟書者王知敬諸之新唐書
王友貞傳友貞懷州河内人父知敬善書隸武后時
仕爲麟臺少監即其人也授堂金石跋
按碑云公諱靖字藥師隴西成紀人也舊唐書傳
云李靖本名藥師雍州三原人新唐書傳云李靖
字藥師京兆三原人宰相世系表丹陽李氏晉東
莞太守雍長子曰倫五世孫文度西凉安定太守
與族人寶入後魏因居京兆山北此爲靖之本系
也唐書地理志三原縣屬關内道京兆府成紀縣
屬隴右道秦州天水郡道里懸殊不能確定其里

貫之所在也舊書傳云祖崇義後魏殷州刺史永
康公父詮隋趙郡守宰相世系表文度之子權後
魏河秦二州刺史杜縣公是爲靖之曾祖權之子
崇義後周雍州大中正廣和復硤殷五州刺史永
康縣公是爲靖之祖崇義子詮隋趙郡太守臨汾
襄公是爲靖之父此表傳詳畧之不同也碑叙曾
祖祖官爵與表同惟曾祖權碑作權爲異此下當
叙其父事而文已闕但有荆州刺史字然表載詮
趙郡太守無荆州守之官所未詳也碑此下叙靖
本事云年十有六長安令調爲功曹此語舊傳有

之碑又云除公爲汲縣令歷安陽三原則兩傳所
無也兩傳稱高祖擊突厥於塞外靖察知高祖有
四方之志因自囚上變將詣江都至長安道塞不
通而止碑則隱約其詞云元天覆構非斷鼇之所
持巨壑騰波豈精衛□能□即謂此也傳云高祖
剋京城執靖將斬之太宗固請遂捨之尋召入幕
府即碑云太宗地居帝子冥應寶圖則指欽明内
韞知臣之鑒推心通夢預納投□之□是也傳云
開州蠻酋冉肇則反率衆寇夔州靖率兵八百襲
破其營即碑云建旟直指進次夔州招集遺黎將

申問罪孤城掩扉已經二載能勝兵者裁八百人
云云是也傳云武德四年靖陳十策以圖蕭銑授
靖行軍總管兼攝孝恭行軍長史其年八月集兵
夔州乘水漲之勢倏忽至城下擊破之碑云因請
孝恭進圖蕭銑詔授行軍總管便事首途於時八
月涼秋稻水湊荆門之厄二江□□□□□□嶺
之□勢若疾雷敵必無備云云與傳合也傳云授
嶺南道撫慰大使檢校總管碑與傳合惟撫慰作
安撫爲異舊傳云十六年輔公祏於丹陽反詔孝
恭爲元帥靖爲副以討之碑云玉桴括野侯玉弩

以馳威金鐲乘飈指金陵而振旅是也按此乃武德六年事舊史誤衍十字傳云太宗嗣位拜刑部尚書賜實封四百戶貞觀二年以本官兼檢校中書令三年轉兵部尚書碑云太宗紘極寵渥增隆徵拜刑部尚書參圖國政別食邑四百戶仍以本官行太子左衛率未幾轉兵部尚書參圖國政即檢校中書令而太子左衛率則傳所無也碑云旄頭上列星野于是分匾大沙不莅地脉因而致絕謂天驕子代壓中原隋氏季年長□□□此指貞觀四年突厥諸部離叛以靖爲代州道行軍總管

擊破定襄之事下云進封代國公增邑三千戶加位左光祿大夫尚書右僕射傳則云進封代國公賜物六百段及名馬寶器焉拜尚書右僕射而無增邑加位之語碑云加授進爵許其閑逸散金之賞擬跡疏公松子之權比肩張傳卽傳內乞骸骨言甚懇至下優詔加授特進聽在第攝養是也碑云太宗憫茲視突瘧彼遊魂乃詔徵公爲西海道行軍總管此是貞觀九年破吐谷渾事傳云十一年改封衛國公授濮州刺史仍令代襲例竟不行碑云改封衛國公授濮州刺史疇其爵邑子孫承嗣太山如礪信誓之文不渝鏤鼎傳銘世祿之□方□蓋不復言例竟不行也碑於此下三行卽按詔書二百餘言皆卹贈之語据傳則十四年靖妻卒詔墳塋築闕象突厥內鐵山吐谷渾內積石山形以旌殊績十七年詔畫凌煙閣十八年太宗將伐遼靖擬行慰其羸老不許碑皆無一語及之碑云詔贈司徒使持節都督并汾箕嵐四州諸軍事并州刺史傳則但言贈司徒并州都督而已靖熟閑兵法初遇太宗時論兵語多謀畧後人因采其語託爲李衛公問對成書三卷通行於世且侯君

集常請授兵法則靖之將畧亦可槩見也靖薨于貞觀二十三年金石文字記以爲碑立于顯慶三年當必有據今碑已泐無攷惟文有太宗字知其爲高宗時碑也然則距靖之薨已十年矣文爲許敬宗所撰史稱敬宗末年文筆多令彥伯代作彥伯昌之子敬宗之孫也敬宗以咸亨三年薨年八十一其撰此碑時年六十七不知是彥伯代作否耶至唐人小說有虬髯公傳云靖少在長安見楊素素妾張氏奔之因與偕行抵靈石遇虬髯客詢問天下眞主同至太原見太宗驚異因盡出其珍

寶貨帛資請所用而客與妻及一道士別去云此後十餘年東南數千里外有異事是吾得意之秋也貞觀中公以左僕射平章事適南蠻奏有海船千艘甲兵數十萬滅扶餘國自立爲王因與張氏遙瀝酒祝之云云然兩史俱未載其事恐係流傳之妄未足据也姑附記于此碑書𤸇夫作源夫終南作中南殆借用字𤸇彼遊魂釋名𤸇酷虐也是𤸇有虐義故借𤸇爲虐標皆作摽豕作豭尚沿北朝之舊也

王居士塼塔銘

塼方廣二尺許縱橫各十七字正書

上官靈芝製文

敬客書

居士諱公字孝寬太原晉陽人也英宗穎邁遠曾鑒周茂緒遐旨欝冠後姚樂府歌其載德天下挹其家聲具詳前牒豈煩覼縷居士早標　先覺本適名利遍覽典墳備窮義窟觀老莊如糟粕視孔墨猶灰塵得給園之說翳求彼岸之路斷精七覺仰十地而勉勤肝食一麻欣六年之顑頷方期拔除煩惱永離蓋纏何悟積善始基處悲生滅以顯慶元年十一月廿九日寢疾終于京第春秋七十有三卽以三年十月十二日收骸起靈塔于終南山楩梓谷風吟遂澗寶鐸和鳴雲散危峯金盤吐曜道長運短迹往名留不刊介石執播徽猷吁其嗟焉乃爲銘曰

懿矣居士明哉悟眞幽鑒彼岸妙道問津苦節無撓貞心剋勤顧邈三有超脩十輪俄臨恒化遽此遷神歸然靈塔長欽後人

敬容名不顯於時然其書法特爲瘦勁大類褚公則知唐世能書人多不免爲巨公掩耳郃陽褚千峯言碑在楩梓谷向止存後半今已廢爲柱礎矣 虛舟題跋

向在西安府城南百塔寺今爲豎客取去金石文字記云近出終南山楩梓谷中乃明末時出諸土中者出土時石已裂而爲三其大唐王居士磚塔之銘上半截五行已無存矣其靈芝製文敬客書下半截五行又裂而爲四其磬求彼岸十一行又裂而爲三下截亡五十字此碑盛行于世摹臨翻刻者不下十餘處較之原碑不啻霄壤第碑裂而爲七又亡去百二十餘字僅存者其能久乎故記之以備考云 雍州金石記

此銘一字不損蓋近時重摹者也居士姓王名公其人篤信釋氏但未出家耳其沒也遂從浮屠之法曰

收斂起塔蓋火化也抱經堂文集

右王居士磚塔銘古今志墓之石類小而薄不能耐久歐趙所見志石今無一存者此銘出土纔百餘年已裂爲三矣此碑銘纆作纆釋文廛本亦作堧又作堧廛本廛之省文故唐碑纏廛躔字旁多有从厘者張敬洗墓志葬於灃潤之陽後周石幢曰躔南斗李思訓碑發纏家國陸柬之蘭亭詩適足纏利害孔師泰碑門人議服俱纏至極之哀慟以纏爲纏之俗其實乃省文耳潛研堂金石文跋尾

按此銘翻刻有二本一爲長洲鄭廷暘嶰谷臨一爲吳縣錢湘照貲書皆臨摹善本鄭娟秀錢瘦勁原刻破裂則此二本皆可寶也余與二君善故得其詳此銘原刻不知高廣若干幾行行幾字以趙碎拓本較之則有邊匡刻大花葉約寸許首行末是額題二字以此準之當是每行十七字字徑八分上下占二分則是高約二尺也前一行是標題及撰書人姓名銘序二百十一字銘詞四十八字推之當爲序十三行銘三行總計之得十七行行十七字其爲塼蓋方二尺也與文者上官靈芝唐書上官儀傳有子庭芝此靈芝或是庭芝之弟兄碑刻于顯慶三年正與庭芝之同時也書者敬客敬氏爲河東右族而敬客事蹟無攷楩梓谷長安志楩梓谷水出南山北流合成國渠又谷口有興教院即百塔信行禪師塔院並在長安縣南六十里又法苑珠林神異篇載隋終南山楩梓谷釋普安一條云隋文帝時佛教大興廣募遺僧依舊安置時楩梓一谷三十餘僧應詔出家施住官寺唯安一人習樂山居云云是楩梓又作梗梓也碑以額邁爲額邁當牒爲圖牒皆借用字刊碑不曰貞石而曰介石亦僅見此

金石萃編卷五十一終

金石萃編卷五十二

賜進士出身誥授光祿大夫刑部右侍郎加七級王昶譔

唐十二

尉遲恭碑

碑連額高一丈二尺七寸廣五尺九寸六分四十一行行七十八字正書額題大唐故司徒并州都督鄂國忠武公之碑十六字篆書在醴泉縣昭陵

□□□□□□高□郡開國公許敬宗撰

蓋聞嶽靈昭既協其神者申甫犄象鷹斌含其精者伊傅用調若玉鉉增耀金符譬八柱之承天猶四冥之載地是以邠郊創歷 冥契非虛之兆沛野開基爵會鑒躋

之傑 莫不凝徽篆 策銘 勲戈鼎光裂河西而齊美期磾嶽以聲龐若乃經啟膺圖爾綸聖業爰兵師於丹水夷餌石之祆渠振文禦於烏江掃拔山之巨祲抑揚七佐鎔鑄五臣致 我后於 勛 華軼前脩於樊灌名高絕代其在忠武公乎公諱恭字敬德河南洛口人也原夫玉派靈長控昌源於弱水瓊基峻遠峙層構於軒臺叶粹氣以擒賊威横朔野奄崆峒而擅武跡跨中原亦猶江馬南 浮圖基巨 麗溟鯤北運激勢扶摇是故軒冕傳華半神州而交蔚忠良秀美與帝里而馳芬與夫由余去危斥萬鵾而作霸日磾受顧光珥貂而累華考諸繇冀固不同年而語也曾祖本真後魏中郎將冠軍將軍漁陽郡開國公贈中外六州諸軍事諡曰懋道祥貞中寄岸丹化襲微孝於珪璋飛茂績於鍾鏞大父孫都北齊左兵郎中遷金紫光祿大夫人朗濟州諸軍事齊州刺史彫鍾杞梓瀦藻人倫用匪齊鈞跡深徽管之奇價符趙璧愈擅人鑿之美考偶隋授儀同三司衛千記室皇朝追封常寧安公贈汾州刺史幽州都督封稱三端揭鑽武庫位隋 一命顯暑文房 下調悲於李郭偷裳昭於 昌運故知壯氣猶生貫千秋其尚想名臣不作賭九原而增慨再諒部符之暇武冠封疆之典公鄴

林抽穎兒齡蘊疏源非假七齡早鬱凌霜之幹受滋九潤先孕勝芸之實驍言廣術企列哉於驍初屬想傾義術迴戈於度內雄姿孤聳盡質裁規沉勇潤貞滿泉雅易飾窮由禮檢性依仁匪衛敵於齊微湖識於孫吉言泉河渴愿千里而無邈狹氣騰轉百金而有裕加以鈐符騷秘劍術精微假月疏營若澤左陵之勢浮雲寫陣鵝張鶴列之奇莫不風契襲臺暗窮神與由是譽光日下聲藹奈中而羿射驥騖必先階於尺木紫爵追風初發蹤於步武爰膺執戟之選以効秉觚之節蒙授帥都督拜朝散大大轉正議大夫加驃騎光祿大夫大業

十二年也未展雄飛載踐下列何意乎九苞呈瑞麗彩
司晨一角効矜傳蹤警夜戒而運鍾旒冕政弛承衣大
浸襄陵長虹貫日公趍行吟梁父希管晏以思齊屈跡
淮陰侯蕭張而佐命　皇家補傾極振口綱提鈕鳳
翽援旗電掃劉武周不稽天氣實昭入謀怒窮轍以抗
威臨焦原而自逸公見糜昏僞迫以驟馳取警辛毗甫
依袁而免戾同夫馬援聊寄隗以偷全尚躑躅徙據其
危堞　太宗俯雌風邱親御龍韜軍次介休將屠僞
邑早欽英略深嘉義勇飛箭以巡　皇威投金以申
同德公鑒窮無象識照先口盧西楚之如猴哂南巢之

吠犬遽歸眞主期乎大定口授秦府統軍于時　帝
道維新王途多故瑞雞之野式靜雲雷獻鼉之川來均
霜露蕞爾凶狡从肆回邪載動神兵龔行天罰救楚妙
算雖獨運於沖襟授律宏規固思憑於猛將乃以公爲
行軍總管導彼前茅追奔若順海乘茲破竹潰敵如決
河積甲齊山中獄由其咸定封屍築觀王城於是乂安
飲至鎬京策勳居最所賜金帛盎以千箱其後六軌徧
師五爲總管北殲猾夏南廓滔天戮鯨鯢於洙泗濺驂
鑣於漳滏所向風靡賞皺彝班時外難初康內釁方兆
春坊階亂禍深於戾園李屏窮凶爲蠹尤於敝策公早

忝帷幕思固宗祧口起　聖懷果明大義九
年六月二凶伏辜雖天道禍淫蓋拔君之筭也擢拜左
衛大將軍兼太子左衛率貞觀元年授右武大將軍屯
兵數萬咸令統領職歷二官兼司七校龍飛靜柝椒禁
旅於瑤山馬弭臨戎肅嚴兵於錡禁於是咸馳銀牓龍
峻金吾拜上柱國封吳國公食邑三千戶實封一千三
百戶若還籲日疏峰奄衡巫而廓鎮雷導風驅瀉江漢
以咸池餘懋涵輝明珠韜如是稱奧壤獨擅雄州竹奇
惟良以敷景化運帥之重　帝曰介諸貞觀四年授
襄鄀鄧淅唐五州都督襄州刺史班朝鶩裕載屏丹帷

盧犴遷遷寧因瓣服布中和而澤化淡勞潤以馳威惠
澤潛通吐浪由其絕渚仁風普暢嘯谷所以浮江施佩
犢於東皐蕆儲京庾契成麟於西序家知禮讓道被湘
沅俗均鄒魯里稱冠蓋既洽畊謠地接股肱佇求人瘼
八年授光祿大夫行同州刺史封建功臣改封鄂國公
冊拜宣州刺史昔炎周裂壤榮賜茂十邑之庸有晉疇
榮壯武峻重封之典較其優劣詎可扶輪粜遷靈夏鄜
三都督懋茲宏猷函牧大蕃控十所於星街信覃元口
撫百城於天塹義偃朱方端委之風撫危冠而變俗豈
裘之長弃鳴鏑以歸仁及乎紫封流渥朱口徙傳莫不

情深借冠戀切留黃可謂柔遠以德人稱遺愛者矣既
而俯鑒忘筌景文成之茂圖深惟滿器蹤太傅之高蹤
漏促銅儀術亘夜之不怠禮安玉杖諒口路之難追奏
款青規辭榮絳闕特迴天聰肆其誠請於是册拜
開府儀同三司禮秩加等巳而從容廊廟怡暢丘園架
嶼圖蓮疏池瀉箭後堂歌吹通逸響於南陔別業林泉
接芳陰於西第加以陶風元穆勲冑兼資里鄰高陽門
承口德故能聯姻瑤胕結慶瓊枝榮亞元吉寵班
右戚青樓聳構遥通婺女之津黄閣凝扉近接天孫之
館長筵綺合韋珠輿謝玉交輝廣廡雲浮簫共縱金遞

奏庭烏茲社燹躍槐端聚駿馳年俄潛柳次嗟乎巨川
既濟奄遷舟於夜壑高齋遽傾倏摧梁於夢奠奧以顯
慶三年十一月二十六日遘疾薨於長安之私第春秋
七十有四皇上悽切宗臣痛深國老舉哀別次罷
朝者累辰昔平仲云亡趨輪軫慟宣尼告逝投誄申哀
未足方此撫懸輸斯輟祭追贈司徒詞曰節終之典實
騰於勳賢追遠之恩光歸於令望故開府儀同三司上
柱國鄂國公敬德志局標舉基宇沉奧忠義之節歷夷
險而不渝仁勇之風雖造次而必踐遇誠申於伯府茂
績展於行陣西漢元勳韓彭非匹東京名將吳鄧爲軿

蓄恭肅於將陛馳聲猷於藩岳方隆朝寄之榮遽追止
足之分闡雄林而兼濟植高掞而孤往道暎千古譽光
百辟與善俄寒藏頁奄泊永言遺烈震慟于心宜崇禮
命式旌幽壤可冂司徒使持節都督并蔚嵐代等四州
諸軍事并州刺史餘官封並如故所司備禮册命給班
劒卌人及羽葆鼓吹贈絹布壹千伍伯段米粟壹阡伍
伯石陪葬昭陵葬事所須並宜官給并賜五圍秘器儀
仗鼓吹送至墓所仍送還宅并爲立碑仍令鴻臚卿瑯
琊郡開國公蕭嗣業監護光祿太卿殷令名爲副務從
優厚稱朕意焉又下詔詔曰名以實稱事光於前

典謚爲表禮縟厚於尊言故博聞强立少傅擅文成之
美行剛服遠冠軍膺景植之賜故開府儀同三司上柱
國鄂國公贈司徒并州都督敬德襟字宏劭機神秘遠
氣茂英果情馳義烈闇雄圖而贊業標峻節以疑功道
叶宗臣望隆時宰變升九命之寵宜享三尊之位福護
從說悼往增酸奉上危身誠許國之貞操安人和衆亦
經邦之懿範式詳茲典錫以大名可謚忠武仍遣使持
節備禮告柩以顯慶四年歲次己未四月丁未朔十四
日庚申陪葬于昭陵禮也惟公資和淸粹稟鋭雷霆勇
冠六軍不失獨夫之色志淩四海期於萬里之外登范

車而繹慮口陳室以栖情蒼銘內融肙青寘其非遠白珪外㫺體黄裳而愈固藝或微而咸綜枝雖末而旁該象弭初彎光穿臥石魚文且擊遂引飛泉擅扛鼎而推雄掩蒙輪而劝捷 觀其養親孝事君忠居身節與士信識通其變遠鑒窮於未形智括其神臨事期乎不測非外物之攸嬰成宜體以自然運屬叔虞撥亂而扶帝業功宣草昧造膂以沃神謨載扈升驂晏參誓攸掩 孫吳而高視 轥韓白以長驅是以 捨代儗齊似青丘之吞夢澤摧堅刷銳猶黄鵠之穿魯縞祥符授日亮堯景而增龍道契從風變虞翼而演化故能丹書誓策青社疏榮

位兆衛口賁五串而統律寄深錫 褒 按十部以宣風年覽抽簪禮優執餌懸輿 勝蕑昭茂寵於安車納駟高門峻朝章於行馬斯所謂道烈可紀令終有徵者歟有子右領軍將軍寶琳鳳羽擒姿龍媒騁逸丞相之子道懋傳經王公之孫望高倒屣掩八毛而効職副九列以騰口嚴孝揚名克隆華 閥顯親穆譽 爰樹豐碑紀德盧山載表茂陵之域題貞畢陌式分京兆之阡庶令過客披文立名可則敬懷斯惠望拜知歸其銘曰

喬周龍躍尹望鷹揚風雲宜感驂嗣曾驤於赫皇祚禔禎會昌錫茲元弼勳烈推光茂德初誕暢崴早暢禎宿擒精龜文叶貺 來繡 關下受符扡上秘策金韜騰猷王帳貞心孤劭壯氣横飛長戈三提雄戟雙揮蛟分承影慝落忘歸蛸奇佇睿屈跡乘機鱉起射天妖凝闇日明一光啟半千秀出道契披捧功宣授律冀北先騁圖南載逸受派揚威專征燿武馬陵削樹鳶方鑄柱雲卷鳴祠風驅嘯雨靜珍破竹銷氛玉塞戎衣式定河帶同盟望高四履寵峻千兵裂壤扮邑分麾抑營網羅方邵縣跡良平門建隼旗入參鳳輦名班贊玉貢光儀鉉朱戸吟笳青門掛冕金裝甫散斑霜遽踐昔恭丹扆載奉薰琴今隋元谜空悲轂林紛紛體霧杳杳光沉闕楄承問

宰樹方深信贊言史策遠振徽音

右鄂忠武公尉遲敬德碑止存下截可辨者約五百字趙子函遊九嵕記云碑自額以下埋土中掘而出之了無一字今去趙氏作記時又百五十年而碑字可識辨者尚多則知子函所云非其實矣碑文許敬宗撰文苑英華錄其全文以石本校之閒有異同當以石本爲正如貞觀四年授襄均鄧淅唐五州都督襄州刺史石本均作鄀攷唐書地理志均州貞觀元年廢八年復置又云武德四年置鄀州貞觀八年州廢敬德除都督在貞觀四年其時有鄀州無均州也

額寧人云凡數字作壹貳叁肆捌玖等字皆武后所
改此碑立於顯慶中有云贈絹布壹千伍伯段米粟
壹阡伍伯石則不始於武后矣潛研堂金石文跋尾
碑已磨滅過半其下段每行二十餘字可識有云高
陽郡開國公許敬宗撰其書人姓氏碑中本無有云
封吳國公又云聯姻瑶肘結慶瓊枝碑已磨滅斷續
無文理可尋或鄂公始封吳國其後改封鄂國耳至
其聯姻之事則不可考也此碑已陷土中惟碑額在
土上啟土搨之約存千字趙子函遊九嵕記云尉遲
敬德碑自額以下埋土中余出之了無一字畜棲而

瘞之耳此乃子函啟土時見大半無字遂不更搨孰
知其可讀者猶在下也好古者固未可半途而廢也雍州金石記
右碑文許敬宗撰石今泐其詞見文苑英華以其可
辨者對校始知板本傳寫之譌謹依碑改正而以誤
字分注若碑云授襄鄀鄧浙唐五州都督板本寫鄀
為均碑云浮雲寫陳板本作雁陳碑云蒙授帥都督
板本云元帥都督之類尤謬也醴泉縣志
按碑泐其上半存者可千餘字今取文苑英華録
其全文補碑之闕復取兩唐書傳與碑參校得其

異同按尉遲之姓始見于北周書尉遲迥傳云迴
羅代人也其先魏之別種號尉遲部因為姓焉山
西通志氏族門云與後魏同起尉遲部之後孝文
時改為氏碑云公諱恭字敬德河南洛口人也新
唐書傳云尉遲敬德名恭以字行朔州善陽人善
陽屬河東道朔州唐書地理志作善陽元和郡縣
志作鄯陽蓋以縣東三十里有鄯河得名今為馬
邑縣山西通志載縣有金龍池後魏以來相傳池
有二龍時化為馬一驪一黃尉遲敬德嘗收而乘
之馬奔欲入池敬德抱池邊柳柳為之旋俗稱柳

曰左紐樹其地名司馬泊上有鄂國公廟即祠敬
德又朔州城南石碣谷村有鄂公故宅址尚存是
敬德之為善陽人史為有徵碑作洛陽人者殆以
起家于魏遷居洛陽也碑載曾祖本眞後魏中郎
將冠軍將軍漁陽郡公謚曰懋大父益都北齊左
兵郎中入周為濟州刺史考伽隋授衛王記室皇
朝追封常寧安公是先世官爵已顯而魏齊周書
皆無傳碑叙敬德歷官兩唐書傳多同惟貞觀十
七年乞骸骨之後以本官行太常卿為左一軍馬
總管從太宗破高麗于駐蹕山軍還依舊致仕顯

慶三年追贈其父爲幽州都督此數語碑不叙及
傳云改封鄂國公後歷鄜夏二州都督碑則云累
遷靈夏鄜三都督爲小異碑云九年六月二凶伏
辜雖天道禍淫蓋杖君之筭也此二凶指建成元
吉二人誅死多出敬德之謀語詳兩傳碑畧述之
至聯姻瑶胕結慶瑨枝語實未曉其云靑樓聳構
遐通婺女之津黄閣凝扉近接天孫之館長筵綺
合韋珠與謝玉交輝廣廡雲浮□爵共拕金遞奏
郎傳所云敬德末年穿築池臺崇飾羅綺嘗奏淸
商樂以自奉養不與外人交通者是也敬德累戰

有大功碑反爲詞藻所掩不及史傳之詳此碑載
飾終之典詳備異于諸碑又令鴻臚卿瑯琊郡開
國公蕭嗣業監護光祿少卿殷令名爲副當時陪
葬之典當皆有監護正副使臣亦獨見于此碑殷
令名無傳述書賦注云令名陳郡人米芾頭陀寺
碑跋云令名父開山武德中爲尚書故闕山字金
石錄云令名與其子仲容皆以能書擅名一時蕭
嗣業兩唐書傳但云累轉鴻臚卿兼單于都護府
長史不及瑯琊之封也敬德子寶琳碑云右領軍
將軍傳則云官至衛尉卿

紀功頌

碑高一丈三尺六寸五分廣五尺九寸七分共三十五行行七十至七十二字不等行書額題大唐紀功頌五字飛白書在汜水縣等慈寺

大唐紀功頌并序

御製御書

若夫元功攸宰丕業光於帝先神用斯沖峻道輝於象
外至於炯試千祀昭訓百王則有彫金揚不朽之基鏤
玉啟無疆之迹而阪泉師律旌德之範未章疇野兵鈐
銘徵之典猶□乘巢草夏恧先覺於丹碑濟緇戡殷媿
生知於翠碣惟睿之失其大者歟自否運辟炎埶寓之

災梗極餘釁泣素稽霄之浸滔天風夏癸以昏初則忠
良貶逐政殿口之虐往則邦國斯悴穀霏黄而霧地下
黷方祇繩亂赤而雨天上瘞圓象人怨神怒語亡之兆
遽彰衆叛親離覘存之謀遂爽月弓宵而空桂則蝕㢠
金波星箭夕而奔榆則妖飛玉弩塵埋五岳見陵谷之
遷移水竭百川覩江湖之騰沸鼎已問於輕重裂周綱
者七雄德遂寖於休明絶秦綱者幾國天工是代紫庭
無享覲之賓神道克恭鬱冕乏郊禋之辟故以鄒瀛眇
眇同結向隅之悲亥跡茫茫共軫推溝之怨妖精紊象
寶庫延災萃綠林者煙霏屯黑山者霧合戰龍于野則

亂起干戈飛鴻在陸則害生戎馬　先文皇帝
憫黎元之已燎救焚洪爟之爐悼品物之將淪拯溺橫
流之濫握寶符於代北肇建丹旗剖神珠於漢東方搗
白羽運五材而杖順陰陽未測懸雨耀而襲行幽明叶
契而武關先入楚猴之暴未誅漸臺雖覆蜀鼉之聲猶
振王充盜移鳳扆詿誤伊瀍貿德假署龍官虔劉趙魏
同惡相濟共爲脣齒　先帝威口有截忠入無
方窮幽測神研幾作聖降公三策明出下科陳相六奇
懸符上略親御姬鉞問罪晉京壘守屢殫般攻盍瞻鑿
循口之壞舉覆匱而成山引曲洛之波沃溢傷而爲沼

飛衝業業降臨負戶之危長隧悠悠上窺祈骸之急奔
鯨之穴築鍔非遥封豨之林倒戈斯在建德驅白波之
衆濟馬頰之津據青犢之資踐牛吕之谷吞沙石而賈
勇召風雨而成梟鬪解鄭城之圍規降上黨之守蜂飛
萬旅猬起千群竭汜水之洪流徧岯山之祟堵羽書狎
至馹遽交馳夕照趙烽晨驚魯柝于時謀臣鉗口息其
請箸之談猛將含牙弭其穿札之氣或請退師函谷以
避前鋒或請反旆崤陵以圖後舉　先帝乃謂諸將
曰本欲先定瀍東次平河朔今既逑投天網自取膏原
建德若擒王充必敗猘亡虜滅理有固然韓并魏從義

無或爽天賚猶我不可失乎兵道尚奇屬斯舉也壺褫
之議踐軒庭而局影斷玦之規望轅門而口息獨決
神衷總排輿誦闢偏裨之將分拒王城引邁武之師
移和制邑榮波遠泒遥疏宵度之濱斜臨迥據成
皐之險嚴闉緊日巨防潛雲竅中逐鹿之郊窩丙　口
之地興亡之道楚漢之迹猶存得喪之途曹袁之墓未
泯以代藩之貴均士伍之勞處唐侯之尊等更儲之膳
越釃醪惠赴白刃以求仁楚口銜恩捐蒼璧而取義迺
率數百騎入其境五十餘里觀其部列摩壘而旋於是
醜類相奔凶渠競進短兵交戰長圍亟合望祁弧而盡

殪類綦布於中原應蕭斧而咸摧若星羅於平隰僅而
獲反口無一焉口夫趙主入秦昭之關畢從權口晉后
察王敦之壘道以詐全業蹈徃辰功優昔載自是鋒芒
遂剷鉦鼓載衰奪林父之心破姜維之膽退歸潼塗恐
天討之乘奔口口轘轅懼王師之兼弱深溝板渚斂轡
車關數十罪口不驚示三駈而未欵乃休牛洛汭韔息
桃林之墟牧馬河陽聊駕襄城之野樵蘇已遠虛月壘
以招兵雉堞不脩偃日羽而延寇建德深然楚口不疑
秦謀空崤辟以徑前況輕舟而直進　先帝勒兵背水
列騎依山光流闕輩之甲聲振武安之瓦神規獄鎮未

許代御之辞聖略川疑無受致師之請欲戩不可求反
無路肇自霞初迄于景晏湯風爛石瀉若流金贏糧不
從壺漿莫繼恩侚饑于葛野想渴于梅林齊候絶華
泉之遊楚將無穀陽之飲窮魚失水望濤漢而摧鱗竭
鳥傾巢仰曾天而折翮　先帝別命旌麾以乘其
背親當矢石口擊其心表裏夾攻遠迩同至始則開行
跡鳳分彼陣以弱其鋒終乃合勢形虵離敵衆而孤其
力黃馬追風彩桃花而翼路燕犀奪日輝若枝而鏡野
縱金憤關隴之氣淩險若決洛鏃收熊羆之心陷堅如
朽麾龍畫角百川爲之震蕩靈鼉制鼓九鎮所以傾頹

投石蒙輪霜映彫戈之末翹關拔距電流交刎之端舉
長籌以布新卷崩雲以袪穢攻虛匪實塵靡藉於曳柴
擊衆以烹火無勞於結燧俘虜十餘萬斬首三千級生
擒建德徇于城下覩顏流汗曾無解惕之言懷德畏威
翻有削通之說然後操袂口口伏鑕旗亭齊燃董卓之
臍頭飲智瑤之器王充牽羊請服刑馬求盟開定鼎之
郊獻測圭之邑義貞白水信鑄丹書赦其縲紲之享宥
其擬埴之命情安共主忘鯁氣於田橫懇切周天忍凶
終於魏豹於時沴卷東浸鏡萬里而河清妖歛西氛陣
千重而雲散昔高宗鬼方致伐遠克三年周武牧野陳

師尚勞再駕未有卽吞宇宙掌握乾坤正西北之傾天
軸東南之毀地英謀一振功成晷漏之間勍敵雙擒業
茂須臾之頃故能基大寶於王業錫祉璽珪掃元凶於
天步臻祥綠錯國八紘而纘禹功邁叙倫家六合而心
勛德超則大儀皇語聖既桀往而堯今農帝方神遂昏
前而口口奇謀沖秘非假書於黃石雄斷縱橫詎窺符
於釁女近以五載巡初省方伊洛九冬狩蜺講戎許鄭
舉鸞旗而迴指飛翠蓋以長驅垣壘肅而未遷山川儼
而無改徘徊丹浦事求問禮之辰顧步靑丘情異撫軍
之日波瞻舊溆水變沉沙之奇㙜望前墉城餘拔幟之

所是以湌哀霜露攀日月而不追茹痛風枝懷天地而
莫報金墀在御方九仞以悲深玉案升旂擬萬鍾而口
切麟圖口範義百樹書鳳篆留規道千裘岩虔守天位
憂嚴峻於洪基肅奉帝猷試虧光於寶祚屬辭抽思寳
無覬於揚名相質披文庶有裨於紀德乃爲頌曰
乾綱肇絶神鼎初飛妖淩三季兵躔九圍聲功孰纂神
器無歸瞻烏遂變卽鹿乘機穆穆　聖祖桓桓神武
電擊河汾雲飛京宇克清龍戰載安鼇柱禮叶禋宗樂
諧瘁舞漳濱猖起洛汭鴟張荐驚權口亟犯封疆裂冠
稱帝犯蹕圖王豈知吳滅未辯虞亡　睿后生知謀

紀鞏彥雲轄西伐霜戈東戰元惡懸首凶渠革面一戰
囗擒戮多昔卞冰銷日域霧斂旱區龍庭受吏鳳穴來
蘇虔奉天縡恭膺帝圖陶甄太素亭育尊盧啓光夏政
詔恢周道遐以菲躬聿承大寶宅偉宇宙業均犧昊豈
囗囗明實貪衡深載省王風順斵月馭津由漂凾途經
絕轡思勤則天慕纏因地敬愛攸屬明巖奚洎寒移暑
謝律變星迴陣雲先滅月暈猶闕毀垣殘柳寒井荒苔
水侵囗石蘚掩飛灰泗水詞斑濟陽紀蔡式傳經略敢
竭虛昧坤紐方興乾張聞益騰實萬古飛英百代
顯慶四年歲次己未八月乙巳朔十五日囗囗

高宗過鄭州見先皇擒竇建德故地故緬想功業因立此碑也碑文甚宏麗字亦奇偉寶刻類編云顯慶四年八月立今據書之中有云敕其泉櫬之宰宥其挻埴之命挻字最古說文長也類篇引方言楚部謂取物而匿曰挻（今本作挻取也楚部或謂之挻）一曰揉也按挻埴即揉土之義今本老子作埏亦後人傳寫之誤徐鉉新附增埏類篇又有埏字云和土也蓀謬（中州金石記）

按此碑文凡二千二百餘字闕者不及三十字餘俱完善可讀也碑立于顯慶四年八月十五日舊唐書高宗本紀顯慶二年正月幸洛陽十月戊戌親講武於許鄭之郊曲赦鄭州遣使祭鄭大夫國僑漢太邱陳寔墓則高宗之過鄭州撰文紀功當在是時碑文有九冬狩覽講武許鄭二語可證其四年八月乃立石之時也惟新唐書本紀以講武新鄭爲十一月壬子事互異耳碑紀太宗破竇建德之功太宗本紀武德三年七月討王世充四年二月竇建德率兵十萬以援世充太宗敗建德於虎牢執之世充乃降舊唐書竇建德傳武德三年十一月秦王攻王世充于洛陽世充遣使乞師于建德四年二月建德來救世充屯于滎陽三月秦

王入武牢進薄其營世充弟世辯遣其將郭士衡領衆十餘萬號爲三十萬軍次成皋築宮于板渚以示必戰二月迫于武牢不得進恐衆進逼武牢官軍按甲挫其銳及建德結陣于汜水秦王遣騎挑之建德進軍而戰秦王馳騎深入反覆四五合大破之建德中槍竄于牛口渚車騎將軍白士讓楊武威生獲之新唐書建德傳四年三月秦王進據虎牢五月建德自板渚出爲陣西薄汜南屬鵲山亘二十里鼓而前秦王登虎牢城望其軍按甲不戰日中建德士皆坐列渴爭飲王麾軍先登騎

怒塵大漲乃率史大奈秦叔寶纏麾幟馳出賊陣
後建德軍顧而驚遂大潰建德被重創竄牛口谷
遂獲之又舊史尉遲敬德傳竇建德營于板渚先
伏李勣程知節秦叔寶等兵太宗持弓矢敬德執
稍造建德壘下大呼遂引賊入伏內與勣等奮擊
大破之王世充兄子僞代王琬使于建德軍中乘
隋煬帝所御驄馬鎧甲甚鮮迥出軍前以誇衆太
宗曰彼之所乘眞良馬也敬德請往取之乃直入
賊軍擒琬引其馬以歸賊衆無敢當者凡此皆太
宗破竇建德戰功之所紀者如此其後太宗以世

充至長安高祖數其罪世充對曰陛下愛子秦王
許臣不死高祖乃釋之今按碑文大較符合碑在
汜水縣等慈寺太平寰宇記唐師旣敗建德詔于
戰所起寺立碑紀功舊書本紀貞觀三年十二月
癸丑詔建成已來交兵之處爲義士勇夫殞身戎
陣者各立一寺命虞世南李伯藥褚亮顏師古岑
文本許敬宗朱子奢等爲之碑銘以紀功業今等
慈寺有顏師古所撰塔記此碑則高宗幸鄭州復
親撰書碑文立于寺內也碑書王世充俱作王充
避諱也顏師古撰等慈寺塔記銘云念彼王充偷

安假息正與此同此碑云王充盜移鳳扆註誤伊
渾竇德假署龍官虜劉趙魏以竇德對王充省去
建字以下則並作建德省去竇字又凡妖沃皆从
夭唐人書體如是扙順之扙即仗字通用杖而又
書作扙也齊燃董卓之膏借齊爲臍挺埴之挺今
本老子俱从土惟元宗御注道德經石刻與此同

蘭陵公主碑

碑連額高一丈一尺五寸四分廣四尺二分三十一行行七十字額題大唐故蘭陵長公主碑九字正書在醴泉縣昭陵

□□□□□□□□□之□□□□□□□□□□
□□□□□□□□□□□□□□□□□□□□

□□□□□□□□□□□□□□□□□□□□
□□□覆餗緬懷千□□□乎若乃潤柔範於敉□
奉□□□□□包四德而由己揔六行以立身騰
□□□方流耀清輝於□貌□□□□□□□□□
□□□□□□□□□□□則蘭陵長公主兼之矣
公主諱淑字麗貞隴西狄道人也　高祖武皇帝之
孫　太宗文皇帝之第十九女也原夫寵影流樞揺
華襲月十口分景五潢疏派帝子光於□菜□□降於
□□□亦煥彼緹油懸諸日月公主稟中和之正氣陶

上質之粹靈履冰皇以表潔踐霜栢以含貞首無金翠
之飾耳絶絲桐之聲共梁妻而比行與萊婦而齊名況
乃婉順幽閑端凝淑美擢春芘於蘭藉皎秋月於芝田
神鑒詳明風徽韶美仁爲性道豈資冥助孝實天經因
心必極雖左姬之含華挺秀謝媛之毓德揚芬式鏡前
芳流口詎遠九齡讀易謙損之微言口歲學書盡鍾
張之妙迹　文皇愛既纏心特流下闕口口闕貞觀十
年乃下　詔曰第十九女理識幽閑質性柔順
幼嫺禮訓夙鏡詩文湯沐之典抑有恒規可封蘭陵郡
公主食邑三千戸口寵之錫雖冠公宮撝挹之休常口

口口而彤口未降紫罽口停妙選高門方從下嫁
　天子永言舅氏情深渭陽載穆彝章用崇姻戚
駙馬都尉慶州諸軍事使持節慶州刺史扶風竇懷悊
卽　太穆皇后之孫銀青光祿大夫少府監上柱國
德素之子潔澄瀾之萬頃飛辯口以口口擢貞口口千
尋聳口口以拂日譬良金之百鍊喻華燈之九光踐孝
資忠履仁基信泛虛舟而獨往鑒止水而忘歸出總蕃
帷政均黃趙入司交戟任切鈎陳業口籯金口班家之
十紀口口口口口口宗之五碑射枝逸拔貫七札而稱
妙揮豪雅製摽六義而含章摶勁翮於南溟騁逸足於

西海自中陽舞鸑春陵應圖或慶發黃雲祥浮紫氣或
家藏金穴瑞表口口皆聲口口口口口荒口我有餘慶
　弈代椒房鬯則望重西京融乃名高東漢克復其始遠
口華宗故知德祖太尉之孫既傳芳於揚敞元成丞相
之子亦綱美於韋賢口地清華僉論口口賓口之口屬
口口口口口比夫遠口獨映前脩公主義叶三從情歸
百兩賓敬之禮必表於閨庭喜愠之容不形於造次敦
睦親於娣姒竭蒸孝於舅姑言應禮經動口規矩
皇明嗣極載篤周親永徽元年別拜長公主仍加封五
十戸　思崇湯沐寵茂輜軿公主深誠驕侈常安儉

薄前後錫賚莫不固辭皆理爲情申文非貌請誠宜遵
斯積慶亭彼遐齡而與善徒欺輔仁多爽春秋卌二以
顯慶四年八月口八日口疾甍於雍州萬年縣之平康
里第　反魂之香空留口被口簫之口終辭鳳臺奉
詔竇氏既是大外家情禮稍異特宜陪葬　昭陵卽
口陵口口十里口口原禮也　聖上哀深同氣特
降殊私賵襚所須務存優厚吊祭之禮有異常倫仍
勑衛尉卿闕立行光祿卿殷令名爲副監護喪事特
給鼓吹送墓往還惟公主妙質柔明雅識詳潤芝蘭成

性琬譽爲心莊敬自持温謙逮下聿 脩蘋藻□奉宗□
有□□之□懷□□之操信可以流芳鼎室垂訓台庭
茂麟趾於黄圖敵龍門於赤縣而星沉寶婺月掩金娥
寂寂荒塔唯瞻茂草亭亭虚幰空見遊塵豈直痛結
冕旒慭深 儲貳而已駙馬輭安仁之永歎邁奉
倩之傷神悼奔駟之難留泣藏舟之易□□□□賁 □
□□以□□幼婦外孫□□碑 而見託輒牽拙思乃作
銘云其詞曰
赫赫 皇猷昭昭 帝族導源委水分枝若木月
浦資粹星津誕淑秀發壹 翹祥摛日谷一其 兩儀演□四

象□輝承□丹掖□□黄扉□慎 無怠祗敬弗 遠□□
卑案慈流斷機其二 秋窓望月春樹臨風裁箴作範草賦
開蒙詞温華瑾文艷雕蟲鉛芳罷飾紃組爲 □其三 桂棟
晨 開梅 粱畫敞光□□□香飄翠幌鳳簫凝吹魚軒疊
響虹玉 輝庭驪珠耀掌其四 粤有通 人摽映搢紳日下馳
譽席上稱珎好合成偶輔德爲鄰一調琴瑟載□松筠
其五 皎皎令姿 盈盈淑哲匪唯□□所期同穴□劒光沉
□鸞□絶藹儀方秀□芳遽折其六 女樓西顧娥臺北臨
山煙漠漠隴日沉沉白楊行拱翠檟方深式刊貞筝永
播徽音

右唐蘭陵長公主碑李義甫撰據唐書列傳公主太
宗第十二女而碑云第十九女蓋傳誤也金石錄
蘭陵公主太宗第十九女名淑字麗貞駙馬都尉慶
州諸軍事使持節慶州刺史扶風竇懷悊太穆皇后
孫銀青光祿大夫上柱國竇德素子也史書竇氏二
十餘人無德素名而公主傳但言悊爲太穆皇后族
子而已此碑亦可以備史之闕撰者據金石錄爲李
義甫無書者姓名而方整勁拔亦歐虞之流亞也石墨
鐫華

余嘗見趙模所書高申公塋兆記筆致相合模搨書
名太宗嘗命之摹蘭亭者此爲模書無疑也庚子銷夏記
碑已磨泐可辨者八百餘字按唐書蘭陵公主傳云
太穆皇后之族子今碑稱太穆皇后之孫懷悊又不
叙其下嫁時官爵又碑稱太宗十九女而史載太宗
二十一女蘭陵公主第十二傳宜以長幼爲序蘭陵
宜在後此皆可以正史之鈌誤也又金石文字記云
顯慶四年十月今碑已漫漶月上一字殊未分明不
敢妄記也雍州金石記
新書本傳謂公主名淑字麗貞下嫁竇懷悊懷悊太
穆皇后之族子考之碑則云太穆皇后之孫孳樹世

系表在第五格爲后父毅之元孫三者皆不合若從
碑則族子亦無稱孫之理或是族子之子爲族孫于
后爲族祖姑與（關中金石記）
右蘭陵長公主碑金石錄不著書人姓名據竇刻類
編則駙馬都尉竇懷哲所書也碑稱懷哲太穆皇后
之孫銀青光祿大夫少府監上柱國德素之子按太
穆皇后神武公竇毅女而德素爲毅曾孫於太穆屬
孫行也史稱德素南康郡太守而碑云少府監宰相
世系表懷哲武威郡都督公主傳稱兖州都督而碑
云慶州刺史皆與史互異碑誌例書某郡縣人以表

族望所出若親王公主天家肺腑其姓望世所共知
何必拘此成例而沈約撰安陸昭王碑任昉撰竟陵
王行狀皆稱南蘭陵人此碑亦稱隴西狄道人似未
通乎尊王之義矣荀粲字奉倩碑作奉蒨（潛研堂金石文跋尾）
按碑雖闕泐存者尚千三百餘字蘭陵郡在漢魏
時但有東海徐州郡所屬至南齊高祖過江居晉
陵就其地改稱南蘭陵郡齊末已廢此所封蘭陵
仍是徐州郡之蘭陵郡也但此蘭陵郡自隋末唐
初巳改爲鄫州即所屬蘭陵縣亦于貞觀初廢不
知何以貞觀十年尚有蘭陵之名也碑云公主隴

西狄道人與汝南公主誌銘同又云太宗十九女
而唐書傳列第十二亦猶汝南公主傳列第二而
碑云第三女也自當以碑爲正扶風竇懷悊父德
素兩唐書俱無傳宰相世系表竇氏鳴犢在春秋
時仕晉爲大夫六卿分晉遂居平陽漢宣帝時章
武侯賞從扶風平陵此扶風竇氏之始也高祖太
穆順聖皇后傳亦云竇氏京兆平陵人太穆有從
父兄竇威兩唐書竇威傳俱云京兆平陸人平陵
本昭帝陵名亦爲漢縣名屬右扶風後改始平縣
苻秦時徙慶唐初置咸陽縣屬京兆府別無平陸
之名（平陸縣惟河東郡有之）則威傳誤也宰相世系表晉穆

帝時有忠義侯勤徙居五原其五世孫巖從魏孝
武徙洛陽自是遂爲洛陽人巖生三子那敦畧畧
生五子興拔岳善熾岳與善熾子孫號爲三祖岳
生二子彪毅毅爲德素曾祖仕後周大司馬封杞
公毅之子照爲德素祖官蜀郡太守封巨鹿郡公
照之子彥爲德素父仕隋爲駕部侍郎襲公爵彥
長子德明襲爵官晉陵郡太守次即德素德素之
次子即懷悊表作懷哲集韻哲古作悊然說文本
分二字悊敬也哲知也又哲或从心則二字通用

矣太穆皇后爲毅之第二女北周書毅傳毅字天
武周閔帝踐阼進爵神武郡公保定時拜大將軍
別封成都縣公進位柱國入爲大司馬隋開皇初
拜定州總管謚曰肅武德元年詔贈司空荆州刺
史封杞國公毅爲德素之曾祖則太穆爲德素之
祖姑母懷悊實太穆之姪曾孫蓋同本於毅也唐
書公主傳謂爲太穆族子亦未晰矣而詳玩碑文
當以□穆皇后之孫直貫下文德素之子作一句
謂德素爲太穆之孫懷悊爲德素之子方與表合
也竇威爲熾第六子熾與毅之父岳爲同父兄弟

是威與毅爲同祖兄弟是太穆之從叔也以此攷
之則新史竇威傳云父熾太穆皇后其從兄弟女
也爲確而舊史威傳直云太穆皇后從父兄爲誤
矣碑有云我有餘慶奕代椒房嬰則重望西京融
乃名高東漢蓋謂前漢之竇嬰後漢之竇融也史
記竇嬰傳嬰爲孝文后從兄子後漢書竇融傳七
世祖廣國孝文皇后之弟融長子穆尚内黄公主
穆子勲尚東海恭王彊女沘陽公主融弟友友子
固亦尚光武女涅陽公主竇氏兩公兩侯三公主
四二千石云云碑蓋以此推原竇氏之盛也然舊

書竇威傳載高祖嘗引入臥内謂曰昔周朝有八
柱國之貴吾與公家咸登此職今我已爲天子公
爲内史令本同末異乃不平矣威謝曰臣家昔在
漢朝再爲外戚至於後魏三處外家陛下龍興復
出皇后臣又階緣戚里位忝鳳池自維叨濫曉夕
兢懼高祖笑曰比見關東人與崔盧爲婚猶自矜
伐公代爲帝戚不亦貴乎新史傳有云帝笑曰公
以三后族夸我耶然則當時竇氏以戚里夸耀于
時蓋已久矣宜乎碑語及此也碑云永徽元年別
拜長公主史傳失書又萬年縣平康里第据長安

志丹鳳門街崇仁坊次南平康坊有蘭陵公主宅
注云太宗女降兖州都督竇懷哲與唐書公主傳
合而碑稱慶州刺史異傳稱懷哲顯慶時爲兖州
都督殆是尚主時爲慶州刺史也監護正副爲閻
立行殷令名立行無傳同時有閻立德京兆萬年
人官至工部尚書立行或其弟兄行也殷令名已
見尉遲敬德碑顯慶四年四月副蕭嗣業監護其
喪彼碑稱令名官光祿少卿至此碑在六月則爲
光祿卿殆遷一階也文中摇華疑瑶華式貞列箏
考華陽國志蜀有五丁力士能移山舉萬鈞每王

薨輒立大石長三丈重千鈞爲墓志今石筍是也

此貞笄疑同石筍猶言高大貞石也

金石萃編卷五十二終

金石萃編卷五十三

賜進士出身　誥授光祿大夫刑部右侍郎加七級王昶譔

唐十三

平百濟國碑

此碑或磨崖或碑石皆不可知除額一行不計外横廣約四丈六尺二寸高五尺二寸五分共計一百十七行前七十九行行皆十六字後三十八行行皆二十字正書篆額

大唐平百濟國碑銘

洛州河南權懷素書

原夫皇王所以朝萬國制百靈清海外而舉天維宅寰中而恢地絡莫不揚七德以馭遐荒耀五兵而肅邊徼雖質文異軌步驟殊塗揖讓之與干戈受終之與革命皆載勞神武未戢佳兵是知汹水挻祆九嬰遂戮洞庭構逆三苗已誅若乃式鑒千齡緬惟萬古當塗代漢典午承曹至於任重鑿門禮崇推轂馬伏波則鑄銅交阯竇車騎則勒石燕然竟不能覆鯷海之奔鯨絕狼山之封豕況丘樹磨滅聲塵寂寥圓鼎不傳方書莫紀蠢茲卉服竊命島洲襟帶九夷懸隔萬里恃斯險阸敢亂天常東伐親鄰近違

明詔北連逆豎遠應梟聲況外棄直臣內信祅婦刑罰所及唯在忠良寵任所加必先諂倖摽梅結怨杼軸銜悲我

皇體二居尊通三表

極珠衡毓慶日角騰輝揖五瑞而朝百神妙萬物而乘
六辯正天柱於西北廻地紐於東南若夫席龍圖褰鳳
紀懸金鏡齊玉燭拔窮鱗於涸轍拯危卵於傾巢哀此
遺甿憤斯兇醜未親吊伐先命元戎使持節神丘嵎夷
馬韓熊津□一十四道大捴管左武衛大將軍上柱□
邢國公蘇定方疊遠構於曾城派長瀾於委水叶英圖
於武帳標秀氣於文昌架李霍而不追俯彭韓而高視
趙雲一身之膽勇冠三軍關羽萬人之敵聲雄百代捐
軀殉國之志貫流鏑而逾堅輕生重義之□□□□而
難□心懸氷鏡鬼神無以祕其形質過松筠風霜不能

改其色至於□□□撫邊夷慎四知去三惑顧冰泉以
表潔□霜栢以凝貞不言而合詩書不行而□□□將
白雲而共爽与青松而競□遠□□□咸有懿德副大
捴管冠軍大將軍□□□衛將軍上柱國下博公劉伯
英上□□□□□□□廊廟之才□將相之器言爲
物範行成士則詞溫布帛氣馥芝蘭績著旗常調諧鍾
律重平生□□□輕尺璧於寸陰破隗之勲常□不足
平□之策□未涉言副大捴管使持節隴州諸軍事隴
州刺史上柱國安夷公□□□□□□舉雄圖□六蓺
通□略□□□□□□□□能令魏軍止渴無勞□□

□□□□□□副大捴管左領軍將軍金□□□□溫
雅器識沉毅無小人之細行有君子之高風武既止戈
文亦柔遠行軍長史中書舍人□□儀雲翹吐秀日鏡
揚輝風儀搢紳道光雅俗鑒清許郭望重荀裴辯箭騰
□□九流於學海詞□發穎掩七澤於文□□太傅之
深謀未堪捧轡杜鎮南之遠略亻可扶輪□□鳳池或
濬鯨壑邢國公運祕鑒捴驍雄陰羽開偃月之圖陽文
含曉星之氣龍韜豹鈐必表於情源蠻女黃公咸會於
神用況乎稽天巘聚□地踤飛類短狐之含沙似長虵
之吐霧連營則豺狼滿道結陣則梟鏡彌山以此兇徒

守斯窮險不知懸縷將絶壁之以千鈞累碁先危壓之
以九鼎于時秋草衰而寒山淨涼飇舉而殺氣嚴遂足
與流電爭飛疊皷共奔雷競震命豐隆而後殿控列缺
以前驅沴氣祓氛掃之以戈戟崇墉峻堞碎之以衝□
監□軍捴管右屯衛郎將上柱國祝□□右一軍捴管
使持節淄州刺史上柱國□元嗣地處關河材包文武
挾山西之壯氣乘冀北之浮雲呼吸則江海停波嘯咤
則風雷絶響嵎夷道副捴管右武衛中郎將上柱國曹
繼叔久預　經綸備嘗艱險異廉頗之強飯同充國之
老臣行軍長史岐州司馬杜爽質耀璿峯芳流桂畹追

風箭雹駛逸轡於西海排雲擊水搏勁翮於南滇驥足
既申鳳池可奪右一軍捻管宣威將軍行左驍衛郎將
上柱國劉仁願資孝爲忠自家刑國早聞周孔之□輓
習孫吳之書既負英勇之才仍兼文吏之□邢國公奉
緣　聖旨委以斑條□□金如衆而不窺馬如羊而
不顧右武衛中郎將金艮嵓左一軍捻管使持節沂州
刺史上柱國馬□□□□□之□□□□□□□□之
□□□□□□□郡□艮　邢國公□奉　神□□
專節度或發揚蹈厲或後勁先鋒出天入地之奇千變
萬化□□□之□雹發風行□□□□英聲載路

邢國公□□□□□甚投醪逆命者則肅之以秋霜歸
順者則□之以春露一舉而平九□□□而□三韓□
□醳之□□則千城仰德發□□之飛箭則萬里銜恩
□□□□□□及太子降□□王餘孝一十三人并大
首領大佐□□□□□□□成以下七百餘人既入重
闔並就擒獲□□□□載以牛車亻薦司勳式獻
淸廟仍變斯獮俗令沐聲猷露宛寰□先□□□烹鮮
製錦必選賢艮廢使剖符績邁於龔黃□□□高於卓
魯凡置五都督卅七州三百五十縣戶廿四萬口六百
廿萬各齊編戶咸變夷風大書□觀□□□所以旌其

善勒辭鼎銘景鐘所以表其功□州長史判兵曹賀遂
亮濫以庸才謬司文翰學□□氣□風雲職号將軍
顧與廉頗之列官稱博士猶□賈□之衡不以衰容猶
□□□□戈□□□□□□□□□□九□□□□□
□□□□□□乃□□□□□□□□□□□□□□
□□□□□乗田同天□永久□□□島與日月□長
懸其□曰
悠悠遂古□□□□□□□□化權輿□□□□□□
飲□居以糸以□或畋或漁□□□□□□□□□及
□□代非一主揖讓唐虞革命湯武□□□□□均九

土履擾干戈式□□□未□酉□□□□□我
聖皇□叶穹蒼□□千古□□□□□□遠徼遐哉大
荒咸□正朔□□疆□□□□□□□三光叛換障國
嵩凌水鄉天降飛將豹□龍驤弓彎月影劍動星芒猊
貔百萬雹舉風揚□□□□□□□乘冰銷夏日葉碎
秋霜赳赳□□明明号令□□廟□□齊軍政風嚴草
袞日□□淨霜戈□□□□□□□□□□□□□勁
巨□授首逋誅請命□□□□邊隅□□嘉樹不翦□
□□□□□□□□□□□□□□□□□□□刊□
□□用紀殊功拒□□□永固同地軸以無□

顯慶五秊歲在庚申八月己巳朔十五日癸未建

東史云唐高宗顯慶五年新羅武烈王上表言進貢之路經百濟高勾麗輒爲兩國所梗帝大怒遣將軍蘇定方領舟師渡海征百濟與新羅將金庾信夾擊大破濟兵虜其王義慈革其國置熊州都督府刻石爲墖於白馬江上以紀功撰者陵州刺史賀遂亮書者洛州河南權懷素至今古墖巋然立道左未幾唐又遣李世勣平高勾麗寘安東都護府已而兩國之地皆爲新羅所併三韓始合爲一今案權懷素考其世代乃非善草之上人也筆畫蒼勁結搆嚴整一變

六朝之體始知間架之法已在顏柳之前而精神風韻少遜於歐褚然想是當善書名者可稱東方古蹟之首矣歲戊午陽月上澣三韓洪良浩識

按此碑文凡二千餘字前段七十餘行俱完好闕字無幾後五十行則大半泐矣新唐書高宗紀顯慶五年三月辛亥左武衛大將軍蘇定方爲神邱道行軍大總管新羅王金春秋爲嵎夷道行軍總管率三將軍及新羅兵以伐百濟八月庚辰蘇定方及百濟戰敗之十一月戊戌蘇定方俘百濟王以獻舊唐書紀五年三月辛亥發神邱道軍伐百濟八月庚辰蘇定方等討平百濟面縛其王扶餘義慈國分爲五部郡三十七城二百戸七十六萬以其地分置熊津等五都督府十一月戊戌朔邢國公蘇定方獻百濟王扶餘義慈太子隆等五十八人俘于則天門責而宥之蓋自三月發兵伐百濟至十一月獻俘其踰八月而其平百濟在八月僅踰五月耳碑立于五年八月十五日癸未計其平百濟之日在庚辰爲八月十二日是立碑即在平百濟後三日也新唐書百濟國傳永徽六年新羅訴百濟高麗靺鞨取北境三十城顯慶五年乃

詔左衛大將軍蘇定方爲神邱道行軍大總管率左衛將軍劉伯英右武衛將軍馮士貴左驍衛將軍龐孝泰發新羅兵討之自城山濟海百濟守熊津口定方縱擊虜大敗王師乘潮帆以進趨眞都城一舍止虜悉衆拒復破之斬首萬餘級拔其城義慈挾太子隆走北鄙定方圍之次子泰自爲王率衆固守義慈孫文思與左右縋而出民皆從之定方令士起堞立幟泰開門降定方執義慈隆及小王孝演酋長五十八人送京師平其國析置熊津馬韓東明金漣德安五都督府擢酋渠長治之

命郎將劉仁願守百濟城左衛郎王文度爲熊津
都督九月定方以所俘見詔釋不誅是定方獻俘
在九月與本紀之作十一月小異也舊唐書傳與
此畧同新書傳蘇烈字定方以字行傳書傳直作
蘇定方今碑亦直作定方葢其以字行者久矣舊
傳云高宗以破賀魯功遷左驍衛大將軍封邢國
公顯慶五年授熊津道大總管率師討百濟百濟
平遷左武衛大將軍新書傳云高宗以賀魯功拜
左驍衛大將軍邢國公後以定葱嶺加食邢州鉅
鹿三百戶遷左武衛大將軍出爲神邱道大總管

率師討百濟據碑則左武衛正在討百濟之先舊
傳在百濟平之後誤也碑又載同率兵者有副大
總管冠軍大將軍□□□衛將軍上柱國下博公
劉伯英副大總管使持節隴州諸軍事隴州刺史
上柱國安夷公泐其姓名副大總管左□軍將軍
金泐其名行軍長史中書舍人□□儀泐其姓監
□軍總管右屯衛郎將上柱國祝泐其名右一軍
總管使持節淄州刺史上柱國□元嗣泐其姓嵎
夷道副總管右武衛中郎將上柱國曹繼叔行軍
長史岐州司馬杜爽右一軍總管宣威將軍行左

驍衛郎將上柱國劉仁願右武衛中郎將金良圖
左一軍總管使持節沂州刺史上柱國□延□姓
名上下泐凡姓名泐者既無可攷而姓名全者兩
史亦無傳以百濟傳證之則有劉伯英馮士貴龐
孝泰及仁願王文度等名當即碑中所列諸人也
碑云置五都督當即其國所統之五部卅七州郎
其國五部所轄之三十七郡二百五十縣即其國
之二百城惟云戶廿四萬口六百廿萬與傳不同
耳撰文者□州長史判兵曹賀遂亮已見文內故
不復列于文之前後事跡亦無可攷然其文則整

鍊華贍善狀涉險破敵事情可稱鉅構書碑者洛
州河南權懷素不署官位想其時同在軍中也此
二人者文名書名皆不顯傳碑又遠在海東無人
傳搨諸金石家皆未著錄此本係門人常熟言朝
標得之持以相贈而未悉其搨從何處洪頤煊跋
所稱白馬江稽之　盛京通志亦不能得其所在
考薛居正五代史已云百濟在高麗之南渡海始
至其地在唐時分郡縣唐末盡爲高麗所有據此
則此碑當在高麗矣今未能懸定姑詳識之碑云
泗水挻祇九宴遂戮泗與泗同涌也水聲也祇同

妖字書無𡨋字九𡨋未詳又云外棄直臣內信䄄婦此葢列百濟之罪狀稽之百濟傳未嘗叙及續著旗常當作旂常說文分旗旂爲二字音義俱别其旂常自是旂字此則通用也

朗空大師塔銘

碑本高廣尺寸行數字數皆無考行書

上缺收領永以住持秋七月大師以甚愜雅懷始謀棲止此寺也遠連四岳高壓南溟溪澗爭流皓似金□之谷巖巒鬪峻疑如紫葢之峯誠招隱之幽墟亦棲禪之佳境者也大師遍採雲嶽未有定居初至此山以爲終

焉之所至明年春二月初大師覺不悆稱染微疴至十二日詰旦告衆曰生也有涯吾將行矣守而勿失汝等勉旃趺坐繩床儼然就滅報齡八十五僧臘六十一于時雲霧晦冥山巒震動有山下人望山頂者五色光氣衝於空中中有一物上天宛然金柱豈上智順則天垂花葢法成則窆斂靈棺而已哉於是門人等傷割五情若亡天屬至十七日敬奉色身假隷于西峯之麓聖考大王忽聆遷化良惻仙襟特遣中使監護葬儀仍令吊祭至三年十一月中改葬於東巒之頂去寺三百來步全身不散神色如常門下等重覩慈顏不勝感慕仍施石戸封閉大師資靈河岳稟氣星辰居纓裓之英應黃裳之吉由是早栖禪境久拂客塵裨二主於兩朝濟羣生於三界邦家安太魔賊歸降則知大□眞身觀音後體啓靈關而敷揚至理開慈室而汲引羣流生命示亡效鶴樹歸眞之跡化身如在追雞峯住寂之心存歿化人始終靈道可謂定慧無方神通自在者焉　第子信常禪師周解禪師□侶禪師等三百來人其保一區皆居上足常勤守護□□追攀每念巨海塵飛高□電絶累趁魏闕請樹豐碑今上克纘洪基恭承□籙欽崇禪化不異前朝贈諡曰朗空大師塔名白□栖雲之

塔爰命微臣宜□甤白仁流固辞不獲□□之從輒課菲詞式揚□□譬如提蠡酌海莫知溟□之深執管窺天難測穹□下缺

此帖爲朝鮮使臣趙秀三所贈云是晉時金生所書碑內未載金生姓氏字體文體亦不似晉魏人所作大約是唐碑若無書籍可攷言朝標跋

按此碑與百濟碑皆常熟言君所贈碑係裒本背用朝鮮官文書殘紙褾成尚有印文方二寸九曲篆惜糢糊難識也碑首尾殘闕玩其文義當是朝鮮國中某寺之碑寺之所在云高壓南溟者謂東

國之南也云明年三年前段當有紀元葢已缺矣
曰報齡猶言世壽也曰假隸猶言權厝也皆彼國
之措辭碑書栖作捿衝作衝靈作霊弟作第儼作
俨壺作壼幽堀卽幽壙不忿卽不豫安太卽安泰
戓通或借或刖體皆六朝遺法而文辭書體整練
渾厚則初唐之佳搆也書人無姓名可攷撰人名
仁澆見于文中無年可繫姑附百濟碑後言君字
臯雲乾隆己酉進士由刑部郎出爲四川夔州府
知府生平嗜古故能搜採如此

□令賓墓志

石廣一尺八寸六分高一尺七寸八分十七行行十七字正書在孟縣學宮鄭賢祠內

□□□□□墓誌
□□□□令賓南陽人也帝顓頊之苗裔曾□□□魏
征西大將軍祖伯齊北銀州刺史□□隋歷停縣並蘊
山岳之高節苞河漢之□□弈葉光華名流千載也君
德懷邈遠志尚清居慕張議之儐□□□□之貞操行
齊三涇情欣五柳隱不遂□忽由斯起災風濫及先拂
高花忽於顯慶五年十二月廿六日卒於家第春秋八
十有一但以死生契闊幽明有殊卽以辛酉之年月己
酉之日葬河陽西北九里寘寘有分厲之痛永永有莫
覩之悲酸哽不紀其切刊石題之不朽嗚呼哀哉乃爲
銘曰
峩峩高德淼淼懷深志尚沖寂榮位無心神情亮遠淸
居可尋道於時外名利何侵舒散□候放□情沉痼疾
因動大漸相臨死生□闇運往無禁形雖忽謝永播芳
音

右唐河陽某君墓志銘缺一角不得其姓其令賓二
字亦似非名但當爲字至所云南陽人又云卒于家
第又云葬河陽西北九里是則南陽乃其家第而河
陽卽南陽矣厥後李白撰韓文公父仲卿碑云南陽
人新史因加鄧州字遂啓千古爭辨之端葢不知南
陽卽河陽之古名而唐時所通稱者也今得此志豈
非文公爲孟人之一證乎卽張徐州墓志亦正同矣
至唐書宰相世系表言顓帝者不一而此言祖伯齊
北銀州刺史者表既無之又其曾祖并父名在石缺
處可惜也書有古法兼餘遂致今移存縣學云孟縣志

按此碑標題缺五字只存墓誌二字其某姓當在
缺字中文於首行上缺四字下存令賓二字似係
君諱某字令賓其名亦當在缺字中也令賓爲南
陽人而葬于河陽西北九里南陽有二處一爲鄧

縣地東魏置南陽郡析置南陽縣爲郡治齊周因
之隋開皇三年郡廢十八年改南陽縣爲期城大
業初廢唐以其地併入郟城縣屬河南道汝州一
在鄧州南陽郡屬山南道有南陽縣武德八年廢
宛州來屬河陽縣屬河北道初屬懷州顯慶二年
屬洛州後爲孟州治則是南陽河陽顯然二處其
居第及葬處在河陽其先世則爲南陽人唐人撰
誌傳往往追稱其舊貫此爲先籍無疑特不知是
汝州舊稱之南陽抑鄧州現屬之南陽耳河陽古
無南陽之名孟縣志河陽卽南陽者恐非也文云

怪張議之賾□張議疑卽指張儀行齊三涇情欣
五柳當是以三涇比其淸五柳比其高許敬宗嘗
作小池賦有云引八川之餘滴通三涇之洋溢
當時有此語也辛酉爲顯慶六年令賓以五年庚
申十二月卒以辛酉年葬葬之日以己酉不知爲
何月碑但有月字

岱岳觀碑

題記除兩側外共計二十有二則前後刻二石石各高八尺六寸廣三尺七分皆兩面刻其第一面作三截書第二面作四截書第三四兩面皆作五截書行數字數各自分注于後在泰安縣泰山老君堂內

顯慶六季二月廿二日

勅使東岳先生郭行眞弟子陳蘭茂杜知古馬知止奉
爲　皇帝皇后七日行道并造素像一軀二眞人夾
侍

又　此在第一面次截右偏四行行十七字正書

儀鳳三年三月二日大洞三景法師葉法善奉　勅
於此敬□修齋設河圖大□一□
勅敬造壁畫元始天尊萬福□□□德旣畢勒石紀年

又　此在第二面上截十一行行十三字末行官名計二十字正書

大周而穨二季歲次辛卯二月癸卯朔十日壬子金臺
觀主中岳先生馬元貞將弟子楊景壓郭希𤫊內品宮

楊君尚歐陽智琮奉　聖神皇帝勅緣大周革命令
元貞往五岳四瀆投龍作功德元貞於此東岳行道章
醮投龍作功德一十二日夜又奉　勅敬造石元
始而尊像一鋪并二眞人夾侍永此岱岳觀中供養
□承官宣德郎行兗州都督府倉曹參軍事李叔度

又　此在第一面上截左偏六行行十九字末行二十七字正書

大周萬歲通而貳季歲次丁酉東明觀三洞道士孫文
儁奉　而冊金輪聖神皇帝月□日　勅將侍
者姚欽元詣此岳觀祈請行道事畢敬造石而尊像壹
軀并貳眞夾侍庶兹景福永奉　聖躬聊紀其事因

傳不朽
專檢校傳城縣主簿關鹽傳錄事張則生護軍□□
□□□□□勒石紀年
又 此在第二面上截十四行行十一字十四字不等正書
大周聖曆元年歲次戊戌臘(田)癸巳朔貳(乙)甲午大弘
道觀主桓道彥弟子晁自揣奉　敕於此東岳設金
籙寶齋河圖大醮漆(乙)行道兩度投龍遂感慶雲叁見
用齋醮物奉爲　而冊金輪聖神皇帝敬造等身老君
像壹軀并貳真人夾侍
專當官愽城縣尉李嘉應

兗州團練使押牙忠武將軍守左武衛大將軍上柱
國趙俊
兗州團練使都虞候銀青光祿大夫試衛尉卿上柱
國高晃
又 此在第一面第二截右偏九行行十三字共末二行廿一字十七字不等正書
久視二年太歲辛丑𠙺匝乙亥朔二(乙)丙子神都青元
觀主麻慈力親承　聖旨內賫龍璧
御詞繒帛及香等物詣此觀中齋醮功畢伏願　我
皇萬福寶業恒隆敬勒昌齡莫同礪而無朽　侍者道士
麻宏信

祇承官朝散郎行兗州都督府參軍事攝□□□希
□
祇承官登仕郎行兗州都督府錄事劉□
又 此在第二面第二截十五行行十七字至十三字不等正書
長安元年歲次辛丑十二匝己亥朔廿三(乙)辛酉道上
金臺觀主趙敬同侍者道士劉守貞王懷亮等奉十一
匝七(乙)　勅於此太山岱岳觀靈壇修金錄寶齋三
(乙)三夜又□觀側靈場之所設五岳一百廿槃醮禮金
龍玉璧并投山訖又□鎮綵紗繒敬造東方玉寶皇上
而尊一鋪并二真至仙童玉女等夾侍□□□□供養

其(乙)祥風□息瑞雪便□香燭　氤氳○匝明朗神靈
降祉吉祥事畢故刻石記時勒名題(乙)
專當官宣義郎行愽城縣丞公孫杲
專當齋并檢校像官愽城縣主簿□□□董仁智
都檢校官□議郎兗州大都督府戶曹參軍王果
又 此在第三面第二截十四行行十三字至十六字不等正書
大周長安肆年歲次甲辰玖匝甲申朔捌(乙)辛卯
勅使內供奉襄州神武縣雲表觀主廟諱都大洞叁景弟
子中岳先生周廟諱度并將弟子貳至金州西城縣廟諱宮
觀道士梁悟廟諱奉叁匝貳拾玖(乙)　勅令自於名山

大川投龍璧從无上高元金𦂳玉清九轉金房度命齋
叁𡆠叁夜行道陳設醮禮用能而㘴清和風雲靜默神
靈効祉表　　壁壽之無窮者也
　專當官朝散郎行叅軍燉煌張浚并書
　專當官文林郎守博城縣主簿韓仁忠
　專當官宣德郎行□□□劉靈機
又此在第一面第三截十二行行廿三字至廿七字不等正書
大周長安四季歲次甲辰十一𠥱癸未朔十五𡆠丁酉
大□□觀威儀師邢虛應法師阮孝波承議郎行宮闈
丞□□慈卻□□等奉　勅於東岳岱岳觀中建金

籙大齋卌九𡆠行道設醮奏表投龍薦璧以本命鎮綵
物奉爲　　皇帝敬造石□□皇上而尊一鋪十事并
壁畫而尊一鋪廿二事敬寫本際經一部度生經千卷
□□功德奉福　　聖躬其𠥱四𡆠已前行道之時忽
見𡆠𠥱揚光加以拖徹俄頃之際□□頓殊遂有紫霞
□之黄雲乎騁遍滿□場善成功德觀□嘉瑞敢不書
之齋醮既終勒文于石
　專管官宣德郎行兖州都督府叅軍事金處廉
　專管官文林郎守博城縣主簿韓仁忠
　專管官岳令劉□□

又此在第二面三截右偏九行行十三字至十六字不等正書
大唐神龍元年歲次乙巳三月庚辰朔廿八日丁未大
靈道觀法師阮孝波道士劉思禮品官楊嘉福李立本
等奉　勅於岱岳觀建金籙寶齋卌九人九日九夜行
道并設醮投龍功德既畢以本命鎮綵等物奉爲
皇帝皇后敬造石靈真萬福天尊像一鋪
　給事郎試太子中允劉秀艮書
又此在第二面下截右偏九行行廿八字正書
大唐景龍二年歲在戊申二月甲子朔十二日乙亥大
䚾興觀□□□□　勅往東岳陳章醮薦龍璧以其

月廿七日辛卯於岱岳□并□□□□□設金籙行道
凡日九夜燒香𡗝燈□□并設五岳名山河圖等醮□
三□功德事畢奉用　　本命紋繒　及餘鎮綵
敬造鎮國　□□□□皇猷永固與靈岳而恒安國祚
長隆等齊都而自久朝議郎行兖□□軍事王幹朝散
郎行兖州都督府叅軍事上柱國兼直安樂公主府□
□乾封縣令上柱國張懷貞儒林郎行乾封縣主簿騎
都尉韓仁忠等恭□　　斎首沐浴身心虔拜靈壇勒
亦至矣稽首　　无上□□
太山巖巖兮凌紫氛中有羣仙兮乘白雲陳金薦璧兮

口口口
又此在第四面上截十六行行十四字至十六字不等正書
大唐景龍三年歲次己酉三月戊午朔十九日景子奉
勅令𢑑州龍興觀主杜太素蒲州丹崖觀臨齋吕晧仙
京景龍觀大德曹正一等三人於此太山岱岳觀建金
籙大齋報賽前恩追濟兗等州大德卅九人七日七夜
轉經行道設河圖大醮更祈後福以申告請七日之中
遂呈四瑞白鶴騰輝拂霞莊而矯色黃雲覆彩暎巖穴
以通光絲雨飛禎家示九年之蓄烏𪇰抱戴壽返千載
之　君紀時日於青郊勒奇工於翠琰爰紆像一鋪十

一事二　聖本命鎮綵術造
戶曹盧返口
縣令張懷貞
主簿韓仁忠
又此在第四面第二截右偏十二行行二十字正書
景雲二年六月二十三日皇帝敬憑太清觀道士楊太
希於名山斫燒香供養惟　靈蘊冲凝真含幽綜妙類
高旻之亭育同厚載之陶鈞蓄洩烟雲敝虧日月五芝
標秀八桂流芳翠嶺万舒青溪千刃蜺裳戾止恒爲瑤
臺之莚鶴駕來遊即是玉京之域百神翼於遠迹五福

被於黎元往帝所以馳心前王由其載想朕恭膺寶位
嗣守昌圖恐百姓之不寧慮八方之未泰式陳香薦用
表深衷冥冀朋雲降兹休祉所願從今以後淡寓常安
朕躬男女六姻永保如山之壽國朝官寮萬姓長荷擊
壤之歡魚鳥遂性於飛沉夷狄歸心於邊徼實希靈鑒
用副翹誠今因練師遣此深恐
又此在第三面第三截十二行行十五字至十七字不等正書
大唐景雲二年歲次辛亥八月癸卯朔十四日景辰蒲
州丹崖觀上坐吕晧仙奉今年閏六月十九日　勅往
東岳及萊州東海投龍并道次靈跡術功德將弟子二

人蒲州靈仙觀道士杜含光丹崖觀道士王元慶道士
孫藏暉於此三日三夜卅九人金籙行道設齋醮并投
龍
朝議郎行倉曹參軍陸大鵜朝議郎行兵曹參軍高
嵒通直郎行參軍袁幹時宣義郎行瑕丘縣丞裴迥
等奉　都督齊國公崔處分令此起居　吕晧卿
時屬仲秋謹題斯記
又此在第四面第三截十六行行十三字至十七字不等正書
歲六月　我皇有意于神仙　勅使正議大夫内給
事梁思陀寺伯俱難明等与道士任元名於東岳太山

投龍合鍊籠以紫綺送以紺錢皐皇瑒蹐齊焉飛傳而
來矣　都督韋君仰祗　帝命遠挹使車爰擇幹明式
經構葺朝議郎行功曹叅軍兼宣德郎行參軍李烈恭
行郡命屆茲岱嶺因太山之木用近士之人鑿玥巖壁
丹竈列星柱亘虹梁匠無宿舂農不下壠嘗未浹日厥
功已成棟宇已來莫儔其速乾封主簿趙德持劇務以
應諸揔羣事而趍走恪勤匪懈不遑自寧息徒庀工刻
詞貞石于時開元八年歲次庚申七月壬子朔廿日辛
未畢此功也
口尉攝此縣盧滉

又此在第四面第二截右偏四行行十五字至十八字不等行書
開元十九年十一月都大灋道觀主張遊霧京景龍觀
大德楊琬建立真君於此修齋三日三夜
專當官朝散郎曲阜主薄上官賓
登仕郎乾封縣尉王去非
又胡寂等題名此在第四面第四截右偏五行行十字十四字不等左行行書
開元廿年二月口口日　勅使內侍省內謁者監胡寂
判官掖庭局監作甯君愛
口上騎都尉王元口
專知官登仕郎行乾封縣尉王去非

又魏成信等醮告題記此在第三面第四截十二行行十七字行書
大唐大曆七年太歲壬子正月癸未朔廿三日乙巳奉
　勅於岱岳觀修金籙齋醮及於瑤池投告事畢
故題記
修功德　中使內侍魏成信　判官文林郎守內府
丞劉元載
判官掖庭局丞楊彥瓌
小使掖庭局丞魏貴珎
使內供奉道士申昇靈
使翰林供奉道士王崇靜　山人王昌宇

弟子道士李日榮駱真運　大叔法澄
行官陳譽　同勾當官朝議郎行乾封縣尉郭璟
專知齋醮撿校官朝議郎行兖州叅軍王楚典
李志晟　張守珪　行官郭元光　劉仙䰟
又此在第一面下截十五行行十七字左行正書
大曆八年歲次癸丑九月癸酉朔廿八日
修功德中使正議大夫守內侍省內侍員外同正員上
柱國魏成信
判官文林郎守內府丞劉元載
小使文林郎守掖庭丞魏貴珎

翰林供奉道士王端靜等奉今年六月□日
勑於東岳觀金籙行道七日七夜及□瑤池投告□□
高宗　□宗□□□□□□□□并造碑□六所並同
此記
專知官昭武校尉守左金吾衛□□□
專知撿挍熊祭官文林郎兖州瑕丘縣尉□□
同撿挍官宣義郎行乾封縣尉金□□
承奉郎守乾封縣令劉難
山人劉□濟　山人王□宇　隨使□□
又淄州刺史遊記此在第四面第四截右偏七行行十二三字不等行書

淄州刺史王圓　□□□□□□□山人王□宇大靈
十四年二月廿乙日同登泰嶽時真君道士卜皓然嵩
巖道士郭紫微各攜茶菓相候于司馬嶺因憩於王母
池登臨之興無所不至
駈使官樂瓌題記
祭岳官題名此分刻第三四兩面下截共十九行行五字六七字不等行書
鴻臚少卿□偃
祭岳使駈使官□□　率府兵曹參軍□□　門下令
□□奭□　節度逐要官太□□事舍人郭□□
山人王昌寓

左金吾兵曹參軍□□　太常卿李□超　祭岳使□
□　亞獻觀祭□□　終獻禮部□□　侍御史兖州
□□節度押牙殿中□節度都遊奕使事□□濟　兖
州司馬高□　團練判官前章□
建中元年
平盧留□□度判官中大夫撿挍尚書戸部郎中兼侍
御史敬騫
節度押牙中大夫試殿中監馮珣　山人呂滔
文林郎守兖府兵曹參軍田浩　文林郎任城縣尉高
鍠

朝散大夫行任城縣令權知乾封縣令楊序
節度駈使官朝散郎試光祿寺主簿明幹
唐建中元年二月廿九日同□□岳因詣瑤池故志
之
右在第一側下截
任要等祭嶽記并詩此分刻在第二面第三四兩截左偏記六行詩八行行十九字二十字至廿二字皆左行行書
撿挍尚書駕部郎中使持節都督兖州諸軍事兼兖州
刺史侍御史充太州團練使任要貞元十四年正月十
一日立春祭嶽遂登太平頂宿其年十二月廿二日立

春再來致祭茶宴于玆　同遊詩客京兆韋洪　押
衙王遷運　乾封縣令王怦　尉邰程　嶽令元寘
造車十將程日昇後到續題
臘月中与韋戶曹遊發生洞徘徊之際見雙白蝙蝠
三飛盡洞時多異之同爲口號　任要
山翠暮靈洞洞深靈想微一雙白蝙蝠三度向明飛雖
言有兩翅了自無毛衣若非飽石髓那得騰□□偶見
歸堪說殊勝不見歸
同前　韋洪
欲驗發生洞先開氷雪行窺臨見二翼色素飛無聲狀

類白蝙蝠幽感騰化精應知五馬來啓蟄□春榮露覓
□之久鳴騶還慰情
碑兩側
兩側皆廣九寸一作上下二截上截係武后時詩五行下截六行一作五截其第三截詩六行餘或四行五行皆題名惟第一截係宋政和題記七行左行皆行書
五言　早春陪　勅使麻先生祭岳
行博城縣令馬友鹿
我皇盛文物道化而坐先觀㩁走神鬼玉帛禮山川遂
下鑾洲使來遊紫洞前青羊得處所白鶴□時垂度懸
飛龍記昭彰化鳥篇巖風半山水鑪氣揔雲烟光抱□

□(乙)霞明五色而山橫翠嶺外宇□深潭邊侵幕灰團
暖焚林火欲然垂光著草樹春色換山泉伊水來何(乙)
萬駿去幾千山疑小而下壑是會神仙菜令乘凫入浮
丘鸞鶴旋麻姑幾垂栽三見海成田
右在第一側上截
五言　贈諸法師
宣義郎行博城縣丞公孫杲
鸞鶴排霄霧乘鸞入紫烟凌晨味潭菊薄暮玩峯蓮玉
菜佐粱下金飃引窗前蟰傲雲霞際留情□□年
大盤七年正月廿五日徐修文來記

右在第二側第三截
岱嶽寺主良素
岱嶽觀上座董太虛觀主趙元監齋許林　王瑤　王
希嶠
岱嶽山人王寓　渤海高聊
徂來山人高季良　戶曹參軍魏嘉禮檢校齋　辦
張寔
右在第二側第二截左行
岱岳觀主道士趙昌元　使下行劉伯川
太道弟子鄭仙芝

天師下行官邊阿秀　張友朝
守鄆州盧縣丞權知岱岳令畢從勸　羊希復
乾封縣令劉難　石近潘仙觀岳
右在第二側第四截左行
上清靈都大洞三景□□□□嶽
眞君廟院主撿挍道門道士卜皓
岱岳觀二洞法師尹□□　萬歲觀主道上
右在第二側下截

泰山之東南麓王母池有唐岱嶽觀今存小殿三楹土人稱爲老君堂其前存碑二高八尺許上施石蓋

合而束之其字每面作四五層每層文一首或二首皆唐時建醮造像之記周環讀之得顯慶六年一首儀鳳三年一首天授二年一首萬歲通天二年一首聖歷元年一首久視二年一首長安元年一首四年二首神龍元年一首景龍二年一首三年一首景雲二年三首開元八年一首大歷七年一首建中元年一首其空處又有唐代人題名書法不一東側面有詩一首其下題名西側面題名亦有詩一首中二側面皆無字唐碑存於泰山者惟此及元宗泰山銘蘇頲東封朝覲頌二文皆磨厓刻於山上而此碑在山下以小而雙束故不仆書非名筆故摹拓者少而獨完至今因歎唐時六帝一后修齋建醮凡二十許其此二碑亦異乎近代之每歲一碑以勞人而災石者矣但不知趙德甫金石錄何以不收恐古人碑記失傳者正多耳碑下爲積土所壅予來游數四最後募人發地二尺下而觀之乃得其全文云　碑凡大周年者天作而地作埊人作𤯔聖作𨲢臣作𢘑年作𠡦月作〔出〕亦作匝韻會以匝爲生字誤考此碑及順陵碑匝字並是月字日作〔乙〕星作〇正作𠙺授作𥠢契苾明碑授作𥠢初作𡔈唯𡕀字無可考疑是應字凡數字作壹貳叄肆捌玖等字皆武

后所改及自制字其墨歷年記有云設金籙寶齋河圖大醮來〔乙〕來古七字大元經元攤曰退諸來政元梲曰梲擬之二來方言曰吳有來娥之臺晉束晳元居釋夕宿七娥之房王莽候鉦銘候鉦重五十來斤是也後人不知妄于左旁添鑿三點淺而大又稍偏知非一筆唐碑書七字亦有作桼者今墨子書周公旦朝讀書百篇夕見漆十士疑參五經文字七作漆後人省筆作柒宋郎漆之草書趙古則謂以七漆二字合成造之非也山海經剛山多柒木水經注漆水下有柒縣柒渠柒谿字皆作柒柒今作柒又染之省舊唐書睿宗紀先天二年三月癸巳詔制敕表狀書奏牋牒年月等數作一十二十三十四十字是知前此皆借壹貳等字矣不知其始於何

年也　程大昌演繁露曰古書一爲弌二爲弍三爲弎蓋以弋爲母而一二三隨數附合以成其字特不知單書一畫爲一單書二畫三畫爲二爲三起自何時今官府文書凡其記數皆取同聲而點畫多者改用之於是壹貳叁肆之類本皆非數直是取同聲之字借以爲用貰點畫多不可改換爲姦爾本無義理若十之用拾八之用捌九之用玖尤爲不倫韻會捌破聲劉歆遂初賦石捌破之嵒嵒亦有似可相通者易之參天兩地左傳自參以上則往稱地來稱會是嘗以參爲三矣考工記鍭矢參分茀矢參分莊子參月而後能外天下史記滑稽傳飲可八斗而醉二參並以參爲三顏子

不貳過士有貳宗國不堪貳爲其與正爲副則貳之爲貳尚或可以傳會矣在顏師古時江充傳固已訛大臺爲太壹又薛宣傳本曰壹笑爲樂而俗本乃改壹笑爲壺矢此時一已爲壹矣若元本不用壹字則一字本止一畫何緣轉易爲壺也又今漢書凡一字皆以壹代詩壹醉日富壹者之來大學壹是皆以修身爲本周禮典命其士壹命公羊竇公二十九年傳許夷狄者不壹而足則一變謂壹已在師古之前矣冊府元龜謂叙傳班壹當作一流俗本改壹爲訛非也然而古今經史凡書千百之字無有用阡陌之阡伯叔之伯者予故疑舊本不曾改少畫以從多畫也然不能究其起自何時　洪氏

容齋隨筆曰古書及漢人用字如一之與壹二之與貳三之與參其義皆同鳲鳩序刺不壹也又云用心之不一也而正文其儀一也表記節以壹惠注言聲譽雖有衆多者節以其行一大善者爲謚耳漢華山碑五載壹巡狩祠孔廟碑恢崇壹變祝睦碑非禮壹不得犯而後碑云非禮之常一不得當則一與壹通用也孟子市價不貳趙岐注云無二價者也本文用大貳字注用小二字則二與貳通用也易繫辭參天兩地釋文云參七南反又如字音三周禮設其參注謂卿三人則三與參通用也　册府元龜文宗太和

二年十月詔天后所撰十二字並却書其本字今按景龍以後碑志之文固皆書其本字矣不知何以復有此詔　陪勑使麻先生祭岳詩在岱岳觀東側面其文剝蝕不全久視二年記所稱神都青元觀主麻慈力即其人也武后遣之至觀修醮神都即東都故有伊水嵩嶽之句　岱嶽觀王圓題名此碑有開元十九年二十年建中元年貞元十四年題名都督兖州諸軍事任要行博城縣丞公孫杲二詩此碑前文從右方起後詩并題名或從右方起或從左方起每層高下多寡參錯不一以文意筆法求之乃可辨其

題訖凡唐人紀遊題名皆就舊碑之陰及兩旁書之
前人已題後人即於空處插入大小高下皆無定準
宋初亦然自大中祥符以後題名者乃別求一石刻
之字體始得舒縱亦不與舊文相亂然石小易於搬
取故題名愈多而存者愈少今之溝渠碾磨之間皆
是物矣此碑西側面又有宋政和甲子題名一條
又按荼荈之荼與荼苦之荼本是一字古時未分麻
韻荼荈字亦只讀爲徒東漢以下乃音宅加反而加
字音居何反猶在歌戈韻梁以下始有今音又妄減
一畫爲茶字此碑兩見荼字皆从草从余可見唐時

字體尚未變爾雅檟苦荼廣韻九麻中有荼字又有
茶字注曰俗是也　又任要題名貞元十四年正月
十一日立春祭嶽遂登太平頂宿其年十二月廿一
日立春再來致祭荼宴于茲曰荼宴者蓋唐時祭畢
猶不用酒今不然矣（金石文字記）
記凡有八天授年間者一萬歲通天年間者一聖歷
年間者一久視年間者一長安年間者一其中文內
數目字作壹貳叁肆捌玖等字謂皆武后所改顧亭
林證以演繁露謂古已並作此字雅古文經史凡書
千百之字無有用阡陌之阡伯叔之伯者以余考此

書阡伯字經或無文然記傳蓋嘗有之矣管子四時
篇修封疆正千伯注千伯即阡陌也董仲舒云富者
田連仟伯過秦論起仟伯之中而漢書食貨志商君
壞井田開仟伯此數字雖不專以數目言然仟伯與
阡陌字古亦同用至志下文云商賈亡農夫之苦有
仟伯之得師古曰仟謂千錢伯爲百錢則數目字亦
作仟伯如是見于史者非其徵與（周書克殷解命南宮百達遷九鼎揭
用修云百達即伯達百與伯亦同用）又顧氏引冊府元龜文宗太和二
年十月詔太后所撰十二字並却其本字今按景龍
以後碑誌之文因皆書其本字矣不知何以復有此

詔予檢容齋續筆唐中宗既流殺五王再復武氏陵
廟右補闕權若訥上疏以爲天地日月等字皆則天
能事賊臣敬暉等輕紊前規削之無益于淳化存之
有光于孝理疏奏手制褒美據此則僞撰字已復行
至文宗乃見于詔文始以掃除其迹耳顧氏殆亦未
之詳也與（授堂金石跋）
右雙碑合而爲一以石東之凡四幅及碑側碑額題
字三十四段文字大小參差不一元按此碑著錄自
國朝顧亭林始予至山左更搜拓今本較顧爲多
內稱大歷十四年二月廿七日同登泰岳爲淄州刺

史王圓案天寶元年改刺史爲太守此當大歷將稱刺史由至德二載官名復舊也又建中元年二月有節度判官中大夫檢校尚書工部郎中兼侍御史敬謇見唐書宰相世系表謇建州刺史書謇爲騫表誤也又有朝散大夫行任城縣令權知乾封縣令楊序序亦見表觀王房但未著其歷官亦有闕漏也又有文林郎守兖府兵曹叅軍兖州爲大都督府故有府稱其稱節度驅使官者藩鎮自所署置威權移於此矣顧氏自述來遊數四募人發地得其全文今元更爲補遺如此益嘆搜奇難盡也山左金石志

按此碑今俗稱鴛鴦碑二石合爲一兩面兩側其刻三十二段今所錄者惟唐刻尚有皇祐政和題名三段應入于宋此不錄也碑書次叙參錯今依年號次第錄之而某段在上下前後左右仍詳註于各條之前後題之有年號者始于顯慶六年訖貞元十四年係屬一碑不宜離析併錄于此其首條曰顯慶六年二月廿二日高宗本紀是年二月乙未改元龍朔二月丙寅朔乙未是晦日則廿二日尚是顯慶六年也郭行眞稱東岳先生者道士而主東岳也未有賜號但謂之先生皇帝爲高宗

皇后即武后七日行道者謂建道場七日也今道觀法師齋醮主法者謂之主行即此行字述素像者素與塑通用此爲泰山設醮之始越六年乃有封禪之舉矣此下曰儀鳳三年大洞三景法師葉法善兩唐書有傳云法善少傳符籙高宗聞其名徵詣京師將加爵位固辭不受求爲道士因留在內道場供待甚厚此所謂大洞三景法師者當是高宗之賜號三景者雲笈七籤云三洞經第一洞眞第二洞元第三洞神乃三景之元白八會之靈章此云大洞蓋合三洞而名之法善此時奉敕

於此設河圖大醮也造壁畫元始天尊蓋修齋必兼造像或素或畫相間行之此下曰大周天授二年有道士馬元貞稱之曰金臺觀主中岳先生此中岳猶郭行眞之謂東岳也有內品官楊君尚歐陽智琮唐書百官志龍朔二年改內侍監爲內侍省有高品一千六百九十六人品官白身二千九百二十二人此云內品官是內侍省之品官也奉聖神皇帝勅者垂拱四年五月武后加尊號爲聖母神皇以得寶圖于洛水稱之曰天授聖圖其後遂改元建號曰周又加尊號聖神皇帝此是改元

之二年命元貞往岳瀆投龍作功德以告革命之事元貞于此東岳行道章醮投龍作功德一十二日夜造石元始天尊像一鋪按韓駒東齋紀事云道家有金龍玉簡學士院撰文具一歲齋醮投于名山洞府金龍以銅制玉簡以階石制即此所謂投龍也顯慶六年行道止于七日此作功德乃一十二日夜矣凡造像少者止一軀多則謂之一鋪此天尊像曰一鋪明非一軀也此下曰萬歲通天二年東明觀三洞道士孫文儁奉天册金輪聖神皇帝勅紀稱武后以天册萬歲元年加號爲神大

年三月改元萬歲通天至是詣岳觀行道造石像一軀後有專檢校銜名謂檢校造像之專官也此下曰聖歷元年臘月癸巳朔大宏道桓道彦奉勅設金籙寶齋河圖大醮七日行道兩度投龍造等身老君像一軀後有專當官銜名其云臘月者武后自永昌元年改用周正以建子爲歲首臘月者丑月也武后末年有中丞桓彦範與張柬之等謀復中宗此有道士桓道彦殆彦範之族歟金籙寶齋河圖大醮金籙與黃籙同爲道家齋醮之法隋書經籍志道家潔齋之法有黃籙玉籙金籙三洞

經教王川黃籙者帝之金簡也胡聖黃君傳結壇之法有九中三壇其上曰黃籙延壽壇其中曰黃籙祿慶壇下曰黃籙驅邪壇唐六典祠部郎中員外郎掌祠祀享祭天文漏刻國忌廟諱卜筮醫藥道佛之事凡天下觀總一千六百八十七所每觀觀主一人上座一人監齋一人齋有十名其一曰金籙大齋其二曰黃籙齋（餘不錄）其設齋行道之法則六典未詳也雲笈七籤云順天興國壇凡星位三千六百爲普天大醮延祚保生壇凡星位二千四百爲周天大醮祈穀福時壇凡星位一千二百

爲羅天大醮此云河圖大醮雖未詳其壇位要亦彷彿三壇之儀也行道祗七日而投龍有兩度則其儀有加矣造等身老君像等身者與人身等也此特云等身則其他造像之不等身可知矣專當官者猶言專管官專辦齋醮造像之事也當勾當也亦即管勾也此下曰久視二年太歲辛丑正月二日丙子神都青元觀主麻慈力賫龍璧御詞繒帛香後有祗承官銜名久視元年十月已復寅正此正月寅正之正月也是歲正月丁丑改元大足正月乙亥朔丁丑爲三日此是正月二日事故仍

稱久視二年周制不避唐諱故直書丙子萬歲通
天元年登封嵩山以岳爲神岳其地爲神都此稱
慈力乃神都青元觀之道士也此次祇是龍璧香
帛之禮無設醮造像之文龍璧謂金龍玉璧非刻
龍於璧也祇承官皆兖州都督府官承應其事者
也此下曰長安元年歲次辛丑十二月辛丑歲年
號有三初曰久視繼曰大足至十月改元長安此
十二月乃改元以後也道士金臺觀主趙敬同奉
勑修金籙寶齋三日三夜又於觀側設五岳一百
廿槃醮禮金龍玉璧並投山訖又有鎮綵紋繒造

東方玉寶皇上天尊一鋪後有專當齋并檢校像
官銜名金籙卽金籙通用字此次修齋祇三日夜
亦云簡矣然所謂設五岳一百廿盤醮禮則已前
所無也玉璧代玉簡投山卽投澗之意鎮綵紋繒
者卽下文本命鎮綵物也造天尊一鋪二眞人夾
侍皆已前所有此更有仙童玉女等則刱見也觀
後列銜名可知勾當修齋是一事造像是一事而
博城主簿董仁爵兼之也下曰長安四年九月勑
內供奉三景弟子中岳先生周元度修度命齋三
日三夜此下卽于是年十一月威儀師邢虛應法

師阮孝波承議郎行宮闈丞某等奉勑建金籙大
齋四十九日奏表投龍薦璧以本命鎮綵物造天
尊一鋪十事壁畫天尊一鋪廿二事書本濟經一
部度生經千卷後有專管官銜名威儀師者道職
也宮闈丞者唐書百官志內侍省監從三品少監
內侍皆從四品上其屬有六局曰掖庭宮闈奚官
內僕內府內坊不云其爲丞據此碑稱行宮闈丞
則知六局皆有丞矣承議郎階正六品下是亞于
少監內侍也設齋至四十九日又造像一鋪有十
事畫像一鋪廿二事書經至千餘卷皆已前功德

所無者專管官猶專當官也此下曰神龍元年三
月大宏觀法師阮孝波奉勑建金籙寶齋四十九
人九日九夜爲皇帝皇后造天尊像一鋪中宗以
是年正月甲辰監國改元神龍丙午復位三月復
國號唐此碑在三月故直稱大唐也阮孝波前條
但稱法師此則稱大宏道觀法師矣建齋九日夜
較四十九日夜者爲簡而四十九人之數則前條
所無者末不著專管官而有書人劉亘秀銜名與
前異也此時武后尚在而修齋造像但爲皇帝皇
后兼除之理然也然武后之世屢行齋醮固不足

諭中宗一旦反正其整飭綱紀必多先務而乃首蹈武后之轍急急爲此求福之事唐書贊所謂下愚之不移者此亦其一端也此下曰景龍二年二月廿七日辛卯設金籙九日九夜燒香然燈并設五岳名山國等醮用本命紋繒及餘鎮綵造像朝議郎王幹等沐浴身心虔拜靈壇勤亦至矣詳玩此語乃本觀道士所記也二月廿七日辛卯按二月甲子朔則辛卯是廿八日不知何以云廿七也五岳名山等醮前條未見又前條皆云本命鎮綵物此條曰本命紋繒及餘鎮綵是本命與鎮綵物

爲二事也末有太山巖巖方韻評三句非詩非頌未詳何意竹垞跋以此語爲張懷貞作似亦無確據此下曰景龍三年三月勅道士杜太素呂皓仙霄正一三人建金籙大齋追濟兖等州大德四十九人七日七夜轉經行道夾紵像一鋪十一事二聖本命鎮綵修造修齋用四十九人前條不云某處道士此獨詳言濟兖等州大德又行道而加以轉經亦前所無者云紵像則知非雕非素直以本命鎮綵裹飾爲之也此下云景雲二年六月皇帝敬憑太清觀道士楊太希於名山術燒香供養此

役是睿宗手勅有云恐百姓之不寧慮八方之未泰式陳香薦用表深衷又云朕躬男女六姻永保如山之壽國朝官寮萬姓長符擊壤之歌方是時韋氏反逆中宗被弒公主駙馬並遭誅戮男女六姻之禍亦云慘矣籍茲香薦以冀祓除且惓惓及于官寮百姓詞旨悱惻較前此之貢諛飾美者異矣云所燒香者當是于名山所取香木爲供養猶今人用速檡柏檟之類也碑書于例作于刅通用字不作栗則从篆也此下曰景雲二年八月蒲州丹崖觀上坐呂皓仙奉勅往東岳及萊州東海投

龍并道次靈跡修功德末云陸大鵠等奉都督齊國公崔處分令此起居呂尊師呂皓仙前條稱蒲州丹崖觀監齋此則稱爲蒲州丹崖觀上坐殆道職亦有超擢也此次不獨爲東岳凡道次經過靈跡皆作功德也都督齊國公崔不署其名新唐書崔日用傳中宗時日用拜兵部侍郎兼修文館學士帝崩韋后專制畏禍及更因僧普潤道士王曄私謁臨淄王以自託韋氏平以功擢黃門侍郎參知機務封齊國公坐與薛稷相忿競罷政事爲婺州長史歷揚汴兖三州刺史碑稱齊國公與傳合

而云都督者即兗州刺史也日用前以僧道之力
得私謁以自託此時失政出守思更假道士之力
以求內召寃見呂晧仙屢奉勑使因遣官起居以
申結納之意則以崔爲日用固無可疑者矣此下
曰開元八年勑使于太山投龍合鍊寵以紫紵送
以紺錢都督韋君式經搆葺因太山之木用近土
之人以七月廿日畢功葢紀葺建之事投龍而加
以合鍊及紫紵紺錢皆前條所未有此下曰開元
十九年觀主張遊霧建立眞君修齋三日夜未有
專當官銜名而不云奉勑此下曰開元廿年勑內

侍省內謁者監胡剏等又有專知官銜名而不書
齋醮之事百官志內謁者監十人正六品下胡剏
即此官也此下曰大歷七年勑修齋醮投告瑤池
而後有中使判官府丞小使內供奉道士翰林供
奉道士山人弟子大叔行官皆前條所未備者又
有同勾當官專知齋醮檢校官等銜名此下曰大
歷八年奉勑行道七日夜瑤池投告下云造碑口
六所則前條所無所勑中使等銜名與上年同後
有專知官銜名此下曰淄州刺史王圓等大歷十
四年登泰嶽隱王母池樂壞題記此下是建中元

年鴻臚少卿口倀等祭岳題名此下是貞元十四
年正月十二月兩度立春任要等祭岳題記及詩
同作者韋洪唐書禮樂志五岳四鎮歲一祭各以
五郊迎氣日祭之東岳岱山于兗州此立春日所
以有祭岳之舉然此是歲行常典而留題刻石者
僅見于此任要亦贇刺史矣此下是馬友鹿陪麻
先生祭岳詩麻先生者即青元觀主麻慈力也此
下是公孫杲贈諸法師詩此下是袮軍岳令觀主
山人等雜題名而岱寺主僧艮素亦與焉自馬友
鹿以下皆無年號並附于後總計兩碑中所載八

帝一后凡一百三十餘年前後齋醮投告之儀備
詳于此此等正史禮志之所不書禪官傳記之所
未及而遺文軼事亦足以裨史家之考證予故亟
爲序錄而詳說之其任要等所作詩唐音統籤所
未採

金石萃編卷五十三終

金石萃編卷五十四

賜進士出身　誥授光祿大夫刑部右侍郎加七級王昶譔

唐十四

六祖墜腰石題字

石高廣均一尺六寸五分題五字隸書餘正書

六祖墜腰石

龍朔元年

□黑齋居士蔣□勒石

塊石繩穿祖跡留曹溪血□此中收應□一片東禪
月□□□□四百州

□□四祖遠孫□□□□

許洛仁碑

碑連額高一丈一尺三寸廣四尺五寸三分三十九行行七十七字下半截磨滅正書額題大唐故□□大將軍代州都督許公之碑十六字篆書陽文在醴泉縣昭陵

唐故左監門將軍冠軍大將軍使持節□□代忻□蔚
西州□□□代州刺史上柱國許公□□并序
□□□□□□□□□
蓋聞在天成象辰緯昭其度在地成形山岳閑其寶鼠
氲感會孕□英□□□□神□周下闕□□耿賈□洪烈
爰披荆棘遂偶會昌望□爲麟庶可揚摧公諱洛仁字
□博陵安□人也始自穎川□□□下闕列於東魯春秋
□恩錫珪顯於西京□戚豈惟叔重博物立言不朽固
亦子將清鑒月旦稱工年祀綿邈□□□武下闕□□□
□□照情曲□慶清風獨開心鏡郎安樂王權居晉陽
祖虎齊儀同三司善元郡守武川鎮將襲爵寧□縣公
□□□□□□下闕□□□□□□□盪都督□州刺
史江夏縣開國公學窮訓詁智周微忽言多去伐動必
師古建旗杖節恩洽去思開國承家義光公□公□□
□□下闕□□□□□□□□□□旅□□者
見之雅相推挹歎曰此兒郎公侯子孫必復其始年甫

弱冠氣蓋關河節慕原嘗志淩□□□□長□□□下闕
□□□□□地之深□□有□天之□□□迹閭巷潛結
英雄載懷圯上之書寧羞跨下之辱炎靈摽季綱密秋
荼前代衣□逆□宿衞□□□□□□下闕□□□□
□　高祖膺□□之運掃熒燎之苦　太宗
挺廼聖之姿救昏墊之疾援旗異野杖號參墟
文皇昔在龍潛□□英傑下闕都尉□□□士馬之□□
甲兵之富俱迷天命莫悟眞主　文皇引公等敷
人密圖討擊二凶授首三軍告慶昔□□□兵誅下闕之
□□賁冠終古□□□□大夫　文皇引公於內營

爲領兵壁主授之崇旅委以兵機雖廢公之誠著犇車
典□之勣宣繞□□之□□□下闕□□□□緐□
□□□□□公或□□成□或掉鞅致師取汾州□柏
壁破宋老生軍擊□州□陳皆親領選士屢□就敵仍
治平京□□□□□□□□□下闕□□□□□□□□□□
□□□衛車騎侯君集段□脩軌□莫府功臣悉在部
□薛仁□妄假大名僭竊隴右□承竇融之機翻□□
元之□□□□□□□□下闕□□□□公宏龍韜豹
變之□□鷹揚□□之姿火烈振其英武泉涌符其智
略勳高諸將賞懋恆序王充跨據伊瀍盜乘輿之器服

實德并有趙魏□□□□之□□　□□□□□□□□
□□□□公內□□□外捍牧圉洛汭邙山風馳電擊
城皐□武霧卷冰銷雖　叡筭神謀出於九天之上而
摧堅陵險寔惟三令之威及飲至□勳□□□□□□
□□下闕□□□□□□□□之重責以綏撫之□公以羈
靮之勤屢移寒暑推解之惠有背心燕脊戀　鴻恩罔
辞朝寵載感　天聰遂停嚴會既而□□□□下闕□
□□□□公□去官于時武德之九年也其年授大
明府別將尋轉本府統軍貞觀二年除右衛原城府統
軍以屠龍之伎處割鷄之□小道既□□□方□□年

授右武衛下闕□爪牙奉　勑□□□□□元武
門宿衛供奉九年加雲麾將軍行右武衛中郎將十八
年行左監門中郎將兼峻□章授上護軍公翊衛□陳
□□下闕□秋之□畫地□□若夫　紫宸清肅□門
有閑　皇居嚴閟洞戶增深金鋪激日銅鑠□夜
委命腹心管其樂籥十八年除□監門將軍□□下闕
之□□□方其□□□陽居上將之列纔可匹此儀形
從尹之望既隆順帝之情逾□朝夕□侍驅馳密勿
太宗嘗從容謂公曰我□□□□下闕□□疇□□
□於□卿□□別與朕相見欲□□論□□之事昔者

王業權輿帝圖草剏　太宗經綸天下曾涉戎行
險阻艱難備嘗之矣公於武□□□□□一匹下闕
□□□□□陳指□必□此□　聖旨自謂其
目號曰洛仁騧及天下太□思其驂服又感□仁誠節
命刻石圖像□於　□□□□□□□下闕□□
□□□□□□遣類□□耶小公又於萬年宮進馬
一匹　聖情喜悅乃親乘御顧謂群臣曰此人家中
恒出□馬下闕□□□□□□□□□　文
皇嘗於琵琶中度曲付聲以示群下　上因顧問曰諸
人有識此曲者乎群臣離席將對而未□所說公□前

□日此□□□□之□□闕下此□□□□□□□□□
□□□州郎公之本邑公自以與府□舊賴所隆重乃
獻食上壽并進女樂廼誠所感親爲舉觴因問公□□
□□闕下□□□□□□□　□□□□　□□公有□
人之□□慰勞賜物是日賚公絹一百匹令□鄉親十
日聚宴文衆若觴事匪曲□□□過家□家□□□
□□□闕下□□□□以公事□□□□□□之□□
□□之重乃召公以雲麾將軍□衆朔望祿賜同京官
防閤三分減一　　劉文追旌以伐□遲□□
□□□□□□□□□闕下□□□□□□□□□□□

□□□□□□□紐而狎池臺或指閈濟之或寘驛招
士趙瑟秦箏將雛集鳳韓娥楚袂飛塵留客方謂□□
延年□□□□闕下之□□從□□以□勅二
年四月十□日□□□私第春秋八十有五
皇帝歎歲月之居諸聽鼓鼙而惻愴賻贈之儀有加
常典乃下　詔曰故□□大□□許洛仁□□□
□□□□□一□□□□□膺伍□於□□□□
□□□□□□既受寵命遒隧方畢優閑奄傷淪逝宜
加褒錫式旌泉壤可贈使持節都督代忻□蔚四州諸
軍事代州刺史□□□□□□陪□　昭陵賜

□□二百段喪事所須□宜官給□□□□□一人爲
其撿校并度三人出家以追冥福謚曰勇公禮也郎以
其年十一月十七日葬於　□陵□□□□□
□□□□□□□　□□□鄙其糟粕深明□□
□□□然英□□武毅□□□其秘訣早符白水之
祥妙辯黃龍之運　太宗文皇帝上迴乾軸下糸
坤維□一德而□黎□□三餘而□□□□□闕下
□□□□公□□□□□□六□□其威聲兩河
宜其智力金鼓之下氣讋万夫玉帳之前算居九變耿
□之妙雲鷩裁末擊虫之□電駭□□以百□□□之

□□□□□□之□　□□□□□□□□□□□
□□□□□□□□□□□□乎荷何肅勳齊乎絳灌
而子房鳳戢莫遂赤松之遊張至篤□俄車白駒之歎
朱旆元甲永侍茂陵之□□□□□□□□□□□
□□□□□□□□□闕下□□□□□□□□
性爲至德之首居要道之極旣峻□運之墓且開京兆
之阡以爲東觀紀□□簡□□方□□□□□□□□
□□　石□□□□□□□□□□日
華陽應籙潁川祚土昭彰八代爲弈千古承此丕基不
斯多祜功顯官族□□書□景福元感降生□□□

□□□□□□□□□□□□□□□□山□□□□□
□□□□□□□□□□□□□□義橫秋或輾車馬
亦弊衣裘駈驄原孟藉甚公侯於帷元鑒擬躋先覺壯
志紛紜奇材卓犖預□□□先□□□□□□□□□
□□□□□□□□□□□□□□□□□□□□□□
□□□□□□□縱鞭猴同授馬橫圖禁闥紫極兵攔
表忠書令拜將升壇或淸玉軌□□帝難□□□肅武
□桓桓山□□□□□□□一□□□□□□□□□□
□□□□□□□□□□□□□□□□□□□□□□
羅雲霞獨遠篠竹相和逶迤朝請從容薛蘿壽錫難老

功破登敵東川闕□西階啓藏□厚賜□勳高□□□
□□□闕下□□闕下
洛仁附見許世緒傳末數語碑載甚詳但半泐不可
讀正書極似隋賀若誼碑石墨鐫華
按碑缺其下半存者約一千七百餘字兩唐書俱
附見其兄世緒傳極簡略但云許世緒并州人弟
洛仁亦從起晉陽錄功至冠軍大將軍行左監門
將軍永徽初卒贈代州都督謚曰勇陪葬昭陵今
以碑所存字攷之公諱洛仁字濟博陵安喜人也
唐書地理志定州博陵郡屬河北道安喜其屬邑

也與史傳作并州人者異碑敘其先世推原春秋
兩漢無論已至述其近代云祖彪齊儀同三司善
元郡守武川鎭將襲爵寧□縣公闕下盩都督□州
刺史江夏縣開國公此必是敘其父事又祖彪以
上必有敘其曾祖事碑俱泐矣許彪北齊書無傳
不能詳攷碑此下是敘洛仁本事有云前代衣□
蓮□宿衞是在隋時事高祖膺□□之運掃炎燎
之苦太宗挺超聖之姿拔昏墊之疾授旗異野杖
號參墟又云文皇引公等數人密圖討擊二凶授
首三軍告慶又云文皇引公于內營爲領兵壓主

授之禁旅委以兵機此皆初起晉陽及誅建成元
吉事也又云取汾州□柏壁破宋老生軍擊□州
取臨汾及擒斬宋老生皆開皇十三年八月事柏
壁之戰是武德三年擊敗宋金剛事擊□州當是
擊蒲州亦三年事又云薛仁□妄假大名僭竊隴
右此是武德元年討薛舉及其子仁杲事又云王
充跨據伊瀍竇德并吞趙魏王充即王世充竇德
即竇建德對王充亦去建字此與等慈寺大唐紀
功碑同例皆武德三年事此上所敘戰功與本紀
先後多參差又云公□去官于時武德之九年上

文缺泐不知所去何官也下云其後授大明府別將等轉本府統軍貞觀二年除右衛原城府統軍奉勅缺六字元武門宿衛供奉九年加雲麾將軍行右武衛中郎將十八年行左監門中郎將授上護軍又十八年除□監門將軍蓋由中郎將除將軍同在十八年而紀年複出也又云聖旨自謂其目曰洛仁騟此指進馬一匹事騟本騧字作騟者宋明帝所改也刻石圖像乃畫馬而刻石也公又於萬年宮進馬一匹此當是高宗永徽五年事是年始改九成宮爲萬年宮也其時洛仁或從行而進

馬然萬年宮銘碑陰從官題名無洛仁姓名又云文皇嘗於琵琶中度曲忖聲以示羣下上因顧問曰諸臣有識此曲者乎羣臣離席將對而未□所說公□前□曰云云唐書禮樂志五絃如琵琶而小北國所出舊以木撥彈樂工裴神符初以手彈太宗悅甚後人習爲搊琵琶又舊唐書音樂志杜淹曰前代興亡實由于樂陳將亡也爲玉樹後庭花齊將亡也爲伴侶曲行路聞之莫不悲泣所謂亡國之音也太宗曰不然音聲能感人自然之道也歡者聞之則悅憂者聽之則悲今玉樹伴侶之

曲其聲具存朕當爲公奏之知公必不悲矣又唐音統籤有太宗詠琵琶詩據此則太宗善度曲而喜琵琶可爲此碑之一證也碑又云乃召公以雲麾將軍□叅朔望祿賜同京官防閤三分減一此敘乞骸骨之事又云以□朔二年四月十缺六字私第春秋八十有五蓋以龍朔二年薨傳云永徽初卒者誤也又云贈使持節都督代忻□蔚四州諸軍事代州刺史陪葬昭陵賜□□二百段喪事所須並宜官給缺五字一人爲其檢校并度三人出家以追冥福謚曰勇公禮也卽以其年十一月十七

日葬於昭陵此其飾終之典也陪葬者皆有正副二使監護喪事此則云一人檢校又度三人出家尤他碑所無者碑中所紀洛仁事蹟可見者大略如此碑書領兵墜主當是隊主莫府當是幕府城皐當是成皐哀錫當是褒錫皆借用字

杜君綽碑

碑缺下截連額存九尺六寸廣四尺七分三十九行每行字數不可攷正書篆額在醴泉縣昭陵

大唐故左戎衛大將軍兼太子左典戎衛率贈荊州都督上柱國懷寧縣開國襄公杜公碑

殷王府□□□□□□□□□□文館高正臣書

上闕□□□□□□□□□□□□□□□□□□□□
□□□□□□□□而□德彔□徽猷□□□□□□
□垂芳衮侍中□□□□□金之□闕下□以□□□□
歌而闡化祖□北齊舉秀才投□□功曹□□□□□
闕下□□□□□□□□□　皇朝拜使持節汝州諸
軍事汝州刺史納灑秀起□□□□□闕下□□□之
□□平弁歲□忠信之甲胄□儒壘之城□□讓惟於
仁□□□□闕下□□□□□□□□□□□□□□□
闕折鍵之材踰羣拔□落鴈吟猿之技槃俗摽時□夫
旬□□□□□闕下朝□劍而歸□輸誠　陝主義

寧之始□□都投義闕下□□□□□□□□□□□□
□鳳邳于時國步□艱方隅未一闕下已摧末金□於夏
縣雖運□舞□縱以神□而□□□□資□□　公闕下
□□□□□□□□□　御輦矢及　宸闕闕下□
□人□□□□□□□□□□□□□□□□□□□
□□□□□□□□闕下□□□□□□□□□□公□
□□□□□□□□□□□□□□□□闕下□之□冊
□侯之□□□□□□□□□年授忠武將軍行左監
門中郎將加護軍□衛縮忠醇踐中郎之職韓□□達
□護軍之□□□漢魏是闕□□□□□□□□□□

□□□□□□　詔於元武北門留守賜綵一百段
洎　鑾輿旋闕賫物如前迨平從幸靈武　賜馬兩
匹□綵五闕下詔公居守宮闕之重帑藏之寄亟承
天盼彌劭忠肅廿三年正除右領軍將軍加上護軍檢
校左武候將軍□屯營兵知□□屯羽林於中闕下謨
篤□□慎稱平損益統彼兵權而巳哉永徽之初兼檢
校左武衛將軍又檢校右武候大將軍兼知右箱諸門
兵馬隊使許仲康□忠勇乃儕其闕下□□□□我
彼亦多愧河鞏之地是□膂京近控三州遥分九谷測
圭定鼎宅中觀陝華闕□雲雕宮納景眷言監守式候

朝賢其年奉闕下□□□□□□都城□□加上柱國
及　天蹕□巡以公留守稱旨賜黃金一百兩絹一
百五十匹從幸許州□　勅檢校左衛將軍□□□闕下
人□景□□之□□太子左衛率　詔曰左領軍將
軍懷寧縣開國公杜君緯志性沉果識懷淳懿時逢帝
搆宣力於霸朝運偶□□□官於陛闕下□□□□□□
□華紫禁奉　□於蘭□騰芬青陸□周廬於桂宮兼
緣斯美忠勤允著頃之奉使於鄭州道簡點明年又□
□東道經略大使賜闕下□□□等□□□甸□□□□
□宣□□節於□□三韓之酋載惕朔嘉其美錫以崇

章拜□碩軍大將軍龍茂登遐榮高坐樹董司戎政爰
□不（下闕）京龍朔二年冊拜左戎衛大將軍兼太子左典
戎衛率　冊曰夫五□斯重允切於惟舊三宮以穆
□（下闕）光膺卜洛之寄羽旒東臨克降藩華之守綢繆心
膂□懷弼亮□□鈞陳□望攸屬往欽□□其□（下闕）於
滕岸泰　天遊於□奔豈□逝川□反□□沙洹之
祇藏山不留俄深遊岱之恨春秋六十有二以龍朔□
□□□廿五□□朝薨於□廡（下闕）天子宸悼廢朝二日
乃下　詔曰□□□□□□□□於還□□棺襚禮事攀
於遂圖故左戎衛大將軍兼太子□典戎衛率杜君綽

器用□□體局（下闕）弼□□賑登□功宣代□當五營之
劇務總七萃之機謀時歷二朝年將四紀永言勳舊情
義兼常少選□□俄從怛化□□驚悼□□□□□□茂
（下闕）軍事荊州刺史餘如故仍贈絹□四百段□粟四百
石陪葬于　昭陵賜東園秘器凶事葬事所須並令
官給鼓吹儀□送至墓所往還仍令司（下闕）一百匹粤以
三年歲次癸亥二月乙酉朔十□日壬寅遷窆于
陵東南一□□奉常□謚曰襄公（下闕）智燭機初神深慮
表在物奚忤見烈火而猶安□□□□墜曾臺而□□
□其趯處雄毅絕衆（下闕）翰襲英髦于俊路揚茂軌於清

朝鸞闕增巘龍□□秘□私於己公平之道（下闕）上柱國
□基等並光凌謝玉移嗣葦珠充窮之酷既深苦菜之
容彌切泣清儀之永（下闕）
（上闕）須□矯矯□操□令中山惜惜攸資□□於鑠顯考
立德無競（下闕）節氣□奇□依仁踐孝服義基忠□顏允
德□□循躬往屬道□（下闕）□迥　天顧寄重神京肅
肅□欶昭昭迥誠萬化無期九泉俄□弔鶴（下闕）
日建
萬寶哲刻字
按此碑殘缺存者雖及千字而可讀成文者不及

其半其姓名某甫里居俱泐不存惟文中詔詞有
杜君綽姓名凡兩見知其姓杜氏名君綽也兩唐
書俱無傳宰相世系表杜氏有京兆襄陽洹水濮
陽四派不載君綽名不知其出自何系也碑無撰
人姓名惟一行云殷王府（下闕）文館高正臣書兩史
亦無傳惟宰相世系表有正臣官襄州刺史殆即
其人後卷上元三年明徵君碑御製文高正臣奉
勅書結銜云朝議郎行左金吾衛長史侍相王書
而此有殷王府字文館字彼此不同惜此碑不見
其全也張懷瓘書斷云正臣廣平人官至衛尉少

卿習右軍法元宗甚愛其書自任潤州湖州筋骨
漸備任申卿等州體法又變據此又可得其歷官
之詳也碑敘先世有曰祖□北齊舉秀才授缺三字
功曹闕下皇朝拜使持節汝州諸軍事汝州刺史闕下
自祖以上必是敘其曾祖事皇朝以上必是敘其
父事此下云弁歲□忠信之耶肯□儒墨之域□
此卽敘君緯本事弁歲猶言丱歲也曰義寧之始
□□都投義闕下此敘隋末事曰鳳邸于時國步多
艱方隅未一闕下此敘太宗晉陽事鳳邸指太宗也
曰□年授忠武將軍行左監門中郎將加護軍□

衞此似貞觀初年事曰詔於元武北門留守賜綵
一百段洎鑾輿旋闕賚物如前此似指貞觀十九
年伐高麗事曰迨乎從幸靈武賜馬兩匹□綵五
闕下詔公居守宮闕之重豁藏之寄亟承天盼彌効
忠勤此指二十年七月如靈州之事似乎初從幸
繼而奉詔居守也曰廿三年正除右領軍將軍加
上護軍檢校左武候將軍永徽之初兼檢校左武
衞將軍又檢校右武候大將軍兼知右箱諸門兵
馬隊使曰加上柱國及天蹕□巡以公留守稱旨
賜黃金一百兩絹一百五十疋似指顯慶五年如

洛陽宮事曰從幸許州勑檢校左衞將軍是永徽
二年十一月事曰太子左衞率詔拜□領軍龍朔
二年冊拜左戎衞大將軍兼太子左典戎衞率唐
書百官志龍朔二年改太子左右衞率府曰左右
典戎衞蓋以新改之官冊拜也曰春秋六十有二
以龍朔□□□□□廿五□□朝薨于□廡年月已
泐蓋早朝時薨于朝堂之廡也曰詔贈缺軍事荊
州刺史贈絹□四百段□粟四百石陪葬昭陵三
年歲次癸亥二月乙酉朔十□日壬寅遷窆于陵
東南謚曰襄公薨于龍朔二年葬于三年二月以

乙酉朔推之壬寅爲十八日也曰上柱國□基等
□基是君緯之子惜缺其名上一字末行但有日
建二字又一行曰萬寶哲刻字建碑年月全泐大
抵卽在三年而刻字姓名獨全何其幸也碑之可
見者大略如是

道因法師碑

碑高九尺四寸五分廣四尺一寸三分三十四行行七十三字額題故大德因法師碑正書在西安府學

大唐故翻經大德益州多寶寺道因法師碑文并序

中臺司藩大夫隴西李儼字仲思製文

奉義郎行蘭臺郎渤海縣開國男騎都尉歐陽通書

大哉乾元播物垂象肇有書契爻籍生焉雖十翼精微
陰陽之化不測九流沉奧仁義之塗斯闡而勞生蠢蠢
豈厭塵門閻海茫茫恒漂苦浪亦有寶經浮說錦籍寓
詞駕鳳升雲驂龍棲月跡均轉轂空溺志於邪山事比
繫繩詎知方於覺路孰若訓昭金口道祕瓊箱靜㵎毒
於三漏拯橫流於五濁是生是滅發蓮化之音非色非
空被栴檀之薗曁乎鶴林稅蹕涅槃之岸先登鳥筆記
言揔持之莚斯闢結集之侶揚其實諦傳授之賓宏其
妙理然則紹宣神典幽贊靈宗跨生肇以遐騫追安什
而俱騖可以聲融繡石釆絢雕圖則於我法師而見之

矣法師諱道因俗姓侯氏濮陽人也自繞樞凝祉紀雲
而錫曆貫昴擒祥奠川而分緒司徒以威容之盛垂範
漢朝侍中以才晤之奇飛芳晉牒衣冠繼及代有人焉
祖闕齊冀州長史父瑒隨栢仁縣令竝琢磨道德砥錫
文藝或題輿展驥贊務於千里或亨鱻製錦馳聲乎一
同法師稟祐居醇含章縱哲覃訏之歲粹釆多奇髫齔
之辰殊姿獨茂孝愛之節慈順之風率志斯在因心以
極季甫七歲丁于內艱嗌粒絕漿殆乎滅性成人之德
見稱州里免喪之後乃伐宏誓而以風樹不停浮生何
恃思去髮膚之愛將酬罔極之恩便詣靈巖道場從師

習誦而識韻恬爽聰晤絕羣曾不浹旬誦涅槃二袠舉
衆嗟駭以爲神童逮乎初丱方蒙落髮於是砥行飭躬
架德緝道篋蚳能翦心猨久制迴流增智望丱加勤在
疑必請見義思益尋講涅槃十地洞盡幽微宿齒名流
咸所歎異及受具戒彌復精苦若浮囊之貞全譬圓珠
之朗潔始聽律義遍訖便講辯析文理綜核指歸十誦
之端五篇之賾寫瓶均美傳燈在照又於彭城嵩論師
所聽攝大乘嵩公懿德元猷蘭薰月暎門徒學侶負貫
爲集講室談筵爲之𨆻臨遂依科戒而爲節文季少沙
門且令習律曉四分者方許入聽法師夏臘雖纫業行

攸高獨於衆中迴見推挹每敷攝論卽合覆講而披演
詳悉詞韻清暢諸方翹俊靡弗歸仰於是遍窺彝典咸
通密藏五乘之說四印之宗照盡幾初言窮慮始每攝
衣講席隱几雕堂舉以玉柄敷其金牒渙乎冰釋頤然
理順延惠風而不倦同彼清流應來響而無疲類夫虛
谷搢紳之客慕義波騰緇黃之侶承規景赴法師志求
冥寂深厭𨆻滓乃負衮褰裳銷聲太嶽棲谿扃岫飲露
餐霞樹偃禪枝泉開定水凡經四載將詣洛中屬昏季
陵夷法綱殘峻僧無徒侶弗許遊涉於是杖錫出山孑
焉孤邁恐懼刑憲靜念觀音少選之間有僧欻至粘然

白首請與俱行追至銅街暨於金地俯仰之際莫知所在咸謂善逝之力有感斯見非夫確至曷以臻乎旣而黃露興祅丹風起孽中原蕩覆具禍以盡法師乘杯西邁避地三蜀居於成都多寶之寺而靈關之右是曰奧區遠接荆舒近通邛僰邑居隱軫人物隣湊宏才巨彥碩德高僧咸挹芳猷歸心接足及金符啓　聖寶曆乘時運屬和平人多好事導靡流於已絕闢妙門之重鍵法師以精博之敏爲道俗所遵每設講筵畢先招迓常講維摩攝論聽者千人時有寶暹法師東海人也植藝該洽尤善大乘昔在隨朝英塵久播學徒來請接武

磨肩暹公傲爾其間仰之彌峻每至法師論義肅然改容沉吟久之方用酬遣法師抗音馳辯雷驚波注盡妙窮微藏牙折角益州總管酇國公竇璡行臺左僕射贊國公竇軌長史申國公高士廉范陽公盧承慶及前後首僚并西南嶽牧並國華朝秀重望崇班共籍聲芳俱申虔仰由是梁岷之地庸濮之甿欽德餐仁雲奔雨集法師隨緣誨誘虛往實歸昔晨覩高奇教闡沉犀之壤法和通敏道著蹲鴟之域協時揆事抑亦是同考業疇辟彼則非先而以久居都會情異似真養中晦跡可求天解復於彭門山寺習道安居此寺往經廢毀院宇荆

奘法師慨然構懷專事營輯若乃危巒迢遞俯瞰龍隄絕磴透迤斜臨鴈水近對青城之巘遙瞻赤里之街雲樹參差星橋縈暎於是分巖列棟架壑疏基窈窕陵空併個卑景松吟竹嘯共寶鐸以諧聲月上霞舒與旋題而並色仙花祕草冬夏開榮攫獸馴禽晨昏度響諒息心之勝境繇道之沖場乎而以九部微言三界式仰緬惟法□將翳龍宮揮兎豪而匪固縮魚網而終滅□□鐫勒□□永昭弗朽遂於寺北巖上刻石書經窮多羅之祕奧盡毗尼之妙義縱洪瀾下注巨火上焚俾此靈文永傳遐劫豈直迷生之類覩之而發心後學之徒詳

之而悟道旣而濤猷遠暢峻業遐昭遂簡　宸衷乃紆　天敕追赴京邑止大慈恩寺與元奘法師證譯梵本奘法師道軼通賢德隣將聖揭遊天竺集梵文而爰止旋謁　皇京奉　綸言而再譯以法師夙望特所欽重瑣義片詞咸取刊證斯文弗墜我有其緣慧日寺主楷法師者聰爽溫贍聲藹鴻都乃首建法筵請開奧義　帝城緇俗具來諮稟欣焉相顧得所未聞諸寺英翹濟然祗服咸敷師子之坐用佇頻伽之音法師振以靡詞宣乎幽偈同炙輠而逾暢譬連環而靡絕者李粹德曠士通儒粉帶稽疑雲消霧散伏膺請益子

嗟來暮惟法師姿韻端凝履識淸敏粹圖內蘊溫柔外融道柔嘉以成性體齋遬而行己峻節孤上夷險同貫沖懷不撓是非齊蠲加復研幾史籍尤好老莊咀其菁華含其腴潤包四始於風律綜五聲於文諸宿植勝因恬榮祿欲善來佛子落采菴園開意花於福庭濯元波於妙境而貞苦之操絕泉超倫聰亮之姿踰今邁昔信法徒之冠冕釋氏之棟梁乎凡講涅槃華嚴大品維摩法華楞伽等經十地地持毗曇智度攝論對法佛地等論及四分等律其攝論維摩仍出章疏既而能事畢矣宏濟多矣脫屣於寥境棲神於淨域春秋七十有二以顯慶三季三月十一日終於長安慧日之寺梵宇殲良眞門喪善悲纏素侶慟結緇徒即以四季正月旋乎益部二月八日窆於彭門光化寺石經之側道俗門人星流波委銜哀追送衆有數千巖谷爲之傳響風雲於是變色慧日寺徒衆竝躅邪廸妙綜理探微保素貞源歸凝正道自法師戾止咸共遵崇追思靡及情深軫慕弟子元凝等稟訓餐風斯稱上足而以慈燈罷照崇山無仰循堂室而濡涕對几㠐而流慟敬於此寺刊金撰德氣序雖遷音塵方煽亦猶道林英範託繡礎以長存慧遠徽猷寄雕碑而不朽其詞曰

緬哉佛性廓矣靈門功昭曠劫化拯重昏沖儀巳謝妙道斯存匪伊開士孰暢其言於顯法師誕靈傑起如松之秀如巖之峙穆穆風規堂堂容止行窮隱括識洞名理爰初紐錦早厭樊籠言從落飾乃沐釋風將超八難即晤三空貞圖可仰峻範彌融鹿野微詞猴江梓典源流畢究奧隅咸踐法鏡攸懸信花彌闡振嶽符論奔濤喻辯昔在昏虐時逢禍亂東去我道西遊蓮難天啓聖期光華在旦翼教峨益騰聲巴漢爰離淨境于彼會岑分欄架壑聳塔依林搜經緝義篆石鐫金芥城斯盡勝跡無侵載奉　王言來遊　帝宅慧義資演眞宗竹譯紫庭之彥丹臺之客竝企淸儀俱餐妙賾淪義□□□□□光遽嗟分岸永泣摧梁龕留曹影室泛殘香書芬紀鐫地久天長

龍朔三年歲次癸亥十月辛巳朔十日庚寅建

華原縣常長壽范素鐫

唐道因法師碑中臺司藩大夫李儼撰蘭臺郎騎都尉歐陽通書通率更令詢之子 東里續集

道因與元奘同譯經者見高僧傳碑文亦宏麗饒其家言然去簡栖頭陀不啻一小劫耳 弇州山人四部稿

古人晤悟二字多通用此碑才晤聰晤即晤三空皆

是悟字而王右軍蘭亭序悟言一室之内又以悟爲悟陸雲逸民賦明發悟歌亦以悟爲悟字金石文字記

蘭臺父子齊名號大小歐陽然率更世傳數碑而蘭臺止存一道因碑率更楷法源出古隸居唐楷第一而蘭臺早孤購求父書不惜重貲力學不倦作書每用批法蓋學其父也庚子銷夏記

右多寶寺道因法師碑唐百官志有品有階有爵有勳以大夫入銜者惟左諫議大夫諫議大夫御史臺大夫而已若文官散階自光祿大夫至朝散大夫凡十一階而無司藩大夫自朝議郎至將仕郎凡十六

階有奉議宣義而無奉義龍朔二年改尚書省曰中臺自尚書令而下以六尚書爲屬未嘗有司藩也或省在宗正寺之屬然改曰司宗而非司藩也改秘書省曰蘭臺秘書郎曰蘭臺郎其曰行者以奉義之下連用郎字恐階與職不勝也歐陽公云唐之盛時職有常守位有常員其爲法則精而密其施于事則簡而易行至于交侵紛亂皆由其時君狥一切之苟且故其官益冗名類繁多莫能徧舉即此碑司藩奉義在當時爲顯著之名至于今不可考究則官制之蔽繁可見已縣開國男從五品爵也而勳級騎都尉亦從五品奉義或即奉議與秘書郎皆從六品勳爵左階品上二等者或以賢能或以功積轉而上之也當時雖從五品皆有勳爵鼓勵之意寓焉今則貴賤懸殊五等之列無幾人矣金石後錄

此碑題額上書三菩薩名字與碑文大小略同睿之亦通筆也前人並未錄過關中金石記

右道因法師碑其云中臺司藩大夫者通鑑龍朔二年二月改尚書省爲中臺胡三省注謂二十四司郎中皆改爲大夫主客爲司蕃杜岐公通典所載同惟司蕃作司藩以是碑證之則通典爲正唐書百官志

武德三年改司藩郎曰主客郎中龍朔二年改禮部曰司禮祠部曰司禋膳部曰司膳獨不及主客之爲司藩蓋轉寫漏脫爾儼書郡望書字而通獨否未詳其故蘭臺郎即秘書郎亦龍朔所改也碑有其禍以盡語今本毛詩作燼攷說文無燼字火餘之燼當作𤇜方言盡餘也自關而西秦晉之間炊薪不盡曰盡則盡𤇜本一字馬融長笛賦盡滯抗絕李善注盡與燼同陸元朗詩釋文亦作盡蓋唐初諸儒傳授之本如此釋文雖云或作燼然𤇜已从火不應更著火旁疑旋俗所改故陸氏不從之也賀軌傳封賀邑縣公

宰相世系表皆鄧公此傳作齊國公恭由贊皇縣公進
國公而傳失書耳軌父恭仕周封鄴國公故軌亦承
父封鄧省邑旁作贊古字通用也潛研堂金石文跋尾
按此碑額上刻釋迦牟尼觀自在大勢至三佛像
俱題字撰文者李儼兩唐書無傳惟法苑珠林卷
首有李儼序是總章元年三月作與此碑相距五
年故結銜作朝散大夫蘭臺侍郎與此異也碑曰
製文與上官靈芝之製王居士塼塔銘同例書者
歐陽通兩唐書俱附其父詢傳所敘通事始自儀
鳳年此碑立於龍朔三年所題銜傳俱從略此時

曰渤海縣開國男乃是襲父封也碑云法師諱道
因俗姓侯氏司徒以威容之盛乖範漢朝侍中以
才晤之奇飛芳晉牒司徒謂後漢侯霸矜嚴有威
容光武初累進大司徒侍中謂晉侯史光受學於
劉夏舉孝廉爲散騎常侍兼侍中此下敘先世祇
祖父二代祖闕齊冀州長史父瑒隋柏仁令齊隋
二書俱無傳柏仁漢晉皆作柏人東魏改曰柏仁
隋書地理志屬襄國郡也碑此下述道因之事云
年甫七歲丁于內艱乃發宏誓便詣靈巖道場從
師習誦曾不浹旬誦涅槃二帙靈巖道場在山左

今屬濟南府長清縣宋時寺中有講經律論三門
僧職觀此知在唐時經藏已備也開元釋教錄載
涅槃部共五十八卷六帙其中大般涅槃經四十
卷四帙其云不浹旬誦二帙是二十卷成誦也又
云又於彭城嵩論師所聽攝大乘釋典有大乘小
乘大乘經律論總六百三十八部而其中論九十
七部嵩公謂之論師或是聽講大乘中之論部也
又云凡經四載將詣洛中屬隋季陵夷法綱嚴峻
僧無徒侶弗許遊涉杖錫出山靜念觀音有僧白
首請與俱行俯仰之際莫知所在此紀觀音之靈

跡也各寺觀音皆女像惟錢塘天竺夢泉供出山
觀音是男像亦白首老人與碑所紀同也又入乘
杯西邁避地三蜀居於成都多寶之寺此下金符
啓聖寶歷乘時云云是入唐以後事曰益州總管
鄧國公竇璡行臺左僕射贊國公竇軌長史申國
公高士廉范陽公盧承慶兩唐書傳竇璡字之推
從太宗平薛仁杲尋鎮益州未幾拜秘書監封鄧
國公竇軌字士則父恭仕周爲雍州牧鄴國公高
祖起兵軌迎謁從平京師封贊皇縣公赤排羌寇
漢中連戰有功復鄴國舊封武德二年遷益州道

行臺左僕射高儉詳見前碑貞觀元年出爲安州都督轉益州大都督府長史盧承慶父赤松武德中封范陽郡公卒承慶襲爵永徽初爲褚遂良所構出爲益州大都督府長史按此四人實益州非同時之事碑蓋合前後而總敘之也高士廉官長史時未封申國及封申國則已同中書門下三品碑則敘其先爲長史而加以後封之爵也又云赴京邑止大慈恩寺與元奘法師證釋梵本大慈恩寺建於貞觀二十二年道因與元奘譯經當在此年之後當時同譯諸僧倘有多人道因賴有此碑而傳標題稱翻經大德洵沙門美號也

濟度寺尼蕭法願墓志

石方廣二尺一寸三十四行行三十四字正書在西安府學

大唐濟度寺大比丘尼墓誌銘并序

法師諱法願俗姓蕭氏蘭陵蘭陵人梁　武帝之六葉孫唐故　司空宋國公之第三女也原夫微子去殷昭茂勳於抱樂支終杞沛兆峻伐於收圖瓊搆鬱而臨雲珠源淼而浴日延禎錫祚開鳳馭於朱方疊慶聯規纂龍符於紫蓋逮鼎遷南服胄徙東周英靈冠上國之先軒冕宅中州之半法師乘因夐劫植本遐生孕月仙姿稟濤規於帝渚儀星寶態降淑範於台門禨褫之辰先標婉質髫亂之歲遂挺柔情聰悟發於生知孝友基乎天縱中外姻族莫不異焉加以骨象無儔韶姸獨立鉛華不御彩絢春桃玉顏含澤光韜朝蕣年將十歲頗自矜莊整飾持容端懷撿操每留神於鞶帨特紓情於紝組瓊環金翠之珍茵簟衾幬之飾必彌華妙取翫閨閫麗而不奢盈而不溢既而疏襟學府繹慮詞條一覽而隅隩咸該再覿而英華畢搴豪飛八體究軒史之奇文法兼二妙符衛姬之逸迹羣藝式甄女儀逾劭　宋公特深撫異將求嘉匹載佇孫龍以光宋鯉而嚴庭垂訓

早沐慈波鼎室承規幼明真諦飄花見雪初陪太傅之歡擿菜爲香遽警息慈之念爰發宏誓思證菩提懼塵情於六禮乃翹誠於十誦承間荐謁請離俗緣　宋公論道槐衢丹青神化虔襟柰苑陳梁正法重違雅志許以出家甫及笄年爰披法服乃於濟度伽藍剃髮禪次庭標鴈塔遠葳蛾臺藏寫龍宮遂唼蘇館於是浴空寂念襲慧薰心悅彼口衣餓捐綺縠甘茲蔬膳遽戸羶腥戒行與松栢齊貞慧解共冰泉等潔超焉拔類恬然宴坐若乃弟兄辦供親屬設齋几乳流旨六銖含馥瓶錫咸萃冠蓋畢臻唯是瞻仰屏帷遂申禮謁自非至戚罕

有覩其形儀者焉加以討尋經論探窮閫域嚴姤路之
微言括毗尼之邃旨至於法華般若攝論維摩晨夕披
誦兼之講說持戒弟子近數十人莫不仰味眞乘競趍
丹枕傍窺淨室爭諮元扉藹藹焉濟濟焉七衆之仰曇
猶何以尚也重以深明九次閑想禪枝洞曉三空澄襟
定水厭此纓蓋忽現身疾大漸之晨謂諸親屬曰是身
無我取譬水萍是身有累同夫風葉生死循環寔均晝
夜然則淨名申誡本乎速朽能仁垂則期於早化金棺
乃示滅之機玉匣豈棲神之宅誠宜捐軀摯鳥委形噬
獸歛衿正念奄然無言粤以龍朔三季八月廿六日捨

壽於濟度寺之別院春秋六十三姊弟永懷沉痛不忍
依承遺約乃以其季十月十七日營空於少陵原之側
儉以從事律也法師夙盟禪池資慶源而毓彩□□道
樹託華宗而降靈緼地義於閑和苞天情於婉嫕覩一
善則怡然自悅聞一惡則愍爾疚懷激仁義於談端明
色空於慮表故能鏁合闕託禪門捨七珎袪八膳精苦
之行□映緇徒戒律之儀錙銖法侶佇津梁於苦海奄
滅度於仁祠棣萼分華悲素秋之改色荊株析幹望青
枝而增慼所懼塵飛海帶將迷渭涘之塋石盡仙衣不
辯檀溪之隧重宣此義乃爲頌曰

□有殊稱法無異源爭驅意馬俱制心猿志攝情紊神
凝理存展如淑範獨趣禪門琁彩□分瑤姿月舉舍芳
槐路疏貞桂序雲吐荊臺霞霏洛渚學兼班媛詞彬蔡
女莫侔匪志□□昭仁捐華台室沐道禪律法關開捷
心衢屏塵九流遺累八定栖眞忍藥分滋戒香□烈傳
燈不倦寫瓶無竭奄愴神遷空悲眼滅式鐫柔範終天
靡絶

今在西安府儒學近出土中移於學內題曰大唐濟
度寺比邱尼墓誌銘并序無書撰人姓名雍州金石記

按漢書諸侯王功臣外戚諸表元孫之子即爲六世

瑀爲梁武帝之元孫而其女稱六葉孫蓋從漢表之
例也瑀好浮屠法嘗請于太宗欲捨家爲桑門自度
不能爲乃止而其女及女孫相繼出家于濟度寺蓋
瑀之志也潛研堂金石文跋尾

按雍州金石記但稱近出土中而不詳得碑所在
碑文云營空於少陵原之側檢陝西通志山川門
咸寧縣少陵原在縣南四十里東接萬年縣界西
入縣界五里然則碑當出于此處矣通志祠祀門
西安府不載濟度寺長安志云安業坊東南隅有
濟度尼寺注云隋太師申國公李穆之別宅穆妻

元氏立爲修善僧寺其濟度尼寺本在崇德坊永徽中置宮乃徙於此其額太子少詹事殷令名所題盖即此寺也碑稱法師俗姓蕭氏蘭陵蘭陵人梁武帝之六葉孫唐故司空宋國公之第三女也梁書武帝紀稱武帝爲南蘭陵中都里人唐書宰相世系表蕭氏在漢時彪始徙蘭陵至望之徙杜陵其孫紹復還蘭陵至晉時整爲淮南令過江居南蘭陵武進之東城里蓋蘭陵本屬徐州郡東海郡南史齊高帝紀其先本居東海蘭陵縣高祖整過江居晉陵寓居江左者皆僑置本土加以南名

更爲南蘭陵郡至齊末廢蘭陵郡但有蘭陵縣至隋開皇九年幷省蘭陵縣唐時但有晉陵武進二縣而已碑稱蘭陵蘭陵者仍其舊貫而蘭陵之上當有南字亦從省也梁武帝二世曰統三世爲統之第三子詧是爲後梁宣帝四世爲詧之子巋是爲後梁明帝五世爲巋之第五子瑀至法師爲瑀女是爲武帝六世孫不言六世而云六葉避諱也瑀之封宋國公在高祖定京城時大宗時除而又復其司空則薨後所贈瑀有惡謚曰貞褊碑故諱而不書也碑云微子去殷昭茂勳於抱樂文終起

沛兆峻伐於收圖宰相世系表蕭氏爲微子宋公之弟仲衍八世孫戴公生子衎裔孫大心平南宮長萬有功封於蕭以爲附庸子孫因以爲氏至漢丞相鄭文終侯何二子遺則則生彪始徙蘭陵者也文云甫及笄年爰披法服乃於濟度伽藍別營禪次法華般若攝論維摩晨夕披誦兼之講說持戒弟子近數十人以龍朔三年八月廿六日捨壽於濟度寺之別院春秋六十有三姊弟永懷沈痛以其年十月十七日營空於少陵原之側棣萼分華悲素秋之改色荆株析幹望青枝而增感玩棣

萼之語似碑文即姊弟輩所述且宋公不稱名尤足徵也法師有弟子數十人而營葬乃屬之姊弟則身雖出家仍非漠然於姊弟者矣師爲瑀之第三女則上有二姊碑有弟兄辨供之語則是有上兄下弟也瑀有三子銳鍇鉞不知孰爲師之弟也辨與辦通用周禮考工記以辨民器注辨猶具也碑書辨供猶辦供也營空疑即營窆之義或借空爲窆字又空與孔同孔與穴同義瑀之孫女爲鉞女亦出家濟度寺爲尼名惠源塔誌亦作神空

金石萃編卷五十四終

金石萃編卷五十五

賜進士出身　誥授光祿大夫刑部右侍郎加七級王昶譔

唐十五

李文墓志

石高廣均二尺五分二十四行行二十四字正書在同州府金塔寺

大唐故騎都尉李君墓誌銘

君諱文字緯隴西成紀人周柱史聃之後也原夫靈鳥含靈□□□誕聖跡爰履莘女載生命氏開家其來尚矣至如□□□□□樹姓爲自紫氣西浮瑤源已濬仙舟東汎玉葉□□□□□□可略言矣曾祖□齊金郡

太守恤人求瘼雨遂□□□政□風鸞隨馬去祖寔周任定州錄事參軍鉤深索隱懷風格以繩違賾要探機肅霜毫糺繆父　幼承詩禮早奉金籯綺歲談天齠年對月務舉晉王府參軍事君克勁苗堂載揚弓冶昭彰□緒淑郁家風時屬末隨不遑儒業所以學未優贍志在前鋒應接義旗忠誠可紀錫以戎律賞給寵章授騎都尉方當矯翼雲路騁足長衢豈知天不慭遺殲良奄及藏舟易往隟馬難□薤露一朝生平萬古以永徽二年十月廿九日卒於私第春秋七十有一夫人彭城劉氏閥門從訓斷織流慈既範魚官還嗤馬跡實光君子簪杖蒿藜何圖眉壽不終頹齡遽謝以麟德元年二月二日卒春秋八十有二日以麟德元年歲次甲子二月己卯朔十八日丙申合葬於同州馮翊縣武城鄉之平原禮也孤子武仁等追惟岵屺載想蓼莪面風樹以銜悲仰高堂而灑泣痛深曾閔酷甚柴由永薦冰魚長羞雪竹恐陵谷更貿桑海乎遷敢勒遺塵式銘靈石云尒履跡孕靈指樹含生聃浮氣紫膺帆舟輕達人知足至理無名分枝迺聖弈葉惟英其一　天長地久人事推遷鶴書易促鵬識難延既驚山壽終奄瓊年風停郢斲波輟牙絃其二　一從蒿里四野蒼茫春雲結翠秋月凝光

塋寒吹急壟暝煙長聊旌琬琰式紀遺芳

碑曰公諱文而不言其姓蓋石斷而亡其半爾文休承題其蝕曰李將軍碑考唐書及集古錄金石錄碑目皆無李姓名文者人無可紀史不悉載天下碑闕至多趙歐不能兼收理或有之第碑又曰夫人李氏禮不娶同姓則文似非李也唐初功臣率多賜姓而碑敘官閥有曰開國承祉得非先娶李而後亦賜姓者與休承素稱博洽且不輕妄余是以疑之金石評考

同里曹生仲經嗜金石文手拓同州李君碑示予紙墨精善對之眼明碑未詳書者姓氏觀其峻利秀逸

非王知敬殷仲容不能造詣及此李君諱文字緯東
漢以後字必以兩字稱一字者罕矣載於唐書房元
齡字喬顏師古字籀李衆字師李琇字琇張巡字巡
郭曜字曜宇文審字審李愜字祚李條字堅竇思仁
字恕張義方字儀此外不多見曝書亭集
貞觀時有李緯太宗征遼房元齡居守以緯爲民部
尚書疏至太宗曰緯好鬚齡聞遽易之彼緯其名此
緯其字也來齋金石刻考略
此銘不著書撰人名氏然文特瘦勁語不煩而意足
與王居士磚塔銘同疑亦是上官靈芝撰書法瘦勁

大得褚公手意亦與磚塔銘同則知亦敬客所書二
碑一在顯慶元年丙辰一在永徽二年辛亥相去不
過五六年其時同其書又同則知的爲敬客書無疑
特當時未嘗下欵而敬客書名不著故知之者尠耳虛舟題跋
文云君時屬隨末不遑儒業所以學未優贍志在前
鋒云云其云學未優贍諸語可見古人直書無隱不
似近人虛美也雍州金石記
誌敘李君與夫人合葬而標題獨書李君唐人墓銘
之例不苟爲牽連如此然于曾祖及父闕諱而祖得

書名又稱父舉晉王府參軍事晉王即高宗未爲太
子時封號也授堂金石跋
按金石評考以爲碑曰公諱文而不言其姓蓋石
斷而亡其半今觀此石未嘗斷字未嘗亡且標題
已著李君之姓文中不必再言李氏下文所引典
實皆推原其始則姓自見唐碑誌銘之例如此也
李文兩唐書無傳宰相世系表隴西李氏各房俱
無其人祖諱矣周書亦無傳父舉晉王府參軍事
授堂跋以爲晉王即高宗未爲太子時封號按高
宗封晉王在貞觀初年碑敘其父云幼承詩禮早

奉金籯綺歲談天韶年對月則是舉晉王府參軍
事尚在隋時下文乃述君事云時屬隋末不遑儒
業云云可證也所謂晉王者當是隋煬帝封號煬
帝以開皇元年封據碑稱李君以永徽二年卒春
秋七十有一推其生在開皇元年迨君之長正值
隋末則君生之時父在髫年也君以應接義旗授
騎都尉記官位止于此他無可述也碑書卒作猝
从說文也葬于馮翊縣似其時遷居同州矣夫婦
合葬同敘一碑刱見於此碑明言夫人彭城劉氏
不知何以金石評考云李氏而有不娶同姓之語

疎忽甚矣孔子武仁等亦無考

贈泰師孔宣公碑

碑連額高一丈四尺三寸廣五尺三十一行行八十二字隸書額題大唐贈泰師魯先聖孔宣尼碑十二字篆書在曲阜孔廟

大唐贈泰師魯國孔宣公碑

秘書少監通事舍人內供奉臣崔行功奉　勑撰

文奉　勑直祕書行祕省書學博士臣孫師範書

臣聞形氣肇分宗匠之塗遂廣性情已著名教之理攸興是故雕刻爲妙物之先粉澤成眞宰之用若其珊語弃智則聖非攘臂之端莊寄齊諧禮必因心之範雖九

流爭長百家競逐而宗旨所歸典墳取俊夫軒羲已謝子姒迭微步驟殊方質文異轍及流蔡起諜箕服傳訞憲章版蕩風雅淪喪然而千齡接聖崇朝可期五百見賢伐柯未遠粵惟上哲降生圮運理接化先德充造物財成教義彌綸之跡已周口口心靈範圍之功且峻利仁以濟幽顯垂訓以雲動植自欸起臨川道窮反袂西峯罯玉幾燼蒼山東野禾來多壁碧海屬混元再造休明一期雅頌之音復聞郊禋之禮還綢跨巢胥之逸軌邁龍鳥之遐風瞻白雲而昇介丘覩蒼螭而過沂上而令千祀之外典冊遂隆九泉之下哀榮方縟斯迺命爲

罕說道不預蒜豈如箕山之魂空成寂漢信陵之墓徒復經過將知龍蛇之蟄潛契於天壤聖智所遊高懸於日月言之不可極其唯孔泰師乎泰師諱丘字仲尼魯國鄹人有殷之苗裔也分於宋則孔父嘉爲大司馬弗父何以國讓其弟厲公正考父佐戴武宣而受三命居於魯則有防叔伯夏叔梁紇紇生泰師若夫天命玄鳥玉筐隆其濬哲瑞啓白狼瑤臺繁其錫類武王覆夏仍遷象物之金有客在周復奏桑林之樂茲恭喻尸臣之鼎高讓扼延吳之風令緒昌源煥乎已遠至如象緯凝質則傅說巫咸嵩華降神而申伯吉甫在於郊臨巨跡

欝符中野之口水帶丘阿遙均反宇之慶韞乾坤之精粹陶陰陽之淑靈度九圍十河目海口放勛文命有喩於儀形子産皐繇微詳於具體孟孫言其將聖泰宰辯其多能神關繫表性與道合時初撰屢巳訓魯卿年未裘裳先窺周宰猶且學期上達業遵下問龍如藏史或訪禮經碧准萇弘言詢易象曲臺相圃廣陳揖讓之容師摯師襄屢辯興亡之極罔羅六藝經緯十倫加以思入無方情該至賾陳庭矢集懸驗遠飛季井泉開冥口幽怪辯萍汎日能對於楚賓舊骨淪風旋訓於越使藏往知來之際微妙玄通之旨不可以龜筮求不可以筌

蹐得及其譽闕曲阜南宮展師資之敬應務中都西疇
化諸侯之濃冬官效職五土得其攸宜秋令克宣兩觀
展其刑政溝疏墓道且抑季桓田歸汶陽遂淩齊景尊
君卑臣之訓自家刑國之術每惆悵於興周亦留連於
韶管然而高旻不惠彼曰浸微起哀怨於王風絕歸飛
於鳴鳥是邦可化斯道欲行暖席與憂問津匪倦俎豆
嘗說空及三軍之容季孟有言不接雙雞之膳晏平推
士尚或相排子西讒王終成見拒亦有宋朝司馬喬木
難休衞國匡人逆旅焚次荷蕢微者翻嗟擊磬之心儀
封細人濟明木鐸之意既而在斯興歎用輟悽遑狂簡

斐然彌[illegible][illegible]盤旋驂舊館掃筵闕里杏壇居寂緇林地
幽知十稽微得二承妙科斗所載方闕舊文雎鳩在篇
過詳雅什河漢靴鼓鏗鏘之響復傳宗廟衣裳升降之
儀還序博約無倦誘喻多方后稷躬耕近闕勵物伯夷
餓死猶可激貪周公其人則神交於夢想管仲小器歎
微之於征伐信立德立言泰上謂之不朽曰仁與義前
哲以之斯旋覆簣爲山喻天階而不陟讀易無過假日
蝕以鳴謙茨嶺峒山寄言於獨善口情風御未涉於通
莊姚森數極作倅易傳是知經拔迺兼濟之塗華袞非
爲政之要及其愚智齊泯椿菌如一南楚狂獨舊辯鳳

衰東魯嗟臣奄成麟斃晨興負杖知命發於話言夕寐
奠楹將萎傷其盡慮崇山□谷□□下而無由隕石沈
星架大梁而何有門人議服俱纏至極之哀國史制詞
永錫愍遺之誄及延深夏屋樹列遠方五勝迭遷六籍
無准席閒初闕已舛微言入室且分逌乖大義秦人蛙
沸遺燼翳然漢代龍驤挾書未翦元封有述殘缺載陳
甘露嗣蹤搜揚復起春陵受命先訪於膠庠譙郡膺符
多招於文學逮江馬南度泉鶂北飛鴞入環林鯨衛聖
海有隨交喪中原翦覆東序南雍鞠爲茂草六樂五禮
皆從燬室欽若　皇唐肇膺明命　祖

武宗文之業天成地平之勳圖書因樂推重干戈由寧
亂集刳舟創浮芹藻之詩先遠戎衣初卷羽籥之節旋
興　皇上以聖敬而撫璇圖　文明而膺寶
鑾夏啟搖□光兆姬誦讓其惟清化入龍沙風移鯷海
金丘展費瓊田薦賝潛馬飾黃芝之封浮龜吐綠文之
籒虞庠殷塾廣賓尨叟逢掖名渠朋延惇誨垂衣裳而
凝想虛　旒纊以永懷至於大道浸微小康遂往嬴
識紫□□□云阿劉風白金徒遷高里黃初正始時多
閒然建武永平業非盡善而迺作樂崇德殷薦之禮畢
陳有孚載馨覲下之訓齊設肆類禋望孝享之儀益崇

歸功　三后尊祖之誠逾切　詔寰中而徽蔦主
口口口以召百靈一茅分茹雙鶴共羽翠華遠昇秸席
虛位　上帝儲祉泰壹有畢山祇傳聲海神會氣九
皇之況榮可嗣三代之嗣典還屬迺使朱鳥詳日蒼威
戒路七萃騰景八鑾鏘風過大庭以省方掩洙上口口
口口居莫辯祠堂歸然見馬鬣於荒墳識欃檀於古墜
歎重泉之可作闡盛德而必祀言敷典訓廣命杍材贈
以泰師式旌幽壤改製神宇是光令德于時　皇唐之
御天下四十有九載郎乾封之元年也攝提口歲句芒
獄飾兗州都督霍王元軌大啓藩維肅承　綸誥庀徒

揆日疏閑雍遠接泮林之舊墳削靈光之前殿徂來新
甫伐喬木而韻流嚶岱畎泗濱採怪石而喧浮磬頹紫
施絢黝黛飛文杳拱重櫨春窗秋幌陰櫚積霧複閣懷
煙几仍度宝席遵函丈晝宮澹然睟容有穆至如襄城
有訪七聖接其騑驂汾水言遊四子冥其衡軛將謂布
衣黃屋名器則殊卷領素王感召宜一顏子侍側似發
農山之談季路承閒如與浮海之說西華束帶尚以要
賓言假裼裘猶爲得禮避席延其不敏捨瑟聆其幽情
共列昇堂齊參覲奧歲時蘋藻復雜昌蒲平日絃歌還
聞絲竹　皇儲一德聿隆三善博望邀祐肅成講義

發揮鎔造幽贊事業而以周穆之觴王母尚勤西弇漢
帝之展禋丘因書東嶽遂迺思建隆碣上聞　天展
言由國本理會　沖情副震宮之德聲命芸閣以紬頌
黌堂闢兮神靈優揚教思兮兩儀配嬀　皇綱兮融
帝載堯可履兮舜爲佩晝而明兮夜而晦于崇業兮碓
萬代其詞曰
赫赫上帝悠悠天造神集鴻名聖居大寶循性稱教衛
性爲道政若鎔金化俾偃草　爻畫先起律呂創陳禮
節天地樂和人神成期用餝業尚日新絆縣聲皃騰有
彝倫　水火朝變憲章時革周廟傷禾殷墟悲麥褒豔

紕雅嬴荷淪蹟散亂記言支離方冊　自天生德由縱
成能賓筵格駟銘鼎家承蹲龍運舛振鐸冥膺闕典攸
聞斯文載興　廣訓三千偏于七十歷階東會藏書西
入楚將分社齊闐與邑接輿自狂長沮空執　在智伊
妙惟神迺幾羊因魯觸鳥向陳飛郡傳頌管編照書韋
卜商承絢顏子參微　堯則不追昌亦遂往名教潛發
心靈汎獎德配乾坤業暉辰象麟悴遂泣山隤爰仰
三統昌日千齡　聖期禋宗有昊展禋崇基觀宜時邁
神縱孝思絳螭承軛翠鳳翻旗　上泮毓豪延集鄒魯
翹勤眞跡惆悵今古舊壁迷字荒墳翳斧　綸貴宗師

詔紆靈宇　虹梁野搆翬翼林舒雕櫳繡栱圓井方
疏沂童浴早泮烏鳴初俎豆鏘棨丹青藹如　璽撿前
蹤莊旅遺轍於昭遐訓允歸聖烈肅穆仁祠陰沈像設
隨四序以潛運懸三光而不昳

碑陰

分上下二截上截刻二詔一表共二十五行行五十五字下截刻祭文一首共二十五行行十二字又儀鳳二年一行在碑左邊介上下截之閒竝隸書又金明昌二年記二行在碑上截之左邊太子表文之末行書

武德乾封詔勅

大唐武德九年十二月廿九日下
太宗文武聖皇帝詔曰宣尼以大聖之德天縱多能王
道籍以裁成人倫資其教義故孟軻稱生人以來一人
而已自漢氏馭曆魏室分區爰及晉朝曁于隨代咸相
崇尚用存享祀朕欽若前王憲章故實親師宗聖是所
庶幾存亡繼絶抑惟通典可立孔子後爲褒聖侯以隨
故紹聖侯孔嗣悊嫡子德倫爲嗣主者施行
皇帝以乾封元年正月廿四日下
詔曰朕聞德契機神盛烈光於後代化成天地靈功被
於庶物爵大司寇宣尼父孔丘資大聖之材屬衰周之
末思欲屈己濟俗興道佐時應聘周流莫能見用想乘

桴以永歎因獲麟而興感於是垂素王之雅則正魯史
之繁文播鴻業於一時昭景化於千祀朕嗣膺寶曆祗
奉睿圖憲章前王規矩先聖崇至公於海內行大道於
天下遂得八表乂安兩儀交泰功成化洽禮盛樂和展
采東巡迴輿西土塗經茲境撫事興懷駐蹕荒區顧爲
師友瞻望幽墓思承格言雖宴寢荒蕪餘基尚在靈廟
虛寂徽烈猶存孟軻曰自生人以來未有若孔子者也
微禹之歎既深褒崇之道宜峻可追贈太師庶年代雖
遠式範令圖景業惟新儀刑茂實其廟宇制度卑陋宜
更加修造仍令三品一人以少牢致祭褒聖侯德倫既
承纂緒有異常流其子孫竝宜免賦役主者施行

皇太子顯表

臣聞周師東邁商閭延降軾之榮漢蹕西旋夷門致抱
關之想況泣麟曾躅歌鳳遙芬祓縟禮於昌辰飾殊榮
於窮壤者伏惟　皇帝陛下資靈繞極稟粹登樞乃
聖乃神體陰陽而不宰無爲無事均雨露之莫和六符
篤而太階平百寶臻而天祚永靈臺所以□伯延閣由
其增砌尚齒尊賢邁　鴻名於萬古興亡繼絶騰峻
軌於千齡大矣哉茂實英聲固無得而稱矣日者封金
岱畎會玉梁陰路指沂川塗經闕里迴　鑾駐蹕式監

堯禹之姿闕纊凝旒載想温良之德於是特紆宸澣贈
以　太師爰命重臣申其奠醊廟堂卑陋更遣修營褒
聖侯德倫子孫咸蠲賦役臣　恩均扈從迹濫撫軍
昔烈遺塵躬陪瞻眺雩壇相圃欣覿前聞又昔歲承
恩齒冑膠塾歷觀軒屏具列門徒想仁孝於顔曾弥
深景慕探風猷於竹帛載啓顓蒙所以輕敢陳聞庶加
褒贈　天慈下濟無爽異時咸登師保式光泉夜敢
以前　恩重茲干請竊謂宣尼之廟重闡規摹桂奠
蘭羞永傳終古崇班峻禮式賁幽埏而翠響莫題言猷
靡暢詢諸故實有所未周且將聖自天惟幾應物拯人
倫於已墜甄禮業於既傾祖述勛華三千勵其鑽仰憲
章文武億兆遵其藏用豈可使汾川遺碣獨擅於無慙
峴岫餘文孤標於墮淚伏見前件孔廟營搆畢功峻業
曾徽聿脩刊勒敢希　鴻澤令樹一碑徂邃海清口
九無徵發山東豐稔時踰恒歲況鄒魯舊邦儒教所起
刊勒之費未足爲多許其子來不日便就乞特矜照遂
此愚誠臣識昧恒規言慚通理塵黷聽覽追增悚戰
勅旨依請
乾封祭文
維乾封元年歲次景寅二月戊戌朔二日己亥

皇帝遣司稼正卿扶餘隆以少牢之奠致祭先聖孔宣
父之靈惟神玉鉤陳現靈開四府之源金碣流禎變停
三命之範神資越誕授山岳以騰英天縱攸高蘊河海
而標狀折衷六藝宣創九流睿乃生知靈非外假於是
考三古褒一言刊典謨定風什莊敬之容畢備鐘鼓之
音載和父子爰親君臣以穆蕩乎煥乎樂正雅頌各得
其所可不謂至聖矣夫睠以尊德嗣應神器式崇祇配
展義云亭感周禮之尚存悲素王之獨往抒軸洙泗如
挹清瀾留連舞雩似聞金奏昌門曳練徒有生務之疑
漠曲移舟非復祥薜之實慨然不已爰贈太師堂宇卑
陋仍命修造褒聖子孫合門勿事庶能不遺百代助損
益之可知永鑑千年同比肩而爲友聿陳菲奠用旌無
朽梅曙霞梁松春月牖德音暢而無斁形神忽其將久
儻髣髴於生前亦知榮於身後尚饗
儀鳳二年七月訖功
明昌二年七月一日暴風折木壓其碑仆於地龜趺
分爲二碑與字俱無害豈陰有所相而然耶九月一
日復命工易以此座云提控修廟朝靖大夫開州刺
史高德裔記
此崔行功撰孫師範書行功嘗書開元寺千佛記者

師範無書名而此碑分隸是唐初法亦有漢魏遺意
可與唐詔表碑同觀　高祖高宗詔各一通祭文一
通太子宏表一通皆分書金明昌中暴風折木壓碑
仆趺損而碑不損刺史高德裔易趺樹之行書題六
十五字于后王元美曰其行筆不甚精功而時有漢
意乃知古法自開元帝始盡變也石墨鐫華
碑文內升升二字升音陞升音斗隸釋漢苦縣老子
銘有升星字司隸校尉楊孟文石門頌上順升極白
石神君碑米升五錢注並云斗字漢隸分韻升升二字上升下斗唐
比邱尼法琬碑天分斗極竟作升字則謬矣昔人以

其文易混故改升爲斗俗作斗而二字多有誤者故
漢書食貨志治田勤謹則畝益三升不勤則損亦如
之臣瓚曰當言三斗尚書帝命驗黃曰神斗博雅誤
作神升又世語姜維膽大如升誤作斗　字之从斗
者漢樊毅復華下民租田口算碑斛作斛苦縣老子
銘涼州刺史魏元丕碑科作科魏受禪碑料敵用兵
料作料王知敬李衛公碑運奇料敵料作料歐陽通
道因法師碑斛作斛韋虛心鄭子春北嶽廟碑史惟
則慶唐觀金籙齋頌魁作魁晉書孝武帝紀論謝元
之善料量事何超音義曰料力弔反一作料後人不

知古人書法妄改爲斷而淳化閣帖晉簡文帝書斟
字作斟又與升旁加一點以別升字後周華嶽頌斟
字亦同張公禮龍藏寺碑揖讓而升大寶升字作斗
以斗加一點爲升則不經之甚矣金石文字記
右唐高宗封孔子泰師碑左傳室如縣磬國語作磬
碑書磬字作磬二字古蓋通用也杍材即梓材見
古文尚書揚雄甘泉賦上天之縡師古曰縡事也讀
與載同銘云縡無聲臭蓋用戴記語而從子雲之奇
字也金石存
右贈泰師孔宣公碑新舊唐書霍王元軌傳不載爲

兗州都督事可據以補史之闕潛研堂金石文跋尾
此碑銘云循性稱教循與修通漢碑多以修爲循也
爻畫先起依爻義當作爻畫蓋刻者誤耳文末作韻
語又銘詞四字爲句末二句忽六字初唐人體格不
拘類如此碑陰太宗封孔德倫爲褒聖侯詔一高宗
新廟致祭免子孫賦役詔一皇太子宏請立碑表一
乾封祭告文一末行但書儀鳳二年七月訖功無書
人姓名筆意頗似前碑惟字多別體及錯譌通借者
如商作商極作極稟作稟兩作兩薦作薦偃作偃齒
作齒罕作罕具列門徒具列作貝到懲作懲久無徵

發久作九矜作矜追增悚誠增作贈戌戍作弋弋龍作薛莊作莊鼓作鼔朕以寡德朕作朕寡作寡祠廟神器廟作應隔作膈皆是按太宗以武德九年卽位詔下於是年十二月尚未改元其稱太宗文武聖皇帝據上元元年改謚爲文也舊唐書高宗本紀乾封元年正月丙戌發自泰山甲午次曲阜縣幸孔子廟追贈太師增修祠宇以少牢致祭其褒聖侯子孫並免賦役與碑合是年正月戊辰朔甲午次曲阜在廿七日而詔以廿四日下蓋未至曲阜之前也祭告文云皇帝遣司稼正卿扶餘隆考舊唐書職官志龍朔

二年二月甲子改百司及官名以司農爲司稼卿爲正卿亦與碑合乾封元年詔令三品一人致祭司稼正卿卽三品也皇太子請立碑敕旨依請卽崔行功所撰者是也是碑文無闕尚資考證而不遭明昌之仆折誠如高德裔所記有鬼神陰相之者矣山左金石志

按此碑合兩面所刻凡奉敕撰文一太宗詔一高宗詔一皇太子表一祭告文一而以曲阜志通編卷內稽其先後則武德九年太宗詔其首也次乾封元年正月高宗詔次乾封元年二月祭告文次皇太子表次崔行功奉敕撰文崔行功文碑無歲月其文中稱乾封元年者是贈太師之年非撰文立碑之年皇太子以總章元年二月釋奠于學贈顏子爲太子少師曾子爲太子少保然後表請闕里孔子廟立碑表內云昔歲承恩尚胄膠塾指總章元年釋奠事又云想仁孝于顏曾瀰深景慕於輕陳閭庶加褒贈咸登師保式光泉夜指贈顏子少師曾子少保之事而詳玩昔歲二字則請表當更在總章元年以後矣表末云敕旨依請曲阜志此下載詔曰皇太子宏近因釋菜胄上庠祇事先師馳心近侍仰祟山而景行眷曩哲以勤懷

顯顏曾之特高揚仁義之雙美請申褒贈載甄芳烈朕嘉其進德冀以思齊訓誘之方莫斯爲尚顏回可贈太子少師曾參可贈太子少保並配享玩詔語與表不合碑不刻入宜也曲阜志繫於表末誤矣碑云祕書少監通事舍人內供奉臣崔行功奉敕撰文奉敕直祕書行祕書省書學博士臣孫師範書舊唐書崔行功傳行功高宗時累轉吏部郎中兼通事舍人內供奉坐事貶游安令尋徵爲司文郎中當時朝廷大手筆多是行功之詞遷蘭臺侍郎咸亨中官名復舊改爲祕書少監上元元

年卒唐書百官志祕書省少監二人龍朔二年改
祕書省曰蘭臺少監曰侍郎咸亨元年官名復舊
此碑云祕書少監是咸亨復舊之銜則撰文又在
咸亨元年以後矣孫師範無傳其銜曰直祕書行
祕省書學博士百官志云貞觀令職事高者爲守
職事卑者爲行書學隸於國子監有博士二人從
九品下所掌教學生以石經說文字林爲專業餘字
書兼習之今觀碑字頗有不合于說文者可知當
時書學之官不盡能深明六書也然其書此碑隸
體嚴整以之充博士之官亦無忝矣凡奉敕撰書

之例撰者曰臣某奉敕撰書者亦曰臣某奉敕書
此碑獨於崔行功奉敕撰文之下接云奉敕臣某
書與他碑異也碑文首敘宣聖先世次敘宣聖事
蹟次敘歷代至唐典禮沿革語極詳贍有云皇儲
一德聿隆三善思建隆碣上闡天扆此即敘皇太
子宏表請立碑事舊唐書太子宏傳云宏高宗第
五子總章元年二月親釋菜司成館因請贈顏回
太子少師曾參太子少保高宗並從之而其表請
曲阜立碑之事傳亦不書太子薨于上元二年年
二十四其總章元年釋菜年甫十七洵乎其爲賢

儲也則碑末書儀鳳二年訖功在太子薨後二年
矣太子表云臣恩均扈從迹濫撫軍舊烈遺塵躬
陪瞻眺寧墳相圖欣覩前聞是指高宗東封幸曲
阜事東封在乾封元年太子時年十五在扈從之
列而史傳亦無文蓋史之略者多矣祭告文有司
稼正卿扶餘隆考通志氏族略諸方複姓有夫餘
氏吳太子夫概王奔楚餘子在吳以夫餘爲氏百
濟國王夫餘寬生璋號帶方郡王生義慈唐拜帶
方郡王金紫光祿大夫生隆熊州都督帶方郡王
生文宣司膳卿左衛大將軍樂浪郡公扶餘疑即

夫餘此扶餘隆官司稼卿與官司膳卿相類似亦
同源于百濟者也東封之前數年百濟初平方於
扶餘道置行軍總管以伐高麗此扶餘隆或即其
國人入仕于朝而從行東封者歟孔嗣悊爲孔子
卅一世孫其封紹聖侯在隋大業四年然則德倫
爲卅二世孫也碑陰隸體大致相同然凡太字皆
從本字不作泰與孫師範所書異以此知書者非
出一手也殆是當時書學所習書體不甚懸殊亦
足徵一時風氣所尚也碑字多別體山左金石志
所舉已詳而有未盡者如漢躍作潰躍登樞作登

擬凝旒作凝旒獨往作獨注皆偏旁所从之異而
易啟後人之惑者碑內兩引孟子生民以來語生
民俱作生人乾封詔固因避諱貞觀詔係高宗時
追書故亦避諱也崔文云愚智齊泯泯即泯字亦
避諱作泯也六籍無准廣韻云准俗準字字林則
準與准同此時書以兼宗字林宜其以准爲準也
乾封詔應聘作應聘及書太子表躬陪則作聀陪
此又偏旁之可隨意互易也碑篆額十二字分四
行字徑四寸碑首形圓題額外左右刻二仙子裳
冠羽衣騎鶴而行左右相向鶴含草如竹葉周刻
大花葉唐畫真蹟不易見此石刻猶略得其規模
而碑首刻仙人跨鶴尤挪見此碑明昌二年一條
記此碑之不遭仆損即附于此不復析出云

金石萃編卷五十五終

金石萃編卷五十六

賜進士出身　誥授光祿大夫刑部右侍郎加七級王昶譔

唐十六

于志寧碑

碑高九尺七寸五分廣四尺四寸二分四十五行行九十五字正書額題大唐故柱國燕國公于君之碑十二字篆書在三原縣北五十里三家店

上闕出下闕其下闕金下闕避難下闕慶靈下闕英賢下闕南下闕川下闕亦
下闕傳太宗□□三□□□公贈□□□恒等□州諸□
□□□□□□□□□□□□□績茂□□功□□□
跨□回之十亂邁炎靈之三傑祖義隨上柱國瓜□□

□四州刺史□□□□□□□公□□□□□□□□
□□□□□□□重臂纓器名瑚璉位登上列政洽藩
維父宣道隨車騎將軍上□□□□□□□□□□
□□□□□關國□□□□孫殫身浴德旣揮翰於鳳
沼亦拊翼於能樓　　　□□□□□□光□□□□
□□□□□□□□□沙五州諸軍事□州刺史□日
□漢□欽無忌之□□□重中郎之德以令望古何以
□□□□章□□□德降生稟□□□□□□英靈於
嶽瀆亦猶嵩華峻極杞梓之所□叢疏闕仙宮瓌產於
蔫孕育□□□□□□□□□琢□□□□□□□□

口媿其口口口口其該博延口幽臺之口金口玉簡
之書冊府口口石渠口要莫口口口探賾鉤深辯
漢陵之竹簡識楚江之莽實同陳室之未掃若荒園之
不寬龝廊廟之宏材懷佐口之口略口口而口粱口口
口口口口口口之口口口重之曰斯口隨仁壽之
末調爲口口挽郎口拜朝請郎口班例口口而隨德不
競政紊朝昏公藏器待時逍遙文史口以偃仰貽謝方
就末班大業十年拜清河縣長爰屈上才口口下口貶
口口口口口口口口口口口口口口口口口口口
口口口口宅心拯滄海之横流撲崐峯之烈火口口口

口覺口乃晧口口弃彼離心叶兹同德若公孫之歸漢
似文若之還表　口口口口口賜以乘馬郎拜
銀青光祿大夫　太宗文皇帝口口口口口口口
口口口率口旅口口口中莫府初開俊賢翘首辟書既
下以公爲渭北道口軍教煌口口口口口口口口口
口口口口口口軍口口羽口口口公運比口口口口
口口算口口口之足樂異孔琁之口富豈唯黍稍帷幄
抑亦儀表人倫義口口年代平口師勲加授左光祿
　太宗進封趙公府寮亦並隨改及遷口仕夏朝政惟
新　太宗胙土八川分封百二公復策名口府仍司

管記口口口口大口口討口口口口口口口口崇勲
行賞口授上柱國武德元年九月拜秦王口曳裾碣館
蹈履平臺適口輔之口口繼祖仁之徽烈薛舉因隨末
喪亂命儔嘯侶竊據汧隴毒害黎元　聖朝愍慈塗炭
龔行天罰乃　詔太宗爲口討行軍元帥公復以口口
口口口口口口口　皇基草創口夏末賓　口口口
分陝口征以口口口口口大行臺揔維衆務公以本任
兼度支郎中尋撿校行臺左丞并知膳部郎中事復奏
　勑爲華州關副使仍授騎官軍副　公厲兵秣馬明賞
慎罰口口口口口口口口口口口口口公口口口

口口口口口口口口口口薛舉破劉闥擒口口口拒口
口賊等勳封黎陽縣開國子邑三百戶并賚口及馬又
以劉口重擾河北命公爲河南道支度軍糧使明年又
從　太宗討楊幹於涇州拒匈奴於北地奉　敎判
天策府從事中郎尋進爵爲伯邑五百戶前後賞物七
百段及手口口口口　口口口口口口口口口口口口
之口口口衛尉少卿進爵爲侯邑七百戶貞觀元年拜
御史府長史高視首席匪贊口澥無勞露居之請自諸
匡正之寄三年口中書侍郎密口口口口口口同范
寮之宏益口口若孔演之多識口意尋口口部侍郎口

□□□□右庶子加散騎常侍以□□宮多所□益賜
黄□一斤賜絹百匹　太子□□□侍春坊多□□歲
既□宏益宜加優賞七年撿挍□州刺史尋□調護寄
□□轉□□□□　綸□□□□部十年進濟爲公邑
一千戸□□□　太宗□勑荅曰忽省來表讜言周
備若非至誠於國誰能披露□心如斯情常然傳□□
鈞何以過也卿□□□□無□□□□□□□□□
□□□□□□□□□禮□□□□一□實亦□□
□□未及拜制郎詔授本職公□□陳情　勑令中
書侍郎岑文本就家喻旨云忠孝不並我兒須人輔弼

卿宜抑割豈可徇以私情公固陳哀苦竟被奪情以公
□□□札令□□□公□□□　□□□□春　勑既
而□氏失德既□奸□□□□□歸竭誠已□□□□
□□□以進□規遂邇相疏斥潛謀毒害厚賂內人密
相要劫賴公積善爭免路闕及對彩彰聞遂至廢黜春
宮官屬皆羅□譴以公□□□□□□□及　□華
□□□求□□□公□在　帝心復拜左庶子加銀
青光祿於□□□□翼鶴□飛□邁□□之清塵跨懸
徐之勝跡十八年拜金紫光祿大夫行衛尉卿判太常
卿事五禮任隆八屯寄重兼而歸我僉論無違又以本

□□□□列□廿一年遷禮部尙書八□淸華五曹樞
要官□北斗名重南宮竭討謀以佐時宏損益□□□
□厲□其明允□□稱其博聞廿三季以本官兼太子
左庶子因謙　上謂之曰以卿恭厚長直爲朝廷所知
在府日其令田一種故重□□職尊奉□　□遷□侍
□令　上□廱憂勞億兆公勵誠□節□往□□庶績
咸□彝倫攸敘永徽元年加授光祿大夫進□燕國公
邑三千戸大開茅社廣列山河榮命既隆　朝望斯重
二年八月拜尙書左僕射□本□□端□望重自非□
□□緯□經□安□□□□□□□□□□□□□

□務復以本官兼太子少師尋而肇建　中宮以公兼
司徒持節□命　副君初臨甲館重道尊賢公既翊正
春宮綱維禮閣叅贊百揆陪侍兩宮　朝野仰其風猷
搢紳欽其雅望俄進位太子太傅餘並如前鄧□華□
□□□□□□職□□□當代名□方諸僉議以今方
古差可同年公□以□當朝政恒懼盈□頻表□奏請
收止足　皇上弗許乃令中書令來濟宣旨喻懷云公
以永徽已來即當樞要籍公材用爲朕股肱耳目公以
年事衰□抗表辭□□□□人□□深可□尙然朕今
欲邀□□鎭　宗廟　社稷付公一□亦知公□入疾

口卽遣與立口一員口官不須辞退也及　鑾駕東巡
留公居守　駕還之後屢叓陳闕自此踰年方蒙　恩
許乃高謝左執遷太子太師同中書門下參口口口口
口口事口口口榮州刺史公口言口口待罪鞠躬俄有
恩詔遷岐州刺史考績入口口除華州口口口口爲
政頻莅近畿忠信旣孚鈎距勿用屢辞老病　詔許懸
車仍降殊　恩聽朝朔望將欲參奉甞陪侍登封口
行至于洛口口疾口口屢口口口竟無口於膏肓
以麟德二年十月廿日薨於東都安衆里之第春秋七
十有八　皇情口悼瘝口　綸言裦葬所須並蒙官給

金石萃編卷五十六　唐十六　六

各令京官五品撿校將送并給靈轝車乘言旋京宅追
贈使持節都督幽易嬀檀平燕六州諸軍事幽州刺史
口口口口口口口口口石口以口封元年歲次景寅
十一月癸亥朔口二口甲申葬於雍州三原縣萬壽鄉
淸池里奉常考行謚曰定公禮也惟公局量宏遠識度
淹通空谷無私虛舟不忤雖復孔牆數仞無以測其高
深黃陂萬頃不足方其涯涘口喜慍於口色絶口口於
胷衿口口口口終如始加以口悅墳典崇尙口口口備
百行而無擇耻一口口口口緣情極綺靡之能體物窮
瀏亮之趣雕龍謝其煇煥吐鳳慙其符彩所著文集勒

成七十卷兼復情敦孝悌愛結州親因心竭口義之口
口口口口口口口口口口口亦口依仁旣隔宅以恤孤
亦指囷以周給及乎彈冠筮仕釋褐登口屬隨鼎之巳
口逢區寓之口裂公乃口口下邑屏跡丘園避亂政之
昏凶俟　眞人而口用　太宗口居上口口口口
口口口口口口口夙陪鳳邸　君王分庭待士築館欽
賢遵稷下之淸風軼平臺之勝軌鄒枚慕義樂劇來賓
口口口口八口公口口口貞觀之後名位斯隆口口巳
來口任允重丹青帝載粉黛王猷口務口亭口口口允
加以口口口口口口口口口口口口口不可口口口在

金石萃編卷五十六　唐十六　七

口口口口口口重口居心數服馬而方對旣而監修
國史實錄口五代史等才兼口口口口口口尋郎口口
口諸祕口口口賜物二百段再加封口口口口口監撰
新禮顏文口定口口口口五經正義復蒙厚錫　車駕
口有行幸卽令公於宮城居守口留臺事正口朝賀口
羽儀車服焉又於東西二京萬年宮各口田宅其內口
口口寶器服物等前後、　口賜不可勝載委任恩遇莫
之與京及易簀之辰遺令薄葬盟器下帳一口口口口
藏以柳車飾之以素其子口黍不敢違慈斯貫人倫之
師表朝廷之羽儀者歟夫人宏農劉氏曾祖延魏太子

中庶子散騎常侍周□持節左光祿大夫都□驃騎大
將軍□□□□□□□□□□□宮□隨使持節□州
判史梁靈二州總管洛陽□公偉之孫隨左千牛建節
尉卅武之長女也珪璋比質蘭菊齊芳嬪則聿修母儀
式序從夫有秩拜宏農夫人燕國夫人積善□徵□□
□夜昔歎□□之榮今悲□□之禮□□倘□□部郎
中國子司業太子率更令使持節渠號二州刺史□□
□卿上護軍立政育至性善居喪感風樹而增哀攀橋
枝而殞慟但佳城之下滕公有見日之期萬山之巔元
凱懷沉江之慮敢因斯義敬託雕鐫金紫□祿大夫大

司□□□□□□監修國史護軍彭陽公敦煌□□□
芬藉□場之舊睢投□□□□分爰自青襟便申莫逆
契闊談宴逝將六紀分財謀事子實我知諒直多聞余
蒙其益豈謂後事之託竟屬元常先逝之悲遂□公達
徳□之歎已矣如何乃爲銘曰
流分若水祚始周原浹曾仁恕延尉平反邁種弗巳靈
慶斯繁望降華轂譽重高門金行失御王事靡盬言違
苟政適茲樂土運屬興王位隆台輔□□□□□□□
徂堂堂□□是□宗臣寄深□□□署繹綸剛公體道
都督依仁化□□□名高搢紳英靈允集降生王佐碩

量夙成芳猷遠播言無可擇行無貳過牆刃畢窺唱高
寡和資忠於孝釋褐登朝以茲上德爰膺下寮鶴志斯
遠驥足方超運□舟覆時逢道銷　□人𢞡□□□□
□從□文房叅陪戎律代藩曳履梁園珥筆雅說解頤
清文□疾　下武膺運赫赫明明首席藩邸貳職春卿
鳳沼揮翰龍樓振纓忠勤表節諒直馳名旣莅宮端復
臨政本職惟叅乘寄深補衮德重禮□道光儲□在□
思□□□□損吉凶□域否泰□依□簪朝列□冕王
懽于施寬猛□舉□□貪殘屏迹悍獨知歸遐壽未窮
逝川遽閱易簀遺試既明且哲□□□重蔣靈輀設普

終令始蹈名全節將歸郭北駐車上東□行□□　詔
□□隆□□□□□□□高□□□徽烈無窮

右唐于志寧碑以考唐史列傳其微時所歷官史多不書今亦不復餘錄其尤著者碑云大業十年爲淸河縣長而傳云爲冠氏長碑云自中書侍郎遷兵部授蒲州刺史不赴爲後衛尉卿判太常卿事以本官兼雍州別駕遷禮部尚書而史皆不載中云自侍中拜尚書左僕射同中書門下三品頃之兼太子少師遷太傅顯慶四年以老乞骸骨詔解僕射更拜太子太師仍同三品今以碑考之其初拜僕射也未嘗領

中書門下三品至罷僕射乃爲同中書門下參謀朝政皆史家之誤又案百官志唐初宰相有參議朝政參預朝政參知政事其後有同中書門下三品同平章事永淳中遂以平章事入銜而獨無參謀朝政之名蓋惟見於此耳金石錄

右碑趙氏據志寧自冠氏縣長歷官同中書門下三品證新舊史之脫漏顛倒詳矣尚有未盡者如碑云曾祖讓祖義父宣道義仕隋爲名臣自有傳史乃遺之以冠氏爲清河者新史也卒於麟德二年舊史與碑同則劉氏之書未敢盡以爲可議已金石後錄

碑文剝落未知誰氏撰書亦不知何年所建但薨於麟德二年十月而葬以乾封元年丙寅歲十一月也癸卯夏予既得盡讀三原諸石碑縣志以此碑爲于立政碑予竊疑之碑雖剝蝕數語可辨因考之唐書復與友人申崔馳謁墓下搨其碑額曰大唐故柱國燕國公于公之碑了然無疑矣蓋吏部郎中立政爲君之子而東海公辨機賓隋刺史大猷又立政之子君墓與碑俱無恙尚有四石獸存若辨機大猷二君碑存而墓爲田矣縣志既不載燕公又不知立政墓所在乙巳歲修泰誌董其事者爲河濱李楷叔則先生余錄燕君墓碑始末乞改訂誌書叔則先生攘袂稱善以爲有功古人踰年余抵澶州叔則先生報書珍重云已改正乃今觀泰誌仍踵前訛何也如杜萊公如晦墓在昭陵亦復載於城南司馬村段太尉秀實墓在臨潼縣漏岸斜口鎮而復載于汧陽縣郡邑乘不足信如此類甚多也　又石墨鐫華云趙明誠有定　公曾孫默成碑默成爲沛令早卒以子休烈顯肅代朝亦得立碑默成不知爲辨機爲大猷之子此碑亦在三原則休烈至定公正爲五世又按碑燕公祖讓周太師謚曰剛父宣道周大將軍謚曰獻定公

七世於此可考史既多逸縣志又已不傳賢人君子論定公之後猶有升沉顯晦之數寓焉可慨也夫公高陵人今邑中尚有于姓讀書出仕者來齋金石刻考略

碑下半磨泐存字二千金石文字記云令狐德棻撰于立政書乾封元年十一月今碑中皆漫漶不可識雍州金石記

右燕公于志寧碑碑稱所著文集勒成七十卷而舊唐書本傳云有集二十卷經籍志又云志寧集四十卷皆誤也新史藝文志與舊志同　志寧能相後皆爲岐州刺史此新舊書本傳所失載而趙氏金石錄亦未之舉故

爲表而出之潛研堂金石文跋尾

按碑文四千餘字存者約二千七百餘字益可讀者僅多也惟首三行漫滅過甚里貫無攷而其敘先世自祖已前不可知矣碑稱祖義父宣道以隋書于義傳考之則義之父謹是志寧之曾祖也兩唐書志寧傳亦云曾祖謹父宣道而不書其祖義今歷稽諸史詳其官閥考其同異周書于謹傳謹字思敬河南洛陽人也兩唐書志寧傳俱作高陵人宰相世系表云于氏出自姬姓邗叔子孫以國爲氏其後大臣爲于氏自東海郯縣隨拓跋鄰徙

代改爲萬紐于氏後魏孝文時復爲于氏傳至謹從西魏孝武帝入關遂爲京兆長安人不云其居河南洛陽也高陵與長安同屬京兆志寧先世徙代自當世居京兆而周隋史傳皆以爲洛陽則自謹從西魏孝武入關始也及唐書爲志寧作傳仍書其舊貫耳周書于謹傳謹仕周閔帝時遷太傅封燕國公天和三年薨贈太師雍州刺史諡曰文謹子義隋書傳義字慈恭仕周閔帝時安武太守封建平郡公明帝武帝時歷西兖瓜邵三州刺史隋高祖朝爲潼州總管超拜上柱國卒贈豫州刺

史諡曰剛据碑則云瓜□□□四州刺史與傳不同義有二子長宣道字元明周時賜爵成安縣男隋高祖踐阼還内史舍人進爵爲子累遷太子左衛副率進位上儀同唐書宰相世系表作威安獻公威安或是成安之訛獻公之諡則隋傳所無也碑述宣道不詳周爵而稱隨爲車騎將軍下文闕泐有云既揮翰于鳳沼亦拊翼于龍樓則是内史舍人之語也義次子宣敏字仲達仕隋高祖朝拜奉車都尉卒年二十九無子以宣道子爲後即志寧也碑仍稱宣道爲父而宣道之後似當敘及宣

敏然文已不完此下乃述志寧之事云隨仁壽之末調爲□□挽郎拜朝請郎大業十年拜清河縣長下有缺泐兩唐書皆云大業末調冠氏長山東盜起棄官歸冠氏縣屬豫州武陽郡清河縣屬兖州清河郡殆清河調冠氏碑泐不詳而史則但書其一耳碑云若公孫之歸漢似文若之違袁賜以乘馬即拜銀青光禄大夫太宗文皇莫府初開俊賢翹首以公爲渭北道□軍敦煌闕下此皆高祖起義晉陽之事莫府即幕府借用字舊書傳云高祖將入關率羣從於長春宫迎接太宗爲渭北道行

軍元帥呂補記室授銀青光祿大夫碑云義□□
年代平□師勳加授左光祿太宗進封趙公府寮
亦並隨改太宗本紀義寧元年薛舉攻扶風太宗
擊敗之略地至隴右二年爲右元帥徙封趙國公
碑云崇勳行賞授上柱國武德元年九月拜秦王
府□太宗紀武德元年進封秦王碑云薛舉竊據
汧隴乃詔太宗爲□討行軍元帥下闕大行臺公以
本任兼度支郎中尋檢校行臺左丞并知膳部郎
中事後爲華州圖劃使仍授騎官軍副太宗紀薛
舉寇涇州太宗爲西討元帥舉死其子仁杲出降

拜右武候大將軍太尉使持節陝東道大行臺國
劃使唐百官志無此官恐是唐官暫置非定制也
碑云薛舉破劉闥擒封黎陽縣開國子邑三百戶
又以劉□重擾河北命公爲河南道支度軍糧使
明年又從太宗討楊幹于涇州拒匈奴于北地制
天策府從事中郎進爵爲伯邑五百戶下闕衛尉少
卿進爵爲侯邑七百戶貞觀元年拜御史府長史
劉闥者即劉黑闥也唐碑書人名或單舉或雙舉
各隨所宜太宗紀武德四年太宗加號天策上將
領司徒陝東道大行臺五年劉黑闥既降已而復

反七年突厥寇邊太宗與遇于豳州與可汗盟而
去舊書傳云太宗爲秦王天策上將志寧累授天
策府從事中郎兼文學館學士碑云三年□中書
侍郎尋□□部侍郎下闕右庶子加散騎常侍以□
□宮多所□益賜黃□一斤賜絹一百匹太子□
□□侍春坊多□□歲既□宏益宜加優賞七年
檢校□州刺史下闕十年進爵爲公邑一千戶舊傳
云貞觀三年累遷中書侍郎太宗命貴臣內殿宴
怪不見志寧或奏曰勅召三品已上志寧非三品
所以不來太宗特令預宴即加授散騎常侍行太

子左庶子累封黎陽縣公左庶子據碑作右庶子
傳誤也傳又載太宗謂志寧曰皇子幼少卿當輔
之以正道志寧以承乾數虧禮度志在匡救撰諫
苑二十卷諷之太宗賜黃金十斤絹三百匹此亦
與碑異又諫苑二十卷舊書經籍志作三十卷志
與傳互異此書碑從略新書傳無卷數藝文志則
不載碑云未及拜制即詔授本職公□□陳情勅
令中書侍郎岑文本就家諭旨竟被奪情舊傳云
十四年兼太子詹事明年以母憂解尋起復本官
屢表請終喪禮太宗遣中書侍郎岑文本就宅敦

諭之遂起就職碑云旣而口口失德昵口薮口竭
誠巳口以進口規遂漸相疎斥潛謀毒害厚賂凶
人密相要劫賴公積善幸免路隅舊傳云皇太子
承乾所爲多不法志寧三上書諫承乾大怒陰遣
刺客張師政紇干承基就殺之二人潛入其第見
志寧寢處苫廬竟不忍而止碑云及釁咎彰聞遂
至廢黜春宮官屬皆罹口譴公復拜左庶子加銀
青光祿太宗紀十七年四月廢皇太子爲庶人立
晉王治爲皇太子舊傳云承乾敗後推鞫具知其
事太宗謂志寧曰知公數有規諫事無所隱深加

勉勞右庶子令狐德棻等以無諫諍皆從貶責及
高宗爲皇太子復授志寧太子左庶子碑云十八
年拜金紫光祿大夫行衞尉卿判太常卿事廿一
年遷禮部尚書廿三年以本官兼太子左庶子此
所歷官傳俱從略而云未幾遷侍中碑則未見碑
云今上口應永徽元年加授光祿大夫進口燕國
公邑三千戶二年八月拜尚書左僕射復以本官
兼太子少師尋而肇建中宮以公兼司徒持節口
命副君初臨甲館重道尊賢公參贊百揆陪侍兩
宮俄進位太子太傅舊傳云永徽元年加光祿大

夫進封燕國公二年監修國史拜尚書左僕射同
中書門下三品以本官兼太子少師顯慶元年遷
太子太傅碑云公頻表口奏請收止足皇上弗許
乃令中書令來濟宣旨喻懷及鑾駕東巡留公居
守駕還之後屢更陳聞自此踰年方蒙恩許乃高
謝左執遷太子太師同中書門下舊傳云四年表
請致仕聽解尚書左僕射拜太子太師仍同中書
門下三品按鑾駕東巡指幸洛之事高宗紀顯慶
二年閏正月如洛陽宮三年二月車駕旋京碑詳
記之而傳從略碑云闕上榮州刺史公待罪鞠躬俄

有恩詔遷岐州刺史考績除華州屢辭老病詔許
懸車仍降殊恩聽朝朔望將欲參奉華嶽陪侍登
封行至于洛以麟德二年十月廿日薨于東都安
衆里之第高宗紀麟德二年十月戊午皇后請封
禪司禮太常伯劉祥道上疏請封禪十一月庚寅
華州刺史燕國公于志寧卒請封禪即碑所稱將
欲陪侍登封也至以志寧卒爲十一月庚寅則與
碑之作十月廿者異也舊傳云高宗將廢王庶人
長孫無忌褚遂良執正不從而李勣許敬宗密申
勸請及許敬宗推鞫長孫無忌詔獄因誣志寧黨

附無忌坐是免職降榮州刺史麟德元年累轉華州刺史致仕許之二年卒于家碑有遷岐州刺史之語傳從略也碑云皇情□悼喪葬所須令京官五品撿校將送給靈轝車乘言旋京宅贈使持節都督幽易嬀檀平燕六州諸軍事幽州刺史以□封元年歲次景寅十一月癸亥朔□二□甲申葬于雍州三原縣萬壽鄉淸池里諡曰定公傳則但云贈幽州刺史謚曰定而日丙寅爲乾封元年十一月癸亥朔則甲申爲廿二日也志寧卒于東都傳稱卒于家則洛陽之故居無恙也返葬于三原

則仍歸京兆故籍矣碑云著文集勒成七十卷監修國史實錄□五代史等監撰新禮五經正義俱蒙厚錫易簀之辰遺令薄葬盟器下帳一□□□舊傳云前後預撰格式律令五經義疏及修禮修史等有集二十卷新傳云志寧與司空李勣修定本草并圖合五十四篇兩傳與碑互有詳略異同如此碑所稱五代史是指唐以前之五代但未分晰爲何代據新書令狐德棻傳析之曰隋梁齊陳周五家史當立卽此五代也然不見有志寧撰次之名稽之新書藝文志亦惟隋書八十五卷志十

三卷有志寧同撰之名餘皆無考也又大唐儀禮一百卷又永徽律十二卷式十四卷式本四卷令三十卷散頒天下格七卷留本司行格十八卷律疏十三卷並有志寧同撰名又志寧集四十卷兩唐書同餘俱不著志寧名盟器卽明器儀禮旣夕陳明器于乘車之西注明器藏器也新唐書羅紹威傳紹威子全忠壻也會女卒使馬嗣勳來助葬選長直千人納盟器實甲以入此爲明盟通用之證碑云夫人宏農劉氏曾祖延魏太子中庶子云云隨使持節□州刺史梁靈二州總管洛陽□公

偉之孫隨千牛建節尉卅武之長女也志寧亦與夫人合葬碑故兼敘夫人而詳書其三世則刱見此碑世武避諱缺末筆作卅三世俱不見于魏隨史傳碑又云□部郞中國子司業太子率更令使持節渠號二州刺史□□□卿上護軍立政此是敘志寧之子舊傳但云子立政太僕少卿碑于卿字上泐三字當卽太僕少也碑又云金紫□祿大夫大司□□□□□□監修國史護軍彭陽公敦煌□□□棻此是撰文者自敘金石文字記云令狐德棻撰子立政書蓋當顧氏時猶及見碑字姓

名尙存今則但有橥字在耳至書人爲立政則無
可攷矣德棻自署其貫曰敦煌舊書德棻傳云宜
州華原人先居懷煌代爲河西右族又云貞觀六
年累遷禮部侍郎兼修國史賜爵彭城男十一年
修新禮成進爵爲子永徽元年兼宏文館學士監
修國史遷太常卿四年遷國子祭酒兼授崇賢館
學士又撰高宗實錄三十卷進爵爲公龍朔二年
致仕仍加金紫光祿大夫乾封元年卒此德棻歷
官之大略碑則撮舉其要也志寧以乾封元年十
一月葬德棻以元年卒是立碑之時撰文人已卒

矣文內安得詳書葬日以此知爲立政所增敘而
書之也詳攷諸史與碑參校既可補史所未備亦
可補碑之闕文故不厭覼縷記之

紀國陸妃碑

碑連額高一丈五寸廣三尺九寸五分三十七行行七十三字正書額題大唐紀國故先妃陸氏之碑銘十二字篆書在醴泉縣昭陵

上闕□□□之迴風□□靈泉覩常儀之浴月萅淳精於
落□則仙媛呈姿浮淑氣於巫臺則神妃降彩識昭天
祉乘馬闕桑珪下闕□□□□中餌靈液手□固韞異於
遐年神道會昌復摘英於　聖代妃諱　字　河
南洛陽人也自大黿流樞有下闕□□□□□□命□
中陽國與地分入隨代起晉入失御鍾鼎遷於金陵魏
氏乘期衣冠遷於鼎邑天保未定鬩散爲疏下闕兵□使
持節□州諸軍事洛州剌史上柱國定陵懷公惟岳降
神自天生德受黃書而莅仕拔青萍而應務漢開八校
金鉞揔下闕□□□□□□□□書祉祖立素益
州大都督府長史太子□庶子材膺半古道亞鄰幾□
生□流之藝惠施五車之學絹容下闕□□□□□□
□□□賢之寄護觴銅闕深諧正人之舉父爽尙書庫
部兵部二曹郎中渾金在器華璋表質齊臣守境□照

乘下闕□□□□□□□含香□署旋承覆被之
□東道未申西嶮驟落妃□精月媛擢秀川娥體柔順
以宅躬資閑婉而居性德行高下闕□□□□□□□
□□□□□事親之□□□□垂□端□之情彌
厲父母由是特所寵異常稱之曰此女年雖幼小至於
女則婦道母儀三者下闕□□□□□□□□□石室
藏書一覽□探奧賾察姿姬之往行雅叶貞心想樊衛
之餘風懸符風志女圖斯鑒恥飾於鉛華婉教可遵欣
下闕□□□□□□□聰穎□□藝該通縱□體於銀鈎
垂□文□繡篆□□玉薇先裁柳絮之詞萩啓銅□獨

綴椒花之頌然以神虬沐雨貝非躍闕下宸紫□□□姓
之□□□□問名之禮年□有三出歸於紀國曰惟大
王　　高祖神堯皇帝之孫闕下□□□□□
□□□□□□□□□□□□□□□□鴻勳表於維
翰貞觀十七年有　詔冊命爲紀王妃禮闕下□□□
□□□之□三星□殞符結帨之嘉期□月初開合□
笄□令節鏘八鑾於桂邛聲振歸韓駟百兩於香街禮
均迎渭來朝闕下□□□□□□入□□□□□□
□□□□上□誠□□□式序無□□地之儀尊卑
有常克盡移天□敬暨隼旟出牧翟羽隨軒彩叡韓城

之□洊撫漢□之□耕夫執耜聽杳路以□□□□
□□□□□□□□□□□□□□□□□雖誠大□之
風亦乃先妃之□□以□□酒醴供潔□偖怡顏俟色
朝夕無怠此妃之孝德一也沃盥饋食備服紘綖代終
無成理內從教□□□□□德二也□澤圖□尊敬師
傅□□靡□於言□□□不形於色此妃之□□三也閑
邪□偶避嫌遠□□車迎而未從無符召而弗至此妃
之正德四也食無重味衣絕輕鮮褏澣服之□□□□
□之□□此□之儉德五也鳲鳩□養蓼莪□□姶鞠
之於乳哺終□之於□□此妃之慈德六也持盈守道

蘊智韜光悟託賢之去禍知淩人之及難此妃之明德
七也以斯七德□□□□□□□□□□□芳□□□
嚳罕能□□名馳楚甸道□梁潘舉族□其徽音□□
□其懿範皇姑降念□愛子而爲一　睿后
流恩□密親而莫二既而祥通閬鸞慶動□□□□
□□□□金□之□室□□□東平郡□續等六男江
陵縣主等八女綿紳□歲咸承教經之慈□□登辰俱
□斷機之訓是使貞姿夙茂□光日新令德彰於遠邇
休聲顯於家□□□□□□之□□□□□
棠棣之花□□謂□□九□永保□筵之□積粟萬鍾

方慶□堂之壽而福謙忒□□疾彌□□液□痾去□
山而海絕□橫延歲聘五城而地遠風□□□□□
□□□□□流俄啜仲由之泣□麟德□年□月廿
六日薨於澤州之館舍春秋卅有五其日郎　考
之諱辰妃久□沉疾□斯增□情不勝哀□而殞絕
　□□□□□□□□□□□□□□□悵□空□□
衣之念歎結行路哀□搢紳紀□□妃時在洛下初聞
凶訃頻極哀痛之情旋遣悼書備竭辛酸之旨自非德
行昭著操履堅貞何以見重□□□□□□□□□
□□□□□性純□□□□□先□□侍□□易簀之

初特□□□慈母送終之禮繦使具於楸衣居喪之制
不許逃於苦寢追往慎終咸從遺命有　□□□□
□□□□□□□□□□□□□□陪葬于
昭陵喪葬所須隨□官給又令京□五品監護靈轝
還京又遣司衛少卿楊知正監護儀仗送至墓所往還
㽞以乾封元年□□□□□□□□□□□□
□□　陵南二十三里惟妃太陰之靈仙兌
之英乘絳河以秀出體黃坤而挺生履道循規□□
□□□學□習詩書以立身礪屨情田樹闕下七篇深窮
於旨趣榮辱一致偏□□□之言得喪兩忘殊好給園

之說由是動無悔炁居靡褻慶嚴以訓家敬以直內至
於四時亭宴玉朝起居或稱□□□□□□□□□□
□□□□□山□歌□□摛詞雅會□□之曲聲
參夏籥韻入虞部金石由其克諧人祇以之有悅故得
敎孚縣寓德冠前修雲□奮其英蘂河緯騰其茂烈而
闕下□□□□而奄□嗚呼哀哉□□□□禮備於飾□
□□戒□榮須於　詔葬川分清渭路轉黃山拒
畢陌而疏塋控橋陰而列隧峯攢偃蓋叒摽錫鬘闕下之
闕下□□□□夫□□□少卿東平郡□續等茹荼嬰慕
集蓼纏哀擗厚地而無追攀穹蒼而罔逮日月遄謝愈

傷望岵之懷霜露亟濡尤切循陔之痛以爲闕下□□□
鐫金褐以樹山□□銘曰
□□□□□□□□□□□□□□□□□□□□
□□□□□□□□□□□□□錫類有徵□賢無墜上
肅登鉉□陵傳瑞大父忠艮儲端表器顯考英偉郎官
啓位其二靈緒克昌賢才挺□□□□□□□□□
□□□□□□□□行媲專一其三稟教母儀□□
師氏□□□□學□□史擁燧貽則佩觽成軌潔盛羞
蘋陳甘薦祉其四譽洽彤扆　恩延綠綈施□
□□□□□□□□□□□□□□□□□□□□

□□□瀆□□□枝分景鶺桐開國疏茅樹屏駟馬爰
駕龍旂載鑾荼藹□丹功崇鏤鼎其六合酳貞吉諧琴作
配方咸娶女比兌歸妹□□□□□□□□□□□
□□□□□□□□□遄征翊化千里宜條□城
曹□月明楚觀風清春椒獻頌秋菊裁銘其八水言思孝
因心則友訓子折葼承姑奉箒匪我恩洽吹薪德□□
□□□□□□□□□□□□□□□□□□□□□
□□烈謂神祐仁先喪明哲悲逾轂相悼□捐玦其十卜
遷夏屋　詔葬蛩陰地乳西距天□北臨楚挽宵
唱哀笳曉吟峯高霧□□□□□闕下歎藏舟之難固庶

貽範於穹□敬刊石於泉路其十二

碑已磨滅存六百餘字有云妃河南洛陽人也祖立素益州大都督府長史太子□庶子父爽尚書庫部兵部二曹郎妃年十有三歸于紀國曰惟大王高祖神堯皇帝之孫又云護轝還京遣司衛卿楊知正護送至墓所按醴泉志載有紀國太妃韋氏墓乃太宗之妃紀王慎之母也此陸氏爲紀王慎之妃唐書紀王慎傳越王貞初連諸王起兵慎知時未可獨拒不與合將就誅而免改氏虺載以檻車謫巴州薨於道碑中護送至墓所必中宗復位以後事可以補史之

缺 雍州金石記

右紀國先妃陸氏碑妃河南洛陽人年十有三歸于紀國貞觀十七年詔冊命爲紀王妃生東平郡王續等六男江陵縣主等八女麟德二年六月廿六日薨於澤州之館舍春秋三十有五詔陪葬昭陵以乾封元年景寅十二月壬辰朔九日庚子葬于陵南二十二里唐書紀王慎七子續琮叡秀獻欽證宗室表有續琮悉庄叡秀獻欽矚澄十人傳作證表作澄字形相涉而訛耳碑惟云六男其餘非妃所生也河南陸氏本出代北步六孤氏後魏太和中改爲陸氏與望出吳郡者源流各別妃之父爽官尚書庫部兵部二部曹郎中隋時有太子洗馬陸爽其子法言撰切韻爲後世所宗與此非一人也 潛研堂金石文跋尾

按陸氏以貞觀十七年冊爲紀王妃則附紀王葬也與陪陵不同故史及會要諸書不著 醴泉縣志

案妃以乾封元年十二月葬于陵南二十二里紀昭陵陪葬者及金石文字諸書皆未載 關中金石記

按碑文二千七百餘字存者一千七百餘字尚得十之六也妃之大略多可見陸氏出自嬀姓子孫遷居吳郡凡見於史傳者大率吳郡人爲多其河

南陸姓始於北魏魏書官氏志步六孤氏後改爲陸氏通志氏族略代北有步落大人號步陸孤氏後魏孝文遷洛陽改爲陸氏碑故云晉人失御鍾鼎墜於金陵魏氏乘期衣冠遷於鼎邑也北周書陸通傳通字仲明吳郡人西魏文帝大統九年授驃騎大將軍開府儀同三司太僕卿賜姓步六孤氏進爵綏德郡公然則步六孤氏亦源出於吳郡矣步六通志作步陸孜庾子山集載周譙國公夫人步陸孤氏墓誌銘標題亦作陸文云夫人諱某字某本姓陸吳郡人也語與周書陸通傳同錢塘

倪璠庾子山集註云周書云本姓陸賜姓步陸孤氏是以陸爲六由來舊矣北周書陸騰傳騰字顯聖代人仕周武帝時爵上庸郡公官終大司空涇州總管薨謚曰定子元字士鑒元弟融字士傾最知名歷顯職大象中位至大將軍定陵縣公碑所稱定陵懷公者似即其人是爲妃之曾祖矣周書騰傳稱其舊貫則曰代人而騰之六世孫據新唐書附見蕭穎士傳稱據河南人字德鄰年三十到京師公卿愛其文交譽之天寶十三載終司勳員外郎又有陸堅者新書傳稱爲河南洛陽人官給事中兼學士善書初名友悌元宗嘉其剛正更賜名疑皆其族屬也唐書所見河南陸氏惟此而已祖立素父爽史俱不爲立傳碑稱立素官益州大都督府長史考隋書列傳庶人秀高祖第四子開皇元年立爲越王未幾徙封於蜀拜柱國益州刺史總管二十四州諸軍事歲餘而罷十二年復出鎮于蜀立素之爲長史當在是時其時令狐熙亦爲益州長史見熙碑碑云年十有三出歸紀國貞觀十七年冊爲紀王妃妃以麟德二年薨年卌五推其生在貞觀五年至十七年冊妃年止十三也

舊唐書紀王愼傳貞觀十七年遷襄州刺史以善政聞璽書勞勉百姓爲之立碑永徽元年拜左衞大將軍二年授荆州都督累除邢州刺史文明元年加授太子太師轉貝州刺史越王貞將起事愼不肯同謀貞敗愼亦下獄臨刑放免改姓虺氏流嶺表道至蒲州而卒貞謀起事在武后垂拱三年則愼之流嶺表亦在其時距妃薨後二十二年矣妃以十七年受冊紀王即以是年出守襄州碑故有隼旟出牧翟羽隨軒之語又云名馳楚甸道口梁蒲是授荆州都督也薨於澤州館舍澤州高平郡屬河東道意度其時當是除邢州刺史妃隨行道次澤州而薨也碑云紀口口妃時在洛下泐二字當是紀國太妃愼之母也舊書列傳稱紀王愼太宗第十子新書傳稱太宗有十四子韋妃生愼則愼之母韋太妃也碑云送終之禮纔使具於梂衣梂衣二字無攷韻會云梂與梓本同末與盐可以爲送終之具者也衣即厚衣之以薪之義此盐以文義求之非別有所據也碑云東平郡王續等六男舊傳稱愼長子東平王續早卒次子義陽王琮楚國公叡襄郡王秀廣化郡公獻建平郡公欽

等五人乘拱中遇難中興初封愼少子錢誠爲嗣紀王後改名澄是有七子也新書傳七子同惟澄作證爲異宗室世系表紀王房愼子琮之下有樂安縣公衡州別駕慈丹陽郡公宋州刺史庄欽之下有隴西郡公都官郎中曠是有十人也此三人惟慈無繼嗣庄曠皆傳六世既非早夭又非遇害不知兩傳何以不書至碑止稱六人者或是妃薨之年祇有六子然不詳其名不知續之外餘五人者爲誰也碑云江陵縣主等八女見於新書傳者惟東光縣主適太子司議郎裴仲將性儉素姊弟

謂之則東光縣主有姊有弟姊即碑稱江陵縣主者是已弟不知是誰或即續也妃當薨逝之初即已陪葬昭陵先遣官護靈轝還京又遣官護儀仗至墓所雍州金石記誤以護送紀王梟所爲中宗以後事可補史之缺蓋偶失檢也愼卒於蒲州道次當時不知葬于何所及神龍初詔州縣求訪復官爵諸王皆陪葬昭獻二陵則紀王固在陪葬之列宋敏求長安志昭陵陪葬諸王七紀王愼在其數妃嬪八人之中有紀國太妃韋氏無紀國妃陸氏則似紀王與陸氏合葬長安志載紀王不必復

書陸氏耳醴泉縣志以爲陸氏冊爲紀王妃附紀王葬者蓋是約略之詞仍未晰也碑云葬于陵南二十三里今此碑在醴泉縣北二十里西屯村昭陵南十里其里數今昔不同何也傳稱東平郡王續早卒然碑已有其名則卒于麟德二年以後五人遇害之前也碑無書撰人名姓碑書尚多用別體如从木者皆从手及晏作宴鵠作㩾又龍旂作龍旂借用字悔吝作悔㤓从古體後人乃加心作悋又省作吝也曹□月明此句對下楚觀風清當用仄聲疑月明當作月朗楚挽宵碣疑是宵唱恐筆誤也

敬善寺石像銘

碑高三尺五寸廣一尺八寸三分十五行行二十八字正書在洛陽

敬善寺石像銘 并序

宣德郎守記室參軍事李孝倫撰

若夫銀枝疏社締靈影於金園劍雨銷氛飛惠液於沙界自鶴林秘彩雞山蘊迹甄　睿像於貞金刊瑞容於芳琬風猷不墜繄此賴焉紀國太妃韋氏京兆人也芭姿含綺霏華椒掖蘭儀湛秀緝美蘋閫而思惕紅沙浪冥輝於五劍神棲縞霧延妙業於三珠爰擇勝

識聿脩靈像質融虬彩影飄鸞鶩月逗仙河分紫眉而沃色星流天苑翊紺瞳而飛照懇誠已罄茂績其凝化鳥旌越海之功藏龜彰拔塵之果昭昭峻業難可名言者哉加□凝石疏基均霜表地川潔桐園之華風送杳嚴之香雖淨境開金慮睽□於棄海宏覘貓石諒終期於芥城其銘曰

二靈已散一體未融動植滋夥物象相蒙情氛委岳識浪隨風終淪□住孰亮三空大雄降迹廢津斯演瑞浦澄流祥山闢巘雪童戰勝檀□翼善了義西宣妙輪東轉蘂潤攸在震區有庇望影咸圖尋光必萃粤惟德範夙探微秘詣道雖忘贈容乃唱珠瓔璣玩銀藏傾財林中寫塔雲外崇臺臨豪月滿暎瞼蓮開香煙起霧梵響驚埃南控鸞川北馳春路萬室迴矖四依輟步撫因其植披文同悟比日長懸隨山永固

碑無年月遂紀國太妃韋氏造像之美其文甚麗字體亦工其寫鶴爲鶴祕爲秘襲爲龍絜爲潔翠爲翠夙爲夙皆別字云南控鸞川按中山經云蓤山蓤水出焉而北流注于伊水水經注云伊水自熊耳山東北逕鸞川亭北蓤水出蓤山北流際其城東而北入伊水世人謂伊水爲鸞水蓤水爲交水故名斯川爲鸞川也檢今方志無蓤水鸞川之目蓋後人俗呼失其音字賴碑碣流傳尋繹脈水足証上古禹書非無信耳中州金石記

右銘無年月紀國濬妃唐書例無傳僅見陪葬昭陵姓氏案紀國除于武后時而諸王妃主自垂拱後被害者皆藁掩之神龍初詔州縣脩加求訪陪葬昭獻二陵此必武后以前所刊姑附于武后之末竹崦盦金石目錄

按銘無年月竹崦盦目錄附于武后之末今考紀國太妃韋氏乃太宗之妃紀王之母據紀王妃陸氏丞薨乾封元年陪葬昭陵陸妃薨時太妃居洛陸妃墓碑有云紀國太妃時在洛下初聞凶訃頗極哀痛之情旋遣悼書備竭辛酸之旨云云此爲太妃居洛之證敬善寺造像今在洛陽則太妃刻銘當卽在是時因附于陸妃碑後庶爲近之

令狐熙碑

碑連額高一丈二尺六寸廣四尺六寸三十五行行七十八字正書額題隨故桂州摠管武康郡公之碑十二字篆書

隨故□□□□□□□桂州摠管武康郡開國公令狐使君碑銘并序

闕德棻撰
闕秀書
□聞濟巨川者□□舟楫之用□□□□□梁□□
□是以□□□□□□□□□所以□□□□□□
□□□百姓叶和萬邪□□□彖南□□□東觀勤功
□樹稱□□楹□茂實於當季播□聲□□俗□□□
□之□□□□之□□□□公諱熙字長熙燉煌□□
人也□大夫□□之後□□□□□食邑□□□□
□□□□□□將遷□□遠祖邁爲建威將軍與翟義
連謀爲莽所害子孫避□□□□□□□□□□□

□□□□□□□□□□□□□□□□□魏武威
太守並□□□□□□□□□□□□□□□□□
□□柔祖虬魏龍驤將軍瓜鄯二州刺史敦煌太守鷂
陰縣開□□□□□□□□□□□□□□□□□
□□□□□□□□□□□□□□□二州刺史□
□□□□□□□□□□□□破□之庸績□設壇
之頴榮遺□被於萌黎功烈書於王府公早承□□
□□□□□□□□□□□□□□□□□□□□
□□□□□□□旨當代□□□□□□□以□□
□□□□□□□明三禮工騎射解音律嘉聲□譽

獨步當時周武成之初始入國□□□□□□□□
□□□□□□□□□□□□□□□□□上士尋
遷夏官府都上士□□□□□□□□□□□□□
□□□理案□□階處斷若流神無滯用尋以內憂
去任哀毀過禮□□□□□大孝安親義不絕嗣吾
今□□□□□□□□□□□□□□□□□□□
□□□□□□□□□□少□□□□□哀號骨立
□□不起躃□□至性無以過之周武帝將有河陰之
卹詔公墨縗從事□還□職方下大夫襲爵彭陽公邑
二千一百戶建德五年六月□□留知夏官府事□還

□留守功增邑六百戶加授儀同大將軍宣政元年遷
司勳□大□俄轉吏部公筮仕之始郎在選曹其時吏
部臨淄公唐□雅量高材望□德重□公識度每□與
周席公以長幼□偏辭不敢當□謂公曰吾子□□□
□□□□至此坐先後之閒何足形迹□此□三□□
踐其位當時談者咸所嘉尚公之弱歲本以鑒悟見稱
及處詮衡大收時譽有□□□柴燎太壇詔公行納言
事開皇元年拜司徒左長史加上儀同大將軍進封河
南郡開國公于時景命惟新教府初立從容處物雅允
具贍吐谷渾竊據西垂敢規王略朝廷出車薄伐以公

爲元帥府長史公受命忘身先登斬級所乘之馬□箭
而斃□此力戰遂□破□蜀王以□功之季遠鎭巴蜀
弼諸之寄僉議攸歸乃以公爲益府長史屬□行未反
竟不述職二年敘破渾之功加上開府儀同三司俄授
使持節滄州諸軍事滄州刺史州□□海□□蒨稱□
□□□□□□流亡獄以賄成官由貨進公下車之
始詞訟盈庭銳情案察姦無所隱未及朞月化□訟息
□造州門者□□□脫有□□俗以□□公莅□之
初戶惟四万綏撫□□□□□□□乃□十万
□□洛陽公朝行所閭州士庶謂公更有升□遠于將

送悲不自勝及公還也老幼相携出境迎□□□□
□□□□□□□□□□□□八年□河□道行
臺度支尚書百姓追思立碑頌德改行臺爲并州摠管
府卽授并府司馬十一季轉雍州別駕尋改爲長史公
厲精剖斷威惠兼施□□□其□□□□十二□□鴻
臚卿以本官兼吏部尚書□□□□□□□□□□
□許以□□及車駕□以公□侍從又判禮部度支兵
部刑部工部尚書及秘書監事　高祖鑒觀四方求
人之□□□□□□□□□□□□□□□□□□
□□□□□寺卿□□□□□□□□□□□□

□□□公□□□獄輕重無冤凡在官僚莫不欽仰戀
駕旋軫行次汴州郭下有□汴二渠商侶所□游子□
□□所□□□□□□□□□□□存□□
□以□□□□朝賢□公□在乃授使持節汴州諸軍
事汴州刺史於是下車布□□帷□部括遊惰抑工商
斷向街門禁巷市者舩客停於郭外行侶□□留孤
村□□□□居□令歸本令行禁止莫敢有□□□
□□□□□□□□□□朝宗以□德政爲天下
之寂賜帛三百疋仍勅諸州考使咸取則焉十六季除
使持節摠管桂交尹藤衡□黃□越愛德□利□□象

□□十七州諸軍事桂州刺史□□□□□□□□□
□□□□□於律令□斟酌管內管人皆□士人□
授刺史有闕擬訖奏聞二佐以下郎令述職賜絹五百
疋□□□□□汴州軍□五百人以充□□公以□
□□□上表聞□□□□□□□□□□□□□□□
以文德分□□□□□□□□獠感恩咸來□謁先雖
有州縣之名□□□居之所公□簡□望□拔才□□
以職□□□□□□□生□之□累代不□□所□□
□□□□□□□□□□立□□營□□□開建
庠序□致文偫歎吩□姓令其就業朞歲之後頓革□

□自□□□未之有也□□在□□以疾固辭□旨
不許□□以藥□□□□□砭石□□□二年
八月十五日□于位春秋六十有三郎以其季十二月
□□於京城之□以　大唐貞觀十一季十一月五
日歸葬於□州華原縣之□□□□□□□□□
□□□□幽□□□□□□□□□□□□□□
□□□之風臨下布仁明之德及于入居省閣出撫藩
維憶愛洽於惇□□擇隧於管庫去思結戀來暮興謠
望重朝□□□□□□□□□□□□□□□□□
□□□□□□□□□□□□□□□□□　□敎上

素之交悆□□之貴□成□立光國榮家者矣夫人同
郡氾氏周甘州刺史慶之女□□□□□□□□□□
□□□□□□□□□□□□□□之□□□□□□
□□□□□□□□□女也初拜□原郡君□遷河南
□夫人□以淑德仁明幽閑婉順□□□□□□□□
□□□□□□□□□□□□□□□□□□□□□
□□□□□□□□□□□□□□□□□□□□□
□□□學士監修國史護軍彭陽縣□國公德綦陪
侍滕下夙趨教義□□□□□□□□□□□不□□
□□□承□□□以□□□□□□□□□□言□

□□□□□□□□□□□□□□□□□□□欲報
厚恩昊天罔極陟平原□□□□□□式敘家風雖
才□□□□□□□□□□斯□□□□□□□□
□□□□□□□□□□□□□□□□□□□□□
□□□□□□
□□□□□□□□□□□□□□□□□□□□□
□□□□□□□□□□□□□□□□□□□□□
□□□□□□□□□□風猷無競賢達繼蹤□□鼎
盛龍驤體道履信居忠襄公感會懋德□□□□□
□□□□□□□□□□□□□□□□□□□□□

□□□□□□□□□□□□□□□□□□□□□
□□□□□□駒冠歌纓忠能入仕斷割馳名旣□□
要實綜絟衡銀鉛不雜□□□□□□□□□□□□
□□□□□□□□□□□□□□□□□□□□□
□□□□□□□□□□□□□□□□□□□仁□
旣洽禮□攸興功成秩滿朝命斯膺莅職陜東攝官京
縣政成□□□□□□□□□□□□□□□□□□
□□□□□□□□□□□□□□□□□□□□□
□□□□□□□□□□□□□□蘇□□三湘褰帷
五嶺雜種繁熾□隅荒梗我君訓俗以寬濟猛□□

□□□□□□□□□□□□□□□□□□□□□
□□□□□□□□□□□□□□□□□□□□□
□□□□□□□□長□□□鍋勒庶乖不朽盛範
鴻名不愆于後
□□乾封二年歲次丁卯五月辛酉朔廿五日□□
□　□□□□□□□□□□□□□□武騎
尉□□□□□□□□□□□□□□□□□□□
按此碑文約二千七百餘字存者一千三百餘字
尙得十之五其事蹟可考而知也題曰令狐使君
碑銘撰人僅存德棻二字書人僅存秀字書人不

可知撰者以文字求之則子撰其父之碑也碑敘
公諱熙遠祖邁祖虬而曾祖與父在泐文中不能
辨則是子撰父碑直書名諱不必如後世之假他
人塡諱也唐書宰相世系表令狐氏出自姬姓周
文王子畢公高裔孫畢萬爲晉大夫曾孫顆以獲
秦將杜回功別封令狐生文子頡因以爲氏世居
太原秦有太原守五馮亭侯範十四世孫漢建威
將軍邁與翟義起兵討王莽兵敗死之此卽使君
之遠祖也碑所敘與表合邁生三子伯友文公稱
皆奔燉煌伯友入龜茲文公入疏勒稱爲故吏所

匿遂居効穀稱生六子第三子由由六子長子禹
禹生四子第四子溥溥生三子璜叡瑒傳五世孫
礬礬孫亞亞孫敏敏五世孫虬卽使君之祖也虬
生四子元保整慶保休整卽使君之父也惟曾祖
不列于表中碑云祖虬魏龍驤將軍爪鄯二州刺
史敦煌太守鶉陰縣開下闕北周書令狐整傳云整
曾祖嗣祖詔安並官至郡守咸爲良二千石父虬
北史整傳作虯蓋虬字之譌仕歷爪州司馬燉煌郡守鄯州刺
史封長城縣子大統末卒于家太祖傷悼之贈龍
驤將軍爪州刺史傳較碑加詳而無鶉陰縣之封

攷鶉陰縣漢置屬安定郡後漢改曰鸇陰屬武威
郡晉以後廢省是鶉陰之名亾已久矣其地入於
西魏置會州會寧縣後周並廢至隋開皇十六年
復置會寧縣屬平涼郡隋書地理志平涼郡又有
百泉縣後魏置長城郡又黄石縣西魏改爲長城
縣隋時改爲百泉是長城縣與鶉陰同屬平涼郡
地而其名皆晉有而今無不能定其孰是也據周
書整傳知使君之高祖諱嗣曾祖諱詔安北史整傳作詔
安父諱整周傳云字延保燉煌人本名延世爲西
土冠冕刺史魏東陽王元榮辟整爲主簿加盪寇

將軍魏孝武西遷河右□亂整執鄧彥送京師太
祖表爲都督復以定晉昌斬呂興以聞于朝詔徵
赴闕授壽昌郡守封驃武北史作襄武縣男除持節撫
軍將軍通直散騎常侍大都督遷使持節車騎將
軍儀同三司散騎常侍尋除驃騎大將軍開府儀
同三司加侍中賜姓宇文氏賜名盛孝閔踐阼拜
司憲中大夫進爵彭陽北史作彭城縣公權鎭豐州除
豐州刺史拜御正中大夫出爲中華郡守轉庸州
司會遷始州刺史天和六年進位大將軍建德二
年卒贈鄜宜豳鹽四州諸軍事鄜州刺史謚曰襄

此整歷官之始末也碑文缺泐惟存二州刺史及
遺□被於前參功烈書於王府二語而已二州刺
史者卽始豐二州語見隋書熙傳碑此下述使君
之事云公明三禮工騎射解音律剸武成之初始
入國闕下上士尋遷夏官府都上士隋書令狐熙傳
熙起家以通經爲吏部上士尋授帥都督輔國將
軍轉夏官府都上士俱有能名碑云尋以內憂去
任哀毀過禮□□□□□□□大孝安親義不絕嗣
吾今闕下哀號骨立□□□不起周武帝將有河陰之
役詔公墨縗從事□還□職方下大夫襲爵彭陽

公邑二千一百戶隋書傳云以母憂去職殆不勝
喪其父戒之曰大孝在於安親義不絕嗣吾今見
存汝又隻立何得遂爾毀頓貽吾憂也熙自是稍
加饘粥服闋除小駕部復丁父憂非杖不起餘與碑同
北史傳同惟小駕部作少駕部彭陽作彭城爲異
據碑泐文中尚存少字則北史是也爵是彭陽非
彭城當以碑爲正周書武帝紀建德四年七月壬
午上親率軍直指河陰八月己卯入于齊境攻河
陰大城拔之會有疾九月辛酉班師碑所稱河陰
之役卽此事也碑云建德五年六月□□留知夏

官府事□還□留守功增邑六百戶加授儀同大
將軍宣政元年遷司勳□大□俄轉吏部隋傳云
武帝平齊以留守功增邑六百戶進位儀同歷司
勳吏部二曹中大夫周書武帝紀建德五年十一
月己酉帝總戎東伐六年正月甲午入鄴城二月
乙卯自鄴還京明年三月壬辰改宣政元年碑又
云公筮仕之始卽在選曹其時吏部臨淄公唐□
雅量高材望□德重□公識度每□與同席云云
唐泐其名以周書傳攷之乃唐瑾也瑾傳云瑾年
十七周文聞其名召拜尚書員外郎相府記室參

軍事累進驃騎大將軍開府儀同三司爵臨淄縣
伯于謹南伐江陵以瑾爲元帥府長史論平江陵
功進爵爲公累遷荆州總管府長史入爲吏部中
大夫葢熙以少年與瑾同爲中大夫又同在吏部
故碑云然又攷于謹傳謹伐江陵乃梁元帝承聖
元年事後三年立蕭詧爲梁主振旅而旋事在西
魏恭帝初元而周太祖文皇帝尙居元輔之任也
碑云柴燎太壇詔公行納言事開皇元年拜司徒
左長史加上儀同大將軍進封河南郡開國公此
皆入隋以後事也隋高祖以周靜帝大定元年二

月受禪隋傳云高祖受禪之際熙以本官行納言
事尋除司徒左長史加上儀同爵與郵同碑云吐谷渾
竊據西垂敢窺王略朝廷出車薄伐以公爲元帥
府長史蜀王以口幼之年遠鎭巴蜀鄰諳之寄僉
議攸歸乃以公爲益府長史二年敘破渾之功加
上開府儀同三司俄授使持節滄州諸軍事滄州
刺史隋傳云吐谷渾寇邊以行軍長史從元帥元
諧討之以功進位上開府會蜀王秀出鎭于蜀以
熙爲益州總管長史未之官拜滄州刺史隋高祖
紀開皇元年八月甲午遣行軍元帥樂安公元諧
擊吐谷渾于靑海破而降之九月辛未以越王秀
爲益州總管改封爲蜀王又據隋傳庶人秀高祖
第四子開皇元年立爲越王未幾徙封于蜀拜柱
國益州刺史秀有膽氣多武藝上每曰秀必以惡
終碑故云鄰諳之寄僉議攸歸也碑云口口洛陽
公朝行所闔州士庶謂公更有升口遠于將送悲
不自勝及公還也老幼相攜出境下闕八年口河口
道行臺度支尙書百姓追思立碑頌德改行臺爲
并州總管府卽授并府司馬十一年轉雍州別駕
尋改爲長史證以隋傳語皆合碑于洛陽上有泐

文傳則云開皇四年上幸洛陽也行臺上泐字乃
河北道也碑云及車駕口以公口侍從又判禮部
度支兵部刑部工部尙書及秘書監事傳但云往
判五曹尙書事而已碑有車駕字侍從字隋高祖
本紀開皇十二年七月壬戌幸昆明池其日還宮
八月乙亥幸龍首池是年遊幸祇此二事不知熙
之侍從在何時也碑云鑾駕旋軨行次汴州郭下
有口汴二渠商侶所口下闕乃授使持節汴州諸軍
事汴州刺史於是下車括游惰抑工商斷向街門
禁巷市者船客停於郭外行侶口口口留孤村口

口口口口口居口令歸本令行禁止莫敢有闕下德政爲天下之最賜帛二百疋侶與旅同疋即疋字隋傳云上祠太山還次汴州惡其殷盛多有姦俠於是以熙爲汴州刺史下車禁遊食抑工商民有向街開門者杜之船客停於郭外星居者勒爲聚落僑人逐令歸本考績爲天下之最賜帛三百疋傳視碑較詳而帛三百疋與碑之二百疋者異也高祖祠太山是開皇十五年正月事河南通志古蹟門載開封府汴河故道云即浚儀渠河舊出鄭州滎陽縣大同山東經府城內又東合蔡河名蒗蕩

渠又名通濟渠東注泗州下入於淮皮日休銘云隋之疏淇汴鑿太行在隋之民不勝其害也在唐之民不勝其利也云云據太平寰宇記通濟渠在開封縣南二里大業元年引汴水入號通濟渠又琵琶溝在開封縣南十一里西從中牟縣界流入通濟渠隋煬帝欲幸江都自大梁城西南鑿汴水入即蒗蕩渠也則通濟與蒗蕩是二渠河南通志謂蒗蕩又名通濟者非也然此二渠皆鑿自煬帝時此開皇十五年未有此二渠名則碑云口汴二渠不知何渠也碑云十六年除使持節總管桂交

尹藤滴口黃口越愛德口利口口象口口十七州諸軍事桂州刺史隋傳云上以嶺南夷越數爲反亂徵拜桂州總管十七州諸軍事累改武康郡公所謂十七州者碑泐其六以隋書地理志攷之尚有靜賀東寧安明玉等州名與桂林諸郡相鄰者然亦不能强合於十七州之數也碑云以疾固辭口旨不許闕下二年八月十五日口於位春秋六十有三郎以其年十二月口口於京城之口以大唐貞觀十一年十一月五日歸葬於口州華原縣之闕下隋傳云在職數年上表曰臣忝寄嶺表四載于

茲犬馬之年六十有一年疾俱侵請解所任優詔不許有人詣闕訟熙受交州渠帥李佛子賂既而佛子反上大怒鎖熙詣闕熙行至永州憂憤卒年六十三北史傳與此同周書附整傳但云大象中位至吏部中大夫儀同大將軍恭入隋以後歷官不入于周也碑不詳熙被逮事子爲父諱也碑於二年上有泐字當是仁壽二年至貞觀十一年歸葬距其卒三十六年而撰文立碑在乾封二年又距三十年合之共踰六十六年矣華原縣屬雍州殆因其子德棻徙居乃遷熙柩歸葬而唐書德棻

傳遂不曰燉煌而曰宣州華原人也然宣州爲唐
初所置貞觀中廢天授二年始復置其後改爲耀
州是及德棻之身宣州之廢久矣碑又云夫人同
郡汜氏周甘州刺史慶之女初拜口原郡君口遷
河南口夫人此葢以合葬而兼敘夫人也廣韻云
汜姓出燉煌濟北皇甫謐曰本凡氏遭秦亂避地
於汜水因改爲汜氏之先見於晉書者二人一爲
汜毓見儒林傳係濟北盧人客居青州與夫人異
派一爲汜騰見隱逸傳爲敦煌人當是夫人之先
世也碑稱夫人爲同郡葢與熙同貫敦煌也其父

慶周書北史俱無傳碑云學士監修國史護軍彭
陽縣口國公德棻陪侍膝下夙趨教義云云此德
棻自敘其官也舊唐書德棻傳貞觀六年累遷禮
部侍郎兼修國史賜爵彭城男十一年修新禮成
進爵爲子永徽九年累遷太常卿兼宏文館學士
四年遷國子祭酒兼授崇賢館學士又撰高宗實
錄進爵爲公龍朔二年致仕仍加金紫光祿大夫
乾封元年卒於家新書傳稍略然彭陽作彭城則
同誤也碑于學士之上有泐文据傳是崇賢館也
碑立於乾封二年其時德棻已卒而此行年月之
下共泐四十餘字中間尚存武騎尉三字當是德
棻之後人官武騎尉刊其遺文而立于墓上抑或
是爲德棻祔葬因追爲熙立碑也隋傳稱熙有四
子少子德棻最知名今見於唐書宰相世系表者
只德棻一人其三人但有孫曾列于表內亦無官
武騎尉者則武騎尉不知何人也此碑金石家皆
未著録因詳攷之

金石萃編卷五十六終

金石萃編卷五十七

賜進士出身　誥授光祿大夫刑部右侍郎加七級王昶譔

唐十七

令狐德棻碑

碑連額高一丈一尺九寸五分廣四尺二寸五分十五行行七十七字正書額題大唐故金紫光祿大夫彭陽憲公之碑銘十六字篆書

大唐故□□□□□□□□□□修國史□□□□□

闕下

闕上政書

□□□之所興分八□丘爲□□壘□所至□三者□

□□□□□□□□□□□□□□□□□□□□□

□□□□□□□□□□□□□□□□□□□□□

□□□□舍□□□□□□紀情以□□之□□繼□

董之㫖筆紬石室之記勒金簡之書□□揚名□□服

□□□□□□□□□□□□□□□□□□□□□

公諱德棻字季□敦煌人也□□□肇開層□□□候

居□□□□緒□□□□□□□□□□□□□□□

□□□□□□□□□□□□□□□□□□□□□

□□□□□□蹈縹垂丹銘□□□曾□虬魏龍驤將

軍□□□□□□□□□開國子□□□□□□□□

□□□□□□□□□□□□□□□□□□□□□

□□□□□□□□□□□□□□□□正卿上大夫

始豐二州刺史彭陽縣開國公□□□□□□□□□

□□□□□□□□□□□□□□□□□□□□□

□□□□□□□□□□□□□□□□□□□□□

□□□□□□□□□□公□上開府儀同三司兼吏

□□□□□□□□□□□□□□□□□□□□□

□□□□□□□□□□□□□智峯□□□□□□

□□□□□□□□□□□□□□□□□□□□□

□□□典籍□□之術昭茂於中臺□□□□□□□

□□□□□□□□□□□□自□□□□□□英爽

□忠特異常童□夕之□□□□□□□□□□□□

□□□□□□□□□□不□□□□□□□□矩意

□□知機達妙摛□□菀生□□□□□□□□□□

□□□□□□隋文帝□而善之因曰公□□□代

□□□□□□覩卿□□□清□□□□才子□□□

□□□內艱未及叙□□以□□丁此□□絕漿□粒

殆不□□等□父憂□□□李由□極議者稱之服

閣□家授游騎尉大業中□□□□□□□又□□□

□□□□□□□公以□□□□□□□□□□□□

□□□□□□□史養素韜□俄而日闕星亾山淪□
沸羣孽肆慝懷□羅禍　我高祖受圖誕命□□
師□□□以推亡指容□之殄暴淮安王神通式贍□
野載切□□□雄□□□力□公□□□□□
□□□叅軍專掌詞翰兵□進□咸以委之禮盛□□
恩深入幕以從□京城之□加銀青光祿大夫大丞相
府記室武德之始拜起居舍人□□□□特蒙□□記
□□□□□□□□□□□□□□□仍□□□供
奉□□□□□□□□□禁□懇麟臺□遊於文雅搢
紳之侶咸以□□□以本官攝尚書左丞□幾封彰

陽縣開國男食邑二百戸□□□□□□□□□□
□□□□□□□□□□□□□□機□攝□□□
尋授□□侍郎及　詔修五代史書命公專撰周史
公博贍多聞工於著述詳録典□有□□□□□□
□□□、□□□□□□□□□□□□□□□□
□□□□□□□□□□□□□修新禮成進爵爲
子加邑百戸賚物□百卌段眞之又命公與吏部尚書
高士廉刊定成□事畢□□□□□□□□□□
□□□□□□□□□□□□□□□□□□□□
□□□□□□□　太宗以業定功成時康歲稔廼

於羣□將事□□□□□□□□□□□□□□□□
□□□□□□□□□□□□□□□□□□□□□
□□□□□志□□□□其禮□□天□以爲故事辝
授以正議大夫行右庶子正□□之敦厚□□元之□
□繼□比竝□□於公□儲君□□□□□□□□□
□□□公□□□□□□□□□□□□□□州□□
□雅州刺史□車露冕緝化宣風獷俗讋□懷恩□□
以公事□□□□□□□□□□□□□□房玄齡□
□□許敬宗等□□□□□□實□□□□□□□
□□□□□□□段□□大□□□□少監□帛一百

五十匹今　上正位以公守禮部侍郎□□□□
□□□□□□□□□□事□□□□□□□□□□
□□□□□□此□今□□□□□□□□□□□□
□之□□□□□永徽二□□□□□□宏文館學士
仍監修國史□□□□□辝改授□□□□□太常少
卿依舊修史□□□□抑揚□□□□纓□□□□□
□□□□□□□□□□□□□之□□□之□□□
□□之□□□□□□□抗表去位優詔不□進□
通□□□□□□□□□如□□□□之思關□恭
□□□□謝□□歟□□□□□□□□□□□□□

□□□□　　太宗實錄□□□□□□□食邑□□
□□□□□□明□□□□□□□□□□□□□□
□□□□□□□□□□□□□□□□□□□□
皇帝實錄□□□白公增邑一千□□□□□□□
□□□□□□□□□□□□□□□□□□□□□
□□□□□□□□□□□□□□□□□□□□□
□□□□□□□□於是□仰丘□翺翔林壑抗跡□
□□□□□□□□□□□□□□□□□□□□□
□□□□□□□□□□□□□□□□□□□□□
□□□□□□□□□□□□□□□□□□□春秋

八十有四遺□薄葬□□□□塗□□□□□□□□
□□□□□□□□□□□□□□□□□□□□□
□□□□□□□□□□□□□□□□□□□□□
□□□□□□□□□□□□□□□茂風韻淸□精
顔□□□□保性□□□□□□□□□□□□□□
□□□□□□□□□□□□□□□□□□□□□
□□□□□□□□□□□□□□□□□□□□□
□□□□□□□□□□□□□□□□祓冊緉羅□
□□□□□□□□□□□□□□□□□□□□□
□□□□□□□□□□□□□□□□□□□□□

□□□□□□□□□□□□□□□□□□□□□
□□□發寵以孤直之操尤憚權□□□□□□□□
□□□□□□□□□□保□華□□□□□□□□
□□□□□□□□□□□□□□□□□□□□□
□□□□□□□□□□□□□□□□卌卷並行於
時長子太子右司議□□□□□□□□□上□軍□
□□□在□充□□□□□□□□□□□□□□□
□□□□□□□□□□□□□□□□□□□□
周王御時鑾開□□□□□□□□□□□□□□□
標□□□□□□□□□□□□□□□□□□□□

□□□□□□□□□□□□□□□□□□□□□
□□□□公惟□之彥質邁南銑材踰東箭□□□□
□□□□□□□□□□□靡□□吞□□城□□□
□□□□□□□□□□□□□□□□□□□□□
□□□□□□□□□□□□□□□□□□功隨業
暘位逐名尊嵩柱□□□□□□□□□□□□□□
□□□□□□人爵風□□□□□□□□□□□□
□□□□□□□□□□□□□□□□□□□□□
□□□□□□□□□□□覓酬功載絹王言裁成帝
□□□□□□□□□□□□□□□□□□□□□

□□□善□□公□□□□□□□□□□□□□
□□□□□□□□□□□□□□□□□□□□
□□□□□隧漠漠窮泉山光慘日□□□□□□□
□□□□□□□□□□□□　嫡孫朝　缺

按此碑約二千七百字存者不及八百字可讀成文者無多全藉史以補闕也舊唐書傳云德棻宜州華原人隋鴻臚少卿熙之子也先居燉煌代爲河西右族德棻大業末爲藥城長不就義旗建淮安王神通自稱總管以德棻爲記室參軍高祖入關引直大丞相府記室武德元年轉起居舍人五

年遷秘書丞撰藝文類聚高祖詔蕭瑀王敬業殷聞禮修魏史陳叔達令狐德棻庾儉修周史封德彝顔師古修隋史崔善孔紹安蕭德言修梁史裴矩祖孝孫魏徵修齊史竇璡歐陽詢姚思廉修陳史歷數年不能就貞觀三年太宗復勅德棻與岑文本修周史德棻又奏引殿中侍御史崔仁師佐修周史六年累遷禮部侍郎兼修國史賜爵彭城男十年以修周史賜絹四百匹十一年修新禮成進爵爲子又撰氏族成賜帛二百匹十五年轉太子右庶子承乾敗除名十八年起爲雅州刺史詔改撰晉書書成除秘書少監永徽元年撰定律令復爲禮部侍郎兼宏文館學士監修國史及五代史志遷太常卿兼宏文館學士四年遷國子祭酒修貞觀實錄賜物四百段兼授崇賢館學士尋又撰高宗實錄進爵爲公龍朔二年致仕加金紫光祿大夫乾封元年卒於家年八十四謚曰憲新書傳與此同而稍畧宰相世系表但書官國子祭酒不云崇賢館學士爵彭城縣公也碑云公諱德棻字季□燉煌人也德棻字某傳不書碑惜泐一字其云敦煌人者與其父熙碑同蓋祖貫也碑云曾

□虯魏龍驤將軍闕下開國子闕下此德棻之曾祖也北周書令狐整傳整父虯仕歷瓜州司馬燉煌郡守郢州刺史封長城縣子卒贈龍驤將軍瓜州刺史碑云正卿上大夫始豐二州刺史彭陽縣開國公闕下此德棻之祖也諱整北周書傳孝閔踐阼整拜司憲中大夫進爵彭陽北史作彭城縣公除豐州刺史拜御正中大夫遷始州刺史謚曰襄傳作中大夫而碑是上大夫也碑云父□上開府儀同三司兼吏闕下此德棻之父也諱熙有碑見前此下碑述德棻事云內艱絶漿□粒父憂率由□極議者稱

之据前碑熙之卒在隋仁壽二年碑云服闋授游騎尉大業中闕下傳不書授游騎尉事碑云高祖受圖誕命淮安王神通闕下參軍專掌詞翰此即傳稱神通以爲記室參軍也碑云以從口京城之口加銀青光祿大夫大丞相府記室武德之始拜起居舍人闕下此語與傳合而較傳爲詳碑云以本官攝尚書左丞封彭陽縣開國男食邑二百戶闕下尋授口口侍郎詔修五代史書命公專掌周史傳不書攝尚書左丞其遷禮部侍郎及賜爵在修周史之後碑云修新禮成進爵爲子加邑百戶賚物口百

卌段頃之又命公與吏部尚書高士廉刊定成口事畢闕下傳不書加邑百戶及與高士廉刊定事碑云授正議大夫行右庶子傳不書授正議大夫碑云雅州刺史闕下傳作貞觀十八年碑云房元齡口口口許敬宗等闕下此即同修晉書事碑云口口少監口帛一百五十匹此即修晉書成授秘書少監傳不書賜帛之事碑云今上正位以公守禮部侍郎闕下永徽云口闕下宏文館學士仍監修國史尋改授太常少卿傳與碑同惟授太常卿無少字碑云春秋八十有四遺口薄葬而闕其卒年据舊傳是咸亨元年也碑云卌卷並行于時而不詳何書据新書藝文志是令狐德棻集三十卷也碑云長子太子右司議闕下据宰相世系表德棻子修已不書官位是表之畧也碑末又有嫡孫朝三字下俱泐史表有孫伯陽亦無官位碑有朝字必是敘其官階而系於碑末必是紀立碑歲月也今既無可攷姑附此碑於乾封二年令狐熙之後當是與熙碑同時立也書碑者泐其姓僅存其名政字

張開彊尹氏女造像記

記兩面刻一橫廣一尺四寸七分高五寸三分十四行行五字一橫廣一尺二寸三分高八寸五分十一

行並正書

大唐乾封二年九月三日佛弟子張開彊尹氏女爲父母舊貫絳州欒居洛邑女出事他族遠隔山河抽割衣資敬造阿彌陀像一區願父母兄弟及因緣眷屬永無災鄣值佛聞法

佛弟子張開彊供養

妻蘇供養

女苟兒

男智達

男智興

女夫尹仁則
姪及兒
外孫義成
孫仁習
孫仁表
兄惟信供養佛時

按此碑是張開彊之女歸於尹氏者爲其父母兄弟造像以祈福也文云曹貫絳州樂居洛邑絳州絳郡屬河東道洛邑似卽洛州屬河南郡言其父母曹貫絳州遷居洛邑而不自言其居于何許但言出事他族遠隔山河然出嫁之女繫念父母兄弟無可寄達託於造像以寓其誠一二語中不覺孝弟之心油然而生也抽割衣資者抽拔也割猶捨也皆捐資之意張開彊是其父妻蘇是其母荷兒郎女自謂男智達智與皆開彊之子次于女後女之弟也尹仁則爲女夫外孫義成疑卽女之子開彊之外孫也仁習（玉篇云習俗猶字）仁表似皆開彊之孫而所謂姪及兒者或是開彊之姪與姪之兒也末行兄惟信特提起數字不與衆伍者豈開彊之兄耶

郭君碑

碑高七尺三寸廣二尺七寸前後缺僅存二十一行行五十八字行書在汾縣北七十里郭社村

唐故大將軍上柱國郭君碑

上闕州刺史□□□司徒公□□□□□□□華蕃分銅虎□□□羽□□□□□□□□□□□□□□□□□□□□□□□□□□□□□拔□大都□志隆□□□□□備□端懷厚□於九功□酉倚於七德汪汪有□□之量佗佗有勇夫之質父嵩　稟性虛凝不□榮□□□□□□□□□□一混是非窮柱下之深趣雙舉鵬鶚得濠上之幽情公家承禮教耕慶齎胰□□不羣英姿□□畯峻若霜濟之暎秋桂肅肅似風嶺之茂寒松聞詩禮而遊方觀儒墨而覩奧每登高憤歎投筆長懷企梁竦之忠謀追班超之義勇□□□西山之□□□□之戎冠六郡之良家雄五陵之俠少屬火運挺災乾綱紊緒焚原靡救□類毋遺　大唐摽□帝之靈文光膺精之秘籙起□□之積甲建彖野之連旗經綸大夏之墟締搆潛丘之壤指麾日月負關闔以□移□□山川□□而□轉於是薦名相府委質戎場揮霜劒而斬老生奮長戟而摧霍邑殊勳克著授公上儀同三司于時絳州逆命不順　皇猷公扼腕齊心衛冠目裂布魚

麗之陣擬却月之 滅 瞬息之間俄然殄滅獲勳居最授
朝請大夫於時武周作梗同黑山之未平建德亂階類
黃巾之猶熾太原北望無復人煙之墟絳川南指咸爲
戎馬之地危□孤立是日浩州四面 受 敵千里絕援關
山杳杳望長安如日邊歲月遥遥疑京兆於天上□單
之固即罍窘若懸巢救昭之守陳倉危同累卵於是搃
管眞鄉公李仲文乘連率之華 當 廟畧之委以公茂族
盤根任之心膂親御矢石展効立功授上輕車都尉□
貞觀三年頻利稚視 龍庭控弦百萬虔劉都鄙擾
亂邊垂 太宗文皇帝坐黃屋以永懷臨紫宸以

太息傷彼殘賊哀此烝黎爰命英公董戎薄伐公□□
□之劒持冉有之矛執角爭先中權後勁獲勳第一授
上大將軍賞物四百段遂乃八表乂安四海淸晏公乃
韜戈息騎琴酒怡神咀嚼六經魚獵百氏臨池入木之
技逸少見以多慙獻賦制檄之才相如謝其淸俊上聞
震扆爰降 絲綸召公爲金門關□將公辭兩疏之
□冠挂東門謝司農之官傅芳北海至七年又辟公滕
王□府司馬公志性林泉賞心風月悟有情爲速朽識
多財爲累愚悲景燭之不□哀霜□之逾遠深懸實相
宏立勝因雖陸生散千金之資實朱公弃五 □之產

得斯樹□未可同年以此固辭確乎不受 太宗文
皇帝崩遺 詔起義元從班例加勳 詔授上柱
國 皇帝駕幸并州公策驅遠□掌 恩□□门
□□段公勳庸克著英聲美於五臣榮寵既章功名顯
於六佐如何與善徒欺輔仁多爽滔滔閱水既一逝而
無歸 冉冉 生靈亦百年而有竭□□□□□遘疾薨
於私第靈座空而遊塵滿□簷廓而瞑禽哀追□德於
猶生想音徽而以謝農夫輟耕而永歎機婦罷織而長
嗟豈直巷絕歌聲鄰□□□□□以乾封二年歲次丁
卯十一月丁巳廿八日甲申還窆於大夏鄉隱泉之原

禮也前臨梓澤俯眺九京却背隱岑岩嶤萬仞西瞻翠
嶺峻峙□□□□□汾杳然如帶夫人王氏令望江東
派流并部姻連三輔婚□五□內睦六親外諧九族痛
長城之永別淚渠湘川悲隴水之分流更 成 嗚咽□□
□□□子宏道並左親衛立性廉讓虛己 接 人孝乃天
性忠爲令德亞劉宗之兩驥埒韋氏之 雙 珠攀 靜 樹以
長號□ 寒 泉□永慕以爲鐫金□□□□□□□
□□□□□□□□□□□銘□其詞曰
□□□□□□□□□□□□□□□□□
□□□□□□□□□□ 下缺

尔彝尊曰碑文有云揮霜鉞而斬老生蓋從大宗次
霍邑者按唐書宋老生投塹爲劉宏基所殺而溫大
雅創業起居注則云老生攀繩上城軍頭盧君諤所
部人跳躍及而斬之今讀此碑乃知揮刃者之爲郭
君而首二行剝裂其名字門世及撰文者皆闕其知
爲郭君者藉有碑額存爾金石文字記
按此碑前段不知缺幾行後則銘詞全缺存者二
十一行惟前一行後二行存字無幾餘則每行祇
缺數字尚可讀也文中姓名里貫全泐賴額題郭
君二字知其姓首行泐文中有州刺史字司徒公

字必是先世之歷官又有分銅虎字高宗之世不
避虎也又有志隆字玩上文義當是其祖名其父
嵩祖與父皆無官位此下叙君之事蹟云大唐建
義旗薦名相府揮霜劍而斬老生奮長戟而摧霍
邑授上儀同三司時絳州逆命獲勳居最授朝請
大夫武周作梗建德亂階危□孤立是曰浩州總
管眞鄉公李仲文任之心膂展効立功授上輕車
都尉貞觀三年頡利擾亂邊垂太宗文皇帝命英
公薄伐公獲勳第一授上大將軍賞物四百段召
公爲金門關□將七年又辟公滕王□府司馬固

辭不受太宗文皇帝崩遺詔起義元從班例加勳
詔授上柱國皇帝駕幸并州公策駟遠□蒙恩下闕
遘疾薨于私第以乾封二年歲次丁卯十一月丁
卯廿八日甲申遷窆于大夏鄉隱泉之原夫人王
氏令望江東派流并部子宏道並在親衛亞劉宗
之兩驥埒韋氏之雙珠云云此君之大略也唐書
宰相世系表郭氏後漢末大司農郭全代居陽曲
裔孫從楨州又華陰郭氏出自太原子孫從馮翊
又郭有道裔孫居魏州昌樂又中山郭氏世居彭
城凡此數派皆無君祖父名不知君何派也君里

居不可知據碑云辟滕王府司馬公志性林泉固
辭不受是不就辟而索居也皇帝駕幸并州策駟
迎□是從家居迎蹕于并州也則君之所居在河
東矣據立碑之所在今汾州府汾陽縣北七十里
郭社村村曰郭社或即以君姓得名或君有後裔
世居于此村矣今之汾陽縣在唐爲隰城縣今之
汾州府在隋爲西河郡唐武德元年改曰浩州郎
碑所云危□孤立是曰浩州武德三年復曰汾州
屬河東郡山西通志汾陽縣北四十里有謁泉山
山上有隱泉水經注文水又南逕縣右會隱泉口

水出謁泉山之上頂俗云賜雨從時是謁是禱故山得其名頂上平地十許頃沙門釋僧光表建二剎泉發于兩寺之間東流瀝石沿注山下又東津渠隱沒而不恒流故有隱泉之名據碑云窆於隱泉之原則墓在今之汾陽其居亦當在汾陽矣碑云斬老生摧霍邑是一事在大業十三年七月高祖初建義旗時絳州逆命乃八月事武周作梗指武德二年劉武周據并州事建德亂階指武德四年竇建德援王世充事新唐書太宗紀武德二年四月擊敗宋金剛於柏壁金剛走介州太宗追之

一日夜馳二百里宿於雀鼠谷之西原軍士皆饑太宗不食者二日行至浩州乃得食碑所云危□孤立是曰浩州即指此碑云貞觀三年頡利擾亂邊垂太宗命英公薄伐頡利即突厥頡利可汗英公即英國公李世勣太宗紀三年十一月庚申并州都督李世勣爲通漢道行軍總管華州刺史柴紹爲金河道行軍總管任城郡王道宗爲大同道行軍總管幽州都督衛孝節爲恒安道行軍總管營州都督薛萬淑爲暢武道行軍總管以伐突厥即此事也碑云七年辟公滕王府司馬新書高祖

諸子列傳鄭惠王元懿始王滕貞觀中徙王鄭此與滕王元嬰別元嬰乃貞觀十三年所封不在七年也太宗遺詔乃二十三年事皇帝幸并州乃永徽五年正月事高宗紀二月赦并州及所過州縣義旗初嘗任五品以上葬并州者祭之加佐命功臣食別封者子孫二階大將軍府僚佐存者一階高宗之加恩于義旗功臣爲已厚也此時君策馹遄迎宜在進階之列而碑泐矣十一月丁巳朔碑不書朔字省文也夫人王氏碑云派流并部是太原王氏矣又云痛長城之永別淚染湘川悲隴水

之分流更成嗚咽詳玩文義是夫人尚在也而得列於文內是此碑剙見子宏道並在親衛上闕五字下有兩驥雙珠之語是二子也碑之可攷者如此惜無史傳可互證也碑書扼捥同扼腕即史記封禪書海上燕齊之間莫不搤捥是也咀嚼六經嚼字右旁从舜字書無嚼字此疑是嚼字之訛嚼篆作嚼右文與嚼相似元應在篆法辨訣所謂華葉棗乘頭並異舜爵爰受首俱奇者是也起義元從斑當作班字班可通作斑此則以斑爲班也

道安禪師塔記

記高一尺七分廣九寸八行行十
二字正書在西安府城南百塔寺
大唐故道安禪師姓張雍州渭南人也童子出家頭陁
苦行學三階集錄功業成名自利旣圓他利將畢以總
章元年十月七日遷形於趙景公寺禪院春秋六十有
一又以三年二月十五日起塔於終南山鵄鳴埠信行
禪師塔後志存親近善知識焉
今在西安府城南百塔寺旁大唐故道安禪師塔記
書法瘦硬可喜此等小碑甚夥以不著書者姓氏爲
可惜也 雍州金石記
按記云學三階集錄功業成名太平廣記載武德

中有沙門信義習禪以三階爲業道安以童子出
家其學三階集錄正在武德中與信義同時也佛
家臨終或云滅度或云圓寂或云恒化此云遷形
於趙景公寺禪院遷形二字不見他碑高宗以總
章二年三月甲戌改元咸亨此碑以二月十五日
起塔故倘作總章三年終南山鵄鳴埠今志乘不
載此名鵄同鵶烏名廣韻鴟鵶鵄並同鳶也埠與
堆同信行禪師塔在長安縣百塔寺寺在城南五
十里許陝西通志百塔寺本唐僧信行塔院大歷
二年閒慕信行者皆窆于信行塔之左右故名百
塔又引張芬碑記云百塔寺唐相裴公所施之地
據此碑則信行塔先已有之而建塔院并改塔院
爲百塔寺皆後起之事也志稱信行爲唐僧或與
信義同時修業抑或卽是一人皆未可知

李孝同碑

碑連額高一丈一尺五寸廣四尺一寸四分三十三
行行七十二字正書篆額在三原縣北白鹿原又名
三家店

大唐□□□□□□□□大將軍代州都督柱國淄
川公李府君□□□
□□□□□□□□□帝座之尊下□兼山太岳峙天

孫之鎮欽惟 昌運□兩儀以□□□□□
□□□□□□□□□□□□□□□□□□
□□□□□□□□□翦武光列將警重柝於
巖廊寵懋親賢在於淄川公矣公諱孝同 高祖
太武皇帝之從子 太宗文皇帝之從祖弟也竊
惟流雲降祉種德地於勛華御氣騰眞至道先於□地
龢功濬運貽 寶祚於千齡 □□□□
貞符於三□十九皇而統極一六合以爲家是以睿□
欝雲臨扶若而交蔚□源蕩日掩河漢以分流比夫黄
神握圖得姓止乎任姞丹書受命錫鑾□乎應韓固可

同年而語矣　　曾祖太祖景皇帝洗跡栖神韞龍
田以雲翔飛英演化應賓谷以飈騰八柱之業載宣萬
寓之心□係同夫后稷□景命於岐□取譬□陽□□
□於□□□　　聖之徵□北配天之典逾峻祖寧
州趙興郡守海州刺史鄭孝王粹表霞軒雄圖岳立軼
東平而振響架北海以翔英父光祿大夫宗正卿左領
都督□衛大將軍山東道行臺尚書左僕射□□大將
軍元□軍將開府儀同三司上柱國贈司空淮安靖王
屬締構之初材高八子會經綸之舉寄重□南負衆廓
而上征淩□餘而獨運擬諸漢室楚元推轂以並驅方

彼□朝任城望雁而後殷故能入光上鉉出總元戎□
□□□□□□□□□□□□□宅慶朱邸憑光紫漢羊
車在馭先遽拔萃之姿獸檻□□獨擅生知之敏□□
帝□□開明月之珠類彼天□□毓浮雲之駿厲隋綱
□□□□競逐五鎮鶩塵四郊多壘　　高祖佇清
坤軸載握乾符電發焱摅則六軍西引風驅秦甸則五
緯東□靖王夙嬪精□濟□□□　　義□□□首
應　　睿圖公親奉旅麾□綠□略　　太宗時
爲秦公捴兵長安之右及進圖京邑公即隸焉公嘗承
間啓靖王曰秦公瞻視非常功業又大雖非儲貳必將

賓歸靖王心然之因令委質秦府初□□真特蒙寵遲
　　高祖踐祚授柱國武鄉縣開國公邑二千戶于
時甫蹴干戈寓置庠塾乃於延閣別開學館賢戚子弟
擇秀□者□之公以夙成□□俊遊黌泉已導□石渠
而載遠覆簣初基踐蓬□以增峻武德五載封淄川郡
王邑五千戶啓胙荊燕初發中陽之命降班齊趙旋遵
建武之封九年從爵爲□從朝典也　　太宗御極
授左千牛備身執戟匪疲是託寸苗之地處雖方挺聊
因尺木之階亦由瑞鶠行騫起丹山而儀紫閣化鯤將
運□元海而□蒼垠　然而靖王無祿嚴庭輟訓公孝情

冥至哀毀逾禮雖纓服告終而琴聲不作既而承顏聖
善弛情宦路侍鮑輦於西園奉潘軒於東閣蒸蒸不匱
僅將一□　　朝廷嘉之不奪其志尋拜游擊將軍
旌厥美也而□□難靜茹荼□集抑其滅性之覲永結
終身之痛服闋授右衛交川府右果毅都尉尋除右衛
親衛府左郎將未幾遷中郎將　　皇上纂圖加寧
遠將軍累遷左千牛中郎將兼檢校左衛將軍尋拜左
驍衛將軍巡警□廬□切司階之任抑揚□□克著閫
蹔之想□□□清□將之聲□穆竹符載剖□良之寄
是歸顯慶二年授使持節普州諸軍事普州刺史宣風

玉壘叱馭而越危梁怴慝銅陵坐嘯而清獷俗俄以他
事坐爲七□尋授播州刺史舉計入朝　詔復本
官原其非罪旋加明威將軍仍統右羽林軍事屬南薰
之期與北軍之重審勿軒禁時論榮之有事今丘親陪
鑾駕□金啓路清鳳蹕於離宮會玉升□肅龍
蹕於帳殿賓承千祀之慶載紆七命之寵□壯武將軍
乾封三年遷右衛將軍仍舊北門供奉鉤陳効職庶長
奉於　紫宸翊折貽娠遽歸全於元夜以總章二
年十一月□五日薨於京師□安之里第春秋六十有
□　宸襟軫悼乃降　詔曰飾終加等義在

於念勞□往由恩理存於顯懿故右衛將軍淄川縣公
李孝同地分□戚□重簪裾幹藝優□風鑒開爽劃荷
方鎮仁明之化載彰肅旅中軍爪牙之寄斯允□□
□□□□□□衛□夜窆□舟□貽□於瘞玉奄從物化
寔愴于懷宜被寵章式旌幽窆可贈左武衛大將軍使
持節都督代忻朔蔚四州諸軍事代州刺史□□物一
百五十段米粟副焉□□□□□□□□□□□□
人□□□□□□之日特降　□中使賫錦被及
衣一襲以送終　惟公承累　聖之□□資樂善
之徐慶□□英勇□□初髫靖王嘗謂妃曰昔□□□

□□□□□愼□子何□□□以其小名錫之□字離
復顧雅早秀先憲佾皆之名桓溫夙敏爰採太眞之姓
比跡傅事固無□□洎於成立卓焉俊邁□□□□
之□□姿開朗月之華□□□□□□□□□□□闥
□彥竭地義之範荊庭睦天倫之愛故能武帳升班戎
軒締□寔惟肺腑之重委以腹心之寄門雖槃戟躋一
代之殊榮室滿□□□百年之□□所□□流□□德
□□□□□□□□結無言之痛摧殘鸎柳終虧
長掛之期嗚呼哀哉粵以咸亨元年歲次庚午五月廿
四日歸窆於靖王之舊塋禮也有子朝散大夫行□□

司馬□□□□□□□□□□□□□□□□
參軍事瑱等並幼彰翹楚式光枝屬銜恤苴筵泣英規
之永謝延襟柏隧痛貞猷之莫紀爰勒豐碑敬揚徽烈
其□曰
天地交泰日月騰光啓　聖龍躍膺圖鳳翔肇龍
千古業契升唐掃清六合功包翦商兆分　帝系
式振皇綱九族既□四維乃張惟孝惟□□□屏□
□□□光穆□□勳高寄□身殁名揚累仁垂衮樂善
贖祥英華粹發岐嶷先彰鐵彩藩閑崇楨志□峻閫負
日遠槃□霜時鍾毀覺道□褰裘□□□□□儀□

五都□□九服□□奄屬□□□□□□□□□□□
□掃芒跡狳披棘慶髲罶棠承頗不匱就養無方聿歡
定省薦革炎湞　帝疇純德爰加寵章孝寔忠本
乘柔蹈剛鷹□武□□□□□□□□□□□□□□
□□□□□□□□□□□□實允臧行期變化遽愴
藏艮趙墳樓起薛邑池荒載刋石籀永播金相

許州臨隷縣令諸葛□楨書

孝同者淮安靖王神通之子史但附名神通傳末碑亦磨泐可讀者才半中有云太宗爲秦公孝同隷焉承間啓王曰秦公瞻視非常功業又大雖非儲貳必

膺寶歷靖王心然之云云此亦可爲先見矣撰文姓氏已不可求書者據趙明誠爲諸葛思楨今亦磨蝕但其筆法虬健波拂處大類褚河南可寶也石墨鐫華

在三原縣北白鹿原不知誰撰諸葛思楨書獻陵陪葬僅存此碑來齋金石刻考略

按碑文二千三百餘字惟首行泐其太半餘存十之八九事蹟尙可考也碑云公諱孝同高祖太武皇帝之從子太宗文皇帝之從祖弟也曾祖太祖景皇帝祖寧州趙興郡守海州刺史鄭孝王父光祿大夫宗正卿左領都督□衛大將軍山東道行臺尙書左僕射□□大將軍元□將軍開府儀同三司上柱國贈司空淮安靖王唐書宗室世系表太祖景皇帝八子其一卽始祖元皇帝生高祖神堯皇帝也其第八子鄭孝王亮隋趙興太守長社郡公是爲大鄭王房亮生二子長曰淮南靖王神通神通生十一子第三子曰淄州郡公孝同舊唐書傳淮安表作淮南王神通父亮隋海州刺史武德初追封鄭王新書傳鄭孝王亮仕隋爲海州刺史追王是趙興太守海州刺史表與傳分見而碑則連書之且增寧州二字其長社郡公獨見於表碑傳

俱無考隋書地理志無寧州趙興之名其海州本東莞瑯琊二郡地東魏武定七年嘗置海州東彭城郡始有海州之名齊周之朝置朐山東海二郡隋開皇初廢東海郡大業初復置至唐初始置海州東海郡屬河南道則隋時未嘗有海州亮何緣爲刺史是碑傳與地理不合也長社亦無此郡名有東魏有長社縣屬潁川郡武定七年縣廢至隋開皇六年卽其地置長葛縣則表云長社郡公者亦不合也舊史神通傳神通隋末義師起入鄠縣山南舉兵以應與司竹賊帥何潘仁連結下鄠縣

衆踰一萬自稱關中道行軍總管高祖授光祿大夫從平京師拜宗正卿武德元年拜右翊衛大將軍封永康王尋改封淮安王爲山東道安撫大使竇建德敗復授河北道行臺尚書左僕射從太宗平劉黑闥遷左武衛大將軍貞觀元年拜開府儀同三司賜實封五百戶四年薨贈司空謚曰靖配享高祖廟庭有子十一人第三曰孝同淄川王此神通歷官之始末也新傳同大較與碑合惟山東道安撫大使河北道行臺尚書左僕射碑則合而爲山東道行臺尚書左僕射也且太宗元年分天下爲十道但有山南無山東也開元二十一年始分山南江南爲東西道於是有山南東道之名然亦不得逕謂之山東道也疑碑與史皆譌山南爲東耳碑此下述孝同之事有云高祖踐阼於時甫越干戈廣置庠塾乃於延閣別開學館賢戚子弟擇秀□者□之公以夙成□□俊選此是武德元年事文獻通考武德元年詔皇族子孫及功臣子弟於秘書外省別立小學是孝同此時充小學諸生也孝同以總章二年薨春秋六十有□則武德元年僅十餘歲故應俊選也武德九年徙爵爲□從

朝典也碑泐一字當是從爵爲公也舊史道彥傳載高祖初受禪以天下未定廣封宗室從弟及姪年始孩童者數十人皆封爲郡王太宗即位問侍臣曰徧封宗子於天下便乎尚書右僕射封德彝對曰不便於是率以屬疏降爵是時道彥等並臨例降爵道彥爲孝同之兄據此碑則孝同亦在降爵之列也有事介丘親陪鑾駕是乾封元年封泰山事京師□安之里第泐一字當是長安也賜物一百五十段米粟副焉以陪葬昭陵諸碑之例推之則米粟亦百五十石也其賜錦被襲衣以送終則他碑未見者歸窆靖王舊塋今碑在三原縣北白鹿原宋敏求長安志三原縣前秦苻堅於嶻嶭山北置三原護軍以其地南有豐原西有孟侯原北有白鹿原是爲三原嶻嶭山在縣西北六十里縣東十八里爲高祖獻陵陪葬諸王一十六而無靖王者來齋考略以爲獻陵陪葬僅存此碑未深考也宰相世系表列孝同之子長曰左衛將軍璲次曰徐州刺史璩據碑則有朝散大夫行□□司馬泐其名參軍事璵皆不見於表中末署書者爲許州臨潁縣令諸葛□禎泐一字金石錄及見其全

云思楨也然無傳可考

碧落碑

碑高八尺一寸廣四尺三寸二十一行行三十二字篆書今在絳州龍興宫

有唐五十三祀龍集敦牂哀子

李訓誼譔諶銜恤在疚寘懷靡

[illegible]

[illegible]

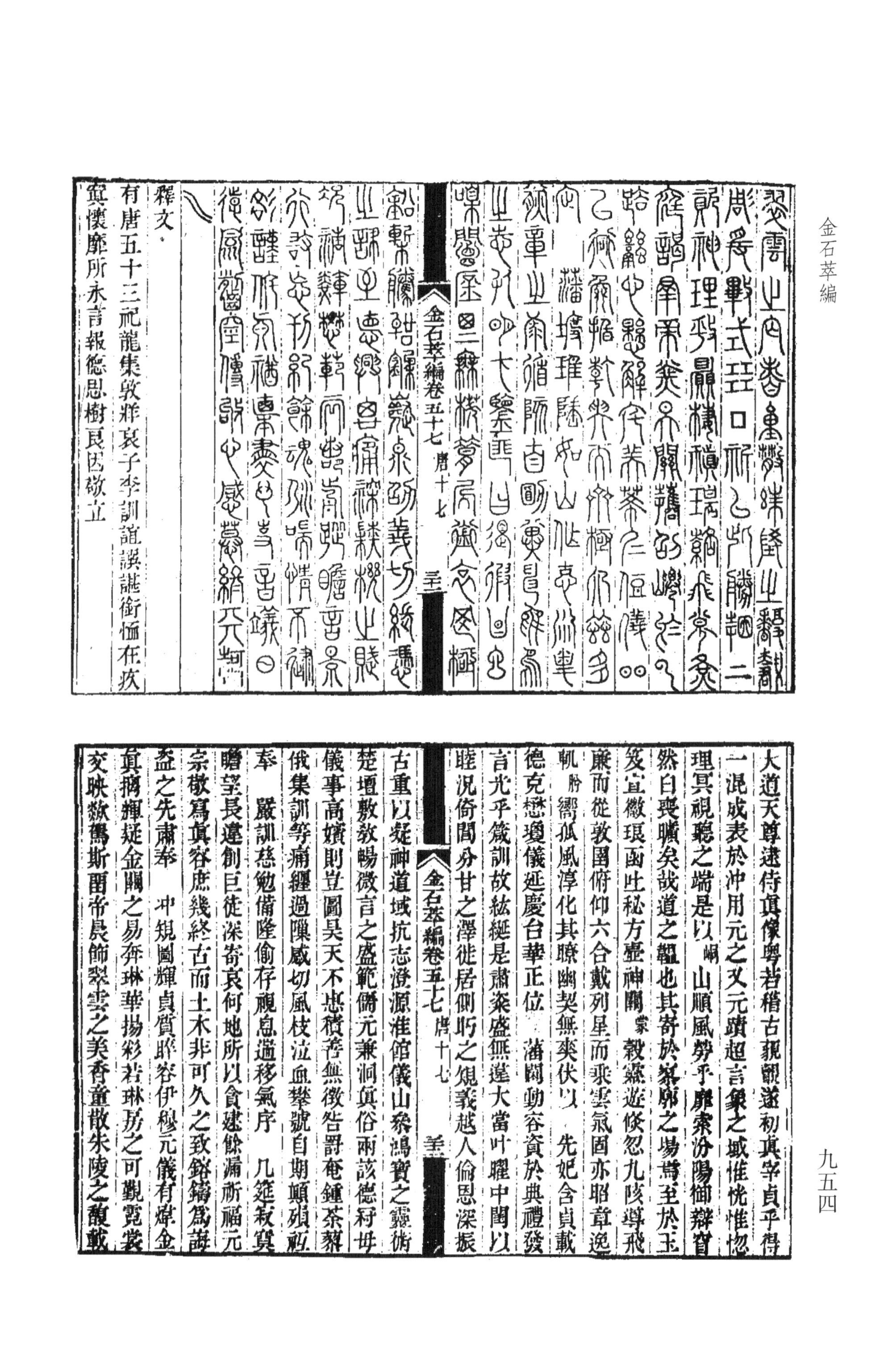

[illegible]

釋文

有唐五十三祀龍集敦牂哀子李訓誼譔誹衛恤在疚
寘懷靡所永言報德思樹良因敬立

大道天尊遞侍眞像粤若稽古貌觀遂初眞字貞乎得
一混成表於沖用元之叉元蹟超言象之域惟恍惟惚
理冥視聽之端是以崵山順風勞乎靡索汾陽御辯窅
然自喪曠矣哉道之韞也其寄於冢廓之場焉至於玉
笈宣微琅函吐秘方壺神闕蒙轂寤遊倏忽九陔導飛
廉而從敦國俯仰六合戴列星而乘雲氣固亦昭章逸
軌盼嚮孤風淳化其瞭幽契無爽伏以　先妣含貞載
德克懋遵儀延慶台華正位　藩閫動容資於典禮發
言光乎箴訓故紘綖是肅粢盛無違大當叶曜中閨以
睦況倚閭分甘之澤徙居側竚之覰義越人倫恩深振
古重以凝神道域抗志澄源准館儀山祭鴻寶之靈術
楚壇敷教暢微言之盛範備元兼洞眞俗兩該德符毋
儀事高嬪則豈圖昊天不惠積善無徵告罰奄鍾荼蓼
俄集訓等痛纏過隙感切風枝泣血攀號自期顛殞祗
奉　嚴訓慈勉備隆偷存覩息遄移氣序　几筵寂寞
瞻望長違創巨徒深寄哀何地所以貪建餘漏祈福元
宗敬寫眞容庶幾終古而土木非可久之致銘鑄爲藹
盎之先肅奉　中規圖輝貞質晬容伊穆元儀有煒金
眞摛輝擬金闕之易奔琳華揚彩若琳房之可覿霓裳
交映欻鶱斯留帝晨飾裂雲之美香童散朱陵之馥載

彫爰戟式展口祈以此勝因上資神理伏願栖真碧落飛步黃庭謁摹帝於天關儔列仙於雲路融心懸解宅美希夷注儀麟以洞焕掎乾坤而齊極介兹多祉　藩度惟隆如山作固永播熊章之烈循陔自勵冀申烏鳥之志孔明在鑒匪日道遐昌言衆口庶斯無抜昔人銜哀罔極鉛槧騰聲柔紛克劭義切張憑之誄至德興思痛深陸機之賦況清輝懋範宛若前蹤瞻言景行敢忘刊紀餘魂弱喘情不逮文謹託真猷直書心事音儀日遠風烈空傳叨心感慕終天何及

咸通十一年歲次庚寅七月辛亥朔十一日辛酉鄭

承規奉　命書

右碧落碑在絳州龍興宮宮有碧落尊像篆文刻其背故世傳爲碧落碑據李璿之以爲陳惟玉書李漢以爲黃公譔書莫知孰是洛中紀異云碑文成而未刻有二道士來請刻之閉戶三日不聞人聲人怪而破戶有二白鴿飛去而篆刻宛然此說尤怪世多不信也碑文言有唐五十三祀龍集敦牂乃高宗總章三年歲在庚午也又云哀子李訓誼譔諶爲妣妃造石像按唐書韓王元嘉有子訓誼譔諶又有幼子訥元嘉以則天垂拱四年見殺在總章三年後十八年有子訥不足怪而不應無譔蓋史官之闕也集古錄

右唐碧落碑大篆書其詞則唐宗室黃公譔所述或云陳惟玉書或云譔自書皆莫可知李肇及李漢並言李陽冰見此碑裴徊數日不去又言陽冰自恨其不如以槌擊之今缺處是也此說恐不然陽冰嘗自述其書以謂斯翁之後直至小生於他人書蓋未嘗有所推許唐人以大篆當時罕見故妄有稱說耳其實筆法不及陽冰遠甚也金石錄

絳州有碑篆字與古文不同頗爲怪異金石文字記云絳州有咸通十一年鄭承規釋文但篆文難通者頗多而翻刻復多外誤

李陽冰見而寢處其下數日不能去驗其文是唐初不載書者姓名碑上有碧落二字人謂之碧落碑李肇國史補

碧落篆李肇得觀中石記爲陳惟玉書字奇古行筆精絶不類世篆學而惟玉于唐無書名于世不應一碑便能到古人絶處李陽冰于書未嘗許人至愛其書寢臥于下數日不能去段成式謂碑有碧落字故以名之李肇謂碑在碧落觀故名李漢謂終于碧落字而得名余至絳州龍興宮考其記知復爲碧落觀又篆文若未畢者終非碧落字則肇說是也其云有

唐五十三禩龍集敦牂永叔謂高宗總章三歲以唐歷攷之實咸亨元年總章者誤也　絳州碧落篆刻天尊背州將不欲以槌擊石像迺摹別石因封其舊石像今世所得皆摹本也雖橫直圓方典型有稽然遁其神者衆矣段成式言樊宗師作誌令陳惟玉立太行山上此言險怪難知豈嘗求得其當而妄戲哉世言字不攷古甚則以品爲鄰今于古文數字正如此便知後世不識古字而妄議者可以歎也廣川書跋

絳州碧落碑唐高宗咸亨元年庚午歲韓王元嘉之子訓等爲其妣房氏造碧落天尊像于龍興宮而刻

其文于背故以名碑然不知何人書據李璿之玉京宮記以爲陳惟玉李漢黃公記以爲李訓弟譔殆莫能定而翠岩龔聖予則又以爲宗室璀宣或有所攷耶吳叡張天雨讀尸爲肯爲躐者非當以釋文鄭字爲是俞希盧辨叨作卬亦大篆而釋文則又訛矣蓋此雜出于鐘鼎篆籀諸文其亦戛戛乎難知哉休從水人說文中音乃歷反溺則音奴弔反釋文今借休爲溺亦恐非本字之義而其他可疑者甚衆攷禮之兀未暇及之姑識其後俟博雅君子正焉鑑坡集

余不解篆書然於此碑則絕愛之其筆法有數字與常篆不同亦稍怪異乍覩之彷彿石鼓文第字形稍長耳雙白鴿事艮涉誕妄然世間怪事固有彼時有如此篆乎不應無從亦不應祇書此一碑傳疑可也晉鑑跋跋

碧落碑其文曰有唐五十三禩龍集敦牂歐公謂爲高宗總章三年董逌謂爲咸亨元年按總章三年三月始改咸亨耳石墨鐫華

唐韓王元嘉絳澤二州皆有子黃公爲妣妃薦祀作文立石以表孝誠文雖不同而俱名曰碧落在絳州者刊於天尊之背在澤州者立于佛龕之西五總志

碧落碑篆書韓王元嘉四男爲母房太妃立碑云有唐五十三祀龍集敦牂則咸亨元年也唐書言垂拱中元嘉徙絳州刺史與此不合　今在絳州有咸通十一年鄭承規釋文但篆文難通者頗多而翻刻復多舛誤如淮館儀遷釋遷爲山貪逮餘漏釋逮爲建注儀鄰以同煥釋同爲洞查書心事釋書爲言儆心感慕釋儆爲叨竝誤儆古叩字出周禮宋謝靈運山居賦卷儆躬之逶曲感江南之哀歎用此字此碑用粤若稽古作乩註字作侃宋韓侂胄字本此金石文字記

篆書三代尚矣下訖秦絕矣世傳三代遺跡皆屬贗

作獨岐陽石鼓文彝器欵識爲眞卽字畫不必盡識
而古雅無前望而可辯此碑獨以怪異奥人以不可
解所以有扃戸化碣之說而點畫形象結體命意雜
亂不理其高處不能遠追上古下者已墮近代惡趣
如村學究教小兒角險字凡俗可厭定爲惟玉書
無疑唐人於八分尚不能造極況古篆乎後人懾於
傳聞之異眩然莫辯遂不敢輕加評騭不知李陽冰
之篆習非爲盲瞽定屬謬傳曷足據爲斷案耶釋文
雖非至者反不失唐人氣格但作字潦倒未稱此石
無足深論獨恨不能起元美于九原而與之上下其

議爲之惘惘金石史

元嘉六子碑止列四舊唐書稱潁川王訓早卒新唐
書又稱上黨公誕早卒彼此互異蓋流傳誤耳竹雲題跋

劉太乙金石續錄云按唐書韓王好學藏書萬卷皆
以古文字參定異同子諶封黃公工辭章孟利貞嘗
稱其文曰劉隣之張思茂不是過也家書甚多皆文
句詳正秘府所不及据此則謂碑爲誤書理或然也
金石存

董逌廣川書跋云段成式謂碑有碧落字故名李肇
謂碑在碧落觀然考之國史補則肇正謂碑有碧落
字耳李漢又謂碑終於碧落字董逌駁其非今以篆
文驗之僅有棲眞碧落一語既非全文結束亦非文
中要語攷古人詩文字迹舉一行首標目者有之無
以末字目全文者其謬益不待言歐陽公集古錄謂
龍興宮有碧落尊像篆文刻其背宋潛溪亦云唐高
宗咸亨元年庚午歲韓王元嘉子訓等爲其妣妃房
氏造碧落天尊像於龍興宮而刻文于背董廣川則
謂嘗親至絳州龍興宮攷其記知爲碧落觀今以篆
文驗之但云立大道天尊建侍眞像無所謂碧落天
尊者疑廣川所云碑在碧落觀而龍興舊爲碧落者

爲得其實此碧落之所由名也廣川又謂州將不欲
以槌擊石像背乃摹別石今所傳皆摹本而五總志
謂絳澤二州皆有韓王元嘉子黃公爲妣妃薦福作
文立石文雖不同皆名碧落碑在絳州者刻於天尊
之背在澤州者立於佛龕之西今以篆文驗之則云
哀子李訓誼譔諶等銜恤在疚寘懷靡所永言報德
思樹良因敬立大道天尊建侍眞像又云敬写眞容
歷幾終古則刻文像背者近之州將摹石事理所有
顧其文不容有二則所云澤州傳刻者又不知出自
何人也集古錄云李璿之以爲陳惟玉書李[illegible]以爲

黄公誤書趙明誠金石錄云其詞則宗室黄公誤所述或云陳惟玉書或云誤自書廣川疑惟玉唐無書名不應一碑便奄有秦漢遺文到古人絶妙處宋潛溪又謂翠巖龔聖予以爲宗室瓘或有所攷終莫能定其何人而前人論書率歎其妙絶至謂李陽冰見而寢處其下數日不能去又言陽冰自恨其不如以槌擊之今缺處即是予謂前說本歐陽信本觀索靖碑語附益之後說鄙謬不足辨趙明誠謂唐人大篆少見故妄有稱說似得其隱然其文亦不純用籀文故周伯琦疑其雜出諸體而李西涯亟取其說愚謂

自漢以來隷草盛行篆法惟習說文解字古文籀書幾於中絶所傳陽冰二徐及夢英輩大率皆嶧山一種以勻圓齊整爲上不知古人繁簡參差惟意所適按之石鼓及夏周以來器物欵識尚可推其遺意此碑超出相斯冥曰筆法亦自深穩意訓誤弟兄皆振奇好古之士雜取籀文兼及小篆加以詭辭標置駭動世俗如道上白鴿神異故有名當代爾汪由敦松泉文集

右李訓等造大道天尊像記世所稱碧落碑也篆書奇古小儒咋舌不能讀賴有鄭承規釋文稍可句讀至其假借之原好古者猶或眛焉有以聲相轉而借者簺之爲空凭之爲伏啚古文鑑之爲廉是也有以同音相借者顥爲之宣頞之爲規瓔之爲柔是也有以偏傍相同而借者埻之爲敦惴之爲端蕖琛之爲深鏖之爲儷蘧之爲號璀之爲維諧之爲烈嶶之爲誠術之爲同嫂之爲度禘之爲猷訶之爲何是也倣本沈溺字故借爲強弱之弱詈本目眴字故借爲元妙之元彭本啚吝字故借爲文章之文廣疋筵西皆訓席故以迺爲筵飄見周禮釁龠見石鼓文假見漢書㝵祿戀彔典𠔃𠅂之爲古文桀戴醴之爲籀文皆見於說文略舉一隅亦足見古人精於小學非不知

而妄作也　碧落碑釋文咸通十一年鄭承規所書距造像時已二百年矣承規書名不甚著而楷法遒整釋文未審即出承規之手或别有傳授否要非精研六書博涉古今者不能辨也自宋以來篆書家奉此釋爲金科玉律莫敢易一字顧亭人始糾其誤者數字然如直書心事句碑本釋爲書而顧謂其誤釋爲言則又太不檢照矣予習是碑有年乃覺承規所釋尚有未當者而前人皆未及舉正如瓔儀鄭釋爲瓊儀攷說文本有瓔字讀若柔从玉夒聲夒與猱同說文有夒字無猱字故瓔有柔音不當釋爲瓊也喙闇鄭釋爲

嗥闞按玉篇嗥古弔切聲也亦作叫又嗥五弔切叫也嗥與嘂皆叫之異文不當釋為嗥也碑中逮字兩見鄭前釋為逮後釋為建並誤按說文遝古文及字碑前云敬立大道天尊遝侍眞像後云貪遝餘漏皆當釋為及宋書范蔚宗徐湛之兩傳並有貪及視息之語則貪及二字固有本矣鄭謂為逮顧讀為逮所謂楚失而齊亦未為得也潛研堂金石文跋尾

此碑書體不必純用小篆然其用字結體偏旁假借多有根据即以說文解字校之如唐之作□古文唐作啺从口昜三之作弍古文三从弋言之作□古文从言之字多从□德之作

□又作□德从悳聲古文悳作□敬之作□敬从苟古文苟作□从羊不省及之作□古文及作□案下文玉笈作□亦用此字釋文作逮非是後文欸蓮釋文作建亦誤古之作□古文作□遂之作□古文遂作□得之作□古文得省作□成之作□古文成从午表之作□古文表从麃作□勞之作□古文勞从悉作□御之作□古文御从又从馬古籀文馬皆作□曠之作□曠从廣聲廣从黃聲古文黃作□案下文飛步黃庭黃字亦用古文神之作□古文示作□中作□廉之作□古文□如此□大篆也案此借為廉隅字廉監聲近克之作□古文□克作動之作□古文動从辵典之作□古文典作□从冊古文冊作□从条光之作□古文光肅之作□古文肅从心从□達之作□□遂从韋聲古文韋作□徙之作□古文徙作□賓之作□古文賓省貝作□圖之

作啚古文啚作□案啚嗇也古人多借為圖畫字徹之作□古文徹作□技之作□技从支聲古文支作□嚴之作□古文嚴備之作□古文備作□終之作□古文終字致之作□致从至聲古文至作□揚之作□古文揚作□朱之作□絑純赤也虞書丹朱字如此从糸朱聲古文糸作□案朱赤心木也朱赤之朱本當用絑字上之作二古文丄字步之作□古文涉作□案陟字从步故步字如此羣之作□羣从君聲古文君象君形作□帝之作□古文帝作□古文諸上字皆从一篆文皆从二雲之作□古文雲宅之作□古文宅作□指之作□指从旨聲古文旨作□播之作□播从手番聲古文番作□申之作□古文申清之作□清从青聲古文青作□敢之作□古文敢作□文之作□古文客作□从彣案彣䰈也文錯畫也二字義同古文客从彣得聲故借客為文眞之

作□古文眞作□直之作□古文直作□事之作□古文事作□及之作乁古文及作乁秦刻石及如此皆古文也子之作□籀文子作□囟有髮臂脛在几也樹之作□籀文樹作□貞之作□文作□籀文以鼎為貞字域之作□籀文垣堵城諸字皆从𩫖𩫖古文墉字所之作□□張也籀文作□案此借為所以字所□聲相近順之作□籀文顏頂頰諸字皆从□此作□筆迹小異以下諸从頁字仿此戴之作□籀文戴作□容之作□籀文頌作□案頌兒也古音余封切漢書刑法志云頌繫之類師古注頌讀曰容睦之作□籀文先从三先陸字籀文亦作□倫之作□侖思也籀文作□案此借為倫輩字盜之作□盜从次籀文次作□融之作□籀文融作不省昌之作□籀文昌省作□昔之作□籀文昔从肉皆籀文也集之作□雧或省作集參之作□參或

从木攀之作𠬞𠬞或从手樊作攀皆用正字也祀之作禩禩祀或从異
作譔譔之作譔案譔从巽聲易巽卦字說文作𢁉與巽同迹之作蹟迹或从足責
然之作蘸然或从草難舍之作畣舌也俗从肉今作案此借為舍茹字懋
之作悐懋或作悐省協之作叶協或从口義之作羛墨翟書義从弗元
之作旬目搖也或从旬作眴與眩通曰無常主也眩从元聲故借為元遠字鍾之
作鏞鐘或从甬作鏞此借為鍾毓字素氣之作餼氣或从既作餼皆用或字
也在疾作疢疢貧病也詩曰煢煢在疚案疒部無疚字稽古作卟卟卜以問疑也
稽留止也寥廓作廫廫空虛也寥新附字案爰畢作𢼸戰畫也畢田网也卽
心作彼彼擊也案釋文此字作卬疑卽卬之譌然卩部亦無卬字此用本義而非
假借也六合作敆敆會合也合合口也而從作从从相聽也從隨行也典

禮作豊豊行禮之器也禮履也所以事神致福也粢盛作𥁒宬屋所容受也盛盛黍稷
在器中以祀者也側昕作仄仄日在西方時側也側旁也敷教作尃尃布也數
敷也過隙作𡧟𡧟𡧟際見之光也隙壁際孔也遷移作迻迻遷徙也移禾相移倚也
餘漏作扇扇屋穿水下也漏以銅受水刻節晝夜百刻敬寫作憼憼敬也敬肅也
勝因作捆捆就也因就也案捆从手因聲今从𦍌者蓋因說文折字从艸作𣂺籀文从艸在仌
中作𣂺篆文从手作折以屮代手上𦍌字下𦍌字仿此折字作𢪲亦从手之異文任儀作
侸侸立也讀若樹案此字義當作駐馬部駐馬立也走部𨓼馬不行也讀若住二字同聲同義又木部
尌立也讀若駐豆部豎立也是侸樹駐𨓼住豎六字聲義皆同說文無住字郭璞方言注云𨓼古住字則
住當作逗逗止也亦有立義侸逗豎並从豆聲故此字借用𢓡文作住非是同煥作衜衜通衜
𧗾也同合會也系紛作𦃃𦃃絲𢇁之次也系末曲直也謹託作侂侂寄也託寄也此

假借之聲義皆同者也惟忽作𦣻曰出氣詞也忩也按釋文作𢗁俗
字矣哉作𢦏𢦏傷也哉言之間也靈旌作霝霝雨零也靈以玉事神或从巫作
靈柔儀作瓇瓇玉也讀若柔按釋文此字作瓇非是恩深作𦸗蕭蒻之類也
深水出桂陽南平西入營道痛纏作廛廛一畝半一家之居纏繞也摹號作𧯹
𧯹土鍪也讀若鎬號呼也寂寞作漠漠北方流沙也一曰清也寞宋也按宀部無寞字庶
幾作𢆶𢆶𢆶也說事之樂也幾微也殆也冲規作盅賴盅器虛也老子曰道盅而
用之沖涌搖也讀若動案上文沖用字當作盅亦假借字頛小頭頛頛也讀若規規有法度也載
彫作𢼉𢼉設飪也讀若載載乘也式展作𢒫𢒫極巧視之也展轉也碧落作
𦀚絡絮也一曰麻未漚也落凡草曰零木曰落風烈作𠛱𠛱分骨聲讀若刺烈火猛也案
𠛱从刀列聲列分解也二字聲義並同烈亦从列得聲故此借用何及作荷何擔也周書曰盡執

抲何借也此聲同之假借也敦牂作𦎫𦎫嘉善也重聚也敦怒也詆也一曰誰
何也之端作耑耑箠也一曰耑度也一曰劉耑直也耑物初生之題也弱喘作休
休沒也弱橈也上象橈曲彡象毛氂橈弱也弱物并故从二彡案說文溺為水名休訓為沒即沈溺之溺
𦐇从弱聲故借為強弱字此聲近之假借也伏以作凭凭依几也周書凭玉几
讀若馮伏司也空傳作窒窒空也空竅也此又義近聲近而假借也
惟文中𦣻字本古文叀借為不惠𢿱字本古文奏借
為伏顙於義於聲殊難通轉皆所未詳餘如飄字登
於周禮莫字載於潛虛𦣻字見於召鼎䢼字廖字見
於石鼓文廿字見於秦刻石才在又有諸字雜出鐘
鼎銘款求之於古皆可徵信不得以尋常古篆例視

之也繆來著錄家攷之未盡爲廣其說如此錢侗跋
按碑凡六百三十字闕者四字文皆古籀不易讀咸通十一年鄭承規用正書釋文刻石於旁然後可讀然承規稱奉命書命字空一格不知奉何人之命也碑云有唐五十三祀龍集敦牂哀子李訓誼譔諶銜恤在疚貲禳靡所云云唐自武德元年至咸亨元年得五十三年是年庚午太歲在午日敦牂也是年三月改元碑無年號月日不知其爲咸亨抑尚是總章也訓誼譔諶皆韓王元嘉之子居母喪造像祈福而自稱哀子此後世母喪稱哀

子之緣起也韓王元嘉高祖第十一子新唐書元嘉傳稱其有六子下列名只訓誼諶譔訥五人宗室世系表亦只訓誼譔諶訥五人內諶譔次第表與傳倒互今表與碑合則傳誤也舊史傳稱元嘉長子訓高祖時封潁川王早卒次子誼封武陵王官至僕州刺史天后臨朝將誅戮宗室不附己者元嘉大懼與其子通州刺史黃公譔謀起兵不成坐誅神龍初封其第五子訥爲嗣韓王舊傳止此四人諶不與焉新書傳則云訓潁川王誼武陵王諶上黨公蚤卒譔黃公又云諶通音律歷杭州別駕與譔俱死神龍初第五子訥嗣據集古錄以爲唐書韓王元嘉有子訓誼譔而無諶蓋史官之闕於是歐陽公據唐書乃補諶諸於傳也然歐公既謂舊史無諶爲史官之闕何以新書稱元嘉六子所敘又只五子且既云諶上黨公早卒矣而又云諶與譔俱死似係同爲武后所害者所未詳也頗疑蚤卒二字當在誼武陵王之下誤書於諶上黨公下耳訓生於貞觀年至咸亨元年造像立碑時約三十歲則舊傳稱早卒者亦非也特在垂拱被害時不見有訓且不見有誼則已先卒矣兩唐書

傳但載元嘉母爲昭儀宇文氏而不及元嘉之妃某氏碑又但稱先妃不詳其姓據鑿坡集跋謂爲房氏因考唐書房元齡傳云貞觀十五年女爲韓王妃男遺愛尚高陽公主乃知房氏即元齡女也韓王以貞觀十五年冊妃則訓之封潁川王當在高宗時舊史稱高祖時者亦誤也訓爲母造像而云土木非可久之致是不爲雕素也鎔鑄爲誨盜之先是不爲範金也肅奉沖規圖輝貞質沖規空一格與前祗奉嚴訓同例當亦承其父命爲之貞質者貞石之質則天將爲石像也詳玩下文有睟

容伊穆元儀有煒請粹懋範宛若前縱之語似乎其母像亦刻石侍于天尊之側者自咸亨元年造像刻記至咸通十一年釋文刻石相距二百十年不知何以忽有此釋文之刻據元嘉傳稱神龍初復爵土以第五子訥嗣傳至孫燒建中中改王郡後懿宗以郡王即位復改嗣韓王懿宗建號咸通此碑殆以韓王復嗣而追崇其先祖之功德及於遺碑因加以釋文也舊傳稱元嘉少好學聚書至萬卷又採碑文古跡多得異本及與其子譔坐誅藉沒譔父子書籍最多皆文句詳定秘閣所不及

新傳稱元嘉藏書皆以古文字參定同異譔工爲辭章㟢利貞皆稱其文曰劉滕之周思茂不是過也則以此碑爲譔所撰書理或有之或文前列四子名中稱訓等揃緶過隙云云無誤爲文之據則亦付之臆度而已有唐一代篆書碑無多碧落碑尤爲有名宋初郭忠恕所以編入汗簡今取碑文與汗簡參校汗簡筆法皆得籀文遺意此碑筆畫皆易以方整全非籀文面目至其文字之不同者如思慟良因碑文思作[illegible]良作[illegible]汗簡思作[illegible]良作[illegible]惟悅惟忽碑文忽作[illegible]汗簡作[illegible]寄於寥廓之場碑文於作[illegible]廓作[illegible]汗簡於作[illegible]廓作[illegible]五[illegible]宣徽碑文宣作[illegible]汗簡作[illegible]淳化其暸碑文其作[illegible]汗簡作[illegible]先妃碑文先作[illegible]汗簡作[illegible]兇懋瓊儀碑文瓊作[illegible]汗簡作[illegible]潛研跋謂瓊以同音借爲采字不當釋爲瓊然汗簡已作瓊字動容資於典禮碑文資作[illegible]汗簡作[illegible]恩深振古碑文深作[illegible]汗簡作[illegible]抗志澄源碑文源作[illegible]汗簡作[illegible]儒元兼洞碑文儒作[illegible]汗簡作[illegible]真俗兩該碑文俗作[illegible]汗簡作[illegible]茶蓼俄集碑文俄作[illegible]汗簡作[illegible]揃緶過隙碑文隙作[illegible]汗簡作[illegible]所以貪及餘

漏碑文貪作先文爲[illegible]汗簡亦作[illegible]皆先字釋文誤作貪字祈福元宗碑文祈作[illegible]汗簡作[illegible]瀚海盜之先碑文盜作[illegible]汗簡作[illegible]聆容伊穆碑文伊作[illegible]汗簡作[illegible]攜列仙於雲路碑文仙作[illegible]汗簡作[illegible]融心懸解碑文融作[illegible]汗簡作[illegible]永播熊章之烈碑文播作[illegible]汗簡作[illegible]冀申烏鳥之志碑文烏作[illegible]汗簡作[illegible]終天何及碑文何作[illegible]汗簡作[illegible]蓋碑文重摹汗簡翻刻恐彼此各有筆畫舛異不能定其孰是也

金石萃編卷五十七終

金石萃編卷五十八

賜進士出身　誥授光祿大夫刑部右侍郎加七級王昶譔

唐十八

李義豐造像記

石不知高幾許廣一尺二寸五分厚八寸記四面刻共三十八行行四五六字不等又三行竪刻其後一行十四字正書

咸亨元年十二月廿二日佛弟子李義豐爲　皇帝陛
下法界衆生合家大小先祖墳靈亡父亡叔見存母敬
造弥勒像一區
佛弟子李義豐妻樂男伏羨黑闥女提兒

弟君贊妻王男伏奴女永妃
弟處節妻趙女山妃
弟承業妻樂男典馬女娘子　妹難兒
佛弟子謝有相爲亡父母供養
處節妻趙蒲提爲見存父母供養佛時
承業妻樂含眞爲見存父母供養佛時
李贊妻王景兒爲見存父母供養佛時
佛弟子趙饒
咸亨元年歲次庚午十二月
佛弟子李義豐弟君贊弟處節承業

張阿難碑

碑連額高六尺八寸廣三尺二十九行行五十二字正書額題大唐故將軍張公之碑九字篆書在醴泉縣北二十里馬莊寨

大唐故將軍張公之碑

瑤臺寺□□□書

□□□□□□□□□□□□□□□□□□□□□
□□□□□□□□□臣□□□□□□□□之滋□
庭□□□□□□□□□□□□□□□□□□□□
□□□□□□□□□□□□□□□□□□□馳雅
譽於將來□望兼華獨見於□□□□□□□□□□

□□□□□□□□□□□□□□□□□□□□□
□□□辯□□□汾陰情該□識斱璜結韻□桂襄芳
祖□□□□侍郎□□□□□□□□□□□□□□
□□□□□□□□□□□□□□□公稟靈川　□
□標雄罘之姿挺秀珪璋□澤□□□之□□□□□
□□□□□□□□□□□□□□□□□□□□□
□□□□壽□年改事□□□厲□隨失□□□□
□□□□□□□於□□□□□□□□□□□□□
□□□□□□□□□□□□□□雲□以先登克解
平城之困□□□□□寢以功授□□□□　□□

□□□□□□□□□□□□□□□□□□□□□
□□□存□乃拔迹亂朝□□興運□　□龍□□
□□□□□□□□氛□□□□□□□□□□
□□□□□□□□□之□　天兵遙掩地陣斜
交曾□□□□平□□□□□□□勳居第一乃
□□□□□□□□□□□□□□□□
□□□□□□□□□□□□□□□□□□□□□
□□□建德黑闥□□□□□□□□□伐又以勳□
上柱國□□□□　□□□□□□□□□□□□
□□□□□□□□□射□之□西戌□鳴鏑之侮

文帝天行地上□□□□□□□□肅清汾□□
□□□□□□□□□□□□□□□□□□□□爲
謁者監尋轉□給事馳芳□□□□問於青覞□□□
□□□□□彤掖俄遷內□□□□□□□□□□□
□□□□□□□肆□驅九□以□災□勞□□之師
迴振滄江之外公□□□□□□□□□襟帶□□□
□□□□□□□□列□□□□□縣開國侯食邑□
百戶　詔曰贍力英果志懷沉毅冀陪□□□□
□□□□茅□用□□□□□□□□□□□□□□
□□□□□□□□□□□□□詔曰內侍汝江縣開

國侯張阿難委□□□□□□□□事禁闥□□□□
□□□□□□□□□□□□□□□□□如□周廢
□列□□於殿□□□□□□□□□□藉□□□□
□□□監門將軍兼撿按□□□□□□□□□□□
□□□□□□路□隆允賁□恭愼銀青光祿大大行
內侍汝江縣開國侯張阿難器量沉敏識□□□□□
□□□□□□□□□□□□□□□□□可稱宜□
□□之榮兼司內□之任公□德□□□□□□□□
以□□□□□□□□□□□□□□□□□□□□
□□□□□□於一代接□翠松之□聲□騰於萬古

可謂□□□□□□□範著歟□□□　□□□□
□□□□□□□□以□□□□式播鴻猷□託短才
□□□□□□
□□□□□□□□□□□□□□□□□□七□榮
高八使□□珪組蟬聯貂珥　渥流傳種風□□
□□□□黿一舉搏狀光□□□□□□□□□□□
□□□□□□□□□□□材□杞梓樹樹鳶尋昂昂
千□日下馳譽雲中□□□□□智融積水
□□□□□□□□□□□□□□□□□□□□□
□紫□□□□□克□□□　嗣□既亡潛龍遂

躍鳳翔豹變雲飛電爍旆□□□□□□□□□□□
□□□□□□惟□□作範□勳□陳□□勇冠
三軍□□汧隴掃定河□□□□□□□□分
□□□□□□□□□□□□□□□□□□□□□
□□望□□路□□長秋□□大樹　□□寄切
□□任隆□□□□□帳□□□□□□□□□□□
□□□□□□□　□□□□□□參禪逸□□□
□□扇豫□□□□□□變惟芳蘭之靡絕寄□□
□□□

咸亨二年□月廿日

碑書大似李衛公碑殘泐特甚中有云內侍汝江縣開國侯張阿難又有云銀青光祿大夫內侍汝江縣開國侯張又有云勇冠三軍掃定河汾等語其人蓋宦官而曰勇冠三軍得無溢美乎唐初開國宦寺爲公侯魚李之禍兆矣（石墨鐫華）

今在醴泉縣北二十里馬旂寨昭陵南十里碑已漫滅斷續不能成文僅存一百五十餘字咸亨二年九月廿日瑤臺寺僧□□書按咸亨年號豈亦書者增筆耶（雍州金石記）

右張阿難碑文殘闕阿難嘗爲謁者監內給事末咸亨二年九月廿日瑤臺寺僧□（似是晉字）□書而以咸亨爲咸亭則下筆之誤也書法遒逸似王知敬褚登善（潛研堂金石文跋尾）

按碑書咸亨爲咸亭者古亨享字同也如漢劉熊碑子孫亨之張公神碑元享利貞並是後人書爲兩字者非（關中金石記）

按此碑雖在昭陵然文內未見有陪葬明文稽之長安志及圖亦不載內侍張阿難墓則不得在陪葬諸臣之列矣書者瑤臺寺僧瑤臺寺則昭陵圖有之在昭陵之西澄心寺之南也

王知敬書金剛經

石上截已斷廣五尺五寸五十五行上下皆殘闕字數無考正書在登封少林寺

□□郎□府監丞城門郎膳部員外郎守冀王友直
宏文館王知敬奉　勑書

經文不錄

（上闕）次壬申□月戊午朔□日庚申

是時元奘奉敕在於東都譯諸佛經佛法方盛天子尚加敬信知敬書此經所由來矣第石質似惡刻亦未精剝蝕太甚存者不及半（金石刻考略）

咸亨三年□月立王知敬正書金石錄作咸亨四年

云無姓名葢未諦視之耳竇泉述書賦注王知敬太原人門傳孝義工正行書劉昫唐書王友貞傳云父知敬則天時麟臺少監以工書知名中州金石記

按書者王知敬兩唐書附王友貞傳但云武后時官麟臺少監而不詳其在高宗時歷官此碑結銜皆在高宗時也曰口府監丞泐一字乃少府也監有丞六人從六品下曰城門郎從六品上曰膳部員外郎亦從六品上龍朔二年改膳部爲司膳此仍稱膳部者咸亨二年官名復舊也曰守冀王友者王府官有友一人從五品下曰直宏文館者宏

文館有學士五品以上有直學士六品以上又有文學直館皆它官領之碑不云學士直學士則是兼領直館也壬申歲爲咸亨三年是歲十月戊午朔庚申是初三日又按知敬於上元三年明徵君碑篆額時官朝散大夫守太子洗馬永淳二年書天后御製詩碑時官司門郎中太孫諮議曰咸亨三年至永淳二年首尾歷十二年歷官雖不同而司門郎中不過從五品上則是由六品遷五品僅升一二階其浮沈于文學侍從之班而祿祿無可表見者如此然皆爲傳所略傳葢舉其最後之官耳

鄭惠王石塔記

碑高四尺九寸廣三尺五寸二十行行二十八字行書在潞安府長子縣

大唐故贈司徒荊州大都督兗安二州都督鄭絳潞三州刺史上柱國鄭惠王石記

王諱　字　隴西狄道人也

曾祖太祖景皇帝

祖元皇帝

父高祖太武皇帝

王卽　太武皇帝之第拾叁子往任潞州日於此山

奉爲　先聖敬造石舍利塔壹所下并有　力賜

舍利骨叁漆粒造藏經三千卷觀夫大造遠契洪猷永貞庶績咸熙彝倫式敘莫不分茅土建諸侯延帝子於維藩降　天孫於伯牧者矣伏惟　大王通源

聖澤龍位　皇華松姿孤堅玉氣柔潤鎮靜方岳聲政洽聞都督荊安惟德是順出守絳潞非賢勿居卽何暮海沂之謠不足儔其匹也而乃洗心覺路虔誠妙門慈林山中雕鐫寶塔智乘寺所裝飾眞容藻繪具周慶讚將畢洪滿親承　教旨躬奉　綸言以拙補勤猥當檢校恐河海傾竭陵谷變移謹件　先皇子

孫勒諸貞石

嗣鄭王鄧州刺史璥　第二王子呂國公琛　第三王子樂平公珪　第四王子尚膚公璧　第五王子樂陵公　第六王子武安公琨　第七王子南海公璿　第八王子安德公琳　第九王子新平公璲　第十王子邵陵公珩

咸亨四年十月八日檢校功德僧洪滿建

石塔記始于釋洪滿者以王往任潞州爲造石舍利塔一所而洪滿當時實職是役故記云以勤補拙藎自紀也新舊書高宗本紀咸亨四年正月鄭王元懿

薨記在是年十月八日其文所謂王諱元懿字某者今闕新唐書亦不載字某下云隴西狄道人與高祖本紀書隴西成紀者小異宗室世系表漢仲翔討叛羌于秦昌戰沒贈太尉葬隴西狄道因家焉生伯考隴西河東二郡太守生尚成紀令因居成紀是唐之上世居雖兩地而占籍狄道者在先故記仍溯其始直云隴西狄道較之史尤爲不沒其實本傳元懿旣歷任鄭潞絳三州刺史又贈司徒荊州大都督今記文悉與傳符獨不載歷鄭一事便文屬何從節故耳其下記鄭王諸子備列無遺然云謹件先皇子孫勒諸貞石先皇蓋指鄭王而崇號如是不以爲過又塔記所列嗣鄭王鄧州刺史璥考元懿傳作鄂州宗室世系表又作遂州且以名璥作瓛則表與傳已相悖而表旣云十子乃于王第二子呂國公琛闕名第六王子武安公琨亦失不載此皆史傳疎脫並宜以記爲據又新平郡公璲遂不從玉亦史誤也歐宋去唐未遠其所漏已至此然則此記有裨闕謬者又豈可沒也與石跋　授堂金石跋

按此碑標題稱贈司徒荊州大都督兗安二州都督鄭絳潞三州刺史以舊唐書傳考之初授兗州

刺史在貞觀七年又歷鄭潞二州刺史在貞觀十年最後授絳州刺史在總章中而不見有安州刺史之官則傳略也新書傳稱王有十子長子璥嗣王舊傳稱璥以上元初封爲嗣鄭王据碑則咸亨四年立石時已云嗣鄭王矣慈林山在今潞安府長子縣東南三十里山西通志載法興寺在慈林山後魏神瑞元年建舊名慈林唐咸寧四年鄭惠王元懿爲潞州刺史建石塔藏舍利二十一粒下有藏經千卷釋洪滿撰碑咸寧乃咸亨之誤然碑稱在任潞州日於此山爲先聖造塔任潞州在貞

觀十年爲先聖當是爲荊祖亦在是時則非咸亨四年也碑云藏經三千卷亦非千卷碑稱智乘寺志無其名凡此皆可補正史志之闕誤也碑書十三字作拾叁二十一粒作叁漆粒即三七字餘數目不别用他字鄭惠王爲帝胄似可不必稱里貫而文云隴西狄道與蘭陵代國兩公主同意當時習爲成例而不覺其非潛研堂曾斥之然猶未見此碑也

大德寺造像建閣碑

石横廣三尺九寸二分高三尺五寸分兩截上截文四十二行前五行各二十七字餘皆二十八字下列齋主姓名二十四行行五字七字八字不等正書

唐大德寺造像并建弥勒閣碑銘

□□□□□□□□□□□□□□□□□於□□□
□山於紫□□□□□□□□□□□□□□□□□
□□□□□□□劫齡越恒氵□□□□□□□□[illegible]
風旛被俱昇熒□之圭□妙難闕□重雲而不□□□
陸念淨於心田□□□□五乘制於意樹崇遵正覺鑒
叫不周□□之□□燄未盡□□聚劫□無常明陰
渦陽谷窮其數廣門杳□□其□聖道幽顯不悉其
旨尊□無上抑神無下斶十宇宙攝以毫□□□□洲

芥□難芀拂石屢盡墨集無□照玉燭而轉金輪散覺雲而□□曰□□□□濟□登□□法宣陽獎延拾坐云曰大德寺者荊河之□□也上欽函遁漢下幽邃賓蒙左則金臺寶闕右則豈阜崗巒前上洛□□同消定鼎洪流其後盟津達於晉闕併佪盤礡五臺陸府定扃參山□州定過外□倍尾靈爸熊耳鯉鱗獻書進圖入匪賊蕭咸賢納稔織美□詞□産西詩萊非參鳶既殷

皇家廞止萬代神基明堂辟延雖非拔濟□預孤園未□舍衛香城豈非閻峯雪岫者歟荊元魏帝規矩□尼霸□隆邦禳祥表於慈父龍威雖悵妙處雲而瑞虧明靈揮巖刊塔□爲大德寺也　皇儀數改帝業頻移衛遇逋周旹逢儹道爵尊廢像遂斷香路於西方滯遊魂於淨土回以釋教陵遲神香頗及珮形殊影獨處堂闕菩薩眞人闇夜樵落慧金顔於麓埜幽玉而於摧龕

聖德深明舉淹留於僉□大帝乘旹出震　恩徹九圍遠眺昏貧親觀隱歿撲炬燎於邪烽殲群迷於苦集頻春　明詔重令修緝復崇前旆度尼五　等並早辭百兩夙契參乘燔香翦綵發曇花之志無常無我法印尊儀戒行不虧陸□無眾復有法子淸信□□劉仁則廿六人等劝□貞斂宿誤晷窆□敬□情先苞肆

忍孫中白饌食內樧飡禪營寶塔特造僧房□待布金
徘徊□就鴻鍾癡而還擊聲徹九而淸唄再稱聞於□
坙今建石碑像壹軀金容毫月出界無雙玉面蓮蓉拾
方脩有聞名合掌□幼訾除見影低頭恒□舉滅復營
彌勒閣壹所金鈴寶鐸和而樂已鏗鏘妙□□花齋綺
雲而合霎闕大千足路渡彼岸津梁聖教軼而復全蒼
生舉而還福□舟待檝竟無越舲足功蹲淵衢中安知
挹□伏□　而皇上寶資福垂拱而莅捌荒德被黔黎
鍛衽而□□國　恩□殄骨石室歸仁澤及踰雖金□
流傷法相常住齊晷光□□□□　皇福臻同□□足

固再申斯句刊勒茲銘颿以輕□聊與㴱□□□習劒
□□□鋒□□金鋌能摧怨聲闢歷大穀傳親遊□礎
瞻玫□□□鶴舞文言□□□□慈門譯勝業於神州
設蕤功於赤縣今廼鐫□□□鏤石碑□繼釋祖足邊
風祠金文足秘碣恐塵飛沸渠桑出彼中讚□□□難
窮歎慧風而靡絕翹心溺仰願奉神光普照無邊咸歸
妙旨□□□□
□稚慈父靈儀頗識說法有功論義智力入斷五慾出
降六賊□□□□破魔軍息其一新構雲閣鯨棟鯢虹丹
楶綠綺宿鳳樓龍觀如見鶴□□眞空波行論法沼語

驚鴻其二凶虵迅遊烏飛兔拔火宅非固諸子爲難金鼓
既韻方起彼岸□等脩謙常遵誦讚其三東流煩息西□
難追去來無礙四運相隨而長埊久釋廟透迤金璽常
固寶□無虧其四□宮卍殿青紫丹墀左塗帝闕右□王
畿俄俄妙德供養巍巍常遵福埊□共歸依其五上□□
平歲次甲戌□秋足囝滿囝足乙奉　詔而下諸州□
□□□觀□□□寺先被癈今儀像堂閣現存□還舊
□□□別□五
□
□□□主功士劉仁則

大都化主麻師亻
齋主騎都尉平正張洛
齋主錄事楊定鄉
齋主功士杜石生
齋主驍騎尉司倉呂買
齋主功士牛伯通
齋主雲騎尉劉承基
齋主邵南府隊正景
齋主武騎尉張志軌
齋主司倉楊胡仁

齋主雲騎尉趙文達
齋主錄事劉惠達
齋主飛騎尉馮大智
齋主上柱國陽正晨志隆
齋主趙智道
齋主雲騎尉王祇僧
齋主功士上官衡
齋主驍騎尉段義方
齋主雲騎尉楊反香
齋主功士杜義昌

齋主功士程慎果
齋主張楚才
齋主上騎都尉張養
齋主功士董志恪
齋主功士宮君言
供養主呂英儒
供養主呂杜主
供養主崔行基
供養主吳保熾
供養主上宮仁基

供養主程仁達
供養主元神感

按大德寺彌勒閣今山西通志已無可考玩碑文則荆河上洛盟津晉闕五臺三山皆其前後左右之山川形勝也歲次甲戌上有泐字是上元元年下云口秋之月滿月之日据高宗紀秋八月壬辰皇帝稱天皇皇后稱天后改咸亨五年爲上元元年以通鑑目錄推之是歲八月戊寅朔壬辰爲十五日而碑所云滿月之日者蓋謂月滿之日正指十五日也然則改元既在八月十五日而天下諸

州觀寺儀像堂廡現存還舊之語亦即改元詔內所連及之者碑於秋之月上泐一字當是仲秋之月也碑中書多用天后所改十二字且其餘別體字多有出於十二字之外者爲數極多不能枚舉則所謂天后改字始於大周者不盡然矣又皇帝稱天皇始于改元之日而碑內已見然則此碑當立於上元改元之後未行年月是追述詔詞非立碑歲月也惜此下文字漫滅不能詳繹其始末矣

孝敬皇帝叡德紀

碑約高一丈六尺四寸餘廣七尺六寸三十三行字數八十二至八十九不等蓋下截現短一尺七寸餘

其旬行亦闕七字八字九字不一行書額自額在偃師縣

御製　御書

朕聞乾象上浮南陸啓黃離之曜坤元下闢東明啟碧
題之居稽古前王憲兩儀之大則傍求列聖崇貳極之
丕□□以長隆守□永茂承祧膺繼□□□四□□□
□□□萬□□□□□□下闕藻人文以成務茂實
光於載鼎嘉聲表於洊雷區分四德之□具美八繇之
誠其於鬱有之矣靈字宜慈　高祖神堯皇帝之曾
孫　太宗文武聖皇帝之孫朕之元子也緬惟聖系
崇高極天無以方其峻□□淼邃浴景無以喻其深如

蜺裳夜月之□類□嚮□□之端闢浮紫氣□□□之
□□地□□□□□□□□　高祖闢山鳴之摽
運躡神嚮之屯期受大命於□宮□□氛於□野
太宗雲行雨施撲炎岳而救焚架橇乘舟濟沸海而匡
溺更張天地息龍戰而靜陰陽重□□象弭麟鬭而淸
日月細柳盤桃之域捴入堤封銅標珠闕之鄉並歸正
朔□□□□□□□□□　累聖之崇基纘重光
之大業幸休徵□治景鑠惟新宇宙無虞環瀛有截□
玉燭而調四選品藻昭蘇握金鏡而朗八荒中外禔福
□脊昊而垂祐□結本□由　□□而發祥□□□

□□□□□□下闕承魏雲而毓質戴玉連珠之異相發
於髫初注琴銘劍之能道光於丱始年纔一歲立爲代
王危岳崇□□□景風之典象舟□□益峻□入之高
朕以主鬯攸□□□□□□□□宰是命□龜以□
□下闕春闈習禮秋崙彈藝宮之奥旨究肅成之宏義一
物載行九□□允庶延端士納審諭之良箴博採正人
□□翼之明行略詮其美□□德焉尔其□性純□□
道□□承□□□□起問□□於三□下闕朕及天后攝
衞微乖則色不滿容行不正履出青宮而視膳輟寢通
宵入紫庭而侍枕纏憂永日豈止衣□□□藥必親嘗

而已哉此其至孝也監國字人務□□□□刑愼□□
□□□□□□□□□身役下闕稱金□而□□□召唯
恭出銅龍而載錫此其至仁也承天奉□貽肅雍之大
矩迎郊過廟極□□之崇儀□□不愒其容□暗莫移
其檢同與共帳□□均□□之風□□横經□□□□
□之禮□□□下闕喻其神堂昇揣情藏往無以論其□
心融道鏡應萬象以含幾器韞□珠苞六合而□照辯
防□之訟義出羣□驗長壽之書事推獨察此其至明
也□柱茅膺□□菲食戀□□□□□□以爲□
朕每賜以□□下闕佩服以承恩雅淡既除還委發而從

好此其至儉也不迩聲色符帝乙天性之高載植□□
有顔頊□□之量馳騁末□弃之而弗爲晉劒淺技能
之而弗貴西苑□遊□□林泉□□東□□□□□□□
□之娛下闕□小道恐泥不留聡於異端此其至正也七
門四徹之書手窮泉極蓬府柏臺之秘□□眞筌考□
典於叔時採德義於羊傳能摇領之風樂鍾鼓六□□
□□之□□筌□□□此其至□也柔而能□下闕旺諷
之□政或是非濟申獻替之益朕所惡者有□□而必
揚朕所好者無纖□而不舉父有諍子斯之謂歟此其
至□也竊咲葭莩因心之戀已切□山□□□□之愛

九深□□聳□□遊未足□□□下闕其孔懐此其至睦
也爲而不恃□柱史之妙門異而能齊體蒙吏之虚室
實質斯混語默兩忘成英與林籟同歸衮糸與雲霞一
致此其至通也迪□叙德□踐□□□□□□詔□□
□□□□□□□下闕洛陳謨凌太山而開辯圖□軀去
組禮不忘於須臾釣鼇臨□文必申於造次敢遊復跡
不待□□之書道德立身無資設木之諫雖復謳歌未
□藏啓之願□□□攸歸贊□之□□□朕□下闕山
脱屣褰裳願尋眞於汾水不飾情於外禪無符咎岳之
□□逸己於中宸自申知子之便滑闓檡負未述所懐
屬炎籥戒辰凉□避暑□因扈□□□沉□及其□愈
乃□□下闕性特隆一聞此言因便感咽伏枕□歔哽絶
移時重致緜爾遂成沉痼西山之藥不救東岱之魂吹
陽之盟莫返逝川之命以上元□年□月廿五日薨於
□□□之□下闕既仰謝於姬昌變裴之悲遂俯同於容
儔□不知至人無愛大道忘情雖慕延陵之□終愴卜
商之感天后心纏積悼痛結深慈□□□□□□□□
□□□泣昔周下闕言朕之至懐不欲違其心許□申舊
命爰贈尊名粤以吉辰□謚爲孝敬皇帝其葬事威儀
及山陵制度皆□天子之禮惟尔誠自生初性□□合

體□□□□□□下闕日將月就羣方欽其麗正多士
挹其宜猷愛敬極於九重光耀□於四海卑詞降東閤
之逸高談接南館之賓儲君之德盛焉□□之望隆矣
庶其三□□茂方□□□下闕徵奄促上賓之鶴興言□
往震悼良深朕以其孝於承親恭於事上意欲還京卜
葬冀得近侍　昭陵申以奉　先之禮順其旣
往之志但以農星在候田務方殷重歸關輔恐有勞廢
遂割一已之慈□便兆□之業□□□□□□□□
□□□□□□下闕以爲言故順殮絶於珠璣明器惟
資瓦木一從本志無□宿□卽以上元二年八月十九

日遷窆於景山之原禮也冀樹□□陽無隔風雲之路
鶴歸緱□□下闕谷之有遷刊琬琰而垂範式旌德行迺
作銘云
震象凝位離景騰輝地惟重海天開少微惟皇取則利
建儲闈承祧是寄主鬯攸歸其一運啓□圖祚隆
先聖丹霧□□□□慶□□□□□□下闕正其二
研機道□發□□津戈臨□序籥奏秋旻商巖佇逸望
苑通賓□藝方遠宣猷日新其三禮茂承顏□融錫類愛
敬兼極君親一致□□義重□□情至性□□□□下闕
優遊四德績劭撫軍譽宣監國便坐垂範寢門貽則暈

湛川沖化數靈黙其五虛佇承疑祟奉師保望□辯牘臨
□□藻□□宮□逾□道□德斯□□□爲賓其六□
楹□下闕靜□□葭締遊鶴廚斯啓鮑俎弗羞恭行一物
澄汰九流其七緬惟燀重□追前懿爰念少陽將推大位
純孝深感聞言哽咽□命未申□□□□其八玉□□彩
珠沉夜光未□下闕泣盥圖風悲畫堂感今興悼念昔增
傷其九崇謚追尊鴻名賻册伊洛疏兆嵩環卜宅隧擬橋
嚴學圖畢陌霧凝平楚煙生□柏其十原隰□□□□□
□□□□□仙殿□□下闕□鳳碑空篆鶴駕無追其十一
右孝敬皇帝叡德紀高宗御製并書書法與晉祠銘

相似孝敬皇帝者高宗之第五子皇太子宏也上元
二年從幸合璧宮尋薨新唐書以爲武后酖之是年
追加謚號葬於緱氏縣景山之恭陵宋熙寧八年省
緱氏縣入偃師今爲偃師縣地矣孝敬字宜慈新舊
史皆失載潛研堂金石文跋尾
劉昫唐書列傳云恭陵制度一準天子之禮高宗親
爲制叡德紀并自書之於石樹於陵側卽此碑也太
平寰宇記云緱氏縣有恭陵孝敬皇帝陵在縣東北
五里今俗亦呼太子陵河南通志誤曰敬宗陵蓋謬
甚矣武進士億云碑云宏字宜慈今史于燕王忠太

子賢並書字而此獨見遺蓋失紀也又云年才一歲
立爲代王高宗紀永徽六年封子宏爲代王本傳亦
同若以一歲始封數之自永徽六年至上元二年太
子宏之薨年乃二十一而傳作二十四歲者誤也武
君偃師人深于經史之學中州金石記
按碑下截殘泐幾不可辨記云郎以上元二年八月
十九日遷窆於景山之原據傳惟云葬緱氏考記墓
者多以山原誌其藏亦不易變也然則如此記所云
亦爲得其實又顧亭林云古人主有追封其父兄無
尊其子弟者惟泰文公太子卒賜謚爲靖公唐代宗

追謚其弟故齊王倓爲承天皇帝於肅宗追謚太子
宏爲孝敬皇帝顧氏竟亦失引今以此碑抜之并可
著其闕也題額與昇仙太子碑皆飛白書尤不多見
故并著之偃師金石跋
按此碑文幾三千字存者尚千七百餘字太子宏
爲高宗第五子文云朕之元子者以立爲太子即
詩建爾元子之義也年纔一歲立爲代王兩唐書
紀及新書傳皆云永徽六年封代王獨舊書傳作
永徽四年據燕王忠傳永徽三年立忠爲皇太子
六年王皇后被廢武昭儀所生皇子宏年三歲禮

部尚書許敬宗上疏云云則是宏實生于永徽四
年以舊史證碑正合一歲封代之語然與諸處之
言六年封代者多牴牾也文敘太子有九德曰至
孝至仁至明至儉至正至□至□至睦至通祕其
二字不可曉蓋褒美之詞備矣太子之薨當時傳
聞多異詞舊史傳則渾其詞曰是時戴至德張文
瓘兼左庶子與右庶子蕭德昭同爲輔弼太子多
疾病庶政皆決於至德等上元二年太子從幸合
璧宮尋薨制詞有曰皇太子自琬圭在手沈瘵嬰
身及膝理微和將遜于位而宏天資仁厚孝心純

確既承朕命掩欷不言因茲感結舊疾增甚碑亦
云不飾情於外禪無待咨岳之□□遜己於中宸
自申知子之梗潛圖釋負未遂所懷□因屆□□
□沈□及其□愈乃□□□所存沈字愈字即是沈痾漸愈之意一
聞此言因便感咽重致綿留遂成沈痼碑恐與舊
傳合則是太子之薨由於多病而又聞禪位之語
益致不起也新傳則欲著武后殺子之罪不遂其
多病之由直云后將騁志宏奏請數怫旨上元二
年從幸合璧宮遇酖薨又于本紀書四月己亥天
后殺皇太子舊史本紀但書四月己亥皇太子宏

薨于合璧宮之綺雲殿始終不言其被殺也温公
通鑑亦不遽實其罪但云太子宏仁孝謙謹上甚
愛之禮接士大夫中外屬心天后方逞其志太子
奏請數迕旨由是失愛于天后己亥太子薨於合
璧宮時人以爲天后酖之也袁樞紀事本末語與此同考異亦
云唐歷宏仁孝英果深爲上所鍾愛自升爲太子
敬禮大臣鴻儒之士未嘗居有過之地以請嫁二
公主事詳本傳失愛於天后不以壽終實錄舊傳皆不
言宏遇酖惟李泌對肅宗云高宗有八子天后所
生四子長曰孝敬皇帝爲太子監國仁明孝悌天

后方圖臨朝乃酖殺孝敬立雍王賢爲太子新書葢據此及唐歷也宏之死其事不明今但云時人以爲天后酖之也疑以傳疑然則温公亦不以天后殺子之事爲可信矣朱子於綱目但書太子宏薨諡孝敬皇帝於目則書義陽宣城二公主幽于掖庭太子奏請出降上許之天后怒即日以公主配當上翊衛太子尋薨時人以爲天后酖之也(此語與通鑑同)詔追諡爲孝敬皇帝范氏曰皇帝者有天下之號非所以爲贈也父沒而後子立今父在而追尊其子豈禮也哉葢武后謀簒國酖太子而加之尊

名以掩其迹李泌之言信矣据此則朱子尚以被酖爲疑至范氏始以李泌之言爲信也天皇晚年倦勤庶政多決于天后即使太子受禪天后自度亦不難制其子何至以請嫁二主激怒遽萌殺子之心此事本有可疑者特以武后罪惡已甚後世無復原之耳此碑雖多迴護飾美之詞要非竟無紀實之語存之亦以見舊史紀傳之本於此也又按唐人書撰墓碑之例有子書父碑者如令狐熙碑及王仁求碑至此碑高宗爲孝敬紀德是父書子碑皆墓碑之變例附記于此

阿史那忠碑

碑連額高一丈三尺五寸廣四尺四寸三分三十三行行八十二字正書篆額在醴泉縣昭陵

大唐故右驍衛大將軍薛國貞公阿史那府君之碑

(上闕)□□□□□□□□□□執□結繩八□與四均齊

致□幽陵之□服□□陰之烈□□□擁衆罕□(下闕)□

□□□□□□之□□□□□□□□□之□□□□

□□□□□□□□□獻□□贏而被有截辯方正位

蹄亥步而極無垠罄域輸□傾□□□若乃罄藏於用

幾動於□□□□□□□□□□□□□□□ 聖

人而□□□□□□□□□□□□□□孫奐以高

□□□□□□應運□出在□薛國公矣公諱忠字

義節其先代人今爲京兆萬年人也鬱矣曾基克承大

禹□□□茂業奄有幽都之地洪源共昌海分流崇

□與□□□曾祖□□□□□□□□□□□□□猿

盛□□正□□千□於龍□境窮西夜騁萬騎於雞□

威讐東胡父蘇 皇朝左驍衛大將軍寧州都督懷□

□□□□□是□□金之允□該逹順恭惟□□之

□□□□□□□□□□揚□望纛候□□□

□丹㺹不□以貴□□□燈澤異姓而□埒長沙□

□祚公丕承昌緒允□潛禎上分列緯應天街之祕象

下闕□山□□□之□□□□則英□□□□□則□
□□□□□□□□□□□□□□風□□知□之心
弥遠□將甫成□□之奇可察豫章□拱□鍋□□先
彰素懷不羈之飾截蘊非常之志及隨季崩離中州版
蕩我　　　大唐撥亂反正□□□□□□□□□□
□□□□□□□□□□□□□□□衎之□公□□
□言歸成承繡□之賞石齎父子共沐朝恩秩侯仁孝
式流家社時以漢南未歸委公作鎮頡利可汗乘閒內
侮　　□遣張□利□齋□□公□□□□□□□□
□□□□利以□□□□□以□□兵刃不加凶粲庭

定大夫之□□□嘉謨斯在介子之□樓蘭英風可躡
竭誠之跡基於此矣詔授左屯衛將軍仍令□門宿衛
□甲第□□降□□□□□□□□貞觀□四年□□
□御□軍□□□之睿□去□□□動吹簫之妙曲望
□□戚督浹遐逖䟽丁元□發尋起復職寢苫結慕樂
藜纏哀善喪能毀棘見悲於行路奪□即戎柴形□於
朝序□年　　詔□□□公□□□□□□□□撿挍
長□都督□□□□□□四豪之□□任隆式□□十
□之新□克清邊壒言旋京邑撿挍左屯營既而句麗
百濟耳相侵逼處月焉耆各爲脣齒□□邪於荒裔□

□伐□　皇情□□□□□□□□□□　□□□□
□□綏邊□□　　詔公□城安撫□□□□之奇右
地譽□加授上柱國廿年遷右武衛大將軍復爲延□
縱慝鐵勒怙亂乘壯月以控弦候朔風以鳴鏑□膺分
□□　□□□□□□□□□□□□□□以德□勳
□而□□後之以刑□□□以□□廊清柳室繁公是
賴賜金銀器物數十事繒綵五百匹錢廿万馬五十匹
霍氏辭第竟收絕漠之功衛父□錫寔□剋狄之効俄
而□□□□□□□□出□□□□巖廊而逾謹
宸□□□□□□而殆絕　　　天皇龔緒景□惟新

　帝澤滂流□思念舊愛復本任委之心實永徽中以
太妃憂去職欒棘之痛若居元□之喪其年起□授左
□衛大□□□□□□□□□□衛大將軍□□□□
□　　□爲使□□長□道行軍大總管□韓□擾徙
掃除殘契丹縱毒迴戈拯亂剿鑿兔之遊魂覆黃龍之
□□亦既□□□□□兼隆□改□營爲羽林軍委公
統□□□□□□兵□□妙識機權□□□□□□□
□□□□□□□犄紫掖□嚴整雲營□上苑六軍取
其節度八校法其規模是以歷事　兩朝□□□□
□□諸王宴集公必□嵩伯初之恒宿禁中仲□□□

□□內□□□□□□等□□□□梁陰□□□□□
□□□□□□勳　　詔公兼□衛大將軍掀拔羽林
如故式彰巡警之効聿陪登降之禮蕃慶是□□□□
允洽復以吐蕃蟣□近□凶醜□□□□□□□□□
□□□□□□□□蘭之域□想伏波載思□海揔章
初　詔公爲靑海道行軍大揔管甫踰邈□克靜妖
□將軍有百勝之功　　天子綬一□之□尋又奉
詔□西域□□□□□□行軍大揔管□□□□□□
□□能□□義斯舉有征□無戕□信並行羌夷是□
湯乎振旅頻加勞問方當克享期頤永膺福祿延十紀

之迴筭升九命之崇班不謂大樹先秋□松落其□□
高□遂□□□□□□□□□以□□□□□月廿□
日甍於洛□□□□之私第春秋六十有五　　　皇
上凤延　恩顧事越等倫爰自寖疾深於□嬖之寵□
是歸今甚於趨輪之慟前後中使相望於道　　詔贈
□軍大將軍□□節大都督□□□□四州諸軍事荊
州刺□□絹布□百段□粟□百□□東園祕器凶事
葬事並令官給務從優厚陪葬　昭陵儀仗送至墓
所往還常所服甲　勑令隨喪并賜衣□□□等□
□□□□□□□以其年歲次乙亥十月□□朔十

□日□舊遷窆之於　昭陵之安□原謚曰貞禮也惟
公諱□知□敏稟黙識之□□□□□□靈爽滿蘊蒼
璧以載融瑩白珪以無玷貞心勁勇□竹□而□秀□
□抑□□□□□□□□□武藝□□兵□言合□道
□□弃□糟粕□□於神處□□於□□□□□割□
斷□危就安□□□□而著勣天錫歸□而延寵此乃
□□之智也淸以激貪勸以應務止□□□□□□□
□□□□□□□□□□也□□無□□□□□□□
踵□□之□居喪極二□之□此乃奉親之孝也珠璣
孰掌璿□光□辛氏□將帥之□陳扆無鄉長之□□

乃□子之□也□□□□□□□□□□□□□□□
□□□□□□□□□□□之□□□□□□□□□
聲□□上□　紫極排閶闔而迴輿側□　丹宮肅□
陳以□侍□臨□甸一戰而蕩元夷右瞰河□□□□
□□□□□□□□□□□□□□□□□□□□□
□□□□□□□□八□□□□□冠□□□之□□
□無□□於□將之□傅陸之謹愼□心二十餘載宮
平之勤勞處事三十餘祀披彼雖危固□優劣□所謂
立功立□有□有□□□□□□□□□□□□□□
□□□□□□□□□□□誕□□□□山□□獻於

□□學該七略發揮書□之奧辯縱□牙含吐談叢之
□君子□其禮節通人許其遠大至性有□因心則成
以爲□□□□□□□之□□□□□□□□□□
□之質□列□□□□□□□□□□□載揖先賢
之範故人望拜遐傳不朽之業其銘曰
文昌列將武庫陳兵□万爲傑踰千□英□此邦彥□
□國□□□□□□□□□□□□□□粹質六象
雲□三□電逸虹寶連城驪珠□□器則瑚□材惟梓
淼德宇骨鶩禮輿遐振斷山截嶷避陂已濬踐孝履仁
宅謙居慎處事無□出言有□□□□烈劍術窮微□

□□□□□□□□略□□□□□□□□□
聖□歸□□擅榮□□里□□□秦樓敝峙軒蓋
聯華歌鍾□起宅躬伊泰在貴不恃盡節禁□□□
服東□□□西臨□谷□□□□□□□□□□□□
□□□□□□□□□□□□□□□□□山□□□
□遼落嘗柳先凋九泉永□三宮寂寥慶屬象賢德鍾
令嗣箕裘允襲文武不墜仰畢□以經哀望盧山而結
□紀貞石而垂□庶幾□□□□□□□□□□□
□□□□□□□□□□□□□□□□□□□□
右唐阿史那忠碑唐書列傳云忠尚宗室女定襄縣

上始詔姓獨著史今此碑當時所立題云阿史那府
君之碑而元和姓纂亦云阿史那氏開元中改爲史
疑傳誤也唐太宗親撥隋亂卽位未幾遂致太平其
好賢樂善蓋出天性故一代之豪傑皆樂爲之用如
忠之徒出於降虜亦皆立勳本朝著名後代雖云太
宗天姿英睿絕人然遠至于輸忠盡節諸賢之助亦
多矣嗚呼盛哉金石錄
碑泐其存者稍倍于豆盧寬碑亦以額識之而書法
更勁拔在永興河南閒惜撰書俱無名氏可考耳石墨鐫華

碑已漫漶可識者七百餘字按新唐書忠傳蘇尼失
子也今碑作蘓其下虛一字以下文乃皇朝字也是
忠父名蘇史誤耳宜從碑金石文字記作上元二年
雍州金石記
右薛公阿史那忠碑醴泉縣志云存七百餘字予所
藏本厪存二百餘字所書事跡與本傳略同惟突厥
傳稱太宗立阿史那思摩爲可汗詔左屯衛將軍阿
史那忠爲左賢王左武衛將軍阿史那泥孰爲右賢
王相之而其後又云右賢王阿史那泥孰蘇尼失子
也始歸國妻以宗女賜名忠及從思摩出塞思慕中

國見使者必流涕求入侍許之又併忠與泥孰爲一人前後自相牴牾則其謬也潛研堂金石文跋尾

按集古錄作上元二年金石錄作咸亨四年元和姓纂云阿史那氏開元中改爲史唐書列傳云忠尚宗室女定襄縣主詔姓獨著史碑建于高宗時並不言改姓唐書誤也姓纂爲是關中金石記

按碑文約二千六百餘字存者千七百餘字雖存十之六而其最要處皆經磨泐兩唐書傳又皆簡略今取碑所存字節錄其官閥事蹟與史傳參考之通志氏族略阿史那氏夏氏之裔居兜牟山北

人呼爲突厥累歷魏晉十代爲君長後屬蠕蠕阿史那最爲首領後周末遂滅蠕蠕霸彊北土蓋百餘年至處羅蘇尼失等歸化號阿史那唐開元更爲史氏此阿史那之原委也碑但云其先代人蓋舉其要耳舊唐書傳貞觀初阿史那蘇尼失者其父始畢可汗以爲沙鉢羅設頡利政亂突利來奔頡和乃立蘇尼失爲小可汗頡利爲李靖所破蘇尼失舉衆歸國因令其子忠擒頡利以獻此阿史那蘇尼失歸朝之原委也是忠之祖爲始畢碑所不詳忠之曾祖碑泐其名史又不載不能考也新傳稱忠宿衛四十八年忠以上元二年薨春秋六十有五推其生在隋大業七年其直宿衛始于貞觀二年其時僅十八歲也忠之薨年碑已全泐据其葬年在乙亥知其薨是上元二年是年十月辛未朔十五日爲乙酉皆可補碑之闕也忠陪葬昭陵稽之長安志昭陵圖但有阿史那什鉢苾墓在澄心寺左新羅眞德墓之左又有阿史那社尒墓在證聖寺左賀蘭整墓之右而不見有阿史那忠墓至昭陵圖說則云功臣大將軍尉遲敬德已下六十四人内蕃將阿史那忠等九人殆是與什鉢

苾社尒墓祔葬忠陪葬昭陵飾終之典與諸碑同惟云常所服甲敕令隨瘞則獨見此碑碑書元菀作元菟吐蕃作吐藩皆音譯之異者

金石萃編卷五十八終

金石萃編卷五十九

賜進士出身　誥授光祿大夫刑部右侍郎加七級王昶譔

唐十九

明徵君碑

碑高一丈一尺一寸八分廣五尺三十三行行七十四字行書額題攝山栖霞寺明徵君之碑篆書在上元縣攝山栖霞寺

攝山栖霞寺明徵君之碑

御製

朝議郎行左金吾衛長史侍相王書臣高正臣奉

勅書

朝散大夫守太子洗馬王知敬篆書

朕聞鍾山玉闕羽駕之所巡遊崐嶽金臺蜺衣之所翔集雖復真宗窅眇神理希微猶居三界之中未出九天之外雖有乘如廣運妙覺圓明因無生以濟有生就無家而成大象道隔去來之際筌繫靡得其端理忘動寂之機隨迎罕覩其奥得其門者如髻寶之希逢臻其極者似曇花之難遇南齊徵君明僧紹者平原人也仲雍誕其緒靈并仙據其靈苗芳源肇於孟明因即以明爲姓曾祖怳晉著作郎祖玩晉建威將軍鳳經流譽雅韻隆於八儒豹略申威聲名高於七校父略宋平原太守

中書侍郎朱明出撫揚惠化而傍流蒸誥攸司簪忠貌而奉上徵君早植淨因宿苞種智悟真空於綺歲體法性於青襟照與神通心將道合遺榮軒冕少無塵雜之情託志林巖自叶幽貞之趣亭亭秀氣掩蟾月而案丹霄皎皎清衿漱瓊湍而凌碧瀨印相非相指萬象爲虛空無我無人等四流於寂滅加以學窮儒肆該綜典墳論極釋津精通老易至若鹿野龍宮之祕猿江鶴樹之文莫不遐貫清衷揔持丹府班荊坐樾爲神王於亭皋朗嘯長吟乃情超於宇宙蒲輪每至攀桂之節逾高玉帛屢陳枕石之誠彌固遂乃緬懷飛遁杭迹崂山託岫

疏階憑林結棟紉蘭製芰方輕藻火之衣爽籟風松自代管絃之響橫經者四集請益者千餘高鳳愧以辭光張超謝其成市于時南風不競東土構屯人厭豺狼之毒家充蛇豕之餌盜仍有道望境歸仁其結盟誓之言不犯徵君之界豈非至誠攸感木石開心者乎及元徽告終青光啓祚齊高馳希風佇德側席傍求屢下徵書確乎不拔其後又移居蠻洲捨榆山栖雲精舍情親魚鳥志狎煙霞蛻影楚龍蕭然獨往齊建元元年又下詔徵爲散騎侍郎又不就既而潛佁淪胥公私蕩覆稽天之浸將湮蹈海之居燎原之火欲燼藏山之璞乃鴻騫

鳳舉騰萬仞以高翔擇木遥君相九土而遥集淩江迴
憩遂届南京負杖泉丘遊覽林壑歷覩勝境行次攝山
神谷仙巖特符心賞於是披榛雉草定跡深棲樹權疏
池有終焉之志此山其狀如繖故亦號曰繖山丹穴紅
泉其星河而蘸寫珠林鏡巘與月桂而交暉鳥哢巖虛
猿吟澗靜松門杳藹去來千里之雲花樓十非含吐十
枝之日質息心之勝地乃宴坐之名區爰集法流於爲
講肆音容秀澈字量端凝投論會奇興言入妙若鴻鍾
之虛受有擊必揚似明鏡之忘疲無來不應于時元儒
兼闡道俗同歸俱號淨名以旌至德先是山多猛噬人

罕登臨昇巖有仙谷之危越澗等憑河之險徵君心不
忤物揔萬類以敷仁故使物乃革心屏三毒而歸惠與
風歛纂遺承探鏈之恩游霧含華自埒報珠之感于時
齊道方穆瘖寐求賢永明元年又徵爲國子博士徵君
隱居求志義越於由光不降凝心跡高於園綺響坏貞
遁潄石忘歸鶴版載臨豹姿迴遠俄有法師僧辯承風
景慕巽徒振錫翩然來止法師業隆三藏道邁四依戒
行堅明律軌嚴淨欣然一遇叶契于齡子琛爲莫逆之
交溫雪登容聲之友因即鄰巖構宇別起梵居聳嶠飛
柯含風吐霧栖霞之寺因此創名福地茲基肇發初心

之誓法門搆密邁鍾後說之辰安居頂之辯師遷化六
年頂拜雖開青石之壇手日威光未建紫金之岳徵君
積緣登妙至感入微嘗夢法身冠于曾巘後因乘眺頗
步林亭乃有淨磬吟空鶴閩首於帷樹飛香散迴騰寶
氣於鑪峯又覩其顏于巖之首神光影曬若登靈鷲之
山妙力難思如遊譬龍之邑豈止無垢佛國獨隆珠雲
淨德王家方承珂雪是知不行而至冥通應感之符爲
法而來實昭光啓之福非夫慧因宿植其孰與於此哉
於是拜受嘉徵願言經始將於巖壁造大尊儀乃脊爲
山未遑初簣遽而西州智士與曉岳而俱傾東國高人

隨夜壑而共從毀瑤落彩峯岫沉暉永明二年奄還身
壑第二子臨沂公仲璋顧慕曾辭旣竭心於岵望俳佪
羲構更泣血於極書遂琢彼翠屏爰開紫座抽茲碧題
式延花宮上靈儀嶺之區仰鏤能仁之像拔矣何充之
宅遽興崇德之圖逖彼蕭宗大興釋典文惠太子及竟
陵王或澄少海之源派朝宗於法海或茂本枝之穎發
萌植於禪枝咸捨淨財光隆慧業時有沙門法度爲智
殿之棟梁即此傳基更興新製又造尊像十有餘龕及
梁運載興鋭心迴向大林精舍並事莊嚴臨川王載剖
竹符宣化惟揚之境言尋奈苑興想拔茅之義以天監

一十五軀造無量壽像一區帶地連光合高五丈滿月
之端湛珠鏡以出雲星聚日之輝昇璧輪而胶歴路忝
差四注周以烏翅之房逕遞千簷飾以魚鱗之瓦擊鳴
乾於奕嶺則步影齊歸麗停午於高巘則息心攸萃逾
錦城而特建掩銀界而孤摽艮由積慧所持大士菩甚
深之業用能遙誠克果永代增稀有之緣以曠刧之隆
因開含生之至福偉哉壯觀無得而稱朕肅纂禎圖丕
承寶曆滑九瀛而有截宴八表而無爲紫塞丹岑接封
畿於上苑白門青野款賝贄於仙闕將使率土蒼生鎮
昇仁壽之域普天黔首永蹈淳古之源崇慶越於兩儀

景運踰於萬刼屬以寬旒多暇物色傍求瞻江海而載
懷詠林泉而興想欽風味道恨不同時古往今來撫運
化而雖寂德崇業著眷神理而猶存窮蘇遺塵有兼前
烈瞻言勝軌歎佇雅深今故於彼庋入常滿七七各兼
衣鉢錢二百貫絹二百匹蘇叅拾斛繡像織成像新舊
翻譯一切經一藏并幡華等物口幽尋之曩跡光顯德
門託嘉道之名區追崇仁里號福字而延福卽祥基以
締祈冀緣金園之庭近叶珠囊之耀所傾迺因法岸契
果禪林　九鼎與元極同安　七廟與紫微
齊固摠三千之淨土並沐薰歌馨百億之恒沙長爲壽

算口纖圍之所苞括玉燭之所照臨常殷六氣之和俱
藻一音之聽夫象以盡意意非象而不申言以會情情
非言而不暢是以發揮二諦宏演四依迴託蓮花之峯
遙刻芝英之字庶海乘頻變孤超弃岳之碑城芥𥝢空
獨跨稽岑之篆式陳茂實乃作銘云
悠悠法界揔揔含生輪迴欲海起滅身城俱安大夜共
習無明愛塵岳聚毒樹雲平其一邈矣遍知超然獨悟遐
乘五演高披六度大空善說中天巧諭引彼迷途歸之
覺路其二猗歟淨行育彩昆田家口珪組代蕃忠賢戒支
宿習種智斯圓棟梁三寶薫修四禪其三爰始筮賓辭蘿

攸蹔蹈海沉跡棲巖滅影天地搆屯干戈乎警北林冈
庇南轅載粤其四翻飛澤國歷考山圖言瞻碧嶝自躡巖
珠口峯架室枕壑通衢鐘庭廣跨馬悵譽敷其五同氣相
求善鄰遙託道符久敬心均常樂對闢金園並疏銀閣
谷停帝馬嶽歸梵鶴其六空分瑞塔地積香臺口口丙暎
珠雲旦來千光霧起七淨霞開林通飛錫澗下乘杯其七
桂巘忝差松亭隱藹石壇照錦瑤泉瀉嶺岫接香爐峯
承寶蓋翔鳧演法毒龍銷害其八枕宮既啓福海長深塋
匙忘穴飛鵶革音羣生普載弈祀同欽不有高節寧符
宿心其九　口最多聞闡風遐想茂軌邈彌清膽遼往佇

契業於圓明冀崇緣於方廣鏤飛篆於曾岳齊勝基於峊巘其十

上元三年歲在景子四月弋戌朔廿五日壬戌建

右唐明徵君碑徵君者梁人名山賓也高宗朝其裔孫崇儼以方伎進故立此碑舊唐史言高宗自製文而書之非也蓋高宗撰文高正臣書耳金石錄

右高宗御製高正臣書王知敬篆額碑陰有棲霞二大字乃大中庚子歲立今碑乃景子此郎米芾所謂手摩一丈玉讀盡上元記者書自聖教序中出極有風骨可愛蒼潤軒帖跋

上元三年四月立今在上元縣棲霞寺唐有兩上元此云景子者高宗號也　舊唐書明崇儼傳累遷正諫大夫特令入閤供奉崇儼每因謁見輒假以神道頗陳時政得失帝深加允納潤州棲霞寺是其五代祖梁處士山賓故宅帝特爲製碑文親書於石論者榮之今按此碑乃高正臣書史家以御製并訛爲御書耳金石文字記

按碑云南齊徵君明僧紹者太原人也初序其隱遁之高繼言栖霞之勝而以度人賜經錢絹等物終之則立碑者以僧紹非山賓審矣梁書山賓傳父僧紹隱居不仕宋末以國子博士徵不就而山賓官侍中舊書竟以侍中爲處士德甫復以此碑之僧紹爲山賓何耶齊書僧紹傳永明元年以國子博士徵不就卒故此碑云南齊徵君梁書所云宋末徵者亦誤然傳云子元琳字德璋而無山賓齊書修于梁山賓爲梁大臣而反遺之何也碑又云法師僧辨爰來至止別起梵居栖霞之寺由此創名蓋辨依紹建寺並非明氏故宅使高宗寵加崇儼宜于碑末及其名字郎山賓亦未之及未知劉氏何據舛謬至此新書削去製碑一語有以哉金石後錄

右栖霞寺明徵君碑徵君者南齊處士僧紹朱錫鬯以爲梁處士山賓蓋承舊唐書明崇儼傳之誤山賓仕梁通顯没贈侍中非處士也據碑捨宅爲寺乃僧紹第二子臨沂公仲璋而崇儼傳以爲山賓故宅皆誤也碑稱僧紹祖玩晉建威將軍而南史云州中從事父略宋平原太守中書侍郎而南史云給事中未知孰是碑稱移居鬱洲撩榆山而史作弇榆撩弇本一字金陵在明代有南京之稱此碑云乃届南京似先爲之識矣潛研堂金石文跋尾

按碑題朝議郎行左金吾衛長史侍相王書臣高

正臣奉勅書高正臣史無傳說詳杜君綽碑相王即睿宗舊唐書睿宗紀帝好學工草隸尤愛文字訓詁之書上元二年封相王（高宗紀作三年正月）拜右衛大將軍正臣時爲侍書則正臣之能書宜矣新唐書百官志王府官無侍書然有友一人掌侍游處規諷道義侍讀無定員文學一人掌校典籍侍從文章則是侍書之員或即侍讀文學所兼也又百官志注云高宗中宗時相王府長史以宰相兼之則其他之兼者可知矣又左右金吾衛兵曹騎曹胄曹參軍事各有長史一人正臣時正授此官

也篆額者王知敬史附王友貞傳但云善書隸今觀此碑則又知其工於篆也碑云南齊徵君明僧紹者太原人也仲雍誕其緜允井伯播其靈苗考源肇於孟明因即以明爲姓通志氏族畧以字爲氏者明氏姬姓虞仲之後也有百里奚者爲虞之公族大夫晉獻公滅虞虜虞公及其大夫百里奚以媵秦穆姬自此遂爲秦大夫奚生孟明視視名也明字也以字爲氏下文載宋朝明姓者三人明鎬明覲明褒而獨不及上溯徵君諸人南史傳明僧紹字休烈平原鬲人一字承烈其先出太伯之裔百里奚子孟明以名爲姓云太伯之裔則碑與以名爲姓與氏族畧異碑云曾祖恍齊著作郎祖玩晉建威將軍父畧宋平原太守中書侍郎晉宋書皆無傳南齊書僧紹傳不載曾祖但云祖玩州中從事父畧給事中南史亦但云祖玩州治中父畧給事中歷官俱與碑異傳云僧紹有儒術宋元嘉中再舉秀才永光中鎮北府辟功曹並不就隱長廣郡嶗山聚徒立學碑不著宋年號但云澥輪再至攀桂之節逾高玉帛屢陳枕石之誠彌固遂乃緬懷飛遁抗迹嶗山橫經者四集請益者千餘

嶗山在今膠州即墨縣劉宋時爲不其縣屬長廣郡嶗又作牢魏書地形志長廣郡不其縣有牢山又作勞太平寰宇記大勞山小勞山郡國志云夫差登之得靈寶度人經齊記云泰山自然高不如東海勞山東通志在即墨縣南六十里濱于海其山有二高者曰大勞差小者曰小勞二山相連高二十五里周八十里嶺峪人勞山圖志序曰勞山在今即墨縣東南海上有大勞小勞其峯數十總名曰勞志言秦始皇登勞盛山望蓬萊因謂此山一名勞盛而不得其所以立名之義案南史明僧

紹隱於長廣郡之嶗山則字或從山又漢書成山
作盛山在今文登縣東北則勞盛自是兩山古人
立言尚簡齊之東偏三面環海其斗入海處南勞
而北盛則盡乎齊東境矣其山高大深阻旁薄二
三百里以其僻在海隅故人跡罕至人則從而夸
之以爲神仙之宅靈異之府其說云吳王夫差登
此山得靈寶度人經考之春秋傳吳王伐齊僅至
艾陵而徐承率舟師自海道入齊爲齊人所敗而
去則夫差未嘗至此也自田齊之末有神仙之論
而秦皇漢武謂眞有神人在窮山巨海之中於是

八神之祠徧于海上萬乘之駕常在東萊秦皇登
之必一郡供張數縣儲偫四民廢業千里驛騷於
是齊人苦之而名曰勞山也其以是夫此勞山之
說較諸家爲最晰因附載之碑云齊高祖屢下徵
書確乎不拔其後又移鬱洲榆山栖雲精舍弇榆齊書南史俱作弇榆建元元年又下詔徵爲散騎侍郎又不
就既而濟岱淪胥公私蕩覆淩江迴憩遂届南京
行次攝山有終焉之志此山其狀如繖故亦號曰
繖山爰集清流於焉講肆永明元年又徵爲國子
博士徵君鑿坏貞遁潄石忘歸鶴版載臨豹姿逾
遠識有法師僧辯欣然一遇叶契千齡因卽隣巖
構宇別起梵居栖霞之寺由此創名安居頂之辯
師遷化徵君嘗夢法身冠於曾巘後因乘眺又覩
眞顏于巖之首將于陵壁造大尊儀永明二年在
遷丹聖南齊南史兩傳皆同惟建元徵散騎侍郎
兩傳作正員外郎法師僧辯兩傳作僧遠又攝山
上有江乘二字碑所無也又傳稱齊太祖遺竹根
如意筍籜冠隱者以爲榮此事碑亦不叙入江乘
縣宋屬南琅邪郡齊時廢郡隋時廢縣入句容江
南通志攝山在江寧府東北四十五里南史云齊

明僧紹居此山後捨宅爲栖霞寺通志又云栖霞
寺在府東北攝山南齊明僧紹故宅唐改功德寺
高宗製明隱君碑亦尚完按捨宅爲栖霞寺南史
僧紹傳無此語此碑額題攝山栖霞寺亦未嘗改
爲功德寺通志語皆未晰也又古蹟門載明僧紹
宅在上元縣攝山永明七年僧紹捨宅爲寺卽今
栖霞寺僧紹于永明二年已卒安得至七年捨宅
乎通志甚誤讀陳侍中尚書令江總持所撰攝山
栖霞寺碑文也總持文云南徐州瑯琊郡江乘縣
界有攝山者其狀似繖亦名繖山尹先生記曰山

多草藥可以攝養故以攝名焉齊居士平原明僧紹宋泰始中嘗遊此山仍有終焉之志乃刋木駕峯雜草開逕披拂榛梗結構茅茨廿許年不事人世有法度禪師與僧紹冥契甚善嘗於山舍講無量壽經中夜忽見金光照室光中如有臺館形像居士遂捨本宅欲成此寺即齊永明七年正月三日度上人之所構也居士有懷創造俄而物故其第二子仲璋爲臨沂令克荷先業莊嚴龕像首於西峯石壁與度禪師鐫造無量壽佛坐身三丈一尺五寸通座四丈并二菩薩倚高三丈三寸云云

詳玩碑文顯係僧紹存日欲捨宅而未果至永明七年其子仲璋與度上人構成之也自通志誤會江碑之意而江寧府志及近出之攝山志皆誤以爲僧紹捨宅在永明七年矣南史傳云僧紹子元琳仲璋山賓並傳家業山賓最知名南齊書則曰子元琳字仲璋是元琳仲璋爲一人也碑乃云第二子臨沂公仲璋可知長子爲元琳南齊書誤也兩傳不詳仲璋事蹟碑云仲璋琢彼翠屏爰開葉座捨茲碧迺式建花宮此爲仲璋捨宅爲寺之證又云逖彼蕭宗大宏釋教文惠太子及竟陵王戚捨淨財光隆慧業時有沙門法度即此舊基更興新製又造尊像十有餘龕及梁運載興臨川王以天監一十五載造無量壽像一區帶地連光合高五丈凡此故蹟今檢通志悉從簡畧文惠太子齊世祖長子竟陵王名子良世祖第二子南齊竟陵傳稱與文惠太子同好釋氏甚相友悌子良敬信尤篤數於邸園營齋戒大集朝臣衆僧至於賦食行水或躬親其事臨川王宏梁太祖第六子梁書傳稱天監十五年所生母陳太妃寢疾宏與母弟南平王偉侍疾並衣不解帶及太妃薨水漿不入

口者五日據碑載栖霞造像適在是年疑爲太妃作也碑云今故於彼度人常滿七七各兼衣鉢錢二百貫絹二百匹蘇三十斛繡像織成像新舊翻譯一切經一藏并潘華等物凡此所賜錢物皆所以施福于栖霞者詳玩碑文蓋以栖霞振興佛法爲求福之勝地原其始建在仲璋克承僧紹之業故不没其功而爲此碑未嘗有一語及山賓并亦不因崇儼之請也蘇三十斛本草注蘇性舒暢行氣和血蘇乃荏類而味辛如桂爾雅謂之桂荏此所賜以斛計必是蘇子本草又云九月收子打油

然燈甚明不知高宗賜此（爲然燈用否耶此碑文
字完好而取諸史志參校頗多互異因詳述之如
此碑立于上元三年四月是年十一月始改元儀
鳳也

淮南公杜君墓誌

石高四尺廣一尺九寸十七行行三十四字正書篆額

周豫州刺史淮南公杜君之墓誌
君諱　字　　之後矣緒構
層華望仙雲而迸若木□□□□浮潤海而接霄漢公
天挺英靈神資助悊髫年吐秀綺歲含芳初舉茂才爲

豫州□□□令懿德裁風美靑鸞之儛化嘉猷儁俗光
翟之依仁政舉藁風譽流天扆又詔遷□□刺史諸
軍事淮南公被雲雨之膏液降霜霰之輕威匪群荀子
旨之愿庶策抱陶均之□宴帷千里衢歌何暮之謠謌
冕百城門嗟來晩之詠遇周社之傾覆會鼎祚之流移
鹿散中原梟鳴宇縣高班厚袠屬岧亂而傾淪罍紱金
章偶崩離而失主嗣子洪貴六人及孫恒周三人等譽
燿珠泉潛華玉岫光逾月采□爛星暉玉樹分榮聳亭
亭於迴薄金柯引翠抽欝欝於長林或則學贍文豐兵
韜武略或則風雲在議金石斯懷琢謝玉而咸琢貴韋
珠而並貴嘅崇基之失緒咨峻趾之湮沉俳佪木鴈之
間仿佯語默之致於是儀五旗佩九錢孝二尊篤三益
咸以壑舟夜徙薤露朝晞天不憖遺溘然長謝□周天
統二季終乎私第春秋八十有二以隨開皇元年十月
一日與夫人馮氏合葬于龍山□□□原里之禮也其
地東窺邵埭伐楚之迹猶存西逕湹城避狄之隍如在
南鄰湿水神龜游括地之淵北瞰龍山仙鶴憩聳天之
崙其琢木蓊翠嘉樹紛才是汝□之形勝荆楚之□
者焉曾孫善達義節八人等痛風枝而結思悼霜露
摧心遠謝□裘遐憖落構恐□□變海陵谷貿遷耿

介長淪芳菲永歇勒茲貞石迺爲詞曰
系芳蕙苑誕秀清流□□開屏懿德臨州鳳騖風舉早
歇英猷爰有嘉譽遠謝箕裘敬雖□兮翠響庶永播兮
淸□
大唐儀鳳二年歲次丁丑五月壬戌朔七日戊辰雕
瑩功訖
按此碑頗完善缺字無多而無撰書人姓名碑中
訛者二處云周天統二年終乎私第天統是齊後
主紀年非周也據碑文前云遇周社之傾覆會新
祚之流移則杜君實仕于周所謂二年者當是周

武帝天和二年不知碑何以有此誤也又云合葬
于龍山口口口原里之禮也据文當是某里之原
禮也文倒互矣首行直云君諱某不加鋪叙之語
然諱字里貫皆空闕不刻何耶文云締搆層華望
仙雲而連若木口口口口浮潤海而接霄漢似乎
言其里居之近東海也然稽之唐書宰相世系表
杜氏有四派曰京兆杜陵曰襄陽曰洹水曰濮水
無有近海者惟北史杜松贇爲北海人然不詳其
何系也碑云君舉茂才爲許州口口口令遷口口
刺史諸軍事淮南公周祉傾覆崩離夫主嗣子洪

貴六人孫恒周三人等天不憗遺溘然長謝春秋
八十有二以隨開皇元年十月一日與夫人馮氏
合葬于龍山曾孫善達義節八人等勒茲貞石大
唐儀鳳二年歲次丁丑五月壬戌朔七日戊辰雕
瑩功訖是立碑之歲距合葬又九十七年蓋碑爲
曾孫所追立也君以周天和二年卒春秋八十有
二推其生當在南齊武帝永明四年北朝爲魏孝
文太和十年則其初舉茂才爲縣令歷官刺史爵
淮南公固翔北魏以至後周幾六十年之久矣合
葬龍山考其所在太平寰宇記汝州魯山縣本漢

魯陽縣左傳陶唐氏既衰其後有劉累學擾龍氏
以事孔甲龍一雌死潛醢以食夏后夏后享之既
而使求之懼而遷于魯縣即魯陽是也又曰堯山
俗名大柏山水經注云堯孫劉累遷此故立堯祠
於西山今山亦號大龍山因擾龍見稱碑所稱龍
山似即指此則其地在魯山縣北周屬魯州魯山
郡北魏謂之山北縣屬廣州魯陽郡也碑云其地
東窺邵堞伐楚之迹猶存西遡滍城避狄之隍如
在水經注滍水出南陽魯陽縣西之堯山邵堞似
即召陵故城寰宇記云在許州郾城縣東四十五

里漢爲召陵縣即春秋楚屈完來盟於師盟於召
陵也通志氏族畧杜氏亦曰唐杜氏祁姓帝堯之
後建國于劉爲陶唐氏裔孫劉累以能擾龍事孔
甲故在夏爲御龍氏在商爲豕韋氏在周爲唐杜
氏成王滅唐而封叔虞乃遷唐氏于杜是爲杜伯
此杜氏得姓之始正與汝州龍山事相合然則杜
君之居與葬皆在魯山也曾孫善達義節等史傳
無名其人似不諳文墨者碑文簡要有體必是能
文者所爲首行闕字當是撰人闕以俟塡而善達
等遲仍其闕摹勒上石又碑額篆體詭異或人以

此搨之則天和之訛天統某里之原誤爲倒置皆
由書者舛誤而尋逵等之漫不加察可知也

李勣碑

碑連額高一丈八尺八分廣六尺五寸三十二行每行字數約九十餘行書額題大唐故司空上柱國贈太尉英貞武公碑十六字篆書今在醴泉縣昭陵劉洞村

大唐故司空太子太師上柱國贈太尉揚州大都督英
貞武公李公之碑
御製　御書
朕聞四維紀地坤元所以載物八柱承天乾策由其列
耀故軒丘御㶁資六相以經綸豐水膺圖憑九臣而締

髒莫不道符金礪契叶鹽梅贊嘲龍騰風翔雲起公名
勣字懋功□州衛□□□□□□□□□□□□□□
□□□□□□□□□□□□□□□□□□□□□
□□□□祖康齊伏波將軍譙郡太守追贈濟州
刺史父蓋散騎常侍陵州刺史上柱國濟陰郡王後固
辭□改封舒國公贈濟州都督業傳弓冶代列簪裾載
德象賢□光悴史□□□□□□□□□□□□□□
□□□□□□□□□□□□□□□□□□□□□
□□□英□年甫十七屬隨運分崩于時率土沸騰
羣方競逐黃龍白騎爭動干戈丹浦綠林遞興氛祲家

貞吞沙之力人懷練石之心李密據大洛以稱兵臨二
周而□濟公權推盟主暫□□□□□□□□之□□
□　高祖神堯皇帝應昊穹而撥亂順斗極以龔
行四海樂推兆人思戴及密來投附公獨未歸既承其
百方奉皇運誠於所事造次必形風霜之節其在玆矣
　高祖乃詔公爲黎州總管上柱國萊國公尋改
青曹公賜同國氏公臨危守義類文鴦之懷忠建策承
恩同奉春之得姓武德二年又授右武候大將軍是時
國步未夷王塗尚梗　太宗文武聖皇帝愍玆交
□大拯橫流公出贊元戎入參神算受分麾之重寄沐

賜棨之殊榮劉武周率彼犬羊憑凌汾晉　先朝
躬親矢石公則任屬偏裨蕭斧機臨朝□俄翦□充賓
德濬議合從南瀕控鶴之山北距飛狐之塞擁周韓之
發卒驅趙魏之梟兵自謂力動天關威迴地軸□□營
□□月□□□□□□□□□□□□□□□□□□
□□□□□　□□□□□□□□徐員朗虞劉
齊地南征北伐並効深功憚彼凶奴自昔爲患乘折膠
而犯鄣候滿月而來侵朔騎騁於唐郊胡笳沸於汾陽
巘林搖岳蠹野騰川烽火照於□中羽檄飛於□下公
□車□□□□□□□□□□□□□□□□□□□

□□□□□□□□□□□□□豪之逢巨燎彌山抑
室似危葉之遇衝飈滅跡掃塵追奔逐北乃加食封九
百戶叅墟奧廢□迹所基傍控寶符之鄉近對金莚之
城眷言樞要綏撫特難鎮俗咸變□□□□□□□□
□□□□□□□□□□□□□□□□□□□□□
□□□□□□□浮苲舩而度□河窮□海而傾巢
□狠臺以□穴遂使地空塞北候靜漠南漢將勒燕然
之銘朔騎動陰山之□既而頻丁巨罰殆不勝哀毀
詔覽解教還□□□□□□□□□□□□□
□□□□□□□□□□□□ 先聖承

□曲垂談寔緒言之際以朕託公便即齧指流血銘肌
□記忠貞之操振古□倚金石之心唯公而已改封英
國公授兵部尚書尋授特進太子詹事左衛率□□□
九年授□□道行軍大摠管□□□□□□
先朝東征大破駐蹕尋授靈州道安撫大使破延陁於
馬德鞮山又授太常卿出爲幽州都督尋除特進撿校
□州判史朕纂承丕緒延想舊勳又授公開府儀同三
司尚書左僕射□□□□□□□□□□□□□□□
□□□□□□以□□□□□□□□□□授職勳賢
巽宜踐位未淹遽申□讓朕成公之美權遂謙光翔拜

司空用旌□德傍尃九土上穆三台聿膺元武之符載
調黃鼎之飪彝倫式叙庶績其凝乃將有事□□以公
爲□□□□□□□□□□□□□□□□□□□□
□□ 先朝親行吊伐雲衢萬道天兵四臨□醜
徒於握中置凶孽於几上但 聖心惻隱不忍坑
來賜以重生返其歸路猶復收合餘燼背義忘恩莫念
解網之仁還與舉斧之逆朕恭惟 往志情切授
柯恩淸隧穴之祆誓雪 園陵之憤昔王翦舊將
方呑南楚之强充國老臣始定西羌之孽立功立事者
德是憑故勞公暮年出征外域乃以公爲遼東道安撫

大使行軍大摠管韞玉□之宏□□□□之妙□□□
□□□□□□□□□□□□□□□□□□□□□
□□□□壹縱間諜以知窮因鄉導而乘隙殄兹寇壘
不藉九攻之勞獲彼凶渠唯恃七擒之術傾源拔奔海
碧山空万代逋誅一朝淸蕩及旋拜太子太師□封二
百戶公自少及長□身奉國□□□□□□□□□
□□□□□□□□□□□□□□□□□□□□□
上藥名醫相望道路日仁必壽竟爽神期天不憖遺殲
我良懿以總章二年十二月三日薨於私第春秋七十
有六朕□車軒慟去爲與哀愛命□簀廢朝七日□宜

□□□相鄭□□□□□□□□□□□□□□□□□
□□□□□□□□□□□□□□□給以成亨元年二
月六日陪葬　昭陵所築之墳一准衛霍故事象
爲德繼山及陰山鐵山等以旌破北狄東夷之功焉其
遷葬之晨朕自至橫門投書永訣穿壁候瘵不救鶴板
之灾登城□流徒深蟻□之戚□□□□□□□□□
□□□□□□□□□□□□□□□□□□□□□□
朋則盧舟靡逆行己則瑲室無欺晦雨不革其音疾風
□知其勁奉親思孝遠彰懷橘之誠事上資恭無待觀
□之誠孫吳藝術弗學而生知管樂才□□□而斯□

□□□□□□□□□□□□□□□□□□□□□□
□□□□□□□□□□□替之言外不彰其直入畫弼
諸之致出不顯其忠就禮俗而存道因善謔而申諷抵
掌宏議庶政咸扶其謀造膝詭詞羣寮莫知其際夷險
一□寵辱□驚□□□□□之□□　□□□之
□□□□□□□□□□□□□□□□□□□□□之
懼其爲吏也嚴而不殘其爲將也威而能愛子顏之方
敵國在昔多慙道濟之比長城於今爲劣朕以公棄榆
與景力謝年侵欲令諸子仕□得□□□□□□□□
□□□□□□□□□□□□□□□□□□□□□□

□□□□□□餘生懷此知足加以卜居閒宇唯欣里
宅之卑列壤疏封蜀尚寢丘之儉豈非榮光三傑譽重
二南爲祔僾之元□實期運之隆棟公材公望有始有
終□□□□□□□□□□□□□□□□□□□□□
□□□□□□□□□□□□□□□□□□逝何痛如
之祖光候而不留宰樹森其成列恐栒邑之地竟淪彩
於琱戈庶武昌之原永傳煇於翠饗式旌遺懿乃勒銘
云
惟皇建極惟臣佐功吟嘯元感卜夢潛通如麟縱壑若
羽隨風弼諧天構光亨棟隆其一爰有傑人胄承華緒德

□殆庶道光性與情希管樂器俘伊呂□物□□□□
□□其二□□□□□□□□□□□□□□□□□□□□
□□□□□□□□□□□□泉其三金石齊貞松筠
表勁攝下唯□基身以正賜厚分駼恩隆得姓燮和師
律抑揚辭令其四營開偃月旆□連雲下江澄霸平林散
氛冗氾妙略黃石崇勳威稱百戰勇冠三軍其五□□□
□□□□□□□□□□□□□□□□□□□□□□
□□□愼同溫室其六出車靑徼申謀絳宮驚狄攻狄
驅戎伐戎鯨銷海晏蜃□樓空永殪逋藪長淸大風其七
績搆邦基經綸國步戎盈辭滿鳴謙履素克壯其猷□

冂歲暮禀口奇節温温口口其八口口口口口口口口口
口口口口口口口口口口口口口口竭誠戴圭傾身
奉國其九負山淆遠夢瓊興愴階裂下台星沉上將朝悲
野泣投環蝦相胥原長往兆圖徒望其十三河聚騎五校
陳兵旌軒委鬱紼挽淒淸沉沉口口寂寂口口口口
口口口口口其十一口口口口口口口口口口口口口覡
首墳象口山樹疑營柳人謠國頌天長地久其十二
儀鳳二年歲次丁丑十月庚寅朔六日乙未建

碑陰

十二行行十八字行書

唐太子太師英國公李勣以總章二年薨年八十六
贈太尉楊州大都督陪葬昭陵起冢象陰鐵烏德鞬
山以旌勲烈今按其墓在昭陵之左北距山麓八里
南距今醴泉縣三十里冢高七十五尺東西綿延七
十五步周圍二百步有羣峰高下崔嵬之狀勢極雄
壯前有神道碑高一丈二尺廣五尺八寸五分龜座
甚偉乃儀鳳二年高宗御製御書過之者有以見一
代元勲之遺迹也元祐四年二月六日奉議郎權陝
府西路轉運判官游師雄題本司勾當公事宣義郎
陳介邑主簿蔡安時尉司才玠同觀邑令宣義郎呂
山聖俞工刻石清源口持書

右唐李勣碑按唐史太宗爲疾出勣爲疊州都督高
宗立名授檢校洛州刺史今以碑考之其除洛州乃
在太宗朝高宗即位授開府儀同三司爾又新舊史
皆云勣年八十六而碑云年七十六碑高宗自撰其
所書官爵年壽皆可信而不疑也金石錄

公陪葬昭陵碑文高宗製並書行草神逸機流徙半
尤縱横自如碑首御製御書四字大類褚登善余曾
至碑下見碑高大過務杜諸臣豈以陛下家事之一
言而爲是以報之耶石墨鐫華

贙廣韻作贙胡畎切獸名似犬多力出西海倒一虎
者非也五經文字亦云贙子犬反從二虎從貝俗以
二虎顚倒與說文字林不同此書用俗體倒一虎而
又缺一筆以避太祖諱今人不識之矣蘇文舉開業
寺碑亦用此體爾雅虎有力注出西海大秦國有養
者似狗多力獷惡沈佺期驩州寄家人詩且懼威非
贙寧知心是狠杜甫哀蘇源明詩不要懸黃金胡爲
投乳贙寄劉峽州詩乳贙號攀石飢鼯訴落藤注引
炙轂子載贙銘曰爰有獸獸厥形似犬飢則嚙服飽
則反眼出於西海名之曰贙　梁昇卿御史臺精舍

碑作贊一武一虎更奇　文選左思魏都賦兼葭贊
雚蒻森李善注引說文曰贊分别也此又一義金石文字
記

趙氏云新舊史皆云年八十六而碑云七十六按舊
書無此語其語諸子曰我山東田父耳位三公年將
八十非命乎固與碑合也新書改將字爲踰誤矣勣
本徐氏名世勣傳云至高宗時避太宗偏諱故但名
勣而此碑王世充世字特缺中一筆未之避也虎嘯
龍騰改虎爲贙以避高祖諱廣韻作贙胡畎切倒一
虎者俗體也亦缺一筆與周孝明皇后碑虎字號字

末筆皆不全同勣起降虜得與顧命高宗廢后立昭
儀依回容祿與許李同譏所謂大臣以道事君者固
若是耶雖保首領于生前卒以其孫敬業舉兵討武
氏至于掘冢暴骨亦可哀已若敬業者事雖不成不
謂之燕叡不可又按勣常暴疾醫待鬚灰太宗乃自
翦須和藥賜之勣姊病自爲粥而燎其鬚一傳之中
鬚事兩見君臣誼篤姊弟情眞求之今日蓋亦鮮矣
而碑不之及豈傳聞有未實乎碑云先朝東征大破
駐蹕授鹽州道安撫大使雖于勣之遷除無甚關係
亦足以補史之缺金石後錄

碑叙次與本傳畧同惟討劉武周一節傳不及之耳
關中金石記

碑劉落所記英公進爵歷官案之本傳皆符然碑載
武德二年又授右武候大將軍今傳無之又載劉武
周率彼犬羊憑陵汾晉先朝躬親矢石公則任爲偏
裨而傳亦畧不書下所載者有云先朝東征大破駐
蹕錫授鹽州缺撫大使破延陀于烏德鞬山缺太常
卿出爲疊州都督缺除特進檢校洛州刺史朕纂承
丕緒延想舊勳又授公開府儀同三司缺案此太宗
嘗欲英公致力高宗故暫置于外俾高宗自爲擢用

故今碑雖殘而文尚可推次傳既云翟讓爲盜勣年
十七往從之而碑作年甫十七亦相合考讓起于大
業末則在煬帝十三年是時英公蓋已十七矣及薨
于總章二年其數正七十有六今碑所書者是也而
勣本傳于其屬疾之日云云我山東匹夫耳位三公
年踰八十然則八十當作七十史家以七八數目字
易涉混因致此誤也傳云葬日帝與皇太子幸未央
古城哭送碑亦云遷葬之辰朕自至横門投書永訣
較史亦有詳畧文內八柱承天乾道由其廣運四維
紀地坤元所以載安是知締構經綸必佇風雲之佐

變諸樞宇咸資川嶽之靈故軒丘御辰六相宣其景化潙水乘時五臣濟其鴻業數語王著採入淳化閣帖作太宗書今見爲高宗御製及書著何次第乖忤至此黄伯思法帖刊誤亦未之及故書之以補伯思所遺授堂金石跋

按此碑下截磨泐存者得十之六其大較與兩唐書同惟所叙歷官間有先後詳畧不同之處而碑中缺字有可据史補足者碑云公名勣字懋功口州衛口口舊唐書傳云曹州離狐人隋末徙居滑州之衛南碑云祖康齊伏波將軍譙郡太守追贈

濟州刺史父蓋散騎常侍陵州刺史上柱國濟陰郡王國辭改封舒國公贈潭州都督舊傳不及其祖但載其父官封在勣歸唐之初年而又不書其贈都督事又祖康以上碑缺四十餘字當是載其曾祖而不得見也碑云年十七歸李密新傳云年十七推李密爲主畧爲右武候大將軍東海郡公据舊史李密傳大業十三年二月密號魏公郎位稱元年以徐世勣爲右武候大將軍按勣以總章二年薨年七十六推其生在隋開皇十四年至大業十三年勣年實二十四矣碑云高祖詔公爲黎州揔管上柱國萊國公尋改封曹公舊傳同惟黎州作黎陽新書作曹國新書作黎州惟萊國公誤作英國公碑云太宗文武聖皇帝大拯横流公出贊元戎入參神算劉武周王充竇德徐圓朗南征北伐竝効深功乃加食封九百戸据高宗本紀秦王討劉武周武德二年事是年十一月勣爲竇建德所執三年始自拔來歸而三年三月秦王復與武周戰于洺州武周亡入突厥其時勣不同戰也四年伐王世充敗竇建德勣皆從之又從破劉黑闥徐圓朗皆五年事碑云先聖承閑曲垂談宴緒

言之際以朕託公改封英國公授兵部尚書尋授特進太子詹事左衛率舊傳云高宗爲晉王遥領并州大都督授勣光祿大夫行并州大都督府長史父憂起復十一年改封英國公復以本官遥領太子左衛率十五年徵拜兵部尚書是徵兵部在後授衛率在前相距五年也碑云口口口九年授口口道行軍大揔管下缺七字先朝東征大破駐蹕尋授靈州道安撫大使破延陁於烏德鞬山又授太常卿出爲疊州都督尋除特進檢校口州刺史朕纂承丕緒又授公開府儀同三司尚書左僕射九

年上缺字當是貞觀十九年下缺字是遼東道也是時太宗親征高麗勣從太宗摧殄駐蹕陣以功封一子爲郡公碑不載封一子郡公事破延陁是二十年事授太常卿是二十二年事舊傳云轉太常卿仍同中書門下三品旬日復除太子詹事碑皆不書出爲疊州都督乃二十三年太宗寢疾時事檢校口州刺史泐一字據傳乃洛州也是高宗初即位事舊書高宗紀二十三年六月甲戌朔帝即位辛巳疊州都督英國公勣爲特進檢校洛州刺史癸巳爲開府儀同三司同中書三品八月癸

酉朔爲尚書左僕射碑云踐位未淹遽申口讓朕成公之美權遂謙光等拜司空用旌口德此數語是高宗册拜司空之制詞據舊傳勣表求解僕射在永徽元年册拜司空在四年也碑云勞公暮年出征外域以公爲遼東道安撫大使行軍大摠管及旋拜太子太師口封二百戸據傳是摠章元年事二年加太子太師增食實封通前一千一百戸葢前是九百戸今加二百戸通爲千一百戸也摠章二年十二月薨咸亨元年二月六日陪葬昭陵據本紀是年三月甲戌朔始改元咸亨則二月六

日尚是摠章三年而碑已書咸亨者文撰於葬後故也碑云所築之墳一准衛霍故事象烏德鞬山及陰山鐵山等以旌破北狄東夷之功語與傳合陪葬昭陵者惟李靖與勣皆起冢爲山以象戰功長安志昭陵圖靖起冢象磧石山勣起冢象陰山也碑云遷葬之晨朕自至横門投書永訣傳稱帝幸未央古城登樓臨送并爲設祭不云投書永訣也此亦足徵高宗飾終之殊典僅見此碑碑立於儀鳳二年距其葬八年殆是築墳功畢而始建碑也傳繫召拜洛州刺史在高宗初即位而碑書于

纂承丕緒之前者以洛州爲起用之初階不足重輕故連敘于疊州都督之下以授開府儀同三司爲遵太宗治命起用之重事故以纂承丕緒二句冠于前金石錄並未細玩碑文也則天臨朝勣孫敬業舉兵則天追削徽業祖父官爵剖墳斫棺中宗返正令所司速爲起墳是游師雄所見之勣墓毀而復築者尚高大如此可知唐時厚待功臣之隆禮雖歷久遠如一轍也授堂跋謂文內八柱承天乾道由其廣運數語王著採入淳化閣帖作太宗書今見爲高宗御製及書者何哉第乖忤至此

按此數語與此碑文雖相似而實不同當時鴻篇鉅製其通脫語大率相類太宗書者另是太宗一種王著採入閣帖非即此碑授堂亦未細檢也資治通鑑貞觀二十三年五月戊午以同中書門下三品李世勣爲疊州都督世勣受詔不至家而去註云史言太宗以機數御李世勣世勣亦以機心而事君此二語今檢兩唐書勣傳皆無之不知本何史也又貞觀政要任賢條叙李勣事太宗嘗曰李靖李勣二人古之韓白衞霍豈能及也註云按史傳二十三年帝疾謂太子曰李勣才智有餘然

汝與之無恩恐不能懐服我今黜之若其卽行俟我死汝用爲僕射親任之若徘徊顧望當殺之乃授疊州都督今檢兩唐書勣傳亦無任之殺之之語不知所謂史傳者又何史也碑爲高宗自製宜乎語不及此然勣之出守疊州從人致多議論附識于此備讀史者攷焉碑中稱勣皆用公字高宗爲人臣製文稱勣爲公亦金石之一例也

李万通造像記

記横廣一尺五寸三分高六寸四分十四行行五字正書今在河内清化鎮石佛堂

大唐儀鳳三年歲在戊寅七月乙卯朔十七日辛未弟子李万通及妻徐合家等敬造彌勒像一軀上爲天皇天后又爲亡父見存母賈及七祖先靈存亡眷屬法界蒼生俱登正覺

開業寺碑

碑高一丈廣四尺七寸三十一行行六十八字正書

大唐開耀二年歲次壬午二月乙丑朔八日壬申李公碑并序

李尙一撰

武功蘇文舉書

夫八龍荀里榮問在於當年駟馬于門餘慶消於終古

亦有漢將軍之甲第磨滅成空晉司寇之華堂摧殘已盡豈不以泡露倏忽陵谷遷移寂寥千載煙塵四合雖復武陵洲曲時逢李衡之樹山陽苑中頗見嵇康之竹竟未能激揚眞界取大壯於龍宮欽崇妙境授全模於象塔是用神居肅穆靈應支持縱石盡而猶存與金剛而不壞鞠遺蹤於茂草彼或未思攀勝果於堅林我誠先覺開業寺者後魏黄門郎使持節衛大將軍陝州刺史都督冀定瀛相殷五州諸軍事定州刺史尙書令司徒公固安縣開國伯李公捨山第之所立也其地則前臨滹水金鳳騁光而振儀却負常山玉馬騰姿而絕影

東瞻峻㟼宛若香城西據崇巖依然雪嶺葢全趙之勝
地爲公諱裔字徽伯趙郡元氏人也珪璋盛德代資卿
相之材鍾鼎貴遊人負河山之氣便繁竹使入天門而
上八重簪紱槐庭登太階而步三級朱輪趍闕拜天子
於南宮黃閤當衢肅臯公於北里位望隆矣歡娛極矣
乃喟然歎曰假使門兼萬石不能遣生滅之源家累千
金不能去吉凶之域以爲同生者物異物者超生滯教
者方離方者會教抱三明而谿悟乘公正以虗求爰肥
於豐家庶推煩於朽宅及其高臺未毀曲池猶瀦迴
□倫之業作須達之園昔我宴居今成法宇變歌梁於

月殿即下梵塵移舞觀於花臺還飄淨雪八功德水波
通西舍之池四禪定林影庇東鄰之樹介其考輪奐度
崇高或仍舊而標迹或惟新而廣制隨方授矩基階因
昆壑之形審曲裁規垣院取重巒之狀岩嶤香閣涌地
神行窈窕禪樓中天化立千門遠閃當斷岫而全開百
棋危承隱連峯而半出垂珠綴玉日月迴薄於山牕刻
贊圖龍風雲吐納於巖棟優塡靈匠盡變態而無窮闍
崛眞容極尊嚴而有睟青蓮目湛紺縱觀於南浮丹菓
辟開似微言於西竺詭狀千名而競出殊名盈計以爭
陳彌類長之能事畢矣先是有沙門僧明雲資等並不

知何許人屬魏氏之遷都隨孝文而戾止咸以冥通勝
範風證艮緣非聲聞乘是菩薩行洞機靈於物表局形
相於人間覩玆願力共謀經始當由道資冥助故使天
隆異人大矣哉諒福庭之寂也于彼延昌之末錫其僊
角之名孝昌年際改爲隱覺自魏歷齊僧徒彌廣德均
鶖鷺數若稻麻洎乎周季道消茇衰像教斯虐主之稱
亂甚魔王之末降四門八藏之文咸淪汲冢飛錫乘杯
之侶悉陷秦坑遂使多寶湮覆支提廢毀散給勳臣以
充閣第可爲長歎息矣公之嫡孫紹固安伯祖元締咸
遺墟果蒙恩賜城侔越國淨王多後嗣之家地擬齊厘

晏子據先臣之宅既而蒼精失御赤運登符大羅妙有
廣標靈刹慧日昏而還曙法流塞而更通祖元復捨舊
居而爲淨域北堂安寢之處重扇禪風東閣招賢之所
再流清唄遂能上聞旋纊光動綵綸以公淨業攸開更
以開業爲稱首俄而爕室云謝波旬縱慝寰中法侶盡
嬰塗地之灾海內仁祠多溺滔天之浸唯此靈構巋然
獨存因大聖之依憑威傾六賊賴諸天之守護壞隔三
災苟非至德通神奇工入妙其孰能與於此也　皇明
首出大拯橫流撥亂象而定昆陽斬毒龍而清冀野反
淳風於上業集甘露於中枝都幾壯而　帝服開國土

淨而天冠𡸣蜂臺切漢方濟化於時和鳳刹際雲倚碧
名於朝命祖元第二子維摩武德年中趙定二州別駕
屬乾坤漸泰巘壑初華攀龍之茂績既宜展驥之休聲
克著永言堂構題目闕如屢有申聞情逾懇至重使澤
流膺地金輪轉北走之途　渙發紫泥銀牓照東方之
國粤以貞觀四年還賜舊額爲開業寺也上座圓徹寺
主圓鏡都維那道英大德僧道寬智習圓一　圓眞道通
慧倫道名等並董脩戒範持護律儀騰逸氣於三空汎
仙舟於八解鳩摩羅什望景傾魂廬門慧遠聞風動色
且夫難捨能捨遠人隆百代之基從明入明君子積德

年之祚誠哉斯道信而有徵公第五子子雄隋輔國將
軍平東將軍左金紫光祿大夫通直散騎常侍驃騎大
將軍儀同三司使持節豪州刺史鴻臚卿進爵高都公
河北道行臺兵部尚書曾孫緯　皇朝宗正衛尉司農
三寺卿金紫光祿大夫荆州大都督府長史幽州都督
戶部尚書太子詹事懷洛蒲三州刺史襲高都公緯弟
俊　皇朝楊州大都督府兵曹參軍汴州封丘易州易
縣舒州太湖三縣令朝議郎行商州司馬上騎都尉冀
裘遥襲罍蕆苑而彌昌巘冕相承託禮波而轉盛大仙
幽讚鄉長則累葉無慙大覺顯仁公侯則連華必復詎

比夫謝家遺宅徒擬甘棠韓國舊臺空傳酸棗而已但
此寺爰初締搆迄乎崇麗公又發興誓願圖徽曠劫乃
建豐碑將符鏤鼎嗟乎十烏傾日二鼠催年空留白凡
之名未勒黃金之字俊第八子宣德郎行本州錄事參
軍事雲騎尉崇悊即公之曾孫也風神秀嶷器業甄明
發揮經史抑揚詞翰申鴻漸於上藩風鵬搏於中錄雖
榮麻作牧褒禮之位未登而仕口還鄉衣錦之遊斯在
欽惟舊德丙若先功望鹿園而拜首登鷲山而禮足於
是仰挹緇徒傍詢碧殿蒭荒茵而相質允屬謀孫訪麗
藻而披文無適小子乃命從姪尚一製文焉尚一學謝

探微詞慚析妙謝安庭序叨承白雪之篇韋孟宗祧敢
迷形弓之詠庶使家風入偈抗佛土以飛英祖德惟眞
積僧祇而不朽重宣此義乃爲銘曰
美哉東壑僾乎西第榮觀一時湮沉千歲邪山易擁愛
河難濟徒徇假名竟迷眞諦其一達人藹藹情洞如如爰
推別業式建精廬跨谷彌阜乘危躡虛傍通碣館直拒
漳渠其二淩雲之口匪日而就廣制彌新崇基即舊虬檐
吐嵱鳳甍銜岫月落上楹星迴中霤其三有周滅德怠弃
眞寶勝彼伽藍咸成鞠草泪于赤帝紹隆釋道弊風一
革慈雲再造其四漢東鹿走燕南狼藉毒被王城災延帝

石四魔佑亂三乘泯迹獨此招提居然不易其五功符化
造事叶神憑妙物凝粹真人效徵　皇家鳳舉　帝室
龍興一戎底定五濁攸澂其六法門既闢口源載返道貴
芬山恩孚柰苑鷄峯仞積鶴池波偃地絕風塵人多林
遠其七七州論德四口標榮猶嬰有待豈悟無生我祖騰
懿天師配明還因梵筆永播家聲其八
按此碑標題年月日李公碑標題之有年月朔是
此碑文乃紀李公捨宅爲寺歷世修建之功德也
次二行曰李尙一篡武功蘇文舉書尙一文舉皆
無傳篡有纂撰二音義亦相通漢書藝文志書之

所起遠矣至孔子篡焉然用以代製文則他碑未
見書人云武功而篡者不書里貫蓋尙一卽李公
之族五世孫也碑云開業者後魏李公捨山第之
所立也公諱裔字徽伯趙郡元氏人云云魏書李
裔附李順傳稱順趙郡平棘人碑稱裔元氏人魏
書地形志元氏平棘二縣同屬趙郡蓋裔與順居
同郡而異縣也傳稱裔歷官大較與碑同惟贈官
碑作五州傳作四州蓋無相州也北史傳稍畧碑
有候衛大將軍北史同而魏傳無之裔二子長子
旦次子雄北史傳稱子雄仕周累遷涼州總管長

史破吐谷渾功加上儀同宣帝卽位拜亳州刺史
隋文帝總百揆徵爲司會中大夫加位上開府受
禪拜鴻臚卿進爵高都郡公晉王廣鎭并州爲河
北行臺兵部尚書此子雄之歷官也碑不載周時
官而入隋以後較傳爲詳餘祖元緯俊崇史俱無
傳碑云其地前臨漳水却負常山漳水有二源一
曰淸漳一曰濁漳漢書地理志上黨郡沾大黽谷
淸漳水所出長子鹿谷山濁漳水所出二水分流
至交漳口合而爲一又自廣宗縣北行至趙州寧
晉縣會滏陽河抵冀州入滹沱常山卽恒山漢高

祖分鉅鹿郡置恒山郡因山爲名避文帝諱改曰
常山漢書武帝紀天漢三年幸北地祠常山者是
也管子云其山北臨代南俯趙東接河漢之間是
漳水常山皆爲趙郡山川之勝而開業寺之形勢
亦可見矣裔爲元氏人則寺當卽在其縣今檢畿
輔通志元氏縣無開業寺之名惟欒城有之欒城
與元氏同屬趙郡然云是元泰定中建則非此開
業矣寺剏于延昌之末迄開耀壬午相距百八十
年而始立碑蓋元孫重葺此寺追述其緣起于高
祖也釋氏檀越歷數世而不衰如李氏者可謂難

矣壬午歲二月癸未改元永淳是月乙丑朔改元
在十九日而立碑在八日故仍稱開耀二年

金石萃編卷五十九終

金石萃編卷六十

賜進士出身 誥授光祿大夫刑部右侍郎加七級王昶譔

唐二十

天后御製詩書碑

石高三尺八寸廣二尺四寸十八行行二十六字正書在嵩山少林寺

大唐天后御製詩一首并序五言
從 駕幸少林寺覩 先妃營建之所倍切荒衿
逾悽遠慕聊題即事用述悲懷
陪 鑾遊柰苑侍賞出蘭闈雲偃攢峯蓋霞低插浪旂
日宮疏澗戸月殿啓巖扉金輪轉金地香閣曳香衣鐸

吟輕吹發幡搖薄霧霏昔遇焚芝火山紅連野飛花臺
無半影蓮塔有全輝寔賴能仁力攸資善逝威 慈緣
興福緒於此罄歸依風枝不可靜泣血竟何追
大唐天后御製書一首
暑候將闌炎序彌溽山林靜寂梵宇清虛宴坐經行想
當休悆弟子前隨 鳳駕過謁鷲巖覩寶塔以徘徊覩
先妃之淨業薰脩之所猶未畢功一見悲驚萬感兼集
攀 先寶樹載深風樹之哀弔影珠泉更積寒泉之思弟
子自惟薄祐鎮切煢懷每屆秋期倍軫摧心之痛炎涼
遞運逾添切骨之哀未極三旬頻鍾二忌恨乘時而更

恨悲踐露而逾悲雅託福田少申荒思今欲續成　先
志重置莊嚴故遣三思賫金絹等物往彼就師平章幸
識斯意即務修營望及諱辰終此功德所冀罄斯誠懇
以奉津梁稍宜資助之懷微慰煢迷之緒略書示意指
不多云

永淳二年九月廿五日司門郎中太孫諮議王知敬
書

天后詩書各一首其一碑王知敬書按知敬有奉敕書金剛經今在寺壁間字多剝落而此碑獨完好如新嵩陽石刻記

鄭氏金石略曰王知恭書碑刻知敬鄭氏以為知恭蓋訛矣嵩說

右碑武后幸少林寺之詩按唐紀永淳二年十二月丁巳改元宏道碑建于九月猶稱永淳也裴漼少林寺碑云永淳中御札飛白書一飛字于寺壁后必以此時從駕也后擅朝政預廢立永隆元年立英王哲為太子永淳元年孫重照生立為皇太孫百官志太孫不置官屬惟王府傅而下有諮議參軍一人正五品秩至天授二年始置皇孫府官而碑云太孫諮議者是年皇太子朝于東都太孫留守或暫置諮議以他官攝之也司門郎中屬刑部掌門關出入之籍闌遺之物尚有詰姦除暴之意後世關差分屬戶工二部而詰姦除暴為具文矣此則古今官制之異附記焉金石後錄

右天后御製詩一首御製書一首后從駕幸少林寺覩其母楊營建之所追慕作詩復遣其姪三思賫金絹等物續成功德而以書遺寺僧也唐書后妃傳后母楊再封代國夫人以后故寵日盛徙封榮國又徙鄭衛二國咸亨元年卒追封魯國謚忠烈俄又贈士彠太原郡王魯國忠烈夫人為妃此所以有先妃之稱乎外戚傳榮國卒后出珍幣建佛廬徼福不云從

封鄭衛未知孰是又攷永淳元年三月立重照為皇太孫開府置官屬有太子而立太孫非禮之正故有自我作古之語知敬以司門郎中為太孫諮議諮議參軍事乃王府官之稱而東宮無之然則當時太孫府所設官屬其名略與王府同史傳不載其詳不可得聞矣潛研堂金石文跋尾

碑首列天后御製詩一首並序五言所言從駕幸少林寺覩先妃營建之所者舊唐書高宗紀永淳二年春正月甲午朔幸奉天宮天后從駕當在此時其云

先妃后母楊售爲太原王妃故也次御製書一首節
遣三思賫金絹等物往致寺主僧踵成前營終此功
德書旨亦工雅可味後題司門郎中太孫諸議王知
敬書攷紀稱永淳元年二月戊午立皇孫重照爲皇
太孫欲開府置僚屬吏部郎中王方慶云云竟不立
府寮重潤傳開耀二年中宗爲皇太子生重潤於東
宮內殿及月滿大赦天下改元爲永淳是歲立爲皇
太孫開府置官屬今以此碑太孫諸議亦官屬之一
也則紀言不立府寮與傳言自相背也（授堂金石跋）
寶刻類編有此碑此武后幸少林寺覩先妃營建之

所即事悲懷詩也唐初詩尚有齊梁風韻金石略作
王知恭蓋五代人避晉祖諱宋人引其文多未更正
非二人也（中州金石記）
按高宗晚年兩幸嵩山一爲調露二年一爲永淳
二年此碑刻于永淳二年九月當即是本年二月
從駕幸少林寺所作也詩序稱覩先妃營建之所
倍切煢衿煢即煢字煢煢之意先妃是天后之母
陽氏以咸亨元年九月甲申薨加贈太原王妃是
歲八月辛丑朔則九月當是辛未朔甲申是十四
日也至永淳二年距妃之薨又十四年書中故有

每屆秋期倍軫摧心之痛炎涼遞遁逾添切骨之
哀皆言歷歲之已久也王知敬以九月廿五日書
而詳玩書意乃九月以前之語書云暑候將闌炎
序彌遘似七八月閒氣候又云虔修之所猶未畢
功望及諱辰終此功德則欲在九月十四日以前
畢功其致書宜在七八月間矣知敬書碑結銜不
稱臣不云奉詔奉敕此必是少林寺僧書此上石
以崇奉天后之御製爲本寺增寵也不數月而高
宗崩天后臨朝稱制殘害唐宗推崇武族無所不
至以覩此書之自稱弟子詞旨哀切惓惓於託佛
報母爲念其意象相去懸絕矣碑所刻詩與唐音
統籤叅校有不同者如柰苑統籤作禁苑迥野飛
統籤作連野飛註云一作匝善逝感統籤逝作世
馨歸依統籤註馨一作欲

述聖記
（碑從上截廣七尺六寸五分四十六行每行字數無攷正書今在乾州）

述聖記
武后撰
中宗書

朕聞陽耀陰凝混元所以□□天覆地□□□□□□

□□□□□　高宗見之矣粤若稽古　帝
唐神□□□□□□□□□□□□闕下□俱爲薙草
之場㖩㖩齊萌同變亂麻之域　高祖神堯皇帝
晦電凝頹流虹降祉鍾昊穹之眷命□□□之□□
太宗文武聖皇帝資靈寶緯挺睿金英稟赤帝於
南宮□□□□□□□闕下□地而殪封豨殲蝟結而殄
鴟張嘷野裂而阪泉震白波靜而□□□□闕下□□
展臨明臺而養正坐衢室以居尊宵衣競若厲之懷旰
食□□□之闕下　大帝爲爰初在孕及乎載誕見龍
登寢其宵有夢象之符休□□□闕□□□□　大帝

之懷崇翼錦鱗與常有異排黼帷而莫懼依綉□而無
闕下□□　聖后曰烏爲慈孝之烏復是太陽之精天意
若曰此兒其以愛□闕下□□□□□化方流初涉藝
門生知自遠若砥金之含彩同瑩玉之開□闕下□□□
□□不充行莫能正屐衣未嘗解帶暨陰明落照柔範
斯儀□　闕下□□□□埋璽於相思殿前因告天地
明祇及山川羣望曰當璽而立闕下□□□□□在庭
分陝聿諧其望執金按道□宛□慕其榮於是式降闕下
□□□□□之計不謀同發一旦□收是知殷憂以
啓聖明多難以□闕下□□□□□□試之功文武

斯極又嘗監和御藥手持入進闕　太闕下□□□□
□□□□以脩職廢農甚从網圍鷲仗天威震怒立
命斬之闕下□□□□□□戈戰□戎夏克清獨有淇
水鬱風丸山阻順　皇赫斯怒闕下□□□□□□
戰之氣□屠百步之中　大帝莫能自安魂膽飛□
闕下□□□□□□□而以遠涉之勞時有不豫令
大帝總知軍國闇月闕下□□□□□□□□
太宗命　大帝承　旨玉階卽令數暢闕下□
□□□□□□□□□□狠　太宗撫
大帝頫而言曰吾聞闕下□□□□□□□□□□

流□□□巢紫庭地含梧野之良山起祚宮闕下□□
□□□□□□□□之物登余□□而□□哉侍臣
銜涕皷勸扶而闕下□□□□□□□□　元
忌則潛泣景晨澤奉遺圖則凝哀永日因闕下□□□
□□　□之鏡歟好生惡煞之□財成有截雨施雲
行之惠沐浴闕下□□□□□□□共源而春賞秋
罰□□攀檻思聞逆耳之言督說狂詞闕下□□□
□□□□煥乎天文架丹□而首出矣□材兼運拔
仁義以明威闕下□□□□□□□官盼後昆
而作範劉臺罷構姬沼弗營實馳咸歸闕下□□□□

□□□□畜而□　□皇之神務焉想空谷以載懷望
中林而式闕下□□□□□□□□□□□刑不怒而威
不言而信去罰寔由於一德勝殘無闕下□□□□□□
□□□□□□殘甘□□□而湛夜瑞蓮薦搖風之影
祥□□闕下□□□□□□□□□□□□□□□□万
騎□□披月候於云洛轉星闕闕下□□□□□□□□
□□□□□□謀臣若雨猛將如雲競巘九攻之能爭
闕下□□□□□□□□□□□□□□□九天偏將
暫動我摩俄清十角闕下□□□□□□□□□□□逍
遙而訪道忽窅眇以靜真或轉旆蕭關或闕下□□□□

□□□□□□已崩□□□貞□□抱□爲而凝哀捧
遺弓而闕下□□□□□□□□□□□仁兌又神聖文
武並　□謚今故因仍舊□闕下□□□□□□□□□
□□□文□之詞英豈能□　聖海之遙源叙　闕下□
□□□□□□□□□□□始□敬養允副因心近者
□遠之初筮兆闕下□□□□□□□□□□□□自古
聖皇咸遵菲葬穀林稽潰雅闡簡素闕下□□□□□□
□□□□□因天造無待人功微將所習之書以示不
忘闕下□□□□□□□□□□□□□□而□持隱翠
栢而成象石呈永固闕下□□□□□□□□□□□□

□□□□將歸上京崩訴穹旻志擗攀闕下□□□□□
□□□□□□易□茹荼之恨□盡雅思贊述少慰抽
摧但闕下

碑立乾陵今倒仆折爲數段止存兩段耳據金石錄武后製中宗書字法遒健深得歐虞遺意非中唐以後所辦也石墨鐫華

高宗乾陵有述記石來自手闕塡以金屑照耀陵園後仆斷爲數段萬歷間趙子函見其兩段予登陵不見此石矣來齋金石刻考略

右乾陵述聖紀武后撰文有云唻唻齊萌齊萌者齊

民也唻即喋字改世爲云亦以避太宗諱故也今禮記曲禮篇蒽渫處末玉藻篇爲已偞卑渫當作渫偞當作偞唐人刻石經避廟諱改易本文後來梨板者因其字稍僻不能訂正遂相沿到今矣胥庭之胥即胥字謂赫胥大庭氏也潛研堂金石文跋尾

按碑不見立石歲月文皆述高宗聖德高宗以文明元年八月庚寅葬于乾陵此碑蓋立于其時也然文是武后撰中宗書中宗以宏道元年十二月即位次年二月即廢爲廬陵王幽于別所五月遷于均州尋徙居房州則書此碑在未廢之前矣高

宗崩于東都大年五月靈駕西還而文有云將歸上京崩訴鸖昊正是靈駕未發時語則此文尚在東都作也宋敏求長安志乾陵在奉天縣西北五里梁山鄉周八十里有于闐國所進無字碑疑即來齋金石考畧所稱碑石來自于闐者是也來齋又云此碑塡以金屑照耀陵園据朱趙楷記稱乾陵之葬諸蕃來助者衆武后欲張大誇示來世於是錄其酋長六十一人各肖其形可見當時乾陵規模異于常制宜乎此碑之金屑照耀也文云爰初在孕及乎載誕見龍登寢其宵有夢象之符下闕

大帝之懷紫翼錦鱗與常有異聖后曰烏爲慈孝之鳥復是太陽之精天意若曰此兒下闕此是述高宗初時有烏鳥入懷之祥所稱聖后即長孫皇后也又云埋璽於相思殿前因告天地明祇及山川羣望曰當璽而立下闕此是述高宗初立爲皇太子事又云浿水虧風丸山阻順皇赫斯怒下闕此是貞觀十八年伐高麗事又云以遠涉之勞時有不豫令大帝摠知軍國郎高麗軍旋太子從至并州太宗忠雞事又云太宗撫太帝頰而言曰吾聞下闕此即二十三年五月太宗苦利增劇太子晝夜不離

側事此下皆述高宗即位以後事惜其文殘闕不能詳攷也陵前之立述政記猶公卿大夫之有墓表與高宗爲太子宏撰叡德記同一例也

奉仙觀老君像碑

碑高八尺二寸廣四尺五寸三十行行五十六字正書在懷慶府濟源縣

大唐洛州濟源縣宗姓奉爲　高宗天皇大帝於奉仙觀敬造　太上老君石像碑并序

懷州河內縣主簿隴西李審幾詞

朝散郎上騎都尉盧水沮渠智烈書

原夫巢燧上皇之代邈矣難詳胥遂太古之日悠哉莫

紀研精甄曜空聞糟粕之言覃思運樞詎見權輿之跡洎乎軒譽唐虞聖主也德未寢於□戈禹湯文武明君也功尚勞於任戰爰及秦皇虐政漢商霸術區區曹馬之事業蕪穢緗圖瑣瑣齊梁之聲教膚脅翠牒我大唐鑿乾開運出震乘時月照□光構顓頊之昌緒雲浮玉葉啓胤孫之慶胄　高祖受籙□而革命仰廸天心憲紫極以凝旒俯從人欲濡足在念濟四□於橫流援□賓懷□萬邦於炎岳思鱗閣而開日月兩曜貞明靜龍戰而叶陰陽□儀交泰　文武聖皇帝功彌締構道冠財成夙光玉理之符載挺□衡之□

口闕鳳口巳賦小言之詩旣襲鞶謀節用大擯之繇修
文德而有苗搭詎待七旬運戎略而獫狁平匪勞六月
大帝合樞降祉耀魄垂精景命列於河圖鴻名昭於洛
字湛鶉居之化不肅而成凝穀飲之風不嚴而理憲五
材而躋聖四時將玉燭同和齊七政以窮神六氣與金
渾共順若迺重十家之産仍罷露臺輕千里之足匪登
雲廏茅茨可以庇風雨無從璿室之奢陶匏可以合炎
涼有戒玉杯之侈禁難得之貨詎惜雉頭絕遠方之物
豈甘龍眼此　聖人之口德也設謗木待逆耳之
謀懸諫口佇沃心之話元纁是用聘耿潔於兆圖珪組

斯班貢英奇於庆陋闢一言之善管庫無遺見一行之
高輿臺必採此　聖人之任賢也麟膠鳳卵之野
梯翠嶰以混車書槐江毯穴之鄉舫紫濵而奉正朔蚩
尤之弃楓木更若近郊番禺之流蒟醬還猶內府韋韝
毳幕月支日逐之長削衽於藁街口題鑿齒鏤膚攢髮
之酋口口於魏闕此　聖人之懷遠也功格圖湍
廿露凝而景星出德迺方濁蓂荚植而芝草生魚尾之
禽吒霧蕊於阿口猳蹤之獸亦騰躍於平原金鼎不爨
而自烹銀甕不汲而恒滿此　聖人之休徵也江
爭龍黍表孚萃之期紫鱗青鶴昭告成之應採無懷之

逸軌始刱宏儀撫有熊之懿躅爰修大禮壇浮青氣映
芝谷以氤氳封聚白雲帶松山而爛漫周口射牛之祭
未足執殳漢帝詭麟之祠詎堪扶轂此　聖人之
昇中也豈言八駿之御未讌瑤池五龍之紀驟移璿律
崦山鶩景痛堯日之先沉夜壑飛湍悼舜河之奄竭
　仰惟口口先顧閫口口之徽音　皇帝
嗣守隆基光或丁之睿道補天維而鍊采石彈壓媧皇
踰地角而獻碧口牢籠姬后洛州濟源縣宗姓前河陽
令李儒意雲騎尉李公協騎都尉李德爽等二百五十
人去隴西而違故里冠冕之風尚傳就河朔而客他鄉

箕裘之業無替譬夫長江巨海不乏虬龍沃野廣耜自
多鵞鴟爰以諸濡　渥澤家無雜賦之勞沐浴
湛恩門有蠲口之泰耕田鑿井荷亭毒之平分鼓腹含
哺憙優游而口逸想口髯於湖邑戀德徒勤睠飛羽於
汧林懷音何極粵惟　爾元皇帝遠垂　聖
緒迥膺仙籙惟悦惟忽師友羲農之際不昧不皎卷舒
虞夏之辰乘日月而駕風雷攝鬼神而包天地推之於
妙非常名之可名引之於真卽上德之不德嘗司寇之
作者北面口入室之徒尹大夫之真人西遊應出關之
倡隆周季葉已垂訓於五千　皇唐本枝方延休

於七百黍爲　高宗天皇大帝於奉仙觀敬造
老君石像一座并夾侍二真人鏤琬鐫金寫□中之
瑞色塗丹繪粉摹皓質之珎容日角晨開義和恧扶桑
之景月元夜滿望舒韜仙桂之暉精誠感造化之功銳
思得沖元之力山連王屋即是淸虛之天邑帶福津□更
似瀨鄉之地仙官侍衛紫煙開而鶴駕輕神媛歸依碧
落淨而龍□遠所冀蓬萊變海　塵元之介福長
存竹箭移几　大帝之神功不朽惟金昭而玉粹
與天長而地久乃爲銘曰
粤若　皇唐提天明命瑤光襲祉□雲埀慶納麓升迷

陟元惟聖闡緯更紐折柱還正其一　高祖光宅　聖文纂
圖九疇懷惠萬國來蘇捐金抵玉破璽焚符粃糠栗陸
草芥尊盧其二　惟皐題象握契循幾含樞流氣耀魄分暉
將凝卷領化軼垂衣乾坤交泰書軌同歸其三　道冠登三
功包得一岸彼峻宇安此卑宮獄靜棘□刑寬艾韠有
欵斯稱無文咸秩其四　靈臺劾祉黃□輸禎月□貢美雲
露之英聰龍呈象麟鳳飛聲燕□鏤積梁岑告成其五　能
事云備神功不宰奄陟九仙俄悲四海文物終謝英威
如在至德方凝孝思無改其六　少卿遠褰元禮來昆俱迷
帝力共□　皇恩虢弓遐膽捧劍銜魂敬惟仙系邈

福□門其七　奇表旣□真儀式傢五字光足千文璺掌日
角晨融月元夜朗宮馬已去猶龍可仰其八　歸山貿鎮流
水淸瀾險嶷巫谷流似濁淵旣銘功而擬樂亦頌德以
濡翰期翠石之永固庶鴻名之不刊
乾封元秊歲次乙酉十二月壬申朔四日乙亥
□□□□建
雍州富平縣人趙文素鐫

右奉仙觀老君像碑沮渠蒙遜史稱盧水胡賀烈亦
自署盧水盧與盧通殆蒙遜之裔歟賀烈以書名金
石錄所載尚有少姨廟碑予所見獨此爾　潛研堂金石文跋尾

按高宗以永淳二年十一月幸奉天宮將封中岳
因疾而止十二月己酉改元宏道是夕崩于東都
真觀殿明年改元嗣聖又改元文明又改元光宅
又明年改元垂拱于是隴西李氏宗姓之流寓洛
州者二百五十人於奉仙觀爲高宗造老君石像
一座因追述高宗功德而立石以紀也元和郡縣
志濟源縣開皇十六年置屬懷州以濟水所出因
名唐書地理志武德二年置西濟州四年州廢隸
懷州顯慶二年隸洛州故此碑題曰洛州濟源縣

也河南道志奉仙觀在濟源縣城西北垂拱元年
創建此碑即立於建觀之年碑不書與建事是建
觀非宗姓等所爲也碑頌高宗凡五事曰口德任
賢懷遠休徵昇中而下乃云嶮山鷲景痛堯日之
先沈夜壑飛湍惜舜河之奄竭正述高宗之未得
昇中而崩也下又云皇帝嗣守降基光武丁之睿
道而不及天后則是專指睿宗也

王徵君臨終口授銘

碑高五尺五寸廣二尺六寸五分二十行行四十字正書在登封縣老君洞前

大唐中岳隱居太和先生琅耶王徵君臨終口授銘并序

季弟正議大夫行秘書少監東宮侍讀兼侍書紹宗
甄錄并書
伊垂拱二歲孟夏四月悅罔寅卯之際吾　六兄同人
見疾大漸惟幾將遷寘于未始委化於伊洛之間僑居
惠和里之官舍自古有死於予哀哉他日先誥其第七
弟紹宗曰吾宅性玄鄉保和仁里寄跡塵有遊心太無
乘陽以生遇陰而滅物之恒也汝固知之吾化後汝可
依道家無爲之事諸子姪行儒教喪紀之迹吾聞精神
者天之有也形骸者地之有也觸處而安不須擇日舉
上將服不俟營爲紹宗徵奉緒言不敢失墜此時沛國
桓先生道彥亦在吾　兄之側因歔欷而報曰此眞宰
之理道流所尚有情有信安敢違之其後昇眞潘先生
門徒同族名大通越中岳而來自遠問疾知吾　兄眞
命已畢又申勸曰儻或不諱願歸神中頂石室之中曩
者昇眞臨終亦令宅彼况與先師平生居止宿昔神交
眞期不沫宜還洞府再三敦請則又從之乃曰此吾迹
也重違爾意若然不須別鑿堂宇恐傷土石但託體山
阿而已吾嘗幽贊眞誥肇創靈圖祕錄別詳內本八境
不傳如或不忘款志儻存其北可取一塊青石其上有
自然平者刊刻爲字俾諸來裔知吾之用心也其銘文

皆力疾綿微悠情摹課含精寓爽藉響乘光彷彿曖昧
不獲已而口授之外姻密友憑眞考行遜號曰太和先
生庶追道跡光爽妙也其銘曰　於戲昔有唐氏作吾
中遇而生姓王名玄宗字承眞本琅耶臨沂人晉丞相
文獻公十代孫陳亡過江先居禹坳中從江都其肇錫
考系則國史家諜具矣降年五十有五直垂拱二年四
月四日順大術之數奄忽而終終後可歸我于中頂舊
居之石室斯亦墓而不墳神無不在耳且伊洛之間迺
昔者周南之域吾　祖上賓之地吾家得姓之鄉反葬
中岳幾不忘本也舉手長謝亦復何言示人有終乃爲

銘曰
漻漻太清悠悠太寧混沌無我其中有精忽然爲人時
哉乃形理通寂感陰聚陽并知常得性絕待忘情道無
不在神無不經幽傳祕訣默往仙京万物共盡吾何以
停歸于真宅此室冥冥不封不樹無狀無名託體嵩石
言追洛笙去來十洞驅馳八靈風雲聚散山水虛盈谷
神不死我本長生

右王徵君臨終口授銘弟紹宗甄錄并書唐書儒學
傳紹宗兄元宗隱嵩山號太和先生傳黃老術即徵
君也紹宗長于書當時以虞伯施比之紹宗自言聞

虞被中畫腹與予正同其自負亦不淺矣今觀此碑
楷法圓勁結體似褚河南而鋒穎不露殊得永興三
昧洵唐刻之極佳者趙德甫去唐未遠藏弆石刻至
二千卷之多此碑近在嵩少間乃未著于錄何也潛研堂金石文跋尾

述書賦稱王祕監則首末全見尊道重德或縑紙而
結字或重模而是墨淺落風規雄壯氣力播清譽而
祖述屢見賞於有德如幽園鴻飛芳圃桂植注云王
紹宗瑯琊人修禮子官至祕書少監劉昫唐書稱紹
宗尤工草隸今其書實瑞雅可玩中州金石記

徵君者元宗也書此銘者爲其弟紹宗張懷瓘書斷
云紹宗字承烈江都人父修禮越王友道雲孫也承
烈官至秘書少監清鑒遠識才高書古　銘前列季
弟正議大夫行秘書少監東宮侍讀兼侍書紹宗甄
錄並書舊唐書紹宗傳擢拜太子文學累轉秘書少
監仍侍皇太子讀書與此題合新唐書載紹宗歷官
惟云累進秘書少監使侍皇太子不言侍書侍讀義
未明也紹宗兄元宗隱嵩山號太和先生即此臨終
授銘者於紹宗爲六兄字承真本瑯琊臨沂人晉丞
相文獻公十代孫陳亡過江先居馮翊中徙江都新

唐書俱言自瑯琊徙江都中間陳亡居馮翊失紀又
銘內稱昇真潛先生即潛師正賜謚體元而此稱昇
真蒙其師王遠知號也授堂金石跋

夏侯口造像記

記橫廣一尺二寸高五寸八行行七字六字五字不等正書

垂拱二年五月十五日夏侯　爲合家大小造口道
像五十區願一切含生離苦解脫
口舉兒　郭娘子

木澗魏夫人祠碑銘

碑高六尺六寸五分廣三尺七寸五分三十行行五十七字末行年月下添刻宋太平興國八年重建諸

人姓名一行不在內行皆在河內縣

大唐懷州河內縣木澗魏夫人祠碑銘并序

弘文館學士路敬淳製

勝果院僧從謙書

蓋聞靈圖青宮仙客於焉來往丹丘紫府羽人之所棲集徵秘籙於淮王時逢八老探神奇於魏帝取覿雙童子喬控翮翱翔赤霄之上琴高援鱗游泳滦波之下斯並心符寂𢘅神契窈冥匪塵俗之能羈簪纓之所屆者矣茲有皎容雅質貞規淑態韞真氣於閨房挺仙才於闔閭嫦娥採藥奔月𦡶以含精靈媛投壺瞻電光而吐

耀漢皋游女持珠對南國之賓洛浦神妃鳴玉侯東藩之后莫不名芬紫翠道標黃白列真非一往往致焉魏夫人者即是晉劇陽侯任城魏陽元之女也本傳曰夫人年二十四適南劉幼彥幼彥爲修武令善爲德政仁風惠著時夫人隨在修武之館焉雖魏同舍縣內常齋于別寢季冬之月夜半闃空中有鍾鼓笳簫之聲羽旂光耀降夫人之靜室鸞輦被服非人所覩見有四真人告夫人曰太帝勅我來教子以神真之道汝子於玉札應爲紫虛元君上真司命名山之號封南嶽夫人後爲洛陽山成真人因爲立祠土俗號阿夫神原夫鎬京號

社公高克勤於小物表塊命族畢萬建休於大名承相之匡翌漢庭比蹤蕭鄺司空之弼諧晉室方譽裴山積德攸鍾餘慶斯在況復形雲授彩衍豐谷之靈苗白水開源導舂陵之茂族乘龍合好鳴鳳于飛結大義於絲蘿諧佳音於琴瑟劉氏裁歌作吏同臺臨人惟彼外岐爰資內輔服勤纂組亘毗製錦之工肅事蘋蘩且佐烹鮮之術猶以爲六法四行豈離夢幻之場九轉三仙方出塵勞之境朱庭翠閣事甚樊籠霧鬢紅顏理同泡沫於是搜煩蹤躅練志凝魂潔成道室之階列竟師門之宇悠悠永夕紫煙昇而庭院虛凜凜宵陰霜冽而池

館靜乃有仙鍾簇韻如發漢鯨法鼓揚音似樓吳鶴簫聲寥亮仍符弄玉之臺笳奏淒清有異文姬之殿絲軺朱節真衛相趍霞佩雲裾仙儀在列昔安公之旨叶真契於昇龍木羽之瑞應祥期於御馬養茲靈戚異代同符故能迴騖三清高超八會持法印而含元氣合真符而昇太極金記五千籤隸九靈之史玉言十万名彰八素之書足使上元夫人惡其嘉号靈妙玉女媿其芳聲豈與夫暭日至山鶴枕蓆而通筱順風江澳懷環珮而中賸復有躍魚酬惠愛鳥遺灾清溪白岸之姑阮氏絃巳之儷若斯而已矣夫以王母既集西漢列其胥筵帝

子斯臻北堵歌其夕漲是用恢勝宇創祠壇想希夷其
若存庶恍忽其無眛建立之始年代莫詳爾其周首名
區單懷奧爽蘇子攢茅之域寇君剖竹之郊孟津南注
控河流於馬頰太行北指啓山路於羊腸川原相屬風
煙交會欝彼仙觀揭焉中立縹之以丹青陳之以藻繪
效靈妃之啓櫓圖殷女之練色行亭三襲俯瞰川涓茅
斷四注却連山阜巨石崔嵬倏蓮峯而特秀奔泉瀄汩
瀉松澗以飛湍激竅竇而流津清飈激而成韻瓊桃仙
棗散綠垂紅珠實金條含緗佩紫入林芳桂凌冬霰以
揚葩五株仙杏負春晞而布葉莫不夾戶離生垂簷接

蔭可以返魂駐寄忘憂愈疾至若吉日良辰高人勝士
黃綺紫綬忘貴賤而同歸白屋朱門混榮枯而畢萃敬
而不瀆誠稟訓於懷柔感而遂通亰虔心於正直於是
採蔬東海折藥西山傾玉酒而泛流霞酌金漿而挹甘
露神交妙有想白鳳之來儀道契虛無佇黃雀之爲使
丹梯可躡必超上漢之□練馭斯□□越無生之涯誠
洞眞之苑囿靈寶之區域者焉秋官尚書撿校懷州刺
史南陽鄧府君道光天爵慶發地靈聰黍階而高視寔
播天而騁力題劍昇朝秉形之寄攸重佩金增秩仰逼
之任逾隆長史隴西李知人司馬南陽鄧揩河內縣令

鉅鹿耿仁惠或展驥亭衢化康　　邦國或割鷄遊
刃功茂邑民思靜力於迴天獻勞生於寂地識明齋扎
跡寄道樞半刺毗藩則晨趍飛其鶴嶺一同作宰則元
會降其鳧鳥每慮陽軌再旬具虔謦於斯谷陰衢潔朔
薦行潦於茲彎縣令仁惠稟氣孝恭祭則神饗天然感
物祈必靈歆所請甘霖未迴車而降澤但求膏液迎舉
意以零滋彌媿神之厚恩□勒銘而旌德而碧落清窗
顯在百城之次椒庭圭門近臨千室之中瞻石梁而靡
澗仰瑤臺而何遠夫降仙成宅西岳紀桓譚之賦尋眞
起詠南溪聞郭璞之詩是以輕率下民仰追前列寄諸

貞翠題其頌云
畢竺初占係復其始肖門有相錫膺廟美珠胎孕寶玉
仙昭祉寔惟靈媛作嬪君子取譬鸞鳳言過魴鯉
　早明八素夙悟三靈呪神爭術飡蓮募仙紫書題記
白節開編暫遊芝圃倏見華田輕飛起月高訓垂煙
　戒遵靈壇載覲神宇却倚巖壁前臨澗浦偃蹇雲
棟清冷風戸怪石奇木鳴蟲嘯羽居茲他聖坐同天柱
　犢妃夫魏弄女辭秦陽臺之下暮雨稱神洛川
之側朝霞韞眞窈冥高蹈寥廓上賓思□道業用述徵
塵

大唐垂拱四年正月五日建

喬繼攻鐫

非於太平興國八年三月中奉　勅打造碑文令有
□□□張安□集邑□重建邑人□守□陳□李□
□□王□□□　貲□王瑱郭□
李讓王□□實任先□□□　王□□程□
封順劉寶□□張□裴□□□

碑載魏夫人事跡始末余約其文蓋夫人爲晉任城魏陽元之女適修武令劉幼彥夜有四眞人降告夫人應爲紫虛元君上眞司命名山之號封南岳夫人後爲洛陽山成眞人因爲立祠其語亦取之仙傳而涉妄不經如此余故亦存而不論也授堂金石跋

按眞誥有云上眞司命南嶽夫人注云此即魏夫人也而不詳夫人事跡西王母傳則云紫虛元君魏華存夫人淸齋於洛陽隱元之臺西王母與金闕聖君降于臺中乘八景輿同詣淸虛上宮傳玉淸隱書四卷授華存而亦不詳夫人爲魏陽元女劉幼彥妻河南通志不詳木凋所在魏夫人祠在懷慶府城西北紫金壇下相傳夫人乃晉修武令劉幼彥妻學仙飛昇世號紫虛元君後人立祠祀之亦不詳祠祀之始于何年此碑亦云建立之始年代莫詳則其來久矣碑云魏夫人者晉劇陽侯任城魏陽元之女也晉書傳云魏舒字陽元任城樊人也年四十餘郡上計掾察孝廉對策升第除澠池長遷浚儀令入爲尚書郎累遷相國參軍封劇陽子出爲滎陽二郡太守徵拜散騎常侍出爲冀州刺史入爲侍中遷尚書太康初拜右僕射轉左僕射領吏部加右光祿大夫儀同三司領司徒年老稱疾起署兖州中正辭又稱疾詔曰舒屢執沖讓辭旨懇誠以劇陽子就第位同三司太熙元年薨諡曰康子混先卒傳不言其有女而爵是子非侯則碑傳互異也劉幼彥無傳懷州刺史南陽

鄧府君長史隴西李知人司馬南陽鄧楷史志俱無攷而河内縣令鉅鹿耿仁惠碑稱其稟氣孝恭祭則神饗所請甘霖未迴車而降澤猶之通志不載循吏尤爲漏畧附識以補志之闕序末頌詞四章章十句每章末空三字以隔之與他碑異例文云秉形之寄攸重借形爲刑仰追前列借列爲烈畢筮初占筮當是筮滄蓬募仙募當是慕疑鐫者小誤化康邦國乃述當代事故邦國空三格碑立

於垂拱四年二月始是修建夫人之祠碑題宏文館學士路敬淳製文兩唐書傳皆云敬淳貝州臨清人天授中歷司禮博士太子司議郎兼修國史授崇賢館學士不云天授以前之官宏文館學士也新唐書百官志宏文館垂拱後以宰相兼領館務號館主給事中一人判館事是垂拱時學士無專員也此則碑題之可疑者

金石萃編卷六十一

賜進士出身　誥授光祿大夫刑部右侍郎加七級王昶譔

唐二十一

美原神泉詩碑

碑高五尺八寸廣二尺六寸五分十七行行二十五字篆書額題美原神泉詩序六字隸書在富平縣

五言夏日遊神泉序　美原縣尉口

口皇甫炬

美原縣東北隅有神泉者雖靈樹石森淼之致而其源澗清泠之奧李子甚嘗從遵領淡叢宮爰命我大原王公星潢乎陽寶水尉岸陽張而釋事已游焉愛我亦藝自灣谷之巒雜窮酷化之功何榆我窮影適巒藏榆影念功所以物務其奇事寔其數嗟虛悅不徒形之王檻凝叨瓊流勝頁羅松流偏所以徒歡其若潔其味美哉自序明音韻時影承撫元夷陵祥應魂非醴不躋不微何明祈維口降福所禦而幽谿之惠此也澗形如規四望景爍乎地可濟百觥尺東西區南七八十尺下積泉不口瀹鏡微羃濲

其臣革澈也畢雖雲漢昭回而淺濛濛
娟影凡詞上鐫形物尚復不加豈執龍
容字靈潛福祠繚滿流瀁抱經尋幽者
寫跡鏡氣而鑒禮情跡驊流而靡咱濁
念歸淡面盈瞻詩云　閒予滄滌堆
觴音弄四美敎寫識異隨驕會不延易
深灣岩鎣中泉華移鏡惠形斷泉夕正
形遊根延延深流鎣丹口政石涼丙跳
延氣押容鏑花當灃瀯流
生漢贊音湖　詞乃韓高節仰思事

幽覺淵陰湛淡漪晰鏡銘彝象形騰深
暁泉氣絡非烟上紐谷當新潘流紛跡
舊壞空汤化口口紛岳靈既達共湖口
口清銘然口口口想

碑陰

共十五行行二十五字額題大唐裕明子書六字並篆書

大唐裕明子書
五言同章子存謂泉詩　雲陽至溥
明臺子徐彥伯字光
美原介溥子裴泉生裔裕明子明臺子
事故乃章烜田存止息觀泉潭盈歌流
流徑復唐諧化止瀰禮明止像也裕明
子子曰與氣明臺子召瀟息相視而笑曰
息哉豈泉乎昧感而循化予紛聘影章
子叢名章止雖然答持雖與詩口吾而
不酬云
招拔跡柳鰓峴巧湍縣米豈知中轍另
辨泉數易醴氣融靈化化瀅洽沖緒啟
夕濤心玲璣霄溜梟清洄溜治王善用
的的煩溫湍君子懷淡交相翮湯止直

裕明子河東尹元鼓字誠
間君泉歸幽齊與嶽陽跡予我性情抑
韻輕武陵源館窗四月杪泊瀠源崗巒
扁來想辟雖日谷谿瀰浴彤峯昧滿膜
陽潢北洙巨璜歸泉石存淡息語真理
左司郎中梁肅念字敬祖
昔日鳴紵地今朝生灣流靈瀦洛政餘
灃贊岸文船瀰瀲流珠數漪漪明月止
善形復菁乃淡文投君子鏡瀠靡纖驥
不清瀰煩瀾甚至禮潛臺何由未安易

天官員外郎李□字□議
垂拱四年歲集戊子四月建

釋文

五言夏日游神泉序

美原縣尉韋元旦字烜

尹元凱書

美原縣東北隅神泉者雖無樹石森深之致而有巖險清冷之異韋子益暨倦簿領洪塵冥爰命丞太原王公主簿平陽賈公尉南陽張公釋事以遊焉喟然而歎曰陵谷之變雖窮造化之功何檢有窮則適變無檢則忘

功所以物劾其奇事冥其契塈虖恨不得列之玉檻漱以瓊漿勝負無私流俗所忽徒觀其卭潔其味美起自文明首穢崎則垂拱元夏隤祥應運非醴泉歟然何明祈雜□降福盻蠁而幽通之若此也澗刑如規四望若掃平地可深百許尺東西延袤七八十尺下積爲泉□渟鏡澈莫測其底南流出界雖雲漢昭回而滲漉無端則所謂上善利物谷神不死豈虬龍窟宅靈僊福祐懷清佇倦抱逸尋幽者乎躋顯氣而瑩襟循疏元流而屏喧濁忘歸淡定盍賦詩云

闕有濠梁地蓋言幷四美契冥邀異適勝會不延晷澗響若琴中泉華疑鏡裏形隨員月正劍逐規虹起澡流瑩丹□跂石涼玉趾近焉將安適行當潤濛汜

主簿賈言叔　詞人擁高節狎異尋幽賞巖險洞深澗瞰鏡疑無象形隨澡魄員氣逐非烟上徙谷縈新溜分谿跳層壤冥功兆□□劾奇靈既往共漱□□淸超然□□想

碑陰

大唐裕明子書

五言同韋子游神泉詩幷　雲陽主簿明臺子徐彥伯字光

美原北澗有神泉生焉裕明子明臺子尋故人韋烜因游之爲戲泉渟虛融派流徑復信造化之極神明之儁也裕明子乃盥焉明臺子乃漱焉相視而笑曰异哉豈大平殊感而循化有助耶則韋子蓋文章之雄也盍持雅興諒□言而不酬云

桐坂跳抱巑岏邛落縣米豈如巾輔邑迸泉流爲醴氣融靈兆作潤洽沖務啓月瀓信玲瓏霞潞幾淸泚浩浩上善用的的煩慮洗君子懷淡交相從澗之底

裕明子河閒尹元凱字楲

閩君泉壑幽俯裂頻陽趾及我怪情狎遙輕武陵溪欲

窨明月制沮澤凉風起朋來想辟離日去疑濛汜列坐
殊滿腹揚清非洗耳髣髴參石旃淡爲適眞理
左司郎中温翁念字敬祖
昔日鳴絃地今聞生澗水靈潛敝政餘潤發彫文始滴
滴流珠散渟渟明月止善利懷若人淡交挹君子鏡澈
無纖翳天清滌煩滓虛忝神僊臺何由弄風碧
天官員外郎李鵬字至遠
垂拱四年龍集戊子四月戊口
碑兩面其一面爲雲陽主簿明臺子徐彥伯字光序
裕明子河東尹元凱字鍼左司郎中温翁念字敬祖

天官員外郎李鵬字至遠各詩一首五言十二句其
一面爲美原縣尉口口旦字烜序內三人皆以一字
爲字 金石文字記
右詩刻面陰皆有文垂拱四年戊子四月造趙德父
以四年作元年者非韋元旦史稱其兩爲縣尉一爲
東阿一爲咸義而不及美原尹元凱史稱爲瀛州樂
壽人而碑云河間地理志云深州有樂壽縣本隸瀛
州大歷中來屬則其時樂壽猶屬瀛州也又河間亦
屬瀛州元旦等史或不著其字並詳此碑 關中金石記
右美原神泉詩韋元旦製序賈言淑及無名氏詩各
一篇刻於碑之正面徐彥伯序尹元凱温翁念李鵬
詩各一篇刻於碑之背面元旦元凱史皆有傳而失
載其字彥伯史稱名洪以字顯據碑乃名彥伯而字
光也李至遠史稱初名鵬以大父素立奉使因名至
遠按素立卒于高宗朝此碑立于武后初尚仍初名
而以至遠爲字則非初名鵬而後改至遠矣蓋後來
以字行其字或出於素立所命史家傳聞失其實尔
温翁念彥博之孫官至太僕少卿見宰相世系表其
字敬祖表亦未載 潛研堂金石文跋尾
美原神泉詩碑字體頗學石鼓文但乏挺健之氣其

用字多本說文然亦有乖違六書者如貴作貴蓋作
蓋盇作盇營作當儀作儀燮作燮發作發坐作坐陵
作隱糧作糧瓊作瓊觀作觀底作底漆作漆鎣作鎣
堤作堤異作異具作具鑾作鑾躋作躋疑作疑太作
肉薔作薔鹹作鹹濕作濕礪作礪害作害所作所明
作明虹作虹又如埽字从手稔字从禁悉與偏旁不
合潔峴逆遙四字皆許氏所不收徐鉉新附有之誤
也潔當作絜玉篇水部無潔字冰部有潔注云俗絜
字廣韻潔清也經典通用絜峴當作昆禹貢織皮昆
崙史記夏本紀作昆侖尔雅釋山三成爲昆崙周禮

司儀注引作昆侖知古本二字皆無山旁徐鉉亦云漢書揚雄文通用昆侖迸當作屏論語屏四惡王制屏之遠方並作屏惟大學作迸之四夷疑亦後人所改也遙當作踰踰遙聲相近漢書陳湯傳横厲烏孫踰集都賴如淳注踰遠也師古云踰讀曰遙投壺毋踰言鄭注踰言遠談語也此碑皆沿用俗體又說文手部捊引取也或从包作抱步侯切衣部褎褏也薄保切水部洒滌也古文爲灑埽字先禮切洗灑足也穌典切音義各別碑以抱爲褎褏以洗爲洒滌亦未深檢錢侗跋

按美原縣始於咸亨二年改土門縣置屬宜州長安志注故龍圖閣直學士趙公師民以爲王翦請美田翦頻陽人葢取美田以名也太平寰宇記美原縣有美陽鼎漢書宣帝時美陽縣民得鼎獻之云云似乎美原因美陽鼎而改然漢書地理志美陽屬右扶風美原屬左馮翊道里懸隔寰宇記以美陽鼎系之美原縣其故未明則美原之得名當仍從趙說矣美原之有神泉諸志乘皆無攷稽之陝西通志富平縣有金粟山一名紫金山一名普薩山一名靈泉山在美原縣北十五里山有龍泉每歲清明人多取其水以新年故謂之靈泉山美原縣今併屬富平所謂在美原縣北者乃長安志中語此碑序稱美原縣東北隅神泉又稱美原北澗有神泉則不離美原之北而金粟山有靈泉之名似卽指此神泉然不敢定以爲卽是也碑兩面刻序與詩作詩者韋元旦賈言淑尹元凱溫翁念李鵬唐音統籤惟韋元旦有其人不載神泉詩餘四人并姓名亡之則此碑之不傳于世久矣徐彥伯號明臺子尹元凱號裕明子史皆不書且以號著于石刻亦尠見此碑新唐書徐彥伯傳稱其著屬辭與韋暠之善判李亘之工書時稱河東三絕

李晦碑

碑連額高九尺七寸廣四尺七寸三十二行行四十五字隸書額題大唐故秋官尚書河間公之碑十二字篆書

公諱晦字□□隴西成紀人也　□□□□□□
□□□□□□□□□祖□□□王安父河間元王孝
恭豐功□烈國史□□□□□□□□□妙氣□□□
□淑靈□□彰於□□□□□□□□貞□精粹之性
清明潔白之美□□□□□□□□□□□□□□□
邈□□崇□□□□□□□□機士之百行冈不該矣

貞觀末授通事舍人轉尚太常卿□□□□□□左衛
率□府事□□□□河朔邊要之□□遐爲難以本官
撿挍幽營二州都督稽林作牧朝廷□□□□□□
□功□□□□□□之□兼之者□也累遷□□衛將軍
右金吾將軍加忠武將軍撿挍雍州長史望□而清風
流□□而□□洽咸亨之始關中阻飢盜賊公行所在
□□公鎮之以清靜綏之以惠和政得烹鮮時無吠犬
治□□拱家之□鱗□□□□□雨之沾草木加雲麾
將軍右金吾將軍尋撿挍洛州長史兼知東都留守三
州都□□□□□爲政以德惠下以□豪右□氣百僚

祗服　車駕□巡□賜綃帛旨褒美之　高宗嘗
從容曰卿父元王克清江漢　朕今於卿□同魚水一
日不見滿座無歡其　君臣相得也如此及　高
宗晏駕水漿不入□者數日號咷擗踴志不□□□□
之初優以　詔命授戶部尚書公喟然歎曰出身事
主在三如一生當効命死當結草乃輟泣而起　詔□
□□□□□公□於朝□理冤屈平以理物簡旨御繁
訟息刑清於是乎在屬揚楚橫逆淮海稱兵清宮地實
上流□□□□乃持節鎮荊州兼撿挍長史□鄖衛要
控帶□長嚴而不殘人是以息豺狼蛇蝮不入枝江之

境鱗潛鳧旒□致甫陽之□加金紫光祿大夫　詔賜
衣服表能官也以公器光廊廟道暎搢紳可以彌綸政
本參贊皇極遂徵□拜左武威衛大將軍□特□姓烏
驚□□獸聚擁旌推轂公實當之詔授燕然道行軍大
總管兼安北道安撫大使東自碣石西極流沙□道俱
□□□節□□□旗拂霓霜戈彗雲蕭條萬里野無遺□
　詔都督恒州兼燕水軍經略大使□鄭塞以□□□
□倉庫以□虜□□□絕烽候々虞河右沐仁明之化
居無何追赴□都撿挍右金吾大將軍尋拜秋官尚書
□□沉毅清素周密署龍泉而特達委珠璣而不拜故

以斟酌元氣平運□□方當□融　皇風弼諧景化論
道於上□蹇躍□中□□□散黃金以長揖追赤松而
高蹈而天不慭遺梁摧奄及永昌元年二月廿七日薨
於位春秋六十有三　聖情惻悼□寢掩涕罷朝撤樂
有加恒數自□疾彌留迄于大斂賜藥及衣中使相望
於道賻物四百段□粟四百石葬事官給□官五品一
人監護葬事贈幽州都督惟公幼而岐嶷長而惇敏探
賾索隱□微究奧□策名委質□□爲□□吐剛茹柔
常情之所易撓尚人矜己執政之所難□公□坦勞謙
少私寡慾當代之所難者□於公而易□□□六入□

□七臨□□既稱獨□後另神君盛德被於□□功名
垂於竹帛者也夫人隴西郡夫人□鄧氏河南□□□
□□□公之孫衛尉卿駙馬都尉之女也□賢明□
□□數令慈於家邦幽閑婉順□□□□□□□□
□□□□□□□□□□□□國風之矜範嗣大雅之
徽音□□光輔兩朝□靈祢剏夫人□□中饋□□□
□□□□□□□□□□□□□□□□□斯□□□
所冀□母儀之□□□上慙□遠□享年不永□□□
□□□□□□□□□□□□□□□□□□十一月
十一日合葬于三□原禮也嗣子尚柔奉御知言等□

□□□□□□□□□□□□□□□□□□□□□
□□□□□□□□故吏等仰攀盛德遐想徽光□立
□而□□□□□□□□□□□□□□□□□□□
□□□□□□□□□□其辭曰
河□降□□□□□□□□□□□□□□□□□□
□□□□□□□□□□□□□□□□□□□出鎮
方位入奉　□□□□□□□□□□□□□□□□
□□□□□□□□□□□□□□□□□□□□□
□□□□□□石銘勳垂光□□

按碑文多泐額題大唐故秋官尚書河間公之碑

夫云公諱晦字□□隴西成紀人也知其姓李下有云祖□□□王安父河間元王孝恭知其爲宗室也新唐書高祖紀高祖之祖曰景皇帝廟號太祖考曰元皇帝廟號世祖宗室世系表太祖八子第三子卽世祖第七子蔡烈王蔚周朔州總管相燕恒三州刺史襄武縣公生子安哲西平懷王安字元德隋右領軍大將軍趙郡懷公生子瑍璡琛孝恭瑊瓌河間元王孝恭生崇義崇晦崇眞崇晦卽此碑所稱晦也碑泐字某疑卽表所謂崇晦史表往往以字爲諱也碑于祖下泐三字合其存字

乃西平懷王安也宗室傳孝恭從高祖定京師拜山南招討大使明年拜信州總管蕭銑據江陵孝恭數進策圖之進王趙郡荆湘道總管遷荆州大總管襄州道行臺左僕射未幾爲行軍元帥討輔公祏江南平進授東南道行臺左僕射行臺廢更爲揚州大都督改宗正卿歷涼州都督晉州刺史貞觀初爲禮部尚書改王河間薨贈司空揚州都督謚曰元此孝恭歷官之始末也碑文多泐因詳識之宗室傳載孝恭子晦乾封中爲營州都督遷右金吾將軍檢校雍州長史高宗將幸洛詔晦居

守武后時遷秋官尚書卒贈幽州都督傳載晦之
歷官惟此而已則不如碑之詳也碑稱晦薨於永
昌元年二月廿七日罷朝撤樂賜粱及衣賻物賜
粟葬事官給五品監護飾終之禮同于陪葬而其
葬所云在三口原宗室傳稱孝恭陪葬獻陵不知
三口原卽獻陵之地否也碑云夫人隴西郡夫人
鄧氏衛尉卿駙馬都尉之女公主傳駙馬無鄧姓
者碑云嗣子尚柔奉御知言等宗室表傳但有嗣
吳王榮一人不載尚柔等碑無撰書人姓名而末
云故吏等仰攀盛德似碑爲故吏所立也碑書亰

鮮作亭鮮本通用渚宮之宮作官則異文也

乙速孤神慶碑

碑下截已斷合之連額高九尺六寸廣四尺一寸四分四十四行行八十字正書篆額在醴泉縣叱干鄉

大唐故右虞候副率撿挍左領軍衛將軍上柱國乙速
孤府君碑銘并序
朝散大夫守著作郎廣文館學士兼修國史上柱國
濟南縣開國男苗神客撰
淨口寺釋行滿書
天地之大德曰生聖人之大寶曰位生不可以無宰口
有道以存之位不可以無口口有德以尊之故勑口剖
口張維闕口口君有作口口口而口雲口亡口口口登
山而捧日可久可大闡洪業於非常立德立功乘大名
於不朽存而爲一時之口歿而爲百代之英爰有異人
今可得而聞矣　公諱祖庈字昭祐其先王氏太
原人也昔口口以口口耀象六英口口口之祥后弃以
口秩興農萬里晋鸞歌之域帝圖克峻王道攸歸周德
方隆蕳商以口其業口口可遂敗狄而有其口口口口
乎天下口緒傾平海內五代祖顯後魏拜驃騎大將軍
偉德挺生稟嵩岱之精魄洪川派別浿江海之袨瀾犄
拔千仞盤紆九野遂賜姓爲乙速孤氏始爲京兆醴泉

人焉口口口家代功居口然後口周畿委口口口口口
口口門漢口乘軒口秋匪珪璋之口口其榮閥故無得
而傳之曾祖貴齊右衛大將軍儀同三司使持節都督
岐州諸軍事岐州刺史周上開府口口三司口口大夫
口河州諸軍事河州刺史河州總管太子口庶子和仁
郡開國公祖安口前鋒都督周右武候口口府驃騎將
軍開府儀口三司使持節長州諸軍事長州刺史隨益
州都督襲封和仁郡開國公拜前拜後惟昭惟穆口以
忠貞之操並資文武之才終始一口雖百君而每合出
入三代居八命而逾口父晟　皇朝上開府口武

口口廿府左車騎將軍轉驃騎將軍令緒逾崇高門克
大岳靈口德紹賢㤪以相趍口口口文口口侯而繼出
公山資海授星傑口英口口騰彩鶩時駿驅雖仲連飛
兔追日電以長鳴而諸葛卧龍口風雲而戢口俄爲龜
鼉架海猨鶴淩江黄神吟而寓縣分素靈歎而區域震
高祖神堯皇帝開口躡步翼口口精偃攢流於
九海蕩洪氛於八極雲雷憤薄興於晉水之湄天地氤
蘊闢於渭川之涘口口口居幅裂豪口棊分鵲起逢時
之心寰中飢擾烏止于誰之室寓内攸瞻公乃蓄悟井
之深幾載驅驪早知羅泉之秘蹟言訪龍口獄訟歸禹

不忘於寤寐歌舞迎周獨斷於襟抱以義寧之始乃奉
見於口陽口蒙　恩口預參　秦府從平京
邑授通議大夫賜物六十段戎章克峻雖策勳而既重
國圖伊始以門胄而方榮乃取祖義州府君口資口口
親衛于時雖地開金策翦鶴甸而斯安而迺口玉口口
雜聿而口靜公於是口陪八口薄伐三川從討王充破
青城堡賜物一百段并袍衫牛等加勳大將軍武德元
年又口薩舉二年復破口口神兵口舉每推立於後服
口口百勝必質勇於先登時宋金剛尙彌地險更勞天
伐公乃口機有捷獨雲口之高輝應變無方刋風灰之

遠陣平狠之後蒙賜馬及金鞍綵物百段王充以口口
類疊假位號於成周建德以口口回時竊仁義於全趙
恃連口之援以興危邦託刑馬之盟方爲口國
口宗乃韜龍豹拔貔貅黄鉞排天朱旗斷霧沸洛川而
憤角震嵩巖而疊鼓王充以迭食爲命不移蛩口之心
建德以弱口口依無舛螳蜋之衛公乃懷奇請奮受命
長驅破王充千金堡并從擒建德預軒勝於口符奉竞
績於丹浦燕趙俄獲蚌爲脯而無遺虞號終亡馬服輿
而不失加勳柱國賜物二百段劉黑闥擁銅馬之餘口
氣蘊口南口金鳳之口口兵雄趙北公乃從平清漳洛

水二口口遂俘之授上柱國口口口口并口馬等綵物
一百五十段粤以超時之効恒當不次之恩滿寵受田
殊非異賞李忠錫馬遂多慙色尋又從破徐員朗口口
奇勳既而　聖情載洽念功勞口特蒙賜口用表
口榮　太宗以元雲入口未改唐侯之爵白水開錢
猶踐蕭王之號　秦王府妙資左右公以良家首
砕口令口上仍賜口袍既而飛鷂口口長口竭口雖域
中四大正西北之傾維而天下一家有東南之口氣
太宗乃口口口命殲厥流言推大義以襲行宏至
公而克翦公以九年六月四日載靜奸回因而侍衛口

□不□既而汾陽脫屣代□承□高鳥盡而藏弓歸獻
存而□戢公乃□從挾策且欣棄矢結蹟籍而爲晉□
□□□□禽然以七德攸歸五營斯佇方始執鞭之任
式隆初賚之基以貞觀五年授右衛勳衛□□□□
上六年□□□□賜絹一百□八年授右勳衛挍尉公
以懷才樂道緯武經文□□時習頻沛必□□□□□
□居終始存乎退尺每策勳而命賞常後己而先人所
以幽谷非遷望喬木而韜響灑池徒奮至□樹而銷聲
雖□□之志每□而俾祿之期終及十年蒙授游擊將
軍守左領軍長□府□別將仍□□□□□□佳兵七

萃左帶　皇畿敖庚千箱傍臨陝服正鼎壁其斯
重贈海陵其已陋聿兼其任隆寄存焉十二年以□□
□極□□□鸞東譬　皇輿□□龗龍駕於□雲天
動神行楊鳳旗於□□□□□□□□忠賢　車
駕自東都還京乃　勅公撿挍右衛勳上府郎將
□□□以□□養德　貌□□□□□　詔
□□□□志懷强濟□□沉遠勞効著於戎旅恪勤宜
於階闥宜□□□□　可守太子右衛率府勳衛
郎將於是青闈□景絳□增暉拾搖之桂連芳□□□
琅之竹比□□□□□□□□懋職無□於驟□之義

　龍顏憑怒有事於遼水□陽驚雷輻於碣石□
□□□□□　高宗天皇大帝銅樓毓粹□裕
流溫雖義在懸弓宜扈於□□而時方□□實資於監
□乃□□州留守□公□□奉□閣廿年丁驃騎府君
憂去職□毀趍□□悲陟岵絕漿九□已□□□□
□□□□每泣高柴之血廿三年　詔授□子右
衛率府翊衛郎□畢鉤在飾鶴□登榮抑禮授□仍奏
樂□之韻踰朞□燧更承重日之輝既而龍躍在天正
銀題於紫掖鴻飛漸陸□玉羽於元霄□□□□□
　□授右衛郎將永徽三年除守右驍衛翊衛中郎

將張奐坐帷舊確邊之遠略馬卿建節馳喻蜀之高文
□宦□□括囊千載五年　詔守太子右虞候副
率尋加兼太子右虞候副率□□□□□□□□□
卞敦良將之才閑邪是屬公之授也斯實兼焉俄屬六
麟徐鶩御□京之霧雨五□遐拂俯□洛之風煙鉤陳
□委英賢是賴　鸞幸東都之日撿挍□領軍衛
將軍尋又　□□□□□□□□□幷州先置
還東都日撿挍右領軍衛將軍仍知六閑馬事溫驪簡
景猷□□於雪谷瑞□生風□珠耀於□□職無不理
　帝有嘉焉俄又兼太子右衛率□□□秩罷□

茲□□□□□□□□□□□□門興積瞻言故賞英
倘斯途公以傷之則爲儼矣方冀有仁必□有壽必隆
□□未極於□□□□望周□□齒不延於練玉遽頹
觀曾之峯以顯慶五年八月□四日遘疾□□□□□
□□□□□□六十有二　晃旒□悼哀榮兼拯
勅書弔慰賵贈逾隆　詔問嗣子行儼等
并賜物二百段粤以龍朔元年歲次癸亥二月戊午朔
十九日巽□□厝於雍州醴泉縣履中川□□□□□
□□□□□□□誕靈川岳德光□□舒白氣以成虹
才苞利器橫紫氣而射斗昔在髫初即踰常類嶷然殊

□如旭日之□青山湛乎深識若明月之含碧海克峻
日就至性天成教以義方則行□□□□□□□□□
□□承顏必當於隱犯知年每形於喜懼不愆于德
□□無□□□□未嘗有□□□無以□其罰□乎□
丁艱疚殆不勝喪在驃騎府君之憂公時已班隆貴屢
將□誠痛深朝野□□□□□□□□□□□□□□
古今攸絕豈止許孜□□□□稱於虛□丁寄窮哀□
□□□□沼□斯而已矣加以□□□□□愛爲懷共
篤無睽□撫鍾輿之□同衾□慰每追□室之歡兄弟
數人公爲□□□□□□□□□□□□增映怡怡可

業其役五門將關三判遽悕公乃責深自□悲共氣而
無終訓切在原泣分形而有異雖同胞竟阻王脩之諭
罕遊而推產不□□式之資□給公以鼎貴餘業財□
□□□□□□□□□□□□□伏宗姻駭歎公以幼
承□義早聞詩禮德思潤己學尚專門俄屬有隨蕩□
生人弥□□書劍而事于戈弃俎豆而脩軍旅故得藝
殫弧矢精極韜鈐□枝楊葉窮取□之妙□□□□□
□□□□□□□□□□大憝斯殲□□□策兵無挫
銳非以賞而邀利寧以功而□伐然則因時命律□稔
論兵受而莫違當厚□而居百夫之長推而不有委榮

名而辭万戶之侯卓矣高□□□□□□□□□□□
□□□□□□執戟大雅□□斯之謂焉子國子明經
高第朝請大夫行綿州司馬行儼寧遠將軍守岐陽府
長上折衝行均游擊將軍守甘泉府左果毅都尉行方
等或傳經綜業或□□□□□□□□□□□□□□
□□仁者安仁□無昧於觀行將門有將理不耄於□
□既而匪莪嬰酷悴栢□哀攀靈櫬而增慕循鑿楹而
載感於是乃与昆季聚族興言以爲陵谷難恃風猷易
絕雲臺入□□□□□□□□□□□□□□□□刊
之跡必存無媿之詞於是爰勒他山用□斯□庶使波

溢渤澥識逈涙□千齡□□琅琊傳受李於萬古其詞
曰
立功立德惟武惟文銘戈著範勒鼎昭勳名□□□□
□□□□□□□□□□□伊筌□隆淮箴肇錫
□族即榮昌袞衮服□煇旗□靡替明德斯□高門是
繼英英亮□灼灼瑰奇不僭子道無忒其儀光含巨闕
彩振長離公□北驥呂望非彫運□□□□□□□
□□□□□□□□泰亡登山趙滅功成百勝途夷
九折已建宏勳俄膺懋寵期門甫陟羽林初奉帝庾斯
衛儲兵載擁寓省□□司□位重宮連四率望越五營
聲芳藻將器表周楨未□□□□□□□□□□□
□□□□□□哀松凋許泣九泉長送百身何及鷩北
方□□□□永戢山秋月思野寒風急傳鈞介䅧待淅英
才蘭期奄隔楸思俄開圖芳□路紀德泉臺九原徽□
万古風埃
□□□□□歲次□寅二□戊申朔十九□□□立
□跡鄉□　闕
右乙速孤神慶碑宏文館學士苗神客撰神慶唐初
仕三衛高宗時爲太子右虞候副率以卒乙速孤氏
在唐無顯人惟以其姓見於當時者神慶一人而已

元和姓纂但云代人隨魏南徙而已其叙神慶世次
又多闕謬而此碑所載頗詳云其先王氏太原人有闕
文代祖顯爲後魏驃騎大將軍賜姓乙速孤氏遂爲
京兆醴泉人曾祖貴隋河州刺史和仁郡公祖安隋
益州都督父晟唐驃騎將軍乙速孤氏世無可稱而
其姓出夷狄莫究其詳惟見於此碑者可以補姓纂
之畧以備考求故特錄之集古錄
昭祐名神慶本姓王氏太原人高宗時爲太子右虞
候副率檢校左領軍將軍上柱國以卒史不立傳且
不復姓王氏不可曉碑苗神客撰釋行滿書書亦勁
健有法然不及王知敬趙模諸人石墨鐫華
右右虞候副率乙速孤神慶碑文云龍朔元年歲次
癸亥二月戊午朔按癸亥乃龍朔三年非元年也又
以通鑑目錄攷之龍朔元年二月丙寅朔三年二月
乙酉朔俱非戊午朔碑版之文所紀年月宜得其眞
而牴牾如此殊不可解然此碑決非後人所能僞作
也神慶嘗爲右衛勳二府郎將按唐書百官志親衛
之府一曰親府勳衛之府二曰勳一府曰勳二府翊
衛之府二曰翊一府曰翊二府凡五府每府中郎將
一人左右郎將一人是其職也神慶祖安爲周右武

候右六府驃騎將軍父晸唐右武候右卄府左車騎將軍六府廿府之名於史無考潛研堂金石文跋尾　續志云昭晉志云乙速孤昭祐存二千五百餘字

陵志誤收乙速孤父子墓碑入陪葬功臣之內瑲其字而未讀其文也其墓在叱干郚九峻山後三十里不在文獻通考所指一百二十里墓田之內安得謂之陪葬　按碑篆額書檢校字从扌謬甚醴泉縣志

按此碑文約三千餘字存者尚得八九文爲苗神客撰釋行滿書卿大夫墓碑而用方外人書不多見也苗神客舊唐書附元萬頃傳云高宗廣名文

詞之士入禁中修撰萬頃與左史范履冰苗神客右史周思茂胡楚賓咸預其選苗神客者滄州東光人官至著作郎新傳則云武后諷帝名諸儒論譔禁中萬頃與周王府戸曹祭軍范履冰苗神客太子舍人周思茂右史胡楚賓與選此碑結銜云朝散大夫守著作郎宏文館學士兼修國史上柱國濟南縣開國男可補史之闕也碑云公諱神慶字昭祐其先王氏太原人碑書神慶二字俱鈌末筆未曉其故唐書宰相世系表王氏定著三房一日琅邪王氏二曰太原王氏三曰京兆王氏又有

烏丸王氏始于霸六世孫光後魏并州刺史生同度支尚書護烏丸校尉廣陽侯因號烏丸王氏生神念北齊亡徙家萬年此外不詳賜姓乙速孤氏之王氏所自系碑述其先世始自五代祖顯卽賜姓之祖也亥及曾祖貴祖安父晸累世歷仕魏齊周隋唐神慶歷官始於高祖迄於高宗顯慶五年卒年六十二推其生在隋開皇十九年則高祖武德之初年二十矣神慶以龍朔元年歲次癸亥二月戊午朔十九日厝於雍州醴泉縣履中川癸亥爲龍朔三年二月爲乙酉朔碑之誤固無疑矣唐

時厝葬大率距薨逝之日不遠若顯慶五年卒至龍朔三年厝相距四年未必如是之久則龍朔元年似屬不誤下文癸亥戊午誤也碑叙歷官云還東都日檢校右領軍衛將軍仍知六閑馬事首行標題乃作左領軍衛將軍有不同也唐書百官志尚乘局奉御二人直長十人掌內外閑廄之馬左右六閑一曰飛黃二曰吉良三曰龍媒四曰駒駼五曰駃騠六曰天苑而别無知六閑馬事之官神慶似以右領軍衛將軍兼領尚乘局事也神慶生三子長行儼國子明經高第朝請大夫行絳州司

馬次行均寧遠將軍守岐陽府長上折衝季行方游擊將軍守甘泉府左果毅都尉唐書選舉志取士之科由學館者曰生徒其科之目有明經凡學皆隸于國子監國子學生三百人以文武三品以上子孫若從二品以上曾孫及勳官二品縣公京官四品帶三品勳封之子爲之神慶官右領軍衛將軍階從三品故行儼得入國子監爲明經也百官志武散階正五品下曰寧遠將軍懷化郎將從五品下曰游擊將軍歸德郎將諸衛折衝都尉府每府折衝都尉一人上府正四品上中府從四品

下下府正五品下左右果毅都尉各一人上府從五品下中府正六品上下府正六品下行均官守岐陽府長上折衝而階正五品下是下府折衝都尉行方官守甘泉府左果毅都尉而階從五品下是上府果毅都尉特岐陽甘泉二府未有所攷耳碑末云歲次□寅二□戊申朔十九□□□立文內有高宗天皇大帝之語則立碑在武后朝載初二年庚寅歲是歲九月改元天授二月尚是載初據通鑑目錄是歲二月正戊申朔十九日爲丙寅也未行有跡鄉二字據金石錄補姜遐碑跋稱遐葬於昭陵神蹟鄉此碑跡鄉疑卽神蹟鄉當指其墓所在然則雖非陪葬昭陵而亦去陵不遠矣

姜遐斷碑

碑廣四尺四分僅存下截高四尺二寸六分三十三行字數無考正書在醴泉縣昭陵

上闕侍郎□□公晞撰文并書

上闕望□□規□之□□□□□□□□咸欲下闕飛□
則負下闕子之下闕之下闕在□之下闕諱遐字柔遠下闕之下闕千
石下闕之下闕嘗指下闕又奉　制授□宮通事舍人下闕聘下闕
矣下闕之下闕成□□□□之□夷夏以爲□□朝廷下闕授
下闕於其□□之遷□□□府郎將□□陳下闕有年□無

下闕撿挍下闕爲正下闕進轉後下闕論□以爲屈□□□之下闕
月□餘□□之以黜陟□□以下闕禮□節□性明七□
以□人□天□人□□□公□□□之下闕以下闕風□□閣□
□□□賜絹百匹以□□□□之効也下闕下□□去下闕莫
能□□尋奪禮起下闕中使□延下闕　冕旒□悼□□
□朝服一下闕以下闕十□葬于　昭陵之舊　塋禮
也下闕以下闕隱□枝葉於□經□□□□求聖賢□□□
□□正以下闕不□□□之門人下闕之□□□妻□不復
下闕以博聞下闕尤善草隸□□一時推下闕於奉親也□□
□□之養故□□□□舞之下闕之□□□不□翰下闕書

□□元下闕銀青光祿大夫□□□□□公□□□兵下闕
人下闕昭下闕思下闕親下闕意將□□□氣□言欲□□□□
□爲銘□
上闕外□心□逢□雲披遇□行□可□□□子□括甕
下闕天憲□□　帝宇熙宸重寄西下闕赫奕□光□□神
□昧昧天道茫下闕

遐者謩之孫行本之子史但附兄簡傳云弟柔遠美
姿容善敷奏則天時至左鷹揚衛將軍通事舍人內
供奉寥寥數語亦不云名遐遐之子即姜晈而撰書
遐碑者乃簡之子晞代簡襲行本爵爲郕國公者也

碑上段已亡止有下一段乘墓側余摩而錄之按游
景叔刻昭陵圖止有姜確墓確行本名史亦云行本
陪葬昭陵而俱不及柔遠何也石墨鐫華

右姜遐碑姪郕國公晞撰書碑已斷裂而祖父子之
名尚備碑云公諱遐字柔遠祖謩父行本子晈晦春
秋五十有二即以天授二年十月十日葬于昭陵神
蹟鄉之舊塋按史行本名確以字顯而碑正書其子
遐附行本傳云子柔遠未嘗云柔遠名遐也且謩傳
止云子確而碑云故伯父太子僕嘗指公謂人云云
似謩尚有子而史遺之東宮僕寺有僕一人從四品
即所謂太子僕也晞爲簡之子嗣行本爵史亦不載
碑雖殘泐猶足以證史之闕如此金石錄補

碑漫滅不可讀存二百餘字有云授東宮通事舍人
餘俱斷續不能成文按東宮通事舍人可以補史之
缺雍州金石記

諸書但詳行本陪葬昭陵而不及遐攷昭陵陪葬例
子孫願從祖父葬者聽遐以丁內憂起復不餘年而
即卒當是從父葬于昭陵本不得與陪葬者同例也
關中金石記

按金石錄補稱此碑祖父子姓之名尚備以天授

二年十月十日葬於昭陵神蹟鄉之舊塋今此碑
自祖謩以下文俱不存其葬處但有葬於昭陵之
舊塋未見有神蹟鄉也長安志醴泉縣六鄉曰美
華通畤新塋崇孝神安白涇又註云唐十六鄉有
白鹿長樂瑤臺修文四鄉餘不傳又云昭陵在縣
西北六十里封內周一百二十里九嵕山白鹿長
樂瑤臺三鄉界不云有神蹟鄉此碑雖文多磨泐
然葬於昭陵之舊塋文甚分明此七字中不能再
容神蹟鄉三字其昭陵上空二格亦例所應尔非
闕闕泐是金石錄補之語猶未確也碑之歷官可

見者曰奉制授口官通事舍人曰口府郎將曰檢校曰銀青光祿大夫其恩賚曰賜絹百匹其學行曰求聖賢曰博聞曰光善草隸曰奉親也餘皆零字不能成文碑無歲月據新書傳稱柔遠武后時至左鷹揚衛將軍攝地官尚書通事舍人內供奉百官志載戶部之改地官在光宅元年而遐之攝地官尚書在通事舍人之前則其卒在光宅元年以後尚歷有年金石錄補以爲天授二年葬者非無據也石墨鐫華謂昭陵圖止有婁確墓不及柔遠今玩碑云葬於昭陵之舊塋顯然是祔其父墓

旁宜乎昭陵圖所不載此與阿史那忠同一例也碑題侍郎口口公諱撰文并書舊傳姜蔡蒞贈鄭國公子簡嗣簡卒子晞嗣開元初左散騎常侍而不書其開元以前歷官此碑有侍郎字惜闕其上不能攷也

獲嘉縣浮圖銘

石橫廣四尺四寸五分高一尺五寸三分二十六行行二十或二十一二十二字不等正書

大周懷州獲嘉縣朱四娘爲女造浮圖銘并序

原夫〇樹開宗道德希夷之際泥丘誕聖仁義擬鑠之開終不能脫略生滅之途輕舉塵卒之域大矣哉我能仁利見也慈雲觸石沃熛炭於炎爐慧筏廣乘濟沉骸於慾岸清信女張氏懷州獲嘉縣人白水之源遂廣傍控九河黃石之道克隆遠敷三略像賢接武襲冶分翹祖德家風可得而言矣昔在襁褓慈父口口言念惟桑不忘造次乃蒿簪藿食宴坐經行轟口防岵之恩忍絕乘龍之慶末幾高授𠡦巳弱笄以爲篤口口口薰脩之末跡紉組織維俗中之常累非出代之要道口口仰止高山有終焉之志以垂拱三𠡦二𠥱十八𡆠因遊此寺遂自投此崖殉身飢獸昔尸毗慈悲於一鳥山童踊躍於八字殆無以過也毋朱氏恨起漢皐之珠怨結秦樓

之鳳乃發茲願頂造浮圖五級其塋也丹崖如削青松似蓋巖泉暴布山石開蓮騎鱗鋇大之賓坐桃源而長嘯驂鴻轡鶴之士披竹徑以吹笙斯乃出代之佳遊者也大周如意元𠡦歲次壬辰七𠥱甲午朔十五𡆠戊申功用斯畢敢以此福上爲　聖神皇帝陛下及口口七代祖神德祖口高父言堪見存毋朱姊大娘二娘妹娘子弟知徵并諸眷屬法界蒼生同登彼岸恐陵谷遷貿乃勒銘云

猗歟張氏堅操𡆠新凝姿𠥱浦垂耀〇津徘佪漢曲飄飄洛濱去彼穢累來斯善因志遊五淨心出六塵欲求

□境先弃今身其哀哀慈母言念傷情建斯功德捐此
經營下臨□埊上出太清高峙迴邈孤秀亭亭□□□
□□搖鐸聲應千秋而萬歲長不朽而無傾

按此碑題曰懷州獲嘉縣朱四娘爲女造浮圖銘据文是其女張氏投崖而死朱氏乃造浮圖五級以資冥福也懷州獲嘉縣屬河北道河內郡縣境無山不知所投何崖也浮圖以如意元年七月功畢是歲九月又改元長壽七月尚是如意也武后自庚辰九月改號大周加尊號曰聖神皇帝至是已三年矣碑書日月星載皆用新改字

薛府君碑

碑存上半連額高五尺二寸五分廣四尺四寸三十三行行字無攷正書額題大唐故揚州長府薛府君之碑十二字篆書

大唐故揚州長府薛府君之碑
闕上益承□□□□體闕下馮翊當□榮命起公□□□□
□□□□□□節闕下御史衛尉卿平陽縣開國公
贈車騎□□□□□□州□史執闕下文朝儀同三司
鄖城山陽二郡□□□□□府長史□騎侍郎闕下
奉使節以綏吳□宣□□□□□禁□□□其岳
靈□殿□於闕下門□□摧□蘭於早□□□□□
□□□□□□□□□□□黍闕下季君子道闕下氏齋□
□□□□□州闕下俄以賢良闕下公□□□公□□□□
□州刺史闕下詞□岳閑□□□□□爲□州都督府
闕下聞□誘□城□纍□□□授□州闕下虜無壁壘占雲
綮□□築受降闕下車之□□□　制闕下軍事□
州刺史□車□□遽□嚴父之□□□□風闕下爲闕下之
化□□公歷□□二州□□□□□□□□□□□□
□□咸闕下五闕下五闕下有闕下方伯挹□清塵闕下
闕上仍闕下從宅無追趨庭有□蹤□榆驛□□□□□
□霜露□□每切闕下猗歟仕夏顯允佐商□基峻極□

□靈長□□罷御□□仍藏闕下謝庭生玉犁房毓珍□
□君子□□淑人□□□□□風塵永言闕下然運海
子文夷雅□□□□別□□歎□□□倚仁□□□□
貞□亮闕下賴持中擊響出□□軺□谷鑿周□益□□
□□□俤闕下辰□結譬纓汾□□□河□□□□□□
□□□□□盛徒闕下

寶刻叢編揚州都督府長史薛寶積碑王處撰文林郎王應坦書長壽中立在河中是碑漫漶過甚惟額書大唐故揚州長府薛府君之碑十二字尚完好知即寶積碑無疑竹崦庵金石目錄

小石橋碑

碑下截已斷今連額僅存高四尺六寸四分廣二尺四寸作三截書上二截皆二十二行列碑主橋主發心主施主姓名下一截記十九行字數無考正書篆額

□牛□小石橋之碑
□□□塑元季歲次乙未㊃建子朔二㊁丁丑
□□三空凝象圭衞之璉難窮四諦沖元眞知之宗莫
測(下闕)解猶迷□壱之津□□高□未靜輪迴之□□□
毒□□(下闕)□究有象□□□□无生法忍□非理□□
□□慧□□(下闕)□福巳□於旣往是以花豪瑶□□□
□之知歸□□□(下闕)迷□使靈□来著者其孰能尙於

津梁□□□牛□壞石(下闕)以安□之代南北爲□長之
途□義之□□西作送迎之(下闕)□□□驲傳□郵停
驂駐軾斯橋所主盗始於玆代序(下闕)□□□北移谿變
刋創莫知□跡元功徽音不嗣□大唐(下闕)□□□□坐
輔駕象□□道□□元仁流下□五神入□(下闕)□□□
□□鍬金岱嶽乹封元季二㊄南巡龍輿□此以(下闕)□
□津□□爲梁旣　聖迹神行不敢湮廢以□塑元季
(下闕)菁尒□□□前臨廣□炎精曜魄之□□□蒋郊維
周卜(下闕)砦□□□□而流青左帶□巖石映霞而照
錦寔聖賢(下闕)之□□□焉有淸信士王寶□朱元英韓

宏澤朱元弊□(下闕)　也□□知罔極之難追□發菩提
其崇斯果□高□爲(下闕)□□人□敬刋貞石□□□名於
万古庶千齡而不易迺爲□□
(上闕)昧三空妙□鶴林隱□龍宮秘識□此輪迴孰知其
極□(下闕)有□□□□劭□念㊁□肇建　梁□崇遐懿
忠波邈□(下闕)

大碑主王寶□
大碑主韓宏澤　發心主□□□
大碑主朱元□　發心主韓知節
大碑主朱偕滿　發心主韓元智

大碑主朱元度　發心主韓知□
大橋主朱元英　發心主王思敬
大橋主朱文振　發心主朱□仁
大橋主韓知古　發心主韓道興
大橋主朱若曾　大施主朱□□
大施主朱□□
大施主朱仁恵
大施主□□□
大像主韓文玉　大施主□□眞
大像主羊遐友　大施主羊思福

大像主羊簡賢　大施主羊恩恭
左　菩薩主韓里朗　施主朱□□
左　菩薩主朱元□　施主飛騎尉朱令諶
右　菩薩主朱仁撫　施主朱令詢
右　菩薩主韓□九　施主朱令則
右　菩薩主韓珎業　施主韓知禮
右　菩薩主朱元智　施主朱璺字景沖

按此碑記建橋造像之事首行題云□聖元年歲次乙未月景子朔二日丁丑乙未是紀歲干支此下當云某月不知碑何以失書也據通鑑目錄是

歲八月丙子朔唐書則天紀一月改元證聖九月改元天冊萬歲碑有聖字確是證聖則碑爲八月所立無疑也此時武后稱帝建號不必避唐諱而碑猶諱丙爲景也此橋臨大道爲乾封元年南巡鑾輅所經因而建橋造像文叅記橋主像主發心主大施主助成功德而以大碑主居前後三十八人姓名大率朱韓二姓居多羊姓四人首一人則王姓也書官者一人飛騎尉朱令諶書名及字者一人朱璺字景沖

金石萃編卷六十一終

金石萃編卷六十二

賜進士出身　誥授光祿大夫刑部右侍郎加七級王昶譔

唐二十二

封祀壇碑

碑僅存上截高七尺二分廣六尺二分三十七行每行七十一字今存四十一字正書額題大周封祀壇碑大字篆書在登封縣西萬羊岡

大周封祀壇碑并序

春官尚書監修國史上柱國梁王𢘑三思奉　勑撰

朝散大夫守□闕下

𢘑聞乾坤大象也張三光而列五岳帝皇大寶也朝萬

圀而禮百神然則歷考河圖傍稽洛識乘樞建極□闕下聖羲農軒頊氏往堯舜禹湯氏作邦畿則千八百圀封禪則七十二鬳唯臨𡆠覩之岫纔越爪齊之嶺將□闕下通上帝之境俯枕中樞之甸風煙萬鄘徽薦穌而□闕下三花玉樹遥分神女之臺五色金芝下秀仙厓之窟仰昌之𡆠可以名玉帛可以勸銀繩建顯號而施尊名飛英聲而騰茂實其唯　我大周乎　祖闕下興王之祕籙運鵬海而首出躍龍泉而高視卷舒元氣分寶位於廱宮登步太階受环圖於黃屋均雨曜而闕下爪冊金輪聖神皇帝陛下徇齊作后聰明爲辟心懸萬

圖從鴈塔而乘時足馭千花自龍宮而應運垂大□闕下
位祥龜負字懸符啓夏之徵瑞馬呈圖豫送開虞之兆
豈獨而浮紫氣知赤帝之將興壟暎虹□表朱宣之闕下
之國業聚祥經誰識去來之果延妙相於丹扆降法身
於紫極湛然常樂輪風銷八柱之而寂尒圓明劔雨闕下
踊懸石鏡於丹霄墜水潛開湛珠泉於碧浪澄漪寫匜
非關竹箭之流迴岫排雲何止蓮花之□遐循□□闕下
至德掩於百代宏猷超於萬葉謳歌繁籙考符瑞於堯
終獄訟膺期送休徵於舜禪八牕四闥之制五室九闕下
宮非待子興之議懸　寶思而不測運靈襟而獨遠雖

金石萃編卷六十二　唐二十二　二

楹峻跱若鼇柱之臨空反宇中垂似鵬雲之映□□闕下
紺席於雞津開紫壇於龜浦蒼龍曉闢鉤陳迴雙闕之
前翠鳳晨張玉輦下三川之上山分虎據指□□□闕下
之野開玉帷而鈐士命金壇而拜將營分水匝煙銷彭
蠡之濱陳起山虹霧廊洞庭之野三監縱慝七閩□闕下
雲梯驅鴻裝而騖鳳駕未若浪井常沸雲漿鎮涌流珠
孚匹練玉雜儔偶　西鞏而爲尊配東皇而保祚□闕下
湊飛龍遠叶高陽之代鬼神無以祕其與造化所以同
其節鯤池象浦纔居侯甸之中細栁蟠桃未出王畿闕下
庭而失所銅掌鑄於漢(乙)金莖營於魏代空竭神仙之

壑無階風化之美未有殊方送款爭馳菀□之心□闕下
峪嶢而上秀山光拂迴疑覆鼎之黃雲珠影浮空似臨
圭之白(乙)銅舟鐵軔浚幽駕險石碧玉環馳煙驛□闕下
虒銀麈乖趁於　帝圖龍編列壤遙通落鴈之峰象部
疏疆遠控□蔦之水時驚虵豕之暴或縱豺狼之虐闕下
眦俗　皇威遠舉取八桂若摧枯　廟略冥通砯三珠
如拉朽煙塵息而九區靜文軌同而萬方泰至若□闕下
至鸞啼草秀鴈飛木落丹花翠栁送宇宙之春光玉露
金風漲山川之秋氣披繡闥而□而步敞雕軒而□闕下
庾登而俗阜高而降祚先開雨粟之禎厚壟鍾祥更錫

金石萃編卷六十二　唐二十二　三

歸禾之瑞艾韡知懼草纓無犯鄭竹所以莢科燕□闕下
集累玉來而殷業泰龍飛白水赤伏至於劉亭鳳集岐
山丹書下於姬戶今　皇圖纂於七寶而冊□於□闕下
頭鷲鴿既巢於阿閣牛尾狼題方馴於禁籞山車澤馬
湊仙掖而騈闐丹甑黃□擁神州而駱驛祥萁倏□闕下
曠時殊觀咸不召而自來絕代淇禎固無幽而不出於
是三靈聳聽萬方翹首羣公陳禪草之儀　而子□闕下
耆霧集叫龍闈者雨驟　宸儀迴暎俄流黃道之暉
仙渙遙垂忽降丹穹之渙粤以而冊萬歲二季元□闕下
三界有昭蘇之樂　皇恩與和氣同泛　帝澤共祥雲

俱灑車書舌朔極遠而窮幽文物聲明振爪而動塋下闕
之樓法駕出銅駞之道八神分衛飛蒙茸而走陸梁萬
騎齊驅擁浮雲而騰轉電虹霓作其旌旃霜雪爲其下闕
帷宮欲野笙鏞交太一之壇帳殿歆山鐘鼓沸爪中之
邑　曌皇乃端瑞珽降雕輿率百辟而虔蕭羿口下闕
祥光下燭金花孕彩依輦道而分暉玉醴浮甘委行厨
而薈潤變溫景於累陸降仙禽於丹嶠木呈連理口下闕
射牛之盛禮鏤　皇猷於翠碱騰　帝徽於紫岳煙雲
動色標絕跡於千乘雷雨流　恩洽殊私於萬類口下闕
陵而頌德抽兔豪而瀝思所冀　皇猷永固將九塋而

齊貞　帝祚長隆與三爪而共遠其詞曰
洪鑪始闢大象壓甄四溟環塋八柱承爪江河濟薄(乙)
匝迴旋三徵遷往五運更遷其一文物既敘皇王有作下闕
弈三皇俱陳玉帛各起壇場鳥魚荐瑞茅黍徵祥寧臨
太室空陟神房其三玉冊延祚　金輪馭極壇躍下闕
中千花聳塔七寶口宮傍周法界上達虛空長懸佛(乙)
永息魔風其五峻極于爪鬱盤千巒漢躍徒擁虞巡莫下闕
壘跡巻龍希陪　口輦願侍雲封蒲輪欲駐芝誥俄從
其七鳳璽祥乘鑑圖考(乙)法駕將備　乘輿迺出却口下闕
璋旌旗焰焰宮徵鏘鏘口浮口(乙)塋燭神光其九古樹三

花仙巖萬歲銀口是勅金口口口業口九皇功超口下闕

武后封祀碑故存自號大周當時名賢皆不著姓名
於碑陰倘虞後代之譏其不典也碑之空無字處觀
聖俞記樂理國而下四人同游饒刻尤精謝絳游嵩山寄梅殿
丞書

封祀壇碑今在登封縣西萬羊岡下截剝蝕亾其月
日金石文字
封祀壇碑武三思奉勑撰薛曜書按此書結搆道密
較石淙殊勝碑文凡三十六行下截三尺餘剝落已
盡文義難屬嵩陽石刻記

碑上截歷歷可摹石質堅瑩摹之作響不似他碑之
漫漶唐武后出新意爲十九字當時臣下章奏與天
下書契皆用之此碑可徵也碑內書人姓名今亦模
糊邑故家有藏明時搨本爲薛曜書名以此爲据捫
石諦觀猶可辨識說嵩

金石錄有登封元年封祀壇碑云武三思撰薛曜正
書寶刻類編云萬歲登封元年十二月顧炎武云下
截剝蝕亡其年月今據寶刻類編知之碑中有𠺞字
𤯔字卽君字人字宣和書譜載武后增減前人筆畫
爲十九字有此文但微誤耳鄭樵通志六書略作十

八字乃遺此二字新唐書后妃傳又作十二字俱不
同朙亦見順陵殘碑𤯔亦見司稼寺卿杜夫𤯔墓志中州金石記

碑下截風雨激射殘其年月不可見金石錄作登封
元年寶刻叢編作萬歲登封元年金石文字記作天
冊萬歲二年案舊唐書禮儀志天冊萬歲元年臘月
甲申親行登封之禮禮畢改元萬歲登封據是則立
石書石當非刻期可就顧亭林氏以爲天冊萬歲二
年者近之然既改元萬歲登封則亦不宜稱天冊萬
歲二年矣碑薛曜正書名今無存曜附唐書元超傳

云聖歷中附會張易之官正諫大夫者是其人也授堂金石跋

按此碑下截磨滅每行字數本無攷今準以銘詞
二章三章共應六十四字加註其二占一格共六
十五格而存者僅三十五字是缺三十字再以銘
詞首章連二章八字共存四十一格加缺三十字
是每行七十一字也所存字得十之六俱完善可
讀壇在嵩山新唐書禮樂志不詳其制舊書禮儀
志高宗既封泰山之後又欲遍封五岳至永淳元
年於洛州嵩山之南置崇陽縣二年七月下詔將
以其年十一月封禪於嵩岳詳定儀注於是議立
封祀壇如圓丘之制尋屬高宗不豫遂罷封禪之
禮則天垂拱四年將有事于嵩山先遣使致祭以
祈福助至天冊萬歲元年臘月甲申親行登封之
禮改元萬歲登封三日丁亥禪于少室山又二日
己丑御朝覲壇朝羣臣咸如乾封之儀志雖不言
則天時壇制如何大約即高宗時詳定之制而行
之志於禮畢後但載有則天自製昇中述志碑樹
于壇之丙地而不載此碑通鑑于天冊萬歲元年
四月天樞成書武三思爲文太后自書其榜而于

此年封嵩嶽亦不書武三思撰文之事金石錄宣
政雜錄並言昇中述志碑政和中河南尹上言請
碎其碑詔從之而此碑幸存不在椎碎之列碑題
春官尚書監修國史上柱國梁王臣三思奉勅撰
舊唐書傳三思后族則天革命封梁王證聖元年
轉春官尚書監修國史略涉文史以則天厭居深
宮欲與張易之昌宗等扈從馳騁以弄其權乃請
創造三陽宮于嵩高山興泰宮于萬壽山請則天
每歲臨幸而不書其撰文紀封祀之事殆事出不
經紀載從略宜也金石文字記稱此碑爲薛曜書

今但存朝散大夫守五字兩唐書薛收傳收子元超元超子曜以文學知名聖歷中修三教珠英官至正諫大夫而不著聖歷以前官朝散大夫階從五品下碑有守字不知所守何官也碑無歲月竇刻類編以爲萬歲登封元年十二月者記登封改元之年月也金石文字記作天册萬歲二年者以碑中有天册萬歲二年字也恭登封行事尙是天册萬歲禮畢改元則爲萬歲登封其實皆一時之事也文皆稱頌武氏之諛詞大抵諸臣媚子北門學士等代三思爲之詞雖偉麗無足深攷碑書虎

字已不避葉字仍作菜避世字也

梁師亮墓誌銘

石高二尺九寸廣三尺四寸十九行行二十八字正書在西安府百塔寺

大周故邛州榮德縣丞梁君墓誌銘　并序

君諱師亮字永徽安定烏氏人也若夫河汾濤湙大啓濫觴之源幽蘇林坰勃興拳石之址則有武威太守軒冕赫弈於鄉亭并州刺史旌㫌騈闐於門巷大父殊隨任右監門錄事顯考金柱唐奉義郎並行高州懷道蘪王侯楊雄非擊之書我家時習方朔易農之仕吾人所尙若珠藪夜光玉田朝彩張仲孝友早爲立身之具夫子溫良持作揚名之本未嘗欺於闇室何謝古人至不怍於虛舟自符先達棲遲禮讓擯落驕矜弋釣丘墳耕耘道藝詞包吐鳳傲三變而英峙字抱迴鸞雄一臺而介立聲馳囸下辯振雲間後進欽其領袖時輩宗其瑚璉起家任唐朝左春坊別敎醫生摳衣鶴禁函丈龍樓究農皇之草經研葛洪之藥錄術兼元化可以滌疲痾學該仲景因而昇上第屬龍庭𠥱滿鹿塞塵驚命將出師千金之費逾廣飛芻挽粟萬里之粮宜繼君戶庭不出苯甲匪疲遙同轉輸之勤遂獲茂功之賞永隆二季以運粮勲蒙稅上柱國旣而欽明麗代宮車晏出守文

承體　閻陵繕修紀市功成賞憑子來之力穀林務畢仍覃發哀之旨埀拱二季以　乾陵當作功別　敕放選釋褐調補隱陵署丞解巾從宦智效聿宣結綬當官幹能斯著秩滿俄而上延　朝諧穊邛州榮德縣丞貳職千石贊務一同蠻陬乂寧平人是賴終使悠悠墨綬方宏上艾之風泛泛銅章行闡史牟之化隨牒云滿解印言歸吹蠱餘灾纏廻少城之壁遊魂永逝崩摧武山之石以萬歲通天元季七𠥱二囸終於益州蜀縣春秋卅有七嗚呼哀哉卽以萬歲通天二季三𠥱六囸葬於雍州城南終南山至相寺楩梓谷

信行禪師塔院之東陪先塋也嗣子齊望熈號越㊃孺
慕彌罙悲懷袖之靡依慨舟壑之潛運黃壚九㘸始殷
荒戀之情隴夜三泉終積鐫題之事乃爲銘曰
東京后族北㘸邦君七侯馳譽三主揚芬瑞掩金冊榮
繁寶縛爵諸隆盛曾何足云祖考餘慶英髦間出蕭敞
叅麗乖淩喻(乙)溫恭宅性廉白成質譚思溱書儲精緑
表鴻陸圖漸龍門早昇聲歎寢廟智效　園陵
而朝我黜縣道爲丞勤凝邊徼化協黎蒸遐塗未極生
涯遽已瞑目他鄉歸骸故里新封暫啓賓御慄而野雲
愁舊壠長扃松檟昏而山霧起碑闕兮交暎陵谷兮潛
徙所悲螻蟻之蜒銷淪而㘸之紀

師亮字永徽以本朝年號爲字猶漢袁紹之字本初質帝年號本初古人之無避忌如此金石文字記
右珍州榮德縣丞梁師亮墓誌元和郡縣志珍州貞
觀十六年開山洞置并置夜郎麗皐樂源三縣別無
榮德之名惟溱州有榮懿縣溱與珍接壤而德懿字
形亦相似豈榮懿即榮德之誤而榮德又嘗改隷珍
州乎然無他文以証之矣唐書地理志謂元和二年
珍州廢縣皆屬溱州攷元和郡縣志珍溱各自爲州
尚未改併吉甫薨于元和九年十月故志所載有八
年九月事而珍州之廢志無其文則唐志以爲元和
二年廢者又未可信也師亮以出賞助轉餉永隆二
年授上柱國與澤王府主簿梁君同又云起家左春
坊別教醫生攷百官志左春坊藥藏局有郎丞侍醫
典藥藥童無云別教醫生者惟太醫署有醫博士及
助教掌教授諸生然則師亮殆以醫助教入侍宮坊
者歟又云調補隱陵署丞攷唐六典隱章懷懿德節
愍惠莊惠文惠宣七太子陵署各令一人丞一人又
唐書儒學傳亦云隱章懷懿德節愍四太子並建陵
廟分八署置官列吏卒是知隱陵者隱太子建成之

陵太子陵不別立名以謚爲名也此胡三省通鑑注
所闕潛研堂金石文跋尾
按武后所改字授作穡契苾明碑作㧗今梁師亮墓
志作穡凡兩見均有小異雍州金石記
思亮字永徽安定烏氏人起家左春坊別教醫生以
究厥入寇轉粟功授上柱國修乾陵補隱陵署丞謫
授榮德縣丞卒生平無甚著聞可見者如斯而已書
者筆蹟工整猶有歐虞遺法文中多用武后新字鄭
樵六書略所載爲板本所亂以此與契苾明等碑攷
之庶得其正云關中金石記

志拓本完好偶于大梁書肆中得之亟購以歸尋次
漫無可推証獨志所云梁君起家任唐朝左春坊別
教醫生業之唐書皆乖剌不合百官志東宮有左春
坊其職任但于膳藥有所司而別教醫生之文則志
未嘗及太醫署醫博士掌教授諸生針博士掌教針
生以經脈孔穴如醫生其官又不在東宮今志牽附
左春坊之下或左春坊于東宮内既典膳藥矣而其
所隸諸醫生亦當因事教之是于史文特未具故以
志所錄亦可附見也志又言永隆二年以運粮勳蒙
授上柱國垂拱二年以乾陵當作功別勑放選釋褐

調補隱陵署丞又云上延朝謁授珍州榮德縣丞梁
君歷官亦或遭時俾位不足殫述然于當日權宜之
制多為史所未備故并為著之授堂金石跋

按碑直以君諱師亮起不加鋪敘之文體之簡質
者也敘先世祇及其大父顯考則其高曾之不甚
顯可知其敘遠祖有云武威太守軒冕赫奕於鄉
亭并州刺史旌棨駢闐於門巷武威謂漢梁統烏
氏人更始拜為酒泉太守并州謂漢末梁習曹操
辟為漳長累官并州刺史碑云大父瑹臨任右監
門錄事隋書百官志左右監門府掌宮殿門禁及

守衛事有錄事一人顯考金柱唐奉義郎唐書百
官志有奉議郎階從六品上無奉義郎疑碑訛書
也師亮以萬歲通天元年卒春秋四十有七推其
生在永徽元年其永隆二年授上柱國年三十三
是時突厥寇邊命將戰伐運粮著勳當由于此前
此則云其家在左春坊別教醫生因昇上第而不
著何年百官志東宮官武德三年改内允曰中舍
人隸門下坊龍朔二年改門下坊曰左春坊咸亨
元年復舊景雲二年改門下坊復曰左春坊則師
亮之任左春坊在龍朔二年以後咸亨元年以前

其時年不滿二十安能充博士教習醫生玩碑有
因昇上第之語似乎師亮自充醫生而受博士之
教業成而昇上第也唐制官吏勳級凡十有二轉
為上柱國視正二品師亮以運粮授上柱國之勳
似與納粟賜爵之例相彷而史志不詳又垂拱二
年以乾陵當作功別勑放選高宗之葬在嗣聖元
年八月至垂拱二年乾陵始畢功是師亮以山陵
勞績注選且有上柱國之榮勳而釋褐祇補隱陵
署丞此亦可見當時授官不係乎勳之高卑也師
亮有子齊望不書官位是未仕也

馮善廓造浮圖銘

碑高二尺七寸廣二尺六分二十一行
每行字數不等行書在許州府長葛縣

浮圖銘

趙頲撰

書銘人佛弟子姚璟

夫以陰魄陽魂如風似燭歎浮泡之易盡□□□之難
□預啓津梁不憂生滅高託蓮花之上遥歸柰苑之中
姜矣哉不可得而言也況□雞鳴遠系郎署遥基門德
早通時英不絶曾祖諱忠祖諱推父瓊琳玉葉俱抽撲
漢之陰騭子龍文並躡追風之影父諱敬夫人沈氏或

碎珠驪領貽試將來或斷織蛟梭遐吞故事既傾蒲栁
早歸松栢孤子善廓等哀纏露蓼痛軫風林追念二親
願從三寶所冀先靈納祐遊定水之津梁後嗣承恩八
慈門之户屬以大周萬歲通天二季歲次景申肆(九)景
演朔拾肆(乙)己卯遂造浮圖一所石像□區尔其鑿石
疊重雜煙雲之氣色紫金圓滿含(乙)(丑)之光輝對喬木
之隱而即爲龍樹俯通波之枕埊聯嵩猴池雖則事畢
功□然恐山移海變須垂不朽敢作銘云
前代後代非一代兮前身後身非一身兮精進礼拜得
超界兮歸依念因能出塵兮迴向功德生淨域心

緒清勤離苦津長遊滿(丑)之筆永抱飛而之人
佛弟子馮善廓妻王 弟善宏妻樊 弟善慶妻張 姊二
娘 姊四娘 孫男嘉會知□知愍孫女金妃要妃
要好要月伍娘阿六八兒九娘十娘 先亡姊大娘
三娘五娘及見存兒女等
釋元楷等一心供養

其文甚工字亦有姿致惟寫美爲姜纏爲纏丙寅爲
景演不朽爲不朽皆異文此碑新出故金石家多未
著録也碑中有龕刻石像字在四圍 中州金石録

右馮善廓浮圖銘月日用大壹貳字它碑所罕有碑
書夫人沈氏即沈字今俗浮沉字多作沉欲與沈姓
之沈示區別蓋失之矣文云陰魄陽魂如風似燭按
古詩百年未幾時儵若風吹燭陸倕思田賦感風燭
與石火嗟民生其若寄庾信傷心賦一朝風燭萬古
埃塵唐汝南周君墓志亦云風前失燭知此語相傳
久矣 潛研堂金石文跋尾

按碑云大周萬歲通天二年歲次景申肆月景演
朔拾肆日己卯萬歲通天二年是丁酉歲非丙申
是年九月改元神功故四月尚是萬歲通天二年
據通鑑目録丙申歲三月壬寅朔五月辛丑朔則

四月是壬申朔惟丁酉歲三月丁酉朔五月丙申朔則四月正是丙寅朔碑作景申歲者誤也

杳冥君銘

此碑從裝本錄出高廣行字無攷正書

鳳閣舍人河東薛稷爲文并書丹

悠悠洛邑眇眇伊瀍展移寒暑頻經歲年丹壑幾變陵谷俄遷不覩碑碣空悼雞煙（其一）時代攸徙塋竅姓氏匪辨口口誰分朱紫翠墳全毀壓局亦毀久歇火風爰歸埿水（其二）靈跡難訪莫知其狀彷彿穸毫依俙泉帳草積丘壠松高巖嶂乃吞幽途彌增悲愴（其三）于彼兆域是生荆棘松劒猶存榆錢可識覽物流口口口太息欲致禮於營魂聊寄言於翰墨

大唐神功元年丁酉歲十月一日

右唐杳冥君銘鳳閣舍人薛稷譔并正書此銘集古錄不載歐陽公益未之見趙氏金石錄雖列其目而云無書譔人姓名則亦不知其爲稷也　銘文但云悠悠洛邑眇眇伊瀍又云靈跡難訪莫知其狀則稷未嘗眞知墓地蓋汎然而銘之耳後讀陳子昂集見其冥寞君墳記云皇帝因登嵩山望少室尋古靈迹得王子晉之遺墟在朮水之曆曲欲開石室營齋宫乃徒方輿得古藏焉內有甎瓦長二丈二尺闊八尺中有古劍一銅椀一瓦器二又有古五銖錢朱漆片及棖撥之應手灰滅即具物備容遷定舊壙哀其銘志磨滅姓名不顯乃錫之名曰冥寞君云觀子昂文則墳嘗發於武氏撿而錫之以名亦武氏也夫以殘酷不仁之人而能爲此此固死者之幸但稷曰杳冥此曰冥寞蓋杳冥冥寞無二義也（金薤琳琅）

按杳冥君銘董文敏戲鴻堂帖載之銘詞末題大周神功元秊丁酉歲拾𠥱壹𡆠鳳閣舍人河東薛稷爲文并書丹金石錄云無書撰人姓名似未覩此記也（中州金石攷）

按金薤琳琅引陳子昂冥寞君墳記云云據下卷昇仙太子碑所云方依福地肇啓仙居開廟後之新基獲藏中之古劒正指此事與陳記合蓋因建昇仙廟開基掘得古藏不知誰氏目爲杳冥君而作是銘也武后以萬歲通天二年九月壬寅改元神功是月甲午朔壬寅是初九日此碑立于改元後二十三日也碑前題鳳閣舍人河東薛稷爲文并書丹新唐書傳稷字嗣通道衡曾孫擢進士第累遷禮部郎中中書舍人睿宗踐阼遷太常少卿

封晉國公累遷黃門侍郎參知機務罷爲左散騎常侍歷太子少保禮部尚書舊唐書多同皆無鳳閣舍人之文據唐六典光宅二年改中書爲鳳閣新唐書百官志作元年按光宅無二年是年正月丁未改元垂拱六典誤也神龍元年復舊其屬有舍人六人傳載稷之官中書舍人在睿宗踐阼以前正是武后時此碑書於神功元年在垂拱之後神龍之前正當作鳳閣舍人碑爲可徵傳云中書舍人誤仍舊名也稷善書畫歷代名畫記稱其善人物雜畫畫鶴知名朱景元唐朝名畫錄載秘書省有畫鶴時號一絕曾旅游新安郡

遇李白因相留請書西安寺額兼畫西方佛一壁杜少陵有詩云又揮西方變發地扶屋椽其書在當時與歐虞褚並稱四家兩唐書傳皆稱稷外祖魏徵家富圖籍多虞褚舊跡稷銳精摹倣筆態遒麗張懷瓘書斷稱稷書學褚公綺麗媚好可謂河南之高足少陵詩又云少保有傑作得之郊陝篇共爲時所珍如此而今碑本流傳者僅見于此而已

王仁求碑

碑連額高八尺四寸廣四尺五寸七分三十四行行五十一字額題大周故河東州刺史之碑十字並正書在雲南安寧州

唐朝故使持節河東州輔軍事河東州刺史上護軍王府君碑銘并序

成都閭丘均文　長子雲麾將軍行左鷹揚衛翊府中郎將使持節河東州諸軍事兼河東州刺史上輕車都尉新昌縣開國子公士王善寶自書

夫神有所服謂之威名有所宗謂之德威非大者則不能以率服德非厚者則不能以獨宗是故靈鳳□絕於雲氣□從衆鳥猛虎耽踞於山林震□百獸豈其締飾毛羽以求嘉□之殊磨利爪牙以取雄羣之勢蓋云材

力所素出□象所自全固其然也抑聞豬汀明珠多從於西域異物奇玩必致於南州期於服用□□充光內府十金是資萬乘爲器者何必顧□隍而□□鄙幽荒而靡錄哉君諱　仁求安寧郡人也其冑出於太原因遷播而在焉十有餘世氏族之系肇命王子□□之美稱高汾晉□品節義氣相纘於家風□代□□□□歷書於史筆故知今古□□其□昔有夏之衰弃稷不務至乎不窋用失其官自竄於戎狄之間莫思於先君之業守以敦篤奉以忠信□世□□不忝前人擬之其倫庶以匹合□□有觸所居必□而太伯逃吳文身之風

既習少卿降虜毳莫之化無違夫豈□□□□□□□□
□事有與適安土恒□其宜時□可從□禮必同其欲
祖□□漏隨別駕幹具英爽風□軒適膺揚推於顯化
驥足整於長途□□□□隨大都督身日律度材□梓
漆劉靈望賢於十部陶侃榮重於八州君遇行運之秀
德膺鬼神之靈會道與其□而□乃聰□○在懷□寶
□目謂海恭廣土量□潛而□□謂山益高□容隆□
而難仰智則有達明則能通推可而斯行擇善而□動
不事於所欲不爲於所求□□所以久恃貞果所以立
□□□多其信行州里高其義聲大略觀書知風聽樂

擊劍盡騰援之術□□□歛羽之妙可以往□尔事毘
飾有邦故王制輔成以□貢賦至于五千里州十二師
外薄四海咸建五長君有運理羣物之才□□保邊裔
之略無待累次直除□□出□使持節河東州諸軍事
河東州刺史加上護軍由乎大猷負風凌而地以絶奮
巨鱗激水期□□而一□若乃訓以生聚之方開其資
財之道灝川澤之利□山林之饒內足以養老盡孝外
足以事上供税力役齊平致化清靜通其變使人不倦
愛其教使人以時貲及馬牛恩肥土□庶心咸服莫俗
□歸□未能大革情性均之雅俗□□一變風聲□□

賢史矣塵□將求寵於大國以和其民入招慰奏置姚
府巳西廿餘州俾睦□德□前漢六代外事四夷開夜
郎之道綏哀牢之□□□□聲化率流既處於僻界
荒垂不能爲中國輕重時復廢棄但云羈縻君以塑形
平衍生殖豐阜□延企而□思宜郡縣以□事□平唐
運實□其勤孰與使者唐□疆略南塑轉粟深於驚恐
發卒至於殘傷可同○論我然負戾君長負遠放命灾
我城邑延□平入□□州刺史蒙□實治其亂咸亨之
歲犬羊大擾梟將失律元兇莫懲君武□□□義以憤
惋□犀□以奮擊驅虎□而先□□□猖狂之種殲厥

逋□之師遐垠是賴到于今而克寧勳在王室藏於盟
府則侯子綺吾破虜截級中國蒙其惠帝王□其身□
□□山巖□所謂□密無形爲計□主堅強不變爲國
□□者巳嗚呼□曰故矣誰留於變化梁其壞乎巳非
於疇昔賢賢皆死而道謂□□咸亨五年八○十五○
寢疾而終春秋卌四長子雲麾將軍行左鷹揚衛翊府
中郎將使持節河東州諸軍事河東州刺史上輕車都
尉新昌縣開國子公士善寶炳靈瀆水□神禺山嶽儀
□□□實不雜音儀朗乎秋○詞令潤乎春雲如蘭之
□□□之利能□能惠不忌不尅誠立無易於暗昏言

出必應於遠邇故能保世滋大聣前之光鳴將驚人飛
而食□張博望收虜於屬國魏獻子受□□和戎功熙
亮采職庀中外雖則符守方鎮恒以宿衞京都至於朝
庭班爵之儀彝倫上下之序樂懸禮物之數軍麾國憲
之容莫不□懷胷襟流入骨髓乃感念追遠永言孝思
汚隆適從無所失道□□兼有執而能脩張於神明之
器附於糹衾之物崇其封塋設□□□鬱鬱潤澤白虎
之候可占洪洪博平雄龍之象終吉故其土性停濆有
如上代安錯儀軌弗踐終經聞斯行諸宜我告始則知
□□台葬自周公而乃來古不高墳傳孔丘而其立固

卒而作者鄉使於事業迹而用者遂成於典讀夫身巳
沒而名不盡世彌久而功愈彻凡百□埏託乎彝祀一
□至行二美具存愛之斯錄之矣敬之斯盡其道焉銘
曰
先王疆理其義賓睦小囿附庸因弗祗服墾入在位羣
生蒙福寔育□賢爲之司牧翼翼夫子守終純□振鱗
洪波驤首祇路□□郡道名播欵慕乎此兕驕掃茲氣
露高烈時暢懋賞惟嘉敦愛種落輔助邦家營闢仁善
亭壽宜遐□□不續貞烏嗟嗟先以遠(乙)安其宅兆塋
門將閟陰堂不曉□□隴煙哀悽山草行人壟淚空見

銘表

聖曆元秊舌匝拾柒(乙)葬其秊拾匝拾(乙)立

右河東州刺史王仁求碑同年王述庵侍郎任雲南
方伯時所贈向來收藏金石家皆未著錄其額云大
周故河東州刺史之碑而題稱唐朝故使持節河東
州諸軍事河東州刺史上護軍王府君碑銘者仁求
卒于高宗朝其長子善寶襲職至武后聖曆元年始
爲樹碑相距巳二十五年仁求固唐臣非周臣也攷
河東州本唐羈縻州隸黎州都督府史但言開元前
置據此碑知高宗朝巳有是州矣仁求卒於咸亨五

年八月十五日是月改元上元未改號以前仍稱咸
亨碑刻紀年之例如此明史稱昆陽州唐置河東等
州沒於南詔元置昆陽州其所領三泊縣北有河東
故城今三泊縣亦省入州矣善寶出於蠻夷而書法
淳古可愛當是華人游其幕者代爲之耳潛研堂金石文跋尾
按善寶見舊唐書張柬之傳垂拱四年蠻郎將王善
寶昆州刺史爨乾福又請置州奏言所有課稅自出
姚府管內蓋于其父仁求曾官所區置若此仁求以
碑稱安寧郡人其先出於太原因遷居而在焉按官
之地云招慰奏置姚府巳西廿餘州又開夜郎之道

役哀牢之口問罪荒埀口能爲中國輕重將復廢棄
但口羈縻舊唐書地理志姚州武德四年置在姚府
舊城北百餘步安撫大使李英以此州内人多姓姚
故置姚州管二十二州元和郡縣志姚州本漢雲南
縣之地武德四年安撫大使李英以此中人多姓姚
故置姚州爲瀘南之巨屏碑云招慰奏置卽指安撫
李英也姚府巳西廿餘州志稱二十二州數亦相符
惟碑額河東州之名志言黎州統制五十四州有河
東州皆徼外生獠無州羈縻碑謂問罪荒埀及云時
復廢棄但口羈縻則是仁求于河東州克復其地亦

巳屬之羈縻故爲此州刺史矣若志所指皆徼外生
獠者疑不盡然碑稱負戾君口負遠方命口我城邑
州刺史蒙儉實始其口咸亨之際犬羊大擾梟將失
律羣兇莫懲君以奮擊殲厥逋誅之師吐蕃傳咸亨
元年四月詔以右威衛大將軍薛仁貴爲邏娑道行
軍大總管左衛員外大將軍阿史那道眞右衛將軍
郭待封爲副率衆十餘萬以討之軍至大非川爲吐
蕃大將論欽陵所敗仁貴等並坐除名碑言梟將失
律謂此也吐蕃與南詔蠻壤接仁求或以舊官于姚
府而按師防邊得制其逃逸固宜有此然不得附傳

于史有漏也碑額稱大周河東州刺史碑身又題唐
朝故使持節河東州諸軍事河東州刺史上護軍埊
仁求之歿在咸亨五年八月故稱唐官以終及立碑
巳當武后改號故復題爲大周今以碑所書則天僞
制字最多知其立石於武后時也拓本爲青浦王少
司寇所贈遠地邊徼石刻罕能搜剔予故珍惜書之
授堂金石跋

按此碑從未經人椎拓諸家金石書皆未著錄昶
官滇藩時閲省志見唐刺史王公仁求墓在廢三
泊縣南二十里三泊縣元置明存今廢併入昆陽

縣屬安寧州北距省城二百餘里州城南葱蒙卧
山卽墓所在上有碑銘墓廢久碑尚存志載仁求
事蹟僅稱其漢夷悅服而巳因屬太和知縣杜君
鈞使善拓者拓之於是始得其大略碑云咸亨之
歲犬羊大擾梟將失律元兇莫懲舊書高宗紀咸
亨三年正月辛丑發梁益等一十八州兵募五千
三百人遣右衛副率梁積壽往姚州擊叛蠻新書
則云姚州蠻寇邊太子右衛副率梁積壽爲姚州
道行軍總管以伐之其戡定之日本紀及南詔傳
皆失載證以碑當是薛仁貴敗績仁求佐梁積壽

倘平之河東州唐書地理志隸黎州都督府惟安
寧稱郡史志失之僅有安寧縣屬昆州隸戎州都
督府未知卽仁求里貫否也唐制左右衞上將軍
缺以中郎將代先宅元年改左右侍衞曰左右鷹
揚善寶嗣官正值武后時故碑亦用其所改字而
結銜書內官者以當宿衞京師故也昶因御以得
其墓令知州董君傑修之且求其後人還諸墓田
之被侵者于是其裔孫沛元等請立石以記夫滇
南自漢建元間開西南夷通牂牁江後如爨習李
恢之徒屢見於史若仁求奏置姚府已西廿餘州

又以地形平衍生殖豐阜謂羈縻廢棄之地宜置
郡縣故南詔之見於傳者實自高宗年始其功甚
偉且碑係善寶自書字畫古勁益洊被華風有足
嘉者既爲文以表其墓因拓其舊碑多翻徧遺諸
同好共鑒藏之

潘尊師碣

裝本高廣尺寸行字皆不詳
隸書在登封嵩山老君洞

唐隱居中嶽體元先生太中大夫潘尊師碣文并序

雍州司功王適撰序

弟子中嶽道士司馬承禎書

古稱列仙自黃帝尚矣或解形黙遯或練氣昭升然業
與代殊古將今遠聞之者不見見之者不留世嘗以局
守增疑神人以密化爲貴故其道彌大其議彌乖非理
契冥通精存靡覽者不可得而論已尊師趙國贊皇青
山里人也族潘氏名師正字子眞唐嵩山上清之鍊眞
者也尊師體元和之精含太素之氣誕彌之夕景光充
廬客曰此天階之祥非世貴者旣而生有僊骨幼無童
心足蹈龜文手垂過膝風儀盅秀操履幽貞年十二通
春秋及禮見黃老之旨薄儒墨之言白雲在天心已遐
舉十三喪母氏攀擗柏以泣血伏塚廬而摧心緬惟大

孝嚴天非負土之義愼終崇德實致福之基大業去季
同手謝俗居金丹之術所玉清之臺却粒而練飢餐菁
以虛藏身外無影骨間有聲時升靡眞人王君居在茅
山山有華陽洞天羣僊之府乃負笈潛往結草幽居受
祕錄於金壇奉靈文於石室王君以尊師名著紫簡業
盛黃丘指以所居告歸中嶽於是竭來上國貴趾中經
湫陰輿之雙泉庇陽崖於二室寢冥孤窗垂將十季以
其樵歌尚通隱跡或至歷鑿巖以選勝窮絕界而擇幽
得道遙谷者有古僊之跡雄峯晃眼抗升天之階牝谷
空象洞入冥之路於是□林石結茅構焬楓栢而戒埒

練松朮以存精志逖翔雲神合浩氣吞沆瀣以龜息吸
蔚皇以龍盤青古不留丹田已見冥寂五紀逖與代殊
想望三淸悠然景會上元三年　天皇大帝幸洛
都睎嵩阜謁三元之洞徵六甲之圖尊師以道有所申
貴有所屈竟不屑命對以無爲後年巡豫許京屬想太
室願言霄極佇降雲軿師仍爰几謝以幽疾至調露元
祀〔卍〕惟孟冬　天子廼卭運堯心夙整軒御萬騎
雲躍六龍天飛淸碧瑤之壇訪皇人之道會師於嵩陽
觀焉時　天闕金輪璧神皇帝濟光寶緯佐理瑤
房捘祈絳闕之遊遥契紫元之妙覓裴羽從齋心致謁

既而　皇睿靡歎青谿尚淡乃秘瀘駕尋靡時風
伯掙寥雨師空巖〔乙〕〔卍〕按晷以流光〇辰環拱而列曜
掄紫蘭以承玉輦闕丹桂而交翠旗天步穆清雲戺攸
止鴻崖跄以抗窒夯松森而環階藥銚絶煙無若火化
林扉擁霧有同巢戺　天皇乃幸結茅御蟠木訪
天人之際究性命之元欣然順風歎以頹景睿情遐佇
欲罷不能爰　制有司就師立觀卽於逍遥爰谷建壂
唐焉神皇雅尚僊圖永懷祕訣每洒心咨道探賾求眞
希步景於青元想餐霞於紫府嘗致書曰九宮神祕顧
已通其大綱太一紫房猶未解其滚旨尊師微言盍荅

祕世莫闚明年仲春　上又以乘輿步輦致師於洛城
亂宮經畢圭之禁林造上陽之僊閣龍香竟路羽蓋駢
陰　天子側席齋宮虛襟宣室是〔乙〕八風徵景五
雲卿靄萬姓躊躇以聳矚百神翕習而發幽眞與璧冥
縱與晦接逖聽千古斯其一交者忝尋而瑞節言旋攀
石梁之幽阻神番動恩賦瑤池之浩歌遷延永懷悉而
不及乃降　制命以嵩陽觀爲奉天宮苑棱壂唐巠鄰
爰谷左闕僊遊之路右启尋眞之門丹陛亘於雲扃紫
微通於煙幌　大帝於是排閶闔飽鉤巘超嵯峨御嶙
峋併中侍肅外惡若忘天下窅然踰旬後年復降師於

金闕亭問三洞之階稽七眞之祕　神皇親饌金鼎而
獻玉廚五芝雲敷八桂霜靡允執天師之禮以旌問道
之勤又以功德事咨祈景福乃於太子甲弟建靈道之
覽老君壽宮立靈元之觀二名稟於師口雙牓題於
帝筆有　制屈德遙統其綱將以光振王司慶涖瓊府
上乃降雲㝎卒觀風命百寮嚴九部衣冠趨而銅路
咽鐘鼓搴而天津沸龍旗鶴蓋紛以揮霍僊童靈妃忽
其儵閃璽臾聲散景滅若屆殊庭〔卍〕曙煙飛已尋幽谷
斯亦上九不疑之遯反一無跡之行焉其後　乘輿屢
陟山宮必嚴褒壂之問尊師渋視絶景不降河宗之戺

雖甫對雲霓類蓬壺之悦忽而玄通寤寐若胥庭之貽
響永淳元年缶(缺)乙未崇翰風霽乙夜雲滅忽而有聞
若萬籟聚徐而聽之則五音飾非太常之樂聲卽玄都
之僊韻中使具以狀聞　帝曰潘尊師其升乎卽(乙)碣
幸奉天上謁虛室帝子扈蹕王姬陪輦暨于崟峯哉景
盱谷生陰黃竹中悲丘陵有贈導而　高宗厭世乘彼
白雲我師寧極獨守玄牝後年季夏一(乙)謂弟子曰吾
獲保兹嶺于今五十餘年靈異在谷僊鶴滿壁俾吾不
棲萬乘之尊亦庶幾乎輕舉夵今名登玄錄身歷太陰
升玄之言信吾命也是朔之夕辰爲麗天鹿鳴羣山雊
雊衆谷翌(乙)師曰吾其蛻夵乃闔門入靜端坐焚香(缺)
至于望(乙)臨于甲命香水投靑符浴蘭房报紫褐曰反
吾瀞夵亭午將化留此十句歸吾石室乃遺形委景濟
神幽欸于時紫氣氳氲以昜燭紅雲蕭索而上延郁行
芳藻流晷煙靄之裏若有人焉　睿神皇帝聞而興感
乃降寶命式謚松扃曰去年㕣晩軒皇之駕不追今歲
秋雨廣成之尻又宗以此哀悼情何可任贈太中大夫
追謚曰體玄先生昭國禮也尊師亦尚㽞祫勤㫐幽深
理心事天所寶唯嗇絕壆蘘謚不曜其光故眞感冥期
珍圖祕學性與天道不可得而聞也若乃崇櫻曠迹遐

情遠意志摩靑雲遂覩紫闥每歎曰大丈夫業於道不
能投身霄嶺滅景雲林而痕痾此山以煩世主吾之過
乎遂欲東求蓬萊孤舟入海屬　天皇敦篤斯道祈歎
邀淡遲躕山隅絕策未往旣而金格有命鑣鑾遺區於
戲昔姑射有神人堯輕天下空峒有至道軒屈順風玄
冥高蹤萬古同德何其盛哉尊師有弟子十人並僊階
之秀然鸞姿鳳骨眇悉雲松者唯潁川韓法昭皆稟訓
瑤庭密受瓊室專太淸之業還下僊之儔谷汲芝耕服
勤於我盍歷歲紀也昭等永惟尊師靈迹洞業高淡邁
古而棄世往兮其若之何乃琢石幽山申頌玄德其頌
曰
黃帝得道白(乙)登天夵松度世紫岳乘煙業祕千古精
淪九僊冥蹤誰嗣猗吾體玄其一體玄維何僊骨天植冲
而神秀功有至德雲性鳴鸞冥心龜息玄風獨邁白賁
無飾其二金陵福地茅山洞天高眞靈景終古貞全寥寥
太素眇眇升玄惟我師友負笈往焉其三始受玉書卽入
瓊室機先體二道惟得一學備靑台化窮丹術餐霞永
夵抱景期畢其四玄眞有命黃丘是理煙霞來歸雲林萃
止葆光藏密冥機畏美嵲嵲與尻象罔而已其五有唐天
子樂我雲僊芝駕羽蓋蜺旌鳳旂齋心來謁契道忘筌

瑤池一去鼎化千年其六　煌煌女希繼天而立黑龍既濟
丹鳳攸集宗我仁師緬懷眞級紫房問道青元延習其七
靈功聿戢洞業克成青童肅謁絳虬來迎揮神然解口
升霄行去去金闕悠悠玉清其八　巖幽碧洞峯秀金臺少
君斯舉青子時來貞松雲鬱虛室霞開永言千載歸鶴
徘徊

大周聖曆二年太歲己亥二𠥱八𡆠建立

今在嵩山老君洞南題云弟子中巖道士𤞤馬𪓐篆
書按唐隱逸傳司馬承禎字子微事潘師正書傳辟
穀導引術無不通師正異之曰我得陶隱居正一法

逮而四世矣則此碑稱弟子者司馬承禎也廣韻𤞤
亦司字老君洞即唐之逍遙谷潘師正傳云居逍遙
谷高宗詔即其廬作崇唐觀及營奉天宮又敕直逍
遙谷作門曰仙游北曰尋眞金石文字記
碑立承天宮前原隷書書人泐其名按師正弟子司
馬承禎碣為承禎書無疑用筆稍肥然姿致遒媚文
亦清麗可誦說嵩
題云弟子中巖道士𤞤馬𪓐篆書寶刻類編有此碑
云司馬子缺裝不識微字也顧炎武又疑子微為承
禎字劉昫唐書隱逸傳畧云潘師正大業中度為道
士師事王遠知居於嵩山之逍遙谷高宗與天后甚
尊敬之尋敕所司於師正所居造崇唐觀嶺上別起
精思觀以處之以永淳元年卒贈太中大夫賜謚曰
體元先生多與碑合隱逸傳又云道士司馬承禎字
子微頗善篆隷書元宗令以三體寫老子經續仙傳
云承禎攻篆迥為一體號金剪刀書按𤞤字見說文
云司空也復說獄司空此以為司假音字耳其以𪓐
篆為子微字謬甚𪓐乃𡿺字之誤說文𡿺籀文子囟
有髮臂脛在几上也今寫从黃便失其義篆出郭忠
恕汗簡云𪓐微字出碧落文今寫作篆亦謂唐時所
謂工篆籀文類如此中州金石記

按碑題弟子中巖道士司馬子微書新唐書隱逸
傳司馬承禎字子微洛州溫人事潘師正傳辟穀
道引術無不通師正異之曰我得陶隱居正一法
逮而四世矣因辭去徧遊名山廬天台不出武后
嘗召之未幾去舊書傳云承禎周晉州刺史琅邪
公裔元孫少好學薄于為吏遂為道士事潘師正
傳其符籙及辟穀導引服餌之術師正特賞異之
承禎止于天台山則天聞其名召至都降手敕以
讚美之及將還敕麟臺監李嶠餞之于洛橋之東

此碑立于聖歷二年殆即武后自天台召入都時所書也又檢齊召南重訂天台山方外志要載唐崔尚桐柏觀碑稱司馬承禎一名子微號天台白雲子河內温人晉宣帝弟太常道之後裔祖晟仕隋爲親侍大都督父仁最唐興爲朝散大夫襄州長史名賢之家奕代清德慶靈之地生此仙才鍊師藴廣成之德睿宗繼黃軒之明齋虛而求將利國政侃侃然不可得而動也此文于武后召見事略而不書而于承禎之先世較詳于史且不云承禎字子微而曰一名子微與碑合又攷雲笈七籤

載中嶽體元潘先生名師正趙州贊皇人喪母廬墓以至孝聞眞氣內融輝光外發隋大業中入道王仙伯盡以隱訣及得符籙相授栖于太室逍遙谷積二十年但餌松葉飲水而已高宗皇帝每降鑾輦親詣精廬先生身不下堂接手而已及問所須答言松樹清泉山中不乏帝與武后共尊敬之留連信宿而返尋勅于所居造崇唐觀（碑作隆唐觀此似避元宗諱改）嶺上別起精思院以處之勅置奉天宮令於逍遙谷口特開一門號曰仙遊門復於苑北面置尋眞門太常奏仙樂以祈仙望仙翹仙爲曲皆謂

先生名焉前後賜詩五百首永淳元年告化時年八十九贈太中大夫謚曰體元先生弟子十八人有韋法昭司馬子微郭崇眞此語可廣碑所未備又有王屋山貞一司馬先生即司馬子微所載事蹟與桐柏觀碑語同惟云傳授正法至汝六葉與舊史及桐柏碑作四世者異

金石萃編卷六十二終

金石萃編卷六十三

賜進士出身　誥授光祿大夫刑部右侍郎加七級王昶譔

唐二十三

昇仙太子碑

碑連額高一丈七尺四寸廣六尺五寸三十三行每行六十六字行書飛白額題昇仙太子之碑六字在偃師縣緱山仙君廟

昇仙太子碑并序

大周天册金輪聖神皇帝御製　御書

朕聞天地權輿混鑪黃於元氣陰陽草昧徵造化於洪鑪萬品於是資生三才以之肇建然則春榮秋落四時變寒暑之機玉兎金烏兩曜遞行藏之運是以乾坤至大不能無傾欹之形（乙）匪至明不能免盈虧之數豈若混成爲質先二儀以開元兆道標名母萬物而爲稱惟恍惟惚窮寘超言象之端無去無來寥廓出寰區之外驂鸞馭鳳昇八景而戲仙庭駕匪乘雲驅百靈而朝上帝靈都迥闢玉京爲不死之鄉紫府傍開金闕乃長生之丞吸朝霞而飲甘露控白鹿而化青龍魚腹神符已効徵於消子管中靈藥方演術於封君從壺公而見玉堂召盧敖而赴鸞闕炎皇少女剩往仙家負局先生來過吳市或排煙而長往或御風而不旋既化飯以成

蜂亦變枯而生葉費長房之縮地目覽遐荒趙簡子之賓天親聆廣樂懷中設餌摽許彥之奇方座上釣魚呈左慈之妙技遂昇閬道遠聯平衢鼓琴瑟而駕輜軿出西關而遊北海口崐崘而一息期汗漫於九垓湘東遺烏跡之書濟北致魚山之會拂虹旌於（乙）路飛羽蓋於煙郊既入無窮之門遂遊無極之野青虬吐甲爰披五岳之文丹鳳銜符式受三皇之訣瀨鄉九井漾德水而澄漪淮南八仙著眞圖而闡秘自非天姿拔俗靈骨超凡豈能訪金籙於鸞門尋玉皇於碧落者矣昇仙太子者字子喬周靈王之太子也原夫補而益壘之崇基三分有二之洪業　神宗啓胄先口嚴帝之祚　聖考興源幼表靈頤之相白魚摽於瑞典赤雀降於禎符屈升譽於三窮錫陟曠以四馬轂洛之闘嚴父申欲壅之規而匡救之誠仙儲切犯顏之諫播惡子之懿範歌圖史之芳聲而靈廳難窺寘徵罕測紫雲爲蓋見嘉貺於張陵白蜺成質遺神仙於崔子鳳笙流響恒居伊洛之間鶴駕騰鑣俄陟神仙之路嵩高嶺上雖藉浮丘之迎緱氏峯前終待桓良之告傍稽素篆仰叩靈經時將玉帝之遊乍洽琳宮之宴仙冠岌岌表嘉稱於芙蓉右弼巍巍効靈官於桐柏九丹可挹仍摽延壽之誠千載方傳

尙紀仙王之祀辟青宮而歸九府弃蒼震而緊重離無勞羽翼之功坐致雲霄之賞雖黃庭衆聖未接於末塵紫洞羣靈豈騖於後乘斯乃騰芳万古擅美千齡豈与夫松子陶公同年而語者也我國家先天纂業闢坐裁基乖八柱於乾綱紐四維於坤載山鳴鸑鷟爰彰受命之祥洛出圖書式兆興王之運廓提封於百億聲教洽於無垠被乖朔於三千文軌同於有截茫茫宇宙掩沙界以疏壃眇眇寰區籠纖罔而劃境坐明堂以崇 嚴祀大禮攸陳謁 清廟而展因心洪規更闡 文山西峙上聳於圓清 武井東流下凝於方濁駢柯連理恒甥異

於形埒九穗兩岐每呈祥於翠畝神芝吐秀宛成輪蓋之形甝草抽英還司朔望之候山車 澤馬充仞於郊畿瑞表祥圖洋溢於中外 乾坤交泰陰陽和而風雨調遠肅迩安兵戈戢而熢烽靜西鶼東鰈巳告太平之符郞桑江茅屢薦昇中之應而王公卿士百辟羣僚咸詣闕以披誠請登封而告禪敬陳 嚴配之典用展禋宗之儀泥金而叶於告成瘞玉而騰於茂實千齡盛禮一旦咸申爾乃鳳輦排虛既造雲霞之路龍旗拂迥方馳(乙)囸之扃後殿宗山先鋒蟄野千乘万騎鉤陳指靈岳之前谷邃川停羽鶴陟仙壇之 所 旣而馳情煙路係相

塵門途臨松徑之前近瞰桂巖之下重巒絕磴空留落景之暉夜廟連甍徒見浮雲之影山扉半毀總覩昔年之規礀蹊全傾更創今辰之製乃爲子晉重立廟焉仍改號爲昇仙太子之廟方依福地肇啓仙居開廟後之新基獲藏中之古劒昆吾挺質巨闕摽名白虹將紫電爭鋒飛景共流○競彩去夜驚而除衆毒輕百戶而却三軍空勞望氣之巠自遇象天之實巖巖石室紀黃老五千之文赫赫靈壇披碧洞三元之籙爰於去歲當遣內史往祠雖巠祗有路隔之言而冥契著潛通之兆遂於此(乙)顯感殊禎迢遰雲間聞鳳笙之度嚮俳佪空裏

瞻鶴駕之來儀瑞氣氤氳異香芬馥頻承景貺目擊休徵爾其近對緱岑遙瞵嵩嶺變維城之往廟建儲后之今祠窮工匠之奇精傍臨絕壑建山川之體勢上冠雲電其塋則測景名都交風勝壤仰觀元緯○文當天室之邦俯矚黃輿塋埋處均霜之境膏腴宇宙通百越之樓船穴險山原控八方之車騎危峯切漢 德 水橫川實天下之樞機極域中之壯觀於是捫危鑿阯越壑裁基命般爾而開筵召公輸而縱思 梅 梁瞰迥近架煙霞桂棟臨虛上連(乙)囸窗明雲母將曙景而同暉戶挂琉璃其晴天而合色曲閣乘九霄之表重樹架八景之中活

休水於天池發祥花於奇樹珠闕據絳峯之外瑤壇按嵩嶠之隈素女乘雲窺步檐而不逮青童駕羽仰層檻而何階茂躅鬱兮若生靈儀肅兮如在昔峴山墮淚猶見鉅平之碑襄水沉波尚有當陽之碣況乎上賓天帝搖山之風樂不歸下接浮丘洛浦之笙歌斯遠豈可使芳猷懿躅與歲匝而推遷霞宇○壇其風煙而歇滅迺刊碑勒頌用紀徽音庶億載而惟新齊兩儀而配久方佇乘龍使者爲降還齡之符駕羽仙歪曲垂駐壽之藥使璇璣叶度玉燭調時百穀喜於豐年兆庶安於泰俗虔敷謳製乃作銘云

邈矣元始悠哉渾成傍該万類傾口三精至神不測大象難名出入太素驅馳上清其一黃庭仙宇丹闕靈臺銀宮雪合玉樹花開夕遊雲路朝挹霞杯霓旌髣髴羽駕徘徊其二樹基創業遷朝立市四險天中三川坐紀白魚呈貺丹鳥薦祉靈骨仙才芳猷不已其三遐瞻帝係仰睠仙儲遙馳匝域高步煙墟名超紫府職邁玉虛飄颻芝蓋容與雲車其四遠集崐崘遙期汗漫金漿玉液霧宮霞館瑤草扶疎珠林璀璨萬劫非久二儀何算其五栖心大道託跡長生三山可陟九轉方成鳧飛舄影鳳引歌聲永昇金闕恒遊玉京其六青童素女浮丘赤松位稱桐栢冠另芙蓉絳眞御辯控鶴乘龍高排雲霧輕舉遐蹤其七歲往季移天長地久霄漢爲室煙霞作友舞鶴飛蓋歌鸞送酒絕迹氛埃芳名不朽其八粤我大周上膺靈命補天立極重光累聖嘉瑞屢臻殊祥疊映歸功蒼昊昇聞表政其九爰因展禮途接靈居季載超忽舊宇荒踈更安珠敦重開玉虛方依翠辟敬勒丹書其十新基建趾古劒騰文鳳笙飛韻鶴駕凌雲休符雜沓嘉瑞氤氳仙儀靡見逸響空聞其十一仰聖思靈求眞懷昔霞軒匝殿○宮霧口萬歲須臾千齡朝夕紀盛德於芳翰勒鴻名於貞石其十二

聖曆二年歲次己亥六匝甲申朔十九(乙)壬寅建

碑陰

分三截上截刻御製遊仙篇及諸臣名中截刻鍾紹京等銜名三行及神龍二年題記并銜名下截附宋人題名並正書

雜言 遊仙篇

御製 奉宸大夫臣薛曜書

絳宮珠闕敞仙家蜺裳羽旆自凌霞碧落晨飄紫芝蓋黃庭夕轉綵雲車周旋宇宙殊非遠寫望蓬壺停翠幔千齡一(乙)未言賒億歲嬰孩詎謂晚逶迤鳳舞時相向變囀鸞歌引清唱金漿既取玉杯斟玉酒還用金膏釀

駐迴遊𠀑域排空聊憩息宿志慕三元翹心祈五色
仙儲本□諒難求塵迹奇術秘靈猷願□丹□賜靈
藥方期久視御隆周
春官尚書檢校內史監修國史上柱圀梁□𢘑三思
光祿大夫行內史上柱圀邢圀公𢘑王及善
中大夫守鳳閣侍郎同鳳閣鸞臺平章事上柱圀𢘑
蘇味道
朝散大夫守鳳閣侍郎同鳳閣鸞臺平章事𢘑魏元
忠
銀青光祿大夫守納言上柱圀汝陽縣開圀男𢘑狄

仁傑
銀青光祿大夫守納言上柱圀譙縣開圀子𢘑婁師
德
銀青光祿大夫行鸞臺侍郎同鳳閣鸞臺平章事上
柱圀鄭縣開圀子楊再思
朝請大夫守𠀑官侍郎同鳳閣鸞臺平章事左控鶴
內供奉𢘑吉頊
勑檢校勒碑使守鳳閣舍人右控鶴內供奉騎都尉
𢘑□□
題　御製及建辰并梁□三思已下名𢘑薛稷書

採石官朝議郎行洛州來庭縣尉𢘑□晙
題諸□等名左春坊錄事直鳳閣𢘑鍾紹京書
右在上截
承議郎行左春坊錄事直鳳閣𢘑鍾紹京奉　勑勒
御書
宣議郎直司禮寺𢘑李元□勒　御書
𢘑卓□□
麟臺楷書令史𢘑□伯□刻字
右在中截左偏
直營繕監直司韓神感刻　御字

洛州永昌縣𢘑朱羅門刻　御字
右在下截左偏
大唐神龍貳秊歲次景午水捌月壬申金朔貳拾漆
日戊戌木開府儀同三司左千牛衛大將軍上柱國
安國相□旦奉
制刊碑刻石爲記
從官特進行尚書左僕射兼檢校安國相□府長史
平章軍國重事上柱國芮國公豆盧欽望
從官大中大夫行安國相□府司馬護軍皇甫忠
朝散大夫守安國相□府諮議上柱國邢國公□溫

朝議大夫行安國相□府記室叅軍事北俛
朝議郎行安國相□府文學韋利器
朝議大夫行安國相□府倉曹叅軍辛道瑜
行安國相□府屬韋愼□
行安國相□府掾北知幾
行安國相□府典軍事北琬
行安國相□府典軍衞目新
從安國相□品官行內侍省奚官局令引叁目
安國相□品官行內侍省掖庭局令戴思恭
右在中截

京兆韋庇
右在下截中間
附宋鄧洵武題記四行行七字八九字不等正書
政和元年二月廿九日西京留守鄧洵武率僚屬恭
謁
王子喬祠男雍侍行
右在下截右偏
右周昇仙太子碑武后撰并書昇仙太子者王子晉也是時張易之昌宗兄弟方有寵諂諛者以昌宗爲子晉後身故武后爲葺其祠親銘而書於其碑君臣宣淫無耻類如此可發萬古之一笑也金石錄
武曌淫穢千古而亦假借柔翰天之生才于彼何其不靳也此文未必眞出后手當是北門學士語碑首昇仙太子之碑六大字飛白書作鳥形亦佳飛白書久不傳于世此其僅存者耳石墨鐫華
鄭氏金石畧云武后書唐書曰子晉祠武后改爲昇仙太子廟隋唐佳話曰張昌宗之貴也武三思謂之王子晉後身爲詩以贈之詩至今猶傳說嵩
劉昫唐書本紀云聖歷二年二月戊子幸嵩山過王子晉廟丙申幸緱山碑云千乘萬騎鈎陳指靈岳之

前谷遂川渟羽駕陟仙壇之所又云乃爲子晉重立廟焉又改號爲昇仙太子之廟卽其事也通鑑云聖歷二年二月己丑太后幸嵩山過緱氏謁升仙太子廟據碑則子晉廟以六月改名史家不合二月卽稱之宣和書譜稱后初得晉王導十世孫方慶家藏書蹟摹搨把玩自此筆力益進其行書有丈夫氣今觀其草法極工有鳥絲方格倘似章草及皁象書水經注云休水又東届零皋隖水流潛通重源又發側緱氏原㬰山圖謂之緱氏山也亦云仙者升焉言王子晉控鶴斯阜靈王望而不得近舉手謝而去其家得

遺碑俗謂之爲撫父堆堆上有子晉祠又案史記索
隱顧氏案裴秀冀川記云緱氏仙人廟者昔有王喬
犍爲武陽人爲柏人令於此得仙非王子喬也則在
水經注之前未知何據神仙之記多近于無稽周書
王子晉解師曠謂王子火色不壽未及三年告死者
至緱氏周邑或子晉死所耳後人哀之謬云仙也
則天后昇仙太子碑記及宋謝絳修大殿記碑多古
名人題咏俱燬於火偃師縣志
億按此碑陰中截題名諸人多見史傳今攷之新唐
書亦時有漏誤狄仁傑封汝陽縣開國男傳僅言睿

宗又封梁國公舍前封爵不書此又字何所指耶是
汝陽開國男宜依碑附書而傳不及爲非也楊再思
傳封鄭縣侯今碑陰乃作鄭縣開國子然則傳云侯
者亦誤也吉頊在宰相表久視二年三月甲戌頊始
加左控鶴內供奉而頊傳武后從幸當聖歷二年碑
陰已書此攷相王旦刊碑刻石蓋於神龍二年故得
續錄其官也豆盧欽望傳帝復位擢尚書左僕射中
宗紀復位當神龍元年下書特進豆盧欽望爲尚書
右僕射宰相表神龍元年欽望自特進爲右僕射紀
表與傳書左者皆不符得碑陰證之竟作左僕射此

又紀表皆誤而傳爲獨得其實又碑云行內侍省掖
庭局令據百官志內侍省下其屬局六曰掖庭宮闈
奚官內僕內府內坊下並列宮闈局令奚官局令內
僕局令內府局令內坊局令不宜獨畧掖庭致其數
僅有五與前不符舊唐書有掖庭局令二人推之此
碑掖庭局令亦當時設官自宜如此而史或脫也
御製雜言遊仙詩億按全唐詩存武后詩四十六篇
此雜言獨缺蓋石揚弊搜不及故也錄之以備遺
脫　又按曾子固跋襄州徧學寺碑碑云鍾紹京書
其字畫妍媚遒勁有法誠少與爲比然今所見特此

碑尚完今余証之此碑題名亦紹京書而幸完無缺
曾氏未之見也又碑陰諸臣列銜凡王字皆鑱去亦
由金海陵改定封爵置局立限毀抹王字雖墳基碑
志亦所不免而承事者遂波及於前代石刻是碑陰
亦當被厄是時矣偃師金石遺文記
按昇仙太子廟河南通志載之甚略即偃師縣志
亦但云王子喬壇在緱氏保東南五里又云王子
晉祠在緱山上水經注撫父堆上有子晉祠或言
在九山非此世代已遠莫能辨之又云劉眴唐書
本紀聖歷二年二月戊子幸嵩山過王子晉廟丙

中岳緱山偃師志似以爲王子晉廟之見于史者僅此也然舊史禮儀志云天册萬歲元年臘月甲申親行登封之禮改元萬歲登封丁亥禪于少室山已丑御朝覲壇朝羣臣則天以封禪日爲嵩岳神祇所祐遂尊神岳天中王爲神岳天中皇帝靈妃爲天中皇后夏后啓爲齊聖皇帝封啓母神爲玉京太后少室阿姨神爲金闕夫人王子晉爲昇仙太子别爲立廟蓋自丙申年奉勅建廟至聖歷二年已亥歲廟成武后重幸因立此碑重幸在二月立碑在六月也碑雖立于重幸之後而文所叙

鳳蹕排虛龍旗拂迴千乘萬騎谷邃川停等語仍是登封時事非重幸也玩上文敬陳嚴配之典用展禋宗之儀皆是指登封也王子晉眞誥云父周靈王有子三十八人子晉太子也是爲王子喬弟兄七人得道又列仙傳云王子晉見桓良曰告我家七月七日待我於緱氏山巔至時果乘白鶴駐山頭望之不得到拱手謝時人數日而去碑叙子晉語本此又据後漢書云王喬者河東人也顯宗世爲葉令喬有神術每月朔望常自縣詣臺朝帝恠其來數而不見車騎密令伺望之言其臨至輒

有雙鳧從東南飛來於是候鳧至舉羅張之但得一隻舃則四年中所賜尚書官屬履也或云此即古仙人王子喬此蓋别是一人後人以其祠墓在葉縣同屬中州往往混而爲一因併識之緱嶺之有撫父堆見太平寰宇記引盧元明嵩山記云覆釜堆亦名撫父堆緱嶺也撫父堆上有子晉祠其來已久武后葺而新之碑所謂山扉半毁纔覩昔年之規祠牖全傾更創今辰之製者是也禮儀志載昇仙太子廟與天中皇帝金闕夫人連類而及皆所以報封禪日爲嵩岳神祇所祐也又或者以

武氏之先出自姬姓周平王少子生而有文在手曰武遂以爲氏唐世尊崇神仙以老子爲得姓之祖周家之昇仙者有子晉因而崇奉之玩碑云我國家先天纂業闢地裁基山鳴鸑鷟爰彰受命之祥洛出圖書式兆興王之運云云可證也其云方依福地肇啓仙居開廟後之新基獲藏中之古劍語似昉于眞誥云王子喬墓在京陵戰國時復有發其墓者唯見一劍在室人適欲取視忽飛入天中也事頗相類蓋眞誥言劍在墓室中此則言劍在廟後新墓爲異耳至舊唐書云張昌宗是王子

晉後身乃令被羽衣吹簫乘木鶴奏樂于庭如子
晉乘空語見張行成族孫昌宗附傳係久視元年
以後事不可謂昇仙立廟因昌宗而作金石錄遽
加醜詆之詞亦過矣碑陰上刻武后御製雜言遊
仙篇五七相間用韻不一寔雜言也而不著年月
玩末句有方期久視御隆周則似將有改元久視
之意當亦重過子晉廟時所作旁列諸臣銜名並
在碑陰上截内勅檢校勑碑使口口泐其姓名題
御製及建辰并梁口三思已下名爲薛稷書採石
官爲口畯泐其姓題諸口等名爲鍾紹京書所謂

檢校勑碑者當卽勑昇仙太子碑御製者指碑文
首行御製御書字建辰者指末行建碑年月字及
三思已下名皆薛稷書也採石官卽採此碑之石
者其題諸臣名是指中截所題從官豆盧欽望諸
人也而中截又有神龍二年相口旦奉制刋碑刻
石爲記云云又有云鍾紹京奉勑勒御書李元口
勒御書口伯口刻字韓神感朱羅門刻御字此所
謂御書御字當卽是碑文之御書勒者二人謂摹
勒也刻者三人是刻字人也同一勒御書而鍾紹
京稱奉勅李元口不云奉勅同一刻字而口伯口

稱官稱臣而不云御字韓神感書官而不稱臣云
刻御字朱羅門稱臣而云洛州永昌縣是其里貫
非官也亦云刻御字皆體例之不一者中宗以神
龍元年正月復位至十一月太后崩不知何以二
年相王旦有奉制刋碑刻石爲記之事豈此碑製
書在聖歷二年上石在神龍二年耶又三思等列
于上截不云從官豆盧欽望口温皆安國相王府
官列于中截而云從官邸悅以下又皆不云從官
何耶以兩唐傳校之三思以下諸人聖歷二年歷
官與碑同内如王及善婁師德卽以二年卒卯不

在二年以後矣狄仁傑之爵汝陽縣開國男惟碑
有之兩傳皆失載楊再思舊傳云延載初守鸞臺
侍郎同鳳閣鸞臺平章事證聖初轉鳳閣侍郎依
前同平章事兼太子右庶子自宏農縣男累封至
鄭國公後又云中宗卽位封鄭國公新傳則云延
載初封鄭縣侯中宗立封宏農郡公改鄭國公兩
傳官爵皆與碑異吉頊新傳歷官與碑同舊傳則
在職月官與碑同今碑立于六月結銜已如此矣
碑于吉頊之下一行云勅檢校勒碑使鳳閣舍人
右控鶴内供奉騎都尉臣泐其姓名二字據吉頊

傳云時易之昌宗諷則天置控鶴監官員則天以易之爲控鶴監頊素與易之兄弟親善遂引頊與殿中少監田歸道鳳閣舍人薛稷正諫大夫員半千夏官侍郎李迥秀俱爲控鶴內供奉此碑闕姓名二字當是薛稷官正鳳閣舍人與碑合其田歸道等皆三字姓名與碑不合也又控鶴內供奉傳不云分左右碑則吉頊爲左薛稷爲右也薛稷旣充檢校勒碑使又題御製建辰及三思已下名一人兩見猶下文鍾紹京旣題諸口等名又勒御書亦一人兩見同例也鍾紹京兩傳皆云初爲司農錄事以工書直鳳閣碑則云左春坊錄事互異也相王旦題銜據本紀云中宗自房州還復爲皇太子武后封皇嗣爲相王授太子右衛率累遷右羽林衛大將軍并州牧安北大都護諸道元帥中宗復位進號安國相王與碑不同此下諸人皆安國相王府從官惟豆盧欽望邱悅有傳餘俱無攷豆盧歷官在神龍二年傳與碑同邱悅附見員半千傳新書云半千與悅同爲宏文館直學士舊傳則云景龍中爲相王府掾與碑不合

渭南令李府君殘碑

碑連額高九尺二寸五分廣四尺六寸二十八行行五十六字爲元人磨滅刻也先怗木兒等題名矣茲就所可辨識者五十餘言錄之正書額題大周渭南令李府君碑九字篆書在渭南縣

大口口口口口口縣令李府口碑銘并序

口口口口口口口口口口口吉甫撰

上闕茲邑蓋舊匯矣下闕之下闕恩下闕毀瘠過下闕之秩滿下闕祛

服下闕鵲不下闕由是行下闕矣下闕循吏於東下闕增下闕寔鵬路

下闕以下闕而下闕於皇下闕行下闕殊口滿口口時求芳口昭下闕

光被六幽口口壁口口口十匝二乙下闕公下闕

附錄元也先怗木兒等題名 九行從碑正中起左行

承事郎奉元路渭南縣達魯花赤兼管本縣諸軍奥魯勸農事也先怗木兒

從仕郎奉元路渭南縣尹兼管本縣諸軍奥魯勸農事趙那孩

進義副尉奉元路渭南縣主簿顏允忠

奉元路渭南縣尉　夆律不花

渭南縣典史　山森

司吏　王珍

韓允

郭舜

徐維忠

右鴻州渭南縣令李君清德碑馬吉甫撰按唐書則
云天授二年析雍州之渭南慶山置鴻門縣遂以慶
山鴻門渭南高陵櫟陽置鴻州大足二年廢集古錄
此碑爲元人翻摹泰寧宮記今字蹟隱隱獨存應是
聖歷二年或作元年者非渭陽縣志

唐□□寺造雙像記

石高四尺六寸五分廣三尺三寸六分三十一行行四十一字正書

□□□□□千級
登仕郎宮若驚書
□□□□□□□□□□沙不知而解徧知功超□

□於是珠○宵殞四緣發教於西湖金色夜明百位□
□□□□□□□□□放青蓮瑶檝迴苦海之湍
寶舟迁愛河之浪十号之大一言難述但宇宙花□
□□□□□□□者佛也可貴可重者至乎因果之福
功德而矣弟子衡陽□王府行叅軍武騎尉中□□
□□□□□□掌中早奉過庭之訓承恩滕下遠聞詩
禮之風所爲□□擴而邪峯槩(乙)聚六塵於前運廿□
果於彳緣遂使病發膏□□謝平臺之會疴纏腠理□
□歸田之□□以憑台○於彼岸山欲頹而重存託□
匪於此身卅將逝而□□色空下濟示無言說之門妙

氣上浮皮有詞讌之契加以厘萊曹壞堂構故基仰荷
孫謀之澤恭申昏省之志高祖諱　龍成盩厔縣尉通
洛縣丞隨崇政縣令仙鳧入駕數至德於一同祥雀出
馴播仁風於百里牛刀屢動不覺雞之已衰魚鼎頻移
不知老之將至開皇□□□謝榮時屬堅帝出遊屈
龍駕於亭館備供頓斩垂鴻恩於睿旨遂封亭前水曰
龍□□□□□□□□莫不顯忠艮□□□飛令
譽於古今曾祖諱　昌仁周三嵴鎮將祖諱　則□□
□□□□□□□□峻島聳淸□□□心于夫之
長振廿□□五校洎乎仁壽之歲豪傑齊於□□□

□□□□□□□□衙恨狂□□友于之重俱
從丬□□諱　□□乎江南而裂晉北堥□□□
□□□□□□□□幾弱冠顧桑梓以言歸武德之
中下枌榆而有□□□□紫極助□□揚□□
□□□□□□□□□□鶩善南陽韓氏時迫耄耋恩隆
撫念伯兄處□□□□□□副尉萬基叔□□圂
□吉□□□□紹祇嗣覆　嚴尊於東□□坐無追
奄積□□□□□冈極𣏌季班首青七飛鳴處想勧
務□心□□□惟保護庋酬妙力爰於□□式建豐碑
粵若稽古　□捌金輪聲神皇帝陛下降兜率以

乘時臨宸極而膺□□無爲而朝萬□□無事而靜八
荒換姚(乙)以□□補媧而而永固上奉　得一下及七
世父母法界衆□□□□雙□□□□獨心於獨圓
之內卌二之□相宛若猴池八十種之異儀儼同鹿野
疾使功凝厚坐□□□□□□□□高而放慈雲於寶
紀山其寺也疏基臨水搆宇乘巖晚霞落而莬鳳紅晨
曦佰而棟□□□□□□□□於塵厓瓊岫福巒舉
殃氣於霧際都師貞素等五淨凝心□□滌想挺仁山
於忍草□□□□□□□□之生知學無談奧徒
事揄揚之意終乖要妙之詞高而非□□所□大道豈

小□能議輙申狂簡敬□□□雖桑野時遷蓬瀛或變
流一名於三寶與埊久而而長其詞□
釋宗既作法教爰崇周○夜頌□□□□□□道敬
想尊容式鐫琬琰或□金□一其明明尊僞巖巖寶閣俯
帶長流仰連峻粤夕霧成珠朝□□□□□飛雕甍
魚躍二其粤若先祖且文且武一世英雄二朝弼輔播美
縑緗揚名金古存忠懸於情□□□□□宇三其運逢
屯否時遇糺紛而南地北鳥散荆分神器改易園返丘
墳瞻雙桐而識并塋五袝□□□四其□□□悲恭申仰
報擧石旁采良工側召雙僞異儀丹青殊妙導愛水之
沉淪清火宅之焚燎五其□□□□□□深閣山味道
浴池滌心率如鷲嶺樹等鶴林幽谷延其鍾響清風引
其梵音六其晦明遷□□□新無□□說何示何存是
理斯表非言不津敬崇顯乎前烈庥垂裕於後昆七其
大周聖曆□□□□□□□□□朔三(乙)戊辰建

按碑缺其寺名雙像之義亦不可曉据銘詞云翠
石旁采良工側召雙像異儀丹青殊妙是書雙像
于石而刻之也首行似係撰文人泐其上五字下
存千緫二字亦難解書者宮若驚史無傳文稱弟
子衡陽王府行叅軍武騎尉而缺其姓名衡陽王

睿宗子新唐書三宗諸子列傳惠莊太子撝本名
成義垂拱三年始王恒與衛趙二王同封俄改王
衡陽又武后紀長壽二年臘月丁卯降封皇孫成
器爲壽春郡王恒王成義衡陽郡王下敘高祖諱
龍成曾祖諱昌仁俱仕周隋祖諱則父諱缺泐母
南陽韓氏伯兄萬基俱不知其姓無從考矣下有
式建豐碑天冊金輪聖神皇帝陛下云云末行大
周聖曆缺下朔三月戊辰建則碑立于聖曆某年矣
聖曆建號只二年第三年五月改元久視据下文
三日戊辰則朔是丙寅考通鑑目錄惟萬歲通天

二年丁酉歲四月丙寅朔長安二年壬寅歲七月丙寅朔聖歷紀元中無有丙寅朔者則碑立何年不可定矣曾祖仕周爲三嶠鎮將唐書地理志河南道其名山三嶠少室云云三嶠之名僅見於地理志序志中陝州峽石縣註云本崤縣義寧二年省武德元年復置至貞觀十四年移治峽石塢因更名有底柱山山有三門河所經而不載三嶠元和郡縣志硤石縣底柱山俗名三門在縣東北五十里黄河中禹貢導河積石至于龍門又東至于底柱河水分流包山山見水中若柱然也又以禹

理洪水山陵當水者破之以通河三穿旣決河出其間有似門故俗號三門趙一淸水經注釋引全祖望曰趙冬曦云砥柱山之六峯皆生河之中流夏后所鑿其最北有兩柱相對距崖而立卽所謂三門也都穆云砥柱在陝州東五十里黄河中循河至三門中曰神門南曰鬼門北曰人門水行其間聲激如雷而鬼門尤爲險惡舟筏一入鮮有得脫三門之廣約二十丈其東百五十步卽砥柱崇約三丈周數丈以三門爲砥柱者誤也以諸說證之底柱之三門似卽峽石之三嶠胡渭禹貢錐指水經注河之右則殽水注之水出河南盤殽山東北流與石殽水合石殽水出石殽山山有二陵南陵夏后皐之墓也北陵文王所避風雨矣殽水又北注于河又東千崤之水注焉水南導于千崤之山北流注于河河水翼岸夾山巍峯峻舉重嶺干霄渭按崤在今河南府永寧縣北六十里元和志云自東崤至西崤長三十五里在秦關之東漢關之西崤與殽同又據河南通志殽山在陝州城東三十里一名嶔崟山春秋時晉敗秦師于殽卽此東殽至西殽相去三十里路極險又似三殽卽此

山然殽只分東西不應云三嶠矣太平寰宇記稱硤石縣本漢陝縣地後魏太和十一年分陝縣東界於崤墟置崤縣取崤山爲名隋初改爲硤石縣大業二年廢入陝縣唐義寧元年再置崤縣理硤石塢二年省武德元年再立三年移理鴨橋故鎮按此所謂鴨橋故鎮疑卽碑所稱三嶠鎮將之治所餘俱無考

于大猷碑

碑高九尺三寸廣四尺四寸三十行行六十三字正書在三原縣北三家店

唐明堂令于大猷碑

粤以天子制□□□□□□畿五十里之國者□□□
□宇□□□□□□有一蓋所以設方伯置令長彊
□□□□□□□□故□□國之心腹河東郡之股
肱非賢勿居惟材是寄大則曳青縞而紆銀印小則綰
墨綬而佩銅章是以□宰□□□後則以□□御史俾
□□邑□□則以東宮□□故能齊其政而不失其宜
修其教而不易其俗者其惟明堂縣令東海于公乎公
諱大猷字徽本東海郯人□□□□□□□□□
□□□□□□之命□開□侯伯之保姓受氏祚□
則周公之胤邢韓則武王之穆金章建國里中大丞相

之門玉帳□家□□列將軍之□曾祖宣道隨內史□
人左衛率□安縣開國子　皇朝贈使持節都督
涼肅廿瓜沙五州諸軍事涼州刺史謚曰獻徐邈以東
州儒素劉超則西省人倫□□□□警彤闈執□符而
飛□□□德降衷□之則優□□告第之儀祖志學禮
部尚書侍中尚書左僕射太子太傅太師上柱國燕國
公贈使持節都督幽易嬀檀□□六州諸軍事幽州刺
史謚曰定皂䄠瓊□北汁喉舌之司絲服金蟬西掖股
肱之寄劒履上殿方崇重傅之恩羽葆蓋車式備尊師
之禮鳳振惟其□□龍□□□□父故尚書吏部

郎中國子司業太子率更令渠穌二州刺史太僕少卿
十護軍仙臺侍女禮閣郎官攝齋槐肆之前曳組桂山
之□郗超以蕃伯之望捴□□□昉□以□公之材榮
叅彖海公□山□下□滇鯉化明珠則徑寸爲寶白璧
則盈尺稱珎小年識五方之書大成通九經之義嬉戲
則以詩書禮樂造次則以□□□□□三年解褐左
千牛備□材推令德士選良家　青瑣晨巖
赤墀近侍緣坐左遷梓州叅軍事讁卽謫居咎非投俾
郗嘉賓之卓犖高行見□公□□□之俶儻不□言
歸□府轉桂州都督府功曹叅軍境接爲溪載洽昇龍

之譽地隣鯨海幾淪棲鳳之材文明元年選授蘇州□
兵叅軍東里□□□□州□□□□謂屈鑾府
叅軍□□□□翱翔□金石錫印章而錄舊膺璽詰而
僉勞埀拱三年　敕除并州大都督府士曹叅軍
唐叔剪桐之境□爾□□□□分竹之郊光我藩翰枌
榆之□□爲泯洳之州豐沛之郊何必芒碭之澤帝鄉
推其善價公府義其良圖屈少遷佩犢之風流俗漸驅
鷄之化永昌元年授洛州□叅軍□□佐鎮西之府□
□處平南之軍太守莅務主諾之聲轍自遂功曹□歷
坐嘯之風裁獨高　制授朝散大夫餘如故錄加

朝請大夫□□□□□□□榮曜朱紱材光紫誥蔣公
饗豈千石之器而委割鷄麗士元非百里之材方思展
驥　　制除德州司馬又遷汾州長史一冠今贖二
職形稽歷□事之□居□□□□形色安于席地神意
□乎□□不撓於危無負於物聖曆元年除使持節隨
州諸軍事隨州刺史田叔以壯勇而剌三河王尊以忠
貞而驅九折分行□□□□以□彊宗獨坐州鎮曆□
而□□族聖曆二年　　制除□州明堂縣令黃圖
帝國黑水神皋地卽京都人多傑暴信陽侯之門客尚
在必誅寧平□之家僮□□□□威信表西門之化惠

愛奉東里之風抑挫右姓誅□□猾灾蝗宛轉由去督
郵義鳥歸飛爲馴童子推誠而理則人不忍欺宿訟無
寃則吏絀仰德加以□□□□□□筒五經三寸弱毫迴
□□羽四□□素縞鳳和□脊脊吏人預軿去思之戀
依依故□每哥來晚之謠悲夫安仁七旬不□箱中之
術桓□五□□□□上之行□聖曆三年七月十日終
於萬年縣常樂里之私第春秋五十七黃髮孿軿心傷
折石之痛磐碞戀摭瞼盈埋玉之悲公□□□□□稱
□□□□　□風神□□黃金必弃每見揮鋤赤㬥無
留恒持桂樹摠角之歲覽□髟而不驚佩觿之年□衣

去而無愠一日千里四代五公忠孝足以光時能賢足
以軌物夫人榮陽□氏父□矩雍州富平縣令魏趙郡
李氏外□□都公□□公□□尚書□衣□門都□蘭
儀婉淑女訓芬乎奉蒂母師光乎主饋卽以其年歲次
庚子十一月乙亥朔十二日□戌合葬於雍州三原縣
萬壽鄉□坳□先塋禮也兄銀青光祿大夫行太子左
庶子使持節都督兖州諸軍事兖州刺史辯機纏庭禮
欒□□□□□山入□□□正人外臺□□慰茲羣庶
鶺鴒□□□摧金玉之心鴻鴈悲鳴若灑瓊瓌之□嗟
乎八龍長逝三虎永懷庶振家聲思光祖德南陽陌上

爰標柱石之墳□□□□□□□生金之□其□曰
浩浩洪源□□□代□□□□□□□□□益錫爵分茅□
官食采邘韓之穆里閭其大其一傳相繼業公侯踵武氣
雄家邦榮□區宇人之領袖物之規矩□□□□□□□
公輔其二巳□儁德丕承寵光風儀磊落天骨昂藏家□
之盛門戸之綱襲茲珪組侍彼巖廊其三銅陵之東珠崖
之北姑蘇臺下晏愠鼎側𨇋然令望偉哉□□□□
□刑十□□其四□□師□賢哉主吏聯翩化鶴徘徊□
驤球琳之寶瑚璉之器白日既拔青雲自致其五漢東舊
國隨有大名□西列郡素稱上□□□□□□□□

□□□□□加□城其六秩秩德音凛凛風格山靈罔□
河神是迫手㫖牋書心明紀擿蚩蝢感化犬牙移陌其七
僉言惠愛帝曰允諧劇□行□緐俗□□□鸞□□□
□□□□□□□□□□□其八衣冠遠謝袞職誰補□
颸風悲蒼菸霧苦寂寂兮荒隧幽幽兮后土石槨
掩兮千年金□□兮萬古其九
此碑僅存強半書者名氏遂不可求按大猷志寧之
孫立政之子志寧之元孫休烈顯于肅代朝傳云休
烈父默成沛縣令早卒合之正爲四世但不知默成
者是大猷子否趙明誠有默成碑今不可得見矣石墨鐫華

碑云聖歷三年歲次庚子十一月十二日合葬於雍
州三原縣萬壽鄉之先塋而碑非此時立也葢後續
爲之故其書並不用武后所製字金石文字記
按大猷無子其兄兖州刺史辯機葬之故有鶺鴒懷
斷鴻雁悲鳴之語細閱官階無所謂明堂令者而趙
氏目則云明堂令于大猷碑豈以其序首之文錄之
或當時碑未殘闕其額與題尚有據耶按志寧傳舊
書子立政元孫敖休烈休烈子益新書休烈敖益肅
球珪瓌琮如大猷父子兄弟皆不載可以補于氏之

跌也正書酷似褚登善于聖歷中不用武后所置諸
字尤爲僅見云金石後錄
今在三原縣北五十里三家店碑首已失存千二百
字按新唐書于志寧傳父宣道隋內史舍人餘官爵
及謚均未載志寧贈幽州都督今碑稱幽州刺史是
史誤也宜從碑雍州金石記
唐書于志寧傳載志寧官爵頗詳于封燕國公後加
尚書右僕射同中書門下三品兼太子少師顯慶四
年解僕射拜太子太師出爲榮州刺史改華州卒贈
幽州都督與碑不甚相合關中金石記

右明堂令于大猷碑唐制京縣令正五品上輦轂之
地職務要劇大猷雖歷任德州司馬汾州長史隨州
刺史而改任京縣當時不以爲左降也唐書于志寧
傳云京兆高陵人碑云東海郯人者葢舉其族望此
碑乃大猷之兄兖州刺史辯機所立攷世系表本名
知微字辯機碑于祖父皆稱名不應獨書兄字竊意
辯機本知微之名明皇之世避嫌名改以字行如劉
知幾之改爲子元耳碑云風儀礌落天骨昂藏礌即
磊字昂即昻字唐人諱于家諱此爲大猷立碑乃不
避猷字潛研堂金石文跋尾

按碑題云明堂令于大猷碑文前云其惟明堂縣令東海于公乎後云聖歷二年制除□州明堂縣令州名泐一字乃雍字也元和郡縣志舊唐書地理志皆云萬年縣乾封元年分置明堂理永樂坊長安三年廢復併萬年新書地理志總章元年析置明堂縣長安二年省太平寰宇記云二年六月舊書高宗紀總章元年二月己卯分長安萬年置乾封明堂二縣分理于京城之中則明堂縣之置于總章元年爲有據也碑文明言制除雍州明堂縣令而金石後錄以爲細閱官階無所謂明堂令者何耶碑叙

其先世曰曾祖宣道祖志寧父立政兩唐書不爲大猷立傳而于其祖志寧傳皆云京兆長安人此碑作東海郯人者從舊貫也說已詳志寧碑跋新唐書宰相世系表于謹仕後周太師燕文公生九子曰寔翼義智紹弼簡禮廣義二子曰宣道宣敏宣敏無子以宣道子志寧繼志寧生二子曰立政慎言立政生四子曰遊藝知微光遠大猷大猷無子其卒也宜乎兄知微爲之立碑然碑云春秋五十七金石後錄乃謂其殀則又非矣又据宰相世系表志寧次子慎言生安貞安貞二子仙鼎默成

默成三子嘉祥休徵休烈是休烈爲慎言之曾孫默成爲從弟安貞之子石畢鐫葬始亦未檢唐表也大猷以聖歷三年七月十日卒是歲五月已改元久視不知碑何以仍作聖歷則不能明矣夫人爲滎陽望泐其姓當是鄭氏也合葬雍州三原縣萬壽鄉□坳□先塋据志寧碑云葬于萬壽鄉清池里則此或仍是清池里也唐書無辯機傳而表則云兗州刺史東海郡公碑不書爵者想立碑之年猶未加也辯機是字其名知微而碑直自署曰辯機想兄撰其弟碑可自稱字耶

金石萃編卷六十三終

金石萃編卷六十四

賜進士出身　誥授光祿大夫刑部右侍郎加七級王昶譔

唐二十四

夏日遊石淙詩碑

碑高一丈九寸廣九尺七寸共三十九行每行四十二字分作三截正書在登封縣石淙山北崖上

夏日遊石淙詩　并序

左奉宸大夫汾陰縣開國男臣薛曜奉　勅書

若夫圓嶠方壺涉滄波而靡際金臺玉闕□縣圃而無階□唯山海之經空空神仙之記爰有石淙者即平樂澗也尔其近接嵩嶺俯届箕峯瞻少室兮若蓮睇潁川兮如帶既而躡崎嶇之山徑蔭蒙密之藤蘿洶湧洪湍落虛潭而送響高低翠壁列幽澗而開筵密葉舒帷屏梅氛而蕩燠疎松引吹清麥候以含涼就林藪而王心神對煙霞而滌慮森沉丘壑即是桃源淼漫平流還浮竹箭紉薜荔而成帳聳蓮石而如樓洞口全開僊千乘之芳髓山腎半□北十里之香煙無煩崐閬之遊自然形勝之所當使至趣殊翰各寫瓊篇庶無滯於幽栖冀不孤於泉石各題四韻咸賦七言

七言　御製

三山十洞光玄籙玉嶠金巒鎮紫微均露均霜標勝壤交風交雨列皇畿万仞高巖藏(乙)色千尋幽澗浴雲衣且駐歡筵賞仁智琱鞍薄晚雜塵飛

七言　皇太子臣顯上

三陽本自標靈紀二室由來獨擅名霞衣霞錦千般狀雲峯雲岫百重生水炫珠光遇泉客巖懸石鏡厭山精永願乾坤符睿筭長居膝下屬歡情

七言　侍遊應　制　太子左奉裕率兼檢校大都護相王臣旦上

奇峯嵥嶸箕山北秀崿岧嶢嵩鎮南埊首埊肺何曾擬天目天台倍覺慙樹影蒙籠鄣疊岫波聲洶湧落懸潭□願紫宸居得一永欣丹扆御通三

七言　侍遊應　制　太子賓客上柱國梁王臣□□上

此地巖壑數千重吾再駕鶴□乘龍掩映葉光含翡翠參差石影帶芙蓉白(乙)將彩衡疊巘驚雲欲度礙高峯對酒鳴琴追野趣時聞清吹入長松

七言　侍遊應　制　內史臣狄仁傑上

宸暉降望金輿轉仙路崢嶸碧洞幽羽仗遙迎鸞鶴駕帷宮直上鳳麟洲飛泉灑液恒疑雨密樹含涼鎮似秋老臣預陪懸圃宴餘年方共赤松遊

七言　侍遊應　制　奉宸令臣張□□上

六龍驤首曉騑騑七聖陪軒集潁陰千丈松蘿交翠幕

一丘山水當鳴琴青鳥白雲王母使垂藤斷葛野王心
山中○暮幽巖下冷然香吹落花深
七言　侍遊應　制　麟臺監中山縣開國男臣□□□上
雲車遥裔三珠樹帳殿交陰八桂藂彌嶮泉聲疑度雨
川平橋勢若晴虹叔夜彈琴歌白雪孫登長嘯韻清風
即此陪　歡遊閬苑無勞辛苦向崆峒
七言　侍遊應　制　鸞臺侍郎臣李嶠上
羽葢龍旗下絕冥蘭除薜幄坐雲扃鳥和百籟疑調管
花發千巖似畫屏金竈浮煙朝漠漠石床寒水夜泠泠
自然碧洞窺仙境何必丹丘是福庭

七言　侍遊應　制　鳳閣侍郎臣蘇味道上
瑀輿藻衞擁千官仙洞靈谿訪九丹隱暧源花迷近路
叅差嶺竹掃危壇重崖對聳霞文駮瀑水交飛雨氣寒
○落　宸襟有餘興徘徊周　驪駐歸鑾
七言　侍遊應　制　夏官侍郎臣姚元崇上
二室三塗光地險均霜揆○處爪中石泉石鏡恒留匣
山鳥山花競逐風周王久謝瑤池賞漢主懸慙玉樹宫
別有祥烟伴佳氣能隨　輕輦共葱葱
七言　侍遊應　制　□□□臣閻朝隱上
金臺隱隱陵黃道玉輦亭亭下絳雰千種岗巒千種樹

一重巖壑一重雲花落風吹紅的歷藤垂○晃綠葐蒀
五百里內賢王聚顯陪閑闥侍爪文
七言　侍遊應　制　鳳閣舍人臣崔融上
洞□仙巖類削成泉香石冷晝含清龍旗畫匣中爪下
鳳管披雲此地迎樹作帷屏陽景翳芝如宮闕夏凉生
今朝出豫臨懸圃明○陪遊向赤城
七言　侍遊應　制　奉宸大夫□陰縣開國男臣薛□上
玉洞幽尋更是爪朱霞綠景鎮韶年飛花藉藉迷行路
囀鳥遥遥作管絃霧隱長林成翠幄風吹細雨即虹泉
此中碧酒恒叅　聖淚道崐山別有仙

七言　侍遊應　制　給事中臣徐彥伯上
碧淀紅涔學嶂間淙嵌澈岨泲成灣琪樹璅娟花未落
銀芝窋吒露壓還八風行殿開偃旁七景飛輿下石關
張蔦席雲平圃譙宛煌　金記蘊名山
七言　侍遊應　制　玉鈐衞郎將左奉宸內供奉臣楊□□上
山中別有神仙地屈曲幽深碧澗垂巖前暫駐　黃金
輦席上還飛白玉巵遠近風泉俱合雜高低雲石共叅
差林壑偏能留　睿賞長爪莫遽下丹墀
七言　侍遊應　制　司封員外臣□□□上
九旗雲布臨嵩室萬騎○陳集潁川瑤液含滋登禹膳

飛流鷲響入虞絃山扉野逕朝花積帳殿帷宮夏菉連
徵恧獻壽迎千壽願奉堯䄵億萬䄵
七言　侍遊應　制　通事舍𠂢恧沈佺期上
金輿旦下綠雲衢　綵殿晴臨碧澗隅谿水冷冷雜行
漏巖烟片片遶香鑪仙丞六膳調神鼎玉女三漿捧帝
壺自昔汾陽紆道駕何如太室覽真圖
大周久視元䄵歲次庚子律中蕤賓十九𡆠丁卯
今在嵩山石淙北崖上其詩天后自製七言一首侍
遊應制皇太子恧顯以下各七言一首文內天台訛
右衢訛衢瀑水訛曝金石文字記

右唐武后夏日游石淙詩并序斯游也新舊唐書本
紀均未之書計敏夫唐書紀事亦不載僅見之趙明
誠金石錄及樓大防集而已予友葉封井叔知登封
縣事捜嵩陽石刻志始著于錄顧刪去九首覽者不
無憾其闕漏康熙己卯九日獲披全文碑尚完好漫
漶僅三字惟張易之昌宗姓名爲人鑿去然猶可辨
識也井叔襍詩予澗瀍而水必穴崖梯木乃可摹拓
故儲藏家罕有之予性嗜金石文以其可證國史之
謬而昔賢題咏往往出于載紀之外若賀竦推岳詩
李貽恒岳詩任要恭洪岳觀白蝙蝠詩三衢石橋
寺李謹古風臨朐馮氏詩紀海鹽胡氏唐音統籤泰
興季氏全唐詩集皆略而不收斯碑亦棄不錄世遂
莫知睿宗及狄梁公之有詩傳于今予因爲跋其尾曝書亭集

唐武后遊石淙侶和詩首御製自皇太子相王以下
和者十六人薛曜書久視元年五月刊于平樂澗之
北崖諸詩惟李嶠沈佺期二篇差成章餘皆拗拙可
資笑柄耳黃岡葉井叔封知登封縣捜嵩陽石刻集
記始著錄乃刪去九首不爲無見而朱竹垞太史憾
其闕略以得覩全碑爲喜則亦好奇之過也王士禎香祖筆記

按唐本有宋之問石淙侍遊應制詩未刻崖上豈宋
詩爲刻後作耶碑內天地日月初人聖生君年正臣
載國等俱從武后新字附記焉說嵩
寶刻類編有此碑劉昫唐書本紀云聖歷三年四月
幸三陽宮五月改元爲久視通鑑云久視元年正月
戊寅作三陽宮於告成之石淙夏四月幸三陽宮益
以此時賦詩也三陽宮在嵩山其碑三格横書上層
書詩序及天后御製七言詩一首中下層書侍游應
制皇太子顯等各一首顧炎武譏其文內天台譌右

衙謁衙瀑水謁縣令諸視之實作天台右撇一筆乃裂文耳末有大定癸卯棲雲挈家再游十字隸書是金人題名詩中有𡔈字即初字也鄭樵金石略作𡔈傳寫誤（中州金石記）

武后以久視元年夏行幸嵩山賦石淙詩并序太子及羣臣和者共十有六人皆七言四韻薛曜正書朱竹垞於康熙己卯跋此謂漫漶者僅三字惟張易之昌宗姓名爲人擊去然猶可辨識今年乾隆癸卯余得搨本漫漶已多除二張姓名外其全損者計四十有五字相去僅八十有五年便已如此曜書如瘦藤其頓折處如腫節在書家又別一體其字率依武后所造竹垞謂此碑難搨兼睿宗及狄梁公之詩搜輯者均未之及今余晚歲猶獲見此未必非幸（抱經堂文集）

按石淙北崖刻詩有狄梁公七律一首全唐詩未收（河南府志）

按石淙山名河南通志在登封縣東南三十五里峯巒疊翠溪水繞流爲一邑奇觀唐則天后與羣臣會飲於此石刻尚存即此碑也碑末題大周久視元年歲次庚子律中蕤賓十九日丁卯是立碑歲月也律中蕤賓爲五月是月己酉朔兩唐書本紀雖不書遊石淙事然舊紀載臘月甲戌造三陽宮于嵩山四月戊申幸三陽宮五月癸丑以疾康復大赦天下改元久視七月至自三陽宮則是改元久視在五月五日遊石淙賦詩在十九日時駐蹕嵩山尋常遊宴紀可不必特書也詩序云石淙者即平樂澗也稽之通志無此澗名志之漏也奉敕書序者爲薛曜兩唐書薛收傳皆云曜聖歷中官正諫大夫碑則云奉宸大夫其汾陰縣開國男乃祖爵而傳不書其襲封也應制賦詩者首皇太子顯即中宗也唐書本紀高宗崩即帝位武后臨朝廢居房州聖歷二年復爲皇太子次相王旦即睿宗也本紀稱初名旭輪後去旭字上元二年封相王儀鳳二年改名旦則天臨朝立爲皇帝及革命降爲皇嗣依舊名輪聖歷元年復封相王改名旦授太子右衛率累遷右羽林衛大將軍并州牧安北大都護諸道元帥碑結銜作太子左奉裕率兼檢校安北大都護唐書百官志龍朔二年改左右內率府曰左右奉裕衛志與碑合至左右衛率府亦於龍朔二年改曰左右典戎衛而紀猶云授太子右衛率誤也次武三思（歷官結銜與碑傳合）次狄仁傑

傳云聖歷初爲河北道元帥軍還授內史三年則
天幸三陽宮王公百寮咸經侍從唯仁傑特賜宅
一區當時恩寵無比是歲九月病卒仁傑詩有云
老臣預陪縣圃宴餘年方共赤松遊豈知其不待
餘年也次奉宸令張□□亭林以爲張易之次麟
臺監中山縣開國男□□□亭林以爲張昌宗傳
云久視元年改控鶴府爲奉宸府以易之爲奉宸
令詔昌宗撰三教珠英於內據成上之加昌宗司
僕卿封鄴國公易之爲麟臺監封恒國公是昌宗
官爵傳與碑不合傳又云易之昌宗皆粗能屬文

如應詔和詩則宋之問閻朝隱爲之代作碑刻二
人詩是代作否耶次李嶠次蘇味道次姚元崇結銜
俱與傳合次閻朝隱碑結銜三字全泐傳云累遷給事
中聖歷二年則天不豫令朝隱往少室山祈禱朝
隱乃曲申悅媚以身爲犧牲請代上所苦及將康
復賜絹綵百匹金銀器十事俄轉麟臺少監今玩
碑止泐三字當是給事中也次崔融舊傳云聖歷
二年除著作郎仍兼右史內供奉四年遷鳳閣舍
人久視元年坐忤張昌宗意左授婺州長史此碑
云鳳閣舍人則其時尚未左遷也聖歷無四年久

視建元卽是三年所改舊傳云四年者誤也新傳
不詳某年但云武后幸嵩高見融銘啓母碣歎美
之及已封卽命銘朝覲碑授著作佐郎遷右史進
鳳閣舍人武后封嵩山係萬歲登封元年事則融
之官鳳閣舍人在久視改元以前登封以後也次
薛□泐其名據結銜卽書序之薛曜也次徐彥伯
官與傳合次楊□□泐其名亭林作楊敬述無傳其官
玉鈐衛郎將唐書百官志光宅元年改左右領軍
衛曰左右玉鈐衛蓋宿衛之官也次司封員外泐
其姓名亭林作于季子無傳次沈佺期傳但云及

進士第由協律郎累除給事中不言其官通事舍
人已上諸人以碑與史校之其同異如此又碑載
諸人之詩檢全唐詩校之閒有不同者狄仁傑詩
碧洞幽全唐作碧澗羽仗遙迎全唐作遙臨帷宮
直上全唐作直坐蘇味道詩日落宸襟全唐作天
洛沈佺期詩爔烟片片全唐作山烟徐彥伯詩銀
芝窋窊全唐作窋窊窋窊垂珠語本王延壽魯靈
光殿賦則碑之作窊者省也河南府志謂狄梁公
一詩全唐詩未收今檢全唐詩狄詩已在集內並
非未收惟說嵩謂宋之問有石淙侍遊應制詩一

首末刻崖上則誠如其言今河南通志石淙山條
下載二詩一是狄詩一卽之問詩云離宮祕苑勝
瀛洲別有仙人洞壑幽巖邊樹色含風冷石上泉
聲帶雨秋鳥向歌筵來度曲雲依帳殿結爲樓微
臣昔忝方明御今日還陪八駿游方明御語本莊
子黃帝將見大隗乎具茨之山方明爲御傳稱之
問累轉尚方監丞左奉宸內供奉武后游洛南龍
門詔從臣賦詩左史東方虬詩先成后賜錦袍之
問俄頃獻后覽之嗟賞更奪袍以賜之問石淙詩
所謂微臣昔忝方明御者卽指此事下云今日還

陪八駿遊是在陪游之列則信乎石淙詩是同時
所作以之問之才似此詩亦不至遠殿諸人之後
不如何以不入碑中也

秋日宴石淙序

磨崖高一丈八寸廣六尺三寸二十五行行四十一字正書在登封縣石淙山南崖

秋(乙)宴石淙序
奉宸令□　闕
夫瀛洲渤澥瞻埜際而無窮崐□閬風望而崖而不極
□□陽□□□山□□□觀□□□□□□□青
翠掩(乙)韜霞闢銀牓於叢巖□瑤堂於□□懸□□壁

自然風雨之□□澗□□□□雷霆之□□□陰陽同
功而□鑿獨此標奇造化僇力而雕鐫□□□□平臨
襄野□□牧馬之□□□□山野□□□之埊可以兮
登踐可以兮棲遲羣公松竹其心芝蘭其性磬忠而事
明主挺□而接神交雖迹□□□而心遊江海或斑超
鷟領榮封萬里之侯或叔夜龍章聲振□□之□□十
居外一居內季成子而佐文侯或筆則筆削則削孔
丘而□大易或涕唾流沫濕□□之□頤或颯□鬢眉
舉羊公之折辭或長安鑄鐵而位掌兵機或文昌握蘭
而榮□□署亦有□□□□爲□□□□□有金穴

懿親作關西之孔子是知鳥有鳳而魚有鯤翥垂而之
羽毛聳橫波之鱗甲並汾水□遊□□□梁侍奉之餘
披霧覩而思逢樂廣彈琴命□□値劉靈大開文酒之
娛都會琳琅之客□□□□適莽□□邀歡已造虛無
陟崢嶸而抒意於是臨匪□俯雲扃丹壑萬重青溪四
合騰□□皭□□松枝□鱗□□下吹蓮葉文狸赤豹
窟穴於巖亭貝闕龍堂□淪於水府攀□□之□景既
如登紫陽兮入洞□□□衧之□□又似架鼉梁兮浮
碧□樵蘇不爨高談衆妙之門離薜□衣遠得幽棲之
致爰有堯車□□武□北□□漢代則君安遊兹服食

目不私視□不私言乙誦仙□夜披眞□平身七遍舍
□□□□□叩齒三通設靈壇而禹步傷袪俗累御坐
仙巖相顧而言曰鍾鼎不可以久□瞷塵不可以久□
蘭□而推□□□□故仲尼抗浮雲之說孟軻養浩然
之氣名利□在似刻舟而訪寶劒禮義何施若□鼓而
求亡子富貴者□□□骨厩火乙夜而煎熬文章者傷
神遺□蠢蠢朝昏而嗜嗑豈不□□□□□□出□□
圭蓋□□長排□景三十乘之瓌賓緩緩充飢五百歲
之銅至嵵時拍背□□開□對老鵶而不言鴻蒙掉頭
仰雲將而拊髀□□汗漫與若士而靡肩東戲蓬萊共

麻姑而拖琬我輩仰□而抗魄望之而盪靈曠若□□
□□□下□□青要飛序朱明謝時紅颸息而涼蟬吟
□乙下而殘虹□秋風稍起撼羣木□□□夏乙旋移
落長繩於暮景而開雲散流離爛漫少室巔兮嵩高半
繞澗□□□焰生光紅綠陌□紫翠□面林壑而神□
□烟霞而□□落札則書成鳥跡映科斗之文章染翰
則思觚魚牋射驪龍之光彩聚東山之瓌寶未足爲珎
擬南□之風烟縱擬入賞乃戛瑟導歌抗音高歌炎暑
隔而泉石心□勸酬樂而□鴻□熱凝□□斧兮雲和
樂流波之非管□丹巖青壁兮坐屏風藤蘿之爲鉤□

耳目□接而下之□□也遊踐所經而下之爲絕也吸
精華而吐根核既四□□無厭腦翰墨而髓風煙須□
言□有作

石淙南崖與北崖正對中隔深淵刻曰秋日宴石淙
序奉宸令張□□□　嵩書曰是文刻南崖下臨深
溪遊人遙望不得讀故世無傳者予集長木爲棧至
其下命工搨之石當山水之衝泐去數字矣予嘗買
是搨於工匠値頗昂以其難於摹也刻爲張易之撰
易之二字泐去無存覩銜名知爲易之也北崖應制
詩麟臺監爲張昌宗而亦泐其名何歟兩石名氏俱

傳於後淸河二名獨毀不存豈天厭其穢行以風雨
抑人惡其汚罰以鑿椎淸泉潔石之間去此滓垢亦
幸也按全文載嵩高志止闕十餘字以今搨本校之
補識陽城二字餘漫漶者不啻十之三矣邢臺公去
今未百年而石文剝落輒爾相殊後此又當何如耶
說嵩

末有宋至和二年范純仁題名熙寧庚戌張瓌弟琬
題名宣和甲辰王贊題詩乙巳王仲蘧等題名刻於
石淙南崖張易之序後王績詩刻范忠宣題名之上
字相參互殊不易搨　劉昫唐書本紀云大足元年

夏五月幸三陽宮蓋以此時爲序通鑑大足四年毁三陽宮以其材作興泰宮於萬安山自此以後武后不至石淙矣方志云是文刻石淙南崖下臨深谿人跡罕至傅太常梅命工打本其文載嵩高金石志葉封嵩陽石刻記云今按之補識陽城二字而漫漶者十之三矣又云書與天后遊石淙詩序相似疑薛曜書也中州金石記

按此序無歲月中州金石志謂是大足元年五月作稽之唐書本紀上年四月幸三陽宮五月遂有石淙詩刻七月至自三陽宮此年正月改元大足

五月幸三陽宮七月至自三陽宮此後不復幸矣此序撰書姓名不存但有奉宸令三字說嵩以爲張易之撰奉宸府以控鶴府改而爲之舊紀置控鶴在聖歷二年舊書易之傳爲奉宸令在久視元年故上年詩刻易之結銜已作奉宸令此年猶未更易也上年詩序是奉敕撰此序奉宸令下已泐玩序文全無稱頌天后之語知其非奉敕也而題曰秋日宴石淙與宴者多人文有汾水□遊侍奉之餘大開文酒之娛都會琳琅之客云云似係扈從諸人中倡舉宴會而紀此序非天后召宴諸人陪侍之詞也文又云目不私視□不私言目誦仙□夜披眞□平身七過舍□□□□□叩齒三通設靈壇而禹步傷袪俗累卻望仙巖相顧而言曰鍾鼎不可以久□鄒塵不可以久□云云似有一服食修眞之士勸諸人之勇退者頗非易之輩所樂聞也文又云青要戒序朱明謝時秋風稍起撼羣木□□□夏日旋移落長繩於暮景是夏末秋初氣候据本紀自上年及此年皆以七月至自三陽宮則當在扈行將還神都之日而其確指爲大足元年之七月亦未有據也姑與應制詩刻連類及之

大雲寺碑

碑高一丈三尺一寸廣五尺二寸三十一行行七十七字隸書額題大雲寺皇帝聖祚之碑九字篆書今在河內縣

大雲寺之□文

太子中舍王上柱國武威賈膺福撰文并書

睿祖康皇帝孫文林郎太原武盡禮勒上

蓋聞𠀑成象懸□□□著□在埊成形□山□以□氣百□□□□窮破暗之功三千世界豈亡無邊之境況乎言議所及通□之間哉□□往古來今前賢後髫

□□□□□□□□□□□□□□□□□綸止于而
下□□□道爲大存乎域中名與無名□□常樂色□
非色□□□空生生不□念念成壞極數觀變□而不
□眞□□覺於□□□□□釋尊□□□之□□□□
□□□□□□□□□□□□發祥而廟首比□仙之
□獨ㄱ□御之□□□難□□□□□□□□□□□
浮雲萬梵光明猶如聚墨降魔佛樹□轉□□□有□
□□無住□生瀌非相見相□□□□□□□□□□
闡汲引之路□七品□□道之門隨迎莫□其去來□
□不知其終始□□納芥□□成□無非才言之權皆

由慈善之力廣大同於瀌界□□□□□□所作既□
□□□□□□□□□□□□□□□□□□大□□
□貫□□□宜暢闡宗四無□心普□羣有六□□領
廣□□□德盛者流光功闡者施博舌瀌逝其已遠象
設由是儔與□影揚光教被龍鬼□□□□□□□□
□□□□□□□□□□□□掩□相望□刹夌虛參
差□□覺惟淨居而界爭闢紫□之園□□神宮共□
琉璃之塔而已河內大雲寺者本隨文皇帝所□□□
□也□□與區□方都會□□□□□□□□□□□
□□□夏甸鎮以大行之險繞以洪河之流□眺閩□

百雉霞起□□井色萬室雲平□□□□既窞而教乃
吉祥之福埊信招提之淨域絲□之□□□□□□業
□□□□□□□□□□□□□□□豕長虵荐食□
因洪水方割刼火洞然乃眷□□□焉傾覆有唐立極
□□□因捘乙占○增飾崇麗自隆周鼎革品彙光亨
而瑞埊符□□匜至在璿機而齊七政□□□□□□
□□□□□□□□千璺菩薩成道已居□劫之前如來
□身□穢一生之記大雲發其遐慶寶雨兆其殊禎赤
伏祚劉得自書生之獻黃□表魏闕諸瞽史之談猶播
美於緹緗□騰□於□□□□□□□□□□□□□

中興是改千秋之邑梵王勝敵爰崇善□之堂矧乎冠
絕而至度越今昔爲可□墨靈覛抑而不揚乃下
明制順而休命肅昭鴻烈用定厥祥易長□之前名蓮
□□□□□□□□□□□□□□麗琱楹鏤檻迴出
氛埃松疎桂深□闢寒暑千花綺帳金絡浮空四柱珍
臺珠瓔獨化龍池漱玉韻寫七言樂樹吟風聲諧九奏
因埊精舍未或能儔尸利空林孰云□□□□□□
□□□□□□□世衣冠高尚不仕行符曾閔義烈金
石往屬漢東失御巨猾憑陵盜跖暴於泰山蚩尤盛於
中□至怨神怒甫鍾遷鼎之期父出子孤奄泊□□之

酷濫序之營魂莫返□方□□感□□□□□□□□
□道□三途之長遠識四苦之輪迴於是擯落俗塵歸
依妙覺仰祈靈誓之佑少酬顧復之恩於此伽藍聿興
寶閣審曲面勢置泉持穐徵玉西崑求金南海□□少
□□林中□□石□□□□□□□□□姿鷲嶺角壯而宮
于時貞觀之十八載也鳥夷拒險不率王略龍韜稽律
肅將而威太白出高行師利於中國王良策馬車騎滿
於遼□勒具□邊深涉匈奴□□勞軍成禮□□細柳
之營□□□□□垂劍客聲高六郡選盡百金將□獄
狛之庭途出漢覃之境覩斯福會以挈檀郝各分輕出

之資共□裹糧之費王以□□物以願盈寶貨泉流淨
財山積□□□昉□師者禪□□□□□□□□□
巧之方志窮輪奐之美不遠千里百舍忘疲乃於惟揚
之□□□長樂之制規摹允備績用□成高閣洞開層
軒傑竦瓊階切漢徑直而門王柱橫空光□乙□落□
□□綺綴納□□於□□□□□□而孤鶱雲罽蹕豈
而退翻列儛承宇整霓裳而欲飛而女窺窗開玉顏而
競咲提洹下集郇此安居迦葉飛來茲焉戾止加以圖
塡寫妙刻玉班檀相好圓明威神自在捻持之□□繞
□□□□□□□闡□匐方諸妙喜一切莊嚴辟彼淨

名入未曾有至矣哉一都之壯觀也上座綜爽寺主什
行都維那慶宗及寺內名德等慧炬外揚明珠內護深
入濃性妙達眞詮□求無□之□□□□□之□□□
交□空慧兩修咸以爲悠悠俗帝　皆苦皆空擾擾浮生
無至無致喜園勝殿終傾四大之風巨海須彌畢燼三
灾之火非夫願力堅固法性□常孰能□□愛慾之□
□□□□之□□□□□偈頌□□篆刻緬惟畫石之旨
尚想刊柱之蹤爾乃攻玉他山式建隆碣俾夫披文相
質恒傳濃鼓之音輪雨風灰永植金剛之際前刺史臨
此郡□諱嗣宗□□□河內郡□□□宗好政□□明

德茂親資孝□忠自家形國北門之寄朝選尤難右戚
之英　　帝念斯屬□紆緣車之重累膺朱轓之
榮西河吏歪歌馮君之繼踵穎川士女喜□公之重□
□震百城名馳□□政侵魯衛道裕開平列郡□□表
儀京師并蒙其福長史河東薛俊司馬龐農楊履言貴
□子孫聲名籍甚七業貂珥金張謝其寵光七代公卿
荀汲推其閥閱敏以□□長於埋□□河□仲舉之□
□沂頌休徵之□我有懿德□□伍之州縣寮寀等如
珪如璋公才公望滄溟未運敢邈翰於池籠刀筆薄遊
屈雄才於掾吏並兼修在念齊抬裝懷恭惟付囑之慈

久積住持之想承行壟敎守護大乘弟子先君敦寶□
膺□寄調□□際出牧茲邦昔因定省屢入官舍近從
休告言踐舊遊盛德不渝尚見坐棠之化窮心靡逮徒
深風樹之哀眷山川以□懷盼邑里而增欷吾昆伯□
材標幹蠱恭承　□澳譚□作宰下車爰始□□相
□鳴絃在□□歌□路曾未期□風化大行固惟　先
德在至抑亦祈薪克荷凡我門生故吏邦彥時英見託
爲文□當勝事雖則不敏其可已乎乃爲銘曰
大極播氣流□甄形四緣七識萬品千名有爲有漏隨
滅隨生危同水沫幻等乾城其一而中之而實尊最勝寄

跡譬譚道隨緣示□寶□凝姿□山表稱而□歸仰□祇
協應其二拂衣□□□三□□□□□疊斯然缶眞
寂滅象敎照宣莊嚴刹土宏被大千其三瞻彼淇澳時惟
勝壤營室分躔中樞括象惟皇迺睠淨居攸敞福宇隆
崇祥□盼蠁其四隆周建極烈惟無競化□萬靈德□□
□□□□□□□□爰錫嘉名光照寶命其五偉哉妙
域赫矣奇工凡崇而廟掩龐龍宮跡臺戒迴玉宇臨空
綢繆交□鏤甍和風其六肅肅聽眞誂誂□士捐生□□
濟物□□□垒登果□而擠□□□□□□□□其七
□茲邦牧雅　周之藩持寬濟猛以簡臨煩仁風依扇

膏澤隨軒□□至□□想祇園其八郡邑英僚宏□廣度
州閭攸逸居貞履素願力成就□□□固咸磬身心永
□□護其九勸□□□□□□□方□業□□常□
陵爲谷□海成棨金剛際斷盛烈無忘
大周大足元𠡦歲次辛丑五匝癸酉朔十五日丁亥
建
金石錄有此碑今賈膺福名磨滅膺福與薛昌容李
振鍾紹京等有工書名劉昫唐書列傳云曹州冤句
人懷州刺史敦實子先天中歷左散騎常侍宏文館
學士碑云河內大雲寺者本隋文皇帝所置長壽寺

也河南通志不載此寺蓋其漏略碑額云大雲寺皇
帝聖祚之碑篆頗工聖作壟用武后字第一行書撰
人名下又題睿祖康皇帝孫文林郎太原武盡禮勒
上黃叔璥中州金石考云碑陰長安二年蕭懷素書
按寶刻類編蕭懷素有周大雲寺詩是也中州金石記
按碑文約二千三百字存者尚千七百餘字而於
最要處頗多闕泐茲據其存字論列之碑題太子
中舍人上柱國武威賈膺福撰文并書睿祖歷皇
帝孫文林郎太原武盡禮勒上膺福爲賈敦頤弟
敦實之子兩唐書傳皆云敦頤曹州冤句人膺福

先天中歷左散騎常侍昭文館學士此碑在大足
初官太子中舍人傳所略也傳稱曹州冤句者其
里居碑題武威則其郡望也宰相世系表稱武氏
之先在晉時有晉陽公洽別封大陵縣賜田五十
頃因居之則天紀稱并州文水人文水縣隋開皇
十年所改舊爲受陽縣與大陵爲隣大陵縣在晉
時與晉陽竝屬太原郡故碑題盡禮之望爲太原
也唐書表傳俱不載盡禮不知於天后族屬是何
輩行碑題睿祖康皇帝孫者新唐書則天紀天授
元年九月立武氏七廟於神都追尊周文王曰始

祖文皇帝妣姒氏曰文定皇后四十代祖平王少
子武曰睿祖康皇帝妣姜氏曰康惠皇后后妃則天傳作
武王爲康皇帝號睿祖妣姜曰康惠皇后紀傳互異據宰相世系表武氏出自姬姓周平王少子生而有文在手曰武遂以爲氏則傳誤也是凡武氏子孫皆同源於睿
祖康皇帝也紀又載是年十月置大雲寺而不著
其地據碑文稱河內大雲寺則寺在河內而河南
省志不載文又稱本隋文皇帝所置長壽寺也是
大雲即改長壽爲之長壽二字今碑已泐中州金
石記猶及見之而省志亦不載碑文首五行泛敘
佛教次述大雲寺則云鎮以太行之險繞以洪河
之流又云有唐立極增飾宏麗隆周革命品彙光
亨大雲發其遐慶寶雨兆其殊禎乃下明制易長
口即壽字之前名此自唐至周改長壽爲大雲之原
委也此下云口世衣冠高尚不仕行符曾閔義烈
金石擯落俗塵歸依妙覺於此伽藍聿興寶閣于
時貞觀十八載也此是敘寺中主僧于貞觀十八
年就寺建閣之事而泐其名下云烏夷即烏夷拒險
不率王略龍韜授律肅將天威將口獩狛之庭途
出懷覃之境覩斯福會以挐檀那各分輕出之資
共口裹糧之費此敘貞觀十九年太宗如洛陽以

伐高麗師行河內寺主出資助軍之事下又云乃
於維揚之口口口長樂之制規摹允備績用口成
高閣洞開層軒傑竦加以圖眞寫妙刻玉班檀相
好圓明威神肸在此敘寺中重建高閣仿其制於
揚州某寺及造像之事下又云上座元爽寺主什
行都維那慶宗及寺內名德等緬惟畫石之旨尚
想刊柱之蹤攻玉他山式建隆碣此敘寺僧立碑
之事下又云前刺史臨此郡口諱嗣宗闕河內郡
闕右戚之英帝念斯屬長史河東薛俊司馬宏農
楊履言州縣寮寀等竝薰修在念喜捨裝懷此歷

敘河內官吏護持本寺之事嗣宗沕其姓而云右戚之英或亦武氏之族也長史河東薛俊宰相世系表薛氏西與祖晉河東太守傳至涪陵元公五子號濮上五門其薛氏大房有俊字爽之官慈州刺史似卽此薛俊也司馬宏農楊履言亦見世系表觀王房光祿卿思謙之次子不書官位其兄履忠則官殿中侍御史也碑又云弟子先君敦實出牧兹邦昔因定省屢入官舍近從休告言踐舊遊盛德不渝尚見坐棠之化窮心靡逮徒深風樹之哀吾昆伯□宏□作宰會未朞月風化大行居惟先德在人抑亦析薪克荷凡我門生故吏邦彥時英見託爲文□當勝事此賈膺福自敘其父兄皆爲守令因於此寺撰文立碑之事碑爲寺僧所請立而文則門生故吏所請撰也兩唐書傳賈敦實咸亨元年累轉洛州長史有惠政四年遷太子右庶子初兄敦頤爲洛州刺史百姓共樹碑及敦實去職復刻石頌美立于兄之碑側時人號爲棠棣碑敦實永淳初致仕垂拱四年卒碑故云徒深風木之哀也河內屬懷州而敦實官洛州蓋懷洛道里相近碑故云出牧此邦吾昆伯□是膺福之兄

沕其名傳又不載無從考矣碑立于大足元年五月是歲十月改元長安五月尚是大足也詳玩碑文祗是大雲寺歷次興建之由及河內守土之蹟于朝廷無甚關係而額題大雲寺皇帝聖祚之碑因摹勒上石者是武盡禮乃天后之族屬不得不借祝延聖祚爲碑取重非立碑之本旨也又據新唐書后妃傳則天太后載初中拜薛懷義輔國大將軍封鄂國公令與羣浮屠作大雲經言神皇受命事又長安志武太后初光明寺沙門宣政進大雲經經中有女主之符因改爲大雲經寺遂令天下每州置一大雲經寺此在河內者其一也

順陵殘碑

碑已剝落僅存三石一八行共四十六字一十九行共一百三十六字一七行共三十六字正書今在咸陽縣

捴□霧於□欲壞唯聞綠竹　之□宗永奉　洪鏞之
德　朱旗而撥亂而　識黃〇之兆功深　門而闕則
嬪風闕魚　函坐□塵不染孤標
成此　部二尚書　□□萬石　禮　之路千乘
禮恩覃　□乖暗□捫□之覎蘭　秋高翠縷紅□從
求　帳而分輝龍爪魚形　未有　仁心暗徹　睿

海內沸騰伏黿□而風　濤遂翦豺狼之毒　謀入張
惟而建策龍鈐　□神堯皇帝位膺元首任　○中之
匜泊兮鳳凰開繇　春樓覩雲霞而掩色八　上方勤
庶政爵想羣黎　飛署剏之榮南州揔班悠　□而積
慕沉綿遽軫□　銜冤茹痛撫繐帳　□□□鴛栖梓
□□
於松塋　霜董而無季逝　方移沛邑之魂更啓　傷
隣丹鳳之城徽號　□之季黑玉歸□郎　曰
孝明　□□□

武三思撰相王旦書碑用武氏製字武三思稱悳猶

可而旦亦曰悳旦當發一笑書不知眞出旦否方整遒健可錄也碑已仆于乙卯之地震而亡于縣令之修河余猶從故家見其搨本石墨鐫華

首曰大周無上孝明高皇后碑銘并序特進太子賓客監修國史上柱國梁王悳三思奉敕撰太子左奉裕率兼檢校安北大都護相王悳旦奉敕書此武后追尊其母楊氏之碑其時睿宗為相王奉敕書之字體與景龍觀鐘銘同內虎字再見末筆俱不全虎字號字亦同猶未斥唐諱又君字作𠁾亦他碑所未見疑古文君字亦類此仁山金氏謂商書太甲上篇自周有終相亦惟終當爲自君古文君字似周故誤作周唐君臣正論武后改易新字以山水土爲地千千万万爲年永主久王爲證龕元睿佛像贊證字作薹長正主爲聖一忠爲臣一生爲人大吉爲君　按舊唐書蘇頲傳元宗欲於靖陵建碑頲諫曰自古帝王及后無神道碑若靖陵特建則祖宗之陵皆須追造元宗乃止韋湊傳語亦同靖陵者元宗母昭成后竇氏之葬也然則唐之高祖太宗皆無碑矣順陵之有碑蓋武后剏爲之而乾陵之有碑則中宗踵爲之乎金石文字記

相王所書順陵碑豐大之甚至萬歷乙卯地震而仆

縣令取其石脩河今已亡矣余所收乃吳氏家藏舊本庚子銷夏記

今在咸陽縣順陵在咸陽北原明時地震碑仆取以修砌渭河之岸近於岸中崩出三段一移縣署二在民間訪得其一存百三十五字又一存四十八字又一存三十六字碑甚鉅河岸中當不僅此也碑字大一寸五分書法亦自可玩石墨鐫華云碑已仆於乙卯之地震而亡於縣令之修河豈知陵谷變遷此碑又出人間耶雍州金石記

按碑存者共二百十八字然可讀成文者曰龍爪

魚形曰恬心昭徹曰海內沸騰曰遂翦豺狼之毒曰入張幄而建策曰神堯皇帝位膺元首曰覩雲霞而掩色曰上方勤庶政屬想羣黎曰銜冤茹痛曰方移沛邑之魂曰儔躋丹鳳之城及末有孝明二字如是而已金石文字記所載碑額及武三思相王旦奉敕撰書銜名文中虎字末筆不全云云今皆不復見矣順陵爲武后葬其母楊氏舊唐書高宗紀咸亨元年九月甲申衛國夫人楊氏薨贈晉國夫人謚曰忠烈閏月壬子加贈太原王妃甲寅葬太原王妃京官文武九品已上及外命婦送

至便橋宿次其時葬所未稱陵也新書則天紀光宅元年九月己巳追尊武氏考士彠爲太師魏王妣楊氏爲魏王妃十月丙申追謚考魏王爲忠孝天授元年九月丙戌追尊忠孝太皇曰太祖孝明高皇帝妣曰孝明高皇后據金石文字記以此碑立于長安二年正月則上距追尊皇后又十三年矣宋敏求長安志順陵在咸陽縣東北三十里唐武后追尊其母曰孝明皇后號順陵及檢咸陽古跡圖又作周孝則皇后順陵蓋刻訛也新書天后傳永昌元年享萬象神宮號士彠周忠孝太皇楊忠孝太后以文水墓爲章德陵咸陽墓爲明義陵天授元年號章德陵爲昊陵明義陵爲順陵此順陵之名所由始據傳則昊陵爲士彠墓在文水順陵專爲楊氏墓在咸陽卽此碑額亦只題曰大周無上孝明高皇后碑銘其非合墓明矣乃陝西通志陵墓卷載魏王武士彠墓云在咸陽縣北三十里則天父母追贈帝后名其墓曰順陵是誤以爲父母合葬一墓也碑題三思銜曰特進太子賓客監修國史上柱國梁王睿宗銜曰太子左奉裕率兼檢校安北大都護相王與唐書紀傳合歷官俱

在聖歷初年然睿宗紀又稱長安中拜司徒右羽林衛大將軍而不詳何年據碑則在長安二年後矣舊書武士彠傳稱士彠家富于財好交結高祖初行軍於汾晉休止其家及爲太原留守引爲行軍司徒從平京城拜光祿大夫封太原郡公新傳作義原蓋太訛爲义义訛爲義武德中累遷工部尚書進封應國公又歷利州荆州都督此士彠歷官大略碑所云神堯皇帝位膺元首正敘士彠仕高祖時事特文存者什不及一無從取證也或疑昊陵亦當有撰記久而失傳然或者士彠事已詳于此碑不復出也

金石文字記謂順陵有碑武后撰爲之乾陵有碑中宗踵爲之案乾陵碑即述聖記武后撰中宗書非中宗爲之也又前乎此者有孝敬皇帝叡德記則高宗先爲之是陵碑不始于乾陵順陵矣

金石萃編卷六十四終

金石萃編卷六十五

賜進士出身 誥授光祿大夫刑部右侍郎加七級王昶譔

唐二十五

漢紀信碑

碑連額高一丈二寸四分廣四尺五寸七分二十三行每行四十一字隸書額題漢忠烈紀公碑六字篆書今在滎陽

范陽盧藏用撰文并書

有漢忠烈姓紀名信官族世載史失其書昔秦始皇棄六代之業窮天下之力以從其心施及二世荐作昏德人怨神怒百姓與能此皇天所以興漢祖也夫能耀虎變不有非常之災則不能蔚其文而神其行故英雄豪傑雷動電擊竝起而亾秦當是時乘水飛而無紀皇綱頹而不紐強者制命弱國連衡項籍提八千之兵鼓行而稱伯緊名城阬勁卒弒義帝屠咸陽七十餘戰而天下大定矣於是背關懷楚專制主約雖負河山藉舊業南面而稱孤者猶膝行請命舉國受署莫能依口焉而高祖蓄于漢中定三秦之地扶義杖信東向而爭天下天下之命懸于二雄山東紛紛蠭合蟻聚未有所係籍當以百萬之衆困高祖於滎陽紀公推天曆之在劉顧臣節以自償躬載黃屋出東門而詫之沮百萬之氣頓

強楚之威奪諸侯之魄迴覇王之機身焚孤城之下功濟廟堂之上高祖因之以成帝業雖宏演納肝而無悔干犨請矢而不疑公孫抱子而爲詐孟陽寢牀以自欺其忠則然於大業不可以希也先軫免冑以立誠鉏麑觸槐以取衷富辰懟諫而赴翟仲由結纓而爲壯其節則全於大機則無以尙也苟息守言而死事豫讓感遇以自殘石乞就亨以徇白漸離矐目以報丹其義立矣於大濟則闕焉故功貴成業貴廣苟有大賴則輕太山於鴻毛壯哉紀公誠得其死矣夫城郢而增君名寢齊以祈於死其於忠也不亦泰如於戲仲尼所謂殺身成

仁臨難無苟免者則紀公其人也而歷載數百莫能表之縣令會稽孔君名祖舜字奉先賓大聖之緒秉忠孝之規淸身以激俗矯揑以從政到官視事三載有成於是鄉之碩老攝齋而請曰府君以盛德茂于宏宣大化旌孝尙節敦學務農人無懸耜野無冥草可謂政之莽者也而紀公之墓蕪而不顯豈所以鼓舞前志發揮臣子之道哉府君乃咨謨寮吏稽古訓典以爲忘生從道者仁也沉斷固分者義也威儀不忒者禮也好謀而成者智也有死無二者信也決機與運者明也大節不撓者勇也夫藏一行於人則銘之金鼎輝鑠風雅況紀公兼而有焉斯實忠臣義士之殊尤而文獻之所先也故表尙容式干木君子韙之乃仰惟春秋旌善之義庶幾爲臣之節齊于百年之上凜然可以比肩斯人俾能揚耿光厚忠義崇尙教化以昭烈　我明天子之風豈不襃德而顯功哉遂作頌曰

雄雄紀公自天作忠應皐祖兮卓犖磊砢瑰偉倜儻奮威武兮虎鬭龍戰扶危制變挫强楚兮定霸與王身焚業昌得其所兮雲雷經綸乃聖乃神萬物覩兮千載一振闡幽作訓爲苒矩兮三五巳矣愚聖同死苟無足而稱焉吾何以貴夫古兮

大周長安二年歲在攝提七月立

碑陰

碑陰十七行行二十二字隸書

長安元年鄉人白孔府君請爲紀公建立碑表府君具狀申請而州察以爲異代風烈令式無文且懼鄉人頭會抑而不建孔府君感激忠義拘牽下僚乃歎曰吾以不才忝茲邦政至於激貪勵俗旌孝尙忠臣子之行敎化之端也鄉人之請允有禮矣吾可以嘿歎至二年七月乃自減私俸將斵石采山以旌忠烈會有耕□於紀公墓側居人田中得一古石磨礱俱□但無文字其螭

首及兩側龍距文虧鵠有子丹碑瀠生動之勢非近工
所爲詢之故老莫究年代府君遂酬地主之直樹之於
墓刊勒斯頌豈神明昭應有所感發哉何其幽顯之符
會也鄉人奔走而觀者甚衆咸喜紀公有述刪石自彰
口以崇宰君之徽烈表至誠之必感夫減俸以旌賢至
清也希古以砥節至忠也不然後口何以仰德而立名
哉乃於碑陰刊紀斯異
縣丞南陽張口之敏學
主簿天水趙悅子豫
尉太原王景先口猷

尉博陵崔撈廣潤
前尉馮翊吉晧叔明
前尉常山閻至爲去僞
勒碑人史舌勤　　石工張敬鐫字
紀信漢高帝將也漢三年項羽圍滎陽急五月將軍
紀信請誑楚於是詐爲漢王乘黃屋左纛詣楚軍曰
漢室且盡王降楚及見乃紀信也問漢王安在曰已
從東門出矣於是項王燒殺信當是時羽用范增計
急圍滎陽兵少食盡微紀信卽沛公已矣及帝定天
下論功行賞不及紀信史遷班固亦不爲立傳至武

后長安二年滎陽令會稽孔祖舜始作頌樹碑然後
紀信之忠始顯於世 盧舟題跋
右唐立漢將紀信碑自來收集金石文字者皆未之
及始著錄于恭壽先生積書巖題跋中惜其前段缺
損數十字予得此本僅少七八字餘者刻畫完好如
新　舊唐書高宗本紀麟德二年東封泰山至原武
以少牢祭漢將紀信墓贈驃騎大將軍此碑立于長
安二年去麟德二年才三十七年乃云歷載數百莫
能表之以本朝典禮恩澤竟不能知何也。碑陰紀
孔府君樹碑刊頌之事并列丞尉等名以前碑字法

審之亦盧藏用書也漢劉熊碑姦究革情以究爲宄
此碑莫宄年代則又以宄爲究二字互用其異有如
此者　表揚風烈賢有司事也曾何限于異代乎州
寮之推誘假令式以爲辭眞古今一轍也刊碑而碑
出殆紀公之靈與孔君有冥契者矣 金石存
寶刻類編有此碑唐文粹載此文地形志云滎陽有
紀信冢劉昫唐書本紀云麟德二年十一月次于原
武以少牢祭漢將紀信墓贈驃騎大將軍知唐時甚
重紀信碑未述其事惟記縣令孔祖舜表墓之美中
有云石乞就亭以侚白說文無殉字知經史殉字皆

當作佝又云攝齋而請齋見說文知唐人猶能用古字也今本唐文粹俱改爲殉爲齋賴碑刻以証之矣呂總續書評八分書五人稱盧藏用書豁潤花妍煙凝修竹今觀其書信然　陰記耕者于紀公墓側得一古石其螭首及兩側龍𧆞文詢之故老莫究年代遂樹之予墓刊勒斯碑云云今碑額螭文宛然卽其石也事甚奇異後人庶保護之中州金石記

按紀信墓獨見於魏書地形志北豫州滎陽郡滎陽縣注有紀信冢隋唐二史志及宋之寰宇九域諸書皆略焉今檢河南通志載紀信墓在鄭州滎

澤縣城西孝義保而墓之有碑仍無一語及之可知孤忠遺蹟得以流傳于世爲不易也此碑爲盧藏用撰書隸體完整文幾九百字泐者祇五字初唐碑之似此完善者亦不多得兩唐書傳藏用字子潛幽州范陽人能屬文舉進士不得調隱終南少室二山長安中召授左拾遺武后作興泰宮于萬安山上疏諫而不從姚元崇持節靈武道奏爲管記還應縣令舉甲科爲濟陽令藏用工篆隸當時稱爲多能之士觀此碑所書傳非虛語也金石存議其於本朝典禮恩澤竟不能知然高宗以少牢祭墓與立碑表墓者有別藏用意在表墓非不知朝廷有祭墓之典也武后造興泰宮係長安四年事此碑立於長安二年而題無官位但署其貫曰范陽當是隱居時所撰書也太歲在寅曰攝提格長安二年壬寅歲碑云攝提者省文也紀信劾忠事在漢三年詳見漢書高帝紀滎陽令會稽孔祖舜新唐書附孔述睿傳云述睿越州山陰人祖祖舜字奉先爲監察御史以累下除成武令雅馴于廷而不載其令滎陽史之略也史云山陰人碑云會稽皆屬越州似與曲阜異系支云貧大聖之

緒秉忠孝之規不過援引聖裔以賛美耳唐文粹載此文取與碑校有不同者如官族世載文粹世作代以從其心文粹從作縱施及二世文粹世作代此皇天所以興漢祖也文粹皇天下有之字項籍提八千之兵文粹作項羽無之字鼓行而稱伯文粹作鼓行稱百萬南面而稱孤者猶膝行請命文粹無而字猶字舉國受署莫能佼口焉文粹作舉國受署者莫能抵捂焉籍當以百萬之衆文粹籍當作羽嘗顧臣卽以自僨文粹作顧忠節以自效出門而詭之文粹詭作叱奪諸侯之魄文粹奪

作耆於大業不可以希也文粹無希字石乞戲草
以徇白文粹作石乞烹身以殉白其義立矣文粹
作其義則立夫城郢而增君名文粹增作絕不亦
泰如文粹作不亦大乎仲尼所謂殺身成仁文粹
所謂下多見危授命四字擺躃而請曰文粹齋作
齊無曰字敦學務農文粹農作穡野無冥草可謂
政之美者也文粹作青草無者字蕪而不顯文粹
蕪作淪以爲忘生文粹爲作謂威儀不忒者禮也
文粹禮作化決機與運者明也連下二句文粹倒
互斯實忠臣義士之殊尤文粹下有者也二字乃

仰惟春秋文粹無仰字比肩斯人文粹作比肩於
斯人頌內膺皇祖兮文粹膺作應瑰佹倜儻文粹
佹作詭爲世矩兮文粹世作代三五已矣文粹作
肇自三五吾何以貴夫古兮文粹作吾何以貴於
前古兮疑文粹有刻訛自當以碑爲正碑內世字
虎字皆不諱文粹世皆作代者或從別本錄之耳
項羽本名籍字羽碑稱其名文粹稱其字然漢書
本紀皆作羽似亦以字行也廣韻詫誑也玉篇吒
噴也又曰咤同吒是詫與吒音義異而用可通也
人無懸耜野無冥草本國語民無懸耜野無奥草
碑避諱民作人而冥字以形似奥而刻小異若如
文粹作青草是本左傳室如懸磬野無青草語於
文義不合矣碑陰刻記并及丞尉等六人官位里
居姓名字具列末有勒碑人又有石工殆鈎摹者
爲勒碑人鐫字者爲石工然他碑未見有若是分
晰者大雲寺碑題武盡禮勒上似卽此勒碑之意
也碑中凡天后所造字皆不用惟勒碑人史正勤
正作𠙺一字而已

信法寺碑

碑高七尺九寸廣四尺九寸三十五行每行五十六字行書

信法寺眞容像之碑并序

長安三𠡦七𠥱十五𡆠建立

蓋聞𡆠𠥱〇辰著明也可以用土圭而度之陰陽風雨
其氣也可以陳灰琯而察之此皆不越尋常之境並歸
生死之途而猶八卦敍之而□□□識之能識生則不
滅實卽空而有空法本不然藏諸用而沖用故前佛後
佛廣開四諦之門全身示身便起三伊之相入波羅之
國卽□□□□□□而頂禮獼猴水上漢七淨之遥波雞
足山中開五乘之𠙺路祥禽聞梵便生刀利之𠀑旅鴈
聆音自上拘尸之路豈不法王廣濟衆□□□□□□

德周於砂界若㒵鍾之符物巨細飛聲像鸞鏡之高懸
方圓盡具故得去之不去來之不來剖芥子而納山河
引蓮花而□□□□□□□□□寺者隨開元三秊
之所立也旣而上圖景宿𠇍文當畢卯之閉下斮物土
㙺理是唐虞之國前通廣劇邯鄲跕屣之郊後控□□
□□□□□□□□□□□疊積香鑪之烟驚水南流
滔滔注辟河之浿信陰陽之交會寔賢聖之泉藪於是
憑爽塏建招提布金繩求水泉瞻□揆□□□□□□
□□□□山之梵横步櫩之四注俯視雲霞跱高閣之
百重上臨○雨離房别殿玉璫與鳳刹相輝複霤重階

珠綴其龜鏞交暎五衢□□□□□□□□漢神龕
百鏡似若𠇍成玉樓千柱還疑坐踊豈獨須彌山上坐
觀波若之臺含備成中行列祇陁之樹故有巢禽宿德
飡□□□□□□□□□𠇍下交喪芒芒率土俱勞
烽火之憂懔懔懷生並入刀兵之刼而白波之衆遊定
水而吞砂黃巾之黨入禪林而名雨霣□□□□□□
□□□□無思不服諸侯八百會牧野而前歌列士三
千歷商郊而後舞渠魁旣翦郎收雷電之威(乙)(丙)貞明
肅歎雲雨之澤粤在□□□□□□□□□規造化
上棟下宇直放乾坤芳菓竹林還如𠇍竺之國璁題銀

牓即同王舍之城而冷暖泄邊乘杯可度菩提樹下了
義安□□□□□□□□大周革命卷懷前古聖德
高於望雲神化通於鍊石明堂端委朝万國而受圖書
畢室居尊走百蠻而奉琛幣清風入律瑞□□□□□
□□□□美矣演淳化於無邊康哉皇哉揚至誠於有
頂景福旣集濟塗炭於炎崑惠澤傍羅拯飛沉於苦海
爰有像主柱國張黑刀□□□□□□□□之名山
東擅終軍之妙或祥鳩襲慶祖德攸傳飛鷁入懷象賢
無墜王夷甫之瑶林瓊樹自是孫謀嵇叔夜之龍章鳳
姿斯爲錫羼□□□□□□□明珠並入檀郍之施江妃

雜珮咸從衆妙之門遂以長壽二秊壹(丙)五(乙)乃於舍
利塔中敬造尊容像一鋪并諸夾侍菩薩摠有一十□
□□□□交輝八十種好紺髮與青蓮競色金容聚(乙)
疑漢夢之霄通瑞影含○動周王之夜鑒五百羅漢爭
持貝葉之文八万國王自奉銀棺□□□□□閒一切
攝醉象於爾心給隆三寶屏炎龍於弱歲足連禪河側
不動不傾賓波羅窟邊惟寂惟寘至於貫花舉葉之□
與義攸歸九部□□□□□□說示說還成有說之宗
非想非名盡入名言之義高懸法鏡遍三界而歸依器
綜爲瓶在十方而迴向愛河之内即渴導師業霧之□

□□□□□□□餘毀得祥鐘之羨重規疊矩乘朱軒若
十人積德累能爲公卿者四代龎士元之展驥未遂良
哀陳仲舉之題輿空然見□邑□冠□□□□□譽
於家庭訓人摽上德之容利物盡中和之器俯臨小邑
郎勤絃歌未展高材寧悲下調花飛一縣掞潘岳之文
詞菊泛三清□□□□□□□□□海人也龍冠而齊名
飛富縣公侯必復竟從飛鳳之徵禮讓有餘俯弃盧龍
之質懷仲弓之道德珠玉相輝蘊元禮之風流□□□
□□□□□□人靡廉吝之風接士盡留連之契員外
丞張大亮南陽人也金鈎錫祚石印延祥磊硌爲梁棟

之材魁梧抱文儒之器清輝□□□□□□□□三
君平陽疎紫氣之徵汾浦得黄雲之寶員外主簿張仁
觀南陽西鄂人也而縱多奇槃礴摽慶胥公明之文學
盛德猶□□□□□□□非性極閑明郭子靡
之事無疑滯情存夙夜崔亭伯之職在拾遺尉沈令珪
吳興人也鳳雲逸氣鸞鶴奇姿盛門閥於江□□□□
□□□□□儀韶亮博聞強記俯拾芥而無遺遊藝
多材仰而官而可代員外尉李楚璧趙郡人也才爲代
出器實非常令德相承□□□□□□□□的
凡厥寮友賞極烟霞既防患而洗心佇良因而植操依

希勝果在名利而不渝齋戒道場出樊籠而獨秀恆隱
求□□□□□□□□□□而愛郝知運卅五人
等燕趙奇士珪璋令望才子有八非惟里号高陽讀書
萬卷豈直門稱通德理既窮於性相寔□□□□□
□□□□□之尙擁遂乃靡宣誓願爭趍福業驪珠
鵠玉並入祇園鳳粟鳧緡咸從柰苑敬依多寶而立豊
碑逸須達而均芳冠□□□□□□□□□□超
十号觀其塋也列□之遺塵語其産焉先王之棐梓壯
麗侔於魯殿締搆擬於周堂豈可使寶塔棲霞遂沉吟
而不讚□□□□□□□□少女之詞楊德祖有

銘於絕妙貿遷金字山如礪而猶存呂望昆吾海成田
而不昧其詞曰
道本無象法亦難名神功罕測妙力潛營出入空界周
流化城卽色是色非形示形其一遊彼獨園超然喜捨救
行震旦言從兌野頂巢飛鳥□□□遠度白毫超相青
蓮引步八正之門三乘之路其二芒芒砂界蠢蠢籠樊積
塵爲岳集愛成源猶驚意馬未靜心猿遽勞纏累溺想
□言其四大周造□解愠薰風其五爰有信士衣冠令胄楚
國先賢陳留耆舊烟霞滌想芝蘭挺秀一代名德十方
領袖其六靈鵲山東祥鸞水北不近不遠是廊是□□□

道乖菜粟梅吐花風吟寶鐸埊布金砂飛莌轉鳳□草
鳴磬共八刼灰難住嵐風易滅□盡城空来生海嵎用旌
麟礎庶揚洪烈而□埊□而不渝雲

按文云寺爲隋開皇三年所立上圖昴宿天文當畢卯之間下析物土地理是唐虞之國卯即昴字析即析字史記天官書畢昴冀州漢書地理志昴畢之分埜趙分晉得趙國西有太原定襄雲中五原上黨皆趙分也又云河東郡縣平陽應劭注堯都也在平河之陽括地志蒲坂故城在蒲州河東縣南二里即堯舜所都也山西通志蒲州府永濟

縣虞都古城在城東南周九里一百三十步凡畢昴唐虞皆言建寺立碑之所在也寺有舍利塔中有尊容像造于長壽二年其姓名有可見者曰像主柱國張𤋮刀曰員外丞張大亮南陽人也曰員外主簿張仁觀南陽西鄂人也曰尉沈令珪吳興人也曰員外尉李楚璧趙郡人也又曰郝知運卅五人等餘俱泐矣丞簿尉而加以員外之目据唐書百官志太宗省内外官定制爲七百三十員曰吾以此待天下賢材足矣然是時已有員外之置其後又有特置同正員是所謂員外者該内外官而言豈丞簿尉微員亦有特置同正員耶郝知運等是立碑之人碑立于長安三年距造像又十一矣碑無撰書人姓名意是鄉人庸陋者爲之故其稱頌丞尉諛詞過甚無足取焉銘多訛佚

高延貴造像銘

銘高七寸五分横廣二尺六寸共十八行行八字正書

夫悠悠三界俱迷五淨之因蠢蠢四生未窺一乘之境蒙埃塵於夢幻隔視聽於津梁朝露溘盡前塗何託㴾海高延貴卓尔生知超然先覺知滅滅之常樂識空空之妙理眷兹柄宅思樹法橋敬造石龕阿彌陁像一鋪

具相端嚴眞容澄瑩金蓮菡萏如生功德之池寶樹扶疎即蔭經行之埊所願以兹勝業乘此妙因凡厥含靈俱昇彼岸

長安三𠦚七𠥱十五囸敬造

王璿造像銘

銘横廣二尺五寸高九寸二十四行每行八字正書在西安府花塔寺

石龕阿弥陁像銘并序

大周撫歷歲在癸卯皇帝以至璧之明體舌眞之道晉一乘之貝牒崇七寶之花臺莌纖將佛囸齊懸閶闔与招提相拒大哉神璧無得而稱金紫光禄大夫行殿中

監兼檢校奉宸令瑯耶縣開國子王璿安住寶心體解
塵跡思法橋之永固頗　壑壽之無疆爰於七寶臺內
敬造石龕阿弥陁像一鋪相好圓明威儀具足金蓮擁
座寶樹低陰同㊀匝之光輝若山河之靜默所願上資
皇祚傍濟蒼生長齊北極之□永奉南薰之化
長安三秊七□□□□造　王無惑書

右王璿造石龕像記璿字希琢武后長壽元年八月
辛巳自營繕大匠遷夏官尚書同鳳閣鸞臺平章事
九月癸丑流嶺南在相位僅卅三日耳史家不爲立
傳不知其後事以此刻攷之知其後又入爲殿中監
檢校奉宸令而封瑯邪縣子也予所藏易州刺史山
亭記建中二年易州司士參軍王璿撰此別是一人
蓋唐有兩王璿矣王無惑書法在王知敬諸葛思禎
之間而評書者不及焉予爲表而出之潛研堂金石文跋尾

按文云稽一乘之貝葉崇七寶之花臺長安志唐
皇城之西懷遠坊東南隅大雲經寺本名光明寺
隋開皇四年文帝爲沙門法經所立時有延興寺
僧曇延因隋文帝賜以蠟燭自然發焰隋文奇之
將改所住寺爲光明寺曇延請更立寺以廣其教
時此寺未制名因以名焉武太后初此寺沙門宣
政進大雲經經中有女主之符因改爲大雲經寺
遂令天下每州置一大雲經寺此寺當中寶閣崇
百尺時人謂之七寶臺

梁義深等造像題名

銘橫廣二尺八寸高一尺一寸三分二十四行每行七字正書在西安府花塔寺

鎮軍大將軍行左監門衛大將軍上柱國梁義深
之遠將軍守左監門衛將軍借紫金魚袋上柱國李普
才
銀青光祿大夫行內侍省內侍上柱國楊敬法
朝散大夫守內常侍上柱國杜懷敬

正議大夫行內給事上柱國張元泰
朝散大夫內給事借紫金魚袋林招隱
太中大夫行內給事上柱國馬元收
朝散大夫內給事上柱國蘇仁義
朝議郎守內給事上柱國借緋趙元志

今在西安府城南花塔寺塔上石佛座下計一百四
十四字雍州金石記

按碑無年月以其高廣形式與王璿造像銘相同
而又同在花塔寺因附列之王璿銘刻于長安三
年此碑首二人皆十六衛之官楊敬法以下皆內

侍省官内侍省自武德四年改置内常侍内給事至武后垂拱元年改曰司宮臺碑結銜倘仍内侍省舊稱則與前碑非同時刻矣又唐書車服志景雲中詔衣紫者魚袋以金飾之開元初駙馬都尉從五品者假紫金魚袋此借紫金魚袋之始也此碑借者巳有二人是又不與前碑同時之證矣

韋均造像銘

銘高八寸横廣二尺八寸五分
共二十六行每行七字正書

原夫六塵不染五藴皆空将導群迷爰登正覺法雄見世既開方便之門眞諦乘時更顯因緣之路是以耆山

廣演火宅斯分給圀闡誓樊籠自釋聖乎之德不可思議弟子通直郎行雍州富平縣丞韋均比爲　慈親不豫敬發菩提之心今者所苦巳瘳須表鑒明之力遐徵琬琰近備雕鐫謹造像一鋪敢爲銘曰

大哉至聖妙矣能仁濟世無德歸功有因潛開覺路暗引迷津顯迴光於孝道永錫壽於　慈親

長安三𠡦歲次癸卯九𠥱巳丑朔三𡆠辛卯造

姚元之造像記

銘横廣二尺一寸高八寸五分起首
剝落現存二十一行行九字正書

切□□□□□□□彰昊𠀑之恩因□□□施渥生洊劫淺每以弄鳥勸侍思反哺而馳魂託鳳凌虛顯銜書而走魄聞夫踐寶田之界登壽域於三明揚慧炬之暉警迷塗於六暗爰憑聖福上洽　壓親懸佛鏡而朗堯曦流乳津而霑血屬下該妙有傍括太無並悟眞詮咸昇覺道銘曰

坐踊珎塔而飛聖儀丹楹𡆠泛錦石蓮披酌慧難測資生不疲長褰欲網水庇禪枝

長安三𠡦九𠥱十五𡆠銀青光祿大夫行鳳閣侍郎兼檢校相王府長史姚元之造

按唐書姚崇傳崇字元之始名元崇以與突厥叱

刺同名武后時以字行至開元世避帝號更以今名宰相表自長安四年八月以前皆稱元崇九月以後始改稱元之今據此記則元之以字行久矣元之時爲同鳳閣鸞臺平章事而不入銜蓋當時猶未以平章爲正官也

李承嗣造像銘

銘横廣二尺六寸高八寸五
分十三行每行七字正書

維大周長安三𠡦九𠥱十五𡆠隴西李承嗣爲　尊親造阿弥陁像一鋪鑄錢莊嚴卽𡆠成就威嚴相好燦然圓滿所願資益慈顏永超塵網銘曰

有善男子投心正覺是仰是瞻爰雕爰斲金容寶相雲
蔚霞駮一契三明長銷五濁
文云李承嗣爲尊親造阿彌陁像一鋪唐時造像皆
稱一軀惟此與岱嶽觀馬元貞所造元始天尊像作
鋪軀或作傴以此爲異 關中金石記

蕭元眘造像讚

石高九寸五分橫廣二尺八寸六分二十四行行九字正書

聞夫香風掃塵五百如來之出興寶花雨而六萬仙乘
之供養豈若慈氏應現弥勒下生神力之所感通法界
之所安樂前揚州大都督府揚子縣令蘭陵蕭元眘學

菩薩行現宰官身留犢三江還覓八水於是大宏佛事
深種善根奉爲七代先亡爰及四生庶類敬造弥勒像
一鋪并二菩薩粤以大周長安三年九月十五日雕鐫
就畢巍巍高妙霞生七寶之臺蕩蕩光明照滿千輪之
座無邊功德既開方石之容無量莊嚴希墊恒沙之果
重宣此義而爲讚云
巍巍梵仙光宅大千容開碧玉目淨青蓮歌陳相好銘
記因緣等雨法雨長滋福田

僧德感造像銘

造像高二尺三寸記刻龕外兩傍檽上共二行字數不等正書

撿校造七寶臺清禪寺主昌平縣開圀公翻經僧德感
奉爲 圀敬造觀音像一軀伏願 皇基永固
聖壽遐長

長安三年九月

杜夫人墓誌

石高廣俱二尺四寸三分二十四行行二十四字行書蓋題大周故杜夫人之墓誌九字篆書

故司稼寺卿上柱國□□□杜夫人墓誌
夫人杜氏京兆杜陵人也□□□□望□降丹陵而虢
慶朱冠白馬御冥道而□□赫□□□之雄周列神羊
之仕備於方策□略言焉七代祖□□征西將軍武庫

靈姿智囊神用通其變□□地表□□而顯□麟□知
歸倚祖勛左監門將軍普賢居□州□陽□□父嘉猷
唐務州參軍體道含貞含章挺秀項山□峙爰開抵鵠
之珍碧浪川觸必亘探龍之寶夫人姿靈婉淑□□貞
凝□舉□榮川流□問名爲不朽□杜氏之春秋年則
□行見楊家之輪轂承僊景既征南之緒廞克隆斷緯
沉機□□之□□斯在驚逝川兮龍劍□乘上照兮鳳
臺□樹德從隣□□以之爲美欽刑綴饋□獄於是勝
殘委霜霰而無改冒雪□而不憚信可傳芳史留著象
甘泉者哉豈意拾翠而津□舒泉而共□爲桃仙樹將

春僅而同期嗚呼哀哉以長安三秊五𠥱廿八⊙終於
幽州之官弟春秋六十有三粤以長安三秊十𠥱十五
⊙葬於雍州長安縣高陽之原有子朝議郎行幽州司
功參軍事履行以膝下之恩無逮□澤之戀空存纏永
慕於蘭□結深悲於衆□茲夕何夕春非我春鬱鬱佳
城無復長安之□□□舞鶴□聞京兆之瓜何修夜之
不暘而短哥之可作其□曰
則而乖象就⊙□煒在夏龍御居殷豕韋靈源濬出慶
緒□□禮樂攸往衣冠□歸其鳳銜累亮霜□皎絜頌
發春椒韻浮□□丹霞濯錦素□生□琴瑟不流松蘿

龍匜其日仁者壽彼蒼者而無聞靜樹空思寒泉燕城
閟景松架來煙未辯何𡆠誰論幾秊

按碑敘夫人杜氏七代祖征西將軍渤其名以文
義求之當即晉征南將軍預也碑或筆畫譌闕類
征西耳此下曾祖勣父嘉猷祖善賓無祖字亦供
無傳可攷即宰相世系表亦不列其名前題故司
稼寺卿上柱國文中不敘其夫名號官位竟不知
何人也司稼寺即司農寺龍朔二年所改卿一人
從三品其子履行官幽州司功參軍夫人終于幽
州官第是其夫𣪘卒就養子之官舍也唐六典
司稼寺咸亨中復爲司農此碑仍題司稼則知其
夫卒于咸亨以前矣

姚元景造像銘

銘高九寸七分横廣二尺八寸七分共三十行每行八字正書

竊惟大雄利見宏濟無邊眞諦克明神通自在是以三
千世界禪河注而不竭百億須弥甘露灑而恒滿歸依
妙理無乃可兮朝散大夫行司農寺丞姚元景慈悲道
長忍辱心遐悟朱紱之儻來淡紺袍而利往發願上下
平安爰於光宅寺法堂石柱造像一鋪尔其篆刻彰施
儀形圓滿眞容湛匜坐青石而披蓮法柱承而排紺霄

而舞鶴雲𡆠開則金光炳然風塵晦冥玉色逾潔身不
可垢道必常明宴坐經行善聲多矣俾我潘輿盡敬將
法輪而恒轉萋被承歡曳而衣而下拂崑丘燎火還披
鷲嶺之雲寶劫成塵蘭滌龍宮之水迺爲銘曰
法無□兮神化昌流妙宇兮爍容光弥億齡兮慶未央
長安四秊九𠥱十八𡆠書

按碑云朝散大夫行司農寺丞姚元景兩唐書無
傳惟宰相世系表有其名卽崇之兄崇以字行曰
元之表書元景官潭州刺史碑稱司農寺丞者或
未爲潭州刺史時官也司農寺丞六人從六品上

文又云光宅寺法堂石柱造像一鋪長安志唐京城朱雀街西门光宅坊橫街之北光宅寺儀鳳二年望氣者言此坊有興氣敕令掘得石函函內有佛舍利骨萬餘粒遂立光宅寺武太后始置七寶臺因改寺額焉

百門陂碑

碑高五尺二寸五分廣三尺四寸二十九行行四十四字行書篆額百門陂碑四字今在輝縣

衛州共成縣百門陂碑銘并序

前成均進士隴西辛怡諫文

張元琮記

孫去煩書

昔者結而爲山嶽融而爲江海炎上作苦實表陽九之德潤下作鹹克明陰八之數上泄雨露純陽流沛之道也下疏川瀆凝陰潤物之理也是以雨露爲長物之本川瀆爲潤物之宗故稱之以靈長亦賴之以通濟則知水之爲德其大矣哉百門陂案水經出自汲郡共山下泉流百道故謂百門會同于淇合流于海魚鹽產利不可談悉爾乃□温夏漁飛濡漱沫負羣艘以作固涵細溜而成廣酌而不竭挹之彌沖帶蘇門以霧杳望太行而煙接借如楚闕□夢廬峯太湖樊丘之限小溪抱寒而永注東海之外大壑瀿流而靡極亦有崐嶺四水陽山二泉敍浦見美于郢歌遂池久道於汴邑斯並昭著方冊備經緗世分派雖衆爲利不廱豈與夫導源迅激積潤潛溺比魏代之龍号同漢官之鳫名或以尉升標奇或以廱武爲稱仙公卧隱闕諸抱朴之篇林虞凝清出在林宗之論洎夫洗累蕩穢楊清激濁所以顯乎義也浴及羣生滭流萬祀所以昭乎仁也弱而難勝即其勇也變盈流謙即其智也以此四德以利萬匡悠悠既湊滔滔不息加以背險絕而形勝奔溜暴灑層波疊躍或波（乙）以收激忽因風以作濤其利也則商榷畎澮咕

納疆場蓄爲乇雲泄爲行雨沐時稼以俱就喜年穀之屢登其清也則湛若狐斯凈猶蟾魄可以洽洗耳之樂與濯纓之歌皎鏡不限於冬春洞澈無隔於深淺其險也則仰矽崇岫俯臨遐潭澗壑窈窕而助□葛蘿□沉以增峻其神也則不行而至不疾而速惟恍惟忽若有若無禎應克著休祥閒發無幽不顯有感必通祠堂滿陰靈石周險每至靈律既謝韶陽肇開紫鶯嬌春紅萼笑（乙）申祈者倏來忽往覓祭者煙交霧集綺羅縟野遠增芳歲之色泉瀨吟吹闇合雲韶之音樂哉盛哉抑亦曠古之異迹也縣令曹府君諱懷節仞宇峻邈德聲昭

宣軒軒震谷湛湛海量風明撫字之要肅綰弦歌之穢
虞君蒞俗巳㓞三科滕令移風將兼六縣可謂愷悌君
子𤯔之父母者也丞齊顗德量沖遠罷業通明抱信以
居忠養眞以凝粹光八顧之清範韜七州之敏學主簿
程列剄毅有斷撝謙自牧尉王表霜雪其掞芝蘭其芳
尉霍𠕋金不受私謁閑於公政頃以西郊失候南畝思
澤未浹滂沲之潤尙勞雲漢之謠曹君恤𤯔疾苦傷時
稼穡躬率僚佐親祠廟壇叩頭流涕拜手啟祝曰懷節
濫司銅墨時屬炎陽思與幽冥實佇靈祐若商羊起儛
報以牲牢如川鷃不飛覆其蓉榛於是樽俎具迺弦歌

三請下湘君於鱗屋水馬吹泉期太一於蛟館雲魚噴
浪俄而景晄昭發飛甘驟零寔符三□之請頗卟一旬
之驗或將獨雲鬱起密雨㬉飛又以啓晴應將獲𡙁豈
不以至誠允切神道遐徵故得歲昇𤯔和風行草偃休
詠盈于道路美聲逸於都鄙雖復江陵滅焰䌲氏祈𡆠
何以加也其廟有二古碑篆隸磨滅不可復睹鄉望前
泗州徐城縣尉樂處機獲嘉公賈粗光古錄事跑允張
明張䎘等或爲亦𧦧䶲或偃游耕鑿擊壤食太平之粟
長歌悅　文明之代愈以爲百門之利千齡無
易增修舊烈不亦可乎猶恐歲光忽變靈跡無紀式刊

翠琰將表鴻休廼作銘曰
陰□潤下德稱靈長既成物而宏濟□發源乎濫觴涵
仁不測乖利無疆廣矣浩浩濔焉湯湯鄘衞之野共山
之下爰出靈泉洗霧游煙禎應昭顯祠堂蔚然神樂洽
吹祢羞洌遐分派逾廣飛湍靡極吐納隄防周流稼穡
序悲炎亢時乖播植幾勞雲漢之篇徒望湘濱之翼曹
君爲政樂不可支敬羞蘋藻式薦靈祇景貺潛發浮甘
遠洎允符東梠之請豈謝□現之異䔧賓在匯穀雨盈
旬酌彼行潦薦於神明稽首請止獲霽于辰而長埊久
歲不留利石紀銘表禎休□□□□凌千秋

□芝元長安四𠡦九𠥱九鈌

碑陰

陰作兩截書上二十三行行十八字下十五行行九字至十一字不等正書

長安二𠡦夏五𠥱州符下縣祈雨六𠥱一𡆠公□祠令
□先祈社稷遍祈山川躬臨廟壇親自暴露其時西北
山項有雲團圀而上雷起巖突電發墉薺須臾之閒降
雨一境當共七司左廉謹郭敬里孟郭仙童賈□鄉望
焦德貞魏夷節等父老光温古上詩賀公曰錦色陳川
后稷雨降桐鄉
又三𠡦春𠙺𠥱祈雨公至誠啓請如前是時雲從食門

山趍俄而驟雨盈郊當洪録事隗宏允七司佐楊讃耿
格等里正高延裴李儼孫九兒坊正郭貞郭口鄉望光
古賈祚等同祈
又四年春三匝時雨不睛農黐有癈四匝七(乙)共主簿
程列倉督張行璋佐郭敬李元里正張機張纂張昱村
正郭思敬乞睛應時獲霽得畢麗麥始雨又晚夏雨多
至七匝七(乙)共七司佐録事隗允等乞睛十(乙)當時雨
霽得如所願其(乙)有瘦陶縣令尔朱昂寄庄貝州臨淸
縣令籥袁輔
又秋八匝霖霖逾旬不得收刈邑老隗芝元王凧生請

公乞時冒雨而臨祠壇端笏啓請顒仰山河乞睛口姓
畢其收刈應時雨止共七司佐口守義張虔明廉思昉
市史齊山里正馬宏節
五匝十(乙)前南岳齋郎趙不爲詩曰調弦敷廣惠濟物
被深仁
七匝廿三(乙)文林郎王堅詩曰良宰多變憫虔誠謁庶
神
文林郎王鉉詩曰雨似隨車至雲疑逐盖飛
武壁縣尉成公簡詩曰隨軒感仁惠應(乙)灑甘滋
成均進士李大寶賀睛詩曰陽耀求便灑陰霖請復晴

趙不爲喜睛詩曰睛暉疑兆夢甘液類隨車
丹靑生巫尤昴劉廷玉
鐫字匠新鄉縣高思禮
兩側
側厚七寸俱分三列書各六行行十四五字至二十字不等惟第二側下截三行行三字正書
鄉望等焦貞燕敏昭張溫克魏師質懷州竹則市令孫
知仁倉督張行璋衛珪李仕瓚和思道張仁口佝口口
丁節口口口口口口口口口口口口口口智道傘太
口口口德吳安口耿機孫口藝劉文秀張欽哲高爾郭
雲副馬智瑜馮英素郭思敬鄭伏德卜舉

王仁德姚元覽王待昭楊思瓚張若土口口口口守義
張處元王漢奴李口恪陳仁素廉思謹牛義昌吳宏遠
焦令璽張元睿廉思昉李元璋程元貞李元貞郭思古
齊元逸耿仁恪張元絢口悵生朱威里正張知機張宏
纂張宏信周大明馬元節胡盆生曲敬賓趙思敬高延
裴曹家會楊文貞李智儼孫九兒張知昱隗宏景張思
忠郭仁本李元昉張令期李克一郭元敬王禮忠賈文
口馬允恭陸思福焦神言郭二朗郭宏福
鄉鄉望等張仁基郭咸郭元琛曹師信孫師舉孫宏善
陳歸泰張仁胄孫遊藝口口口口口口義雲趙元欽

巫仁方□□□李□□□□□□功讃王振□□□□
尙□□郭文興□□感張八兒孫餘藝曹仁素李親仁
里舌郭仙童賈公瑾郭雲貞解思福李元隱申毛興焦
虎安趙處恭郭仁亮馬又兒樂魚兒周福佐史孫爽哲
張元昉馮智深馬仁靜
汴州寄庄唐思言
縣博士□智通史□縣博士殷思禮
孟惠□　温□□　曹二郎

百門陂者左傳僖十四年晉人又敗鄭師及范氏之師于百泉是也水經注云重門城有安陽陂次東又

得卓水陂次東有百門陂陂方五百步在共縣故城西太平寰宇記云共城縣百門陂在縣西北五里方五百步許百姓引之以灌稻田此米明白香絜異于他稻魏齊以來嘗以薦御陂南通漳水卽其地也此碑引水經出自汲郡共山下泉流百通故謂百門會同于淇合流于海今本又無此語碑陰載祈雨晴有驗及諸人咏事詩句篆額曰百門陂碑中州金石記

右共城縣百門陂碑題云辛怡諫文張元琮記盎辛製銘而張撰序與宗聖觀尉遲迥蘇許公諸碑同例魏書地形志共縣有柏門山柏門水柏與伯通又與百通也碑爲縣令曹懷節禱雨有應而作駁升郎慰斗漢隸斗作升行書蟬聯而上與升幾無別矣憶壬申歲在都下見此碑於邵刑部闇谷所訪之三十年未得頃嚴公子子進購一本餉予爲之訢然而闇谷已墓有宿草矣潛研堂金石文跋尾

按碑題曰衞州共城縣百門陂元和郡縣志衞州屬河北道汲郡共城縣爲百門陂在縣西北五里碑引水經注云百門陂出自汲郡共山下泉流百道故謂百門太平寰宇記共山在共城縣北十里闞駰十三州記云昔共伯復歸于國逍遙得意遊

共山之首沮洳山在縣西又據水經注淇水篇稱淇水出河內隆慮縣西大號山山海經曰淇水出沮洳山側頹波漰注衝激橫山山上合下開可減六七十步巨石磥砢交積隍澗傾瀾涾溢勢同雷轉激水散氛曖若霧合此數語雖述淇水之源大致亦與百門陂相似也碑既述其地之勝又敘其歷次祈禱晴雨之靈今河南通志載百門泉上有威惠王祠禱雨有應殷色漸輝金宣宗因改州曰輝又衞源神廟在輝縣百泉之上雖建于隋爾靈源公宋宣和間封威惠王似卽謂此碑之神也然

則碑所謂其廟有二古碑篆隸磨滅不可復視者當即自隋已來行之特所謂靈源公者碑無明文志謂隋封語恐未確也碑紀縣令曹懷節祈雨事起于長安二年通志名宦傳載曹懷節作貞觀初任共城令則誤甚矣碑陰節取喜雨喜晴詩各一二語附刻亦頌德政者㨾格也

法門寺千佛碑

碑高四尺九寸廣二尺四寸五分刻千佛像陰及兩側刻涅槃經正書别無年月題記在扶風

涅槃經文不錄

碑面作千佛共二十五行行四十象有額額中作釋

迦坐象旁二大士侍立不詳何時所造其陰及兩側書涅槃經內日月字作㊐㊊疑是武后時製故附置于此關中金石記

金剛經

摩崖高四尺二寸八分橫廣八尺六寸共九十九行行四十八字正書在洛陽

經文不錄

碑字甚工中有𠀑字疑武后時刻然寶刻類編有金剛經云徐浩書在洛當即此也以浩他碑證之字體亦自相似黃叔璥中州金石攷云龍朔三年不知何據中州金石記

按經文與世傳鳩摩羅什本不同蓋元魏三藏菩提流支本也中多武后制字後爲心經知爲武后時刻

金石萃編卷六十五終

金石萃編卷六十六

賜進士出身　誥授光祿大夫刑部右侍郎加七級王昶譔

唐二十六

陁羅尼經幢

石下截與後文皆斷缺此止就所存者計之橫廣三尺八寸高二尺五寸共行數字數無考正書

佛頂尊勝陁羅尼經　經咒序文俱不錄後俱倣此

按建幢序記姓氏年月俱泐無考今以經文中書體有天后所造字因冠於諸幢之首

系陽村經幢

幢高九尺六寸八面面廣八寸五分或至一尺七行八行不等每行七十八字正書在山東靈巖山

佛頂尊勝陁羅尼寶幢

維大唐開元九年歲次辛酉□□□□□爲系陽村長
者□□□□　皇帝陛下四僧□□□代先亡法
界蒼□□□□□□□□　寶幢□□□□□□
□授□□□□□□□□□登於彼岸□□□□
□□□□□系□□□□□□□□□□□□
比丘尼妙□比丘尼光□
比丘尼□□比丘尼□□比丘尼□□比丘尼□□
尼□□尼□□尼法□尼斑姐尼豊尙尼波
幢主馬□□妻□

比丘僧智斐□養　大幢主□成業妻□
幢主王□□妻□息□□　幢主□泰妻徐　幢主
□□□母王
施主許□□
比丘僧□金　幢主成亡考□□見存□□　幢主
幢主□□亡考□□□□□妻謝息□
□妻成孫男□賢　幢主王重□祖母亡考□□見
存□□
比丘僧□嚴供養　曹文度母□□□　幢
主□□□妻張　施主□思敬　施

主□□　施主宋□勤亡考□□亡妣王妻王□□
□
大幢主比丘僧□□　幢主□□□妻□　幢主羅
□□妻□　□□妻□　□布　幢主成□□　姜
崔　幢主尙□超　幢主□□□　施主鄧□□君
成　施主□□□
大幢主比丘僧□□　幢主□寶州□□□令□□
幢主馬心廉亡□□□賓見存母

開元寺經幢

幢高七尺五寸八面每面廣八寸各七行行六十七字正書在隴州

佛說六門陁羅尼經

佛頂尊勝陁羅尼經

大唐開元十六年歲次戊辰十一月甲午朔八日乙
丑隴州汧源縣丞楊淡上爲　開元神武皇帝
下及法界蒼生夫人韓氏等敬造佛頂尊勝陁羅尼
石幢

文中有云諸佛刹土刹今又作剎唐釋元應衆經音
義云剎字書無此字卽刹字略也刹音初又作擦音
察据此知刹剎二形皆刹之省寫而徐鉉篆剎字以
爲說文新附陋矣此幢字畫精整爲唐時第一關中金石記

按題名一行內敬造之敬字作𢼊不知何義附記
于此

杜敏序銘幢

幢高六尺三寸餘八面每面廣九寸五分至一尺各九行行五十四字正書

佛頂尊勝陁羅尼經并銘

國子進士杜敏撰

孔子曰西方之人有聖者焉不言而自信不□而自理
豈非□□□也哉所言尊勝經□□□□□而有攢□
之所念心□之所□必能左□□□□□□□□莫□
梧□□□□孝友□□□□十室忠信□□□□尋諸
□□□□□□□□□□□始至也□□□□□
元聖□□□□□生豈惟□□色空□□魔妄而已爲
之銘曰

崇□者□□□□□□書寶□□自重□□□空□□
無□□□□□□□□□□□□□□□□□□

大唐開元廿七年歲次己卯七月辛卯朔十五日乙
巳佛弟子□□尉□□□張生□等建立尊勝
幢

□□□□□博前□□□□尉□□□□□

□□張□□□阿六□□邢□□衛□□王□□
十方□佛菩薩張七□□□□□□□□□□□
□□兊□羅□□□□□□□□□□□□禮張思
□□□□立禮張□□□□□□□□□□□□
劉光張□

按此幢首有題唐朝將軍程上璧七字俗因呼爲
將軍尊勝經幢但刻經文而無咒後有序銘杜敏
所撰唐書選舉志開元五年始令鄉貢明經進士
見訖國子監謁先師學官開講問義有司爲具食
此進士隸於國子監之始也杜敏稱國子進士殆

以此歎

吏部南曹幢

幢高六尺一寸共八面每面廣八寸第一面九行每行字數七十九八十不等行書其餘七面皆八行行六十六字正書在鄠縣艸堂寺

吏部南曹石幢頌并序

秘書省正字左光胤撰序

醴泉縣丞尹叀祚撰頌

歸心者在乎信崇教者貴乎敬離情者在乎施故勇施則有慈能敬則知讓敦信則晤道大聖之善誘也如彼羣生之惠明也若此勤而行之則近矣何遠乎哉天官

曹乩徵辟材選任庶職□□□□□□□□□也求而聚之謂之會府銓以審其能曹以覈其實而後□□寔難其任所以置卌人皆時秀幹理者得之至於人吏般湊考課繁積則分掌而決事矣有濮陽摯宗太原王彥昇廣平宋希朝扶風馬□□□□□倩天水尹謙光等意殊獨照心鏡常明人貴其舊德順於□發自我清淨之智也與同人朗徹之性也善起眞念福生頭力相率以道相應以義將以爲善之於人也勸石之爲物也□善可常住石可不壞□□□□□□□以成之建幢題經依教護法於交露精舍爲七寶□□□每煙爐焚香汲罐澡水果因心舉誠感通所以明空神持告天帝有請以大威力□宏誓願茲乃□之像教導之浮生也衆君子義以相□□□□□□□□□□□府醴泉縣丞尹公才學特舉聲名早著作頌以美之其詞曰

昭昭象教懸大千兮藹藹吉人悟勝緣兮存質覩相周無□今卽色知空□□□兮惟彼天官是司衡鏡□□□□□□□正□□□□□無競發彼淸信歸於善性梵音留秘重譯題經福恵生死罪除幽冥寶臺□揭鎭地□寧仰止遷善施于有形奠紀匪言奠堅匪石載□載□旣□釋近□□遠□宏□□□□□□□□□

□□

佛頂尊勝陁羅尼經并序

天寶元年九月建

彭城劉承恩專心句摹

按文云天官曹乩徵辟材選任庶職銓以審其能曹以覈其實所以置卌人皆時秀幹理者得之此蓋洮吏部令史之事也乩借爲稽字唐書百官志武后光宅元年改吏部曰天官吏部有令史三十人幢記所列太原王彥昇廣平宋希朝天水尹謙光等似皆爲天官令史者也

興聖寺經幢

幢高二尺七寸八面每面廣六寸五分俱作兩截上刻佛像下咒第一面磨泐已盡其餘七面各五行行十二字至十五字不等正書在西安府

興聖寺尼决定等陁羅尼幢

前闕南閻浮提震旦國娑訶世界大唐京兆府長安縣

興聖寺尼决定春秋七十有七尼普義春秋七十有五

即已抽捨淨財敬造陁羅尼幢一所

佛頂尊勝陁羅尼咒

天寶五載九月十五日建立畢功

按此幢爲興聖寺二尼所建題云南閻浮提震旦國娑訶世界宛委餘編云佛稱中國爲閻浮提翻譯名義云震旦或云眞丹或云旃丹琳法師云東方屬震是日出之方樓炭經云蔥河以東名爲震旦以日初出耀于東隅得名也又云娑婆訶或云娑訶此翻善說又云散去蓋總謂之東南中國世界也長安志唐京城朱雀街西第二街西從北第一太平坊次南通義坊西南隅興聖尼寺高祖龍潛舊宅武德元年以爲通義宮貞觀元年立爲寺此幢云是興聖寺尼所建當即此寺也

司馬霜殘幢

幢上下皆缺八面每廣五寸各七行每行字數無攷正書在西安府

上闕□歲次丁亥十二月己巳朔廿八日建

吏部常選司馬霜巻文

上闕尊勝經咒伏願燈光照灼除黑暗之疑幢影紛差滅

恒沙刼罪軋心稽首乃下闕

上闕破暗網兮樹燈光　願合家兮悅時康　千秋万歲兮壽無壃

按歲次丁亥乃天寶六載也唐書百官志吏部司勳凡酬功之等見任前資常選曰上資司馬霜謂之吏部常選蓋上資也

開元寺經幢

幢八面高四尺八寸每面廣六寸六十四行每行五十五字正書在開元寺

天寶七載二月建造此幢□十一載十二月其幢遂向□南傾倒衆共復修并□□字列名如左駱齊休題

衛昇玉　楊小興　嚴□□　杜思順　趙季彦

趙□□　□　□　□□□　□□□　□□□

□□□　□□□　王從廣　□□□　□□□

趙秦璧　張□□　□□□　牛栖梧　成庭業

□　□　陳承暉　石金箭　駱□□　馮懷忠

陳思欽　董栖□　李萬頤　伏敬福　□　□

皇甫待進　薛毋銑　陳希□　陳曼光　韓崇光
郭　振　陳穎賓　姚令詵　賈　浚　韓日南
任万玉　宋　□　張必㤗　吳　振　□□□
岐鳴鳳　馬□□　□□□　王敬臣　□□□
□□□　楊庭崗　曹明□　□□□　劉希覽
李庭暉　□□□　王天賦　李元忠　楊□□
孫元英　張　清　張　□　王嘉彥　王楚瓊
傅　□　楊　舒　□□獻　□□□　常崇簡
高景賓　馮　□　孫□慶　武　之　劉　□
孫良賓　朱楚瑞　朱　利

院外施主□俊　崔　□　□□□　劉對歡　張
子希　趙嵩岳　□□□　楊嘉俊　路遊泰　楊
澄之　盧□□　薛　珣　高□仙　聂　晟　吕
□□　張栖華　李湛然　□□□　□□□　長
孫皎　張　詮
潘毋趙五娘

張少悌書幢

碑八面高二尺六寸八分共廣二尺八寸三分二十四行字數二十五至二十八不等行書在西安府崇仁寺

佛頂尊勝陁羅尼神咒

集賢院待　制張少悌書
天寶七載五月十五日建
燈臺主中散大夫守內侍上柱國賜紫金魚袋太原縣開國男王尙客
朝議郎行內侍省內謁者監員外置同正員判內僕局上柱國姚承□
朝散大夫行內侍省內謁者監員外置同正員上柱國李孝忠
朝請郎行內侍省掖庭局監作員外置同正員楊敬順

寧遠將軍行左驍衛平陽郡冀城府右果毅都尉員外置同正員直內侍省內僕局上柱國張如意
直宮果毅王待慶　鄧知什　孟　徹
鴛士長上魏文宗　閻光嗣　楊延宗　陳千□
扶車長上張景仙等六十人

余所收尊勝咒石幢凡八紙其一爲張少悌行書淸圓秀逸蘇靈芝輩不及也在崇仁寺經堂前以木柵罩之一字不損其一正書無名方整森嚴全習信本而筋法稍不如在牛頭寺其六紙或正書或行書都不作惡札然不無遜其腕力也石墨鐫華

尊勝陀羅尼石幢天下多有不具載此以少悌之名
而存之金石文字記
西安府崇仁寺陀羅尼石幢唐天寶七載五月建張
少悌書所題職名有駕出長上扶車長上按唐制兵
部尚書選驍勇材藝可爲統領者拔其尤令宿衛目
曰諸色長上有一日上兩日下者有五日上十日下
者若長人長上取形軀六尺六寸以上者充之則每
日隨仗下隸左右監門衛者也又有直長長上長孫
溫充尚儀直長李嗣稱充監門直長李善充尚輦直
長上周先孝充左羽林軍長上見于新書宰相世系

表外河渠署有長上漁師此云駕出扶車殆皆宿衛
士矣曝書亭集
右碑小而方額作八佛像題云佛頂尊勝陁羅尼神
咒天寶七載五月建集賢院待制張少悌行書後列
燈臺主中散大夫守內侍上柱國賜紫金魚袋太原
縣開國男王尚咎及姚承慶李孝忠楊敬順張如意
四人皆兼議郎朝散將軍其後則直官果毅駕士扶
車王待慶等六十八人李唐晚季制于家奴天寶開元
已兆之矣金石錄補
按崇仁寺在西安府城西五里陝西通志隋高祖

子秦孝王施宅建爲濟渡寺唐貞觀二十三年太
宗上賓高宗徙濟渡寺於安業坊之修善寺而以
其處爲靈寶寺盡度太宗嬪御爲尼以處之復徙
隣之道德寺於休祥坊之太原寺而以其處爲太
宗別廟至儀鳳二年二處併爲崇聖寺唐進士櫻
桃宴在崇聖寺佛牙閣即此明成化十三年改額
曰大崇仁寺俗呼爲金勝寺寺有石幢尊勝神咒
張少悌書張少悌兩唐書無傳金石錄但載王四
娘塔銘一碑爲張少悌行書而不及此碑則知金
石錄收碑亦未備也幢後題名結銜皆內官其官

品與階勳爵皆不一首云中散大夫守內侍上柱
國賜紫金魚袋太原縣開國男王尚咎唐六典內
侍省置內侍二人今加至四人光宅元年改內侍
省爲司宮臺神龍元年復爲內侍中官之貴極于
此矣若有殊勳懋績則有拜大將軍者仍兼內侍
焉今王尚咎之官不爲不貴然其階曰中散大夫
是正五品上也勳曰上柱國是視正二品也賜紫
金魚袋是從五品服也爵曰開國男是從五品上
也其不一如此次曰朝議郎行內侍省內謁者監
員外置同正員判內僕局上柱國姚承口朝議郎

是正六品上內謁者監是正六品下也員外置同正員者在太宗定制七百三十員之外者也內僕局掌中宮車乘之事有令有丞令正八品下丞正九品下此但云判內僕局不知是令是丞要是六品官而判八九品事者而其勳則視正二品之上柱國又朝請郎行內侍省掖庭局監作員外置同正員楊敬順朝請郎是正七品下掖庭局監作從九品下掌監當雜作典諸工役是以七品階掌九品事也又寧遠將軍行左驍衛平陽郡冀城府右果毅都尉員外置同正員直內侍省內僕局上柱

國張如意寧遠將軍武階正五品下左右驍衛光宅元年改曰左右武威此在天寶時仍作驍衛者殆已復舊也衛有上將軍從二品大將軍正三品將軍從三品此但云行左驍衛不知其何官也唐書兵志載貞觀十年更號統軍爲折衝都尉別將爲果毅都尉諸府總曰折衝府凡天下十道置府六百三十四凡府置折衝都尉一人左右果毅都尉各一人元和郡縣志晉州平陽郡禹貢冀州之域武德三年爲總管府四年爲都督府貞觀六年廢府復爲晉州此云平陽郡冀城府不知何年復

置府也觀張如意結銜正即六典所謂拜大將軍仍兼內侍者也魏文柴訓之駕士長上張景仙等謂之扶車長上曝書亭集誤識駕士爲駕出疑以爲皆宿衛士然六典載太子內坊有駕士六十八則非宿衛士矣又所引長上本六典兵部宿衛官長上之制今考六典云宮闈令掌侍奉宮闈凡宮人無官品者稱內給使若有官及經解免應敘選者得令長上其小給使學生五十人皆總其名籍以給其糧廪此幢所謂長上殆即指此似與宿衛官之長上別也扶車長上則六典及百官志俱無

考

楊慎行書幢

幢高四尺四寸八面每面廣九寸五分各十行行四十五字正書在登封永泰寺庭東

尊勝陁羅尼經

宏農楊慎行書

大唐天寶九載歲次庚寅八月丁巳朔廿九日乙酉建

述曰施主清河張超并妻彭城劉氏歸依三寶□□□□男離滿出家願依□此□□□□□□所以表愛子之□心答　和上之慈造又願十代先亡同霑勝福四

□□□□□□□
在會善寺庭東題云佛頂尊勝陀羅尼經前有序文
無書人姓名字多剥落其可識認者無幾大約持此
咒除罪業破穢惡幢首兩言盡之矣　唐時重此經
而刻必於幢不獨嵩寺爲然亦一時習尚也說嵩
幢在永泰寺殿庭中東西各一幢八角庭東幢與西
小異刻陁羅尼經字頗漫漶又按金石刻考略永泰
寺尊勝咒石幢在寺内庭東天寶九載立劉青藜謂
西幢即嵩山隱士高岑書金石攷

石燈臺經咒幢

幢高二尺六寸八面每面廣五寸五分各五行行二十一字至二十五字不等正書

佛説施燈功德經
佛頂尊勝陁羅尼咒
上爲　皇帝下及蒼生敬造石燈臺一所其銘并序
常聞妙覺空寂福潤四生　帝德無垠包含萬有僕
恭念罪愆無方奉荅乃覽諸口義可建以炬幢遇良匠
運奇功班輸莫能説其妙遂盤石開蓮彫星寫月神仙
鼓樂天梵飛香刻真相與三乘寶身勒金偈説十種功
德不日而就立乎此方乃爲頌曰
聖智深妙體用無量現之巨海濶於毫末隱之須弥滅
於芥藏行藏若是廣利含識聽仰闡選名傳淨域寶燈
建兮有時封石壞兮無窮表凡愚兮敬作惟聖者兮所
知
乾元二年歲次豕亥月建兎卯廿六日癸亥建

按此幢前刻佛説施燈功德經後刻佛頂尊勝陁
羅尼咒而以頌附焉經言施燈能令衆生得無量
光明所獲有十種功德故與尊勝咒合刻爲一幢
末題歲次豕亥者乾元二年己亥歲也月建兎卯
者二月建丁卯也是月戊戌朔故廿六日爲癸亥

高岑書經幢

咒刻靈運禪師碑陰二十行行三十六字正書在登封永泰寺庭西

尊勝陁羅尼咒
嵩山隱士高岑書

刻於靈運禪師碑陰題爲佛頂尊勝陁羅尼咒觀世
音菩薩説普賢行願金剛場三昧陁羅尼經摩訶般
若波羅密眼咒法嵩山隱士高岑書無年月筆下似
不經意而有風致說嵩

僧志遠經幢

幢殘缺高六尺一寸僅存三面每面廣七寸五分各八行行五十六字年號及銘在下截字數無攷正書

上闕□□□以上元二年□月□□日男僧志遠□□慈

□□□□□□□□□□□□□□□爲銘曰
上闕□□□石□闕巍巍特立闕□□□□闕□□□□
闕宗□□□闕高名□□闕
男僧志遠闕
□□珪闕
二娘 □娘闕
撿校人□闕
□□□□闕
□□□□闕
□□□ □□闕

□□□ 男□□闕
女大娘 女六娘 □闕
二新婦 三新婦 女聟闕
女聟宋光賓 孫義闕
義□ 魏州闕
山希古闕 弟妻□闕

化寺殘幢

幢僅存下截高三尺一寸八面每面廣五寸三分各四行每行字數無攷行書在宣化寺

沙門覃素述 書
之賓幢者粵若故尼大德諱元眞俗本姓李長安人
逝□□闕下□改四分毗尼每至朔月長宵□□大悲之
秘旨消永泰元年闕下□□自□居花宮□餘載精究□
□□□住持遐邇欽風士庶闕下□月十一日示滅於宣
化寺之精□□□六十二僧夏卌二卽闕下□寂早歲聯
師情深水乳結菩提 勝侶嗟存歿而俄乖弟子闕下曰
□子燈不絕兮傳秘旨悲法舟兮沉逝水建茲幢兮
芳美
彭城徐公□□字

按文云僧夏卌二謂出家四十二年也釋氏以夏臘紀年不云臘卽云夏荊楚歲時紀云四月十五

日天下僧尼就禪刹掛搭謂之結夏李洞題維摩上人詩云諸方遊幾臘五夏五峯銷

康玢書經幢

幢高六尺二分字二面廣七寸其十三行行六十餘字不等行書額篆書左行

頂尊勝陁羅尼幢銘
休野僧昔眞撰
布衣康玢書
粤惟尊勝者佛也陁羅尼者法也敬知佛法高妙最勝最尊四生不測其源三天罔覩其相勝妙無極將喻佛頂也如來爲善住天主所說滅七返之深殃朽骨蒙霑

息三塗之苦壽同我法王韜逝滅跡金河後有天竺梵
僧佛陀波利是應眞菩薩傳教東來至永淳二年重屆
唐國覩奏　大帝天下流傳標幢相於長衢操鉏
鈎於金偈拂塵影者滅罪恒砂況乎受持鐫題書寫大
矣哉衆法之王妙矣哉人天敬仰厥有信士黎城縣尉
曹公委佛法不思議焉遂刻記妙幢茲亡女之靈矣惟
亡尼惠寂痼承静命童眞出家學戒□又未蒙進具稟
靈梵網從政法生持誦維摩法華以爲遊神之苑也後
廣德二年十一月忽爲北狄侵淩南奔雲騎朱旗□電
玉劒如霜揮霍目前潛身無暇惠寂因恐墜井終焉臻
嘗收焚灰散諸寺嗚呼邑我法寶落我眼光痛割吾心
傷汝非命至大曆六年十月十四日招魂想念建幢於
縣西北堯山鄉遷座於六井古社壇之東左臨大路敬
崇畢矣其狀也玉柱楞層聳湧青蓮之上金鈴晃曜琛
垂化塔之傍内雕寶像之容外刻陁羅之咒平座鎮勢
雄之地峯珠輝大梵之天嗟乎逝川有舟夫何往而不
歛其詞曰
妙哉佛頂雄乎大聖夜竪明燈昏途寶鏡逝者乘兮靈
光所壽生兮清淨人佛剎歸眞境黷玉質兮無形悲寶
幢兮有詠

大唐大曆六年歲次辛亥十月癸丑朔十四日丙寅
建
前潞州黎城縣尉曹秀臻爲亡女京修慈寺尼惠寂
及法界蒼生敬造
幢主臻妻馮翊雷氏
臻兄秀同　弟秀成　男英□　男多賓　男應奴
男曩子　孫女矜娘　孫女八八
按此幢爲修慈寺尼惠寂建也惠寂爲黎城縣尉
曹秀臻之女廣德二年十一月寺遇狄奔惠寂墜
井而死至大曆六年其父乃建幢以紀其事唐書
代宗紀廣德二年八月癸巳吐蕃寇邠州至十一
月乙未吐蕃軍潰京師解嚴河西節度使楊志烈
及僕固懷恩戰于靈州敗績云云幢所紀惠寂殉
井即此時也

□震經幢　幢高六尺五寸八面每面廣七寸作兩截書上咒共三十一行字甚剝蝕每行約十七八字下讚并人名共四十行行三十餘字行書
佛頂尊勝□□□□
佛頂尊勝陁羅尼石幢讚并序
開府儀同三司試秘書監使持節鳳州諸軍事兼鳳

州刺史兼御史中丞充興鳳兩州都團練使同山南
西道節度副使上柱國□□縣開國侯□震敬造并
撰文及書
夫寶相眞□□□色取導引羣品必假有爲故庶類歸
心□修淨域非□於此中便爲正□□覩相生□□蒸
於萬分佛頂尊勝陁羅尼幢者濟□海□□□□慧□
□震顧惟不□□□□邊□□□□而有謀寔　元□之
宏備遂因務□躬詣他山名工人斵貞石□報德建兹
幢□□□之塵望增崇於丘岳□區區□志庶毫末於
□□才□色□翰慙垂□但以虔心願切不敢請於□

能輒握管以自陳明懇誠而力竭讚曰
採石建幢□旌　聖教湛然淸淨洞□元妙香風扇□
慧炬移昏有爲之路□善之源齋心刻鐫樹□□□綿
連日影拯濟諸苦凡曰含靈永惟斯祚
都團練判官前試大理評事孫觀
都押衙兼先鋒將朝議□□□□□□□琦
押衙左金吾衛大將軍試太常卿齊國珎
押衙兼右二將左武衛翊府中郎將康□
押衙□□□□試鴻臚卿胡□
押衙守左金吾衛大將軍李進□

都虞候兼□□將□□鎭軍副使銀靑光祿大夫試
太僕卿李忠諫
防城將寶應功臣開府儀同□□試太常卿康□□
□
都遊弈將寶應功臣雲麾將軍守左□□□□□將軍
上柱國益意
左虞候左金吾衛大將軍試太常卿權□□
右虞候左金吾□大將軍王朝□
河池鎭遏□四將開府儀同三司□鴻臚卿曹昇俊
右四將□□□臚卿李景鶴

河□都遊□□□□
□二將副將□□衛大將軍試鴻臚卿董沔
□二將副將□武衛大將軍劉庭晃
左四副將左金吾衛大將軍試光祿卿鄭恒榮
□□副將左金吾衛大將軍崔□□
□前先鋒□□左武□大將軍試太僕卿□□□□
□□□試太常卿李昇岳
唐□遊奕將試光祿卿□□
梁□遊奕將左武衛翊府□□將吕□
□□遊奕將試太常卿□惟新

威蕃堡□□金吾衛大將軍吳超
□□副將□金吾衛大將軍路懷□
朝散大夫行司馬□□□
試左金吾衛兵曹參軍攝錄事參軍史□
試司倉參軍竇□□
□□司□□軍李□
試左衛□□□□□攝司法張□
攝州□□□□
攝□錄事樊士□
□□□□□佺

朝散大夫試太子中□□兩當縣令趙道明
□□□縣丞□□□
前□通州末□縣尉攝□□縣丞劉□景
□兩當縣尉魏元靜
前判官權廣進
都虞候判官史□褒
朝散大夫前兼別駕史處□
兩當遊奕將試鴻臚卿李廷
□前□管□光祿卿遊庫
總管□武衛大將軍□□璧

子將試殿中監□王斌
子將試光祿卿趙宗
虞候□太常卿□暉
試光祿卿康寧
左金吾衛大將軍王隱朝
左金吾衛大將軍宋承恩
試太常卿邢端
試太常卿李□
試太常卿任
試太常卿翟□

試少府監王嘉□
左金吾衛將軍□□暉
右司□率府率□光□
朔州尚德府折衝□懷□
左二將□□前□虔州長史李尚林
□二將判官左司□率府率蕭□
左□將判官少府少監□□
□四將判官□□□少府折衝□□
右四將判官□州□□府折衝□□□
□□虞候試太常卿□□□

左二將虞候□太僕卿□□
右四將虞候試太常卿□□進
左三將虞候朔州尚德府别□呂幹
右四將虞候□□□率府率陳孝
□四將虞候試太常卿郭朝
朝議郎行黃花縣令成子良
□□明威將軍王□
□□官前宋州參軍程温良
□□官社□
左武衛大將軍李秀

左武衛翊府左郎將吳章
左武衛翊府左郎將□□
權□開元寺上座□□州□屯寺僧神邈
寺主□□
都維那□眞
□□□□　□□□□
銀青光祿大夫試太常卿賜紫金魚袋上柱國史大
海
大唐大曆十三年歲次戊午二月戊寅朔十八日乙
□建立

按此幢爲□震造及撰書故其姓前題銜曰開府儀同三司從一品階也曰試秘書監從三品官也曰使持節鳳州諸軍事兼鳳州刺史唐書地理志鳳州河池郡屬山南西道曰兼御史中丞正四品下此疑是由刺史還朝兼此官也曰充興鳳兩州都團練使同山南西道節度副使興州順政郡與鳳州同屬山南西道團練使之職以安民爲上考懲姦爲中考得情爲下考其官有使有副使判官推官巡推衙推各一人然未見有所謂都團練使也節度使之職以銷兵爲上考足食爲中考邊功

爲下考其官有使有副大使知節度事行軍司馬副使判官支使掌書記推官巡官衙推各一人又有同節度副使十人此郎碑所謂同山南西道節度副使也文獻通考載唐時置節度者安西北庭河西朔方河東范陽平盧隴右劍南嶺南其後有淮南河南江東成德宣武鎮海義成淮寧彰義義武奉義忠武武寧永安天平河陽歸義戎昭義昌山南俱置節度使而山南亦只襄郢唐鄧有之是在山南東道此山南西道與鳳兩州之置節度而有副使不知始於何時史無考也續纂後題名有

官位者七十五人其尋常官名無庸詳攷又都虞候虞候應爲十六衛所隷而六典唐制俱無考惟文獻通考載殿前司官有都指揮使副都指揮使都虞候使副都虞候掌殿前諸班直及步騎諸指揮之名籍及訓練之政事在宋前則爲唐制而未詳其始于何時據碑則大歷年間巳有此制也餘如所謂押衙都押衙防城將都遊奕將左右二將四將子將諸名目稽之六典唐書文獻通考諸職官兵制皆無明文惟舊唐書職官志載秦王齊王府官之外又各置左右六護軍府其左一右一左二右二左三右三護軍府各有別將十八人六人不等（張琮碑所稱左三總管或亦同此）或者左二將右二將即左二護軍右二護軍府中之別將亦未可知然但爲左右六護軍則左右止於各三不應有左四右四將其非此護軍府將明矣押衙二字惟見於舊史惠文太子傳有金吾天子押衙之語說詳後碑子將二字見宋沈适詩云別分子將打衙頭然亦不解其何義也姑識以俟博考其曰寶應功臣史志亦無明文惟見於文獻通考引愧郯錄云階勳功臣檢校唐時析而爲四代宗以射生軍清難而有寶應之稱德宗以涇軍屬逆而有定難之號後隨事而賜亦無定名故唐之有功者或叙階或賜勳或加以檢校或寵以名號云云據此則功臣之號所以寵有功而寶應之稱始見於代宗矣此幢建於代宗大歷十三年而有寶應功臣號者二人殆即射生軍清難功臣中之二人歟

元惟清書幢

幢高六尺九寸四分八面每面廣七寸五分作兩截書上截各七行行七十二字其記及人名並在下截正書

佛頂尊勝陁羅尼經

右內率府率員外置同正員元惟清書

唐貞元十八年五月景辰十七日壬申奉爲

國建立

廣平郡程元輔刻字

都勾當造幢文林郎試左武衛兵曹叅軍仍賜都騎尉王忠信（此以下俱書在下層）

同句當官元從陪戎副尉守左衛朔州尚德府折衝都尉同正上柱國賜紫金魚袋□□□

元從陪戎副尉守左衛朔州尚德府折衝都尉同正上柱國賜紫金魚袋鄭元信

施主侯朝貢　孫承晧　裴太清　范口　闕　孟
進昌
判官儒林郎守內侍省宮口局令員外置同正員劉
如江
判官元從興元元從朝議郎行內侍省內給事員外
置同正員上柱國賜緋魚袋符昇朝
副使元從興元元從銀青光祿大夫行內侍省內侍
員外置同正員兼內給事上柱國食邑五百戶吳縣
開國子賜紫金魚袋朱如寶
時元和十三年二月廿七日奉

勅內園戶坊宜分移於割口口口口口安置　戶坊
約有五百餘家起三月一日准　勅移創口口內移
畢本戶坊佛堂三所共於此地置一所焉其佛堂五
月中旬豎立至六月中旬畢功功匠之徒不可具載
也
專句當都知楊倫
判官掖庭局監作素和侹
判官內府局丞劉昌岌
判官內府局丞劉承俊
前副使掖庭局丞賜緋魚袋呂義忠

副使內寺伯賜緋魚袋宋守義
使內給事賜紫金魚袋楊
院主比丘尼澄寂
院主沙門口口　同院僧義真
施主官劉進朝
口口口口口
按此幢初建於貞元十八年題名者率內官而有
元從陪戎副尉元從興元元從等銜唐書德宗紀
興元元年二月甲子李懷光反丁卯如梁州五月
戊戌復京師六月癸丑以梁州為興元府七月壬

午至自興元辛卯大赦賜百官將士階勳爵收京
城者升八資貞元元年八月甲戌李懷光伏誅十
一月癸卯大赦賜奉天興元扈從百官收京將士
階勳爵又兵志云德宗幸梁還以神策兵有勞皆
號興元元從奉天定難功臣恕死罪此幢所稱元
從興元皆內侍省官則當時加號者不止於神策
兵矣下刻元和十三年二月廿七日奉勅內園戶
移于闕下安置凡移者約五百餘家而置佛堂一所
因記其歲月於前題之後此勅憲宗紀所不載長
安志皇城內外亦不載內園之址無從詳攷此幢

所在不知是何地名是何寺院且不知移園戶時
并此佛堂經幢移建他所抑或園戶自他所移來
就此有幢之所而重立佛堂皆不可知後列銜名
亦皆內官而院主施主並附於後

絳氏縣殘幢

幢已斷止存上半七面每面廣六寸各五
行每行字數未考正書在絳氏縣壽聖寺

絳氏縣大游□□□

氏女

次男守□□

孫男□

次孫男□□ □□□

次男守能 妻趙氏 左氏 孫男用和

次孫男文□ □□氏 □□郎

次男守乂 妻馬氏 孫男繼德

一女□姑 時聖中

僧惟新等經幢

幢高六尺八寸八面每面廣六寸五分各七行惟
第八面六行行六十餘字至七十餘字不等行書

佛頂尊勝陁羅尼經

般若波羅蜜多心經

唐元和四年己丑歲八月癸酉朔三日乙亥弟子僧

惟新 彝貞 士字 子滌 履冰 光璿 從儉
自牧等先修建造 子野 尼弟子義陽寺妙行
覺悟寺講四分舊疏教授律大德常政大師元和
十二年歲次丁酉二月辛卯朔一日於本與里廣福
寺遷化九日己亥法葬於此記
義陽寺大德智倫 覺悟寺法相 惟閏 三昧
元素 深義 妙仙 增一 龍花寺妙理

衛洵讚經幢

幢高七尺二寸八面每面廣六寸各七行行七十字
至八十餘字不等讚四行刻在第八面下截正書

佛頂尊勝陁羅尼經

元和六年歲次辛卯二月景寅朔廿四日己丑奉爲
國建立

佛頂尊勝陁羅尼經石幢讚并序

文林郎廬州廬江縣尉衛洵述

眞如至言大僊妙說一句一偈千袠萬緗般勤破煩惱之門曉了示慈悲之行尊勝陁羅尼經者光揭日月功貫生靈□□□□□與京得彼岸於斯爲盛昔如來爲諸天說善住消七返之殃帝釋親啟德音波利傳乎秘密粤有內侍省衆寮等悟佛知見信佛勝因虔是念於有爲冀我躬之無咎謂貝葉之速朽不足紀其言謂捲石

之至貞可以刻其字於是捨清俸鳩金錢徵良工琢貞
堅鎚丁丁以火發刃戞戞以氷裂以元和歲在單閼月
臨太蔟十有五日庚戌之所建也從此幢前昏起石上
塵飛落觸衣以拂灾歷諸境而戩穀元功不測銘曰
大覺妙力　尊勝其强　增壽益齡　夷灾殄殃　六
趣之懼　七返之口　聞我一言　熱得清凉　火爲
蓮池　獄作天堂　迹言非謬　證自梵王
大中六年二月八日再立
按此幢上刻經文是元和六年二月所刻下刻讚
語亦元和六年文云元和歲在單閼太歲在卯曰

單閼正元和六年辛卯也文下云月臨太蔟則正
月之律是刻讚在先刻經在後矣考通鑑日錄辛
卯歲正月丙申朔十五日爲庚戌與碑合末云大
中六年再立是距辛卯歲又四十二年矣

那羅延經幢

石横廣二尺五寸高一尺三寸五分三十二行每行十六字正書

佛頂尊勝陁羅尼咒
大唐元和八年癸巳之歲八月辛巳朔五日乙酉女
弟子那羅延建尊勝碑打本散施同願授持
唐刻此經甚多惟此爲沙門不空所譯首云曩莫即
今所云南無也或稱曩莫並同縛音无可反者春秋
左傳音義釋其縛音扶卧反扶卧與无可同也抳
音尼整反者如叭呢之呢二合呼爲納銘銘整聲相
同故也其作誐即與揭同賀即與呵同其稱娑婆呵
爲娑嚩賀攷古本無娑字此故以嚩爲婆此釋氏對
音之法亦不謬于古人音讀之正也　釋家書多于
字旁加口此咒誦之說也如嚩字之類道家書多于
字上加雨此符籙之說也如[illegible]字之類見宋陳景元
上清大洞真經玉訣音義所謂出唐史崇一切經音
義者是也唐時有兩一切經音義僧元應所著者爲

釋書音義史崇所著者爲道書音義兩書引據多古
書雖爲二氏之學其于博雅猶不遜陸德明經典釋
文余每欲合而刊之以供同好也菩薩二字皆以艸
受名本曰菩提薩埵華言之曰覺有情也其薩即薛
字唐元應一切經音義云菩薩本作扶薛宋張有復
古編亦云薛别作薩非唐人書薩猶作立下主此碑
亦然自宋以後乃改從産形矣古無那字即郍字也
說文云郍安定有朝郍縣今朝郍之郍亦作那今郍讀
如奈反那讀諾何反居然分爲兩字此刻那羅字體
作那猶不失古人之意唐劉昺云字唯朋字不正蓋

朋之古篆爲扁依形而書勢不能不稍存欹仄今人
則皆正書之矣如那字例得正書今人則反作欹仄
之形唐人去古未遠于本字之義猶可近求故能不
戾于古人若是關中金石記

按此幢尊刻陁羅尼咒前題女弟子那羅延建尊
勝碑打本散施同願授持那羅不知是那姓抑是
那羅複姓檢通志氏族畧諸複姓條不見有那羅
氏打本之打唐韻集韻俱都挺切訓擊也六書故
都假切正韻箋打字通音當作都那切又楊愼曰
尚書搥音入聲又轉上聲俗用打爲搥益打與搥

皆是擊義今人言碑本有曰搨本集韻搨摹也唐
書百官志宏文館校書郎二人有搨書手筆匠三
人益用紙墨磨搨古碑帖曰搨又曰拓本李山甫
詩一拓纖痕更不收註云大歷四年崇徽公主道
汾州以手掌拓石壁遂有手痕今靈石有公主手
痕碑聽謂搥可轉上聲音打則搨拓亦可轉上聲
音打也打本是中唐人語前此未見

涇陽縣經幢

幢八面高六尺六寸六分每面廣六寸四十五行每行約廿字正書

佛頂尊勝陁羅尼咒

涇陽縣觀□□□像□□□□□□於仙同鄉先代
和尚塔院先□□□□□□尊勝陁羅尼幢一所
弟子僧義肅〡義倫　義端等三人
長慶元年十月廿八日建造

湛大師經幢

幢高五尺一寸八面僅存四面廣各五寸共二十六行經每行七十字銘則四十七八字不等行書在終南山梗梓谷

佛頂尊勝陁羅尼經

故□□□□□□大德惠澄□□□幢銘
夫□□□□□□不能□□其光叅臺寶鏡萬像不能

增減其明道元體□□□□□著光自□□□□有
大師俗姓員釋号湛□族本□□鄠邑人也天□□生
地靈秀出體閑溫□□養冲和童齔□□□□長學
道乎□□依戒律聽聞四□□□秉□□□□歲於□
□因過薦福寺大德明觀和尚開三階之奥理示一性
之法王敷普□之□演收慈之本乃悟六入趣精□□
□□遂舍□□方就普利□□傳授無我無人食任精
麁一衣一納觀公謂曰吾久住皇州欲□汝法流外於
是大師隨侍□適蒲城誘迷降□□□□□□□餘
周復遷□□封送終□□畢□□蘊藉功著妙義□道

□□□□□佛主□□□□□□法界□□收□□□聖
貞元十四載□□□寺衆充三學大德居于住持日往
月來廿三載內觀實想外博經文□蕴□□至終南梗
梓閣側殞歸松栢之下僃僟安厝建立寶幢門□慟楚
法侶俊然痛道樹傾摧法舟淪覆攀慕難及乃爲銘曰
善哉大士幼懷高□頓捨紫華猛登初地承師禀授一
周二紀善任他收惡當已示衣惟一納食非重味或律
內持威儀外備有無雙遣□智俱亡本體清淨大乘法
王言說現相如如我常羣迷導引苦海津梁三學教授
一燈傳光醍醐灌頂甘露溴腸緣□時遠亦歸圓寂祖

城終南神宜就涉門人攀戀法侶哀戚原野蕭蕭雲煙
□□刊石建銘千古遺跡
寶應元年四月二日建　曹□□書
門人惟□　□□惟□　智　國珎　智藏
智滿　□榮　□□　亮楚　法成　靈演　員□
眞願　勝緣　靈秀　□義　優曇　智□　賁眞
□□

幟塔七寸幢

幢高四尺二寸五分八面各廣六寸分刻陁羅尼咒二一四面面四行行三十字一四面面九行行三十五字左行正書內第五面刻咒心盡在廣州府光孝寺

千手千眼觀世音菩薩廣大圓滿無礙大悲心陁羅尼
神妙章句
寶應二年歲次景午十二月一日法性寺住持大德
兼蒲澗寺大德僧欽造書欽造閬川人
同經略副使將□郞前守辰州都督府醫博□廬江
郡何宥則敬爲亡兄節度隨軍文林郞守康州司馬
宥卿造此大悲陁羅尼幢

按此是大悲心陁羅尼咒非尊勝陁羅尼經也說
見後題云同經略副使前守辰州都督府醫博士
唐書兵志唐初兵之戍邊者大曰軍小曰守捉曰

城曰鎭而總之曰道諸道皆有經略軍而道有大
將一人曰大總管已而更曰大都督又百官志都
督府有大中下三府各有都督一人醫學博士一
人大府從八品上中府下府正九品上此題辰州
都督府不知是大府抑中下府而經略之有同副
使史亦未詳

徐智端刻幢

幢高六尺三寸五分八面每面廣六寸二分各五行行五十六字行書

佛頂尊勝陁羅尼咒
千手千眼觀世音菩薩廣大圓滿無礙大悲心陁羅尼

咒

大和三年七月十八日建

徐智端刻字

董府君經幢

幢高五尺七寸八面廣六寸行數

佛頂尊勝陁羅尼經序

佛頂尊勝陁羅尼經

大和六年歲次壬子二月癸卯廿三日丙戌男瑾爲

父建立

建幢銘序

夫老釋之教本乎利於人故廣其門而論於衆得其門

者尚鮮矣曰有故右神策軍襄樂防秋同正將兼押衙

銀青光祿大夫檢校太子詹事上柱國董府君　公諱

叔洞達至理敬崇佛書積善成家慶流于後有嗣子曰

瑾未冠從仕信義已立孝□□□□闕瘵之際勵□度家

殯儀所須完□不貲卜筮叶吉窆于斯原卒哭之前叀

事云畢　夫人夏侯氏灑泣喪次撫孤訴天緬　公之

平生非善不作思埶神路雅福是先乃命工人斲貞石

峯勢屹立斯幢告成亦以爲至哀飾也故秉筆書事昭

乎□□□□□闕

維彼□人維善是親如影如響昭昭福因　公之歿代

星歲□改令子承家慶餘斯在　精魂悠悠莫知何求

緬濟神路斯幢乃修　□名狀鑿□□鬧飾熒熒光光

頂戴虛碧　松栢蒼蒼龍蛇乱行貞石孤立直墳之陽

斯幢之妙幽明有□万古□□□□□□□

按此幢乃董府君叙卒後其夫人夏侯氏洎其子

瑾痛府君之亡乃於葬後建此幢以記之文稱府

君官右神策軍襄樂防秋同正將兼押衙唐書百

官志十六衛有左右龍武左右神武左右神策號

六軍又兵志載上元中以北衙軍使衛伯玉爲神

策軍節度使鎮陝州初哥舒翰破吐蕃臨洮西之

磨環川即其地置神策軍及伯玉屯陝將邊上陷

既神策故地淪没即詔伯玉所部兵號神策軍後

以軍歸禁中永泰元年吐蕃復入寇魚朝恩又以

神策軍屯苑中自是寖盛分爲左右廂遂爲天子

禁軍此神策軍之原委也軍官之制史不甚備既

有同正將則必尚有正將矣襄樂當是地名防秋

見新史陸贄傳云西北邊歲調河南江淮兵謂之

防秋押衙見舊史惠文太子傳朱融謂金吾將軍

邢濟曰今城中草草關外近寇悉陵若何濟曰我

金吾天子押衙死生隨之安能自脫云云然則董府君以右神策軍中官而出爲襄樂防秋同正將所謂兼押衙者乃防秋軍中之押衙想軍營亦有押衙之稱也然府君是環衛官而下文官階勲文云銀青光祿大夫撿校太子詹事上柱國似是武兼文職唐時有此制六典諸書未之詳也

僧无可書幢

幢高六尺二寸八面每面廣六寸各七行行七十四字正書在西安府百塔寺

佛頂尊勝陁羅尼經

白閣僧无可書

幢後銘

內供奉僧叡川文

於戲行律比丘尼願口　三階教大禪祖荼毗林畔先大師荼毗所哀慟樹是明幢比丘叡川爲其銘　師姓耿氏諱揔薾年五十四夏卅四大和五年正月廿六日長安縣羣賢里直心寺口滅灰舍利闕是下口口分律舊䟽大上研而達底拔臨壇法三階法甚苦習法華等大乘經大小乘戒至是蚤夜無已願證以其　師嘗來學先天寺余　先大師臨壇四分大師下悉熟行道口口乞詞是宜口口口口

茫茫歸人前有何向明度總持口口之仗覺者先後師光唯徒先歸本根祗惟後敷不尔塔萬飄懿尔幢一石資糧尔師聖地之力而佛昭格

大唐大和六年四月十日建

伯氏尼總寧　門人願證　循定　殷雅　元雅

啓元

凡石幢多書尊勝陀羅尼經余既有此癖遇必摩之而擇其佳者錄之但其書法劉慎微僧無可書者佳餘無名姓然皆與此匹敵者也關中石幢無數或埋或斷或移作他用深爲可恨石墨鐫華

大和六年四月立僧叡川撰文無可正書在西安府百塔寺無可賈島從弟字法學柳公權關中金石記

按唐書韓愈傳又有賈島劉乂皆韓門弟子島字浪仙范陽人初爲浮屠名無本來東都時洛陽令禁僧午後不得出島爲詩自傷愈憐之云云是島與無可從兄弟而同學於浮屠氏矣島以詩名無可以書名皆爲儒門所稱誦如此續文獻通考云無可賈島弟姚合李洞皆有詩贈之有詩集一卷是無可又不獨有書名也文云長安縣羣賢里直心寺陝西通志長安縣祠祀附古寺觀有羣賢坊

眞心尼寺隋宦者宋祚立當即謂此但直心眞心
互異

眞空寺經幢

幢高七尺一寸四分八面各寬七寸三面六行五面七行字數六十餘至百餘不等行書在終南山

一切如來白傘葢大佛頂陁羅尼咒

大唐眞空寺奉爲　國及法界衆生敬修大佛頂陁羅尼石幢紀

將仕郎試左金吾衛兵曹叅軍張楔述兼書

維大僊宣妙有皷慈風闡羣理於虛空拔衆生於黑海總持之力妙不可論故人天趍其域敬其誠貞其風固

迺本像者法者剎者幢者徵而修之嚴而飾之百千同歸羣魔銷跡祥洽乎有無之際慶流乎怳忽之中宏之在人扣無不應惟此幢設本乎當寺俻老寺主法号法岐割浄財洗垢穢琢石於藍峯之頂眞機于靑蓮之界博孝形勝以選所安叶願契心爲立茲地則大悲之光景巍乎可觀也速疾之法其可測歟若乃晝幡空裏鐫雕踏隅治塵者于以福生休影者於焉罪滅况能捨施尊精石幢可以延師之祿滋師之福美矣哉賔自金口以祐賢人門弟子等咸能誓志永纂釋風法子法孫慶尒多福利佛言亦以益儞典也鐫佛頂亦以救國光也是刋是琢於萬斯年時大和六年八月十八日紀

靈峻　明峻　門弟子士肅　宏雅　增雅

張難陁　造沙子施主王叔渡、

都料常文銳　都料李君郢

岐陽郡魯元楚刻字

僧法惠經幢

幢已斷僅存五尺八寸八面面廣六寸四分或四寸六分各七行字數無考行書在涇陽縣

佛頂尊勝陁羅尼經序

萬口菩薩眞言

大唐大和七年歲次癸丑四月戊午朔廿八日乙酉

奉爲　國及法界建立尊勝陁羅尼幢一所伏願國泰人安干戈休息七代先亡咸蒙吉慶乘茲功德永離輪迴般若舟中常遊法海□□之者同霑斯福乃述讚言□□□□□□下闕

□□□沙門法惠　弟子魏進朝　女弟子寶兵如

男魏善祐　男武珎　女三娘子　四娘子

田伾等經幢

幢八面下截斷去八寸僅存高六尺九寸面各八寸八行七面共五十六行行七十四字現存五十六其最後一面分兩截書皆九行上刻呂叟撰序行五十五字正刻題名

佛頂尊勝陁羅尼經

義成軍節度押衙田伾等奉為
尚書立尊勝陁羅尼幢序
鄉貢進士吕受撰
妙道□□□難智窮歸心是崇敢□□□心感而著事
因而生　有唐義成軍節度使撿挍禮部尚書兼
御史大夫西平公
我尚書性□□□繼　祖風　國重□□
詔委旄鉞自臨雄鎮事理教行而能習武不威韜
光匿耀政撰造化信叶大時以□□□□□□□□□
□□□是以三州有和樂之化五載無造次之刑上下

咸安中外悅脫　天明總聽聞亦何□押衙田伾
等咸以□運契符　君臣際會職位皆重寄任匪輕持
盈若虛務惣無怠謙若居散恭如處閑內廻奉公外寬
從衆茲謂誠性自然風教被焉易獲其全斯所以分也
未□以報也遂僉議　佛經有尊勝陁羅尼者功德宏
廓道義幽賾而能普濟生靈博救品物陰影纔及莫大
罪銷飛塵略沾福履將至欲以命工刻石當道建幢冀
得惠風接吹白日迴照輕飄遠景長及百靈仰其　佛
功用答　殊造所望　節幢等法幢同立比石齊堅仁
壽等並長承時偕慶天照誠感人願必從畢誠其陳果

遂其志凡曰慶幸無以過焉
大和八年六月廿九日建
節度押衙田伾　段公武　韓宏　李仲容
李文舉　王宗本　衙前兵馬使梁瑛琦
張忠政　婁宗古　陳志寬　王擇交　高元郎
苗衡　討擊使蕭諷　孔幼誠
郭叔評　王□　程殷卿　張叔清　同經略副使
元丕　劉惟湊　朱公佐
隨軍祖行周　衙前虞候張士政　曹元宰
張司元　同正將駐謙　成再榮

王宏慶　曾挖　程虔　王侊　靳君亮
劉進昌　成志雅　邢鍋　王再用　王端
楊懷直　姚從政　解忠言　散將張士雅
都勾當散兵馬使孟元深
同勾當隨　使將副將任仲舉　散將王季則

同官縣經幢

幢下闕高四尺九寸八面每面廣六寸五分各七行字數無考正書在同官縣

尊勝陁羅尼經
大唐大和八年歲次□□□□□月京兆府同官縣下闕

金石萃編卷六十六終

金石萃編卷六十七

賜進士出身　誥授光祿大夫刑部右侍郎加七級王昶譔

唐二十七

龍興寺經幢

幢高七尺一寸六分八面各廣一尺一寸六分內惟第四面十一行餘俱十行行五十五字正書額題佛頂尊勝陁羅尼□妙救危濟難之□幢十六字篆書今在杭州龍興寺

佛頂尊勝陁羅尼經序

佛頂尊勝陁羅尼經

開成二年正月一日建　建主鄭徹　同建造僧宗亮　同勾當造幢吳中則

處士胡季良書　都料匠吳興沈郁　弟咸刻字

奉爲國王太子輔相大臣州縣寀寮及多生父母十方施主法界有情直修此幢永充供養大中五年八月廿四日建　勾當僧可儀　大德僧幼則　老宿僧惟素　大德僧□道儀　供奉大德僧貞寶　監寺大德僧亘滌　長講律大德僧嚴志　僧常居法師洪彬　僧應超　都維那僧志圓　寺主僧文又　上座僧智常　同捨錢助緣入前衡州衡山縣令陳俅　前國子監明經姚繼文　前明經夏敦禮祝師盍　陳謙　徐宏發　徐□　汪景復　湯

簡文　褚達　鄭絳　錢處實　沈文漸　朱德以上俱在第八面後幅

啓漸邦　□□　葛□　□□　舒三娘　□□

何十一娘　□□　陳簡　孫韶　楊璨　徐□

欣盛　□□　陳華　郭六□　朱豐　朱鵖　徐

鵠　張□　劉歡　□□以上第一面下截

顧瑜　□□　許敬真　韓思齊　錢李榮　□華

姚通　沈□　王季超　梅榮　沈二娘　馬雲

沈暉　姚秀　茅宏簡　熊鈞　湯迸　嚴景遷

曹峯　俞行言　談欽　楊升以上第二面下截

張行簡　俞逢□　齊四娘　□□　顏忠悅　□

□　鄧文□　□□　虞公達　□□　黃元志

鄧□　嚴皓　張□　莫惟彥　□□　胡景元

周□　吳景□　陳□以上第三面下截第四面五面下截俱漫滅

□□　□□　□□　朱□　□□　□□　□□

高□　□□　僧□　□□　徐通　□□　楊

二娘　□□　王二□　□□　孫□□　□□

□□　□□　□□　□□以上第六面下截

□□　□□　吳□　□□　朱迎　□□　孫簡

□□　□九娘　□□　董□　□□　劉□

□□ □□ □□ □□ 徐君直 □□ 俞亮 □
□ 以上第七面下截
安及 □□ 李從直 王宏簡 陳峯 薛□
□□□ □□ 丁仲綱 □□ 歐陽彰 賈開
吳俊 璩叔珦 何琪 滕榮 夏十娘 周度
范安 馬千□ 祝鈞 范世□ 以上第八面下截

梁乾化五年五月八日頭陁僧處道重修建內有舍利五十四顆琉璃瓶盛

淳祐八年三月初八日□□衆人修

是幢久没民間幸于明崇禎丙子年放光遂得與緣

檀越沈演方子將馮洪業王元建捨資沙門元神海音復創于 大清順治乙未九月十三日于佛寺住錫龍興□忠重修建

按龍興寺在杭州城北祥符橋杭州府志云梁大同二年鮑侃捨宅名發心院唐貞觀中易名衆善神龍元年改中興三年改龍興宋眞宗時賜額大中祥符律寺幢題云開成二年正月一日建又云大中五年八月廿四日建大中距開成僅十五年不應有事于重修疑是前建未竣至是畢功也至梁乾化五年則逾歲久遠當因傾圮重修矣此次始以琉璃瓶盛舍利五十四顆是全幢拆修矣是年十一月始改元貞明故五月尚稱乾化五年是時杭州已爲吳越所有據十國春秋吳越世家直用天寶爲武肅紀號乾化五年爲吳越天寶八年然歐公五代史十國世家年譜序謂五代十國稱帝改元者七吳越荆楚常行中國年號然予聞於故老謂吳越亦嘗稱帝改元而求其事跡不可得獨得其封落星石爲寶石山制書稱寶正六年辛卯則知其嘗改元矣吳蘭庭五代史記纂誤補云謹按容齋四筆錢武肅之改元有天寶寶大寶正

三名歐陽但知其一耳今以此幢證之則錢氏雖建元而國人仍未行其號不然何以此幢不稱天寶而稱乾化耶幢爲處士胡季良書宜和書譜稱季良工行草字體溫潤有秀穎之氣又金石錄載國子司業辛璿碑元和四年胡季良篆則不獨工行草書矣

元政經幢

幢已三段合之高五尺九寸八面每面廣五寸各六行行六十九字行書

佛頂尊勝陁羅尼經

佛頂尊勝陁羅尼石幢讚 并序

原夫覺尊千佛理勝萬法□於□□□中□□□□□
□□□□□□□□□悟八性之□□珠必遊於滄
海修善可依於大乘□猶月光徐八極之昏佛惠破九
幽之□（下闕）羅尼之謂□□乎梵（下闕）□□□□□者也□
□宣於帝釋所謂三世如來之審迹百千諸佛之龕摳
乃假佛心其爲濟拔（下闕）謹於 亡妻塋內□以旌其善
也乃命□□良工□□山之（下闕）是以善住天子親承佛
百憶念揔持捨宿業之塵昏超殊勝之妙果爰以建立
仰希佛（下闕）□□□皆蒙利啓虔誠之意奉貞□之心用
表發輝永□□□乃爲銘曰

証佛頂（下闕）覺（下闕）刻石傳經□□□覓 俗事閭公惟賢
奉聖薦嚴歸依無爲惠定（下闕）
開成五年三月三日爲亡父母建立石幢子一所長
男元政 元則 元和 孫元行實 元行及 元
行諫 元行放

杜城店殘幢

幢上下皆缺八面每面廣六寸
各六行每行字數無攷正書

（上闕）敬思書
尊勝陁羅尼經
（上闕）□□並願同登菩提杜城店合村老宿等同會

昌元年辛（下闕）
刻字李從暕

奚獎書經幢

幢字磨泐拓本長短不齊今計其長者高六尺八面
每面八行行字不計行書今在紹興府蕺山書院

佛頂尊勝陁羅尼經并序
前昭義軍節度要藉試右（下闕） 河內（下闕）
大唐會昌（下闕）
都維那宣□ 上座宏達 寺（下闕）
檀越主姚禹 □□章造 檀越主錢奐 姚寓
章造 都勾（下闕） 郢人應成 陳容 程曇（下闕）

僧文鑒等經幢

石下截不全今存者高四尺七寸八面各廣九寸每
面呪三行行十五字行書下有小字皆助緣上座維
那等姓名僅存四字
二字不等今不錄

佛頂尊勝陁羅尼經
內有舍利二七粒
如來法身偈
奉爲 四恩三有及法界生靈敬造此幢咸願同登
覺路
唐會昌二年壬戌九月八日寺僧文鑒等同建
沙門契元書

同建幢前試右武衛長史陸榮

大匠吳郡陸永　司馬鑾鐫

龍首鄉經幢

幢上下皆殘缺現存兩段計其高五尺六寸八面每面寬六寸或六行七行不等字數無考正書

佛頂尊勝陀羅尼經

會昌三年歲次癸亥八月丁巳朔七日以下二行磨泐不可辨

□□義□□□□□□□□龍首鄉興臺里□村建立

于惟則經幢

幢高六尺六寸八面每面廣八寸各七行行六十六字正書今在西安府學

京兆府興平縣縣東北隅陀羅尼幢記

處士王鉉撰

奉禮郎尚□□書

縣人于惟則奉爲

文武百辟當縣　宰寮及□界有情敬造

竊惟金人西□雷音絕唱於□竺至教□□□□業空傳於漢地雖法門繁□俱□□梁□□□□□其□陀羅尼焉于公稱惟則本河南人也家贍溫恭人稱英亮忠信先聞於□室深崇□志於三乘有悲□之心具利□之行　王□之暇□□興懷將搆禎摸異祟妙□□□□□□□□□有緣□德同心爲□□之利而居□□□

□□□□□□□□□乎存沒逝者不□于厥顯存之豈爽以前心既虧道泰時通亦乃樹茲本意爰□□刻寄言徵良匠以呈奇採元石而鑽鏤厥功既就乃卜□縣城艮隅之立□足使霑塵□影□庭□舟瞰蜀承風承辟□□鉉實不斂輒□□□□申□□□逃□獄雖不足以成文□深心於能事矣

尚□□　王倫

大中二年己巳歲正月丙辰朔一日建

□事□□□□□差□□□等□□□□李鍔□錄事

都曹等周寔輔　□□□師□□慶

梁　仙

吉倫輔

李艮　張懷　妻王氏　惟則先亡父母　惟則妻

左氏　長男敬郚

李朝成經幢

幢高六尺九寸八面每面廣六寸前六面各六行後二面各五行字數五十餘至八十餘不等行書在西安府

佛頂尊勝陀羅尼經

大中二年二月六日夫人　奉爲　國及文武百寮

師僧父母亡過先靈敬造幢立長安縣義楊鄉

唐故劒南西川監軍使冠軍大將軍行右監門衛將軍員外置同正員上柱國成紀縣開國侯食邑一千戶贈特進李朝成

故含光副使朝義大夫行內侍省內府局丞員外置同正員上柱國賜緋魚袋李文端　夫人扶風馬氏　長子登仕郎行內侍省掖庭局宮教博士員外置同正員上柱國公繹　次子公汭　幼曰公浩

按幢立于長安縣義楊鄉義楊當是義陽長安志云在縣西南二里李朝成結銜云劒南西川監軍使唐書兵志上元中以北衙軍使衛伯玉爲神策

軍節度使鎮陝州中使魚朝恩爲觀軍容使監其軍此監軍之名所自始然幢立于大中二年距上元之設監軍又隔九十年豈其官不廢耶且劒南西川之置監軍使始於何年史亦無攷李文端結銜含光副使未詳朝義大夫當卽朝議內府局與其子公繹之官掖庭局同屬內侍省又宮教博士掌教習宮人書筭衆藝之官皆內官此幢後題李文端有夫人馬氏又有三子蓋是當時之內官皆娶妻而有嗣子也

梨園店經幢

幢高六尺一寸八面廣七寸四分或五寸及五寸三分各八行行六十二至六十五字不等行書在淳化縣

佛頂尊勝陁羅尼經序

維大唐大中五年辛未歲六月壬寅朔三月甲辰梨園店奉爲敬聖文思和武光孝皇帝及文武百官衆施主等建立尊勝寶幢一所

按文所稱皇帝乃宣宗也舊唐書宣宗紀大中二年春正月壬戌宰臣率文武百寮上徽號曰聖敬文思和武光孝皇帝此碑作敬聖未詳孰是

僧幼恭經幢

幢已三段合之計高七尺九寸八面每面廣六寸八分各七行行七十一字行書

佛頂尊勝陁羅尼經序

佛頂尊勝陁羅尼經

維大中六年歲次壬申正月壬寅朔廿四日辛卯奉爲　國建立尊勝石幢勾當修幢尼寺主幼恭　都維那從謹　上座□才

按幢題正月壬寅朔廿四日辛卯據廿四日是辛卯則朔日是戊辰非壬寅也通鑑目錄載大中六年壬申歲四月丁酉朔則正月是戊辰朔唐書宣宗紀載是年正月戊辰以隴州防禦使薛逵云云

戊辰下不言朔史文漏畧也又此幢搨本簽題鐵塔寺今按幢中無此寺名姑識之

馮鍊經幢

幢高五尺七寸八面每面廣五寸三分各七行行七十餘字行書

佛說佛頂尊勝陁羅尼經

維大唐大中七年歲次癸酉二月乙卯朔十八日己卯爲亡兄脅於廓下都何當文武百寮食官將仕郎守泗州司馬賜緋魚袋馮鍊　弟馮叔傺

按幢題二月乙卯朔十八日己卯據十八日是己卯則朔日是壬戌非乙卯也通鑑目錄載是歲三

月辛卯朔則二月是壬戌朔

大中殘幢

幢上下皆缺現存中段高二尺六寸三分八面每面廣六寸五分各六行字數無考行書

尊勝陁羅尼經

大中十四年九月廿三日建立

雙讚經幢

幢兩段合之高六尺七寸八面每面廣五寸八分各六行行七十餘字正書

佛頂尊勝陁羅尼經

尊勝幢讚

善哉如來　曠劫修行　口等正覺　無滅無生　愍念彌苦　說尊勝經　舟航口溺　度脫有情　猶如慧日　普照幽冥　今慈崇建　用報先靈

又讚

尊勝功德不思議　諸佛如來起大悲　風飄塵點丘荒骨　幽魂必定證无爲

維咸通二年歲次辛巳正月丙子朔七日壬午口口口穆奉爲　亡考建立願承此功德永離三途諸佛會中受勝快樂

按幢題正月丙子朔七日壬午據通鑑目錄咸通二年正月乙亥朔非丙子而由此逆推上年十一

月丙午朔十二月丙子朔閏十二月當是乙巳朔則本年正月是乙亥朔矣舊唐書懿宗紀上年十一月亦作丙午朔與通鑑合然幢云七日壬午則朔日丙子又似不誤宜兩存之

劉氏經幢

幢高六尺三寸八面每面廣六寸各六行每行字數六十至六十餘不等行書在西安府

佛頂尊勝陁羅尼經

佛弟子彭城郡夫人劉氏爲　亡夫建造尊勝幢一所願福資生果因覩斯善　贊曰

彭郡夫人　母儀欽則　追緒亡靈　爰憑佛力　建

妙寶幢　□空搆日　其□及身　万罪消釋　所願
良因　莊嚴亡識　百千万祀　傳之貞石
大唐咸通二年辛巳歲八月廿五日建于萬年縣滻
川鄉鄭村之里也　長男從寔　次從安　從寓
女尼妙□

按幢題佛弟子彭城郡夫人劉氏爲亡夫造幢云
云而贊語乃自云彭城夫人母儀欽則此當是男
從寶等爲父造幢尊其母遂題劉氏爲亡夫之語
於前而贊詞則歸美于母也幢建於萬年縣滻川
鄉鄭村里長安志萬年縣不載此鄉里惟云滻水

在縣東北流四十里入渭又云長樂坡在縣東北
一十里卽滻水之西岸十道志曰舊名滻坂此題
云滻川鄉疑卽近長樂坡也

李君佐經幢
石高廣俱二尺二寸十八行行十九字至二十二字不等

佛頂尊勝陁羅尼呪

咸通七年二月十五日弟子李君佐建造

按此是方石一面與他幢不類無可附姑列于此

洪福寺經幢
幢已斷合之高六尺三寸七分八面面廣五寸三四分至七八分不等各六行行字數六十四五至七十四五不等行書在西安府

佛頂尊勝陁羅尼經

維咸通十年歲次己丑二月□丑朔九日丁酉左勒
先鋒兵馬使王□人奉爲
□□父母七代先靈建此□□幢神生淨土福延後
嗣

按幢題二月□丑朔初一字以下文九日丁酉推
之是己丑也稽之通鑑亦與此合

臥龍寺幢
石横廣三尺九寸高一尺六寸共四十二行每行約二十字正書在咸寧縣東南臥龍寺

千手千眼觀世音菩薩廣大圓滿無礙大悲心陁羅尼
呪

無量壽如來根本陁羅尼

阿彌陁心眞言

咸通十二年辛卯歲□次孟春□□□

□侍教法比丘洪惟

弟子王元諗

聞人銖等殘幢
幢高六尺闕本六面各廣七寸每面七行行字不計行書今在紹興府蕺山書院

佛頂尊勝陁羅尼經

右尊勝經幢在紹興府戒珠寺即王右軍別業也今
移置蕺山書院按嘉泰會稽志載有咸通十二年閒
人銖等造幢即此 錢泳跋

瑯琊王氏墓銘經幢

幢高二尺二寸三分八面面廣三寸二面墓銘餘六面陀羅尼呪每面三行行十七字至二十二字不等正書在西安府金勝寺

唐故瑯琊王氏夫人墓銘

夫人即故玉册官內供奉賜緋魚袋强瓊之妻公先歿
巳十五年葬在醴泉本鄉也夫人年七十七有子四人
女二人乾符元年十二月廿二日忽染膏荒之疾終肇
賢里弟三子一女先 令幼男女其二塋葬禮以三年
二月廿四日卜于祁村男側

佛頂尊勝陁羅尼呪

夫人中官强瓊妻也瓊名見梁守謙功德頌後銘後
刻佛頂尊勝經 關中金石記

右瑯琊王夫人墓銘在西安府崇仁寺題云墓銘實
與佛頂尊勝陁羅尼同刻一幢非埋于壙中者瑯琊
字古書多作琅邪此用唐人俗體夫人爲玉册官內
供奉强瓊之妻强氏見於史者惟宋强至及其子淵
明瓊任玉册官殆以鐫字供奉者歟文云忽染膏荒
之疾猶荒爲肓也 潛研堂金石文跋尾

李端符經幢

幢八面高六尺六寸五分每面廣一尺各九行行五十九字行書在無錫縣惠山寺

佛頂尊勝陁羅尼經 并序

白鹿山人李端符捨書奉報四 恩三有永充供養
善衆 君子建 尊勝幢因書長句
興寧沙門道朗
善往因來詣 法王七生業累獲銷亡還居忉利持章
句不逐天人戀色香波利一心嚌 佛祖文殊再遣往
西方今朝 國士雲幢立□智巍巍天地長

大唐乾符三年歲次丙申十一月甲戌朔廿二日乙
未建
都維那僧宏益 上座僧令從 寺主僧行忠 老
宿杜諫 都料郁□
直歲僧智宗
吳郡陸承鼎鐫字

楊万歲經幢

幢高六尺三寸八面每面廣五寸六分各六行行七十一至七十六字不等行書在洪福寺

佛頂尊勝陁羅尼經
乾符三年十二月一日建立

内故　供奉應　制賜紫金魚袋宏農郡楊万歲

牛頭寺經幢

幢高六尺六寸四分八面每面廣六寸六分各五行行五十二字正書在牛頭寺

佛頂尊勝陁羅尼呪

聖千手千眼觀世音自在菩薩摩訶薩廣大圓滿无㝵

礙大悲心陁羅尼真言

阿閦如來根本滅惡趣陁羅尼

淨口業真言

地藏菩薩破地獄真言

普賢菩薩滅罪真言

解多生寃結真言

文殊五髻真言

吉祥真言

佛頂尊勝大悲心及諸真言讚

京左街永報寺沙門詞浩述并書

妙覺出興　廣宏利濟　教演多途　開塁除礙　惟

其尊勝　三世佛心　能慈能惠　惟密惟深　其力

口大　其功頗徵　塵沾影覆　盡獲超昇　今之建

置　斯有所爲　資先考靈　冥遊永離　神棲淨剎

口口花口　三惡道閉　七覺路通　真空永入

幻有長祛　豈勞歷刼　便獲無餘

乾符六年歲次己亥二月辛酉朔十二日壬申孤子

宋口口奉爲　口口口口口建立

中書省鐫玉册口口口口口字

沙門歸肇書幢

幢高六尺八寸八面其廣四尺八寸首二面皆七行三四五面皆六行後面四行行七十三四五字不等正書

大興善口口口口口本

孤子楊口等伏爲

先考尚書　先妣蘭陵夫人敬立斯幢永薦　冥福

謹記。

大唐乾符六年八月一日東都天宮寺沙門歸肇書

畢

比邱宗肇經幢

幢止存上半高三尺八寸七分八面面廣九寸第一至第六面各九行行存三十八字書陀羅尼經第七八兩面各十行行存四十字書佛說阿弥陀經正書

佛頂尊勝陀羅尼經序

佛頂尊勝陀羅尼經

維大順口年二月八日比丘宗肇奉爲當院亡過先

師和尚十三下闕

佛說阿弥陁經

卧龍寺幢

幢殘缺存下半高三尺七寸八面各廣七寸每面十二行十三行不等行存八十餘字正書在咸寧縣卧龍寺

陁羅尼經

乾寧元年歲□□□□□□□日已未女弟子陳氏

建立

大馬村經幢

幢不知幾面今僅搨其末一面高七尺二寸廣二尺三寸漫滅已甚行字俱無考僅存咒語數十字正書

尊勝陁羅尼呪

□□院□主僧□岳三聖院主僧□顥

□□院主僧□明□□院主僧□文

□□□□□同□趙立助緣鹽醋

□□□□□□□□助緣□食

□□□　□　□　塘西人李□

按幢無建立年月末下角有題名五行髣髴存字如此其助緣鹽醋助緣□食等畫可辨大約是建幢時所助之食物也然他碑無此式

涇陽縣經幢

幢高八尺九寸六分八面各廣七寸五分每面八行行一百十至一百三十餘字不等正書在涇陽縣

佛頂尊勝陁羅尼經

皇甫賓經幢

幢上殘闕僅存高五尺八寸七分八面廣八寸七分分作兩截書上截各九行行約六十字下截各十行行十字或十一十二字不等經文正書記行書

佛頂尊勝陁羅尼經序

佛說下手千眼觀世音菩薩无礙大悲陁羅尼神呪

佛頂尊勝 闕下

□□□□隴西□□□

守眞□者繩繩用之□□□味禪悅者湯湯酌之而

雖□皦潔氷淨光映涅槃之山□泠玉華源流功德

之水上以灑甘露下以泛慈航拔乎□老病死拯乎

胎卵濕化則是我沙門雄猛大師法王□□金輪帝

孫淨飯王子者也□共超三界騰九天攝大地於爪

甲納須彌於毛孔引衆生於彼岸飭鶩三車照羣聾

於他方了開千眼於是闡無上道啓不二門□大雲

而羣山共滋霈法雨而□花皆潤般若根茂□□□

□□螻蟻菩提□□□□□於草木□□□□□

□之袤其□□□□□□京須開□□□□□

□□□衆敷實□□□□□□信誠龍女□□

□□□□□□八音雲王雨花馥芳□香□數里河

嶽爲之震動□□於爲悚怛將謂□會同其宜說佛
頂尊勝陀羅尼呪者也俾其病者愈凶者吉懸者惠
慮者實乾□婆之少遇已焚解脫之香□陀羅之作
闘更入慈悲之□質乎昆蟲啓蟄蠢勝將飛一聆稚
音生乎天垂劍乎嶽□香華稽首歸信祈無量壽國
登不死福□夫何難哉日者信厚居□安定皇甫公
王諱賓少年□長劍壯歲追酒徒聲如震雷材可扛
鼎言談多逐日之氣叱吒有千星之力又有太原□
長者□□池水登者附山意□太清志在禪闕其成
□□□□之原善哉吾未之追也□□□戰諸侯烏

飛白屋□□□□黔黎非罪而見戮良可□□□□碧
智慧劍劍煩惱絲□□□燈照無明室斷疑網而□
□洞解魔縛而覺路將開□□□而蓮花淨心持正
法而金石□體眞不內分忠孝之□外□□□之□
增□□□□□□□崩劫火□龍鳳字金玉文□□
五釆文氤氳須達長□□□東西□□皆頂謁百
福千□□祐□想滄波竭□□海自□□□□□□
相□□□□手拯羣生□□□□□□□誠空餘
□□□長
上闕歲在作噩□□□下闕

上闕□□皇甫賓下闕
前集賢□□
皇甫暉　劉景　趙諗　張顏　張□　□□□
張七娘　李康　皇甫元賓　□仙朝　張遊藝
邵婆　宋子瑤　張□　張重珪　張重秀

西明寺經幢

幢八面上截已殘缺僅高三尺七寸五分每面廣七寸五分或七寸八分不等各八行字數無考其讀與人名分上下兩截刻行書在西安府

尊勝陀羅尼經
上闕□□□□□□建立　□□□□羅尼幢

缺□今敬造□□列坐之次敘言□□□缺□□□□
□□上報　□□之恩下慚羣生缺　□□滑□□□
□□廊清風雨□□□缺□□□□□□讚曰
上闕□　□□□□　□天貞隆　庶靈趣□　□□
□缺□　□□□□　□□厥康　□茲億願　福
社無偏缺
缺□邑等□□□□□□□□□□□□宏□都尉
張□□
社官□元諒　社錄程贈　都勾當雜事□□　□
□□　盧琢　社□焦李良　李文政　吳維□

□□□　楊再□　□冂　袁興　韓仕除　□
□□□□　茹在遷　老宿田宗古　□□　李義
琳　□閏　嚴倩　田元深　劉□記　趙□□
劉文莅　張公甫　□元誠　杜省恭

按經文六面後二面有題名幢記書撰年月皆不可攷

香城寺經幢

幢八面刻今存五各高七尺六寸六分廣七寸字數不計正書在西安府

尊勝陁羅尼經

按末有清信男弟子張□美并眷屬梁氏造幢爲

經始末四行文已半泐不錄香城寺咸寧縣志在城内錢局創自石晉思遠禪師則在唐時尚未有寺安得建幢幢記不詳年月又無香城寺明文或係他處移來姑附于此

涇陽縣經幢

幢高七尺五寸三分八面每面廣八寸或六寸二分書或七行或八行行七十三字七十四字不等正書末銘序行書在涇陽縣

佛頂尊勝陁羅尼經序

尊勝陁羅尼寶幢銘并□

京兆進士張鍊撰

窮乎化源微之宄彼真理妙之本夫天宮寶幢持異諸相所以樹善除惡開愚解迷葢帝釋之能崇敵修羅克勝之置也然則秦都綺甸神皋奧區有縣曰涇之陽鄉曰仙之圃圃有店曰六渠史稱延韓數年之命爲秦萬世之利即此之謂矣矧此土惟沃壤俗阜英奇別有諄諄耆年兼諸信士爲其殘兒尚梗貧

我國恩常以錢鑄之餘乎相勸勉豈不能發大宏願上荅　休明爰立寶幢永資
皇祚仗佛威力殲厥渠魁偉千載之傳芳傳我里之盛事可不美矣曰然於是命工人琢奇石集衆妙飾

端儀俯長涇鎮逆旅突鄭渠之發地跨荊山以搴雲霞開於峭路之旁電纖於錦川之上震耀原隰草木增輝列大乘經文現彼寶相備陁羅尼教□是虛無暴慢者聞之肅恭往來者覩而愕眙軒騎讀過歷險無驚樵夫誦行履危不懼猶是水中鱗甲遇影而生天外零霧因風而蕩盡則知聖發慈力廣大莫量若非正真孰能幽贊利物而已亦不可以識識不可以智知則善住天子迺能證郵於戚□□者多利□者少曷此耆幼孰能達之曰有衆善寺大德沙門齊秀漢皇胄緒岱　代名僧衆皆揖之邀其集事又高

行僧元朗以律傳聖教文接儒流端居招提與秀同
舍雖不在位而能一心懿哉二公冥著能事三年夏
四月鍊頂自剃門機歸舊國因花宮問道遇元朗上
人或賦詩以相□或開經而了義旋則捻袂涉冬□又
逢請著斯文素非述者銘曰
高幡金項屹亭亭堅立不動千竅冥妙崇寶相載寶
經旁懸兎月挂鶏星路山帶原靜郊坰生天鱗甲自
花汀天長地久兮寒光轉青聖君壽福兮萬億千齡
按幢銘序云有縣曰涇之陽鄉曰仙之圃圃有店
曰六渠史稱延韓數年之命爲秦萬世之利云云

今攷長安志涇陽縣不見有仙圃鄉之名其曰六
渠稽之太平寰宇記有大白渠中白渠南白渠鄭
白二渠合之亦只五渠不知何者爲六渠也延韓
數年之命爲秦萬世之利卽指鄭國開渠事史記
鄭國鑿涇水自中山西邸瓠口爲渠陝西通志載
涇陽縣鄭國廟云韓使開渠疲秦秦覺欲殺國奏
曰渠一成誠萬世利也遂赦之後因建廟於洪口
堰語與幢合則六渠仙圃其蹟約畧在鄭白二渠
之間矣蓋涇水鄭白渠自古以爲利今數百年則
不然緣涇水濁濁而易汙故另引泉水以灌田詳

見王太岳涇渠志其畧云秦始皇帝元年作鄭國
渠漢武帝太始二年作白渠晉武帝太元二年
堅修鄭白渠唐高宗永徽二年修鄭白渠毀渠上
碾磑自是歷後周宋元代有修築其後渠日淺利
因以廢明憲宗成化元年作廣惠渠武宗正德十
一年作通濟渠有明一代治渠最勤江河日下堰
引日難隄防益勞決壞益速今昔之勢可以覩矣
本朝雍正五年修龍洞渠乾隆二年增治龍洞
渠堤始斷涇水疏泉溉田蓋龍洞卽廣惠渠自雍
正五年治渠渠中淤泥既去渠岸亦完至是益疏

濬龍洞固其隄防俾水皆輸田利可數倍且泉性
温冬不皸手甘澄宜稼歲又無耗竭永沐潤澤于
無窮矣因附其說于此俾覽者知　本朝疏濬灌
溉之功不得使鄭白專美于前云碑下文有殘兒
梗負國恩及三年夏四月之語不知何時之三年
而所稱殘兒亦不能確指其事衆善寺通志無考
沙門齊秀云漢皇胄緒則俗姓劉矣僧元朗能詩
亦無傳

法門寺經幢

幢高七尺四分七面每面廣七寸各
七行行六十五字正書在法門寺

尊勝陀羅尼經

慈恩寺經幢

幢殘缺僅存高一尺七寸八面面廣六寸六行每行存廿七八字不等正書在西安府

陀羅尼呪

開佛寺經幢

幢殘缺止存上截高二尺三寸八面面廣六寸三分各七行行存二十七字十八字不等行書在開佛寺

佛頂尊勝陀羅尼經

石鼓經幢

鼓已殘缺周圍現存高一丈八寸五分廣二尺八寸六十八行行存二十餘字行書在醴泉縣廣濟寺後

石鼓尊勝經

此以石爲鼓而週刻之其文尊勝經咒也書道健有法存者不能強半鼓下作石山山上作天王鬼神戴之斧鑿工甚奇在醴泉縣趙村廣濟寺後疑是唐初建寺時物寺僧不知護持鼓下爲涸倒可慨也石墨鐫華

按以上十幢俱無年月附於唐末

又按佛頂尊勝陀羅尼經前有序經中有呪開元釋敎錄雜呪總二十三首中有佛頂尊勝陀羅尼經一卷唐朝散郎杜行顗奉制譯出大周錄第一譯又佛頂尊勝陀羅尼經一卷唐罽賓沙門佛陀波利譯出大周錄第二譯又佛頂尊勝陀羅尼經

一卷或加呪字唐三藏義淨譯新編入錄第五譯又有佛頂最勝陀羅尼經一卷唐中天竺三藏地婆訶羅譯拾遺編入第二譯又最勝佛頂陁羅尼淨業障經一卷唐中天竺三藏地婆訶羅於東都再譯拾遺編入第四譯此五經皆同本異譯者蓋同名佛頂陀羅尼經而有尊勝最勝之別且入於雜呪而仍謂之經可知呪即依經而立者也今所見諸幢皆刻尊勝無刻最勝者是尊勝經之行世更盛于最勝矣法苑珠林有云如是不思議清淨功德聚成就佛身是故如來於天人中最爲尊勝此最勝尊勝之同義也翻譯名義集陀羅尼秦言能持集種種善法能持令不散不失譬如好器盛水水不漏散惡不善根心生能遮令不生若欲作惡罪時持令不作是名陀羅尼肇翻總持謂持善不失持惡不生又翻遮持輔行云體遮三惑性持三智熏聞云遮二邊之惡持中道之善此從慧性立名闡義云陀羅尼是梵語呪字是華言呪願也此陀羅尼呪之義也林野僧昔頁曰尊勝者佛也陀羅尼者法也敬知佛法高妙最勝最尊四生不測其源三天罔覩其相勝妙無極將喻佛頂也此

則佛頂尊勝陀羅尼之總義也王氏圻續文獻通考釋家總紀引白傳集曰壞罪集福淨一切惡者莫尊於佛頂尊勝陀羅尼經凡三千二十言此尊勝經之字數也攷今現行刻本藏經莫字函內第四册有陀羅尼經三卷一是佛頂最勝陀羅尼經乃中天竺三藏法師地婆訶羅所譯即開元錄中拾遺編入第二譯者永淳元年五月宏福寺沙門彥悰爲序序稱儀鳳四年正月五日朝散郎行鴻臚寺典客令杜行顗與寧遠將軍度婆等奉詔譯進時有廟諱國諱皆隱而避之上謂不須避諱奉詔以正

屬有故而寢焉無幾勅中天竺法師地婆訶羅於東西二京太原宏福寺等傳譯法寶而杜每充其選花再之間此君長逝余因請沙門道成等十八屈天竺法師再詳幽趣臨文不諱云云此最勝經之原委也一是佛頂尊勝陀羅尼經有二譯本各一卷一爲朝散郎杜行顗譯者無序一爲罽賓沙門佛陀波利所譯即開元錄中所謂出大周錄第一譯第二譯者其佛陀波利譯本有永昌元年八月定覺寺沙門志靜序今各幢中所刻經呪與序皆用此本志靜序畧云婆羅門僧佛陀波利儀鳳

元年從西國來到五臺山求見文殊師利見一老人謂僧曰漢地衆生多造罪業出家之輩亦多犯戒律唯有佛頂尊勝陀羅尼經能滅除惡業師可却回西國取此經來流傳漢土僧迴還西國取經至永淳二年迴至西京具以上事聞奏帝將其本入內請日照三藏法師及勅司賓寺典客令杜行顗等共譯此經勅施僧絹三十疋其經本禁在內不出其僧悲泣請還流行帝遂留翻得之經還僧梵本將向西明寺訪得解善梵語漢僧順貞奏共翻譯今前後翻兩本並流行於世小小語有不同

至垂拱三年定覺寺主僧志靜在魏國東寺親見日照三藏法師諮受神呪法師於是口宣梵音經二七日句句委授是足梵音一無差失仍更取舊翻梵本勘校所有脫錯悉皆改定其呪初注云最後別翻者是也其呪句稍異於杜令所翻者其新呪改定不錯并注其音訖至永昌元年八月於大敬愛寺見西明寺上座澄法師及翻經僧順貞見在西明寺此經救拔幽顯最不可思議云云此尊勝經之原委也据志靜序則是初譯經者爲杜行顗後譯者爲順貞長受呪者爲日照與志靜也經

自永淳二年入中土閗奏大帝尚是高宗時事至垂拱三年志靜受呪是天后時事其彥悰序則云儀鳳四年正月杜行顗與度婆等譯進其時佛陁波利尚未攜經入中土也彥悰序與志靜不同者如此若彥悰爲最勝經作序何應與尊勝不同然兩經則又相同也且杜行顗所翻不知因何禁在內不出當佛陁波利悲泣請還時因何不將譯本付僧又令僧以梵本另自翻譯此疑不能明矣開元錄以兩經皆出於大周錄則皆是天后時所發出流行者終高宗之世未嘗出也天后以天授元

年改號爲周大周錄當即編於是時又在志靜受呪之後三年經中有晝寫安高幢及序有救拔幽顯不可思議之語是以唐時尊勝經幢徧滿諸道就昶所得六十餘種其中大率刻呪者多兼刻經序者少而陁羅尼呪或兼及大悲呪及心經据開元釋教錄摩訶般若波羅蜜多心經與十一面觀世音神呪經同在陁羅尼集經十二卷中故可與陁羅尼經並建亦可同謂之經幢也大悲心大陁羅尼神妙章句與尊勝又別爲一種蓋尊勝佛爲善住天子而說大悲心則觀世音對佛所說其中皆佛菩薩阿羅漢帝釋鬼神之名惟趙孟頫書此呪每句皆繪其像人始得見而知之故經翻而呪不翻釋家以經爲顯教以陁羅尼爲密教則尊勝亦猶是也大悲心陁羅尼本以納蘭成德屬吳召謙所刻者最佳附記于此諸幢刻經既無多聞有存者取與大藏佛陁波利譯本互校小有字句不同即呪中音切亦多小異蓋五印度國地方數千里梵音各别恭讀定同文韻統所列大藏經字母同異譜如天竺字母而外則有伽婆羅譯師利問經不空譯文殊問經金剛頂經竺曇摩羅察譯光讚般若經無羅叉譯放光般若經鳩摩羅什譯摩訶般若經元奘譯大般若經佛馱跋陀羅及實叉難陁地婆訶羅不空般若所譯華嚴經皆互有同異且讀經呪取音復有

二合三合四合之不同譯以華言方音流别甚字母繁多反切殊異遂至參差而不能一也錢塘厲侍御庭鈞云近代僧家施食所誦尊勝呪出明永樂仁皇后夢感經僧祩宏云夢感僞經不可信茲編所錄以有天后新改字者定爲天后時刻列天后朝之末而以下諸幢亦即倂合爲卷不復分年編次俾覽者得連類及之凡名幢之有人地官名可資考證者仍分析詳于各幢而總述其原委於卷末下及五代數幢則分繫各代不連及云

金石萃編卷六十七終

金石萃編卷六十八

賜進士出身　誥授光祿大夫刑部右侍郎加七級王昶譔

唐二十八

鄭仁愷碑

碑已斷僅存上半截高三尺五寸廣三尺二十三行每行字數無考正書

唐故密亳二州刺史贈安州都督□□碑并序

通議大夫行國子司業兼修缺

公諱仁愷字仁愷鄭者宗周之折內國宣王封其弟□
於咸林以國爲姓京兆□其都□至下缺南新□是故今
爲滎陽人我武公父子代爲周司徒詩人美之其詩曰

□□之宜子弊予又下缺清風流於四海盛德□於百代
嚮爲天下甲族搢紳士大夫靡然到今猶□□□宗鄉
□□下缺倉曹武泉郡大守父宏諒隨安定郡法曹並列
爲君子之林稱爲英俊之□□□□□□□下缺子公毀
淳耀滋㶟液因地美而芝蘭生受天真而松栢茂□□
□□□□□□□□□□□下缺□既亂離而瘼矣禮樂
逃散爭攜持而去之　聖唐載造區夏削平宇宙□
道焚林求□下缺主衛漢邪與鄒枚並遊□圍與應劉方
爲轉豳州三水同州蒲城二縣令君述職二城□□下缺
桒不之食□米無所□□□望風□□□□□聞名而

自化秩滿遷萊州刺史是時也□□下缺成之不日望之
如雲□□□□□□□□□以西徙□虞邀奇爲重
□□□授公□□□下缺高宗升中岱岳預陪□□□□
□□□□□□□□□州□史□□□□瓔□□
□□□下缺城邑洞開閬閭對出□□□□□□□□
□□□□授使持節□州□軍事□□□□□下缺史傳
車駢駕鼓吹旌旗故人不敢私見□□□□□□□□
□□□□□國爾□□□□□下缺辭榮秩　優制許
焉從高志也婆娑田□□傷九墳始□□而□□□□
□□□□□□下缺有六鳴呼哀哉惟公五山之精六金

之英□□所成剸鍾無聲生而異狀□而□□□□□
下缺酌而罔竭延頸者日有所得傾耳者□有所聞節於
□已□於濟物四踐□□二登□□□下缺全耳目逸形
神□然體命油然合道彼蒼不仁殲我明哲□□□□
□其□□一□与□□下缺州辭驥足及野送龍轜纏墓
百城行淹一紀昔年草萊間桃李□□□□□□□□
□□□下缺祠來田且變廣祈時彥奉讚徽音乃建豐碑
式揚清德其碑□□□□□□□□□□□□下缺人吏
隔於存亡仍崇頌記雖周人緬懷於郃伯未□過□□
□□□□□□□□□□□□下缺刺史　皇朝贈徐

州都督臨淄定公之孫太尉□□□□□□□□□□
□□□□□下缺之餘時與參謀政事及御車有典結
鏡言歸芬若□□□□□□□□□□□□
下缺哀毀踰禮乃表奏男智度女光嚴出家以申追福□
□□□□□□□□□□□□□下缺覃錫類之恩
特降洎榮之寵神龍二年二月一日　制□□□□
□□□□□□□□下缺於千載有子十八人長曰愛客
萬州刺史贈□州刺史□□□□□□□□□□□
□□□下缺京懿德寺僧次子固忠定豁許三州刺史少
府少□□□□□□□□□□□部侍郎次子下缺飛讀

先聖之文行諸侯之孝潘中郎之茹□顧慕修□□內
史□□□□□□□□□□下缺作銘曰
大哉宣后詩歌中興武公載德緇衣是稱乃作卿士良
哉股肱玉鉉金幹□□□□□德必□下缺廟之寶社稷
之臣其二肅肅端士宦成兩宮英英時彥□□□同舞□
□□□□□□太亡□□下缺□東來白環西暨其四按節
海沂分符譙沛明明良牧帝庭稱最□□□□□□
□□□□□下缺悲夢奠忽愴楹書其六漢封樂毅周祀庭
堅皇矣　聖作睿德□賢昭□□□□□□□□
下缺家兮忠于國人之英兮士之則米馬南子鼙武北日

騎騎子□□□□下缺

賈門姜氏女造像記

記高一尺八寸廣九寸五分八行行十一字或十二字正書

神龍二年七月七日淸信女賈門姜爲妾夫鉅野將軍
李□苟造石像一區高六尺廣一尺願捨身存形長隨
三保□□□龍花樹下三會說法所願□□□□□
脫若有人毀壞之者□銘自□□□

聖容寺碑像記

記刻於座上橫廣三尺一寸五分高四寸共五十三行行三字至六字不等正書

神龍二年十月三日灑掃僧舍於家和頓進□聖容寺

額至十二月五日　勅依所請置寺仍度七僧
灑掃王福延
登士郎段□丘　文林郎楊丘　柱國孟師□　感
妻吳大娘　感男仏奴　感女花□　安守　□□
前仙掌縣令王瀕妻于三娘　女六娘　女七娘
男寺家奴
菩薩主成敬宗并妻張　趙毅妻吳　程廉母李
女人□法雲　尹思崇　員文悊　大女嚴　麻明
俊　員優曇　女劉等慈　女員神妃　女鄭淨光
常祖妻楊　谷渾達妻常　王晉妻尚　劉神惠

大女張訓　王儉妻楊　女王容口　女八上妙
定　地主任口　女楊媛兒　大女尹　楊雲妻張
大女張口　口虔育　口妹子　清信女姚　吳
貞母王　楊大娘　王八娘　口菩薩主任　衛州
叅軍張大謙妻董法力

識法師頌盧公清德文

碑高九尺一寸廣四尺八寸五分三十四行行六十一字隸書在滎陽

大唐洛州滎陽縣頭陁逸僧識法師上頌　聖主中興
得賢令盧公清德之文并序
前中書舍人內供奉劉穆之製

瑯琊王守口書
粵允矣於昭　聖唐天子中興拓跡開統迺建皇
極握乾符驅駕百靈揔齊萬類貴與天乎比壽富與地
乎侔資日月迴薄以淑清告象陰陽變通以樂和乘氣
龍不隱德鳳不潛靈懷生之徒很著之物咸遂其性固
能使河兼靜黙宇宙文明舊物惟新　昌圖啓旦
大定禮樂戢藏干戈人學而還淳刑措而不用覆燾之
恩溥生育之理足於是邑老田父擊壤而歌張
掖而儛顧而爲頌曰康哉堂哉迺聖迺神代有非常之
主必有非常之臣非常者所謂口尤桀出與時偕
運則我賢令盧公其人焉古曰聖主得賢臣今見之矣
百里令長親人之要者也煩劇所鍾賢良是責故有四
科堂室孔甫稱乎冉求三國股肱趙武知乎邢伯應星
雷而鎮風雨類父母而若神明鄭産之開喻獲禽曾恭
之垂仁及獸循聲流於簡牘良政在於歌謠斯焉取斯
之子之遠若乃振英風於上國宣懿範於中都允升大
猷厥有成績休光終不圍盛德莫與京觀其化焉則盧
公之心可知矣公名正道字眞筍范陽人昔元年景辰
上帝甄其九萬正月甲子太公課其八百漢祖以同日
相愛利建藩維魏祖以餘風可嘉聿推楨幹或淸虛而

循禮典早識張華或文思而發詩書深知越石曾祖昌
衡隨金州刺史儀同三司太子左庶子風神瀞雅經史
該博宣六察而馳熊軾翊三善而列鳳條德爲人表行
士則祖賓素隨晉州別駕有禮有法于紀于綱得管輅
之淸談發王祥之雅詠考安壽　皇朝朝散大夫
襄州司馬綿州長史蘭芬桂柴月鑒霜明珠泉則洗櫝
擅奇玉巘則題輿獨化公五行秀氣五色淳光忠口恭
懿以立身孝敬溫良以行己涵珠孕璧懸闕澤之高名
舞栢吟松動嵇康之逸韻文史足用方朔之言有徵器
宇雅量叔則之才可觀解褐調爲冀州信都口口澥轉

絳州太平縣丞長河之間彼汾之曲朱紱理劇黃綬安
甲鵠漸于磐鸞遷于木　勑授陝州司士叅軍又
改汴州浚儀縣令佐禮帷於陝服式允清嚴綰銅墨於
梁城克敷恩信　我皇紹膺丕業嗣守珍期明一
之徽号聿崇凡百之榮階式叙神龍元年　制加
朝散大夫門上例也居無何　制爲洛州新安縣
令又改滎陽縣令爾其索亭舊邑滎澤奧區郊連北制
地接東里上躔鶉火畗控成臯州則帶河泝洛洪漕
則通江達綏五方雲湊公縣私奔百族星稠遨時軼利
盤根錯節允屬於升卿先教後刑必推於季子公下鼻

鳥用牛刀承天理人以居其職尊五屏四以制其範開
道途焉設堤防焉陳之以禮樂導之以德義宣柔嘉恤
孤寡去末返本利用厚生至爲齊濟庠塾莘莘冠屨王
渙之勸率佐吏范甯之惠養生徒人識廉讓之儀口行
俎豆之禮其崇學有如此者能蹤促務馬骨攘災就稽
占於五星納稼詳於十月子奇之鑄器童恢之易牛其
勸農有如此者持寬濟猛以禮代刑兩造盡其根源五
聽窮其詞色穿窬自息譎詐不行歸過臟之囚原復讐
之罪桴鼓罕施於道路桎梏無用於狴牢其政令有如
此者貞年巡戶定賦徵傜情爲必探高卑咸若心同懸

鏡自辯妍蚩手類持衡不差輕重其平直有如此者果
行育德循己正身徐邈之有常口奮之無潤冰壺載潔
塵甑自空其清白有如此者入其境則田疇盡墾草萊
盡闢此恭敬以信故其人盡力也入其邑則墻屋甚完
樹木甚茂此忠信以寬故其人不偷也至其庭府吏甚
清閑諸下用命此明察以斷故其政不擾也可謂季路
爲宰復在於斯任人以逸從善如流耳目平而心氣和
四支全而百工理父事三人以教孝兄事五人以教悌
可謂子賤爲宰復在于斯固以得良吏之要津行古人
之至道頃者年穀不登時雨未降　聖皇減大官

之膳出幽圄之囚是歌雲漢之詩式備山川之禱恐一
物之失所慮百姓之阻飢徙有之無遂起泛舟之役賑
貧救乏爰行發廩之施公上疏　麟澤下磬丹誠家
到戶至裒多益寡優之柔之撫之育之里詠途歌人安
俗泰雖雲行載沐旋符以夜之期而風教特隆實荷如
春之德導揚庶美字育羣吐惠化所以周洽風流所以
藉甚豈直王譚在職時與号其無雙張既臨官京輔稱
其第一而已河南道巡察使衛州司馬路敬潛以政術
尤異奏聞使乎使乎得其人矣是知韓稜之飛章已奏
徵入有期焦貢之行雨載馳願留難遂丞馬擾主薄解

伯宗尉高賁司馬貽道等並千將軍寶新甫貞柯道可濟將位不充量溟海鄧鯤鵬所化枳棘非鸞鳳所栖翊贊君方聲華有裕望逸驥而將遠撫韶櫝以增傷孤我德而無鄰勞我思而無極爰有等慈寺頭陁逸僧識法師俗姓來氏漢丞相之後秀也天稟聰偉生而俊奇發願爲　國敬造阿彌陁石碑像并頌　聖德及鑄神鍾鄉人前巴州會口縣尉劉虔獎錄事王處福常守一佐史里正等或簪纓著族夙勞州郡之班或仁義在躬甕屈鄉閭之任耕田鑿井遭　聖主之休明孝道忠規受君子之名教以爲叫　丹闕而一借未達由

吏樹翠碣而長懸方存相質惠我無疆之澤徽烈允光思君不樂之情德音何已殷溝作頌文在茲乎其詞曰

大地山河中天朝市玉帛萬國子男百里惟奈之亭惟京之水膴膴原隰森森杞梓其一粵茲撫字須彼仁賢俗之化者君之寔焉操我利器亭我小鮮聞歌下邑舞合重泉其二其政不嚴其儀不忒秩秩詩禮光光道德爰務耕桑罕施徽纆無偏無黨有典有則其三鳴琴密賤花發潘仁倖唯討日□乃生春視人如子臨事若神犭鷹坐化瑞雉行馴其四自冬徂春密雲不雨曲降　絲綍載傾赦庚沐蘭奠桂救貧濟窶旋感月離方期歲取其五祝良何德汲黯何功達望千載寧踰一□既流膏雨克播循風聲聞于外化協于中其六鳳使裁揚騏途攸展芳猷無絶甘棠勿剪式紀清芬爰憑翠篆歌詠不足聊稱其善

神龍三年歲次丁未五月戊戌朔八日己巳建

李□節刻字

碑文甚縣麗可頌云身有成績以代厥字頌云琴鳴密賤以代宓字主簿字作蒲漢碑皆如此可証孟子先簿正祭器之即薄也正道官至鄂州刺史葬在洛陽許家營開元間李邕爲書神道碑今存史不載在

良吏傳何也劉穆之見寶刻類編有長安三年劉惲造七寶阿彌陀像記是其書撰云在京兆今未見中州金石記

時中宗方復位碑故題中興而以頭陀逸僧冠於其首殊爲非理此碑與聞喜長韓仁碑俱在滎陽縣儀門蛾術編

按碑題瑯琊王守□書沏其名一字金石文字記載雲居寺山頂石浮圖後記開元二十八年莫州吏部常選王守泰行書此碑下距書雲居寺碑計三十三年疑即王守泰壯年所書故不署官位也

文云昔元年景辰上帝甄其九萬此語未詳考自周以前元年之值丙辰歲者惟商王祖庚記以備考下云正月甲子太公謀其八百似謂盧氏出於姜姓齊太公之後也曰漢祖以同日相愛利建藩維謂漢之盧綰與高祖同里同日生高祖起沛綰以客從入漢爲將軍擊破臧荼乃立爲燕王曰魏祖以餘風可嘉聿推禎餘謂三國盧毓乃植之子仕魏至吏部尚書封容成侯曰或淸虛而循典禮早識張華或文思而發詩書深知越石似指晉之盧欽盧諶皆正道先世也曰曾祖昌衡隨金州刺

史儀同三司太子左庶子昌衡隋書附盧思道傳云字子均小字龍子工草行書與從弟思道小字釋奴俱稱英妙幽州爲之語曰盧家千里釋奴龍子年十七魏濟陰王元暉業召補太尉參軍事兼外兵參軍齊氏受禪歷平恩令太子舍人遷尚書金部郎周武帝平齊授司玉中士隋開皇初拜尚書祠部侍郎歲餘遷金州刺史仁壽中奉詔持節爲河南道巡省大使稱旨授儀同三司乞骸骨大業初徵爲太子左庶子子寶素寶允碑云祖寶素隨晉州別駕考安壽皇朝朝散大夫襄州司馬綰

州長史唐書宰相世系表寶素隋澤州內部長晉州別駕安壽絳州長史碑與表互有詳畧碑云神龍元年制以公爲洛州新安縣令又改滎陽縣令河南道巡察使衛州司馬路敬潛以政術尤異奏聞唐書路敬潛附路敬淳傳但云歷懷州錄事參軍坐事繫獄免死後爲遂安令久之遷衛令位中書舍人不云其爲河南道巡察使衛州司馬考巡察使之置在中宗神龍二年勅左右臺內外五品以上官識理通明無屈撓者二十人分爲十道巡察使二周年一替以廉按州郡語見文獻通考時

路敬潛爲衛州司馬正從五品下蓋以外官應巡察之命然則敬潛之品望可知可以補路傳之畧也此碑陽刻景龍元年十月十七日賜洛州滎陽縣令盧正道勅云贈卿祿秩以褒善政事在路敬潛奏聞之後但云贈祿秩不知遷何官殆世系表所稱鄂州刺史即由是而遷歟碑題洛州滎陽縣唐書地理志鄭州滎陽縣天授二年析置武泰縣隸洛州尋省更滎陽曰武泰萬歲通天元年復爲滎陽又別置武泰縣二年省更滎陽曰武泰神龍元年復故名二年來屬所謂來屬者自洛州來屬

鄭州也然志作神龍二年來屬而碑于三年猶題洛州滎陽則志或譌也識法師爲滎陽等慈寺僧檢河南通志滎陽縣不載等慈寺故無考等慈寺有碑已見前文云德爲人表行士則行士則句脫一字

盧正道勑

勑刻清德文碑陽六行行十一字正書

皇帝問洛州滎陽縣令盧正道卿才行早著清白有聞夙夜在公課最居首使車昇獎朕甚嘉之今賜卿穌秩以褒善政勉勗終始無替嘉聲

景龍元年十月十七日

宰相世系表正道鄂州刺史今洛陽許家營有鄂州刺史盧府君神道碑云除洛州新安宰以犯諱吏滎陽又云璽書是降又云勉勗終始無替嘉聲即謂此勑也正道生有美政至今葬處猶賴碑碣可以考知其祖父兄弟名具見世系表中州金石記

勑字大徑五寸餘碑陰刻盧公清德文蓋當神龍三年五月至八月改元後又降勑褒美按正道官至鄂州刺史見唐書宰相世系表今洛陽亦有正道神道碑予叅以此勑碑陰所記正道釋褐爲冀州信都主簿轉絳州太平縣丞授陜州司士叅軍改汴州浚儀

縣令爲洛州新安縣令又改滎陽縣令歿神道碑出除洛州新安宰以犯家諱吏缺則新安未嘗之官遂改任滎陽也正道歷官始末可紀惜不爲立傳次於良吏猶幸得此勑爲之著其跡也授堂金石跋

按正道以循吏得名至于下勑褒美兩唐書已不爲立傳而河南省府志循吏傳內亦不載其人志書弇陋疏略皆如此可一嘅也書此以警世之作志傳者所當詳求博攷也

口部將軍功德記

碑高四尺五寸廣三尺七寸十八行行三十一字隸書郭謙光一行篆書在太原縣天龍寺後

大唐口部將軍功德記

郭謙光文及書

咨故天龍寺者兆基有齊替虖隋季蓋救理歸寂載宅茲山之奧龕室千萬彌亘崖𡵓因广增修世濟其美夫其峯巒岌嶪丹翠含赮灌木蕭森溫泉瞖沸或叫而合壑詭譎者則叅虛之秀麗也雖緇徒久曠禪廡荒閴而遵種德者陟降遐險固無虛月焉大唐天兵中軍副使右金吾衛將軍上柱國遵化郡開國公口部珣本枝東海世食舊德相虞不職之奇族行　太上慎邦山余載格歷官內外以貞勤騾從天兵重鎮實佐中軍子神

龍二年三月與內子樂浪郡夫人黑齒氏即大將軍燕
公之中女也濟京陵越巨壑出入　次宮莘攀楚蔓再休
再咽酒脣夫淨域焉於是接足禮巳御仕一面瞻覲口
歷嶽未曾有相與俱時發純誓博施財具富以口上
奉爲　　先尊及見存姻族敬造三世佛像并諸賢聖
刻彫口相百口莊嚴冀藉勝因圓資居往暨三年八月
功斯畢焉夫作而不記非盛德也遵化公資孝爲忠口
義而勇顯領以國蹇遵匪躬德立口行事時禮順塞既
清只人亦寧只大蒐之隟且闕三乘然則居業定功於
斯爲盛光昭將軍之令德可不務虖故刻此樂石以旌

厥問其詞曰
口鑠明德卯終至而忠信孝敬元亨利而摠戎衛服要
荒謐而乘緣詣覺歸口口口
大唐景龍元年歲在鶉首十月乙丑朔十八日口午
建
缺部選宣德郎昕　次子吏部選上柱國暕　次子
上口口口　次子掾兵部選仲容　公壻天口口軍
摠管口義
今在太原縣天龍寺後將軍名珣其氏曰口部而部
上闕一字官至天兵中軍副使右金吾衛將軍上柱
國開國公與其夫人黑齒氏造像之記其文曰本支
京海世食舊德相虞不臘之奇族行太上懷邦由余
載格蕃蕃將之歸唐者也金石文字記
右口部將軍功德記唐時并州置天兵軍口部珣以
右金吾衛將軍爲天兵中軍副使因造三世佛像於
太原之天龍寺碑文八分書而首行郭謙光文及書
六字則篆書金石文字記闕謙光之名今據石本補
之珣妻黑齒氏燕國公常之之中女常之百濟西部
人而此碑亦有本枝東海之語金石文字記作京海誤疑珣亦
系出百濟與常之同降唐者爾碑末題景龍元年歲

在鶉首鶉首於十二次爲未是年太歲在丁未也潛研堂金石文跋尾
按此碑前題郭謙光文及書獨用篆字而文則隸
書體之異者也文云與內子樂浪郡夫人黑齒氏
撰文人稱人之妻曰內子亦尠見此碑末行記其
子又及其壻亦與他碑異例黑齒氏爲百濟複姓
唐書諸夷蕃將傳有黑齒常之爲百濟西部人是
高宗平百濟後歸朝者夫人其中女也

法琬法師碑

碑高五尺二寸廣三尺共三十行每行五十四字正書額題大唐故比丘尼法琬碑九字篆書今在西安

大唐□□寺故比丘尼法琬法師碑
靈安寺沙門承遠撰
左衛翊壹府翊彭城劉欽旦書
若夫瑤水之濱歌白雲而長往玉臺之上乘綵霞而不
還敬美布鬬門之規斑姬光中禁之□□□□蔡差
異轍猶且播芳敬於□□□賁於紫書豈如關八正
門去塵離俗入三乘藏錦深致遠榆機於愛河之水傳
燈於昏衢之地見之於法師矣法師諱法琬俗姓李□
□□□道人也　　應天神龍皇帝之三從姑焉原

夫馬喙高业彰白雲之茂祉神光函谷表紫氣之仙望
清風眇乎中古大命集乎□□　　高祖　　景
皇帝道出鱗皇功高羽帝牢籠天地運日月而撫陰陽
彌歷山川馳黎甿而濟仁壽曾祖故鄭王亮謚曰孝威
泚別派□□□枝乾垂帝子之星坤列天孫之嶽刻舟
摽智岐嶷已稱毀齒擢奇仁心早茂由是榮開朱邸寵
盛綠車豐冠蓋之遊列山河之郡祖神□□□空荊楊
并三州大都督上柱國襄邑王謚曰恭嶺漢天人紫微
帝系大禹以能平水土式叶帝命茂先以該博知名允
諧時望惟揚奧壤□□雄蕃地枕荊門郊通汝海張良

蓋而莪舉褰彤襜而督察去思來晚德化長流五袴兩
岐吡謠式著九江士女既聞□□之詠三晉人吏還□
戢兵之曲父德懋故金紫光祿大夫少府監宗正卿兵
部尚書上柱國臨川公謚曰孝簡列公侯地隆勳戚天
分斗極□□喉舌之榮地括□海仍受股肱之寄法師
生積善之門誕爲賢之室風神外朗慧敏內融幼懷俗
髮之因固拒結褵之義臨川公寢苦在疚風樹銜哀莫
申罔極之心徒結无窮之痛去永徽六年襄邑王薨其
年奉爲亡父捨所愛之女請度出家　　皇上
以孝道所弼諒資於冥福誠心克著□展於香緣奉

勑出家時年十有三也并度家人三七並以
充師第子法師即隨故吳國公尉綱之外孫其寺吳公
之本置也余□黃金布地尚擬須□之園白鵠成林即
是菩提之樹日宮月殿無晦無明蓮座花臺長春長夏
法師別置一院以修道焉苦行精心與冰霜而彌厲戒
範禪結將竹栢而逾貞地迺護珠人惟杖錫故得禪枝
日茂覺藥年芳忍鎧橫霜銛鋒穎而無極戒珠含月射
光芒而自遠至若貫花散花之典滿偈半偈之經莫不
吞若胷臆如抵諸掌至迺論堂霞闕曳祇成陰法幢聳
懸飛錫連影入同竹葦衆若稻麻法師明鏡何塵共鏡

竹抑流言泉於玉吻鷲思風於牙扇剖疑析滯虛往實
歸固以馨華鍊腹德高巢□檀林擢秀蓮苑騰芳益廱
門之棟梁緇徒之領袖矣方冀濟足援手長宏六度之
津覃思研精永啓四禪之鍵豈謂隙駒易往藤鼠難留
若東魯之山頹類西州之石折教在運往感息化窮智
炬由是淪暉堅林以之變色以垂拱四年歲次戊子九
月己酉朔日遷神于□□寺春秋卌有九惟法師襟神
雅正操履堅明道在則尊德高爲貴法堂宴坐心可降
魔梵宇經行影能馴鴿高行鄰於初地雅譽重於診天
成惟周拯志尚高蹈至於六時清梵想魚嶺而騰音五

夜馴行候鯨鐘而肅慮楷模梵衆雪凜冰清導揚聾俗
雲歸海赴清徒仰教未極飆風迅景不留奄隨泡露尼
仙悟迦毗郎法師之姪女也義均猶子思承上足貞心
雪皎慧性霜凝陶善誘而日深沐慈風而歲遠悲法眼
之淪照痛禪宇之摧梁粤以景龍三年歲次己酉正月
己未朔十五日癸酉　勑起塔于雍州長安縣之神禾
原禮也崇搆岧嶤前臨黃嶠之曲層基□護却枕青城
之隅草凄晨而䕺露啼樹肅夜而松風起以爲天長地
久日月所以修環露往霜來陵谷以之遷貿昔武成之
□勑徽範於貞碑竟陵之妃昭媛德於豐碣刻乎道高

龍爲德經鵷鷺契無三之妙□入不二之元樞豈可相
質無聞受辛莫紀敢勒清風之頌庶流終古之德其銘
曰
鶴林西廢僞教東延邈矣年祀英靈罕傳挺生明慧惟
我師焉白雲凝祉紫氣浮天　皇宗赫弈　帝緒蟬聯
誕乎令譽克嗣先賢聚沙之日救蟻之年仁心夙表慧
性俄堅方釋塵累遂託良緣心清鏡徹戒潔珠圓精誠
苦行雪凜冰鮮三乘洞曉九部咸甄時臨講肆亟陟香
筵鵷鷺雜遝龍象駢闐一楊辯囿幾沐言泉法門棟宇
覺海舟船四虵詎息二鼠俄遷輔仁莫驗與善徒□式

建高塔爰臨古阡南瞻豹巘北瞰龍川桑榆落日松檟
生煙山風四起隴月孤懸一銘芬烈三變桑田
景龍三年歲次己酉五月十日比丘尼仙悟迦毗等
建
右碑題云大唐故比邱尼法琬法師碑按碑法師諱
法琬神龍皇帝之三從姑鄭王亮之曾孫史稱鄭王
元懿爲小鄭王又曰惠鄭王以别于𠛬亮之子孫皆
有諡而無傳法琬奉勑爲尼創建祠宇又剃度女僧
三七爲弟子歿則銘碑垂後唐之佞佛此爲尤異錄
之以示一慨碑有天分升應極升應是斗漢隸升升

二字易訛故正書改升爲廾至唐承襲已久不應如此之謬也金石錄補

此碑於數歲前土人鬻於市匠人方磨爲别用咸寧令柳君見之移於碑林按唐史襄邑恭王諱神符贈司空今碑内神字下缺二字當是符字又稱神符贈荆州都督今碑稱荆揚并三州大都督又德懋附見神符傳第云官少府監臨川郡公餘官及謚俱不載皆史之缺誤也德懋捨女爲尼爲親資福誠思孝也其謚曰孝有以夫雍州金石記

右法琬法師碑法琬中宗之三從姑太祖景皇帝之

元孫女也父臨川公德懋嘗官宗正卿兵部尚書謚曰孝皆史所不載史稱永徽二年襄邑王神符薨而碑云六年薨與史不合據碑法琬以襄邑王薨之歲奏請出家時年十有三垂拱四年卒春秋卌有九今以永徽六年年十有三推之祇四十六歲耳竊意神符薨于永徽二年史文未必誤其年德懋請捨所愛女爲亡父祈福奉勑聽許而法琬之出家則在其明年年始十三也碑以二年爲六年特書者之誤而碑爲左衛翊壹府翊衛劉欽旦書翊一府者五府之一以壹代一唐時公牒已多用之矣潛研堂金石文跋尾

碑云法師即隨故吳國公尉遲綱之外孫尉遲綱以天和四年卒去周亡尚十三年當言周而言隋者僧人之筆不可以言國家之事也蛾術編

按碑云法師即隨故吳國公尉綱之外孫其寺吳公之本置也攷長安志嘉會坊西南隅褒義寺本隋太保吳武公尉遲剛宅初剛兄迥置妙象寺于故都城中移都後剛捨宅立寺名褒義材木皆舊寺者似即此碑所云吳公之本置也北周書有尉遲綱傳綱字婆羅蜀國公迥之弟也以迎魏孝武功拜殿中將軍大統元年授帳内都督討李泥破

竇泰以功封廣宗縣伯進爵爲公拜平遠將軍步兵校尉累遷驃騎大將軍開府儀同三司加侍中進爵昌平郡公魏帝廢立齊王仍以綱爲中領軍總宿衛周世宗即位進位柱國大將軍武成元年進封吳國公累拜少傅授大司空出爲陝州刺史天和四年薨于京師謚曰武是尉遲綱疑即長安志之尉遲剛而薨于周時未嘗入隋長安志誤也然則碑題尉綱當即尉遲綱寺名缺泐是褒義寺也後云勑起塔于雍州長安縣之神禾原陝西通志長安縣香積寺在城南子午谷正北神禾原上

則是神禾原在子午谷之北矣恐當時起塔即在
香積寺未可知也此碑金石文字記云在西安府
城外賈里村蓋是顧氏當時見碑之所在其後乃
移入西安府學也

金石萃編卷六十九

賜進士出身　誥授光祿大夫刑部右侍郎加七級王昶譔

唐二十九

蘇瓌碑

碑連額高一丈二尺六寸廣四尺七寸六分二十八行行六十字隸書額題唐故司空文貞公蘇府君之碑十二字篆書在武功縣

唐故尚書左僕射太子少傅贈司空荆州大都督蘇文貞公神道碑

范陽張說撰銘

盧藏用撰序并書

維唐景雲元年歲在庚戌十一月己巳太子少傅許國蘇公薨于崇仁里之私第春秋七十有二嗚呼哀哉粤明年三月己酉　制葬我公于武功之先塋禮也公諱瓌字昌容京兆武功人其先出自帝高陽顓頊曰黎實勤火正逮昆吾之子始封於蘇以國受氏公其後也暨漢平陵侯子建安侍中嘉魏侍中則晉尚書遜口聯華國圖代載明德公高祖周度支尚書邳國公諱綽立言成務垂於後昆公曾祖隨尚書右僕射開府儀同三司邳國公諱威嘉謩成績懿于當代大父隨尚書職方郎鴻臚卿諱夔理綜羣品識覃衆妙烈考秘書丞池台二

州刺史口岐州刺史諱亶遊𦤀聚學素風不隕公系上
聖之退緒鍾盛德之泉茂資元和以體仁穌清明以成
美初孩而孤稟絳郡夫人之慈訓幼而岐嶷聰敏冠常
册讀山梗忠一覽便誦及長博綜經文尤善屬詞年十
八進士高第補寧州參軍轉恒州司灋丁絳郡夫人憂
自中山涉褰既從至京兆哭不絕聲性以禮危形以哀
將左庶子張大安以孝悌上聞服闋拜恭陵丞轉相府
錄事參軍　上改封豫官亦隨府　上即帝位拜朝散
大夫尚書水部員外郎未幾兼侍御史淮南廉按俄拜
夏官員外兼官尹丞歷水部祠部郎中兼判司禮事以

親聯出爲朗州刺史轉歙州刺史并州武興令檢校冀
州刺史累遷汾鼎同汴揚陝以累最入爲尚書右丞加
銀青光祿大夫遷尚書左丞戶部尚書又拜侍中京師
留守兼理冤滯　車駕還京持節河北按撫加金紫光
祿大夫轉吏部尚書東都留守尋復還守本職廷拜尚
書右僕射同中書門下三品封許國公監修國史　今
上踐祚拜尚書左僕射屢亢詞乞骸優荅不許拜太子
少傅公有子七人長子巘字庭碩歷給事中中書舍人
修文館學士太常少卿口掌　綸誥與公聯侍紫掖接
機黃閣前後之拜近古未有公體道貞固立心簡直多

識前言遐詳習事自周隨損益家牒可紀公則紹之网
不畢綜故閨門之內孝悌成則朋友之間忠信章舉其
在參佐也婉孌柔嘉醜夷不爭其事滑稽也從容諷議
賓僚是仰四爲郎而彌綸之功布于省閣九爲牧而循
良之績著于州郡周旋二轄焞燿文昌迴翔兩宮煇鑠
巖廟叛圖圖之信而五教在寬家宰人之紀而九流式
叙左右端揆盡訏謨之略東西掖闔備忠藎之美德逾
盛而心益下位彌大而行益恭用能高而不危長守富
貴考父三命謙光以朝平仲一心中孚衆聖非至德淑
慎疇至此式夫其仁恕篤密清廉簡惠躬儉約以自持

蹈名教以撿物祿以周急不積於家財以睦親必均於
衆故義廣而私謁之途阻名揚而兼濟之道宣亦叔敖
之賢國僑之懿也幾深通志精暗默識文以贍實能循
其華學以辯微固信於己故始終機揆舉無遺策斯又
子房之智孔明之能也造膝沃心務存匡救引過稱善
不近於名故聲聞于天而口無擇績宣於外而事罔專
蒸封子之仁孔光之慎也兼斯衆善以會明德方將三
階載理前宮更曜天命不祐奄忽遷延朝喪其楨人殞
所戴　天子悼焉遣太府卿李從遠將書弔祭輟朝三
日有司備禮發哀追贈司空荊州大都督賻絹布八百

段粟米八百石內事葬事並官給賜東園秘器大鴻臚
監護將作立碑太常考行謚曰文貞禮也　皇太子別
次發哀遣洗馬弔祭賻物二百段　祖載之日□□□□官
□□干開遠門外別遣左常侍徐□宣　旨送于郊□
令遣洗馬如初禮官臣已下畢赴朱旂轍路班劍啟行
哀榮之禮備矣諸侯之孝終矣公家代尚儉葬在緣竹
其生也堂無宴客門無立嬪其終也塋無樹隧無碑表
大漸之始遺令遵行公卿暨親戚賵襚弔祭一無所受
周身之外唯□車一乘　纇等泣血受命罔有踰越雖追
朝旨不旌墳壙建碑於塋北一十五里故臨大節而
不奪見大義而能勇經緯之迹文藝之行備于國章布
在人□惟遺先訓皆略而不書　中書侍郎同中書門下
平章事□文館學士兼修國史皇太子侍讀范陽張說
雅俗之鎮具瞻令德文章之雄談者爲楷偉公道德之
首徽猷可刊刊石紀頌詞如清風其辭曰
斤斤蘇公體正含道渠靈淳粹爲唐元老忠以衛主孝
以立身文以經國惠以安人司牧九郡九郡惟靜平章
百工百工爰整千載典憲三朝綱領上纘先人五代相
國下垂餘慶七子令德　帝謂庭碩伊公是似授侍玉
堆序拜金陀聯華璺潤佐我天子於戲彼蒼罔餘云亡

塊頹五嶽天坼三光備禮詔葬尊官會喪掌史司德刊
銘路旁
關西道雍州武功縣蘇許公墓在縣西一十里蘇村
神道碑存太平寰宇記
蘇許公瓌武功人景雲元年十一月葬于武功碑隸
書剝蝕過半存者才十三書法猶有漢魏遺意金石
略云盧藏用書而金石錄云藏用撰書攷文苑英華
藏用撰序張說撰銘今碑后猶有范陽張說字鄭趙
二公未見耶石墨鐫華
碑已漫滅存八百餘字金石文字記云盧藏用序幷

八分書張說銘景雲元年十一月石墨鐫華云碑後
有范陽張說字今碑中猶隱隱可讀雍州金石記
碑文與唐書本傳並合惟神龍初爲尚書右丞後曾
封懷縣男碑不及之耳關中金石記
右司空蘇瓌碑首行漫漶篆額十二字特完好其文
云維唐景雲元年歲在庚戌太子少傅許國蘇公薨
于崇仁里之私第粵明年三月己酉葬我公于武功
之先塋趙德甫金石錄題爲景雲元年十一月蓋未
撿其全文也文苑英華曾載此文以石文校之頗多
異同如曾祖隋尚書右僕射開府儀同三司雍州牧

諱威石刻作邳國公不作雍州牧大父隋職方郎中石刻無中字攷隋文帝父諱忠故改中書爲內史諸曹郎皆去中字不當稱郎中蘇威亦未爲雍州牧皆石本之可信者又碑稱中書侍郎同中書門下平章事范陽張公石刻平章事之下又有昭文館學士兼修國史皇太子侍讀十四字攷唐史中宗朝張說以兵部侍郎兼修文館學士至是爲宰相仍領學士昭文館卽修文改名也宰相世系表蘇氏魏都亭剛侯則第三子遁八世孫綽此碑述其先世有魏侍中則晉尚書遜遜與遁古字通碑稱瓌有子七人銘詞亦

有七子令德之語今攷世系表止有六人葢史之漏潛研堂金石文跋尾

按此碑文約千五百餘字存者千二百餘字較石墨鐫華云存者才十三固已倍其二郎雍州金石記云存八百餘字亦增多三之一也銘序二人分撰而張說撰銘則署里貫曰范陽盧藏用撰序幷書而不自署其貫至張說官階藏用詳載序中而藏用歷官亦不自署以傳考之乃幽州范陽人景龍中爲吏部侍郎又遷黃門侍郎兼昭文館學士轉工部侍郎尚書右丞也又碑有額而不題篆者

姓名文首敘卒葬年月而後述公之諱字先世及生平事實皆例之別者也文有云粵明年三月己酉葬我公于武功之先塋今搨本已泐諸家皆未見惟潛研堂跋有之文云先世自帝高陽下闕始封于蘇以國受氏唐書宰相世系表蘇氏出自己姓顓頊裔孫昆吾之子封於蘇其地鄴西蘇城是也通志氏族畧亦同按黃帝有熊氏姓公孫長于姬水又以姬爲姓子名摯姓己是爲少昊金天氏其弟昌意生子曰顓頊高陽氏姓姬今碑云自帝高陽則當云出自姬姓若出自己姓則當自帝少昊

矣至碑云以國受氏而氏族畧列于以邑爲氏條下想國與邑亦可通稱也碑云建安侍中嘉魏侍中則晉尚書遜聯華國圖代載明德世系表漢代郡太守建自武功杜陵徙扶風平陵三子長子嘉官奉車都尉碑作侍中六世孫南陽太守中陵鄉侯純生章官幷州刺史章五世孫魏東平相碑作侍中都亭剛侯則四子第三子遁碑作晉尚書八世孫綽周度支尚書邳公碑同生威隋左僕射房公碑作尚書右僕射開府儀同三司邳國公此碑與表之五異者也嘉後漢書無傳則三國魏書有傳字文師起家爲酒泉太守轉安定武

都通河西道徙爲金城太守文帝時加護羌尉賜
爵關內侯河西平還金城進封都亭侯徵拜侍中
黃初四年左遷東平相未至薨謚曰剛侯是裴載
最後之官碑則紀身任之職也遜晉書無傳高祖
綽周書傳字令綽周太祖仍爲行臺郎中除著作
佐郎拜大行臺左丞大統四年加衛將軍右光祿
大夫封美陽子加通直散騎常侍進爵爲伯十年
授大行臺度支尚書領著作兼司農卿十二年卒
于位子威嗣襲爵美陽伯隋開皇初追封邳國公
曾祖威隋書傳字無畏周太祖時襲爵美陽縣公

周書作伯仕郡功曹授使持節車騎大將軍儀同三司
改封懷遠縣公武帝拜稍伯下大夫宣帝嗣位就
拜開府隋高祖受禪徵拜太子少保追贈其父爲
邳國公以威襲焉兼納言民部尚書兼大理卿京
兆尹御史大夫拜刑部尚書京兆尹廢檢校雍州
別駕遷吏部尚書兼領國子祭酒拜尚書右僕射
坐朋黨事免官爵歲餘復爵邳公使突厥以勤勞
進位大將軍仁壽初復拜尚書右僕射煬帝嗣位
累進光祿大夫賜爵寧陵侯進封房公後除名爲
民碑稱邳國公者是襲其父追封爵表作左僕射

而云房公者是用其最後之封若文苑英華作雍
州牧据傳惟于高祖時曾檢校雍州別駕未嘗爲
牧且逾年已久矣大父夔隋書附威傳字伯尼起
家太子通事舍人煬帝嗣位遷太子洗馬歷尚書
職方郎拜朝散大夫鴻臚少卿進位通議大夫父
亶無傳碑云池台二州刺史岐州刺史唐世系表
則但云台州刺史也裴兩唐書有傳碑與傳之不
同者如舊傳云父昻貞觀中台州刺史新傳無碑則
云烈考諱亶新書世系表夔長子勛官吏部侍郎
駙馬都尉次子亶台州刺史裴寶亶之子非昻之

子也新傳云環擢進士第補恆州參軍舊傳無碑則
云年十八進士高第補寧州參軍轉恒州司灋新
傳云居母喪左庶子張大安表舉孝悌與碑同舊傳無擢
豫王府錄事參軍碑則云丁絳郡夫人憂服闋拜
恭陵丞兩傳無恭陵者高宗太子宏孝敬皇帝陵百官志諸陵丞各一人從七品下轉
相府錄事參軍上改封豫官亦隨府睿宗紀始封
殷王徙封豫王又封冀王累遷右金吾衛大將軍
洛州牧徙封相王復封豫王碑故敘環官由相改
豫也碑云上卽帝位中宗叡聖拜朝散大夫尚書水部
員外郎闕三字侍御史闕五字拜夏官員外兼官尹丞

歷水部祠部郎中兼判司禮事以上兩傳俱無以覲聯出爲朗州刺史轉欽州刺史并州武興令撿校冀州刺史累遷汾□□汴□陝以下闕四字新傳但云歷朗欽二州刺史舊傳無久之轉揚州大都督府長史舊傳同徙同州刺史奏宿衛兵月賜增半糧却進獻寵營造罷十道使括亡戶罷浮圖廟塔諸役費武后善其言已上舊傳與碑俱無碑云尚書右丞兩傳云神龍初新傳此下有封懷縣男碑與舊傳俱無加銀青光祿大夫舊傳同新傳無遷尚書左丞兩傳俱無戶部尚書又拜侍中兩傳同舊傳此下有封淮陽縣子碑與新傳俱無京師留守兼理兗滯兩傳有收鄭普思繫獄事車駕還京

此指中宗復辟持節河北按撫加金紫光祿大夫兩傳俱無轉吏部尚書東都留守新傳無舊傳云遷吏部尚書進封淮陽縣侯新傳與碑皆無進封侯事尋復還守本職廷拜尚書右僕射同中書門下三品封許國公兩傳俱有舊傳云景龍三年監修國史舊傳云是歲六月與唐休璟並加監修國史新書無今上踐祚此指睿宗拜尚書左僕射兩傳同乞骸拜太子少傅兩傳俱云景雲元年凡此皆碑與兩史傳彼此詳畧及叙次不同者也長安志崇仁坊東門之北尚書左僕射許國公蘇瓌宅注云沂案盧藏用撰神道碑序云瓌終崇仁里第即謂此碑序也今撿序無此語必在首行泐文中畢尚書攷刻長安志時及見此數字也文後云建碑于塋北一十五里詳玩此語知其墳塋北向而碑建十五里外則神道亦甚遠矣當時公卿墓制史無專條亦想見西北地多閒曠故墓域能如是之寬也

蕭思亮墓志

石方廣二尺三寸七分二十六行行二十六字正書在長安縣

唐故朝議郎行雍州長安縣丞上柱國蕭府君墓誌銘并序

中大夫行薛王友顏惟貞撰

君諱思亮字孔明蘭陵人也公侯慶緒鍾鼎華宗遠則文終興漢口侔於二八近則武皇祚梁業光乎三五英賢纘蹟謩敘騈輝詳乎史諜可略言矣曾祖翹梁貞毅將軍郢州刺史新興侯祖季符 皇朝尚食奉御員外散騎常侍贈光祿卿洪鄂等八州諸軍事洪州刺史武昌縣開國公莅才兼文武秩榮中外郢中歌雪晝隼翻旗騎省連雲豊貂曜冕象河洛嶽禮備於飾終列爵疏封寵隆於利建父溫恭修文館學生渝州司功參軍事譽光黌序位屈巴賓未騁高衢先摧逸足君資靈上善禀粹中和言爲士則行成物範張華雅思摛奇藻於鵠

鵰終軍洽聞摽敏識於鼮鼠好學不倦綜涉羣言手自繕寫盈於簡素解褐補益州金堂縣尉歷雍州同官縣尉武功主簿乾封縣尉長安主簿歲滿爲丞再歷畿甸三遷京邑驟事塡委剖之如決流爭訟紛挐鑒之若懸鏡嗟乎道長運促時亨命屯未施構厦之材俄軫奠楹之夢以景雲二年歲次丁亥正月卅日終於京崇化里第春秋六十有七嗚呼哀哉卽以其年二月景子朔十五日庚寅遷窆于神和原禮也夫人譙郡熊氏故左金吾將軍元逸之女柔婉成性言容具美以景龍二年九月十三日寢疾而終嗚呼哀哉龍門之桐始半生而半死襄城之劒竟先沉而後沉同穴有歸雙魂是祔嗣子遜孔門之鯉幼卽聞詩楊氏之烏童而擬易未極庭闈之養遽纏屺岵之悲擗厚地而崩心訴高穹而泣血期我以先執託我以斯文僕也不才義深賓舊追感平昔承驗無從敬述芳猷誌于幽隧銘曰

釁爲降辞克生于商枝分葉散源濬流長載誕明哲如珪如璋夷險共貌寵辱齊忘文含綺績學富縑緗揚來卑位其道弥光執云與善奄歎殲良馬鬣開隧龜謀允臧松門蒿里兮毀雙魂於此地春蘭秋菊兮歷萬山而逈芳

右誌題云中大夫行薛王友顏惟貞撰而無書人姓名又云君諱思亮字孔明祖父皆仕于隋唐爲顯官以景雲二年二月葬按顏氏家廟碑魯公之父名惟貞字叔堅受筆法于舅殷仲容氏以草隸擅名此碑字畫工緻當爲惟貞書也惟貞書武承規墓誌與此碑相似碑近出西安府城南神和原土中金石錄補

右雍州長安縣丞蕭思亮墓誌文云景雲二年歲次丁亥攷是年乃辛亥書者之誤也思亮曾祖翹梁貞毅將軍郢州刺史新興侯梁書南史俱不載其爲梁宗室與否不可攷矣文猶沿唐初駢偶之習有云孔門之鯉幼卽聞詩楊氏之烏童而擬易屬對殊可喜也潛研堂金石文跋尾

唐時墓志篆蓋皆缺此獨存關中金石記

按撰文者行薛王友顏惟貞唐書三宗諸子傳睿宗第五子惠宣太子業始王趙降封中山授都水使者徙彭城兼陳州別駕進王薛爲羽林大將軍荆州大都督以好學授秘書監開元初進太子少保此碑立于景雲二年在開元以前是初王薛時顏惟貞爲之友也蕭思亮遷窆於神和原長安縣子午谷有神禾原說已詳法琬碑此作神和或當

時豕和通稱也

獨孤仁政碑

碑連額高六尺五寸二分廣三尺三寸八分三十四行行四十八字正書額題大唐故上護軍獨孤府君之碑篆書十二字今在孟縣學忠義祠

大唐故朝議郎行兖州都督府方與縣令上護軍獨孤府君之碑銘并序

口口劉待價撰

聞夫乾蓋上闢星緯分其躔舍坤輿下蟠河岳裂其封域是以觀象體物建百里之庶邦敦俗牧人置千石之多士則有威齊風雨稱明鏡於當時德洽絃歌号鯢鼉

於後葉其有繼美宣化教肅刑清作根本於嚴廊爲睽命於黔庶休明一代映徹九泉歷選徵壓譎獨孤府君矣

公諱仁政字仁政河南洛陽人也本姓劉氏導擾龍之巨源長河不竭跳斷虵之會岫連岳無窮驅逐鹿於中原乃避時於北漢因山易姓以氣雄邊及魏室之爵與服袞論道遷周邦而扈從衣錦還鄉吐弈棻而增昌朝盈紫綬簪本枝而逾懋郡接朱輪茵藹紛綸可略而述高祖永業齊中書舍人南道行臺右丞洛州刺史遷左丞加散騎常侍儀同三司特進行臺左僕射封夏州啟寧縣開國公武安郡開國公廣州德廣郡開國公西平郡開國公瀛州章武郡開國公彭城郡開國公各食邑二千戶賜鼓吹一部絹布各二千疋錢卅万俘口三百餘人馬五十疋轉七兵尚書兼吏部尚書入周拜司徒公行臺尚書令冊臨川王大司馬少右弼謚曰貞佩金章於黃閣綰盭綬於玳筵內助理於萬機外佐平於百揆奇籌獨運戶邑光於六封雅樂相喧鼓吹標於四錫曾祖子隹周柱國直閤將軍武安郡開國公華州刺史儀同三司隨大將軍沘州刺史應國公拜壇虎將嗣黃石以傳書剌郡神君褰赤帷而察俗賞茅土於興壤以

答元功進儀服於太階還尊懋德祖義恭隨京北郡富平縣令唐 秦王府倉曹參軍事荆王府長史右衛郎將左衛中郎將左監門率溫汾歸婺四州諸軍事婺州刺史上柱國高平縣開國侯雍容朱邸陪文雅之良遊巡警 紫微膺爪牙之重任百城宣化得賈父之能名五等開封獲通侯之美稱父士贇唐翳文生文德皇后挽郎麽庠之冑必擇士林楚挽之郎寔資門蔭選授霍王府戶曹參軍事齊王府兵曹參軍事原州都督府戶曹參軍事轉汴州尉氏縣令遷坊州鄜城縣令上騎都尉行丹州司馬襲爵高平縣開國侯幕府端

嘗聞爲善之最樂列曹從務佐激濁以增清叔孝擒奸智窮於耳粟伯鶱鷹士語重於罰金孫氏襲侯尚食漢閤之地謝庭藴玉還光席上之珎惟公騰秀二儀降精五緯髫年對日綺歲叅璽成千里之權奇望雲驟首刷五色之毛羽抱義賓王起家　皇朝左勲衛左金吾引駕出警入蹕統式道之朱壂夜儆朝巡司禦戎之金革解褐恩州司倉叅軍事像水之平法絃之直遊刃盈庭之訟發蒙列局之疑掌十二之人天致菽粟之流衍改授宣州溧陽縣丞南服水鄉北升星分吳越雜錯上吏剽輕公贊銅章以化人持水鏡而照物季俗爲之懲

革淳風由是興行轉朝議郎上護軍行兖州都督府方與縣令法三異之化振百里之雷敦禮義以教人薄聚斂以富俗女修織絍不下三齊男務耕耘還登九穀推理止息桴鼓於是稀鳴囹圄室虚閉牘以之無事旣而焦延罷職上書願留劉寵去官攀轅而送方同胡紹專城之任克遷遽等宣尼倚戶之吟斯作以景龍二年三月廿九日遘疾卒於河内郡之私第春秋七十有七士喪衣冠道亡儒墨德音何在悵九言之不追魂氣何之痛百身之無贖惟公抱素懷璞蹈孝履忠藴智成囊含明作鏡敞三白之虚室汎登仙之桂舟酌其流而識淺

深庇其宇而忘寒暑偶林皐月武庫驚雷六義分洛錦之篇八體下崩雲之陣阮公琴酒情盤脩竹之間尸子登臨神王長松之下清門赴吊無雜㝵之賓儉室奉終靡一金之產可謂至德君子人之楨幹者也以景雲二年歲次辛亥二月景子朔廿七日壬寅遷窆于洛州河陽西北雖城鄉龍臺里之平原禮也馬啟滕城烏飛揚墓晚風含怨託松栢以揚聲斜日緘愁向煙雲而沮色嗣子宗業隆堂構孝極天經攀翠栢以長悲奉舊醪而永慕想聲成之祖德遂述家風鑒陳寔之貞碑爰題翠琬庶陵移谷變竹帛非堅而懿德嘉聲乾坤等固其詞

曰

樓瀧疏派斷馳分族遇亂中原避時北服回山易姓待時千祿其一北魏稱帝佐命爲臣爰從鳳躍式返雞津祚茅食采華轂朱輪其二踵德誕美韶姿令器渾金璞玉霜鶴雲驤論起談天詞成擲地其三振翼鳳穴統武兵欄摔戟侍　帝縮綬除官霜凝吏道花飛筆端其四一同莅俗五美興化剽扨懲奸嗤眩息詐女修纂繢男務耕稼其五攝官稱謝攀轅告歸竹遷喬木奄落斜暉昊天不憖與吾何違其六相彼青烏啟茲靈室縞駟發軔丹旐飛日九原不返千秋永畢其七睊人悲而結悄吊鶴思而氤氳

薤蘿泣珠之露松樏懸玉之雲爰勒銘於豐石以作固
於清氛其入
吏部常選盤農劉琨書
襃陵賈行表鐫

右獨孤府君碑額字陰文凸起三行篆書文序其家世特詳其云高祖永業者北史及北齊書皆有傳謂其本姓劉中山人隨母改適獨孤氏遂從其姓今按碑中所云導援龍之巨源疏斷蛇之曾岫逐鹿中原避時北漠因山易姓以氣雄邊者則俱指獨孤永業之先世出於劉氏者而言非謂永業之身之出於劉

氏者也按唐書宰相世系表載獨孤世系所稱易姓之由略與碑應而於永業之父冀不言永業爲其身生與否又按唐獨孤及自作其父通理墓碑所稱易姓之由亦與世系表大同小異而就其中所云歸生冀冀生永業者觀之則永業弃非隨母冒姓之謂矣又北史及北齊書載永業生平歷官與碑詳略互見不必深論唯稱永業在齊時封臨川郡王與獨孤通理墓碑所稱亦同而此碑則謂入周册臨川郡王與獨孤世系表所載冀周司徒臨川郡王者又同其間彼此互異良由世代久遠俱難意斷又獨孤及以一代文伯自序其先世封爵而其中亦别有失於考据者其碑内所稱先世略云獨孤之先出自劉氏後漢世祖光武皇帝之裔世祖生沛獻王輔輔生釐釐生定定生節節生丐丐生長子廣嗣王位少子廙爲洛陽令廙生穆穆生進伯爲度遼將軍擊匈奴兵少援不至戰敗爲單于所獲遷居獨孤山下生尸利單于加以谷蠡王之位號獨孤部尸利生烏和烏和生二子長曰去卑爲左賢王建安中李郭之亂左賢王率其部衛帝自長安還洛後歸國卒次弟猛代立生富論富論生路孤路孤生眷眷生羅辰從魏孝文帝遷

都洛陽始以獨孤部爲氏爵永安公定州刺史生萬齡官至廷尉萬齡生稽又官廷尉爲鎮東將軍稽生歸又爲鎮東生冀官至征南將軍定州刺史贈司徒生永業即通理之高祖云云而唐書獨孤世系表則云漢世祖生沛獻王輔輔生釐王定以釐爲定謚但爲一人又云定生節王丐節又丐謚但爲一人是又彼此互異及考後漢書光武十王列傳内載沛獻王輔薨子釐王定嗣定薨子節王正嗣正薨子孝王廣嗣則通理碑與唐書世系表以正爲丐者固字體小誤而通理碑以二人爲四人者誠誤矣且其間尤有

錯誤足以自累其世系而并以累人之世系者則通理碑中所言以去卑爲烏和之長子劉猛之兄者按唐書獨孤世系表亦謂去卑爲烏和之長子劉猛之兄烏和卽烏孫和耋孫字之譌此又不必論但論去卑非烏和之長子亦并非劉猛之兄而已今按魏書鐵弗劉虎傳云虎爲南單于之苗裔左賢王去卑之孫北部劉猛之從子魏與晉并州刺史劉琨合討之虎走歸劉聰聰以其宗室拜安北將軍云云又按晉書劉元海傳述其先世爲冒頓之後以母爲漢高祖宗女遂冒姓劉氏觀其初立國時所下國中之令可

見聰爲元海之子以劉虎爲宗室則虎之祖去卑其爲冒頓之裔甚明今獨孤通理墓碑與唐書獨孤世系表并謂劉去卑與劉猛同父是不將使人疑劉猛之亦出於冒頓卽獨孤亦出於冒頓之後而此碑亦誤耶今試仍卽魏書劉虎傳所云虎爲去卑之孫而猛之從子者推之則去卑之視猛猶猛之視虎皆從子耳何兄弟耶故二人既尚非兄弟況於同父卽魏書所謂從子者亦當爲同姓不宗之從子耳竊以爲劉猛自當出於進伯之後下開獨孤永業獨孤仁政獨孤通理之屬去卑當爲冒頓之後下開劉庫仁與

劉虎及其孫劉務桓劉衛辰以至於赫連勃勃之屬分爲二派則按之晉魏諸史庶皆兩無所妨而如獨孤通理墓碑以及唐書獨孤世系表皆難專據者猶不若梁肅作獨孤及之弟獨孤正墓誌銘謂其出自進伯因部易姓隨云其後有羅辰臨川王永業渾而言之與此碑之略舉大意者皆不以去卑闌入之爲愈也且唐書於獨孤世系旣以劉去卑闌入爲劉猛之兄而於河南劉氏世系表更謂河南劉氏本出匈奴之族漢高祖以宗女妻冒頓其族貴者皆從母姓因改爲劉氏左賢王去卑裔孫庫仁南部大人妻江

將軍弟眷生羅辰爲定州刺史其後徙居河南羅辰五世孫仕雋卽孝相崇望之十代祖云夫謂去卑之出自冒頓則誠當矣而謂其裔孫庫仁卽劉眷之兄故劉眷之後皆冒頓之裔此甚非也去卑與劉猛不同所自出則庫仁安得謂劉眷爲弟弑卽以弟言亦不過同姓不宗之弟耳而遽謂其子孫皆冒頓之後可乎夫以劉去卑一人而於獨孤世系表則謂爲劉進伯之裔於河南劉氏表則又謂冒頓之裔以劉眷一人於獨孤世系表則謂爲劉猛之孫出自進伯於河南劉氏表則謂爲劉庫仁之弟出自冒頓一人而

二本始分而未合其自相矛盾多所牴牾如此其謂之何今按去卑之孫即上所謂劉庫仁及劉虎並其孫劉務桓等當爲冒頓後裔一族而初不必以劉眘之後又爲河南劉氏者上冒之蓋河南劉氏與獨孤同出自劉眘即同出自劉進伯者即如此碑書撰皆劉姓而又皆宏農人當即所云河南劉氏之派此亦可見其與獨孤甚親其言獨孤先世無異自言故能詳悉若此是可即此碑書撰人之於獨孤有關合者以并正唐書世系表謂河南劉氏出自冒頓之誤焉又獨孤世系表於永業父蘘官爵下載其謚法而於

永業官爵下不載謚法又北史及北齊書本傳但稱永業後爲崔彥穆所殺壹似不應得謚者而碑乃有謚曰貞之文玆考周書崔彥穆傳謂彥穆爲行軍總管討司馬消難軍次荆州彥穆疑荆州總管獨孤永業有異志遂收而戮之頃之永業家自理得雪彥穆坐除名云云即北史崔彥穆傳亦略同據此則永業之戮乃但出於彥穆之疑而碑所言謚曰貞者必其家自理得雪後所予之謚是又可以補世系表及本傳不載其謚之缺焉至表所載永業子子佳隋淮州刺史武安公者按隋書地理志無淮州唯南海郡有

含洭縣註云梁置衡州陽山郡平陳州改洭州廢郡二十年州廢今碑云曾祖子佳隋大將軍洭州刺史者正與隋書地理志相應乃洭州尚未廢爲含洭縣之時而正可以訂以洭爲淮之誤又表謂子佳爲武安公者亦指隋言今按碑載子佳在周爲武安郡開國公在隋爲應國公亦當以碑爲正又世系表於子佳之子義恭名下略不載其官爵而於其族人爲主簿都尉參軍之類皆載之今按碑所載義恭在唐歷官至温汾歸婺四州諸軍事婺州刺史高平縣侯其官爵尤不當略是宜據以補世系之缺至義恭之子

士贇即仁政之父與仁政之子宗其名字官爵世系表皆缺載是尤宜據碑補入者也蓋唐書之闕誤見於吳縝新唐書糾謬者至多而其可據此碑而補正又旁及他史者亦不一而足焉　碑并螭首高五尺四寸廣二尺二寸初開耕出都無一字後郡學生劉世俊自請往訪始知其字在下方而出之碑甚完好無缺其文既深美希風徐庾而書亦隱秀具體六朝益兼得歐虞之意又尚不染唐人間架觚稜末習懸而覗之始知其妙爾須搜訪孟地碑碣所錄魏志諸刻殊稱佳妙而此碑在唐刻中尤爲不易得者其理

沒已千餘年一旦復覩豈非快事然非劉生請行亦未必得也茲遂爲移置縣學云孟縣志

景龍觀鐘銘

銘高二尺五寸八分廣二尺九寸四分共十八行行十七字正書在西安府城泉署旁

原夫一氣凝眞含紫虛而構極三淸韞秘控碧落而崇因雖大道無爲濟物歸于善貸而妙門有教滅各在於希聲景龍觀者　中宗孝和皇帝之所造也會城寫質閬苑圖形但名在籌林而韻停鐘簴朕翹情八素締想九元命彼鼓延鑄斯無㪍考虡陲之懿濩得晉曠之宏規廣召鯨工遠徵鳧匠耶溪集寶麗壑收珍警風

雨之辰節昏明之候飛廉扇炭屏翳營鑪鳧鵲呈姿蹲熊發狀角而京震侈而克揚庚其曉散靈音鎮入鵷鸞之殿夕騰仙韻恒流鳷鵲之闈聾俗聽而咸痊迷方聞而永悟洪鈞式啟寶字攸鐫其銘曰

紫宸御曆青元樹因傾巖集贙竭府收珍杜蔓律應張永規陳形包九乳儀絡萬鈞上資七廟傍延北人風嚴韻急霜重音新自茲千歲從今億春懸玉京而薦福侶銅史而司辰

景雲二年太歲辛亥金九月癸酉金朔一十五日丁亥土鑄成

景龍觀者中宗所作景雲二年睿宗爲之鑄鐘製銘也字正書而稍兼篆隸奇偉可觀鐘今在西安府城鐘樓石墨鐫華

景龍觀鍾銘睿宗御書初唐人作字尚有八分遺意正書之中往往雜出篆體無論歐虞諸子即睿宗書亦如此猶之初唐律詩稍似古風平仄不盡穩順開元以後書法日盛而古意遂亡遂以篆楷爲必不相通分爲兩部然而蚩之从㞢邑之从巴黎之从勿薛之从㠯虛之从业鼎之从析㫗益之从橫出此皆見行於今代者而不察其爲篆也詩篇書法日以圓熟

而俗筆生焉亦世道升降之一端矣金石文字記

景龍觀唐中宗所起睿宗復爲煉銅鑄鐘而銘之今在西安鐘樓余嘗手摩其文書復古雅拙樸其源出自興和年李仲琁修孔子廟碑蓟之以雅故勝余收金石文數百種除彝器款識惟此爲金耳金石史

右銅鐘銘眞跡十八行銘每行十七字鑄銘處高一尺八寸濶二尺鐘高八尺圍一丈五尺在西安府鐘樓上景雲二年御書西北向金石圖

此唐睿宗御書也觀久毀鐘移西安府臬署西鐘樓上恐搨印者下窺官舍往往禁不令搨近令搨工以

蔣蔽樓東一面而以草塞其內甎裹於外方能得之其難如此而其書又沉鬱古奧爲東坡之祖洵可寶也　睿宗書不多見見者唯孔子廟堂碑額順陵碑文及此銘耳順陵碑與廟堂額係僞周朝爲相王時篆此則即位後書微褋隸體古奥有致當與比干銅盤焦山鼎銘共寶矣鐵函齋書跋

今在西安府城迎祥觀序銘共二百九十二字大徑寸許鐘甚鉅厚七寸餘搨之稍輕則不聞聲觚賸云必塞其內空方可搨之蓋出於傳聞未嘗目覩也景龍觀創自中宗睿宗鑄鐘作銘開元時回迎老子玉

像改今名樓築於層臺之上爲城中偉觀石壘鐫華金石文字記但云在西安府鐘樓上誤鐘樓在朱雀街之中非迎祥觀鐘樓也雍州金石記

按鐘銘本在景龍觀銘文可据曝書亭集以爲景雲觀在修業坊見宋次道長安志今檢長安志並無修業坊惟朱雀街東第二街北務本坊南街之北有先天觀景龍三年韋庶人立爲翊聖女冠觀景雲元年改景雲觀天寶八載改爲龍興道士觀至德三載改先天觀不知即竹垞所稱之景雲觀否也又撿長安志崇仁坊西南隅有元真觀半以

東本尚書左僕射申國公高士廉宅西北隅本左金吾衛神龍元年併爲長寧公主第東有山池別院即舊東陽公主亭子韋庶人敗公主隨夫爲外官遂奏請爲景龍觀仍以中宗年號爲名天寶十三載改爲元真觀然不載有睿宗書銘鑄鐘之事則非即此景龍觀明矣雍州金石記云今在西安府城迎祥觀此語差可據然尚是未移臬署以前之語也陝西通志載迎祥觀在西安府城內廣濟街東迎祥觀即景龍觀也創自唐景龍二年按蘇靈芝書老君應現碑開元二十九年元宗夢見老

君曰吾乃汝遠祖有像在京城西南百餘里汝遣人求之吾合與汝於興慶相見覺而異之即命尚書張九齡道士蕭元裕尋訪於盩厔聞仙峪果得老君玉像高三尺餘以進其日元宗在興慶宮遂親迎謁置於殿內次日送景龍觀大同殿安置瞻仰與夢中所見無異即改景龍爲迎祥觀今鐘樓爲懸鐘所睿宗景雲鐘銘刻其上此則是景龍觀鐘銘之所在也然長安志何以不載迎祥觀所未詳矣唐書方技葉法善傳睿宗即位法善有冥助力先天二年拜鴻臚卿封越國公止于京師景龍

觀盜鑄鐘時尚是景龍觀初建鐘成而觀亦竣工于是葉法善以先天二年止居是觀也睿宗得位出于法善冥助然則建景龍觀睿宗亦爲法善地也銘序云命彼鼓延鑄斯無射爲九月之律葢預定以九月鑄成也云辛亥金癸酉金丁亥土納音辛亥釵釧金癸酉劒鋒金丁亥屋上土唐人造作多有以年月日干支用納音書入金石者想亦當時所尚未必有所取義也文內節昏明之候之字作𢀳不見他碑此鐘今在臬署之右昶在西安官臬司三年暇輒過而觀之然工人椎搨多用硃而不用墨與搨他處鐘款者異

涼州衛大雲寺碑

碑高七尺三寸七分廣三尺三寸三分二十六行行五十八字正書篆額

涼州衛大雲寺古刹功德碑

前頌修文閣學士劉秀撰

朝行郎涼州神烏縣主簿譙郡夏侯湛篆額

夫無爲者靜而常樂夫物者成而不有是知冥權弗恃瀰綸大悲可主方便異三界之中汲引四生廛宣八政非八萬四千無以開其妙門之路三十七品宏其淨土之衢者也大雲寺者晉涼州牧張天錫昇平之年所置也本名宏藏寺後改爲大雲因　則天大聖皇后臨朝之日創諸州各置大雲隨改號爲天賜庵其地接四郡境控三邊衝要俯蒼松而環城珍白蘭而作鎮揆日影占星表三時說法已布金沙四柱成臺遠分瓔珞當陽有花樓重閣院有三門迴廊依寶林而秀出干瑤光而直上洵人天之福地爲善信所皈依也時有明牧右武將軍右御史中丞內供奉持節西河諸君節度大使赤水軍大使九姓大使監秦涼州倉庫使檢校涼州都督河內司馬名逸賓晉南陽王模十三代系也英瑋明允特達聰亮負經濟之偉才屬會昌之鴻運學綜羣玉文擅鄴金撫俗安邊式昭神武加以宿植善因深究龕理挍部餘暇虔誠淨土重興般若之臺廣塑真如之像

兼水軍副使右衛將軍陳宗北左金吾衛翊府中郎將安忠敬軍長史萬徹軍司馬王休祥神烏縣令胡宗輔並門承詩禮世襲箕裘席工文墨兼悟兵機深達般若樂脩檀行乃巡憑司馬等僉議裝嚴於北面化十善下惡四面行廊則兵爲喜捨樹檀那之副明曠劫之因於堂中面畫淨土變面西化地獄畫高僧變並刊傳贊院山門內各畫神王二東西兩門各畫金剛其後地獄變中觀音菩薩二地藏一齊空放光久而不滅花樓院有

七層木浮圖卽張氏建寺之日造高一百八十尺層列周圍二十八間面列四戶八窻一一相似屋巍巍以崇立殿赫赫以宏敞擬璚臺之懸居狀層域之始構年代綿遠其下層微有凋落欲加繕補人力未就俄而東西三間忽然摧倒因掘舊基得古錢一甕以助工後司馬公復興軍州共爲營構揔剔四面更敞重檐於南禪院迴廊盡付法藏羅漢聖僧變摩騰法東萊變七女變北禪院畫三界圖九相觀音福比丘翻譯經典有造經房一所梓匠呈材河宗獻寶資鉄以三品訪丹於九區抵鵠無遺塲蛇咸錄郢人運成風之巧晉臣洒翰墨之輝

雲聯梵殿烟凝珍館目屬寶坊儼焉相對雕甍鏤角全鳳槃龍刊名模金分身留影地土聿廣樓閣相連變現無方感通隨念至若須彌地主盧宫梵王是名菩薩月光童子如請說經猶言護法內控六賊外伏四魔皈依祖師同申戒律心悟一乘行開正果道存八方靡施濟度爲現在楷梯乃將來龜鏡寺主雲獻法師俗姓安氏姑臧人驃騎大將軍安公子孫高蓋駟馬平生不屑宴坐經行深心自悟靡該四攝言絶二邊營事伽藍備盡𢢽力所有營構悉稟規模上座證淨法師俗姓王氏太原人高邁非常晚近無等採尚遠情利益維那元證法

師崇隸前上座守廉等並志誠明贍風神踈朗共圖經始大願成就加以崇章園林列畤花果琪樹爭妍璚臺森列價重香山名高鷲圍法城之侶朝夕來遊行李之徒瞻仰不輟誠西極之慈航而五凉之勝事也況乎義冠人天福禔中外萬禩無疆千秋莫朽爰記其事兼讃以偈

逖聽人代博求古今至宫不宰法乳無音罕通惠樹直散稠林何以出音惟聞覺地出俗云何證在煩惱修持奚故達在生老利物非連古今未早無去無來曰法曰道雖在管窬言說皆空雖在圖像無有是同跡權混實

理契感通智周惟理匪我求象教法兆基伽藍土地梵宇宫殿經臺樓閣寶鐸垂蘇璇題流鐸光陰塵燿烟霞忽霍三休槃日千尋倒影花散梅樑蓮披藻井鵷鷺不及元態自逞超士伏歷王人摩頂既安靈館式紹禪關頓漸成學廣施積善道彌有路義總無餘一超色相求敬居諸

大唐景雲二年

按碑題前頂係文閣學士劉秀撰前須二字未詳朝行郎涼州神烏縣主簿譙郡夏侯湛篆額而不列書碑銜名夏侯湛又不云并書亦莫曉也唐書

百官志無朝行郎之階神烏縣屬涼州武威郡武德三年置總章元年改曰武威神龍元年復故名夏侯湛官主簿在神烏復故之後七年也百官志下縣主簿從九品上階曰文林郎神烏是下縣則主簿當是文林郎不知碑何以作朝行也文云則天大聖皇妃臨朝之日創諸州各置大雲武后于長安五年正月中宗復位上后號曰則天大聖皇帝碑何以稱皇妃也新唐書武后紀天授元年七月頒大雲經于天下長安志懷遠坊東南隅大雲經寺武太后初此寺沙門宣政進大雲經經中有

女主之符因改爲大雲經寺遂令天下每州置一大雲經寺涼州之有大雲始于此也文云大雲寺者晉涼州牧張天錫昇平之年所置也本名宏藏寺晉書張天錫附張軌傳云是大都督大將軍校尉涼州牧西平公元靚之叔興寧元年天錫入禁門潛害元靚國人立天錫亦號大將軍校尉涼州牧西平公若升平在興寧之前其時天錫尚未爲涼州牧蓋年遠誤記也又云司馬逸實晉南陽王模十三代系也晉書宗室傳南陽王模乃高密文獻王泰之子略略之弟卽模也字元表少好學與元帝及范陽王虓俱有稱于宗室初封平昌公累遷鎮東大將軍鎮許昌進爵南陽王事在永興初年下逮開元初歷四百餘年宜乎司馬逸爲十三代系也碑係重刻如諸軍作君畫付作盡東夾作萊雕豊作甍皆譌字則恐前頤朝行及不列書人亦皆脫誤也

郭思訓墓志

石高二尺一寸五分廣二尺八分二十五行行二十七字正書在洛陽史家灣王宅

唐故孝子朝議郎行大理司直上柱國郭府君墓誌銘并序

金石萃編卷六十九　唐二十九

公諱思訓字逸太原李陽人也昔姬文作周運璿璣而一字宙猇叔命氏錫介珪而列山河爵爲國師疏臺竭起誕降人毋金穴擴開廿緒蟬聯公侯克復　曾祖興周上黨郡守平東將軍青綬登朝朱旗絳野執霸戈而罰罪方薤冰而澄心　祖則隨淮陵郡守度支郎銀青光祿大夫口金貂而伏奏梟鳥將飛齊亂繩以臨人牛刀自解　父敬同徙居洛陽今爲洛陽人也幽素舉及第以孝不仕弄烏承顏恥毛生之捧檄縣雞就養式茅容之致口不屈道而期榮穆眞風而自逸公乹綱之精融蓉泉潔學以天授言以行成襲門緒解

褐睦州建德縣主簿應吏職清白舉及第轉滄州樂陵
縣丞南郡地狹屈仇香而佐時六安路遙坐桓譚而不
樂　勑除温王府兵曹參軍事轉太子典膳監芙
蓉映水攀桂樹而逢仙蓮蕭□□坐搖山而和鼎應孝
悌廉讓舉及第　勑授大理司直灼□□方聞爭
其正哀敬折獄對霜棘而論刑上帝弗黷泣丹毫而書
罪彼蒼不吊殲我良圖以景雲二年九月十三日寢疾
終於長安醴泉里之私第公孝友温恭文行忠信哀昊
天之罔極式閭巷以光時蔭棠棣而聚星蕭閨門之有
禮奄棄於代與善何徵薜北寺之榮班蒨車長詡望東

周之故里旅櫬空歸夫人清河張氏平陽柴氏並穠華
質脊輕雲蔽月結縭作儷乘旭鳫而移天采蘋是羞應
鵲巢而主饋昔時南斗兩劒分輝今日西階雙魂共穴
以景雲二年歲次辛亥十二月辛丑朔十五日乙卯遷
合于洛陽北部鄉之原陪葬　先塋之壬地禮也青
烏卜地白鶴標墳桂酒□肴無復平生之賞佳城繐帳
空餘冥漠之悲嗣子晉之弟雍州武功縣尉思謨□攀
號擗踴瀝泣摧心長懷陟岵之哀永結在原之思嗚呼
哀哉迺爲銘曰
榮寂之緒累代重昌其人如玉邦家有光道全忠孝德
裕嚴廊士林藹索人之云亡寒郊慘兮山門險松扃閉
兮宿草荒

碑云弟雍州武功縣尉思謨思謨亦有墓志兄弟俱
應孝弟廉讓舉可想見其家風之美云遷合于洛陽
北部鄉之原陪葬先塋之壬地予覽方志此墓漏畧
而二郭孝行人物亦不載因表出之中州金石記

右孝子郭思訓墓誌無撰書人姓名思訓始應吏職
清白舉及第再應孝悌廉讓舉及第攷唐制諸州歲
舉孝廉蓋卽碑所云孝悌廉讓舉也吏職清白舉則
馬端臨所述唐制科名目未之及焉潛研堂金石文跋尾

王璥石浮屠銘

石高廣俱二尺九寸共二十一行行十八字至二十字不等行書

石浮屠銘并序
上騎都尉甯思道書
此浮屠者唐中興七年歲次辛亥夏□月八日宣義郎
守幽州都督府法曹參軍上輕車都尉貝州王璥上爲
聖唐皇帝下爲法界蒼生次逮七葉先亡俯□見存
眷屬之所建也究夫溺川思拯必□□楫之功火宅懷
離載俟牛車之力矧乎迦維聖濟非視聽所□□□賢
刧乃慈悲之理璥以頑蔽□事□隅左右□□聿加非

各誓意輸歸妙造竦□□□□□□□□□彼岸矣豈
非丈夫潛施雄□□□□□□□□靈焉□屎是故乃□捨
衣命搆□□□□石□□巖祇□寶樹基□界則獨兆
增□□□□□□□□黃陂萬頃却臨雲嶠翠岑千重信
□□□□□乃昇龍之別業者也庶夫瀛桑百變□□□
□在我此功與天亡極銘曰
倏犾傑聖□德有□□我嬰衽恵予般仁得免時𢡟實
賴慈□□□□□□運此名斤爵離崛起鳳跱天辰諸刼
有□□□□□□
景雲三年歲次辛亥夏四月八日建

上柱國丁處約鐫文　賈泰山

田義起石浮圖頌

碑高二尺八寸七分廣二尺八寸共二十二行行十九字至二十二字不等行書

大唐易州石亭府左果毅都尉薊縣田義起石浮圖頌
和州歷陽丞王利貞文
詳夫釋氏大慈能仁廣運一揮惠劒則結嶽峯摧暫駕
寶船則流海波息若迺豐牛步坦香鳥登津福祉風昭
解行先備非功德修淨其有與於此乎浮圖主石亭府
果毅田公者孝乎惟孝忠爲令德秉武腰文遊仁踐義
富潤石室貨積銅山保性里閈榮足知止尊崇法門福
求無上孝爲七代先亡見存太夫人合家大小敬造石
浮圖七級釋迦像二菩薩神王等一鋪尒其索寶幽谷
獲礬崇嚴異擠北之神期匪河西之馬瑞欻爲搆迴不
日而成狀雀離之從天猶多寶之湧地虬簷霧舉寶鐸
風吟睟容如在神儀儼若晃朝日以舒鑒爍幽霄以放
光伏願實資先靈七代爰以昭祐度及見存與恵日而
長懸同定水之無竭贊歎功德而述頌云
惟佛與佛法所皆空能仁富智廣度多功有清信士莚
積豐崇檀波羅密琬礬雕磐輪高擢露鐸迴吟風睟穆
如在與天地終福霑一切於何不隆

太極元年四月八日建
弟燕州大雲寺僧智崇　妹明度寺尼護念
弟義冲陪戎副尉上柱國
弟義隆昭武校尉上柱國雍州興國府右果毅都尉
合家供養

右碑題大唐易州石亭府左果毅都尉薊縣田義起
石浮圖頌太極元年四月八日建爲文者歷陽丞王
利貞也考唐書地理志易州軍府有古亭無石亭蓋
字相涉而誤爾府兵之制唐中葉已廢地理志所載
諸府名已不能詳雍州置府百三十一志止得其十

一餘皆逸之此碑末載義起弟義冲雍州興國府右果毅都尉於是又知有興國府之名故史家不可以不博聞也碑以薊爲薊亦異文 潛研堂金石文跋尾

史公石像銘

石刻銘處橫廣一尺二寸四分高七尺共十五行行十三字正書

唐故將軍柱國史公石像銘

口從戎旅竭鯁忠誠居家有理理之風在職著勤勤之德屬西蕃獻屢入和親遂建鴻勳名芳麟閣自謂年逾耳順末闕泉扃痛深巾札之情悲恰克詬之道今罄盡家資爲造功德伏惟幽途所感昭察志心光其不朽之名以表芳猷之勣嗚呼哀哉乃爲銘曰

日轉星迴暑往寒來陵夷海變功立人摧痛悲總恨哀結夜臺千秋兮万歲厥德兮隆該

延和元年歲次壬子七月戊辰朔十口日壬午夫人

襄邑縣口口氏建

卭州刺史狄公碑

碑僅存上截連額高六尺七寸廣四尺七寸三十一行字數無考正書篆額

大唐贈使持節卭州諸軍事卭州刺史狄公之碑并序

君子進德修業以佐時哲后求賢審官以成務有才無命賈問服於長沙口下缺程昱既卒雖增車騎之榮劉毅云亡徒表直臣之禮口而追贈何補衮章口下缺后稷克播靈苗承積德之鴻休藉其王之茂緒周封孝伯因受氏於狄城孔下缺代龍禹浮江九州幅裂四瀆版蕩樂平公出將入相豹變於秦庭口口口口下缺虎賁屈潘岳之才坐悲秋輿曾祖权湛魏平西將軍口邑子齊口口口口口下缺專征癸懷庸蜀建旟作牧首登循吏之科開國承家俯入功臣之口口口口口下缺緒唐行軍總管大將軍金紫光祿大夫尚書左丞使持節汴州諸軍事口口下缺傳長虞嚴持左轄八座澄清蔣子通常侍乘輿萬機宏益六條出守鎮梁口下缺臨穎公之第五子也龍章鳳姿地靈天縱神情秀發則白日雲口口口口下缺黃緒之詞敬業樂羣早茂青襟之譽起家以國子明經擢第補東宮內直口下缺州司兵參軍兼鄭王府兵曹參軍漢川南紀總錄衆曹鄭口東門職司鍵閉下缺封降彼親賢守茲陋隘大開藩邸博訪英髦口授口口梁州都督府錄事參下缺坐君不與焉豈惟曾國憍親毎慙田叔汝南人吏常畏范滂而已乎俄除越下缺州鄭縣令竹箭長瀾浸子關輔蓮花峻岳鎮者都畿口恕之理宏農雅聞惠下缺周艮之題輿御王祥之別乘屈汝穎之高節口理譙都振海沂之康歌表清下缺之寇盗更相劫掠久患兼并爲官

撣人非君莫可卽除夔州都督府長史口缺下沸鼎而游
魚知懼招集亡散戶口口增敦勸農桑京坻歲積惣攘
口口口口缺下朝廷籍甚　璽書優洽坐璧公車佇登
廊廟豈口祆延二豎夢奠兩楹口缺下郡吏口攀更甚莊
遵之死　口口口魏文之錄舊考周禮之易名贈使持
節缺下鳳皇于飛生草從夫之秩蛟龍既沒死偕同穴之
榮初封太谷縣君追贈口缺下而好學有黃童之俊逸世
号無雙有顏子之庶幾共推知什容口端肅識口缺下欲
弼諧口道口亮天工作神化之丹青爲　聖朝之
元凱豈知口隨有缺下死贈嫡子故口書令尚書右僕射

贈司空梁國文惠公明諱光於　帝缺下宅兆以爲
岡巒起伏雖封白玉之棺陵谷遷移須勒黃金之碣顏
齡溘謝敬缺下性之酷惟孝將成父之志見何口之贏毀
孰不哀憐頌陳寔之口猷吾無愧缺下
缺上實知禮義存載籍口爲巨儒志在宏益其　秦推樂平
魏得安成伏波曜武臨缺下年短折散騎常侍匡時杖節
武帳前鋒文口左轄戢濟寓縣肅清朝列盛德缺下總錄
望重諸曹非君作宰誰與操刀其四刻本吳縣鄭稱京輔
銅墨外臨口紱缺下岷波乃勞剌劇載穆康歌寄江瀨漾
赤甲嵯峨賓渝始附寇盜仍多微我君缺下來集卧龍不

起一歎類山長悲閱水其七恩覃死贈禮口哀榮寘窫口
穴昭彰缺下
右邛州刺史狄公碑諸家未有錄明文中有嫡子
故中書令尚書右僕射贈司空梁國文惠知爲仁
傑之父無疑梁公一代偉人而新唐書已不能詳
其世系碑文復斷闕不全邛州君之名已亡可見
者曾祖叔湛魏平西將軍口邑子又曰緒唐行軍
總管大將軍金紫光祿大夫尚書左丞使持節沭
州諸軍事又曰臨潁公之第五子也起家以國子
明經擢第補東宮內直口州司兵參軍兼鄭王府

兵曹參軍梁州都督府錄事參軍俄除越州剡縣
令華州鄭縣令又除夔州都督府長史卒贈使持
節邛州諸軍事邛州刺史舊唐書狄仁傑傳載祖
孝緒貞觀中尚書左丞父知遜夔州長史而不載
叔湛宰相世系表則云狄氏爲孔子弟子狄黑裔
孫漢博士山世居天水後參樂平侯伯支裔孫恭
居太原生湛東魏帳內正都督臨邑子孫孝緒此
碑云叔湛表脫叔字而碑于邑子上泐一字乃臨
字也惟叔湛歷官表與碑不同叔湛孫孝緒碑尚
存緒字泐其上一字乃孝字也仁傑傳稱孝緒爲

祖知遜爲父則孝緒爲知遜之父此碑所稱卭州刺史卽知遜也据碑卭州刺史是贈官夔州長史是最後歷官仁傑傳蓋略其贈官也然世系表稱知遜爲越州刺史据碑嘗除越州剡縣令並未爲刺史則表誤矣碑云爲臨頴公之第五子臨頴卽謂孝緒表稱孝緒官尚書左丞封臨頴男也碑所叙叔湛以下及知遜稽之魏書北史兩唐書皆無傳仁傑傳稱仁傑孝友絕人閻立本薦授并州都督府法曹其親在河陽別業仁傑赴并州登太行山南望見白雲孤飛謂左右曰吾親所居在此雲

下瞻望停立久之雲移乃行其親卽謂知遜也此碑缺泐其居河陽別業事不可得見矣然猶賴有此碑可以略見其父之事蹟宋時狄襄武不欲自附梁公後則似狄氏譜牒宋初猶存歐宋撰唐書槩置不錄并劉史傳所載盡刪之何也又据杜工部詩集有寄狄明府博濟詩朱鶴齡注云當是大歷二年夔州作詩有云梁公曾孫我姨弟不見十年官濟濟大賢之後竟陵遲浩蕩古今同一體比看伯叔四十人有才無命百寮底今者兄弟一百人幾人卓絕秉周禮然則梁公之孫有四十人曾孫且百人其子當不止三人而世系表所載梁公之子僅光嗣光遠光昭孫且缺而不書曾孫只博通一人此下惟元孫元範一人餘俱不載是狄氏之譜牒在唐時已多缺略矣此碑無立石年月傳稱仁傑中宗返正追贈司空睿宗追封梁國公碑已有嫡子司空梁國之語是當立於睿宗時玩銘序之末有惟孝將成父之志云云是梁公卒後其子體梁公之志追立此碑也梁公子三人碑所稱惟孝者不知是何人矣

金石萃編卷六十九終

金石萃編卷七十

賜進士出身　誥授光祿大夫刑部右侍郎加七級王昶撰

唐三十

馮本紀孝碑

碑下闕一字連額約高八尺九寸三分廣四尺一寸二十六行行五十字隸書篆額今在高陵縣

大唐故亳州錄事參軍事上騎都尉馮府君紀孝之碑

正議大夫□□□書少□□□朝隱撰

嫡子銀青光祿大夫雷直昭文館上柱國長樂縣開

國男敦直書

夫元亨利貞開物之綱鍵也典謨訓誥設範之源流也

變通周於三古而□□其情浸潤洽於九區而入乘其

利□□之播歲探其微如籥之折日取其半萬代而不

盡　府君之道歟　府君諱本字□□長樂信都人也

周之爲主天子授㠯丕基晉則有人丞□登其寵渥自

後衣冠代廼組綬駢驅邦家必聞出幽都而獨秀名教

可樂入魏國而先鳴　曾祖□後魏外兵參軍北地郡

丞昂藏絕羣耿介負俗其功可立恩與主而吁嚱其道

不行視危邦而傲睨　祖悅宇文朝驃騎將軍定安□

郎中令與隋文帝有舊辟命不出去病㠯威名動俗昇

之驃騎雖齒㠯故舊生覽封㠯什方國步重淸出爲嘉

州峨嵋縣令仁恩浹於旋軺信義流於閭棺　父賓隋

校書郎國初率子弟應接義旗加通議大夫檢校定州

北平縣令蒼疋篆籀之指歸陰陽數術之城府莫不備

窮制造妙盡精微建功則與天會雷委質□□□□

□重規沓矩驥□鳴飛爲珠則漢水聯華爲玉則崑山

動色　公波瀾萬仞節目千丈□衣鮮水見枅升之爲

文鼓□□□□□□□成字草隸斯盡筋宍備存或取

以龜圖或詳諸鳥跡或理窮盤妙或思盡豪芒以□□

形穎脫於冉載以之會意□□□□□□□□解褐

利州參軍徙縣州參軍頻丁憂去職結廬在墓負土成

墳父兮母兮鞠□□我敢敬取愛以尊㠯嚴事□□□

□□□□茶蓼陟屺岵而不見行碎肝□僅全毀滅之

中重起簪裾之內服闋遷淄州錄事□□乾封中入計

上臨軒問□□□□□□□□王是臨奇歎不入

九十百鵠日月歲資帥秸盡有爲之門倉垣虛不急之

事□□庾壹粒積成九稔之儲露□□□□□□□之

產　陛下以損爲未損微□㠯安爲未安爰下　天書

載牧垌澤有犯無隱皆□□也尋擢亳州錄事參軍如

□□□□□□□□　如綱提綱得鳥期於一目功無

所蔽過無所容巡察使以淸白聞秩未進於□□名已

登於岱籙曰咸亨四□□□□□□□於官春秋六十有四人吏傷心仰徽容兵若疚友朋交辭顧支體其如失　夫人恒農揚氏繼夫人上□□□□□□□□交接爲國則士字齊封陽數奇險數偶曰久視元年五月廿二日合祔於　先塋禮也嗣子銀青光祿□□□□□□□□□直昭文館衮直曾輿至孝閔□醇心公才備於四科　帝獎隆於三篋若韋□□銘寶器若李斯之篆銅人延生剏起角立傑出兼張華之博物若孔光之深慎剖析疑滯則明鏡見膽鎔裁得失則利劍吹毛□□劬勞未盡罔極之報衜匐感咽庶祈不朽之文

朝隱竹簡舊遊蓬山遺老有企無愧考行直書迺銘其言俾刻於石襲東鹵南□□夫子之墳焉其辭曰

爪瓞緜〻系於周季畢公是出畢萬是遷仕晉何代封魏何季食菜命氏馮鄉有焉苻運代起水火叜□□燕稱孤入魏爲相士流模楷名教宗匠冠冕搢紳允歸時望光一郡丕挺生其後昂藏獨得耿介自守辭疾丘園養高林藪雖卽干駟非義不受赫〻驃騎聲雄五郡盈尺美玉徑寸明珠虛絳卽舊維齒何幸或出或處與時並驅爰降異靈是生良宰陰陽數術篆籀文彩摛鶩未振潛龍有待曰忠事君其跡斯在鳳鵠有鷁□□有駒鶵鳴鏘〻騎行昂〻登□冑子擢於上庠參卿軍事其道逾光盡節匡皆受命河洛典茲制舉繩違攝毫物情刻𠚤代務□□無謂我固藏舟於壑哀〻嗣子縈〻餘生孝友成性忠貞令名通於天地感於神明冀播雄筆以紀頌聲千秋萬歲灌木豐草子孫啓門軒車□道或青或紫曰拜曰埽披其遺文與天同老

先天元年歲次壬子十一月景寅朔□日壬申封

供□□□□愼非鐫字

右碑中斷金石家以上截作亳州錄事參軍殘碑下截作紀孝碑者非是 關中金石記

右亳州錄事參軍馮本紀孝碑在高陵縣碑已斷中央損五十餘字撰文者名朝隱而闕其姓考唐書文藝傳閻朝隱先天中爲祕書少監此碑文云朝隱竹簡舊遊蓬山遺老題銜書少二字可辨祕字亦存其半知爲閻朝隱無疑也馮君卒於咸亨四年以久視元年葬先天元年樹碑距葬時已十三年矣碑爲嗣子銀青光祿大夫爾直昭文館敦直所書歐趙諸家俱未收錄顧氏記金石文字始錄之又別出亳州錄事參軍一碑其實卽此碑之上半誤分爲二目碑書既作瓞敦作裒皆別體 潛研堂金石文跋尾

按銘詞云瓜瓞緜緜系於周年畢公是出畢萬是遷化晉何氏封魏何年食菜命氏馮鄉有焉通志氏族略云馮氏姓纂云周文王第十五子畢公高之後畢萬封魏支孫食采於馮城因氏焉漢書秦末馮亭爲上黨太守入趙其宗族或留潞或在趙秦丞相去疾御史大夫劫漢博成侯毋擇並亭之後也碑敘先世大略與此合祖悅父賢周隋書俱無傳碑稱父賢蒼疋篆籀之術歸陰陽數術之域府又稱公善草隸或取龜圖或詳鳥跡稽之書譜俱不載此碑爲嫡子致直隸書足徵其家學淵源矣

契苾明碑

碑高一丈三尺五寸廣六尺共三十六行行七十七字正書額題大唐故大將軍涼國公契苾府君之碑篆書今在咸陽縣

大周故鎮軍大將軍行左鷹揚衛大將軍兼賀蘭州都督上柱國涼國公契苾府君之碑銘并序

肅政御史大夫上柱國婁師德製文

左肅政御史殷元祚書

原夫哲后時乘聖人貞觀必俟風雲之應以光朝列允賓棟榦之材式隆王道若乃傑出文武挺生才俊道符忠孝性口清白口親於口貫之前獨步於韓彭之上厭響名敎蟬聯口組許口爲可儔金發莫能匹四海慕其風範千里仰其談柄玉質金箱探賾索隱沒而不朽其惟賀蘭都督涼國公之謂哉君諱明字若水本出武威姑臧人也　　聖期爰始賜貫神京而香逐芝蘭辛隨蘭桂今爲洛州永昌縣以光盛業焉原夫仙穴延社吞雹昭慶因白鹿而上騰事光圖諜遇奇蜂而南逝義隆纖簡邑恒於是巨精鮮卑由其䰟魄盤於前浪之境茂族於洪源之塋良史書焉此可略而口也曾祖哥論易勿施莫賀可汗邏襲珪璜夙傳弓冶共摽梧而比翼與良玉而齊價濯如春柳勁逾霜竹英名振白山雄圖光紫塞祖葛莫賀特勤積代爲英傑之先光圖絢史保家爲名敎之首口今口昔宏材膠葛洪源浩汗映竹史而騰芬綴綿書而擅響父何力鎮軍大將軍行左衛大將軍檢校鴻臚卿檢校左羽林大將軍上柱國涼國公贈輔國大將軍使持節并汾箕嵐四州諸軍事并州大都督諡曰口公塋積膏腴門摽英偉發言會規矩動容成楷則學該流略文超賈馬威耆海而安白道光三部而截九夷揆務口司爲羣僚之宗口膺榮閫錡成立戎之准的而鐘漏斯盡　　而贈崇班率加千里之

榮俄處六條之位哀榮之禮既洽朝野式贍送終之典
更隆搢紳翹德公赤野生姿青田矯翰家蓄古賢之操
門傳高士之節季甫一歲稱上柱國封漁陽縣開國公
食邑一千戶八歲起家稱太子左千牛十一稱朝散大
夫太子通事舍人襄行十二稱奉輦大夫若夫紫禁青
規之所必擇賢而方稱　玉階金闕之前實高門
之□處所以榮加緌朶澤及綺紈鳴玉鏘金光前映後
乃人物之儀表實衣冠之領袖重以河山險要惟賢是
居爪牙任切非親莫委爰德華中稱左武衞大將軍賀
蘭州都督自非承家弈□累代衣纓焉可內奉□□外

膺剌舉者矣相府在藩爲□州道元帥以公爲左□軍
摠管侍中姜恪爲涼州鎭守大使以公爲副然則朝端
妙選實佇異能望重材高允膺僉屬後以鼈海未清虵
川尚阻戎車所及□□英將從中詔令直散元征吐蕃
公爲□□道總□□於是南討吐蕃北征突厥累摧兇
醜勳績居多後狼山及單于餘黨復相聚結奉
制討擊應時平殄前後賞勞不可勝紀改稱左驍衞大
將軍襲爵涼國公食邑三千戶賜錦袍寶□金銀器物
雜綵綾錦等數千件檢長男提三品以酬功也仍改爲
燕然道鎭守大使撿挍九姓及契苾部落公假裝遵遠

望赤水而前驅勁騎騰空指白蘭而長驁左縈右拂八
校於是爭先斬將搴旗□軍以之作氣遂得降
繇言以隆爵命自　天府而錫珎奇金貝咸紆繒
錦又集列鼎而光祖祢分茅以惠子孫策勳居宂又稱
鷄田□大總管至烏德□山南□降二萬餘帳縱使李
牧寧部□□和戎推昔授今當季冈二尋稱右豹韜衞
大將軍未幾復改稱左豹韜衞將軍并充懷遠軍經略
大使又依舊知燕然道大使公高望重殊膺奬擢□入
之譽聞於朝野惟　大周革命重懸□□擢稱鎭
軍大將軍行左鷹揚衞大將軍餘並如故有　制

曰鎭軍大將軍行左鷹揚衞大將軍兼賀蘭州都督契
苾明妻涼國夫人李柔順成姿幽□植性聿脩婦德每
□於□□叶贊夫家必存於忠義既竭由衷之請宜覃
賜族之恩并及母臨洮縣主並蒙賜姓武氏公俟必復
河洛胄賢屬　寶運之開基接　仙潢而錫
派惠貞無替□□金氏表□承　□□高石□後
稱朔方道總管兼涼□肅瓜沙五州經略使度玉關而
去張掖弃置一生瞰弱水而望沙場橫行萬里幄中有
策閫外宣威豈直操履冰霜固亦心符筠玉名高一代
氣逸九霄者矣既而□寇逝川俄結頹山之□將軍大

樹行閭斷石之嗟悲夫以鑿璺元年臘(丙)廿三(乙)遘疾
薨於涼州姑臧縣之里第春秋卌有六　制曰悼
往贈榮經邦之懿典飾終加等列代之徽猷諒以褒德
口能念勞追舊者也故鎮軍大將軍行左鷹揚衛大將
軍兼賀蘭都督上柱國涼國公契苾明理識開舉局量
沉雄家著勤誠代彰忠懇早膺朝寵夙紹庭規秩峻銜
珠寄隆賜鉞入口巡口口慎之譽必聞出綏藩落威惠
之聲兼濟口巒不留夜舟俄從未窮遠略奄謝昭途亮
想嘉庸良深矜歎宜申殊澤式旌幽壤可贈使持節都
督涼州諸軍事涼州刺史餘如故賜物三百段便於涼

州給付所緣葬一事以上並令官供仍口涼州都督府
長史元仁儼監護仍令朝散大夫通事舍人內供奉邊
懷秀弔祭既而居諸易遠宅兆攸資金鳧泛泉玉鷄伺
旦粵以　大周萬歲通而元年歲次景申八(丙)庚
午朔十五(乙)口申葬於咸陽縣之先塋禮也禮司謚曰
公夙承門閥早踐通班茂績昭宣聲望顯著學該流略
藝揔兵鈐以孝安親以忠奉國終始如一存沒不渝旌
善易名宜遵典寶按謚法寬樂令終曰靖請謚曰靖公
惟公降淳粹而蓄瓌奇稟清忠而挺才望韶儀淹雅難
窺於得失逸調清通不測其涯涘抑揚人傑彫績士林

等桃李之無言若朱藍之在性先仁而後已鄙利而尚
賢亭亭有千丈之幹其高非易仰汪汪如萬頃之陂其
深不可測有碩學焉有令問焉擅班馬之雄辯蓄靈虵
之雅作逸氣上煙霞之表高名振朝野之際五公七侯
之盛僅可執鞭曜蟬鳴玉之榮纔堪捧轂如揚彪之承
伯起若班固之嗣叔皮加以懸榻翹賢分庭接士衣裘
肇馬朝成夕費兼濟之性光映人物乃構廈之良材映
車之名寶者矣夫人唐膠西公孝義之長女也齊輝婺
彩擢榦瓊枝莊敬率由於自然抑揚女史溫柔稟之於
本性光輝內則既而雄劍潛鋒崩城起恨毀瘠逾於大

禮攀擗洎乎剪髮夷夏足其悲哀搢紳增其慘慼屈已
而遵女誡飭躬而宣婦道可謂承家稟訓執仁口行者
歟長子左豹韜衛大將軍兼賀蘭州都督上柱國涼國
公從次子右武威衛郎將上柱國姑臧縣開國子嵩右
玉鈐衛郎將上柱國番禾縣開國子崇等並早涉義方
夙延庭訓孝心冥擗至德純深口口口纏蓼先口空口
充窮盈感孺慕增悲棘口由乎絶口欒毀幾於滅性可
謂至道冠幽明窮迷傷骨髓哀踊擗踴獨超前輩雖罔
極之誠踐霜露而逾慼相質之重映今古而垂裕是用
傍求翠琬式樹豐碑家風祖德居口在斯用以光士行

用以芳本枝歷千秋兮無數經百代兮無斁銘曰
東井蒼蒼西土茫茫而開分野埜列封疆門多英毅代
産忠良偉哉人物分乎典章其一前涼後涼乃祖乃父赫
弈冠蓋蟬聯文武金箱玉質光□□輔至德符孝貞心
襲主其二可汗嗣□抑揚流□業盛□昆道隆前裔遐迩
欽挹夷夏欣戴四海英髦共推貞槩其三特勤垂裕搏風
振翼孔席申徽嵇松比直智水游泳仁山止息討本尋
源斯摽岐嶷其四毅公雅□莫之與京既忠且孝王佐人
英研精流略指□良平昭昭餘慶愐鬱騰榮其五挺生異
材齠齔振響未盈小學亟承恩獎門閥易隆墻仞難仰

學行無斁名實逾廣其六露冕關河式清邊徼違宣威德
聿敷名教□彼夷落鎮茲□要入□德宇窮□盡妙其七
綏邊寄重尤資望族顯允奇材悠然嗣福外清荒儌內
膺榮祿總戎之寄聲連祕牘其八詵詵于懸屢警邊城侵
□躍馬槩□揚旌橫雲列陣背水開營未經千乜俄夢
兩楹其九□駕□留居諸易□旋悲□珮遽傷埋玉松蔭
隴兮均青草縈墳兮吐緑式鐫貞琬以光勝躅其十
先天元年歲次壬子十二月十六日辛亥孤子息特
進上柱國涼國公嵩立
父碑

明契苾何力子也婁師德製文殷元祚書筆法亦遒
勁可觀碑中契苾何力作河力史諡曰毅疑史爲誤
碑中敘明子前曰長男崧后曰聳二字自相牴牾且
明長子崧襲封涼公而后云孤子息涼國公嵩立又
何也明葬於萬歲通天元年碑立於先天二年仍稱
大周革命仍用武氏製字都不可曉石墨鐫華
此碑立於先天元年十二月乃元宗受禪之後其中
特勤字再見皆特勒之訛按北史突厥傳大官有葉
護次特勤唐書突厥傳可汗者猶古之單于其子弟
謂之特勤通典同温公通鑑考異曰諸書或作勑勤今從新舊二唐書迴紇傳依

託高車臣屬特厥近謂之特勒無君長契苾何力傳
父葛隋大業中繼爲莫賀咄特勒隋書高祖紀突厥
雍虞閭可汗遣其特勒來朝李崇傳突厥遣使謂崇
曰若來降者封爲特勒史傳中稱特勒者甚多此乃
作特勤又柳公權神策軍碑亦云大特勤嗢沒斯此
皆書者之誤若其中有云玉質金相作箱賜揚字前
从木後从才又其小失也金石文字記
右契苾明碑按史何力十二遷爲本輩大夫碑作奉
聳大夫當以碑爲正碑云公三子長曰崧次曰嵩次
曰崇史云聳襲爵碑稱涼國公崧固矣碑末又云涼

國公嵩立父碑何也且從古碑文無父碑二字者開
元改元在先天二年之十一月立碑在前猶稱二年
題云大周者明葢葬于萬歲通天之元年必葬時製
文及書故云大周革命并用武后所製之字也（金石錄補）
右碑在縣北五里雙泉洞巖東北上崖字近下面磨
落僅可意會識之上面則猶初然也（咸陽金石遺文）
按唐書契苾明傳悉與碑合石墨鐫華云長子嵩封
涼國公而後云孤子息涼國公嵩立又何也明葬於
萬歲通天元年碑立於先天元年仍稱周革命仍用
武后製字都不可曉金石文字記亦以此爲疑愚謂

此葢明葬時婁爲之製文殷爲之書是以稱大周用
武后所製字其碑中稱李孝義爲唐膠西公以在周
時不得不稱唐也碑文已書而未立至先天二年始
立耳不然婁師德卒於聖歷元年至先天元年已十
餘年矣焉能起而爲之製文其先天元年數行書法
似別出一手且所書俱不用武后字可爲明驗無疑
至立碑乃次子嵩或製文書碑時三子無恙至先天
時聳已故焉知非次子嵩襲爵葬時嵩與崇不過子
爵今嵩稱涼國公涼爲契苾氏世爵此亦一明驗史
止言聳襲爵不言嵩又襲爵何知非史之闕耶（雍州金石記）

記

右涼國公契苾明碑文稱長子左豹韜衞大將軍兼
賀蘭州都督涼國公名已漫漶然上半從字猶依稀
可辨據唐書本傳云子聳襲爵則是聳字但此碑前
云授長男從三品而次子嵩崇爵名皆從山又疑當
爲從字葢即從而移其山於下耳末題先天元年十
二月十六日孤子息特進上柱國涼國公嵩葢立石
距製文之時已十有六年長子沒而更以嵩襲公爵
亦史所失載也碑用武后新製字惟府君之君聖人
貞觀之聖仍書本字（潛研堂金石文跋尾）

唐時單于稱可汗其次謂之特勤文或作特勒亦謂
之特勤按北魏書有宿勤明達北史作宿勒其誤與
此同（關中金石記）
余近得拓本僅得其半就文內與史有可參校者新
唐書明本傳年十二遷本蕃大夫今碑作稽奉蕃大
夫（稽即授字亦作稽）百官志掌蕃四十二人奉蕃十五人叅
則本蕃亦依碑作奉蕃而史云擢嫡子三品官下云
子聳襲爵今以碑證之有云稽長男從三品與傳同
下文列明子嵩崇等並以行次從山而史但作聳誤
也明父史作何力此碑何作河葢漢碑何多作河也

吳公碑逢盛碑柰何字皆作河則何與河古用字亦可通也碑立于先天二年十二月爲元宗受禪已後故碑首行云式隆王道隆字闕中畫又有埜墅元年埜郎證唐君臣正論武后改易新字以永圭久王爲證此又以永主人王爲證授堂金石跋

按契苾明爲何力之子李義山詩集有贈別前蔚州契苾使君詩原注云使君遠祖國初功臣蕃掐何力父子也義山爲文宗時人距國初二百餘年則與義出同時者必是何力之八九世孫玩義山詩云夜掩牙旗千帳雪朝飛羽騎一河冰則亦有

戰功可紀郎其高曾之世亦似有勤王之功著于實錄詩故又有奕世勤王國史稱之語惜兩書不載其文故附記于此

周公祠碑

碑高七尺廣三尺五寸五分二十七行行三十四字正書篆額在偃師縣學

周公祠碑并序

朝議郎行偃師縣尉賈□義撰

原夫陰陽不測之謂神變化無窮之謂聖聖也者範圍天地□萬物□不□其功神也者探賾窈冥降□□而不□其惪持大鑪之斡運日月□明振中古之誓猷乾坤合度盛業冠於百代美化流於四國其□也□我爲光輔其逝也薦我爲明□所謂有始有終可久可大者也公字朝明文王之子武王之弟成王之叔父也昔尭臣以拔□踐祚初開□地□宜殷伯以積惪累仁終嗣格天之業□太極而承元吉資中和而誕賢聖知微表於幼顏繼體分於正氣兵戈已偃西周之曆數攸歸宅土□封東魯之衣冠允集故能勤勞家國翊亮台衡植珪璧而拜三壇御冕旒而朝萬寓鴟鴞救其衰亂狽跋明其□始尊嚴其父孝理也炯誡其子卑牧也七月艱難陳業也三年征伐敘功也復子賓□不虧忠敬之誠

開我金滕迺得風雷之意於是測四方以定都邑分六職以明典刑制□□□安上理人則俎豆之□行揖讓之儀備制大樂以移風易俗則和感之音暢舞詠之情宣詳八卦而究精微演六爻而告疑□所謂極深研精立功成器以爲天下利者也敢問元王之惪何以加於□乎若迺示諸仁藏諸用道藝可以激揚今古軌摸可以粉澤人倫懸寓煥□不假一二談也嗟乎天道有盈虛人事有□沒猶使百年黎庶譬軒帝之威靈四序蒸嘗冄君王之典則非天下之至聖孰能與於此哉偃師縣祠堂者按圖經云後人懷□恩所置也負陽岑之巖

險面迴谷之縈紆四水以爲川二室以爲鎮重檐累栱登玉戶而三階洞室迴廊列金楹而四合壽宮肅肅備物嚴嚴苑若居攝之仁明穆如行化之易簡孝若之倂個庭廡未足賛其精微靈均之倦矶階除不能詞其恇巽易稱王假所以致孝享詩稱天作所以祀王公崇敬則遐迩同臻嘉祥則賢愚共祓若迺日之吉辰之良銀筭繡軸溢迺莊會舞安歌紛滿堂樽酌奠芳斛桂琛鏘鳴兮琳瑯下禱戴兮介福上歆馨兮樂康雖盛凝之持戒練心傾恇不怠劉長之去邪歸道拜謁逾勤正直聰明於是乎□□以癸丑秋末迄于甲寅夏首西郊不雨

南畝亢陽八溪以□渚濱河旱植靑草　九重以握珪沉璧□□□華蹙□無鶴立之徵田夫有狼顧之懼尹上柱國武威縣開國子隴西李傑山河閒氣廊廟宏材允四海之具瞻裁三川之景化西京佇潤稍□分陝之郊東都思理再臨惟洛之邑奸豪懲而疑滯剖鰥寡悅而禮義行恩澤布護頌聲洋溢正議大夫行少尹護軍彭城劉禎正議大夫行少尹上柱國博陵縣開國男□元□並星象之奇衣冠之秀器惟經國六藝襲於班楊□以昔時令望見於臺閣佐官司錄柳齊物等並陟遐自迩始當州府之勞擇士用才終踐公侯之望朝請大夫行令博陽縣開國男彭城劉禮微金枝玉葉之門上善通賢之量歷雙臺之鯁直闡雷邑之風□□義□狀兆并自息通直郎行丞王鈍朝議郎行主簿李循古承議郎行尉崔延祚莫不珪璋比惠麟鳳成文藏用於東畿安卑於西亳咸以分官濟俗共理經邦欽若

皇情特憐黔首吁嗟朔宇申至理之齋乔拜起靈壇奠明祈之蘋□誠敬如在神聽無違言未畢而布油雲禮未終而澍甘液三農有慶八政□□□□□□□□□□而家邦可制非聖人之利物豈能與於此者是有黃髮兒齒之徒相與而稱曰昔文翁以化漸蜀川猶存

古廟子產以政行鄭國尚列遺祠況乎道惠均兩儀神靈庇萬代而頌章斯闕盛事莫傳蒙少忝靑衿晚紆黃綬勤誠不夢登吾道之將衰遊□難言冀斯文之未喪

頌曰

伊太初兮惟混惟茫暨中古兮無制無防大忠勤國兮輔我君王至道被物兮明□典章乾坤可測兮陰陽會合威儀不差兮禮樂鏗鏘上□□□兮先靈如在下人蒙庇兮遺惠不忘春夏炎赫兮銷流金石官寮祈請兮拜伏壇場神聽之兮密雲已灑人賴之兮零雨其濛宜大田之多稼望高廩之盈倉羞蘋蘩於祭禮建碑頌於

祠堂松柏森沉兮歲久煙霞□□兮山荒謁明神於此
地降福祚之穰穰
大唐開元二年歲次甲寅十二月甲寅朔五日戊午
建
上柱國子□□□□一甥勒

按碑所載偃師縣祠□者按圖經云後人懷□恩所置也首陽岑之巖險面□谷之縈紆其文述祠之始末基宇略可推見如此伽藍記首陽舊有周公廟世隆欲以太原功比周公故立此廟廟成爲火所焚今是碑舊在縣西之石橋堡石橋與首陽比近碑亦云

首陽岑則祠即爾朱時所營造由其廟焚以後唐猶依其故址也碑文云以癸丑秋末迄於甲寅夏首西郊不雨南畝亢陽按新唐書元宗紀開元二年五月壬午以關內旱求直諫云云據此則東都亦旱矣史文或有闕記也五行志開元二年春大旱按碑云癸丑秋末迄於甲寅夏首則旱已踰歲非僅一春旱也文內有云公諱旦字朝明公字他書皆無聞獨見於唐碑疑皆後人附會之詞不足據今府志採入謂補史傳之闕蓋失斟也偃師金石遺文記

右周公祠碑朝議郎行偃師縣尉賈□義撰文多漫漶不見書人姓名詳其文義蓋以河南尹隴西李行正少尹彭城劉禎偃師令彭城劉體微等禱雨周公祠有應立石頌之也考舊唐書本紀開元二年正月關中自去秋至于是月不雨人多饑乏遣使賑給名山大川竝令祈祭是時明皇親政姚元之當國民隱不壅于下而守令亦能勤于民事祈禱之誠如響斯答良足稱已潛研堂金石文跋尾

按文載河南尹李傑少尹劉禎□元□司錄柳齊物令劉體微丞王銳主簿李循古尉崔延祚凡八人獨李傑兩唐書有傳云傑本名務光相州滏陽

人其先自隴西徙焉舉明經累遷天官員外郎神龍初累遷衞尉少卿爲河東巡察黜陟使開元初爲河南尹勤于聽理當食無廢處斷寡婦有告其子不孝者物色一道士接間乃與婦私殺而內於棺濬梁公堰省功速就刊石水濱以紀績此皆見於傳者碑所謂奸豪懲而疑滯剖鰥寡悅而禮義行蓋約略言之也兩傳俱云以護橋陵作賜爵武威子橋陵爲睿宗陵開元四年始葬此碑立于開元二年已云武威縣開國子則在護橋陵之先二年矣恐傳誤也文內凡用字俱闕筆作用當必有

所避耳

少林寺戒壇銘

石橫廣一尺四寸六分高一尺三寸二十一行行十八字正書

唐少林寺戒壇銘有序

三藏法師義淨製

括州刺史李邕書

粵以長安四年歲次甲辰四月七日此寺綱維寺主義奘上座智寶都維那大舉法濟禪師及德衆是以少林山寺重結戒壇欲令受戒儀共遵其處迺遂之都下屈諸大德殷勤致禮延就山門是時我老苾蒭義淨及護律師瑳禪師思禪師恂禪師暉律師恪律師威律師等既至寺所解舊結新僉議此遠名爲小戒標相永定冀無疑惑于是獲鷲峰之嘉士無召自來得草結之英賢不期而會數逾一百行道二旬共繫頸珠俱脩跣足誠五濁之希有慕四依之住持虛往實歸紹隆無替庶乎桑田屢改長存立石之基砂界時遷無爽布金之地恐地成碧海傾變青川迷此結辰乃爲銘曰

揭磨法在聖教不淪式傳金口是敬是遵曰觀西域杖錫東埵覩盛事而隨喜略刊紀乎斯文

開元三年正月十五日建

沙門如通立石　　伏靈芝刻字

少林寺戒壇銘泰和書之最小者且刻字稱伏靈芝乃泰和所自勒尤是其絕矜意之作然考都氏金薤琳琅所載文同而款特異爲南館學生張傑書余未見張本疑不能釋豈此或繫重刻歟然觀其筆法蒼秀定非重刻及以此本細按金薤琳琅彼闕九字此一字無闕其問多寡異同者又有數字然後知當時蓋有兩刻而曹秋岳金石表亦並載之其爲兩刻無疑也戒壇始於長安四年碑建於開元三年舊史邕貶括州司馬在開元三年以後十三年以前然爲括州司馬未嘗爲括州刺史也其爲括州刺史在配流嶺南後新史云開元二十三年起爲括州刺史而此銘立於開元三年正月已稱括州刺史豈兩史皆誤歟虛舟題跋

許靈長先生跋云余見北海書數十種用筆各異唯岳麓雲麾相似此帙世不概見出奇無窮抑先生晚年之筆與每作志傳皆手自勒石伏靈芝黃仙鶴皆寓言也許故書家善鑒別以此碑筆妙并信其手勒其推重此碑如此按金薤琳琅記戒壇碑其云三藏法師義淨製開元三年正月十五日立皆同碑本獨

金石萃編卷七十 唐三十

於書人則云南館學生張傑又注闕字凡九不似碑本之無一闕字明是李張各有一碑矣獨不應立碑之同月日也是不可解也弇州續稿云少林戒壇銘開元三年爲學生張傑書當是時傑應尚少且不以書名而筆法老成乃爾又時未盡習帝書故猶有瘦勁意此條與金薤琳琅俱是作張碑跋不及李碑誠無足怪而嵩山志云張傑書天下金石志云張傑八分書俱言張而不及李豈於李碑皆未之見耶觀妙金石文考略

按碑題括州刺史李邕書開元三年正月十五日

建舊唐書李邕傳中宗時出爲南和令貶富州司戶唐隆元年元宗清內難召拜左臺殿中侍御史改戶部員外郎又貶崖州舍城丞開元三年擢爲戶部郎中時姜皎用事謀引邕爲憲官中書姚崇嫉邕左遷括州司馬新書惟無開元三年餘同唐書宰相表姚元之自開元元年自同州刺史入爲兵部尚書同中書門下三品兼紫微令至四年閏十二月罷邕以三年內擢必在正月之後其被姚相忌嫉左遷亦在三四兩年之閒其官郎中從五品上若上州刺史從三品中下州刺史正四品下惟司馬上州從五品下中下州從六品上邕以郎中出爲司馬故云左遷若爲刺史階在郎中上安得謂之左遷乎且碑建于三年正月十五日其時邕尚在崖州即已內召亦當在途若文爲三年以前所書似乎由中州遠致崖州碑文非鉅製在少林亦未必若是之亟涉遠求也頗疑所謂邕者竟是託名蓋其時少林寺正當興建戒壇之時寺僧立碑假邕書以取重但据傳聞邕在括州遂以爲必是刺史也若使邕自署其官豈有誤書之理且其字蹟秀潤不類北海生平書又疑既是託名則并年月亦是追題似建碑實在邕左遷括州司馬之後或開元

三年正月十五日是建戒壇之年月日也銘詞云目覩西域杖錫東埵据上下用韻是淪遺文則當作東墳方叶韻非東埵也禮檀弓注土之高者曰墳孔安國尚書序三墳言大道也此碑云東墳即東土之義

劉君幡竿銘

碑高四尺五寸五分廣二尺九寸六分二十二行行三十四字正書

大唐蒲州虞鄉縣令劉君幡竿銘并序

粤我　皇唐之經六合揔萬方撫綠圖尊紫極九十

有八年矣實用進忠直黜佞邪尚有功任有德一臻斯道而天下密如雖堯舜之治禹湯之政對而爲語誠罔何藐然以股肱要□物務殷綜倬將撫字寔冀惟良任難其人博選髦傑則有我　劉公首膺榮命上□天心詢事考言　帝俞則寄華朱紱而就職擁墨綬以臨人察察焉兢兢焉允允　明王之舉也故嘗以德惟善政政在養人言念孤弱殆將流涕於是設教敷化寬獄緩刑黠吏移心兇渠束手誨我子弟植我田疇庶績其凝人用胥悅加以鐏搖晚酌息前庭之訟端琴弄宵閑坐北堂之微月則使雙童蠶妾咸曰來蘇杖老

耕夫僉謀再稽然公以志崇麟寂契入道真悟法性空不生不滅解如來意無我無人則鍾鼎非度廿之資軒裳豈出塵之具方欲潔誠洗慮高致清虛解帶抽簪遠累天壤廼□茲祿□發此淨心敬樹幡竿於栢梯山寺之西南岑也錯綜繪綺雕飾梓材匠人盡斧斤之奇女工窮縟繡之妙規摸逾逸今古莫儔迫而察之有若神化然則前臨峻嶠北負平原崢嶸萬仞蕭條千里風生北谷韻清響於禪林瀾入猴池靜潺流於定水長蘿絓日層峯擁雲幽谿不春蓬壑無景殊形詭狀不可殫論信山岳之神秀靈仙之所窟宅然僕識□□□材行庸

疎式踐文場猶迷闘閾初航學海未辯波瀾好事必旌常有其志□□□寺都維那法泰上人爲予傳之偉其事績目雖□覩耳所甞聞粉墨抽毫式銘景福其□曰

於赫有唐紹統三光功侔往帝名超上皇四海無外率土賓王剋明衮□俗阜人康其一英英　劉公恪□榮秩臣道斯備黃裳元吉取則韋弦性兼舒疾人□宗□□猶冬日其二思絕鍾鼎契入幽真念茲含識幾慟心神廼眷南顧廣樹冥因華幡□日雕竿倚雲其三直侵黃道迥暾紫微晴虹偶影虔鳥驚飛莊嚴孔備功德巍巍配山河于永固与天地而同歸

開元三年歲次乙卯正月甲申朔廿八日辛亥畢功

上坐崇簡

寺主彥琮

按碑題虞鄉縣令劉君而文中不著其名文云敬樹幡竿於栢梯山寺之西南岑也山西通志虞鄉縣山川條載栢梯山在栢梯村卽檀山半也巒巘懸絕連木乃陟百梯方降鑿石闢蹊憑崖標閣下引劉行忠幡竿銘敷語與此碑文合是縣令爲劉行忠矣又通志寺觀條下虞鄉縣石佛寺在縣西南三里卽古百梯寺司空圖有上百梯寺懷舊僧

詩下引虞鄉令劉行忠幡竿銘數語亦卽同此碑
則此寺爲幡竿之所在矣柏梯百梯想通稱也

醴泉寺誌公碑

文從京本錄出碑之高廣尺寸行字數皆無考正書篆額今在鄒平縣

大唐齊州章丘縣常白山醴泉寺誌公之碑
上闕京大薦福寺恭敎□慶　綴文沙門元傘
上闕薦福寺□□翻經院校勘沙門正智寺都維□僧
道寂建此寺下闕
□□曇花未出肅詎知寂滅之名覺日猶□昜嘗識苦
空之相□夫金儀下降含靈□淨月之光寶敎旁流□

□□□雲之潤三車□錫下闕化工□□□香不息所以
化身周流於別土神□□□於塵沙或十大聲聞馳形
□□一方菩薩納景涼臺觀□背嶺以宣慈濤瀞起下闕
未掩白足□□佛法之□□□月□咸□王城之金蓋
□生□道□境發□若不人□具□□□諦幢高□
者與今此醴泉寺者是矣齊下闕經文師卽□□身之菩
薩□遊神境來届茲山棲託巘阿聿脩禪寂以爲此地
元武之分青龍□□□首以開疆據天齊而劃野郄
下闕尚父之□居九合一匡齊桓公之霸國爾其常白山
者廼摩天□地晻映蔽虧抱泉石以娛神出雲霞而養

性山毛地髮名花將軟草連芳下闕人□□繪□□形勝
□□招提自後七級崇圖□起舍佉之才五層糸□重
標戳勝之門海目山亭妙相殫於變態虹梁鳥革大壯
下闕綵畫□□塵凡□□香□水調八解之□風□五音
之說息心之輩見流注以超昇迴面之徒仰幽關而悟
入時逢□□代屬下闕金林玉□寥落幽巖我國家灌頂
四天纂圖千帝以佛乘爲爲馬用道品爲城郭八方起
塔□□道形九□聚鹽倚殿下闕佛□□此精廬□通堯
日三齊族姓向梵境以翹誠四履□□仰釋天而矯首
又屬中宗孝和皇帝龍興漢道入天經下闕周法界去景

龍二年歲次景午爰有齊州正智寺都維僧仁萬俗姓
李字道寂慨茲隳墜抗表□宗天鑒至誠特賜名下闕否
而還泰山靈掩以重開法俗歡康人神一悅初師之行
進表也夢乘船上山及登□赴朝所刂無礙豈非典廢
□定通□懸期下闕假裝東上將□□州□□三藏義淨
法師各代高僧天下重德先奉敕於大薦福寺□□
律以□□□□□□勝緣□城在東倍增下闕四□降靈
五□德□人天之表名揚宇宙之開聖□難□神功叵
測及將命星發載達京□□□□□□□□時有
下闕身□□輟絃歌哉□□□卽以二月八日親率合境

老幼大會新寺表慶天恩又於□□之□尊卑就列鴈
行齊聽闕下忽見有醴泉□□□□三四尺深淺三尺餘
色淨味甘爰符瑞典挹酌同飲咸覺錮痾豈不以□福
□圓三靈允答光揚寶□滋液金場故闕下上聞□□垂
感有敕改名爲醴泉寺仍更抽入冊九僧住持行道自
靈波再委于趙重開日殿赫而□昇月宮華而桂滿若
乃闕下海精勤以齊深戒月澄空□□密霧翻燈焰室巧
避輕風瀉□□之龍□洗毗□之鳥眼長袪五住遠劾
四心刷□爲以飛雲響闕下拾生之地續桂□□有情根
執足方□鳥金鼓□功不朽流福無窮斯並先帝之本

願莊嚴法師幽贊威神之所致也又師遊戲生死示闕下
儼如親對郎平時所將黑犬亦絫具□□厭□□無願
不從迥至有患心痛者但取廟前少土和水服之應時
便愈遺形是託神靈保持由是闕下梁寺史傳師本俗姓
朱氏金城人也少出家□□道林寺僧儉法師爲和上
業存禪□宋太始初漸彰異迹居止不定飲食無時長
髮跣足每闕下詞同讖記言不虛發應驗如神或□視通
於北□分形遍於南國奇怪忽恍不可殫論以天監十
三年歲次甲午十二月六日闕下相奄然示終時有異香
□□芬馥特敕厚加殯送葬於鍾山獨龍阜仍於墓所

□開善精舍敕陸倕製銘於家內王筠勒碑於寺陰闕下
生及其去也以精靈度物哀憐庶類福祚皇王且彼託
鍾山此依常白彼葬龍阜此□龍臺前王挹風建開善
之墳　後帝傾□□醴闕下至今大唐太極元年歲次壬
子皇帝御天下之三載凡一百九十九年化化之緣古
今無盡明明之德日月彌新其所變現之梗概闕下之□
衆所未諒恭敬者隨時受福疑慢者應念立徵事迹繁
夥不可備載當嘉聲上徹先帝令左臺監察御史宋務
先親加檢覆闕下八正所以知歸一鄉□緣獲未曾有□
□復命倍沃天心刺史楊元禧分符北極露冕東藩□

雨逐於行車仁風隨於轉扇黃金闕下追鳥跡於上乘想
□□□□□繩寶地□動天宮鷲瑞香園延光帝載
縣丞主簿縣尉□舍闕下羣物揚舲彼岸録事□□鄉□
等門滋蘭□□□芽悲信滿於州閭因果□於□□
□□虔命□奉闕下九地荷於津通貝樹披春帝王之遺
文秩矣金□□□諸佛之正道通矣迷津□路菩薩運
載之乘行矣□□□□□□之闕下況闡天大造充
溢於盡空淨域鴻緣牢籠於無外昔迦□□□如來垂
讚歎之□□彌勒當□□□表歌揚之偈若稽古訓式
樹□碑仍於闕下銘曰

義天兆昧儀花未披但迷五口孰辨三伊口口火宅耀
我金儀神足縱軌口口揚裁其一口有口成觀方口口戴
表靈口口開下闕覩駮我寶地壞我金埸花殘鷲沼煙斂
龍香霞標歌滅石徑荒涼其三萬萬乘皇千齡鑾帝日月
遠口飛行口契口念新口口口口口高下闕精標五門玉
墀似感銀口輿存其五欲赴天泉口規國德寄誠墳廟傳
詞翰盤瑞醴通流嘉祥允塞重光佛口口題宸極其六紺
軒加下闕沙其七先帝聖靈聿資神境冥扶默贊分形散影
既墓彼山又墳茲嶺寶鐸雙振金繩其炳化口口口眞
身永永其八功口泉口口口口口天下闕宜聞諸典故鐫金

鏤玉道該緇素式讚王猷口口淨度勒像賢劫刊碑豈
路其十
開元三年歲次乙卯二月己酉朔十五日癸亥下闕
額云大唐齊州章丘縣常白山醴泉寺誌公之碑今
仍在寺中而其地已割入鄒平矣　按此所述是梁
之寶誌與陸倕文略同而曰既墓彼山又墳茲嶺則
此地亦有誌公墳也按雒陽伽藍記別有一寶公豈
即其人而作文者誤以爲梁之寶誌乎不然何以一
人兩葬也金石文字記
常白山醴泉寺誌公碑唐開元乙卯立文作齊梁體

可辨者十之三書法圓勁在歐虞間每行凡七十九
字其下多斷齧不存其碑陰乃誌公像也池北偶談
右碑文三十六行字徑八分下截已斷陷入趺中文
字殘蝕不全每行祇存五十四字寺在鄒平縣碑額
則稱章邱縣據鄒平縣志載黌堂嶺在城西南三十
三里距章邱三十里以山脊爲界西屬章邱東屬鄒
平今醴泉寺在黌堂嶺之東麓宜屬鄒平想唐時章
邱界址必逾嶺而東也長白山碑作常白山醴泉寺
碑作醴原寺皆通用字醴泉在寺右百步石壁下讀
此碑知醴泉之出始於道宬修寺之年碑云景龍二

年歲次景午按中宗神龍二年是丙午若景龍二年
爲戊申不知碑何以致誤也山左金石志

馮氏婦墓誌

石高廣皆一尺三寸六分十三行行十三字正書額題故馮氏婦墓誌之銘篆書

唐將作監主簿孟友直女墓誌并序
女十一娘字心河間人也年十九適馮貞祐徵極如賓
禮優侍櫛鄰靡他之誓將固於同心而与善之徵竟虧
於與物嗚呼哀哉春秋廿以開元二年七月廿日終于
洋州興道縣廨舍開元三年四月九日葬于陳倉縣之
新平鄉禮也惟父与母恩深骨肉痛切哀憐方備儀於

幽隧用留念于終天廼爲銘曰

天道邈遠神理難明嗟彼淑譽淪乎此生荒埏月照古樹風驚人誰不死尔獨傷情

按此石以乾隆己卯年出土從前金石家所未著錄者闗中金石記

胡佺墓志

石高二尺五分廣二尺二十行行二十字行書

大唐處士故君胡君墓誌并序

君諱佺字尚真安定人也遠祖因宦遂凥介休夫樓椽是佐鎦胡綜之文章清白知名見胡威之父子光光懿

烈不替先風簡諜詳諸可略言矣　祖買隋孝廉舉文林郎幼洽詩書長崇禮樂太初玉樹夙擅嘉聲韋氏金籝遠昇高第　父端養素不仕情貪野薛志篤衷裳道王业琴跡存山水君濯濯儀形汪汪軌度珠胎孕月光彩絶倫蘭若銜風幽芳自遠鄉里稱善喻彼少游文籍自娛同夫孟陋遺累覊滓傲性煙霄聲軒不介於樓寵辱不驚其慮歲臨辰巳鄭康成於是云亡月犯少微謝慶緒俄而致殞春秋七十卒于私第夫人石氏稷荷比秀芙蔚齊貞宜其室家和如琴瑟翰林之鳥始雙飛而隻飛龍門之桐俄半生而半死嗣子懷爽懷玉岵屺長違霜露增感粤自開元三季歲次乙卯龍集單閼十月己酉朔廿五日癸酉遷窆於介休縣東廿里平原禮也滌上山傷昭餘澤右欋陵谷而驟易思封樹而永懷乃爲銘曰

盤根安定散葉汾壖乃祖乃父光後光前惟君節槩業尚虛靈鬼瞰庭宇鳥鳴座筵不逢石髓俄歸玉泉一閟丘隴長嗟逝川

按文敘胡氏先世有曰樓椽是佐錯胡綜之文章清白知名見胡威之父子三國志吳書胡綜傳綜字偉則汝南固始人也仕吳主權時凡自權統事

諸文誥策命鄰國書符略皆綜之所造也傳後評曰是儀徐詳胡綜皆孫權之時幹興事業者也儀清恪貞素詳數通使命綜文采才用各見信任辟之廣夏其榱椽之佐乎晉書胡威傳威字伯武壽春人質子父子俱以清愼聞其云祖買父端則無傳可考

金石萃編卷七十終

金石萃編卷七十一

賜進士出身　誥授光祿大夫刑部右侍郎加七級王昶譔

唐三十一

法藏禪師塔銘

銘橫廣三尺三寸高二尺九寸共三十六行行三十字正書首題隸書

大唐淨域寺故大德法藏禪師塔銘并序

京兆府前鄉貢進士田休光撰文

世之業生滅若輪環者則雖塵少作數草木爲籌了無遺纖哉吁不可知者其惟流浪乎夫木性生火水中有月以凡登聖從道場而至道場口因及果非前際而於

後際行之於彼得之於此禪師諱法藏緣氏諸葛蘇州吳縣人昔羣雄角力三方鼎峙蜀光有龍吳恃其虎瑾之後裕蟬聯姑蘇曾祖晉吳郡太守蘇州刺史秘書監銀靑光祿大夫上柱國開國男大父頴隨閬州刺史銀靑光祿大夫父禮　皇唐少府監丞吳會旗裳東南旖旎洗盥而淸爽落衣錦而燭江鄉山海禁錢蓬萊秘府屢遊淸貫歷拜寵章禪師卽蘇州使君之曾孫少府監丞之第二子也年甫二六其殆庶幾知微知章克岐克嶷此寺大德欽禪師廣世界津航人非鑽仰禪師伏膺寂行口備師資因誦經至末徽中頗以妙年經業優

長奉　勑爲濮王度所謂天孫利益禪門得人禪師自少出家卽與衆生作大善知識道行第一人天殊勝開普門之幽鑰酌慈源之瀣波由恐日月居諸天地消息每對天龍八部晝夜六時如救頭然曾未蹔捨非乞之食不以食以至于頭陀非掃之衣不以衣得之於蘭若禪師自少于老驅驟象馬奠之閒乘也以爲鎔金爲像非本也裂素抄經是末也欲使賤末貴本背僞歸眞求諸如來取諸佛性此二相八十種好衆生對面而不識奈何修假以望眞且夫萬行之宗衆相之本生善之地修善之境禪師了了見之矣夫鍾鼓在庭聲出于

外如意元年　大聖天后聞禪師解行精最奉
制請於東都大福先寺檢校无盡藏長安年又奉　制請檢校化度寺无盡藏其年又奉
制請爲薦福寺大德非禪師戒固居龍象之首淸淨開人倫之目不然焉使　天文屢降和衆相推揚覺路之威儀總禪庭之準的護珠圓朗智刃雄鳴伏違順之鬼魔碎身心之株杌廢情屬境卑以自居如谷王之流謙百川委輸若周公之吐哺天下歸心菩薩下入名在衆生之上悲哉三界卽火宅之所四大將歲時之速既從道來亦從道去遂拂衣掩室朓爲繩牀惟惚惟

恍不驚不怖粤以開元二年十二月十九日捨生于寺報齡七十有八門人若窀考妣乃相謂曰和上云亡吾徒安放乃拔血相視仰天椎心即以其年十二月廿口日施身于終南山梗梓谷屍陁林由是積以香薪然諸花疊收其舍利建塔聯波于禪師塔右自佛般入涅槃于今千五百年矣聖人不見正法陵夷即有善華月法師樂見離車菩薩慈兹絕紐並演三階其教未行咸遭弑戮有隨信行禪師與在世造舟爲梁大開普敬認惡之宗將藥破病之說撰成數十餘卷名曰三階集錄禪師靡不探賾索隱鉤深致遠守而勿失作禮奉行是故

弟子將恐頹其風聲乃掇諸景行記之于石銘曰

有若禪人凝稜心不易兮身世頑洞探討真賾兮寂行沖融渙若氷釋兮軒裳蟬聯晴暉相射兮弃蕤不染乾乾衣錫兮蕭灑諠譁地自虛僻兮靈關洞開亡珠可索兮吾將斯人兔夫過隙兮魂兮何之聲流道恪若使天地長久而可知郎相與攄實刊之于石兮

開元四年歲次景辰五月景子朔廿七日壬寅建

右碑題云大唐淨域寺故大德法藏禪師塔銘八分書京兆府前鄉貢進士田休光撰文正書無姓名或即休光書也開元四年五月廿七日建按序俗氏諸葛蘇州吳縣人爲瑾之後曾祖晉吳郡太守蘇州刺史大父穎隨閬州刺史父禮皇唐少府監丞以名賢後裔不應舍族披緇但云年甫二十六奉勑爲濮王度則當時爲后主太子諸王剃染者皆搢紳子弟可知也濮王即太宗子魏王泰泰以貞觀二十一年改封碑云師于開元二年捨生報齡七十有八則剃度在永徽三年正泰開府置僚屬時也 金石錄補

按碑稱隨信行禪師撰三階集錄數十卷隋經籍唐藝文志皆未載予又攷隋書文學傳有諸葛穎者丹陽建康人官著作郎終正議大夫未嘗爲閬州刺史

其父名規梁義陽太守亦不名晉則與法藏之祖雖同時而非一人矣 潛研堂金石文跋尾

按田休光非工文者碑文語多疎謬如敘禪師之曾祖晉既云吳郡太守又云蘇州刺史隋書地理志吳郡陳置吳州隋平陳改曰蘇州大業初復曰吳州隋書百官志郡置太守州置刺史文獻通考云開皇三年罷天下諸郡以州統縣大業三年又改州爲郡郡置太守至唐武德元年又改郡爲州改太守爲刺史晉仕隋時若在開皇以後則當稱蘇州刺史大業以後當稱吳郡太守二者斷無同

時並稱之理下云上柱國開國男不著所封其縣之爵又既敘曾祖晉銜名于前矣而後又復云蘇州使君之曾孫皆行文之無法者文稱如意元年奉制于東都大福先寺檢校无盡藏河南通志福先寺在河南府城東三里唐神龍元年則天創建据碑如意元年已有福先寺不待神龍元年殆河南志誤也文又云長安年奉制檢校化度寺无盡藏長安志皇城義寧坊南門之東化度寺本隋真寂寺武德二年改化度寺寺中有無盡藏院敬宗賜化度經院金字額文又云其年又奉制請爲薦

福寺大德長安志開化坊南大薦福寺本襄城公主第襄城薨市爲英王宅文明元年高宗崩後百日立爲大獻福寺度僧二百人以實之天授元年改爲薦福寺中宗即位大加營飾自神龍以後翻譯佛經並於此寺据碑則長安年已請師爲大德其時薦福必非頹廢者是營飾之役不待中宗時矣然長安志要自有據碑蓋鋪陳師之歷主大寺爲朝廷所隆禮如此恐非盡實錄也

賀蘭氏墓誌銘

石高一尺七寸七分廣一尺六寸四分十六行行十七字正書

大唐太常協律郎裴公故妻賀蘭氏墓誌銘幷序

夫人賀蘭氏曾祖虔隨上柱國祖靜　皇朝左千牛父元悊潞州司士並宏翰深識有聲於代夫人即協律之姑女也童姿粉姸笄態瓊淑惟德是與乃賓我裴公宜其鏘鏘和鳴晏晏偕老女也不憖天胡降灾綿聯沉痾三淡其歲洎大漸移寢於濟法寺之方丈蓋攘衰也粤翌日奄㱠其凶春秋卅有四即開元四年十二月十日至十九日遷殯於鵶鳴塠實陪信行禪師之塔禮也夫坦化妙域歸眞香塋衡之冥果則已无量有子太元等或孩提而孤擗摽以泣嗚呼生人之至艱也裴公

傷奉倩之神痛安仁之單闈範貞石碑光泉門銘曰

芙容劍兮蛟龍質梧桐枝兮鳳凰匹天何爲兮降斯疾
俾雄雌兮歡不卒延津女牀奄相失千年万古哀白日

按此碑題曰太常協律郎裴公故妻賀蘭氏與集古錄所載陸贄撰之賀蘭夫人墓誌蓋別一碑彼碑是秘書監陸公夫人贄之曾從祖母也賀蘭氏北周書賀蘭祥傳云先世與魏俱起有紇伏者爲賀蘭莫何弗因以爲氏後有鎮武川者因家焉碑敘先世曾祖虔祖靜父元悊隋唐書俱無傳文云洎大漸移寢於濟法寺之方丈蓋攘衰也攘衰二

字未詳下云遷殯於鴟鳴堆實陪信行禪師之塔鴟鳴堆即楩梓谷在長安縣南六十里信行禪師塔院即百塔寺賀蘭夫人病則移寢於濟法寺之方丈殯則遷陪禪師之塔不知其何謂而碑猶謂之禮也此果何禮耶其時夫人卒年四十四其夫裴公尚在又不言與寺僧有何瓜葛而卒於寺附於塔恬不爲怪可知唐時士大夫於喪禮之廢蓋已久矣

葉有道碑

跋本高廣行字俱無考行書

唐故葉有道先生神道碑并序

栝州刺史李邕文并書

昔者誕發老君道純天地生得夫子身負日月且時宰不宗主人勿用刿乎埋照後谷潛盤窮山幽姿蛻於塵容素尚允於仙類登降命行矣爵服榮之而已哉公諱國重字雅鎮南陽葉縣人也自少與錫羨高卒纂緒陶唐重熙后稷邁種文王之龢乃食於沈尹戍之子載封於葉受氏享國大哉邈乎邈乎祖乾昱克壯其猶永孚於德壎戶習隱塞兌億坤碩膚長材通理博藝雖安卑累至而堅卧固辭故慶祚克開眉壽維永矣厥考道興性守宮庭道數邦國居鬼從地率神從天受籙以恒之飛符以北之扼魍魎之邪劉龔合之異有足奇也至於揮札落紙引弓貫革特起五部廣推大餘侯誰嗣哉先生靈承道宗異聞訓誘弱喪文貌幼尚純篤仙骨有象童心不萌專精五龍遍遊羣岳聰以達遠明以察微達死生之占體物氣之變晉靜貞動耗息影歸止雲外口壑林巢仙居人絶不鄰道圃且右獨往幽勝永歌隱淪放閑保和習虛致靜捃五石之髓擷三芝之英時哉不留歲聿其逝緇髮純漆韶顏渥丹事適龢同神與道婞惟寂惟寞不飲不食數十載於茲乃昇聞帝庭駿發皇

眷蔚才受命降尊加禮將之以文馬速之以暢轂先生盱眙長揖握手高謝曰自昔帝舜登庸德輝允鑠光武繼統吏道孔嘉且薛方逢萌備外臣之禮虞仲夷逸終處子之業豈垢俗疵物偏貢介性將採道纂類坐致奇齡使者齎而之疑中遂行之旨乃周覽廬室躬省倉廥考疇人之疆畔詳家童之作業皆儉以遵約安能維始味不甘口色無養目信以爲誠去僞敢守難奪順風可即强起曷至焉遂虛瓢復命慙歎間列朝廷企其高渴其道聆嘉聲而屬口者豈勝言哉有司以天元書缺星度官號七五德之運移四時之分剸鬼越祚不知所

況予亥母癸烏識其原皆乖遼遠尋請益傳受可謂纖
誠列而曲直徵衡誠懸而輕重立粤惟博物君子豈伊
小說鄭生鳴呼天不持久人將復歸蹟年迫於期頤遠
志屈於摧落卜兆幽石託墳滿林逸人不追國士靡憲
泉石沮色鄉縣失聲豈無他人惟子之故禦子慧明贈
銀青光祿大夫歙州刺史公冈替厥緒代增其業啓秘
籙之高妙揚靈津之洪波道微若聲心感若氣吹律俊
谷運靈知天嚴下辟書終不應命孫子景龍觀道士鴻
臚卿越國公幼得父書早傳成法貧念有訓邁迹自身
讀天下之書備方外之術火滌淫祀劍誅羣妖恩開五

君名動四國其人也排金鎖謁紫庭爲帝傲吏出也法
玉京坐靈寺作仁宗師故能大匠道門冢卿朝右禮食
軒座寵直禁廬矣嘗以理氣自强登老益壯雖暮景急
節而純孝孔哀是啟封章願拜墳墓有勅帝念載形王
言神札以飛傳瑞乃發羣公帳餞列藩郊迎朝章有輝
鄉人皆慶枉以來投揚於孝心惟先志以追遠立豐碑
以紀德夫何間然其詞曰
宗門素履家代隱仙道一相孕薪火交傳黃公術左赤
水珠聯道開幽鍵性與真筌一門累祖四世百年抗迹
巖谷消聲天地卓尔遐舉藹然高致爵以臭焚珠以明

璧人則有心徵亦不至保身匪渝全樸爲利孝孫增業
明辟順風志嘗無忝事或不同徵賢朝滿與逸山空曷
由高枕克謝代工測微達變盡規納忠皇眷雖渥孝思
亦深章服粲粲傳驅駸駸載遵延閤是展墳林紀石追
遠昭銘率心孝終事立榮殁寵今遐超古始永憲江南
開元五年歲在丁巳三月七日
此碑似經重刻乃李字之瘦勁有骨力者莫過于此
而始終全完如此石者更不易得葉先生種種奇行
知非虛設北海記載隱而不没略而不漏深得迷二
氏異端之法始知人主一心不但四海生人望之督

導卽萬靈幽闕受其鞭策漢之武唐之靈奇人幻術
類集一堂不可誣也唯宋之眞徽無二帝之才殆兒
戲耳使移其心于文帝之清淨文皇之仁義則于人
道之近王道之易豈不更臻其上理哉後世曲士言
及恠異以爲矯僞是以于吾儒祈天永命之法亦眎
以爲幽遠而不可幾世之下衰亡或也因評此碑而
并及之以告後通天人之故者墨林快事
有道先生葉公碑李邕行書石在山東金鄉縣屠隆考槃餘事
有道之子慧明孫法善三世爲道士明皇時法善見

尊寵其祖若父之墓碑邕皆撰而書之可謂濫矣書
法秀逸閑雅不見欹側之態蔡君謨謂是邕書最作
者良然金石文字記

唐開元間松陽葉法善以道術遭遇元宗嘗李邕爲
處州刺史邕以詞翰名世法善求邕與其祖有道先
生國重作碑邕從之文成請并書弗許一夕夢法善
請曰向辱雄文光賁泉壤敢再求書邕喜而爲書未
竟鐘鳴夢覺至丁字下數點而止法善刻畢持墨本
往謝邕驚曰始以爲夢乃眞邪世傳此碑爲追魂碑
處州府志

按此碑立于開元五年亦題栝州刺史李邕文并
書與開元三年少林寺戒壇銘之題括州刺史李
邕者同邕在遷括州司馬不爲刺史彼碑已言之
詳矣此不必辨據書譜引高似孫緯略載李邕所
遺諸碑名少林戒壇碑本不在數內而有道先生
葉公碑則有之似不得又謂之託名也然開元三
年邕在遷括州司馬史傳昭然不能援碑以誣史
誤則此疑終不能明矣書譜又引法帖神品目云
追魂碑李邕書在松陽宋寧觀處州府志遂謂邕
爲處州刺史法善求邕與其祖有道先生國重作
碑卽追魂碑也此語尤謬不足置辨葉國重兩唐
書無傳其孫法善傳亦但及其父云先天二年贈
歙州刺史卽碑所云允子慧明贈銀青光祿大夫
歙州刺史也傳又稱法善自曾祖三代爲道士皆
有攝養占卜之法而不詳列其名以此碑證之則
曾祖爲國重之父道興祖卽國重父卽慧明已合
于傳曾祖三代之語而碑又有道興之父乾昱亦
瑾戸習隱塞兌儃坤是爲法善之高祖下逮法善
是五世爲道士矣史稱法善括州括蒼縣人碑稱
國重南陽葉縣人蓋括蒼是其遷居南陽是其族

望也下云文王之允乃食于沈尹戌之子載封于
葉受氏享國大芪邈乎風俗通沈尹戌生諸梁字
子高食菜于葉因氏焉通志氏族畧葉氏舊音攝
後世乃與木葉同音也碑後云孫子景龍觀道士
鴻臚卿越國公而不著其名卽法善也傳稱睿宗
卽位法善有冥助之力先天二年拜鴻臚卿封越
國公止于京師景龍觀又贈其父爲歙州刺史碑
言法善雖早貴急節而純孝孔哀是獻封章願拜
一壙墓惟先志以追遠立豐碑以紀德云云是卽先
天二年得父封後卽自長安回栝蒼立碑于祖父

之墳墓也先天二年卽開元元年碑則立于得父
封後之五年法善生卒之歲兩傳皆有誤文舊傳
云法善生于隋大業丙子死于開元庚子凡一百
七歲八年卒所謂八年必是開元是年庚申非庚
子也自大業丙子至開元庚申祇一百五歲非一
百七歲也新傳云開元八年卒或言生隋大業丙
子死庚子蓋百十歲云則亦誤也而要之法善生
隋大業丙子推其祖國重之生約畧前五六十年
是在南朝梁陳之交碑所云將之以文馬速之以
暢轂不知何朝何帝之事碑未明言無從考矣

姚彝神道碑

碑高七尺三寸廣四尺九寸三十二行行僅四十九字正書在洛陽許家營

大唐朝議大夫光祿少卿虢縣開國子□□姚府君神
道之碑并序
朝議郎檢校秘書少監□□□□撰
正議□□□□□□□□書
原夫道之所運迴乎人方情之所鍾慟非恒數積善餘
慶則吳与延陵喪子□□□□□□則啓有□□□
□□□□□□闕下哀詞載感行路況乎華歲陽止摧
幽秀於謝庭□月□明落珠□於階掌□□□□□
□□茂馨□□□□□□□□□□其闕下□曾構蕃於
夏菜克生俊彥必復公侯□勳烈而載□□席寵□□
□□□□□□□□□□□□□□□□□□□□□
□□闕下嗣祖善意　皇朝銀青光祿大夫□州刺
史□□□□□□□□□□□□□□□□□□□□
□□□□□□□□□□闕下翼子於三台發爲貴神榮
親於八座父崇榮徽令兼兵部尚書梁國公開府儀同
□□□□□□□□□□□□□□□□□□闕下也眞
五常之精粹含六氣之淳和幼而韶明長而英逑學禮
而立行中□□學詩以言文□黼藻□□□□□□□

□□□□□闕下警衛升雲陛以周旋惟彼儲闈幸求端
士出納初命尤籍正人乃除君太子通事舍人□□□
□詞令□□□□□□□□□□闕下國所資尤重符節
太夫元服　天子信臣妙季兼之可謂□□□□□
□□□考□□之□□□之□□□□□□□□□□
闕下勝鑒迁令壁言佐近藩出爲延州司馬雖屈我□□
蹭蹬□□□□□□□□□□□□□□□□□□□
□□□□□□□闕下晉城寶利將□□金軍國所儲於
是爲大乃除君隴州□□未到官□□□□□□□□
□□□□□□□□□□□□□□□闕下以淸白□進

朝□休之封虢縣開國子食邑四百户奄宅方國傳之
子孫□□□□□□□□□□□□□□□□□□
□□闕下□鄧之境乃拜鄧州刺史兼檢校商州運漕武
關之外方城□臨□□□□□□□□□□□□□
□□□□□□□□□□□□□□□□□□□□
□□□□□□□□□□闕下就□將何克堪況莫川滌
源疏山通道盜賦不足以供郵傳□□□□□□□
□□□□□□□□□□□□□□□□□闕下使人
勞而無怨義然後稅均不患貧□州□軍莫敢□黻□
咨舉□□□□□之功□□□□□□□□□□□
□□□□闕下恂會稽之辭劉寵不是過也　　上

以形于遠方尤技能吏竟抑而不□□□□□□□
□□□□□□□□□□□□闕下命坐爲泉數亂繩
易擾勞綵不綱君婁帷到官乘傳按部威令頻振□□
□□□境□然□□□□□□□□□□□□□□
闕下宗傑□禁專任以怨而人不忍欺大創煩苛而物皆
遂性　朝廷□之□拜光祿少卿□州□□□□□□
□□□□□□□闕下歛政武金鼎之重司玉食之珎
□行職修名勿身泰□時介公□□□□丕承
睿□□□□□□□□□□□□闕下兒無驕盈
之色九班留滯四載不□方於朝賢□□□侯未有若

斯之□者也允所謂謙謙君子無競惟時温温恭人□
□□□闕下祐粤以開元四年歲次景辰八月廿六日遘
疾終於東都慈惠里第春秋□　　上初聞□有疾
頻遣使問　□□□□□闕下藥奉御李宗乘馹就療
嗟乎異方靈草不植中原近古名香無聞今日營魂莫
返□命何言　　主上聞之□□□□□闕下美
促而禮備哀榮以其年十一月癸酉朔十八日庚寅葬
於東都萬安山之南原禮也平□□□□□□□□
□□□□□闕下存惟君至性過人少而□□□宦于
外遊必有方恒營□□□□□□□□□□□□□

□□□□□□□□□□□□□闕下實因心□邀浮
名允慎內□□□後進賞接名流纖能□□□□□
□□□□□□□□□□□□□□□□□□□□
□闕下疾衆賢□歎□□憂惶感□由衷有逾恒禮□□
□□□□□□□□□□□□□□□□□□□□
□□□□□□□□□闕下公以□子□爲家之實存不
伸其用歿必揚其名□□□□□□□□□□□□
儒□□□□□□□□□□□□□然□□闕下
邁德□□□□□彌祚分虒后績著□□施于□□□
□□□□□□□□□忠良其□□□□□□□□

□□□□□□□下闕□子沖年□□侍從丹禁優遊□
□□□岳□□□□□□□□□□□□□竭誠□
□□□□□□□□□□□□□□下闕宸扆威徽台
莚郊原寂寂埏隧冥冥夜臺不曉泉□長扃式□百行
□□千齡其五

開元五年四月廿七日弟正議大夫行太子中舍人
上柱□□縣□□□□建

開元五年四月立崔沔撰徐嶠之正書在洛陽許家
營　寶刻類編有此碑云崔沔撰今碑缺沔字劉昫
唐書姚崇傳云長子彝開元初光祿少卿宰相世系

表彝鄧海二州刺史碑云拜鄧州刺史金石略有徐
嶠之書光祿少卿姚彝碑注云西京碑雖缺名知卽
是也彝卽懿之孫祖孫墓碑皆嶠之所書墨池編稱
唐之工書者多求其三葉嗣名者惟徐氏新唐書徐
浩傳稱浩父嶠之善書以法授浩今其書疏秀方整
有初唐虞褚遺意懿碑云葬於硤石此云葬於東都
萬安山之南原孫不祔祖未知何故其墓則猶可蹤
跡也中州金石記

右光祿少卿姚彝碑趙氏金石錄云撰人姓名殘闕
寶刻類編則以爲崔沔撰今檢石本姓名雖曼滅其
上有朝議郎檢校秘書少卿博陵字甚完好博陵爲
崔之望則沔所撰審矣彝官終於光祿少卿而宰相
世系表但云鄧海二州刺史亦攷之未審碑書葉作
莱避太宗諱改世爲云也其書天作亥唐人石刻多
有之潛研堂金石文跋尾

新唐書姚崇傳三子彝异弈皆至卿刺史此碑云光
祿少卿者卽彝也碑下截剥殘不復成文惟上截載
彝歷官始末有除君太子通事舍人遷都水使者出
爲延州司馬又除君隴州刺史未到官又封虢縣開
國子拜鄧州刺史兼檢校商州又有徵拜光祿少卿

其卒在開元四年八月較之宰相世系表但云彝海
鄧二州刺史者爲詳後有題弟正議大夫行太子中
舍人下缺名者以史證之爲弈也授堂金石跋

尹尊師碑

碑高一丈一尺一寸廣五尺二十六行每行七十一字隸書額題大唐尹尊師碑六字篆書今在盩厔縣

樓觀

大唐故宗聖觀主銀青光祿大夫天水尹尊師碑并序
銀青光祿大夫行太子右諭德兼崇文館學士上柱
國平涼縣開國公員半千撰
聞夫眞人者出巨般歷倚杵騎蜚廉從敦圉□□公奕

容妃朝濯髮於湯泉夕晞首於暘谷仍丹丘以長嘯藏
翠華以高遊自非植因曠劫蔵恭太浩從事於金房之
前鏤心於玉晨之上擕青童而應黃籙者奚以成後來
之妙相序□□景而躡希聲則尊師其人矣尊師諱□
□字景先隴西天水人也後秦尚書僕射緯之後緯仕
長安故爲扈人焉若乃鬱爲帝師降迹於唐助之代光
乎王佐應命於周武之蘭家籍代□可略言矣曾祖洪
宇文翰商州長史大父舒隋文州别駕昭考珍皇朝□
散大夫尊師特禀異氣乖實冥華始降迹也其母袁氏
夜夢躡妙玉女授以九老丈人之符數月而開腹中誦

經聲且時時有異光繞身矣及載弄之始目光炯然盻
子轉盻若有所見及勝衣之日自識文字唯誦老子及
孝經廼曰此兩經者天地之心也此後見好殺之字若
蹈水火覩爇禮之文□□泉谷稍長聞有尹真扃庭廼
精心事之不近俗事因讀西昇靈寶等經漸達真教既
得饜味便挈黃中聞師者傳道之父母行道之神明糵
數劫來妙經是出不因師學謂之長皆遂□□無已求
師不暇時有周濮師者内音之先鳴上皇之高足廼願
黎軒効鶴陪景嘯空奔走禮謁以申微志濮師見之廼
謂尊師曰汝於劫會之中已受龜山之籙也便訓以紫

雲之□□授以青羽之隱濟靈入其心謂赤松王子喬
可與撫煙月矣年十五道行已周有名於遠近矣屬
文德皇后遊上景而委中宫于時搜訪道林博採真
迹尊師仰應龔景行預籙□□　勑出家配住宗聖
觀雖翦芝瓊園採琳簫雕意每遠出未近謝也將欲沐
浴東井棲遲南昌保護崑崙窺窬混沌矣故竭想丹煙
遊心紫度遍尋五岳備涉九元尋三君之祖氣□□□
之慧眼旋謁濮師便居終南寂慮於温泉冥精於寒谷
有年日矣既通八景又達九天知來藏往多所曉悟若
有神曰濮師上遷及省所居已去順也貞觀末年行袁

既畢永徽三年□□太白入重巖也見所未見聞所未
聞此後丹字紫書三五順行之蘧扶晨接晝九六逆取
之方咸得其要尊師所有遊山異迹祈醮靈應並有别
錄此不載之至於顯慶已來國家□□入供奉功德諸
量救代度人轉經行道醮壇黃屋帝座天言東都西京
少陽太壹九城二華展敬推誠三十餘年以日繫月始
終不絶有感必通凡是効驗君臣同悉　勑書往復
□□□迴神道昭章歲時交積者不可具載並傳於
　帝庭□二要者略舉其日初尊師遊太白高頂雲霧
四周雷振萬壑忽涉圓光去地千仞復有像孔九色其

高十仞欣然長往者□□□焉　高宗之在九
成宮有孛彗經天長數丈以問尊師尊師對曰此天誡
子也子能敬父君能順天納諫徵賢斥邪遠佞罷役休
征賁窮勵行以荅天心當不日而滅　上依而
行之應時消矣是故　高宗以晉府舊宅爲
太宗造昊天觀以尊師爲觀主儀鳳四年
上在東都先請尊師於老君廟修功德及
上親□□□咸從　上及皇后諸王公主等
同見老君乘白馬左右神物莫得名言騰空而來降于
壇所內外號叫踊躍再拜　親承聖音□非尊師之

誠感也由是奉　勑修醮□□□望□一部凡十卷
總百廿篇篇別有贊將半千爲尊師□□紀贊異狀繕
寫進之　高宗大悅終日□□不離下詔迺授
尊師銀青光祿大夫行太常少卿尊師固讓不得□□
官而□□職焉永淳二年天中有聲告成有曰萬乘雷
□□騎風馳　天子乘閣道而御帝車羣官陪六儀
□□七曜將禮于天樞幸中岳也金繩未畢玉檢猶潛
而六龍頓轡三□□色　聖體□安□于皇極屬
紫微□□□□□□國號詠四方遐啓
太后諮訪尊師尊師□□坊仙境亦著代謝物有榮悴

氣有初終大道之常幸康神器　□宜存思諒闇
極想欽明寂理百神滑庇萬姓文操人間地上物裏天
中所有靈明借百祈請亦望二十四結火燒而憂盡七
十二教水鍊而慮成皆見先徵以明後事迺著祛惑論
四□□魔論卅卷先師傳寶卷垂拱四年將賓玉帝也
上足時道成咸願奏章以延福蔭尊師止之曰有順宜
遵不可犯禁言訖委化顏色如常與以長壽四年四月
十二日遷兆於終南文□□弟子侯少微等追思龍淵
遠慕龜巖冀德音與天地同久神道共陰陽齊化昭庇
翳林寘滋栢樹俾斯貞石文若三光其詞曰

去矣大儀悠哉上聞玉谷白芝之座金闕紫□□前既
嘯景於瓊札因交歡於碧泉出三萬六千之厚地入三
萬六千之遠天明九華之翠菊坐五色之紅蓮常吟外
景每撫內篇春霞飛序絳雪秋風生序紫煙徘徊高黃
嶺顧步太□□三秦四塞帝王國京兆長安龍鳳川煌
煌兮四明路浩浩兮八景年今已向上襲前果何時來
下降宿緣當乘道之氣應傳道之味必□氣氤六合中
自然昌揚萬劫通稽首寧詠步□□乘九華天下同此
心非獨舊之林
開元五年十月二日弟子侯少微等建

尊師出世於唐之貞觀碑建於開元甲子十周字畫
昏蝕歲久益舛先迹無攷口重摹于石昌壽共傳
大元大德元年三月朔提點聶志眞敬識
員半千之取名謬爲應運五百者碑文殊不稱可笑
碑敘文操遊太白覩異像以爲奇蓋太白名山至今
多見靈異不足奇也至謂老子降于壇聞萬衆共覩
則近誕矣書分隸遒古不著姓名曰經元釦翻刻失
眞可惜石墨鐫華
右宗聖觀主尹尊師碑師名文操隴西天水人遠祖
緯仕後秦因家於鄠漢書地理志右扶風鄠縣古國

有扈谷亭夏啟所伐是扈鄠本一字故碑云扈人也
高宗以晉府故宅爲昊天觀爲文皇祈福以文操爲
觀主嘗授銀青光祿大夫行太常少卿固辭不得已
乃受散官蓋其時緇黃之侶猶畏公議不敢輒玷淸
班至開元中葉法善授鴻臚卿大歷中梵僧不空授
鴻臚卿寔然居之不爲怪矣員半千傳稱封平原郡
公碑作平涼縣開國公傳云入宏文館爲學士碑作
崇文館學士皆當以碑爲正古書虙宓二字恒相亂
仲尼弟子宓不齊本當爲虙後人誤讀如密今本史
記遂誤作密字此碑虙妃字亦誤爲宓矣碑爲元人

重摹有提點聶志眞跋今亦中斷潛研堂金石文跋尾
按碑云尊師諱下二字泐賴文操二字後文有之
文云後秦尚書僕射緯之後晉書後秦姚興載記
緯字景亮天水人苻堅敗緯輔翼姚萇萇遣緯詣
堅堅問緯曰卿于朕何官緯曰尚書令堅歎曰卿
宰相材王景略之儔而朕不知卿亡也不亦宜乎
即尊師之遠祖也下云鬱爲帝師降迹於唐助之
代此指唐堯時之尹壽也壽爲堯師居河陽說道
德經教以無爲之道語見古今人表又云光乎王
佐應命於周武之朝此未詳所指周時尹姓之可

爲王佐者惟尹吉甫足以當之然非周武朝也尊
師曾祖洪大父舒昭考珍周隋唐史俱無傳又云
師因讀西昇靈寶等經漸達眞教新唐書藝文志
神仙家有戴詵老子西升經義一卷韋處元集解
老子西升經一卷又有洞元靈寶五岳名山朝儀
經一卷殆即此靈寶經也文云高宗在九成宮有
孛彗經天長數丈問尊師云云高宗紀總章元年
二月戊寅如九成宮四月丙辰有彗星出于五車
避正殿減膳徹樂詔內外官言事碑即指此年事
唐書五行志書乾封二年四月丙辰有彗星于東

北在五車畢昴閒乙亥不見而無總章元年事据
碑言在九成宮則非乾封二年五行志誤先一年
也文云儀鳳四年上在東都先請尊師於老君廟
修功德云云高宗紀儀鳳四年即調露元年是年
不幸東都明年改永隆元年二月乙丑如東都八
月丁未又如東都而八月以前不書至自東都史
之畧也是年兩幸東都不知碑所云見老君乘白
馬事是此年否且或在二月或在八月不能詳也
河南通志載河南府城北八里有上清宮世傳老
子修鍊之所正殿梁柱及瓦皆範鐵爲之不知高

宗之見老子即此宮否耶文云奉勅修元□□□
聖□一部凡十卷總百卅篇篇别有贊以舊唐書
經籍志證之乃太上老君元元皇帝聖紀十卷註
云尹文操撰也其祛惑論四卷□魔論卅卷先師
傳一卷兩唐書經籍藝文皆不載稽之道藏亦不
著錄開元時有尹愔者亦爲道士見新唐書儒林
傳云愔秦州天水人則與尊師同貫又云愔父思
貞字季弱明春秋擢高第官四門助教夢天官麟
臺交辟辭而會親族緊訣二日卒愔通老子書初
爲道士元宗尚元言有薦愔者召對喜甚厚禮之

拜諫議大夫集賢院學士兼修國史固辭詔以道
士服視事乃就職開元末卒似皆尊師族屬而輩
行稍後者也

正覺浮圖銘

石横廣一尺七寸五分高一尺四寸十五行行十三字正書在汜水縣多寶院

幽栖寺尼正覺浮圖之銘

夫登湼槃山者要憑戒足入仏法海者必藉慈航幽栖
寺尼正覺□香雙敬定水澄清潤三草而布慈雲警四
生而雷法鼓不謂三龍從毒蔭宅將危二鼠挺灾憂殘
意樹遂即傾天秘寶搆此蜂臺竭地藏珎將營鴈塔其

塔乃岩崟入漢與玉兔而爭暉嵬嶪侵雲共金烏而合
曜即願危藤永茂朽樹長春覩遺情塵開銷意垢□□
其詞曰

晈見顧高茸此臺塔妍巖疑語凝源擬業

開元六年歲次戊午七月癸巳朔十五日丁未建

文不甚工字帶隸體云入仏法海者即佛字關中有
鄭州刺史爲子禱疾疏亦作此警四生而雷法鼓雷
字之省文也銘云晈見顧高茸此臺塔妍巖疑語凝
源擬業皆以雙聲成文中州金石記

移置唐興寺御

碑高七尺九寸廣四尺二十三行行四十八字隸書在聞喜縣

大唐朝議大夫行聞喜縣令上柱國臨淄縣開國男子
君請移置　唐興寺碑并序
殿中侍御史判職方員外郎高陽許景先撰
觀道寺主僧師□書

先萬物者始道德爲宗窮言象者以乾坤爲大豈若道洽沙界盤古無以化其跡功包鐵圍隸首不能紀其要前後際斷衆妙入於眞乘色相皆空定慧生於正覺言之不極其波若之蘊乎聞喜唐興寺者我國家草昧之所置也時櫜弓矢緒搆龍宮懸玉鏡於方丈運寶圖於

羅衛將祛八難式護四禪乃於西山建斯精舍布金幽邃樹福璇衡經始險蹊人跡罕到雖三空屢說給園之衆不俱八解常流方廣之途尚阻吒俗常迷於夢幻聚落不聞□□□□□使十地空存四生無拯爰初搆趾數十百年舊令因循不改其制長者居士旣渴日於寶坊淸信比丘徒攀餅於諸議時縣令朝議大夫東海于公名光庭卽銀青光祿大夫瀛州刺史東海郡公士俊之孫金紫光祿大夫中書侍郎同中書門下三品東海憲公之第五子也承五鼎之華胄稟三辰之粹精陰德未沫亢宗有後在躬而禮義克舉餘力而文章見稱好學多能以爲入官之具淸愼寡欲弥見在公之心由也四科叅乎一貫理必合於投刀事無遺於下轄故能變蜂之風展蒲盧之化始鄉遏而脩里我有昌言終里遏而修家人無遺善此其操刀有裕彈琴自閑亦旣底於王程將又崇於佛事爲蒲之所不及理鄰之所未行加以識洞眞扃智融覺鍵伏忍於三昧懸解於六通身若明珠淨無瑕穢心猶平地能生衆善且偤調御時現宰官精三學之妙術敷六度之津要由是歷請天府將徙梵宮雙樹移堅固之林八座改耆闍之岫金山赫赫與紫殿而飛來紺宇䚕䚕化靑樓而涌出城池故絳井邑

新田士女溢於康莊象馬闐於里閈一一香盞懸寶纖之幢種種天花散金燈之地得未曾有聞所未聞方將洗貪欲之腸腎開盲聾之耳目納須弥於小芥詎是難思置海水於虛空未爲希有僉以法雲西蕃佛日有部家之昧今智炬東推迷途昭牽復之象豈非如來滅後將有住持時夏縣成神寺法師俗姓張法名忽碑其先衣冠出南陽精持律儀薫修戒行德超於四果理貫於三伊大道未行同孔丘之歷聘衆有有病等盛王之授手遂乘杯涑滏振錫北亭扶聖俗於愛河誘焚如於火宅示方便品導波若流亡羊於九部之津去馬於三乘

之際莫不爭持寶蓋競解□□□澥池之棟宇爲苦海之舟航想了者尚縻我明宰府縣丞清河張佑仁主簿隴西李傪浩尉太原王隱尉太原王銑等並瑚璉名器鸞皇物俯才無滯用政有異聲鄉三老進而言曰今敦醇勸農廉恵也樹法拯人深慈也我宰君善化前古罕儔豈使沒儀豐碑容銘景行龍宮後偈獨闕微言載勒堅金永傳沙界銘曰

佛言能淨一刹土是謂世間良福田今我莊嚴招提宇度脫功德海無邊猶如法雲覆羣品亦如佛日在中天皆是宰官惠明德羣甿安樂離苦緣樹碑紀功永不朽銖衣拂石億萬年

開元六年歲次戊午九月壬辰朔二日癸巳建

右唐興寺碑殿中侍御史許景先撰寺在山西聞喜縣縣令于光庭爲移置之景先之文由是而作光庭之在聞喜不聞其有善政而乃汲汲爲僧移寺非賢令也金薤琳琅

按唐興寺在聞喜縣據碑文寺爲唐初所建在西山人跡罕到至開元初于光庭爲縣令乃移建于大道旁而立此碑以紀縣令之功德也山西通志聞喜縣寺觀條下不載唐興寺今以碑文有唐興寺者我國家草昧之所置也一語參之通志惟載有鐵牛峪寺云在鐵牛峪西神僧餉兵處相傳太宗行軍至美陽鄉乏糧寺僧智旻以沙鍋煮飯餉軍胥獲飽及即位勅建廣教寺以報之又云廣教寺在縣南二十里寺頭村土人名沙渠寺相傳唐太宗勅建併鐵牛寺入焉又於山川條下載鐵牛峪云在縣南三十里相傳有鐵牛流峪中水峪有興國寺頗疑興國即唐興寺所改而其初舊額即鐵牛峪寺與廣教寺也年代寖遠名跡俱湮不能確指其所在兗縣令于光庭爲東海郡公士俊之孫東海憲公第五子兩唐書俱無傳以唐書宰相世系表考之俱不載其名大抵與于志寧等不同系也然世系表中如知微克勤封東海郡公殆是爵偶同耳山西通志名宦卷光庭亦無傳

于知微碑

碑高九尺八寸廣四尺四寸四分三十四行行七十五字正書在三原縣

兗州都督于知微碑

姚崇撰

□□□□□□□□□□□□□□□□乃有□□
□□□其有高山峻極□□磊□而不窮大川瀰長湍

瀾浩汗而無絕□芳□□□□雲□者其惟予□□□
□乎君諱知微字辯機其先周封□□□□□□□□
□□□東海□爲□□其後仕于魏亦家于代□代□
謹左僕射太子太師雍州牧子孫相承故今爲京兆萬
年人也高祖□周涇州刺史□安郡守驃騎大將軍開
府儀同三司瓜瀍兗邵四州刺史涇州總管建平郡公
謚曰剛曾祖宣道周儀同大將軍隨內史舍人左衛率
上儀同□安子　皇朝贈涼州刺史謚曰獻平執珪璧
畀傳茅土履□遐於文武聲華被於中外祖志寧　皇
朝秦王友禮部尚書侍中尚書左僕射太子太傅太師

蒲岐華三州刺史上柱國燕國公贈幽州都督謚曰定
山河授□星象降精負明□之□□佐綵綸之大業謀
猷　璵闔動合全撰詳綜禮閣言成故事聲徽滿於天
下位望極於人臣父立政　皇朝吏部郎中國子司業
太子率更令渠號二州刺史太僕少卿公子公孫多才
多藝□□□□□聲實豈唯臺閣取則抑亦河海稱
宜公丹穴融姿生而五色青田表質動則千里言爲士
範行乃人師包括藝文□詞場而獨步甄明政理登□
□而先□朝辨□□之衣心□地義夕寢□□之被性
篤天倫行必由信不負黃金之諾舉無失德逾愼白珪

之玷正假馬之非禮革攘羊之爲直風塵不雜契芝蘭
而獨秀歲□無□□松栢之□彫每屈於書生亦□□
公子不恃才□傲物將□□□□仁永徽元年補驤文
生爰以佩觿之年且戀過庭之訓特降　恩旨許其在
家比及三冬方齊□哲擢第釋褐授太子內□丞□年
遷授秘書郎兼通事舍人內供奉□□□□峻□□增
□□有詞令之□遂兼敷奏之職緣親延累下遷常州
司兵參軍梁州西縣令同州司法岐州岐山縣令汧池
戢鸖棘林栖鳳固□高而位下惟小屯而大亨謙而弥
光□而不雜□□無匸齊□□□□□之受□□條

范滂之責戚千里中都之彰善癉惡上蔡之易俗移風
益無以過也俄丁窮罰殆至滅性雖槐榆屢變而創痛
猶殷服闋被徵□爲舉首　勑授魏州貴鄉縣令□任
未幾□在京違豫公乃請休急躬尋醫藥專代嘗咸
而遂瘳于時魏州遇夏大旱州縣祈禱靡愛牲璧寄雲
徒積甘澍罕□公入境□人□心□□戴□術艾□郎
末焚擢壇風雨□其□洽□□齋誠降雨施及公私枯
稼蔚爲嘉苗赤地變爲膏野百姓鼓舞而相賀五穀滋
蕃而遂登尋被巡察使昇進　制加朝散大夫行城門
郎大名之邑人結去思□□□門朝推稱職俄兼夏官

郎中□□□著□兼五熟昔稱歸□是膺俊選阮籍之
樂東平孫盛之思小邑願從所好天且不違乃出爲許
州司馬累除蒲晉潤三州長史龍驗一□驥足載馳□
下河史亟展□輿之政延陵□瀆累□歸□□□既□
人謠遂紆朝獎長壽二年制授鄂州刺史無何又累除
道利二州刺史化被荆楚威覃蜀漢去歎遷蝗以拳最
伐枳□以□□□□州界□有光大賊剽劫相仍充
斥爲患雖經討□曾不衰止有果州流溪縣丞邢曇之
等聞公政術深思拯庇仰隣燭之延佇慕河潤以傾勤
曇之因使入京乃以父老等狀上請情詞懇到□□

天心乃降　優旨授公撿校果州刺史褰帷一視羣□
出奔下車三令□境□息神功之歲復除恒閬二州刺
史礪岳北臨劒門南峙是爲襟要實賴才雄公以身率
人令行禁止河朔拒二天之謌漢中興五袴之歌惟揚
輿區是□重鎮事兼□□允藉親賢久視元年又改授
揚州大都督府長史地總淮海路兼嶺蜀僑舊相雜良
猾莫分攘敓爲恒推埋所聚公懸明鏡以臨照稱物無
□攜利劒以斷割隨機有裕補張綱之□政紹何武之
遺績江汜之□於是乎在長安二年改授常州刺史毗
陵大藩寔要良守毅已成之務成有待之司顧盼而澆

俗自淸咄嗟而□政成理公每懷敬止恐□□之漸蕪
願近鄉閭雖執鞭而可仕屢陳章表具列款誠□時任
鳳閣侍郎預知□政備悉情素嘗爲贊成乃屈資除雍
州司馬從其好也粵以宏才俯從□尹□晞□□有犯
□□□□□□惟賢是□能名播於京輦公心□□人
吏旣推循德□□舊資朝廷稱歎聲聞　旒扆乃加銀
青光祿大夫改授絳州刺史州管軍府戶多彫敝惟良
之任自昔稱難公隨方撫馭應時□理紆盜畏威而□
境流□感恩而復業以公□舊正人德業斯重講□之
任髦俊是□乃除太子左庶子又遷太僕少卿并累封

東海郡侯行本忠良器實高茂膺貞璽之淸級播恭慎
之嘉聲鄒魯□番□摽舊國闡揚文教馮藉師資乃除
兗州都督公五百挺生博聞強記三千受業發瞽振聾
撫俗則黃霸重生講藝則顏回不死俎豆益先生之餼
歌詠光夫子之門發餘燧於機檀導末流於洙泗公讀
□□雋乃慨然歎□古人云□相視蓋□壽共□兒□
□□□殘光距幾昬中□壁餘歲可知乃懷鼓缶之娛
遂抗懸車之請至誠上達優旨旋許追二疏之逸軌訪
四皓之幽居張禹韋□之流魏舒□□之輩遂異代□
□殊塗同歸者焉景雲二年封□海郡公又撿挍鴻臚

少卿公遠覽夜行之誡自傷月告之年僶俛承　恩斯
須罷職嗟乎鄭辰甫及謝酉難移既勞息之有期豈桐
□之可救以□□二年六月廿五日薨於長安常樂之
里第春秋七十九太山其頹仰曾峰而何及長河既竭
望清瀾而遂遠以開元二年十一月十八日遷祔于京
兆府三原縣萬壽鄉長坳原舊塋禮也公□海□旅三
台□胄行爲摸揩言成准的居家盡孝奉國竭忠情叶
段干直以道義爲富性符徐邈雅以詩書自娛歷居官
次每著殊尤之績薦於文道非虧然諾之心嗟乎□懋
溫□永往子安何□□□仙鶴之聲元伯長□□有素

軍之□平原四望□□春□荒隧千年蔓草秋露拴旐
伍而復舉簫鼓咽而不鳴涕淚咸冰瞻昔　恩而未重
柱檻皆素顧今禮而爲多嗣子朝議大夫行寧州別駕
上柱國東海郡開國男克勤次子朝議郎行左監門率
府長史上柱國武陽縣開國男克搆朝議郎行華州司
戶參軍上柱國黎陽縣開國男克懋等聿修祖德不墜
家風冬日將夏日相煇金友與玉昆交映□□□□□
以□義相規別□逾□□□□遂□良友既沒誰堪
制服之悲知音者答軫絕絃之痛罷馬之室本不分
於客主管鮑之契固無限於存亡見□爲文辭不獲免

平生言行誠僕所知揄揚事業則吾豈敢將□□□之
迹□題無愧之詞云尒
江河派別兮靈長芝蘭挺秀兮芬芳象賢襲慶兮忠良
過庭承訓兮義方本百枝兮無疆弥七葉兮未央心懋
明鏡兮氣蓄干將化成雉狎兮德□鸞翔或□□而馳
譽或□□而爲光烈爵窮於五等爲尹邁乎三王入龍
樓兮膺侍接擁鳩杖兮體歸藏東川不待西域無香盧
敷仰兮無還王喬去兮何常恩甚子之可作歎公業之
不亡露□泣於□□□□□於□□□□玉兮長想臨
挂劍兮增傷

開元七年歲次己未六月戊午朔三日庚申建

右碑殘缺郎姓名亦不可見有五代祖謹知爲于氏
及考趙錄目註建碑年月始定爲知微也父立政見
志寧傳知微自釋褐歷官至兗州都督皆有惠政撰
文者姚崇也末云平生言行實僕所知揄揚事功則
吾豈敢竊謂不知其人視其友武氏之臣苟爲姚宋
所與建碑庶幾不媿惜三原之鄉人幾泐其文爲無
識也公侯子孫非奇才異績不得附見國史向錄大
猷碑喜于氏復得三人此碑云子克勤克搆克懋皆
顯官合知微而四于氏之傳于今者非碑版之故耶

于氏諸碑皆在今三原縣墓上金石後錄
攄金石文字記爲姚崇撰石殘缺無書名按辯機燕
公志寧之長孫吏部郎中立政子刺史大猷之兄封
東海郡公贈兗州都督碑曰葬於三原縣萬壽鄉之
先塋余特偶燕公墓辯機大猷二碑相去不遠大猷
墓僅存如堵牆辯機墓已平耳其碑存來齋金石刻考略
按知微乃立政之子與大猷同父其世次與大猷碑
及唐史有小異前者皆自得之至唐史志寧傳贈幽
州都督大猷碑稱志寧贈幽州刺史今知微碑又與
大猷碑同則志寧之爲幽州都督爲史之誤無疑也

知微燕國公志寧之孫也碑書志寧所歷官頗詳其雍州金石記
云秦王友禮部尚書新舊史皆未載又云蒲岐華三
州刺史新史則云出爲榮州刺史改華州以蒲爲榮
又不云岐州是其缺誤也碑叙先世譜系及諸子俱
與宰相世系表合碑稱知微高祖義周涇州刺史隨
瓜潼兗部四州刺史涇州總管而表云隋潼州總管
碑稱曾祖宣道周儀同大將軍隨內史舍人左衛率
上儀同皇朝贈涼州刺史表惟云隋上儀同舊書志
寧傳惟云隋內史舍人而已是其異也碑云京兆萬

年人而史云京兆高陵人當以碑爲正潛研堂金石文跋尾
按碑云高祖□周涇州刺史□安郡守瓜潼兗部
四州刺史涇州總管建平郡公謚曰剛于大猷碑不叙高祖
高祖名劭據世系表乃于義也隋書義傳義郎謹
之子周閔帝受禪累遷安武太守歷西兗瓜邵三
州刺史尋拜潼州總管與碑不同曾祖宣道碑云
上儀同□安子劭其爵一字大猷碑亦劭此字據世系表
是威安子也祖志寧唐書傳所載歷官俱與碑同
惟傳載高祖入關授元帥府記室遷天策府中郎
文學館學士而碑則云爲秦王友也大猷碑無此語又薨

贈幽州都督與兩唐書本傳同獨于大猷碑作幽
州刺史雍州金石記以爲史誤然大猷碑云贈使
持節都督幽易嬀檀□□六州諸軍事幽州刺史
贈銜本與兩傳及此碑不同或者當時書銜之例
詳言之則既稱都督又可稱刺史而約畧之則直
云都督而已似未可謂史誤也父立政無傳銜與
大猷碑同世系表但言官太僕少卿虢州刺史而
碑則云渠虢二州刺史也碑云公授魏州貴鄉縣
令連夏大旱入境即降雨施及公私尋被巡察使
昇進制加朝散大夫行城門郎事在長壽以前文

獻通考云神龍二年勑左右臺內外五品以上官識理通明無屈撓者二十人分爲十道巡察使二周年一替以廉按州郡以此碑證之則巡察之官武后時已置之不待神龍二年而通考則又云天授二年發十道存撫使以右肅政御史中丞知大夫事李嗣眞等爲之知微之昇進正在是時然通考以存撫巡察分晰言之必不致誤闕疑可也知微歷官終于檢校鴻臚少卿世系表則繫以兖州都督是在鴻臚前也嗣子三人官爵與世系表互勘惟第三子克慫碑言黎陽縣開國男表略而不

載餘俱同也

金石萃編卷七十一終

金石萃編卷七十二

賜進士出身 誥授光祿大夫刑部右侍郎加七級王昶譔

唐三十二

修孔子廟碑

碑連額高一丈五尺九寸廣五尺八寸二十一行行六十字隸書額題魯孔夫子廟碑六字篆書在曲阜

孔 喻

朝散大夫使持節渝州諸軍事守渝州刺史江夏李邕文

正議大夫使持節宋州諸軍事守宋州刺史上柱國范陽張庭珪書

嘗觀元化陰藏上帝顯造雖道遠不際而運行有符昜摧大栢宜孝神用建人統之可復肅天秩之將頹其揆一也昝者蚩尤怙賊厎郠騎兵巨力多徒合緒連禍則黃帝與聖首出羣龍推下濟巳君入傚勤略巳戡亂逑至橫流方割包山共谷轉死爲魚艱食不粒則堯禹竝跡扶振懮憂道百川康四國粤若殷禮缺周德微宋公用鄙楚子問鼎則夫子卓立粲然成章闢邦家之正門播今昔之彝憲此天所巳不言而成化聖所巳有開而必先其若是也故夫子之道消息乎兩儀夫子之德經營乎三代豈徒小說蓋有異聞夫亭之者莫如天豁之

者莫如迆教之者莫如夫子且休其亭而不識其道則
不如勿□苟其務而不由其德則不如勿運因曰消息
乎兩儀者也夫博之者莫如文約之者莫如禮行之者
莫如夫子且會其文而不揚其業則不如勿傳經其禮
而不敢其致則不如勿學上代有曰焯序中代有曰宗
師後代有曰不訓因曰經營乎三代者也意虞舜之美
不必至是贊而大者進聖君也夏桀之惡不必至是擠
而毀者激府主也伊尹之忠不必至是演而數者勉誠
節也趙遁之逆不必至是抑而書者誅賊臣也至若論
慈廣孝輔仁寵義職此之由於是君臣之位序父子之

道明友朋之事興夫婦之倫得雖賑日開覺育雨潤顯
和風清扇安足喻其偕如九皇繼統而政醇七聖同年
而道合雖事業殊運皆理濟□時未有溥遊大夫僻居
下國德教既往言滿方來廟食列邦不假手於後績君
長菊葉舉歸心於縈王若此之盛是曰騰跨百辟孤絕
一人曷成名可稱取與爲大者已　我國家儒教浹
寓交思戾天伸吏曹曰追尊逮禮官曰崇祀候襃聖於
人爵尸奠亭於國庠是用大起學流錫類孝行教悅施
於方國光覆彌於靈宗三十五代孫嗣襃聖侯璲之字
藏暉泊族賢元亭等或專門碩儒冈墜于緒或餘波明

準克揚厥聲乃相與合而謀曰夫墟墓之地禮曰自哀
聰訟之樹詩云勿翦一則過事遺愛一則感物允懷效
乎大聖烈風吾祖鴻美故國封井舊居以欝歟宜其棟
神馳魄厥行膜拜陳齋祭首嚴祠樹績垣曰設防刊豐
石曰爲表兖州牧京兆韋君元珪字　王國
尉親人才懿德明啟風績休有名教長史河南源晉賓
字光國賢操孤與清節相遠納人曰禮成俗於師司馬
天水狄光昭字子亮相門克開雅道邇武聞義必立從
事可行錄事參軍東海徐仲連功曹成陽蓋寡疑倉曹
太原王道淳闕農楊萬石戶曹博陵崔□連闕農楊履

闕兵曹太原王光超范陽張博望法曹安定皇甫悛東
海于光彥士曹榮陽鄭瑋參軍事博陵崔調扶風竇光
訓河東裴璿隴西李紹烈□□□□儀傳□南陽樊利
貞曲阜縣令鳳門田思昭丞河間劉思廉主薄吳興施
文尉清河晏闕楷等宦序遊德儒林秀士昇堂覩奧遊
聖欽風僉同篤成乃□終始其詞曰
元天陰騭大明虛鏡神不利淫物將與正凡曰投艱在
此逢聖吞抄荐虛軒黃庭定襄陵地災夏禹文命周道
失序夫子應聘刪詩述史盛禮張樂雅頌穆清訓詞昭
灼片言一字勸美懲惡誘進後人啟明先覺六順勃興

四維倡作元功濟古至道納求首出列聖席卷羣才大
名晨耀庶學大開蒸嘗亦偁誦習窮垓　帝念居室
日光壽宮建侯于嗣瓌封厥中孫謀不泯祖德斯崇乃
刊聖烈克廣休風
大唐開元七年歲在己未十月乙酉朔十五日己亥
建
碑兩側題記
兩側各廣二尺四寸二分共唐宋金元題名十三段第一段五行行十四字左行正書
門人徐泗節度掌書記殿中侍御史內供奉賜緋魚
袋杜兼　童子高賓　大唐貞元七年辛未歲二月

八日　祗謁拜奠
又四行行七字六字不等左行正書
轉運使王純臣奉　詔專詣登萊密三州賑卹恭謁
先聖祠下　嘉祐癸卯正月廿三日
又七行行十三字或十二字二十字不等左行正書
宋熙寧六年館閣校勘呂升卿奉　勅察訪京東路
十月初六日自郡率官屬同謁　祠下勾當公事官
律學教授方希益監南京鴻慶宮蔡逖潁州推官陳
祐甫眞州楊子縣令歐陽成　縣主簿樊衍聖公孔
若蒙許州舞陽主簿王佐同來

又前六行行八字九字後三行行十三字十二字各不等俱左行正書
宣義郎權發遣提舉京東西路學事程振率州學教
授辛炳同謁　先聖廟下因奠　林冢政和元年九
月廿六日
明年四月十二日振以職事再過
闕里同管句文字官劉詡與謁　冢廟
又五行行十字左行行書
政和改元被　旨修飾祠宇京東路轉運使陳知存
點檢役事恭謁　宣聖墀季秋廿八日謹題姪鐸侍
行

又五行行九字左行正書
政和丙申浴沂之月莆陽陳國瑞按行學政取道闕
里修謁　廟庭觀手植檜及連理木從至者屬官焦
百祿
又五行行十五字正書
奉政大夫應奉翰林文字同知　制誥兼　國史編
修李子昜因馳驛至同　朝散大夫泰寧軍節度副
使兼兗州管內觀察副使劉璵恭拜　廟下大定十
七年四月初九日
又三行行二十三字正書

朝請大夫東平少尹兼山東西路兵馬副都總管提
舉學校事李幾說被檄之徐州因得奠拜 一聖廟林
廟明昌二年十月初七日
又二行行十六字正書
明昌二年十二月初四日范陽王肩元奉 命過
闕祗拜 林廟
又六行行八字正書
中山趙充馳驛道出曲阜敬謁 先聖祠下時承安
改元之明年秋二十有四日題漁陽李奕里人郝无
咎與焉

又八行行三十一字正書
維年月日國子助教除山東東西道肅政廉訪司照
磨于欽謹昭告于 大成至聖文宣王維 王德同
太極道侔元氣集厥大成垂訓萬世於赫事功拔聖
之萃 王祀萬年魯廟有赫泰山可頹魯宮巍巍河
海可竭魯墳業業聖魯有年今始魯游春風沂水瑟
音悠悠登降有嚴洋洋珮瑤敢不肅恭以承 神休
延祐庚申春二月 詔振臺綱 山東廉訪司照
磨于君思容乘傳經曲阜適上丁有事于 先聖以
使禮與祭 衍聖公謂君令備胥師成均特具章服

行事爰有祝文孔顏孟三氏子孫教授王不矜學正
藍民信請誌于石君益都人思容字也
又三行行十五字正書
眞州吏劉宗煥馳驛押運碑亭木植至闕里瞻拜
林廟至元六年八月十二日記
碑陰題記
共二段第一段十一行行十五字正書
僕鄉爲令長山被檄泰安嘗謁 宣聖廟歷觀前人
碑志自漢魏以來代無不修其舊制稍隘未足以副
天下之望茲者 朝廷右文命開州刺史高公旻卿

特爲增葺凡弊者新之狹者廣之下者高之舊所無
者創之莫不曲盡其善僕與公有一日之雅嘗而謂
日公爲吾儒獲儁此委而能大其規模俾雄麗如此
可謂無負矣明昌辛亥復因奠拜過此安陽赫犹十
月二十有七日題
又十行行約十字行書
乙未歲二月廿有二日古兗謝彥實邀海王萬度來
自任城敬謁 廟下因賦詩一章謹題於此
聖道遺宗主干戈陽歲年相傳周禮樂曾照魯山川
日月輝光貫乾坤氣象全 東家典形在喬木冷參

天
夫子廟碑爲渝州刺史李邕撰宋州刺史張庭珪書
邕語亦似知尊夫子者第任書可耳不當遂任文也
庭珪官至太子詹事著直聲家藏二王墨蹟甚夥書
小史謂邕所撰碑碣必請庭珪書此亦其證也弇州山人續稿

舊唐書張廷珪傳廷珪素與陳州刺史李邕親善屢上表薦之邕所撰碑碣之文必請廷珪八分書之庭字作廷邕傳同金石文字記

案舊唐書邕本傳云開元三年擢爲戶部郎中左遷括州司馬後徵爲陳州刺史十三年元宗車駕東封迴云云據碑立于開元七年邕署銜爲渝州刺史當由左遷括州司馬時已轉渝州而史失書也廷珪傳出爲沔州刺史又歷蘇宋魏三州刺史與碑言守宋州刺史合惟勳爲上柱國亦從略爾廷珪與邕親善屢上表薦之邕所撰碑文必請廷珪八分書書之今此廟碑亦其一也碑載三十五代孫嗣褒聖侯璲之字藏暉宰相世系表璲之字藏暉都水使者襲文宣公攷璲之襲封褒聖侯當開元五年其進封文宣公在二十七年故碑惟言其初襲封也碑中列兗州牧

京兆韋君元珪字王國長史河南源晉賓字光國司馬天水狄光昭字子亮元珪附子堅傳云先天中銀青光祿大夫開元初兗州刺史即稱兗州牧是也志稱京兆河南太原等府三府牧各一員兗州既升爲大都督府宜有牧矣狄光昭見世系表云字子亮職方員外郎碑後又載錄事參軍東海徐仲連等名案職官志大都督府錄事參軍事二人兗州既屬上都督府此碑列錄事參軍惟徐仲連一人與中下府同功士二曹各一員餘曹各二員正與志符至志載開元元年十二月改錄事參軍爲司錄參軍今碑在開元七年猶稱錄事所未審也碑陰辛亥爲明昌二年案明昌元年三月詔修闕里孔子廟降錢七萬六千四百緡據此題乃知董其役者高曼卿也又乙未歲題并詩不著時代据作者爲遜海王萬度斷非宋人而詩云干戈隔歲年或是金之大定十五年或是蒙古太宗七年也兩側題名自上而下以次錄之凡十三段明以後概不及何夢華云碑陰額間尚有元人題名墨蹟數行惜無人拂拭之山左金石志

按碑書趙盾作趙遁石墨來鐫皆不解其故檢諸字書亦未有盾可與遁通用者然盾有隱蔽之義

劉熙釋名云遯也跪其後避以隱遯也據此則眉作遁似亦可通矣碑兩側題名唐人一段杜兼兩唐書有傳云兼字處弘相州洹水人正倫五世孫舊傳作京兆人建中初進士高第徐泗節度使張建封表置其府積勞爲濠州刺史此碑題名有殿中侍御史內供奉則兩傳所無也宋人五段內王純臣有一詩見厲鶚宋詩紀事題是賀岷州太守种誼破鬼章而於純臣事蹟不詳程振辛炳宋史俱有傳程振字伯起饒州樂平人入太學徽宗幸學以諸生右職除官爲辟雍錄升博士遷太常博士提舉

京東西路學事請立廟于鄒祀孟軻以公孫丑萬章樂正克等配食從之辛炳字如晦福州侯官人登元符三年進士第累官至監察御史兼權殿中侍御史金人四段元人三段內于欽字思容益都人歷官兵部侍郎撰齊乘六卷至元五年蘇天爵序此碑題延祐庚申在至元前二十年也餘俱無攷

王仁皎碑

碑連額高一丈五尺六寸廣五尺七寸二十二行行五十四字隸書額題御書二字正書末右側銜一行亦正書在同州府大荔縣

唐故開府儀同三司贈太尉益州大都督上柱國祁國

昭宣　王公碑

□□天命帝于萬邦維坤配乾毋萬物以親九族□父
之屬尊□□百官□□□□□□□□□□□□□□
祁公□□□□□□□□□□□□諱仁皎字鳴鶴太
原祁人王子賓天啟靈僊之族司徒衍□大忠義之門
□□□□□賢□□□祖□□□□□□□□□□□
□□□□□刺史考文淯贈右僕射纘戎前烈啟迪後
人公之生也膺□靈之禎體□□□禮□□□□□□
□□□於□□□□□□□□□□□□□不地而養

之以蒙智周無際而處之以默故實勝於文行□於譽
其隱德也□□不□其□□也□□□□□□
□□□□□□□□□兵應將帥舉授甘泉府果毅遷
左衛中郎將上昇春宮□□□擢將作大匠□時工
□□□□□大□□□□□□□□□□□□□□□
內禪引伸外戚褒榮異滿猒劇恩開公既深辭以職否
□□□之□散□□□之禮□□公□□開府儀同
□□□□□□□□□□□戶三千實賦三百公於
是寓情宴喜□遞朝行人告嘉猷□而人莫□□□
□□□而人莫知□不□□於□□□□於□□□

□□經曰明明天子擇賢共理瑣瑣姻婭則無膴仕不
識不知□□有已蕭矣□□□□□□□□□□外
□□□□□□□□若□□□□□退非不事而
懸解爲不爲而理會一以無□□之□□□無□□之
□所□□□□行中□歟後之人中□歟後之人□□
□□□□□□而蹈高軏也享年六十有九開元七年
歲次己未四月□未朔廿日戊寅薨於京師□上□焉
設以大□□□□□□□□□□□□□□□追贈
太尉益州大都督賜東園秘器含襚賵賻率加□禮乃
命尚書彭城□□知□□□□□□□□□□□□□

□□□爲□□□□南安侯寵承宗持節弔祭左庶
子白□愼倅焉公卿命□吏弔□愉溢巷塡門爲□□
□□□□□□□□□□□□□□□□□□□□
□□□夫天作聖合必起大邦故軒妃美於西陵周
婦□於東海公□□之慶□□二十□□或□□□
□□□□□□元女□□□禁業參□石內被
螽斯之德外偃關雎之化門風□□也如彼□□惟力
□君□心□□□□□□□□□□□□□□□□
□□□□□有才子八族我盈其□□王有理臣十
人家□其□□□史□□前聞有□□□□□□

□□□□□□□□□□□□□□□□□□□華□
□指要則皇帝所爲也詞臣承詔作之銘□
□□□□□祁公誕靈□享有□其慶□之外□高
□□□□□□□□□□□□□□□□□□□□
□□□□□□□□□□□□□□□□□□□元
社帝曰欽哉祁公之德柔嘉維則令儀令□□心□□
卯□□□□□□□□□□□□□□□□□□□
□□□□□□□□□□□□□□此□□休聞其末
豐□□□□□□□□□□□□□□□
開元七年歲次己未十一月乙丑朔□□□

右羽衛將軍□撿校幽州都督節度下闕

舊唐書仁皎本傳仁皎以開元七年卒令張說爲其碑文元宗親書石焉攷兩書本傳所載並合惟擢將作大匠後轉太僕正卿新書不之及耳碑自歐趙至今從未著錄關中金石記

按仁皎明皇廢后王氏之父也唐書后妃傳稱同州下邽人碑云太原祁人者舉其族望也碑文張燕公所撰而明皇親書之額題御書二大字不審出何人筆潛研堂金石文跋尾

按碑多殘闕然所存者考其歷官多與史合文云

王子寶天啟靈懷之族司徒衍□大忠義之門太原王氏出周靈王太子晉之後所謂王子寶天者是也後漢王允太原祁人少好大節有志立功累官豫州刺史討破黃巾後拜司徒所謂司徒衍□者是也祖諱已泐考諱文泊唐書王皇后及仁皎傳俱不載其父名賴此碑猶存王皇后傳獨舉其先世爲梁冀州刺史神念之裔孫而不及其他神念梁書有傳太原祁人好儒術明內典普通中累官使持節散騎常侍爪牙將軍仁皎傳則無一語及其先世者仁皎小字阿忠亦見王皇后傳碑所

不及也仁皎以開元七年四月□未朔廿日戊寅薨泐朔日一字則已未也其將飾終之禮極隆燕公文御書碑恩榮無與比通鑑綱目載其子駙馬都尉守一請同竇孝諶例築墳高五丈一尺上許之宋璟蘇頲諫而止越四年王皇后廢守一賜死恩澤遽替此在仁皎未嘗不以早死爲幸也碑末右羽衛將軍一行下泐其半不知何謂

李思訓碑

碑高一丈一尺三寸六分廣四尺八寸五分三十行行七十字行書在蒲城縣

唐故雲麾將軍右武衛大將軍贈秦州都督彭國公謚曰昭公李府君神道碑并序

族子□□□□□撰并書

觀夫地高公族才秀　國華德名昭宣沖用微婉動必簡久言必典彝人之儀形□以爲□□□□□□□□□□□□□□□□□□□□□□□□□□□□□□□□□□□□守中輔重養福亢宗以長其代邁德以閱其門者其惟我彭國公歟公諱思訓字建隴西狄道人也□□□□□□□□□□□□□□□□□□□□□□□□□□□□□□□□至信徒於秦克復其任子仲翔討叛羌于狄道子伯考因家焉泊孫漢前

將軍廣子侍中□十四代孫鬲□□□□□□□□□□□□曾祖□□□□□□□□□□□□□□□卿諱叔良■原州長史華陽縣開國公贈寧州刺史諱孝斌或集事雲雷擁旄爲將或□光　日月□□□□□□□□□□□禮以□以□□□□□□□□□□□□□□□□□然寡欲超然遠尋好山海圖慕神仙事且東以名教阻於從遊乃博覽群書精慮□藝百皆妙一□□□知□□□忠益之論不關於言非侯度之譽不介其意夫如此可

以近大化衞家□功烈　　□□□□□□□□□
□□□□□□□□□□□□□□□□□□□□□
擧子贊禹甘生相泰莫可得而聞已十有四補崇文生
擧經明行修科甲明年吏□以文翰擢□□□□□□
□□□□□□□□□□□□□□□□□□□□□
□□□□耒幾加朝散大夫滿歲除常州司倉參軍事
出納之惔職司其憂盎小小者于時也鼎湖　龍昇□
□□□□□□□□□□□□□□□□□□□□□
□□□□□□□□□□□□與二□之歎近關而出
罔知所從臨河而還復將安處僶俛轉楊州江都宰公

金石萃編卷七十二　唐三十二　十六

曰五行四時十二月□□爲□　五音六律□□　　□
□□□□之多□□□□□□□□□□□□□義□
其□情敷前話言所以廣德化扇揚和氣所以暢仁心
及履霜堅氷終風折木公歎曰天□□□□□□□□
□□□□□□□□□□□□□□□□□□
□□□□□以□家□詬俟時變名求活所恨南陽宗
子未擧勤王西京宰臣不聞復　辟者曠十有六載及
　□□□□□□□□　□□□□□□□□□□□
□□□□□□□□□位莫非其人徵拜太常寺丞漸
也未月遷太府員外少卿五旬擢宗正卿眞彤伯加隴

西郡開國公食邑二千戸□□□□□□□□□□□
□□□□□□□□□□□□□□□□□□□□□
□□吠傷嗣害　國誘關通之邪廿言悲詞隻讒巧之
譖助逆封已害正亂朝公審奏封章累□戕戾□□□
□□□□□□□□□□□□□□□□　　□□□
□□動率□迴□納□慶之誠開臣禍之兆放逐勳舊
慰鷹殺雛后族握兵黨與屯衞佐佐賈勇凶凶作威持
戟□其□□□□□□□□□□□□□□□□□□
□□□□□□□或□□□□□□□之□或外廷揣
摩飛白烏之難然以楚兵致討嘗懼季良淮南荐凶獨

金石萃編卷七十二　唐三十二　十七

防汲熙出公爲岐州刺史累□□□□□□□□□□
□□□□□□□□□□□□□□□□□□□□以
□□□舊也家富勢足目指氣使嗁掠以爲浮費劒戟
以爲謚夸公乃急於長碓淺於□□峻□□□□□□
□□□□□□□□□□□□□□□□□□□□□
□□□□□　國朝以時泰崇文事危尚武取巾忠義
具屈才能以左七衞將軍徵家□竝給傳乘議者以爲
式是□□□□□□□□□□□　□□□□□□□
□□□□□□□□□□□□□□義□□嶋則文雅
洽通故散騎平遷侍中兼掌晉也所重今之所難公得

之矣復換散騎常侍□□□□應□□□□□□□□
□□□□□□□□□□□□□□□□□之一□以
圖書□此之再任以心躋昇故一從一橫一文一武丈
夫也君子哉尋拜右羽林衛大將軍以　　□□□□
□□□□□□□□□□□□□□□□□□□□□
□□□□□□□□□□渝考中上又更右武衛大將
軍且師丹廉貞則拜斯職求昌心腹三登厥官或以□
□□□□□□□□□□□□　　□□□於□□□
□□□□□□□□□□□□□□□□□門也因假
開榆是究竟談以實明宗非差別行其道流也然論叅

靈深□見聖始作□於不□□□□於□□□□□□
□□□□□地之紀導□□之□□□□之□□□□
□□襲皇道決策謀府經德智囊而日月有除霧露成
疾莫可救藥誰能廋思嗚呼春秋六十六以開元□年
八月□□□□□□□□□第　　　□□□□□□
□□□□□□□□州郡督則布絹四百端匹米粟四
百石葬日官給謚曰昭公宜家魏國夫人寶氏德心守
彝禮容宏矩□□□□□□□□□□□□□嗚呼□
□□□□□□□□□□□□□不□悲夫以八年六
月廿八日合祔陪于　　橋陵園禮也姪吏部尚書

兼中書令集賢院學士修國史□□公□□□[illegible][illegible][illegible]
□□□□□一□□□□□□□□□□□□□□□
□□□布和宏恕以歸序刑器有典軌物有倫咨追如
父之恩是切加人之感相與公之長子朝議大夫魏州
別駕□□□□□□□□□□□□□□□□□□□
□□□□□□□□□賢院昭道等並才名用譽業尚
居多至性純深終天孔亟嘗恐竹□紀事未極聲華石
□□□揚風烈□□□□□□□□□□□□□之□
□名□之□□□□
麟定時秀人才　　國工詩書樂地典禮良弓率心載

德濟義輸忠湖海雅度□□清風乃□槐集□□□□
伊昔　□□□□□窮□□□□□□□□　　□□
□□　　□□□通赫赫復　□振振秩宗三思喬禍
諸韋莠兇孽纏家　　國氣薄華□□□□□□□□
同□　□□□□□□衝□□□□□□□雄□□□
□□□□□□□□□□□□□□子惟孝靈龜是從
桐栢烈烈碑闕崇崇盛業何許佳城此中
　李北海翩翩自肆此雲麾將軍碑九嗇者將軍名思
　訓書品在神妙間碑辭絶不之及豈古人以藝爲諱
耶弇州山人稿

雲麾官銜也其碑有三一在關中一在良鄉一在楚中關中者乃李思訓碑雖殘缺猶可搨燕楚兩通今罕傳不知係何人碑想石亡久矣（書畫跋跋）

碑在蒲城楊用修謂已斷正德中劉遠夫御史以鐵束之又謂已亡朱秉器又謂良鄉亦有此碑蒲城者爲趙文敏臨書今蒲城碑尚在未斷無有鐵束事且蒲城李思訓葬處北海眞蹟的非文敏所能良鄉本肥媚文敏書無疑（石墨鐫華）

李北海有兩雲麾碑一李思訓一李秀官同姓又同思訓碑在陝西秀碑在良鄉秦人著名墨鐫華者誤

以爲一碑且以此碑爲趙文敏所臨誤矣良鄉碑不知何時入都城宛平令掘地得六礎洗視乃雲麾碑建古墨齋以貯之不知何時又移至少京兆署中止二礎其四礎傳謂萬歷中京兆王惟儉攜去汴中金石錄云明皇以天寶三年改年爲載今此碑元年正月立而稱元載附記之俟考（庚子銷夏記）

右雲麾將軍李思訓碑文稱姪吏部尚書兼中書令集賢院學士修國史晉國公林甫攷唐書宰相表開元二十二年五月林甫自黃門侍郎爲禮部尚書同中書門下三品二十四年七月爲兵部尚書十一月兼中書令然則北海製文當在廿四年已後而金石錄寶刻類編諸書皆題爲開元八年葢因碑文有八年六月廿八日合祔之文而不知祔葬之與立碑非一時也顧文學言唐人日曰二字同一書法惟曰字左角稍缺此碑謚曰昭公字兩見皆作日左角亦不缺筆邕於思訓自稱族子然新舊史邕傳不言出于宗室未知其審（潛研堂金石文跋尾）

按碑叙其先世前段已泐存者云至信徙于秦克復其任子仲翔討叛羌狄道子伯考因家焉洎孫漢前將軍廣子侍中口十四代孫蒿云云唐書宗

室世系表李氏出自嬴姓其後有名汪者秦將軍生曇趙柏人侯入秦爲御史大夫生四子崇辨昭璣崇爲隴西房官隴西守生二子次曰瑤南鄭守狄道侯生信字有成大將軍隴西侯生超超生二子次曰仲翔河東太守征西將軍討叛羌于素昌戰沒贈太尉葬隴西狄道東川因家焉生伯考隴西河東二郡太守生尚成紀令因居成紀尚生廣前將軍二子次曰敢敢生禹禹生丞公丞公生先先生長宗長宗生君況君況生本本生次公次公生軌軌生隆隆生艾艾生雍雍生二子次曰柔柔

生弃弃生𥚃𥚃生嵩其世次之可考者如此碑云
曾祖下文泐下云諱叔良都此都字未詳原州長史華
陽縣開國公贈寧州刺史諱孝斌考宗室世系表
郇王房郇王褘陳晉太守長平郡公二子長伯良
武陵郡王次叔良長平肅王叔良之子長郇國公
孝協次卽孝斌華陽郡公原州長史與碑作華陽
縣公者小異孝斌之子卽思訓然則孝斌爲思訓
之父叔良爲思訓之祖其曾祖卽郇王褘也碑載
思訓薨年已泐僅存開元字下乃云八年六月廿
八日合祔陪于橋陵園春秋六十六卽以開元八

年推之其生當在永徽六年則碑所謂鼎湖龍昇
當指高宗其履霜堅冰終風折木口詬倏時變名
求活南陽宗子未舉勤王西京宰臣不聞復辟者
曠十有六祓云云是指武后臨朝誅唐宗室中宗
在房州等事也其時思訓纔三十餘歲其徵拜太
常寺丞加隴西郡公皆是中宗復辟時事則年已
五十餘矣橋陵爲睿宗之陵其姪爲林甫碑泐其
名兄弟之子稱姪始見此碑思訓兄弟諸子中官
位與碑合者惟林甫宗室表林甫爲思訓弟思誨
長子林甫之官吏部尚書兼中書令以宰相表攷

之在開元二十七年距合葬之歲垂二十年當葬
時並無別故陪葬帝陵亦爲鉅典碑敘思訓之子
雖多缺泐然核其文則稨道復道昭道等似皆具
存何以立碑蹉跎至二十年之久李邕書碑若在
開元八年是左遷括州司馬時若在二十七八年
是官北海太守日惜其署銜又泐不能確定其何
時也雲麾將軍武散官從三品上階右武衛大將
軍正三品官與階不甚懸殊思訓善畫號大李將
軍是其工畫在武后臨朝變名求活之時而其得
盛名在中宗復辟後歷官將軍之日然唐朝名畫
錄載其天寶中明皇名畫大同殿壁一事則傳譌
矣

華嶽精享昭應碑

碑高一丈廣四尺三寸十九行行四十九字隸書
額題華嶽精享昭應之碑八字篆書在西岳廟

華嶽精享昭應之碑

宣義郎行華州華陰縣主簿平陽咸廙撰

大神其止也虛其行也亘是以感生焉夫祀其事也大
其聲也德是以福生焉維稽有商屈兌曰華天作峻極
厥仞五千降靈集祉啓封王國故風雨皆若必應休明
玉帛之享亦豐其報致天人之咊者功莫大焉歲在涒灘

皇帝以開元嗣極今八載也文德被武功成　垂拱
而天下理纘服而庶邦正於戲聖之配天不逆災祥之
數而務脩其德天之降福或彰譴告之荐而終與其讁
是以成湯興而炎暵遘周宣懼而頌聲作問自日在奎
當始電迨乎畢春氣達萌牙山川如焚密雲不雨干耦
適野污病於失時百室崇墉將空於成歲
我皇畏昊天之命憫烝人之艱自郊徂宮靡神不舉乃
分命舊相尚書許國公蘇頲以瑞祀之辭旅于西嶽將
以蒙嘉氣獲豐年公時膺保衡代修袞職克求先正對
揚　王休　天子以才難九人

允歸同德公是用僉諧八座懋廣嚳咨有文章焉有禮
樂焉既亨冢位乃司宗伯賓佐咊邦敬恭明祀爰届爰
處威儀孔將闕是亭廟有來斯啟州命長史河東薛縉
俾爲協事於外宗人相禮展器執書告備於內肅雍孝
止有文並作幣尊六號玉用兩圭焚燎舉而禮容祗若
昧爽交而神光有燭粵三月庚申陳薦請也公已事復
命式遄其歸時厥登日旋於闕下車轔轔而響止履鏘
鏘而聲入則已浹周四溟澍洽千里拜獻純嘏天臨在
歆嘉公克誠神用影響　制書襃睞束帛有
差既禱而祠古之義也丘不與祭　帝有詔

焉乃申命秩宗寵終厥事則有牲牷樂奏之備以昭祀
焉癸卯告賽如前禮夫陰陽不測至妙也因變感情至
教也六府三事大功也四望六宗大禮也后王卿士如
彼歲月其道不易將惟康哉蘇公乃言曰惟
我后之德格于上下神我其霈今茲臣人可聽述
已於是重賚以謀始因物吕書伐俾彼金石載刊其陰
俾夫後之敬事者知豐福之攸在其辭曰
於鑠太華降神西峙惟王荒之配天有祀雲雨成物馨
香叶祉明明　天子禱于懲陽肅肅蘇公
王命是將克誠攸享雖舉其物年之用康祀

事惟政非昵非假禮崇其敬祠而報焉以永終慶惟靈
威咊幽贊而生有豐者石刊之則貞蘇公作頌孔碩其
聲
殿中侍御史彭城劉升書
銀青光祿大夫撿校華州刺史上柱國李休光題額
右碑序頌華陰主簿咸廙爲故相許國公蘇文憲公頲
祈而獲澍而作者也侍御史劉升書撿趙明誠金石
錄於唐碑搜訪殆徧而獨遺此升書亦僅一見於此
碑而已　弇州山人稾
此唐開元帝遣蘇頲禱雨華山有應而建碑也昔者

爲御史劉升升見金石略僅二碑而遺此石墨鐫華
華嶽精享昭應之碑其文即刻於後周天和二年頌
碑之陰宣碑之右旁有顏魯公大字題名乾元元年
十月左旁有賈竦謁華嶽廟詩元和元年十月作并
書太和六年四月姪男宣義郎行華州參軍敢重修
碑之下方亦有唐人題名此碑前後空處爲宋人攙
入題名甚多幸正文皆八分書題名或隸或行不相
混耳廟中古碑嘉靖末地震多毁唐碑惟此與述聖
頌二通僅存　古碑陰多無刻字故後周之碑而唐
人得以刻之觀此一碑而周人之質樸唐人之謙約

兩見之矣按此爲華陰縣主簿咸廙而新唐書趙冬
曦傳有大理評事咸廙業亦開元時人恐即是一人
金石文字記
右碑彭城劉升書升素以書名如造觀音像徐州刺
史蘇詵碑行于世此碑隸法古勁無唐人習氣可愛
也金石錄補
密封王國是邇字變彳作走省爾爲介也懋廣嗜杳
即咨字增口爲日也既享家位當是享字與銘詞中
克誠攸亨同帝有慼焉是慼字變比爲二口也三國
志注引會稽典錄吳孫亮時有山陰朱育依體像類

造作異字千名以上魏書太武帝始光二年三月初
造新字千餘頒之遠近以爲楷式故李仲琁修孔廟
碑魏孝文弔比干文之類皆雜用篆籀隸楷以及變
體别搆之字然此風自唐以來久變不謂至開元時
劉君乃獨嗜之耳又碑中如皇帝天子等字或空四
字五字或空六字十字不一惟我皇及帝字平格前
天子字空六字銘文明明天子句又復平格皆不知
其義金石存
攷蘇頲以開元八年正月罷相爲禮部尚書本傳不
載遺禱兩西岳事闕之也碑左方又有八分書蓮華

巍巍竹箭喧豗浩浩今古憧憧往來十六字則銀青
光祿大夫守兵部尚書博陵郡開國公崔漢衡所題
而華陰縣令盧倣書其時興元元年十二月也又有
銀青光祿大夫檢校華州刺史上柱國李休光題額
二十字驗其字體亦出盧倣手蓋勒碑之後又六十
餘年而始題其額耳碑前兩行下半空處有貞元元
年二月檢校水部員外郎崔頻華州司功參軍鄭齊
冊華陰縣令韋毅三人題名其下則宋元豐五年正
月通直郎劉陶題名碑中空處又有政和壬辰二月
顯謨閣直學士席旦及子奎益題名其餘明人題名

不及載潛研堂金石文跋尾

碑在嶽廟尚全整金石文字記跋此謂古碑陰多無刻字故後周之碑而唐人得以刻之然攷水經注樊城西南有曹仁記水碑杜元凱重刻其後書伐吳之事蓋古人簡便不重煩如此又渭水內載漢文帝廟數碑一碑是建安中立漢鎮遠將軍段煨更修祠堂碑文漢給事黃門侍郎張昶造昶自書之魏文帝又刻其碑陰二十餘字此又碑陰刻字更在杜征南之前者若至近世磨滅往代碑碣欲以自張其迹未幾而亦頹殘作柱礎矣悲夫授堂金石跋

按碑云歲在涒灘皇帝以開元嗣極之八載也歲在申曰涒灘開元八年歲在庚申也下云間自日在奎雷始電迨乎畢春氣逆萌芽山川如焚密雲不雨仲春之月日在奎則是一春大旱也兩唐書元宗紀八年皆不書春旱而七年則舊史書七月以亢陽日久上親錄囚徒新史書閏七月以旱避正殿徹樂減膳處囚五行志則并七年秋旱亦皆不書史文之詳略不同如此資治通鑑則七年不書於八年正月書大旱有魃優人作魃狀戲于上前云云則八年之旱正月已然矣下云分命舊衛尚書許國公蘇頲以瑞祝之辭旅于西嶽傳稱頲自景龍後與張說以文章顯稱望略等時號燕許大手筆帝愛其文令別錄副本署臣某撰當即中此時以旱因令頲撰祝辭并往祈于西嶽也是年正月頲罷相爲禮部尚書俄撿校益州大都督長史碑故稱之爲舊相尚書而其禱西嶽則在未撿校益州長史之前也撰文者宣義郎華州華陰縣主簿平陽咸廙開元時有咸冀爲十八學士之一圖形含象亭又咸廙業唐書附趙冬曦傳由大理評事入集賢院修撰坐事左遷餘杭令似與此撰

文之咸廙皆不合姑識之書碑者殿中侍御史彭城劉升唐書作劉昇附見劉德威傳云德威彭城人德威子審禮審禮弟延景延景子昇開元中累遷中書舍人太子右庶子能文善草隸似即此劉升惟不言其官殿中侍御史與碑不同耳篆額之李休光無傳碑書用字俱蹋筆作円

金石萃編卷七十二終

金石萃編卷七十三

賜進士出身　誥授光祿大夫刑部右侍郎加七級王昶撰

唐三十三

本願寺舍利塔碑

碑連額高九尺二寸廣四尺二十四行行五十二字行書額題大唐本願寺舍利塔八字正書

宇宙之外有聖人焉乘時而來知變而逝道不可以終喪故授之以像是以聖人之體見乎舍利聖人之容見乎廟聖人之尊嚴見於塔三者廣大悉備聖人之化業存矣曰鹿泉信士張瑜張成道心之權焉者也歸哉是與聲塵若弃高尚淨名之事欽惟睿覺之風悉心勵行

屬意遐遠乃聚其族而令其家曰金玉束帛吾知之矣適足以馳慮喪神不可以經綸界劫吾將庶崇妙事丕建靈塔百歲之後貝無間然爾其念哉於是子孫咸跪悅敬諾乃謀與勝卜華敞周爰洽度遂定於本願之伽藍焉既其佝名山採貞石肅志潔慮以精以析旬有五日果獲真美睟山骨玉凝靈含潤既瓛既發粲然可觀軸而排之雷奔谷響千唱百和不循地而致焉乃鑿口璞之口而礱之淵渟精微不瑕不疵稱高下明廣輪蠥而成階積以曾峻嶢嵲崒起嶒峨山磐周際渻合間不容髮儼若地湧鬱猶渾成歸哉實荒劫之宏鎮也初寘策之設也思厥舍利冈知所請乃誠克念匪皇底寧斯無所有送釋惠起所致者廿有四粒以屬焉既獲厥心豁若符契非夫靈聖默運其孰能與於此乎乃考彝範本元儀黃金其棺白銀其槨周以石篋櫬以琉璃香物乃邀名花數百既散既屬封之奄之堅林之事宛然斯在令范楊盧公字從運夫人滎陽鄭氏慨大師之永往仰勝會而興懷雨泣輸誠大捨服翫士女千万徘徊獻心延慕金容覬全身而樹多福者信亦繁矣因斯而觀則耳目之外界趣之中密邇周旋崇禧致遠者又惡可得其源倪哉口口口四博鑿華龕製金容廣頁業厥有

砥信昌言左右維南有佛實維慈氏畢公所立崇願將來冀其下生北面而事爰有淨邑長老王口口口五十二人欽若神界洗心安養肅修其本式建弥陁乃西其居以正厥位太原胡仙經弥勒于北所以發其蒙也高屋明惠設能仁於東所以昭其本也四子各以其志競心方面彤粹渥飾有休有倫庶綏四方豺魔自喪蕩蕩幻境居然化淳嗟乎不覩於茲安知天地大寶之所在也先是故寺主振法師故都維那知愻法師乘門之道勝也寺主僧希名都維那僧惠仙上坐僧惠超威儀僧道光法師僧智秀律師口道瑗律師僧洪寂前上坐頭

陁僧道解乃起合寺諸釋鄉城長幼及篤信麴客頁等
爲　國建釋迦石像於北殿其高二丈有八尺開
鑿啓發其功甚廣亦既搆立崇崇嶷然煥乎金光寂矣
神峙紺目海覷玉豪山轉衆美繁衍熊熊鏡天瓌壯偉
麗城中所絕左藥王右藥王其高廿有五尺二者蓋前
丞王務光張成之所造也渥彩耀靈光相暉炳峨峨抑
抑信生人之眞救焉夫惟王公博孝之君子也母氏聖
善卒於玆邑銜恤在疚莫知所從以爲俎豆牲牢不足
以光贊營魄乃樹斯妙業以展寒泉之心相此則寶林
德水之必然也曰　　有唐開元八年緒理

畢經始于今廿有五載是時碑既未倫而振孫俱殁王
以又徙職於壽陽法門智秀有恒其德仰玆廣業追惟
聚散恐歲月浸遠元由蔑聞越九年作噩歲春仲望乃
與前塔合而爲頌宜之豐石以存万古其詞曰
歸哉靈塔旣口其崇舍利內德光暉外融四德旣位万
德咸豐作鎮荒劫皇哉覺風舉彼會廟有靈其嶷擢擢
皇皇紫金維色法雲亞聖左右翼翼旣清昏波與時偕
極眞源淳淳合變而身刹玆像設又倍遺塵不有轍迹
孰知所臻勒銘金石作鎮天人

此碑獲鹿孫按察家掘地得之乃鹿泉信士畢瑜造
塔藏舍利者行草亦不惡石理脆亡其眞耳石墨鐫華

北岳府君碑

碑連額高九尺六寸廣四尺九寸七分二十九行每行四十七字行書額正書在曲陽縣北岳廟

大唐北岳府君之碑

御史中丞韋虛心撰

宣義郎前邠王府參軍直祕書省潁川陳懷志書

嘗試論之曰融爲瀆結爲阜則詞人之體物詳之矣智
樂水仁樂山則聖人之微言列之矣或乃參里愚谷因
居以制号紫蓋白雉像形而定極分石帆而爲破石對
射的而云射堂武關之啓地門下都之建天柱莫不万

彙斯毓五精是應必請魑魅之塗式作隱淪之宅傳諸
簡牒備乎聞見竊比岳宗自均魁父北岳恒山者北方
之巨鎮也尔其崗巒紛糺根底盤薄或壁立或砥平傍
匿千嶺下括衆壑邛窌谺欲盆虎之目駭不能名芳草
甘木棄儞之心討莫之數瓊膏石髓慶忌林兵時時閒
出往往迭見舒丹氣能翠微薈蔚朝躋披重壤以雲口
騷屑暮起吸万籟以風怒漢宗聽宋昌之策以諱遷常
趙主從姑布之談以賢臨代林麓之富何有何無但觀
夫嶮容峭峙地勢坱軋迤太行而緜碣石負寒谷而面
氷川限華夷之表裏壯宇宙之隘害培壞九折壓胎四

口一佇望州載礫瞻嶜崇巘似畫匪阽危以增皺清廟如在不加敬而自祗夫其重扃固護交軒密勿三間四表神漠漠以扶傾東序西廂心懇懇而發悖朱鳥拂棟玉女窺牕藻績丹青侔赤城之霞起圖寫精異疑絳河之仙集恍恍忽忽若陰若陽吁可畏乎其駭也以先天二年有瀛州清苑縣人魏名確爰因行李至岳廟之前乃見二人一者白衣一者紫服侍從甚肅進止不凡自云我是五岳大使發兵馬六十万衆爲國討賊五岳大神九月三日俱來此山大爲歡會名確遷延未去諸神遂乃作怒牽至廟中用申責罰視史楊仙童親見其事

乃馳告官司州將駭之隨以聞奏勑遣上宮及內謁者齎神衣禮物以赴會期凡厥寮寀共陪亨祭惟神妙略退舉猛銳長驅不勞戴鶡之師已決陣蚍之効國家德邁堯封道兼虞觀盛唐入詠蜀商服以登翳訓夏從遊窮西荒以銘弇壓首貫何之族俗有望雲文鉞碧砮之貢府無虛月瘞舉沉潛不爽於告成五禮四朝自遵乎升禋書云十有一月北巡守至於北岳豈不以崇望秩之儀備矣得諸侯之度宏矣以爲不嚴而理本乎禮樂既富而教崇以循良賠口宗之匡坐借長孺之高臥刺史高豫化以亂繩導規長者掾其宣布託諷虛儀一澄睇於露冕幾揚仁於風扇長史嚴德珪司馬董口漢編栂遠西蜀明其犯斗晉政記言南史推其直筆恒陽縣令劉元宗系肇御龍位光馴雉浦城務簡獄淹中以勿欺丞王晏洛汭浮仙淮流襲慶楚國在壇之寶庾室豐年之玉文章稚伯昔入仲宣之跪人物雌黃今得林宗之拜主簿姚繪之尉閻宏搏扶逸翮未遷振鷺之行縱邀巨鱗且仕亭鮮之輔岳令司徒范超和光偶俗內剛外柔不附胥庾自安下仕鄉望等乘海岳精靈燕趙奇傑賓從奕奕遷徙於擁篲之賢氣調凛凛結友於負荆之將平原旅食是日虞襲太子新交乘風聽筑地極殷

阜衣服如雲俗尚儒術青衿成市侶琴鐏以卒歲優哉遊哉狎泉石之娛老無營無欲手舞足蹈異口同音詢墨客於千里摽黃繭於億載故能屈蔡中郎之詞彩以紀豐碑訪王右軍之神蹤以鐫金石其詞曰

土之聚兮成山山龍嵸兮石斕斑屹常岳兮作鎮拔重壤兮聳千仞將觀日以齊宗兼極天而比峻跨荆至遼遂壺挾寡容之舊都帶簡子之藏符列眞宇兮隱淪宅巖花開兮樹葉坼既口天地險又作華夷隔巖祠汾穆神儀儼雅迫而察之駭人也雕欂翕赩兮瓶暌綠霤清泠兮露灑瘴虜咆哮口荐北郊岳靈赫怒兮殄落傾巢

銘十角於燕嶺獵隻輪於晉嶠　皇道貞明兮太階
平梯山驟水兮奄祲瀛□出豫兮勤功成一巡肆覲兮
考幽明寄剖竹兮仁風淸台題輿兮康哥行郎出□兮
百里榮桓不樂兮□安輕州縣□職兮八之英恒碣降
神兮岳之精詢謀僉同兮表志□拔文相質兮蹟堅貞
懸一字兮莫與京俾千祀兮昭令名髣髴風塵兮垂頌
聲

開元九年三月廿六日立

碑陰

李复詩十九行行八字正書

五言　晚秋登恒岳晨望有懷　定州司馬李复
二儀均四序五岳分九州靈造艮難測神功匪易酬
恒山北臨代秀巒東跨幽須洞鎮河朔嵯峨冠嵩丘
禋祠彰舊典壇廟列平疇古樹侵雲密飛泉界道流
從官叨佐理銜　命奉珍羞薦玉申誠効鏘金諒
有由郊原照初日林薄委徂秋寒近風聲厲川長霧
氣收他鄉饒感激歸望切祈求景福如光願私門當
復倏

高迺等題記五行行十一字或十字左行行書

義武支度副使撿按祕書少監前易州刺史兼御史
大夫高迺弟左贊善大夫兼御史中丞遇元和三年
四月三日同　禱祀

周載題記四行行八字九字不等左行正書

義武軍節度掌書記監察御史裹行周載元和十年
三月十四日奉　命來祭

鄭志等題記八行行十四字十三字不等左行正書

勑元和十一年十月八日立冬祭
初獻節度衙推將仕郎守試秘書省秘書郎兼殿中
侍御史前定州大都督府錄事參軍鄭志
亞獻將仕郎前守恒陽縣尉攝恒陽縣令兼防城兵

馬使李欽
終獻朝請郎前行汝州郟城縣尉攝恒陽縣主簿鄧
公楚

薛鍜等題記七行行十二十三字不等左行正書

勑大和五年九月廿四日立冬祭
初獻攝節度巡官朝請郎前試武衛兵曹參軍薛鍜
亞獻將仕郎守易州滿城縣令攝曲陽縣令顧文賞
終獻宣德郎前試左衛率府胄曹參軍攝曲陽縣尉
辛次儒

薛嗣立等題記八行行十四十三字不等左行正書

勑大和七年九月十七日立冬祭
初獻節度巡官登仕郎試太常寺太祝騎都尉薛嗣
立
亞獻將仕郎守易州滿城縣令攝曲陽縣令顧文賞
終獻鄉貢進士攝曲陽縣尉趙勤
太祝官節度逐要通直郎試邑王府長史攝曲陽縣
尉并攝岳令李寬
又七行行十三字或十字十一字不等左行正書
勑大和八年九月廿七日立冬祭
初獻節度巡官試太常寺太祝騎都尉薛嗣立

亞獻將仕郎守易州滿城縣令攝曲陽縣令顧文賞
終獻將仕郎前試太常寺奉禮郎攝曲陽縣尉趙勤
薛襄等題記六行行十二字十字不等正書
觀察推官試詹事府司直薛襄
前右武衛胄曹參軍薛瀚
攝曲陽縣令薛莪
開成五年八月廿六日奉　尚書頴川公命拜
北嶽廟禮畢而退
陳去疾題記六行行十字十一字不等正書
攝節度判官權知州事給事郎前守蔡州司馬陳去
疾
會昌四年仲春月　幕府卒由晢章去疾承　命
有事于　安天大王廿一日題
鄭放張宜悔等題記
判史鄭放　別駕李克嗣　宣義郎行恒陽縣丞張
宜悔　長史寇璜　司馬張朏　專口官儒林郎行
恒陽縣尉李嗣元　錄事叅軍畢彥孫　觀察支使
監察御史裏行薛襄
會昌四年八月七日奉　命秋祭
梁兢等題記五行行十字左行正書

眞定中山府路廉訪使者梁兢同弟承信郎存挈家
恭詣　嶽廟修祠事宣和壬寅歲臘月望日謹識
碑兩側
仇文義等題記五行行二十二十三字不等正書
易定監軍使正議大夫行内侍省內謁者監員外置
同正員上柱國南安縣開國男食邑三百戶賜紫金
魚袋仇文義
内養充易定別　勑判官朝議大夫行内府局令員
外置同正員上柱國竒章郡開國男食邑三百戶辛
廣祐

大和八年十月七日到祭　岳鐫記

薛康等題記四行行二十一字二十字不等左行正書

勑開成元年九月十九日立冬祭

初獻觀察支使登仕郎試太常寺協律郎騎都尉薛
廖

亞獻儒林郎前行易州容城上簿攝曲陽縣令元沂

終獻將仕郎前試太常寺奉禮郎攝曲陽縣尉趙勤

李潛等題記四行行二十一字十九字不等左行正書

勑開成二年十月一日立冬祭

初獻攝節度巡官朝請郎前試左武衛兵曹參軍李

潛

亞獻承奉郎試左衛兵曹參軍攝曲陽縣令趙斌

終獻文林郎試太子通事舍人攝曲陽縣尉元實

崔元藻等題記四行行二十八十八十六字不等左行正書

勑會昌四年九月十七日立冬祭

初獻攝易定等州觀察判官文林郎前試大理評事
兼監察御史崔元藻

亞獻攝館遞迎官將仕郎前守深澤縣令苗釗

終獻朝請郎前行曲陽縣尉攝尉李宏敏

高品等題記七行行廿二廿三字不等正書

維大宋　大中祥符二載歲次己酉四月丙戌朔八
內內侍省內侍高品朱允宗奉　命馳騎於北嶽
安天王并貞君觀開啓祈雨道場各三晝夜罷散
日致祭設醮至二十五日迴鐫記

亞獻官右班殿直知曲陽縣兼兵馬監押沿邊諸山
口寨巡撿勾管廟觀牟修已

終獻官本州節度推官宣德郎試大理評事高學古

惠價等題記七行行廿四廿八三十字不等正書

大中祥符三年八月十五日辛酉奉直郎守太子左
贊善大夫武騎尉賜緋魚袋惠價奉　命馳騎於

北嶽祭告來春有事于　后土

亞獻宣德郎守殿中丞通判定州兼制置營田勸農
事盧士宗

終獻右班殿直知曲陽縣兼兵馬監押沿邊諸山口
寨巡撿勾管北嶽廟觀牛修已

攝太祝節度推官宣德郎試大理評事高學古

陳懷志此碑在李北海雲麾之下法華之上蓋以其
筋骨有餘而丰度微遜爾蒼潤軒帖跋

按開元禮諸嶽鎮海瀆每年一祭各以五郊迎氣
日祭之前一日嶽令瀆令清埽內外贊禮者設初

嶽位于兗東南亞獻終獻於初獻南少退祭日行
事府書禮儀志北岳恒山祭于定州文獻通考其
牲皆用太牢祀官以當界都督刺史充此碑碑陰
所紀祭日皆以立冬祭官皆定州守土者姓名分
列三獻與諸書合也文述先天二年淸苑人魏名
確至岳廟前見二八云是五岳大使發兵六十萬
衆爲國討賊九月三日俱來此山大爲歡會州將
闘奏勑遣上宮及內謁者齎神衣禮物以赴會期
凡厥寮宋共陪享祭云云事涉神異史志皆所不
載考舊唐書元宗紀先天二年七月三日竇懷貞

等與太平公主同謀期以其月四日以羽林軍作
亂上密知之皆執諸人斬之碑所謂爲國討賊者
殆指此事也碑文韋處心撰陳懷志書唐書韋湊
傳云處心字無逸景龍中遷御史中丞歷荆潞揚
三大都督府長史入爲工部尚書東京留守累封
南皮郡子此碑開元九年立而猶題御史中丞則
其官中丞歷十餘年之久矣陳懷志史無傳其官
邠王府參軍唐書章懷太子賢傳次子守禮嗣王
唐隆元年進封邠王懷志爲其府中參軍碑陰碑
側皆元和以後歷次祀官題記後有宋大中祥符

題記二段幷附之　又按北嶽恒山在五嶽中最
爲横亘綿長故起自山西之渾源州迄于直隸定
州之曲陽皆有恒山之名禹貢太行恒山至于碣
石入於海孔安國注二山連延至碣石也是恒山
與太行皆連延也管子云其山北臨代南俯趙東
接河漢之間胡三省通鑑注恒山挺峙于冀州之
中爲東西屏蔽巖穴高深道路險阻出奇者所必
由也山西通志云北嶽恒山在渾源州城南二十
里高十里周百三十里由恒山南行爲太行王屋
西南盡于河東行爲紫荆居庸而東北盡于海畿

輔通志云恒山在定州曲陽縣西北一百四十里
亘保定府西境及山西大同府東境㮣曲陽之西
北近渾源之東南壤地不甚相遠也然稽之元和
郡縣志及兩唐書地理志惟于河北道定州曲陽
縣注有恒嶽有岳祠其今之渾源州在唐末謂之
渾源縣在隋爲平寇縣地在兩漢魏晉爲崞縣地
後魏改名爲崞山縣後屬繁畤縣見大清一統志表攷元
和志及兩唐書繁畤崞縣並屬河東道代州而無
渾源之名疑是後唐所置兩五代史又不詳且不注恒山在其縣
㮣在唐時專以恒山屬之曲陽也其渾源之立廟

始于前明馬文升之疏　本朝遂著爲定制文升疏云恒山北嶽在今大同府渾源州歷秦漢隋唐俱于山所致祭五代河北失據宋承石晉割賂之後以白溝爲界遂祭恒山于眞定府曲陽縣歷元迄本朝因循未曾釐正文皇帝遷都北平眞定反在都南當時禮官不能建明循舊陋夫周禮曰恒山爲并州鎭在正北一統志曰恒山在渾源州南二十里又渾源廟址猶存故老傳說的的不虛乞行禮部再加詳考於渾源州恒山廟舊址增修如制云云顧寧人辨之曰古之帝王其立五嶽之

祭不必皆於山之巔其祭四瀆不必皆於其水之源也恒山綿亘幾三百里而曲陽之邑於平地其去山趾又一百四十里馬文升所以有改祀之請也考之虞書十有一月朔巡狩至于北嶽周禮并州其山鎭曰恒爾雅恒山爲北嶽注並指爲上曲陽三代以上雖無其迹而史記云常山王有罪遷天子封其弟于眞定以續先王祀而以常山爲郡然後五嶽皆在天子之邦漢書云常山之祠於上曲陽應劭風俗通云廟在中山上曲陽縣後漢書章帝元和三年春二月戊辰幸中山遣使者祠北

嶽於上曲陽郡國志中山國上曲陽故屬常山恒山在西北則其來舊矣水經注乃謂此爲恒山下廟漢末喪亂山道不通而祭之于此則不知班氏已先言之乃孝宣之詔太常非漢末也魏書明元帝泰常四年秋八月辛未東巡遣使祭恒嶽太武帝太延元年冬十一月丙子幸鄴十二月癸卯遣使者以太牢祀北嶽太平眞君四年春正月庚午至中山二月丙子車駕至于恒山之陽詔有司刊石勒銘十一年冬十一月南征逕恒山祀以太牢文成帝和平元年春正月幸中山過恒嶽禮其神

而反明年南巡過石門遣使者用玉璧牲牢禮恒嶽夫魏都平城在恒山之北而必南祭于曲陽遵古先之命祀而不變者猶之周都豐鎬漢都長安而東祭於華山仍謂之西嶽也故吳寬以爲帝王之都邑無常而五嶽有定歷代之制改都而不改嶽太史公所謂秦稱帝都咸陽而五嶽四瀆皆并在東方者也隋書大業四年秋八月辛酉帝親祠恒嶽唐書定州曲陽縣元和十五年更恒嶽曰鎭嶽有嶽祠又言張嘉貞爲定州刺史於恒嶽廟中立頌予嘗親至其廟則嘉貞碑故在又有唐鄭子

春韋虛心李荃劉端碑文凡四范希朝李克用題
名各一而碑陰及兩旁刻大歷貞元元和長慶寶
歷大和開成會昌大中天祐年號某月某日祭初
獻亞獻終獻某官姓名凡百數十行宋初廟爲契
丹所焚淳化二年重建而唐之碑刻未嘗毀至宋
之醮文碑記尤多不勝錄也自唐以上徵于史者
如彼自唐以下得于碑者如此於是知北嶽之祭
於上曲陽也自古然矣水經注曰上曲陽故城本
嶽牧朝宿之邑也古者天子巡狩常山歲十一月
至于北嶽侯伯皆有湯沐邑以自齋潔周衰巡狩

禮廢邑郭仍存秦以立縣縣在山曲之陽是曰曲
陽有下故此爲上矣而文升乃謂宋失雲中始祭
恒山于此豈不謬哉渾源之說始于文升自成化
以前初無此語渾源之廟並無古蹟不知作于何
時如泰山華山之上亦各有言而大廟俱在其下
特曲陽相距稍遠而今制又分直隸山西二轄人
遂因此疑之疏中所云故老傳說正足見其不出
于史書而得諸野人之口也先是倪岳爲禮部尙
書已不從文升議而萬歷中沈鯉駁大同撫臣胡
來貢之請又申言之皆據經史之文而未至其地

子故先至曲陽後登渾源而書所見以告後之人
云按亭林此辨作于北嶽未定制之先今以其語
引據此碑爲證多所發明爲存其說附于此

吳文碑

碑僅存下截高三尺一寸廣四尺二寸三十五行字數無攷行書

缺碑在京興福寺陪常侍
缺大雅集　晉右軍將軍王羲之行書勒上
缺也肇自石樓東鎭守封司地之班金冊西荷啓命將
軍之袂雖缺師中尉摠南宮之禁其或膺剗如鐵搽竪
明霜酌龍豹之韜缺榮名溢寰海功埋動植其誰由

然哉惟大將軍吳公諱文字𠦑缺大夫行內給事父節
皇朝金紫光祿大夫行內常侍七貂缺之德是
使金鋪接慶玉璽承官長戢桑於司宮高門聦於寺伯
公缺稚局就於孩年最轉奇覩英斷裁於稚齒源之乎
鵬之爲鳥不飛缺法厲已荷公不私補過愕愕於宮闈
匪懈兢兢於夙夜缺勞撫公以秩授公文林郞適舉從
班也公謹密居體謙光揩旨問缺之賞非公而何冬十
二月又　制轉公右監門衛大將軍建缺宸衶龍
三年又　制舉公領軍大將軍行右監門衛缺社
固以鋒交衛霍摧衡田實摘需步於朱軒蹝　龍

顔於青缺土之祿敢對敭　天子之休命也唐元
年又　制進封缺之册三階應歷八命騰遷持大
義而不可棄保元勳而若無有則缺皇上欽腹心之寄
也公平均七政恭踐五朝樹德務滋脩躬缺成脩乃奏
乞骸骨身歸常樂　詔許公焉尚書謝病非無給
彩寢四序之留難秋蓬飄飛收百年之卷促賈長沙
之憤結庚鵩缺呼維公開國承祉正家崇祑葉嗣傳於
紫紱鼎冑曳於黃雲元戎缺魚之行乎大壑其畺府也
黃金白玉兮滿君之北堂其實賢也虬缺風軌物傑臣
飛將其在公乎夫人恒國李氏圓姿替月潤臉呈花缺

口七年十一月十二日先公而殞公以開元九年十月
廿三日偱窆缺口落松扃金雞鳴而春不曉玉犬吠而
秋以暮塋將軍於地下意氣缺口卧於平生窅帳珠於
瓷岁則公夫人之顧命顧不合於雙棺焉於缺議大夫
行內常侍上柱國處行明姿鑒俗謹身從道元方長子
高缺郎行內僕局丞上柱國昇行及廠塵滓開心大乘
出俗綱之三灾迴缺進局丞騎都尉處昂等並痛切終
天悲銜散血雖復合進花萼聡缺口五色詞騰七步王
公在昕　聖主承知夢八門而出飛屈五缺
缺神出自天秀益非常人復禮由己依仁立身擧圖擯

海公乎勤鏻缺有珪詩楙孟子相舉王稽南山之壽峭
立其齊西山之縣不意仝缺伯銘金潁川故事遵揚德
音杳杳藤槨青青柏林旌勳表頌孝子缺
缺林郎直將作監徐思忠等刻字
菩提像一鋪居士張愛造

此碑斷缺棄西安城南隍中王生堯惠輩見之以語郡守昇置類宮碑爲大將軍吳文立宏福寺僧大雅集右軍書余觀其筆法去聖教遠甚應是集字者不及懷仁而碑中有開元九年字疑又從聖教序諸刻中摹集非右軍眞蹟也石墨鐫華

此碑却少上半其敘之人只存其名而已姓亦不存集人大雅乃興福寺僧故世謂之興福帖其集王字顧獨得其精神筋力儼如生動不比懷仁只得其形模并其古澹之趣而已是以書家重之墨林快事

其文有曰夫人李氏圓姿替月潤臉呈花唐人寫狀婦容云爾猶有預人詩意今人以爲嫌不肯作此語矣金石文字記

此碑破碎覩之已無碑形余手摩其文止餘口口口字文已不可讀尚存宏福寺僧大雅集右軍書爲大將軍吳文立又有開元九年字若神鬼呵護並姓名

年代無一廢闕亦奇矣此石爲歷閥王文學龔惠遊於西安府隍中見之亟語郡守移置犢官余聞吾家有道碑遺一儒生布氈其下嘣賞良久一夕失所在跡之無蹤今刻惡道匿跡訖無傳之者與成十灰何異龔惠自我得之不私諸己使右軍遺跡亡而復存賢矣哉 金石史

古今碑刻集右軍書見諸載記者凡十八家皆從聖教序出此碑其最著者也 鐵函齋書跋

文中神龍三年下有所謂唐元年者應是唐隆元年避元宗諱去一字耳 關中金石記

右鎮軍大將軍吳文碑失其上半有云長戟棨于司宮高門聯於寺伯又銘辭云詩徵孟子相舉王稽知其爲內侍也文之祖內給事父內常侍其子或官內常侍或官內僕局丞或官掖庭局丞身爲宦者何由有兒而子孫相承至于四世蓋權勢所在必由附麗以進內侍之養子恆爲內侍謬種流傳埶之所宜有者降至末季遂有以士大夫而願爲中官養子者矣其云公夫人之顧命願不合於雙棺則文妻未嘗合葬也史載高力士娶呂元晤女李輔國娶元擢女而文亦有妻李氏然則唐之宦者固多有妻以宦者而抑良家以爲牉合詎宜以同穴之禮責之也哉 潛研堂金石文跋尾

碑斷立失其上半文多不屬其中推次成句者有云以秩授公文林郎道舉從班也又制轉公右監門大將軍神龍三年又制舉公鎮軍大將軍行右監門衛又奏乞骸骨身歸常樂蓋以宦寺引年非怙寵於終也其云平均七政恭踐五朝則上逮高宗皆已服事宮掖矣後又云公夫人之顧命願不合於雙棺顧命之義上下亦得通稱蓋起于桒公之顧命又後漢書趙咨傳子允不忍父體與土并合欲更改殯瓻建營

以顧命蔡中郎集朱公叔墓前石碑其孤野受顧命陳太邱碑臨殁顧命司空臨晉侯楊公碑寢疾顧命是也文諸子名位俱存于碑者三八行內常侍上柱國處行行內僕局丞上柱國昇行口庭局丞騎都尉處昇 授堂金石跋

郭思謨墓志

石高廣各二尺五寸六分三十行每行三十字正書今在洛陽

大唐故蘇州常熟縣令孝子太原郭府君墓誌銘并序

進士吳郡孫翌文

夫孝者百行之本故詩美張仲傳稱潁考叔所以軌物而

前平人用忠悠悠千古誰其似之實我府君能錫類矣
公諱思謨太原平陽人其先出自有周錫紂之嚚史
謀詳之矣爾其胤以奇榮立丹以志業開泰以人倫稱
象以文學著隋祖積代世不隕德　曾王父昇周朝東
平將軍上儀郡守　大父則隋銀青光祿大夫尚書度
支郎中淮陵郡守隴右巡察使過郡不聳寔資介胄之
雄儲偫已均方知會計之力專城無警奉使有光矣
嚴考敬同　皇幽素舉高第養親不仕易曰幽人貞吉
又曰素履無咎幽素之義其大矣哉　幽素府君有三
子其季曰　我公俱仁孝純倫感通天地　太夫人嘗

有疾口羊肉時禁屠宰犯者加刑日號泣於昊天而不
知其所出忽有慈烏銜宍置之階上故得以馨潔其膳
猶疑其儻然他時憶菴羅菓屬屬發之辰有類求芙蓉
於木末不可得也兄弟仰天而歎庭樹爲之犯雪霜華
而實矣　公取以充養且獻之　北闕于時　天后造
周驚歎者久矣命史臣褒贊將加旌表無幾何憶新笋
復如向時之菀結又無告焉後闈叢篁忽笣而出所居
從善里其竹樹存焉異乎哉書傳所闕者今見之矣
公始以孝子徵解褐拜定州安平縣丞下車未幾而東
胡作孼虔劉我士卒撓亂我邊陲恒代之間亭候無守

河決非覆簣能制原燎豈負甕可加而　公之小邑亦
受屠矣身被囚虜命懸鋒鏑出於萬死之中與其一切
之計大殺寇盜載完邪郭雖田單之復齊城曹沫之歸
魯地蔑以過也招慰使奏加　公朱紱撝讓不受屬內
憂服闋轉江陽縣丞又應廉讓舉擢武功尉秩滿遷當
熟令凡佐三邑而举一縣所居必化所在必理尊務於
德夫何不臧　公口二昆長曰思誨易州司馬次曰思
訓大理司直不永介福俱已先世遺孤凡十有三人或
亦髫亂或居襁褓公撫之育之出入腹之子漸乎義方
女嫁于他族人不知其諸父蓋孝悌之至也稟命不融

春秋五十九開元九年正月二日寢疾終於官舍以其
年十一月甲辰朔十七日庚申祔葬洛陽東門平川禮
也初　公娶于彭城劉氏無子而卒再娶河南元氏有
二女亦先朝露矣琴瑟不可以終徽享祀不可以無繼
又婚清河張氏故江州刺史嘉言之孫奉禮郎愼思之
女作配君子休有列光彼蒼如何殲我良人有子曰寃
曰宷倫儁幼冲未知飾終追遠之禮易州府君冢嫡字
採他山之石貽銘貫行其詞曰
儼陔者子兮行邁神明家邦必達兮休矣清聲天難忱
斯兮胡不永齡哀哀羣稚兮泣盡孤塋

開元九年孫翌撰并書石在洛陽城內董金甌家金石文字記補遺

碑記思謨事母孝感異蹟及武后旌表之事云祔葬洛陽東門平川碑中肉字作宍茂作蕟皆異文宍字見吳越春秋又見漢史晨後碑蕟字見漢書表又以上黨郡作上儻因知儻即黨字之俗故漢書倜儻只作似黨也孫翌字季良偃師人所撰又有高禍墓志在長安題云麗正殿修撰孫翌季良曾要稱其以校書郎爲集賢院直學士中州金石記

郭君思謨與思訓昆弟也前思訓誌載曾祖興周上

黨郡守平東將軍此誌獨以爲名昇莫識所謂思謨始以孝子徵解褐拜定州安平縣丞轉江陽縣丞擢武功尉遷常熟令又載其仁孝之感慈烏銜肉菴蘿冬實取以供母當時上之天后命史臣褒贊又云憶新笋叢篁忽從而出從善里竹樹存焉孝感如此而新書孝友傳不附其名或者亦飾爲之與思謨父幽素舉而身又應孝讓舉以見唐制之繁如此授堂金石跋

按郭思謨兩唐書無傳碑叙其曾王父昇大父則考孝同亦俱無攷下云皇幽素舉高弟皇訓皇朝也幽素舉者舉幽素科也文獻通考唐制科名目

及中制科人姓名惟載乾封元年一條幽素科蘇瓌解琬苗神客格輔元徐昭劉納言崔谷神及第並無郭敬同姓名前後亦別無舉幽素科之事碑云菴蘿菓蔚發之辰兄弟仰天而歎庭樹爲之犯雪霜華而實矣法苑珠林龍告如來言吾憶往昔曾于寺舍中入樹林下盜取現在僧物十菴羅果而私食之本草菴羅果樹生若林檎而極大又名菴摩羅伽果然皆不言實于何時要之非隆冬所有也碑云天后造周公始以孝子徵解褐拜定州安平縣丞下車未幾而東方作孽公之小邑亦

受屠矣云云唐書則天紀聖歷元年八月突厥寇定州刺史孫彥高死之碑載思謨爲安平丞殺寇盜完郛郭即是時也

李文安石浮圖銘

碑高三尺九寸七分廣二尺九寸五分十八行行廿二字行書

大唐易州新安府折衝李公石浮圖之銘

夫至道潛運不言而化成大象孕靈不宰之功遂斯則神元妙賾雖日用而莫知況耳目不該豈視聽之能識由是給園多士並赴緇林方丈比丘咸歸奈苑有想非想住法非常樂之宗色空即空生滅豈菩提之果於是

淸信士易州新安府折衝都尉李文安遊心正覺妙達
苦空知勞生之有涯設津梁於彼岸廼於范陽縣西雲
居寺爲亡妻河東郡君薛氏敬造石浮圖一所旁求瑰
琦雕彤岫爲之幽琛遠召良工班輸以之呈巧盤螭隱伏
與雲霧而相交靈鳳將翔共陽烏而接翼飛空七級狀
多寶之移來騰虛四迴疑衆仙之涌出兼以山含萬象
地韞靈奇漳滔澄光似猴池之浴日松枝引籟若祇樹
之吟風衆妙難名約敷厥美蓋同拂石万刧茲山銘曰
麗哉藝斝出矣崑山磨鐫不日神儀婉然亭亭淨域哉
哉給園光浮十界色照三天一衆妙功德莫惟斯重鏤

鳳傍螭雕龍上聳買地有莫福田無種利益濟通存沒
偕奉二

開元十年四月八日建

易州前遂城縣博助教梁高望書

奉先寺像龕記

碑高四尺廣二尺三寸三分共
二十行行二十八字左行行書

河洛上都龍門之陽　大盧舍那像龕記
大唐高宗天皇大帝之所建也佛身通光座高八十五
尺二菩薩七十尺迦葉阿難金剛神王各高五十尺粤
以咸亨三年壬申之歲四月一日　皇后武氏助脂

粉錢二万貫奉　勑撿挍僧西京實際寺善道禪師
法海寺主惠暕法師大使司農寺卿韋機副使東面監
上柱國樊元則支料匠李君瓚成仁威姚師積等至上
元二年乙亥十二月卅日畢功調露元年己卯八月十
五日奉　勑於大像南置大奉先寺簡召高僧行解
兼備者二七人闕即續塡創基住持範法英律而爲上
首至二年正月十五日　大帝書額前後別度僧一
十六人並戒行精勤住持爲務恐年代綿邈芳紀莫傳
勒之頌銘庶貽永刧云尒　佛非有上法界爲身垂形
化物俯迹同人有感即現無罪乃親愚迷永隔惟憑信

因寔賴我　皇關茲靈質相好希有鴻顏無匹大慈
大悲如月如日瞻容垢盡祈誠願畢正教東流七百餘
載口龕功德惟此爲最縱廣兮十有二丈矣上下兮百
卌尺耳

牒　勑旨龍花寺宜合作奉先寺
開元十年十二月五日

河南縣　牒奉先寺
牒被符奉　勑旨如右請錄白入司施行牒舉者
牒寺准狀者今以狀　牒牒至准狀故牒
開元十年十二月十二日史樊宗牒

水經伊水出南陽縣西東北過陸渾縣南又東北過伊闕酈道元注昔大禹疏以通水兩山相對望之若闕春秋之闕塞是也韋應物詩鑿山導伊流中斷若天闕而司馬君實之言曰龍門伊闕天所爲非山橫其前水壅其流禹始鑿之然後通也斯言其信矣夫山有八寺其一曰奉先像建自咸淳三年而以調露二年賜額蓋闕去洛陽二十五里而近兩岸洞龕佛像累千合夾侍坐立者幾盈萬此杜少陵詩所云氣色皇居近金銀佛寺開也碑闕書者姓名或云玄元皙族考正續書之康熙戊子竹垞八十翁彝尊識曝書亭集

右大盧舍那像龕記後附開元十年十二月牒云勅旨龍花寺宜合作奉先寺蓋調露賜額本云龍花寺記作于開元中追稱爲大奉先寺爾婁機漢隸字原云漢碑凡元亨字皆作享至子孫享之之類又皆作亨依之九經字樣凡元亨之亨享獻之享烹飪之烹只是一字經典相承隸省作享者音香作亨者音赫平又音魄平後人復別出烹字其實皆可通用也予初見張阿難碑書咸亨爲咸享疑其下筆之誤今此碑亦作享又唐書杜審言傳稱咸享初蓋唐時雖用

楷書猶存篆隸遺法咸享即咸亨正是從古朱錫鬯跋誤作咸淳不知高宗紀元有咸亨有永淳無咸淳也記末題進士都仲容記字體頗不類左旁又有政和六年題字以筆法驗之如出一手皆宋人所添入也潛研堂金石文跋尾

盧舍那者釋元應大方廣佛華嚴經音義云或云盧舍那亦言盧折羅此譯云照謂徧照也以報佛淨色徧周法界故也又日月燈光徧周一切處亦名盧舍那其義是也記文左行按左行之體仿于瘞鶴銘當由匠上書丹手勢便利耳此亦用之疑當時牒文之體後即牒也記爲殷仲容撰仲容曾摹孔子十字篆書之人準字作准後人以爲避寇萊公諱至今用之據此碑已然按元重刻漢桐柏淮源廟碑云准則大聖五經文字云字林作准元應賢劫經音義准平注說文作準同則明准字自古有之俗云避寇準諱顧炎武又以爲宋順帝名準故沈約宋書平準令王準之皆作准蓋未然矣中州金石記

按奉先寺河南通志寺觀卷河南府奉先寺在府城西南三十里闕塞山後魏時建似即此碑所在之奉先寺通志特未詳言咸亨造像調露建寺之

事耳想調露時因後魏寺址而施功也自咸亨三年四月造像至調露二年書額前後閱十年而蕆事也造像則皇后武氏助脂粉錢二万貫攷太眞外傳楊太眞有姊三人明皇並封國夫人之號皆月給錢十萬爲脂粉之資據此碑則武氏已先有脂粉錢之給矣又或謂之粧粉錢白香山詩四季徒支粧粉錢是也記後刻開元十年牒文碑無撰書龕記人名中州金石記謂爲殷仲容撰書書唐書稱仲容則天愛其才官至申州刺史則當開元十年仲容之在亾不可知矣疑書龕記在調露二

年建寺之時而立碑在開元十年給牒之時也然記末云縱廣兮十有二丈矣上下兮百卌尺耳文體鄙拙仲容不至如是疑寺僧託名也

尉行忠造像記

記刻座上刻記處高三寸五分廣二寸五行行八字十字不等正書

開元十一年五月五日尉行忠妻爲亡男設　七齋敬
造浮圖一塔又脩故像一　區合家一心供養　仏時

珪禪師塔記

石高一尺四寸横廣二尺十五行行十二字隸書

大唐嵩岳閑居寺故大德珪禪師塔記

大師諱元珪李氏河南伊闕人也上元弍載孝敬崩度隸寺焉宿殖德本無師自悟及少林尊者開示大乘路奧至道晚年居龐塢阿蘭若遠近緇素受道者不復勝記至開元四年歲次景辰秋八月甲辰朔十日癸丑終于龐塢春秋七十有三十三日景辰權厝于寺北岡之東至十一年歲次癸亥秋七月乃營塔於浮啚東嶺之佐大師味淨之所而庭栢存焉癸巳晦奉遷于塔從僧儀也弟子比丘僧仁素等刊此貞石以旌不朽

娑羅樹碑

碑本高廣尺寸行字俱不計行書石在淮安府治

楚州淮陰縣娑羅樹碑并序

海州刺史李邕文并書

觀厥好德存樹愛人及鳥有情不忘雖小可作夫施及者也則有宗廟加敬墟墓增悲覩物可懷比事斯廣此觸類者也矧乃通感靈變龘符聖迹根柢淨土碩茂佛時竭金山之景彰臨玉豪之殊相至若泥日法會荼毗應身妙有雙樹之間光覆僧祇之衆安可混矅散木比列淸林議上茅之挺生喻堅固之神造者也娑羅樹者非中夏物土所宜有者已婆娑十畝映蔚千人容㡛足以綴飛颷高蓋足以却流景惡禽翔而不集好鳥止

而不巢有以多矣然深識者雖徘徊仰止而莫知其植
博物者雖沉吟稱引而莫辯嘉名華葉自奇榮枯嘗異
隨所方面頗徵靈應東瘁則青郊菸而歲不稔西茂則
白藏泰而秋有成唯南脈他自北常尔或季春肇發或
仲夏萌生早先豐隨晚尋儉若旦槁壺後吐芬條前秀
荃池旬日奄忽齊同無今昔可殊非物理所測古老多
恠時俗每驚巫者占於鬼謀議者惑於神樹證聖載有
三藏義淨還自西域逮茲中休信宿回依齋戒瞻歎演
夫本處徵之舊聞源其始也榮灼道成之際究其末也
推藏薪盡之餘或森列四方或合并二體常青不壞應

現分榮變自有終不滅同盡昔與釋迦蔭首今爲羣生
立緣夫　佛病從入大慈感故樹萎回物深悲理然
化能分身半枯卽是心有今相後茂還齊冝其表正聖
神靈現品彙以變見一攝而稱讃十方者也淮陰縣者
江海通津淮楚巨防弥越走蜀會閩譯吳七發枚乘之
丘三傑楚王之窟勝引飛樓商旅接艫每至同雲冒山
終風振壑宦子傷息槁工救懷魚質遄其萬艘霧集埀
於曾渚莫不膜拜闔邊焚香護持復悔多尤迴祈景福
於是風水相借物色同和挂帆啓行方舳駿遡浮山巘
起而疏巘慶雲亂飛而比峰雖電影施觀夸父拔策冈

可喻其神速昜云狀其跡者哉州牧宗子名仲康廣
孝惟家大忠形國播清政以主郡儀古式以在人知微
知章有禮有樂別駕扶風竇公名誠盈盛門貴仕懿德
令名利用以厚生明略以營道上交不諂下交不黷司
馬宗子名景虛受賢交幹用柔克退遂中律先後自公
且觀麟之之詩未靡驟子之任邑宰清河張公名松質
藐自雜節忽乎博問始於能賦而彰中於成器而立牧
人通急徇物合權威肅儼於神明慈惠安其父母豈伊
政理自有寺名莫不淨慮一乘追攀八樹歎從梵而多
感惟化生而永懷大啓上緣率心檀施碩德道暉寺主

道纂上座道絢都維那曇一等皆妙覺圓常釋門上首
痛金棺而旣往騐堅林而在兹鄉望司徒纂蕳藏纂景
王纂珪張仁藝王懷儼劉元隱沈信詳等夙悟大師深
入眞際勤行進力護供莊嚴揚州東大雲寺法師希纂
廣派法流固植德本戒行有以鎮浮俗利言有以誨蒙
求旣懇藉於衆心亦謀明於獨得是標靈跡乃建豊碑
其詞曰
政化之理兮甘棠猶存寶乘之妙兮娑羅是褒欽厥道
成兮八相克尊威乎示迹兮一歸可門與　佛合緣兮
榮落同時歎尔化生兮感變誰思休徵各徵兮伺察不

欺流俗莫識兮綿曠驚疑土人西還兮覩止增悲發臯
靈應兮堅固在茲方國傳聞兮想象悽其迴首正信兮
頂禮護持僾曇千年兮曷足議之

開元十一年十月二日建

刻石東海元省己

李公邕在唐有詞翰名其所書娑羅樹碑尤奇余浮
淮問之無有也豈遭兵燹邪吳子承恩偶得舊刻一
紙出以示余余讀而愛之夫秦和書法品者等河岳
固虔禮湍臣之匹乃比茲樹於甘棠中多名言云吳
子从衛善書法以爲此北海眞筆中脫十餘字今所

傳者多贋本耳余刻諸石釆書不見海內卽蒲城雲
麾碑久斷劉公遠夫用鐵束完之而楊用脩以爲有
神物護持安知娑羅之存顧不有神乎且徐公子與
書來言二吳高士咄咄仲舉設搨待之可也余懷日
若水旱渓愧其言今碑成于二仲之手亦郡乘奇事
也

明隆慶壬申秋日　　　沔陽陳文燭蘐

張弨曰其末曰一歸可門可門者何門也考說文誰
何之何本單作可其从人者則爲儋何之何易何校
滅耳詩何蓑何笠爾雅何鼓謂之牽牛是也後借爲
誰何之何更以擔荷爲儋何字字日繁而忘其本矣
此文以可爲何可見開元時文字尚存古法金石文字記
去臺懷二十餘里有古樹高二丈許枝幹盤虬相傳
爲娑羅樹也廣韻作杪欏盛宏之荆州記巴陵縣南
有古寺僧房床下忽生一木隨伐隨長道人移房避
之木長便進但極婉秀有外國沙門見之名爲娑羅
也彼僧所憩之蔭常著花細如白雪段成式酉陽雜
俎天寶初安西道進娑羅枝唐李邕楚州淮陰縣娑
羅樹碑婆娑十畝蔚映千人云云洪邁容齋隨筆宣
和中向子諲過淮陰見此樹今有二本方廣丈餘蓋

非故物矣吳興芮國器有從沈文伯乞娑羅樹碑詩
云楚州淮陰娑羅樹霜霧榮悴今何如能令草木死
不朽當時爲有北海書荒碑雨侵澀苔蘚尙想墨本
傳東吳正賦此也高士奇扈從西巡日錄
右娑羅樹碑娑羅本西域之木不知何時移植淮陰
土人莫之識也武后證聖中僧義淨還自西域過而
名之開元中李北海始爲之記碑石久亾明隆慶壬
申沔陽陳文燭知淮安府得舊搨本重刻于郡齋陳
所得者裝界之本卽用橫石刻之故行欵皆失其舊
唐人碑惟國子學九經橫刻取其便于諷誦此外無

横刻也余本有食遮切之音荼从余聲尒疋檟苦荼即荼茗字也荼乃茶之省文流俗誤分荼茶爲二此碑荼毗字作荼可見唐人猶識古音也邕自海州刺史新舊史本傳俱失載碑云州牧宗子仲康者高平王道立之孫由主客郎中出爲楚州刺史其云司馬宗子景虛則宗室表所未載也賓誠盈官至青州刺史見宰相世系表金石錄有張松質與李邕書碑所載邕宰清河張公松質即其人也潛研堂金石文跋尾

按李邕書各碑題銜皆有可疑者少林寺戒壇銘開元三年立是邕左遷括州司馬時而題括州刺史已於彼碑辨之詳矣葉有道碑開元五年立亦題括州刺史又於彼碑闕疑識之修孔子廟碑開元七年立邕撰文而題守渝州刺史史不載此官惟雲麾將軍李思訓碑無立碑歲月題銜及姓名俱泐然傳世已久信是邕書固無庸辨此碑立于開元十一年十月以邕傳稽之當是由括州司馬起爲陳州刺史時以下文帝封太山還邕見帝汴州事在開元十三年則十一年當守陳州也而碑乃云海州刺史此碑係重刻本不能信其無誤假使不誤則邕碑之署銜與史不合者多矣太平御

覽引魏王花木志曰娑羅樹細葉子似椒味如羅勒嶺北人呼爲大娑羅此碑文云至若泥日法會荼毗應身妙有雙樹之間喻堅固之神造云云翻譯名義集云娑羅此云堅固北遠云冬夏不改故名堅固西域記云其樹類槲而皮青白葉甚光潤四樹特高華嚴音義翻爲高遠其林森聳出於餘林也後分云娑羅林間縱廣十二由旬天人大衆皆悉徧滿尖頭針鋒受無邊衆間無空缺不相障蔽大經云東方雙者喻常無常南方雙者喻樂無樂西方雙者喻我無我北方雙者喻淨不淨四方各雙故名雙樹方面皆悉一枯一榮後分云東方一雙在於佛後西方一雙在於佛前南方一雙在於佛足北方一雙在於佛首入涅槃已東西二雙合爲一樹南北二雙亦合爲一二合皆悉垂覆如來其樹慘然皆悉變白此碑所云皆本此也

金石萃編卷七十三終

金石萃編卷七十四

賜進士出身 誥授光祿大夫刑部右侍郎加七級王昶譔

唐三十四

少林寺柏谷塢莊碑

石高三尺二寸八分横廣五尺一寸三十八行行二十六字正書在少林寺

皇唐太宗文皇帝賜少林寺柏谷塢莊 御書碑
紀
開元神武皇帝 御書額

文見前不錄

少林寺 賜地肆拾頃 賜水碾壹具

教前件地及碾寺癈之日國司取以置莊寺今既立地
等宜並還寺
武德八年二月十五日兼記室叅軍臨濟侯房元齡
宣
兼主簿元道白奉
教如右請付外奉行謹諮
武德八年二月十五日
二月十六日錄事郭君信受
錄事叅軍事師仁付田曹
依諮此二字行書

陝東道大行臺尚書省 牒少林寺
牒今得京省秦王府牒稱奉 教連寫如右此已
准
教下洛州并牒秦府留後國司准 教牒至准
教故牒
武德八年二月廿二日令史肖威幹牒
主事
膳部郎中判屯田君允
司戶 牒少林寺 賜地肆拾頃 水
磑壹具

牒上件地及磑被符奉 教前件地及磑寺癈之
日國司取以置莊寺今既立地等宜並還寺者以狀錄
牒任即准 教故牒
武德八年二月廿七日史張德威
尉權判丞張開
太宗文皇帝教書一本 御書碑額一本
牒奉 勑付一行師賜少林寺謹牒
開元十一年十一月四日內品官陳忠牒

右栢谷塢碑題云唐太宗文皇帝賜少林寺柏谷塢莊御書碑記開元神武皇帝御書額所謂碑紀者郎

少林寺碑上所載太宗爲秦王時討王世充宣諭寺
僧之文也此碑前錄告文附賜地水碾還寺教書武
德八年二月十五日兼記室參軍臨淄候房元齡宣
又主簿元道白奉行謹諮則系以依諮二字又陝東
道大行臺尚書省牒付少林寺并牒秦府留後則武
德八年二月二十二日也又司戶牒少林寺則是月
廿七日也皆列錄事錄事參軍令史主事判屯田史
尉丞姓名後附開元十一年十一月四日內品官陳
忠牒少林寺一行則立碑之年月也或云告文非太
宗書中間行草世民二字則御書耳按諸牒後凡錄

事令史等姓下皆另一筆書名似與告文相類但告
文書法迥出諸牒文上而開元皇帝又御書額以紀
之爲文皇書無疑諸牒文必胥史所作而字畫精拔
如此宜學士大夫以書知名者之多也金石錄補

少林寺賜田敕

碑高五尺九寸五分廣二尺六寸六分二十行行五十三字正書

少林寺今得牒稱上件地往因寺莊翻城歸國有大殊
勳據格合得良田一百頃去武德八年二月嘗
敕賜寺前件地爲常住僧田供養僧衆計勳仍少六十
頃至九年爲都維那故惠義不閑　敕意妄注賜地爲
口分田僧等比來知此非理每欲諮改今既有　敕普
令改正請依籍次附爲賜田者又問僧彥等既云翻城
有勳准格合得賜田當時因何不早陳論翻城之時頭
首是誰復誰委知得款稱但少林及柏谷莊去武德四
年四月翻城歸國其時即蒙賞物千段准格合得者未
被酬賚之間至五年以寺居僞地總被廢省僧徒還俗
各從徭役於後以有翻城之功不伏減省上表申訴至
七年七月蒙別　敕少林寺聽依舊置立至八年二月
又蒙別　敕少林寺賜地肆拾頃水碾磑一具前寺廢
之日國司取以置莊寺今既立地等並宜還寺其　教

敕案今並在府縣少林若無功勳即是雷同廢限以
有勳勸別　敕更聽存立其地既張頃數
恩　敕還僧尋省事原豈非賜田不早改正只是僧等
不閑憲法今謹量審始復申論其翻城僧曇宗志操惠
瑒等餘僧合寺爲從僧等不須官爵唯求出家行道報
國若論少林功勳與武牢不殊武牢勳賞合地一百頃
自餘合賞物及關地數不敢重論其地肆拾頃特　敕
還寺既蒙此賚請爲賜田乞附籍從正又准格以論未
蒙俞賞但以出家之人不求榮利少亦爲足其翻城之
時是誰知委者僞轘州司馬趙孝宰僞羅州縣令劉翁

重及李昌運王少逸等並具委者依問僧彥孝宰等所在欵稱其人屬遊仙鄉任饒州弋陽縣令無身劉翁重住在偃師縣李昌運王少逸等二人屬當縣見在者依狀牒偃師勘問翁重得報稱依追劉重勘問得報稱少林寺去武德四年四月内衆僧等䜋轘州歸國是實當䜋城之時重見在城所恐者又追李昌運等問得欵与翁重牒狀扶同者又問僧彥等既稱少林僧等爲歸國有功勲未知寺僧得何官欵稱僧等去武德四年四月廿七日䜋城歸國其月卅日即蒙 勑書慰勞 勑書今並見在又至武德八年二月奉 勑還僧地肆拾頃

勑書今並見在當時即授僧等官職但僧等止願出家行道禮拜仰報國 恩不取官位其寺僧曇宗蒙授大將軍趙孝宰蒙授上開府李昌運蒙授儀同身並見在者并追在手勑教及還僧地符等勘驗有實者少林僧等先在世充僞地寺經癈省爲其有功緣栢谷塢功績可嘉道俗俱蒙官賞特 勑依舊置立其寺寺即蒙立還地不計俗數足明賚田非惑今以狀牒帳次准勑從實改正不得因兹浪有出沒故牒

貞觀六年六月廿九日

丞萬壽　佐董師史吉海

勑麗正殿修書使

牒少林寺主慧覺

牒謹連勑白如前事須處分牒東都使中書令判牒東都留守及河南府并錄勑牒少林寺主撿校了日狀報勑書額及太宗與寺衆書並分付寺主慧覺師取領者准判牒所由者此已各牒訖牒至准狀故牒

開元十一年十二月廿一日牒

判官殿中侍御史趙冬曦

用秘書行從印

副使國子祭酒徐堅

中書令都知麗正修書張説

牒刻裴漼少林寺碑陰無書人姓名葢當時寺僧錄賜田牒由刊石者也書法修整故自可觀其上方刻太宗爲秦王時教並武德年月官名曰貞觀六年六月廿九日丞萬壽佐董師史吉海開元十一年十二月二十一日牒判官殿中侍御史趙冬曦副使國子祭酒徐堅中書令都知麗正修書張説用秘書行從印唐武德四年太宗文皇帝勑授少林寺栢谷莊立功僧名上座僧善護寺主僧志操都維那僧惠瑒大將軍□□□同立功僧普惠明嵩靈憲普勝智守道

廣智與滿豐說嵩
牒錄當時賜田緣由勅之于石後題銜有判官殿中侍御史趙冬曦副使國子祭酒徐堅中書令都知麗正修書張說三子爲唐顯人並見新書本傳然詭之于史冬曦開元初監察御史坐事遷岳州還復官不言爲判官殿中侍御史堅自始末歷官亦不言其當開元時爲國子祭酒唐書而獨見之此牒張說傳下制改麗正書院爲集賢殿書院授說院學士知院事唐書徐堅傳開元十三年改麗正書院爲集賢院百官志開元十一年置麗正院修書置院使今牒在十一年與志既相符而說

卽首膺是任亦已榮矣然不見諸史者史有闕也非是牒後世其孰知之嗚呼兆子集錄之勤且煩其有以也夫又容齋三筆唐世符帖文書今存者絕少隆興府撫持寺有一碑凡三牒今按此牒亦足以知唐勑牒之制如此又不獨如洪氏所見也授堂金石跋

按少林寺裴漼碑陰分上下二截上截刻武德四年太宗賜少林寺教下截刻武德八年及貞觀六年賜田勑牒末題開元十一年十二月廿一日牒蓋是時少林寺方當重新整理之時觀其開元三年刻戒壇銘至此年又刻此碑則寺主慧覺之爲功于寺也大矣太宗教書于武德四年既不與貞觀六年牒同時且不與牒文一類雖同爲開元十一年所刻自當列于武德四年其貞觀六年牒乃本寺賜田所繫故牒尚在中書至是年始奉勑中書判牒東都留守歸于寺僧檢校而後刻石自當繫于是年然其請牒刊石之由碑不復詳記則寺僧之庸可知矣且此牒又尚有可疑者貞觀六年距武德四年祇十一年係太宗及身之事寺有翻城之功太宗親賜教以告諭朝廷豈無人稔知之者何以牒內有詰問當時因何不早陳論之語似

係事隔多年因而反覆辨詰然牒實是貞觀六年所給而請而刻石在開元十一年相距又九十二年何耶是皆不能明者姑存而不論云

御史臺精舍碑

碑高四尺一寸廣三尺七寸三分十八行行三十字隸書額題御史臺精舍碑六字篆書在西安府學

大唐御史臺精舍碑銘并序

中書令崔湜任殿中侍御史日纂文

易曰吉凶悔吝生乎動也傳曰禍福無門惟人所召則蹈綱罟嬰徽纆聯桁楊貫桎梏可怨天尤人哉左臺精舍者諸御史導羣愚之所作也蓋先生用刑所以彰善

癉惡聖人明罰是以小懲大誡故崇崇淸憲以糺以繩而礿杌頑嚚罔知攸畏冐于僞賄貪于飲食并蜂不歌獝犮自噬棼〻泯〻而陷于茲者歲以千計羣公等目而愍之乃言曰天慶可逃自咎難追夫能度壹切苦厄者其惟並尊乎所以僉捨衆貲議立斯宇欲令見者勇發道惠勤挨妙根悟有漏之緣證波羅之果瓔珞爲施菩薩之尊引衆生塔廟有成天人之護持正覺不有善者人焉賴哉長安初湜始自左補闕拜殿中侍御史至止之日其搆適就遊於斯詠於斯晉首於斯谷夫衆寶嚴身非如來之意方丈爲室蓋維摩之心故立像不務

於珍華度堂罔圖其豐壯至若丹臒並棄劓劆都捐則歸依之心或未多也君〻之作其得中焉觀其椽之橐之是尋是尺揞徂來之松攻荆蕪之石礱礎駢楫規橫檠亘錯磬蝸以頓杌鏤蹲贊以銜鋪綠窗黝烱丹柱螭日香泉數曲環繞琉璃之地靈草百品叢蒔黃金之階信可滌慮洗心逃殃賞福爲利甚博獲報無量羣公以予忝支儒之林因以碑表相託辭不獲已而作銘曰

惟佛之國黃金界道于嗟下人誓不相好胡不歸命以自保惟佛之土白銀爲臺于嗟下人爲惡不遐胡不稽首以消災彼君子兮福所履兮是度挨兮不日成兮若神營兮利羣生兮

開元十二年　殿中侍御史梁昇卿追書

趙□□

碑陰及兩側題名

陰高二尺七寸廣二尺五寸三十一行分作三截書每截字數自十二至三十三不等其兩側一五行行五十七字一六行行六十字各不等正書

侍御史并內供奉

盧僕愼　鄭愔　賈虛舟　李福業

張守絜　張行岌　張思義　楊虛受

冉祖雍　崔日用　王戢睦　田貞幹

李愧　王志愔　崔琬　姚紹之

李朝隱　孟温禮　李詳　姬處遜

靳恒　崔宣道　楊茂謙　袁從之

朱庭瑋　薛昭　黃守禮　倪若水

裴觀　崔晈　崔宣　張損之

韋虛心　蔣欽緒　楊孚　常彥瑋

潘好禮　崔涖　張暐　洪子輿

慕容珣　齊處冲　任正名　李懷讓

趙履冲　王上客　褚琛　劉嘉言

霍庭玉　艾敬直　王旭　康

楊　瑒　吳　訢　崔希喬　杜　暹
楊帆臣　郭　震　王執言　游子騫
馮　宗　張　遊　徐知仁　杜令昭
錢元敬　李承家　張　沇　陳希烈
張冠宗　宋　遾　朱渭輔　高庭芝
宇文融　翟　璋　劉　升　馮紹烈
張　樽　楊　璟　羅承錫　喬夢松
解忠順　張明允　宋　遥　劉彥回
張　珣　長孫處仁　夏侯宜　班景倩
王　琇　姚　珹　封希顏　宋　詢

薛侶侶　張景明　宋温瑗　元彥冲
邊冲寂　張　浚　鄭觀藝　雍惟良
韓　宣　李　濯　李　昂　裴　曠
長孫孝紀　李知榮　郭虛己　裴敦復
崔季友　竹承構　盧見義　許　融
裴　曠　裴令臣　王審禮　竹承構
雍惟良　裴　歆　張　倚　韋伯詳
李喬年　張光奇　鮮于仲通　崔　□
殿中侍御史并内供奉
崔　湜　陸景初　王守廉　程行諶　裴　漼

封無待　高　恂　田貞幹　王　璵　王志愔
王道冾　辛長雋　吕延祚　馬懷素　張思義
魏奉古　宋慶禮　鄭景復　柳　詮　韋　抗
楊虛受　張　廳　傅黃中　楊　滔　姬處遜
齊處冲　袁守一　王履道　崔　琬　宋庭璘
鄭　勉　崔子源　鄭　瑶　樊欽賁　趙昇卿
任奉先　李　乂　韋仲昌　卯　炅　李　誠
獨孤冊　苗延嗣　司馬銓　崔　液　陳惠滿
蔣欽緒　韋　鏗　格　遵　李　寮　蕭　嵩
敬昭道　和逢堯　趙履冲　張　晤　崔　沔

霍庭玉　楊帆臣　李全昌　柳　澤　梁　涣
翹先冲　崔安儼　杜令昭　李庭□　游子騫
王執言　張　遊　員嘉靜　朱渭輔　王易從
李全交　徐知仁　張敬輿　崔隱甫　李庭誨
李　畬　郭　震　崔　悰　徐元之　杜　咸
高力範　王　旭　李謹度　宋　遥　張冠宗
楊　瑒　元光大　張　杷　張　烈　張　樽
康　漼　許景先　楊光羽　張　沇　羅承錫
劉　升　韓　琬　陸景獻　趙冬曦　王沛之
皇甫翼　韓朝宗　馮　宗　杜　暹　王　琇

鄭溥 封希顏 宋溫璦 宇文融 姚珹
宋鼎 焦如璧 張景明 辛怡諫 薛自勸
梁昇卿 許融 長孫處仁 劉昂 韋洽
趙頤貞 夏侯宜 李濯 薛珣 元彥沖
崔希逸 馮紹烈 孫濟 李知柔 楊珹
崔季友 長孫孝紀 楊珹 宋宣遠 韓宣
盧怡 何千里 夏侯銛 劉日正 咸廙業
崔季友 張倚 張晉明 樊希一 薛偘偘
雍惟良 李秀芝 霍栖梧 竹承搆 劉彤
高夢松 康珽 韋恒 張倚 許融

趙彥珽 劉彥回 馬光淑 裴歆 鄭宏之
李昂 班景倩 慕狄履溫 馮光嗣 唐堯臣
李頎 楊從何空一宋 詢 王燾 李宙
郭佺 李麟 郭虚己 李橙 裴令臣
源光譽 盧見義 裴藏廉 源元樟 楊汪
徐惲 陽潤 姚子彥 吉溫 緒簡進明
監察御史 并□□□疑是立碑至子今 李頎行 賀遂涉二人在聲
察字之下
陸景初 辛長孺 栁詮 裴子餘 王守廉
司□□ □□□ □□潯 李元璥 路幼玉

王景 張佶 李誠 王怡 李朝隱
祖夙□ □□□ □從訓 蕭嵩 褚璆
李愢 李懷讓 楊珽 李庭言 宋庭璘
冨嘉謩 陸大亨 譚璥 齊澣 栁澤
郭震 李畬 魏傳弓 封愔 裴灌
姬處遜 嚴識元 袁從之 苗延嗣 宋宣遠
鄭溥 趙履冲 林洋 王沛之 王志愔
韋鏗 閻脊心 陳璥 陳惠湍 崔希喬
張列 張遊 王道濬 宋述 崔琬
袁守一 邠炅 李守質 杜咸 陸惟逸

員嘉靜 楊瑶 郭守敬 鄭齊嬰 魏奉古
崔子原 程文英 王掐 盧微明 楊元瑶
張嵩 鄭力 劉沼 楊帆臣 司馬銓
齊處冲 李尚隱 樂山甫 鄭溫琦 蔣岑
劉升 程九皐 梁渙 夏侯宜 趙昇卿
高昌瑀 王上客 洪子輿 竇懿遜 張晤
陸景獻 韓朝宗 張敬輿 徐元之 鄭瑶
崔琮 敬昭道 賈彥璿 李知古 李全交
梁昇卿 楊珹 朱渭輔 徐知仁 慕容珣
員峴 李璵、韓昭允 張法 郭震

徐惲 孫濟 蕭隱之 李如璧 盧廙
陳希烈 杜暹 張李瑀 張宣明 蔣挺
蕭誠 劉太童 皇甫翼 蕭識 王邸
韋紹 杜令昭 宋鼎 崔液 羅璋
劉日正 宋温璲 張景明 羅承錫 趙先冲
崔愼從 宋遥 慕容琦 鄭虔心 呂元泰
張琄 杜昱 韋洽 崔訓 楊至元
馬光淑 張栫 魏季隨 許融 穆思泰
薛自勸 呂霈 盧怡 李諶 盧金友
馮光嗣 裔夢松 胡景濟 樊希一 霍庭玉

慕容琦 霍栖梧 盧狄履温 李庭誨 韓琬
崔頌 宋希玉 裴令臣 李珣 吳太元
馮紹烈 竹承搆 梁劬 楊光羽 李畬
呂霈 苻子璋 崔譚 崔季重 張杷
班景倩 郭佺 何千里 封希顔 韋仲昌
李昂 張具瞻 劉同昇 周擇從 元光謙
宋詢 韋恒 王翼 程烈 李謹度
裴敦復 趙賓 杜庭誠 陳九言 鄭溥
李憕 李秀芝 賈晉 夏侯銛 張說
嚴杲 張利貞 房自謙 彭杲 席豫

于璹卿 馬光淑 楊奉一 李承先 盧贊秀
崔先讓 蕭諒 張環 董琬 王執言
咸廙業 裴令臣 張景明 楊仲昌 姚珹
常無欲 徐履道 李暐 李元成 鄭力
王燾 薛瞻 霍栖梧 莫行楷 趙彦旺
李觀 裴藏暐 鄭昉 楊晉金 宇文融
郭庭倩 何宸 許誠感 常無欲 苗晉卿
陳伾 張思鼎 張元楷 權徹 薛自勸
元彦冲 孫翃 馬元直 李觀 盧茂伯
郭虛己 劉遵睿 明虛己 姜立祐 薛偘偘

康珽 徐光朗 苻子璋 苗晉卿 王靈漸
郭佺 李級 張曉 鄔元昌 竹承搆
宇文順 靳豫 李昂 郭佺 賈昇
王惲 王翼 薛蠑 房琯 邵瓊之
雍惟良 裴朏 陳伾 盧茂伯 王璿
劉縮 馬思蔡 趙輝庭 穆庭斐 顔眞卿
斐曠 王大鎮 郭虛己 王靈漸 薛忻
吳鞏 楊汪 陳絲 裴子建 平□
徐建 程荆杞 裴季通 韋誠奢 宋若思
薛榮先 蔣沇 薛摠 □□ 崔□

碑陰下層題名

周□ 韓賞 王維 元撝 豆盧友

康瀾 梁沄 楊惠 盧紘 蔡九皋

盧執□ 羅希□ 于腹□ 許諭 姜紹□

楊釗 崔寓 源少良 韋鎰 王瑛

楊日休 張惟一 賈彥璋 宋少貞 楊諫

鄭鏡 胡□ □ □

碑中嵌入題名

鄭愿 薛誠二人書在并序二字之下 鄭韶會二十七日寓

直九字二行左行在撰文字下 韋退之 馮絨 薛眈三人書在銘末

庚午歲三字在開元字之左

碑左棱題名

□杜 王叔達 王翼 李志遠 韋仇兼瓊

吳·韋 韋恒 郤□ 王叔達 楊慎矜

達奚珣 房自厚 趙陵陽 周子諒 常從心

韋之 康瀾 鄭欽說 韋叔將 許遠

沈震 鮮于仲通 蔡希周 張□

碑右棱題名

劉匆彼 崔寓 姜超群 呂述 紫趙廣微

李憎 元孝緯 王元瑾 皇甫侁 李之芳

李彥超 周德遠 韓賞 王維 柳□

□□ 胡晏倩 王曾 蔣思之 □琯

□□

碑陰左棱題名

王維 趙廣微 李憎 元孝緯 王元瑾

皇甫侁 李之芳 宋□ 王縉 崔寓

劉芬 蔣思之 周德遠 成同 孟庭朝

盧播 張□ □ □ 杜□

碑陰右棱題名

楊慎矜 姚閎 崔冲 李麟 董琬

姜立祐 劉濛 陳祿 鄭昭 呂周

明盧己 張景淑 蔣列 王佶 蔣演

鄭審 羅文信 賈賁 趙廣微 李憎

元孝緯 □ □

碑左側題名

郭佺 郭虛己 李昂 盧茂伯 賈昇

盧見義 顏允臧 康雲間 鄭宏之 王璘

張利貞 袁楚客 徐履道 氾雲將 李融

郭虛己 李常 李暐 韋恒 裴敦復

裴職 馬元直 許誠惑 常無欲 李觀

苗晉卿　王大鎮　盧茂伯　王靈漸　賈昇
趙賓、張具贍　獨孤通理　薛忻　崔譚
王璿　韋虛舟　韋恒　張利貞　蕭諒
徐履道　張思鼎　靳觀　王翼　李級
張烜　氾雲將　范正則　許誠感　鄭昉
魏方進　董琬　李暐　賈昇　張具贍
獨孤通理　趙賓　張子漸　薛忻　王璿
劉遵睿　張秀明　蕭諒　裴藏暐　張利貞
李崗　李璥　徐履道　張思鼎　王翼
李級　氾雲將　楊愼矜　崔冲　張景淑

權徹　姜立祐　李挺之　房自厚　崔譚
劉同昇　杜庭誠　魏方進　呂周　達奚珣
邢巨　李珣　鄭章　趙陵陽　周子諒
常從心　崔灌　庾光先　尹中言　徐浩
李抗　王可觀　王鉷　李丹　杜嶠
王掄　崔翰　張重光　李鼎　薛兢
呂指南　黃麟　曾崇頴　李迥　邢巨
賁顥　崔伯陽　陽陟　馬覘　李華
趙悅　楊玘　康羽　李彥允　李晊
張省躬　沈庠　馮損　趙克忠　韋儇

韋之□　李舒　史□　祁順之　杜敬
李□　張瑄　楊□

碑右側題名

侍御史兼殿中
鄭澥　崔丸李演　唐技　陳會　李元
張萱　劉芬　楊釗　胡曼倩　李彥允
李彥超　王維　柳奕　李抗　崔倫
賀遂回　李宓　盧翾　崔審文　趙蕃
崔冲　吳□之　姚閑　賈彥璋　穆庭斐
盧鉉　羅文信　李喬年　王伋　張曉

崔倫　李抗　蔡九皐　蔣冽　張光奇
趙輝庭　賀遂回　趙良器　源少良　王鉷
盧執顏　鄭審　楊恂　陽潤　姚子彥
鄔元昌　李光輔　王佶　蘇震　王璵
任惇　王光大　司馬垂　羅希奭　姜超□
蔣演　呂指南　鄭章　鄭昊之　邵璵之
吳伋　杜孝友　曾崇頴　崔□　王興
楊日休　黃□　□□　韓賞　楊釗
平冽　鄭欽說　蘇震　獨孤問俗　劉藻
員錫　王端　□　□　趙克忠　李彥□

沈震　源洧　楊玘　□□□□
李𪾢　李舒　張□　馮揖　蔡希周
韋□□　□□□　李抗　司馬垂　侍御史楊愼矜
穆庭裴　王光大　□□□　李彥允　張萱
趙艮器　王鉷　鄔元昌　黄麟　劉芬
崔浩　王佶　許遠　李遇　許遠
宋銛　楊玘　源洧　李彥允　□□
裴周南　王端　張瑄　□□　李抗
元恕□　韋黄裳　劉芬　元從　王元□
皇甫先　李之芳　監察□□房休　崔倫

鄭日進　李□　盧□□　楊式南　郭順□
□□□□

碑額題名

監察御史
鄭權　李師素　蕭佐　常署　崔寬
李掖　皇甫衡　李樞　楊瀏　羅讓
賈全　薛頁　盧深咸　崔鄘　鄭亥
韋璋　鄭膺甫　段平仲　陳歸　韋顥
獨孤朗　崔鄯　□□道　劉元質　馮暢
韋貞伯　吳丹　盧虔　裴復　孫革

于申　徐宏毅　裴次元　盧佩　李宣
崔師本　李儋　唐武　殷台　劉師光
嚴澗　常仲儒

碑陰額題名

知雜侍御史自天寶元載已後
孫景商　崔罕　殷台　楊嗣復　張士階
楊恭　路巽　楊愼矜　王鉷　張瑄
楊釗　崔寓　盧執顏　吉溫　顏眞卿
裴冕　竇華　張惟一　崔灌　顏允臧
韋審規　韋中立　唐武武　高宏簡　劉瑀之

馬錫　姚高栵　鄭昂之　趙□　侍御史楊申
盧虔　監察御史敬𩸐　平致和　李彤
李鈦　馮邈　羅讓　韋顥　張莒
鄭楚相　裴竦　監察楊翊武　徹　常著
蔣鍊　長孫繹　竇鞏　邵說　袁滋
王沭

御史臺精舍記崔湜篡梁昇卿書讀其文則湜於佛可謂篤信者矣唐書列傳云桓彥範等當國畏武三思使湜陰伺其姦而三思恩寵日盛湜反以彥範等計告之遂勸三思速殺彥範等以絕人望因薦其外

兄周利正以害彥範等又云湜貶襄州刺史以譖王事當死賴劉幽求張說救護得免後宰相陷幽求黨表諷周利正殺之不果又與太平公主逐張說其餘傾邪險惡不可勝紀世言佛之徒能以禍福怖小人使不爲惡又爲虛語矣以斯記之言驗湜所爲可知也故錄之於此其碑首題名多知名士小字頗佳可愛也集古錄

御史臺精舍記唐中書令崔湜撰梁昇卿八分書漢承秦制御史爲丞相武其後以寺隸之然立精舍以居書傳所見最先包咸東海立精舍教授在西漢末

顧湜謂此佛之所舍昔漢處摩騰洛陽西建精舍爲始誤也按釋書以靜居爲精舍致一爲精不使雜也古之齋心服形其居必有可默存者今人猶閉屋爲齋謂如齋戒以守獨不可以精舍名乎蕭摹之請與塔寺精舍詔二千石庾子輿造佛寺因立精舍嶺南原明僧紹住弇榆山栖雲精舍此皆謂梵所居然書生立學昔傳此名豈致道之所惟精一得之邪昔魏武嘗曰譙東五里卜築精舍秋夏讀書其後徐庶折節學問精舍唐僧淵立精舍豫章阮孝緒以一鹿車爲精舍徐伯珍立精舍祛蒙山陳寔立精舍講授張

鄠戴顒立黃鵠山竹林精舍張漢直其弟出精舍敷里遇之伯珍蒙山立精舍則古人於其居以名自警思致其精也後世便以爲精舍皆寺湜之嗜利蔑學其可責以此哉廣川書跋

漢史列傳具載包咸劉淑檀敷李充所立精舍而唐御史臺精舍史闕弗錄蓋彼四人者皆以講授諸生此則以奉浮屠氏故略之耳幸有此碑可存當時故事也黃文獻公集

唐史稱梁昇卿善八分東封朝覲碑聲華爲一時冠此帖亦可寶也獨御史臺持憲之地乃立精舍倡諸

槃者禮佛懺悔昔獄吏命祝咎繇范孟博猶非之況佞佛乎崔中令湜固盛言因利結西方緣矣不知附禁臠事發曳銀鐺時佛亦當庇引之否爲之一笑弇州山人四部稿

此梁昇卿追書崔湜文湜人品殊汚人齒頰而昇卿尚追書其文何也豈唐世重佞佛湜之立精舍于御史臺適投時好耶但昇卿分隸聲動一時東封朝覲碑史冊稱之今觀此碑名不虛耳　碑陰題侍御史并內供奉殿中侍御史並內供奉監察御史名共六百餘人參差不齊分書者五六人餘皆正書書有法

不似后世胥吏書也石墨鐫華
碑陰題名表其上格曰侍御史并內供奉列盧懷慎
等名中格曰殿中侍御史并內供奉列崔湜等名下
格曰監察御史下有一并字下缺不全列陸景初等
名其盧崔陸三人姓名並八分書蓋梁筆也餘則正
書乃後人續書之者　碑額空處前後皆有刻前刻
監察御史及姓名後刻知雜侍御史及姓名有自天
寶元載以後七字按天寶三年始改年爲載不當云
元載恐是追書　宋趙彥衛雲麓漫鈔曰唐有三院
御史侍御史謂之臺院殿中侍御史謂之殿院監察

御史謂之監院　讀此文知唐時御史臺有獄又於
其旁立精舍援引釋典以勸人回心作善然考之舊
唐書開元十四年崔隱甫爲御史大夫在職强正無
所迴避自貞觀年李乾祐爲御史大夫別置臺獄有
所鞫訊便輒繫之由是自中丞侍御史以下各自禁
人牢扉常滿隱甫引故事奏以爲不便遂掘去之則
其獄未幾而廢又言溫造爲御史中丞大和二年十
一月宮中昭德寺火宰臣兩省京兆尹中尉樞密皆
環立於日華門外令神策兵士救之唯臺官不到造
奏以臺有繫囚恐緣爲姦追集人吏隄防所以至朝

堂在後則又不知何時而復置也新書隱甫傳云其後患囚往來或漏泄復繫之尉院云
宋時亦有臺獄曾肇記云始自開寶五年
金石文字記
唐自貞觀中李乾祐爲御史大夫別置臺獄因當訊
就近拘繫之其漸也侍御史東西推監察御史糾視
刑獄各禁其囚迨武后時來俊臣侯思正皆爲御史
制獄之外臺獄圜扉恒滿崔隱甫總臺務言于朝掘
去於是旁列精舍以釋典懺之崔湜爲文梁昇卿書
以八分開元十一年勒諸石碑陰列侍御史殿中侍
御史監察御史并內供奉銜題名僅盧懷慎崔湜陸

景初三人亦昇卿分書自懷慎以下正書百二十二
人侍御史也自湜以下正書百八十四人殿中侍御
史也自景初以下正書三百四十七人監察御史也
碑額又有天寶元載以後侍御史知雜侍御史監察
御史共五十八人而碑之左右椎拓不及焉中有薛偘
偘者二名重文碑凡三見此唐一代所僅有也昇卿
自監察御史歷殿中侍御史遷侍御史再遷太子右
庶子曝書亭集
朱彝尊云唐自貞觀中李乾祐爲御史大夫別置臺
獄崔隱甫總臺務言于朝掘去于是旁列精舍以釋

典憓之按舊唐書隱甫爲御史大夫在開元十四年碑云長安初湜自右補闕擇殿中侍御史至止之日其搆適就是去臺獄作精舍在隱甫爲御史大夫二十餘年以前何得云自隱甫始也金石存

文云左臺精舍者諸御史導群愚之所作也長安初湜自左補闕拜殿中侍御史至止之日其搆適就蓋自武氏稱制告密之法熾羅織之經行日殺無辜如封辛豕其後周興侯思止來俊臣之徒相繼伏誅用刑稍平而歲繫臺獄者猶以千計於是執法之吏於獄旁作精舍假佛法以懺之雖云導人作善遣災亦痛逝者之含冤地下不得已而爲資其冥福也潛研堂金石文跋尾

按碑題御史臺精舍長安志載皇城承天門街之西第六横街之北御史臺元和四年御史臺佛舍火罰直御史李膺一季俸料此佛舍似即碑所謂精舍也文爲中書令崔湜任殿中侍御史日所篹湜之官中書令在先天元年八月其任殿中侍御史以修三教珠英得遷在神龍以前其罷中書令流竇州在開元元年七月行至荆州賜死此碑立于開元十一年距其篹文之日又十九年不知何因而追書其文以刻石也書碑者梁昇卿唐書附韋抗傳工八分書歷廣州都督碑陰題名上截凡侍御史并内供奉一百二十二人殿中侍御史并内供奉四百九十七人下截及左右棱不書官位者一百十九人中間攙入鄭韜會二十七日萬直一行左側題一百三十三人右側題侍御史兼殿中一百三十八人碑額題監察御史四十二人碑陰額題知雜事御史五十一人而知雜事御史之下有云自天寶元載已後則非開元十一年一時所刻矣揣其情當由御史臺官因崔湜爲中書令追書湜之文欲刻臺中而未果至開元十一年始爲刻石距湜之死又十一年矣碑陰題名重複自再見以至三見四見者不一而足或由前後屢任則屢書之然亦不盡符合者今撮舉數人與兩唐書傳攷之如顔眞卿再見傳云開元中舉進士四命爲監察御史遷殿中侍御史轉侍御史据碑侍御史内不列眞卿名殿中侍御史及知雜侍御史有之苗晉卿三見傳載進士擢第由萬年縣尉遷侍御史此後不云再任御史王繇三見傳云開元九年進士歷監察御史後亦不云再任楊愼矜再

見傳云開元中拜監察御史丁父憂二十六年服闋累遷侍御史授大理評事攝監察御史數年又專知雜事天寶二年權判御史中丞是不止于再任矣餘如鮮于仲通獨孤通理李彥超苗延嗣徐履道王翼張利貞蓬奚珣皆再見趙廣微三見李彥允四見皆無傳可攷無從定其合否大抵此碑出于吏胥工人之手殆不足深据也題名中凡單名者姓下闕一格書令與二名者齊此例始見于此

沁州刺史馮公碑

碑連額高九尺八寸廣三尺八寸五分二十行行三十七字隸書額題大唐故朝散大夫守沁州刺史馮公之碑十六字篆書在咸陽縣

崔尚撰

吾聞□君□曰古之孝者□□□德□□□□碑□明示於後代也故今之孝者馮氏三子道□崇□□□□□論□□□□□□□□□□□□文曰公諱仁□字□靈長樂人夫馮文王之裔也畢萬□封于魏文□□□□馮□□□□有自來矣□□流長枝分葉散衣冠人物史課存焉曾祖□□□隨官□尚書兵部郎贈銀青光祿大夫吏部尚書昌黎公謚曰壯武望重一時氣雄千載□□□□外臣嘉遯不仕□壽祖若□□□嗣幽貞□于我公復修祖業特有奇稟識齊洞微德暉內藏道氣潛運□可□□□無爲□不□俗□□泊其眞羣居冈見其□處會通默養空而浮代莫能知爵以□守□□□□□□淸□之□□□以琴書□娛優哉□□□□□□□□所謂逃名避聲□已會景龍□年　□□□□公之誠孝精忠道士道力意德靈珠詠參黃石同心戴舜以爲　天子□□□□銀青光祿大夫鴻臚卿冀國公實封三百戶銀印青綬昭其□也皂蓋朱輪昭其位也□□□□昭其□也□□□□昭

其□也公□□厥子克□于邦　帝用嘉之拜公爲朝散大夫使持節沁州諸軍事沁州刺史仍襲□□時人榮之　制有踰天官□名年八十九以□□十有一年夏五月庚午終于京師□□□□惟十有一月十日壬申葬我公于咸陽北原禮也□□□□□□□□□其宅兆而安厝之□□□□□銘曰

□□□□□□□□□□□□□□□遊藝依仁從吾所好□□□□物之奧□□□□　□□□□□□□□□怨□乃箴訓嘉□□功是□寻□是敢寻衷汝作□□□□□□□□□□□□□

口口口口口口口孝子口口番口無窮
上闕大夫下闕監丞太原郭謙光書上闕十日壬申立
此當是道士馮道力父名仁口字太元道力與劉成
祖占元宗當受命潛布款誠開元中升道力銀青光
祿大夫冀國公而又拜其父朝散大夫使持節池州
諸軍事池州刺史也開元十一年五月辛十一月壬
申葬咸陽北原建碑今在長陵西碑云意得元珠謀
參黃石同心戴舜以爲天子蓋指元宗受命事也書
者爲國子監丞郭謙光謙光又嘗書韋維碑見鄭樵
金石畧朱長文古碑考則其書亦小有聲者此碑分

隸自是名家惜剝蝕不可搨余與王咸陽從碑上錄
之王公刻入金石遺文字多舛謬攷道力與劉承祖
同事承祖開元十年坐姜皎事配雷州詔百官不得
與卜祝之人往來而道力父向爾建碑禍不及耶以
道力事不顯故參攷而著之石墨鐫華
右碑在縣東四十里漢長陵西下里許野中字八分
書剝落過半存者僅有可玩近下半入土中北望平
行莫識墓之所在拂拭苔蘚辨別形似讀之如右郭
監丞當時名筆又分書唐太子右庶子韋維碑右碑
者藏在京兆向未搜得見是碑亦差慰想並記咸陽金石

遺文
右沁州刺史馮公碑文多漫漶其篆額云大唐故朝
散大夫守沁州刺史馮公之碑凡四行十六字完好
可讀此碑歐趙錄皆無之始見於寶刻類編近世金
石家題爲池州由未審篆文之故攷唐書地理志池
州武德四年以宣州之秋浦南陵二縣置貞觀元年
州廢永泰元年復析宣州之秋浦青陽饒州之至德
置碑立于開元中其時未有池州也據寶刻類編云
碑以開元廿二年立今摩滅莫能辨矣潛研堂金石文跋尾
按碑題諸家皆作池州今驗碑實是沁州此州元

和郡縣志新唐書地理志所載互異元和志云沁
州陽城郡開皇十六年置大業二年省武德元年
重置新唐書云沁州陽城郡本義寧郡義寧元年
置天寶元年更郡名舊唐書地理志則云隋上黨
郡之沁源縣義寧元年置義寧郡武德元年改爲
沁州天寶元年改沁州爲陽城縣乾元元年復爲
沁州是舊史較詳于元和及新書也要之天寶元
年始改州爲縣此碑立于開元十一年尚有沁州
之名也碑無歲月但據文云以口口十有一年夏
五月庚午終于京邸十有一月十日壬申葬于咸

陽北原末云十日壬申立以通鑑目錄證之開元十一年十一月壬戌朔則壬申是十一日非十日此十日字似碑微有泐文當作一日也是歲四月乙未朔六月甲午朔則五月或乙丑朔或甲子朔庚午在初六七日也据此是可定爲開元十一年矣文稱其先世曰馮文王之允也畢萬封于魏云云語本元和姓纂周文王第十五子畢公高之後畢萬封魏支孫食采于馮城因氏焉碑叙曾祖以下名諱俱泐無可攷長樂馮氏之列于唐書者惟附見儒學唐子元傳有云上谷侯行果平陽敬會

眞長樂馮朝隱同進講朝隱能推索老莊祕義終太子右諭德亦開元初人不知于馮公是何輩行也馮公之子道士馮道力舊唐書元宗紀稱道力與處士劉承祖皆善于占兆詣上布誠款上乃與太平公主謀誅竇氏又與寳昌寺僧普潤等定策誅之盡定策誅竇氏時普潤在其列道力不與也新唐書元宗紀則云與道士馮處澄僧普潤定策討亂處澄似卽道力別名是道力與普潤同定策矣資治通鑑則云兵部侍郎崔日用素附竇氏與宗楚客善知楚客謀恐禍及己遣寳昌寺僧普潤密詣隆基告之勸其速發是但有僧普潤而不及道士馮道力紀事本末卽引通鑑之文通鑑綱目則并普潤名削之馮道力兩唐書方技無傳無從攷其事跡据葉法善傳云睿宗卽位法善有冥助之力可知當時道士之術力傾動人主者非一人矣道力定策事爲兩史本紀所書則碑所云意得元珠謀參黃石云云信非虛語書碑者郭謙光集古錄載崔敬嗣碑景龍二年胡皓撰謙光書稱其字畫筆法不減韓蔡李史四家而名獨不著是又不獨書竇維碑也

金石萃編卷七十四終

賜進士出身　誥授光祿大夫刑部右侍郎加七級王昶譔

唐三十五

高延福墓誌

石高廣俱三尺一寸五分二十七行行二十七字行書

大唐故中大夫守內侍上柱國渤海高府君墓誌銘并序

麗正殿脩撰學士校書郎孫翌字季良撰

夫勞息之理達人一之然將當　大明轍近
皇位父子併肩而事　主君臣同體而多歡而

万石之慶一朝無怙可不悲矣府君諱福字延福渤海人也啓土受氏明諸典册曾祖權祖祖父護並砥如石焉厥有全操安時處順憂患不能入懲忿窒慾軒冕莫之榮且象貴隨時雅明尊祖我府君始議從政有光前烈傳曰九變復貫知言之選此之謂矣府君幼而晦名長而藏用體敬仲之慎兼伯楚之忠解褐拜文林郎守奚官丞秩滿遷本局令稍轉宮闈令兼謁者監藉以聖人之教父因子貴府君之寵嗣曰力士　我大君之信臣也頃國步多艱而守謀立賢以功拜右監門大將軍兼食本邑盡力　王室志存匡輔元勳爛然

天眷攸屬府君以大將軍之故特拜朝議大夫守內侍員外置尋遷中大夫正除本官出入四代凡更六職行不違仁言必合禮由是無黷擯無怨尤恭而能和簡而且肅德着於宮掖名成乎寮友而冥命不融識者歔欷以開元十一年十二月廿五日終于來庭里之私第春秋六十有三大斂之日　天王遣中使臨弔賵絹三百匹明年太歲在甲子正月壬戌朔廿一日壬午遷窆於京兆府白鹿原之西隅禮也緣喪事儀衛並皆官給可謂哀榮始終禮洎泉壤初府君旁通物情往往造極以爲生者神之主死者神之歸歸乎本眞易

足懷也乃謀龜筮相川原經兆域奋封墜自爲安神之所而松檟蒼然矣君子謂高公於是乎知命府君自公之餘存乎上善每持專一之行深入不二之門範聖容爲眞偈雖衣食所窘此心不易斯又迴嚮之能事也將軍茹荼長號哀遁舊德竊懸不敏敢議其詞銘曰

佳城一閉兮三千年棘人欒欒兮音窮泉出郭門而一望兮見隴樹之生煙君寧見宦御之惻然皆撫墳而漪漣

右內侍高福墓誌按唐書力士傳力士本馮盎之曾孫中人高延福養爲子史不云名福者以字行也碑

云頃國步多艱而守謀立順謂誅蕭岑等功也尹知章傳季良偃師人一名翌仕歷左拾遺集賢院直學士趙冬曦傳與校書郎孫季良入集賢院修撰碑稱麗正殿修撰學士者開元十三年始改麗正修書院爲集賢殿書院其時尚未改名也季良以字行故書名兼及其字潛研堂金石文跋尾

福字延福武后時中人初爲奚官局丞轉局令再轉宮闈局令兼內謁者監以養子力士貴拜中大夫守內侍上柱國新書力士傳云力士幼與母麥相失後嶺南節度使得之隴州帝爲封越國夫人而追贈其

父廣州大都督延福與妻侍養亦與麥均舊書云力士義父高延福夫妻正授供奉與碑稱仿佛皆合力士以誅蕭岑功拜右監門衛將軍碑云大將軍益史是唐制左右監門衛大將軍正三品將軍從三品力士之封大將軍在天寶初此時未得稱此也中官以內侍爲最貴內侍拜將軍自開元以前無之唐六典云中官之貴極于內侍若有殊勳懋績則有拜大將軍者然仍兼本職六典作于是時殆即因此等事言之耳　此碑向在農家幾爲柱礎者數矣乾隆辛丑五月余以二萬錢購得之今移置于靈巖山館關中金石記

張說爲高力士撰祭父文云小子不天夙齡凶閔身嬰冠剽家值虜裂幸充掃灑遂蒙侍從又云阿毋遺至於京華妹兄自拔於泥滓與新唐書力士本傳語合而如孫翌墓志則一字不提直云聖人之教父因子貴府君之寵嗣曰力士云云殊失紀實之道然據張說云云則力士特一粵東姓馮者耳而力士碑乃妄以爲馮盎之後則非也蛾術編

按碑云府君諱福字延福兩唐書高力士傳俱直作高延福舊唐書傳云高力士潘州人本姓馮少

閹與同類金剛二人聖歷二年嶺南討擊使李千里進入宮則天令給事左右後因小過撻而逐之內官高延福收爲假子延福出自武三思家力士遂往來三思第開元初力士加右監門衛將軍知內侍省事義父高延福夫妻正授供奉嶺南節度使於潘州求其本母麥氏送長安令兩媼在堂備于甘脆金吾大將軍程伯獻與力士結爲兄弟麥氏亡伯獻於靈筵散髮具縗絰受賓弔答十七年贈力士父廣州都督麥氏越國夫人新書傳云高力士馮盎曾孫也力士幼與母麥相失後嶺南節

虔使得之隴州迎還不復記識母曰胷有七黑子在否力士袒示之如言母出金環曰兒所服者乃相持號慟餘與舊史同新書馮盎傳盎字明達高州良德人隨煬帝時拜漢陽太守遷左武衛大將軍隨亡奔還嶺表據有番禺蒼梧朱崖地自號總管武德五年降高祖授上柱國高州總管封越國公子智戴春州刺史智彧東合州刺史盎徙封耿盎卒贈左驍衛大將軍荊州都督子三十人據傳稱力士爲盎之曾孫據馮君衡墓誌銘張說撰詳下文則力士爲盎次子智玳之孫君衡之子不知因何君衡亡

後冦剽虜裂致有麥氏與力士母子相失之事碑云聖人之教父因子貴府君之寵嗣曰力士蓋不直言繼子也攷張燕公集有內侍高君神道碑即云內侍高延福者將軍力士之嗣父也將軍本系馮亭代家南越未知父母來奉宮闈老而無子曰悲夫幼而失親曰若父子之名既定姓氏之目因移至矣哉高氏之子以思親之願而展親以欲報之誠而報德乃有傍求聖善提挈炎州二紀積離萬里遥至音容莫識涕對茫然驗七星於子心認雙環於母臂於是盡歡兩媼兼敬三人尊公賀歎淳

之親天子恤馮勤之母內侍享年六十有四開元十二年終于來庭里明年五月葬于長樂原繼子力士喪禱藁而加等葬罄誠而備物云云此文較碑爲詳覈且可與兩史傳所載馮氏父母事互相發明也惟是享年六十四碑作六十三開元十二年終于來庭里碑作十一年明年五月葬于長樂原碑作正月彼此不同據碑云太歲在甲子正月壬戌朔廿一日壬午以通鑑目錄推之甲子歲是開元十二年爲高福卒之明年是歲二月辛卯朔正月是壬戌朔與碑合則燕公集傳刻誤也碑云

遷窆于京兆府白鹿原之西隅燕公撰神道碑作長樂原按元和郡縣志白鹿原在京兆萬年縣東二十里長安志云在縣東南二十里至長安志有長樂坡無長樂原疑即長樂坡在長安縣東北一十里即滻水之西岸十道志曰舊名滻阪隋文帝惡之改曰長樂坡漢長樂宮在其西北也是長樂坡與白鹿原道里有東南東北之別則未詳孰是矣碑云諏龜筮相川原經兆域奄封隧自爲安神之所松檟蒼然此蓋自營生壙也墓志記生壙始見于此力士之本生父馮君亦見張燕公集有贈

潘州刺史馮君神道碑云公諱君衡文苑英華無君字字正平祖盎二子知璣新唐書馮盎傳作智戴高州刺史傳作春州子知玳傳作智或恩州刺史傳作東合州公荆州之孫恩州之子開元十七年五月十二日薨于西京來庭里粵八月二十二日文苑英華作二十六日安厝于長樂原之新域英華作城恩詔追贈潘州刺史招魂而合葬焉此文亦可與高福碑誌及兩史傳互相發明因附錄之招魂合葬事亦始見此文

淨業法師塔銘

石高二尺六寸廣二尺八寸二十六行行二十四字正書在長安縣香積寺

大唐龍興大德香積寺主淨業法師靈塔銘并序

𢁉字畢彥雄文

禪月西隱戒燈東炤談眞利俗稱代稱賢智炬增輝法師一人矣法師諱象字淨業趙姓族著天水代家南陽冠冕相輝才名繼美因官從屬今爲京兆人也父廸天馬監沉黙攸傳安界適務時英間出弃業於儒門從法化生獨鍾於釋子法師即監之仲子也器宇恢疑風儀宏偉長河翫量汪然枯地之姿秀岳摽形峻矣干天之氣𢥞年慕法弱冠辭榮 高宗忌辰方階落彩峨緇七日旋登法座觀經疑論剖析元微念定生因抑揚理要法師夙悼元津早開靈鍵入如來密藏踐菩薩之空門凡所闡揚無不悅可歎未曾有發菩提心稟其歸戒者日逾千計法師博濟莫懷沖用利物嘗以大雄既沒法僧爲本每至元正創啓周飾淨場廣延高僧轉讀眞諸存與勝會法服精鮮受用道資出於百品預玆位者應其成數所施之物各發一願願力宏博量其志焉風雨不已廿餘載菩薩以定慧力而大捨法財此之謂也無適非可住必營建厥功居多思力如竭粵延和元年龍集壬子而身見微疾心清志凝夫依風以興隨煙而散來既無所去復何歸夏六月十五日誡誨門賢端坐

瞪視念佛告滅嗚呼生歷五十有八即以其年十月廿五日陪窆于神禾原大善導闍梨域內崇靈塔也道俗闐湊號惋盈衢不可制止者億百千矣門人思項等乃追芳囹簡撫羨遺編永言風軌思崇前迹空留鎖骨之形敢勒銖衣之石其銘曰

佛日既隱賢雲乃生傳持正法必寄時英時英伊何猶嗟上人捐軀利物愛道忘身磨而不磷涅而不緇博濟羣有是眞法師定慧通悟檀那上施願力宏廣成無住義應眞而來代謝而往哀哀門人撫膺何仰靈德若在休風可想敢勒遺塵銘徽泉壤

開元十二年甲子之歲六月十五日建

正字畢彥雄撰文而無書者名正書法亦習褚登善者楊修齡侍御在長安日亟賞之遂多搨者石墨鐫華

碑云師以延和元年六月見微疾而告滅按睿宗景雲三年正月改元太極五月改元延和八月元宗即位改元先天一年之中三次改元故司馬公通鑑冠以先天而太極延和則附見于其後乃紀事法也若此碑直序法師寂滅之時適當延和初改則以為延和元年而已金石錄補

淨業姓趙氏父廸為天馬監唐書百官志太僕之屬有沙苑樓煩天馬監開元二十三年廢即其職也字書無廸字迪之別潛研堂金石文跋尾

虢國公楊花臺銘

序石高八寸五分廣二尺二寸二十五行行九字銘石高一尺廣二尺五寸七分十九行行八字並正書在西安府花塔寺

虢國公楊花臺銘 并序

判官亳州臨渙縣尉申屠液撰

原夫真性即空從色聲而有相道源無體因法教以沿流所以人天捨千萬之資神鬼建由旬之塔金衣紺髮盡留多寶之臺銀疊青蓮並入真珠之藏湛然釋氏一千餘年輔國大將軍虢國公楊 等皆 天子貴臣忠義盡節布衣脫粟將軍有丞相之風牛車鹿裘驃騎減中人之産爰抽淨俸申莊嚴之事也華蓋覆像畫垂交露之珠玉砌連龕更飾雄黃之寶風箏逸韻飛妙響於天宮花雨依微灑輕香於世界猶恐蓬萊變石折不周仍勞長者之經必勒輪王之偈書工紀事迺為銘曰

昭昭大覺巍巍聖功身融刹海積洽虛空開衆趣以窒惕闢甕門以包蒙物成緣而必應理無幽而不通有美至人股肱良臣爰 聖寄任闘難經綸英謀貫古韜略通神一蒙 金鉞屢建華勛善代不伐功成不居功歸 天子善託真如乃貢靈相用答冥符 佛心雖空 佛福常在願普此因同臻性海

開元十二年十月八日

右銘題云號國公楊花臺銘并序判官亳州臨渙縣尉申屠液撰而無書人姓氏及建碑年月碑係裝成銘詞脫落殊為可恨按序云輔國將軍號國公楊等皆天子貴臣忠義盡節爰抽淨俸申莊嚴之事也似非一人獨鐫佛像而不具姓名即號國公有姓不名而題額中楊花二字連及殆所弗解然臺名楊花亦風韻可喜不必深求之也　又碑有銘無序題云楊

將軍新莊像銘不具名與字金石錄補
按題曰揚花臺銘并序今有序無銘疑别有銘遺亡
不存耳金石文字記載虢國公主花臺銘顧林亭所
記最爲精確不知此碑何誤乃爾又此銘無年月楊
將軍新莊像銘乃開元十二年以俱在花塔寺故記
於此　西安府南門内花塔寺各種銘讚俱書於石
佛座下諸佛悉在殿之後簷及後殿之前簷寺僧云
石佛舊在塔内塔毁重修不復安塔中故安於殿前
後耳雍州金石記
右虢國公楊花臺銘虢國公楊者内侍楊思勗也書

姓不書名蓋碑之變例文爲亳州臨渙縣尉申屠液
撰唐志亳州無臨渙縣亦史之闕也潛研堂金石文跋尾
虢國公者楊思勗也思勗以開元十二年平覃行章
進輔國大將軍封虢國公像即其時造也是銘爲二
石前石有序無銘自廿二行乃爲銘曰以後但署撰
人姓名而無歲月後石有銘無序自十七行以後記
開元歲月而無撰人二石寔是一物舊分爲二者誤
也關中金石記
予友趙君晉齋有此碑題云虢國公楊花臺銘并序
而銘曰之後即署判官亳州臨渙縣尉申屠液撰原

無銘詞非脫落也揚花揚字不從木蓋即散花之義
碑云花雨依微灑輕香于世界是已前又有一碑即
楊將軍新莊像銘也後云開元十二年十月八日無
書撰人姓名書仿褚河南與臺銘如出一手而碑之
大小亦相等予疑像銘之楊將軍即臺銘之虢國公
楊因檢舊唐書宦官楊思勗傳開元初安南首領梅
元成叛詔思勗討之卒斬元成十二年五谿首領覃
行璋作亂思勗復受詔討之生擒行璋以軍功累加
輔國大將軍後從東封加驃騎大將軍封虢國公則
此二碑均屬思勗明矣像銘刻于開元十二年在討

行璋之後故云受聖寄任聞難經綸英謀貫古韜略
通神一掌金鉞屢建華勛善代不伐功成不居功歸
天子善託眞如蓋紀其事也考元宗本紀討行璋時
思勗官書鎮國將軍故此碑題曰楊將軍其臺銘稱
輔國大將軍虢國公及云牛車鹿娑驃騎減中人之
產當刻于十三年東封以後也按顧氏金石文字記
云虢國公主花臺銘在西安府南門内華塔寺以揚
作主亭林親至碑所不應舛謬至此當由亭林文集
刻于身後校讐疏略偶然筆誤耳近時秀水李子中
氏刻金石考略引用古林金石表遂引唐書順宗女

虢國公主以貲之竟以申屠液爲順宗時人訛以滋訛幾成信讞此孟子所以有不如無書之歎也碑中布衣脫粟有丞相之風相字失寫旁添想字恩鼂本姓蘇羅州石城人爲内官楊氏所養因姓楊氏史稱其殘忍好殺奉命殺牛仙童至探取其心截去手足割而啖之其慘酷至此乃建塔造像以邀冥祐亦愚矣哉 鮑廷博跋

按花塔寺陝西通志寶慶寺在咸寧縣安仁坊俗名花塔隋仁壽初建隋文帝唐中宗嘗臨幸焉文宗咸蛤蜊觀音像建五色塔此卽花塔寺之所由

名也然未建五色塔以前先有花臺并有此碑通志皆不詳長安志亦不載此寺及中宗臨幸文宗建塔事皆漏略也碑在西安常過此寺摩挲此碑又零星所得殘碑凡十三種嵌之于左右故得其詳碑題亳州臨渙縣尉申屠液撰瀏研跋云唐志亳州無臨渙縣謂史之闕按新唐書地理志臨渙縣載在宿州元和郡縣志云本漢銍縣梁普通中置臨渙郡以臨渙水爲名後魏改爲渙北縣高齊改臨渙縣屬譙郡大業二年改屬亳州武德四年屬譙州貞觀十七年廢譙州縣隸亳州舊唐書地理志云隋置譙州領縣四貞觀十七年省以臨渙永城山桑屬亳州臨渙縣本治銍城十七年移治所于廢譙州元和九年割入宿州此新書所以載入宿州也文云華蓄覆像盡垂交露之珠玉砌連龕更飾雄黃之寶此語正謂花臺也華蓄者花也連龕者臺也麓山寺碑云誦習山頂創立花臺要皆當時佛寺之制可與此花臺作證然則謂臺名楊花風韻可喜又謂楊花當作楊花卽散花之義者似皆曲解此碑舊以序與銘誤分爲二今更正之序後卽與銘連屬而以諸跋列於銘後

涼國長公主碑

碑連額高一丈三尺四寸廣六尺三寸八分十八行行四十五字隸書額題大唐故涼國長公主碑文篆書首行撰人銜名正書在蒲城縣

御書

銀青光祿大夫守禮部尚書上柱國□□□□□□撰

□

乾坤旣將象爲攸配變則成女終於歸妹惟長公主平

公主諱㚾字花粧 我 與 家邦天錫 宗社

昌運及五 聖眞享鴻名 聖期至六神武

齊駿命道□□□ □□□爲絪緼構極偉彼雲

漢的潞槩春華如桃李順頌承志約禮知飾得爾館從
鑑之儀抹公宮習史之藝載贈湯沐爰賦井田其創也
與多於僊源其從也稱長於涼國故丞相虞公太原溫
彥博曾孫曦台拯門閥風流儒雅僉謂是鬪懸選伊尚
君子至止碩人其頎協時之吉備典之實雜珮明璫鞶
衣錦裳熒熒煌煌有秀有芳君迴漢以虹蒨動搴超而
翠翔媛成肅雍候守祿位貴則能降降而不驕勞而在
勤勤則不匱未嘗有也　皇嘉之而謂曰台和臥
朱變乎風揮五絃之壼美觀百物之從令欲同聽乃親其
故特傳於汝公主蕩揚神潔妙指心閑猶白雪之詞

通則竪類青谿之曲多創悟首賞獨榮陽以得後誠盈
而散　思過曾元王豈上邑寵適實太帝
豈口口每絶館陶之沂自無邪平之曠梓潞而敏靜好
而詳以北渚之愁若何西方之聖如是大修圖果保入
至空竟而涵草論耀桂枝辭月開元十二載八月辛巳
遘疾薨於京邸永嘉里第享年卅八嗚呼哀哉上撤懸
久悼臨次增涕京尹護喪群司贊事其年仲冬壬午陪
葬于　橋陵生脊敬爰發劭充奉蕭史樓中鳳音何
望軒轅臺下　龍口乃攀子西華等扶杖而立荊
茶以泣潺湲赴賓倜默覩者羽葆容裔翰林酸嘶文昭

乎遺風誰著樂簡番厥後代諒惑刊刻豈碑口立府膺
親封捧戴則奔馳四靈光華則迴薄七曜明山可轉況
連於銑鋈燕圖惟積車錯於瑱玕俾銅襪之湮沉由寶
書而飛動禮臣不佞敢作銘曰
天其有章銀漢玉濱我則有祥霄明燭光柔祇不忒芳
問允塞何彼穠矣其儀是則鳳凰于飛公子同歸琴瑟
在御德音莫違何汝寥之蔡秋兮獨杳杳之霜夜何闇
怨之誰忍兮痛明靈之不借清霜晶月楚挽將發流吹
結雲秦蕭不聞惟口口兮固金石兮庵長口兮森松柏口
以悼之兮長不歇

右唐涼國長公主碑蘇頲撰明皇書公主睿宗女也
新唐書列傳云字華莊而碑云諱苑字花粧傳云下
嫁薛伯陽而碑云嫁溫彥博曾孫曦按新史睿宗第
三女荊山公主已嫁薛伯陽當以碑爲正金石錄
右涼國長公主碑碑辭大半可讀攷之唐史睿宗第
六女字華莊始封仙源下嫁薛伯陽今碑內封爵先
後同而字乃從花粧非華莊也又稱歸故丞相虞公
溫彥博曾孫曦及攷彥博傳曾孫曦尚涼國長公主
伯陽傳尚仙源公主坐父稷誅流嶺表自殺然則公
主固嫁薛伯陽再嫁溫曦史遺曦而碑諱伯陽也并州

山人稿

其文有云開元十二載八月辛丑薨于京永嘉里第

按唐書天寶三年正月丙辰朔改年爲載而此在其前二十年已云載矣蓋文字中偶一用之後乃施之詔令符牒耳　金石文字記

公主睿宗第十六女名凫字華莊元美謂碑爲華莊史作花莊而不言名子函石疊鐫華直以字爲名二公似俱未見其碑也余嘗從叔兄至奉先遊唐諸陵歸而得數碑此石臥草間字跡完好如新于時恨楮墨不具後遣工搨得已爲土人擊朴損半恐一經採訪

官使或搨不勝誅求故也　金石史

按此碑金石錄云是蘇頲撰碑題但有結銜云銀青光祿大夫守禮部尚書上柱國而泐其姓名兩唐書頲傳皆云開元八年罷爲禮部尚書俄知益州大都督府長史十三年從駕東封撰朝覲碑文又知吏部選事此碑立于十二年仲冬則其時已還京師乃得爲公主撰文然傳竟不言頲之還京在于何年傳之畧也文多闕泐賴文苑英華有此文取以校補其碑有而英華無者是英華小有刪節不足深論首句乾坤旣將義不可曉英華作乾坤旣分則文義晰矣碑云公主諱凫字花粧英華云諱某字某其不能詳者何也凫廣韻奴鈎切爾雅釋獸註江東呼兎子曰䨲集韻云䨲或作凫公主以是命名似亦小名之類故英華不著也碑云開元十二載八月辛丑遘疾英華作八月辛巳据通鑑目錄八月是丁亥朔則辛巳在七月英華誤也

華山銘殘字

隸書只四字　在華陰嶽廟

駕如　陽孕

明皇華山銘殘字今只存駕如陽孕四字駕如者仙駕如聞何也陽孕者陰陽孕育何也碑爲黄巢所燬故自歐趙以來不著錄　關中金石記

華山銘明皇御製并八分書開元十二年十一月今惟存四字亦殘闕　錢大昭金石後錄

乙速孤行儼碑

碑高九尺二寸廣三尺九寸三十行行六十七字隸書額題右武衛將軍乙速孤府君碑銘十二字篆書　在醴泉縣叱干村

大唐故右武衛將軍上柱國乙速孤府君碑銘

正議□□□秘書監修文□學士兼修國史上柱國

劉寬撰
朝議郎行秘書郎白義晊書
□□□□文德而競□陰之□功配陽□□□□利
用厚生□□□古以來折衝禦侮之材何代蔑有秦之
強也起翦恬賁用其兵漢之盛也辛李衛霍爲其將
大唐操升□□□陳帶甲百萬□鉞□七其有中分壓
下□堂堂正正之師□□敵國負赳赳桓桓之稱者在
於乙速孤府君矣公諱行儼字行儼本姓王氏太原人
也五代祖有功於魏□□□□焉因居京兆之醴泉縣
王子晉之□仙□□□□車千秋之作相重錫華宗家

何代而乏賢人何時而不貴曾祖安齊前鋒都督右武
候右六府驃騎將軍開府儀同三司□□□□州刺史
隨益州□□襲封和仁郡□國公□孝移忠還虔事要
司馬安之四至晏平仲之一心祖晟　皇朝上開府
右武候右廿府左車騎將軍驃騎將軍藏□□□□
□用功參□將寵盛與□父神慶右虞□副率檢校右
□□□衛將軍氣岸瓌傑志力雄武將軍以禮陰德有
徵才子挺生將門斯在公鍾家代之休歎奉韜鈐之成
訓騰□□於霄漢□□溢於風飈得□滏於□□習軍
容於嬉戲子房智勇□其無敵卻縠詩書願亦兼譜承

徽中司戚生擢第開慶中丁父憂性實過人俯而就禮
麟德初授宣德□雍白府□□參軍事□□□□□□
□□□□其間首席□□咸亨元年以將門子弟授振
威校尉守普濟府左果毅都尉丁太夫人憂哭泣之節
饘粥之數復如居府君之喪儀鳳二年　勅除興
國府右果毅都尉鎮河源軍定州道□□□河陽橋砦
拱二年授游擊將軍黃城府左果毅都尉致果爲毅□
戎以律洗兵隘澤秣馬中山護濁河之橋縮黃圖之府
智謀洋溢威武紛□□靜翊垂□雄京邑□□元年
制除朝散大夫縣州司馬天授二年加朝議大夫長壽

二年除資州長史延載元年加中散大夫遷興縣□長
□資中風俗所同政教如壹□□元年　制除使持節
萬州諸軍事萬州刺史萬歲通天元年　制加中大夫
二年加大中大夫其年撿校永州刺史聖曆二年授使
持節督都夔歸忠萬渝涪□等七州諸軍事守夔州刺
史三年授使持節都督廣韶端康封岡等□二州諸軍
事守廣州刺史長安三年授使持節泉州諸軍事守泉
州刺史神龍元年授使持節都督黔□沅等州諸軍事
守黔州刺史其年加正議大夫神授政理□材天挺公
侯之表故能方州典郡盡周官牧伯之尊越海凌山窮

再貢荆揚之域控御數千里周旋廿年化洽夷夏功□
□□□□祠之□□□□□畏清酒之盟于今□□神
龍二年　墨制授忠武將軍守右武衛將軍員外置同
正員特　　敕停南衙上下專委北軍事羽林之任
歷弋爲□□□□而後安名宋□而先□以公確乎忠
信厲然壯勇□命鄉之秩掌孤兒之軍徊衛陛殿而逾
嚴儆巡巖廊而匪懈壘垣增肅軒禁穆清錫御府之金
錢分大官之玉食□殊□所逮□中使相望□□□持
戟筋力爲倦輸節竭誠心術俱盡神用疲而致損勝理
勞而生疾其歲夏中遇病廳事半體□痿經時未瘳頗

休攝於家庭遂遲迴於　□闕陳情拜疏理切詞殫□
感　宸衷特聽致仕仍褒美績更惜羸痾　睿旨殷勤
形乎綍翰公結欲而辭　雲陛投迹而返私門懸廣德
之安車施仲翁之行馬仙方上藥□□性而延齡芳醖
嘉肴且忘憂而□□而公絫緤息龔命昆弟之子令從
爲嗣鞠育侔於己生仕爲太子通事舍人塋外氏累左
除滌州扶驪縣令公天屬爲重旣切猶子之慈門寄所
鍾何深舐犢之念亦旣離□舊疾暴增春秋七十有二
景龍元年十二月十五日薨于大寧里第嗚呼哀哉惟
公盛德溫恭雅懷寬肅行□文飾言不浮華出身入仕

□□形□靡欺暗室獨運虛舟於人之善無所遺於人
之惡無所記可疑之地投足莫踐弗稽之謀措心所絕
親友信而敬之老少安而懷之唯汲汲以行仁豈遑遑
而求利防衛之際屢有奇功撫字之方□彰靈感公之
在永州也屬時□不登土入多餧罄倉儲而罕聽摺山
谷而無資所部界中粲饒穭竹盤根合翠弥漫蒼然忽
於一朝結實咸徧若五穀之□□油然可觀比千箱之
□詠□□□給人皆□□□□盈路公仍持數石奏進
京師　聖旨咨嗟歎其靈味公之在夔州也隣界不虞
羣蠻□擾侵軼城郭殘傷吏人公不俟　制命□□致

金石萃編卷七十五　唐三十五　圭

討威靈震蕩氣□□清稽顙咽於□□□□□□於江水
　天朝命將甫戒於師期邊郡飛書已聞於戰捷雖耿
弇之不遺賊於君父亦□以□茲時嘉乃□□□□慰
勉□□之□□□□長遺□□□□日吾遭遇　□□
□□卌餘載恨無以報不□絲毫有負於　聖朝家業
素貧喪葬所須務從節儉勿違吾平生志也所樹碑務
令□實無爲虛□□□吾已貞兩□唯清唯愼勿矜勿伐
則吾死而無恨矣夫人常樂縣君賀若氏宋公弼之姪
孫開州刺史懷武之第六女門宗之□鐘鼎連華家室
之歡□□齊契春秋五十一證聖元年八月五日亡於

萬州官舍維景龍二年歲次景申二月辛卯朔十六日景午合葬於雍州醴泉縣白鹿鄉李中川先府君之塋次禮也嗣子令從叫叫穹蒼哀哀霜露永□言誓終身奉行子壻右□衛鎧曹參軍安□梁望之代業通家□賢長者冰清玉潤常懷國士之恩石字金書顯託中郎之筆□□□□乃作銘云　公疾子孫必復其始將門有將其來久矣伊我將軍□代爲□壯勇傑出威稜峻峙文則□良六條千里武以侍衛巖除軍壘黃覇匪儔朱□寧擬中外從□□□勤止年至禮優神□疾起□□終□令問不□□□伏波誠其兄子

大唐開元十三年歲次乙丑□月景辰朔十六日辛未令從自曹州濟陰縣令秩滿建　渤海徐元禮鐫

行儼字行儼神慶子也墓相去不十餘步二碑并峙余皆摩之而因以知神慶尚有子行儼仕爲右武衛將軍也碑爲劉憲撰白義晊分書攷歐陽公有神慶碑而未見行儼碑且前碑五代祖五字甚明而公以爲闕文或所見偶闕本耳石墨鐫華

林同人曰趙子函以萬歷戊午遊昭陵家本秦又得賢主人極搜討之樂顧瞻低佪穹碑豐碣仆者起之埋者出之百六十殘篇斷簡猶二十餘種至崇禎丁丑方二十年苟公好善修醴泉縣志所載昭陵碑目悉同趙子函所見又二十八年爲康熙甲辰余過昭陵經鼎革之後耳目非舊而余乃倩工搜搨僅得英衛房馬諸公十六碑字之存者已不能如趙公所云耳後予重遊西涼過關中時秦方大饑百里斷人烟昭陵一徑化爲萑苻之藪行旅裹足竊意前所存十六碑將復沉沒於寒烟衰草中後人不得而見也每翻閱碑本愈加珍重作爲昭陵石蹟考略三卷來齋金石刻考略

右右武衛將軍乙速孤行儼碑金石錄所載又有乙速孤晟碑今已亾矣惟神慶父子兩碑巋然獨存乙速孤氏名不見于正史而家世譜系更千百年班班可考古人欲揚其親而刻石以託不朽詎無益哉行儼以神龍二年墨制授右武衛將軍員外置同正員墨制猶云墨勅不由中書門下而出自禁中者也中宗之世政出多門後宮貴戚墨勅斜封凡員外同正試攝檢校判知官大都以賄得之行儼殆亦以賄進歟普濟興國黃城三軍府之名唐書地理志皆無之予嘗得田義起石浮圖頌始知興國爲雍州百三十一府之一其二府則未知其在何州也潛研堂金石文跋尾

行儼神慶之子于高宗時爲普濟府左果毅垂拱初爲黄城府左果毅新唐書地理志不載二府名未詳所屬碑稱顯慶爲明慶避中宗諱改（關中金石記）

按乙速孤元和姓纂云代人隨魏南從魏書官氏志獨不載此姓北史節義傳有乙速孤佛保者孝武帝時爲直閤將軍從入關封滑子縣公大統初梁將蘭欽陷漢中佛保時爲都督力戰死見于史傳者惟此一人此碑撰者爲劉憲新唐書文藝傳憲字元度宋州寧陵人武后末出爲渝州刺史除太僕少卿修國史兼修文館學士遷太子詹事碑

銜有祕書監傳所無也書者白義陞無攷碑敍行儼之曾祖安祖晟父神慶史俱無傳集古錄有乙速孤神慶碑跋云乙速孤氏在唐無顯人惟以其姓見于當時者神慶一人而已其先王氏太原人（有闕文）代祖顯爲後魏驃騎大將軍賜姓乙速孤氏遂爲京兆醴泉人曾祖貴隨河州刺史和仁郡公祖安隨益州都督父晟唐驃騎將軍神慶唐初仕三衛高宗時爲太子右虞候副率以卒所載與此碑同而增多遠祖顯曾祖貴二人神慶之曾祖即行儼之高祖也碑云公乘無息允命昆弟之子令

從爲嗣仕爲太子通事舍人坐外氏累左除溱州扶驪縣令兩唐書地理志並無溱州扶驪縣之名惟元和郡縣志云蔡州古豫州之域漢立汝南郡宋文帝置司州魏太武改豫州周大象改舒州隋文改豫州仁壽四年改爲溱州大業二年改蔡州三年罷爲汝南郡武德四年復置豫州寶應元年復改蔡州是溱州之名僅一見于仁壽之時其後不置至扶驪縣則從無此名碑文所未詳也碑云夫人常樂縣君賀若氏宋公弼之姪孫開州刺史懷武之第六女弼爲敦之子周書賀若敦傳敦子

弼敦弟誼官至柱國海陵縣公隋書賀若弼傳高祖時定三吳加位上柱國進爵宋國公大業三年從駕北巡坐私議得失爲人所奏誅死妻子爲官奴婢羣從徙邊此所稱姪孫及懷武不知是族姪孫抑或是誼之子孫事隔異代復歸内地而爲行儼之夫人耶夫人以證聖元年卒先仁儼十三年碑云以景龍二年歲次景申二月辛丣朔十六日景午合葬景龍二年是戊申歲碑云景申者誤也碑書辛丣朔丣即酉字据十六日是丙午則朔日是辛卯文當作卯非辛酉也但以通鑑目錄證之

是年二月甲子朔非辛酉亦非辛卯通前後考之惟聖歷元年戊戌歲二月是辛卯朔碑之誤又所未詳也碑云令葬于雍州醴泉縣白鹿鄉李中川先府君之塋次長安志醴泉縣唐十六鄉有白鹿長樂瑤臺修文四鄉餘不傳又云太宗昭陵在醴泉縣西北六十里九嵕山白鹿長樂瑤臺三鄉界又云九嵕山在縣西四十里其李中川無攷又據長安志昭陵圖陵北有三墓曰乙速孤晟墓曰乙速孤行儼墓曰乙速孤神慶墓自東而西三墓平列蓋晟爲行儼祖神慶爲行儼父碑所謂先府君

之塋次者是也此二墓官位亦不應在陪葬之列碑本無陪葬之文不過墓地近昭陵之北耳長安志圖誤列于昭陵圖內故孫觀察星衍醴泉縣志昭陵陪葬考云善乎宮耀亮之言乙速孤父子墓在北千郵九嵕山後三十里不在昭陵一百二十里墓田之內安得謂之陪葬也碑末題開元十三年歲次乙丑口月景辰朔十六日辛未建距景龍二年葬後十八年始取劉白二人舊所撰書而刻之然攷通鑑目錄是年月朔無丙辰者丙辰朔已見於上年閏十二月至是年二月已爲乙卯朔但據下云十六日辛未則朔是丙辰不誤又碑之所未詳也

鄎國長公主碑

碑高一丈一尺六寸廣六尺一寸四分 二十三行行五十二字隸書在蒲城縣

大唐鄎國長公主神道碑銘

御書

中書令修國史上柱國兼燕國公張說撰

臣聞堯有娥英平九族之敦叙舜有宵燭動百里之光曜大聖之後天必縱之積善之家神所慶矣豈唯上帝之女雲漢爲靈平王之孫肅邕其德連華前志代有其

人　皇唐鄎國長公主者　睿宗之第七女也母曰崔貴妃構累聖而成門合濟美而爲室蘊乾坤之純粹演日月之清明神嫕誕靈常言所絕免懷之歲天奪　聖善不食三日哀比成人文母流胎教之慈曾子得生知之孝由是宮闈延賜邦國遠聞玉笄耀首油軿在馭錫之美地邑以荆山求之令族嬪于薛氏爾其居玩圖史動循禮度服其浣濯恭儉之教興鼓其瑟琴敬讓之風被其行己也安親惠下之謂仁敬宗好合之謂義降貴接卑之謂禮恕情周物之謂智推心而行罔不該備其理家也視膳饔餼之均和主饋醴醯之品

齊綵竹七音之徽縻纂組九華之縟麗經目所涉罔不
精詣每至三元上賀五日中參進對詳華折旋舒婉故
以式嬪貴里儀範通門如千花之泛惠風百卉之涵膏
露窈窕之宜克韋繁衍之福大來有男子四女子五瑶
碧生階芝蘭滿室者也習禮明詩日漸闈庭之訓銀章
艾綬地連恩澤之侯自　先朝徹辰之辰迄公主成笄
之日外除過制內疚餘哀手寫金字梵經三部躬繡綵
線佛象二鋪貝葉真偈現心相於銀鈎蓮花妙容呈意
生於玉指孝思惟則道遠乎哉開元繼明推恩由已進
封鄎國長公主食邑一千四百戶出賦廣而彌儉禮秩

尊而益恭其後君子晨歌夫人晝哭未亡爲稱生意盡
矣撫視遺孤將守栢舟之誓志祈剃落承從柰苑之遊
朝制斷恩改降鄭氏陵谷可易隨和之德不昧寒暑有
遷松竹之性如一均養七子麻蔭二宗紛陰之宇忽亡
榮陽之黨相慶既而善福虛應寢疾彌留盡國醫之伎
遠方畢至供御府之藥中使相望命之必至不可支也
堂邑山林忽焉瘁色平陽歌舞適足愁人開元十三年
二月庚午薨于河南縣之修榮里春秋卅有七哀悼
紫庭哀傷朱邸傾家若墜舉國同悲有　詔
光祿卿孟德監護喪葬京兆少尹能延休副焉窀穸之

禮一如涼國長公主故事夏四月　恩旨陪葬于
橋陵不祔不從古之道也　皇上念同氣
之懿美感閱川之永謝根棣華之半缺悲瑶草之先化
乃命國史昭銘懿迹降　恩禮於雲露寫哀詞於
金石水非湘渚還起帝子之詞山是洛陽郎封天妹之
冢銘曰
帝系白雲慘源紫氣濬家成國承天作貴赫赫
聖祖曰文曰武皇皇　睿宗一變萬邦挺生淑媛
慈和孝恭清矑如神娥眉無雙邸第立官湯沐建封年
及笄總禮施環珮鳴鳳獻祥乘龍擇對帝唐降女天乙

歸妹珠玉過庭蘋蘩正內蛟門早閟龍湖忽上無地何
載無天何仰金瀝書經華綵繡偽欲報之德昊天罔極
孰是言歸良人永違銀鑪煙斷羅幕霜飛恐領毀形託
身壞衣不謝人只改嫁他士寡命曰從從人曰順息嫣
纏楚懷嬴霸晉反經合權與道同韻煥休二室均歡等
潤四海謠清九族和平萬物向榮衆芳未成心戀盛明
形隨落英祖載鼎城歸窆咸京挽歌數聲鹵簿因行哀
哀　聖情惻惻同生橋山片石千秋令名
石碑題云大唐鄎國長公主神道碑銘明皇隸書撰
文姓名殘泐而存中書令修國史等字宰相表開元

十三年張說以右丞相兼中書令則撰文者必說也碑云公主睿宗之第七女而新唐書傳云第八女與碑異又云母崔貴妃薨公主方三歲不食三日哀如成人下嫁薛儆又嫁鄭孝義皆與碑同碑云求之令族嬪于薛氏有男子四女子五又云改嫁鄭氏均養七子休陰二宗云云夫公主改適名節所繫而當時大臣勒諸碑板恬不知耻至于乃爾可深嘆也金石錄補

公主睿宗弟八女碑云弟七者以安興昭懷蚤死故也公主崔貴妃所生始嫁薛儆又嫁鄭孝義前有子四後有子三碑皆不諱今碑殘缺文載唐文粹甚詳

大概皆與史合惟言食邑一千二百戸為稍異耳亦無足重輕也關中金石記

按此碑文苑英華唐文粹俱載其文今取兩書互勘碑云母曰崔貴妃唐書英華同文粹誤作崔國妃緣竹口音之徵聲音上碑泐一字英華作七音文粹又作五音互異食邑一千四百戸唐書同英華文粹俱作一千二百戸薨于河南縣之修業里兩書俱作修業里光祿卿孟德兩書俱作孟禮京兆少尹兩書無少字能延休能姓不多見史惟唐書孝友傳有能君德鄭縣人又見于正字通者唐有能延壽能元皓宋有能迪此延休或與延壽同弟兄歟下云金繳書經文粹同英華作金縠按此即謂手寫金字梵經繳有泥滓之義金繳猶言泥金也對下文華絲繡像則繳字為是歸窆咸京英華同文粹作歸穸此皆互異者其餘小有異同不足論也文云錫之美地邑以荊山開元繼照推恩由巳進封鄎國長公主語與史合蓋荊山為睿宗時始封鄎國為開元初進封也鄎國即新息縣鄎與息通用春秋哀十年公會吳伐齊南鄙師于鄎註鄎齊地漢書地理志作息孟康注曰故息國後徙東故加新鄎今

汝南府息縣即息地唐書地理志武德四年置息州貞觀初廢為縣屬河南道蔡州汝南郡

述聖頌

碑高六尺五寸七分廣三尺四寸十九行行三十七字正書在華陰縣岳廟

述　聖頌并序

京兆府富平縣尉達奚珣撰序

左補闕集賢殿直學士呂向撰頌并書

曰懸象著明莫大乎日月　我聖人之文也發祥隤祉莫大乎神祇文之所繇興也原夫天作太華氣雄群山乘靈伊何受命如嚮自神元之所開拓虞帝之所

巡遊祀典雖存宏圖盍闕洞陰陽之不測其惟
大聖歟於是乎藻翰自天發揮神化建碑于廟以光寵
焉乃命朝英實司其事經始勿亟庶人子來徒觀其神
輸坤珎美石次玉追琢之際厥聲泠然磨礱之後其光
洞納樹之平地疑若斷山六龍盤薄糺其上群神離立
負其下藝事既畢　宸章乃開竊以洪鑪大造之
時天動地業祕籙聿來之日風搖雲起詞義至廣含元
氣而運行翰墨至精吐奎星而飛動剛柔相錯神妙無
方合而五光照離而萬象列宇宙之間□如也谿是發
巖巒之氣色盍祠廟之風稜不怒而威有來加敬盍曰

大君之一顧也寵秩榮幸不其至哉初有司以
法駕時巡路直茲地將選巨石先期虔功
天意若曰夫人神之主也嚴神以爲人也令稽事未已
工徒復興人償失業神將何據方待歲暮以須後圖粤
若碑版叢乎刊刻通其變則人不倦節其用而財不傷
俾夫役者遂於從事　天之臨下其道有共曲成
万物何往非宜時厥使臣乃昌言曰國之大事在祀神
之所歆在德以德舉事　吾君有光比夫周銘弇
山存乎車轍馬跡漢祠少室蓋欲遊與輕舉至誠逮下
可同年而道□頌聲未作詞客之過小人固陋遊聖雖

名實賴文宗雖其不遜敢託呂補闕向爲之頌云
天輔　聖德配極而崇帝者祖予神行　慈
百布澤而洽人之父予叶命高嶽喻壽其齊招靈祐予
飛文孤標灑翰又類使物覩予騰雄激烈交天聲芬偃
上古予發潤飄清摠此光氣覆下土予探賾闡妙意力
猶懸空作矩予徵往到□辭聽相授無與伍予

碑在華陰縣岳廟中達奚珣撰序呂向撰頌并書不
著年月攷呂向開元中召入翰林此碑稱集賢殿直
學士當是開元中立碑云藻翰自天發揮神化建碑
于廟以光寵焉又云樹之平地疑若斷山六龍盤薄

糺其上羣神離立負其下當是頌元宗所建華岳碑
也今其碑巳裂趺尚存如山上存二字大可徑四寸
許分隸不減太山銘而呂向此書尚完在一道士院
中向書昔人稱其草隸峻巧又能一筆環寫百字號
連綿書石墨鐫華

碑陰上方有韓賞告嶽神文韓擇木八分書下方有
大歷九年華陰令盧朝徹謁嶽廟文有貞元九年十
三年題名左旁有乾元二年張惟一祈雨記右旁有
上元元年華陰縣令王宥等題名李樞書上爲篆下
爲八分字金石文字記

元宗所建華嶽碑已燬尚存塊石巋然如山頌稱其光洞納不可復見至云巍若斷山負成碑識又云羣神離立負其下髣髴猶存尚餘兩字徑數寸甚奇偉飛動恍如龍翔鳳舞昔向曾以美人賦諫幾死張說爲請卽拜補闕賜銀章朱紱不可謂不遇也建碑時帝侈心旣萌且謂岳神來迎頌不以諷何也金石史

頌以述聖名者以元宗有西嶽碑銘因述而頌之也元宗銘曰十有二載孟冬之月步自京邑幸于洛師停鑾廟下以唐本紀攷之卽十二年十一月庚午如東都事碑云孟冬史云十一月微有異向本傳叙向

以開元十年召入翰林院兼集賢院校理擢左拾遺進左補闕帝爲文勒石西嶽詔向爲鐫勒使以起居舍人從東巡元宗之封太山在十三年十一月案孫逖有春初送呂補闕往西嶽勒碑詩是向以是年春奉命華山後卽從往太山矣攷會要華嶽碑十三年七月七日成則向之進起居舍人卽以鐫勒功而從太山在七月後史可知又向本傳不及向爲集賢殿直學士趙冬曦傳云冬曦與祕書少監賀知章校書郎孫季良大理評事咸廙業入集賢院修撰是時翰林供奉呂向爲校理踰年並爲直學士此史家互見之例非缺略也但云踰年並爲直學士而集賢院卽以十三年改名此碑立于十三年六月則向之爲直學士猶未踰年矣珣後由御史爲河南尹從祿山爲右相至德二年伏誅趙氏金石錄置此于開元無歲月諸碑內因未見額陰所題故也關中金石記

金石萃編卷七十五終

金石萃編卷七十六

賜進士出身　誥授光祿大夫刑部右侍郎加七級王昶譔

唐三十六

漢鄭康成碑

碑不連額高七尺餘廣四尺餘二十九行行七十九字正書篆額今在高密縣鄭公祠

後漢大司農鄭公之碑

唐銀青光祿大夫使持節邢州諸軍事邢州刺史上柱國瑯琊郡開國男史承節撰

夫蟄括字宙者文字發明道業者典墳所以聖人作而萬物覩賢人進而百代通禮樂得之以昭明日月失之而慘忒宣尼彰删緝之功秦始速焚燒之禍迨乎群儒在漢傳注瑤口莫不珠玉交輝纖微洞迹同見集於芸閣獨有輟於環林豈若經教興義圖緯深術兼行者多無如我鄭公也公諱玄字康成北海高密人也八世祖崇哀帝時爲尚書僕射公少爲鄉嗇夫不樂爲吏遂造太學受業師事京兆第五元始通京氏易公羊春秋三統歷九章算術又從東郡張欽祖受周官禮記左氏春秋韓詩古文尚書攝齋問道摳衣請益去山東而入關右因盧植而見馬融考論圖緯乃名見而升樓精通禮樂以將東而起歎三載在門十年歸邑及黨事起遂杜門不出隱修經業於是鍼左氏之膏肓起穀梁之廢疾而又操入室之戈矛發何休之壘守陳元李育校論古今劉瓌范升憲章文議何進延於几杖經宿而逃袁隗表爲侍中緣喪不赴孔融之相北海屣履造門陶謙之牧徐州接以師禮比南山之園皓鄉曰鄭公類東海之于君門稱通德漢公車徵爲大司農給安車一乘所過長吏送迎公乃以病自乞還家董卓遷都長安公卿舉公爲趙相道斷不至會黃巾寇青部乃避地徐州建安元年自徐州還道遇黃巾賊數萬見公皆拜相約不敢入縣境時大將軍袁紹總兵冀州遣使邀公大會賓客酒延升上坐身長八尺飲酒一斛秀眉明目儀容溫偉客多豪儁並有才說見公儒者未以通人許之競設異端百家互起公依方辨荅咸出問表皆得所未聞莫不嗟服時汝南應劭亦歸於紹因自贊曰故太山守應仲遠北面稱弟子何如公笑曰仲尼之門考以三科回賜之徒不稱官閥劭有慙色門人相與撰公荅諸弟子問五經依論語作鄭志八篇公所注周易尚書毛詩儀禮周官禮記孝經尚書大傳中候乾象歷又著天文七政論魯禮禘祫義六藝論毛詩譜駁許慎五經異義荅臨孝莊周禮難凡百餘萬言經傳洽熟稱爲純儒其所撰

注今並通習是知書有萬卷公覽八千也齊魯間宗之公後嘗疾篤自慮以書戒其子益恩曰吾家舊貧爲父母羣弟所容去厮役之吏游學周秦之都往來幽并兖豫之域大儒得意有所受焉遂博稽六埶粗覽傳記時覩秘書緯術之奧年過三十乃歸鄉假田播殖以娛朝夕後舉方正賢良有道辟大將軍三司府公車再徵比牒併名早爲宰相惟彼數公懿德大雅克堪王臣故宜式叙吾自忖度無□□□□□□□之元意思整百家之不齊亦庶幾以竭吾才故聞命罔從而黄巾爲害萍浮南北復歸鄉邦入此歲來已七十矣宿素衰落仍

有失誤案之禮典便合傳家今我告尔以老歸爾以事將閑居以安性覃思以終業自非拜國君之命問族親之憂展敬墳墓觀省野物胡嘗扶杖出門乎家事大小汝一承之咨爾煢煢一夫曾無同生相依勗求君子之道研鑽勿替敬慎威儀以近有德顯譽成于僚友德行立於已志若致聲稱亦有榮於所生可不深念耶可不深念耶吾雖無紱冕之緒亦有讓爵之高自樂以論贊之功庶不遺後人羞凡某所憤憤者徒以吾親墳壟未成所好羣書率皆腐弊不得於禮堂寫定傳與後人日西方暮其可圖乎家今差多於昔勤力務時無恤飢寒

菲飲食薄衣服節夫二者尚可令吾寡恨若忽忘不識亦已焉哉乂年春夢孔子告之曰起起今年歲在辰來年歲在巳旣寤以讖合之知命當終有頃寢疾享年七十有四以其年六月卒遺令薄葬自郡守以下嘗受業者縗絰赴會千餘人迺葬於高密縣城西北一十五里礪阜山之原嗚呼哀哉有子益恩孔融在北海舉爲孝廉及融爲黄巾所圍遂赴難隕身有遺腹子公以其手文佀己名曰小同精通六經鄉人尊之時爲侍中嘗詣司馬文王文王有密疏未之屏也如廁還問曰卿見吾密疏乎荅曰不見文王曰寧我負卿無卿負我致鴆而

卒悲夫自夫子没後大道方睽公之網羅遺興採賾今猶特立鬱然時季途屯志不苟變全身遠害猗歟美歟及范曄作論有曰王父豫章君每考先篇經訓長於公常以爲仲尼之門不能過也及傳受生徒專以鄭氏家注云晉中興戴逵字安道以鷄卵汁溲白瓦屑爲公作碑手自書寫文□□□語亦妙絶年代古而碑闕亡德音夐而詩書在承節以萬歲通天元年奉勅於河南道訪察觀風省俗激濁揚清行至州界見高密父老云鄭先生漢代鴻儒見無碑記不以庸妄遂託爲文往以會府務殷□無暇景歲序遷貿執筆無由今者罷職含香

忝居分竹屬以閑隙乃加修撰耆舊者惟聞其名後生
者不覩其事今故尋源討本握槧懷鉛無疏本傳之文
並序前言之目發九泉之冥昧播千載之□□巍以繁
華不爲雕飾文先成訖石又精磨碑未建而承節卒正
議大夫使持節密州軍州事刺史上柱國鄭沓以開元
十三年秋八月巡兹屬縣敬謁先宗欽承墳墓之間壽
度碑石之側公心至淸不欲費□公性至靜不欲勞煩
迺命叅軍劉朏校理舊文規模新勒未間朏又罷職仍
令終事冬閏十二月公伺其歲隙因遣巡團便令建立
惠而不費允協人神承節銘曰

煥乎人文圖籍典墳煩亂事篛定自孔君中途湮沒秦
帝俱焚漢興儒教鄭氏超羣膺庚美地譽紱宏規喬夫
罷署京兆尋師中候乾象左氏韓詩雖稱積學殆若生
知公之挺生大雅之懿囊括墳典精窮奧秘六藝殊科
五經通義小無不盡大無不備好學恭道深思遠慮來
往周秦經過兗豫侍中不仕司農罷署盧植東遷馬融
西去作者謂聖述者謂明躬遊三辟門傳五更周官東
部漢避西京白玉遁地黃金滿籯占卜習橋行迹遍沛
陶謙師友孔融高盆山啓贊扉草生書帶七十歸老三
年赴會經傳洽熟齊曾攸宗爵祿不受贊論爲功禮樂

今去吾道指東類于標德北皓稱公閤尹擅貴禁錮連
年乃逢笱罪方從舉賢南城避難東萊假田誕膺五百
終覽八千今年在辰來年在巳嗚呼不慭于嗟到此勞
我以生息我以死道該八索神交千祀濰水之曲礪阜
之陽通德爲里鄭公爲鄉雲愁廟古月暗墳荒舊碑先
沒新石再彰詞慚黃絹心淒白□明於不朽終古騰芳
徵事郎前行密州高密縣主簿兼管勾常平倉事蔡
鄉貢進士□安中書丹
□裔篆額
大金承安五年歲次庚申三月一日勒成

紫淵立石
濰陽劉元紀仙本店于全刊字
漢高密鄭司農祠墓在濰水旁礪阜山下承祀式微
不能捍采樵者濰沙乘風內侵其深及牆祠宇頹没
元委官士修之祠南門外積沙深遠遂改門東向植
松楊行栗于西南以殺風勢修齋正廡改書木主增
建旁屋三楹爲官吏祭宿地建坊書通德門以復孔
文舉之舊祠外田廬號鄭公莊者三散據高密安邱
昌邑三縣地鄭氏苗裔百數十人居之務農少文而
譜系世守猶可考擇其裔孫憲書請於禮部劄爲奉

祀生給田臚使耕且讀是役也掘沙之工半於土木
趙商漢碑見於著錄今求之不得得金承安重刻唐
萬歲通天史承節所撰碑搨其文讀之知承節之文
乃兼取謝承諸史非蔚宗一家之學其補正范書昭
雪古賢心迹非淺也碑文凡二十九行字徑八分承
節以萬歲通天元年奉勅於河南道訪祭至高密因
父老之請爲文文成未書碑而卒開元十三年八月
密州刺史鄭杲始命參軍劉朏刻石于墓唐所刻石
今無存賴金承安五年三月所重刻知之據金石錄
云承節碑乃雙思貞行書今金碑改爲正書削唐人

書碑舊名然其文則皆因唐舊無所竄改元以范書
鄭康成列傳校之傳先始通京氏易碑無先字傳東
郡張恭祖碑作欽祖傳徵爲大司農及與袁紹之會
數事碑並次於與子益恩書前傳故太山太守應中
遠碑作太山守傳所注周易尚書毛詩儀禮禮記論
語孝經碑多周官無論語傳咨臨孝存碑作孝莊傳
不爲父母羣弟所容碑無不字傳獲覲乎在位通人
處逸大儒咸從捧手有所受焉碑省其文作大儒得
意有所受焉傳乃歸供養碑作乃歸鄉傳遇閻尹擅
勢坐黨禁錮碑載其事入銘辭中傳舉賢良方正碑

作方正賢良傳公車再召碑作再徵傳其勗求君子
之道碑無其字傳末所憤憤者碑作凡某所憤憤者
傳亡親墳壟未成碑作吾親凡此異同比而核之可
釋學者積疑蓋有三焉司農戒子益恩書乃歸老疾
篤時事故宜在漢公車徵爲大司農及袁紹邀至冀
州諸事後而范書反載書文於前使事蹟先後倒置
一也所注儀禮周官禮記范書無周官案司農周官
注完善無缺世所共學而范書遺之二也爲父母羣
弟所容者言徒學不能爲吏以益生產爲父母羣弟
所含容始得去廝役之吏游學周秦故傳曰少爲鄉

嗇夫得休歸常詣學官不樂爲吏父數怒之夫父怒
之而已云爲所容此儒者言也范書因爲父怒而妄
加不字與司農本意相反三也至於易恭祖爲欽祖
者金避顯宗允恭諱也孝存作孝莊者唐碑本行書
石或剝落金時不省而誤存爲莊莊爲漢諱未有不
避者其他異同與范書可互校正故急表而錄之以
告同志鄭杲見宰相世系表北祖房官至癸州刺史
劉朏亦見表彭城房官至汴州刺史山左金石志

按碑文云八世祖崇哀帝時爲尚書僕射漢書鄭
崇傳崇字子游高密大族少爲郡文學史至丞相

大車弟立與高武侯傅喜同門學相友善喜爲大司馬薦崇哀帝擢爲尚書僕射碑又云公少爲鄉嗇夫漢書百官公卿表鄉有嗇夫職聽訟收賦稅碑又云師事京兆第五元始通京氏易公羊春秋三統歷九章算術後漢書無第五元傳其通京氏易僅見此碑諸書論經學源流者未之及也隋經籍志但有鄭元周易注九卷而于京氏易則無著述則元之通京氏易亦僅見此碑其爲公羊春秋也隋志有何休公羊墨守十四卷與左氏膏肓十卷穀梁廢疾三卷並列之陳振孫書錄解題云鄭

康成因作鍼膏肓起廢疾發墨守排之即碑下文所謂鍼左氏之膏肓起穀梁之廢疾而又操入室之戈矛發何休之墨守者是也隋志又有駮何氏漢議二卷敘一卷其曰三統歷則隋志有二部一曰三統歷法三卷劉歆撰梁有今亡一曰魏甲子元三統歷一卷鄭氏之所通者殆劉氏本也其曰九章算術晁公武讀書志有九章算經九卷未詳撰人姓氏或曰周公撰魏劉徽唐李淳風嘗爲之注則此術起于漢之前鄭氏所通者或即此也碑又云從東郡張欽祖受周官禮記左氏春秋韓詩古文尚書隋志有鄭氏周官禮注十二卷而不見有張欽祖周官之論著即鄭自述云世祖以來通人達士大中大夫鄭少贛及子大司農仲師議郎衛次仲侍中賈君景伯南郡太守馬季良皆作周禮解詁而獨不及張欽祖其禮記以下則隋志有禮記注二十卷七錄有春秋左氏分野十二卷春秋十二公名一卷其於詩則隋志有毛詩箋二十卷陸德明云鄭氏作箋申明毛義以難三家于是三家遂廢朱子亦曰詩自齊魯韓之說不得傳而天下之學者盡宗毛氏毛氏之學傳者亦衆而今

皆不存則推衍其說者獨鄭氏之箋而已則是鄭學宗毛而廢韓者碑獨舉韓詩何也其于書則有尚書注九卷尚書大傳注三卷尚書音一卷隋志謂梁陳所講有孔鄭二家齊代惟傳鄭義至隋孔鄭並行而鄭氏甚微碑所叙鄭氏之經學與諸著錄參校有同有異如此其餘碑傳互異之處山左金石志已詳攷於前不更贅云

紀太山銘

摩崖高二丈六尺廣一丈五尺二十四行行五十一字額題紀太山銘四字並隷書惟御製御書四字及末行年月並正書在泰山東嶽廟後石崖南向

紀太山銘

御製御書

朕宅帝位十有四載顧惟不德懵于至道任夫難任安
夫難安玆朕未知獲戾於上下心之浩盪若涉於大川
賴　上帝垂休　先后儲慶宰衡
庶尹交修皇極四海會同五典敷暢歲云嘉熟人用大
和百辟僉謀唱余封禪謂孝莫大於嚴父謂禮莫尊於
告天天符既至人望既積固請不已固辭不獲肆余與
夫二三臣稽虞典繹漢制張皇六師震疊九㝢旌旗有
列士馬無譁肅肅邕邕翼翼溶溶以至于岱宗順也爾

雅曰太山爲東嶽周官曰兗州之鎭山實惟天帝之孫
羣靈之府其方處萬物之始故稱岱焉其位居五嶽之
伯故稱宗焉自昔王者受命易姓於是乎啟天地薦成
功序圖錄紀氏號朕統承先王玆率厥典實欲報嚴天
之眷命爲蒼生之祈福豈敢高視千古自比九皇哉故
設壇場於山下受羣方之助祭躬封燎於山上冀一獻
之通神斯亦因高崇天就廣增地之義也乃仲冬庚寅
有事東嶽類於　上帝配　我高
祖在天之神罔不畢降粤翌日禪於社首侑我聖考祀
於　皇祗在地之神罔不咸舉暨壬辰覲羣后

上公進曰天子膺天符納介福羣臣拜稽首千萬歲慶
答歡同陳　誡以德大渾叶度彝倫攸敘三事百揆時
乃之功萬物由庚兆人允植列牧衆宰時乃之功一二
兄弟篤行孝友錫類萬國時惟休哉我儒制禮我史作
樂天地擾順時惟休哉蠻夷戎狄重譯來貢
累聖之化朕何慕焉五靈百寶日來月集會昌之運
朕何感焉凡今而後儆乃在位一王度齊象灋權舊章
補缺政存易簡去煩苛思立人極乃見天則於戲天生
蒸人惟后時乂能以美利利天下事天明矣地德載物
惟后時相能以厚生生萬人事地察矣天地明察鬼神

著矣惟　我藝祖文考精爽在天其曰懿余
幼孫克享　上帝惟　帝將若馨香其
下丕乃曰有唐氏文武之曾孫隆基誕錫新命纘戎舊
業未保天祿子孫其承之余小子敢對揚　上
帝之休命則亦與百執事尚綏兆人將多于前功而毖
彼後患一夫不獲萬方其罪予一人有終上天其知我
朕維寶行三德曰慈儉謙慈者覆無疆之言儉者崇將
來之訓自滿者人損自謙者天益苟如是則軌迹易循
基構易守磨石壁刻金記後之人聽詞而見心觀末而
知本銘曰

維天生人立君以理維君受命奉天爲子代去不留人
來無已德源者滅道高斯起赫赫
高祖明明　太宗爰革隨政奄有萬邦罄
天張宇盡地開封武稱有截文表時邕
高宗稽古德施周溥茫茫九夷削平一鼓禮備封禪功
齊舜禹巖巖岱宗衍我神主　中宗紹運
舊邦惟新　睿宗繼明天下歸仁恭
已南面氤氳化淳告成之禮留諸後人緬余小子重基
五聖匪功伐高匪德矜盛欽若祀典丕
承永命至誠動天福我万姓古封太山七十二君或禪

奕弈或禪云云其迹不見其名可聞祇遹
文祖光昭舊勳方士虛誕儒書齷齪佚后求僊誣神
撿玉秦災風雨漢汚編錄德未合天或承之辱道在觀
政名非從欲銘心絕巖播告羣岳
大唐開元十四年歲在景寅九月乙亥朔十二日景
戌建
記太山銘者唐元宗皇帝御撰及書字徑六寸許雖
小變漢法而婉縟雄逸有飛動之勢余嘗登太山轉
天門則見東可二里穹崖造天銘書若鸞鳳翔舞於
雲煙之表爲之色飛既摩挲久之惜其下三尺許爲
搨工人惡寒篝火焚蝕遂闕百餘字傍有蘇丞相頲
東封頌正書聞人林焯以四大字刻其上惡札題名
縱橫漶滅不可讀悵然而下後人事事可憎殆不特
此　弇州山人稾
紀太山銘唐開元帝製及手書相傳燕許修其辭韓
史潤其筆以故文頗雅馴不猥弱予既讀而愛之然
竊有慨乎帝之侈心也未有蝕蠹入焉當時天下幾
小康帝意以前蔑秦皇漢武不足道而不知太眞林
甫國忠祿山之徒固已乘其侈而入之蠹矣繼得浯
州中興頌時置壘池傍聞之其治亂始末有大足相

發者噫嘻可畏哉　弇州山人四部稿
莊周稱易姓而王封太山者七十二家勒石千八百
餘處歷千万禩而石碱玉牒後人莫得見其形兆果
明神爲之守護耶祖龍肇始立碑久已埽迹兩漢迄
唐閒世一修時邁之典開元天子允文武百寮之請
於十三年冬十一月式遵故實有事于太山節中書
令張說右散騎常侍徐堅太常少卿韋縚秘書少監
康子元國子博士侯行果於集賢書院撰儀注己丑
日南至法駕詣山下御馬以登行升中之禮天子製
紀太山銘親札勒于山頂之石以十四年九月景戌

告成於是中書令張說撰封祀壇頌侍中源乾曜撰社首壇頌禮部尚書蘇頲撰朝覲壇頌趙明誠金石錄目載太山銘側有題名三列今已亡之而頲頌授梁昇卿書刊御製銘右明有俗吏以忠孝廉節四大字鑱其上頌文毀去者半可憾也山高四千九百丈二尺行旅出于塗者車前馬首仰視略可覩歲在巳酉五宿兹山之麓未克叩天闕陟環道手摸其文詢之野老必架木緣絙而上然後椎拓功可施又山高多風兼慮日曝紙幅易裂若是其難也曩者先後裝界三本悉爲好事者所奪已丑夏同里沈秀才翼能

分書獲此本于白下雖有闕文乃百年以前舊搨受審定而書其本末于冊尾曝書亭集

唐太宗時羣臣請封禪不許曰卿等以封禪爲帝王盛事朕意不然誠令天下乂安家給人足不封禪何損今天下彈斂人物凋耗卽封禪愈靡靡矣昔秦始皇封禪而漢文帝不封禪後世豈以漢文帝不及始皇耶且古者事天掃地而祭天神降焉何必登太山之巔封數尺之土然後展其誠敬乎已而羣臣請不已許之魏鄭公獨爭以爲未可帝曰公不欲朕封禪以功未高耶曰高矣德未厚耶曰厚矣以中國未安四境未服年穀未豐天瑞符應未至耶對曰陛下兼此而有之矣然則卿斷斷云不可封禪何也對曰陛下雖有此六者然百姓當大亂之後戶口未復倉廩尚虛呻吟未起而東巡卽供億煩費其未易任也且陛下封禪萬國君長皆當扈蹕今伊洛以東至於海岱灌莽極目此爲引戎人入腹中而示之以空虛况賞賚不豐則不能厭其望必豐之雖給復連年固不償百姓勞矣崇虛名而受實害將焉用之帝大感悟事竟寢鄭公匡救惓切當上心如此開元帝致治庶幾貞觀不免多心斷生姚崇既死宋璟罷相張說處

中書文章信美矣骨鯁安敢望鄭公未幾林甫國忠進而天下幾亡讀唐史至開元天寶之際惘乎有餘慨焉來齋金石刻考略

碑在泰山之巔御製御書字大如掌摩崖勒石蓋自漢以來碑碣之雄壯未有及者下截模糊百餘字當由歲久水土侵蝕或爲樵夫牧豎所擊傷王元美以爲搨工惡寒籌火燒殘竊意泰山高寒冬時决不可搨必無籌火燒殘之理傍有蘇丞相頲東封頌潤人林焯竊宋子忠孝廉節四大字爲己書鐫刻其上以致損壞俗夫妄意留名徒博千古笑駡可恨可恨竹雲

題跋

碧霞廟北懸崖削壁為大觀峰一曰彌高巖有唐元宗紀泰山銘世謂之摩崖碑高二丈九尺寬一丈六尺七寸額高三尺九寸寬四尺開元十四年九月御製八分書并題額字徑五寸額字徑一尺九寸濟南府志碑下截剝落裴彬補書按彬所補百八字形似小異後列從臣題名字差小好事者以古篆鑱毀猶有開國公臣李仁德上柱國臣李元紘臣尉大雅臣王敬之三十餘字空處亦有題名惟顏眞卿題名已亡 聶鈫泰山道里記

紀太山銘以其文與舊唐書禮儀志參較朕宅位十有四載石本作宅帝位若涉大川石本涉字下多於字宰相庶尹石本相作衡禮樂尊於告石本禮字上多謂字告字下多天字震疊九寓石本作震疊以至岱宗石本至下多于字貫萬物之始石本作貫惟天帝之孫羣靈之府其方處萬物之始為蒼生而祈福石本而作之呼萬歲石本呼作千慶合歡同石本合作谷迺陳誡以德石本無迺字諮爾幼孫石本爾作余刻金石石本石作記冀後人之聽詞而見心石本無冀字又作後之人衛我神主石本衛作衎中宗銘運贊邦惟新石本於此下多睿宗繼明天下歸仁二句或禪亭亭石本亭亭作奕奕偏書不足石本不足作齷齪案文之異者容所據見或有不同若銘列祖而獨遺睿宗則下文恭己無為正以睿皇禪位為詞若接屬中宗義便不相屬又偏書齷齪益指譏封禪儒生所錄故以齷齪鄙之作史者嫌其過詆儒書遂刪易以不足當之斯不達其旨矣銘後題開元十四年銘敘又作十四載年載通稱互文非如天寶元年改年為載始有專名也 授堂金石跋

此文唐書所載不全俗史及泰安志亦有駁異碑後

刻諸王羣臣題名凡四列字徑一寸四分有方界格皆為明人加刻大字橫貫交錯遂使湮毀無傳茲就空隙處細為審辨補圖于右庶使後之覽者得有依據上列開府儀同下有憲字以唐書傳紀證之憲為睿宗長子讓皇帝憲也岐王臣範者睿宗第四子本名隆範後避元宗雙名改稱範睿宗踐祚進封岐王太子下空五格存業字睿宗第五子本名隆業後亦改單名睿宗時進封薛王開元八年遷太子太保是缺處當作太保薛王臣也司空邠案章懷第二子名守禮神龍中遺詔進封邠王先天二年遷司空後以

開元二十九年薨司空邠下字雖殘闕爲守禮無疑元宗紀開元十三年改豳州爲邠州此刻於十四年故從新改作邠卩王臣濶卽鄂王涺元宗子初名嗣初後改名瑶亻王臣氵恐是儀王臣濰元宗子璲初名維汞王口下案元宗子璘封汞王初名澤殆卽其人口王臣清元宗第十八子瑁初名清封爲壽王也延王臣下祇存氵旁案元宗第二十子玢初名洄封延王盛王臣沐元宗第二十一子沐封盛王改名琦嗣韓王臣訥宗室世系表有嗣韓王太僕卿訥以上諸王名號皆與史傳合後段姓名可辨者惟盧從愿盧龍秀二人龍秀附見唐書桓彦傳中宗時官監察御史傳作襲秀當依石刻爲正次列可辨者庭珪李仁德庭珪闕姓殆卽張庭珪也三列姓名皆殘毁四列有李元紘孫元嘏陸去泰尉大雅王敬之譚崇德諸銜名案本紀十四年四月丁巳戸部侍郎李元紘同中書門下平章事碑稱巡知造碑使者似非慁從之臣陸去泰附見唐書儒學褚无量傳歷官左右補闕内供奉今銜名存左補二字正相合也山左金石志

按此碑磨崖高約三丈椎拓不易故流傳者少今所得搨本文字完善惟人望既積望字在地之神之字多于前功前字俱半缺震疊九寓寓字至于岱宗岱字俱全缺此五字之外他無缺也盖皆爲棐彬所補足王元美王良常所見皆謂缺百餘字尚是未補足之本也不知此五字是補後缺耶抑先已缺耶文之見于史籍者若舊唐書載此文其字句不同之處授堂已校之詳矣外如册府元龜載此文朕宅帝位十有四載無帝字故設壇場于山下至上帝之休命共删去三百七十餘字直云故設壇場答休命予一人有終人作心刻金記記作字後之人上多冀字睿宗繼明二句全無儒書齷齪作儒書不足誣神檢玉記作巫又唐文粹載此文歲云嘉執嘉作再旌旗有列旗作旅以至于岱宗順也順作項自昔王者受命易姓作曰昔者受命易姓類於上帝作類于昊天上帝羣臣拜稽首千萬歲作羣臣拜手稽首稱千萬歲篤行孝友作篤以齊象法作齊衆法存易簡作存簡易地德載物作坤厚馨香其下丕乃曰無下字有唐氏文武之曾孫隆基誕錫新命作會我之文武曾孫其誕錫新命纘戎舊業戎作我予一人有終人作心奉天爲子作奉爲天子衔我神主作衔我元神或

禪奕奕作或禪社首其不同又如此冊府不同者或傳刻有脫誤不足深論文粹之不同則似當時從唐人別本集錄者如會孫隆基是元宗御名此是述藝祖文考語意故直書帝名至文字傳寫則避而改易其迹顯然然他處亦有臆改而與碑不合者銘序全用對偶體類于上帝與下配我高祖爲偶不應增昊天二字羣臣拜稽首千萬歲對上天子膺天符納介福不應增手稱二字謄香其下對上惟帝時若爲言若則下字其字屬下句矣奉天爲子對上維君受命不應作奉爲天子衍我神

主與上周溥一鼓舜禹叶合爲四韻若作元神則上少一韻下文維新等多一韻矣或禪奕奕對或禪云云奕奕以詩所謂奕奕梁山也亦不必改社首凡此若不据碑以正之則石本既艱于流傳而誤書反垂諸日久承訛襲謬伊何底邱此外如岱史泰安志之互異其書視冊府文粹不啻曹鄶之比無足辨也碑云百辟僉謀唱余封禪固請不已固辭不獲舊唐書禮儀志新書不詳開元十二年文武百寮朝集使皇親及四方文學之士皆以理化昇平時穀屢稔上書請修封禪之禮并獻賦頌者前

後千有餘篇元宗謙冲不許中書令張說又累日固請乃下制從之冊府元龜開元十二年閏十二月辛酉文武百官吏部尚書裴漼等上請封東嶽帝手詔報不允甲子侍中臣乾曜中書令臣說等奏請帝又手詔報不允乾曜說等又上言又詔報不允乾曜說等又再上言時儒生墨客獻賦頌者數百計帝不得已下詔從之碑又云肆余與夫二三臣稽虞典繹漢制張皇六師震疊九寓旌旗有列士馬無譁肅肅邕邕翼翼溶溶以至于岱宗順也禮儀志云詔中書令張說右散騎常侍徐堅太

金石萃編卷七十六 唐三十六 圭

常少卿韋縚秘書少監康子元國子博士侯行果等與禮官於集賢書院刊撰儀注冊府元龜又載四門助教施敬本駁奏舊封禪禮八條元宗令張說徐堅召敬本與之對議詳定禮儀志又云十三年十一月丙戌至泰山壬辰元宗御朝覲之帳殿大備陳布文武百寮二王後孔子後諸方朝集使岳牧舉賢良及儒生文士上賦頌者戎狄夷蠻羌胡朝獻之國突厥頡利發契丹奚等王大食謝䫻五天十姓崑崙日本新羅靺鞨之侍子及使内臣之眷高麗朝鮮王伯濟帶方王十姓摩阿史那興

昔可汗三十姓左右賢王日南西二蠻酋雕題牂
柯烏滸之酋長咸在位冊府元龜己丑日南至帝
備法駕登山旌旗天仗雲屯百餘里環衛于嶽下
資治通鑑十月辛酉車駕發東都百官貴戚四夷
酋長從行每置頓數十里中人畜被野有司輦載
供具之物數百里不絕十一月丙戌至泰山下御
馬登山留從官于谷口考異曰實錄唐歷統紀皆
云備法駕登泰山開天傳信記云上將封泰山益
州進白騾上親乘之不知登降之倦碑又云庚寅
有事東嶽類于上帝配我高祖翌日禪於社首侑

我聖考祀于皇祇禮儀志云庚寅祀昊天上帝于
山上封臺之前壇高祖神堯皇帝配享辛卯享皇
地祇于社首之泰圻壇睿宗大聖眞皇帝配祀以
上諸倂碑與諸書參考雖各有詳略而皆合也又
禮儀志載祀昊天上帝于山上邠王守禮亞獻寧
王憲終獻冊府元龜亦同文獻通考則云張說韋堅等議
三獻禮上初獻邠王守禮亞獻宋王成器終獻新
唐書三宗諸子傳高宗諸子章懷太子賢次子守
禮唐隆元年進封邠王讓皇帝憲本名成器避昭
成太后謚改今名唐隆元年進封宋王元宗討定

蕭岑之難徙王寧是寧王憲即宋王成器張說等
議禮之時爲宋王成器及行禮之時爲寧王憲也
冊府元龜又載帝在行宮致齋時有雉野鷄飛入
齋宮馴而不去久之飛入仗衛忽不見邠王守禮
等賀云云蓋守禮爲元宗之兄于諸王爲最長故
用以爲亞獻且進賀亦以爲首也銘西側有從封
諸王羣臣題名二王爵與名尚有存字可辨也

北嶽恒山祠碑

碑高一丈三尺六寸五分廣六尺六寸五分
廿二行行四十六字行書在曲陽縣北嶽廟

北嶽恒山祠碑并序

□□□□□□□□□□尚書兼□□□□□□平軍使
上柱國河東縣開國侯張嘉貞文并書
有國者殷薦于天地望秩于山川故災沴不生矣有家
者嚴敬于鬼神克諧于禮樂故休祐斯應矣由是上下
交泰幽明相協五精同朗辰爲水其味鹹五鎮俱淸恒
爲冬其音羽大哉茲岳殊於衆山嵩華乃踞乎近甸衡
泰不踰乎方域孰與大包括縱長經綸中外外夷有四
昴宿主胡則延袤以限之中都有百寶符在代則高襄
以臨之其項也上扶乾門紫帝之宮觀其足也下拯巛
軸驪神之都府豈止劈冀魏截幽燕拒洪河撐大彙頭

洞合沓乎天下之標帶嵯峨巉嵓一宇內之標格者也
故知惟土有精惟山有靈窅窅冥冥其道至乎其德至
貞氤氳磬礚目之不覩夫形耳之不聞夫聲陰陽不測
夫輿所以存象設建祠庭矣稽彼上古洎于　中　運五載
巡狩百神懷柔望王合典以之叶祚數昌期以之永降
臻嬴漢爰逮周隨匪修匪虔或替或階不勤于省者其
政　缺　非　美而封者其事詭鳴戲黷祭虛陳昭靈罔荅更
張禮秩罔待邕熙粵若我唐正百王頹教龔惟
我后揚　五　聖丕烈人祇允洽動植和暢乃藉北
鎮柴南境禪西岳泥東岱是用告厥功祇其祀也故穰

穰不福穫於彼響響衆　心　儀於此而今猶犹不熾已萬
餘辰邊隅於是乎靜而雪其滂乃屢盈尺稼穡於是乎
豐豐以阜人靜以安俗俗安而人阜　君睿而神
總惟神幽贊已成惟　君能事斯畢北巡之禮肸
詠其蘇雖熙輅纏旗木由冬覲而圓珪方璧伊自
天來或事舉必祈祈行宜義則有公卿而奉
新命也或四時薦熟三獻酌祝則有侯牧而率舊章也
非夫昭信雅直豈常享於　明代哉是以河朔人
風絜誠而禱蠶穀者衆矣春終姝孟冬首三之月　尤劇
蘋藻自羞若從官殺椎蘇不禁孰能私伐蓋威靈感通

以致尔與其淫諂而求者異乎大道莫先乎眞政莫先
乎　淳　參　造化以成萬物莫先乎神資帝王以富四棄莫
先乎人護神莫先乎君公理人莫先乎師長景寅歲乃
命菲才謬兼　軍　郡　欽若　明詔持兵導俗無敢僻
忌名山大川著乎典式靡不加敬於昭神役于岳之陽
伊岳致神伊神主岳高　祠　古幹幽蔚陰翳俯仰瞻對精
魂肅恭慄然何爲故以嗟嘆嘆之不足於是詠哥哥以
發言言以彰德事可追於風雅　詞　無　隱於聞見神而聽
之頌斯作曰
五宿熒煌風政体各上見乎乾綱　我君順之祚

乃久兮五宗盤薄陰化成收下彰乎巛絡　我君
欽之福乃來兮天平地成神道助貞人事以寧兮皇極
帝力神道助直人事以息兮禎祥　日　新既祠既
禋國蕩斯春兮風雨時若是　耕　是穫家勤于作兮至誠
神　通　兮昭冥叶咏至道默兮對揚頌哥大恒如礪明德
惟峨
開元丁卯□□□□望立　年号尚書名位太中大
夫行定州別駕上騎都尉盧國公李克嗣題
大宋宣和庚子歲庚辰月丙辰日入內供奉官王潭
被　命爲去歲　冬祀禮畢賫　御香來謝　嶽祠

因讀唐丞相張公所述碑數字剝落恐其漸就訛缺迺將完本名刻工以碑口所有字補足之庶古跡自茲復完云

恒山祠碑今在曲陽縣北嶽廟中舊唐書本傳嘉貞爲定州刺史至州於恒嶽廟中立頌自爲文書於石其碑用白石爲之素質黑文甚爲奇麗先是嶽祠爲遠近祈賽有錢數百萬嘉貞自以爲頌文之功納其數萬今白石碑尚在本傳又言嘉貞官至宰相不爲子孫立業豈好貨者乎或矜夸其文則有之然唐人以文取錢未嘗以官取錢嘉貞於此又僅百而取一

古之疾也今也或是之亡金石文字記

按此碑爲張嘉貞撰書前題云張嘉貞文泉書泉即暨字及也古文尚書舜典泉咎繇今文作暨史記夏本紀蠙珠泉魚注古暨字也此云泉書與寶濟寺碑懐惲及書同意碑題銜泐十餘字但存尚書字平軍使上柱國河東縣開國侯字舊唐書張嘉貞傳嘉貞新書云字嘉貞蒲州猗氏人開元八年累擢爲中書侍郎同中書門下平章事加銀青光祿大夫遷中書令十一年出爲幽州刺史明年復拜戸部尚書兼益州長史判都督事又明年左轉台州刺史遷工部尚書定州刺史知北平軍事累封河東侯至州於恒嶽廟中立頌自爲其文乃書于石新史不載立頌餘同即此碑也据此則碑所泐者乃工部尚書兼定州刺史北平軍使也碑文嘉貞書而文前銜名及末年號爲李克嗣題此又書碑之變例也碑文泐者三十餘字今檢唐文粹有此文校補增注于旁文云景寅歲乃命菲才謬兼軍郡丙寅爲開元十四年然則嘉貞之刺定州在開元十四年而史于十一年之後兩稱明年似係十三年者有疎略也碑題立于丁卯乃十五年

金石萃編卷七十六終

金石萃編卷七十七

賜進士出身誥授光祿大夫刑部右侍郎加七級王昶譔

唐三十七

虢國公造像記

石横廣四尺九寸高二尺餘三十一行行十三字後五行偶有十四字行書在洛陽龍門

□□□□□□□□□□□□□□□□莫不□□□
□□示□□□□□□六□□除□有窺法□□□□
肇若海之津梁則虢國公□□其人也立身幹蠱英
諜驗□横行邊徼追馬援之功□□庭□曾參之養
自保釐□□□□□心揚名顯親忠孝□□□□□

祿位深鋭真如覺□蘊□□□□非實知三世□□
□□□□□迹混朝倫而心□□□以爲□腰之飾
然風塵□□□□□□□歲月而先朽□□□□□
□□□□□忝爲烈□□□□□□□先□□□熾
□□□□□□□豎石能造十□□□□□□□□
藏菩薩各一□□□□□好□□□□饑然□□□
□□紺□璡瓔珞以嚴身□□□□□□以承□□
□□□□□神足同子塵□□□□□□□□□爾
□□□□□戚□□□□□□□□非□□崇高□
□□□局□□□不業福祐無疆□以鏤功□□德
重宣此義而□偈云
□□寂默二菩薩　大庇衆生蹸□□　妙□□□本
通達　□□□□□像□　□我靈山山幾重　一彫
一琢現□□　透邇□路迩曾參　攝心迴□□相□
純孝□□□勠力　殑伽沙□□□□
開元□□□□四月廿三□□

記文已殘滅首稱虢國公下名氏缺惟存一助字蓋勗字於其上半攷唐書宦者傳楊思勗封虢國公卽其人也記稱横行邊徼追馬援之功以傳證之開元初安南蠻渠梅叔鸞叛思勗繇馬援故道出不意賊

駭貽不暇謀遂大敗封尸爲京觀而還記所指謂此又封虢國公在從封泰山時元宗本紀開元十三年十一月庚寅封于泰山今記文缺年當亦屬十三年後也授堂金石跋

按虢國公有楊花臺銘此碑虢國公亦卽其人

陳憲墓誌銘

石高廣均三尺一寸六分廿四行行廿五字隸書題蓋缺止存唐銀青光祿大六字在偃師縣學明倫堂撰書人缺

公諱憲字令將平陽臨汾人□□□□□□□□□
□□□爲氏洎七葉有漢大□軍棘蒲侯武又□□

口口口口口口口口口口口平陽侯子孫家焉祖遠雄武多大
略徵晉昌令不口口口口口口口高尉累辭辟命沒諡貞
隱先生積德未享是用有後公口口口口氣降虛明之
神淸暢條理夷雅閑秀詞學優深操行無玷口口口口
不徇速達年卅鄉貢進士對策上第其年解褐滎澤主
簿口口師尉明堂尉開鄉令秩滿受　詔闕內覆
囚旋遷右臺口口侍御史轉庫部吏部二員外郎丁內
艱哀毀過禮服闋除禮部口功二郎中遷給事中中書
舍人策勳上柱國除大理少卿出爲口州刺史復大理
少卿遷工部侍郎又出爲兗州都督入拜衛尉少卿復

工部侍郎又出爲滄州刺史入拜太子右庶子遷太子
賓客累加封獄陽縣開國伯食邑五百戶凡所歷官咸
著成績皆任官以祐物不激譽而干進休名自著僉舉
允諧喪仲弟哀感成疾以開元十三季九月廿五日薨
于東都審敎里第春秋七十八粤以開元十四年歲次
景寅十一月乙亥朔十六日庚寅葬于偃師縣龍池鄉
之北原祔　先塋禮也惟公宅乎中庸樂在名敎體
恣悔吝德全終始者朝廷壹人而已又嘗著中道通敎
二論註周易撰三傳通誌廿卷集內經藥類四卷合新
舊本草十卷並行於代噫可謂立德立言歿而不朽者

矣嗣子長安縣尉少儀等孝思純至永懷揚口乃刊石
勒銘以誌幽宅其辭曰
盛惠之後兮寔生哲人文義博暢兮志業淸純字政光
國兮懋寵榮親立言不朽兮全道歸眞
碑缺一角故撰書人不可考云公諱憲字令將平陽
臨汝人又云洎七葉有漢大將軍棘蒲侯武者按漢
書文帝紀云三年以棘蒲侯柴武爲大將軍臣瓚曰
漢帝年紀爲陳武此云柴武爲有二姓功臣表作陳
武然則憲姓陳又云葬于偃師縣龍池鄉之北原祔
一先塋今鄉名既失墓亦不載于方志又云又嘗著中

道通敎二論注周易撰三傳通誌廿卷集內經藥類
四卷合新舊本草十卷並行於代唐志既皆未著錄
而大觀本草稱引最博亦無藥類書之難成而易失
如此中州金石記

思恒律師墓誌

行高廣俱三尺五分二十八行行二十八字正書
蓋題大唐故大德思恒律師墓誌文十二字篆書

唐大薦福寺故大德思恒律師誌文并序

鄠縣尉常口口口文

道不虛行必將有授受聖敎者非律師而誰律師諱思
恒俗姓顧氏吳郡人也曾祖明周左監門大將軍祖元

隨門下上儀同三司蓚蕪郡開國公使持節洪州諸軍
事行洪州刺史父藝　皇上恒州錄事參軍並東
南之美江海之靈係丞相之端嚴散騎之仁厚以積善
之慶是用誕我律師焉律師稟正眞之氣含太和之粹
生而有志出乎其類越在幼沖性與道合兒戲則聚沙
爲塔冥感而然指誓心乃受業於持世法師咸亨中
勅召大德入太原寺而持世與薄塵法師皆預焉律師
深爲塵公所重每歎曰興聖敎者其在茲乎遂承
制而度年廿而登具戒經八夏即預臨壇參修素律
師新疏講八十餘遍弟子五千餘人以爲一切諸經所

以通覺路也如來金口之言靡不該涉菩薩賢坊之論
皆研研精天下靈境所以示聖跡也乃陟方山五臺聞
空聲異氣幽巖勝寺無不經行感而遂通所以昭靈應
也昔致舍利七粒後自增多移在新缾潛歸舊所有爲
之福所以濟群品也造菩提像一鋪施者不能愛其寶
建塗山寺一所仁者於是乎而來洗僧乞食以生爲限
寫經設齋惟財所捐忘形杜口所以歸定門也詣秀禪
師受微妙理一悟眞諦果符宿心爾乃無生而法身常
在湛然不動而至化滂流於是能事畢矣福德具矣以
見身爲過去則弃愛易明以遺形爲息言則證理斯切

乃脫落人世示歸其眞開元十四年十一月廿六日終
於京大薦福寺年七十有六初　和帝代召入內
道場命爲菩薩戒師充十大德統知天下佛法僧事圖
像於林光殿　御製畫讚云云　律師固辭
恩命屢請歸閑歲餘方見許焉其靜退皆此類也屬纊
之夜靈香滿室空樂臨門悠尓而逝若有迎者蓋應廿
斯來自天宮而暫降終事則往非人寰之可留弟子智
舟等彼岸仍遐津梁中奪心猨未去龍象先歸禪座何
依但追墳塔法侶悲送且傾都鄙其年十二月十五日
葬神禾原塗山寺東各頌託勝曰思陳盛美宏敎常轉

自等於圓珠離斷斯文有慙於方石銘曰
聖立萬法法無二門以身觀化從流討源有爲捨嘅無
生之猨律師盡妙像敎斯存我有至靜永用息言示以
形逝留乎道尊有緣有福求我祗園

按碑敘思恒俗姓顧氏吳郡人其曾祖明祖元父
藝仕于周隋唐代史皆無傳其云祖元蓚蕪郡開
國公遍檢諸地理書從無蓚蕪郡名蓚字見集韻
但云艸名而已其蕪字之見于地名者惟兗州曾
郡有萊蕪縣亦非郡名此碑之所未詳也大薦福
寺在長安開化坊南自神龍以後翻譯佛經並于

此寺思恒終于寺中殆在寺有講明律疏之功也
文又云初和帝代名入內道場命爲菩薩戒師充
十大德統知天下佛法僧事圖像林光殿唐之西
內但有佛光寺在甘露殿之左不云有林光殿知
天下佛法僧事者僧職也此職亦不見於諸書律
寺設戒三壇菩薩戒在三壇之內有律師十人證
明之十大德或卽證明十師思恒殆嘗充菩薩戒
律師也又裴漼撰少林寺碑云景龍中勅中岳少
林寺置大德十人則十大德亦各寺之僧職也和
帝卽中宗謚太和大聖大昭孝皇帝下卷法澄塔

銘云中宗和帝可證也葬神禾原塗山寺東神禾
原在長安城南子午谷陝西通志但有香積寺在
原上不云有塗山寺蓋荒原廢刹爲志乘之所漏
略者多矣碑書世字皆闕筆作廿用字闕筆作用

端州石室記

摩崖高四尺四寸五分廣三尺二十十八行行二十三字正書在肇慶府七星巖

日者託宿秘篆寄儆神府撰奇討異莊靈通感冥才海
□遐矚坤樞敞金闕疏玉堂河漢未際其源今昔□聆
其語□□究此山郭杀在江瓊薄人裳騰物外妙有特
起靈表□□綺田砥平錦暐壁立擎允洞穴延袤中堂

壓佐形以□□□□勢以千變伏虎奔象浮梁抗柱激
濤海而洪波沸□□□□而羣峯嵯峨飛動逼人屹聳
鷲視窈微微而三□□□□蕭而一變天時資乳練
於玉顏石牀列於仙座隔□□□□集福庭昇子家子
恍乎惚乎使營魄九昇皆慫雙□□□□羽翼志若靡
雲天秦漢之間莫知代祀義皇之上□□□□當是時
也慕名者執雌而退徇物者守心而安求道者□□而
凝懷書者□□而默有若邦伯畢公守恭廣孝聞□□
□觀國政門□□□□不容於□義心厚□遊者每□
□□□能吏術其□□□□業流冗歸止介特又安於

是□□□□琴酌一歌一□□□以遊莫不觧楊於斯
張樂於斯□□□龍遺士驅馬□□避暑窟室綿賞林
巒擊石如□□泉厂□固亦轉丹竈掇紫芝迹慕之
遠心惟習隱之幽致者也

開元十五年正月廿五日李邕記

右端州石室記唐李邕撰不著書人名氏考其筆蹟
似張庭珪書疑庭珪所書也集古錄

唐李邕端州石室記在今肇慶府城北數里七星巖
巖稱斗光洞洞門外磐石壁而爲之開元十五年正月十
五日也後又有宋乾道己丑秋九月等字歐陽公嘗

定以爲張庭珪書然攷廷珪孔林隸碑字頗不類蓋此刻遇夏潦一至輒爲所淤浸磨盪且或經宋時重刻當已失眞矣葉盛菉竹堂稿

肇慶府北七星巖古名定山亦曰崧臺有洞通明宛委記刻在洞門石壁不類北海書集古錄疑爲張庭珪書庭珪長於八分凡邕文而庭珪書之者皆八分此則正書恐未然也記中云有若邦伯旱公開元時有畢刺史者爲宋璟所稱旱當作畢是蓋刻之誤金石文字記

李北海端州石室記正書字逕寸許在大巖洞口凡

三百八十字可辨者三百四十八字後刻云宋乾道已丑秋九月乙丑陶定觀巖口又有北海書景福二大字字長寬各四尺有奇畫痕已淺今拓工以硃傳之方板畫失神氣學人多取其福字張於屏障者而莫知其爲北海書也粵東金石略

按文爲開元十五年李邕撰唐書邕傳邕由括州司馬起爲陳州刺史帝封太山還邕見帝汴州詔獻詞賦帝悅邕素輕張說與相惡會仇人告邕贜貨疑當作貸枉法下獄當死許昌男子孔璋上書得減死貶遵化尉地理志遵化縣屬嶺南道欽州寧越郡元宗封太山在開元十三年十一月其時張說正爲右相邕之下獄及貶遵化當在十四年四月以前至四月則說已罷相矣此記作於十五年是貶遵化時所作也端州與欽州同屬嶺南此碑無書人姓名集古錄疑爲張廷珪書不獨廷珪長八分此是正書爲不合即以情事而論廷珪由御史出爲沔州刺史從蘇宋魏三州入爲太子詹事致仕歷官多在北方去嶺南有數千里之遠似不至以石室短記往返遠求則益知非廷珪書矣文云有若邦伯旱公守恭記蓋爲邦伯而作下文缺泐

不能見其事蹟爲可惜也

雲居寺石浮圖銘

石高三尺七寸五分廣二尺十二行行二十六字正書在易州

大唐雲居寺石浮圖銘幷敘

太原王大悅撰

敘曰法所務善示儀生念物莫堅石罔形則多伊童丱之增砂彼豐家之巖實不孟不季非泰非約建茲浮圖亐此門右者鄭氏字元泰今范陽人也崇中宜利用處盖所以兼仰正法惠浹多生俾臧與寡不潰惟永迺竭產充賈罄工剞奇璞散良効形都信美素與鮮色皓瓊

敔之峨峨黃金明輝燭寶層之擢擢東旭銜珠而更淨
南風動鈴而不喧神儀護門而雄雄威如聖象端室以
稷稷響若庶幾乎　上帝萬壽先人百福夫蠢之類凡
生之儔莫不覃茲利有如是木皆燼滅土亦塵散惟石
之永贍其有恒緊法之堅念茲無斁銘曰
高塔峨峨示延遐矚多生壞壞動善群觸一其茲設茲利
無疑無彌其福豐衍其資廣長二其彼石惟堅我性亦定
永永不滅視以卯正三其
開元十五年歲次單閼仲春八日建

道安禪師碑銘

碑已殘缺廣四尺七寸二十八行字數無考行書額題唐嵩山故道安禪師碑九字隸書今在嵩山會善寺

上闕□□□□□□□□□臘劫誰比欠有□　禪師平
禪師法諱道安俗姓李□缺□□□□□皮艱難行洞
精苦遯生于闕皇洎夫大業缺□戰在野□人□顧□
家而塵垢惟深不羅珠賂水霜惟悰不奪松貞
缺□□揚□以曳□□池冽淨以迴源是日　大
師顧忽傳禪要於廊下□缺□落□□□□□片言
洞□□念□則□□□□法身圓月湛於淸空□□缺
達摩□□□□戊海揔君□以□身一香普聞于
光分照□□而□□□缺大師大師□□日予常有額
當令一切俱如妙門□所安樂□□多矣□□□缺□
□□□□□□　禪師順退避位□美於玉泉□□
□逌也涎此就□□缺□□□□□而遊不樂□求竟
居嵩山會善寺焉夫曰登渾天苦遙夜者□□缺□皆
塗我□拂衣而起郄遊以辭盜指於荊州玉泉已而返
覆年序矣□□□缺□客□耶則無務薄言神梵儀耶
則無聞往教　哲后躬親禪窟咨缺□□年
□道妙動於時能仁感於俗安至如是乎遂不得已而
心副於世　缺以□□遣義維□悟之者意豁而無

往昧之者思絕而失常□訴□揚而□□缺入得之同
體日月融朗得以同暉始自山門徧于天下□烏咸詔
藥者羨克□缺　禪師有之惟景龍二年二月三日
中夜　禪師忽而合門弟子等□缺□□□山無
□無□深以林□因之野火□焚而滅惟吾之初□也
□□化□缺□日晝馳□□□□□相渝至八日遂□
戶去人□脇□□而□詢諸耆宿□缺　聖□□其
歲□故莫得實其□□也嗚呼是生如電隨風□□□
風□□缺不能盡造術聲者不能畢闡門人之間故有
百身請代□血□□而不得者□缺□□□□朝可其

付託候王哀赴侑以禮儀道□惟□□□□□嵩敎焚
餘□缺結□□林□異虹□鳥首□連見□感盛□□
去也以了度　禪師之□缺高斯同道以生□德
惟天縱者也以□敎□稱師□有雙峯之學貞不□俗
□缺□被□師資一爲聖□一爲師寶是以弟子慧遠
□鶴明承□演末裕□東傳缺精深□永慕師道長懷
友風□幽石以□言向遺履以投軀或貪墨客而揚德
缺
缺□□曰慧以之明定復伊何清照萬有□復伊何明
徹重垢是訓是學惟德惟缺□萬法都賠五蘊何□堂

堂如月光流不極撫照餘曮臥拾無得衆所瞻仰香缺
會同然永痛斯日載奉何年鮮吾人之愠妙覺常存化
吾人之道淨或弥尊勿缺
缺元十五年十月廿日建
右碑在嵩山廣平宋儋撰兼書開元十五年建道安
爲宏忍大師之弟子忍受法于達摩所謂一花五葉
之一也安以隋開皇四年生唐景龍二年卒百三十
有四歲碑云是生如電隨風電盡即風如我隨電亦
空直瞿曇氏牙後慧耳書法遒緊豐贍爲唐名家按
儋字藏諸廣平人高尚不仕呂摠云儋書如暮春花
發夏柳枝低蓋做鍾繇而側戾放縱者開元末舉場
中多師之金石錄補
道安禪師碑在戒壇西南按傳梅嵩書道安禪師碑
宋儋書文尚可讀末云建塔僧破龕下損一字袁中
郎謂禪僧破龕墮子細辨損處下從木不似墮字豈
嵩山有兩稱破龕者乎碑於萬歷時雷轟爲兩截下
截爲土所瘞踰二尺許掘地出之糢糊不可讀嵩陽石刻
記
碑在會善寺戒壇西南壟中首行大唐嵩山會善寺
故大德道安禪師下闕廣平宋儋撰兼書黄伯思東

觀餘論曰宋儋唐明皇時人學鍾書但作側戾殊失
天勢王著錄與斯邈並列不知爲唐士也儋有嵩山
圭禪師碑傳於世字不甚工說嵩
按釋氏有南北二宗慧能爲南宗神秀爲北宗傳
燈錄如來以正法付迦葉傳至達磨來此爲初祖
暨五祖一弟子慧能住嶺南神秀在北得法雖一
而開導發悟頓漸不同故曰南頓北漸此南北二
宗之旨也據金石錄補謂道安爲宏忍大師弟子
忍受法于達摩云云考達磨爲東土初祖其二祖
爲慧可三祖爲僧璨四祖爲道信五祖爲宏忍六

祖爲慧能以紫金鉢相傳是爲一花五葉宏忍得
衣鉢于道信非受法于達摩宏忍心印傳于慧能
其自神秀以下及旁出法嗣俱無道安之名金石
錄補豈别有所據耶道安爲東林慧遠之師遠公
建東林在晉太元十一年詳見下卷東林寺碑此
碑建於開元十五年而碑云道安俗姓李生于開
皇洎夫大業又云景龍二年二月三日中夜合門
又云弟子慧遠□襲明承□演末裕云云並非追
敘緣起之語又不似别一道安疑不能明也

少林寺碑

碑高八尺七寸廣五尺三寸三十九行行六
十餘字不等正書在登封少林寺鐘樓下

皇唐嵩岳少林寺□
銀青光禄大夫守吏部尚書上柱國正平縣開國子
裴漼文并書
原夫星垂梵界　聖緣開萬化之先日照王宮神跡蘊
三靈之始包至虛以見世象教久傳於曠刦龍聳有以
示凡法身初應於中古見神通之力廣拔苦因開智惠
之門深明樂界鶴林變色覩其戀慕之心鴈塔開扉通
其瞻仰之路少林寺者後魏孝文之所立也東京近甸
太室西偏正氣居六合之中清都控九州之脊緱山北
時亘宛洛之天門潁水南流連荆河之雲澤信帝畿之
靈境陽城之福地沙門跋陁者天竺人也空心元粹惠
性淹遠傳不二法門有甚深道業緬自西域來遊國都
孝文屈黃屋之尊申緇林之敬太和中詔有司於此寺
處之淨供法衣取給公府法師遒於寺西臺造舍利塔
塔後造飜經堂香水成塗金繩爲約苦心精力俾夜作
晝多寶全身之地不日就功如來金口之說連雲可庇
西緣長澗夾松栢之蕭森北拒深崖覆筠篁之窅窱烟
花濃靄暝下天香泉籟淸音曉傳空樂跋陁息心兹地
樂靜安居感而遂通境來斯證寤寐之際若有神入致

石磬一長四尺規制自然聲律咸具得之河曲空聞漢
使之談浮于泗濱徒入夏王之貢管絃風夜合淸響於
中天鍾梵霜晨諧妙因於上刼時有三藏法師勒那鬣
譯經論遊集剎土稠禪師探求正法住持塔廟虬箭不
居光塵易遠虹梁所指象設猶存周武帝建德中□元
嵩之說斷釋老之教率土伽藍咸從廢毀明　皇帝繼
明正位追崇景福大象中初復佛象及天尊象遒於兩
京各立一寺因孝思所置以陟岵爲名其洛中陟岵卽
此寺也隋高　祖受禪正朔既改徽號已殊唯此寺名
特令仍舊開皇中有詔二教初興四方普洽山大學徒

歸依者衆其栢谷莊地一百頃宜賜少林寺大業之末
九服分崩群盜攻剽無限眞俗此寺爲山賊所劫僧徒
拒之賊遂縱火焚塔院院中衆宇倏焉同滅瞻言靈塔
巋然獨存天龍保持山祇福護神力所及昔未曾有寺
西北五十里有栢谷墅羣峯合沓深谷透迤複磴縈雲
脩簷龍界高頂拂日傍臨鳥道居晉成塢在齊爲郡王
充僭竊署曰轅州乘其地險以立峯戍擁兵洛邑將圖
梵宮　皇唐應五運之休期受千齡之景命掃長蛇荐
食之患拯生人塗炭之灾　太宗文皇帝龍躍太原軍
次廣武大開幕府躬踐戎行僧志操惠瑒曇宗等審靈

睠之所往辯謳歌之有屬率衆以拒僞師抗表以明大
順執充姪仁則以歸本朝　太宗嘉其義烈頻降璽書
宣慰既奉優教兼承寵錫賜地卌頃水碾一具即栢谷
莊是也逮海寓既平憲章云始僞主寺觀盡令廢除僧
徒護洞曉二門遠該三行詣　闕進表特蒙置立武德
中寺有白雀見貞觀中明禪師造重塔之辰白雀復瑞
　增圖聲啓刱欲呈祥寶殿纔興遊闘相賀　高宗
天皇大帝光紹鴻業欽明至理嘗因豫遊每延聖敬咸
亨中　乘輿戾止　御飛白書題金字波若碑留幡衆
及施物永淳中　御札又飛白書一飛字題寺牓雲開

顧鶴電搏遊龍神草競秀於樹峯雲泉迴飛於石壁
嶤增耀若綴春葩金壁分輝似懸秋露　天皇升遐
則天大聖皇后爲　先聖造功德垂拱中有冬竹抽笋
塔院後復有藤生證聖中中使送錢於藤生處終理階
陛寺上方普光堂功德隨日終造自尔飛鳥莫敢翔集
此寺跋陁蹤置業造神微　皇家尊崇事光幽秘琛苻
荐臻於動植靈應丞發於庭除　累聖屬心每頒渥澤
王言宸翰既曜暎於雞峯寶像珠幡亦交馳於龍壑
皇上睿圖廣運神用多能耕明臺之化清釋天池之景
妙以此寺有先聖締構之跡御書碑額七字十一年冬

爰降　恩旨付一行師賜少林寺鎸勒梵天宮殿懸日
月之光華佛地園林動煙雲之氣色漢元魏武徒銜前
於篆素鍾繇蔡雍虚致美於緗簡日者　明勑令天下
寺觀田莊一切括責　皇上以此寺地及碾先聖光錫
多歷年所襟帶名山延袤靈跡羣仙是宅邁羅閬之金
峯上德居之掩青王之石室特還寺衆不入官收曾是
國士崇絕大人歸仰固以名冠諸境禮殊恒剎矣高僧
跋陁明三藏心禪諸門弟子惠光道房稠禪師等精勤
梵行克傳勝業惠光弟子僧達曇隱法上法師等十大
德亦揚十英復有達摩禪師深入惠門津梁是寄弟子

惠可禪師等元悟法寶嘗託兹山周大象中寺初復選
沙門中德業灼然者置菩薩僧一百廿人惠遠法師湛
遵律師即其數也　皇唐貞觀之後有明遵慈雲元素
智勍律師虛求一義洞𧇊諦之源復有大師諱法如爲
定門之首傳燈妙理弟子惠超妙思奇㭾遠契元蹤文
翁煥然宗塗易曉景龍中　勑中岳少林寺置大德十
人數內有闕寺中抽補人不外假座無虛授澄什聯華
林遠接武星霜殆周於二祀蘭菊每芳於十步上座寺
主都維那等牢籠法藏遊息禪林德瑩神珠戒成甘露

海內靈岳莫如嵩山山中道口兹爲勝殿二室迴合八
谷潺湲地逦貝花門連石柱妙樓香閣俯暎高林金刹
寶鈴上摇清漢法界之幽賾如彼　皇家之福應如此
天長地久不傳忉利之宫刼盡塵微孰記鐵圍之會精
求貞石傳訪良工將因墨客之詞式頌金仙之德聿宣
了義遂喻真空其詞曰
恒沙國土微塵品類妄見飛奔正心蘊櫝昏途莫曉淨
根將墜衆於蓋纏若要夢寐丞哉大聖降跡閻浮潜迴
寶轍廣運慈舟實無滅度示有降柔紺宫西闢白馬東
流迷因愓生悟爲信起玉刹斯建寶山載峙花臺竹林
清泉妙水靜唯真相湛然攸止巖巖嵩嶺河洛巨鎮下

屬九溪上干仞天磴重阻仙都清峻式創招提是資
誘進婉彼上德載誕者闍傳業西土演教中華孝文申
敬恩錫仍加經營宴室迴出雲霞中岳北阯嵩高西麓
斜界玉池洞開栢谷絣餘嵩澗連延水木欝起旃檀云
誰卜築吾師苦行清修道場勵精像宇專力經堂金界
繩直樹塗水香散花有地栖禪得方解空應真默識開
士乘盃遊集振錫冥止飄譯幽偈紛揮妙理仙磬咸靈
神雀降祉運交土木代歷周隨刼火遄起魔風競吹法
身咸翳淨國同𥅫或闡興復詎振崩離神冀應期撥亂
反正皇矣覺力大宏福慶式遏醜徒聿忲與　聖界降

恩旨兼聚錫命　高宗蹕豫先后卜征函廻雕輦屡倚
虹旌巖題玉札地振金聲珎符存至在物斯呈　我皇
龍興有典咸秩懿兹上界式諸神筆雲揺天闡鸞迴少
室草乖仙露林昇佛日護持八正每依能仁畋陁降德
禍公有隣厥後真侶更傳了因辯才高行無替清塵偉
焉梵衆代有明哲今我諸公蘊彼禪悦芳越蘅杜淨踰
氷雪遂絡律梁無非苦節頓上靈岳山間寶殿秀出梵
天孤標神縣芥城可竭桑田有變貞石永刊靈花常遍

開元十六年七月十五日建

裴漼書少林寺碑開元十六年建久在嵩山而

金石錄不載何也裴少時負文筆號霹靂手而雅不以八法名此碑鋒至背拖不可讀而書頗秀勁多媚態得非時代爲之耶傳不載階封此書銀青光祿大夫正平縣子亦可補傳之闕弇州山人稿

右唐嵩岳少林寺碑守吏部尚書裴漼撰并正書少林寺在河南登封縣少室山麓去嵩岳二十里嵩岳一稱太室故有少室而此寺曰嵩岳者統于尊也予正德癸酉嘗遊嵩岳少室留宿寺中見殿後有立雪堂相傳昔達磨之徒惠可欲嗣其法雪深至腰不去此即其處寺右上山三里有達磨洞洞有石達磨面

之九年形宛然石上其事甚異達磨爲釋氏西來初祖可稱二祖碑雖及其人而二事皆不之載寺復有太宗與僧敎書石刻盖太宗爲秦王時寺之僧翁王世充以獻故太宗賜書褒美而碑云僧執世充姪仁則以歸與敎書不同予故書之以見古人之文無不缺誤如此然非予之親歷則亦莫能知也金薤琳琅

碑內王字俱鐫去按金史海陵正隆二年二月癸卯改定親王以下封爵等第命置局追取存亡告身公私文書但有王爵字者皆立限毀抹雖墳墓碑誌並發而毀之則知前代封爵之碑有王字者多毀仆於此時而此碑以梵力獨存乃其間王宮夏王王言育王等字亦從而鐫去矣完顏之不通文義而肆爲無道可勝歎哉　唐碑遇帝號必空三字此碑所紀字文周事有明皇帝皇上空三字有隋高祖祖上空三字而前有周武帝却不空盖緇流不通古今者之所爲也金石文字記

少林寺碑裴漼撰并書王元美謂懿公少負文筆號霹靂手此漼父炎之事炎之爲同州司戶參軍甚少不主曹務刺史李崇義內輕之積案數百讓使趣斷炎之命吏連紙進筆爲省決一日都盡與奪當理詞

筆勁妙崇義驚曰子何自晦成吾過耶由是名動一州號霹靂手子漼仕至吏部尚書曾諫止造玉眞金仙觀當時稱長于敷陳碑復繁蕪書頗得褚河南之勁俊而無宥暎春林之致金石史

裴漼新舊史皆立傳其封正平縣子則史所失載也或謂子男五等封爵之細於史傳可不書然嘗攷之唐史如魏徵嘗封鉅鹿縣男杜如晦封建平縣男孔頴達封曲阜縣男又進爵爲子歐陽詢封渤海縣男歐陽通封渤海縣子韋虛心封南皮縣子吳競封長垣縣男椰冲封河東縣男俱載於本傳未嘗從略則

此之不書者難免疎漏之譏矣潛研堂金石文跋尾

金石萃編卷七十七終

金石萃編卷七十八

賜進士出身誥授光祿大夫刑部右侍郎加七級王昶譔

唐三十八

興聖寺尼法澄塔銘

碑高三尺七寸廣二尺九寸二十五行行三十二字正書在西安府咸寧縣城外馬頭空

大唐故興聖寺主尼法澄塔銘并序

宗正卿上柱國嗣彭王志暕撰并書

法師諱法澄字无所得俗姓孫氏樂安人也吳帝權之後祖榮涪州刺史父同同州馮翊縣令法師弟二女降精粹之氣含宏量之誠大惠宿持靈心早啓鑒浮生不

住知常樂可依託事蔣王求爲離俗遂於上元二年出家威儀戒行覺觀禪思跡履眞如空用恒捨遂持瓶鉢一十八事頭陀山林有豹隨行逢神擁護於至相寺康藏師處聽法探微洞悟同彼善才調伏堅持寧殊海意康藏師每指法師謂師徒曰住持佛法者卽此師也如意之歲注刑肆逞誣及法師將狀汝南謀其義舉坐入宮掖故法師於是大開聖教宣揚正法歸投者如羽翮趍林藪若鱗介赴江海昔菩薩化爲女身於王後宮說法今古雖殊利人一也　中宗和帝知名放出宮使供承朝夕不絕景龍二年大德三藏等奏請法師爲

紹唐寺主　勑依所請　今上在春宮幸興
聖寺施錢一千貫充脩理寺以法師德望崇高
勑補爲興聖寺主法師脩緝畢功不逾旬月又於寺內
畫花嚴海藏變造八角浮圖馬頭空起舍利塔皆法師
指受規摸及造自餘功德不可稱數融心濟物遍法界
以馳神廣運冥功滿虛空而遇化不能袛理事塗請解
寺主遂抄花嚴疏義三卷及翻盂蘭盆經溫室經等專
精博思日起異聞疲猒不生誦經行道覩同居士風疾
現身乃臥經二旬飲食絕口起謂弟子曰我欲捨壽不
知死亦大難爲當因緣未盡後月餘儼然坐繩床七日

不動唯聞齋時鍾聲即喫水忽謂弟子曰扶我臥我不
能坐死臥訖遷神春秋九十開元十七年十一月三日
也以其月廿三日安神於龍首山馬頭空塔所門人師
徒弟子等未登證果豈知鶴林非永滅之場鷲嶺是安
禪之所號慕之情有如雙樹法師仁孝幼懷容儀美麗
講經論義應對如流王公等所施悉爲功德弟子嗣彭
王女尼弥多羅等恐八事隨化陵谷遷移紀德鐫功乃
爲不朽銘曰
易高惟一道尊自然大法雄振豈曰同年優鉢花色曇
弥善賢錯落倫次師在其間濟彼愛河拯斯苦海導引
羣類將離纏蓋不虛不遊常住三昧是相無定隨現去
來雙林言滅金棺復開有緣既盡歸向蓮臺衆生戀慕
今古同哀
刻字朱曜光

右興唐寺主尼法澄塔銘嗣彭王志暕撰并書志暕
嘗爲宗正卿唐書宗室世系所未載也志暕女彌多
羅出家爲法澄弟子而法澄祖父亦皆列官于朝蓋
唐時朱門世冑無不欽信佛法以帝女之貴且有出
家學道者其它固難悉數矣文云如意之歲淫刑肆
逞誣及法師將扶汝南謀其義舉坐入宮掖中宗和

帝知名放出蓋武后時嘗沒爲宮婢者古人命字或
取三字如張天錫字公純蝦崔宏度字摩訶衍之類
法澄字无所得亦三字也　潛研堂金石文跋尾

麓山寺碑

碑高一丈七寸八分廣五尺三寸八分二十八行行五十六字行書額題麓山寺碑四字篆書在長沙衡山縣嶽麓書院

夫天之道也東仁而首兩義而成故清泰所居指於成
事者巳地之德也川浮而動岳鎮而安故耆闍□□□
□□□□□□□大拒厥旨元同□以迴向度門匯于
郭右仰止淨域列乎巖巔寶堂岌業於太虛道樹森指

於曾渚無風而林壑肅穆□□□□□□□□□未貢
梵天猶俗名稱殆絕地位嘗□者不甚盛歟麓山寺者
晉太始四年之所立也有若法崇禪師者振錫江左除
結□□□□□□□□□□□□桷榱宇接近雲霧晦冥
赤豹文狸女蘿薜帶山祇見於法眼實后依於佛光至
請舊居特爲新寺禪師洎曇□宏業謀分衆□□□□
□□□□□□丘墟盡平太康二載有若法導禪師莫
知何許人也默受智印深入證源不壞外緣而見心本
無作眞性而注福河大起前功重啓靈應神僧銀色化
身丈餘指定全模標建方面法物增備擅供益崇廣以

凌雲之臺疏以布金之地有若法愍禪師者江夏人也
空慧雙詮寂用同變慈目相視淨心相續綜覈萬法安
住一歸注大道徑究上乘理永託茲嶺克終厥生逮宋
元徽中尚書令湘州刺史王公諱僧虔右軍之孫也信
尚敬□作爲塔廟追存寶相加名寶山敎乎弓冶筆精
陶甄意匠留書藏石緘妙俟時俟法字之傾伍期坏價
以興葺遠慮將久遺事未彰梁天監三年刺史夏侯公
諱詳了義重元別搆正殿紹泰二年刺史王公諱琳律
師法賢或在家出家或閑□眼見建涅槃像開甘露門
長沙內史蕭沆振起法鼓宏演梵言繼揵□於景鍾□

貝葉於曾閣陳司空吳明徹隨侍中鎭南晉安王樂陽
王並佛性森然國楨秀者壯迴廊以雲構蔚然居以天
覆開皇九年天台大禪師守護法□□淸悲海巖幢摽
聳智火融明燭如來堂坐法華定四行樂而不取三賢
登而更遷有若曇捷法師者伐林及樹染法與衣不墜
一滴之油有露大根之雨揔管大將軍齊郡公權公諱
武福德莊嚴喜慧方便疏寫四部鎭重百城有若智謙
法師者願廣於天心細於氣誦習山頂創立花臺有若
摩訶衍禪師者五力圓常四無淸淨以因因而入果果
以滅滅而會如如有若首楞法師者文史早通道釋俊

得遠涉吳會幽尋天台法界圖□剡中眞詮論於湘上
具究竟或數解說筵一法開無量之門一音警無邊之
衆方等有以復悔雙林有以追遠並建場所耳爲住持
惟□□禪師者□其武憑其高超乎雲門絕彼塵網深
以爲性有習道有因止於心反於照習也者坐乎樹居
乎山因也者固習而無因則不住因而無習則不證是
□區和正覺阿若冥搜想息而精進甲堅受除而煩惱
散散百川到海同味於鹹千葉在蓮比色於淨起定不
離於平等發慧但及於慈悲故能□□順□□□□□
□□牧伯萃止皇華游臻啓焚香之上緣託成佛之嘉

願上座惠□寺主惠豐都維那興哲等皆靜慮資成妙輪轉次因差別而非法□□□□□□□□見而入流卒一心而辦事成□形勝之會如彼脩行之迹如此而豐碑未勒盛業不書安可默而已哉將何以發揮頌聲披揚宿志□□□□□□□公名彥澄碩德高闡紹賢遠□□□□厚撿撩冰清厲以師長□□攝行隨手以家而形於孝友以己而廣於詩書以重而雅俗□□□□□□□□若且猶歸心淨土□□□□□□□□外幢輿開示之眞語□謀羣吏乃命下寮顧蚊山之易疲歎龍宮之難□其詞曰

天地有象□賢建極宴坐中巖成道西域後代襲武前頁作則安□□□□□□□□□□□□□契三歸願塞其

金方置廟衡麓開場龍象擁□人天□香鬼神賜土靈化度堂重鎮牧伯上游侯王光昭法侶大啟禪房

其二□□□□□□□□郭萬家帶江千里玉□布飛石林雲起□□□□月窺窗裹花臺隨足天樂盈耳

其三人與地靈心將法滅悅往在此比明齊哲□□□□□□□進率順風馳驛欽烈□□□□□馳□絕

其四碑□莫建軌物未宏和合是請佐貳是膺政敷大部信發廣乘願言有述以訪無能惟石可□□□□

前陳州刺史李邕文并書

大唐開元十八年歲次庚午九月

英英披霧其德允爍卓立雋才標□□□

余友俞仲蔚爲余言李北海岳麓寺碑勝雲麾余亟購得之題名稱前陳州刺史按邕謫上太山還獻詞賦上悅會有仇人發其贓者張說忌之下獄論死許昌男子孔璋救之得免謫尉遵化此其赴謫時道書也碑文頗庸陋又於杜拾遺集見其一詩稱語殆不可曉何以負十將莫邪稱於世耶邕以織文獲名以虛名獲死以佳書獲訾皆所不虞者因附識之弇州山人

稾

是碑筆勢雄健刻字亦出公手大凡李公書言黃鶴仙伏靈芝元省己者皆託名也蒼潤軒碑跋

文云元徵中尚書令湘州刺史王公僧虔右軍之孫也以晉宋齊史考之僧虔爲丞相導之元孫於義之爲族曾孫不當云孫也又云梁天監二年刺史夏侯公諱祥按梁書南史俱作詳古書祥詳二文恆通用潛研堂金石文跋尾

碑舊爲集錄者所收僅見碑陽而已其陰則自予遊長沙始得之者也此碑爲世所重然惟題曰嶽麓寺

碑今證以題額作方篆陰文凸起蓋爲麓山寺碑再證之文內亦云麓山寺者晉太始四年之所作也而杜工部詩又稱麓山之南則向所名歘麓寺碑疑爲非實又石墨鐫華云在岳州府金石文字記云今在寺中皆得之傳聞予以目驗覩是碑在書院之右十餘步碑陰列銜書名爲妄庸人題名交午橫貫以致損蝕不可次第予稍就其可辨者志之第一層有功曹參軍字倉部員外同正李字戶曹參軍士曹參軍參軍趙參軍劉利器字又錄事王敬撰博士張長卿可見者三人又下博士王獨存姓而已又郴令姓名

闕贇尚可尋讀成句有曰禮樂仕門闕君子同官比能隣闕爲美坦坦爲懷謙謙虛己有力豐碑下漫滅第二層首行長沙字可辨三行康楚元名四行成麟字五行上柱國懷端字皆彷彿可辨下數行并有尉員外同正字開行亦有贊名家闕意君子德心闕木縈林階下無訟堂上有琴大絃以雅小絃不淫又有醴陵令李仁丞張道主簿張思己尉李靈尉張光庭衡山令劉咸之丞劉員外尉王光大尉周待微湘鄉令王武信下闕不全者陽令孟瀏陽令主簿張字又贊華宗舊德利器闕播政震雷闕有典有則字可見

第三層有鄧洪敏石泰桓嗣宗張輝楊庭訓朱封禮親仁期姓名悉存此以予考之碑陰諸列名者皆不顯于唐世而所見又剝蝕無餘然喜由予而收錄使後世知有其名者必自此發之也坦字闕畫以避睿宗諱旦故書之如此地理志衡州下衡山本隸潭州神龍三年來屬今碑在開元十八年則衡山隸衡州久矣然衡山令猶列讚于此何也豈與守潭者有舊識與今守潭者名在碑陽獨彥澄字存百餘有政和題名一淳闕題名下牛元若題名一其大書橫勒者則前明提學郭登庸也授堂金石跋

按碑在嶽麓書院昶數過長沙渡湘江詣書院親至碑下見是碑上多裂文土人作亭碑嵌亭壁甚固碑陰所題今不可復見矣碑爲李邕書李邕自開元十三年十一月後獲罪貶遵化尉至是蓋五年矣弇州山人謂此碑是邕赴謫時道中所書然則當時謫貶卑官竟可遷延不赴觀其題銜作前陳州刺史而不云遵化尉又可見謫官亦不必入之題署矣下篇東林寺碑與此同碑云紹泰二年刺史王公諱琳梁書王份傳份長子琳字孝章舉南徐州秀才累出爲明威將軍東陽太守不云其

爲湘州刺史則非碑所稱王琳碑所稱者當是北
齊書所載王琳字子珩會稽山陰人少好武爲將
帥遷岳陽内史以軍功封建寧縣侯拜湘州刺史
事在隨王僧辯破侯景之後與碑稱紹泰年相符
碑云陳司空吳明徹陳書明徹傳載其爲司空在
太建八年碑云隨侍中鎮南晉安王樂陽王竝佛
性森然國楨秀者隋書諸王傳無晉安樂陽二王
惟陳書有世祖第六子伯恭立爲晉安王而樂陽
亦無考碑云總管大將軍齊郡公權公諱武福德
莊嚴喜慧方便疏寫四部鎮重百城隋書權武傳

武字武抃以忠臣子起家拜開府襲爵齊郡公高
祖受禪拜浙州刺史伐陳之役以行軍總管從晉
王出六合後以創業之舊進位大將軍檢校潭州
總管碑所載當在此時王弇州謂碑文庸陋并論
邕詩多稚語詩附見杜少陵集即登歷下古城員
外孫新亭詩

大忍寺門樓碑

裴本高廣行字
皆不計隸書

唐開元十有八年定之深澤大忍寺尼脩巨靈分守以
威不若惟燮與陳復樓之三拱於□□□□□□□
□□□□□□□參差竦□以□□垣巖廊於亦制立
張皇前殿以爲一寺之表此寺也始闢於晉魏代歷於
周隨有舍利之感無憂之跡龕龕□闕然恒所嗟怏今
斯一舉可謂盡美夫其欞蟲□□嵯峨山峙假□日月
棲□風壓□□微坐脩檐邊覛數百若指諸掌縱因遐
觀則左碧海而右青山依違諸梵之宮俄不知川原并
邑之所在請循其□正象之紀也始以經論成□終以
功福宅心故建茲樓用周所願蓋式資□之不可以志
也則所以誓□言護建寺䌷列擇合志存誠於是閭閻
首豪無非悅服大捨者卅有三戮力者五十轉勸者百

有八千餘室同欲共貫竭款効勤終始一心有死無二
凡社保婚娉之禮牲幣之費則歸之所謂從闇入明信
異郡殊方從善如流纓黃式競者不可勝紀八材是購
□□如雲茂績有孚職迺歸木石之攻也已陰判於巖
壤之間收之渠與度量合挺輪旣□不勸而弃推轂排
轅其指可掬者萬數先是深數丈及茲可揭力末其神
功也歟天恩越自恒典百足冥務所以凝也□就業□
匪翱煩善且不孤恭惟大師以解脫之身宅無漏之界
而猶不我遐棄紫金其容從悲願也然則鴻濤沸于冥
乎海且晏然化惡云滅乃今靈儀在殿雖不□於往來

而神足潛遊心每陪於履踐則雩然作爲紺宇祇陁氏
高尚其事不利黃金以今而觀有足係也超忽時事沓
然刊諸峨峨茲樓矯矯首出萬擴爭竦讃雲造日峻堿
仰鑿靈□□□擢擢金容魂態可悉超超自功可久其
利匪一海嶽灰颺此焉終吉刺史段公崇簡動中樞言
合道德惟淳懿政不苛煩故百姓安□　別駕符公子
珪長史迹佐理之德實難其人　司功李公眞縣令劉
公遂昌好寬厚之德行和乃心茲樓故獲終吉　丞齊
公賢主簿樊公璆尉張公懷尉張公仲良前尉乘公璡
以道聯□□□□□□□□□□□□□闕

唐大忍寺門樓碑沙門釋具撰裴抗八分書開元十
八年金石錄

東林寺碑記

碑高一丈三寸七分廣五尺六寸三分二十四行行五十二字行書在九江府東林寺

前陳州刺史□夏李邕文并書

上闕尼丘啓於夫子鷲嶺保於釋迦衡岳之託思天台之
棲顗豈徒然也故知土不厚則巨材不生地不靈下闕開
宿根果於福庭大□萌於淨土其來尚矣東林寺者晉
太元九年慧遠法師之所建也世居鴈門樓煩俗姓下闕
初涉華學不讀非聖之書中習毓經尤邃是田之說嘗

就恒岳觀止道安火遇於薪玉成於器雖根種諸佛下闕
喻維摩詰荅更了空門安住四依脩捨二法和上歎曰
吾道行者惟此人焉屬朱序尋戈緇徒逃海道由下闕崇
勝有足庴居居地若無流湓曷云法宇大誰辦廚特異
蓮峯結跏一心開□五力以杖刺地應時涌泉下闕瀵妙
乘浮囊毒流木鐸正教首唱南部轉覺後人以智慧刀
斷煩惱鑠由是眞僧益廣妙□日崇嶮其下闕安棲□曇
現之門生隣慧永之阿若相與撰平圖踰曾巖在山之
陽居木之右經其始而未究其末下闕司人柄乾國鈞以
福庄嚴因檇檀施書日力之費盡土木之功潦垣雲連

夏屋天聳如來之室宛化下闕若與宇冬煥高臺夏清玉
水文階而碧沙瑤林藻庭而朱實琉璃之地月照灼而
徘徊旃檀之龕下闕什致其澡瓶巧窮雙□姚泓奉其雕
像工極五年殷堪摳衣而每談盧循避席而累贊道靈
三界下闕首觀其育王瑞罪文殊降形蹈海不沉驗於陶
偘迫火不爇夢於僧珎願苟存誠祈必通感既多□□
□日乍積陽下闕舍利東化或塔踊於地或光屬於大謝
客欣味而成文劉斐詎訶而覃思所以山岳五岳江氏
□□□憑法而自高物下闕有崇禪師者傳燈習明安心
樂行指拳猶□薪盡如生炎有果□二法師僧寶所欽

克和止觀□□□大用繼住持上座闕下維那道眞等皆沐浴福河棲止淨業諸結已盡白黑雙遺衆生可度名□爾忘纂盛名於舊□□□意於今作重建雅闕下有懃豈云傷手握筆餘勇易議齊賢但相如好仁慕藺名而邀節伯喈聞義讀曹碑而敘□□□□□於藍冰寒於水非日□□□□□□□其詞曰

靈山兆發眞僧感通刺□□□□神致功法儀外澈禪心內融性除遍執□開大空其一 簷礼雲集庖居峯薄越嶺喬勝降□□□臣檀施護供興作大起重階□□□閣其二 嚴幢踊出寶塔飛來尊容月滿法宇天開

化城改築道樹移栽松清梵樂石□□□□ □□金容海游法影山薦毒龍業剎□□□心變萬里西傳一時東現華戎異聞穹厚驚盼其四 遠賢法主謝惟文日光頌界彰□□□□□□□起江山聲流金石一言可追千載□激其五 了性了義或古或今止持紹律定慧通心覩物犄至懷闕下

大唐開元十九年七月十五日建

皇元至元三年歲次丁丑四月乙巳□初八日戊寅當代住山沙門慶哲重立石

廬山之勝甲天下而東林又山之勝處也由遠法師居之而名益重至宋照覺總公易爲禪林而寺始大其間名賢□闕世所珍延祐七年寺火碑壞住山古智禪師既新其寺復取李碑舊本重摹刻之或謂道無今古時有廢興而文□□闕□取焉而禪師之言曰道外事乎事外道乎華嚴法界世俗衆藝皆爲道用且吾以興復之勞欲後之繼吾居者□□闕□□者而遠之於將來也故吾之刻石庶有勸於後云龍翔法弟大訢聞而識其說于下時至元三年二月

觀李北海書東林寺碑題記正書一行

闕翰想見風彩洪州刺史兼御史中丞裴休

又正書兩行左行

元豐四年□月十六日楚國米黻

李邕撰集東林寺二碑在寺東山麓多剝落嘉靖乙卯戶部主事田汝麟始構亭覆之桑喬廬山紀事

北海守李公作東林寺碑手筆一軸俾模而刊石藏於寺者几百一十三歲釋雲皋一旦覩碑卷歎曰莫石莫刊將焉用僧遂募緣成其事曾河東裴公開府鍾陵聞皋志願亦垂信施因自染翰贊列爵秩名氏於卷末皋乃得模而刊於碑張又新東林寺建碑記略

開元李北海譔東林碑書凡一千零三十七字洪州

刺史裴休題云覽北海詞翰想見風采郎米黻蔣之奇咸有欵識延祐七年寺火碑壞住山古智禪師復取李碑重摹刻之立於虎溪三笑橋萬歷丁酉竟爲醉髡所斷毀去全文四十七字自眞老僧以栗木鑲箝移掝神運殿中又藏碎碑一十五字補之其呵護翰墨良云摯矣張中椒圖隨筆

按毛德琦廬山志廬山舍利塔南爲東林寺晉沙門惠遠之道場也初遠公自樓煩至廬山結庵于西林之東以居曰龍泉精舍其後刺史桓伊爲請立寺曰東林而名殿曰神運張天覺神運殿記曰

釋迦文佛殿徧天下以萬計而此殿獨曰神運何也初遠法師過江將適羅浮宿廬山逆旅感山神託夢徘徊登覽溪流散漫無足廬者一夕雷雨晦瞑山水暴至向之中流化爲平陵花木羅列其上九江太守桓伊聞而神之爲之請建寺以居神運之名蓋得諸此云又按十八高賢傳慧遠姓賈氏雁門樓煩人幼而好學年十三博綜六經二十一欲渡江從學范甯南路梗塞有志不遂時釋道安建刹于太行常山一面盡敬以爲眞吾師也遂與母弟慧持投簪受業因求直道場沙門曇翼每給燈燭之費安師嘗臨衆歎曰使道流中國者其在遠乎後隨安師南遊襄陽値秦將苻丕爲寇乃分張徒屬各隨所往師乃與弟子數十人南適荊州居上明寺念舊與同門慧永約結屋於羅浮太元六年至潯陽見廬山閒曠可以息心乃立精舍以去水猶遠舉杖扣地曰若此可居當使朽壤抽泉言畢清流涌出潯陽亢旱師詣池側讀龍王經忽有神蛇從池而出須臾大雨歲竟有秋因名龍泉精舍永師先居廬山西林欲邀同止而師學侶寖衆永乃謂刺史桓伊乃爲建刹名其殿曰神運以

在永師舍東故號東林時太元十一年也先是潯陽陶侃碑作陶偘刺廣州漁人見海中有神光網之得金像文殊誌云阿育王所造後商人於海東獲一圓光持以就像若彌縫然侃以送武昌寒溪及侃移督江州迎像將還至舟而溺及寺成師至江上虔禱之像忽浮出遂迎至神運殿造重閣以居之因製文殊瑞像贊此遠公刱建東林寺之大凡也此碑雖闕泐其文存者大半多合可以參考而得其詳矣碑建於開元十九年似係崇禪師等重建東林記其興作之事而述遠公緣起得十之七八

碑寫李邕撰書亦題前陳州刺史與麓山寺碑同

支提龕銘

石約高六尺廣四尺三寸
二十行行四十八字行書

三尊眞容像支提龕銘

陳留蔡景撰

原夫至道寥廓等寂寞以無言眞智如如湛然□□之外應權變化運神用於無邊至於無生之生示現非相之相灑甘露於塵界普洽四生轉法輪於大千哀矜六趣□大悲□□□孰能預於斯焉　我大師造化神功此地多形勝之所金門梵響振萬古之音聲谿谷伽藍樹

芳曰於億劫隣茲福階之□□靈琦之幽巖仰瞻鷲嶽之峯俯接祇園之地非直溪谷幽邃抑亦聖跡昭然康哉大哉故無德而稱矣爰有遺法弟子　義紀乾壽等宿乘妙業俱崇勝因稟質天資人靈特秀懼暴流之回度建愛渚之津梁□乃運用奇功依巖起塔雕龕鏤室窮匠□之神犄飾莊嚴竭工輸之妙望之如日自有昭昭之暉仰之如天非復蒼蒼之色大千世界悉現於寶蓋之中應化三尊處□思議之一室梵宮晃耀此乃非殊相好圓明光同月愛恐乘田變海陵谷低遷用紀微功刊茲貞石其詞曰

邈矣大聖耀質金軀三身化現四智如如不生不滅非實非虛有無所有無無所無一其眞容毫相光流月愛常遊十方恒在三昧示入生滅無罣無礙脫屣塵起然物外二其粵我三尊惠力難量慈雲廣被普洽無壇應權利物導引隨方群生舟檝苦海津梁三其仙巖聖跡式建支提斜連麓岫俯瞰幽溪天長地久日月昭迴金門動響石室方開四其

述二大德道行記　弟子蔡景□

大德檀越門徒情深道義惠燈傳照朗晤心靈示誨之恩碎軀難報今囑讚佛之次述二師之至誠輒申毫末

之辞式頌弥天之德庶望將來君子知三寶之住持敬題行記書之如左

法師義紀字壽濟東魏鄴城人也俗姓張氏年七歲依□馬寺□□□□□□息茲弟子天縱英靈聰惠明哲文明初歲落髮染衣住谿谷寺勤於藝業內外俱瞻解行雙美妙善悉彙奉　勅徵□□□□□□二京翻譯於是參詳聖旨□闡梵言譯金光明經薩婆多律掌珎訃等三百餘卷並詮譯證義筆授綴文又補充□僧統司修窣堵波撿抜尋被抽入薦福寺滿世大德百坐講說頌登勝席殿庭論議擢以令名法師學海宏深辞林迥茂

闡揚□□名播二京其時僧衆咸号法師東魏大乘紹
矣又補京慈悲寺都維那復於内道場佛光殿轉經行
道面奉　□□□□□□菩提迎接經像至乾陁羅國
迎得三藏舅帝弟婆將眞容畫像廿鋪舍利千餘粒三
藏梵本二部至京聞奏　聖□嚴駕□□法師馳馹王
城方窮異域往來四載途經一萬八千供奉　二朝十
有三記前後　勅賜法衣道具隨得轉施不以自資□
□之懷無以加也覲省　重奏請歸□道俗欽風屈爲
嵸谷寺主其時州將賀蘭溫六傒儞雅八正居懷轂□
寺□□□補充太雲寺法師教授於是宣揚妙旨咸庶

品之津梁演暢微言啓含生之耳目衆又舉法師以爲
上座綱紀寺衆□□□□□准　勅再滌釋門甄明
戒律重補充淸滌上座法師精勤攝念策勵持經維摩
法華日誦一遍或定惠解詎測淺□□□□□式題斯
記
法師乾壽字崇詮義紹同郡人也俗姓李氏年廿歲依
化樂寺崇□法師爲傳法弟子學法華經唯識俱舍因
明等論皆理極精微妙窮法相證聖之歲剃落披緇住
嵸谷寺奉別　勅補充當寺教授法師於是廣演談讌
深攻理趣威儀肅物雅操超群又補都維那綱紀衆事

利益常住軌範僧仁修復伽藍咸皆壯麗故得寶坊金
地月殿重明嚴飾山門光揚佛日緇徒濟濟士庶鏘鏘
三寶欝興四衆攸仰者其惟法師住持之德也又以崎
嶇山路剪拓修夷枯涸川原疏泉汲引哀矜物類濟乏
賙無悲敬雙修廣行□捨此者法師大悲之行也又乃
天資妙女巧惠殊倫智用合宜動中規矩内懷至孝無
忝所親生事愛敬死事哀慼是謂孝道畢矣恭穆仁慈
謹敬謙□是謂禮儀備矣未有已任孝別起律梁者哉
故經云孝名爲戒亦名制止法師志崇淸淨之福以報
鞠育之恩神用研精敬□□室於是依山搆宇備設堂

儀鑿石疏□宏開洞室池引八功之水爐焚六銖之香
七物咸珎衆事周贍長時供養通浴聖凡法師四攝利
生三悲霑□融心二諦觀照五停積德難量解行弥廣
略陳綱紀題斯記焉
唐開元十九年歲次辛未九月廿五日建

堅行禪師塔銘

[石高八寸廣六寸七分十二行行十三字正書在西安府城南]

大唐宣化寺故比丘尼堅行禪師塔銘
禪師諱堅行俗姓魚氏京兆府櫟陽人也惟師貞儀苦
節精懃厥志捐别修而遵普道欽四行而造眞門豈荼

晨霜易晞夕露難久寢疾牀枕藥餌無徵嗚呼哀哉以
開元十二年十月廿一日遷化於本院春秋七十有六
夏卌矣臨命遺囑令門人等造空施身至開元廿一年
親弟大雲僧志叶弟子四禪賢首法空淨意等收骨起
塔以申仰荅冈極之志開三月十日

代國長公主碑

碑高九尺五寸廣四尺八寸三十一行行六十一字正書在蒲城縣

大唐故代國長公主碑

駙馬都尉鄭萬鈞撰文

男聡書

□□□□□我□唐□　□聖□天下　□
□　睿宗□□□□□□　□□□□□
我□□□□□　二后□地中□　□□誕□
□□爲□□爲□公主諱華字花婉　世祖神堯
皇帝之元孫　睿宗大聖□皇帝之第四女
今上之仲妹也　母曰　肅明皇后竇氏肇
開錫沐冊號永昌後遁相仍降□于鄭時年□十有□
□□□□□既嫁□象歸妹□作嬪之義築以外館錫
之美邑食封一千四百戶眥□官焉開元初加崇代國
長公主植性而智因心則靈道亮于瓌色温於貌美髮

可鑑素□□□惠聲□□仁澤潛暢言有餘味情無近
屬服慈友致孝敬昔在諒闇殆將毀滅聰明銳徹韻清
扃遠耳目所經無不諷誦簡謐恬畔融融如也每椁蒱
□□□□□畫得微妙至於箜篌箏琴□琵琶七絃阮
咸箏隔簾□之隨手便合有若天與寔同生知冰碧在
躬學無不通聰捷若神辯皆絕倫騁惠心以□□□□
□而添□內範一部尤加精練書恒不寐留情翰墨書
薦福寺經柱三百餘言拂石雲散垂鉤露凝兎轉仙毫
初從夜月麝霏烟墨盡落天花初　則天太后御明
堂宴　聖上年六歲爲楚王舞長命□□□年十

二爲　皇孫作安公子岐王年五歲爲衞王弄蘭陵王
兼爲行王詞曰衞王入□咒願　神聖神皇萬歲孫
子成行公主年四歲與壽昌公□對舞西涼殿上羣臣
咸呼萬歲蒙自奉宋顏卌餘載洎乎暑月衣服如賓譏
婉之情不以□□見棄□□□□愍遇弥深男二女四
教之以□長子左贊善大夫□聡爲吾耳次子右贊善
大夫明明爲吾目明使海内見聡使天下聞於國忠於
家孝合則雙美□爲□□傳云以德命爲義□聡爲駙
馬都尉恨未親迎長女□范陽盧氏有肅邕之譽二女
琇博陵崔氏貧明艷之容三女瑱范陽盧氏多慈孝之

美四女□□□□□□純粹之行冣之曰玉以比德四
合天則徇翳瑤彩式昭宮壼懋乃衷潔作吾女儀逮乎
晚年歸心聖域六齋蔬食二時靜念□誦金剛經兩部
□華嚴八□□寶積一百廿大般若六百法華藥師大
集等經領晤了然色空不著撤聲樂投珠蠲十有餘年
矣又於僧義福跪受禪觀又於金剛三□受陀羅尼□
像是相非相以心照心逍遙眞宗寂歷虛景去年忽謂
蒙曰昨夜夢念珠□斷急手自拾一箇不得是不祥他
日又夢入法堂見一空屋有人指之此四公主□□明
年□□乃後數月偵其儀刑稍稍顛頓以開元廿二年

六月廿□日慭然不食安寢不起神氣晏如有同入定
　聖上愛切□□□□□□□□□中八饋藥
朝覲夕察有加無瘳蒙泣而諭之久作兜率天業正念
莫散勿顧男女吝蒙自解在也未去莫不□又向尼梵
海云生則有死不□□□□□□□□每讀經徹卷□
□顯願□第四天□和先許奴不□罪塈曰　勅
使來問□自附奏　在上千□弥重深憶
在上□□時孝順□□精神錯亂言語不得合掌奉辭
至其□□衆忽云有　勅使□索香水潁浴於正
寢而寂齋時炯然開目告別諸王公主及諸親等

□府□□□□□一切捴放不情願者於諸莊安置
先是司農小兒亦在此家生者不在此限品官給使放
歸上臺封分一半施寺觀家餘平分與女請陪葬
　橋陵不得厚葬莫著金銀銅器執蒙手曰恩愛斷也
有不是處莫怪更住辛苦屋裏入去去年少在莫更請
出家蒙遂奉一杯水別飲畢長逝詞□淸明宛若□□
以其月廿□日薨于河南修業里第享年卌八初公主
禮遵善寺尼□和者因說弥勒宮事云阿婆未成更十
年不知計至薨日今正十年嗚呼報應之兆有期□□
之言何驗下生輪□之室還上天宮嬉遊正遍之門是

登雲□　皇帝輟朝三日使尚宮弔祭賜衣五十
副所□喪葬□供□作□□□□□□永穆公主及駙
馬王繇同安王洵送往并爲寫一切經以其年十二月
三日陪葬　橋陵孝也天常与善茲言妄作曷殞
濃華□□繁□□宵傾嚴霜夏落□□紓其如慕悲
展轉其奚□嗚呼月辭　天闕兮星沒
皇宮罷服褰衣不可逢花飄粉田兮菜萋沁水油軒畫
□長已矣嗟乎□□□膺□門流涕容儀旣□錦茵期
□夏屋□□□□儼設楚□齊引驪駒啓行丹旐旐空
素衣皓野撫靈軒而增慘仰空山而泣血夫欽德必□

□親議賢□崇乎直既親且直蒙何愧諸敢述流芳悲
題翠□其詞曰
於爍有唐系乎天光承天者　帝嗣　帝稱
皇猗郍　昭□作　皇之對厥生貴
主爲　天之妹　天琮伊何窈窕如玉浹洽
恩被綢繆禮褥道□娥英德光宵燭其行成軌
其言可服烝烝孝敬抑抑威儀九族敦敘百禮罔虧學
非從傳書乃臨池歸眞捨逸了靜絶爲曰仁者壽天何
不諒指座先徵遺珠見相慇勤自勉誰誘無忘□□慭
罶□然遐颷　帝心悼惘傾家殞喪大匠監□□

□送葬蒙也何羿忽奪天人借如可贖願百其身禯李
蓤曉蓄華祕脊金釭罷焰玉座生塵馬鬣(成)封龍輀郎
路畫翣□轂丹旌指墓□薤挽於霜飈□笳簫於隴霧
霜飈隴霧相披紛䒷挽笳簫咽不聞珠禱玉匣盡元夜
軒后陵邊　皇女墳
開元廿二年十二月三日建
右唐代國長公主碑云公主睿宗第四女也新唐史
以爲第五女蓋史誤碑云公主壻鄭萬鈞撰（金石錄）
右代國長公主碑碑云公主字花婉而傳作華婉又
云肇開湯沐冊號永昌後乃相攸下歸于鄭錫之美

邑一千四百戶開元初加崇代國長公主傳不書封
邑之數而開元初加號長公主亦略之未免失之簡
矣考唐書十一宗諸子列傳云開元後天子敦睦兄
弟故寧王戶至五千五百岐薛五千申王四千邠府
千八百帝妹戶千而公主傳鄎國公主開元初封邑
至千四百戶此碑所載代國公主食邑亦千四百戶
則公主封邑未嘗以千戶爲限也（潛研堂金石文跋尾）
按此碑爲駙馬都尉鄭萬鈞撰文男聰書蓋夫爲
妻撰文子爲母書碑亦墓碑之一例也子書母碑
猶于志寧王仁求子書父碑之例鄭萬鈞父子本

皆工書張說般若心經贊序稱萬鈞深藝之士也
學有傳癖書成草聖揮灑手翰鐫刻心經云云可
知聰之能書源本家學觀此碑筆法婉麗極似河
南顧書譜但有萬鈞名而不及聰亦偶略也文內
萬鈞自稱曰蒙與莊子同義蒙卦疏蒙微昧闇弱
之名萬鈞自謂義殆仿此萬鈞兩唐書無傳宰相
世系表鄭氏有北祖南祖二房及滎陽滄州兩派
俱無萬鈞名公主傳但云下嫁鄭萬鈞不詳其事
蹟無從考也代國長公主本睿宗第五女而碑云
四女者蓋安興昭懷公主早薨不在數內猶鄎國

長公主本第八女而碑亦作第七女非史誤也長安志載大薦福寺不詳寺中之制据此碑云公主留情翰墨書薦福寺經柱三百餘言則寺中有柱皆書經者矣長安志駙馬都尉鄭萬鈞宅在左親仁坊北門之東杜工部有鄭駙馬宅詩卽碑云築以外館錫之美邑者是也碑云則天太后御明堂宴聖上年六歲爲楚王口口年十二爲皇孫岐王年五歲公主年四歲與壽昌公主對舞西涼殿上云云聖上者元宗也元宗以寶應元年四月崩年七十八推其生在嗣聖二年年六歲爲天后載初

二年是年九月改天授元年舊唐書禮儀志天后自永昌元年正月元日始親享明堂大赦改元其月四日御明堂布政頒九條以訓于百官翌日又御明堂饗羣臣其年冬正月日南至復親饗明堂大赦改元載初用周正翌日布政于羣后其年二月又御明堂大開三教天授二年正月日南至親享明堂是天后之享明堂非一次据碑則御明堂與諸皇孫孫女宴在元宗六歲之時爲載初二年或行於改元天授之時亦在九月而史志於是年不載宴明堂之事元宗之封楚王在垂拱三年其

時年十二爲皇孫者乃讓皇帝憲初以睿宗爲皇帝憲立爲皇太子睿宗降爲皇嗣更册爲皇孫岐王年五歲者乃惠文太子範初王鄭改封衞俄降封巴陵進王岐壽昌公主乃睿宗長女下嫁崔眞者也公主二男長聰爲駙馬都尉恨未親迎唐書元宗諸女未見有下嫁鄭聰者据杜工部集有鄭駙馬宴洞中詩朱鶴齡註引唐史臨晉公主皇甫淑妃所生下嫁鄭潛曜又引杜工部所撰皇甫淑妃碑云鄭潛曜尚臨晉公主乃代國長公主之子官曰光祿卿爵曰駙馬都尉甫忝鄭莊之賓客遊

竇主之山林据此則鄭潛曜卽鄭聰當是幼名聰後改潛曜當代國薨時聰年尚幼故碑云恨未親迎也（汲古閣本唐書公主傳誤作郭潛曜）文前敘公主樗蒲絃管實同生知後敘公主蔬食誦經了然領悟舉止前後如出兩人雖文飾太過然其大致似非虛語卽如其言則其嗜好之進于清淨可知矣後云敕使來問口自附奏在上深憶在上云云在上猶言皇上也當時之稱謂如此又有云不情願者諸莊安置可農小兒亦准此家生者不在此限此似處分府中奴僕男女之語也家生二字始見于此又云永

穆公主及駙馬王繇同安王洵送往永穆公主乃
元宗長女下嫁王繇是公主之姪也同安王洵宜
爲元宗諸子唐書載元宗三十子初名从水開元
二十三年悉改从玉傳載光王琚本名浞與儀王
濰潁王澐永王澤壽王清延王洄盛王沐濟王溢
信王沔義王漼陳王沘豐王澄恒王潓涼王漎汴
王滔同改而不見有名洵者即宗室世系表亦無
考豈表傳有漏略歟凡書碑之例皆云某年月日
葬于某原禮也此碑則云以其年十二月三日陪
葬橋陵孝也與諸碑例別

裴耀卿書奏

裴本高廣行字皆不計正書

唐侍中裴耀卿書

奚契丹兩蕃

右奚及契丹尤近邊鄙侵軼是虞式遏成勞臣庶常情
唯欲防禦所謂長策無出此者陛下獨斷　宸襟高
奪羣議以爲頓兵塞下轉粟邊軍曠日持久役無寧歲
若不因利乘便一舉遂平使遷善者自新爲惡者就戮
事若不尒無息我人且令大兵臨之凶徒必潰不出此
歲嘗逋成擒臣等初奉聖謀高深未測及聞凱捷晷候
不差而兩蕃遺噍莫不稽顙緣邊戍卒咸已返耕卧鼓
滅烽誠自此始斯皆　陛下睿謀先定　神武非
常觀變早於未萌必取預於無象臣伏以成功不宰君
人所以爲量有美不宣臣子所以成罪臣雖蒙暫安敢
無言既預聞　始謀又幸見成事豈可使　天功
虛往而日用不知竹帛相傳復紀何事請具狀宜付史
館垂示將來仍許將吏等刊石勒頌以紀功德臣耀卿
等不勝區區抃躍之至謹奉狀以聞謹奏
開元廿三年二月十二日禮部尚書同中書門下三
品上柱國臣李林甫奏

中書令集賢院學士修國史上柱國曲江縣開國男
臣張九齡
侍中譽文館學士上護軍臣裴耀卿

元宗批荅裴耀卿等奏

裴本高廣行字皆不計行書

事有難易因圖可否小蕃背誕惡貫已盈人神弃之指
期可滅今之剋定偶會夙心記以史官銘之樂石頗矜
功伐不願爲之伯獻前請朕已不納卿等苦論載用多
愧使桓山之頌復在茲乎

按石刻二種一爲契丹傳首李林甫等奏請勒碑

紀功而裴耀卿書之石刻在㮴息園秀麗軒帖中一爲元宗批荅手敕刻入淳熙續秘閣帖中手敕字徑七寸許筆勢雄偉豈當時手敕之制如是耶然他敕又不皆如是者何也裴書奏語祇得其後半前半不具非全本蓋法帖大率闕略之病爲多也奏後列銜李林甫張九齡裴耀卿三人據韋述集賢注開元二十三年十月制加皇子榮王已下官爵令宰相及朝臣工書者就集賢院寫告身以進於是宰相已下十三人各寫一通裝褾進内上大悦十三人中首列者郎此三人皆在工書之列

此奏主名又爲林甫不知何以耀卿獨書之且所書又非用以入奏者所未詳也奏爲開元廿三年二月十二日上三人結銜皆以二十二年五月戊子所加石刻與史合舊唐書傳九齡以二十三年加金紫光祿大夫累封始興縣伯此碑稱曲江縣開國男者尚是二月以前之爵也舊書契丹傳契丹居黄水之南黄龍之北鮮卑之故地在京城東北五千三百里東與高麗鄰西與奚國接武德六年始入貢貞觀中太宗伐高麗至營州會其君長賜物有差二十二年窟哥等部内屬置松漠都督

府賜姓李氏其曾孫祜莫離則天時封歸順郡王又契丹有别部酋帥孫敖曹武德四年内附至曾孫萬榮垂拱初封永樂縣公萬歲通天中萬榮與松漠都督李盡忠舉兵殺營州都督趙翽作亂則天下詔改萬榮名爲萬斬盡忠爲盡滅詔令張元遇等率兵討之俄而李盡滅死萬斬爲其奴斬之傳首東都開元三年其首領李失活内附封爲松漠郡王失活死從父弟娑固代統其衆其大臣可突于反娑固奔營州都督許欽澹徵奚王李大輔者及娑固合衆以討可突于皆被殺可突于立娑

固從父弟欝于爲主遣使請罪十年封欝于爲松漠郡王明年欝于病死弟吐于代統其衆與可突于復相猜阻十三年吐于來奔可突于立李盡忠弟邵固爲主其冬車駕東巡邵固詣行在所改封廣化郡王邵固還蕃又遣可突于入朝中書侍郎李元紘不禮焉可突于怏怏而去十八年可突于殺邵固率部落并脅奚衆降于突厥於是詔中書舍人裴寬等討之師竟不行二十年詔信安王禕爲行軍副大總管出塞擊破之可突于遠遁奚衆盡降禕乃班師明年可突于又來抄掠幽州長史

薛楚玉等追擊之官軍大敗詔以張守珪爲幽州長史以經略之時契丹衙官李過折與可突于不叶夜勒兵斬之二十三年正月傳首東都封過折爲北平郡王此中國與奚契丹用兵征討之本末也新書與此大同傳首在正月林甫等請刻碑在二月而元宗荅敕有伯獻前請朕已不納卿等苦論載用多愧之語伯獻者程伯獻也新書載裴寬等進討之時有帥程伯獻張文儼宋之悌李東蒙趙萬功郭英傑等爲八總管兵以擊契丹既又以信安王禕出塞捕虜以二蕃來降告廟伯獻當即於此時

請立碑紀功而元宗不納故批荅內及之又考舊唐書張守珪傳契丹別將李過折率衆以降守珪因出師次于紫蒙川大閱軍實讌賞將士二十三年春守珪詣東都獻捷上賦詩以褒美之仍詔於幽州立碑以紀功賞是此役仍從燿卿之奏也

景賢大師身塔記

碑高三尺横廣四尺五分三十行行二十一字行書在嵩山會善寺

唐嵩山會善寺故景賢大師身塔石記

左拾遺□山羊愉篹

沙門温古書

大師諱景賢菩提大通法嗣也本姓薛氏汾陰人世爲著族容貌秀偉見者肅然幼而神明周覽傳記弱冠投心大覺宿好都遣問道於□□智寶禪師師言法王大寶世傳其人今運鍾江陵玉泉次一佛出世亦難遭矣則星馳駿邁而得大通發言求哀揮汗成血大通照彼精懇喻以方便一見悟入囧然照洗屬世議迫隘遠迹幽絶客居巴峽三抗山中山尋覔必□□□虎搏噬毒癘蒸欝而我歲時宴居初無惱害豈□爲之守而神靈保綏艮可知也久之廣大圓極悉心以獻大通怡然克荷相許付寶藏傳明燈爲不讓矣時神龍□□□

中宗聞風　詔請內度法衆仰德□晋都下大師雅尚山林廹以祈懇或出或處存乎利濟化自南國被乎東京向風靡然一變於代蓋三世諸佛□□□印妙極之用言外之功不可得而聞也觀乎□□蠢蠢於黑闇于界熙熙於熱毒如來有以登大明灑甘露□相示寂滅而業遵龍象則我先佛法身湛然常□者矣始先祖師達磨西來歷五葉而授大通赫赫大通濟濟□□寂成福藏爛□□□同波泒流分景並照亦東□之盛也噫世相不實□盡誰□菩薩知時□□於物開元十一年龍集癸亥歲八月在嵩山會善道場現有微疾休

浴宴坐神儵然翌日而謝春秋六十有四雲山慘毒庭樹凋摧矧夫情靈痛可言也門人比丘法宣比丘慧爔比丘敬言比丘慧林等不勝感戀奉爲建塔迢亭䆉赫出於嵩半　主上追懷震悼賜書塔額署曰□恩存沒榮幸山川光燭廿年又起身塔於北巖下永奉安焉若其積微成著之勤乘定發慧之用堅剛勇猛之操大悲廣衍之□率皆碑版所詳不復多載也

開元廿五年歲次乙亥八月十二日建

羊愉撰沙門溫方行書開元二十五年八月葉封曰按王維有留別溫古上人兄詩云宗兄此削髮蓋其族人亦必可稱者也金石文字記

右景賢法師碑塔高三丈圍二丈五尺在登封縣西北十里許會善寺後山坡間北向金石圖

記載景賢沒于開元十一年八月春秋六十有四唐文集如柳子厚誌僧年皆作僧臘蓋彼教法謂出世即不復以俗年計筭而此獨書春秋與隆闡法師碑同豈亦不襲浮屠氏語耶書逸峭未以其僧徒易之也授堂金石跋

按此碑題開元廿五年歲次乙亥八月十二日建開元廿五年是丁丑歲非乙亥碑蓋誤書廿三爲廿五也自金石文字記以來諸家皆未加留意並承其譌作廿五年今正之

金石萃編卷七十八終

金石萃編卷七十九

賜進士出身誥授光祿大夫刑部右侍郎加七級王昶譔

唐三十九

鄭虔華嶽題名

碑已殘缺僅存縱橫尺許六行首行一字次行兩字三行六字四行五字五行七字六行四字隸書

懸　昭應　方逵虔宗臣之　在來事　明神　主
薄常莫啟元攜　史子華刻

唐鄭虔題名云開元二十三年四月二十三日滎澤鄭虔彪鄉道之智覺同登華山回步而謝于神云云其詞四六排偶共百五十餘字史子華刻分書彷史

惟則骨氣卑下非唐隸之佳者金石錄補

碑只存六行共三十四字不可句讀惟薄尉二名可識又有史子華刻字字樣史子華者即刻大智禪師之碑者也關中金石記

李憕華嶽題名

在華嶽頌碑左側李仲昌題名下共四行行十四字正書

鄭縣尉李憕以開廿四六月六日充勅蔄募飛騎使判官向陝虢州點覆其月十四日事了迴便充京畿採訪使句覆判官此過赴京

右李憕華嶽題名其文刻於華嶽頌之左側開下脫元字予嘗論明皇仿周官修六典省臺寺監官各有司欲去冗濫之弊而因事置使名目猥多楊國忠以度支郎中兼領十五餘使及至宰相領四十餘使使名之濫如此古人謂省官不如省事良有以也國忠所領有名募劍南健兒使此蔄募飛騎亦其類蓋自府兵壞而名募之使四出然健兒身手終不能當漁陽之鼙鼓者文具而實不至爾採訪使之下有句覆判官唐書百官志亦未載潛研堂金石文跋尾

蘇頲題名

在華嶽頌碑左側孫廣題名下三行行十四字左行正書

開元廿六年八月廿七日朝請大夫守別駕臨潼縣開國男蘇頲從　內使奉　勅祭

又正書在蘇頲下二行六字

郊社丞蘇炎記

謁金天王祠題記

在華嶽頌碑右側第五璹題名下四行行二十二字正書

顏眞卿書

皇唐乾元元年歲次戊戌冬十月戊申眞卿自蒲州刺史蒙　恩除饒州刺史十有二日辛亥次于華陰與監察御史王延昌大理評事攝監察御史穆寧評事張澹

華陰令劉暠主簿鄭鎮同謁　金天王之神祠顏眞卿題記

今在華嶽碑之右旁王伯厚言華嶽題名五百十一人再題三十一人自開元訖清泰今存者惟此與述聖頌二碑不過二十餘人而已又因地震之後以碎石裝砌嶽廟大門牆上亦有唐人題名今王無異所搨得者通共九十二人有裴士淹李德裕李商隱名

魯公每遊名山必刻己姓名一置高山之顛一投深谷之內曰焉知後世不有陵谷之變耶古人重名所以重其身今人不重其身只因不重名耳 金石文字記

公以乾元元年三月自馮翊太守改刺蒲州尋爲御史唐旻誣搆貶於是年十月改刺饒州道經華陰乃與監察御史王延昌等同遊華岳題名金天王祠當是時公內忌於宦官外誣於酷吏連遭貶斥罷於奔命殆無虛日而從容暇豫題名華岳如無所事者然益公之義命自安不爲威武所屈貧賤所移此可見矣　金天王華岳神也舊史元宗紀開元元年九月封華岳神爲金天王 虛舟題跋

顏眞卿題記以唐書本傳及留元剛年譜攷之公以肅宗二年十一月出爲馮翊太守三年三月改蒲州刺史十月又改饒州刺史也其貶饒州爲唐旻所誣因亮行狀曰天寶十五載元宗以公爲戶部侍郎依前平原太守充本郡防禦使公以景城長史李暐爲副前侍御史沈震爲判官又詔公爲河北採訪處置使公又以前成陽尉王延昌爲判官張澹爲友是年秋祿山遣將史思明尹子奇等併力攻河北諸郡前後百餘日饒陽河間景城樂安相次而陷所存者平原博平淸河三郡而已人心潰亂不可復制公乃將麾下騎數百棄平原渡河取路朝肅宗于鳳翔初公之未渡河也謂判官穆寧張澹曰賊勢旣爾若委命

待擒必爲所快、心今許徑赴行在公以爲何如寧澹與諸將然之遂行朝廷除公爲憲部尚書令狐峘神道碑曰時前殿中侍御史沈震鹽山尉穆寧武邑丞李銑淸河主簿張澹各抒器能參贊成務此王延昌穆寧張澹等與偕之所自來然攷穆寧傳寧以明經調鹽山尉祿山反寧募兵斬僞景城守劉道元聞眞卿拒祿山卽馳謁謂曰我可從公死旣而賊攻平原寧勸固守眞卿不從夜亡過河見肅宗行在帝問狀眞卿對不用寧言以至此帝異之名寧將以諫議大夫任之會眞卿以直忤旨寧亦罷上元初擢殿中侍

御史與行狀寧瀹與諸將然之之說有不合則當以
史爲正者矣年譜曰是年九月有祭姪季明文十月
有華嶽廟題名至東京拜掃有祭伯父豪州刺史文
關中金石記

張惟一等祈雨記
在述聖頌碑左側四行行三十七字隸書

大唐中興剋復兩京後乾元元年自十月不雨至于明
年春朝散大夫使持節華州諸軍事檢挍華州刺史平
原郡開國公賜紫金魚袋張惟一與華陰縣令劉暠丞
□晌丞員外置同正員李緩主簿鄭鎮尉王禁尉高佩

尉崔季陽於　西嶽金天王廟祈請初發言雲興倏登
車雨降蓋精意所感致明神應期庶似潁川之能不愧
方伯之事時二月十日題紀　前金州刺史李權書
右碑隸書前金州刺史李權書也按華陰一縣丁令
之外設二丞一簿三尉有唐官制之濫史所備載語
云一羊九牧民生日蹙天寶之亂所由來也金石錄補
書史會要李權唐宗室李平均叔也工八分官金州
刺史惟一名見宰相世系表關中金石記
右張惟一祈雨記刻於述聖頌之左側据宰相世系
表惟一望出清河東武城宰相錫之孫官至華州刺
史此記正在刺華時與唐表合新舊史皆不爲惟一
立傳王定保摭言載蕭茂挺父爲莒丞得罪濟河張
惟一時佐廉使按成之茂挺初登科自洛還莒道邀
車發辭哀乞惟一涕下即日舍之且曰蕭贊府生一
賢方資天下風教吾由是得罪無憾也宋子京嘗采
其事入穎士傳蓋其好賢之誠有足多者又嘗爲荊
州長史見呂諲傳潛研堂金石文跋尾

王宥等謁嶽祠題記
題名刻述聖頌碑右側作兩截書上年月四行行五字篆書下人名四行行十六字隸書

大唐上元元季冬十有弍
月十壹日同詣嶽祠書記

右在上截
華陰縣令王宥　前令王紓　丞王沐
尉李齊儉　尉□頌　鄠縣主薄張彬　尉竇或
下邽縣丞李演　尉邢涉　處士王季友　張彪
著作郎孟昌原　京兆府士曹參軍李樞書并篆
右在下截

釋文
大唐上元元季冬十有弍月十壹日同詣嶽祠書記

華陰縣令王宥　前令王紓　丞王沐　尉李齊佺尉
□嶺鼇縣主簿張彬尉竇彧下邽縣丞李演尉耶渉處
士王季友張彪著作郎孟昌源京兆府灋曹參軍李樞
書并篆

唐有兩上元年號此則肅宗時也金石文字記

樞李權弟述書賦注云李權淮安王神通曾孫工八分弟樞工小篆內有處士王季友即杜甫所稱鄷城客子是也豫章圖經云季友鄷城人家貧賣屐博極羣書李勉引爲賓客甚敬之關中金石記

太州別駕殘題名

在華岳文之後一行十三字正書

正議大夫太僕少卿兼太州別駕

案文只存十三字云正議大夫太僕少卿兼太州別駕攷華州以上元二年改名太州則此爲肅宗時人所題矣關中金石記

邱據題名

石橫廣一尺二寸高一尺一寸六行行八字正書

陳鄭澤潞等州節度行軍司馬殿中侍御史丘據再隨
使主赴上都　朝謁往來皆虔拜　神祠時寶應二
年六月八日記

右邱據題名完好無缺案寶應肅宗改號是年帝崩代宗以四月即位明年七月改元廣德故于六月猶稱寶應二年也方鎮表寶應元年澤潞節度增領鄭州又增領陳邢洺趙四州是年以趙州隸成德軍此題載陳鄭据增領者言之與表相符據見唐書埶文志有邱據相國涼公錄一卷李抱玉事據諫議大夫益以其所終之官書之授堂金石跋

右邱據題名其云使主者節度使李抱玉也抱玉本陳鄭潁亳節度使代宗即位兼澤潞節度使方鎮表寶應元年澤潞節度增領鄭州又增領陳邢洺趙四州正抱玉爲帥之日德宗以後陳鄭與澤潞各自爲鎮不復相統攝潛研堂金石文跋尾

李懷讓題名殘字

三行上下缺左行正書

軍兼同華兩州節
卿使持節華州諸
丞上柱國汧國公

右只存三行每行七字共二十一字攷唐常袞華州刺史李公墓誌云公諱懷讓以佐命功特授鎮國大將軍加特進兼鴻臚卿封汧國公充潼關鎮國軍使

同華等州節度使華州刺史以廣德元年九月薨于華州軍府詔陪葬建陵則此乃懷讓題名也再攷唐會要叙陪陵名位建陵只及汾陽王郭子儀一人而無懷讓應爲缺略懷讓薨于廣德改元故附置于此關中金石記

劉士深等題名

石高一尺廣六寸七行字數不等正書

前藍田縣尉劉士深

前奉天縣尉劉士清

京兆府倉曹參軍李迪

前告成縣丞李遜

商州豐陽縣令李遥

下邽縣尉李遠

時廣德元年三月紀

右李遜李迪李遥李遠四人名宰相世系表俱有在東祖李氏下關中金石記

右題名正書按此題列名皆以地望爲先後藍田奉天兩縣尉居首重京邑也告成縣丞書在豐陽令上者告成屬河南府亦爲東都故耳北嶽神廟碑有安喜縣尉李遜與此稱告成縣丞者或即其人未可知也新唐書藝文志李遠詩集一卷字求古大中建州刺史若以廣德紀元方爲尉則至大中時八十餘年矣疑别爲一人授堂金石跋

韋□題名

石高一尺廣七寸七行行十字正書

銀青光祿大夫守太常卿使持節延州都督侍御史上柱國岐陽縣開國男韋□以廣德二年二□□七日越自師旅將詣　朝廷□□□神式祈景福時與□□□□□秀之同謁

題云以廣德二年二□□七日越自師旅將詣朝廷

云云者以是時僕固懷恩叛也韋君不詳其名關中金石記

李仲昌等題名

在華嶽廟碑左側賈竦詩下六行字數不等正書

朝議郎行太子司議郎兼華陰縣令李仲昌

行丞田遊業　行丞同正韋滌

行主簿韋況　行尉崔頗

行尉王卓　行尉蘇淮陽

廣德□年三月韋滌書記

宰相世系表云滌官昭應令案此云行華陰縣丞同

正當在未爲昭應令之先又有云行尉崔迺表以爲
頌終同州刺史關中金石記

韋公右等題名

石殘缺現存橫廣一尺五寸高八寸八行行五字六字不等正書

缺郎行華陰縣缺寮吏以時㕘缺明神咸列名缺
行令韋公右　行丞司正韋澥　行尉李晛　行尉劉
口蒨　投書郎盧舒口

又在韋澥左右空處二行行七字左行行書

大梁趙令矜恭謁　聖帝祠下壬辰四月六日

孫廣等題名

在華嶽頌碑左側賈竦詩下三行行七字十字不等正書

朝散郎行下邽縣丞孫廣
試衛尉少卿田遇
廣德二年六月十三日記

焦鐵題名

石橫廣一尺二寸高一尺三行行十字十一字不等正書

前大理司直焦鐵與緱氏縣焦琳華州司倉㕘軍焦賁
永泰元口春同遊此廟

又在焦鐵之左二行行九字十字不等正書

內供奉開國公上柱國賜紫金魚袋蔣羅僕

又在焦鐵之右三行字數不等正書

內侍省掖庭局口王嘉欽弟景暉
押衙左金吾大將軍賜紫金魚袋高
許州許昌縣丞于賁

第五公等題名

在華嶽頌碑右側顏魯公題名上十一行行九字十字不等正書

前相國京兆第五公自戶部侍郎出牧栝州子聳關內
河東副元帥判官禮部郎中兼侍御史虞當自中都濟
河於華陰拜見從謁　嶽祠因紀貞石時　大唐
大曆五年六月四日

司勳郎中兼侍御史李國清
倉部員外兼侍御史張曇
大理正兼監察御史王翃　右衛錄事㕘軍第五準

文云前相國第五公自戶部侍郎出牧栝州盍坐與
魚朝恩善貶也又云子壻虞當子壻之稱自此始壻
作聓者于祿字書云聟聓壻上俗中通下正壻一變
爲堉再變爲壻三變爲聓四變爲聟皆由胥變爲肯
致誤又聓或亦寫作胥故月耳相溷關中金石記

蘇敦等題名

在昭應碑下截作兩段書前一段八行後一段九行每行六字七字八字不等正書

沃州司馬蘇敦
弟華陰縣令發
弟咸陽縣主簿敎
弟前華原縣丞徹
弟太常寺主簿敞
弟吏部常選璥
弟少府監主簿敎
弟㵸 期年十一
大曆中發任華陰縣令時禮部尚書河東裴公出牧鄴
陽教與發徹同送至此拜謁 金天便過東驛不避炎
暑亭午而迴故列名於前刻石題記
五年夏六月六日

宰相世系表蘇氏河南尹震有七子敦發教徹璥政
儆此云汝州司馬敦弟華陰縣令發弟咸陽縣主簿
敎弟前華原縣丞徹弟太常寺主簿敞弟吏部常選
璥弟少府監主簿敎弟儆不同者璥疑即是璥有敦
不應後有璥也政疑即是敞字形相近此等要當以
碑爲正 關中金石記
按敎字廣韻玉篇諸書俱不收惟脩氏字彙云所
斬切窄也恐未必取此爲名世系表作教似可從
疑碑有泐訛又字書無璥字自當從碑作璥

裴士淹題名
在華嶽頌碑左側上截七行行四字左行正書
禮部尚書裴士淹出爲饒州刺史大曆五年六月六日
於此禮謁

盧綸等題名
石横廣二尺一寸高八寸六行行七字十字不等左行正書
大曆六年二月二日綸赴
前華州參軍口漸
前王屋縣令陸未

前同官主簿陸涓
將仕郎守閿鄉縣尉盧綸
前國子進士趙鄭
歷覽前賢題名庚子
右題名殘斷不相屬舊唐書盧簡辭傳云父綸大歷
初宰相王縉奏爲集賢學士秘書省校書郎會縉得
罪坐累久之乃調陝府戶曹河南密縣令不見作尉
閿鄉事惟新唐書有之云大歷初數舉進士不第元
載取綸文以進補閿鄉尉與此合 授堂金石跋

庚口等題名

石殘缺現存横廣一尺六寸五分高八寸
十二行行五字六字七字不等左行正書

缺華州刺史兼御缺殿中侍御史庾缺監察御史李亘
缺太常博士□缺太華三峯野客缺新安縣尉盧缺監
採藥使翰林缺監軍判官尹懷缺監軍判官劉□缺太
華山人段藩□缺押衙左金吾衛大缺
大曆六年乙亥缺

按大歷六年歲次辛亥非乙亥

崔微等題名

石高一尺廣四寸四
行行十字左行正書

前開州刺史崔微　男戩

前緱氏縣令康洽
前鄉貢進士侯季文
大曆七年三月廿日西上

右題名正書自左起宰相世系表清河大房有微河南少尹子戩太常少卿此題戩從廾不從水又元和十年題名華陰縣令崔戩亦即其人皆與表異文苑英華穆員陸渾尉崔沭墓誌云河南少尹微之子又云君長兄河南府尹司錄參君案君當作軍戩不勝其哀崔少尹盧氏墓誌云唐河南少尹清河崔徵則微字傳誤也戩亦從水並誤授堂金石跋

韋弼題名

石高廣俱九寸三
行行六字正書

醴泉縣令韋弼
大曆七年十月廿八日題記

元澄等題名

石高九寸横廣一尺六寸共八
行行五字六字不等左行行書

尚書虞部員外郎兼殿中侍御史元澄與大理評事盧
恒華陰縣丞裴言則以唐大曆八年十二月三日題紀

題內有大理評事盧恒宰相世系表恒殿中侍御史關中金石記

韋涗杜錫題名

石横廣一尺六寸高九寸
共九行行太字左行正書

朝散大夫前鄭州陽武縣令韋涗
大曆九年四月廿二日謁祠題記
平陸主簿杜錫
芮城主簿杜梅
建□三月廿三日

李謀等題名

在韋涗題名之右三
行八字十字不等正書

前鳳翔府司錄參軍李謀

前長安縣主簿李融

大曆九年十月十三日題

右題名正書舊唐書德宗紀貞元九年五月甲辰以鄭州刺史李融爲滑州刺史義成軍節度使蓋卽此題稱前長安縣主簿者也攷紀文前書五月庚申則甲辰當爲六月紀於此脫文矣融又見李適之傳子季卿孫融立性嚴整善吏事貞元十年歷官至滑州節度使卒滑當作滑傳刻誤也宗室世系表列適之相元宗下惟書霅而季卿及融俱失載融又見裴光庭傳加宏文館大學士引壽安丞李融令直宏文館

是融初從仕亦以文學見引非獨善吏事矣予故綜其前後論之以見名不虛附也 授堂金石跋

上官沼題名

在昭應碑下截蘇敦之左三行字數不等行書

侍御史上官沼大曆十三年七月廿九日赴東臺謁嶽過

宰相世系有上官詔當卽其人表宜從碑作沼爲是 關中金石記

右題名正書案東臺之名因話錄云武后朝御史臺有左右肅政之號當時謂之左臺右臺則憲府未嘗有東西臺之稱惟俗間呼在京爲西臺東都爲東臺攷舊唐書獨孤郁傳憲府故事三院御史由大夫中丞自辟請命于朝時崔晃鄭居中不由憲長而除勅命雖行朗拒而不納晃竟改太常博士居中分司東臺盧杞傳父奕天寶末爲東臺御史中丞昌黎集故虞部張君墓誌銘拜監察御史經二年拜眞御史明年分司東臺轉殿中呂和叔集故太子少保贈尚書左僕射韋府君神道碑銘遷監察御史內供奉東都留守卽拜東臺侍御史司空表聖集盧知猷神道碑遷侍御史專領東臺之務以此題名証之則當時見

于史傳文集皆稱東臺決非從俗爲之因話錄撿審不精妄爲此議也 授堂金石跋

金石萃編卷七十九終

金石萃編卷八十

賜進士出身　誥授光祿大夫刑部右侍郎加七級王昶撰

唐四十

崔漢衡題名

在昭應碑後李休光題額字下三行字數不等隸書

蓮華魏覓竹箭喧〻浩〻今古憧〻往來

銀青光祿大夫守兵部尚書博陵郡開國公崔漢衡

興元元年十二月廿三日華陰縣令盧倣書

題云守兵部尚書博陵郡開國公唐書載漢衡官爵甚詳不言封博陵郡公亦是缺略婁機漢隸字源云

漢樊毅復華下民租碑唐興元中華陰縣令盧倣求得而爲之記八分書于碑末即此人關中金石記

崔頲等題名

在昭應碑前咸廙字下三行行六字九字不等左行行書

撿校水部員外郎崔頲

華陰縣令韋縚

貞元元年二月六日記

又一行在崔頲之下行書

華州司功叅軍鄭齊嬰

唐書韋縚傳縚字子章京兆萬年人建中中爲長安尉朱泚亂羸服走奉天拜華陰令案唐有兩韋縚爲韋貫之兄非此人關中金石記

裴濟等題名

在告華岳文碑正中七行字數不等左行正書

前萬年縣尉裴堪

前華陰縣丞盧佩

懷州河内縣丞盧渚

鄭駉

進士裴諫　裴諲

貞元九季七月廿五日叅軍事裴濟題

請雨文

濟河東聞喜人善隸書唐書有傳宣和書譜云濟隸書爲時推重晚歲行草尤勝攷濟以蔭起家此稱叅軍事而不著地當即是華州諸叅但未辯何司耳題内又有盧渚盧佩渚名見宰相世系表佩名見河東記關中金石記

右題名正書在盧朝徹禱嶽文之後舊唐書列傳裴濟河東人少篤學善隸書以門蔭入仕元和初累遷右拾遺轉左補闕新唐書同據題名貞元九年方爲叅軍事此即以門蔭入仕時也沈亞之河中府叅軍廳記

國朝設官無高卑皆以職授任不職而居任者獨參軍焉觀其意蓋欲以清人賢胄之子弟將命試任使以雅地任之耳文苑英華關中金石記攷濟以蔭起家此稱參軍事而不著地當即是華州諸司但未辨何司予攷職官志上州司功司倉司戶司兵司法司士六曹參軍事各一人外又有參軍事四人華州爲上輔於設官當四人然則濟稱參軍事即四人中之一非六曹諸司也題名字體端勁必濟之自書得此益見善緣書非虛美矣授堂金石跋

鄭全濟等題名

在告華岳文碑裴濟之下五行字數不等左行正書

將口口守尉鄭全濟字巨舟

口口縣尉李端士

口口縣尉鄭璆

貞元十三年三月廿四日題記

內有華陰縣尉鄭璆世系表有之關中金石記

尉旻題名

石高一尺二寸廣五寸三行字數不等正書

寧遠將軍守左金吾衛口口軍試太常卿尉旻

元和元年正月廿日題

郭豐等題名

在華岳頌碑左側裴士淹下十行六字七字八字不等左行正書

華州司士參軍郭豐

華陰縣丞李沖

華陰縣主簿姚鵬舉

華陰縣尉韓瑨

華陰縣尉苗華

華陰縣尉崔杙

門下典儀李誠明

元和元年七月十日同會於此　杙題

題內有門下典儀李誠明門下典儀者門下省屬官也關中金石記

薛存等題名

石橫廣一尺九寸高八寸八行字數不等左行正書

司勳員外郎薛存

華陰縣令栁澗

華陰縣主簿裴裓

華陰縣尉杜文舉

前鄭縣丞韋殷

前華陰縣尉王沂

野客李口

元和四年九月十九日

右題名正書自左起按薛存下缺字當作誠舊唐書薛存誠傳裴垍作相用爲起居郎轉司勳員外與題名合柳澗附見韓愈傳云華州刺史閻濟美以公事停華陰令柳澗縣務俾攝掾曹居數月濟美罷郡出居公館澗遂諷百姓遮道索前年軍頓役直後刺史趙昌按得澗罪以聞貶房州司馬愈因使過華知其事以爲刺史相黨上疏理澗留中不下詔監察御史按驗得澗贓狀再貶澗封溪尉又皇甫湜韓文公神

道碑云華州刺史奏華陰令柳澗贓詔貶澗官澗任華陰坐貶始末如是然則澗之挾怨煽衆固黠吏所爲而刺史相黨必致之罪亦出情哉 授堂金石跋

協律郎李口等題名

石廣一尺一寸高七寸八行行八字左行正書

太常寺協律郎李口

華陰縣令崔蔇

華陰縣尉鄭公幹

華陰縣尉裴混

華陰縣尉陶洪

進士蘇莊

元和十年五月十二口　嵩嶽

嵩嶽廟題名殘石

石橫廣一尺二寸高五寸後有李朝式題名廿一行行六字左行正書

前容府口口　宮試右衛口曹　參軍口口口　鄉貢進士口口　慶口口華州　覲省弟谷　京

元和十四年正月一日題

李朝式元和十四年正月十一日題

宗室世系表有容府經略推官李慶之容府經略使左庶子李景仁容府者即容州都督府也屬嶺南道

關中金石記

張常慶題名

在盧崘題名石之右二行行五字九字不等正書

判官張常慶

元和十五年七月七日

王璠題名

在盧崘題名石之右四行行七字八字不等左行正書

起居舍人賜緋魚袋王璠元和拾伍年口壹月貳拾陸日口

使鎮州　宣慰口

右題名正書自左起文云起居舍人賜緋魚袋王璠舊唐書璠本傳元和中入朝爲監察御史再遷起居舍人副鄭覃宣慰于鎮州（新唐書璠以起居舍人副鄭覃宣慰鎮州）此題稱元和十五年與傳合而璠出使鎮宣賜章服以寵其行傳失紀此事蓋從略也（授堂金石跋）

裴頲題名

（石橫廣一尺五寸高八寸七行行六字七字不等左行正書）

長慶元□□□十三日朝散大夫行華陰縣令上柱國

裴頲奉勾當再修中門屋至廿五日功畢

廟令張從本題（此行古篆書）

又（在虞翻題名石之左七行字數不等左行以無號年附錄於此正書）

□□□□□□□□□

□□□□□□□

□散大夫行華陰縣□□柱國裴頲

華陰縣丞薛仲歸

華陰縣主簿黎熉

華陰縣尉高懿

□□□

右題名正書自左起案宰相世系表東眷房裴頲衛尉卿駙馬都尉諸公主列傳齊國公主下嫁張垍又嫁裴頲年代差遠當別爲一人南來吳房亦有頲官左淸道率府兵曹參軍或即是題名者與（授堂金石跋）

方參等獄祠題名

（石高廣俱一尺二寸題名二段前五行行十六字左行正書）

（缺）執籩豆爲　國討叛思契丹懇敬祭敬拜牢饌畢陳

所期感通昭鑒不昧列旌旗於豯野羅冠劍於　明庭

共展禮容因以題記

大和二年八月廿八日

男守左驍衛倉曹參軍上柱國賜緋魚袋方參侍從

朝覲

右題名正書自左起按此題執下字殘其半以名氏度之似蕃將臣於唐者然無所徵實以攷其迹惟叛思契丹在新唐書列傳言太和開成間朝獻凡四然天子羇其外附回鶻不復官爵渠長（舊唐書傳亦云元和長慶寶曆太和開成時遣使來朝貢）則當大和二年必有叛附故遣將聲討加以醜名曰叛思亦猶武后更號孫萬榮爲萬斬李盡忠曰盡滅默啜爲斬啜也是討叛思契丹一事可以補新舊書之闕益非細也（授堂金石跋）

按爲國討叛句思契丹懇句契有勘合之義丹懇猶言丹誠下云敬祭敬拜詞竭其勤懇丹誠以祭拜也舊唐書文宗紀大和二年五月王廷湊出兵

侵鄭滑欲撓王師以援李同捷昭義劉從諫請出軍討之七月甲辰詔宰臣集三署四品巳上常參官議討王廷湊可否九月甲午詔削奪王廷湊在身官爵隣邑接界隨便進討新書紀八月己巳王廷湊反是月甲寅朔則己巳爲十六日也今此題記在大和二年八月廿八日其時所云爲國討叛者正指王廷湊事非契丹也北狄列傳歷叙契丹朝獻次數云大和開成間凡四並不言有叛附征討之事益授堂句讀偶誤耳

李璠題名

在焦鑁題名之右一行十五字正書

隴西李璠大和三年十一月十五日題

韋公式題名

石高一尺廣七寸共七行行十四字左行正書

□昭京兆府功曹前秘書郎韋公式　外甥鄭縣尉攝
華陰縣主簿裴虔
右公式頃年佐理斯邑自後向逾一紀六變官曹今者
慮以官成身有所繫弃馬到此追尋舊遊覽前題處豈
勝□□
大和四年上元月題

右題名正書自左起案以後向逾一紀推之此題在大和四年前題當元和十二三年間矣官成以周禮鄭氏註謂官府之成事品式公式率爾留記蹇蹇不忘于此信非俗吏也授堂金石跋

李虞仲題名

石橫廣一尺二寸高八寸共十行行九字左行正書

正議大夫使持節華州諸軍事守華州刺史　御史中
丞充潼關□□國軍等使上柱國□□□開國男食邑
三□□□□金魚袋李虞仲　大和四年七月十□
□　詔以立秋後祀　南都團練判官□□□事
柳乘同來□□

虞仲李端之子唐書本傳虞仲字見之第進士宏詞累遷太常博士寶歷初以兵部郎中知制誥遷中書舍人出爲華州刺史歷吏部侍郎末有云判官事柳乘同來乘名又見嚴素聖母帖後盎以大理評事出判華州事也關中金石記

右題名自左向右舊唐書列傳李虞仲大和四年出爲華州刺史兼御史大夫依題名乃爲中丞而非大夫至於勳上柱國爵開國男皆未之及立秋修祀華嶽以刺史攝祭亦禮儀志文所不具南都拔之新唐

書地理志上元元年號南都爲府二年罷都是年又
號南都尋罷都則江陵久不名都矣題名猶稱此者
襲舊名也呂諲傳上言請於江陵置南都敕改荆州
爲江陵府永平軍團練三千人以遏吴蜀之衝據舊唐書
傳文南都置團練判官蓋出於此也授堂金石跋

寶存辭等題名

石高九寸廣七寸五行行七字八字不等左行正書

□縣主簿寳存辭鄉貢進士馮琉開成二年四月存辭
請假赴洛琉　侍從祈□缺
□庚題名

石後缺現存高廣俱五寸五行行五字六字不等左行正書

開成二年九月五日庚將赴京告辭　金天王遇遐於
此便同道缺

李景讓題名

石横廣一尺七寸高一尺十三行行字數不等正書

□□□史兼御史中丞李景讓
□監察御史裴行遠□季
前右龍武軍錄事叅□李暎
□士劉濯
□□李景裕
□□盧纂
□□鄭紫
□士鄭緻
開成四季六月十九日

景讓字後己李憕之孫也唐書本傳稱景讓入爲尚
書左丞至大中始進御史大夫劾免爲侍御史據此
則開成時已爲此官也當是爲節度使時兼攝之官
故史不記之耳關中金石記

右題名新唐書列傳景讓寶歷初遷右拾遺以題名
所題兼御史中丞此當出寶歷至開成十餘年官序

如此而史失載也景讓性好奬士類拔孤爪今附名
如進士李灌凡五人從之遊覽亦其宏雅所致足爲
世勸也授堂金石跋

陳商題名

石高一尺廣六寸六行行十字十二字不等正書

□門郎中史館修撰陳商會昌元年七月廿五日商祗
召赴　闕與盧溪處士鄧君蟠同題時□□□□□
商題後六年自禮部侍郎出鎮□陜又與鄧支使同來
十月□□

此題云司門郎中史館修撰題後又有後六年商自

禮部侍郎出鎮分陝云云孜商以禮部侍郎屯文以延英對見辭不稱旨改授王起即其出鎮之事也見唐摭言唐書云商字述聖官至秘書監封許昌縣男 關中金石記

右題名正書自左起舊唐書宣宗紀會昌六年迎神主下百寮議皆言准故事無兩都俱置之禮惟禮部侍郎陳商議云周之文武有鎬洛二廟今兩都異廟可也然不宜置主於廟主宜依禮瘞於廟之北墉下今此題稱禮部侍郎出鎮陝者即其人昌黎集荅陳商書時猶未第後元和九年進士第此於題名時致

通顯矣鄧支使不書名當爲鄧君蟠也百官志監察御史十五人凡十道巡按以判官二人爲佐務繁則有支使 授堂金石跋

常侍□□祀嶽廟殘詩

石高廣俱八寸七行行七字十字不等正書

□□□□□□□□□□□□□□□□□□□□□

□□□鬼神階質明三獻雖終禮祈 壽千年別上杯

豈是璵材□祀事宏農 太守圭□來 常侍曾領此郡故有□句

會昌二年六月廿二日立秋

崔鄘等題名

石高一尺廣八寸五行行十字十五字不等正書

正議大夫守京兆尹賜紫金魚袋崔鄘 華州華陰縣令崔宏會昌二年六月十六日鄘自汝海將赴 闕庭時與宏同謁 廟而過

宰相世系表鄘官至大理卿崔邠之弟鄘之兄也 關中金石記

右題名自左起按鄘見宰相世系表亦見權載之集崔縣神道碑曰鄘今爲廷尉實當會昌元年是此題云守京兆尹蓋由廷尉擢是職也汝海即汝州游宦紀聞稱坡公元豐七年自黃量移汝海蓋唐時已有

此名矣 授堂金石跋

崔愼由等題名

在尉旻題名之右三行字數不等左行正書

殿中侍御史集賢殿直學士崔愼由

右補闕李當

鄉貢進士崔安潛

會昌五年二月八日同赴

愼由爲宣宗相寓尺東於所知必稱安潛故時人有王凝裴瓚舍弟安潛之語後亦位至侍中古人之升沈後進若此 關中金石記

右題名正書自左起案愼由見新舊書傳當會昌五年並失錄其爲殿中侍御史集賢殿直學士安潛舊書本傳稱大中三年登進士第此在會昌五年固宜以鄉貢自題也授堂金石跋

李口方題名

石高八寸廣四寸五分三行行八字左行正書

右議大夫李口方

大中元年三月 口口雨

按雍州金石記作李郝方今字已泐

楊漢公題名殘石

石殘缺僅高六寸廣五寸二行左行正書

缺中楊漢公

缺五月

漢公隨越公後啓字用乂官至天平軍節度使檢校戶部尚書題稱其官爲給事中當在爲同州刺史之前唐書本傳不及之者略也關中金石記

李貽孫祈雪題記

石横廣一尺六寸高一尺五分七行行七字八字不等左行正書

左諫議大夫充宏文館學士判館事賜紫金魚袋李貽孫大中三年十二月八日奉 制祈雪小男進士同吉

學究靜復從行

右題名大書自左起貽孫史不爲立傳予攷歐陽行周文集序爲貽孫所撰序云大和中爲福建團練副使大中六年又爲觀察使其前結銜特詳所記實爲福建等州都團練觀察處置等使正議大夫使持節都督福州諸軍事福州刺史兼御史中丞上柱國賜紫金魚袋以此題證之當大中三年嘗官于朝至六年任於外矣全唐詩話元賓終于四門助教李貽孫序其文元賓李觀也與行周同年進士早沒而貽孫于其遺集爲之表章如此廣川書跋鄭都官陰眞人

祠刻詩三章唐貞元中刺史李貽孫書蓋大中之前又爲刺史於忠州矣貞元中至大中越五六十年貽孫少致通顯至此已八十餘疑貞元字尚有誤爲附識于此貽孫好文喜奇於斯可想其爲人而題名當亦貽孫所自書故可寶也授堂金石跋

按後又有大中五年七月廿七日李貽孫題云達都團練觀察處置等使兼御史中丞則是貽孫之任外不待六年矣

鄭復等題名

石高廣俱八寸五分五行行六字左行隷書

河東縣尉鄭復

臨晉縣令姚損

隴州參軍鄭孚

鄉貢進士盧瓛

大中四季九月五日紀

損時爲臨晉縣令瓛鄉貢進士宰相世系表損字慶遠禮部尚書瓛魏州刺史關中金石記

李貽孫題名

石高八寸五分廣七寸六行行七字至九字不等左行正書

福建都團練觀察處置等使兼御史中丞李貽孫大中五年七月廿七日□鎮將男意承文蔚□復含昭謁嶽而退

于德晦等題名

在李虞仲題名之左三行字數不等左行正書

監察御史于德晦

□州鎮國軍判官試大理評事□□

大中六年三月廿四日同謁金天

題名正書自左起新唐書宰相世系表德晦官同州刺史其見於史者惟此而已長安志務本坊有左散騎常侍于德晦宅授堂金石跋

李植題名

石横廣八寸高六寸五行行五字至七字不等左行正書

侍御史內供奉李植大中十一年十一月十三日自浙右赴闕

李蠙祈雪題名

石横廣一尺九寸高八寸五分四行字數不等正書

左諫議大夫賜緋魚袋李蠙咸通元年十二月廿九日奉恩命祈雪

許瑗等題名

在方叅題名之左四行字數不等左行正書

鄭縣丞攝尉許瑗

宇文珪

華陰縣尉薛殷圖

咸通十一年十月十七日題

司空圖嶽廟殘詩

在盖恭盖昌等題名之後二行行七字正書

岳前大旆討淮西從此中原息戰鼙

唐摭言云裴晉公赴敵淮西題名岳廟之闕門大順中戶部侍郎司空圖以一絕紀之曰嶽前大隊赴淮西從此中原息戰鼙石闕莫教苔蘚上分明認取晉

公題今此詩只存首二句作獄前大旆詞淮西則有二字異矣圖書世所罕見則此十四字可寶也關中金石記

右詩存者惟有岳前大旆詩淮西從此中原息戰鼙二句按此爲司空圖祖晉公赴敵淮西題名紀之一絕也晉公題名亡佚不可見今詩石又斷下二句矣說見王定保唐摭言又全唐詩話亦載此詩云大順中戶部侍郎司空圖紀者然則題詩年代猶可攷也授堂金石跋

嚴口題名

石橫廣一尺七寸高九寸行數不拼每行五字正書

監察御史裏行嚴口乙卯歲八月庚寅奉使東周展敬

按乙卯爲昭宗乾寧二年八月乙酉朔庚寅是初六日也

崔恭伯等題名

石殘缺存高一尺廣七寸五分三行字數不等在行正書

河南府參軍崔恭伯

華州參軍韋口

安邑縣尉鉄

李境等題名

石高八寸五分廣四寸三行行六字正書

下邽縣丞李境

進士李賓

進士李口

趙宗儒等題名

在華岳頌碑右側顏魯公題名下四行行七字九字不等正書

宏文館校書郎趙宗儒

義陽府左果毅丁希口

前鄭縣主簿李益

三人同謁

唐有兩李益一宰相掄族官禮部尚書一官太子庶子此未知孰是

穆準等題名

在華岳頌碑右側下截趙宗儒題名之右四行行三字四字不等正書

前潞府參軍穆準

懷州口嘉縣尉穆戒

裴賁等題名

在昭應碑右李休光題額之側一行隸書

朝議郎行華陰縣令裴賁　丞柳升　主簿霍晃

按華嶽題名共得搨本七十二段皆分刻于華嶽

頌碑述聖頌碑精享昭應碑告華嶽文碑之左右凡姓名三百餘人其有事蹟可攷者分記於各段之後兹不更贅計始自開元二十三年迄于唐末各段俱總附于鄭虔題名之後不復析出分年件繫俾覽者連類及之便於詳檢猶聖教序皆獻觀碑陁羅尼經幢之例也

金石萃編卷八十終

金石萃編卷八十一

賜進士出身　誥授光祿大夫刑部右侍郎加七級王昶譔

唐四十一

北嶽神廟碑

碑本高廣尺寸行字皆不計隸書在曲陽縣北嶽廟

大唐北嶽廟聖之碑并序

陳州長史鄭子春譔

博陵崔鐶書

安喜縣尉李遜篆

夫清明者象廣大成形聖人則之作紀資始列於五嶽視已三公率由典常靡不崇燎雉厥恒岫口爲首稱故知碣石太行萬里延袤闕聳河滸盤薄海隅畢卯降其精沫易蹤其浸設險以分中外通氣以出雲雷非陰陽不測之神其孰能與於此也爾其峯巒星聯草樹烟鬱靈偃表其窟宅珍怪産其高深感通應見必契誠懿藏珽者知將亡之兆制勝者効卒然之奇能虵羽毛安可詳悉幽贊設教神道有彝登臨極目如在諸掌其陰則常嶽廣武林胡樓煩其陽則燕趙殷衛面河泝濉自冀州既載惟彼陶唐隄封庶品波委霧合財力豪贍貨殖繁滋遺風祠宇龣然無易敬神祓福不孤德鄰歆類誕

靈安可勝紀定人艱悔陳迹昭然易知簡能可大可久
且收藏曰義生長曰仁仁義所攝祈禱如市有年登稔
穰穰滿家和平是恃不生災害　我唐列聖重光再
造區宇邦本胥悅俊人用彰天工所代無非淑哲惟良
共此枝賢責成彼美循吏其猶踵武自昇中檢玉再展
岱宗方岳肖巡船行未給今之故事牧守是遵敬遠之
規載在王府使持節刺史段公字崇簡學古入官政貴
清靜人荷其惠吏懾其威博考前聞肅祗明祀每船行
奠享愷悌不忘豐之所勞必在君子夫爲設靈宇睟容
凝湛未施敬而自敬不有威而自威而簷廡階闥尚多

湫隘未增閎敞折衷有虧長松雌柏邐𨺗猶褊公乃審
面勢規曲直延觀宇劃垣墉高閈閎通□術周覽彌望
列樹豐碑容衛森𧩎藻繪彪駮納日月於扃牖駐雲物
於軒楹光色焜煌爛如貝錦不費財力而忽贍不徵力
役而自成求諸志誠不亦寘助先是冀方遐邇溥獲元
吉初求後報其徒寔繁如□如流委輸所積物無遺乏
人不勸勞易於從事百姓無擾商農工賈孚信不遺休
徵允集是依是賴自□□逆命多歷歲季推亡固存
天心獨昭適□大使輔國大將軍左羽林衛大將軍幽
府長史兼御史大夫經略軍支度營田節度副大使兼

知河北道採訪使南陽郡開國公張守珪分閫董戎假
節專制抗稜邊荒兇渠喪元屈人不戰種落夷謐初有
高陽人田登封於此祈福神君降形而謂之曰吾方助
順取彼殘孽殄殲元惡懸諸槀街果如其期止暴寧亂
兵不血刃野不暴骸乃聖乃神幽贊斯在雖霍山之祐
無恤新城之見申生以此寄言曾何等級由是尨耆
老皤皤然被黃髮者相率而言曰某等上從祖愿下及
孫謀百有餘年沐浴　皇侃鼓腹擊壤賡歌太平今
屬牧守仁明正身率下我有枳棘岑公不伐而自除笞
無禱蒞廉叔聿來而稱足別駕符子珪長史高元泰司

馬李叟等威輔通忠益克表緹紬詢謀公道實毗方嶽
況乎廣運不測幽明協咊謀無遺筴人不勞止刊石紀
事不亦宜乎予春才愧色絲學非博物課虛杼軸敢讓
當仁詞曰
巍巍巨鎮幽都是託上接蒼旻傍分寥廓併吞冀野扰
倚沙漠華夷險界隔閡斯作其弌　凡所敬道必惟鬼神
代昭祀典大庇烝人奇慝無作政教日新不孤其德必
有其鄰其弍　水火金木配神作主允茲岳靈實司朔土
東生南長西成北聚會庫閉藏要及近康其弎　五載肆
覲今古有殊豊約異軌禮物分區明德無替潔粢不渝

神理昭晰感應冥符其四　昇中告禪名山有五禮亦從
宜何必循古率先岱宗望秩周普精壹無差允膺福祐
其五　隨時珍薦必俟王言或降卿士或命司存執禮必
備恭惟駿奔式禋明德荷畜乾坤其六　我皇立極阜俗
寧亂賢才是旦凶族咸竄叢爾林胡假息離叛殲魁擁
脅人寶協贊其七　疇咨牧守口獲我公旣敷惠澤亦扇
仁風有葺斯廟陋彼前功隘狹增廣蠻廊傍通其八　庭
廡遂敞容衛爾餙續事後素昭彰歆祀工無遺巧人不
勞力垣墉徑隧內方外直其九　門閈高聳豐碑列樹相
質匪工受辛寧喻小子何讓敢忘景慕紀功書實恢
我王度其十

檢校官錄事史歸宗

專知官恒陽主薄郝英質

碑鄭子春撰崔鏶書鏶無書名此碑分隸遒逸眞當韓蔡雁行而無樹碑年月攷其時張守珪鎭幽州當在開元之末耳諸家無錄者何也石墨鐫華

神字作𥘉下從旦禮記郊特牲所以交於旦明之義也鄭康成曰旦當爲神篆字之誤也莊子有旦宅而情死亦讀爲神昔之傳書者遺其上半因誤爲旦耳畢卯乃是昴字省日作單卯巳異又加一點用爲胎

卯之卯豈古人卯卯通用歟金史有斜卯氏本竝作卯而潞州五龍祠明昌癸丑祈晴碑有上黨尉斜卯温玉竟作夕旁从卩與此碑畢卯之卯同碑陰紀段

使君德政崔鏶撰并八分書金石文字記

右碑陰紀段公德政崔鏶八分書段公者前碑字而不名此云諱愔字從簡也顧炎武金石文字記無年月可考者以此碑爲首予按碑陰後云我唐二年歲次乙亥閏十一月壬午朔廿二日癸卯建高宗上元二年乙亥無閏月志云開元二十三年閏十一月朔壬午食斗南十一度合朔與此碑同是年明皇欲相張守珪而張九齡曰宰相非賞功之官前碑極言守珪平定之功立碑應在此時決非上元可知所謂二年者爲唐歷第二次之乙亥也文人好作隱語故上無紀元或前碑已有開元年月而殘泐也顧氏考据最詳何未及此金石錄補

碑首列陳州長史鄭子春纂博陵崔鏶書安喜縣尉李遜篆後列張守珪唐書守珪本傳從幽州長史河北節度副大使俄加採訪處置等使二十三年入見天子加輔國大將軍右羽林大將軍以碑証之當作左羽林又開國南陽巳列公爵史皆失書傳稱幽州

碑作幽府幽州爲大都督府二名亦可通也經畧軍
在幽州城内支度營田攷舊唐書職官志凡天下邊
軍有支度使以計軍資糧仗之用每歲所費皆申度
支會計以長行旨爲準劉全諒傳授容奴柳城郡太
守攝御史大夫平盧節度支度營田李希烈傳加御
史大夫充淮西支度營田觀察使李自長傳河東節
度支度營田觀察使嚴綬傳充河東節度支度營田
觀察處置等使今守珪所領亦猶是也世多混以支
度同于度支故附著之碑又載高陽人田登封於此
祈禱神君降形而謂之曰吾方助順取彼殘孽殄殲

元惡懸諸藁街云云傳稱守珪次紫蒙川大閱軍實
賞將士傳屆刺突于首于東都即指其事而神君降
形之言史不具錄以其涉妄也　下截載屬吏名其
詞亦用駢體屬頌不具錄名之可見者別駕符子珪
轉金州刺史長史高元奉司馬李夐錄事參軍崔曦
范光烈司功參軍李眞司倉參軍呼延傑尹光暉司
戶參軍崔藏陽楚容車元福司兵參軍張景運司法
參軍梁悊張嗣臣攝官義豐縣尉宋季𣪘司士參軍
李鎮韋望參軍盧邕麗涉王銳李孚博士宋殷禮錄
事史歸宗梁明禮市令張知什恒陽縣令裴延祐丞

李兌主薄郝英質尉王嶠尉夏侯庭玉嶽令牛懷貫
按此皆定州刺史所屬吏也定州爲上州証之舊唐
書職官志別駕長史司馬錄事參軍事各一人相符
而碑不載錄事三人唐書百官志錄事二人司功司倉司戶司
兵司法司士六曹參軍事各一人百官志司戶參軍事二人司法參軍事二人又多司田參軍事一人而碑於倉曹有二人戶曹有三人兵
曹有二人經學博士醫學博士各一人百官志醫學博士一人
而碑惟載博士一人亦不言其何屬蓋官制更張改
併因時權事而不齊一雖兩史所收亦不備矣碑不
列司田參軍定非屯田之州不置營田使故司田無

所置也諸曹參軍不作參軍事省文也李夐見所題
恒嶽晨望有懷詩稱爲定州司馬與此碑合而詩云
景福如光顯私門當復侯然則夐先世固有封爵既
失而祈祐於神其可推見又如此　碑陰第一層紀
段使君德政是爲博陵崔鐶詞並書及篆其石斷裂
一文微有不屬而字尚完具首序段公諱愔字崇簡五
代祖榮字子茂後魏十遷都督一拜尚書二統將軍
六爲刺史儀同三司食邑八百戶追贈左僕射太尉
公武威王謚曰景配享高祖四代祖韶字孝先魏驃
騎大將軍尚書右僕射以功封平原郡王曰司徒大

將軍尚書令增邑二千戶領太子太師除大司馬錄尚書事諡曰忠武曾王父濟字德堪歷仕齊周隋並口開府儀同三司大將軍相繼五州刺史齊封上郡王諡曰貞王父乾字寶元唐刑部郎中遷給事中刑部侍郎尚書左右丞洛州刺史建都授洛州長史烈考嗣皇韓王府功曹潤州司士滄州東光縣令按棨韶濟史並有傳齊書稱榮授鎮北將軍定州刺史轉授瀛州尋行相州後爲濟州轉行秦州凡五爲刺史北史則云由定瀛二州尋歷相濟秦是碑所紀六爲刺史較二史多書一州二史俱言諡曰昭景碑惟著諡曰景此

又爲少異韶歷官北史傳與碑合其封平原郡王而齊書本傳亦稱爲平原郡王濟字德堪齊書稱韶第七子德堪而漏其名北史又稱亮字德堪名亦與碑異至爲五州刺史與封王及諡二史皆未之錄碑所據當本其家牒書宜詳審於史也僧居官以碑証之大聖天后封中告成公以閒清高才貌兼秀調魏州叅軍轉蜀州司法岐州司兵華陰奉天二縣令轉少府口監原州刺史京兆少尹定州刺史上柱國兼北平軍使而頌詞所紀微爲溢美矣碑殘剝失其年代按碑陽載張守珪加輔國大將軍左羽林大將軍在

開元二十三年今碑我唐下闕尚有二年歲次乙亥閏十一月壬午朔二十三日癸卯建字則碑之立即開元二十三年也金石文字刻列入無年月葢失攷也授堂金石跋

按此碑失搨碑陰但據碑陽錄之前題神廟之神字文中亦有二處用古文作⿰丌⿱旬旦其字从丌从旬从旦顧氏但引郊特牲旦明之義鄭注謂旦當爲神篆字之誤而未解其所从之義竊謂古文亦有六書可說者从丌即示之省从旬从旦者交于神明皆貴質明行事儀禮宗人曰旦明行事主人曰諾乃退注

旦明旦日質明也周禮春官大宗伯帥執事而卜日肆師凡祭祀之卜日宿爲期詔相其禮注曰宿先卜祭之夕疏曰卜日宿爲期則是卜前之夕與卜者及諸執事者以明旦爲期也又禮曲禮凡卜筮日旬之外曰遠某日旬之內曰近某日此从旬从旦之義葢皆主祭祀交神明爲言會意也文云畢卯降其精卯即昴字省日作卯而右从卩加點者卩本音節卽小篆卪字隸作卩徐鉉曰卪象半分之形唐人書隸不諳六書不知卯本作丣象開門之形省作卯與从卩音節者義別碑遂誤从卩而

又謬加點从丹也然碑祇右旁从丹左旁並不从丹又與舡肜字不同顧氏之說亦謬也文又云冀方遐邇委輸斯積商農工賈孚信不遺云云舊唐書張嘉貞傳嘉貞官定州刺史至州於恒嶽廟中立頌嘉貞自爲其文乃書于石嶽祠爲遠近祈賽有錢數百萬嘉貞以爲頌文之功納其數萬此碑所言委輸斯積與嘉貞傳語合也嘉貞撰北岳恒山祠碑已見前卷文又云自□□逆命多歷歲年逆命上泐二字以兩唐書張守珪傳考之乃契丹也守珪傳云二十一年轉幽州長史加河北採訪處置使先是契丹及奚連年爲邊患後契丹別帥李過折與可突于爭權不叶盡誅其黨率餘衆以降守珪因出師次于紫蒙川傳屈刺可突于等首于東都梟于天津橋之南二十三年春守珪詣東都獻捷遂拜守珪爲輔國大將軍右羽林大將軍兼御史大夫碑下文所謂分閫董戎假節專制抗稜運策兇渠喪元屈人不戰種落夷讋者正指其事後又載神君降形之語因以幽贊之功歸于北嶽而立此碑碑多書古文寶字之外如節度之度作庀皇化之化作僞遼之遼作遼皆是惟森

作森𨽻借用字朔土作朝土別體也

牛氏像龕碑

碑甚殘缺現存二十行行二十六字高廣不計隸書額題隴西縣君牛氏像龕碑九字行書前有銜名一行正書在洛陽

□□□□□像銘并序

□部員外郎張九齡□

粤若稽古有釋迦如來示滅雙林常在三□□能□□□□□□闕下擁多所康濟天水趙氏之七子者若人有□極□□□□□□□闕下先妣作禮𥙡師心不可以卽空事不可□□□□□□闕下慈作爲應身生未悟之□夫如此求者可不□□□□□□□□□闕下鑿巖因禹不必□須達之圖攞指非倕安在□□□□□□□□□闕下搏擊壁而上□攻香龕以洞啓通碧容石見□□□□□□□□□闕下湛然不動復次隋所圖擬蟬其□異寂□□□□□□□□□□□闕下月貞孟陬則□□□天□之建正是如來□□□□□□□□□□闕下雖古之介禍未始臻于□□惟夫人姓牛□□□□□□□□□□闕下冠牛父厥後有晉將軍□金金十一□□□□□□□□□□□□闕下卽夫人烈考也始□□□趙□□□□□□□次曰□·□□□□闕下

曰頤貞曰彖貞□□□□□□□□□□□歷□交汾陰□
□□□□下闕監察御史未□屬□□□□河□□□□□
于□吏公之懿親□□□□下闕不調終於檀州録□□軍
事夫八□□□直而敏喜愠如一道心□下闕然內訓垂
裕初　府君之没也長子方冠少男未髫趨□□□□
□下闕以禮蘭玉竝秀□□□□□□□在堂巳六子從
政□□□而不遠下闕□□風樹忽驚□□□□□□□
□□□載宏□□□□□□□下闕□□□□豈其下闕
□爾下闕與佛是□下闕

金石錄有龍門西龕石象記張九齡撰八分書開元

中立當郎此碑碑云□寇牛父厥後有晉將軍□金
金下鈌按宰相世系表云牛氏出自子姓宋微子之
後司寇牛父子孫以王父字爲氏漢有牛邯爲護羌
校尉因居隴西後徙安定再徙鶉觚安定牛氏出自
漢隴主簿崇之後而獨不及晉牛金此可補史之缺
云攻晉龕以洞啓龕從龍省竜汙簡以龕爲龍本此
也中州金石記

麗履温碑

裝本高廣行字皆不計隸書額題大唐元氏縣令麗君清德之碑十二字篆書在元氏縣西寺

前鹿泉縣令郤混之纂

蔡有鄰書

我國家再誓山河重懸日月明罰飭法覈名實之故典
考績宜力甄象魏之舊章　皇道煥炳而□□　帝載
緝熙而日用德惟善政政在養人若令長子男銅章墨
綬而尤善最者可屈指而知宣父中都太公灌邑童恢
責獸卓茂遷蝗男女別途鬼神息暴以今方古君何讓
焉君姓麗氏名履温字若水南安人也其先齊逢伯陵
之裔曾祖卿惲元勲左命功臣第壹等左武候大將軍
封□國公食實封四百戶贈幽平燕易嬀檀等六州諸
軍事幽州刺史謚曰肅襲數雖改雲雷尚屯披荊棘者

馮吳佐元功者蕭鄧將盟帶礪畫象雲臺圖兼衛霍之
容仕遂漢光之顧嘯庸賞懋食邑論封祖同福并州大
都督府司馬饒州刺史左衛將軍安北都護□捴望殷
衡珠寄重匪親不擇非賢勿居皂蓋南臨爭振喬鄉之
譽紅旌□卷式標鄭吉之能考□訓通事舍人鄭州司
馬贊善大夫率更令將作少監辭令抑揚　綸鳳迹
台顯輿叶詠展驥治中淇洞□樟允供於邦造激揚少
□□□於□山君純德天資大材靈降龍章鳳彩凝脂
點漆出忠入孝遊藝依仁荒蕪四壁寥廓千丈代陪豐
沛親預葭孚巽鱗翰之□□風雲之會漢表有外戚恩

澤周詩有申伯□□□家補昭文生從勲閥也長安二
年明經擢第拜宣州參軍轉授莫州司功參軍事秩滿
丁二親憂痛瘠埊枝哀毀隣社往而不返杖而後行禫
禫一年甫從常調開元十九年春會府遂拜公爲此縣
令曾子皋之爲政禮變□人漢原涉之舉能威行谷口
庶矣富矣又□加焉導之齊之非君莫可君有善政者
七風雹咸□於屬城樹稼獨滋於元氏其政一也□□
陽光□□陰液乖旬苗虞滕興人或狼顧公磬奠珪幣
稽顙增場俄而油雲四周膏雨百里其政二也闢土苗
畬用□分地勸東作而播稼課西成之鉏鎡躬臨樹藝

親載酒醪故使夏農服田秋得其實其政三也詢知疾
苦所患虛丁撫狀上陳應時申削籍無□稅人獲息肩
其政四也修職奉符不爲進越下有壅滯必舉肘諭言
每課田租時臨調賦寬爲□約會無再輸其政五也此
地俗多懻忮跕躧彈絃素曰難持更承□弛公整其衘
策適其權豪輒去宮羣悛心斂蹟其政六也先縣館宅
湫漏與百姓雜居公薄責人傭先抽己俸雖與處始而
可以樂成其政七也是以廉平稱職西河仰曾衛之風
淸儉當官南土變夷齊之俗可大可久是謂賢人之德
惟幾惟深以成天下之務公儀如繪畫神若轉規聲以

聞於震雷用無待於周月惠如春露吏人不能竊喜愠
之容精若冬冰貨殖不能動首陽之行暫霜鐘於鐸府
有感必通棲月鏡於塵臺觸形皆照邑老謝虔祐等竝
鄉庭積善掾吏安排行義以達其道隱居以求其志相
與族談城府錯立康莊襄德匪舒宣風技癢或吁 帝
閽而抒美或邀使駕而論功衆志[]誠如寒附火於是
圖徽舉罣託懿金聲其詞曰
淸風汎濫兮其來瀰茂宰馳能兮超卓曾雞犬相聞兮
人安堵一同仰之兮如父母聽謳謠兮詢疾苦鞠屬城
兮先趙部趙□遺風兮多懻忮君子爲之屏姦僞化澆

浮兮歸以義邑□□兮市無二政勝殘兮仍博施如水
火兮時不匱刊石鐫金兮蹟傳懿直爲□晨兮守名器
開元二十四年歲在困敦律中夾鐘□□建
前縣錄事謝積善

按此碑是麗履溫官元氏令邑老謝虔祐等立石
以頌德政也撰文者前鹿泉令郤混之無攷書者
蔡有鄰不署其官兩唐書亦無傳書史會要云有
鄰濟陽人漢左中郎將邕十八代孫官至右衛率
府兵曹參軍工八分隻古錄但稱其爲苑咸書小
字與三代器銘何異廣川書跋亦但云有鄰書見

于世者惟尉遲迥廟頌與廬舍那佛像記書法勁
險當與鴻都石經相繼而皆不述及此碑可知此
碑之不顯于世乂矣碑云君姓麗氏南安人也其
先齊逢伯陵之裔南安郡縣舊名有二處一在漢
之犍爲郡有南安縣見漢書地理志北周改嘉州
平羌郡置平羌縣隋改龍游縣唐因之一在漢之
梓潼縣地宋置南安郡齊置南安縣梁因之西魏
改始州普安郡仍名南安縣隋仍普安郡改普安
縣唐改劍州仍名普安縣並屬劍南道也廣韻麗
姓出南安南陽二望碑云南安著其望也而不詳

其何屬通志氏族畧麗姓以鄉爲氏周文王子畢
公高之後其支庶封于麗因以爲氏此碑云齊逢
伯陵之裔左傳有逢伯陵因之注逢伯陵殷諸侯
左傳又云齊有逢丑父碑蓋合逢伯陵逢丑父而
總謂之齊逢伯陵也逢伯陵之逢左傳讀符容切
逢丑父之逢廣韻入四江與麗同音則似麗逢同
系矣碑下云曾祖卿惲祖同福考□訓祖父史俱
無傳卿惲兩唐書附劉文靜傳云并州太原人從
太宗討隱太子有功累拜右驍衛將軍封郕國公
每卒追封濮國公子同善官至右金吾大將軍同

善子承宗開元初爲太子賓客據此知南安爲麗
氏之望而履温里貫則爲太原人矣卿惲從太宗
有功碑故云元勳佐命功臣第一等而官爲左武
候大將軍與傳不同碑泐其封國据傳爲郕碑不
書追封濮國傳不書贈幽州刺史謚曰肅皆彼此
互有詳略傳但載卿惲子同善同善子承宗而不
書同福及其子□訓然因是知卿惲有二子也碑
云君起家補昭文生從勳廕也昭文館本宏文館
新唐書百官志神龍元年改昭文以避孝敬皇帝
名二年改修文景雲中復爲昭文開元七年曰宏

文碑稱履温長安二年明經擢第其補昭文生在
長安以前神龍在長安之後豈宏文之改昭文不
始於神龍耶孝敬皇帝之立爲皇太子在顯慶元
年其薨在上元二年或先已諱之未可知也六典
載宏文館學生三十人皆勳戚子孫及文武職事
五品以上子入館學書兼肄業授經授史准試貢
舉此履温所以從勳廕先補昭文生而後明經擢
第也碑書履温令元氏有七善政一樹稼不受風
雹所傷二旱禱得雨三栽栽勸農四剗除盧丁五
租賦寬約六權豪斂跡七抽奉建館宅而其實祗

重農恤民兩事而已開元二十四年歲在丙子故云困敦律中夾鍾則二月也碑書佐命作左命佐左通用隸目難持當是難治避高宗諱作持猶治書侍御史作持書也

鄭曾碑

碑連額高一丈六寸八分廣四尺四寸二十三行行五十四字隸書額題唐故慈州刺史光祿卿鄭公碑十二字篆書在滎澤

大唐故慈州刺史□光祿少卿滎陽下闕

嬀巒之地□□□□□也觀光之文□□□□□□□□□□□□□□□□□衣冠之祚□□□□□□□□鄭公之謂焉公諱曾字景參滎陽開封人也胙土命氏則本□□□□□□盛□□□□□□□□□□則子□勤於京師弈葉□□□名不隕烈祖攜隋尚書右丞聘陳使永安侯大父嗣元唐通事□□□□明淑考九思□□豐城縣令□茲純蝦□□昭□誌□□世□公上承丕緒□蘊纍業初孩鍾隴西太夫人喪及觀號叟殆至□絕□□□性孝□根□□登□□□□爲□名以紀其異少而遊藝長藷屬文□□□□高第寧州羅川欽州賓陽縣尉施千吏道峻以清節□□□□窮憂泣□過禮□□□□□毀滅容若不

勝哀服闋授博州聊城□州□□縣丞每在公家必被誠績遷□州黎陽滄州鹽山縣令莅爾邑懷斯人□□□化政□□攺□州□事□□□□肅之道無言□□□□壹之規不令而知信禁暴撫瘠貽惠樹風□□□□俗不忘矣河南尹李公□□□□之□□□□□□於是□以□使功□勳□□□□成不□纍吏八建碑表□□□□□□□□□降璽書加朝散大夫懷州□□□□□□□□刺史□□□州閭□理興務人□發明典制糾剔瑕慝酌之□□□□□□布□悌以□其情敷靈爾以導其□□清而□□□□而□忍下□□□□□□□□□□□景命不以維祺而移疾還□□□□□□□□□□□春秋七十有三□薨也歸葬公于滎□北原夫人贊皇□君李氏□□□□□□德□公□□耐焉□也公體□□□□□□□□□□學合章以挺辭醞藉風裁周旋措式凡□朋執洎於寮吏□□□□□□不□□□郡州□□遺□□跡流于□□□□□□□□□□循良之化潤于國風仁其心物無弗親□其分道無不治福著而應德□而彰□有□□之法濬流之長高門積慶維□□□□□□□者也長日

長裕國子司業閻量貞密直方周愼名高雅望學人精
微次子□□歷□部郎中中書舍人鴻臚太常□少卿
□□□侍郎□□薛伯器摽公輔珪璋之特秀鉉翼之
艮材粤十有七載□□□□□　□
鸞謁於　園陵□□□□□□□□□泉壤
制以清官五品已上父母追崇爵位府君贈光祿□卿
夫人贈趙郡□□□□□飾□□□重慰瀍河之列此
□□□□□□□□著歕父叺□□□□□□□繼志
松楸□茂□傳相□□□□□□冂永□□□□□昇
卿□□　禁掖接侍　□墀□□

之□□□□碑□□□言非變登逑辭林之旨學古□□
□□□□□作□颸前烈□鐫遺芬其銘曰
懿二惟公承國於鄭門閥濟□軒裳表盛□□□□
□□性□學□□清方允正□以從吏歷職樹聲□□
□□□□維□□政□□作藩扞城化俾有程人胥用
寍謂我晉域聿來□□□□□□有翼□□□□
□□□□□□禰二子□□　皇恩贈寵神道
莱哀上延海署下感泉臺□□□□□□□令□□
□□□□□
開元廿四年歲在景□□□□□□□□景□建

□□□刻字
慈州刺史光祿卿鄭曾碑開元二十四年五月立梁
升卿撰并隸書篆額碑缺書撰人名据寶刻類編知
之金石略云未詳即此也碑云曾字景參滎陽開封
人也烈祖搗隨尚書右丞聘陳使永安侯大父嗣元
唐通事下闕考九思洪州豐城□按宰相世系表曾慈
州刺史正與此同父九思流水令曾祖搗從周行臺
左丞尚是官位之異耳祖弼誠解令則與碑大異作
世系表時當有鄭氏族譜爲据何至錯謬如此不有
此碑則曾之大父非實矣据世系表則搗爲曾祖而

碑云烈祖似是遠稱疑中脫嗣元一代也云及覲號
嚘出道經云終日號而嗌不嗄然嗄字說文所無惟
陸德明釋文本老子作嗄一邁反氣逆也又於介反
下又云當作噫是亦知爲無此字唐傅奕校定老子
古本篇作歔注於油切氣逆也說文又無歔字玉篇
嗄於求切引老子曰終日號而不嚘嚘氣逆也据此
乃知嗄即嚘字之誤是碑書於開元時僅据陸氏通
行之本未見傅本耳傅本今存道藏中與玉篇音適
合知其說之有本矣梁昇卿見新唐書韋抗傳云淺
學工書于八分尤工歷廣州都督嘗書東封朝覲碑

爲時絕筆又御史臺精舍記亦其所書也又檢全唐
詩有奉和聖製荅張說扈從南出雀鼠谷詩一首中州金石記

按碑多泐字鄭曾兩唐書無傳碑云公諱曾字昱京
參下文云初孩鐘隴西太夫人喪及觀號嗄殆至
性孝爲口名以紀其實此命名之義爲紀其孝也
然則命名在孩提居喪之後矣碑又云烈祖撝隋
尚書右丞聘陳使永安侯大父嗣元唐通事下闕淑
考九思豊城令宰相世系表曾祖撝後周行臺左
丞祖弼誠父九思沇水令而不載嗣元官位亦與

碑不同碑言撝在隋時爲聘陳使隋本紀自開皇
三年二月陳遣使來聘之後至閏十二月遣曾令
則魏澹使于陳自是逐年皆有報聘之使凡報聘
使副不過二人四年十一月遣薛道衡豆盧實五
年九月遣李若崔君贍六年八月遣裴豪劉顗七
年四月遣楊同崔儦八年三月遣程尚賢韋惲自
是遂下詔伐陳至九年三月平陳矣歷次聘使中
無鄭撝姓名世系表以撝仕于後周檢周紀自武
帝保定元年六月遣殷不害等使于陳自使陳逐
年遣使來聘而報使無闕至建德三年十月始遣

楊尚希盧愷至宣帝嗣位之初即命將帥衆伐陳
不復遣使亦不見有鄭撝姓名或者殷不害等其
中有鄭撝爲副未可知也然碑實在隋時不能臆
揣爲周即以隋論撝之聘陳祗在開皇年間自開
皇至開元廿四年立碑之歲約一百四十餘年以
三十年一世計之則撝爲曾之高祖理所應有碑
故不云曾祖而云烈祖世系表失書嗣元一代其
迹顯然中州金石記疑之是也至碑云號嗄殆至
中州金石記謂本于老子終日號而嗌不嗄又据
傅奕校定古本老子嗄作㰲又證以玉篇引老子

作終日號而不嚘以爲嗄即嚘字之譌然元宗御
注道德經石刻在開元廿六年其書經文實是終
日號而不嗄和之至注云赤子終日啼號而聲不
嘶嗄和之至口之令和也雖据陸氏通行之本玩
其文義嘶嗄主聲而不主氣故廣韻云嗄聲敗玉
篇云嗄聲破與元宗御注老子合廣韻㰲氣逆玉
篇㰲逆氣集韻㰲欭㰲嘅也一曰氣逆而引老子
終日號而不㰲爲證又于嚘云氣逆也或作𡂿是
集韻始以嚘爲氣逆以老子爲終日號而不㰲不
但與御書老子不同且與玉篇廣韻俱不同又廣

韻以嚘爲欭嚘歎集韻以㰻爲欭歎嘅字異而音
義同總不與嗄同音義又玉篇引老子作終日號
而不嗄集韻引老子作終日號而不歎傅奕以作
歎者爲古本老子兩唐書志老子無古本之名惟
汗簡有古老子列于書目檢其欠部無古老子歎
字之文則傅本之作歎以爲古本老子者似亦未
可徵信頗疑古文夏字作𩔖與篆文憂之作㥑者
形相似此碑書嗄字作嚘右旁夏字頗合古文之
體當時古本流傳或誤認爲嚘又輾轉傳譌誤作
歎字以致玉篇集韻各引老子不同詳玩碑文號

嗄殆至亦當解爲號哭失聲似不主號哭氣逆益
亦予初孩號哭其常也失聲其變也若必氣逆則
非初孩所能支矣碑云鐘隴西太夫人喪鐘即鍾
字廣韻云鍾當也碑謂當母喪也世系表云曾慈
州刺史與碑題合碑云缺泐不知官慈州在何年
後有璽書加朝散大夫懷州下闕刺史此懷州不知
與慈州孰先孰後也曾卒後贈光祿少卿則表所
不書

大智禪師碑銘

碑高八尺五寸三分廣四尺七寸三十二
行行六十一字隸書篆額在西安府學

大唐故大智禪師碑銘并序

中書侍郎嚴挺之撰

右羽林軍錄事參軍集賢院待　制兼按理史惟則
書并篆額

夫聖人以仁德育物者則醴泉潛應而涌嘉禾不播而
植神功以不宰宰運者則冥宗會境而立正法由因而
備然則有靈允荅爰九疇而式敘無爲克成超萬爲而
蠲濟暨　今上文明大開淨業溥福利眞慈
之澤闢權智衆善之門精求覺藏汲引僧寶往必與親
念則隨應張皇通達之路騰演元亨之衢者其惟我大

智禪師乎禪師諱義福上黨銅鞮人也俗姓姜氏系本
於齊官因於潞載鴻休於邦諫踐貞軌於家藂曾祖鷹
門令大父烈考並棲尚衡門禪師始能言已見聰哲梢
有識便離貪取先慈矜異遺訓出家年甫十五遊於衛
觀藝於鄴雖在白衣已奉持沙門清淨律行始爲鄴衛
之松栢矣乃遠迹尋詣探極冥搜至汝南中流山靈泉
寺讀法華維摩等經勤力不倦將月遍誦略無所遺後
於夜分端唱經偈忽聞庭際若風雨聲視之乃空中落
舍利數百粒又於都福先寺師事駙法師廣習大乘經
論區折理義多所通括以爲未臻關譚極深求典奧時嵩

嶽大師法如演不思議要用特生信重夕惕不遑既至
而如公遷謝悵然悲憤追蹤經行者久之載初歲遂落
髮具戒律行貞苦自尒亦衛一食而已聞荆州玉泉道
場大通禪師以禪惠兼化加刻意誓行苦身勵節將投
勝緣則席不暇暖願依慈救故遊不滯方旣謁大師率
呈操業一面盡敬以爲眞吾師也大師乃應根會識垢
散惱除旣而攝念慮棲榛林練五門入七淨毀譽不關
於視聽榮辱豈繫於人我或處雪霜衣食罄匱未嘗見
於顏色有厭苦之容積年鑽求確然大悟造微而內外
無寄適用而威儀不捨大師乃授以空藏印以揔持周

旋十年不失一念雖大法未備其超步之迹固以遠矣
後大師應召至東都天宮寺現疾因廣明有身之患唯
禪師親在左右密有傳付人莫能知後聖僧萬迴遇見
禪師謂衆人曰嚮通正法必此人也神龍歲自嵩山嶽
寺爲羣公所請邀至京師遊於終南化感寺棲置法堂
濱際林水外示離俗內得安神宴居寥廓廿年所時有
息心貞信之士抗迹隱淪之輩雖負才藉貴鴻名碩德
皆割弃愛欲洗心清淨齋莊肅敬供施無方或請發菩
提或參扣禪契有好慕而求進修者有厭苦而求利益
者莫不懇誓專一披露塵惱禪師由是開演先師之業

懋宣至聖之教語則無像應不以情規濟方圓各以其
器陶津緣性必詣其實廣燎明哲之燈洞鑒昏沉之路
心無所伏故物無不伏功不自已乃功無不成迷識者
以悟日新愛形者由化能革不遠千里曾未旬時騰湊
道場延袤山谷所謂旃檀移植異類同薰摩尼迴曜衆
珍自積其若是乎如來以四諦法濟三乘衆生以八正
道示一切迷惑其或繼之者善成之者性非夫行可與
眞齊致道可與身同體者固難議於斯開元十年
長安道俗請禪師住京城慈恩寺十三年
皇帝東巡河洛特令赴都居福先寺十五年放還京師

廿一年　恩旨復令入都至南龍興寺曰此人境
之靜也遂留憩焉沙門四輩靡然向風者日有千數其
因環里市絶葷茹而歸向者不可勝計廿三年秋八月
始現褒疾閉關晦養不接人事誡諸門徒曰吾聞道在
心不在事法由己非由人當自勤力以濟神用衆以爲
付屬之萌也明年夏五月加疾減膳廿四日申酉之閒
有白虹十餘道通亘輝映久而不滅廿五日際晚攝念
開顏謂近侍數人云本師釋迦示現受生七十有九乃
般涅槃吾今得佛之同年更何所住又云臥去坐去亦
何差別便右脇枕手累足而臥此則卯身非質處疾不

亂奄忽棄世無覺知者　皇帝降中使特加
慰賵每兼諡号曰大智禪師即大智本行皆悉成就以
禪師能備此本行也禪師法輪始自天竺達摩大教東
流三百餘年獨稱東山學門也自可琛信忍至大通遞
相印屬大通之傳付者河東普寂與禪師二人即東山
繼德七代于茲矣禪師性篤仁厚天姿通簡取捨自在
深淨無邊苦己任眞曠心濟物居道訓俗不忘於忠孝
虛往實歸尤見其圉默有無不足定其體名數安能極
其稱蹤波難抱高棟云摧旣離形器之表當會神通之
域粤七月六日遷神于龍門奉先寺之北岡威儀法事

盡令官給搢紳縞素者數百人士庶喪服者有萬計自
鼎門至于塔所雲集雷慟信宿不絕棺將臨壙有五色
祥雲白鶴數十雲光鶴影皆臨棺上鬱靄徘徊候掩而
散近古歸墓靈相未有如斯之盛也禪師之季曰道深
力方墳而心盡弟子莊濟等營豐碑而志勤伊余識昧
昔嘗面禀非以文詞取拙將爲刻碁在懷覽江夏立銘
涕增横墜都太原成論悲甚慨然攀緣苦集顧望都斷
有太僕卿濮陽杜昱者與余法利同事共集禪師衆所
知見實錄其餘傳聞不必盡記且離生滅是究竟無餘
鏤盤盂乃古今難侏顧才不稱物短綆汲深猶昔人稽
首東向彌心廬嶽者以爲悲恭之極光鐫刻永世不猶
愈乎其銘曰
契眞慈者道爲物先盡力幽投降劫生賢爰茲大士寂
照𣂷宜惠超三業心空四禪德溥甘露言感清泉朝斬
宗極念護無適猶彼權施乎福未嘗有如彼戒瓶乎物
無不受石無磷乎白不涅栢耐霜乎竹停雪今將遺世
乎無有豈永離荅纏乎辭生滅門人法侶乎無歸仰刻
鑿瑚金乎狀高節望廬山乎摧慕瞻郎谷乎悲絕
開元廿四年歲在丙子九月丁丑朔十八日甲午建
史子華刻字

碑陰
記刻碑陰之下方二十七行行九字隸書
大智禪師碑陰記
河南少尹陽伯成撰
通宜郎行河南府伊闕縣尉集賢院待　制兼校理
史惟則書
夫道非言言以明道也空非相相以泯空也　禪師診
天寘符曦刼傳印出等等騰非非適來時也適去順也
上自　宸扆下逮蒸黎幾似靑蓮之元旋驚白林之會
中書侍郎嚴公探祕藏決詞江洋洋乎文宗昭昭乎靈

迹伯成殊昧先覺忝在後塵糺合羣公激揚衆美豈翰墨以云朽將金石以齊固所謂非六經曷以明夫子也非四偈曷以曉真如也凡捨淨財者　人具題爵里于時歲在辛巳五月庚戌十八日丁卯皇唐開元廿九年也

施碑石主弟子朝散大行華原縣令劉同

此碑爲唐史侍御惟則書寶泉述書賦稱史書古今折衷大小應變聲價極不落莫也其行筆絕類太山銘而縝密過之卯開元帝潤澤所自耳大智師北宗之錚錚者嚴挺之粗能其家言俱可存者弇州山人稿

大智師見唐方技傳傳云開元二十年卒碑云二十四年碑陰陽伯成撰記施淨財事而惟則書書法瘦而少態與前碑異何也石墨鐫華

惟則分隸爲開元時第一此碑完好無一字剝落尤爲可珍庚子銷夏記

碑書縉紳作搢紳蓋以縉亦作搢遂誤手爲木耳碑陰陽伯成撰亦史惟則書前碑書於開元廿四年碑陰書於廿九年前碑老勁莊嚴此書骨力參以和緩之致乃趙子函反謂其瘦而少態何也金石存

碑陰記河南少尹陽伯成撰伯成嘗爲戸部郎中見唐書崔沔傳潛研堂金石文跋尾

碑盛述大智勤行戒律至設終以皈依比于昔人稽首東向獻心廬嶽者以爲懸慕之極攷挺之傳云溺志于佛與浮屠惠義善義卒衰服送其喪已乃自葬于塔左其迷溺不返有由然矣挺之題銜中書侍郎者史亦未及授堂金石跋

張昕墓志

石高廣俱一尺六寸五分二十一行行二十字正書在西安府城南杜城

大唐故京兆府美原縣尉張府君墓誌銘并序

君諱昕字道光京兆長安人也漢廷尉之丕緒晉司空

之徽烈印傳雙鵠不墜家聲冠映七貂挺生其美祖宗隨襄城郡守和易二州刺史剖符按俗露冕宣風明斷不謝於分縑清白有逾於酌水祖勤朝散大夫上柱國行閬州西水縣令術雄五縣恩寵百縑調絃則綵翟馴渠字物乃白鳩巢室父元禕中大夫行寧州長史才高展驥德邁邇輿專城假翮中朝藉甚君門承懿範胎教英奇鄉譽克重於歲寒庭訓必先於忠孝取父蔭出身解褐授涇州鶉觚縣尉秩滿選授汾州隰城縣尉丁父憂服終還授京兆府美原縣尉所職司幾何聲流臺閣冀期翱須方翔欲問西風何圖天要李逝便遊東岱以

開元廿四年秋七月四日奄終于私弟春秋五十有七
即以其年歲次景子十月三日窆葬於京城南杜城東
二百步舊塋之禮也夫人京兆韋氏夫人恒農楊氏遷
合嗣子等臨鶴墋而擗號恐宜箕無卯鑿石爲記其詞
曰
於昭清河宗社𡟮挺廷尉重道司空博識家傳鵲印代
襲貂蟬剖符求瘼縮墨調絃寵絕外臺梅福幾甸德音
尙在魂靈不見親親雪泣嗣子擗號式鐫貞珉永播劭
勞
開元廿四年歲次景子十月三日己□

按誌內祖宗字當是祖字上失寫曾字其曾祖名宗
耳雍州金石記
按張昕及其曾祖宗祖勣父元禕隋唐書俱無傳
曾祖既失寫曾字後文杜城東二百步舊塋之下
當有東西左右等字亦失寫也末行十月三日己
下泐一字十月是丁未朔三日乃己酉也

左輔頓僚西嶽廟中刻石記

石已斷裂現存三塊合之橫廣三尺八寸七分高三尺十九行行十六字隸書

刻石記

權倕文

韓城縣主簿杜溥書
□□□□□□□十月
□□□□□□□□師左馮翊太守曾□□□□□
□□□之事旬有二日奉迎□□□□□□□尨奎
七百餘人獻□□□□□□□□旌旂火天組練雪
□□□□□□□雄兒風清九夷聲□□□□□
□□□□而赫彌天之祟㴋臨□□□□□□□磚
一邑非夫奮霆電□□□□□□□能自　明辟而
下逮王公卿士洎趣馬小□□□□□□□我曾公
之肅龍不丕□實勾擬盧弈功掾揚日休馮翊宰前御史

薛嶷尉裴季通苗元震朝邑尉劉遵素澄城尉邵潤之
河西尉權倕不敢怠也仰貺□掌俯虔靈祠虛聞悉戌
之音實荷穰穰之祜倕固陋舊學于師氏見命書事因
刻石而　□□□□
韓城縣丞李從一

右碑石分爲三存一百七十七字文不可讀惟倕文
釋書數處可辯攷金石錄有禹傳卽倕所撰文當開
元二十五年又宰相世系表以爲卽德輿之祖故附
置于此書法類蔡有鄰關中金石記
按碑題但有刻石記三字据復齋碑錄云有左輔

頓僚四字義不可曉撰文者權倕乃宰相德輿之祖倕之子臯見唐書卓行傳云臯字士繇秦川略陽人從潤州丹徒父倕與席豫蘇源明以藝文相友終羽林軍參軍倕之事跡可見者祇此碑有左馮翊太守曾公字又有曹掾令尉等姓名似係從太守致禱于嶽祠而記其事惜文多缺訛馮翊太守曾公既于史難稽而陝西通志名宦傳寥寥無幾人未有如碑所云者無從考矣

裴光庭碑

碑已斷不知其高幾許廣五尺六寸五分三十一行字數無考行書

大唐故光祿大夫□侍中兼吏部尚書□□□學士贈
太師□□忠獻公下闕
御書
金紫光祿大夫侍中□□館學士上柱國□□縣開
國男臣□□□奉　敕

夫道常習故蓋人拘於凡也得精忘麤是天縱於聖也方聖上之拔大師也登籍客於朝廷歲徵取士於無跡雖妝功於未朕而終致大用克成休勛使祖虛名者見西子而愕貌工横議者聞鬱連而杜□乃知古調則哲雖帝其難今之得人遇聖爲易能允明主之鑒不負賢之實者其在正平忠憲公乎公諱光庭字連城河東聞喜人也伯翳之後與秦同姓始封于裴因邑命氏在魏晉之際爲人物之傑與瑯琊王氏相敵時人謂之八裴八王自茲厥後弈代更盛大王父定周大將軍馮翊大守瑯琊公大父仁基隋光祿大夫追贈持節原州都督　天而旣厭隋德矣見危致命不亦難乎謚之曰忠春秋之義也父行儉禮部尚書兼定襄道行軍大摠管聞喜縣公贈太尉特或有義王命矣禁暴安人不謂重乎謚之曰憲尊名典也公即太尉公次子降神元和含光不曜越在初服已有老成雖遠大是圖而近識莫悟學

探帝載何事小名業綜人倫豈朴一善弱歲居太尉獻公喪幼以孝聞尋補宏文館學生神龍中明經擢第授家令寺丞轉太常丞加朝散大夫景龍中以親累外轉尋入爲陝王友改右衛郎將丁晉國太夫人憂柴毀骨立殆至滅性服免起爲貝州別駕未之就也復除右衛郎將無何遷率府中郎嗟　有其道而無其用不可行也得其時而不得其志亦不可行也公負經綸之器韜王霸之略自委泊外臺棲遲下位出外從事十數年間地然而自若者何哉蓋知才有所必伸命有所必與非苟而已開元中聖上思光祿之休烈嘉太尉之元勳是

必象賢其將大受特拜司門郎中轉兵部侍臺之文始
應列宿鴻漸之羽可用爲儀遷鴻臚少卿以觀其能也
是歲天子有事　于岱宗諸侯會　朝于行在執籩豆者不
限於中外獻琛賫者亦　勤於駿奔莫不來享無有遠近
而執政以公代聽邊事職在行人且曰夷狄特豺狼黷
盟阻德我今有事戎或生心我張吾師有備無患若何
公曰不可夫封禪者所以告成功也觀兵　者所以威遊
命也云亭苗扈非一時之事也受脹執燔非三代之禮
也天方佑我光啓舊服㒒彼獯鬻能違天乎無庸勤人
可　以謀　告從之秋九月突厥果使其相執　失頡　利發與

其介阿史　德暾　泥孰來朝公之謀也東封還遷兵部侍
郎所爻之職夏卿之亞存而舉者悉以咨之公於是考
遺訓補闕典蒐苗獮狩　之禮　詳　施稅簡稽之賦頒九畿
之政攻九伐之　刑　以練國容以精軍實邊鄙不聳帝用
嘉之既而拜中書侍郎同中書門下平章事兼御史大
夫王出其言需乎人有歸也天意惟明肅乎入　知　禁　也
錄　加銀青光祿大夫　換　黄門侍郎俄遷侍中兼吏部尚
書　宏文館學士揔百揆之樞轄酌九流之泉奧叶文執
之殷受天人之和木火象鼎其惟實錬山川出雲用作
霖雨時哉之會無　得稱焉先是大化之行也　務　以𤨏黜

遵夫易簡舊章存而不　議吏道雜以多端公於是求革
故之實契隨時之義作秩序以平之設循資以定之謹
權衡以選之考殿最以条之僉同無所措　其　邪　嘖嗜不
能介　其量多　士　動色羣方改瞻仰之者邈　乎　如山　嶷之
者閑不容髮或曰執事無乃悤歟公曰大命敢不敬歟
若然方將致六符於泰階驅百姓於仁壽豈直睥睨先
正紛綸近古相　而隨流守而勿失云爾哉廿年冬上幸
河東祠后土命公　兼左軍師禮畢賜爵正平男加光祿
大夫云抑人有言曰樹德莫如滋積仁莫如重則臧僖
之慶衛殺於晉欒武之德未絶於　人宜公侯之子孫必

復其始也公　者讀易　至益之　屯　與升之　漸　喟然嘆曰物
惡有滿而不溢高而不危者哉既而居不崇傢動無踰
法雖百乘之家萬夫之長沖如也謂日用不知存諸方
冊　何　天年未永瘼此台臣廿有一年春三月癸卯遘疾
甍於京師　平康里之私第春秋五十八朝廷哀傷晃旒
震悼制户部尚書杜暹飾襚弔祭賻物五百段粟五百
石喪事優厚官供輟朝　三　日丁　未有詔追贈太師謚曰
忠獻使左庶子攝鴻臚卿李道口　監　護喪事以口月口
日葬我忠獻公於聞喜之舊塋禮也　初　知星者言上相
有變良臣將殁謂請禳之公曰使禍可禳而　去則福可

視而來論者多之以爲知命夫天下之達道有五所以
行之者三曰忠孝仁也安君忠也榮親孝也周物仁也此
三者有一於身鮮矣而公實兼之且好于人者必好其
風嗣賢子事者必美其諺政公知其然則以直道匪躬
之故忠莫厚焉禮爲人子春秋以致享義於人臣夙夜
以從命公知其然則以時告知在乞假孝莫重焉夫以
衛石之任陶鈞之力莫不責於下吏求備於一人以故
雖文訟同疑獄歲構倍而不改淩以成風公知其故則
以信察御物之恕仁莫加焉其行已奉公皆此類也替
所著述率于簽規以爲悖叙九族本枝百世王者之盛

德也而撥不可以無訓作搖山往記雜城前軌以諷之
微而章志而晦聖人之將也道不可以虛行作績春秋
自戰國迄于周隋以統之臣子義也天人之際備矣非
潜開通理其孰能與於此乎宜其存無幸人沒有遺愛
嗣子瑱京兆府司錄參軍孝實克家動必中禮丕承厚
命紓天襲而增華敢勝前修琢貞碑而不朽銘曰
茫作舜虞鉞分晉士慶流八族德成三祖瑯琊彖賢懷
文琊武光祿忠烈殺身報主尚書出將恢我王略文教
內敷武功外鎮緇衣之彝惟公繼作川增而明處豐思
約鴻臚好謀夏卿搏職代天施化佐皇立極納子憲府
好是正直乃宅冢司謀猷允塞盡瘁事國夙夜在公居
無闕正歿有餘忠天子命我頌德銘功日月有既令聞
無窮

奉　勑撿挍摸勒使朝議大夫□□議大夫上柱國
□庭誨　判官□缺
奉　勑撿挍樹碑使銀青光祿大夫使持節解州諸
軍事解州判史上缺

右裴光庭碑張九齡撰元宗御書按唐書列傳云光
庭素與蕭嵩不平及卒博士孫琬希嵩意以其用循
資格非獎勸之誼謚曰克平帝聞特賜謚曰忠憲今

碑及題額皆爲忠獻傳云撰搖山往則而碑云往記
光庭以開元二十一年薨二十四年建此碑元宗自
書不應誤皆當以碑爲是集古錄

唐中書令集賢院學士張九齡奉勑撰元宗御書侍
中裴耀卿題御書字兵部尚書同中書門下三品李
林甫題額諫議大夫褚廷誨摹勒光庭字連城河東
聞喜人官至侍中正平郡公贈太師謚忠憲碑以開
元二十四年十一月立在聞喜集古錄目

按此碑金石諸書僅見集古錄與錄目有之餘皆
不見著錄錢塘倪濤六藝之一錄載及此碑蓋倪

氏是廣採諸家錄目者此碑得入錄賴有歐公二跋也碑文斷缺題稱忠獻公而泐其姓文內叙氏族處皆泐賴有廿有一年春三月癸卯遘疾薨于京師字特完好以元宗紀證之知爲裴光庭也惟紀書三月乙巳裴光庭薨碑則云癸卯小異耳前題金紫光祿大夫侍中□□館學士上柱國□□縣開國男臣□□□奉下闕此乃奉勅撰文者以光庭傳考之知爲張九齡也九齡傳遷中書舍人內供奉封曲江男出爲嶺南道按察使召爲祕書少監集賢院學士副知院事今碑作□□館學士則

以宏文館學士矣與傳異也碑是御書末有撿挍摸勒使撿挍樹碑使二行凡御書碑宜皆有此勑使二人想搨者失之獨此碑見耳樹碑使泐其姓名無從考矣摸勒使存庭誨二字據集古錄目知爲諫議大夫褚廷誨也廷誨庭誨互異當從碑然集古錄目不及樹碑使何也猶幸其前詳叙題御書字之裴耀卿題額之李林甫今搨皆佚之又可知凡御書碑皆別有題御書字之人他碑皆不詳獨此碑有之歐公得此碑時皆及見之也又撿文苑英華載此文雖多訛字然可取以補碑之闕者

甚多知今碑存者僅三之一耳文前叙先世云伯翳之後與秦同姓始封于裴因邑命氏後銘詞則云益作舜虞鍼分晉土慶流八族德成三祖伯翳卽伯益通志氏族略云裴氏嬴姓伯益之後秦非子支孫封䣣鄉因以爲氏今聞喜䣣城是也聞喜隸解州六代孫陵當周僖王之時封爲解邑君乃去邑從衣爲裴一云晉平公封顓帝之孫鍼於周川之裴中號裴君此碑叙先世叙與銘各從一說也然唐書宰相世系表已云封鍼裴中之說疑不可辨而銘乃取之可知當時裴氏譜牒非甚有確

證者矣世系表云陵裔孫蓋蓋之九世孫燉煌太守遵自雲中從光武平隴蜀從居河東安邑安順之際從聞喜其後分爲西眷中眷東眷三裴卽碑所謂三祖也光庭系出中眷裴氏碑云魏晉之際爲人物之傑與瑯琊王氏相敵時人謂之八裴八王此語本世說云正始中人士比論以八裴方八王裴徽方王祥裴楷方王衍裴康方王綏裴綽方王澄裴瓚方王敦裴遐方王導裴頠方王戎裴邈方王元是也此下叙其大王父定高英華脫高字大父仁基父行儉文皆泐惟存見危致命諡之曰忠數

評指其祖事蹟與史傳合他碑傳皆稱曾王父此謂之大王父獬見也然是英華刻本語非石刻可据者也此下叙光庭事與兩史傳互有詳畧碑既大半磨泐僅從英華補闕不足深辨惟碑云謚曰忠獻舊史傳同新史作忠憲爲尤不同耳碑云揺山往記維城前軌以諷之蓋所以諷諫諸王子者故舊傳載手制褒美又令皇太子巳下與光庭相見以重其諷誡之意此書碑與新傳作揺山舊傳與英華作瑶山按此語似本山海經云祝融生太子長琴是處榣山始作樂風榣亦作瑶葉承慶寒食應制詩藹藹瑶山滿仙歌始樂風是榣山瑶山皆可而揺山則誤也似碑文模糊辨之未確耳

金石萃編卷八十一終

金石萃編卷八十二

賜進士出身　誥授光祿大夫刑部右侍郎加七級王昶撰

唐四十二

臨高寺碑

碑高三尺八寸四分廣二尺七寸二十二行行五十六字行書在閿鄉縣臨高寺

臨高寺重修舊碑并序

宣義郎前行懷州獲嘉縣主簿常允之撰

舍弟承奉郎前行商州叅軍□□□

□弟文林郎吏部常選演之書

聞夫謂天蓋高敬授羲和之職謂地蓋厚俯縮章亥之步爰𤫊珪降瑞故別於九州玉衡正時遂分於七曜伊恍恍其尚不兄泡幻之爲言豈若世雖湛然不生不滅在有爲而是空入無閒而非假豪光發照徧近遠而咸燭法雨散霑普大小而同潤運其自在無變成蘇現以威神移山□□□輕舟於彼岸濟以浮生儼高駕於長衢誘其愚子示方便力說最上乘難可以聲求難可以色見智慧具足功德巍巍者歟臨高寺者西魏□書□劉謙之宅捨充寺焉處高臨下玆以建号杏欖竹徑鄰□□樓孰爲列戟之門俄成布金之地溉白石之淵斜帶逶迤枕黄軒之原傍連邐迤□□更興替代易侯王川

獄多沸灩征戍匪遑晏祿去公室政行私門天網於是不恢法輪由其暫息樂崩禮壞寧復云乎遂令像教凋殘梵宇淪落歎滅之望雖異歎於蕪城愴惶之遊未殊悲於火宅若行若坐每是思惟於戲　我唐德淳仁洽歲無荒札邊盡封守鴻儒碩秀繼踵於□臺赤烏朱鷹接翼於祥府仍精想道意銳念眞寂昇乾用尊於九五世界載廣於三千有若大比丘上座釋法震俗閻氏也寺主智琬俗楊氏也德祖種美於魏公績伯見賢於太傅行袪五濁心淸六塵登於仁壽之路超以閻浮之境都維那曇一俗賈氏也朝廷獲寵侍外戚而相國

洛陽馳聲勞文章而佐郡濟拔貪著汲引津梁搖玉柄而開談鳫聽不去坐銀牀而入定鳥乳何驚泉比丘釋惠琬彥莊嘉□法琇法會法海道林□超談論曇肺希逸惠靜等荷庇影禪林凝情定水已除疑網共振頹綱弥天挨天之才詞光麗藻東山北山之部義了精微力役將候於子來制作□符於造化□是或杖錫或乘杯踰嶮槎木以攸往泳淙編桴而利涉途窮理迫便作是念言順志柔而爲聲諭喜檀施之衆以大伽藍醫衣鉢之餘以崇輪奐事惟靡監藏無怠遑諦聽則被物如雲降伏則偃人猶草登供霧擭輻軸逕砰然後詳共工之

庭甃資班匠之施巧經之營之不盈不縮珠貝之寶非獨漢皋松石之材寧專岱岬再加刻刷重肆彫礱勢戢晉以攢倚狀支離而分赴造宮觀於天路日月出入於其間浮梁柱於星躔烟霞棲泊於其表干櫨競糺大鵬垂而欲飛百栱爭高翔□仰而何遠松搖麈尾直對香罏巖聳鷲頭下臨禪窟長廊宛豫曲樹周流叢堦珠草而未名倒井瑞蓮而幾色璀璀粲粲金碧爛晃而燐亂煒煒煌煌丹青炳煥而昭彰映以甘泉之玉樹隱以崑崙之銀闕北據竹箭激波浪以成池南帀荊衡□峯巒以層閣塵飛刼石似拂雲衣風觸鳴琴乍傳天樂故知

功高由志業廣由勤功成而其頌可宣業就而其名可著將持聖勣在勒豐碑陵谷可遷相好常住敢憑此義不朽斯文銘曰

皇矣能仁空即是眞青蓮矖目丹菓開脣恒沙世界刧微塵作祇園遠誰之与鄰其一若日比丘仁精行修究竟微妙洞達靈幽言驚黑鼠先乘白牛欲設方便思□其柔其二聲高道□業尊惠□禪林永逍寂路忘返德洽雲搖信行風偃將植龍樹先經鹿苑其三爰始結搆廣茲□宇鐸迴風吟□□雲聚叢倚□立杈牙邪竪壁露銀泥繩交金縷其四遠瞻迢遰迴望崔嵬文以聚玉藻以玫

瑰彫競鳳翥畫壁龍來自然風爾何必天合其五雲蔚霞
爍赫弈彰灼下極宵冥上肆寥廓瑤林瓊樹蕙樓芸閣
海變成田此其如昨其六
大唐開元廿五年歲在丁丑四月□巳廿八日壬申
□
殿內西鋪大像主上柱國劉知音

碑云臨高寺者西魏□書□劉謙之宅捨充寺焉䖏高臨下茲以建号其文甚工麗字亦姿致可觀惟寫葺爲葺海爲渠騰爲滕戊爲戌閣爲閤奐爲矣煥爲煥最爲紕繆餘文亦多別體云輻輳蓮碎出漢書揚雄賦云輻輳不絕孟康曰輻轤連屬貌如淳曰音雷虛實漢人俗字也古無喻字以譬諭爲譬喻猶用古字中州金石記

按臨高寺在閿鄉縣城東南二十里河南通志不詳建寺之緣起但載明左守忠詩有云青松閱世風霜古翠石題名歲月賒卽謂此碑也碑云西魏□尚□劉謙之宅捨充寺焉劉謙之附見南史劉康祖傳乃劉宋元嘉時人傳云康祖彭城呂人康祖伯父簡之簡之弟謙之好學撰晉紀二十卷位廣州刺史太中大夫此碑云西魏當是別一人閿鄉俗省作閿鄉縣地兩漢魏晉皆謂之湖縣至北魏孝文太和十一年置陝州恒農郡而湖縣遂謂之湖城縣讀史方輿紀要云西魏大統四年魏主自洛還關中閶閿鄉蓋湖城縣之鄉名也謝中丞啟昆西魏書大統四年秋七月東魏將侯景等圍洛陽帝與安定公宇文泰東伐九月車駕至自東伐所謂閶閿鄉者卽此時也然則閿鄉之地六朝以來總爲魏有碑云西魏信爲可徵南史所載劉謙之非卽捨宅之人明矣撰文者常允之次行承奉郎前行商州參軍下泐三字是其名此人當是篆額者而云舍弟乃允之之弟也又次行弟字上泐一字當亦是舍字下云文林郎吏部常選演之書兄稱其弟曰舍弟始見此碑碑書恒河世界避諱作卋界廿八日壬申則朔日乙巳碑蓋泐乙字也

進法師塔銘

石横廣二尺八寸五分高二尺二寸二十七行行二十字正書

大唐大溫國寺故大德進法師塔銘并序

太子司議郎陳光撰

開□寺沙門智詳敬寫

法師法名進俗姓高氏渤海蓨人也自錫土派姜而世

官懿德姓牒代□詳之矣法師天縱淑靈性与眞粹越
在嬰弱已現殊表每□□有侘傺之心□□□□□髮娗
以笈□髫廿就學便眈習眞典年始□歲□誦萬言□
□十二部經春秋廿而畢□□□□多刧□慧異於今
□哉文明年中占　□而□□□仙遊山□將□超
絕世□經行於□□□中□□□菩提樹下三明所照
五蘊皆空□潛□□□□播諸方□衆□爲□著禪
味利益□身不□□□□門津梁萬物□菩薩□用如
來心大□群迷將登正覺歸依者歲廣鑽仰者日多始
遷香積□□終□溫國大德□□由巳華□在□衆精

羂維□□□□□□寺主頊之□□上座□餘之心雖
無□□□□□爲所應終□□□濤□□□□□□□
□□□□□涅槃仍繹□□□身世如閱□□□□鳴
呼始□師遊疾之初□□□□□□□□彩雲□□□
□□所及大□道俗省問三百餘人□□異香□氳□
樂旁歸至□□感□□□潮粤丙子歲開元廿四年八
月□日終□□十五日乏荔隧禮也弟子乘偘□十□
恩□冈□□□□諸比丘比丘尼□□□婆□得
□講□密□□□□□毒不可勝數□□爲天地
長□人代遷□□□刊記𥘉播徽烈□□□□乃銘之

曰□
□□□□相湯薄滅□寂□乃爲樂如如我師淨無著
音容一去長冥冥

開元廿五年歲丁丑七月癸酉朔八日庚辰建

此太子司議陳光撰僧智詳書磨泐僅存形似然其
書法亦是習登善者石墨鐫華

按書碑者沙門智詳不云敬書而云敬寫以寫爲
書他碑未見寫有謄鈔之義本於古語所謂書三
寫魚成魯帝成虎也

無畏不空禪師塔記

碑橫廣二尺六寸高二尺四寸四分三十五行行二十二字正書在咸陽縣

西山廣化寺三藏無畏不空法師塔記

大唐開元二拾三年三藏無畏卒春秋九十有九詔鴻
臚丞李現監護喪事塔于龍門之西山廣化寺藏其全
身畏本釋種甘露飯王之後以讓國出家道德名稱爲
天竺之冠所至講法必有異相初在烏荼國演遮那經
須臾衆會咸見空中有毘盧遮那四金字各尋文排列
久之而沒又嘗過龍河一托駝負經沒水畏懼失經遂
隨之入水於是龍王邀之入宮講法不許彼請堅至爲
留三宿而出所載梵夾不濕一字其神異多類此○是

歲三藏不空於師子國從普賢阿闍黎求開十八會金
剛灌頂及大悲胎藏建壇之法其王一日調象俄而群
象逸莫敢禦之者不空遽於衢路安坐及狂象奔至見
不空皆頓止跪伏少頃而去由是舉國神敬之○論曰
自大教東流諸僧間以神異助化是皆功行成熟契徹
心源自覺本智現量發聖絕非呪力幻術所致也殆自
東晉尸利密已降言譯祕呪要其大歸不過祀鬼神驅
邪妄爲人禳災釋愆而已其間往往不口無假名比丘
自外國來挾術驚愚有所謂羅漢法者正幺譬邪術下
劣之技亦猶道家雷公法之類也茲豈高道巨德宏禪

主教者齒哉及開元中西域金剛智無畏不空三大士
始傳密教以元言德祥開佑至尊即其神功顯効幾與
造化之力均焉故三大士雖宏密教抑本智現量發聖
與嘗概資治通鑑稱眞觀中有僧自西域來善呪術能
令人立死復呪之使蘇太宗擇飛騎中壯者試之皆如
其言因以問傅奕奕曰此邪術也臣聞邪不干正請使
呪臣必不能行帝命僧呪奕奕初無所覺須臾僧忽僵
仆若爲物所擊遂不復蘇此恐好事者曲爲之辭何則
若使果有是則僧非眞僧呪非眞呪正謂邪術耳固不
足以張吾教之疵也矧萬萬無此理向使彼能自西域
遠至長安厭術能死人而復蘇乃不暇自衞其身對當
人無故而僵死雖兒童莫之信也又當是時三大士者
雖俱未至若京城大德僧惠乘元琬法琳明贍諸公其
肯坐視絕域僞僧破壞教門不請峻治乃謂帝命傅奕
辨耶佛制戒律雖春蹊生草猶不許比丘踐之恐害其
生況說斷人命呪傳于世乎故予謂好事者曲爲之辭
斷可見矣

開元二十五年歲次丁丑仲秋八月吉旦刊

右碣在縣東卅里瑤店本塚前寺壁字弱不倖當年
文無可疑或原石殘毀後人易之者俟考咸陽金石遺文

右塔記在咸陽原不空禪師墓前作于開元二十五
年書法似顏平原敘述無畏過龍河一駝負經入龍
宮講法留三宿又師子國象奔逸見無畏跪伏多與
跋鄧所撰碑合又辨西域僧奏呪傅奕事曰此好事
者爲之詞若果爾則邪說不足以疵吾教也佛制戒
律不踐生艸況咒斷人命乎其文可觀錄之金石錄補
文稱不空于師子國從普賢阿闍黎求開十八會金
剛灌頂法又稱一日調象俄而羣象奔逸不空遽于
衢路安坐象至皆頓止跪伏少頃而去二事並見嚴
郢所撰大廣智不空三藏碑中故說者謂此無畏不

空與大廣智不空卽是一人按大廣智不空以大歷中卒于與善寺此卒于廣化寺爲開元二十三年時地竝異不得合而爲一考開天傳信錄云無畏三藏初自天竺至所司引謁元宗元宗謂曰師來欲何方休息無畏曰臣在天竺時聞西明寺宣律師持律弟一願往依止元宗可之因居焉據此是另爲一人又按大廣智不空本無無畏之名其起塔卽在本院此則瘞于龍門之西山地屬咸陽爲非一人更無疑關中金石記

右三藏無畏不空法師塔記無畏者如來季父讓位

入道開元初至京師文苑英華載李華所撰東都聖善寺無畏三藏碑卽其人也與嚴郢撰碑之三藏不空和尚各是一人但據李碑無畏初無不空之號據嚴碑不空亦無無畏之名此記乃合而爲一一可疑也據李碑無畏終于東都聖善寺葬于龍門西山而銘詞有伊水西山冥冥元室之語則是洛陽之龍門不當塔于咸陽二可疑也且檢此記前一段稱三藏無畏後一段稱三藏不空最後又稱金剛智無畏不空爲三大士則亦未溷而爲一旣係兩僧何緣同在一塔三可疑也記末題開元廿五年秋八月刊其時無畏已歿而不空乃卒于大歷中時代乖舛四可疑也此刻昔人未有著錄者書法亦俗其爲後人妄託無疑潛研堂金石文跋尾

記云大唐開元二十三年三藏無畏卒春秋七十有九詔鴻臚丞李峴監護喪事塔于龍門之西山廣化寺藏其全身舊唐書李峴傳稱峴樂善下士有吏榦以門蔭入仕按此記詔鴻臚丞葢其門蔭之資也記後有論引資治通鑑貞觀中有僧自西域來善咒術云云葢記石已毁爲宋人重刻非獨載司馬公書并仁宗諱已避之矣近人僅目爲唐刻誤也貞觀作眞

觀避仁宗諱使然授堂金石跋

按此碑之誤甚不可解文中所敘種種錯謬又引資治通鑑一條顯係宋以後人之祟信咒術者刻記于廣化寺僧塔前然末行又題開元二十五年歲次丁丑仲秋八月吉旦刊不署記者姓名唐碑未嘗有稱其日爲吉旦者則并此年月亦爲後人僞託無可疑者碑題無畏不空法師塔記似以無畏不空爲一人文稱西域金剛智無畏不空三大士則無畏不空是二人王圻續文獻通考僊釋考名釋卷內此三大士各有傳云三藏金剛智西域

入本王種出家及來東土元宗見之大悅館于大
慈恩寺嘗令祈雨智結壇圖一僧佛像約開眸即
雨闕三日像果開眸斯須而雨所至必結灌頂道
場弟子不空傳其教寂後賜謚灌頂國師無畏三
藏天竺人讓國出家元宗嘗夢見之至果如夢館
西寧寺役令祈雨持鉢水以小刀攪之即有微雨
浮沈鉢面俄而大雨彌日又嘗令祈晴畏捏泥媼
五軀作梵語咒之若斥罵者即刻而霽不空胡僧
也居興善寺嘗至師子國羣象奔逆莫能禦之不
空端坐路衢象皆頓止俯伏少頃而退元宗于便

殿令與方士羅思遠較術遠持如意向之言論次
不空就取如意投諸地令思遠舉之思遠僥力不
能舉帝擬自取不空笑曰三郎彼如意影耳因舉
手中如意示之思遠欽服而罷凡禱必張繡座手
持木神神能自立口吻瞬動祈禱可奪造化朝野
奉之如神此三大士皆以咒術行于元宗朝即碑
所云始傳密教以元言德辯開佑至尊神功顯効
與造化之力均者是也所謂密教者即是咒術釋
氏以咒爲祕密真言也按不空羂索菩薩經見于開元釋教錄及譯經三藏
聖教者甚多故僞附名不空者亦衆此不空豈西域之種別爲一人以持咒爲密教師亦有所翻經咒見于今藏經中碑文首敘無畏之卒及其道行次敘不
空道行源分無畏不空爲二人後列總論乃敘三
大士名而繼以貞觀中傅奕事事詳資治通鑑貞觀十三年之末
標題則總謂之西山廣化寺三藏無畏不空法師
塔記文與題不合如此釋氏僞碑本不足錄今以
其爲諸家所著錄姑附存之碑書託驗負經沒水
託驗疑即橐驗借用字

比邱尼惠源誌銘

石高二尺五寸廣二尺二寸四分二十七行行二十七字正書

大唐濟度寺故大德比丘尼惠源和上神空誌銘并序

京兆府倉曹參軍楊休烈撰

姪定書

嘗聞見性爲本知常日明幽探纍珠相付法印必將有
主入無聞言故如來立三世之事也大師諱惠源俗姓
蕭氏南蘭陵人也曾門梁孝明皇帝」諱瑀 皇中
書令尚書左右僕射司空宋國公父諱鋑給事中利州
刺史紛綸葳蕤奕世名家原大師之始誕也惠音清越
閒氣冲亮稟天眞於太和集神祐於純嘏及數歲後蕣
必中儆動皆合理發跡契道出言有章屏金翠而窒其
繁華絕葷羶而割其嗜欲超然戚務但思出家

天竪孔明精心上戚年廿二　詔度爲濟度寺尼
如始願也受戒和上　寺大德尼　道之崇也揭
磨闍梨太原寺大德律師薄塵法之良也迺延師立證
登壇進律僧夏歲潔戒珠日明奉以周旋不敢失墜初
大師纔至九歲遭先大夫之酷廿有七執先夫人之憂
皆泣血茹哀絕漿柴毀古之孝子曷足道哉每秋天露
下蓑林風早棘心欒欒若在喪紀不忘孝也亦能上規
伯仲旁訓弟姪㥜㥜閨門俾其勿壞則天倫之性過人
數級夫其內炳圓融外示方便恂恂善誘從化如流亦
猶師子一吼魔宮大𢋨則感激有如此者行住坐臥應

必皆空慈悲喜捨用而常寂黃裳元吉凊風穆如則鑑
鏡有如此者後遇高僧義福者常晏坐凊禪止觀傳明
殊禮印可又有尼慈和者世尊之識知微通神見色無
礙時人謂之觀音菩薩嘗於大衆中目大師曰十六沙
彌卽法華中本師釋迦牟尼之往号也非大師心同如
來孰能至于此而更精承密行親佩耿光十數年間滴
其後事他日大師厭世示疾以開元廿五年秋九月二
日從容而謂門人曰死生者天之常道身沒之後於少
陵原爲空遷吾神也言卒右脇而卧怡然歸寂始卽至
人不滯於物矣嗚呼天喪門人曷以仰曷以律時大師
享年七十有六卽以十一月旬有二日從事于空遵理
命也志無彊之德施不刊之典不亦可乎銘曰
猗歟明行　足不復還　至人去兮　逍遙天地之間
九月廿有三日鐫

碑云師姓蕭氏大父諱瑀父鈗唐書稱瑀好浮屠法
開請捨家爲沙門比邱尼法願其女也而惠源又繼
之史之言爲不虛矣書本傳瑀有子鍇而不及鈗定
瑀之曾孫終太子少師　關中金石記

右濟度寺尼惠源和上神空誌京兆府倉曹參軍揚
休烈撰姪定書惠源宋國公蕭瑀之孫女父鈗給事

中利州刺史宰相世系表作鈗不云爲利州刺史者
脫誤也文云曾門梁孝明皇帝稱曾祖爲曾門未詳
其義定官至太常卿鈗之孫也姪者對姑之稱後世
昆弟之子於世父叔父亦稱姪者乃相沿之失顏魯
公於伯父元孫稱姪男未免蹈俗若定之稱姪爲合
于古矣浮屠之法焚骨而瘞之于塔此獨云神空者
蓋墓而不塔也誌稱惠源將死謂其門人曰身沒之
後于少陵原爲空遷吾神也又稱以十一月旬有二
日從事于空遵理命也理卽治字學釋氏者猶不忍焚如
之慘而不用其法而民俗乃有惑于火葬者其亦無

是非之心矣潛研堂金石文跋尾

誌載曾門梁孝明皇帝按段行琛碑曾門德濟蓋以曾祖爲曾門唐人多有此稱矣誌題惠顥和上誑之通俗編引廣異記大歷時某寺尼令婢往市買餅見朱自勸問云汝和尚好否又云聞汝和尚未挾纈令附絹二疋與和尚作襖具婢承命持絹授尼則唐時尼亦稱和尚又見于此誌且在大歷前翟晴江未採入也授堂金石跋

按惠源爲蕭瑀之孫女蕭鈛之女其姑法願亦出家齊度寺爲尼有誌銘錄于前法願卒于龍朔三

年惠源卒于開元廿五年春秋七十六推其生在龍朔二年是法願卒時惠源年甫二歲也法願誌但云梁武帝之六葉孫司空宋國公第三女此碑則云曾門梁孝明皇帝大父諱瑀皇中書令尚書左右僕射司空宋國公父諱鈛給事中利州刺史孝明皇帝者後梁宣帝詧之子梁自元帝承聖三年江陵被陷次年晉安王方智即位于建康梁王詧稱帝于江陵臣于西魏是爲宣帝死後子巋嗣位是爲明帝薨在陳文帝天嘉之世矣詧字理孫武帝之孫昭明太子統之第三子周保定二年薨太子巋嗣位碑書皇朝不用朝字唐碑往往如此殆省文也新唐書蕭瑀傳瑀字時文後梁明帝子高祖入京師招之挈郡自歸授光祿大夫封宋國公王世充平進尚書右僕射遷左僕射貞觀初拜特進太子少師復爲左僕射晉王爲皇太子拜太子太保同中書門下三品加特進卒後贈司空謚曰肅改謚貞褊碑不稱謚諱其惡也鈛宰相世系表作鉞瑀第三子官給事中不云利州刺史者表之略也書碑者蕭定惠源之姪傳稱定字梅臣瑀曾孫以蔭起家陝州參軍事累官太子少師碑不自署其官想猶未仕時也碑末小

字書九月廿有三日鐫惠源以九月二日卒十一月十二日葬而鐫碑在九月蓋卒後兩旬未葬而碑已具矣

周尉遲迥廟碑

碑連額高一丈三寸廣四尺五寸八分二十四行行四十七字隸書額題周太師蜀國公尉遲公神廟碑十二字篆書今在彰德府

前華州鄭縣尉□伯□敘

祕書省校書郎顏眞卿銘

蔡有鄰書并陰

有周上柱國蜀國公河南尉遲迥字居□代人□□□

□祖□因部立□□雄荒服父侯兕尚太祖□昌樂大
公主尉太傅長樂郡公秉操中和率心純□無命早□
□一歲而□□□□□神□□□□乾元易宿之祉得
雲中金陵之氣□昌樂胎教之德聞長樂庭訓之旨觀
時俯仰與道周□大統初仕魏散騎侍郎歷大□□帳
內都督尚魏金明公主封西□縣侯亳社未遷天人主
饋虞賓載祀茅土增封四□進爵□公轉車騎將軍領
侍中尚書僕射珮苻秉璽劒橫重紱元戎□警蹕捩允
釐十六年拜大將軍時侯景詐梁蕭紀□□委公以上
國□□□□方之蝨假公以垂天之翼虞穀中之翰公

□□是承廟算出銳師張我軍三覆之勢躡敵八七擒
□□□□□肅蜀□□皆□□公兼益梁□□八州諸軍
事益州刺史公孝思不匱色養有違長公主春秋既高
西南夷威懷允洽自家刑國重□溫凊之詔□□書□
仍頒袞冕之錫旋其伐也改□蜀郡公中領軍綱弟因
兄寵安固公順子策父勳豈獨長安置□□□□成都
□□□□□周之興也摸小宗伯督隴右十二州后稷
仕虞且尊君命伊尹去□□斷臣節陶唐之美無易至
公進公蜀國□邑萬戶摠□□文康十四州軍事累遷
大司馬冊太師加上柱國師傅之地非賢不居軍國之

重唯□□□俄拜大右弼□□大□□將□傳安危授
相州摠管宣皇晏駕周鼎方移晉京上流非無附倡魏
廷舊□尚有王陵是年京師將徵公公□隋□□□辭
不受代乃自稱大摠管承制署官司諸呂擅朝幾亡劉
氏新都納女竟覆漢宗□子魏安□□東之□也公綠
巾白□□背城請戰□□既潰則登樓自裁公志匡國
全誓將死難不憚□□以勤事君恒畢心而禦侮因見
危以授命嗚呼□在□□位爲元□生不敢齒歿有□
半史之闕文從古也公凡仕二代□九朝內設官師歷
職三十四外建□伯□□□□□　邑□□□忠不

辱隋節能□上唯幼孫獲□而門子從辜唐武德中朝
制改葬□終追舊□□□□　表墓□□　天澤
流於異世開元丁丑歲　上遷建泉哲辭寧庶□相州
刺史張公嘉祐元□國河東□□□□□□□□雨
□廟栩璉立朝則兼掌□□佐郡則預參師律至於是
邦也教以肅□以清起忠貞之廟制□□□□□□
□□□□稱多□公曰匹夫匹婦強□者猶能爲厲
況蜀國公言足昭行可則大象之際獨爲純臣毀□□
□□□□□□□□□孚於□□□千石既□□□
闕修殷薦其取戾也宜哉我是用發私藏之俸則□官

壯構傳□□□□□□□□□□□□□□□其辭曰
天臨有周誕□元輔屏內藩外經文緯武隱若長城闕
如虢虎功□□□□□□□□□□□□□□□□蜀
制梁督隴□茲天命□□姦臣□□□女德纂□京
師其□我闘臣救三□□絕□巾□□□□□□□□□
□□□魂節乃誠全死而不朽　皇唐御歷景命有融
賜□改葬懋烈昭忠鄰有賢守是爲張□□□□□
□□□□宮闕宮有□乃建豐碑豐碑有□祆夔
遂止幽明□色戩穀無虧享祀不忒□其
開元□□□正月廿□□□

碑陰
要本行字不計
在周之宣帝錫我別祖蜀公命曰附海至衞貫齊之封
胙爾太師以守茲土况大□□□□幼沖登撫□人將
社稷是衞且受遺旨震悼于厥心誓當仗順四征遂荒
□外□□三古□□□□□□遷大盜國幽闕子以
嬙制陷純臣□□□於是不克有成殆懼隕墜□干
□□□□□□□□□師方結東之陣□武賁少却
待鐵起未行天假滔淫既合而北志懸魏闕身行孤□
□□□□□□□而飛白救兵路斷上下七旬謂姪成

平郡公勳曰汝親當矢石吾已□□□□□□□□□
□□周命荅之其奮劍大呼止之不及而卒三軍慟哭
夾夏慕之苟息糸死□奉君傳□□□□□□□□洎
□有撥亂反正崇德報功□式忠貞之封更優賵贈之
禮以稱教甫没代垂仁□□□□□□若名臣試舉
天下師通禮樂以布和撫幽明以靖厲歷典凡百獨惟
張公曰嘉祐相國河□□□□也汾吐金嶽生雲氣
不然豈光贊紫文俾五星同□□□　丹禁而三柱克
□□□□□□□□於□□由是殿中受略鄰下爲
憂俗隱威柔□□必與□我先正勳君死□□□□□

□□□直書副之誠請軒綴斯翼庭植有幽儼惟肖
以赫靈肅應虔而麗禰屬夏正□□□□□□□□
羞告期□焚蕭而片雲飛蓋整策而沛澤隨車壽役宵
初天清月滿忽有雙鶴□□□□□□□□□而去公
□□侍御史瑕賦齊雨美其事鄰縣主簿郭圮以爲鶴
者□□闕天□□其□□□□既而秋作將害粢
盛公祈以巫應時晴則飛蝗自魏藏日而西□□□誠
□□□□□□□□故嘉茂歲則大孰百姓歌
曰張公張公清且明蝗蟲避境□□巫晴□雨□□
□□□□□□□公每涂不常叱俗忏政問閭引咎

而異自銷京兆理劇之能□□傳物□□□□□□□□□
□□□□知志□性正而神不違忠以奉法法一而人
不犯神人從天地當此其□□魁□□□□□□□□
我廬□象著于述職奇士傳□詳士良忝沐家聲徒如
祖德□□□□□□□□□□□□□紀諸貞□

尉遲迥碑成伯璵撰世以蔡有鄰書特貴其敘迥事與周史略同然迥之死節不得與方周之典迥已爲蜀國公矣隋公總政天下冤憤鬱結不得其死宜其出靈響以自見也唐世說自迥之死而相州都督死者前後相繼張嘉祐既治事夜整冠危坐迥自西廡出謂其遺骸尚存願得埋葬前牧守驚悸遊非所害也指其女子曰周孫於此明日嘉祐發得改葬既夕出謝嘉祐以歸請置廟歲時血食今考周紀韋孝寬既平鄴城則移相州守安陽至於碑則謂武德中朝制改葬建開元丁丑張嘉祐附俗郡言多異公曰歸相公獨爲純臣闡修殷薦其取戾宜哉觀此自是武德改葬至嘉祐則廟而祀之矣亦不因詔行也廣川書跋

按碑題銜前華州鄭縣尉閻伯璵敘秘書省校書郎顏頊卿銘蔡有鄰書并陰考伯璵敘魯公爲銘是一文以二人兼爲之唐賢多此體惟魯公署秘書省校書郞新舊唐書本傳皆未及是爲失紀矣碑云蜀國公河南尉遲迥字居羅代人也河南舉其郡望蓋太和十九年詔遷洛人死葬河南不得還北於是代人南遷者悉爲河南洛陽人碑所著是也碑書迥歷官大統初仕魏散騎侍郞歷大丞相帳內都督北史不著其官周書亦脫散騎侍郞碑云封西都縣侯北史不書縣字周書亦脫此封爵碑云進爵爲公轉車騎將軍領侍中尚書僕射北史周書並云遷尚書左僕射兼領軍將軍碑云公兼益梁十八州諸軍事益州刺史周書作益潼十八州北史亦作益潼惟云十二

州三年加督六州通前十八州則督十八州非平蜀一年事碑與周書不如北史之審碑云周之典也授小宗伯督隴右十二州進蜀國公總秦渭文康十四州軍事累遷大司馬周書全略此文北史作六官初建拜小宗伯與碑言周之典也授小宗伯同及孝閔帝踐祚遷大司馬尋以本官鎭隴右是由遷大司馬出鎭非小宗伯矣碑蓋依北史而參用他書傳故微有異余備錄之以俟考焉碑稱中領軍綱弟因兄寵綱見北史廢帝立齊王仍以綱爲中領軍故碑亦稱之 按河朔訪古記尉遲公廟碑彰德路城中畫錦

坊後周太師蜀國公尉遲迥之廟在焉迥爲周將征代有功初滅北齊以迥爲相州總管至隋文帝以計徵迥欲圖之迥遂率諸州舉兵數十萬反爲楊素韋孝寬高熲等師所敗遂上樓自殺至唐開元中州多怪厲刺史至輒死吏民疑懼於是刺史張嘉祐以迥死國難忠臣也爲立祠以祀之後刺史吳兢復加以冕服初嘉祐之建祠也顏眞卿爲記其事蔡有鄰書之碑陰紀迥靈異之事言雨暘隨禱輒應回風驅蝗伏境內無害每至秋夜有雙鶴下集廟庭郡人至今稱以爲異云唐張嘉祐宋璟皆刺相州有惠政今竝

配食廟庭据是納新所目驗尚以二公從祀及廟毀改建二公廢爲不享予新葺廟成敬署木主置與尉遲君同室異龕所以同於有其舉之莫敢廢也　按書錦坊在府治東南而尉遲廟在今治城西北隅鄴乘蓋已載之莫詳其移建所自證以河朔訪古記知元至正間廟猶未改記又載雨暘隨禱輒應回風驅蝗境內無害每至秋夜有雙鶴下集廟庭郡人至今稱以爲異與今碑殘滅處互證其文具見　按額題周太師蜀公碑陰記開元二十六年二月二十五日元孫士良述舊唐書張嘉祐傳爲蜀公立廟在二十五年碑陽亦云開元丁丑歲此獨多差一年蓋據立石之時書之不與立碑同歲也記又言在周之宣帝錫我先祖蜀公命曰附海至衞實齊之封胙爾太師以守兹土況大□□□□□幼沖豈撫寧□入將社稷是衞且受遺旨震悼於厥心誓當仗順四征遂荒區外云云蓋宣帝旣崩迥實受遺命以狥國難士良必嘗錄之家牒故具以云然碑又言救兵路斷上下七旬謂姪成平郡公勤曰汝親當矢石云云奮劍大呼止之不及而卒三軍慟哭夷夏慕之此紀迥自殺之實兼有勖厲成平之語傳皆未之及成平郡公迥

弟子大將軍成平郡公勤時爲青州總管後敗更走青州未至開封郭衍追及之隋文帝以勤初有誠款將釋之卽其人傳言六十八日碑言七旬舉成數言之碑亦蔡有鄰八分書書史會要有鄰邕十八代孫官至右衞率府兵曹參軍工八分書書法勁險昔歐陽文忠云唐世能名八分者四家韓擇木史維則世傳頗多而李潮及有鄰特爲難得今此碑兩面皆有鄰書又不甚磨滅故益可寶也　安陽縣志

右立周太師尉遲迥廟碑歐陽棐集古錄目云前華州鄭縣尉閻伯璵撰序祕書省校書郎顏眞卿撰銘

今驗石刻艮然趙德甫但以爲顏公撰者考之未詳
爾潛研堂金石文跋尾
按東觀餘論金石續錄作成伯璵撰非今碑在府城
北門內下截多不可辨金石志入臨漳誤中州金石考
迥周書有傳碑記迥官較詳與史稍異可以參考碑
又云唐武德中朝制改葬□終追贈本傳云武德中
迥從孫庫部員外郎耆稿上表請改葬朝議以迥忠
于周室有詔許之卽其事也下述開元丁丑歲相州
刺史張公嘉祐立廟之事有□稱多祟云云字多剝
蝕廣川書跋載其碑又引唐世說載張嘉祐發掘得
迥遺骸備衣衾棺器禮葬以事聞上請置廟有詔褒
異云云事又見尚書故實今按之本傳及碑迥之改
葬在武德時以從孫耆稿表請則非嘉祐改葬明也
後人特因此碑多祟之說從而附會成之亦可見唐
人小說類皆造作事端非其實矣蔡有鄰者卽杜甫
李潮八分小篆歌所稱尚書韓擇木騎曹蔡有鄰也
廣川書跋又稱此碑當與鴻都石經相繼信不虛美
金石略有蔡有鄰八分書尉遲迥廟碑并碑陰未詳
又有顏眞卿周太師蜀國尉遲公廟碑云在相州葢
誤以撰銘爲書碑也　碑陰爲迥族孫士艮述張嘉

祐德政之美意感其立廟爲著于碑耳亦蔡有鄰書
中州金石記
按碑云有周上柱國蜀國公河南尉遲迥字居□
代人下云因部立□□雄荒服周書尉遲迥傳字
薄居羅代人也迥之字碑無薄字與史異傳又云
其先魏之別種號尉遲部因而姓焉北史同魏書官
氏志西方尉遲氏後改爲尉氏通志氏族略尉遲
氏與後魏同起號尉遲部如中華之諸侯國孝文
改爲尉遲氏兩書詳略不同皆可補碑之闕兩唐
書尉遲敬德傳稱敬德朔州善陽人則又不與迥
同系敬德有碑見前碑又云父侯兜尚太祖□昌
樂大長公主贈太傅長樂郡公傳不書贈官爵而
碑所泐字据傳則爲太祖姊此所稱太祖當是西
魏孝武帝謝中丞西魏書但載孝武帝妹馮翊公
主而不載其姊昌樂大長公主碑又云公大統初
仕魏散騎侍郎歷大□□帳內都督尚魏金明公
主封西□縣侯周書傳云公主爲魏文帝女而不
書迥官散騎侍郎碑所泐字乃大丞相及西都縣
也其初封縣侯進爵爲公周書並略北史傳則云
拜駙馬都尉封西都侯大統十一年拜侍中驃騎

大將軍開府儀同三司進爵魏安郡公碑云轉車
騎將軍領侍中尚書僕射十六年拜大將軍北史
則云十五年遷尚書左僕射兼領軍將軍餘與碑
同北史稍略碑云時侯景詐梁公承廟筭出銳師兼梁
益□□八州諸軍事益州刺史北史云侯景渡江
梁元帝鎮江陵請修隣好其弟武陵王紀在蜀稱
帝元帝大懼移書請救乃以迥爲大都督益潼等
十二州諸軍事益州刺史三年西魏廢帝加督六州通
前十八州諸軍事周書略異北史又云六官初建拜小
宗伯周孝閔帝踐阼進位柱國大將軍以平蜀功

改封寧蜀公遷大司馬武成元年進封蜀國公周傳
稍略碑則云改封蜀郡公而無寧蜀公餘官封俱敘
在後而於改封蜀郡公之下云中領軍綱弟因兄
寵安固公順子策父勳据周傳云以平蜀功封一
子爲公北史則云封一子安固郡公後又云次子
順以平蜀公授開府安固郡公周傳不詳北史又云迥
弟綱字婆羅少孤與兄迥依託舅氏此語迥碑傳俱未及大
統十四年進爵平昌郡公廢帝立齊王以綱爲中
領軍總宿衛事周書同語與碑合碑云督隴右十二
州進蜀國公總□□文康十四州諸軍事北史云

除秦州總管秦渭等十四州諸軍事隴右大都督
與碑不同周書不載碑云俄拜大右弼□□大□□北
史云宣帝即位以迥爲大右軍轉大前疑周傳但云大前疑
碑沕前疑二字周時仿尚書大傳前疑後丞左
輔右弼之制因有大右弼大前疑之官名北史作
大右軍者誤也碑云授相州總管宣皇晏駕周鼎
方移是年京師將徵公公辭不受代乃自稱大總
管承制署官司□子魏安□□東之□也公緣巾
自□背城請戰□□既潰登樓自裁北史云出爲
相州總管宣帝崩隋文帝輔政令迥子魏安郡公

惇齎詔以會葬徵迥尋以韋孝寬代迥爲總管迥
謀舉兵留惇不受代集文武士庶等登城北樓而
令之自稱大總管承制署官司衆數十萬隋文帝
于是徵兵討迥即以韋孝寬爲元帥與惇戰惇大
敗迥與其子惇祐等別統萬人皆綠巾錦襖號曰
黃龍兵孝寬等因兵擾乘之迥衆大敗上樓乃自
殺惇祐等東走青州未至開封郭衍追及之爲所
獲周傳惟惇等東走并追獲之不言青州爲異餘
與北史同至惇等之東走碑在迥背城請戰之前
傳在迥自殺之後此則碑傳互異也迥不應隋文

之徵而舉兵以効忠于周雖敗猶榮碑載甚略故
据北史以補所未備

金石萃編卷八十二終

金石萃編卷八十三

賜進士出身　誥授光祿大夫刑部右侍郎加七級王昶譔

唐四十三

貞和上塔銘

石横廣四尺四寸高二尺三分
三十行行十四字隸書在汝州

大唐開元寺故禪師貞和上塔銘

緱氏縣尉沈興宗𧰼

禪師諱貞慈郡京兆人也俗姓張氏自輪奐規唐貂蟬
蔚漢姜宋莫菡袁楊肯倫師泛泯知清依林擇茂將揮
聖姓載顧華宗年弱冠秀才登科知名太學已爲儒家
非正諦文字增妄想故去彼取此而爲上乘因亦既口
繻遂受衡陽止觀門居于洛陽白馬寺口不絶誦習心
不離三昧口妙口之慧萌剃髮耶之濁種庶滅裂有我
于盤無生焉後蒜此郡開元寺又以爲喧者起之本靜
者定之緣利緣舍起故復居此窟茨廡藥蔬之妙受谿
篁颾搠之勝塵可略言矣前刺史故丞相齊公崔日用
吏部尚書李暠皆頂奉山宇斯豈釁道皦然而口能軾
疷龍宮紆紫綬稽紂口口以惕凡庶之見開光昏蒙之
口嚮口以開元十三年九月十八日口滅于開元口舍
春秋八十有四物慘燀雲哀貆黑白塗口鄖泣人到于

今僧第子宗本疊枝外茂口性内融三晉公侯旋師子
夏伯喈墳籍悉付仲宣痛微言之絶聆感星躔之易次
遂爲銘曰
圓疑寂體兮逈彼眞如口口無明兮儵若蘧廬慈梁遒
駟兮歲月其除松栗窅冥兮宛此幽居
開元貳拾陸年七月十五日第子宗本爲　亡和上
敬造此塔
碑云禪師諱貞慈郡京兆人也京兆郡名上云慈郡
者其義不可詳或唐以洛爲東都亦可稱京兆歟又
云俗姓張氏自輪奐規唐貂蟬蔚漢姜宋葬裔袁揚

前倫規唐猶云規吾姜宋蓋謂姜望宋微子袁揚蓋
謂袁安揚震也又有前刺史故承 相齊公崔日用吏
部尚書李暠皆頂奉山字云云按崔日用李暠劉昫
唐書有傳貞禪師者駐錫風穴山嘗習衡陽三昧其
化大行一夕溘然示寂守宰李暠闍維之得舍利千
粒明皇謚爲七祖碑隸書甚劣惟用肯爲前郎㳙字
之省用巳爲以尚有古意年號貳拾陸字用代二十
六與五經文字九經字樣同餘碑少見中州金石記
按碑云前刺史故丞相齊公崔日用吏部尚書李
暠舊唐書崔日用傳中宗纂嗣韋庶人稱制元宗

將圖義舉日用密詣藩邸潛謀翼戴及討平韋氏
以功授銀青光祿大夫黃門侍郎參知機務封齊
國公爲相月餘停知政事出爲荊州長史尋拜吏
部尚書出爲常州刺史轉汝州刺史事在開元七
年前同新書舊書李暠傳暠淮安王神通元孫開元
初授汝州刺史拜工部尚書東都留守二十一年
以金城公主在蕃充入吐蕃使奉使稱職轉兵部
尚書不云其爲吏部惟新傳云以奉使有指再遷
吏部與碑合蓋舊傳誤也

任城縣橋亭記

碑連額高八尺八寸廣三尺二寸五分二十行行四十一字隸書額題任城縣橋亭記六字篆書今在濟寧州學泮池東

橋亭記
將仕郎守尉游芳篹文
朝散郎行尉華容縣開國男瑯琊王子言書
唐再受命庶事備於開元乃十有三年告成於岱
翠華之往也則北巡濟河　玉軑之旋也
則南指陳宋故　行宮御路次大任城爲陽門橋
者跨泗之別流當魯之要衝初隨時以旣濟因
大塘而改功觀其壅川爲池因地設險刳金堰於

馳道甃石門以飛橋交以朱欄揭以華表炳若星漢
拖如虹蜺　乘輿乃自陽朝
御六龍翊萬騎聲叫紀律文物比象迴
睿覽於洲渚駐　天蹕於川梁先時望
君之來也則金龜以界之鐵鎖以扃
之厥後桀　君之顧也則浚池以廣之
築館以旌之經始兹宇惠而不費當儲峙之末有務粟
之餘散之則八獲壹錢鳩之則動以千計請爲亭館以
壯橋池故鄉老老白於吏邑吏謀於府因人之欲得事
之宜鼛鼓不勝工力徒競彈爲層搆在水之陽壓鮮原

以迴出流古墉而却倚危欄巘二反宇峨峨勢接煙霄
崒若飛動南軒虛明以晃朗北室懿濞而淸冷自堂徂
亭邐迤幽徑上覆藤篠前臨芰荷憑高佇目萬象皆見
夫河南之勝有三橋亭得其一梁園有梁王之迹圃田
有僕射之陂平池曲榭美則美矣豈與夫島嶼開合林
嶂蔽虧旁薄大荒吐納霞景橋南度像淸洛之規盧
館口臨叶滄洲之趣有是夫有是夫任風姓之國也謠
俗古遠其太昊氏之遺人富而教之合於爵頌當
太平無事而朝野多歡不然者此池何以得花縣之
名吾猿何以得仙舟之目不其弇而時則有若　邑大

夫滎陽鄭公延嶷信昭盈伍道契虛舟禮樂之行仁德
歸厚　丞范陽盧璸　主薄平昌孟景　尉瑯琊王子
言　尉河東裴迥哲士林英華學府金碧能剸任公之
節無廢會友之文嘗授簡於芳以爲之記會芳有公車
之召請俟於異時金鄉尉穎川韓邠卿舍於裴氏言於
衆曰游子之讓斯文以諸公在此諸公之意也子何辭
焉因命秉燭俾芳操翰夜而成記翌日遂行開元廿六
年秋七月旬有四日云
大唐開元廿有六年閏八月五日建
通直郎行方輿縣尉王日雲篆額
口橋口劉遇　薛遂之

右橋亭記此唐碑之佳者趙氏金石錄載之子兩次
撫搨附作釋文碑內軟音副乘音乘吕郎以字反郎
坂字廿音入俗讀念非至於空格多寡皆指君上及
服御之類差等也可知唐時書碑之規制潮自開元
至今已及千年雖幸未損亦漸漫漶當移列門下以
蔽風雨庶不至剝落焉濟寧州志附張弨跋
記文敘開元十三年告成於岱元宗紀十一月庚寅
封於泰山是也其云翠華之往則北巡濟河玉軑之
旋則南指陳宋唐時東巡途次猶可案指又云陽門

橋當曾之要衝衢即逵二字古通用唐人臨文推崇
本朝輒用空三格或跳行書之此碑獨錯雜有空三
格四格六格七格十格不等莫詳爲何意授堂金石跋
右碑後列銜名有尉河東裴迥唐書宰相世系表稱
迥司封員外郎亦見地里志河南有伊水石堰天寶
十年尹裴迥置即其人也山左金石志
按此碑今露立於濟寧州學泮池之東張氏謂當
移列門下者指學宮戟門下可與漢魏五碑並列
也今視戟門其地亦不能容欲加護惜當別籌位
置之方矣橋亭記本非州學所有碑稱陽門橋者

跨泗之別流當曾之要衝則此碑當立於陽門橋
不知何年移來州學而濟寧州志又不載陽門橋
無從攷其碑之所在碑云翠華之往北巡濟河玉
軑之旋南指陳宋行宮御路次夫任城是時元宗
登岱迴蹕而南以道里言之當由曲阜滋陽一路
南抵任城攷兗州府志泗水出泗水縣東五十里
陪尾山西南經卞橋下又經其縣北又西過曲阜
縣又西至府城東五里金口壩俗所謂黑風口也
隋文帝時沂泗南流泛溢大野薛胄於二水之交
積石堰之決令西注陂澤以溉良田號薛公豐兗

渠元至元二十年開會通河乃修薛公舊堰爲滾
水石壩以引泗水入運河以蓄度之所謂二水之
交即碑云跨泗別流也陂澤溉田即碑云甄川爲
池也積石堰之決令西注即碑云作金堰於馳道
甃石門以飛橋也蓋隋時作堰至唐時攷功而陽
門橋當在兗州府城東五里金口壩宜濟寧州志
所不收而事逾千年橋亭久廢故兗州府志亦不
敘及也碑額稱任城者想在唐時任城疆域甚廣
橋亭所在已屬任城境也碑中玉軑之軑廣韻特
計切音地正韻度奈切音大未有音剔者張氏所

云恐誤也碑文王玉二字皆作王而州志釋文誤
於玉軑之玉亦作王不知玉軑出離騷齊玉軑而
並馳是也王軑則無出矣文中人獲壹錢之人字
脫落旁注下文鄉老叠寫老字可見古人書碑之
例不拘如此虛館下一字碑已磨泐張氏釋文作
虛館蹕臨今姑闕之不其猝而句義難曉猝字碑
泐其大半而影迹猶存姑依張氏所釋錄之

元宗御注道德經

石約高一丈八尺八面面廣一尺七八寸不等前三
面分三截上截額題大上劉元皇帝道德經及大唐
開元神武皇帝注共十八字六行行三字正書次截
經文三十行行七字下截釋文各十一行行九十九

字四五六七三面皆十一行行一百十九字其注每
經文一字皆雙行寫作四字後一面上截行六十字
下截列各官姓名
皆正書在易州

勑昔在元聖強著玄言權輿貞宗啟迪來裔遺文誠在
精義頗乖撮其指歸雖蜀嚴而猶病摘其章句自河公
而或略其餘浸微固不足數則我玄元妙旨豈其將墜
朕誠寡薄嘗感斯文猥承有後之慶恐失無爲之理每
因清宴輒叩玄關隨所意得遂爲箋註豈成一家之說
但備遺闕之文□茲絕筆是詢于□公卿臣庶道釋二
門有能起予類於卜商鍼疾同於左氏激於納善朕所
虛懷苟副斯言必加厚賞且如諛神自聖奉非此流懸

市相矜亦云小道既其不諱咸可直言勿爲來者所嗤
以重朕之不德
開元廿年十二月十四日
經文附刻是書後不錄
開元廿六年歲次戊寅十月乙丑朔八日壬申奉
勑建
正議大夫使持節易州諸軍事守易州刺史兼高陽
軍使賞紫金魚袋上柱國田仁晼奉　敕立
朝散大夫守易州別駕上柱國周憲
太中大夫行長史兼高陽軍副使上柱國鄭景宣

朝議大夫試司馬杜欽賢
道士梁虛心　檢校上座解昇仙

明皇注老子經在城西開元觀乾道五年張孝祥移
于府治天下輿地碑記

右唐元宗注老子道德經開元二十三年用道門威
儀司馬秀言令天下應修宮齋等州皆於一大觀立
石臺刊勒邢州故有龍興觀開元二十七年刺史李
質立石摹勒如制至宋端拱初觀臺已廢沒知州軍
事何續始修復之鐫記於臺左方余至邢州龍興觀
已廢僅存半畝之宮先有尼居之前太守徐衍祚改

爲社學而石臺尚存隱於屋後人少知之者千年之
物莫知愛惜計亦不能久矣歸有光震川集

唐元宗註道德經諸文士共成之又是時古註俱存
有古哲之源流而無後人之穿鑿五千言中得者十
九卽本文未經濁亂其辭既簡與而義反精深其爲
老聃之冢嗣也無可疑矣于是徧諸區夏多有刻石
而茲易水獨傳蘇靈芝之筆靈芝他書易中多有而
不及此石之善墨林快事

右明皇御注道德經歐陽公趙德甫所收者皆懷州
本久不傳邢州本歸熙甫嘗見之今未審尚存否予

所收則易州本也懷州本經文御書注則諸王所書
此幢經注皆出於一手驗其筆迹蓋蘇靈芝書也石
文間有殘缺亦有石本元缺者以注證之皆當與今
本同潛研堂金石文跋尾
碑首層列元宗二十年勅有隨所意得遂爲箋註云
云分老子道經卷上德經卷下亦與古本相彷後陸
放翁題跋云晁以道謂王輔嗣老子曰道德經不析
乎道德而上下之猶近於古今此本已久離析然則
宋已失輔嗣定本今邢氏論語疏引老子德經云天
綱恢恢疎而不失此其可徵之一也然又考漢書註

如顏氏於魏豹傳引老子道經曰國家昏亂有忠臣
田橫傳引老子德經曰貴以賤爲本高以下爲基是
以侯王自謂孤寡不穀楚元王傳引老子德經云知
足不辱嚴助傳老子所謂師之所處荊棘生之者也
師古曰老子道經之言也楊雄傳貴知我者希師古
曰老子德經云知我者希則我貴矣酷吏傳老氏稱
上德不德是以有德下德不失德是以無德法令滋
章盜賊多有師古曰老子道經之言也下士聞道大
笑之師古曰老子道經之言也西域傳註老子德經
曰天下有道却走馬以爲糞蓋其所引以道德分篇

者若此而與釋文題道經音義者並合又賈公彥周
禮師氏疏亦以爲老子道經云道可道非常道其下
篆德經云上德不德是以有德章懷太子注後漢書
其於翟酺傳也則又謂老子道經曰魚不可以脫於
泉是數子於初唐時並同所證婁貞容碑稱之道經以慈爲寶其必
襲自晉宋舊本如此碑所分題固有據也授堂金石跋
按史記老子列傳老子姓李名耳字伯陽謚曰聃
爲周守藏室史西出關爲關令尹喜著書上下篇
而去莫知其所終所謂上下篇即世所傳道德經
二篇唐以老子爲祖故尊崇之典特盛至元宗篤

好元學而老子之書尤行於世此碑首列勅文題
開元廿年後列諸臣姓名題開元廿六年奉勅建
攷舊唐書本紀開元二十一年正月制令士庶家
藏老子一本每年貢舉人量減尚書論語兩條策
加老子策封演聞見記亦云開元二十一年明皇
親注老子道德經令學者習之則是時御注初成
頒諸天下遍令士子傳習也唐六典載國學教授
之法孝經論語老子皆爲大經注云老子用開元
御注舊令用河上公注蓋當時選舉應制自開元
一以後無不用御注矣新書藝文志元宗注道德經

二卷又疏八卷天寶中加號元通道德經世不稱之道藏目録載御製道德真經疏作六卷文獻通考又作一卷未知孰是道藏目録又云御注八十一章分章逐句內則修身之本外則理國之方今碑但分上下篇而不標各章名目殆是書碑時從畧也碑上卷題老子道經下卷題老子德經與經典釋文所題正同攷唐代傳注中引老子語皆道德分見未嘗混而爲一則元宗所注實從古本如此董逌藏書志謂元宗注成始改定章句爲道德經凡言道者類之上卷言德者類之下卷非也元

宗之注道藏尚存其書刊於前明正統十年而傳刻譌誤文句或多增減獨石刻千古不易最爲可據昶所見道德經注無慮數十家皆與河上公王弼諸注及元宗本大同小異而唐太史令傅奕校定老子古本字句獨較他本爲繁亦足以資參訂當開元時此碑傳刻頗多集古金石二録所載皆懷州本久已無傳歸有光跋邢州龍興觀本稱開元二十七年所刻則立石已在易州之後今亦未見然焦竑老子攷異嘗引龍興碑疑即邢州本也雖無全文可攷而單辭隻字尚可概見全碑面目

又元至元中高翿所書古老子并釋文刻於石碑今在盩厔驗其文與諸家亦多不同今合各本及釋文所載詳勘與同畧舉其概足證此刻之善者如第二章原碑不標第一第二字樣今摘其文從各本所分載入便撿核也故有無相生難易相成長短相形高下相傾音聲相和前後相隨六句河上公傅奕至元本相字上皆有之字李道純曰此間有之字者非也王弼顧歡與此同萬物作而不辭河上公王弼而上有焉字陸希聲至元本及太平御覽引並與此同邢州本作萬物作而不爲始同傅奕本也第四章湛常存吾

不知誰子上句諸本及至元本作湛兮似常存邢州本作湛似或存下句諸本誰下有之字惟陳象古至元本與此同第五章其猶槖籥諸本及至元本句末有乎字惟李約與此同多言數窮諸本並同邢州本言作聞第七章天長地久地所以能長且久者諸本並同邢州本上句作天地長久下句無且字故能長生諸本並同邢州本生作久非以其無私王弼至元本及淮南子引句末並有乎字河上公與此同并無非字第八章又不爭處河上公王弼又作而司馬光曹道冲至元本並與此同

第九章不可長保諸本並同邢州本保作寳富貴
而憍諸本憍皆作驕惟司馬光至元本與此同功
成名遂身退諸本並同惟王弼作功遂身退傅奕
作成名功遂身退邢州本又作名成功遂身退第
十章載營魄抱一能無離專氣致柔能嬰兒滌除
元覽能無疵愛民治國能無爲天門開闔能爲雌
明白四達能無知傅奕及淮南子引六句末並有
乎字李道純曰有乎字者非也能無爲能無知王
弼作能無知能無爲傅奕作能無以知乎能無以
爲乎河上公至元本與此同第十三章何謂寵辱

寵爲下河上公作何謂寵辱辱爲下王弼傅奕作
何謂寵辱若驚寵爲下陳景元李道純作何謂寵
辱若驚寵爲上辱爲下惟至元本與此同故貴以
身爲天下若可寄天下愛以身爲天下若可託天
下諸本爲天下下皆有者字陸希聲至元本及淮
南子引與此同若可二句河上公作則可以寄於
天下乃可以託於天下王弼作若可以寄於天下
若可托天下淮南子引作則可寄於天下乃可托
於天下矣傅奕又作則可以託天下矣則可以寄
天下矣惟陸希聲至元本與此同第十四章是謂

忽怳諸本並同邢州本無此句第十五章豫若冬
涉川河上公豫作與下有兮字王弼豫下有焉字
傅奕亦有兮字猶若畏四隣諸本猶下亦有兮字
陸希聲至元本二句並與此同儼若客河上公作
儼兮其若客王弼作儼兮其若容案客字與下文
釋樸谷濁四字爲韻作容者非也渙若氷將釋河
上公王弼渙下有兮字氷下有之字邢州本釋作
汋傅奕至元本二句並與此同敦若樸曠若谷渾
若濁諸本及至元本並作敦兮其若樸曠兮其若
谷渾兮其若濁邢州本作混若樸曠若谷混若濁

句法與此同敦作混疑涉下文而誤孰能濁以靜
之徐淸河上公靜上有止字傅奕靜上有澂字之
下有而字陳景元靜上亦有澂字王弼陸希聲至
元本並與此同故能弊不新成河上公王弼弊作
蔽傅奕作是以能敝而不成邢州本作故能敝復
成惟至元本與此同第十六章各歸其根河上公
王弼至元本並作各復歸其根莊子作各復其根
惟傅奕與此同公乃王王乃天諸本並同邢州本
作公能生生能天第十七章其次親之譽之其次
畏之侮之上句河上公王弼作其次親而譽之傅

奕作其次親之其次輿之下句陳象古作其次畏而侮之傅奕作其次畏之其次侮之陸希聲至元本二句並與此同猶其貴言河上公王弼作猶兮其貴言陸希聲作猶其貴言哉傅奕作猶兮其貴言哉邢州本無兮哉二字猶其作其猶惟至元本與此同第二十章荒其未央河上公王弼作荒兮其未央哉傅奕至元本作荒兮其未央邢州本作莽其未央案莽字疑即荒字之誤與此同也如春登臺王弼顧歡至元本並與此同諸本或作如登春臺者皆非也我獨怕其未兆河上公作我獨泊兮其未兆王弼作我獨廓兮其未兆傅奕作我獨魄兮其未兆邢州本作我魄未兆惟至元本與此同乘乘無所歸王弼作儽儽兮若無所歸陸希聲作儽儽兮若不足似無歸傅奕作儡儡兮其不足以無所歸河上公至元本作乘乘兮若無所歸與此同惟多兮若二字畢制府沅道德經考異云說文儽相敗也讀若雷儽垂貌一曰嬾解乘覆也三義皆相近其聲之轉則猶乃之讀爲仍微之讀爲止矣我愚人之心純純諸本心下有也哉二字純純下有兮字王弼傅奕純並作沌邢州本亦作純

純兮忽若晦寂漻忽下有兮字河上公作忽兮若海王弼作澹兮其若海寂兮似無所止河上公寂作淵今河上公本作漂王弼作飂梁簡文傅奕並作飄惟至元本二條並與此同案寂卽飂字之宋王弼作飂此作寂二字形殊義同而貴求食於母河上公王弼傅奕作而貴食母陳象古邵若愚至元本並與此同老子考異引開元本亦作求食於母文獻通考載晁公武云元宗老子注頗增其詞如而貴食母作兒貴求食於母之類貴食母者嬰兒未孩之義諸侯之妻以大夫妻爲食母增之贅矣今案此句注但云求食於母者貴如嬰兒無營欲爾故上文云如嬰兒之未孩先無□疑求字於二字今所加也云云則元宗但增求於二字實未改而爲兒晁氏所識未爲盡確或別本如此未可知也第二十一章忽兮恍其中有象恍兮忽其中有物諸本忽兮恍恍兮忽兩句之下多有兮字顧歡作忽恍中有象恍忽中有物河上公又作恍兮忽兮其中有物忽兮恍兮其中有象二句互倒非也至元本與此同窈兮冥其中有精河上公王弼作窈兮冥兮其中有精顧歡作窈冥中有精文選注引與此

同至元本窃作杳其精甚眞諸本並同邢州本無此句第二十二章枉則直傅奕及邢州本直作正河上公王弼與此同弊則新王弼弊作敝傅奕作敝河上公至元本與此同第二十五章寂兮寥兮鍾會寥作飂王弼傅奕作寂河上公至元本與此同第二十六章燕處超然王弼傅奕燕作宴輕則失臣王弼傅奕及邢州本臣並作本河上公至元本二條並與此同第二十七章善計不用籌算河上公作善計者不用籌策王弼作善數不用籌策傅奕作善數者無籌策陸希聲呂惠卿並作善數

者無籌算陳象古作善計無籌算惟至元本與此同第二十九章或呴或吹王弼呴作歔諸本呴皆作嘘或載或隳王弼載作挫傅奕作培邢州本作接河上公至元本二條並與此同第三十章大軍之後必有凶年諸本並同邢州本無此二句果而勿憍諸本憍皆作驕陸希聲至元本與此同是謂不道不道早已傅奕及邢州本兩不字皆作非河上公王弼至元本並與此同後第五十五章亦有是謂不道不道早已二語諸本皆同邢州本亦作非第三十一章不可得志於天下諸本作則不可以得志於天下矣傅奕無則字邢州

本作不可得意於天下惟至元本與此同第三十二章人莫之令而自均諸本人皆作民惟永樂大典所載王弼本及至元本與此同第三十三章死而不亡者壽諸本亡皆作忘河上公作妄傅寫之誤至元本與此同第三十四章大道汎其可左右河上公王弼並作大道氾兮釋文云本或作汎周張並同傅奕作大道汎汎兮其可左右至元本亦作大道氾兮功成不名有愛養萬物而不爲主上句成字下河上公王弼有而字傅奕作功成而不居邢州本至元本並與此同下句愛養王弼作衣

養傅奕作衣被河上公至元本與此同第三十五章道之出口傅奕及邢州本口作言河上公王弼至元本並與此同第三十六章柔弱勝剛强傅奕作柔之勝剛弱之勝彊河上公王弼至元本並與此同第三十八章處其厚不處其薄居其實不居其華河上公王弼處其居其並作處不處不居並作居傅奕兩處兩居統作居至元本及宋犖宗厚論引並與此同第三十九章其致之諸本句下並多一也二字惟河上公至元本與此同第四十一章上士聞道勤而行河上公王弼至元本行下有

之字傅奕又作而勤行之第四十二章人之所教亦我義教之河上公王弼作人之所教我亦教之傅奕作人之所以教我亦我之所以教人惟至元本與此同第四十三章無有入有間河上公至元本入下有於字傅奕作出於無有入於無間惟王弼與此同第四十五章清靜爲天下正河上公句上有知字傅奕知清靜下并有以字王弼李約薛致元至元本並與此同第四十九章慄慄爲天下渾其心王弼慄慄作歙歙釋文云一本作慄河上本作淡淡簡文云河上本作怵怵至元本與此同

第五十一章是以聖人莫不尊道而貴德道之尊德之貴夫莫之爵而常自然諸本上句聖人皆作萬物下句爵字河上公王弼作命傅奕陸希聲至元本二句並與此同第五十四章修之家其德能有餘諸本皆作其德乃餘惟韓非子作其德有餘第五十七章我無事而民自富我好靜而民自正諸本無事句並在好靜句之下惟至元本與此同第六十一章大國者下流天下之交天下之交牝常以靜勝牡以靜爲下河上公王弼作大國者下流天下之交天下之牝牝常以靜勝牡以靜爲下

傅奕作大國者天下之下流天下之交天下之牝牝常以靖勝牡以其靖故爲下也至元本作大國者下流天下之交天下之交牝牝常以靜勝牡以靜能下惟陸希聲陳象古與此同故大國以下小國則取小國小國以下大國則聚大國故或下以取或下而聚諸本兩聚字亦作取惟河上公本或作聚與此同第六十三章是以聖人由難之諸本由皆作猶二字古通用第六十五章知此兩者亦稽式王弼稽作楷傅奕作常知此兩者亦稽式也河上公至元本與此同第六十六章是以處上而

人不重處前而人不害河上公作是以聖人處民上而不重處民前而不害傅奕作是以聖人處之上而民弗重處之前而民不害也惟至元本與此同王弼人作民餘與此同第六十七章保而持之河上公王弼作持而保之陸希聲至元本與此同第六十八章善勝敵者不爭河上公作不與爭王弼作不與無爭字傅奕至元本與此同第七十三章繟然而善謀河上公繟作墠梁武王尚鍾會孫登張嗣作坦傅奕作默王弼至元本與此同第七十六章木強則共王弼傅奕共作兵河上公至元

本與此同第八十章雞犬之音相聞諸本音皆作聲惟至元本與此同以上諸條皆石本異文而逈攷衆家率多吻合知當時撰注時大率參探舊說擇善而從成此定本也然經注既繁寫刻時豈能細撿則亦有石刻譌脫不可爲訓者如第二十四章自是不彰自伐無功自矜不長三句諸本自是自伐自矜下皆有者字與上文跂者不立跨者不行自見者無功句法相類碑脫三者字第三十章不以兵强天下其事諸本其事下皆有好還二字案注云抗兵加彼彼必應之其事既好還報則勝

負之數未可量明原本亦有此二字碑脫也用之不可諸本此句皆作用之不可既王弼作用之不足既碑脫旣字第三十五章貴以賤爲本高以下基按二語句法相配碑脫下句爲字諸本有之故致數與無輿河上公作故致數車無車王弼傅奕本車皆作轝今弼本亦作輿至元本皆作輿碑下作輿上作與誤注云數與則無輿與字亦誤而公王以爲稱諸本並作王公以爲稱傅奕作而王侯以自稱也玩注文原本亦當作王公碑二字誤倒第四十三章吾是以知無爲之有益益傳奕及淮南子引皆作吾是以

知無爲之有益也河上公王弼並無也字碑下益字非譌郎衍第四十九章善者吾善之不善者吾亦善之德善者吾信之不信者吾亦信之德信諸本第二句皆讀善字絕句第三句作信者吾信之碑脫上信字第五十五章攫鳥不摶諸本攫皆作攫碑作攫不成字第五十八章廉而不穢諸本穢皆作劌惟河上公作害碑作穢說文所無第五十九章是謂深根故蔕諸本故皆作固誤第六十六章故天下與能與之爭諸本上與字皆作莫碑誤第七十章知我者貴河上公王弼至元本並作知

我者希則我者貴傳奕作知我者稀則我貴案注云了知我忘知之意者希少法則我不言之教者至貴則原本當同河上等本碑脫希則我者四字凡此皆宜參据衆家以正刊誤者也碑末題田仁琬周憲鄭景宜杜欽賢諸臣姓名皆同將奉敕建立之人而不書臣字亦例之變者此四人兩唐書皆無傳可攷仁琬字正勤官至安西都護其事蹟畧見保定府德政碑碑載仁琬以開元二十五年除易州刺史兼高陽軍事悉與此碑合惟此題作仁琬雙名德政碑直云名琬爲異耳碑無書人姓

名相傳是蘇靈芝所作靈芝之兩書亦無傳墨池編
稱其好書石蹟宣和書譜載靈芝嘗爲易州刺史
郭明肅書候臺記在幽燕之地中州患難得契丹
以墨本詒權場易絹十端方與一本蓋閑寶間書
名極盛故爲時所重如此今世石蹟存者祀所藏
有開元二十七年易州鐵像頌二十八年田公德
政二碑此碑筆法極與相似當爲靈芝所書無疑
矣書譜云靈芝儒生也而鐵像頌題登仕郎前行
易州錄事德政碑則題爲逸士豈罷官之役乃有
此稱書譜因之誤爲儒生耶金石錄載靈芝書苑
陽郡憫忠寺寶塔頌題承奉郎守經畧軍曹參軍
其碑立於至德二載則肅宗時又起爲參軍也

易州鐵像頌

碑高九尺六寸七分廣四尺八寸四分十八行行三十六字行書在易州

大唐易州鐵像碑頌并序
崇文館校書郎王端撰
登仕郎前行易州錄事蘇靈芝書
自我大師堅林示化不有像設人何以依小大之功蓋
存乎願瞻彼朔易有大像焉厥高羌而不可乎彌度則
我前太守盧君之所立廣君諱暉字子晃自尚書
郎保釐我郡張皇軍容節而明慧而肅害必革利必興
爰徒軍爰置邑枥闢闠飾招提遠者懷近者悅戈甲以
理奪虜氣於塞外童耋以樂敀叱諸於域中然猶躬行
屬縣求人之瘼相彼村閭古多精舍往往陁隧而法鼓
存焉或摧或朽或爇或震莫睹脩儀之狀寧聞宮徵之
音　君曰咨時則有耆黄耇鮐背之老數百人隨車
而請曰惟是衆多之金委於草莽不敢散爲凡器以速
戾實願合爲真容以祈福　君曰善且俾五臺沙門
大端慮事樂施之力一惟百精誠之心百惟一炭嶺屬
爐谷呀人雲屯橐雷動黄白之氣竭青氣生焉於是化

天下之至剛爲天下之至柔以至柔入無間亦旣成像
復歸於剛衆奔走而觀之則三十二相備矣計功者蓋
莫知其衆寡徒駭其不日而成也度財者又莫知其少
多徒歎其不召而至也非我人心之歸於君君慧之及
於人何以能之是舉也可以觀政矣間一歲使臣以君
政尤異聞於　帝帝用嘉之錫以束帛有由然也伊
追琢之功未旣而惠盧君遷于瀛田君至自靈誕敷至
化纘戎前功爛爛彰飾道盡矣戊寅歲易人思邵父
美杜母嘉願力謀不朽是用託頌於端端文館之吏也
敢不祗若頌曰

罼崇睟容法之尊兮優優庶政直而溫兮如茨如陵不
騫不崩福永存兮
大唐開元二十七年歲次己卯五月壬辰朔三日甲
午建
□□□通車道三所官坐鎮裳院 白楊谷 置縣三 五迴
樓亭 板城 每驛傍造店一百間 抱陽寺造長
廊一百卅間 □□□□營入城造廳及廊宇二百間
造水磑四所 已上並盧君造雋人王希貞解崇光

右易州鐵像頌碑末云置縣三五迴樓亭板城攷元和郡縣志五迴縣開元二十三年刺史盧暉奏置在五迴山東麓因名之二十四年刺史田琬以其險隘東遷于五公城在今易縣西五十里樓亭板城二縣元和志不載蓋天寶後縣已省也元和志又云高陽軍在州城內開元二十年置蓋亦盧暉所奏矣唐書地理志瀛州有長豐渠開元二十五年刺史盧暉自束城平舒引滹沱東入淇通漕溉田五百餘頃魏州有西渠開元二十八年刺史盧暉徙永濟渠自石灰窠引流至城西注魏橋以通江淮之貨然則盧君固當時之能吏所至皆以興建爲務者矣 潛研堂金石文跋尾

易州太守盧君暉造鐵像郡人張皇其事勒爲頌暉見唐書宰相世系 官太原少尹者當即其人碑後載盧君開北山通車道三所有官坐鎮白楊谷裳院諸名以韋濟開偃師東山下新道例之暉亦宜附入地里志而史文不及豈有所遺耶暉又置縣三曰五迴曰樓亭曰板城地里志五迴開元二十三年析易置并置樓亭板城以碑案之首發議建置者自盧君始也 授堂金石跋

記石浮屠後

石橫廣二尺六寸七分高一尺三寸八分二十一行行十二字至十四字不等正書在房山縣

大唐開元十八年金仙長公主爲奏 聖上賜大唐
新舊譯經四千餘卷充幽府范陽縣爲石經本又奏范
陽縣東南五十里上垡村趙襄子淀中麥田莊并果園
一所及環山林麓東接房南嶺南逼他山西止白帶山
口北限大山分水界並永充供給山門所用又委禪師
元法歲歲通轉一切經上延 寶曆永福慈王下引懷
生同攀覺樹粤開元廿八年庚辰歲朱明八月前莫州
吏部常選王守泰記山頂石浮屠後
送經京崇福寺沙門智昇
檢挍送經臨壇大德沙門秀璋
都檢挍禪師沙門元法

同前係
獨樹村　磨碑寺
東至到　南至河
西至河　北至他山
四至分明永泰無窮
今在房山縣記金仙公主奏賜譯經四千餘卷并范陽縣東南五十里上岆村趙襄子淀中麥田莊并果園一所及環山林麓（金石文字記）

按前云開元十八年金仙長公主爲奏聖上云云唐書公主傳睿宗第九女金仙公主始封西城縣

主景雲初進封太極元年與玉眞公主皆爲道士以方士史崇元爲師當開元時公主旣爲道士亦嘗進封長公主此稱長公主後又有御書神道碑亦稱長公主蓋皆以元宗之妹而尊稱也疆域之分四至八到始見於元和郡縣志繼見於太平寰宇記後之撰地志者皆因之此以寺記而後列東西南北云四至分明後人田宅署券亦同此式蓋昉于此也刻記之所碑無山寺主名但云石浮屠後又云環山林麓西止白帶山口而文前云賜大唐新舊譯經四千餘卷爲石經本攷畿輔通志山川卷內有石經山在房山縣西南五十里引隋圖經云智泉寺僧琬見白帶山有石室遂發心書經十二部刊石爲碑又引逃虛子集云石經貯于巖洞者七地穴者二洞以石門閉之穴以浮圖鎮之又引帝京景物畧云房山縣西南有山曰白帶山生䓘題草又曰䓘題山藏石經者千年故曰石經山北齊南嶽慧思大師發願刻石藏座下靜琬承師囑自隋大業迄唐貞觀大涅槃經成其夜山吼生香樹三十餘本六月水浮大木千株至山下搆雲居寺焉唐金仙公主修之山上雷音洞高丈餘

四壁刻經又仙釋卷內載釋靜琬訪求名勝至白帶山見峯巒靈秀遂採石造十二部石經因搆雲居寺明皇第八妹金仙公主增修之又寺觀卷內載雲居寺在房山縣石經山下寺有唐開元十年石浮圖銘二十八年（當云十八年）山頂石浮圖後記今並存南麓卽西天寺塔下有石經窟其後則香樹林據此知此碑在房山縣石經山雲居寺也金仙公主本睿宗第九女而云明皇第八妹者安興昭懷公主早薨不在數內也碑云奏賜譯經允幽州范陽縣爲石經本者今之房山縣在唐時爲良鄉

縣爲幽州而碑云幽州范陽縣郎今之涿州隋時爲涿縣爲涿郡武德七年改范陽縣爲涿州治並據唐書地理志良鄉范陽兩縣接壤想當開元時白帶山在范陽境而范陽又屬幽州唐志所未晰也

易州田公德政碑

碑高九尺八寸五分廣四尺九寸二十九行行六十字行書在保定府蓮池書院

大唐正議大夫使持節易州諸軍事守易州刺史兼高陽軍使賞紫金魚袋上柱國田公德政之碑并序

大中大夫守中書侍郎集賢院學士上柱國東海縣開國男徐安貞撰

通士武功蘇靈芝書

聞之經國濟理長物生人者則必委成郡邑而擇其良吏然守文則弱於率俗更法則弊於專任寬恕則失於容姦強毅則陷於傷善建用皇極難乎其人若夫剛不爲虐簡而能斷布政優優化人成俗者見於田易州焉公名琬字正勤其先敬仲適齊因陳爲族周齊競逐遂氏於田五代其昌能秦人之西帝七雄方鬭朝泗上之諸侯自國滅留上族遷關右武安以威厲爲丞相司農以建議封陽城君能言之公其後也不旅厥問幽而復光曾祖君舒隨甘州刺史祖越西州長史父恩成州同谷尉名雖必聞官不求達累濟純嘏克生忠良公應天貺星含道元氣和五味以正性備百行以資身況言談者仁之文孝悌者德之本取與者事之會恬淡者道之符弱冠遊太學尋師授韓詩曲禮以爲小雅傷於怨刺大戴失於奢侈功業宜先於濟理章句非□於適時因讀孫吳兵法衛霍別傳遂杖劍從軍以功授合黎府別將歷果毅轉折衝累拜郎將中郎將尋除安北都護□遷威衛將軍每拜命必衘一官兼一使□□　幹　理□克保釐□是所向皆通厥善咸集戸部尚書王晙國之楨幹人之具聯太子太師蕭嵩惟嶽出雲生甫翊聖王之

揔管朔方也帳下之畫一以詢公蕭之節度河□也閫外之事不裁於己公貌無矜色口無伐辭出則推美於人入則盡慮於事議者以爲王能信善蕭能任賢居二者之間非周才孰可尋以將軍兼靈州□□朔方軍節度副使押渾部落仍撿挍豐安定遠及十將兵馬使會遭家艱奔喪州里扶杖未起粥□不入古之純孝何以尚茲明年抹胡寇邊　□□震怒起公除易州刺史鎮北邊也公聞命擗踊以死讓請情既難奪　恩爲中停廿四年禮終復除易州刺史兼高陽軍使此邦之人舊稱勇悍懍然尚荆卿之風慕燕丹之義其俗易

使也其人可用也而地接邊鄙郡參軍鎮□□杼軸空
矣征役勤矣用非□養力盡猶求推節義之明心就逋
逃之□□公深□□□大返其源阜其財求致其忠愛
居者旣逸失者知歸星歲未周襁負咸至豈非寛明以
恕恩結其心者歟時出桑野奄觀銍刈責其隳者則爲
之怛憾□□□敢子焉勉其勤者則喜形顏色若遇其
良子焉故人感而懷之莫敢暇逸霑體□足睢農是□
所以家聚流衍而餘糧棲畝管子曰倉廩實知禮節則
公□□政信然也歲或大旱憂心如熏如焱如焚如焚
其身曾是勑人達于鬼神及有事山川宜乎□土祇始

告而雲合徂未徹而雨降氣有豣□災變爲□□□□
東風至雨集其高也散日其下也被地遂能辯其疆界
犬牙不入非神靈其德有所庇之其孰能與於此夫市
者利之所聚人之所爭强□肆奔不忌□□□取於人
謂爲官市交易不得其所朝夕爲之皆慮公撫御多方
非止朴罰家僮門客莫□城寺通商服估日以塡湊更
爲一都之會也公□□□將□□□□其有酣歌劍舞
者彈莅跕屣者攝其雄而息其競疏其穢而復于醴以
爲不積其德無以□□也不正其身無以出令也故視
無旋聽無旁其動也可□其靜也可法四鄰以是嘉其

致而歸其高百姓以是服其德而樂其行故自郡邑至
乎鄉鄙莫不競者讓暴者仁毅者溫懦者立其惟不言
而化□過半矣於是詢耆舊察人俗入而靜謀出而周
視高者抑之弛者張之人之所惡者去之人之所欲者
濟之老有歸幼有長至於疾苦莫不躬親爲之一□而
□無艱急而亦無疵病矣比及三年則有成也盡知方
也洎農隟巡撫喣愉溫顏易水變其寒風燕谷增其暖
氣由是刑罰不用而□亦恥之使無訟□見於今日矣
故化行乎近郡而譽達乎京師公夙昭武烈而善於文
史將以漢主憂邊故投其筆硯晉侯擇帥更悅其詩書

不然何有執繁弱之弓扶雍狐之戟而能緣飾吏事擿
發如神窮物之理盡人之性若此之至也廿七年公次
會計朝于京師廿八年春二月　制攝御史中丞遷
安西都護　詔書至郡郡之人吏若有所亡或號門
衢或悲里室曰自我公至吾黨其蘇今我公往吾黨其
痡詣　闕陳情則長安地遠邈道攀戀而西域路絕
旣借寇不可則令名宜存詞曰
卓尓有立時惟田侯濤摽遠嶼高月垂秋其武也剛其
文則柔翹是師旅能牧于州靡不夙夜思皇厥中綢繆
庶政亦以訓戎　天子曰俞爰嘉尓功俾守易士而

和其風北燕之南全趙之北歲有軍事人用不足從而搖之是謂苛慝惟君蒞止高明柔克柔克伊何撫如孩孩聰不入境旱不爲災旣庶能富逋亡歸來非德之致其誰有哉水積則流德積則揚化自下國聲馳遐方允矣君子如珪如璋刻石頌之令問不忘

開元廿八年十月十六日建　太原王希貞刻

此蘇靈芝書靈芝武功人生開元天寶間書與胡霈然齊名今霈然書不可見見此碑可以得其概矣石墨鐫華

田琬以開元二十四年治州有善政二十八年遷攝

御史中丞安西都護以去州人立石頌之碑云公名琬字正勤而趙氏金石錄鄭氏金石畧于氏天下金石志並題作田仁琬德政碑今易州龍興觀石刻道德經末亦題刺史田仁琬名元和郡縣志又書易州刺史田琬碑刻立於當時稱名必無差誤不知何以異同若此也唐會要凡授都督刺史階未及五品者並聽著緋佩魚離任則停之若在軍賞緋紫金袋者在軍則服之不在軍不在服限琬階正議大夫正四品上其結銜稱賞紫金魚袋蓋以軍功得之與賜紫階紫者有別矣唐六典諸軍各置使一人其橫海高陽唐興恒陽北平五軍皆本州刺史爲使又會要高陽軍本在瀛州開元二十年移在易州故琬以易州刺史兼高陽軍使也合黎軍府之名唐書地理志失載不知屬何州也琬嘗爲靈州刺史朔方軍節度副使押渾部落仍檢校豐安定遠及十將兵馬使攷之於史吐谷渾部落初自涼州徙鄯州不安其居復於靈州之故鳴沙縣置安樂州以居之又靈州黃河外有豐安安遠新昌諸軍安遠蓋定遠之譌故朔方節度得兼押渾部落使領豐安安遠二軍也十將兵馬使史無文以證之潛研堂金石文跋尾

田琬字正勤開元二十四年除易州刺史碑盛述其爲政有惠爲州人所樂而推其先世云敬仲適齊因陳爲族周齊聲近遂氏於田新書宰相世系表陳田聲相近與此符合史記田敬仲世家以陳字爲田氏索隱曰據史此文敬仲奔齊以陳田二字聲相近遂爲田氏然則陳田聲近蓋由舊說也荀子不苟篇田仲注曰仲齊人處於陵孟子作陳仲史記游俠傳東陽田君孺索隱曰漢書作陳君孺皆可取以附證此碑之所依據又碑稱戸部尚書王晙太子太師蕭嵩案晙與嵩並見唐書本傳稱官與碑合授堂金石跋

按此碑徐安貞撰文題大中大夫守中書侍郎集賢院學士上柱國東海縣開國男舊唐書傳安貞信安龍邱人開元中爲中書舍人集賢院學士上每屬文作手詔多命安貞視草累遷中書侍郎新書傳云徐楚璧終中書侍郎東海縣子在中書省久是時李林甫用事或言計議多所參助後更名安貞今碑作東海縣男與新史異餘官與兩史同書譜引金華志云徐楚璧字子珍唐詩紀事云安貞以李林甫用事逃隱衡嶽爲擐蔬行者病啞不言數年後因修建佛殿僧中選善書者題其梁徐

行者跨梁而過掌事人怒杖其背徐以手畫地曰昔年曾學大書頗試書及壓數行羣僧皆悅服因遣盡書之後李邕過寺見其題大驚召之同載而歸按此語多不確唐書宰相世系表林甫官吏部尚書在開元二十七年其用事時安貞傳方言其參助計議何至逃隱衡嶽李邕自開元初左遷括州司馬起陳州刺史十三年復貶遵化尉徙澧州司馬二十二年起爲括州刺史後歷淄滑二州刺史出爲汲郡北海太守邕嘗書麓山寺碑在開元十八年如果安貞有逃隱衡嶽題梁爲邕所見同載而歸之事亦當在開元十八年前後而其時林甫正未用事也大抵舊說流傳率多差誤年湮事遠無人考稽相率而承訛襲謬者類如此也碑已題安貞則傳云後改名安貞者在二十八年已前矣田陳二姓諸說皆謂聲相近按詩周頌有瞽篇應田縣鼓鄭箋云田當作朄音允聲轉字誤變而爲田竊疑朄可變爲田亦可變爲陳朄與陳先以形似而變陳與田又以聲近而譌也附識以備一說

金石萃編卷八十三終

金石萃編卷八十四

賜進士出身　誥授光祿大夫刑部右侍郎加七級王昶譔

唐四十四

裴道安墓誌

銘石高廣各二尺八寸三十三
行行三十四字正書在西安府

大唐故朝議郎行尚書祠部員外郎裴君墓誌銘并序

族叔禮部員外郎朏撰兼書

君諱稹字道安河東聞喜人也自桐川建封燉煌爲郡
魏分三祖晉方八王奕代嘉其美□□年載其令德高
祖定周大將軍馮翊太守襲瑯琊公績茂戎昭化成郡

國曾祖仁基□□光祿大夫兼河南道討捕大使以隂
圖王充義被舊主遭時不利玉哲名揚　□□追
贈原州都督命謚曰忠祖行儉禮部尚書兼定襄道行
軍大總管聞喜公贈大尉□□獻既明且哲經文緯武
故事宗於禮閣大勲炳於雲閣孝光庭侍中兼吏部尚
書贈太師謚忠獻器識宏遠墻宇高深亮采　天階
丹青神化君二川淑靈三事鴻烈植貞□之性抱經濟
之才生而聰敏幼而穎悟仁和孝友君子之德日新文
學吏能賢人之業□盛開元初舉孝廉高第弱冠
敕授左千牛備身秩滿轉太子通事舍人　□

宸捧　日青禁朝春詞令可觀風儀有裕歳餘
調補太常寺主簿□□寺署辨□禮法按驗伏蔵動盈
累万鄭韋韶欲以昇　聞朔於顯擢君不求苟祿
固讓厥功□□京兆府司錄未上丁　太師
憂柴毀骨立殆將滅性杖而後起□日式期□□屢
聞龍光是冀爰紆　聖札用勒豐碑仍命
宰臣俾令護□此乃顯□千古哀榮　九原者也
太師公直道不回存亡交變　明主
優□　恩禮時列害其公忠定謚之辰將沮其美
君晝夜泣血號訴闕　天特降□言以旌其實

詔改謚曰忠獻豈非孝感之至以發
皇□報應之□有如影響憂制歎　主上
永言念舊方議賞延命執事與五品官□孝以君□量
清通不欲處之散地請授史官是日拜起居郎君衰服
外除心喪內疚□□令職遠□　先碑敷奏上
感於　冕旒情禮近傷於冠佩自武德之始迄于
兹日注□所闕四百餘卷南史直筆東披記言考古而
行怡然理順俄遷尚書祠部郎君才兼□□□典
郊廟籍祖訥之清言循樊准之儒術　明光伏
奏問望攸歸嗚呼天不假年神爽其善視事累月卧疾

弥旬以開元廿八年十二月十九日終于長安光德里私第春秋卌其　先葬于闕喜之東凉原也即以辛巳歲二月癸丑廿日壬申旋窆于長安萬春鄉神和原禮也初日者有言曰且有橫厄願攘之君曰苟無負於神明亦何禳之有生死有命誠性已齊此則達人之用心也君博識多聞含光青德志希宏濟心鏡无爲嘗覽太一之書黃公之略每懷遠大自比范張及我宦成期於身退挂冠投紱卧壑栖林靑雲始階黃埃遽至海內豪雋孰不惋惜嗣子倩等異才動俗純孝通神永慕寒泉式刊貞石其詞曰

全晉舊國彼汾一方宗門貴仕代有烈光鼎鉉襲懿蘭菊垂芳地靈世德之子含章含章伊何載　挺時哲口服教義口紹忠烈詞雕春葩操貞蓂雪珪璧內潤鼓鐘外徹肅祗一命超侍　兩宮奉常典禮左掖記功淸輝就　日逸翮搏風高遻郎署公議攸同建禮休澣漳濵移疾方奏　丹墀遽辭白日隱嶙前瞻徵茫此室勒銘幽泉永識芳實

按此碑撰書者族叔禮部員外郎裴朏兩唐書無傳宰相世系表洗馬裴有裴朏重畋之子官禮部郎中嘗即其人碑叙裴氏先世已詳裴光庭碑其述稹事惟新唐書附裴行儉傳所載甚略舊史無傳但云光廷舊史作庭子稹以廕仕累遷起居郎後授祠部員外郎卒碑則云開元初舉孝廉授左千牛備身轉太子通事舍人補太常寺主簿遷京兆府司錄丁太師憂服除拜起居郎遷尚書祠部郎視史較詳也世系表則云稹司勳員外郎襲正平縣子與碑傳異碑云太師公直道不回存亡交變明主優口恩禮時列害其公忠定謚之辰將沮其美君晝夜泣血號訴于天特降口言以旌其賢詔改謚曰忠獻是光庭改謚由稹孝感所致也舊光庭傳太

常博士孫琬將議光庭謚以其爲吏部日用循資格非獎勸之道建議謚爲克時人以爲希蕭嵩意旨上聞而特下詔賜謚曰忠獻新傳初謚作克平後謚作忠憲餘同碑與傳互有詳略至新書傳有云開元末壽王瑁以母寵欲立爲太子稹陳申生戾園禍以諫元宗改容謝之詔授給事中稹曰陛下絕招諫之路爲日滋久今臣一言而行殊寵則言者將衆何以錫之帝善其讓止不拜此事碑獨略而不書碑又云自武德之始迄于茲日注口所闕四百餘卷此似補起居注之闕者而唐書藝文志有開元起居注

三千六百八十二卷失撰人名碩所撰四百餘卷或卽在其中也碑云嗣子倩等而不著其官位新書附碩傳後云子倩字容卿歷信州刺史以治行賜紫服代第五琦爲度支郎中世系表又云正平縣男傳所不載碑書長安萬春鄉神和原長安志作神禾原又亦穊之穊作穊想皆通用也銮以辛已歲爲開元二十九年碑爲向來金石諸家所不載丞同年高郵沈君方穀業富爲河東轉運使以此見贈且云與裴氏有親其舊塋上唐宋碑刻甚多將盡搨之聞而欣然拭目以俟旋以病歸不果至今追憶爲之憮然

洞清觀鐘款識

款高三尺二寸上圍四尺九寸下圍六尺九寸腰横起五稜以界上下其上下共八區每區亦間五稜每五稜四行文皆一直接下總計十六行行廿八字至四十字不等其八區首三區無字第四區六行行九字至十二字不等係金至大年刻第五區四行皆人姓名俱與諸稜十六行字同刻者第六區左行五行行十一字係宋咸平年刻至第七第八兩區文亦上下直接七行行十六字至廿一字不等係天祐年刻但下區末後多書人一行並正書在南康縣

維大唐開元廿九年歲次辛巳閏四月辛巳朔廿八日戊申女道士蔡淨廉曹淨儀曹紫虛孫雲豔蔡仙經謝玉郁寂寥觀上座朱處封權越主蔡方運蔡思奉吳少表蔡祚樂等勸率衆緣敬造銅鐘一口奉爲國王帝主收宰官僚下及蒼生同霑福祐永充洞清觀供養

用銅三百斤　　　時匠余令玉以上首五稜四行

口延誠朱守虬曹雲岫及妻蔡五娘蔡邦贍及妻鍾李定謹孫貞幹蔡仙望蔡口母鍾四娘曾四娘謝意謝仙諒僧調御蔡嶠母朱孫封黃口劉智新蔡朝欣蔡齊炎蔡承親蔡齊希朱伯巡蔡齊康蔡懷慶曹處貴朱玉貞鄭仙玉謝賀朝謝獻之黃待徵朱惠建朱師稚曹思合李庭芬蔡口蔡祚封李定廉朱希母歐陽以上次五稜四行

謝口封蔡晏堯爲亡兄璧及嫂劉劉智常李廉母朱二

娘爲亡聟二官蔡公緒蔡思京李口口蔡化口蔡因業蔡祚寧朱思齊蔡貞母羅朱思樂鍾虬爲亡考蔡魏母劉大娘蔡齡母李夫人蔡尹嗣朱先母蔡鍾嶠爲妻李氏朱守諫朱守元孫順女道士蔡眞仙朱智藏蔡淨智蔡雲嬌蔡仙勝蔡紫蓋李仙定朱仙靈李仙雲曾雲龍謝紫霄蔡階蔡徵以上又次五稜四行

縣令員元禮丞元仙息上騎鍾離延祐尉皇甫玲錄事朱守寧前錄事沈再思倉督黃處巽朱靈郁劉仙朝劉俊乂及妻簫大娘趙露岫及母丘四娘黃御鴻及妻朱六娘沈壽及母溫八娘劉仙諸鄧庭珪爲亡考蔡惟舊

明義明李表泓蔡祚合及妻劉大娘蔡推母董三娘爲
亡聟護軍曾光庭蔡靈舉爲亡妣朱經母蔡爲亡聟蔡
妃沒故蔡嬌舍蔡四桑以上末五鈸四行
蔡遊巖　曹雲峯　蔡崇躬　宋瑗　朱球珍　吳均
爲亡孝　歐陽平　朱千里　曾席母謝二娘　蔡希
妻李四娘　蔡𠑽祥　謝瑱母蔡五娘此在上層爲弟二區統計爲弟
五區
弟子虔州百勝判官知勾判南康縣事銀青光祿大夫
檢校戶部尚書兼御史大夫上柱國陽坤當縣洞清觀
銅鍾壹口先平固作孽之時捊擄入峒至天復元年坤

統押將士收破邦復前件鍾將歸本縣緣洞清觀傾因
亂罹多年荒廢切見可封里畫錦禪院未有銅鍾今將
轉捨冀保弟子官榮顯達將卒與隆邑內居人同霑福
利鴻音遠布永鎮伽藍天祐元年歲次甲子七月癸亥
朔廿九日辛卯題　院主僧𤨏滿
開元寺僧義全書此以上在末後上下兩區
准勑省指揮鑄題咸平三年拾壹月　日
守縣尉周
守主簿夏侯□
守殿中丞知縣事成□此以上刻在第六區左行

昭武大將軍南安路總管兼管內勸農事趙國器捨
此洪鍾于本路通真道院永充人天供養者至大二
年己酉歲九月吉日開山住持道士程紹眞徒弟程
自謹題此以上刻第四區
按此鐘本于開元二十九年南康縣女道士蔡淨
源等鑄以充洞清觀供養者淨源等題名其上續
于天祐元年判南康縣事陽坤移置畫錦禪院坤
自刻記于上宋咸平三年知縣事成□等但題名
而無移置之事元至大二年南安路總管趙國器
移充本路通眞道院供養道士程紹眞等題記蓋

一鐘閱四百四十餘年而三移其所矣唐書地理
志虔州南康郡南康縣屬淮南西道元時歷宋之
南康軍爲南安路而南康縣屬焉陽所題云平固
作孽之時捊擄入峒此時當昭宗末季朱全忠兵
犯京師朝廷倉皇爲避亂之計昭宗本紀不暇載
及平固作孽其詳不可知矣新唐書本紀僅書天
復元年十二月鍾傳陷吉州似亦平固之餘孽也

夢眞容勑

碑高九尺五寸七分廣四尺三寸四分二十二行行四十四字行書在易州

武功蘇靈芝書并題額

勅旨中書門下兵部尚書兼侍中牛仙客等奏臣等因
奏事親承德音陛下謂臣等曰朕自臨御已來向卅年
未曾不四更初即起具衣服禮　尊容蓋所爲蒼生
祈福也昨十數日前因禮謁事畢之後曙色猶未分端
坐靜慮有若假寐忽夢見一　眞容云吾是汝遠祖
吾之形像可三尺餘今在京城西南一百餘里時人都
不知年代之數汝但遣人尋求吾自應見汝當慶流萬
葉享祚無窮吾自度其時今合與汝於興慶中相見汝
亦當有大慶吾猶未即言語畢覺後昭然若有所覩朕
因即命使兼令諸道士相隨於京城西南求訪果於盩
厔縣樓觀東南山阜間迺遇　眞容一昨迎到便於
興慶宮大同殿安置瞻覩與夢中無異者伏以　靈
元大聖降見　尊容感通之徵實符睿德陛下體至
眞之道崇清靜之源何曾不禮謁虔誠爲蒼生祈福故
得　眞容入夢　烈祖表靈求之西南果與夢協
且興慶宮者潛龍舊邸王業所興當此處而告期與嘉
名而相會斯迺降於紫府鎮我皇家啟無疆之休論大
慶之應陛下爰捨正殿以爲法堂是尊是崇至敬至極
殊常之理將万福而俱臻無外皆覃迺億兆而同慶臣
等昨日伏承聖恩賜許瞻禮自然相好諒絕名言開闢

以來典籍所載未之有也臣等無任慶悅之至謹奉狀
陳賀以聞仍請宣示中外編諸簡冊者夢之正者是爲
通神於惟　聖容果以誠應豈朕德所致而大道是
興再省興靈言猶在耳將貽福業代祀彌□□告以行
宮廻置之內殿兼云大慶允屬朕躬稽之道經以慈爲
寶當慈育萬姓永荅神期卿等宗臣願揚嘉應所請者
依

開元廿九年閏四月廿一日

眞容應見

右博州刺史李成裕奏奉閏四月廿一日　勅中書
門下奏請宣示中外者歷觀實諒曾所未聞側捧璠緘
不勝抃躍臣謹按落下閎太初曆云後八百年曆差一
日有　聖人正之至　陛下定曆之年正當八百
今又曆元皇帝以　聖明之代來見　眞容於夢
寐之間再陳靈應稱　陛下慶流萬葉享祚無窮則
知聖曆昌期合符同契者久矣雖緗緗已載而琬琰未
書將何以對越神休光昭睿德臣之愚昧敢以上聞伏
請於開元觀具寫　綸言勒於貞石入仙宮而物覩
知　聖祚之天長如允臣所請諸州亦望准此
勅旨依奏

開元廿九年六月一日

鴈門解口光刻

此蘇靈芝書按碑開元帝夢老子眞容求得之中南之樓觀博州刺史李成裕奏准諸州同勒石則此碑天下皆刻之金石畧載之云未詳所在余此碑并出仁琬碑得自鄉人之守易州者或在易州今中南樓觀亦有此碑亦靈芝書文同而易州碑稱奉勑旨宰相牛仙客樓觀碑稱張九齡按碑此事在開元二十九年閏四月九齡自二十四年罷相二十五年左遷荆州長史二十八年薨未嘗生至二十九年也似當

以易州碑爲是樓觀碑經宋翻刻字畫不及易州三舍豈亦謬易其姓名耶石墨鐫華

眞容之夢最爲荒迷非惑也乃自作詐以欺韓俗然不自知其爲俗所欺也亦顧其臣之將順者不能道以正使如見聖于羹見賢于巖者故以此爲美而思依托之耳然而習僞導誣殊失一心大言之禮若靈芝之字則縱而有體嚴而不局最爲合作宋日隔于異域故諸賢不及見因以自潛此日如新亦物之幸也居身者可于以得師矣墨林快事

夢眞容碑在盩厔縣樓觀金石文字記

石墨鐫華論此碑在易州樓觀之異同可謂明確余所收一本稱牛仙客不稱張九齡則此碑亦非樓觀所刻也獨異眞容求得之樓觀而碑刻于樓觀者有以牛爲張之誤何與余又得刻在古白鶴觀一碑先是党光所書早已損壞漢乾祐三年楊致柔奉命重書者觀妙齋金石刻考畧

此非唐原碑乃後人重刻者碑首有重摸蘇靈芝書唐老君應見碑十二字可證關中金石記

右眞容應見記東武趙氏題爲夢眞容碑武功蘇靈芝書今傳於世者有二本一在盩厔縣一在易州予

皆得之文字行款皆同惟勑內兵部尚書兼侍中牛仙客盩厔本作張九齡蓋後人惡仙客名輙磨去妄以九齡易之爾舊唐書禮儀志開元二十年閏四月元宗夢京師城南山趾有天尊之像求得之於盩厔樓觀之側正指此事志稱二十年當作二十九年傳寫有脫文也當是時九齡去位已久諫諍之臣卷舌佞諛之言盈耳帝旣夙好神仙妄念所感形于夢寐蓋求治之志荒矣卒之果有幸蜀之禍慶流万葉享祚無窮夢中之語詎有一驗哉李成裕唐書無傳天寳十載以宗正少卿奉命祭北嶽安天王見舊史禮

儀志潛研堂金石文跋尾

碑言元宗自言夢見元元皇帝余案此漢桓帝故實元宗踵而行之緣釋老子銘延熹八年八月皇上尚悉宏道含閎光大存神養性意在凌雲是以潛心黃軒同符高宗夢見老子尊而祀之可類徵也授堂金石跋

石壁寺鐵彌勒像頌

碑高七尺七寸三分廣三尺二寸二十三行行五十八字行書在交城縣石壁山永寧寺

大唐太原府交城縣石壁寺鐵弥勒像頌并序

前濮州鄄城縣尉林諤撰

太原府參軍房嶙妻渤海高氏書

朝議郎太原府司錄參軍事常山蘇倪題額

維佛曰覺是法曰空銘範所謂敬田兼崇可兼意境自西林宴滅東夏開教納葦動故爲闢度門詣眞宰即路傳智印功應沙劫化懸金界支提所以列寰宇建窣所以遍山林石壁寺者晉之西山窟号石壁谷隨𧦬西壽陽縣　唐改壽陽爲文水　先朝分置交城而立寺焉　太宗昔幸北京文德皇后不豫輦過蘭若禮謁禪師綽公便解衆寶名珎供養啓願王衣旋復金牓遂開因　詔天下名山形勝皆表剎爲所以報護力廣眞諦也□□紺臺之制頗餘　紫禁之恩禪師寺終宜寺初創分身建塔遺跡歸然多寶不開吾徒安仰年蕭四紀紹復六僧脩伽藍者瓘潤脫造山閣者毅本元竟未雄成且爲能事身邑宰燉煌張公令孫清信香緣台鉉英胄隱若敵國知無不爲行春之餘瞻星開製琢拓巖变所以面雙峯築基林間所以立前殿飛廊右轉高門南豁化檻桀爛於虹潤漱渠杳藹於龍鱗附麗張皇公之教也復次寺大衆僚諸吏鄉三老等端念斷結迴向增修爲廊殿功閑諸鼓鑄象設信施山積稽魁雲奔弦朔再移公難久抑爰容上座普公曰和上万億之中巳經付囑一方之內僉謂導師此處

山泉人間卓絕常歎庭宇淺狹形像卑古既衆心同欲敢仰屈專知先捨俸錢次添淨儭想望耆闍之往思慕兜率之西寶臺繫念於儀形華林正觀於神衛俾開元廿六年十月十五日鑄鐵彌勒像一座良冶攻橐神物助鍔迴祿爇雲而噴鍊飛廉噫風而沸液鎔涌鈞外激金光非普公之摠衆啓心調御之慈悲冥應則何以臻是相好成是福潤十二月八日設大齋而出之都八嚴護以禮供掌事蔡撤而改座鏟劃設色睟湛起容頃者都師思九先患兩足綿歷數年醫巫竭精甚發生念忍苦强步有加無瘳當監理之夜忽覺輕舉及成像之

日曳鳥如初此則指麾易容如鳥出㲉之攝也此寺幽
深遠口林壑猛獸不育濕草雜生列郡旱亢祈之則霖
雨闕境歲儉念之則豐饒或觸加敬警俗搖僧此則軒
臺不敢西射盧山長存東首也然結搆大廈兼寫聖容
工不召而來役不言而應始詢陶唐之俗家盡歸依追
悟巧妙之徒八皆飭力殿像云畢居處自空此則梵帝
輸靈匠育王獻神兵也夫金者物之堅剛像者代之崇
奉見不壞想故因感以存質在有爲跡故彌應以住法
是梵場也其炳煥乎上座齊敬寺主惠進都師思九法
師元鬱大德茂忠守𨑳常念實定洎龍象法鷹貞貫眞

華或珠圓明智劒猛利常對初地豎擇勝於附安果證
中天已授記於文佛鄉望王思貞縣吏郝仙壽等五色
鵷鸞千里騏驥瓊樹瓊瑛玉匣氣浮古署或列於桐鄉
虔承遂陪於柰苑奉鍾離之舊政以喜得人心結曇弥
之後緣仍爲佛事於巖否往泰來聖作惠出微妙用之
發揮匠意表刻紀靈則　我皇之會昌景福天主
之示現功利不其茂絕穹谷摩滅蒼岑者哉謗佗祭不
偶誠敬口口輿徒發於前揭白林爲頌詞欲徵於靈運
石壁言詩貝葉尙記買園線花亦題施樹佛則無愧謹
偈銘云

廿尊傳兜率天弥勒宴坐對諸仙晉山記石壁寺佛影
下來留此地新殿開望昭迴白毫放乎照雲限危樓敞
臨懸象翠微濃乎洗烟上張公作神鬼諾五十六億龍
華樂靈匠能眞僧揩八万四千師子駭鎮帝鄉歸梵場
法輪轉乎衆福證銖衣拂乎聖刧長

開元廿九年歲在辛巳六月庚辰朔廿四日癸卯建

右太原府交城縣石壁寺鐵彌勒像頌者林鍔撰參
軍房璘妻高氏書余所集錄古文自周秦以下訖於
顯德凡爲千卷唐居其十七八其名臣顯達下至山
林幽隱之士所書莫不皆有而婦人之書唯此高氏

一人爾然其所書刻石存于今者惟此頌與安公美
政頌爾二碑筆畫字體遠不相類殆非一人之書疑
模刻不同亦不應相遠如此或好事者寓名以爲奇
也識者當辨之集古錄

此房璘妻高氏書高氏又書安公美政頌歐陽公謂
字迹如出二手而疑好事者寓名以爲奇余未見美
政頌此本借自東華商觀其筆法遒勁信足名家而
一經元祐火燬政和閒寺主道珍重勒再經大定火
燬泰和閒寺主元釗又勒鋭鋟都亡僅存形似耳金
人口苑欣語歷歷可証近吾鄉人有爲交城廣文者

為言碑今又就燬交城人猶有舊搨本以此觀之當亦非開元刻乃泰和刻也然則碑自元祐至今凡三燬于火矣何高氏之不幸耶石墨鐫華

今在交城縣石壁山寺末有金泰和四年跋金石文字記

有石壁寺鐵彌勒頌像其文云石壁谷隨即隋字隸西壽陽縣唐改壽陽為文水先朝分治交城而立寺焉

案隋書地理志文水舊曰受陽開皇十年改焉交城開皇十六年置是文水之改名交城之置縣皆在隋時碑以為唐時改者蓋誤而交城之由文水分則又史所未及載也又攷元和郡縣志壽陽縣本漢榆次縣地西晉於此置受陽縣即今文水縣是也開皇十年改受陽為文水縣又於受陽故城別置受陽縣即今縣是也貞觀十一年改名壽陽唐志亦云壽陽貞觀十一年更名是壽陽之名定唐初所改隋志書已改之受陽作受字別置之受陽作壽字似誤碑云隋隸西壽陽縣攷隋時兩受陽不竝置當因文水在今壽陽之西故土人稱西以別之不云受陽而云壽陽者據後所改而稱之也潛研堂金石文尾跋

按受陽壽陽潛研跋辨之甚晰然尚有未盡者今刻太平寰宇記壽陽縣本漢榆次縣地西晉於此

置壽陽縣屬樂平郡盧諶征艱賦云歷壽陽而總轡即謂此晉末省後魏風土記云晉末山戎內侵徙壽陽之民於太寧元和郡縣志作大陵城南置受陽縣屬太原郡隋開皇十年改壽陽縣為文水縣又於壽陽故城別置壽陽縣屬并州即今縣是也大業三年罷州為太原縣仍屬焉唐武德三年置受州縣改屬焉貞觀八年廢受州縣屬并州據此則自西晉至唐貞觀祇作壽陽未嘗有受陽也據魏書地形志則自晉至魏皆作受陽隋書地理志則文水縣注云舊曰受陽開皇十年改為壽陽縣注云開皇十年改州南受陽為文水分州東故壽陽置壽陽詳玩文義改州南受陽當作州西州東故壽陽當作受陽疑隋志刻誤州東者并州之東也齊周所置隋大業三年改太原郡故受陽在州東則析置之文水在州西明矣碑所謂西壽陽縣者即此元和郡縣志壽陽縣本漢榆次縣地西晉於此置受陽縣永嘉後省後魏太武遷戎外出徙受陽之戶于大陵城置受陽縣即今文水縣是也開皇十年改受陽為文水縣又于受陽故城別置受陽縣屬并州即今縣是也大業三年罷州為太原郡縣

仍屬爲武德三年置受州縣改屬爲貞觀八年廢受州縣屬并州貞觀十一年更名壽陽是貞觀十一年以前從無壽陽之名寰宇記傳刻之誤信矣然稽之舊唐書地理志盂縣云隋縣武德三年置受州領盂壽陽二縣六年移受州于壽陽貞觀八年省受州盂復屬并州壽陽云隋舊縣武德三年屬遼州六年移受州于此領壽陽盂二縣貞觀八年廢壽州縣隸并州是以壽陽爲隋時舊名且於受州前作受後忽作壽自相牴牾如此可知壽受二字之易滋訛誤又不獨寰宇記爲然矣新唐書獨不誤

舊縣于文水但云漢大陵縣皆不著受陽字鄭氏兩五代史有郡無縣不能攷其後如文獻通考于壽陽但云晉通志敘地理仿禹貢之體不詳沿革無可折衷也此碑既以壽陽之名起于隋復以改壽陽爲文水云在唐時並與隋唐諸史異碑下云先朝分置交城而立寺焉隋書地理志交城縣開皇十六年置不始于唐其云先朝唐地理志謂先天二年析置靈川縣開元二年省依文當云析置靈川非析置交城也以意度之交城與文水接壤或犬牙相錯之處隨時彼此析屬而寺址遂隸于交城耳碑云石壁寺者晉之西山舊號石壁谷山西通志石壁山在交城縣西北二十里壘巘周環拱列如壁南有石崖峭削百仞唐建石壁禪寺今爲永寧寺

唐儉碑

碑連額高一丈一尺七寸廣四尺三寸行行八十五字正書額題唐故特進莒國公唐府君之碑十二字隸書在醴泉縣昭陵

唐故特進莒國公唐府君之碑

口口口口位捂后膺千載之口惟岳口神賢臣承五百之運是以軒亞御祀口口贊其口口嫣沩乘時稷契口口景化口口口口口口口口口口口口口口口口口

口口口口口口口口口口口口口口口口口口口口口口口口口口口則聲高彥伯之口口口孟堅之表見之曰口莒公矣公諱儉字茂約太原晉陽人也口口窮口知遠口口化口口口於後昆備在口口口口言口高祖岳後魏口州刺史禁口口口有伯山之威福番訓口學邁仲口之口口祖口口口口口口口口口口口口口口口口口口口口口口口口口口口口口僕射尚書令錄尚書事晉昌王口口口之口口公輔之器口口險之

威夢類□□□□□□□□□□□□□□□□□□
□□□□□□□□□□□□□□□□□□□□中
書□□□□散騎常侍□□□□□□□□州判史晉
昌郡□　皇朝贈太常卿□□□□宰門蕐胄公侯
弈代簪□□□□□□□□□□□□□□□□□□
□□□□□□□□□□□□□□□□□□□□□
流□□□□藻□麗於翰苑雄□□□□□□地方馳
則遺風追□沖天將軍則切漢摩霄合浦騰暉色映朱
轄之□麗□□□□照□□□□□氣□□□□□□
管□□□□□□□□□□□寔□□之□□信衣冠

金石萃編卷八十四　唐四十四　主

之表□□□解褐左勳衛昔長卿□□□□職未當才
亭伯之宰長岑位不充肇以□□古彼□一時屬炎政
風類襃宇□□□□□□□之□□□□□□□□□
□□□□□□□□□□□□□□□□□梁沛之□
□見形雲□□□芒碭之奧□未建□□□□□會盟
津之期先君昔在有□輿　高祖漣□□敦莫逆□
□斷金雖□□□□□□□□□□□□□□□□□
□□□□□□□□□□□□□□□□之□□□□
□側席□□□□□隱太子至晉陽□□□□初申通
家之交好欠謫天下之橫流公□□載之□□及列代

□□□□□□之九合□□□□□□□□□□□□
□□□□□□□□□之□□□□□□□□□□□
□經綸□□□□□□有陳琳殊健之筆□□□搆之
才任以文房寶藷衆望拜大將軍府記室加正議大夫
□□□□□□□臨□□□□□□□□□□□□□
□□□□□□□□□□□□□公□□□□□□□
亡河□易□□□□□□將帥賁育之兵于□□□万
騎波屬抉西河如拉朽發并部若蹇瓴行至呂□秋潦
遂降□□□□□□□□□□□□□□□□□□□
□□□□戰□□□□□□□□□□□□□□□□

金石萃編卷八十四　唐四十四　王

□□□□□□□□□□□□□云機不可失時□□
來備使官叓息兵破袁之軍未卜洪溝若割城□之□
未朗旣鏡良規□□□□□□□□□□□□□
高祖□□聖慮□□遂□□□□□□□□□士□□
□□□□□□□□掌□□□□□□雖曲逆六奇蔭
□三策何以加□以功拜右光祿大夫授渭北道行軍
司馬□帥仰□□□□□□□　帝□運廟諱女三宮
之法陳黃石一卷之書或面水背山戎□□□□□角
鳴□地旌旆□□□□□□□□□□□□□□□□
□□□□□□□□□□□□□□□□□□□□□

□□□□□□平垓之勳公□□冣進□□□□夫封
新成縣公尋改爲晉昌郡公食邑二千戶豎受終文祖
肆類□□敘□□□□□□□□□□□□□□□□
□□□□□□□□□□□□□□□□□□□□□
□一□□□凌烟□□□□□□□綸□□□於茲逾
淩雜樹所以增華昔孔演宏才將元冠而並□王□
□與眞長而共□□□□方□□□□□□□□□□
□□□□□□□□□雲臺□□□□□□□□以□
□古□獨何□劉武□□□□之□□控□之衆竊九
五之位寵萬乘之尊剽邑屠城烈冠毀冕　高祖□

□□難拯溺□殘命右僕射□□□□□□□□□□
□□□□八陣□□□□□崇茂□□□□□□□□
□□使□□□遂陷賊□公觀諸將□□入多庸部權
尉遲敬德頗識事機公示之以安危告之以成敗□若
冰釋翻然改圖□□此心□猶□□□□□□□□□
□□□□□□□□□□□□□□□□□□□□□
□□□□□□　詔公爲□州□□□使尋拜禮
部尚書賜以懷恩田□□門大章之樂咸究精微春誦
夏絃之禮□窮枝葉李耳□識□□□□□□□□□
□□□□□□□□□之□□□□□□□□之□□

□□　文帝功齊稷載績邁隋均既各元勳必資美
稱以上將之位照灼文昌天策之名□□元象□
詔□　太宗文皇帝天策上將然百寮之任妙算時
英以公爲長史賓諮□論尋而逆賊劉闥擁徒冀北挺
□燕南□□□□□□□□□□□□之塞雲□□□
□□□□□□□□□公□□而□□□□□之略士
卒□權□□心公□輕□賊城以陳利害不勞飛箭便
□□□詎假拔旗乃傾□□廓清河朔公有□□之功
以公爲幽州□□□□□□□□□□□□□□□□
□□□□□□□□□□以□□□□禮重於□旋貪

殘貶踰□□□百城□□□兩河仰其風猷而馬邑
之□長導狼望之兕渠越彼長城□□晉水公抗節□
□□於□□□□□□□□□□□□□□□□□□
□以分□□□□□□□於茲□□□必褒賴□□□
□□□□□□□區彈曲□□鍔單于納公此對翻然
改□揄闔殺其爟烽柳室散其部落言長□之□□□
降□□□□□□□□公□□□□□□□□□□□
□□□□黃門□□□□□□公食邑□千戶實□六
百戶□□□□□□寄隆八乇功彰於□紫茅月錫重
五壽誓氏於山河三蜀膏腴九折崇□□□偕岢之邑

□德竊位之都□□□□□□□□貪□□□□公□
往□□□人貞觀□干□使□□都督□□□□□□
□□□□□□□□□加鴻臚卿戶部尚書□實封八
百戶　　詔曰與卿故舊可申婣好□□尚識尚豫章
公主加光祿大夫特進□□□□□□□□□奉
詔□□□朔望朝□□□□□□□一□職事春秋六
十有八□□□□□□□儀同三司使持節□□□嵐
□四州諸軍事并州刺史所司備禮冊命□絹布一千
匹□粟一□石陪□　　　　□陵□□□□□□事
官給□□□□□□□□□□□□□□□□□□□

□□□□□□□□□□□葬往還并□立碑　　夫
人河南元氏孝行瑀毛州司馬封莒國夫人維　　皇
唐開元廿□□□□□□□□□□□□□□□□日
曾孫將軍□□□□□大將軍雲麾將軍□□□□□
□□□□□□□□□□□□□□□□□□□□□
□□□□□□□□□□□□□□□□□□□□□
□□□□記事□□□□　　皇□□□□□□□□
□公神道碑禮也祭統曰子□之守□廟□□□無□
而□是誣也有而不知不明也知而不傳不仁也□□
□□□□□□□□原□□□□□□□□□□□□

□□□□□言□□伯碑□□□□□□□□□□□
□焚更刊□□追崇之義有自來矣□□□□□□□
□□□□□□□敢□□□□□情□□□事□□□
孫□□□□□□□□□□□□□□□□并□□□
□□□□□□道消遽見□□之□□□□□□□□
□□四氣□環闕蒸嘗之薦貞石斷裂□□□□□□
□□□□□辯□□□妙□□□□□□□□□□□
□□盈□□公侯之□□□□□□□熱背□□□邦
□□□□□□□□□□□□□□□□□□□□□
□□□人□□□王大經超□台之上階□□□之尊

□沒而不朽傳帶礪於山河吾□□歸□□□□窆歿
□□□□□□□□□□□□□□□□□□□□□
□□□□□□□□□□□□□□□□□□□□□
□□□遙分於祭仲華丞相之祖業不待□□□□陳
太丘之家風□□□於孺子□□□對　嘉命□□□
□□□□□□□□□□□日
□□□□□□□□□□□□□氣爲□□擬變□萬
國崩淪匈匈□□□□□□□□□中原逐鹿
　　□聖□□羣雄□□□□□□□□□□□□□
□□□□□□□□□□□不□□□□□□□□□

□□□□□□□□□□□□□□□□□□□龍□
□□尊龍劒□□□□□□□□□□敬沃□□□□
□□□□□源□□□□□□□□□□□□□□□
□□□□□□□□□□□□□□□□□□□□□
□□□□□□□□□□□□□□□□□□□□□
□□□聽鳥觀□□□所□□□□□□□□□□□
□□□□□□□□□□□□□□□□□□□□□
□□□□□□□□□□□□□□□□□□□□□
□□□□□□□□□□□□□□□□□□□□□
□□□□□搆感忠正□□賢□□□□露□□□□

□□□□□□□□□德□□□□□□□□□□□
□□□□□□□□□□□□□□□□□□□□□
□
開元廿九年歲□辛巳□月□□廿□□□□□
□

右唐唐儉碑云儉字茂約而唐書列傳云字茂系又云男尚識尚豫章公主而唐書於儉傳云名善識於公主傳云名茂識皆其差謬此碑開元中儉曾孫追立距儉之歿雖已遠然至名字皆不應有誤可以爲據也金石錄

此碑在昭陵東南最遠而地僻故傳者極少余至其下搴一紙眞行書輕圓秀勁卓然名家惜無姓氏攷舊史官爲立碑碑雖殘缺後有夫人河南元氏又有皇唐開元廿年等字或開元時始建碑耶似不可曉石墨鐫華

右唐儉碑眞跡三十九行下剝落過半行字不可數在醴泉縣東北十里許昭陵南向金石圖

今在醴泉縣北二十五里小楊村碑已磨滅僅存四百字雍州金石記

右莒公唐儉碑按本傳祖邕北齊尚書左僕射父鑒

隋戎州刺史宰相世系表儉父義字君明隋應州刺史安富公與傳不同此碑儉父名已闕州刺史之上亦闕一字惟碑稱晉昌郡公而表云安富公則表誤矣據表儉之高祖曰令世又不載其官位此云高祖岳北魏爲州刺史亦當以碑爲正碑雖斷裂不能讀其可識者以文義求之與本傳事跡多合惟碑云封新成縣公尋改晉昌郡公史不載新成之封碑云加鴻臚卿史亦不載碑又云入多庸鄙惟尉遲敬德頗識事機公示之以安危告之以成敗大意述儉陷劉武周時密說敬德使降唐而新舊史俱不書者疑其

非實錄也潛研堂金石文跋尾

按此碑全文約三千三百字磨滅已甚存者一千二百餘字僅三之一撰書人俱不可攷儉卒于顯慶元年陪葬昭陵葬時即已立碑年久碑斷據碑文前有并口立碑語後有蒸嘗乏薦貞石斷裂語又舊唐書傳云官爲立碑皆可證也此碑是開元廿九年曾孫重立距葬時逾七十六年矣碑云公諱儉字茂約舊史傳同新傳則云字茂系金石錄已言唐書列傳之差謬可知劉書在宋時久廢不行趙氏未及見之也碑云高祖岳後魏口州刺史

下云僕射尚書令晉昌王闕下中書口口散騎常侍口州刺史晉昌郡口皇朝贈太常卿唐書宰相世系表儉之父鑒鑒之父靈芝靈芝之父令世則儉之高祖爲令世與碑異又兩唐書儉傳皆云儉祖邕北齊尚書左僕射北齊書與北史皆有邕傳云邕父靈芝魏壽陽令邕貴贈司空公是靈芝爲儉之曾祖而官封與世系表之作北齊尚書右僕射溫國公者並異也碑于高祖岳後文俱泐無從攷矣北齊書邕傳邕字道和天統初累遷尚書令封晉昌王錄尚書事北史云除中書監仍侍中遷尚書右僕射與所存字合世系表但云尚書令傳又稱邕降周依例授上開府儀同大將軍再遷戶部轉少司馬封安福郡公還鳳州刺史則碑俱畧矣傳又云邕有三子長子君明開府儀同三司開皇初卒於應州刺史次子君徹中書舍人隋戎順二州刺史大業中卒于武賁郎將少子君德以邕降周伏法齊朝世系表邕長子義字君明隋應州刺史安富公次子鑒隋雍州太守晉昌公三子不載與北史傳異兩唐書儉傳則云父鑒隋戎州刺史以齊書北史證之官戎州刺史者即是君徹碑尚存中書字亦是君徹初官特晉昌郡口傳不載耳則邕父爲

君徹不知何時改名鑒也碑云解褐左勳衛兩書皆畧碑云先君昔在有口與高祖連口口敦莫逆此即兩傳所云父鑒與高祖善嘗偕典軍衛也碑云太子至晉陽初申通家之友好次論天下之橫流任以文房實諧衆望拜大將軍府記室加正議大夫以功拜右光祿大夫授渭北道行軍司馬即兩傳所云儉雅與秦王游同在太原除說秦王建大計高祖嘗召訪之及大將軍府開授記室參軍渭北道元帥司馬也碑云運元女三宮之法陳黃石一卷之書唐書藝文志兵家有黃帝問元女法

三卷黃帝太公三宮法要訣一卷黃石公三略三
卷碑蓋節取諸書之名併合對偶爲二語與藝文
志不甚合也碑云進□□□□夫封新成縣公尋
改爲晉昌郡公舊書云平京城加光祿大夫新書無
相國府記室碑無封晉昌郡公而初封新成縣公從
畧也碑云劉武□竊九五之位窺萬乘之尊剽邑
屠城裂冠毀冕謂劉武周也又云□遂陷賊公觀
尉遲敬德頗識事機示以安危告以成敗□若冰
釋翻然改圖詔公爲□□州□□□使尋拜禮部
尚書賜以懷恩田□舊書尉遲敬德傳劉武周起

以敬德爲偏將與宋金剛南侵陷晉澮二州敬德
深入至夏縣應接呂崇茂襲破永安王孝基執獨
孤懷恩唐儉等武德三年太宗討武周于柏壁武
周令敬德與宋金剛來拒王師于介休金剛戰敗
奔于突厥敬德收其餘衆城守介休太宗遣任城
王道宗宇文士及往諭之敬德與尋相舉城來降
新書畧同 新書儉傳則云呂崇茂以夏縣反與劉武周
連和詔永安王孝基獨孤懷恩于筠率兵致討儉
以使適至軍會孝基等爲武周所虜儉亦見禽始
懷恩屯蒲州陰與部將元君實謀反儉在賊中密

遣劉世讓歸白發謀高祖捕反者懷恩自殺俄而
武周敗亡入突厥儉封府庫籍兵甲以待秦王帝
嘉儉身雖辱而不忘朝廷詔復舊官仍爲并州道
安撫大使盡籍懷恩貲產賜儉還爲禮部尚書舊傳
同 是兩書儉與敬德傳皆不載儉勸敬德歸降之
語然觀儉在賊中不忘朝廷則示敬德以安危成
敗之語非盡飾美觀敬德歸唐効忠不叛殆亦儉
言先入有以堅其志也事見敬德傳 碑云詔授太宗文
皇帝天策上將以公爲長史此是武德四年事兩傳
同 碑云尋而劉闥擁徒冀北挺□燕南是武德五

年事兩傳不載 碑云單于納公此對翻然改□榆關寢
其熢烽柳室散其部落此是使說誘突厥事黃門
下闕 公食邑□千戸實六百戸兩傳于授天策府長
史下即兼檢校黃門侍郎封莒國公除遂州都督
食綿州實封六百戸而移使突厥說誘事在貞觀
初也傳云貞觀初使突厥還太宗謂儉曰卿觀頡
利可取乎對曰衛國威靈庶有成功四年馳傳往
誘使歸款頡利許之兵懈弛李靖因襲破之儉脫
身還又据新書李靖傳頡利走保鐵山遣使者謝
罪請舉國內附以靖爲定襄道總管往迎之又遣

鴻臚卿唐儉將軍安修仁慰撫靖謂副將張公謹
曰詔使到虜必自安若萬騎齎二十日糧自白道
襲之必得所欲公謹曰上已與約降行人在彼奈
何靖曰機不可失韓信所以破齊也如唐儉輩何
足惜哉據此則儉之得脫身還也亦幸矣惜碑多
缺泐其事不詳也儉以鴻臚卿往慰撫本傳不載
此官而碑在說誘突厥得還之後所加爲不同碑
云貞觀□年□使□□都督下缺此當是除遂州事
而兩書傳皆在貞觀前爲異也碑云詔曰與卿故
舊可申姻好□□向議向豫章公主加光祿大夫

特進兩傳無特進餘同下闕據唐書公主傳云下嫁唐義識
固與碑異而金石錄以爲公主傳作茂識是趙氏
所見之唐書與今本異也傳稱儉謚曰襄碑文既
泐無攷而題額復不舉其謚稱府君者何耶後云
曾孫將軍字闕五大將軍雲麾將軍闕下世系表儉曾
孫九人未有官雲麾將軍者不能知其爲何人已
上皆據碑所有字取史傳互勘而列其異同如此
其除歷官事蹟具詳史傳

附昭陵陪葬諸碑總考

按長安志太宗昭陵在醴泉縣西北六十里九嵕
山白鹿長樂瑤臺三鄉界古逄浦村下宮去陵一
十八里封內周一百二十里冊府元龜載貞觀十
一年二月丁巳詔曰佐命功臣義深舟楫或定謀
帷幄或身摧行陣同濟艱危克承鴻業追念在昔
何日忘之使逝者無知咸歸寂寞若營魂有識還
如疇曩居止相望不亦善乎漢氏使將相陪陵又
給以東園秘器篤終之義恩意深厚古人之志豈
異我哉自今已後功臣密戚德業尤著如有薨亡
宜賜塋地一所及秘器使其窀穸之時喪事無闕
所司依此營備稱朕意焉又載二十年八月丁亥

詔曰周室姬公陪於畢陌漢庭蕭相附彼高園寵
賜墳塋聞諸上代從窆陵邑信有舊章蓋以懿戚
宗親類本同之枝幹元功上宰猶在身之股肱哀
榮之義實隆始終之契斯允今宜聿遵故實取譬
拱辰所在爲孤之地無虧魚水之道宜令所司於
昭陵左右廂封境取地仍卽標識塋域擬爲葬所
以賜功臣其有父祖陪陵子孫欲來從葬者亦宜
聽允又唐會要載貞觀十八年帝謂侍臣曰昔漢
家皆先造山陵既逢始終身復親見又省子孫經
營不煩費人功古者因山爲墳此誠便事九嵕山

孤聳迥拔因而旁鑿可置山陵處朕有終焉之理乃詔營山陵于九嵕山之上足容一棺而已務從儉約又功臣密戚及德業佐時者如有薨亡賜塋地一所及賜以祕器以文武分爲左右而列墳高四丈已下三丈已上若父祖陪陵子孫從葬者亦如之文獻通考云若宮人陪葬則陵戶爲之成墳凡諸陵皆置留守領甲士與陵令日知巡警左右兆域內禁人無得葬埋古墳則不毀之新唐書太宗紀貞觀二十年八月許陪陵子孫從葬此昭陵封域賜地陪葬之原委也其陪葬諸臣據長安志

載諸王七人公主二十一人妃嬪八人宰相一十三人丞郎三品五十三人細數詳中姓名計五十四人功臣大將軍以下六十四人凡一百六十六人檢諸書所載與長安志不同者如文獻通考公主內晉國公主志作晉安清河公主駙馬程知亮志作程懷亮衡陽公主駙馬阿史那杜爾志作社爾新城公主駙馬韋政舉志作韋正矩長沙公主駙馬豆盧讓志作竇盧讓又志載潯陽安南常山三公主通考不載讀禮通考公主內豫章公主駙馬都尉唐義識志與文獻俱作唐善識衡陽公主駙馬都尉阿史那社尒志作社爾文獻作杜爾新城公主駙馬都尉韋正矩與志同與文獻異長安公主駙馬都尉豆盧懷讓志與文獻無懷字安康公主駙馬都尉獨孤諶志與文獻作獨孤彥雲亦不載三公主陝西通志陵墓卷載陪葬昭陵公主二十二人載三公主與長安志同誤分廣陽師道爲二主廣陽乃長廣之脫誤師道者即長廣公主駙馬楊師道誤以駙馬之姓爲陽又以其名爲別一公主封國乃合二十二人之數其實二十一也唐書公主傳與諸書不同者襄城下嫁蕭銳諸書皆作蕭銳南

平更嫁劉元意諸書皆作劉元懿豫章下嫁唐義識不作善識清河下嫁程懷亮非知亮新城更嫁韋正矩非政舉長沙下嫁豆盧懷讓長安志文獻通考皆誤衡陽下嫁阿史那社尒作杜爾者誤也文獻通考妃嬪七人不載寶卿妹石塔讀禮通考妃四人不載鄭國夫人彭城夫人才人徐氏寶卿妹陝西通志妃嬪八人數同而紀國太妃作常氏越國太妃燕氏作趙國妃熊氏寶卿妹作寶卿姊爲異文獻通考宰相只十二人不載杜如晦而增多岑文本之男方倩長安志圖說註云沅案唐宰

相陪陵尙有半文上及見新舊史而此不載杜如晦陪陵新舊史皆無攷舊史止貞觀七年十二月狩于少陵原詔以少牢祭杜如晦杜淹李綱之墓則如晦墓原不在此也按舊唐書杜如晦傳如晦以貞觀四年薨其時未建昭陵安得陪葬乎長安志之誤無疑也讀禮通考陝西通志亦皆十三人有杜如晦與長安志同文獻通考丞郎三品只五十人不載中書舍人杜正倫天策府記室薛收宗正卿段倫金紫光祿大夫長孫𤣩贈禮部侍郎安康伯太史令薛頤銀青光祿大夫李袞而增多太常卿姜暕房光義之男原州别駕聊咸陽縣丞羅又禮部侍郎張後允作張復允疑皆誤也當作張後允又禮部侍郎孔志亮作孔志約又衛州刺史蕭業作蕭鄴琅琊公李珍作王珍常山公李倩作常州公中山公李瑀作中山王左清道率房回作房恒褒國公劉宏基無劉字陝王府司馬史爲謙無史爲二字皆文獻通考刻誤也讀禮通考同文獻通考惟劉宏基有劉字史爲謙有史爲二字常山公不作常州蕭業不作蕭鄴又杜正倫段倫薛頤楊仁恭姜簡皆不載又芮國公豆盧行業作豆

盧承業寧州刺史竇義節作賈義節工部侍郎孔惠元作孔元惠中山王李瑀作李琚衛尉卿姜遠作姜遐則與長安志文獻通考俱異者又原州都督李政明注云宰相世系表作李正明原州都督李正明注云一作明疑即一人誤分爲二也陝西通志數與長安志同惟閻立德作閻立本盧貞松作盧赤松李政明作李正明李芝芳作李之芳琅琊公李珍作琅琊王沖千金公李俊作零陵王俊常山公李倩作常山公李清西平郡王李琛作襄武郡王琛别有西平王安衛州刺史蕭業作蕭守業原州都督史幼虔作史幼皷芮國公豆盧行業作豆盧承業祕書監岑景倩作岑曼倩又長安志有兩李袞此只載一人增多劉洪直一人皆與長安志異至張後允之作張俊允姜遐之作姜遠則同誤也文獻通考於功臣大將軍以下只五十五人不載都督王懎武衛大將軍牛進達公孫武達阿史那什鉢苾金吾大將軍梁敬左衛大將軍阿史那社爾監門大將軍仇懷古大將軍公孫雅靖及漢大尊祔史氏又以輔國大將軍劉洪基入之丞郎三品數內與長安志異讀禮通考襲國公李

扱寶作胡國公秦瓊金城郡公姜確作郯國公李
客師作李容師薛萬鈞作薛萬均阿史那社爾作
阿史那社介尉遲寶林作尉遲寶琳薛咄摩芝無
芝字蘇花熱作蘇泥熟張大師作張世師牛伯億
作于伯億徐伯盛作徐伯成元思賢作元思元李
丞祖作李承祖段承爽作殷承爽房光忠作房先
忠昝何道無昝字右驍衛大將軍嘉川縣公周仁
護作護國大將軍嘉國公此皆與長安志異者至
大將軍芮國公豆盧承業作豆盧承基註云宰相
世系表無其人當即是承業疑子孫避明皇諱也

至讀禮通考不分宰相丞郎功臣大將軍等目無
從攷其人數之同否而統稽之則尚有益州都督
王愔武衛大將軍牛進達阿史那什鉢苾左金吾
大將軍梁仁裕左監門大將軍王波利皆所不載
又觀國公楊恭仁薛國公長孫順德梁國公契苾
何力郯國公張公謹驃騎將軍乙速孤晟尉遲寶
琪魏州刺史乙速孤行儼乙速孤昭祐太宗倚服
宗道原州別駕房暉咸陽縣丞房曜岑文本子方
倩係曼倩之誤 右衛大將軍李思摩薩寶王贄普新羅
王真德皆長安志所不載也陝西通志只六十三

人稽其姓名實只六十八人而尚有薛仁貴李思摩
契苾何力三人爲長安志所未備長安志所有阿
史那社爾瑯琊王駙執失善渾大學尉遲光麻仁
靖姜斯七人陝西通志所不載也宋游師雄題昭
陵圖曰太宗慕漢之將相陪葬功臣密戚各賜塋
地一所至二十三年八月畢工先葬文德皇后長
孫氏當時陪葬之盛與夫刻蕃酋之形琢六駿之
像以旌武功列于北闕規模宏大莫若昭陵按陵
今在醴泉縣北五十里唐陵園記云在縣東三十
里蓋指舊醴泉縣而言之也今已廢毁陪葬諸臣

碑刻十亡八九因語邑官命刊圖于太宗廟以廣
其傳云云圖列妃嬪公主文武諸臣間多錯雜與
會要文武左右而列之語不合今取其圖與長安
志互校諸王七人圖全不載公主二十一人圖存
十六人妃嬪八人圖惟四人宰相一十三人圖惟
十人丞郎三品五十三人圖惟二十一人功臣大
將軍以下六十四人圖惟二十五人而圖中除文
德皇后原非志所應有外尚有太妃許氏先妃陸
氏乙速孤晟乙速孤行儼乙速孤神慶王君鄂王
守安薛國忠崔安上孫武達李辯師新羅真德十

二八爲志所不載又極東南有高嶺西南有蔣府君二墓不知在陪葬之列否又東北有皇元墓亦無所攷皆志所不載其姓氏之與志異者志有姚思廉高士廉圖則合爲姚士廉一人楊師道志作楊師訓劉黑闥志作吳黑闥閻立本志作閻立德尉遲寶林志作保林周護仁志作仁護梁敏志作梁敏中進達志作牛進達恐皆是圖刻誤也凡此皆諸書所載陪葬諸人姓名官爵人數之不同也其諸墓之有碑者金石錄載七碑集古錄目載十一碑寳刻叢編載一碑復齋碑錄載一碑通志金石略有闕頁不能攷六藝之一錄載諸臣二十四碑又有文德皇后碑見金石錄者讀禮通考注引京兆金石錄載三十四碑又據石墨鐫華云萬歷戊午四月余爲九峻之遊與昭陵十里宿高生儼家翼日同行北一里許得許洛仁碑又北半里許得薛牧碑折而西一里許爲趙村北行里許爲莊河村未至先于道旁冢得姜遐斷碑至村則有段志元碑東行數十步有監門將軍王君碑横於田間又東行數十步一碑無字亦無冢蓋土人平之而并磨其碑耳以圖考之疑是長孫無忌碑又東行半里許爲

劉洞村流水界之渡而東有房梁公元齡碑褚河南正書又東數十步有高士廉碑又東數百步有李靖碑撰書姓氏殘闕與諸碑同而上半完好靖冢作三山形文皇以象其功土人謂上三冢李勣冢亦如靖土人謂下三冢二冢南北相去不二里勣碑高宗御書高二丈餘嶄然屹立與溫彥博碑搨者甚多土人捶其字殆盡彥博碑在靖碑北數十步歐陽詢書不復可搨至西峪村村東南纍纍古冢相連有褚亮碑阿史那忠碑張後允碑孔穎達碑豆盧寬碑張阿難碑鱗次都不百步既而又得蘭陵公主碑于老君營之西北得馬周碑于狗邨之東得唐儉碑于小陽村之北又得崔敦禮碑又有尉遲敬德碑自額以下埋土中開十五年前令芮質田掘而搨數十紙余出之了無一字又山半數冢土人謂辛相墳仆一碑傳是鄭公碑其東山半數冢土人謂亂冢坪仆二碑余皆起之則與尉遲碑同蓋土人捶而仆且瘞之也北四十五里吒干邨邨東二冢一爲乙速孤昭祐碑苗神客撰釋行滿正書一爲乙速孤行儼碑劉憲撰白義晊八分書地僻搨者少故得稍完計其所見共二十

七碑以其方位與昭陵圖求之大略相合又金石
文字記醴泉縣志曰昭陵諸碑若文皇后碑止存
蠱蝕長孫無忌碑存而字盡滅其碑字尚有存者
僅得二十一片爲房元齡高士廉段志元張後允
馬周蘭陵公主姜遐許洛仁孔穎達阿史那忠崔
敦禮豆盧寬薛收張阿難監門將軍王君唐儉乙
速孤行儼李靖李勣乙速孤昭祐又一碑前有蘭
陵公主字中有詔詞曰第十九女則公主或有二
碑不可知此崇禎十一年苟好善所修志云又二
十六年而余至陵下時值雪後空山無人未及徧

訪僅見李衛公一碑其下截俱剗去後又購得四
五碑皆然且有并其碑而仆之者矣據此則碑字
存者二十一片也關中金石記載溫彥博段志元
高士廉孔穎達褚亮房元齡豆盧寬薛收崔敦禮
張允李靖尉遲恭蘭陵公主許洛仁杜君綽紀國
先妃陸氏張阿難馬周阿史那忠李勣裴藝姜遐
王君乙速孤神慶乙速孤行儼計共二十五碑今
昶所得者溫彥博段志元孔穎達馬周高士廉褚
亮房元齡薛收張允李靖尉遲恭蘭陵公主許洛
仁杜君綽紀國陸妃張阿難阿史那忠李勣姜遐

乙速孤神慶乙速孤行儼唐儉共二十二碑與關
中記參校所未備者豆盧寬崔敦禮裴藝王君四
碑而增多唐儉一碑也昭陵諸碑今存者歷歲久
遠半埋泥土其露出者又爲風雨剝蝕故諸家所
搨殘闕過甚乾隆四十八年昶涖官關中公餘之
暇訪覓搨工多方搜剔不惜工力無論有字無字
務搨其全于是向日入土者洗而出之所搨率皆
全本以較諸家所錄增多數百字或有至千餘字
者自問以爲昭陵碑推招之精可無遺憾其時畢
秋帆適官中丞既修護昭陵又東西立石書陪葬

諸臣名位以垂久遠長安志陪葬名位孫星衍撰
昭陵陪葬考言之甚詳諸在長安志及醴泉縣志
中今存碑不多其所摘諸謬誤以較存碑什不得
一固不具錄諸碑稽其所在大率在醴泉縣北十
里及二十里二十五里者以昭陵在縣西北六十
里計之則當在陵南四五十里間雖云陪葬亦去
陵遠矣當時諸臣陪葬恩禮必有定儀遍攷兩唐
書禮志及册府元龜文獻通考諸書俱不甚詳今
攷諸碑所載有曰給東園祕器曰賻布絹若干段
或二千段或一千五百段或一千段五百段四百段米粟若干石布數如絹曰喪

葬所須並官給曰班劒四十人羽葆或云儀仗鼓吹送至墓所往還曰遣使副二人監護或四品一人曰賜諡備禮告柩曰詔許立碑此皆其常也曰親御城樓臨送則惟高士廉有之曰駕至橫門投書永訣則惟李勣有之曰度三人出家以資冥福則惟許洛仁有之曰常所服甲隨㸫則惟阿史那忠有之曰築墳象陰山積石山則惟李勣李靖有之皆特典也東園祕器係祕藏壙中之器見漢書佞幸傳東園祕器珠襦玉柙豫以賜董賢師古曰東園署名也漢書儀云東園祕器作棺梓素木長二丈崇廣

四尺又後漢書禮儀志云東園武士執事下明器瓦鉛瓦竈瓦釜瓦甑瓦鼎瓦案瓦杯瓦槃瓦酒鐏之類是也讀禮通考載大唐百官制將作監甄官令掌凡喪葬供明器之屬三品以上九十事五品以上七十事九品以上四十事當野祖明地軸誕馬偶人其高各一尺其餘音聲隊與童僕之屬威儀服玩各視其生之品秩此似即碑所云葬事所須咸令官給也班劒者儀仗中排列車前所以班蘭也南史張敬兒傳敬兒以佐命功既得開府又望班劒語人曰我車邊猶少班蘭物其數少或二

十人晉書忠敬王遵傳遵拜太保加班劒二十人多至四十則唐書魏徵傳給羽葆鼓吹班劒四十人今諸碑則皆用四十人矣羽葆之制始見于漢書王莽傳莽造華蓋九重高八丈一尺金瑵羽葆載以祕機再見於晉書輿服志指南車駕四馬其下制如樓三級四角金龍銜羽葆刻木為仙鼓吹見舊唐書音樂志鼓吹本軍旅之音馬上奏之故自漢以來北狄樂總歸鼓吹署其云送至墓所往還者文獻通考引漢魏故事云將葬設吉凶鹵簿皆有鼓吹鞞虞以為葬有輀車轆左則今之容車

也既葬日中反虞迎神而還則是所謂墓所往還者即為迎神而還之用也惜諸碑文多闕略不能全攷祇就各碑所存字類聚而論列之總附于此蓋昭陵諸碑至唐儉而止也

金仙長公主神道碑

碑額存上截高四尺七寸八分廣四尺七寸四分二十六行字數無攷行書在蒲城縣橋陵

大唐故金仙長公主神道碑銘并序

御書

中大夫口大理口卿徐嶠之撰

臣聞昌容馭齡入遊恒岳觀香飛解四道緱山皆名列

仙□□□□□下闕彌䆐之懋功承　纂元之上德故
真氣全於乙妹道□播於□下闕高宗天皇大帝之孫
睿宗大聖□皇帝之女我開元□下闕形闈夙
承訓於　姒則生知女範少協成人兌悅其儀居無
□□下闕先帝之龍潛藩邸　公主以王□受封蓋
齠齔之時□□□□下闕先帝何其誠心不奪雅志以丙
午之歲度爲女道士□□□□□□下闕姜鳳凰樓中聞
學蕭之秦女爲　先帝席圖御極襲□□缺
迺隣鳳城銅闕巍我豈唯南裔之域銀題赫奕□□□
□之宮□□下闕氣將巽風不散故得佩王母之秘籙呼

玉女之□辰既□□□□□下闕邑一千四百戶雖湯沐
增賦貴盛當時而珠玉滿堂賤之□□獨□下闕彰寶龕
而應天極麗窮神以宴以處豈不謂高其節□寵其□
□□下闕委氣大塊休躬天鈞齊彭殤於不亥泯貴賤以
同塵寘□□□□下闕至如龜母七寶之枱王母四□
之藥咸摽上訣不□□□□□　下闕形于東都開元
觀春秋卅有四主上以天倫之□□傷□□□□下闕
葬踰於吳國□筮年尚遠權窆伊洛今龜言既□陪葬
下闕喜縣開國男裴允初備監護之儀銀青光祿大夫將
作大匠上柱國下闕紫氣迎於函谷白鶴送於緱山瓊鳳

哀鳴咽薤歌而欲絕黛雲□□下闕留蹤徒聞□斗而飛
去幾劫仙羅之拂石乃爲銘曰敢首虔妹娥皇帝子倚
載封陳詩歌穠李葳蕤九□焜耀百里□下闕水豈學乎
陽二章育性閑婉韞暉㒰默匪傲榮貴嘗接道德□縣□
□下闕降月龜女排烟翠遊瓊圃序葉金編四章二京樂土
雙□藥□　□下闕大數萬物同盡奄示長息翛然解
攜閭巷柯爛椿菌年齊六章慟切旋下闕伊洛之間歲叶先
還陪葬　橋山東辭鼎邑西度函關巽風□下闕靈
妃時過仙侶九章泉燈一閉兮無光壽陵萬古兮相望金
鼎玉□兮下闕

右唐金仙長公主碑徐嶠之撰明皇御書據唐書本
傳云太極元年與玉真公主皆爲道士而碑云丙午
歲度爲道士蓋神龍二年也此於史學不足道然唐
史書事差謬多如此金石錄
在蒲城縣金粟山睿宗橋陵內明皇行草中有開元
字面漫漶存二三百字亦在隱見間文爲徐嶠之作
有先帝不奪雅志云云嶠之亦以書名其子浩又世
其學不獨稱率更蘭臺父子已也來齋金石刻考略
右金仙長公主碑公主睿宗之女以丙午歲度爲女
道士其時睿宗尚爲相王王女止稱縣主也通鑑景

雲元年十二月上以二女西城隆昌公主爲女冠以資天皇太后之福仍欲于城西造觀諫議大夫甯原悌上言釋道二家皆以清淨爲本不當廣營寺觀勞人費財今二公主入道將爲之置觀不宜過爲崇麗取謗四方上覽而善之二年五月更以西城爲金仙公主隆昌爲玉真公主各爲之造觀逼奪民居甚多用功數百萬唐書公主傳太極元年與玉真公主皆爲道士築觀京師以此碑攷之則金仙入道已久惟築觀之舉當在景雲以後耳玉真初號隆昌唐書作崇昌者史家避明皇諱追改之也胡三省云金仙玉

真二觀皆造于京城內輔興坊玉真觀本寶誕舊宅與金仙觀相對今據此碑公主薨于東都名有所住之觀矣唐書百官志皇姑爲大長公主姊妹爲長公主女爲公主獨不及皇妹予攷諸碑刻代國鄎國涼國金仙俱號長公主未必皆爲明皇之姊恐皇妹亦得稱之也潛研堂金石文跋尾

碑損蝕以新唐書相較公主始封西城縣主碑云先帝之龍潛藩邸公主以王女受封是其事也唐諱丙爲景此獨仍其字豈由明皇御書乃從已祧不諱之例耶公主居東都開元觀與傳言築觀京師者特文史於公主降日薨年亡者闕而不書此當以碑補之云薨開元時授堂金石跋

按碑下截磨滅每行字數不可知然以銘詞準之次行二章上存五字大約每章八句四字爲句二章共六十四字加註一章占一格共六十五格除次行有五字則以六十字爲一行今每行存字二十四五不等蓋僅存十之四矣公主已入道而陪葬橋陵題云金仙長公主則不以女道士目之也文是徐嶠之撰元宗御書而嶠之下但有撰字則非奉勑也碑泐其薨年但云遷形于東都開元觀

來齋云中有開元字者指此並無開元年字授堂未諦視而云薨開元年者誤也然公主之薨原在開元年碑題大理□卿徐嶠之新唐書附其子浩傳云父嶠之舊書無之字善書舊傳則云官至洛州刺史而不載大理卿之在何年墨池編載嶠之字惟獄純孝積學狄梁公魏齊公姚梁公交辟之佐佑五王迎立中宗歷趙湖洛州刺史正書行書適媚有楷法金石錄載永豐陂堰頌開元七年徐嶠之撰書高行先生徐公碑開元十一年徐嶠之正書則是嶠之知名甚早而所書碑俱在開元年當皆

既年時矣舊唐書徐浩傳幽州節度使張守珪奏
浩在幕府改監察御史丁父憂則浩父嶠之之卒
在浩官幽州節度幕府之後西唐書張守珪傳守
珪徙幽州節度契丹別將以衆降守珪次紫蒙川
大閱軍實二十三年入見天子云云則守珪之官
幽州節度在開元二十三年以前而浩之丁父憂
亦距二十三年以前不遠也石脊居後記金仙長
公主奏賜新舊譯經在開元十八年則公主之薨
與嶠之之撰文皆在二十年前後矣公主春秋四
十有四姑以二十年薨逝推之其生當在武后天

授年間碑云丙午之歲度爲女道士年約十四五
歲若從唐書傳太極元年與玉眞公主皆爲道士
則年已二十登當下嫁矣史誤無疑而潛研跋謂
築觀在景雲後者誠確也碑兩稱先帝前云先帝
御其誠心者是指中宗後云先帝席圖御極者是
指睿宗下云銀闕巍峩銀選赫奕正是太極元年
築觀之事而其後遷形于東都開元觀必是先居
京師後居東都也碑不能定其年月姑附開元之
末

內侍省功德碑

碑高七尺八寸廣三尺九寸五分廿六行行五十字行書額題大唐內侍省功德之碑九字正書在洛陽

大唐龍門石龕阿□□□□□

□□□撰

御書

□□子□□□□□□□□□□□□□□□□□□
寶王如來有圓覺之□□□□□□□□□□無滅而
脩以自性而□□神邏之□□□□□□□□□□□
□□□□□□□□晉門寂住有感則通洛□□□□
□斯□是以瑠璃正受□色身而不□如幻等□□□
□□無盡□□□□□□□□□□□□者□弟子右
監門衛將軍□□□□事上□國渤海郡開國公內供

奉高力士　□□□□□□□將軍上柱國□□□□
□□□光祿大夫行內侍省內侍上柱國弘農郡開國
公內供奉楊思勗　中散大夫守□□□上柱國
內供奉□□□□□□□□內侍省內常侍內供奉□
思□　朝請大夫守內侍省內常侍內供奉趙□□
□仁□　□□□　□□□　李善□　□□□夫行
內侍省內給事內供奉□□岌　馮□翼　蘇□□
杜懷敬　□□□　趙元□、□□□夫行內侍□□
□□監內供奉馬□□　夏敬忠　曹元德　裴順之

胡普寂　范□□　□□□　晏思忠　□□賞
内侍省内侍□□□□□局令内供奉王□歸　馮□
广　劉義□　毛懷景　徐仁□　陳□□　□□温
孫仁□　□□□　□□□　□□□　王順景　□乾裕
王承恩　王惟□　□□□　吳明簡　湛滿□　□
□璧□□□　朱□□　□□□　□□□　□□□
□　董崇順　李元亮　□武□　高承□　□思敬
梁思莊　内侍省内□□□□□□□□□□□□□
□□□□□□□□□隱　□崇□　駱思□　□光
憲　王□□　□□□　王義超　劉頭兒　□□□

□□□　□□□　□□□　□□□　□□□　高□□
輔仙通　李齊珪　□文喜　□□□　□嘉泰
内侍省内□□□内□□□□□□□□□□□
□　□□　張□□　張遺福　陳崇息　田鳳仙
□□□　内侍省宮闈局給□内供奉□元會　□惠
□　□□□　□□□　□崇謝　□□□　王庭隱
劉令法　張元滿　趙處信　鄭元光
劉令仙　高元光　□□□　□□□　□承□　□
□□　□□慶　呂元表　楊思雅　李惠訓　李仁
信　□□靜等一百□□□爲　大唐開元神武皇帝

□□□□□□□□□□□□□□同茲末法普賢神力
尙遇全經思崇　□□之□與闡仁王之化香嚴寂想
唯聞贍□之薰雪岫馬誠但爲醍醐之味以爲□□
掩法壽頼而猶傳四塔雖幽淨根覩而非遠斯固尅雕
成□□□□□綵□□□靈歸中道況崇山□□□石
方□經火刧而□□歷風灾而不至則無　□□豈有
動哉□敢□□深心□□□□□來□□□□衆□
□善根敬造西方□□壽佛一鋪□生　□事以今敦牂
之□□□林鍾勝緣尅□□功□畢十身潛映百□□
□□□□□□□□□□□□□□天資始長膺

北極之尊智地無疆永奉南山之壽聖胎□□□□
□□□□□□□□□□□□□□□□□□□
□□寶□□方遇譽□之賜盧峯遠契指安養而爲□
靈山舊□□□□□乃重宣□義□□□□□□□
解脱之色如來之相法本無起□□□□□□□□誰
爲□郝道□□□□□□□□□□□□□□□□
□□圖茲寶王依佛□而成國用無對而□光厭齊□
□□□□□□□光
開元□□□□□□□日壬戌建
專□□官□□□□□□□□□□都撿按官

正議大夫行內侍省內侍上柱國闕下

碑過殘蝕不見書撰人名氏金石攷作御製御書案文首稱弟子右監門衞將軍缺上柱國渤海郡開國公內供奉高力士又有稱光祿大夫內侍省內侍缺宏農郡開國公內供奉楊思勗二人並見唐書宦者傳餘人名多可識以微不具錄後題一百六人奉爲大唐開元神武皇帝云云則諸宦者爲天子祝釐也必非御製御書金石攷不及細檢爾末列宮闈局給使內供奉百官志凡無官品者號曰內給使碑所記與志合授堂金石跋

按此碑是內侍省官爲天子祝釐而造西方無量壽佛像一鋪刻記於龍門石龕也文前有口口口撰渤其姓名則非御製信矣然次行有御書字宜乎金石攷以爲御書也碑末有開元字渤其年月文中有以今敦牂字下有林鍾字是午年之六月也元宗開元十八年爲庚午天寶元年爲壬午据文中內侍省官首爲渤海郡公高力士次爲宏農郡公楊思勗兩唐書皆有傳新傳無年月可證舊傳稱高力士之封渤海在天寶初楊思勗但封虢國公無宏農之封其卒也在開元二十八年若以力士之封渤海爲據則當在天寶元年而碑不應有開元字以思勗之卒年爲據則當在開元十八年而力士未有渤海之封疑不能明姑附開元之末然開元以前攷唐書未有內侍擅權者至開元之末而思勗典兵力士勢傾中外故率羣內侍爲天子祝釐大書深刻所列人名其多如此以啟後世閹寺專權之漸直至甘露以後宦官與宰臣藩鎮聲勢相軋互有勝負而唐遂以亡實由明皇作俑也此碑雖微可爲履霜堅冰先撥志始故特書之

金石萃編卷八十四終

金石萃編卷八十五

賜進士出身　誥授光祿大夫刑部右侍郎加七級王昶譔

唐四十五

李秀殘碑

碑僅存二圓礎徑皆一尺七寸五分各十二行中行十二字行書今在順天府文丞相祠乾隆四十三年春順天府尹吳君發詔搨以見贈

七□□□不□□　□□□□□□　惟一□　□□
门都守□□□□營□　□□□□□都督□□□□
□　□　□□□寥□考□□□□　□□□詩書盜
智□□□□□　□□殊歎□□□□□□□□□

□隨□以包□議者以爲良將　節公以名數見召義
勇備□□　□□□者惟一誠能沮彼勝　□兵不能
穿四□陣甚　□□而□厚無
宸翰賜　之私第邊帥奪□士　俸散於□人
玉帛均於門　無　國家方築壇拜將　女賢和
淑慎靜恭貞白移　也魯子朝議大夫使持節京城
□大心正懿文壯武廣孚移忠惟　山不舉燧利倍
往昔功省今兹　石之碑式表先公之墓其詞□
一其施及我公克廣尔祖敦　□筆遼水渺淼隴山□
□□族戀切三□　□□□

李秀碑李邕撰并書碑在幽州按明皇以天寶三年改年爲載今此碑元年正月立而稱元載何哉金石錄古墨齋記云良鄉縣學有雲麾將軍碑蓋唐北海刺史李公邕所書也雲麾將軍名秀幽州人事跡具載碑中天寶三載正月建公書雲麾將軍碑二其一爲左武衛李思訓其一此碑也舊置官廨不知何時爲校官裂爲柱礎壘本遂不見於世好古者深惋惜之近復修學舍吏以新砥置而不用推之瓦礫中過者不睨也友人郃生正魁董生鳳元往經其地蹤跡之則古礎存焉規如鐵鑑字尙未泐也以語宛平李侯

于美侯喟然興歎寓書縣令輦致都下將爲亭以覆之視寢室之右有別館可庋亟塗堊之納礎其中屬潘黎王子世懋顏之曰古墨齋志存舊也按公仕武后朝爲郎官辨魏元忠事以直節自見終其身不變恭社稷之臣也當時不能用而媢嫉者忌之以死可以知唐祚之不競矣獨其書法之妙出入二王而奇偉倜儻類其爲人杜工部所謂碑版照四裔李集賢以爲書家仙手其流品可知已是雖摧剝之餘見之猶令人起敬況其解衣盤礴時邪良鄉京師衛術之交爲吏者疲於奔命宜其不知護惜彼豎儒從而莽

之肅妄紛如亦何詠焉侯以儒雅善文章浩蕩繁劇戴星出入乃能庇覆於散落之餘使先賢妙蹟頓還舊觀不惟好奇多愛而興廢補敝亦可以槩其爲政矣且宛平赤縣也宜有金石志其興作之歲月周視廨宇迄無傳焉侯始亭而碑之俾采風者得以故事列於紀載文獻將有徵焉并侯之功邪亭成侯歌以落之和者自博士歐子大任而下凡若干人民表從鉛槧之後因記其事甘棠之愛庶幾勿翦焉侯名蔭南陽人萬歷六年歲次戊寅夏六月嶺南黎民表撰并書承德郎知宛平縣事南陽李蔭建沈榜宛署雜記

李秀碑僅存二百許字漫漶不可讀曾于海上顧氏得全本雄秀異常用其意書此論董其昌書樂志論跋

古墨齋在宛平縣署內唐李北海所書雲麾將軍碑邑令李蔭購得甃之署壁傍搆卜亭植柳蒔花以爲公餘退思之地燕都游覽志

孫承澤春明夢餘錄曰李秀字元秀范陽人以功拜雲麾將軍左豹韜衛翊府中郎將封遼西郡開國公開元四年卒葬范陽之福祿鄉此碑爲靈昌郡太守李邕文并書逸人太原郭卓然模勒并題額李北海有兩雲麾碑一爲李思訓碑在蒲城一爲此碑其官同其姓同也趙子函名崡秦人未見此碑其著石墨鐫華乃以爲一碑又以此碑爲趙子昂所臨誤矣碑不知何時入都城萬歷初宛平令李蔭署中掘地得六礎洗視乃此碑存者百八十餘字碑首存唐故雲三字因築室砌之壁間名曰古墨齋後移少京兆署中止二礎其四礎相傳萬歷末王京兆惟儉攜之大梁金石文字記

右李秀碑在順天府廨中趙錄云明皇以天寶三年改年爲載此碑元年正月立而稱元載何哉按蘇頲撰京國長公主碑云開元十二載前此二十年亦稱

載者文字中偶一用之與此同也又按李邕撰靈巖寺碑頌在天寶元年亦曰靈昌郡太守而新舊史止云天寶中邕爲汲郡北海二太守可以補兩書之闕予從嘉興項氏得拓本有額唐故雲三字比今碑字多三之二爲項墨林珍玩云金石後錄

李秀碑刻於天寶中在今良鄉縣地其後碑石既斷良鄉學博士某斲爲柱礎又若干年重修學宮棄礎雜置瓦礫間閩人董生見之以告宛平令李蔭蔭寓書良鄉令輦致宛平署中凡六礎蔭既得石嵌於署壁號爲古墨齋時嘉靖中事又若干年移入京兆少

尹署而王京兆惟儉攜四礎之大梁今所存者遂止二礎余以康熙三十有一年承乏順天府府丞公務之暇訪求所謂雲麾碑者不可得召胥吏訊之皆云無有其夏因校士宿署中日旣暮閒步於庭見蔓草中有二石就視之則碑石也驚喜過望急拂拭讀其文已多漫漶不可辨可辨者才數十字而已余惜其棄置思仍甃之署壁旣又念是署中宦游者往來如傳舍然下者若良鄉博士不免視同土石而博雅好古若王尹其人又或且取之而去余雖復效古壁齋遺事安在其能久存者而宋丞相信國文公祠去府

署甚近數百年祭祀不絕竊以爲官舍之屢易不如祠宇之常新也宦游者之去來無定不如忠臣義士之歷久而不廢也故不甃于署而甃丞相祠中令四方之士謁祠者觀壁間之書思古直臣風槩爲之慨然興慕未必非廉頑立懦之一助也吳涵雲麾將軍斷碑記

右二石礎拓本二礎顛末詳見順天府丞石門吳涵所撰記碑中所有字成句可讀者如式表先公之墓其詞曰則爲墓表可知曰遂水鄉瀛則在范陽無疑曰懿文壯武廣孝移忠利倍往昔功省今茲是其功業可略見也曰賢和淑愼靜恭貞白此必稱其所配之德曰國家方築壇拜將考元宗初年契丹突厥皆興戎事而李秀旣爲范陽人則其所効武功或卽鄉土所近築壇拜將當指薛訥伐契丹之事惟朝議大夫使持節不知其何所指耳碑析爲六礎度今拓本每礎圓徑尺二寸以方廣計之則是碑高僅四尺餘博不及三尺也準以唐時碑製恐所殘損者多矣礎由良鄉輦致宛平縣署又移入京兆少尹署遂爲王京兆惟儉攜四礎之大梁然王京兆旣好此碑何以又留二礎于尹署此誠不可解者豈非神物完缺聚散實有數存今雲麾隴墓過良鄉者渺不知其處而

片碣留遺轉徙離合所遭不一顧此二礎得與信國祠堂永垂不朽殆雲麾之靈自爲呵護京師去良鄉四十里桑梓還依亦雲麾之所樂也石門吳丞其功甚偉戊戌之冬吾友陳萬青遠山萬全梅垞昆弟寓京師二君子皆吳公鄉里後進好古之懷先後同揆得此拓本裒池成軸出以示余因敘論之如此宋文藻碧谿文集

盧府君碑

碑高八尺四寸五分廣四尺一寸二十五行行五十字行書在洛陽許家營

唐故中大夫□□國□州刺史盧府君神道碑

括州□□□□撰并書
嘗以清白者賢操之行理□者公人之業猲乃□□以
□物濟□以□□酌□□畢□□□□□□□所以□
□□□□□□□□車未下而威先館未郎而恩洽衢
陌歌頌風俗□聞□□披□歷□□□□□□□□共
在□也□□□□□□□□□□□□□□姓之後唐
堯理水伯爽封於呂城周武□□太公□□齊國□□
□□□□□□□□□□□□□□□□□□□□□
□□□□子左庶子祖諱寶素隨晉州別駕考諱安
□絳州長史□□□□□□□□□□□言□□□□

□□□□□□□□□□□□□友至性遠與古人貞
拔休風高覩當代學觀□□□□□聲□□□□□□
□兌曰以□欲□□□□□□□□□□□□□□□
同於席解褐冀州信都主簿改絳州太平丞偕以昇□
□□不□□□□□□□□忠公□□□□□□□□
□□□□□□□□無□科賦有條尋宅變□□□□
至性廬墓□□□□茹荼服除轉□州□□□□□
恖□□□□□□□□□□□□□□□恩除洛州新
安宰以犯諱更滎陽□□以□□□以□□□以□□
□□以□□□□□□□□□□□□□□□□□□

□□□不捨過而獄無其辜匪貸恩而人有其愛莅政
□於□□□□□□□□□□□□□□□□□□□
□□□□□□□□□□　璽書是降　皇帝制
洛州滎□□□□□□□□□□□□□□□□□□
□□□□□□□□□□□□□□□祿秩以褒美政
勉勗終始無替嘉聲□鄉□□□□□蒲□□□□□
□□□□□□□□□□□□□□□□□□□□□
□□□□□□□□□□□□□□□□□□□□□
□□錫州員外司馬　朝廷□罰不及嗣罪不在
□□之以□□□□□□□□□□□□□□□□□
□□□□□□□□□□江東按察判官借薦德樹賢

黜邪□惡汙□□□□□□□□□□□□□□□□
□　□□□□□□□□□□□□飲水賦
詩意誠而公義直而亮庭無宿諾事不□於□□□□
□□□□□□□□□□□□□□□□□□□□□
□□□　□□□通□□金□□□□從遊日月有來
藥物無劾神□□及□□□□□□□□□□以開元
十四年□□□□□□□□□□脩里之私第時宰咸
□朝□嗟歎將智□矣乞言□乎以開元十□□□月
□六日□厝□□安山□　先塋之□禮□夫人
滎陽□□□□□□□□史元度府君之息女嚴慈訓

孫山□事姑□□□□□□□□□□□姓宜□室□
□□翼後時□□□祔□□□朝□大夫□□令叔子
徹太原府士曹並□□□□□長□□□□□堅前桃
林宰季子曉□□□□□州司馬□子□太子宮門郎
皆在邦間人惟家有子文史足以□□氣□迹□□□
□□將以　　　先公□休畢□□□　　　□□□
□□□□銘莅栢淚枯號天氣絕敬申遺恨遠託故人
□□莫追□□□□□□□
地藉慶靈兮誕生岐俊博揔拔藝兮含宏忠信□□□
□兮□□□□□□□□兮□□□進宰縣□□□□

□□□□志葆光兮懸車解印除日歲斡兮舉燭風□
蒼生有□兮□天不憖□□□□兮□□□□□□□
□□□□□近
□□□□□□年歲次壬□二月丁丑朔八日甲申
□　　　　　　　張□慶□□□
撰人年月缺諸視□軹字亦不了寶刻類編有鄂州
刺史盧府君碑文李邕撰并書天寶元年二月立在
洛宰相世系表正道鄂州刺史碑云除洛州新安宰
以犯諱更滎陽令滎陽又有景龍元年盧正道勅及
滎陽令盧　公清德文據此諸証知即正道碑也碑云
祖諱寶素隨晉州別駕考諱安□縣州長史考宰相
世系表有盧寶素隋澤州內史部長晉州別駕子安
壽縣州長史正與碑合下一格子正紀汝州司馬其
上一格與安壽並列者正道鄂州刺史恭世系表十
三上二十七葉誤以正道移上一格遂致父子亂次
賴有碑以考正之也世系表安志當時安壽弟正勤
正義正言當是正紀正道兄弟健當是侁弟推其名
字相似知之今皆上一格後之刊此書者幸改正之
二十六葉亦誤上一格惟二十九葉有正容與正紀
正道並列不誤　中州金石記

按此碑多缺泐碑載叔子徹太原府士曹季子曉
□州司馬而叔子之前泐其伯仲及季子之後尚
有子字又似不止四子顧唐書世系表于正道下
全不載其有子無從攷矣末行云歲次壬□當是
壬午正爲天寶元年通鑑目錄是年正月丁未朔
則二月是丁丑朔與碑合

褒封四子詔

石横廣二尺二寸連額高二尺八寸十二行行十四字正書額存盩厔縣樓

敕門下
昊穹眷命　烈祖降靈休眙之儀存乎祀典莊子文

子文子庚桑子列在眞仙體玆虛白師礐元之聖敎宏
大道於人寰觀其微言究極精義比夫諸子諒絕等夷
其莊子宜依舊號曰南華眞人列子號曰沖虛眞人文
子號曰通礐眞人庚桑子號曰洞靈眞人其四子所著
書並隨號稱爲眞經宣布中外咸使聞知

天寶元年二月廿日

舊唐書禮儀志天寶元年正月癸丑陳王府參軍田
同秀稱於京永昌街空中見元元皇帝以天下太平
聖壽無疆之言傳於元宗仍云桃林縣故關令尹喜
宅旁有靈寶符發使求之十七日獻於含元二月丁

亥御含元殿加尊號爲開元天寶聖文神武皇帝辛
卯親祔元元廟丙申詔史記古今人表元元皇帝昇
入上聖莊子號南華眞人文子號通元眞人列子號
沖虛眞人庚桑子號洞虛眞人改莊子爲南華眞經
文子爲通元眞經列子爲沖虛眞經庚桑子爲洞虛
眞經今人稱莊子書爲南華經昉於此也李肇國史
補曰天寶中天下屢言聖祖見因以四子列學官故
有僞爲庚桑子者其辭鄙俚非古人書金石文字記

按庚桑子一作亢倉子其四子所著書舊唐書經
籍志亢倉子不著錄新書藝文志則四子並載注
云亢倉子求之不獲襄陽處士王士元謂莊子作
庚桑子太史公列子作亢倉子其實一也取諸子
文義類者補其亡據此則亢倉子乃掇拾之書宜
乎舊唐書不載今碑作庚桑子而其號爲洞靈金
石文字記作洞虛恐誤

告華岳文

此刻與盧朝徹謁岳廟文同一石此在上方高二尺四寸五分廣三尺三寸二十行行十五字隸書額題開元十三年六月九日建十字正書在華陰縣嶽廟

韓賞撰

諸王侍書榮王府司馬韓擇木書

惟廿七祀孟秋右補闕韓賞敢昭告于泰華府君祠廟
惟天地生于人惟山川主乎神人有識而神有靈人貴
聰而神貴明於昭靈山與天窮寘載在祀典鎮于上京
自古帝王徵應不一荒淫者神降之凶聖哲者神授之
吉惟茲臣庶鑒乎得失今予小子造于　神祠將有
所盟　神其聽之人有嗜好各爲私禱願無所求
惟道是憂今者內禱於身外盟於　神如有一心公
朝竭力生人惟〻　神是福崎嶇亡道偭俛在位惟
　神所殛必將忘身奉國爲本圖安國濟人爲己任明
明泰華昭鑒于茲贈彼牲牢抑惟常禮神嗜正直意存

精誠正直以享神精誠以享意拳然跼慮瞿然改容益
靈山之嵯峨增壽宮之肅穆歷階邐庭踧踖其形尙攀
天寶元年歲次壬午四月乙亥朔十日甲申
正議大夫太僕少卿兼太州別駕下闕

右唐補闕韓賞告泰華府君文韓擇木書賞所以盟
於神者嚴矣士夫君子立志操節篤於內而已豈必
盟神然後固哉必俟明於神者蓋由其內之不足也東里集

按此碑文爲韓賞撰韓擇木書賞與擇木史皆無
傳迹書賦注稱擇木昌黎人工部尙書歷右散騎

常侍此碑結銜云諸王侍書榮王府司馬是其初
官也榮王者元宗第六子名琬始王鄄徙王榮後
謚靖恭太子諸王府侍書無專員其司馬則每府
一人從四品下也又檢韓昌黎集稱同姓叔父擇
木善八分以擇木爲同姓叔父則不與之同系唐
書韓愈傳愈鄧州南陽人擇木是昌黎人顯然二
系然据宰相世系表河東太守純之後徙昌黎蘇
城或是擇木之先世然表不載擇木非純之後人
矣愈之先世源出弓高侯隤當與河東太守純仍
屬一脉故愈稱擇木爲同姓叔父也

兖公頌

碑連額高八尺四寸廣三尺四寸七分二十三行行四十九字正書額題兖公之頌四字隸書在曲阜孔廟

兖公之頌

朝議郎行曲阜縣令張之宏撰

包文該書

若昔帝軌覆王綱頹則孔聖挺生而憲章克復故能羞
人極酌彝倫聲明有度文武不墜講德泗上橫經淹□
□□□□□□代嗚呼鄒儒墨蹈仁義躔志鵬海服
膺蟻術磋琢金玉鑽仰情性者其唯兖公乎公姓顏名

回字子泉魯人也□□□□□□十□惠困而能通
休休焉拾塵著德貧而不仕衎衎焉鼓琴自娛雖行藏
坐忘黜聰墮體確乎不拔潛乎自持猶以□□□□□
□談岱嶽辯星精之騎及夫杏壇花白素王哀一辭之
交槐市藜青丹史煥四科之首耀光昭晰芝蘭變芬年
代浸遠久□□□戠偉歟美哉偉歟之宏刻鶴見嗤
雕龍寬粤昔往神仙之郡未繫想於王喬今來禮樂之
鄉猥飛聲於蜜蠟徒以紘哥汁□□翟之朝飛氷鏡
澄明希阜鸞之曉舞而都督渤海李公諱　庭誨八
命分憂兩岐揺慶海澄泓量月灼貞明德之至則皆□

口軒令惟行則仁風發扇寔來茲邑泛覽川原企佇丘
墟慨然永歎曰城郭猶寔鶴鳴千歲之歌陋巷空存人
響一瓢之樂涤池春盡白露秋生古往今來曷惟其已
皇上禮行鄒魯思闡文明則夫子乘通三之尊
兗公列惟五之長乃顧而謂之宏曰張令文蔚國章智
樹仁策揭光可大興望克韶宣王既以銘焉兗公豈宜
闕不恭惟嘉命勒茲徽猷俾夫亞聖同之前姜由是也
故得襟宮牆殖庭宇撩鳳翼瓦魚鱗淸泠萃風曈曨照
日綠樹靃靡紅藥琭琭林霧囀鸎階香舞蝶宴於斯餞
於斯器用陶匏粢食不爨命曰稱兗公之德歟遂吮毫

含毫聆奇聯美㒺鳳策獵麟書牽彼朱絲縴茲黃絹其
頌曰
珠毓滄溟鳳飛丹穴況德君子聞諸往說彼美兗公儒
林秀傑惠和天授聲聞夙烈道成四友德浮十哲魯明
御敗衞道哀浼宛不龍盤颭然鶴驂噫天喪予芳蘭已
折其一　聖皇有道四隩攸同　恩覆天宇令
發春風緬懷泗上　胥相淹中俯徵魯禮贈此兗
公天書戾止儒術昭融弁冕載煩威光自雄　皇
情有實陋巷何空其二昭昭良牧彬彬文質能軾轓風車
旟柬日嶽鎮鄒魯道流溟渤神秀誕登靈鑒朗逆德柔

去殺仁深濟物來斯懷古中心壹樹麦秀已謌乘離云
逝爰命作頌傳諸故實其三贈彼魯國地迥人安龜蒙
氣浹泗鳴渦孔經雲委物產星攢伊予作宰諒匪能官
漸城懷仲河陽謝潘恭絲可理製錦良難俛懷鼻笥孔
想雩壇塗荒露浥樹古風殘爰而不見慨然永歎棟宇
是葺金石斯刊悠悠千載其芳若蘭
徵事郎行丞隴西牛孝麟
文林郎守主簿平陽崔庭玉
登仕郎行尉廣平宋休光
尉天水趙再良

將仕郎守尉員外置同正員高陽許瑾
鄒王文學文宣公孔璲之
天寶元年歲次壬午四月乙亥廿三日丁酉建
碑側題名
分二截上截二行下截三行左讀並正書
大和九年六月八日　莫潞題
張咸
兗海節度推官試祕書省正字鄭繁　緱山處士張
隱
大中八年正月七日題

兗公顏回也字子淵碑避高祖諱作子泉都督李庭
誨命縣令張之宏撰頌包文該正書書道勁有法石
惡多洌耳石墨鐫華
舊唐書禮儀志開元二十七年八月制追謚孔子爲
文宣王贈顏子淵兗公閔子騫費侯冉伯牛鄆侯冉
仲弓薛侯冉子有徐侯仲子路衛侯宰子我齊侯端
木子貢黎侯言子游吳侯卜子夏魏侯又贈曾參顓
孫師等六十七人皆爲伯金石文字記
文有蟜志鵬海服膺蟜術按學記蛾子時術左傳蛾
析蟻皆讀蟻此直用蟻蓋正書非篆隸也又云猥飛

聲于密賤家語史記皆作宓不齊字子賤顏氏家訓
云子虙子賤即虙羲之後俗字爲宓或復加山今兗
州永昌郡爲古單父地東門有漢立子賤碑乃云濟
南伏生即子賤之後知虙之與伏古來通字誤以爲
宓耳夫虙之爲宓尚以爲誤轉而加山益又誤矣然
唐孫強增減顧野王玉篇亦云宓今作密故何容令
岑君碑云驅密賤于後塵當時相襲詎知誤乎末有
邠王文學文宣公孔璲芝乃孔子三十五代孫字藏
暉襲封褒聖侯改夫子謚時亦改爲公也予謁顏子
廟奕然輪奐後多名人科甲而此碑反在大成殿中
未知何故金石後錄

右兗公之頌天寶初都督李庭誨命曲阜縣令張之
宏爲頌其序云宣王既已銘焉兗公豈宜闕爾似之
宏尚有文宣王頌而今不傳矣碑末列名者丞隴西
牛孝麟主簿平陽霍廷玉尉廣平安休光天水趙再
艮尉員外置同正員高陽許瑾邠王文學文宣公孔
璲芝攷唐書宰相世系表璲芝作璲之當從碑爲是
唐六典上縣尉二人中下縣尉一人曲阜爲緊縣故
得員外置尉也潛研堂金石文跋尾

右碑書李公諱庭誨諱字下空二格亦變列也末題

邠王文學文宣公孔璲芝考闕里世系孔子三十五
代孫璲之字藏暉開元五年襲封褒聖侯授國子監
四門博士邠王府文學蔡州長史二十七年詔謚孔
子文宣王進封璲之爲文宣公兼兗州長史又唐書
宰相世系表亦作璲之當以石刻爲正山左金石志

按碑書密賤之外尚有絃哥汁口哥即歌汁即叶
八響一瓢之樂響即饗字皆通用也孔璲之於開
元五年授邠王府文學二十七年兼兗州長史碑
中結銜舉舊而略新所未詳也

金石萃編卷八十五終

金石萃編卷八十六

賜進士出身　誥授光祿大夫禮部右侍郎加七級王昶譔

唐四十六

元元靈應頌

碑連額高一丈一寸二分廣三尺九寸二十二行行
六十二字額題開元天寶聖文神武皇帝夢烈祖元
元皇帝靈應頌并序二十二
字並隸書在盩厔縣樓觀

朝散大夫守倉部郎中上柱國戴璇撰序
朝散大夫守戶部郎中劉同昇撰頌
開府儀同三司尚書右僕射曾孫戴伋書

至矣哉皇法於天天濬於道歷大寶者必尊　祖

以配天孩庶類者咸宅主以母道□□□□□□宗覽
教三后在天代紹明德然後彌綸區宇昭格神祇其能
承二美之盛烈首千古之洪化者卓哉煌煌歸　我唐
室矣
皇上受圖亨國蓄卅載功侔天地孝誠
祖考其高明也布星辰以有倫其博厚也□河海
而不洩至於揖群后敘彝倫陶鑄堯舜湫隘軒項者乃
皇上之餘事也嘗端居宣室緬懷至道惟德動
天夢啓靈應怳忽有物希夷廓爾通寤、　元祖之明
命錫無疆之寶纂乃潛誌麗象遊　詰旁求西亘太一
東連鄠杜号周史之經臺枕秦山之奧谷肇居尹喜集

法侶爲道門後遇　皇唐易樓觀爲宗聖藥井尚渫
偓軾仍存卜勝宗靈此爲娛落飛泉噴石重林閟景若
癬地偏以恒深煙雲晝晴而不散睟容挺出赫然有光
煥白虹於玉座紉紫氣於僊境洎遭　睿覽宛符夢
寐諸蓋聖人有以見天下之賾而擬諸形容聖人有以
見天下之動而觀其會通者可舉之壹隅矣其始迓也
焚芝之术避輦籟寂歷無聲擎蹕有則礿靡茘席次登靈
壇徐肩綵杠少息華館清籟颾飀於草樹天香氛氳於
崖谷及路轉莽蒼風順崆峒雲鶴翔以導輿群僊扈而
成列逮地邇天苑闉轃國門蜺旌鳳簫風馳海合毛節

羽蓋波屬霧委萬姓翹首於西城百辟候儀於　北闕
響響如也　皇上乃捧昇露寢奉先思孝集僊府
以陳齋圖混成而告遠不崇朝而逼八晷未浹旬以逼
六合故群臣率儛慶靈稱觴獻壽森旗伐鼓何其盛哉
於戲　靈元之道旁礴萬物眇爲化先豨韋氏得
之而挈天地伏犧氏得之以襲氣母至若王母西崑比
之如朝菌麻姑東海涵之如夏蟲冲虛馭風蓋錙銖於
糠粃王喬控鶴方轥轢於蓬蒿信無上斅信元氣斅且
天脊　皇唐儲祉罔極其功神者其應大其源靈者
其流長咨　王室將傾　我則雷擊以存國介止塋韋

我則雲行以告成汾脽㙊祀　我則順子以口尊后
陵寢肅雝　我則述經以明孝可謂重梓坤釉口紐
乾綱漭衍葳蕤皆　皇極之大造也其脩缺禮補樂
章存朴以啇八陳兵以訓武奔四夷以歸化主百神而
授職者可勝言哉古有仁片言而受福樹一善口獲應
况綱羅叡制包括鴻徽以　神化之貞明協　靈命之
幽贊克舍衛祚不亦宜乎玉眞長公主以　天孫
毓德　帝妹聯貴師心此地沓捐代情奉黃籙以口
絜躋白雲而志遊觀主李元崱監齋顏無待上座傅承
說爲學日益爲道日損逍遥中林之下彷偟塵垢之外

因聚而議曰今自道以祐　主自　主以祐人下卓
六幽上契三極風后力牧協宣朝政鬬雎麟趾宏被國
風禎祥荐臻妖沴不作足以規萬葉示將來赫赫巍巍
以表靈貺而廼謝奚斯頌魯之義闕穆滿銘弇之遊是
上蔽　天休下虧臣禮緣事斷誼蒙竊恧焉於是盩
厔宰李嗣琳同荷　湛恩旨備能事博詢墨客以贊
皇道時戶部郎中沛國劉同多才清起草孱美郎官
之列文摹上林能揚　天子之事共遵大雅旨揆
其謌奉爲頌曰
終南之北口眞境關令尹喜宅玆嶺陰陰松循造華頂

草結花樓龍護井靈傳之寂肅而靜其一惟〻　皇夜夢
眞人來神光赫赫金銀臺瑤容綽約冰雪開霓裳羽駕
紛徘徊　前聖後聖相感哉其二　帝心虔求齋玉
京王公百辟咸致誠雲旗綵仗森出迎日月晏溫顥氣
晶　眞容來兮受天慶其三　眞容來兮　聖人
壽千春無涯百福有　眞容來兮寶鑾昌遠郊却瑪
雄四方紫殿敬座煙雲香拜首稽首天地長　禦元
之祚萬斯唐其四
　　　　　　　　　　　　　　　　　　　　
勑撿挍道門威儀昭成觀主道士口口裕
天寶元年歲次壬午七月癸卯朔十五日丁巳中元

建　　　　　　　　河南史榮刻
此碑建於天寶元年而闕碑額攷其辭當在盩厔爲
元元宮玉眞長公主寔主之公主睿宗最幼女也碑
序爲倉部郎中戴璇顏爲戶部郎中劉同昇撰末云
開府儀同三司尚書右僕射曾孫戴伋書則建碑年
號蓋追成碑序之日而稱者也伋官至僕射而世系
年表列傳俱無之趙明誠金石錄亦失不收俱不可
曉者書法八分頗磔鬣弟以肉勝蓋兼開元徐史之
法而加損益者也弇州山人續稿
中南樓觀宗聖觀尹喜宅也元宗夢老子眞容得于

此玉眞公主爲道士居于此故此碑述夢事以及玉眞歸美唐室倉部郎中戴璇撰序戸部郎中劉同昇撰頌開府儀同三司尚書右僕射曾孫戴伋書稱曾孫爲璇也然則碑云天寶元年建不知追成頌序之日而稱乎抑亦當伋時乎伋官僕射而史不書遂無從考 石墨鐫華

趙崡曰此頌刻於宗聖觀記之北面唐人分書甚佳但經元人翻本減弱矣碑側宋蘇軾書詩并弟轍詩歲久剝蝕元人別摹一碑視碑側字法亦減 金石文字記

右眞容靈應頌碑末題開府儀同三司尚書右僕射曾孫戴伋書攷唐戴冑與至德兩世宰相至德官至尚書右僕射其卒也贈開府儀同三司則伋必至德之曾孫而唐書世系表不見其名蓋史家失於採訪矣選舉志三品以上蔭曾孫五品以上蔭孫孫降子一等曾孫降孫一等贈官降正官一等僕射秩從二品開府儀同三司秩從一品伋蓋承蔭而未得官者故以曾孫繫銜猶梁府君碑稱四品孫五品孫也文云禎祥薦臻妖沴不作沴卽沴字隸楷偏傍从彡者或變从尒遂與尔相涉又變尔爲爾也 潛研堂金石文跋尾

按元宗夢眞容事在開元廿九年閏四月詳見夢

眞容勅旨有碑在盩厔及易州文巳見前此碑似係玉眞公主以元元靈應之事請于元宗令刻頌於樓觀碑文中自有觀主李元崱則主此觀者非卽玉眞且文云玉眞長公主以天孫毓德帝妹聯貴師心此地杳捐代禱奉黃籙以□契贈白雲而志遠玩其語意非實主此觀也唐書傳睿宗第十一女玉眞公主字持盈始封崇昌縣主俄進號上淸元都大洞三景師 金仙公主傳云太極元年與玉眞公主皆爲道士築觀京師 天寶三載上言曰先帝許妾捨家今仍叨主第食租賦誠願去公主號罷邑師歸之王府元宗不許云云則是天寶三載公主尚居京師主第此碑在天寶元年其非爲樓觀之主明矣并州云玉眞公主實主之石墨云玉眞公主爲道士居於此皆未細檢碑傳也

慶唐觀金籙齋頌

裝本高廣尺寸行字皆不計隸書在浮山縣龍角山

大唐平陽郡龍角山慶唐觀 大聖祖元元皇帝宮金籙齋頌 并序

朝議郎左拾遺內供奉博陵崔明允撰

通直郎行河南府伊闕縣丞集賢院待 制兼校理

御書史惟則書
空洞之中溟涬之際靈文尙矣混成厥號混成者何象
帝之先靈文者何龍漢之季五刼交周尊神遍運九悉
列正　元始□然脩於流火之庭練於洞陽之館二儀
得之以定位三景得之以發光赤明開圖碧落普度
上元奄有大道遂荒眞宗　天法之以無倪皐仰之
而未及犧軒應運堯舜乘時均至化而思齊酌靈風而
始庶獨立千古湛兮若存首出百王倏兮不極矣粤若
祖　聖系襲神宗先　天不違後　天繼代錫靈慶遠
派源流長　國家纂戎欽承前烈三合壹德六葉同

道平陽郡靈元宮者興王之肇北也惟初授命戡告休
徵權□□迹做落祠宇昭彰於國史乃今　昇平配永
嘉瑞增修　□廟大建　閟宮明白於　御碑因　吾
道爲天下程由□□□□□　天下式非夫至至孰能預
之哉　皇帝御辯無爲齋心正一寤寐有感髣髴　眞
容昭孝孫之精誠貽　□□□□訓　開元得聖象
天寶獲靈符丕慶再集而繁昌至孝遂興而畢備禋崇
册禮其高莫二袞龍克光於像設冕旒追尊於帝位雖
猗那商頌生人周雅儔之於昔　今則過焉於鑠兹山
會神之寓西對姑射北隣　天柱寔遁仙之祕府也正
殿肅穆廣庭森沉峯巒左右松栝交陰揔虛无以靜深
也石壇重增飫璧環甃隱□□□□□□三元裴辰
八月　降誕每至是日展法於斯修金籙齋啟玉皇印
道家之寶王者之儀靡盛於此矣乃開　乾門闢
坤戸氣靈廣莫風和不周八卦行乎其中矣仰列宿躡
魁剛落日淪陰夕時沆瀣六甲佐乎其旁矣仙侶殞次
羽人步虛朝拜　九天醮祠五老想鈞陳則黃雲垂覆
存太一則白鶴來翔其餘侍香玉童傳言玉女縹眇煙
景徘徊元空求之希微宛如契合耳惟鎭　皇極叶
時邑外以廓清萬里戎夷向化內以乂安兆庶年穀滋

稔減格欃興昌光動植生成陰陽氣茂利兵所措則戢
干戈靈官所臨則□□厲矧感通上界　神降祺福景
命來假　天子万年者平觀主臣郭虛寂虔恭是勅
宿夜匪懈稟師之□□□符躬執科儀爰謀法要開元
十六載　御題觀額　□緣於兹廿五丰
上疏議齋　帝俞其請於是內使高□王城而至
綸言祕旨從　天上而來諸侯肅臨郡邑蔵事革故
垣棟與新經像形彩䆮䆮金光熒熒曾是所營曾是有
□利平永貞太守臣裴朏并寮屬等惟　道孚徽誼形
于政奉歇休慶𠂤合觀徒衆等皆相與遵乃宗極體平

自然熙濬漠於元和林恬愉於大順微臣嘗佐汾邑親
覩　聖蹤強名　道原用述眞宰從窅寘而辯物因象
罔而得之其詞曰
三炁之宗粤融元始朱靈丙午赤明斯起太上道君託
胎洪氏後天合德其惟　我李爰初啓運符命歸唐海
縣攸屬　六葉重光　天寶是應万壽無疆　大君推
策考靈元陽空靡之中自然妙有無鞅之衆勃勃珠口
迎不見前隨不見後外物雖變我法彌久龍角嵯峨肇
興靈迹仙宮乃建清都伊宅洞裏　天長寰中　地隔
皇矣大道臨下有赫金籙秘訣玉京靈言陞壇之禮衆

法之門　聖祖貽訓來告　孝孫於茲授命永保
元元克昌身後大慶常存刊此樂石以奉至尊至尊
天寶二季歲次癸未十月景寅朔十五日庚辰下元
齋建
昔人所用莊子御六氣之辨意各不同惟梁簡文帝
南郊頌元黙御辨寂聰秉眞後周庾信至老子廟詩
虛無推御辨寥廓本乘蜺及此碑云皇帝御辨無爲
齋心正一爲得其旨若齊謝朓侍宴曲水詩於皇克
聖時乘御辨梁敬帝禪位策文安國字萌本因萬物
之志時乘御辨艮曾樂推之心後周庾信喜晴詩御
辨誠膺錄維皇稱有建宋王旦汾陰壇頌欽明稽古
御辨撫圖則以爲首出在位之義梁王僧辨勸進元
帝表坦然大定御辨東歸隋李德林從駕詩朝乘六
氣辨夕動七星旒則以爲巡遊之事唐朱子奢幽州
昭仁寺碑御辨崆峒非趨涅槃之岸乘雲谷口寧遊
波若之門碧落碑峒山順風勞乎靡索汾陽御辨窅
然自喪武后昇仙太子碑尋眞御辨控鶴乘龍則以
爲訪道之事隋薛道衡高祖文皇帝頌御辨遐逝乘
雲上仙則又借爲升遐之事而唐李嶠大周降禪碑
翠鳳銜蕤黃龍御辨則不知其何所出也金石文字記

按此碑在浮山縣唐時謂之神山縣屬河東道晉
州平陽郡唐書地理志神山縣本浮山武德二年
析襄陵置東南有羊角山四年以老子祠更名神
山山西通志山川卷內云羊角山唐武德間更名
龍角山在浮山縣南三十五里東西二峯高崎雲
表武德三年縣人吉善行言於羊角山下見白衣
父老曰爲吾語唐天子吾爲老君而祖也詔以地
立廟又寺觀卷內云天聖宮在羊角山之麓武德
三年二月老子見於大樹下謂里民吉善行曰吾
唐皇帝之遠祖也言訖不見遂詣長安奏聞命左

親衛都督杜昂于羊角山致祭老子再見復命有
司於其地建祠開元十四年（此語誤碑作十六年御題觀額）詔改
慶唐觀御書額及碑文賜之改羊角山爲龍角山
并改浮山縣爲神山縣（此語亦誤山改龍角縣改神山皆武德四年事）命
高力士董修老君殿宋天聖五年詔改觀爲天聖
宮金籙齋者唐六典祠部條下載凡天下觀總一
千六百八十七所每觀觀主一人上座一人監齋
一人道士修行有三號其一曰法師其二曰威儀
師其三曰律師其德高思精謂之練師而齋有七
名其一曰金籙大齋調和陰陽消災伏害爲帝王

國王延祚降福其二曰黃籙齋並爲一切拔度先
祖其三曰明眞齋其四曰三元齋正月十五日天
官爲上元七月十五日地官爲中元十月十五日
水官爲下元皆法身自懺愆罪焉其五曰八節齋
其六曰塗炭齋其七曰自然齋此碑蓋爲修金籙
大齋而作頌而碑又建于十月十五日下元齋則
是爲國延祚設齋而建碑在三元齋期也碑爲崔
明允撰史惟則書而唐書俱無傳述書賦注史白
廣陵人諫議大夫善飛白子惟則陶宗儀云名浩
字惟則然則碑書惟則者以字行也集古錄云唐
世分隸名家者四人韓擇木蔡有鄰李潮及惟則
也墨池編云惟則天寶中嘗爲伊闕尉集賢院待
制後至殿中侍御史據此碑是伊闕丞非尉也碑
云於是內使高□王城而至謂高力士即陝西志
所謂命高力士董修者是也碑書我法弥久作診
久猶靈應頌書診爲瀰也末云以奉至尊至尊蓋
至尊應闕二格書時直下覺其誤乃復書之而上
文未抹去也文中非夫至至下至字疑聖字之誤
又攷道藏自錄有龍角山記一卷註唐明皇御製
慶唐觀記並聖銘等記蓋皆爲龍角山慶唐觀而
作碑文所云大建閟宮明白於御碑者似卽指此

隆闡法師碑

碑高六尺八寸五分廣三尺六寸五分三
十四行行六十五字行書在西安府學

大唐實際寺故寺主懷惲奉　敕贈隆闡大法師
碑銘并序

懷惲及書

昔吾師因地求眞衆魔紛嬈果到成佛龍天捧圓自作
鎮靈山法躬靡易告滅雙樹示跡倫凡微言不傳慧燭
潛照屆夫葳邁千秋時淹五濁欲海騰沸邪山紛糺於
是釋防東逝爰稱地應漢夢西通方崇像法或青眸接

軒競扇飄風或白足相趍爭開佛日至欲繼前賢之令
軌爲後進之康衢照燭重昏慈舟苦派入能躋道斯之
謂歟法師諱懷惲俗張姓南陽人也遠祖因宦播還京
兆廿一代祖安晉丞相襲爵鴻臚公高祖融守黃門郎
遷太子庶子祖英唐解褐太常太祝襲爵天平公尋轉
吳王祭酒握蘭奏位清陪雅列法師聰敏爲其性相慈
善資其風骨毋常山夫人樂姓降胎之月不味羶腥載
誕之辰情欣禁戒暨年登丱歲特異諸童或焚葉爲香
或聚沙爲塔雖飛軒繡轂未嘗留步月宇香樓怡然忘
返　高宗天皇大帝乘乾撫運出震披圖虛己求

賢明敭待士總章元載夢覩法師條降綸言遠令虔辟
於是臨丹檻延青蒲廣獻眞誠特蒙褒讚　帝乃
親授朱紱令處鳳池之榮師乃固請緇衣願託鷲林之
地奉　勑於西明剃落善來忽唱惡業疑銷既挂
三衣俄陪四衆翹勤口積思五分而非遙精苦逾深想
三祇而未遠時有親證三昧大德善導闍梨慈樹森竦
悲花照灼倚祗口漏擁膝升於蓮臺徵化無涯駈纖圖
於寶國既聞盛烈雅締師資祈解脫規發菩提願一承
妙旨十有餘齡秘偈眞乘親蒙付屬自惟薄祐師資早
喪想遺烈而崩心顧餘恩而雨面爰思宅兆式建墳塋

遂於鳳城南神和原崇靈塔也其地前終峯之南鎮後
　帝城之北里哥鍾沸出移上界於陰門泉流激
灑比建河於陽面仍於塔側廣構伽藍莫不堂殿崢嶸
遠摸忉利樓臺岌嶪直寫祇園神木靈草凌歲寒而獨
秀蘂萼花明逾嚴霜而縟萃豈直風高氣爽聲閒進道
之場故亦臨水面山菩薩全眞之地又於寺院造大窣
堵波恰周迴二百步直上一十三級或瞻星揆務或候
日裁規得天帝芳蹤有龍王之秘跡重重佛事窮藝纈
之分身種種莊嚴盡崑丘之異寶但以至誠多感能事
冥資故能遠降　宸衷令賫舍利計千餘粒加以

七珎函笥隨此勝緣百寶幡花令與供養　則天
大聖皇后承九元之眷命躡三聖之休期猶尚志想金
園情欣勝躅或頻臨淨刹傾海國之名珎或屢訪炎涼
捨河宮之秘寶法師誠盈而散並入道航法師業行高
口利益繁多故得名振　九重芳盈四部奉永昌
元年　勑徵法師爲寺主於是綱紀僧徒規摸釋
族緇門濟濟戒德峻而彌堅紺宇駪駪常住豐而更實
猶是才稱物寶道爲時尊知与不知仰醍醐於何偈識
与不識詢法乳於波瀾法師以慈誘內懷敷揚外積冀
傳聖旨用酬來望毎講觀經賢護彌陀等經各數十遍

夫我域者扇激風火嬰抱結漏系諸生止無常之短期研乎事真攀不亟之虛朕若不乘佛願力託質淨方則恐淪溺長往清昇永隔於是言論之際懇勸時衆四儀之中一心專念阿弥陁佛願乘此勝因口生淨域又以般若神咒能令速證菩提弥陁佛名亦望横超惡趣諸餘妙典雖並積心臺於此勝緣頗偏遊智府嘗誦大般若咒向盈廿万又誦弥陁真偈十万餘遍理復使精真厥想念雖微而必號二三千行功唐捐而靡得豈直諸佛現前神人捧錫而已矣師爲諸重擔攝尔羣生舉洪灼於耶山掉寶航於旦海悲夫娑婆國中人多弊惡雖復珎臺寶界因勝侶而歸心至欲遜蕪遐征藉良緣而克進敢憑此義爰發誠心於是廣勸有緣奉爲

九重萬乘四生六趣造淨土堂一所莫不虬棟凌虛虹梁架迥丹楹挽日青璅延風無春而返井舒花不暝而重簷積霧於是神螭戾趾遠鎮瑣階寶鳳來儀還陪挂戶彫甍畫拱之異窮造化之規摸圖瑠方鏡之奇極人天之巧妙又於堂內造阿弥陁佛及觀音勢至又造繡成像并餘功德並相好奇特顏容湛粹山豪演妙若照三千海目摛華如觀百億或曰緇命采有慈氏之全身或散扎馳芳得憂塡之邈思何獨如來自在疑降上界

之磨故亦菩薩憫怡似救下方之苦夫以宅生者心心勞則生喪栖神者志志擾則神亡然菩薩以濟物捐軀上善以遺形徇節法師情存拯救式奉殷勤汲引雖曰忘懷形質焉能靡累於是忽嬰風瘵病与時侵靈藥弗痊脈嚚俄逝豈夫八林齊白我佛稱於寂滅梁木其壞吾師等於死生以大足元年十月廿二日神遷春秋六十有二臨終之際正念無虧顏色怡悅似有蹢矚北首面西奄然而化悲夫烈烈歲陰蒼蒼天色乾兮何負藏我惟良業也何孤喪兹賢哲豈直悲盈四部嗟鹿苑之荒凉抑亦哀悼兩宮痛蜂臺之闕寄猶是俯迴天睠載紓仙豪遠降恩波爰加　制贈奉神龍元年勅實際寺主懷惲示居三界遠離六塵等心境於虛空混榮枯於物我棟梁紺宇領袖緇徒包杖錫之規模躡乘拯之懿躅雖已歸寂滅無待於褒揚然寵洽友于無忘於縟禮可贈隆闡大法師主者施行上人以至德聿修良因累著故得天降成烈用讚芳猷追遠慎終生榮死贈足可光輝淨剎歷塵劫而長存旌賁龍門共河山而永久弟子大溫國寺主思莊等並攀號積慮哀慕居懷嗟覆護而無時仰音顏而靡日猶恐居諸易遠淛善湮況敬想清徽勒茲靈響詞曰

娑婆種覺賢刧能人三祇彌妄五分所眞卽相離相非身是身猶施慧𣏌廣濟迷津其一十方化備雙林滅度三界空虚四生哀慕正教旣隱微言遽歎式啟先哲用資後悟其二芳猷廣被至烈弥殷青矜演聖白足呈眞遠導黐芥遐宣壘塵靈門不絕代有其人其三猗歟令德遠嗣前英聲高四部譽重三明慈周有識智契無生法雲葉落道樹滋榮其四豈啚宿殃師資遽亡乾兮何負殲我惟良徒嗟授几空念傳香非夫勝緣孰荅恩光其五邈矣坰野慈顔曠側敬發誠心爰憑淨域眞容湛粹樓臺歸疑希此善根遠酬明德其六

天寶二年歲次癸未十二月景寅朔十一日景子建

右隆闡法師碑僧懷惲撰及書頗亦能爲其家言筆法尤閒嫺有聖教遺意後稱天寶二年至明年則改年爲載矣趙明誠金石錄極詳備而遺此似不可曉并州山人續稿

右唐實際寺主懷惲碑無書撰人姓名觀碑中有弟子思莊敬想淸徽勒茲元炎之語則碑乃惲之徒所撰碑稱惲能誦般若神咒際遇高宗武后兩朝可謂緇流之出色者而其老也乃患惡疾以死朝廷復贈之曰隆闡法師然則其法果安在哉金薤琳琅

此碑行書源出聖教而漸作婉媚纖繞都元敬云無書撰人姓名碑中有弟子思莊則爲惲之徒所撰而王元美乃曰僧懷惲撰及書今碑中敘惲生死甚備明云大足元年十月二十二日神遷春秋六十有二神龍元年勅贈隆闡大法師天寶二年建碑又弟子思莊云云蓋碑首後人妄增懷惲及書四字文理本不屬而元美疑于及字上當有撰字遂誤耳石墨鐫華

文中有弟子大溫寺主思莊敬想淸徽勒茲元炎疑卽其人所書字金石文字記

懷惲南陽人姓張氏唐高宗見夢辟至親授朱紱不

受敕祝髮西明寺永昌元年敕徵主實際寺今碑眞西安府學都元敬王元美二公俱似未竟讀其碑也蓋緣碑首有懷惲及書四字元美遂誤耳余考京兆府章敬字又有懷惲者謚大覺禪師泉州同安人謝姓元和初憲宗召居上寺元和十二年十二月二十二日示滅建塔灞水曰大寶相塔碑所謂懷惲書者豈卽大覺耶何以又稱及書耶按天寶癸未至元和十二年丁酉已七十五年卽大覺滿百歲計至天寶建碑之年才二十五歲耳豈自以生晚故云及書幾幸及之耶書復老健不類少年且大覺以宗旨著而

不以書名有謂惲名後人增刻者余手摹其文絕無
痕迹可辯不知何也金石史
碑無書撰人姓名而首行名題大唐實際寺故寺主
懷惲奉勑贈隆闡大法師下復有懷惲及書恢惲已
故矣焉能自書又所謂及書者措詞益莫可曉也碑
云懷惲二十一代祖安晉丞相襲爵鴻臚公高祖融
黃門郎遷太子庶子祖英唐辭褐太常太祝襲爵天
平公尋轉吳王祭酒碑既書永昌元年勑徵法師爲
寺主後遂言以大足元年十月廿二日神遷春秋六
十有二大足元年以長安元年正月丁丑改故碑已

云然隆闡世族也而從尚異教至此悲夫授堂金石跋
按碑云大足元年十月廿二日神遷春秋六十有
二推其生在貞觀十四年高宗總章元年夢覩法
師儵降綸言遂令度辟固請緇衣奉勑于西明剃
落果如其言則年已二十九而始剃落亦已晚矣
大足改元在久視二年正月丁丑是年十月辛酉
改元長安通鑑目錄是年九月庚午朔則十月當
是庚子朔辛酉是二十二日則法師之遷神正在
改元之日碑不曰長安而云大足是其誤處授堂
跋未細檢也神龍元年勑贈隆闡在遷神後五年

其立碑又在遷神後四十二年閱時既久則碑中
敘述大率出于思莊等之追憶不能無舛誤也懷
惲及書其意与梟書同

嵩陽觀聖德感應頌

碑高一丈四尺四寸二分廣八尺一寸二十五行行五十三字隸書末行年月篆書額題大唐嵩陽觀紀聖德感應頌十一字篆書在登封縣嵩陽書院

大唐嵩陽觀紀　聖德感應頌
開府儀同三司行尚書左僕射兼右相吏部尚書崇
玄館大學士集賢院學士朔方節度等副大使修國
史上柱國晉國公臣林甫上

太中大夫守河南尹河南水陸運使上柱國賜紫金
魚袋兼東京留守判留司尚書省事臣裴迥題額
朝散大夫檢校尚書金部員外郎上柱國臣徐浩書
域中之大有四　道爲之首而王者統焉方
外之人有五神爲之目而聖者用焉非　道
也無以致神非神也莫能感聖自炎師水玉軒訪峒山
省甄汾陽徘徊河上且猶私意己之利屈萬乘之尊或
得之而不存或求之而不及則未有觀心六合
聲化被於海隅滌覽　九重與人臻於　闕下
密傳傑拜潛役神功端拱　紫庭坐進金鼎如

我開元天寶聖文神武皇帝之至感也蓋德邁者其業
崇　道靈者其化博　上初戡巨難纂
睿圖以爲唐虞盛理教人而已矣乃昭禮物考經悉
於是乎帝典王綱罔不畢備及夫壹戎夏致邕熙又以
爲軒昊上德恭已而已矣乃斂淸靜還淳朴於是乎便
甲垂衣示於無欲故載歷三紀功苞九皇乃時有真人
方士不召而至者儼然而進曰臣聞昝者太初之先也
嘗有受命握符壹君千歲後代聖人順其外爲封禪務
其中爲導養故玉檢有不死之名金丹爲長生之要五
三以降茲道蔑聞　陛下承紫氣之真宗接黃神

之遠運玉檢之交已備金丹之驗未彰　天將授之
其在今矣　上覽其議而告之言朕聞神丹者有
琅玕霄霜三化五轉太壹得之爲上帝之伯　元
君得之爲下教之尊必將假靈爲之功任自然之力乃
可就矣於是考靈跡求福庭以爲嵩陽觀者神嶽之宅
真僊都之標勝直中天晷景之正記　烈祖巡遊
之所抱汝合潁風交雨會陰陽之所烝液僊佺之所徃
還丹竈琳堂徃徃而在乃命道士孫太沖親承　睿
詔對授真訣壹之日披圖於　天府二之日陳醮於
山壇然後俾太壹敬鑪陵陽傳火積炭於廡下投藥於

鼎中固以扃鐍窒其窻戶隙光不容人跡罕到自河尹
官屬邑宰吏寮目對封泥手連印署太沖乃與中使薛
履信銜　命而東涉海沂過蒙羽行且千里歸已十
旬然後剋日聚觀開封發印餘燼未滅還丹赫然則已
六轉矣明年移藥於緱氏山升僊太子廟其設制之功
神異之效又如初焉每至降　御詞陳祝冊紫泥粲
表燧忽飛天漿酒玉杯繽紛移座祠官騶皁供吏驚嗟
靈貺昭答有如此者其餘瑞鶴卿雲祥光祕語匪朝伊
夕不可勝記按中丹經云金華符成威光鼎就則有朱
烏呈異白日激輝斯非類乎九轉既畢馳馹以獻

聖上方滌慮齋淸齋心虛白神期應會如合符焉於是
三事百寮奉觴稱賀曰　陛下撫羣黎而歸壽域
上真降殊休而報　聖德神丹靈御輿
天靈極且夫靈化　至道先烈也還風太初
昌運也異人委質　聖感也靈藥薦壽
天符也此四者皇圖帝載所未聞焉微臣預春靈
之徒忝申甫之地　上淸事隱非晉冊之報徵大洞
功成豈周頌之能紀強銘琬琰永播　乾坤其辭
曰
太古兮上皇千歲兮壹君自軒轅兮獨徃遂歷代兮無

閭

有唐兮英聖六葉兮十紀惟天寶兮合符故

漳風兮變始嵩有峯兮頹有瀾交靈氣兮集傑壇資

聖壽兮效神丹神丹御兮福庭會虹蜺旗兮紫雲

蓋臨萬邦兮彌億載

天寶三載二月五日建

右唐嵩陽觀紀聖德頌天寶中明皇命方士鍊丹于此觀李林甫獻頌稱述功德爲天寶之政荒淫敗度而明皇區區方鍊丹以蘄長生豈不可笑乎金石録

元宗命方士煉大還于嵩陽觀六轉而移煉緱氏山太子廟九轉而林甫紀其瑞者也當是時女蠱邊釁

交作于中外而林甫以金石之毒發之天下之祿督幾絕而唐事去矣而君臣方日熙熙然交史其美而張大之良可歎也頌成之明載太眞册其又七載林甫沒又四載帝走蜀不知大內辟穀自託元始孔昇眞人時亦得此丹力否耶書爲徐浩古隸與帝隸法絕相類弇州山人稿

碑甚高大頂蓋刻刻爲雲龍欲珠下座亦刻刻丁甲之像左右旁刻花紋甚工細周鋪俱范金彩歷歲久遠絕無損蝕即金彩尚未盡落可異也予讀唐奸臣傳至李林甫諸惡未嘗不冠髮上指也茲頌刻碑嵩陽故宮之前與漢三栢並列所紀爲方士煉丹九轉而以諛詞陰擅人國者其文與事俱不足道正宜剷去之爲名山洗垢惟是碑爲徐定公浩古隸筆法遒雅姿態横生藝林中正自難廢耳史稱浩父嶠之善書以法授浩益工嘗書四十二幅屏諸體皆備草隸尤工世狀其法曰怒猊抉石渴驥奔泉今浩書存者無幾矣漫識於此予以康熙十九年庚申歲肄業嵩陽書院晨夕遊碑下摹視古隸法遒理整無一懈筆每停眎不能去碑在風日中完好全無剝蝕亦屬嵩下唐碑之僅見者按嵩下徐浩所書聖德頌止此一

碑而鄭氏通志金石畧兩載之一曰天封聖德感應頌一曰嵩陽觀紀聖德感應頌蓋失考矣說嵩

明皇本唐令主自張說以封禪導於前林甫以仙藥誘於後漸以奢淫往不知返遂釀成安史之禍史但稱林甫迎合固寵妒賢嫉能屢起大獄而不言其引君於邪未爲探本之論也自開元廿二年以李林甫同三品由是爵張果置元學得妙寶眞符闢空中仙語史不絕書獨此孫太冲仙藥事史所不載以此碑推之則明皇晚政之惑其胥爲林甫所蠱决矣碑稱上方滌慮穆清齋心虛白當是時上在位久倦于萬

政一以委成林甫林甫乃不能引君當道而縱君於聲色是豔妻之禍固由君昏而引而成之者林甫也然向非此碑則林甫不過一權相耳權相代所時有何遽階之亂乎蹟然一碑足補世史所未備則碑之所繫大矣碑文撰自林甫於時韓愈氏未生八代之衰未起而此碑文體疏越非復唐初縈縟宿習庶乎鬱然可觀然林甫中無學術此碑决非出林甫手史稱郭愼微范咸文士之闒茸者代爲題尺定當是闒茸文士筆耳　按金石錄徐季海隸書碑刻最多唐人隸書之盛無如季海隸書之工亦無如季海而名

出史惟則韓擇木諸公下今世所存亦僅見此一碑

虛舟題跋

以哥奴之穢而使徐浩書之故其碑至今存然弄璋杕杜之不曉豈能爲此文者不知出于何人之手鮚埼亭集

明皇初不信神仙改集仙殿爲集賢後以相州刺史韋濟薦張果入宮制以爲銀青光祿大夫賜號通元先生則頗信矣此開元二十年事至此深信不疑乃鍊丹以求長生林甫奸諂其爲是言也固宜季海書之能無愧乎金石存

石嵩陽觀紀聖德感應頌唐宋碑刻多以撰人姓名列第一行書人姓名次之題額者又次之此碑首題林甫上裴迥題額碑末始題徐浩書與它碑式異季海官卑不敢與林甫迥並列故也賜紫金魚袋賜緋魚袋例書於結銜之末此獨在兼官之上碑本八分書獨題年月處作小篆亦它碑所罕有也唐書宰相表天寶十載正月丁酉林甫遙領單于安北副大都護充朔方節度等使碑建於天寶三載林甫已領朔方節度副大使疑史有缺譌矣其兼崇元館大學士集賢院學士則本傳所未載徐浩傳亦不載檢校金

部員外郎皆畧之也明皇本紀天寶三載二月河南尹裴敦復討吳令光此碑題額者爲河南尹裴迥迥與敦復未審即一人否潛研堂金石文跋尾

寶刻類編有此碑記元宗命道士孫太沖設醮燒丹之事通鑑云天寶四載上謂宰相曰朕比以甲子日於宮中爲壇爲百姓祈福朕自草黃素置案上俄飛升天聞空中語云聖壽延長又朕於嵩山鍊藥成亦置壇上及夜左右欲收之又聞空中語云藥未須收此自守護達曙乃收之太子諸王宰相皆上表賀盖是時元宗好道甚矣新唐書地理志河南有伊水石

堰天寶十載尹裴迥置迥方爲河南尹故題額也司空圖書屏記稱浩或草或隸尤爲精絕墨池編稱浩善正書八分眞行今觀其隸書甚工致與正書信爲二絕也中州金石記

碑陰刻宋熙寧辛亥張瑰等題名宣和乙巳盧漢傑等題名景冬暘宗伯謂盧書秀逸有法爲宋刻之冠中州金石攷

碑列李林甫銜內朔方節度等副大使案舊唐書林甫傳天寶改易官名爲右相停知節度事今碑有右相與史合而仍節度朔方則未嘗停其使職也題額

者裴迥見宰相世系表稱迥司封員外郎地理志河南有伊水石堰天寶十載尹裴迥置以碑證之天寶三載巳云守河南尹河南水陸運使兼東都留守豈不亦久于其位與宜其建置便于人也徐浩在本傳惟云連累都官郎中據此碑題蓋由檢校尚書金部員外郎徐浩神道碑遷金部員外郎歷階至都官而史文從畧故不悉書嵩陽石刻多遭損頽此額獨無恙亦由石質過大捶搨者少而易于保完又何其幸與授堂金石跋

按題額者裴迥兩唐書無傳僅見宰相世系表稱迥官司封員外爲裴度之孫識之子度相憲穆敬文四朝在天寶後七十餘年則其孫又當適四五十年是見於表者別一人非卽題額之迥矣潛研謂明皇本紀天寶三載二月河南尹裴敦復討吳令光未審與題額之裴迥卽一人否裴敦復表傳亦俱無攷其討吳令光事惟載新唐書本紀舊紀但書二月河南尹裴敦復卒而不載討吳令光事而于夏四月則云南海太守劉巨鱗破海賊吳令光永嘉郡平不言裴敦復與劉巨鱗同討兩史互異且河南尹裴敦復之卒舊紀特書亦不詳其故通鑑載天寶三載二月海賊吳令光等抄掠台

明命河南尹裴敦復將兵討之夏四月裴敦復破吳令光擒之不載劉巨鱗同討十二月刑部尚書裴敦復擊海賊受請託云云是裴敦復初以河南尹討吳令光及事平入爲刑部尚書至十二月尚在舊紀稱其二月卒者誤也通鑑于二月裴敦復討吳令光不書日新書本紀書二月丁丑以通鑑目錄推之是年三月乙丑朔閏二月當是乙未朔則二月是丙寅朔丁丑是十二日此碑立于二月五日其時裴敦復尙爲河南尹不知何以又有裴迥之爲河南尹也若疑迥與敦復是一人則何以地理志

載河南伊水石堰天寶十載尹裴迥置也豈人爲

刑部尚書之後至十載復爲河南尹乎種種疑義

殊不可曉姑識之

范氏夫人墓誌

碑高一尺九寸廣一尺八寸五分十九行行二十字正書

大唐故范氏夫人墓誌銘并序

夫人姓范諱如蓮花懷河内人也洎中行佐晉張祿相秦蔚著大才睦稱良史英聲茂閥奕世存焉高祖須魁義慎父顯琛並才韻卓犖風調閑雅蔡粱竦之平□恐勞郡縣詠陶潛之歸去遂樂田園由是冠冕陵遲夫人因爲平人也凝脂點柒獨授天姿婦德□□不勞師氏始以色事朝請大夫行河内縣令上柱國瑯琊王昇次于前鄉貢明經寮送深自逆調切琴心昔温氏玉臺應設姑女漢王金屋思貯阿嬌方之寵焉未足多也而夫人猶自謂桃根卑族碧玉小家每驚齊大非偶能用鳴謙自牧舉事必承先意服勤嘗不告勞而王公咸大偃匾他日益重雖名齊衣帛而寵貿專房學以天寶二載閏二月十四日因口覆瘡中風終于河内之私第春秋載卅七郎以其□歲次甲申四月甲午朔十六日己酉葬於大行之陽原禮也烈烈哀挽□□孤隴將懼

爲陵底存刊石銘曰

長夜窮泉兮一閉千年云誰之思兮令淑□焉至岫雲沒兮河陽花死地久天長兮空存女史

金石萃編卷八十六終

金石萃編卷八十七

賜進士出身　誥授光祿大夫刑部右侍郎加七級王昶譔

唐四十七

石臺孝經

碑連額高一丈五尺五寸四面面廣五尺前三面十八行行五十五字末一面前七行與上同隸書後半分上下二截上截長文小字九行正書批答三行大字行書下截題名四列額題大唐開元天寶聖文神武皇帝注孝經臺十六字篆書在西安府學

孝經序

御製序并注及書　皇太子臣亨奉　勅題額

朕聞上古其風朴略雖因心之孝已萌而資敬之禮猶

簡及乎仁義既有親譽益著聖人知所之可以教人也故因嚴以教敬因親以教愛於是以順移忠之道昭矣立身揚名之義彰矣子曰吾志在春秋行在孝經是知孝者德之本歟經曰昔者明王之以孝理天下也不敢遺小國之臣而況於公侯伯子男乎朕嘗三復斯言景行先哲雖無德教加於百姓庶幾廣愛形于四海嗟乎夫子沒而微言絕異端起而大義乖況泯絕於秦得之者皆煨燼之末濫觴於漢傳之者皆糟粕之餘故魯史春秋學開五傳國風雅頌分爲四詩去聖逾遠源流益別近觀孝經舊注踳駁尤甚至於跡相祖述殆且百家業擅專門猶將十室希升堂者必自開戶牖攀逸駕者必騁殊軌轍是以道隱小成言隱浮僞且傳以通經爲義義以必當爲主至當歸一精義無二安得不翦其繁蕪而撮其樞要也韋昭王肅先儒之領袖虞翻劉邵抑又次焉劉炫明安國之本陸澄譏康成之注在理或當何必求人今故特舉六家之異同會五經之旨趣約文敷暢義則昭然分注錯經理亦條貫寫之琬琰庶有補將來且夫子談經志取垂訓雖五孝之用則別而百行之源不殊是以一章之中凡有數句一句之內意有兼明具載則文繁略之又義闕今存于疏用廣發揮

經文不錄

臣齊古言臣聞孝經者天經地義之極至德要道之源在六籍之上爲百行之本自　文宣既歿後賢所注雖事有發揮而理甚乖舛伏惟　開元天寶

聖文神武皇帝陛下敦穆孝理躬親筆削以無方之

聖討正舊經以不測之神改作新注則然如

日月之照邈矣合天地之德使家藏其本人習斯文

普　天之下罔不欣戴仍以太學王化所先孝經

聖理之本分命辟沿特建石臺義展　睿詞書

題　御翰以垂百代之則故得萬國之歡今刊勒

既終刃績斯著　天文炳煥開七耀之光輝
聖札飛騰奪五雲之氣色煙花相照龍鳳沓起實可
配南山之壽增　北極之尊百祿是聽四方取則豈
比周官之禮空懸象魏孔氏之書但藏屋壁臣之何
幸躬覩盛事遇　陛下與其五孝忝守國庠率
胄子歌其六德敢揚文教不勝抃躍之至謹打石臺
孝經本分爲上下兩卷謹於光順門奉獻兩本以聞
臣齊古誠惶誠恐頓首頓首死罪死罪謹言
天寶四載九月一日銀青光祿大夫國子祭酒上柱
國臣李齊古上表

孝者德之本教之所由生也故親自訓注垂範將來今
石臺畢功亦卿之善職覽所進本深嘉用心
特進行尚書左僕射兼右相吏部尚書集賢院學士
修國史上柱國晉國公臣林甫
光祿大夫行左相兼兵部尚書宏文館學士上柱國
渭源縣開國公臣李適之
光祿大夫行門下侍郎集賢院學士副知院事仍侍
講兼崇玄館大學士上柱國臨潁縣開國侯臣陳希
烈
朝議大夫守中書舍人兼判刑部侍郎上柱國臣孫
逖
正議大夫行中書舍人集賢院學士上柱國平樂郡
開國公臣韋斌
朝散大夫守中書舍人兼知史官事臣李麟成
太中大夫行給事中臣李巖
朝請大夫守給事中臣韋㒵嗣
銀青光祿大夫國子祭酒上柱國臣李齊古
朝請大夫守國子司業臣韓倩
朝議大夫撿校國子司業臣薛巘
正議大夫行國子司業員外置同正員臣張倜

通議大夫撿校禮部尚書上柱國襄陽縣開國男賜
紫金魚袋臣席豫
正議大夫撿校工部尚書上柱國賜紫金魚袋東京
留守臣陸景融
通議大夫守尚書左丞上柱國清水縣開國男臣崔
翹
太中大夫守吏部侍郎上柱國趙郡開國公臣李彭
年
吏部侍郎上柱國彭城縣開國男臣韋陟
正議大夫行兵部侍郎賜紫金魚袋上柱國燕國公

臣張均
正議大夫行兵部侍郎借紫金魚袋上柱國臣宋鼎
中散大夫守戶部侍郎上輕車都尉臣郭虛己
中大夫行禮部侍郎上輕車都尉臣達奚珣
朝議郎行丞上柱國賜緋魚袋臣韋騰丁酉歲八月
廿六日紀
朝議郎行丞蔣漾
大學助教別　勑兼判丞臣李德賓
儒林郎守主簿崔少容
朝請大夫守國子博士上柱國臣留元鼎

朝散郎守大學博士兼諸王侍讀臣蕭郢客
朝散郎守四門博士兼諸王侍讀臣任凝
承奉郎守四門博士臣劉齊會
朝議郎行四門助教臣梁德裕
承奉郎四門助教臣闞膺直
承奉郎四門助教臣王思禮
承務郎守四門助教上柱國臣劉大均
登仕郎守四門助教臣秦毓從
儒林郎守四門助教臣胡銷
犨眞坐主四門教授臣王南金

文林郎守律學博士臣劉嘉祚
筭學博士臣張元貞
文林郎行直講賜緑臣王乂
宣義郎行直講臣顏挺
文林郎行直講臣王瑋
高陵縣丞翰林院學士直國子監賜緋魚袋臣丁景
文林郎守義王府參軍兼國子監文史直知進士臣
司徒巨源
朝散郎行醫學博士兼直監解休一
文林郎行國子錄事王思恭

唐元宗書孝經後有太子亨右相林甫左相適之等題名韋鄉公陟稱彭城縣男蓋自吏部侍郎出爲河南採訪始襲公爵此本封耳韋斌封平樂郡公可補本傳之闕書法豐姸匀適與太山銘同行押亦雄俊可喜當其時爲林甫所蠱媚極矣猶知有是經耶三子同日就隕屬鏤南內麥涼廢食厯代唐家父子如此術覽遺跡爲之慨慨弇州山人稿

此碑四面以蟠螭爲首甃嵌精工故非後世所能彷有李齊古表行書亦佳同勸諸臣名字字不草草至如行押數十字尤豪爽可喜乃知前代帝王留心翰

墨如此石墨鐫華

孝經前第二行題曰御製序并注及書其下小字曰
皇太子臣亨奉勅題額後有天寶四載九月一日李
齊古表及元宗御批三十八字其下有晉國公臣林
甫等四十五人姓名惟林甫以左僕射不書姓舊唐書王
嗣傳載李絳疏云左右僕射師長庶僚開元中名之
宰相表狀之中不署其姓宋周必大二老堂雜志曰
祖宗朝宰相官至僕射勅後乃不著姓
他相階官自吏部尚書而下皆著姓 中間人名下
攙入丁酉歲八月廿六日紀九字是後人所添是歲
乙酉非丁酉也又末二人官銜下不書臣亦可疑金石
文字記

元宗御製孝經頌并注皇太子亨篆額今在西安府
學墨洞內作大亭以覆之下作石臺高五尺餘琢鬼
工猙獰擎扶狀上琢石蓋為龍螭拏攫狀皆極精緻
中石四面皆廣五尺高九尺餘束以巨鐵上下通計
高二丈四面遍書小注分寫兩行石瑩潤如玉照人
鬚眉朗若明鏡鑿刻精工為最殊觀來齋金石刻考略

明皇序文云韋昭王肅先儒之領袖虞翻劉邵抑又
次焉劉炫明安國之本陸澄譏康成之注案陸德明
孝經音義有孔安國鄭康成王肅韋昭劉邵而無虞
翻劉炫陸澄譏康成而據之為注是明皇不宗鄭

學者矣唐書藝文志有今上孝經制旨一卷應即是
書關中金石記

按元宗御注孝經刻於天寶四載其篆額題曰孝
經臺蓋當時勅建石臺刊刻御書故世謂之石臺
孝經今注疏本前有成都府學生鄉貢傳注奉右
序稱有唐之初傳行者惟孔安國鄭康成兩家之
注至元宗乃於先儒注中採摭精英芟去煩辭撮
其義理允當者用為注解至天寶二年注成頒行
天下仍自八分御札勒於石即今京兆石臺孝經
者是也唐會要載開元十年六月上注孝經頒天

下及國子學邢昺疏亦云開元十年御製經序并注天寶二年五月
上重注亦頒天下又云天寶五載詔孝經書疏雖
粗發明未能該備今更敷暢以廣闕文令集賢院
寫頒中外是孝經注疏皆經重修注修於天寶二
年疏則修於五載此碑李齊古表題四載九月是
重注之後又隔兩年乃謀刊石其修疏寫頒之事
又在一年後矣元宗本紀天寶三載十月詔天下
家藏孝經一本則在刻石前一年故唐六典稱教
授諸生之經孝經用開元御注舊令用孔鄭兩家
益自重注頒行立石國學之後諸生始能遵奉新

命也舊唐書經籍志及崇文總目並云元宗孝經注一卷而金石錄作明皇注四卷陳振孫直齋書錄解題亦稱家有此刻爲四大軸以爲書閣之鎮則又指此碑四面環刻裱本毎面爲一卷也碑字肥瘦得中運筆與紀太山銘約略相似其大小視太山銘才五之一注則又較經文四之一耳所書序目經注以監本校之經文異者四字少者一字孝治章祭則鬼亨之開成石經與此同監本亨作享案釋文此字音許丈反明唐本作亨若作享字何必用音乎今本釋文刻作享誤後喪親章以鬼

亨之作亨亦音許丈反可證也監本喪親章亦誤作享石經並作亨此章注中助其祭亨沒亨其祭亨安沒亨及後感應章亨于克誠四字監本並誤廣要道章敬一人而千萬人悅監本而作則石經及日本國鄭注本並與此同諫爭章雖無道不失天下監本失下有其字案釋文云不失天下本或作不失其天下其衍字耳是定本無其字故石經亦作不失天下喪親章此哀感之情也釋文石經並與此同監本感不从心與下文兩感字岐出誤皆當以碑爲正注文不同者諸侯章言富貴長在其身監本長作常三才章人之恒德監本恒作常五刑章

臣所禀命也監本所作之感應章君識族人監本識作燕此數字雖無確證然義尚得兩通至如序云皆糟粕之餘監本作糟糠誤案疏引釋名酒滓曰糟浮米曰粕以解二字之義是本作糟粕石經與此同庶有補將來監本補下衍於字石經與此同開宗明義章注言先代聖德之主監本主作王誤後孝治章言先代聖明之主王尚接之以禮兩字並同庶人章注秋收冬藏監本收作斂案釋文收如字又手又反斂力儉反是定本作收孝治章注夫然者然上孝理皆得懽心監本脫上然字諫爭章監本爭作諍沿釋文

之誤案經文爭字凡八見皆不从言此題不應獨書作諍亦當以碑爲正也又有碑文誤刻而監本足據者聖治章注參問明王孝理以致和平碑書問作聞言親愛之心碑書心作也感應章注則神感王誠碑書誠作誠案疏云誠和也書曰至誠感神据此則神感至和當爲王誠今定本作至誠字之誤凡此之類當由信筆偶譌未及勘對輒勒於石不得以之校經者也經文盡後空一行上截刻李齊古上表三百餘字端楷細書石墨鐫華以爲行書者非是下截李林甫等四十五人題名疑皆

當時從事刻石諸臣林甫而外兩唐書有傳者陳希烈孫逖韋斌附安石傳席豫陸景融附元方傳韋陟斌之兄亦附安石傳張均附說傳凡八人適之官兵部尚書封渭源縣公而傳但云刑部尚書清和縣公席豫封襄陽縣男而傳作縣子韋涉彭城郡公韋斌平樂縣公傳皆不載賴有碑以補史之缺也達奚珣嘗薦顏允南爲左補闕見顏氏家廟碑今河南濟源縣有游濟瀆記幷碑陰序一篇刻於天寶六載皆珣所作署銜吏部侍郎此碑題中大夫行禮部侍郎盖由禮部遷吏部也韋騰題名之下忽書丁酉歲八

月廿六日紀九字攷開天以下至肅宗至德二年方是丁酉是時喪亂之後天下甫定不聞別有刻碑太學之事况所紀諸臣歷官皆在天寶初載與史多合其非至德丁酉可知顧亭林謂此條後人攙入因是歲乙酉譌爲丁酉幷疑解休一王思恭二人不書臣字然驗碑文所題諸臣銜名前後筆迹多同惟林甫適之二人其字稍大餘皆相等斷非兩手所書而自騰以下二十餘人皆無史傳可徵疑事毋質梠亦未敢强斷也

又按書錄解題云明皇孝經注唐志作孝經制旨攷新書藝文志今上孝經制旨一卷注元宗二字下又載元行沖御注孝經疏二卷然則注與制旨各自爲書猶隋書經籍志旣載梁武帝中庸講疏一卷又有私記制旨中庸義五卷也邢昺疏於庶人章引制旨曰嗟乎孝之爲大若天之不可逃也云云聖治章引制旨曰夫人倫正性在□□之中云云其語甚詳陳直齋未見制旨則宋時其書已佚然邢氏之疏大半蓋本元疏此二條必因行沖之舊行沖撰疏時旁引制旨以申御注尤非一書之證經義攷及關中金石記並沿直齋之誤附辨於此

趙思廉墓誌

銘高廣各二尺七寸二十五行行二十八字正書

大唐故監察御史荆州大都督府法曹參軍趙府君墓誌銘幷序

公諱思廉字思廉天水人其先秦之祖也同源分流寔掌天騶封周仕晉繼爲國卿漢魏已來世濟厥美

高祖脩演魏司徒府長史淸水郡守驃騎大將軍開府儀同三司秦州刺史　曾祖士季周秦王府司錄亳州總管府司馬隆安郡太守儀同三司　祖搆隋

秀才侍御史民部郎中毛州刺史 父素隋孝廉丹陽郡書佐
皇舒州司馬三朝積慶四葉重光門連岳牧家襲孝秀
相府類能儀同踵武於三揖禮闈徇德柱史騰芳於一
臺三條舉而百度可見以驃騎之博物洽聞以陸安之
出入濟理以毛州之黼黻高選以司馬之優遊上列典
禮崇而勛業籍甚矣 公之少也婉以從令敏而好
學其壯也屹有秀氣恬無流心弱冠明經登甲科解褐
鄭之滎陽主簿換益之雙流稍河南府登封尉再插枳
棘徒仰龍阿之鋒一踐神仙果聞鷹隼之擊能事備矣
朝廷聽之 天子聞而嘻咨曰爵以馭賢不可改已

拜監察御史鐵冠不雜石室高標綏步立朝而入皆皺
手向風矣□犯法當訊執事者上下其手 公匪石
難奪直繩不撓推事忤旨左授荊府法曹得寵若驚失
職無慍荊山南峙出毀匱而方遙溝水東流逢逝川而
靡及大足元年八月十二日寢疾終於南陽之旅舍春
秋六十有六夫人博陵崔氏齊姜之著姓也壼室閨詩
閫門習禮梧桐半在稍虞林下之風寶劒雙飛空挹蓮
中之露以天寶四載十月乙酉朔十三日丁酉合塋于
萬安山陽益周公已來卽窆事終之達禮也二子悅坦
之悅叡歷監察御史江陵安邑二縣令敦惠文敏一時

之良美玉有籍連皺未得明鏡無塵照隣皆見日坐事
長吏被出非其罪也坦之濟陽尉敬友恭順一□□龍
朔述德於終天顧託文於貞石銘曰
□□之功宣孟之忠盛德百代聿生 我公簪金
纓美斤玉斯崇黃□□物朱絲直躬作椽何所投珠漢
東晨裝戒路暝燭隨風南陽地遠闕塞□中孤魂久客
雙穴來同冉冉人世蒼蒼旻穹殁而不朽大夜何窮
墓誌裴潢本不列書撰人名文云公諱思廉字思廉
天水人高祖修演曾祖士季周秦王府司錄祖搆父
素按周書秦王贄字乾信初封秦國公建德三年進

爵爲王故開府置官屬有司錄之佐也思廉弱冠明
經登甲科解褐鄭之滎陽主簿換益之雙流稍遷河
南府登封尉拜監察御史推事忤旨左授荊府法曹
大足元年八月十二日寢疾終於南陽之旅舍春秋
六十有六夫人博陵崔氏以天寶四載十月十三日
合塋萬安山陽二子悅歷監察御史江陵安邑二縣
令坦之濟陽尉思廉家世事跡略可附見如是其荊
府法曹者高祖子荊王元景也思廉少由明經登甲
第攷新唐書選舉志明經亦爲四等並承前文試秀
才有上上上中上下中上之目不數所謂甲乙也杜

氏通典按令文科第秀才與明經同爲四等進士與明法同爲二等然秀才之科久廢而明經雖有甲乙丙丁四科進士有甲乙二科自武德以來明經惟有丙丁第進士惟乙科而已予證之誌文思廉旣卒於大足元年春秋六十有六其生實當貞觀十年丙申弱冠明經中第亦在永徽末顯慶初矣何云武德以來明經無甲科也杜氏亦竅之未審矣授堂金石跋

淨藏禪師身塔銘

石高廣俱二尺四寸六分二十二行行二十一字行書在登封縣會善寺

嵩山□□□故大德淨藏禪師身塔銘并序

大師諱藏俗姓俄濟陰郡人也十九出家六載持誦金剛般若楞伽思益等經寫瓶貫綖諷味精純來至嵩岳遇安大師親承諮問十有餘年大師化後遂往韶郡詣能和上諮元問道言下流涕遂至荆南尋覲大師親承五載能遂印可付法傳燈指而北歸至大雄山玉像蘭若一從栖寓三十餘周名聞四流衆所知識復至嵩南會善西塔安禪師院覩茲靈跡實可奇耳遂於茲住闢乎聖典乃造寫藏經五千餘卷師乃如如生象空空烈跡可探信忍宗旨密傳七祖流通起自中岳師亦心苞萬有慧照五明爲法侶律衆作禪門龜鏡於是化流河洛慶積歲辰不憚劬勞成崇聖教春秋七十有二夏三十八臘無疾示疾覡息禪堂端坐往生歸乎寂滅即以其歲天寶五載歲次丙丁十月廿六日午時奄將神謝門人慧雲智祥法俗弟子等莫不攀暮教緣奢花雨淚哀戀摧慟良可悲哉敬重師恩勒銘建塔舉高四丈給砌一層念多寶之全身想釋迦之半座標心孝道以偈而宣

猗歟高僧嵩巖劫增心星聚照智月清昇坐功深遠靈迹時徵身惟上德成茲法輿其一五法三性八万四千帝京河洛流化通宣不憚劬勞三五載開造寫三藏頓悟

四禪其二三摩鉢底定力孤堅悲通法界慈洽人天法身圓淨無言可詮門人至孝建塔靈山其三

碑云大師諱藏俗姓俄濟陰郡人俄字未詳當爲郝異文又云攀暮教緣奢花雨淚暮則慕之誤奢花三字未詳也又偈云無言可詮當以爲聆字玉篇詅力丁切衒也非此義廣韻詅詅音相次庶幾近之中州金石記

按中州金石記謂俗姓俄俄字未詳當爲郝異文今詳玩字形當是俄字廣韻俄將壽切邑名又姓也又偈云無言可詅當爲聆字按偈語用先韻此

佺字乃詮字也與上文堅天叶碑書全字亦作仝其形似令耳碑紀其寂滅曰天寶五載歲次丙丁十月廿六日午時天寶五載是丙戌云丙丁者誤也又丙字不避諱作景出自方外不足較其云午時紀卒日而書時始見于此

竇居士碑

碑高七尺五寸廣四尺一寸二十七行行五十五字正書額失搨

唐故逸人竇居士神道碑并序

北海郡太守李邕撰

河南府□陽縣進士段淸雲書

觀夫道義重者則土苶寵祿□氣廣者則湫隘山林是以混然□人□在於蕉□□然□事不入於市朝其服也鄉其行也獨介如□石□□□蘭所以名與風翔業與時並□稱君子詩曰碩人其在玆也居士諱天生字自然扶風人也其先出自夏后少康之爨□晉大夫□□□□□漢丞相演班固之書豈徒保□河而累葉祚土擁北朔而千載銘山因□祭□今爲京兆人矣曾祖居士諱詧祖居士諱希求考居士諱□□□幽抱虛壑閑卧深林黃卷晨開素琴夕引臨沼而下視天鏡仰山而高詠雲莊雖跡在人閒而志逸區外居士幼而神

秀長而恬和習志□□□人育沆寘於後□高尚芝桂□易衣冠其凝神也氣細於虛其□節也氷寒於水則知瓊林玉樹迥出塵容□□蓬瀛遥登仙子是以好□□□名流重眞背郊壥變輿馬或靈藥一器或□酒一壺接道□於野庭申□□於□座曷云招隱聊且懷人至若賦詩□言比物□意恥默□□□遥昇天莫知曾深但仰飂妙時有流俗親懿勸誘浮榮論葉縣於漢仙比漆□於宋傲南郭槁木東方耀星出處有以□名言論有以軌□□□無没三徑淪滑百齡而以飛遯居貞辭□疏□□夫五辟未就六□不行披霄褐以□□冠雲冕以□□非所取也居士乃軒辭解謝□□□□太息而言曰僕聞子而吾面謦允不同以馬視馬亦旣有異别尓改父之道則死孝曷申爲身之謀則生慮曷保□堯舜在上巢由在下□□□國則如此以家又如彼自可永□元覽悠悠淼投投縉淸流隱几盤石豈不泰歟議者以爲風神照人文史滿腹□聲大谷絶跡幽巖□□□□有膏者不煎有爪者不搏才不同也□何爲乎居士虜辭曰且騈指者疾多言者窮意者□欲□無爲□□道身貴實貝所以食□□□龍珠羞所以却吾椪豈徒弄沆瀣踐莓苔買山以遊沽名而隱者

也□役□薄當軸會□閉關微亦松不追匪黃庭不誦
聊以卒歲式用□□□呼鶴矯神遷蟬蛻形解雖人事
似促而仙路實遐以長安二年正月十三日□□化於
□□時春秋六十夫人沛郡太夫人朱氏性與□□□
□□親始則輔德從夫終則擇隣翼子光啓釋教休有
禮防傳槃肘之方得觀碁之樂享年八十有六以開元
十□年三月七日示滅於京□□□以其年十月十六
日合葬於五齋原禮也長子處賓才與命違壽惟神□
丹穴之色□變鳳毛靑田之姿□□□□□悲人代高
步仙遊□□□賓早慕靑神久承嚳覽□玉帛之樂事

□詩禮之雅□人求我知我弃人欲貂蟬莫曜莉菊是
馨季子正議大夫行內侍上柱國元禮多□□□全節
冠時以孝則忠曰慈故勇西南護塞設五□以□謀東
北□戎縱一皷而包敵由是昭宣豹略作爲虎臣歸西
戎之數□□□□之□□□剋以少謀勝取多歐脫連
頭而受誅穹廬屈膝而請命燕山之石揚先祖之刻銘
厲國之官嗟□來之繫頸□□□迫公事違阻□心不
□□□松楸身廬塋隴猶且匍匐泣血擗踊摧心□天
地以昭親表山河而刻石其詞曰
一門養素兮四葉採藥遺士軒蓋兮含景靈仙疑神□
谷兮洗耳寒泉笙歌簫□兮□鶴翩翩揮手□□兮長
歌紫□□□□日兮遼柱□□□勿求之兮吾將憯焉
有美厥後兮是稱其賢□名　□主兮宣力三邊
孝家忠　國兮揚親□　天□□行□
兮性□□□倬彼石表兮永矣松阡
天寶六載歲次丁亥二月□未朔八日□寅嗣子上
柱國思賓季子梨園教坊使　制新加銀靑光祿
大夫行內侍省內侍上柱國元□
其碑領覆承事郎奉元路涇陽縣尹兼管本縣諸軍
奧魯勸農事姚達禮雅飭爲重立時　大元後至元

六年歲次庚辰四月癸未朔二十七日
右逸人寶居士神道碑李邕撰段淸雲書案唐書本
紀天寶六載正月辛巳殺北海郡太守李邕此碑立
於是年二月則在邕歿之後當時邕有重名而死又
非其罪故身歿而文猶見刻古人之重文行不重勢
利如此居士之季子元禮官梨園教坊使行內侍省
內侍而碑文多述其戰功蓋以宦官董軍如楊思勗
之類碑文稱元禮正議大夫後題制新加銀靑光祿
大夫蓋由正四品上轉正三品下也柳子厚述唐時
葬令云凡五品以上爲碑龜趺螭首降五品爲碣方

趺圓首居士無位而立碑於法爲僭特以其子方爲
内侍故當時不以爲非雖以李北海之强直且爲製
文乜人固無論矣 潛研堂金石文跋尾

周夫人墓誌

石高九寸八分廣九寸九分十七行行十七字正書

唐故義興周夫人墓誌銘并序

夫人義興人也漢冝將軍勃之苗裔晉輔國大將軍處
之孫　皇明道之女姻不失媛晉以疋秦適爲太原
王府君靜信之妻昔五典克從三台樹位漢朝之任太
尉司空此皆府君之遠祖也　夫人四德可則九族

從風齊眉之敬無虧如賓之儀有越奉佐君子何憚蒿
藜自莖移天久歷星歲期百齡之有永胡一極之僃凶
天道者何仁罔斯在嗚呼哀哉藥餌無救遂終於延康
之私弟時春秋六十有五孤嗣號絶猶子悲酸以茲吉
赴杜城東郊之禮也况丹旌霄掣素幕雲張痛寒風
之蕭瑟悲夜月之蒼茫岳也匪才忝爲叙述詞曰
昔聞天道　仁罔不遂　彼蒼如何　降禍斯至　嗚
呼哀哉　嗚呼哀哉　黄泉巳掩　白日寧開　痛孤
嗣之號絶　傷行路之徘徊
天寶六載十月廿日窆

誌後云以茲吉晨赴杜城東郊之禮也余初疑句有
脫字及覩大歷間光祿卿王訓墓誌亦云遷厝萬年
縣滻川鄉滻川原之禮也則當時自有此文法志不
知何人作但有岳也匪才忝爲叙述之語岳則其名
也而不著姓銘亦甚率略此石舊在長安農家畢中
丞云近爲山西汾陽某氏攜去今此搨本模糊者僅
三字不知是元刻抑翻本也 抱經堂文集

遊濟瀆記

石高五尺七寸廣二尺七寸五分十五行行三十字隸書在濟源縣

遊濟瀆記

吏部侍郎達奚珣文
右監門衛兵曹參軍薛希昌書
軹縣西北數十里濟水出焉稽乎舊章可得而道自河
浮綠甲帝命盟夷疏畎澮而正乾綱鏟林巒而通委輸
所謂四瀆貨我而成彼式川者或在幽僻遠而見奇伊
何足貴豈與夫體清浮之氣據函夏之中平地開源界
空正綠表裏皆淨似若非深舟檝既加乃知無底沖和
自挹斯君子之量歟從此而東截河道汶不以險阻口
其勢不以清濁汨其流終能獨運長波滔滔入海沉潛
剛克斯君子之量歟意者洞幽明貫天壤包荒萬類出

入無閒形與化遊復歸於道不然何其異也雖金火更作變通殊制而浮沉之事亦無捨旃　國家南正司天北正司地以爲百神授職則陰陽無錯繆之災羣望聿脩水土得平均之序欽若稽古道豈虛行闕官有傴象設如在流目一望森森動人覺毛髮之間風飈四起然後以諸侯之禮禮而禩之至於下人日用蘋藻吉凶悔吝則以情言且神道無方豈存於此而物類相召或有馮焉歷灑濟通動植滋液高樹直上百尺無枝虛篁下淸四時壹色意隔人世空聞鳥聲陽浦先春草心方變敧岸猶冷苔生未穠紅晶落而天下陰靑霧凝而衆山暮留賞無厭歸情坐忘中途載懷歷歷在眼庶託豪翰光昭厥美云

濟瀆在今河南濟源縣西三里歲癸酉仲冬予亦嘗獲遊瀆有祠以祀大濟之神其殿北復有北海神殿北海之前有池周七百步其西一池周與之等而中通焉卽濟水所聚蓋其源自王屋山天壇之顚伏流百里至此復見東南合流至溫縣歷虢公臺入於河禹貢所謂導沇水東流爲濟是也東池俗傳聞能出物以應人之求然率始於三月至四月望而止餘月則石甃春夏之交泉脈騰沸而濟尤勁疾物隨沸而上人或不敢須臾復沉予之遊也默禱于神願出物以彰靈異道士云隆寒水泉不動物不能上予笑曰豈有靈神而畏寒者乎爾姑爲我禱久之物竟不出道士之言始信而世俗所云皆誕妄也金薤琳琅

文甚似六朝字亦唐隸之至工者與都穆金薤琳琅對校有云不以險阻斮其勢都穆不識斮字而云闕一字今此字甚完好說文斮斷也从斤斷艸譚長說斮籀文折从艸在仌中仌寒故折足證唐人猶能用古字都穆又誤以軹縣西北數十里爲南北遠而見奇爲親奇四時壹色爲一色敧岸猶冷爲危岸庶託

豪翰爲庶記賴有原刻証之中州金石記

碑拓本假之少山已裁褾成帙不見年代惟逵奚珣題署吏部侍郎賀之通鑑珣爲河南尹降祿山在天寶十四載其爲侍郎未知于何時也記文殊庸猥不足錄姑以珣始知策祿山異謀而繼乃以身奉之其爲鄙夫患失已發于文如此故爲略存其跡以見士之貳行可醜也授堂金石跋

宴濟瀆序

石高廣尺寸與前同十五行行三十二字隸書刻在前碑之陽

宴濟瀆序

吏部侍郎逹奚珣詞

右監門衛兵曹參軍薛希昌書

新安主簿高侯知名之士也自弁巾私第居多散逸不遑伊爾薄遊于畿濟源宰寇公此侯之舊也乃昌言曰弊邑褊小何以娛賓是用戒肥遊遨休暇總轡出郭頓夫濟瀆焉昔陶唐宅天洪水方割夏后敷土沉災克清瀆之稱位斯焉肇起夫其含靈厚載託勝中州初若爭雄截黃河而徑渡去而有體指滄海以朝宗均禋典於通侯蓋取諸此然後命舟子爲水嬉亜安流窺洞穴煙華鈞浦彩澈金潭表裏皆明下觀鱗石風雨時霽遊眺

雲山荷芰香而酒氣添濃洲渚隱而榜歌闘曲船移鳥下岸靜蟬鳴沿流溯洄坐得桃源之趣矣況時當大夏氣惟溽暑沸海集陵流金爍石獨有茲地勢隔人寰高樹森沉宵若無日脩竹陰映蕭然納清徘徊久之體靜心愜思壯士以翻景與諸公爲窮年不覺晴雲向山涼露若夕對歸騎而將散負幽情而更多如何誌之詩可以興

濟瀆記後叙善利物者曰水水之靈者曰瀆瀆有三而濟居其壹爲道源數畝而深無底細流數里而能截河信造化之奇功者也天官小宰逹奚公智乃周物德惟上善昔遊于茲嘗誌其事琚忝尉此邑恐墜斯文爰命攻金刻諸樂石庶將來之不朽也有唐天寶六載冬十二月己未朝議郎行濟源縣尉鄭琚建

朱長文墨池編有此碑其文與字甚工金薤琳琅所未載但得其碑陰之遊記而已濟瀆在縣西三里有池周七百步其西一池周與之等而中通焉卽濟水所聚其源自王屋天壇山顚伏流百里至此復見東南合流至溫縣入河禹貢云導兖水東流爲濟北山經王屋之山聯水出焉而西北流注於泰澤地里志兖作沇水經注聯作聯此濟瀆實當名沇水至溫縣

入河乃名爲濟字當作泲後人于此呼之甚乖經典矣中州金石記

按此碑兩面刻陰面刻遊濟瀆記陽面刻宴濟瀆序皆逹奚珣撰薛希昌書無年月後序爲鄭琚撰題天寶六載冬十二月己未玩前篇記云陽浦先春草心方變敏岸猶冷苔生未糨是冬春之交景象後篇序云荷芰香而酒氣添濃洲渚隱而榜歌闘曲時當大夏氣惟溽暑獨有茲地勢隔人寰是盛夏景象益非一時之事鄭琚後序云逹奚公昔遊於茲嘗誌其事既云昔遊是在天寶六載以前

不知何年也然據前記又有云國家百神授職羣
望聿修闕宮有侐象設如在以諸侯之禮禮而禋
之是濟源初建濟瀆廟之語文獻通考載武德貞
觀之制北海及北瀆大濟祭於洛州元宗天寶六
載詔封濟瀆爲清源公據張洗撰濟瀆廟北海壇
新置祭器銘碑文云有唐六葉海內晏然封茲瀆
爲清源公建祀於泉之初源也則濟源之立廟建
祀當卽在天寶六載然則達奚珣遊於春初宴於
夏日而鄭琚立碑乃在隆冬似同屬天寶六載一
年之事矣達奚珣兩唐書無傳其仕履略見石臺

孝經跋中書者薛希昌亦無傳可攷遊濟瀆記文
云軹縣西北數十里濟水出焉稽乎舊章可得而
道又云從此而東截河通汶不以險阻□其勢不
以清濁汨其流終能獨運長波滔滔入海宴濟瀆
序云初若爭雄截黃河而徑渡去而有禮揖滄海
以朝宗凡此皆謂濟旣截河復獨流入海也然古
今水道情形不同而辨濟水源流諸說亦不一胡
渭禹貢錐指趙一清水經注釋皆彙衆說而詳攷
之今節錄於此禹貢錐指曰禹導沇水東流爲濟
入于河傳曰泉源爲沇流去爲濟在溫西北平地

正義曰地理志云濟水出河東垣縣王屋山東南
至河內武德縣入河見今濟水所出在溫之西北
七十餘里渭按漢垣縣故城在今山西平陽府垣
曲縣西四十里溫縣故城在今河南懷慶府溫縣
西南武德故城在今武陟縣東黃河在縣南與開
封府河陰縣分水又水經云濟水出河東垣縣東
王屋山爲沇水渭按王屋山在今懷慶府濟源縣
西北八十里濟源本漢軹縣屬河內郡隋改置濟
源縣縣西有王屋故城後周所置本垣縣地元和
志云王屋山在王屋縣北十五里元省入濟源縣

故濟源有王屋山西南接垣曲縣界垣曲故垣縣
也水經注云山海經曰王屋之山聯水出焉西北
流注于泰澤郭景純云聯沇聲相近卽沇水也風
俗通曰濟出常山房子縣贊皇山廟在東郡臨邑
縣今按二濟同名所出不同鄉源亦別斯乃應氏
之非矣水經注釋曰一清按漢書地理志河東郡
垣縣禹貢王屋山在東北沇水所出其前載禹貢
導沇水文俱作泲字又常山郡房子縣贊皇山石
濟水所出說文云泲沇也東入海又云濟水出常
山房子贊皇山東入泜漢人學有師承孟堅地志

叔重說文尤精覈謹嚴千古取證應仲瑗始誤以出常山之濟爲四瀆之泲善長非之是矣而猶云二濟同名者何也徐鍇說文繫傳通釋云漢書房子縣贊皇山濟水所出東至廮陶入泜此非四瀆之濟四瀆之濟古皆作泲今人多亂之又云泲水今多作濟故與常山濟水相亂此則四瀆之泲楚金辨泲濟二字可謂了了足以證明孟堅而羽翼叔重然不云常山石濟而單云常山濟水猶有所蔽乃元吳澄書纂言云導水章所叙冀州之濟兗州之濟實一水也濟泲二字通用說文因二字而

以北濟南濟爲二水非也今說文具在何嘗有南濟北濟之分乎徐堅初學記云二濟既南北異岸相去亦踰千里別白如此不似草廬之淆亂也禹貢錐指經云溢爲滎傳云濟水入河並流數十里而南截河又並流數里溢爲滎澤在敖倉東南正義云此皆目驗所說也濟水既入于河與河相亂而知截河過者以河濁濟清故可知也渭按成皋有大伾山在今開封府鄭州汜水縣西一里水經注云晉地道志曰濟自大伾入河與河水鬭南泆爲滎澤又云大伾在河內脩武武德之界濟沇之

水與滎播澤出入自此山東至河陰縣四十一里又東至滎澤縣西北之敖倉十餘里通計得五十餘里故傳約言之曰河濟並流數十里又數里溢爲滎澤在敖倉東南也然傳言濟與河並流始在北繼截河而南則似兩人同行街北一人忽截街而南別與人同行數里乃獨抵所欲詣處人之行路固有然者水則安能且河大而濟小濟既入河河挾以俱東濟性雖勁疾恐亦不能於大河之中曲折自如若此也滎陽石門水首受河處水經直謂之濟水京相璠名爲出河之濟酈道元云濟水

分河東南流皆不以清濁爲言謂濟與河亂南出還清自潁達始後之好事者從而附會言曾有人伏水底見渾河中清流一道直貫之者乃濟也世遂有濁河清濟之圖林少穎云濟清而河濁濟少而河多以清之少者會濁之多者不數步間則清者皆化而爲濁矣既合流數十里安能自別其清者以溢爲滎乎林氏此言能窮物理而不惑者也蔡傳云先儒皆以濟水性下勁疾故能入河穴地流注顯伏此說似勝于孔然沇水至泰澤渟而不流故知其穴地而入此地上之事目所共見若河

中之事誰則知之豈眞有伏水底者見淸流一道穴地而入出而言之邪水經注釋酈道元曰濟水當王莽之世川瀆枯竭其後水流逕通津渠勢改尋梁脈水不與昔同一濟按通典曰水經所作殊爲詭誕全無憑據按後漢郡國志濟水王莽末因旱渠塞不復截河南過旣順帝時所撰都不詳悉其餘可知景純注解又甚疎略又曰按後漢郡國志曰因王莽末旱此渠枯竭濟但入河而已不復截流而南水經是和帝以後所撰乃云南過滎陽封邱冤句乘氏等縣並今縣地一依尚書禹貢舊

道斯不詳之甚酈道元又從而注之其所纂序及注解並大紕繆一濟按杜氏兩言濟水水經及注之失一在雍州風俗下一在豫州河南府濟源縣下然以經爲和帝後所撰又云順帝時撰注則云景純又云道元何無定見也禹貢錐指解之曰河北之濟因旱而枯旱止則復出河南之濟爲漯河所侵空竇盡窒河去不復能上涌故遂絶自東漢以迄唐初凡行濟瀆者皆河水也而猶目之曰濟是鵲巢而鳩居觚名而圜實也故杜氏力詆水經以爲不可信然滎濟故道猶可因是而得其十之

九則此書不爲無補焉黃文叔云濟水雖絶其瀆猶在雖中間經穿鑿變易或斷或續然水之附入于其瀆者猶可尋求緝之以存禹迹非無理也斯言盡得其平又曰濟瀆之水自周以來凡數變初爲濟及導滎爲川則滎與濟合鴻溝旣開滎瀆爲河所亂及滎澤又塞則所行者惟河水矣汴渠不通則鉅野以北所行惟菏汶戴村已築則東河以下所行惟山泉溝澤之水其號爲濟者襲舊名而已水經所敘濟同而水異水異故李宏憲云河南無濟水瀆同故黃文叔云禹迹賴此而猶存言

非一端各有所當今與人論濟水茍以爲無則羣指七十二泉大小淸河以相難若以爲有則又據杜佑之說詆水經不當襲舊名爲濟古文尚書疏證曰濟水當王莽時大旱遂枯絶不復截河南過者晉初司馬彪之言也雖經枯竭其後水流逕通津渠勢改尋梁脈水不與昔同者後魏酈道元之言也通典據彪之言以折水經余讀郭璞山海經注言今濟水自滎陽卷縣東經陳留至濟陰北東北至高平東北經濟南至樂安博昌縣入海與禹時濟瀆所經河南之道無異蓋枯而復通者所謂

準渠勢改昔自虢公臺東入河出敖倉之東南今
改流自虢公臺西入河出亦非故處與或禹時濟
未必分南北此則分而爲二爲不同與又濟源劉
記曰黃子鴻篤信水經注者憶初晤時問曰後漢
志温縣濟水出王莽時大旱遂枯絕是河南無濟
今且千六百七十餘年矣何酈道元言之詳且析
也子鴻曰新莽時雖枯後復見酈氏所謂其後水
流逕通津渠勢改尋梁脈水不與昔同是也祇緣
杜君卿不信水經專憑司馬彪志篤以爲彪不過
記一時之災變且非謂永不截河南過也君卿云

云遂眞覺河南無濟疑誤到今余已枯而復通旣
問命矣敢問除酈注外抑別有徵乎子鴻曰未聞
余退而考杜預釋例云濟水自滎陽卷縣東逕陳
留至濟陰北經高平東平至濟北東北經濟南至
樂安博昌縣入海郭璞山海經注云今濟水自滎
陽卷縣東經陳留至濟陰北東北至高平東北經
濟南至樂安博昌縣入海張湛列子注云濟水出
王屋山爲沇水東經温縣爲濟水下入黃河十餘
里南渡河爲滎澤又經濟陰等凡郡而入海稱此
三說以覆子鴻喜獲所云聞復難余今不見河南

有濟畢竟復枯于何代余復考得後漢書王景傳
濟渠下章懷注云濟水出今洛州濟源縣西北東
流經温縣入河渡河東南入鄭州又東入滑曹鄆
濟齊青等州入海即此渠也王莽末旱因枯涸但
入河內而已似不知中有復通之事合以許敬宗
對高宗濟水潛流屢絕是自唐以前濟已復枯直
至今矣又曰有問濟水枯而復通畢竟在何時乎
曰考王景傳曰初平帝時河汴決壞未及得修建
武十年陽武令張汜上言河決積久日月侵毀濟
渠所漂數十許縣遂後三十五年汴渠成明帝巡

行下詔曰河汴分流復其舊迹陶邱之北漸就壞
墳此汴壞而濟亦壞汴治而濟亦治之徵也又考
晉書傅祗傳武帝時爲滎陽太守自魏黃初大水
後河濟汎溢鄧艾嘗著濟河論開石門而通之至
是復侵壞祗乃造沈萊堰兗豫無水患郤超傳太
和中桓温將伐慕容氏引軍自濟入河超諫曰清
水入河無通運理毛穆之傳温使穆之鑿鉅野百
餘里引汶會于濟此豈竟枯寂者哉大抵王莽世
天災雖甚然皆不遠而復班注云云蓋以目驗者
言也祇緣司馬彪下語太重若改遂枯絕爲曾枯

絶則妙矣濟邸東樵之言明白如此足以袪君卿之惑其無戾于桑酈也明矣諸家之辨濟水枯而復通聚訟如此若以此碑證之是在唐元宗時濟水尚截河通汶也

金石萃編卷八十七終

金石萃編卷八十八

賜進士出身 誥授光祿大夫刑部右侍郎加七級王昶譔

唐四十八

金剛經殘石幢

僅存兩段合之高三尺八寸五分上段止存三面下段八面每面廣八寸首尾兩面各九行餘皆十行字數無攷行書在西安府城南李家村

缺□蔣圖撰

清河張賁書序

缺□國化人代 天育物者必資於賢明矣其選才剡
□缺越於吏部乎昔王戎標簡要缺□也中有吏曹庶

士皆考乃聲實器其藝能缺鍵兼人物之樞要出納之
惬謂缺□明山惠清河傅延□弘農楊自然太原王漳
源領同寮數十□缺□或以德進或以詞華居寂或以
翰墨稱缺□角詩書弱冠文史然而博綜多識靡所不
該研機深沉悟色空缺達知窈冥而有精湛常樂真如
以求實缺□寮庶品之□爾也作是願已因不悛心則
有遠方名工不召缺□無足而員來或刻或鐫成之不
日載雕缺□彪炳則有揮毫騁勢拂花雨而爭鮮垂露
矜佬懸貝葉而增缺真實覩之者方開淨眼且宿植德
本冒求缺□相與誓願力承此證明然後乃知是非兩
忘得失雙□□□缺學著試言之目論膚受乃爲銘曰
缺玉文炳煥妙理宣揚無幽不燭無滯不彰是非雙□
缺堂堂

廣平程進刻序

金剛經

缺書

經不錄

天寶七載歲次戊子三月廿八日建立□

弘農楊子岳刻

缺寶曆元年移於當曹南院仏刹安置自後缺至

開成二年五月一日故隴西李公友誠缺舊地至會
昌二年二月四日闕長李公重修

佛弟子太原王□□ 安定梁過庭
彭城劉承恩 安定胡山惠
清河傅延□ 弘農楊自然
太原王漳源 弘農楊文□
清河路希進 清河張賁
南陽樊元□ 渤海□履□
上谷侯江 瑯瑘王皓
弘農楊景□ 清河張環

南陽宗華　廣平焦士廉
清河張才遠　天水趙承先
彭城徐庭逖　郃陽秦鳴鶴
南陽張睎之　太原郭齊斌
潁川陳懷進　樂安汪孝昇
清河張鴻洲　太原王志朗
太原王從諫　鉅鹿魏陶光
潁川陳小覺　平陽霍撫
清河張□覽　鉅鹿魏協
譙郡婁□□　隴西李冏

平昌孟玢　太原王晟
京兆杜弈　汝南荆庭□
扶風馬□　安定梁如□
清河張眞　會稽嚴昇
東平萬希嶠　清河張闕
徽闕
康公□闕　宗權闕
呂彝闕　問人逢闕
張紳闕　王從□闕

北嶽恒山安天王銘

碑高七尺八寸廣四尺三寸二十三行行四十五字隸書額失拓在曲陽縣北嶽廟

大唐博陵郡北嶽恒山封安天王之銘并序
左羽林軍兵曹參軍直翰林院學士供奉上柱國李
荃撰
吳郡戴千齡書并題篆
題甲開山以方色受土水行作鎮麗杓司野截巨壑以
波委指平陸而海淸壁旋頭柱　王國蔽虧日月棲泊
雷電可久可大取諸恒也恒之靈藏往知來威遠懼邇
陰陽不測之謂神神聰明正直害盈福謙裨我淳黝荒
札不勃拯膏雨佐秋成再蠶獻工六擾呈逸有孚盈缶

奚貴而無位哉古者天子望于山川徧于羣神未嘗王
五嶽而公四瀆　大唐開元天寶聖文神武應道皇
帝登泰山躡社首範圍　天地幽贊於神明柔兆
載上元庚寅　詔曰五方定位嶽鎮揔其靈萬物
阜成雲雨施其潤　上帝攸宅寢扆是仰其岱宗
西嶽先已封崇其中嶽三方典禮猶闕降神布澤同致
福於生人肆類尊崇未齊名於禮秩永言光被同叶衆
心其北嶽可封爲安天王所司擇日奏聞龍集丁亥律
中姑洗壬午錫以金檢玉冊展縣禮也夫　聖人
以　天地爲本陰陽爲端五行爲質北嶽水正也

乙酉水命也　大君有命如彼北嶽鼎然不渝受
茲介福益無方也驃騎大將軍員外置同正員兼范陽
郡長史柳城郡太守平盧節度支度營田陸運兩蕃四
府河北海運兼范陽節度經略支度營田副大使採訪
處置使兼御史大夫上柱國柳城縣開國伯常樂安公
曰祿山國之英也八柱承　天三門出將風順遼
海霜明憲秋山戎朝鮮繫頸請命明威將軍守右威衛
將軍使持節博陵郡諸軍事兼博陵郡太守北平軍使
上柱國賜紫金魚袋武威賈公曰循時之傑也康侯分
符師貞受律英略外斷沈謀內融清渾無私虛谷必應

趙人化之如春陽也朝議郎攝別駕上柱國賞緋魚袋
信都馮公承相中散大夫行長史上柱國賞紫金魚袋
清河張公觀哉人之望也利物足以和義貞固足以幹
事威指商秋德湛行露通直郎行錄事參軍滎陽鄭收
宣義郎行司功參軍汝南同瑶銑奉義郎行恒陽縣令
高平郗懷玉吏之雄也貂蟬稱家冰水作吏簡籍方勁
球琳有聲僉曰　聖王先成其人而後致力於神國
其祉也昔省方展禮於虞帝敬鬼尚祀於殷人未有加
望秩之榮錫封崇之號斯蓋　我皇之能事也燕
山有石碩儒有文旣述且刊超變陵谷銘曰

維恆兮作鎮壬癸善利萬物兮德配諸水雄峯屹立而
朝山還遊閃電雷總神鬼其神靈兮福之所履福善禍
淫而正直如矢其一　君恩覃兮流湯湯汩神道
蕩鬼方四瀆爲公兮五嶽王山戎臣首而犬戎北亡勒
貞石以一固浮大海之三桑其二
天寶七載歲在戊子五月庚午朔廿五日甲午建
杜南金韓休烈刻字

碑陰

碑陰分三列第一列刻記二十六行二列三列題名共三十人又劉處一行杜南金一行並隸書內丁子琦一行行書又馮澤題名及宋人題名三段並行書左行

安天王碑陰

康傑撰

戴千齡書

昔剖符嬀川化洽殊俗授律遼海　皇明益暢由
是威名簡　帝建旗此藩爰自下車率先明祀牲
牢器幣罔或不蠲若國有兵戎　賈君於是告虔而
聿因失險歲或暘旱　賈君於是薦信則車迴甘澍
無享不答有開必先非惟岳降生則孰能獨契其道若
斯之妙故神以立政則不言而化神以施惠則日用不
勤神以肅物則不怒而威神以察微則無幽不燭故

我王是崇也而　乾坤式宴庶績咸熙　我賈父則
之也比年用登物不疵癘故人非化不感感非神不深
神明之道與　賈父之政通矣謹按王者往也既有
歸往之德宜其有安天下之名故　吾君崇其秩禮
以答嘉休　賈公載刊　睿册式旌不朽　別駕
馮公承相樂氣潛融淸輝外朗探　道得　靈元
之旨屬詞盡詩人之興雖勢居熏灼不以材地驕人位
高出剌能以謙畢自牧揚惠風以拯弊激淸流以盪邪
廣太丘之道則無所不容受鴻鐘之虛則有來皆應不
空之頌斯焉取斯　長史張公麗璜允廸厥猷匪懈

於位佐上以直率下以寬不爲利回不爲義疚赫赫千
里繄公是毗錄事參軍判司參軍等並材望孤標聲實
兼茂官殊而各競於理事異而同歸於公百城作率亦
庶僚之勸也安喜縣令等並砥節首公飭躬從政一德
均化故四人不擾一心共理故千里謡淸豈伊異口衆
宰君之助也戊子歳夏五月邦人勒美於碑之陰雖遷
改不時而嬌福有所懿彼來者勿替引之

朝議郎行司倉參軍馬克廣

通直郎行司戸參軍元忻

承議郎行司法參軍史宣猷

朝散郎行司士參軍薛楚金

文林郎守參軍劉令錫

宣義郎行參軍陳攸

錄事張元濟

朝議郎行安喜縣令崔遂

朝議郎行北平縣令李映

朝議郎行望都縣令李攸

朝議郎行無極縣令盧成麟

承奉郎行陘邑縣令郭同琳

承奉郎行恒陽縣丞李茂芝

文林郎守尉夏侯庭璀

儒林郎前主簿桑奉日　以上第二列

朝散郎行司戸參軍裴子產

徵事郎行司法參軍郭說

皇族從叔朝請郎行司兵參軍欽同

徵事郎行參軍張銓

朝散郎行參軍陳襄

文林郎守博士李重光

朝散大夫行義豐縣令吳介

承議郎行鼓城縣令楊欣

宣義郎行唐縣令崔若鏡
承議郎行深澤縣令張鐈
宣義郎守新樂縣令鄭卓
文林郎守主簿騎都尉張惠敏
宣義郎前丞崔晉
登仕郎守岳令郭延爽
登仕郎守岳令丁子琦 其載七月一日止 以上第三列
前供奉合鍊百花漿北岳眞君廟三洞道士劉處一
此行在二三兩列之後
杜南金韓休烈鐫

監廟馬若水縣尉馮澤癸巳九月二十三日謹記
權縣尉馮澤㫖拜祠下癸巳九月念三日
東京員寮右直副指揮使□□□□□靈道場七晝夜
記大宋咸平五年二月二十七隨從
康傑文內有皇族從叔朝請郎行司兵參軍欽同不
書姓而冠以皇族夫國君之尊族人不得以屬通而
况天子乎 金石文字記
唐天寶七載封北岳神爲安天王是時祿山近在肘
腋安天王之名得毋爲之兆乎碑辭李荃撰其陰則
康傑文書以八分者戴千齡也筆法淳古遠在韓擇
木蔡有隣梁昇卿張庭珪史惟則諸家之上乃盛熙
明致書法獨遺之何與 曝書亭集
右碑後列范陽節度安祿山博陵太守賈循及從吏
馮承相張元贊鄭收郗懷玉等銜皆有頌揚之語
而于安賈則云常樂安公曰祿山國之英也八柱承
天三門出將武威賈公曰循時之傑也夫以國英府
傑出于自稱李荃阿諛必小人之尤况傳稱祿山僞
爲愚不敏其姦工于媚上以天寶七載正月群臣上
尊號而祿山即樹碑恒岳借封爵爲辭而致其上號
之意且夸揚已烈有風順遼海霜明塞秋等語不臣

之漸於此可見後附杜南金韓休烈刻字與碑陰同
按天寶五載正月封北岳安天王寶應二年五月改
封寧天王 金石錄補
右北岳恒山封安天王銘文載天寶三載上元庚寅
加封中嶽三方詔書舊唐書本紀載此事在是年正
月正合獨以庚寅爲乙亥則誤也明皇以垂拱元年
八月生歲在乙酉納音屬水故碑云北嶽水正也乙
酉水命也大君有命如彼北嶽鼎然不渝也碑稱安
祿山銜曰驃騎大將軍員外置同正員兼范陽郡長
史柳城郡太守平盧節度支度營田陸運兩蕃四府

河北海運兼范陽節度經畧支度營田副大使採訪
處置使兼御史大夫上柱國柳城縣開國伯常樂安
公攷唐六典武階二十有九驃騎大將軍從一品蓋
武臣之最貴者文武散官不聞有定員此云員外置
同正員者未正授之詞耳潛研堂金石文跋尾
拔碑題博陵郡北嶽恒山封安天王之銘唐書地
理志定州博陵郡屬河北道本高陽郡天寶元年
更名則立碑之歲距更名僅七年也其屬縣有恒
陽元和十五年更名曲陽縣有恒嶽天寶五載詔封安天王
此碑撰文者李荃書碑者戴千齡兩唐書俱無傳
新書藝文志有李筌注孫子二卷又太白陰經十
卷青囊括一卷或卽其人但筌荃不同耳舊書經籍志無
金石錄但載大歷十一年張同敬一碑爲戴千齡
書而於安天王則但載碑陰云分書無姓名則不
但未見碑陽卽碑陰亦未見其全也盛時泰元牘
記則載此碑稱戴千齡書方勁有力不類唐人而
不載碑陰可知得全碑之難如此碑云水行作鎮
元枵司野周禮地官保章氏以星土辨九州之地
鄭注云元枵齊州分野今定州屬河北非齊地而
云元枵司野者左傳襄二十八年歲在星紀而淫

于元枵杜注云元枵卽虛也爾雅虛星子位之次
枵虛耗之名也則元枵爲北方分野矣碑又載開
元天寶聖文神武應道皇帝之號此尊號以天寶
七載五月壬午上是月庚午朔上尊號在十三日
而碑以二十五日建是上尊號後十二日也碑云
柔兆載上元庚寅詔曰云云封安天王之詔在天
寶五載正月新唐書本紀不書其事舊紀則書其
事而不書下詔之日惟冊府元龜載正月乙亥下
詔與碑不同天寶五載爲丙戌歲故曰柔兆載是
歲正月癸丑朔乙亥在二十三日而月中無庚寅
疑碑所謂上元庚寅者指月建也碑載詔詞以冊
府元龜校之有不同者上帝攸宅冊府作攸敘其
岱宗西嶽冊府作且岱宗西華其中嶽三方冊府
作其中嶽等三方典禮猶闕以下至未齊名于禮
秩凡二十四字冊府則省爲典禮所尊未齊名秩
八字同叶靈心冊府作用叶似冊府元龜有訛鉄
也碑云所司擇日奏聞而不言擇日爲何事冊府
則云應須告祭仍令所司擇日斷奏較碑爲詳晰
矣碑云龍集丁亥律中姑洗壬午錫以金檢玉冊
丁亥爲天寶六載三月丙子朔則壬午在七日也

碑陰首紀太守賈循以下之德政而此文則安祿山與賈循等並稱之先時循副祿山爲平盧節度不能不並列也碑稱祿山之貫曰常樂安公常樂未詳河北冀州魏齊周皆置長樂郡別無所謂常樂者兩唐書祿山傳稱其爲營州柳城人則距冀州甚遠非以長樂爲常樂明矣碑載祿山歷官皆與兩史合惟史但有柳城郡公而無開國伯史文非畧則誤也史稱賈循京兆華原人張守珪北伐灤河凍泮欲濟無梁循爲橋以濟以功擢榆林守捉使范陽節度使李適之薦爲安東副大都護安

祿山兼平盧節度表爲副遷博陵太守此即立碑之時也其後祿山反使循守幽州顏杲卿招之以傾賊巢穴循許可謀發賊縊之史故列入忠義傳餘焉承相以下史皆無傳碑陰首紀賈循事云昔剖符嬀川化洽殊俗地理志嬀州嬀川郡屬河北道循似先官於嬀州而傳無之又云國有兵戎賈君於是告虔而擎凶失險歲或暘旱賈君於是薦信則車迴甘澍蓋言兵荒之事賈君皆禱于北嶽也傳稱循爲榆關守捉使地南負海北屬長城林埌岑翳寇所蔽伏循調士斬木開道賊遁去碑所

謂擎凶失險者即此事也碑云王者往也既有歸往之德宜其有安天下之名此曲解安天王之義語本毛詩昊天曰明及爾出王傳云王往也天下歸往謂之王然當時封五嶽皆用天字如東嶽天齊西嶽金天南嶽司天中嶽中天又何說乎碑云賈公載刊睿冊以旌不朽則似封安天王冊賈公嘗刻石于廟今未見也文後題名皆博陵郡屬官岳令只一人而碑有二人者蓋碑始建于五月二十五日刻竣于七月一日中間更替一令也道士劉處一云前供奉合鍊百花漿以方士合鍊之術蠱惑人主恬不爲怪刻石以爲榮元宗被方術之惑于此見矣焉滓以癸巳九月二十三日拜廟癸巳蓋建碑後五載也然同一日事而兩記之何耶

潘智昭墓誌銘

石方廣一尺九寸五分共二十一行行二十一字行書蓋題大唐故潘府君墓誌銘九字篆書在西安府

唐故吏部常選廣宗郡潘府君墓誌銘并序

遠國流芳楚大夫汪之緒也洎乎晉業黃門侍郎岳之胤矣孝　唐運龍驤娵訾耀武曾祖仏壽識叶天謀輔翼左右拯濟塗炭永寧邦社拜銀青光祿大夫儀同三司九原郡守祖觀太中大夫行司津監父元簡

積學成業温恭允克仁惠鄉閭博通今古弱冠明經擢第吏部選君名智昭字洛京地華原人也幼年聰敏識用多奇日誦萬言尤功書筭甄別寶玉性閑技巧好歌詠事王侯此乃君之行也君之明也養親純孝甘脆無虧交遊克誠信道日益友于兄弟共被均衣見善必悛歸心三寶君之孝也君之仁也曉陰陽義通挈壺術事瞿曇監侍一行師皆稱聰了委以腹心君之德也君之能也掌曆生事習業日久勤事酬功授文林郎轉吏部選時載五十有六運薄俊遲降年不永嬰疾累月藥餌無徵病甚日篤終于其家嗚呼生分有涯逝川長沒備

凶儀習吉地以戊子歲賓沉月五日癸酉殯于長安龍首鄉禮也有子五人順也運也訓也愼也俊也昊天罔極泣血如流恐代久陵夷高崖爲谷孝心遠紀式刊銘誌

長原孤墳松檟蕭森刊石遐紀流芳德音泰山其頹梁木其摧五子荼毒追慕增哀

天寶七載七月五日葬

潘府君名智昭字洛京華原人誌歷敘其上世云楚大夫汪之緒也左氏傳楚有潘尫賈氏注楚大夫師叔字今誌作汪與傳文不合又智昭祖觀太中大夫行司津監唐書百官志龍朔二年改都水監曰司津監使者曰監以是推之觀行司津監郎其爲使者在龍朔以後也誌內戊字缺畫又書景時景時者丙時也時皆用支此獨用干他文亦不見惟北齊書南陽王綽傳有景時 授堂金石跋

按碑題唐故吏部常選廣宗郡潘府君墓誌銘諸墓誌從未有以郡望冠其姓而題于前者此爲異例潘氏之先廣韻云周文王畢公之子季孫食采于潘因氏焉出廣宗河南二望此碑題廣宗則不與河南同系而文又云黃門侍郎岳之允岳爲滎

陽人是河南望矣通志氏族略云潘氏芊姓楚之公族以字爲氏潘崇之先未詳其始或言畢公高之子季孫食采于潘謬矣廣韻通志二說未知孰是碑載曾祖仏壽祖觀父元簡史俱無傳仏郎佛字梁天監時京口甘露寺鐵鑊文佛殿作仏殿碑述君事蹟無他長止于功書算別寶玉通挈壺術以掌歷生事授文林郎轉吏部選唐六典太史局有令其屬有司歷靈臺郎挈壺正有保章正掌教歷生三十六人同流外八考入流碑稱君掌歷生事習業日久勤事酬功則是以挈壺術充歷生八

考入流而授文林郎也碑又云事翟曇監侍一行
師舊唐書方技傳一行精歷象陰陽五行之學開
元五年強起至京置之光太殿則賈君之侍一行
在開元五年後矣碑云以戊子歲實沈月五日癸
酉嶺後題云天寶七載七月五日景時天寶七載
爲戊子歲禮記孟夏之月日在畢注云孟夏之月
日月會于實沈是實沈爲四月然通鑑目錄天寶
七載四月庚子朔五日是甲辰非癸酉七月己巳
朔五日正是癸酉則碑云實沈月者所未詳也葬
日書時而用干僅見此碑癸酉日丙時乃丙辰也

章仇元素碑

碑裂爲三段其有字者一段僅高二尺八寸廣三尺五寸六分十四行行十四字皆磨泐不可辨隸書額題大唐贈東平郡太守□□府君神道之碑十六字篆書在濟寧州耿務村

大唐故東□□太守闕
闕君闕字闕大將軍闕人也大王父闕之闕合闕行闕
士人所闕一闕山闕一闕天子闕

附錄碑文并跋二則從山左金石志錄

大唐贈東平郡太守章仇府君神道之碑
□□院學士知史官事韋述撰
翰林院學士內供奉左衛率府□□□東蔡有鄰書

嘗聞祖德者必及百世承大勳□□□□□□□
□□□□□□錫麐繁茂在商則爲申爲呂在周則
爲齊爲許枝分派別更盛迭貴則太守章仇府君是
其後也君諱麐素字麐素□□□□□□□□□□
子紀裂繻去國筮仕于周世守保章因官爲姓泰項
之際有雍王章邯爲漢□併子□□□位降處仇山
取因生之舊名增卜居之新號章□□□□爲自是
流離荒服六百餘載魏氏徙跡平城建都河洛君之
六代祖瑗□參□督始歸中原仕至寧南大將軍徐
兗青齊相五州刺史複□□州任城郡守挹鄒魯之

舊風慕洙泗之餘俗遺命留葬因而家焉復因武陽
遠於□部代爲鄆郡□□任城人也大王父魏郡太
守諱羨大父兗州□□□□政烈考博陵郡錄事參軍
諱孝爲皆以友悌博雅德艮清白增修其勛克開厥
後君即博陵府□之第三子也稟粹含和中溫外朗
行必誠信□□□□之經學無浮華莫匪詩書之奧
弱冠以孝廉登科授將仕郎無幾將有捧檄之□□
□艱不赴□□純喪過哪然而嘆曰士之所以降志
辱身者□□□□然則隱居行義不忘無位蓋所貴
在乎全其道也故富貴非道則不取貧賤非道亦不

去齊景千駟不如綠綟之一賢王氏五侯孰與單□
□□□□闢却掃拒絕辟命澹然歸眞以壽而歿君
子以爲鴻飛寥廓罕能測其所至哉夫人渤海吳氏
合宮丞少明之妹也嬪風婦則儀□□□□□□□
□家終率禮而偕老嗣子銀青光祿大夫戶部尚書
兼殿中監內外閑廄等使兼瓊積祉所種濟美必復
匪躬是徇爲國藎臣拔自郞□□□□□□□□□
蘊戎驅輶軒而按俗自裒斜之外邛笮之內萬里澄
清人安訟息閒者□戎負德蟻聚□山職貢不供兵
車屢駕稟　聖皇之英算震大國之威靈一舉而□

□□□再□□□其噍類罷柝置吏班師含爵　天
子議以殊賞酬其懋勛迺推錫類□□□追遠□寵
開元廿九載秋七月　詔曰孟州大都督府長史兼
御史中丞持節劍南節度□使營田副大使本道兼
山南西道採訪處置使□□□瓊父故將仕郞■素
氣合純粹才擅奇特資禮樂而秉彝負文詞而擢秀
議能多通與命不融德建昭代久淪幽壤雖馳膴易
遠松檟成行而餘□□鍾芝蘭克茂瞻言驪子每効
忠公揔節制之師致疆埸之捷行賞爲重爰畀尒先
俾自棊而流根庶慰存而榮歿可贈宋州司馬天寶

三載秋九月　詔曰蜀郡大都督府長史兼御史大
夫章仇兼瓊祖故博淩郡錄事參軍孝方父贈睢陽
郡司馬■素等□才繼跡雅操■風累德成名克家
存□□生令■幹用於時揔戎懋其勳績秉憲肅其
綱紀榮親廣行既資孝以爲忠自葉流根載敷澤而
彰善宜加禮贈俾昭餘烈孝方可贈汲郡司馬□□
可贈使持節東平郡諸軍事東平郡太守又　詔曰
兼瓊□祖母王氏故母吳氏女則懿範母儀盛德何
□嘉慶傳嗣徽音誕此良才克昭遺訓□□褒賢之
贈錫其有禮之封王氏可贈太原縣君吳氏可贈勃

海郡夫人初尚書既孤伯父麻城令崇節及麻城之
夫人馬氏親加訓育恩逾所生洎□獻凱策勳泣奏
其事　上爲之憮然特　詔追贈麻城府君爲楚州
刺史馬夫人爲扶風縣君嗚呼厚於仁者□其□璺
其親者及其類所謂孝□□□也故得　明主感歎
嘉迺誠心贈策□□哀榮荐至非夫慈惠恭儉福履
所積肹蠁感通明神所勞則孰能臻於此哉於是載
美簡策流芳琬琰永□□裔豈惟太原有道無媿□
□之詞南陽文學空傳子工之頌其詞曰
系自炎皇惟裔之□□□□□去紀爲章拒漢協楚

矢其封疆言避華夏□□要荒魏氏徂南卜遷嵩邙
我宗復昭列于周行纂□軒裳□□□□□□東平
畯如琳琅□□□□□五常蒔祿顧道戢耀含芳
積善□裕克生才具準繩憲府條復戎場勳績所酬
寵贈惟光迺立廟祧以榮邦鄉□□□□□□□□
俾□休烈如川之長臣烈不揚臣忠不彰子孫是詹
永思勿忘
天寶七載歲在戊子十月戊戌朔二十下闕
甲申夏四月三十日晦羽遐持此碑互相校錄譯出
若干字原闕若干字舊碑爲文氏故物中間倒置三

行爲之譯正文字書八分有額
己丑五月七日重値購此再正數字林宗志
右碑在濟寧城北三十里耿務村南官道旁甚高厚斷爲三段篆額十六字字徑二寸許碑文八分書字徑寸許磨滅不可識僅隱隱見數人字而已濟寧州志
右碑題云大唐贈東平郡太守章仇府君闕下學士知史官事韋□撰翰林院學士內供奉左衛率闕蔡有鄰書天寶七載十月二十日立府君諱元素字立素兼瓊之父也兼瓊著績西蜀兩書無傳其祖父名字非此碑幾不聞于後蔡八分書在韓擇木張庭珪之上而此碑巋然標樹于大道之旁西去濟寧州三十里車塵馬矢堆積其下更無有拂拭之者予命工人搨之金石錄補
右碑磨滅幾盡又裂爲三無可辨識惟碑額四行尚完好偶檢　國初葉林宗萬金石文隨錄載此碑全文亟爲補錄案李白荅杜秀才詩云聞君往年遊錦城章仇尚書倒屣迎注謂章仇兼瓊也今據此碑兼瓊即元素子官益州大都督府長史持節劍南節度使山左金石志
按此碑全文一千四百餘字存者僅二十七賴葉

石君金石文隨錄載此文山左金石志刻其全文頗可資考證因亦附錄于前葉石君名萬林宗其字也吳人跋稱甲申爲崇禎十六年己丑則　本朝順治五年也此文石君從文氏所藏搨本錄出繼又以重値購得一本然則此碑在二百年前尚有搨本流傳矣碑文撰者韋乚泐其名尚存乚據唐書韋述傳開元二十七年轉國子司業兼知史官事充集賢學士至天寶九載始遷尚書工部侍郎碑歷官與傳合當是韋述也書者蔡有鄰史無傳廣川書跋但載尉遲迥廟頌盧舍那佛像記而

不及此碑則此碑不傳于世久矣文云在商則爲申爲呂在周則爲齊爲許章仇是其後也裂繻去國筮仕于周世守保章因官爲姓秦項之際有雍王章邯爲漢口降處仇山取因生之舊名增卜居之新號申呂齊許皆姜姓通志氏族略章仇氏以事爲氏姜姓本章氏齊公族漢有章弇因避仇遂加仇字唐長安元年右史知貢舉張說下進士章仇嘉勉是避仇之說與碑載降處仇山不同也以事爲氏卽保章之義章弇疑卽章邯音近而異史記秦始皇紀二世皇帝二年冬陳涉所遣周章等

將西至戲二世使章邯將擊破周章軍三年章邯等圍鉅鹿項羽往救章邯等戰數却二世讓邯邯以兵降諸侯又項羽紀項王乃立章邯爲雍王此卽碑所稱雍王章邯也章仇兼瓊位顯而名著四川通志稱其官劍南節度時興大南市創新津通濟堰溉眉蜀二郡田人懷其惠立廟于堰南號寶德公祠復引萬年池水以溉成都民田在蜀八年澤流萬世而兩唐書不爲立傳碑所稱六代祖馥大王父夔大父政烈考孝方及元素亦皆無考然章仇氏之見於載籍者氏族略章仇嘉勉之外萬

姓統譜又有章仇大翼唐人無事蹟字典作隋人見於金石者此碑之外則汶上縣辛家海三官廟佛在金棺上囑累經石刻題名有大象主章仇禹生須菩提主章仇惠阿難主章仇仲禮象主章仇法諫章仇惠定章仇昕娘十願菩薩主章仇孝義碑陰有開皇九年字並見山左金石志則章仇族屬之在任城者自隋已繁矣史無兼瓊傳然元宗紀書開元二十八年三月壬子益州司馬章仇兼瓊敗吐蕃克安戎城五月癸卯吐蕃寇安戎城兼瓊又敗之卽碑載口戎賀德蟻聚口山兵車屢駕一舉再舉云

云之事也碑載詔書旣贈其父又贈其祖又贈其祖母及母最後又贈其伯父崇節伯母馬氏皆以兼瓊推恩此卽貤封之典所緣起前此未見也

靈運禪師塔銘

碑連額高四尺八寸五分廣二尺二寸二十行行三十六字額題唐少林寺靈運禪師功德塔碑銘十三字並行書在登封縣少林寺

唐少林寺靈運禪師功德塔碑銘并序

宣德郎試大理評事崔琪撰

聖善寺沙門勤口口

虛空廣大平其體智慧圓融乎其用遠而不生湛不常

寂離修離證非色非心歷微塵劫遍口沙界無量國土皆清淨無量昏瞶皆光明誰其得之吾聞諸上人矣上人諱靈運蕭姓蘭陵人梁武帝後皇考翁犄州恒農縣尉初上人之生也戒珠孕於母胎定水澂於孩性內典宿植外學生知白雲凝其高志明冰峻其苦節泛如也時不能知常以爲幻境非實泡身是妄五色令人昏五音令人聾五味令人爽噫輪彼生滅無時息焉吾將歸根以復于正因遊嵩山至少林寺有始終之意焉會舅氏掾于高口而上人遂緇於此郡玉立凡石不可喻其炯然日映衆星無以方其明者竟移隸茲寺口副乎夙心無何習禪決於麗塢珪大師潛契密得以眞貫理照十方於自空脫三界於彼著慧眼既淨色身亦如始知夫心外無法所得者皆夢幻耳然後觀大地土木無非佛剎焉空山蒼然窮歲默坐猿對茶椀鳥棲禪庵彼嶺雲無心即我心矣彼澗水無性即我性矣夫如是孰能以凡聖量之乎故吾在造化中如夢中也粤開元十有七祀夏五月廿二日不示以疾泊然而終苦霧晦黃熋

天地悲風哀咽於草木吁崩吾禪山涸吾法海空吾世界使凡百含識大千有情荼於是火於是可勝言哉故門人堅順獨建靈塔於茲山奉遺教也夫碩德不一發

不有超世先覺而出夫等夷者則曷能傳我法印以一燈然千万燈乎彼上人者嶷然倬立以定慧爲藏以涅槃爲山圓通於不口之境出沒於無涯之域適來時也適去順也今則絕矣瞻仰如之何夫事往則迹移歲遷則物換況法與化永念從心積豈可使上人之高蹤而不紀是斲于石以旌斯文銘曰

上人伊何傳我法印其體也寂其行也順紛彼識浪汩夫夢情非照不曙非澄不淸作大醫王爲大禪伯岳立松古蓮靑月白一朝化滅六合悽愴世界颯空雲山忽曠色身口兮法體存金界慘兮鐵圍昏噫我所留者唯心源

天寶九載四月十五日門人堅順建

靈運碑者唐崔琪卷末云聖善寺沙門勑下殘缺二字當時僧書耳文淺陋不足道書法絕類聖教序無一筆不似人弇州山人稿

此碑天寶九載立世言開元天寶之際文人唾地皆成珠玉今以此碑觀之如云窮歲默坐猿對茶椀鳥棲禪菴彼嶺雲無心即我心矣彼澗水無性即我性矣此數語雖今之善知識不能拈出況經生哉蒼潤軒帖

跋

碑頂有字云寺西石塔靈運師墳即梁帝皇嗣者也以其爲梁武帝之裔而稱皇嗣亦爲不順其陰刻陀羅尼經呪金石文字記

文云上人諱靈運蕭姓蘭陵人按蘭陵東海縣武當稱南蘭陵則省文古人有之黃叔璥中州金石考云陰陀羅尼經呪高岑書按岑唐嵩山隱士中州金石記

碑稱上人諱靈運蕭姓蘭陵人梁武帝後皇考翁號州恒農縣尉其敘靈運世系如此今額題行書與碑旣非一手而又誤指靈運即梁帝皇嗣臨文失檢殆非實也碑側下有辛秘題名其文云元和十二年閏

五月廿九日河南尹辛秘奉勅祭中嶽散齋于此寺正書凡五行俱完好竊怪葉封嵩陽石刻記可謂博采矣然亦遺而不收獨予乃始得之故益自矜惜爲可寶也辛秘見新唐書本傳累遷汝州常州刺史河南尹與題名合授堂金石跋

拜比干廟文

碑高五尺廣二尺七寸二十二行行四十字正書在汲縣比干廟

太宗文皇帝旣一海內明君臣之義貞觀十九年東征高麗師次商墟乃下詔追贈商少師比干爲太師謚曰忠烈公遣大臣持節弔贈申命郡縣封墓葺祠置守冢五家以少牢時享著于甲令刻于金石故比干之忠益彰臣子得以述其志也昔商王受毒痡于四海德悖于三正肆厥淫虐下罔敢諫於是微子去之箕子囚之而公獨死之非捐生之難處死之難非處死之難得死之難故不可死而死之是輕其生非孝也得其死而不死是重其死非忠也王之叔父親莫至焉國之元臣位莫崇焉崇高不可以觀其危親暱不可以忘其祖則我成湯之業將墜于泉商王之命將絕于天□□其□遂諫而死剖心非痛商王是痛公之忠烈也其若是乎故能獨立危邦橫抗興運周家以三分之業有諸侯之歸□

□□之□一心之衆當公之存也則戢彼西土及公之喪也乃□于孟津公存而商存公喪而商喪興亡所繫豈不重與且聖人立教懲惡勸善而已矣人倫大統父子君臣而已矣太師存則正其統歿則垂其教奋于千古之上行乎百王之末俾夫淫者懼佞者慚膚者思忠者勸其爲式也不亦大哉而夫子稱商有三仁豈無微旨嘗敢賾之曰存其身存其祀亦仁也亡其身存其國亦仁也若進死者退生者狂狷之士將奔走焉褒生者貶死者宴安之人將竄力爲故同歸諸仁各順其志殊塗而一揆異行而齊致俾後之人優柔而自得爲益眷

秋微婉之義也必將建皇極敘彝倫擴在三之規垂不二之訓以昭於世則夫人臣□□移孝于親而致之於君焉有覩親失而不爭睹親危而不救從容安地而稱得禮甚不然矣夫孝於其親者人之親皆願其爲子忠于其君者人之君皆欲其爲臣故歷代帝王莫不旌顯周武下車而封其墓魏氏南遷而創其祠我太宗有天下禮百神而盛其禮追贈太師謚曰忠烈申命郡縣封墓葺祠置守冢五家以少牢時享著于甲令刻于金石於戲哀傷列辟主食舊封德爲神明秩視羣望身滅而名益大世絕而祀愈長然後知忠烈之道其感激天人

深矣天寶十祀余尉于衛拜于祠堂覩感精動而廟在隣邑官非拭閟刊石銘表以志丕烈詞曰

靡軀非仁蹈難非智死于其死然後爲義忠無二體烈有餘氣正直聰明至今猶視□爾來□爲臣不易

右唐李翰文

宋建中靖國元年春正月汲令聊城朱子才立石

主簿東里張琪書丹

監衛州酒稅宛丘孫綯題額

刊者柳士衍

唐太宗追贈比干爲太師貞觀中既立碑刻詔及祭文天寶中李翰官於衛作此碑述封表之指其文雅正選入唐文粹中今碑乃宋建中靖國元年汲令朱子才重立金石文字記

建中靖國元年正月立張琪正書□□題額在汲縣琪時爲汲縣簿所書李翰文字體秀整在唐人中亦爲絕手而無書名者豈以位卑邪中州金石記

碑重立字畫遒緻已漸損蝕不大斷鑿文爲李翰撰翰見新唐書文藝傳云翰擢進士第調衛尉令碑自序天寶十祀余尉于衛者是也翰既上張巡功狀表

諸史官而于太師忠烈之蹟猶三復言之非如世所號爲文士也授堂金石跋

金石萃編卷八十八終

金石萃編卷八十九

賜進士出身誥授光禄大夫刑部右侍郎加七級王昶譔

唐四十九

中岳永泰寺碑

碑高七尺六分廣三尺四寸五分二十五行行五十五字正書在登封永泰寺

大唐中岳永泰寺碑頌并序

靈昌郡龍興寺沙門靖彰撰

頴川處士蔄望書

觀夫聖應無方等曜靈之流萬象覺海元曠若溟渤之含百川凝然居衆妙之先煥矣處有空之際於是慈光

西燭慧液東飛廣開權實之門爰敞布金之義粤茲寶界創自後魏正光二載即 孝明帝之賢妹也乃居龍若驚克修雅志確乎出俗入道爲尼以誠信有徵勑爲置明練之寺兼度士庶女等百有人矣頃遇周武不斂正教陵夷至隨氏開皇重加修復又度尼廿一人以崇景福暨 有唐貞觀三載議將尼寺居山慮恐非人侵擾 勑令移額於偃師縣下置此因廢焉至神龍二載七月廿五日有嵩岳寺都維那僧道瑩奏聞此故寺依山帶水形勝幽棲不假多工便堪居住伏惟 故永泰公主器韞冲和承規 帝闕庶增瓊萼冀保瑤枝何圖歘代辭榮遷神遂遠二聖痛金娥之殞亟八輿玉碎之悲凡厥有情孰不傷悼至論潛祐必賴薰修伏望 天恩爲永泰公主於前件故伽藍置寺一所請以永泰爲名特望度僧二七人庶使福資冥路竊惟聖不孤運會緣必興建寺立僧寔由於此自茲已降暨乎至今亦有別 勑配居或隸兩京名德翼翼清衆五十餘人咸以軌範端融心澄海月鵝珠育物禮誦無虧常懷報 國之恩庶願福增 皇祚千佛二古塔者昔明練之所起亭亭四照嶷嶷搖空龕室玲瓏重光迴暎其間大窣堵

波者隨仁壽二載之所置文帝應命感異稀奇忽得舍利一瓶雪毫琛爛火焚益固擊之逾明乃詔天下梵場令起塔供養爲蒼生之祈福也口制妙絶神工未方求鎮檀林以昭盛烈東有兩支提者昔寺主道瑩上座崇敬遺教門人之所造也二長老僧悉國寶振古超今息化歸真法俗追悼故起斯塔前門樓浴室食堂經藏者即大德曇昉律之所搆也律師宿智圓明知微察物少徧僧餘風骨天然特持大乘元通數部不住無相兼崇有爲沙門思晤者心燈獨知跡無住處諸佛遺旨必能竭其筋力諸魔動念必不受其死生乃跋涉江山樸斲

杞梓食堂之力頗有助云九級浮圖者比丘眞一敬爲
故兄寺主眞藏之所建也禪師積德累仁果曾慈惠玉
昆金友俱離塵籠第子沙門志堅乃陳西郡封禪寺都
維那僧希晏等敬爲和上樹茲景業藏寺主絢彩凝華
心鏡虛朗再成寶殿重立尊儀口有關遺盡加營葺并
鑄大銅鐘一口重四千斤函廿石裝飾嚴麗備物惟新
金容將滿月齊暉玉相與日輪爭曜簷宇四繞迴廊復
周蹬道淩虛懸階數帀風鈴夜警聲聲流解脫之音曉
梵朝吟一一讚苦空之偈嘉木繁植雜花接異菓恒春
膏椰垂惱高松結蓋而雲際前寺主道演前上座智光

前都維那元順皆體道歸一異本同源逍遥林泉躧履
雲壑復有沙門法意敬一等至樂大乘沉心不二一日
必冑當賈勇而行諸六時精勤縱力極而不廢其寺也
高嚴右脅龍律左傍前眺案崗萬公居後地形澄逕幽
磎對靈鎮之臺山勢巍峨峯頂與曾巒俱峻昔跋陁三
藏懸記此方人安衆和福利弥廣時上座明信寺主道
俊都維那敬一並操履霜潔動成紀綱德義相資同知
寺任但恐三輪一轉海際塵驚若不刋勒貞珍何以表
之靈跡靖彰內懃深定外謝多聞敬遵徧心眯揚休烈
其詞曰

佛性微　遍含識　隱顯自在兮　無量力　開秘藏
　耀無疆　寶刹嚴凝兮　仙路長　韻慈鐘　震懸
極　警衆沉昏兮　清閻域　光勝宅　啟津梁　淨
彼地獄兮　與天堂　昔明練　今求泰　跃隨遠記
兮　斯爲大　刻珎石　炳微言　曠代昭宣兮　萬
祀傳

天寶十一載歲次壬辰閏三月五日建

朱長文墨池編有此碑碑略云寺創自後魏正光二
載孝文帝之妹入道爲尼及神龍二載僧道瑩奏爲
求泰公主於前件故伽藍置寺一所請以求泰爲名

觀荀望書結體茂密不減蘇靈芝而無書名何也中州金石記

碑建于天寶十一載稱年爲載是也今文云貞觀二
載神龍二載當時元宗自欲變年爲例未嘗易及祖
制又文稱隨仁壽二載并前代亦追改之緇流不學
輒還就至此多寶佛塔碑亦云天寶元載岑勛之失與此并同隋字仍作隨
當日金石之文二字通用授堂金石跋

按碑云寺創自後魏正光二載即孝明帝之賢妹
也賢妹之稱始見于此明帝之妹是世宗宣武皇
帝之女魏書不立公主傳故無可攷據河南通志

載永泰寺在登封縣城西太室之右云是後魏孝文帝公主焚修地則誤矣魏書明帝紀明帝以延昌四年正月即位二月庚辰尊皇后高氏爲皇太后己亥尊胡充華爲皇太妃三月甲辰朔皇太后出俗爲尼徙御金墉此公主不知是太后所生否耶八月丙子尊皇太妃爲皇太后臨朝稱制至正光元年七月侍中元乂劉騰矯皇太后詔以帝年巳長敬遜別宮乃幽皇太后於别宮至二年永泰公主入道爲尼史雖無可攷然觀當時朝政若此則高太后之出俗與公主之爲尼或皆有不安于

其俗之故也

多寶塔碑

碑高七尺九寸廣四尺二寸三十四行行六十六字正書額失搨在西安府學

大唐西京千福寺多寶佛塔感應碑文

南陽岑勛撰

朝議郎判尚書武部員外郎琅邪顏眞卿書

朝散大夫檢校尚書都官郎中東海徐浩題額

粤妙法蓮華諸佛之秘藏也多寶佛塔證經之踴現也發明資乎十力宏建在於四依有禪師法号楚金姓程廣平人也祖父並信著釋門慶歸法胤母高氏久而無妊夜夢諸佛覺而有娠是生龍象之徵無取熊羆之兆誕彌厥月炳然殊相岐嶷絕於葷茹髫齔不爲童遊道樹萌牙聳豫章之楨幹禪池畎澮涵巨海之波濤年甫七歲居然厭俗自誓出家禮藏探經法華在手宿命潛悟如識金環總持不遺若注瓶水九歲落髮住西京龍興寺從僧籙也進具之年昇座講法頓收珍藏異窮子之疾走直詣寶山無化城而可息尔後因靜夜持誦至多寶塔品身心泊然如入禪定忽見寶塔宛在目前釋迦分身遍滿空界行勤聖現業淨感深悲生悟中淚下如雨遂布衣一食不出戶庭期滿六年誓建茲塔既而

許王瓘及居士趙崇信女普意善來稽首咸捨珍財禪師以爲輯莊嚴之因資爽塏之地利見千福默議於心時千福有懷忍禪師忽於中夜見有一水發源龍興流注千福清澄泛灩中有方舟又見寶塔自空而下久之乃滅卽今建塔處也寺內淨人名法相先於其地復見燈光遠望則明近尋卽滅竊以水流開於法性舟泛表於慈航塔現兆於有成燈明示於無盡非至德精感其孰能與於此及禪師建言雜然歡愜負畚荷插于橐于囊登登憑憑是板是築灑以香水隱以金鎚我能竭誠工乃用壯禪師每夜於築階所懇志誦經勵精行道衆

開天樂咸嘆異香喜歎之音聖凡相半至天寶元載創
構材木肇安相輪禪師理會佛心感通　帝夢七
月十三日　勑內侍趙思偘求諸寶坊驗以所夢
入寺見塔禮問禪師　聖夢有孚法名惟肖其日
賜錢五十萬絹千匹助建修也則知精一之行雖先
天而不違純如之心當後佛之授記昔漢明永平之日
大化初流　我皇天寶之年寶塔斯建同符千古
昭有烈光於時道俗景附檀施山積庀徒度財功百其
倍矣至二載　勑中使楊順景宣　旨令禪
師于花萼樓下迎多寶塔額遂總僧事備法儀

宸睠俯臨額書下降又賜絹百疋　聖札飛毫動
雲龍之氣象　天文挂塔駐日月之光輝至四載塔事
將就表請慶齋歸功　帝力時僧道四部會逾萬
人有五色雲團輔塔頂衆盡瞻覩莫不崩悅大哉觀佛
之光利用賓于法王禪師謂同學曰鵬運滄溟非雲羅
之可頓心遊寂滅豈愛網之能加精進法門菩薩以自
強不息本期同行復遂宿心鑿井見泥去水不遠鑽木
未熱得火何階凡我七僧聿懷一志晝夜塔下誦持法
華香煙不斷經聲遞續烱以爲常沒身不替自三載每
春秋二時集同行大德四十九人行法華三昧尋奉

恩旨許爲恆式前後道場所感舍利凡三千七十粒
至六載欲葬舍利預嚴道場又降一百八粒畫普賢變
于筆鋒上聯得一十九粒莫不圓體自動浮光瑩然禪
師無我觀身了空求法先刺血寫法華經一部菩薩戒
一卷觀普賢行經一卷乃取舍利三千粒盛以石函兼
造自身石影跪而戴之同置塔下表至敬也使夫舟遷
夜壑無變度門劫算墨塵永垂貞範又奉爲
主上及蒼生寫妙法蓮華經一千部金字三十六部用
鎮寶塔又寫一千部散施受持靈應既多具如本傳其
載　勑內侍吳懷實賜金銅香鑪高一丈五尺奉

表陳謝手詔批云師宏濟之願感達人天莊嚴之心義
成因果則法施財施信所宜先也　主上握至道
之靈符受如來之法印非禪師大慧超悟無以感於
宸衷非　主上至聖文明無以鑒於誠願倬彼寶
塔爲章梵宮經始之功眞僧是葺克成之業　聖
主斯崇尔其爲狀也則岳聳蓮披雲垂蓋偃下欻崛以
踴地上亭盈而媚空中晻晻其靜深旁赫赫以宏敞礝
碱承陛琅玕綷檻玉瑱居楹銀黃拂戶重簷疊於畫栱
反宇環其璧璫坤靈贔屭以負砌天祇儼雅而翊戶或
復肩挐擊鳥肘攫修蛇冠盤巨龍帽抱猛獸勃如戰色

有興其容窮繪事之筆精選朝英之偈贊若乃開扃鑰
窺奧秘二尊分座疑對鷲山千帙發題若觀龍藏金碧
炅晃環珮葳蕤至于列三乘分八部聖徒翕習佛事森
羅方寸千名盈尺萬象大身現小廣座能卑須彌之容
欻入芥子寶盖之狀頓覆三千昔衡岳思大禪師以法
華三昧傳悟天台智者尔來寂寥罕契真要法不可以
久廢生我禪師克嗣其業繼明二祖相望百年夫其法
華之教也開元關于一念照圓鏡於十方指陰界爲妙
門驅塵勞爲法侶聚沙能成佛道合掌已入聖流三乘
教門總而歸一八萬法藏我爲最雄譬猶滿月麗天螢

光列宿山王映海蟻垤羣峯噫乎三界之沉寐久矣佛
以法華爲木鐸惟我禪師超然深悟其見也岳瀆之秀
氷雪之姿果脣貝齒蓮目月面望之厲卽之温覩相未
言而降伏之心已過半矣同行禪師抱玉飛錫襲衡台
之秘躅傳止觀之精義或名高　帝選或行密衆
師共宏開示之宗盡契圓常之理門人苾蒭如巖靈悟
淨真真空法濟等以定慧爲文質以戒忍爲剛柔含朴
玉之光輝等旃檀之圍繞夫發行者因因圓則福廣起
因者相相遣則慧深求無爲於有爲通解脫於文字舉
事徵理含毫强名偈曰

佛有妙法比象蓮華圓頓深入真淨無瑕慧通法界福
利恒沙直至寶所俱乘大車其一於戲上士發行正勤緬
想寶塔思宏勝因圓階已就層覆初陳乃昭　帝
夢福應天人其二輪奐斯崇爲章淨域真僧草創
聖主增飾中座耽耽飛簷翼翼薦臻靈感歸　我
帝力其三念彼後學心滯迷封昏衢未曉中道難逢常驚
夜杌還懼真龍不有禪伯誰明大宗其四大海吞流崇山
納壤教門稱頓慈力能廣功起聚沙德成合掌開佛知
見法爲無上其五情塵雖雜性海無漏定養聖胎染生迷
轂斷常起縛空色同謬薝蔔現前餘香何嗅其六形形法

宇繫我四依事該理暢玉粹金輝慧鏡無垢慈燈照微
空王可託本願同歸其七
天寶十一載歲次壬辰四月乙丑朔廿二日戊戌建
勑撿挍塔使正議大夫行內侍趙思偘
判官內府丞車沖
撿挍僧義方　　河南史華□
右唐多寶塔感應碑岑勛撰顏真卿書多寶塔者僧
楚金所造楚金嘗寫法華經千餘部寘塔中今猶有
存者余於士大夫家數見之余亦得其一卷乃乾元
二年肅宗所造卷首佛像絹素畫蹟尙如新也金石錄

顔魯公多寶佛塔碑石刻在西安舊搨完善可讀公書如東方畫像家廟碑感天天道峻風稜射人此帖結法尤整齊但貴在藏鋒小遠大雅不無佐史之恨耳多寶佛塔事在法華經中歷過去未來阿僧祇刼世尊說法此佛卽現寶塔空中贊美大抵皆寓言也佛惟空是以常在常現常滿今以有爲迹求之得無夫之愈遠乎一念發菩提心卽證菩提卽現多寶塔稱善哉人自不見聞耳弇州山人四部稿

有宦秦中者向余言唐碑石皆如玉其字皆直刻八深一二寸如今刻牙小印者然不似今碑但斜掠也

後問之李伯玉亦不盡爾惟此多寶塔等一二碑爲然所以經久不糢糊此是魯公最勻穩書亦儘秀媚多姿第微帶俗正是近世掾史家鼻祖又點畫太圓整筆寫不應若此米元章謂魯公每使家僮刻字會主人意修改波擊致大失真觀此良非誣又因此知顔書是腕著案書案亦大有力倚此爲墻壁則折旋皆如意不致欹斜但作字時少減趣亦便無魏晉天然態耳今世所謂顔書率師此亦以其有墻壁易學故大抵字必帶俗乃入時眼乃盛行書畫跋跋

右顔魯公多寶佛塔碑岑勛文勛旣極言建塔光怪夢寐雲物感應不可致詰之事以及一時人主崇信之篤賜予寵賚如是之隆而魯公又爲大書而深刻之今千有餘年家畜人有其見重於人蓋不但如予之所取以魯公之大節名書而已佛之道果足重於無窮哉蓋當時刺血塗金寫經祈福雖宫禁之嚴亦已靡然爲之降及後世又可知已近代能書如趙文敏公之徒則亦汲汲爲之雖一草廬吳先生不肯奉詔撰文其如衆楚何葉盛菉竹堂稿

顔公之書多矣惟此碑盛傳人間歐陽公作集古錄跋尾而此獨見遺惟趙氏金石錄有之謂嘗寫法華

經千餘部寘塔中士大夫家數見之則楚金之書至宋猶有存者金薤琳琅

魯公正書惟此碑最著以其字比諸碑稍小便于展玩耳碑舊在興平千福寺不知何時移立西安府學中石墨鐫華

岑參集有登千福寺楚金禪師法華院多寶塔詩金石文字記

多寶塔爲魯公少時書魯公書碑遍天下權輿於此此碑以前無魯公書也虛舟題跋

右千福寺多寶塔感應碑康熙中碑石斷銘詞缺佛

知見法爲五字空王可托本顯同六字損歸我無空四字末行缺大夫行內侍趙思七字（潛研堂金石文跋尾）

按碑前題西京千福寺多寶佛塔感應碑唐書地理志京兆府京兆郡本雍州其都初曰京城天寶元年曰西京是西京卽京兆也石墨鐫華云碑舊在興平千福寺興平爲京兆屬縣今撿陝西通志興平縣無千福寺但有多寶寺在縣治東南十五里而不云有塔不知卽千福寺否也撰文者岑勛兩唐書無傳但署南陽而無官位殆未仕也書者顏眞卿結銜云判尚書武部員外郎唐書百官志

兵部尚書一人其屬有四一曰兵部二曰職方三曰駕部四曰庫部龍朔二年改兵部曰司戎光宅元年改曰夏官天寶十一載改曰武部此碑正立于十一載四月則其時新改夏官爲武部也尚書上加判字史志不詳其制據兩唐書顏眞卿傳則其時爲東都採訪判官再轉武部員外郎是所謂判者判採訪不知碑何以云判尚書也新書傳眞卿被害在興元元年年七十六（舊傳云七十七）其生在景龍三年是其書此碑年已四十四虛舟以爲少時書者約畧之詞耳題額者徐浩銜題撿挍尚書都

官郎中新書傳載此官由河陽令爲東都留守王倕表署其府累遷都官郎中舊唐書傳不載此官稱其工艸隸以文學爲張說所器重又云工楷隸肅宗悅其能而不言工篆書新史傳又言其署府將民有妄作符命者浩按篆詰狀果詐爲之則其能篆書宜也碑叙禪師楚金建塔之事大略云靜夜持誦至多寶塔品忽見寶塔宛在目前期以六年建塔既而許王瓘等咸捨珎財時千福有懷忍禪師中夜見一水流注千福中有方舟又見寶塔自空而下久之乃滅卽建塔處也寺內淨人法相

於其地復見燈光遠明近滅天寶元載創構材木感通帝夢敕趙思偘入寺見塔賜錢絹助建修至二載敕旨令禪師于花萼樓下迎多寶塔額至六載乃刺血寫經石函盛舍利造自身石影同置塔下又寫蓮華經千部用鎮寶塔又寫千部散施受持其載敕賜銅香爐高一丈五尺表謝詔荅此建塔之始末也末云天寶十一載四月乙丑朔廿二日戊戌建據通鑑目錄是年四月丁丑朔非乙丑且廿二日戊戌則丁丑朔無疑也天寶元年感通帝夢及二年花萼樓下迎御書塔額此二事個本

紀所不應書郎所謂許王瓘者諱字玉旁當是元
宗諸子而兩史諸王子傳無王許而名瓘者則不
知碑所云爲何人也方外文字多夸張之詞不能
盡覈者大率類是寫蓮華經旣用鎭塔復散施八
開趙明誠所及見者郎此散施之本也岑參詩題
云登千福寺楚金禪師法華院多寶塔盖有塔必
有院塔名多寶經品列于法華宜乎以法華名院
而碑但詳叙建塔不及建院之事文從略也岑詩
云多寶滅已久蓮華付吾師寶塔淩太空忽如湧
出時明主親夢見世人今始知旣空泰山木亦罄

天府貲云云與碑合也

楊珣碑

碑高一丈五尺廣八尺五寸八分二十六行行五十七字隸書額題恒農先賢積慶之碑八字篆書在扶風縣法門寺

□□武部尚書鄭國公碑銘并序

御製御書　皇太子臣亨奉　勅題額是行正書

□□易與　天地准故君子洗心焉夫出處審乎
時然語存乎　道簡易成其大勞謙□於吉□□
□□□有人□□□□□□□公□□□□右相國忠
之父也純孝足以合禮移忠足以和義體仁足以長人
貞固足以幹事包大易之四德□□□□□□莫京□
□□□□□□□□□□□□□□□以嗣者矣公諱珣字仲珣
華陰人也叔虞翦圭自周封晉伯僑食菜受邑君楊氏
族之先也黃雀四環□□□□□□□□□潔白□□
□□□五公四代乘朱輪者兩漢百人門閥之宗也公
曾祖汪隨國子祭酒吏部尚書戴國公㨂　道秉
德□□□□大父令本庫部郎中□沂□三郡守講信
修睦不隕厥問烈考志謙靑城令追贈陳留太守修辭
辯學薄遊以取榮沖用晦德積慶以垂裕□□□□
□有□光公承□□之陰隲體積善之陽報氣稟清明

生而禮樂故藝能無不總博覽無不該嘗讀書至事親
章乃輟卷長歎曰夫子志在春秋□□之□行在孝經
□□□也乃□心所至誓不違親然鳴鶴遠聞招弓屢
辟確乎不拔皆以色養懇辭靑城府君每加誨誘俾之
從政公乃□□□□□面承大人庭訓孝乎惟孝友于
兄弟施於有政是亦爲政也府君乃撫而慰之就成雅
志自是三十餘載非躬薦甘旨不以潔□□□□□□
□□□□□□定非□疾無□□之憂致□養極三牲之
樂富時君子議以爲難及丁家艱哀毀踰制遂結廬墓
左手植松楸郡縣以孝聞服滿名□□□□□□以旌□

行遷延不行者久之或曰生極其養不違親以易身孝本乎仁豈懷寶而迷國又太夫人有哲切之誡乃應命焉換左衛兵曹以□□□州司士轉杭州司士□□□□職及變棘僅起哀麻外除謂楚祿萬鍾末無及已孔門四教庶有立乎乃息心參調優遊者述亭以親□□□□□□□察使察非舉能□□驪武令公□從政也竊中和以息機推誠信以動物草木無夭況人庶乎鬼神知感況豪右也所以堂上鳴琴□□□□□□□□所在□□□□□用公之道行公之志推以一邑持宰　天下亦信然乎神欺輔仁位不充德亭伯勞於

於郡掾仲弓止於太丘□□□□□□□時宰竊位而□歎命之不偶□□□□猶今亭年五十有一開元五載遘疾終于醴武之縣廨公始自解褐應名及乎易簀歸□凡六徙□□□□□□□者三□人者一□□□□□之屯□無愠恚於三黜以之造次必周旋於四科傳曰湼而不緇摩而不磷公之謂矣夫人中山張氏僕射□□□□□□州希□之□女恭儉之德訓□□宮貞信之教行于嬪族命之不造華年早禍以開元二十七年十月十六日合葬于岐陽之安平山南原禮也天寶七載追贈魏郡太守夫人中山郡夫人其孤國忠濟美代業應期王佐則我有　社稷今能衛之我有廊廟今能宰之叶和九功九功惟序平章百姓百姓昭明俾九流衣冠萬邦黎獻丕乃大言曰咸有一德思皇萬年時惟今勞時惟今弼若然者雖我君臣之□□契理運亦乃祖□之訓貽厥門風於是美□□之克家霈眷澤以流慶天寶十二載三月重贈公武部尚書追封鄭國公夫人鄭國夫人所以彰父教子忠君嘉臣節也俾萬載□□□□□□□□□□□□希音則鉅鹿名將空深漢主之懷闕里先師逾愧魯侯之誄銘曰

先王至德訓人惟孝偉哉楊侯獨立名教宏　道

由已聚學依仁悾悾勵節諄諄奉親明惟其物瑎不欺神□□□□□□□□□□□□□顏冉其倫君子委和嵩神屬慶挺生王宰精微亞聖光今前烈毗予大政延賵夏卿追封舊鄭安平原兮岐之陽□□□兮□□鄉□□□兮□□□□冥冥歸兮泉路長獨九京之豐石擠終古兮名揚

天寶十二載歲次癸巳八月□□□□十六日□□□

□□□　此行正書

碑陰題名

洛陽李行之岐山劉唐　同觀紹聖二年四月望日

右唐楊珣碑案唐史宰相世系表楊珣爲友諒子今碑題云志謙子疑史誤珣楊國忠父也故元宗親爲製碑其末盛稱國忠之美云我有社稷尒能衛之我有廊廟尒能宰之叶和九功九功惟序平章百姓百姓昭明其語可謂褒矣豈所謂臨亂之主各賢其臣者㢦碑天寶十二載建蓋後二年祿山起兵又一年國忠被戮矣錄金石

案碑額書恒農先賢積慶之碑云奉勑題者創篆額也關中金石記

右碑在縣北二十二里高原之上揷闕者三之一然

猶有可辨者碑今尺高二丈三尺按今實高一丈一尺志誤寬六尺二寸方趺刻海馬垂雲寬九尺制造鉅麗書法媲美孝經末行有二載癸巳字上下闕知是天寶十二載建立也題額亦工甚歐陽唐書世系楊珣出太尉震之後上谷太守珍生清河太守眞眞生洛州刺史宏農公懿懿生冀州刺史三門縣伯順順生儀同三司平鄉縣公琛琛生梁都通守汪汪生庫部郎中令本令本生昊陵令友諒友諒生宣州司士參軍珣珣生國忠而友亮之弟志謙生蜀州司戸參軍元炎元炎生太眞妃故妃與國忠應爲同曾祖之兄妹而碑云珣之考爲青城令志謙是元炎與珣同志謙所生珣生國忠元炎生貴妃妃與國忠爲同祖之兄妹匪同曾祖之兄妹也此史之誤於世系也碑目汪爲隋國子祭酒吏部尚書戴國公而世系只言梁郡通守此史之誤於職官也貴妃傳言詔爲元炎立宗廟帝自書其碑此因帝有題碑之事贅代作史誤傳珣爲元炎不曾親察此碑爾此史之誤于紀事也嗚呼金石之文不泯於世功豈淺鮮哉碑中孝乎惟孝亦是四字爲句扶風縣志

舊唐書楊國忠蒲州永樂人父珣以國忠貴贈兵部

尙書案職官志天寶十一載正月改吏部爲文部兵部爲武部刑部則十二載追贈應從武部史以爲兵部未詳核也碑稱仲珣華陰人蓋舉其族望故與傳稱永樂有別開元末改年爲載此稱五載或追紀書之授堂金石跋

碑云天寶十二載當郎立碑之年舊唐書天寶十一載正月改吏部爲文部兵部爲武部刑部爲憲部通鑑正月作三月唐六典不載此事新唐書則漏去武部之文又以憲部爲司憲亦誤也以余所見唐碑之稱文部武部者內侍孫府君墓誌銘行文部常選申

堂構撰多寶塔銘武部判官徐浩題額是已攷胡三
省引鄭審天寶故事謂國忠本張易之之子史及通
鑑皆云國忠爲易之之甥今此碑云珣夫人中山張
氏與史合其云叔虞翦圭自周封晉伯僑食菜受邑
君楊按漢揚雄傳其先出自有周僑者以支庶初食
采于晉之揚因氏焉則伯僑乃揚之祖其字從手不
從木自雄而外別無揚氏今叙珣先世而述揚氏之
先妄矣又貴妃傳謂是元炎之女國忠傳謂是妃之
從祖兄參以宰相世系表國忠高祖汪曾祖令本令
本三子曰昊陵令友諒曰志謙曰志詮昊陵者武后

爲其父墓所立石也友諒乃珣之父而國忠之祖志
謙則元炎之父而妃之祖也是妃爲國忠之再從妹
今此碑乃以志謙爲珣父葢國忠當日倚恃戚畹以
作威福引而近之冒稱與妃同祖元宗蔽惑爲其父
製碑遂據其所稱者書之耳金石録反以史爲誤此
過信碑文矣又表于汪書隋梁郡通守而碑云國子
祭酒吏部尚書表于志謙不書官而碑云青城令恐
碑辭皆不足信也蛾術編

案楊珣碑云志謙生珣珣生國忠是國忠與貴妃
爲同祖兄弟及以宰相世系表校之令本生友諒
志謙而友諒生珣珣生國忠志謙生元炎兄弟三
人元炎生貴妃是與國忠爲同曾祖兄弟國忠傳
亦言國忠爲太眞妃之從祖兄葢新書表傳並以
珣爲友諒子也然碑立于當時且出元宗御製自
當以碑爲正惟珣若爲志謙子則元炎兄弟當有
四人珣之行次不知何屬而友諒或無後未可知
也又新書貴妃傳云徙籍河中遂爲永樂人而碑
云華陰人及珣之塋所又在岐陽殆從宦遷徙不
常厥居之故歟若夫碑額云宏農者從族望也貴
妃本元璬長女明皇以壽邸之嫌其冊妃也謂爲

元炎少女考之史葢幼養叔父家此少女之文所
由假借歟至碑云夫人中山張氏當是易之之女
故國忠傳謂其所自出耳傳言深山大澤實生龍
蛇武張之亂輾轉歷數十年而禍水益烈必至邪
之杌棿而後已也氣燄之所取可不畏哉

又按碑題武部尚書鄭國公所題官與爵皆天寶
十二載三月所贈唐書宰相世系表皆略而不載
但稱珣爲宣州司士參軍而已又碑載天寶七載
先贈魏郡太守表亦不書若謂表但書生前所歷
最後之官則碑稱終元武令之縣廨是其官終於

元武令也其末令元武之先碑有云換左衛兵曹以口州司士轉杭州司士以表證之其所泐之州名當是宣州則亦在杭州之先不知表何獨有取於宣州也碑是御製御書而皇太子亨奉勅題額太子即肅宗也額題恒農從其族望而下有先賢積慶字題額而有褒頌之詞者始見于此碑稱夫人中山張氏僕射闕下州府口之口女舊書國忠傳則天朝幸臣張易之即國忠舅也新傳云國忠張易之之出也爾雅釋訓男子謂姊妹之子爲出則國忠爲張易之之甥夫人爲易之之姊妹新書張

易之附見行成傳云追贈易之父希臧爲襄州刺史則碑所泐者乃襄州刺史希臧也末題天寶十二載歲次癸巳八月口口口十六日闕下是月己巳朔十六日爲甲申可以補碑之泐也

劉感墓誌銘

石高一尺二寸七分廣一尺二寸四分廿三行行廿三字行書

唐故雲麾將軍左龍武軍將軍彭城劉公墓誌銘序并

河東進士李震撰

集賢院上柱國安定郡席彬書

猗夫乘間氣孕淳精扇風雲盪河岳體五行之秀應三才之靈者緊 我劉公而是焉 公諱感彭城人也曾祖諱存隱德不仕耽逸丘園 祖諱晃父因子貴克大吾門 皇朝贈南陵郡司馬 公清德難倚至理可師屬 我皇撥亂之開元也 公提劍以從扶戈而先附 鳳高翔攀 龍潛躍遂使羣兇泥首萬方革面解褐授翊麾副尉行興州大挑戍主遷右衛寧州彭池府左果毅靈鑒洞照應變知微命偶 聖君職參都尉又改昭武校尉行左衛陝州曹陽府折衝轉左領軍衛同州襄城府折衝參謀帷幄之中制勝樽俎之右無何拜寧遠將軍左武衛翊府右郎將又遷明威將軍右

龍武翊府中郎將公位階鴻漸官達虎賁騰凌建信之名標雅公幹之氣轉雲麾將軍左龍武軍將軍上柱國進封彭城郡開國伯食邑七百戶 皇帝乃命圖形麟閣賜印雲臺公侯伯子之榮封河山茅土貝胄朱綬之貴列長戟高門忽興逝水之悲終銜過隙之歎以天寶十二載二月廿一日薨於永興里之私第春秋七十一以其年十月廿日葬於咸寧縣黃臺鄉之原禮也嗚呼地埋勇骨天落將星蕭瑟松門悽涼薤挽嗣子秀等哀哀血淚欒欒棘心願頌惟家之風以篆他山之石

銘曰

三秦甫九泉窟鶴報地兮潛恍惚森拱木闇荒墳人瘞
玉兮碎氤氲
誌石近出土完好前列河東進士李震撰宰相世系
表列震泉州刺史（案表又有震起居郎未知孰是）集賢院上柱國席
豫書舊唐書職官志有集賢殿書院即誌所稱集賢
院也院設官各有職任不聞以勳官備員蓋亦志文
所闕與劉感誌稱其當元宗撥亂之開元提劍以從
遂使羣兇授首云云開元元年秋七月甲子太平公
主及岑義蕭至忠竇懷貞謀反伏誅感當時從討立
功始基於此誌所書感歷轉階職由從七品下進正

六品上又進正五品下又進從四品下最後轉從三
品上無一越級者攷感初從元宗撥亂事定僅授翊
麾副尉蓋非有殊勳可紀如碑所云殆亦子孫文飾
之辭欲耀於人與黃臺鄉見元載傳稱萬年縣界此
作咸寧地里志萬年天寶七載改為咸寧乾元復舊
此當天寶十二載故依改名元載當大歷十二年故
仍舊稱也史例之嚴如是惟大桃戍新舊書地里志
皆遺此名其屬何州不可攷矣（授堂金石跋）

香積寺經幢

（幢高三尺八面每面廣五寸作四行行書今已斷僅存下截字數無考正書）

香積寺施燈功德經幢

施燈功德經（不錄文）
（闕）陽府折衝□□□□□□□如□（下闕）
此書在香積寺行草亦勁逸（石墨鐫華）
右碑題首缺二字下云施燈功德經空五字又云齋
世耶舍譯後云天寶十三載正月十五日左驍衛漁
陽府折衝（下闕）姜如珍等同建按經文義勸人施燈于
塔院者有全照一階道二階三階四階或及塔身一
級二級以至多級一面二面乃至四面等語且有不
空羂索經云云字畫近褚河南碑在香積寺中（金石補錄）

金石萃編卷九十

賜進士出身　誥授光祿大夫刑部右侍郎加七級王昶譔

唐五十

孫志廉墓誌

石高二尺五寸七分廣二尺四寸二分二十四行行二十四字正書今在蘇州靈巖山館

唐故內侍省內常侍孫府君墓誌銘　并序

朝議郎行陝郡平陸縣尉申堂構撰

文林郎行文部常選上柱國南陽韓獻之書

公諱志廉字惠達富陽人也昔史稱帝業飛龍欝起於江東漢辟賢臣易道超來於北海彼德高致遠者蓋則其先故知族茂慶流祢蒙洎□□□之□□□□之第六子也承家之績克奉徽猷風姿璨然自𢘻及長智識天與藝能師資既得時以自致寔負才而見□服勤就養竭力盡忠承顏不違虔心至孝居公守道在職惟賢適褐授儒林郎拜內謁者監陟資驟進俄遷朝議大夫守內常侍朱紱弈弈儀容堂堂言語侍從之臣左右中涓之任淑慎攸止咸當　聖情君恩曲臨殊私荐及出入鴛鸞之殿栖遊日月之宮躡紫蕩於香街捧金輪於馳道者蓋得其忠爲公以勢莫久居了眞空而是觀所歸正信悟即有而得離于以遐短道長功存已沒天寶

十二載十一月十一日寢疾終於咸寧縣來庭里之私第時春秋五十二夫人則天水郡君趙氏之女作嬪叶禮于飛有光先夫亡沒三歲而已即以明年夏六月八日合葬我府君夫人于長樂原之禮也　天子以舊臣可重軫念于懷既贈之以粟帛復爰申于弔祭匪事之日人力借供嗚呼生榮沒哀身沈譽在繐帷已故石槨猶新掩泉戶以空幽處葉田之有變將刻石以斯著庶不爲冥冥君者乎乃作銘曰

名家令族孝子忠臣禮義及物賢良立身欝欝芳猷堂堂雅重白珪無玷玉卮有當官因德建寵自勤榮侍衛宮禁輝光日生上壽未央於爲卒歲落影西沉巨川東逝白日晝短黃泉夜長佳城寂寞原野悲涼美石已刊功名□□□□□游千秋不□

右內侍省內常侍□府君墓誌銘今在咸陽縣文字完好而府君之姓獨剝落誌□□□□之第六子亦闕三字蓋爲人椎去攷其文云史稱帝業飛龍欝起于江東漢辟賢臣易道超來于北海疑其族出孫氏也志廉官中常侍階止正五品下生平無他表見既沒之日詔贈粟帛申之弔祭喪事人力借供於是知明皇之寵宦者踰越常制以啓一代閹豎之禍所由

來漸矣唐六典無文部常選之名舊唐書職官志天寶十二載改吏部爲文部新書亦同斯碑立于天寶十三載故曰文部所謂常選者不知何官攷宰相世系表有吏部常選又有兵部常選意其爲選人之稱爾銘詞云堂堂雅重蓋雅量之訛與下玉巵有當協韻矣堂構丹徒人有詩名殷璠選其詩入丹陽集史稱其爲武進尉不云平陸尉也潛研堂金石文跋尾

此碑向在農家乾隆四十三年余以數千錢買之今移置靈巖山館庶免村童敲火牧牛礪角之菑也中州金石記

銘文字完好錢少詹事攷宰相世系表有吏部常選又有兵部常選者意其爲選人之稱予案唐書選舉志由學館者曰生徒由州縣者曰鄉貢皆升於有司而進退之云云此歲舉之常選也蓋韓獻之先有勲階又就歲舉而隸於文部故曰常選也與又敘云公諱志廉字惠達富陽人也適褐授儒林郎拜內謁者監俄遷朝議大夫守內常侍以天寶十二載十一月終於咸陽縣來庭里之私第卽以明年夏六月合葬長樂原案長安志天寶七載改萬年縣爲咸陽縣縣惟胄貴里神鹿里見於志此誌所載來庭里蓋闕錄也長樂原据是縣長樂坡在縣東北僅一十里此稱爲原蓋一地耳釋褐作適雅量作重書石者誤也授堂金石跋

按碑云志廉富陽人富陽孫氏大率皆三國孫吳之裔文所謂吳稱帝業飛龍鬱起於江東者是已至謂漢辟賢臣易道超來於北海後漢有孫賓碩北海人桓帝時賓碩年二十入市遇趙岐疑其非常人載之歸又有孫乾北海人先主爲徐州牧辟爲從事又有孫期成武人習京氏易家貧不仕郡舉方正不顧司徒黃琬特辟之不行此所指不能臆定其爲何人也文稱府君有夫人趙氏而不云其有嗣子不知其經營合葬之事何人主之申堂構有詩名穢錢不收其詩韓獻之名亦不列于書譜皆畧也

劉元尙墓誌

志高廣各二尺五寸七分共二十七行行二十七字行書

大唐故雲麾將軍左監門衛將軍上柱國彭城縣開國公劉府君墓誌銘并序

通直郎前行右武衛騎曹參軍賓忻撰

鴈門田穎書

君諱元尙字元尙彭城人也出自軒黃之後纖乎光武之胤長源遂泒□裔于公焉祖　高道不仕父　居心物外混迹人閒絕粒歸眞澄神息念公稟靈□得風雲之氣感嶽瀆之精茂威有齊與同年而特異弱冠從仕於□衛而超功蔫在　帝心於斯爲美觧褐拜掖庭監作大食市馬使燕王市於駿骨伯樂顧之龍馬遂使三軍迎送萬里循環榮寵是加超公內寺伯也復爲骨利幹市馬崎嶇百國來往三春追風躡而奔騰逐日迴而來獻遂加公謁者監奚首領屈突于侵擾候亭攪亂軍旅公寄奉　綸誥勸公討之則知　聖澤推賢

軍容得士公有坐帷之策剋日摧鋒立計之謀應時瓦觧特拜內侍省公之德也北庭使劉涣躬行勃逆委公斬之又瀚海監臨宣慰四鎭兵士畏愛將帥威攝無何遷雲麾將軍左監門衛將軍攝省事寵　恩極也仍知武德中尙五作坊使　國家寄重珍翫不輕妙盼工輸巧從班氏能爲□□幹得公心出人肅清內外皆美向一十五載考績踰深何必上□下□能無有□况招兗謗徒有鑠詞　聖上委公淸愼特令撫事雖去官祿而不離家得預懸車於茲足矣未錫樓船之號俄聞梁木之歌惟公以天寶十二載八月十一日遘疾薨于金城里之私第春秋六十有八　皇情悲悼朝野增傷以天寶十三載十有一月廿九日窆于龍原府大八禮塋合祔禮也勢搞長原氣連泰嶠崗巒蘩倚宮闕峥嶸嗣子守義常選蘇朔內給事上柱國守志宮教博士並泣血茹荼哀纏繃頻氣添哽咽痛感哮□哀笳斷絕於長空楚挽喧闐於廣陌克誠克信有度有章用展飾終記之金石銘曰

帝軒之胤光武傳家盈門金紫寵幄榮華夫盛必衰有會克離聖人旣則神道何爲物慮推遷迹存不朽勒石題銘同天地久

按碑稱釋褐拜掖庭監作大食市馬使唐六典掖庭局有監作四人從九品下監宮中雜作之事大食者西域大食國也市馬使無專員六典總紀于互市監條下云諸互市監各掌諸蕃交易之事凡互市所得馬駞驢牛等各別其色具齒歲膚第以言于所隸州府申聞太僕差官吏相與受領印記上馬送京師餘量其衆寡並遣使送之任其在路牧放焉其營州管內蕃馬出貨選其少壯者官爲市之是營州市馬之官爲六典所特詳而不及大食并碑下文所云骨利幹市馬尤未詳也碑又云

奚首領屈突于𠊓擾𠊓亭勒公討之又北庭劉涣躬行勃逆委公斬之此二事史皆無攷奚有東西之別與契丹同爲北狄部落若屈突是姓則通志氏族略云本居元朔後徙昌黎家長安久爲内地著姓此言奚之首領似非其族若屈突于是奚酋之名則唐書北狄傳不見其人惟契丹有可突于名與相似而迥非其人不能攷也碑又云知武德中尚五作坊使六典少府監有中尚署左尚署右尚署之官其官名始于梁置左中右尚方三令丞唐制省方字但曰中尚左尚右尚然中尚署官但

有令一人丞四人監作四人未嘗有五作坊使及武德中尚之名目且題有上柱國彭城縣開國公之勳爵文内亦不詳其加于何時末云𡈼子龍原府大人舊塋合祔龍原府未詳所謂舊塋不知其先世何人之塋也

高乾式造象碑

〔碑高三尺六寸中刻凸起佛像四邊題名正書在齊寧州興文鎮俗呼平頭店〕

心主高乾式爲亡考妣敬造神碑一所上爲國王下及師僧父母七世先亡見存眷屬同登正覺〔左行〕

祖高𠆢妻李　留珎妻董□珎男神應妻顔男章女二娘　妻翁郭原妻馮　乾式妻翁丁忠信□妻成公

□薛元宣姊二娘夫謝方運　□□□□□

男神度妻趙

劒男子雲

亡男皈僧

女四娘

度亡男仏奴

男留留

女五娘　□妻韓

碑側

施主韓万歲　施主　施希善

維天寳十三載歲次甲午閏十一月壬戌朔廿四日建立〔右行〕

造碑人檀如洛

按碑中佛像突起其餘人名甚多佛像下皆刻小兒形亦凸起而無首聞碑向在洿池中居人每見羣兒戲月下逐之輒入水竭其池得碑移入寺又見羣兒從寺門出遂琢其首怪乃絕〔齊寧州志〕

右高乾式造像碑在興文鎮佛寺大雄殿西階下余於乾隆乙未七月初見是碑詢土人云乾隆初掘地

得之見有佛像因樹于此亦不知爲唐物也余摩挲久之得其歲月戊戌三月始拓數本以歸李東琪記

右碑額間刻像一軀中分二層亦刻佛像左邊題心主高乾式云云右邊題唯天寶十三載云云餘皆施主姓氏惟中有小楷一段皆漫滅不可詮次山左金石志

按此碑額刻佛像一軀碑中分上下二層上層刻佛像二列上一列佛像五軀極詭怪下一列佛像居中立者一左右侍者六下層中幅上下二列上列像三軀上施幃帳下列像三軀右幅四列上下二列各像二軀中二列各像五軀左幅三列上下

二列各像二軀中一列像分兩節共十軀像極小濟寧州志誤以爲小兒形也像首俱完好但模糊不分眉目州志以爲琢其首怪乃絶者亦非其題字繞左右兩邊及碑中下層中幅之左右連及左幅之上列及于兩側蓋此形式與諸造像碑異也題名中造像人六字特大餘皆小字凡佛門檀護稱之日主如像主經主齋主施主之類獨此碑謂之心主殆與普照寺經幢所稱發心主之義同也題名皆一家眷屬其中有妻名戌公者男名酋酋者爲可異

東方朔畫贊碑

碑連額高一丈一尺二寸廣四尺五寸五分厚九寸四面刻連陰共三十六行行三十字正書額題漢大中大夫東方先生畫贊碑十二字篆書在德州

漢太中大夫東方先生畫贊并序

晉夏侯湛撰

唐平原太守顔眞卿書

大夫諱朔字曼倩平原猒次人也魏建安中分猒次爲樂陵郡故又爲郡人焉事漢武帝漢書具載其事先生瓌瑋博達思周變通以爲濁世不可以富貴也故薄遊以取位苟出不可以直道也故頡頏以傲世傲世不可

以垂訓也故正諫以明節明節不可以久安也故詼諧以取容潔其道而穢其跡淸其質而濁其文弛張而不爲邪進退而不離羣若乃遠心曠度贍智宏材倜儻博物觸類多能合變以明筭幽贊以知來自三墳五典八索九丘陰陽圖緯之學百家衆流之論周給敏捷之辯支離覆逆之數經脉藥石之藝射御書計之術乃研精而究其理不習而盡其功經目而諷於口過耳而闇於心夫其明濟開豁包含弘大陵轢卿相嘲哂豪桀籠罩靡前跆藉貴勢出不休顯賤不憂感戲萬乘若寮友視儔列於草芥雄節邁倫高氣蓋世可謂拔乎其萃遊方

之外者也談者又以先生噓吸沖和吐故納新蟬蛻龍
變棄世登仙神友造化靈爲星辰此又奇恠忽恍不可
備論者也大人來守此國僕自京都言歸定省覲先生
之縣邑想先生之高風徘徊路寢見先生之遺像逍遥
城郭觀先生之祠宇慨然有懷乃作頌焉其辭曰
矯矯先生肥遁居貞退不終否進亦避榮臨世濯足希
古振纓涅而無滓旣濁能清無滓伊何高明克柔能清
伊何視汙若浮樂在必行處儉冈憂跨世淩時遠蹈獨
遊瞻望往代爰想遐蹤邈邈先生其道猶龍染迹朝隱
和而不同棲遲下位聊以從容我來自東言適茲邑敬

問墟墳企佇原隰墟墓六年精靈永戢民思其祀祠宇
斯立徘徊寺寢遺像在圖周旋祠宇庭序荒蕪榱棟傾
落草萊弗除肅肅先生豈焉是居是居弗形悠悠我情
昔在有德冈不遺靈天秩有禮神鑒孔明髣髴風塵用
垂頌聲

碑陰

碑陰記正書額題有漢東方先生畫贊碑陰之記十二字隸書

東方先生畫贊碑陰記

唐平原太守琅邪顔眞卿撰并書及題額

東方先生畫贊者晉散騎常侍夏侯湛之所作也湛

字孝若父莊爲樂陵太守因來覲省遂作斯文贊云
大夫諱朔字曼倩平原厭次人魏建安中分厭次爲
樂陵郡又爲郡人焉厭次今移屬樂安郡東去祠廟
二百里故厭次城今在平原郡安德縣東北廿二里
廟西南一里先生形像今則揑素爲之并二細君侍
焉郡嘗爲德州其贊開元八年刺史韓公思復刻于
石碑眞卿去歲拜此郡屬殿中侍御史平公冽監察
御史閻公寬李公史魚右金吾胄曹宋公謇咸以河
北採訪使東平王判官巡按狎至眞卿候于境上而
先生祠廟不遠道周亟與數公泉家兄淄川司馬曜

卿長史前洛陽令蕭晉用前醴泉尉李伯魚徵君左
驍衛兵曹張璲驎遊尉韋宅相朝城主簿韋夏有司
經正字畢燿族弟渾前參軍鄭悟初同謁拜退而
遊于中唐則韓之刻石存焉僉歎其文字纖靡駿𢫬
生金卌年間已不可識眞卿於是勸諸他山之石益
取其字大可久不復課其工拙故援翰而不辭焉至
若先生事跡則載在太史公書漢書風俗通武帝內
傳十洲記列仙神仙高士傳此不復紀焉有唐天寶
十三載季冬辛卯朔建

河北道德州安德縣東方朔廟在縣北四十里係祀

興唐大歷中刺史顏眞卿重鐫夏侯湛讚碑見存太平寰宇記

右東方朔畫贊晉夏侯湛撰唐顏眞卿書贊在文選中今較選本二字不同而義無異也選本曰棄俗登仙而此云棄世選本曰神交造化而此云神友　右畫贊碑陰唐顏眞卿撰并書湛贊開元八年德州刺史韓思復刻于廟天寶十三年眞卿始別書之集古錄

顏魯公平生寫碑唯東方朔畫讚爲淸雄字間櫛比而不失淸遠其後見逸少本乃知魯公字字臨此書雖大小相懸而氣韻良是非自得於書未易爲此言也東坡集

東方朔倩畫贊昔魯公守平原時爲書今其石刻刓剝後世復爲摹搨以傳然魯公于書其神明煥發正在筆畫外若參朱墨而印于石者此待詔書爾果有道耶公之幸今猶存者更數十百年後石破字缺人間所得皆其傳摹見者必唾而笑之其書不足傳也廣川書跋

東方畫像贊碑陰記顏魯公書石刻在陵縣陵卽古平原郡也故城址猶存今僅三之一耳碑已再刻余所得乃舊本雖小模泐然其峭骨逍氣淪鬱奮張亦足作易餘子弇州山人稿

此碑在山東陵縣王元美曾得舊本余所收乃長安故家者小小磨泐當與元美家搨本同書法峭拔奮張固是魯公得意筆也元美謂東方生蹟固奇詭夏侯文亦有壺公薊子意獨公書嚴整未稱不若留右軍寫其情性可也余則謂魯公以忠義而好神仙小說載公歿后指甲金色透出手背又寄家人手書事雖涉怪誕而亦可以證公深于神仙之術回東方生千載至契也然其筆却無物外姿態不如書汾陽家廟大是本色石墨鐫華

此碑久毀東明穆先生得古搨重刻之石其期立等字多譌想其元搨漫滅者時有之矣余前過平原留意蹤跡之迄不可得後乃購得此本字更明悉何嘗有譌字且其篆題兼存尤古雅峻峭全無鈍質俗態此時陽冰稱爲高手乃其文采風流不及此十二字也其贊字眎顏他書獨瘦勁恬適與家廟碑相上下蓋公中年制作最爲得意想此搨在穆先生所收數百年之前可見世之罕物時時在人家但不易過耳

余旣得先生畫贊自記希有之遇矣其後又得此記字比畫贊更大而筆尤豐偉鋒芒轉換一一如新發

搨更在前者遂成完璧其題乃八分魯公分書更少
見九可寶也記稱廟象捏素爲之二細君旁侍風流
可想而書之年爲天寶十三載亂在目前而平闇李
宋四公又以北平王判官巡按抑至然魯公兄弟又
伺其旁則亂萌節兆又相參錯可爲有國之永永鑒
公所爲掊韓君開元八年之新碑而大書之者非亟
也關係治亂當傳之百代耳 墨林快事
右記晉夏侯湛撰顏真卿書唐諱御名凡書行文至
無可避處往往缺一筆以存其意魯公于此託民字
一見則缺末筆世字三見宏字一見皆不缺且此記

載昭明文選中集古錄云較選本二字不同而義無
異按選本曰神交造化此云神友選本云棄俗登仙
此云棄世登仙夫因避諱而改古人之文或有之矣
此則改前文以犯諱何也 金石後錄
魯公書如家廟元靜等碑皆其晚歲極矜練作此碑
書於天寶十三載距貞元元年七十有七爲李希烈
所害尚三十有二年則此爲四十五歲時所作乃其
盛年書故神明煥發而時出姿態不失清遠耳 東
坡謂魯公此碑字字臨逸少雖大小不倫而氣韻良
是按右軍爲王脩書東方朔畫贊脩死其母以其生

平所愛納之棺中則知右軍書不傳久矣故常捉以
爲僞而董廣川亦謂後人爲之託逸少以傳今觀魯
公後記云取其字大可久不復課其工拙厚自謙抑
明是自書又其文字與右軍所書多不同決知其非
臨右軍書矣安世鳳墨林快事謂此碑久毀東明穆
先生得古搨重刻之故其斯立等字多譌據此則此
碑今爲重刻然較文選所載原文惟弃俗作棄世神
交作神友耳此外絕無譌字不省安氏所云多譌者
是何刻也或其所見是南渡後榷場所市覆本亦未
可知碑首兩額皆魯公所題前贊不書互見耳安氏

稱十二字古雅峻拔陽冰手所不及未免譽過其實
此書方整實不及陽冰余以魯公篆隸絕少故并臨
之 按舊唐書楊國忠怒公不附己出爲平原太守
平原去范陽不遠爲祿山東戶是時祿山反兆已萌
公託霖雨脩城池料丁壯儲廩實乃陽會文士泛舟
外池飲酒賦詩祿山以爲書生易之遂不爲防而竟
爲公所困此碑立于天寶十三載距祿山之反一載
耳而斤斤爲此不急之務大書深刻惟恐後時蓋即
當時飲酒賦詩之意明示祿山以書生所急不過如
此使祿山以爲不足慮而後可圖大討耳蓋公之用

意淡曲一至于此千百歲後攬此碑者但賞其書法之佳豈知公之苦心有不可明言者哉余故特表而出之竹雲題跋

碑陰記云殿中侍御史平公列等咸以河北採訪使東平王判官巡按狎至眞卿候于境上而先生祠廟不遠道周亟與數公同遊茲廟舊唐書安祿山傳引平洌李史魚在幕下以此記推之又有閻寬宋晉二人與平李並爲判官則祿山包藏禍心壁後置人益其彩哉曜卿見杲卿傳開元中與兄春卿弟曜卿並以書判拔萃超等者畢燿見酷吏敬羽傳與毛若虛裴昇畢曜同時爲御史又敍臣裔琳傳郭子儀表琳朔方府掌書記與聯舍畢曜相掉訐宰相世系表曜侍御史今碑作燿不從日按唐書畢構傳子炕世系表抗與曜爲一格疑皆從火碑所書爲正杜集存歿口號畢曜仍傳書小詩曜一作耀亦燿之轉授堂金石跋

右畫贊文凡二十二行碑陽十八行和而不同倭遲此碑陰四行下位聊以從容起後刻記文十四行陵縣志載東方先生祠在神頭店卽漢之歌次縣也顏書八分惟見此碑山左金石志

東方朔畫象讚云大夫諱朔平原厭次人魏建安中分厭次爲樂陵郡故又爲郡人焉厭次今移屬樂安郡東去祠二百里故厭次城在今平原郡安德縣東北二十二里廟西南一里攷漢志無厭次益高祖功臣表有厭次侯爰類是起於楚漢間後省後漢明帝始更富平爲厭次非朔之里居也唐志以厭次移屬棣州樂安郡卽後漢富平故去祠廟轉遠其厭次故城在平原郡安德縣東北者是爲朔之故里而廟亦隸焉樂史太平寰宇記河北道德州安德縣東方朔祠在縣東四十里唐刺史顏眞卿重鐫夏侯湛贊現存于欽齊乘東方朔墓在德州東四十里古厭次城北祠在墓南顏魯公書畫贊立碑祠下今碑移州署顧炎武云今在陵縣署內顏公云去安德二十二里樂史于欽云四十里小參差碑陰記云其像則捏素爲之以兩細君侍焉按朔傳注以細君爲朔之妻又宋常陽妻龍氏輔女紅餘志序稱爲細君今言有兩細君則爲妾矣又玉臺新詠云漢武帝元封中以江都王女細君爲公主嫁與烏孫昆彌至國則細君似亦通稱蛾術編

畫贊碑陰記云先生事跡載在太史公書漢書風俗通按太史公書無東方朔傳褚少孫附益史記滑稽

傳則有之似當作續太史公書 梁玉繩清白士集
按碑今在濟南府陵縣今之陵縣在唐時謂之安德縣隸德州平原郡屬河北道兩唐書顏眞卿傳但言爲宰相楊國忠所惡出爲平原郡太守而不詳何年據此碑云去歲拜此郡則是天寶十二載也眞卿書多寶塔碑結銜爲武部員外郎時天寶十一載而傳載平原太守在武部員外之後尤足爲十二載之證傳又云安祿山逆節頗著眞卿以霖雨爲託修城浚池陰料丁壯儲廩實乃陽會文士泛舟外池飲酒賦詩或譖於祿山祿山亦密偵之以爲書生不足虞也十四載祿山果反河朔盡陷獨平原城守具備乃使參軍李平馳奏之元宗初聞祿山之變嘆曰河北二十四郡豈無一忠臣乎得平來大喜顧左右曰朕不識顏眞卿形狀何如所爲乃如此云云此碑立于天寶十三載在祿山反之先一年正魯公陽會文士飲酒賦詩之時也而完城浚池等事亦卽在此一年之內所謂祿山亦密偵之者殆卽碑陰所記平冽諸人乎設使此碑不書則過此一年遂不及作矣古今名蹟之傳誠有數存非偶然也書象贊先有開元八年刺

史韓思復碑自有魯公此碑而韓碑遂不復可攷傳稱陽會文士飲酒賦詩今檢魯公詩集祇一卷而平原詩無一存者知遺佚不傳者多也

哥舒翰紀功殘碑

碑前後缺高九尺六寸三分僅存廣四尺五分十行行三十三字隸書

缺皇之德施化眸兖墜經綸象雲雷日月所臨之缺遠
缺也憬□□夏其惟犬戎聚落猖狂保聚山谷故聖王
之缺則懷缺舊章特申約言載錫姻好缺斶德缺也潛
逆約而反間缺軍士缺未加缺乃親缺敗謀缺大□水
缺德□□扳缺舉而定缺也武有七德今則過之而頌
聲無聞何以□ 聖策謀從缺頌曰缺

按此碑題哥舒翰紀功碑文殘缺僅存一百餘字可讀者曰德化侔兖墜經綸象雲雷云云數語而已不知所紀何功且不見立碑歲月兩唐書哥舒翰傳翰之先蕃突騎施酋長哥舒部之裔世居安西自被召入朝拜鴻臚卿爲隴右節度副大使踰年築神威軍青海上與吐蕃戰攻破之由是吐蕃不敢近青海天寶八載詔翰以朔方河東羣牧兵十萬攻吐蕃石堡城三日而下遂以赤嶺爲西塞開屯田備軍實加特進賜賚彌渥十一載加開府

儀同三司進封涼國公兼河西節度使攻破吐蕃洪濟大莫門等城收黄河九曲以其地置洮陽郡築神策宛秀二軍進封西平郡王賜音樂田園又賜一子五品官碑將賞拜有差其立碑紀功似當即在此時嗣後不久爲天寶十四載安祿山反翰移兵潼關戰敗降賊不復有功可紀矣更以唐書吐蕃傳證之吐蕃自中宗景龍三年和親金城公主下嫁後聘使往來國以赤嶺爲界表以大碑刻約其上詔張守珪分諭劍南河西州縣自今和好無相侵暴迨金城公主薨後未久吐蕃乃悉衆入

寇攻振武軍石堡城天寶元年戰青海明年破洪濟城又明年帝以哥舒翰節度隴右翰攻拔石堡更號神武軍禽其相兀論樣郭又破洪濟大莫門諸城收九曲故地列州縣實天寶十二載于是置神策軍於臨洮西澆河郡於積石西及宛秀軍以實河曲後二年蘇毗子悉諾邏來降封懷義王賜姓李氏此是十四載事然則此碑所紀正是洪濟大莫門之戰收九曲故地之功碑中所謂約言姻好通約反間等語多與此合碑後云武有七德今則追之而頌聲無聞似是追將紀哥舒翰功而因以頌君德也杜工部亦有投哥舒翰詩云當代麒麟閣何人第一功意亦此時所作其後翰守潼關與祿山戰敗爲其所獲至于俯伏謝罪且爲祿山作書勸降三節度使其喪節無恥如此工部草堂集未經手定故留此詩于集中未免譽詞過當也碑或立于天寶十二載或在十四載悉諾邏來降之時皆不可知今姑附于十四載後此碑得者絶少昶官關中德清宋維藩在陝甘制府幕中購以見貽未詳立碑所在諸金石家多未著録惟鄭氏通志金石略載此碑云在熙州宋之熙州臨洮郡

今爲甘肅蘭州府在唐初爲蘭州地天寶中置狄道郡後改蘭州爲臨州屬隴右道至肅宗寶應年即淪入吐蕃號武勝軍矣或此碑所在仍是甘肅蘭州不知何縣

金石萃編卷九十一

賜進士出身　誥授光祿大夫刑部右侍郎加七級王昶譔

唐五十一

張安生墓誌

石高廣俱二尺五寸二十八行行二十九字正書　蓋題大唐故張府君墓誌銘九字篆書在西安府

唐故雲麾將軍行右龍武軍將軍上柱國開國侯南陽
張公墓誌銘并序
鳥能飛万里其有鵬乎魚能吸百川其有鯤乎夫鯤鵬
之處者非滄海而不居非扶搖而不動豈秋潦夕吹而
能加其志焉士有佐世之材者非艱難而不投非　明
君而不事豈升筲凡類而能効其節焉則我　南陽張

公功可著矣公諱安生譜嫉清華門多高士漢有留侯
秘略晉有司空博識累葉冠冕蟬曜相繼祖諱泰考諱
貞並儔素隱躬遁跡不仕田園蘊　道於高尚詩書藝
德於風雅後曰公列爵追贈孝扶風郡司馬父因子貴
以忠彰孝公駿骨天資儁皃神秀拔奇材於衆外先武
略於群石景雲中屬韋氏竊權群凶暴溢擾我黔庶殘
我　王室公乃叶忠謀爲佐朝識　潛龍必躍於雲霄
知牝鷄伏誅於斧鑕提一劒而直入掃九重以殄讒拜
清京兆之　天重捧長安之　日謀深於周邵功越
於平勃古往已來莫之与疋公以功高職卑者志士之
讓初退後進者達人之漸故辭公侯之封就戈戟之仕
畢能身榮於紫綬門曜於丹戟得馮異大樹之名免籍
何小過之責有始有卒其惟公乎遂解褐授果毅二遷
折衝一拜郎將再轉中郎畢于龍武將軍矣食邑九百
戶公歷官無虧公務百要處事有則人莫能犯或　帝
居內宮則警衞嚴肅或　駕行外仗則旗隊克齊其動
也若鷹鷙迴迅其止也狀師虎群㸃電轉星流比其速
雲迴霞卷虜其事暨乎晚載自強不息者繄公而□以
天寶十三載冬十一月十日扈從鑾于昭應縣之官第

也享載七十有一初公染疾城中將□湯所左右留勸
作色不從曰吾亦知難保者命促殞隨□君側以表忠
誠亦知易歿者身促死在營間用彰勳節使魂歸　帝
鄉之路心存　皇闕之下獺之足矣汝等勿違言畢扶
疾卽行到遂終彼所謂臨事無苟懼臨困無苟免及迴
輿于路誰不傷悼嗣子庭訓等侍疾而捧藥淚枯返柩
而攀輿氣輟夫人太原郡君王氏先公近歿苦蘆猶新
縗絰重舉泣地未絕號天更哀又以翌載春二月十二
日朔兆塋于龍首原之禮也素墳上築而永固靈堂下
瑩而深堅白雲孤飛招將軍之勇氣綠栢旁植表武士

之高節恐陵谷有遷刻銘以記銘曰
鷙之迅兮飛巳絶士之勇兮謀且决臨難不懼兮忠臣
節奉我　明后兮誅暴㚇鶺鴒貴兮鴈行列花萼忽凋
兮一枝䂍獨有功名兮千載存列石洸銘兮記墳闕
按此碑但稱諱安生而不及其字與張希古碑但
稱字而不及諱皆行文之略又希古碑有書人而
無撰人此碑則書撰人皆無亦皆刻誌之變例未
必取法于漢也碑書祖若父皆無官位其家世寒
微可知其云景雲中屬韋氏竊權殘我王室公乃
提一劍而直入掃九重以殄謐再清京兆之天重

捧長安之日云云此指元宗誅韋氏睿宗即帝位
之事唐書睿宗紀景雲元年六月壬午韋皇后弑
中宗立温王重茂爲皇太子又矯遺詔自立爲皇
太后皇太子即皇帝位庚子臨淄郡王隆基即元宗
率萬騎兵入北軍討亂誅韋氏安樂公主等甲辰
安國相王即皇帝位是時張安生不過在萬騎兵
中之一人事定之後叙其微勞因授以果毅折衝
等官也碑又云天寶十三載冬十一月十日扈從
薨于昭應縣之官第唐書元宗紀天寶十三載十
月乙酉幸華清宮又地理志京兆府昭應縣有宮
在驪山下貞觀十八年置咸亨二年始名温泉宮
天寶元年更驪山曰會昌山三載析置會昌縣六
載更温泉曰華清宮治湯井爲池環山列宮室又
築羅城置百司及十宅七載更會昌縣及山曰昭
應碑稱安生薨于昭應縣之官第者蓋扈從百司
之第也碑不著安生里居但云塟于龍首原長安
志萬年縣有龍首鄉在縣東一十五里當即龍首
原地理志京兆府萬年縣天寶七載改曰咸寧安
生或即家于此歟碑書譜牒作譜姝冠冕作冠冤
皆别體蕭何作簫何則筆誤也

少林寺神王師子記
石高三尺三寸五分廣二尺五寸二十六行行三十五行正書在少林寺
勅還少林寺神王師子記
大周天冊萬歲金輪聖神皇帝如意元年迎神王入内
其神王元是泥素彩裝其皇帝敬重神王脫空□佇紀
以金裝爲年歲多日金薄彫落後開元廿年僧靈器報
以金裝恐後僧徒貴㕓不知□由立一小碑述久視元
年還神王　勅具錄如後　少林寺　神王二
右去如意之年奉　勅將前件神王入内比不敢
陳請今内出功德散与諸寺且少林神王送在大福先

寺但山寺去都稍遠巧匠難遇前件神王元在少林上
坊普光佛堂今者現闕其大福先口惣得神王一十五
軀望請前件兩軀得還少林令夲處尊儀具足冀得幽
山功德不闕莊嚴口往來有所瞻仰謹詣光政門奏狀
陳請以聞伏希　恩旨　久視元年九月十三日
少林寺主義奘等狀　僧靈蔵　勑好還少林寺
門司李阿毛宣　口監門直長路倘賓　左監
門直長成思貞　押門長上果毅杜行敦　周
還少林寺師子　勑一道　少林寺　師子二
師子郎二　右件師子等並是少林寺普光堂前

隨神王功德其神王奏今月十三日　勑還少林
寺爲前狀不別顯師子等福先寺綱維但付神王未付
師子恍是隨神王一鋪功德望請許將還山供養謹詣
光政門奏狀以聞伏聽　勑旨　久視元年九
月廿九日少林寺主僧義奘等狀　勑好　九
月廿九日門司李仁福滕　右監門直長路倘賓
左監門直長成思貞　押門長上果毅杜行敦
周少林寺賀師子　勑一道　少林寺僧義
奘等言伏奉九月十三日　恩勑賜還神王又奉其
月廿九日　恩勑兼還師子　恩波浹秀喜懼兼深僧

義奘等誠惶誠恐死罪死罪但此功德昔是素裝忽覩
靈姿遂如金飾　露工所造　天巧自然　神之力巍
巍如是緇徒踴影若攀兜率之宮靈相生光似降莊嚴
之國手舞足蹈倍百恒情無任荷懼屏營之至謹附表
陳謝以聞謹言　久視元年十月日少林寺主僧義奘
等上奉　勑好放阿師去　久視元年十月六日門
司陳嘉逸滕　普光堂內一佛二菩薩迦葉阿難及門
外二金剛二神王二師子城內少有傳聞博士姓李名
雅永平年造此尊像奇妙少雙菩薩儀容卒不可有阿
難迦葉貌相肅然合掌虔恭實難希有門外二金剛烏

鵲不口口承稱說異相屢現其師子者乍著儀容或嗔
或喜盡工巧近不可圖容二師子耶常相口口口一鋪
功德不可思議
天寶十四載八月十五日建
普光院立碑僧靈器　修造僧智通法師
同修造僧同光禪師
都維那僧法忍　僧普門　僧智警
僧惠覺禪師　清河張景昇刻字
碑載久視年間僧義奘等表狀及武氏口勑碑小非
名筆故諸錄遺之葉井叔官於登封而石刻記亦不

藏余至少林周行廊廡見此石欹置東廡壁間亟搨得之知考古必須親閱也（金石文字記）

張希古墓誌

石高二尺九寸七分廣二尺四分二十二行行二十二字行書今在吳縣靈巖山館

大唐故游擊將軍守左衛馬邑郡尚德府折衝都尉左龍武軍宿衛上柱國張府君墓誌銘并序

鴈門田頴書

嗚呼蒼穹不仁殲我能幹德星落彩和璧韜光者歟爰我所珎清河張公字希古晉司空華之裔緒也惟祖厥父耿逸馳芳兢惕怡然匪干榮祿優遊自得凜霜松之

搽岐嶷孤拔挺風雲之氣公負河岳之粹英育辰象之靈質亭亭高聳遠振雄名傑傑威稜龍城獨步門延賓侶豈謝季倫精舍樓臺有齊須達加以武略兼著公忠必聞歷踐榮班宿衛　清禁累遷馬邑郡尚德府折衝都尉游擊將軍上柱國員外置同正員莫不竭肝膽於玉階輸腹心於金闕惟謹惟勵不愆不瑕豈圖二豎與災兩楹摛禍藥物無護酷裂所鍾白日長辭黃泉永赴則以天寶十四載十月十七日終醴泉里之私第春秋七十有三天寶十有五載四月二日窆于鳳城南樊川之北原禮也太夫人天水趙氏恭而有禮時稱孟軻之母珪璋撫美松竹茂心誕三子長曰行璡次曰崇積並武部常選季子談俊衛尉寺武器署丞嗚呼誰免乎榮枯適覩全盛今已淪殂梁木折太山頹三子鴈斷二女情摧咄嗟人代天道遭迴其詞曰

公之英聲振區宇兮公之勇義如龍虎兮彼上蒼蒼何不仁兮奄殄我之至所珎兮泉門此日一閟閇兮玉顏何春再相詬兮表余平生情懇至兮餝琬琰以鑿銘記兮

天寶十五載歲次景申四月甲申朔一日甲申建

碑載府君字希古不言其名但爲馬邑郡尚德府折

衝都尉馬邑即朔州唐書不及府名亦可以補史之缺（關中金石記）

唐之府兵皆隸於諸衛左右衛領六十府諸衛領五十至四十其餘隸東宮六率此尚德府則左衛所領也尚德府領于左衛而又稱左龍武軍宿衛者蓋番上宿衛時別有配隸非必就本衛爾希古子二人俱武部常選天寶十一載改兵部曰武部故也（潛研堂金石文跋尾）

碑爲田頴行書竇泉述書賦有販書人田頴注云長安人志凡識滞疑即此人但竇云長安人而此題曰

雁門爲不同蛾術編

誌云清河張公字希古晉司空華之裔孫也書字而不書名未審當日何所避忌遂使後世不知其名也歷官有云累遷馬邑郡尚德府折衝都尉游擊將軍上柱國員外置同正員新唐書兵制大宗貞觀十年號統軍爲折衝都尉別將爲果毅都尉諸府總曰折衝府凡天下十道置府六百三十四皆有名號杜牧之云折衝果毅府五百七十四會要云關內置府二百六十一又置折衝府二百八十今此誌尚德府亦當時名號可見者其他如姚懿碑既授晉州高陽府折衝都尉臧懷恪神道碑七子内有游擊將軍崇仁府折衝希崇漁陽郡君李龕銘有轅轆府折衝都尉郭敬之廟碑有雍北府金谷府碑陰有成皐府興德府晉陽府李輔光墓誌有涿州仁賢府張詵墓誌銘祖元植皇朝盧龍府折衝田琬德政碑以功授合黎府別將歷果毅轉折衝皆不可更僕數宜類舉以與史志相證也授堂金石跋

房史君題記

石高一尺六寸七分廣三尺五寸共十三行行五字正書在略陽縣

太原王□□□人名□□□□□□□□□□書中郎守武興郡四境山嶙峋構新亭延佳賓曰翠峯景是真唐天寶房史君上錫宴刊堅珉亭之右名不泯

按文凡六十二字而泐其十四字存者皆三字爲句二句一韻中有守武興句武興者即今碑所在之略陽縣屬今陝西漢中府魏正始三年置武興鎮尋改爲州郡郡有北谷水水經注云北谷水出武興東北而西南流逕武興城北又南轉逕其城東而南與一水合是也又方輿勝覽武興山在興州西一里古興州城于此隋大業初改順政郡唐時爲興州順政郡屬山南西道此武興之可攷者如此至翠峯亭及房史君皆無攷據文有天寶字附天寶末年

憫忠寺寶塔頌

碑高五尺廣三尺二寸二分左行二十二行行字三十七至四十二不等行書在京師憫忠寺今名法源寺

范陽郡憫忠寺　御史大夫史思明奉爲　大唐光天大聖文武孝感皇帝敬无垢淨光寶塔頌

范陽府功曹參軍兼節度掌書記張不矜撰

承奉郎守經略軍胄曹參軍蘇靈芝書

惟唐紹統于歲作噩天宅幽都于鎮戎索彼命啓与禪虞繼　鳳舉而龍躍馭閶闔而朝　南面服日月而昇

寶殿在璿衡以正乾坤握金鏡子臨宇縣東宅四水西
都八川天應景福億萬斯年神祇貯鑒而丕祐風化洋
溢而昭宣凝心姑射既邁黃軒之理端思真境高撫淇
崖之肩迥出三界超居四禪我御史大夫忠而孝悊而
賢禪　我唐祚崇斯福田昔在棘城結額巳修於寶塔
屬茲版蕩除惡務靜於幽燕開拓郡縣馳突戈鋋咸荷
威力掃逆清邊樹茲幢相遊刃忘筌剖淨貲以檀捨施
珎俸於慈緣爰居爰處載詢載度薙金界於祇園擇伽
藍之勝託微郢匠稽朴鄧具鈎繩備丹雘才生明而畚
鍾攸萃月貞朔而陶旊斯作壁峻砌而崛起堂皇聚楨

榦而上干寥廓尔其庀徒有鄭力工惟時隱金椎以雷
動走餅甋以星馳椽之登登斗拱磊硌以狀衞築之閣
閣甃甓𩝐羅而緝熙駢密石以疏趾聳玉瑞以鎮隮斑
閈布白九隅八維風伯雨師扣靈壇而請命雷公電女
擁仙座以忘疲熠如聚鷹赫若奔螭𡵙業天假虜像神
資千龕擲比以攢搆万塔陵兢而護持觀其拥重扃披
藻井鴻蒙異狀嗢咤靈影霞駮雲蔚陽舒陰靜遊三界
而須臾覩一刼而俄頃示大方便開大法境聞偈而刀
輪折鐸承風而火穽収猛㩳若蟲樓之孤秀晈類狀来
之耿迥蓮花吐日攢太華之三峯香鑪抱雲矗廬巖之

一頂若乃八部經行万方委□離火宅啓楸喻魚貫争
上鴈行齊赴隮穹崇陟迴手嗜真如者摶級聚武而蹋
行蹤禪猷者阽虛□倅而徐步攀芬楨以失覩援井幹
以增懼龍爲翁赫狀構櫨而蓄威鬼神雖盱拥頡鮮以
含怒將以經啓万祀永代作固置咒於梵剎之中釋網
於毗耶之路啓招提之勝果祛樊籠之緇蠹行善者□
痒而争趍爲惡者震慄而變怖逗塔影者洽背而魂悚
聞鈴音者叩頂而心注是用敬　　我天威保　　我
唐祚彼幢相之微福荷无疆之率裕也客有叩虛幕府
忝掾神州媿三語之黜對歸八辨之禪流歸然寶塔永

贊鴻猷護鴉珠以守或持鴿稱以精修刻字金版垂芳
朔幽雲行雨施自公乃侯永錫難老厥德允修恭祭覩
之　嚴命敢不拜敬　王休

至德二載十一月十五日建

此蘇靈芝爲史思明書也思明爲臣則助逆爲賊則
弒主篡位乃唐之所不宜存其跡者易人之傳其碑
無亦以妙札之故今觀其字捴有李顏二家而視北
海則加莊視太師又多雋誠足述也墨林快事
宋文惟簡虜庭事實曰燕京城東壁有大寺一區名
曰憫忠唐太宗征高麗回念忠臣義士沒於王事者

建此寺爲之薦福東西有兩磚塔高可十丈是安祿山史思明所建此碑稱御史大夫史思明奉爲大唐光天大聖文武孝感皇帝敬无垢淨光寶塔頌者是也春明夢餘錄曰此碑蓋建於思明初歸附之時其碑完好近日劉同人名侗作帝京景物略謂碑上半斷裂不可讀且蘇靈芝書名甚著當時乃謂爲李北海自鐫名尤誤之甚不知北海自鐫名乃伏靈芝也此碑書丹于石故以左爲前　舊唐書肅宗紀至德二載十二月己丑賊將僞范陽節度使史思明以其兵衆八萬與僞河東節度使高秀巖竝表送降三載正

月戊寅上皇御宣政殿册皇帝尊號曰光天文武大聖孝感皇帝二月丁未大赦天下改至德三載爲乾元元年今此碑建於二載十一月而已稱尊號又以大聖字移在文武之上與史書不合　宣和書譜蘇靈芝儒生也嘗爲易州刺史郭明肅書候臺記靈芝行書有二王法而成就頗放當與徐浩鴈行戈脚復類世南體亦善於臨倣者　予後至燕一日與鄞人萬言同至憫忠寺諦觀此碑萬曰前行大唐光天大聖文武孝感皇帝及中間唐字史思明字類磨去重刻者石皆凹而首行憫忠寺上元只二字今改范陽郡三字蓋思明復叛之後磨去之及思明誅後此地歸唐後人重刻者也當日君臣之分殆如弈棊然非親至其下摩挲遺石而徒搨紙上之字未有能得其情者若年月尊號之先後亦從此而無疑矣金石文字記

按唐史肅宗至德二載安祿山已死安慶緒忌史思明之強遣安承慶安守忠阿史那往徵兵因密圖之思明納判官耿仁智等之謀乃囚承慶等以所部十三郡及兵八萬來降上大喜以思明爲歸義王范陽節度使未幾復叛此碑乃建於初歸附之時而以媚唐也庚子銷夏記

右憫忠寺寶塔頌宛平孫侍郎耳伯著春明夢餘錄崑山顧處士寧人金石文字記皆論之余往觀焉碑首范陽郡守字史思明三字次行大唐等十二字文中維唐紹統及彼命啓與禪虞又東宅四水西都八川暨唐祚字至德二載字其文深陷然書法實出一人始悟侍郎處士所云猶未爲定論也考思明之降在至德二載十二月至明年正月肅宗始加尊號二月乃赦天下改元碑旣建于二載十一月不應預書尊號又思明初附肅宗授以歸義王范陽節度使若碑建于降後宜大書王爵不當祇稱御史大夫則是

碑之建蓋在思明未降唐之先范陽郡三字其初本
二字祿山僭稱范陽爲東都必東都也大唐一行其
初必祿山父子僞號文中唐字其初必燕字而至德
二載其初必祿山父子僭號之年無疑載攷安慶緒
襲位賜思明姓安名榮國迨旣降附復更舊名因命
靈芝改書者爾碑文以左爲前寧入謂書丹于石之
故疑從祿山俗尚未可定也不矜與判官耿仁智同
僚思明之將復叛也表請誅李光弼不矜實爲起草
辭曰陛下不爲臣誅光弼臣當自引兵就太原誅口
及將入函爲仁智削去思明知之遂執二人仁智死

不矜度難獨免可知已當日思明降而復叛旣誅之
後唐人見其碑踣之惟恐不力安有反勒其名于石
者乎此其事之所必無也曝書亭集
按朱彝尊之辨詳矣然尚有未盡者原碑至德二載
四字亦係改刻至字微有聖字形載字微有年字形
祿山僞建元聖武至德二載字先必聖武某年字也
蘇靈芝署銜經略參軍經略字亦改刻其先或署僞
官也又改刻除惡務靜句除惡字至行末以二字佔
用四字格務靜字另行以二字佔用三字格除務靜
三字係就文陷刻而惡字刖石面平添者疑原文訣

逆之辭有擡頭空格逆後滿格塡湊故參錯若此字
形欹斜而長不復成書也其地改刻之字如唐紹兢
兮兮字斗拱字唐祚字鎭匜匜字皆朱彝尊所未按
又除惡務靜靜字朱彝尊誤鈔作盡字彝像像字誤
鈔作彝字今一一依原碑校正又原碑以首行十六字
佔用十八字格金石文字記謂改刻者止於大唐光
天大聖文武孝感皇帝十二字而不知敬元垢淨光
五字亦改刻者也以碑末聖武僞元字考之則首行
必爲祿山僞號朱彝尊之說允無疑矣碑在本寺方
丈前穿廊東壁上石質堅瑩唐碑之最完好者欽

定日下舊聞考
頌范陽府節度掌書記張不矜撰不云范陽郡而云
府者蓋祿山僭號之後改郡爲府爾蘇靈芝署銜云
承奉郎守經略軍胄曹參軍按唐書地理志幽州城
內有經略軍百官志諸軍各置使一人軍皆有倉兵
胄三曹參軍事故經略軍得置胄曹也三潛研堂金石文跋尾
頌由史思明旣降爲肅宗作也按舊唐書肅宗紀思
明以至德二載十二月己丑表降然此頌已載十一
月則當時尚未臣順兇徒豈肯早爲稱祝蓋思明旣
欲歸命遂先以此頁媚爲容身之具亦或然也或云

至德二載字凹陷亦似後重刻者此又不然頌內明言作噩繼統據蔚雅歲在酉曰作噩至德二載正爲丁酉益必無誤也若稱肅宗尊號以大聖字移文武之上與史不合則如顧君云思明誅後此地歸唐後人重刻者近之　頌文自左起其文則范陽府功曹參軍兼節度掌書記張不矜撰舊唐書地理志范陽郡爲大都督府功曹列於府屬是宜結銜變文言府矣不矜見史思明傳令耿仁智張不矜修表請誅光弼以謝河北者修表卽書記之任也與碑可相證後又列承奉郎守經略軍冑曹參軍蘇靈芝之書新唐書地理志范陽郡城內有經略軍今此題與志合而靈芝當開元二十七年猶稱前行易州錄事鉞像至此爲經略軍之屬益亦由孽引置幕下矣_{授堂金石跋}

思道禪師墓誌

石高二尺一寸八分廣二尺七分十七行行二十字至二十五字不等行書

威神寺故思道禪師墓誌

和上俗姓師諱思道絳州夏縣平原人也天縱其志七歲出家人推其聡十八剃髮事人不事爲人不爲同鵲巢于頂之年護浮囊無缺之日次就有德轉相師師禪行法門戒律經論耳目聞見紀之心智緇錫來求警礪欽仰聽習者鶴林若市貞諷者康莊如雲去至德二載春秋八十有一僧夏六十一時僕二鼠妖纒十夢其年十二月示身有疾隨爲衆生其月二日禰河流竭坐般涅槃驚慟知聞悲翬飛走孫威神寺主僧承嗣五內摧裂躃踴攀號聲竭潸哀淚盡續血至乾元元年十二月二日遷于條山之側胄子塠頭禮也詢問其地取人不爭砥柱東橫汾河西遶青臺鎮北鹽池臨南峯尔塠頭卜擇安厝雖則天長地久而恐代異時移陵谷改遷斯文不謬其詞曰

緇門積覺寶樹崩摧法沼蓮坐魂滋夜臺條山陰麓巋然塠頭碧巖引吹清澗繞流和上登兮眷賞功匠興兮今修建崇塔兮數仞瘞金骨兮千秋

按碑云絳州夏縣平原人也唐書地理志夏縣本隸虞州貞觀十七年隸絳州大足元年屬陝州尋還隸絳州乾元三年復屬陝州此碑刻於乾元元年其時夏縣尚屬絳州也平原者地理志絳州絳郡注云有府三十三其一曰平原碑又云遷于條山之側條山卽中條山也在虞州解縣元和郡縣志山在解縣南二十里縣東十里有鹽池碑又云鹽池臨南者是也

通微道訣碑
碑高七尺三寸廣四尺十四行行三十二字後
重刻記四行行四十餘字行書在三原大化觀

御製
人者道之子道者人之母子不知母謂之不孝人不識
道謂之至愚故上士能勤行下士唯大笑背道求道從
迷至迷且魚在水中水爲魚命人在道中道爲人生道
去則人亡水竭則魚困不知卽身以求道而乃徇福以
喪真何其誤歟遂積不義之財以爲布施弃無爲之教
別云修善豈知善本破惡不合邀名施本濟人不合求
報哉求道者以心爲舟以信爲車車用在於運舟用在

於虛常取不足勿求有餘靜心而不繫者虛舟也運動
而不倦者信車也今將告爾以嚮言之首施勿求福而
福自至齋勿貪功而功自備心勿向邪而道自致施而
求福福必不足齋而貪功是謂有欲向邪求道是謂聾
俗忠者臣之分孝者子之心柔弱爲遊道之津誠敬乃
入真之馭不益已不損物以不貪爲寶以知足爲富內
保慈儉外能和同念身何來從道而有少私寡欲真心
註嚮若然者可謂勤行之士爾其勗哉尔其勗哉夫大
道坦坦生身不遠修之於身其德乃真尔當塡汝身洗
汝心內養五神外合一氣去萬惡增萬善長生久視汝
浴嚮波眞經之旨畢於是不死之方盡於是爾其勗哉
大唐乾元二年六月十五日於大同殿奉　誥賜道
訣碑乃唐　明皇御製文舊碑卽　肅宗皇帝勅道
士達觀大師楊重鸞於渭北　大化觀立石者示有
思也奈歲久缺裂字句不完讀者疑難故補上此石
新舊兩存使觀者見口明理自有所得而不失正路
學者可從此入其於教也豈小補哉亦見古之聖王
急於救物之心深矣遠矣修習之士不口不知戊午
歲人日本觀住持楊思聰謹記
知大化觀事毛致靜重立石　李志口　蒲志常鐫

庫主田志秀

右通微道訣七十五句前云御製後云大唐乾元二
年六月十五日于大同殿奉誥賜無書人姓名按訣
爲明皇製碑爲肅宗敕道士達觀大師楊重鸞于渭
北大化觀立石歲久字泐知觀楊思聰補上此石訣
語皆五千言之糟粕演而成訣耳王者寡欲清心納
身軌物自然淸明在躬志氣如神安用孜孜于眞經
之旨不死之方也哉金石錄補

按原碑立于乾元二年歲久缺裂戊午歲人日知
大化觀事毛致靜重刻楊思聰記不言何代之戊

午關中金石記以爲元時當必有據是仁宗延祐五年也

縉雲縣城隍廟記

碑高五尺七寸廣三尺七分八行行十一字篆書在縉雲縣

城隍神祀典無之吳越有之風
俗水旱疾疫必禱焉有唐乾元
二年秋七月不雨八月既望縉
雲縣令李陽冰躬禱于神與神
約曰五日不雨將焚其廟及期
大雨合境告足具官與耆耋羣

吏人自西谷遷廟于山巔以答
神休

釋文

城隍神祀典無之吳越有之風俗水旱疾疫必禱焉有唐乾元二年秋七月不雨八月既望縉雲縣令李陽冰躬禱于神與神約曰五日不雨將焚其廟及期大雨合境告足具官與耆耋羣吏人自西谷遷廟于山巔以答神休

唐乾元中李陽冰嘗宰是邑邑西山之巔有城隍祠碑刻實所爲記與篆也陽冰以篆冠今古而人爭欲得之昨緣宼攘殘鈌斷裂殆不可讀偶得紙本於民間遂命工重勒諸石庶廣其傳亦足以使之不朽也

大宋宣和五年歲次癸卯十月朔承信郎就差權處州縉雲縣尉周明　迪功郎就差處州縉雲縣主簿費季文　將仕郎處州縉雲縣丞李良翰　文林郎就差處州縉雲縣令管句勸農公事吳延季　立

右城隍神記唐李陽冰撰并書陽冰爲縉雲令遭旱禱雨約以七日不雨將焚其祠既而雨遂徙廟于西山陽冰所記云城隍神祀典無之吳越有爾然今非止吳越天下皆有而縣則少也集古錄

陽冰篆城隍祈雨碑曰字如目顛上作山李氏三墳碑敢下作身忘歸堂庶子泉皆石下作日修廟碑晉下作廿建字從宂而喜作乙若此類不可以陽冰之蹟尤而效之人字本有刀几二體陽冰合之象俯身曲脛於理則通女字象形陽冰曳爲兩足以取稱頗非象形之初意子字象小兒圓頂鍾鼎至以丁點象其頭而四布其畫以象手足陽冰喜破圓作夠使疋足二體不分要非子字之正主字象燈之炷陽冰或臥其上炷丞上從彡陽冰中畫常正橫作ㄋ无象反欠炁气上皆三畫陽冰亦謂象人開口作ㄋ然欠象

開口猶可也歪安步也何取於開口乎今篆者于二字多從水體熊朋來經說

李陽冰爲縉雲縣令值旱禱于城隍約五日不雨將焚其廟及期而雨乃遷廟而記其事書固奇事亦奇余觀其篆瘦細而偉勁飛動若神歐陽公以爲視陽冰他篆最瘦余謂佳處正在此又云世言此石與忘歸臺孔子廟三石俱活歲久漸生刻處幾合故細若然今去歐公又四五百年寧不爲無字碑乎記云祀典無城隍神吳越有之至歐陽公云天下皆有縣猶少今則無縣無之矣且記云自西谷遷廟于山巔又以見城隍廟前朝不必在城中也今西安府西村落大者多有城隍是其遺意石墨鐫華

五日不雨日字以曰爲日篆法日从⊙象形也曰古三切從口名一象口含物也又山宜作凶今作山乃嵩豈等字之頭皆誤竹雲題跋

右縉雲縣城隍廟記城隍之神不見于古左傳祝宗用馬于四墉又云祈于四墉杜預以爲墉城也城隍之有祀也其濫觴于斯乎北史慕容儼鎭郢城城中先有神祠一所俗號城隍神隋書五行志梁武陵王紀祭城隍神將烹牛忽有赤蛇繞牛口祀城隍神始

見于此至唐而益盛故張說有祭城隍之文杜子美詩有賽城隍之句然猶不列于祀典少溫記文可證也歐陽公跋云今天下皆有而縣則少是宋之城隍祠又盛于唐而縣猶不皆有祠明洪武初從禮臣之請加以封爵京都城隍曰昇福明靈王府曰威靈公州曰靈佑侯縣曰顯佑伯未幾詔去封爵祗稱某處城隍之神京都歲遣太常寺堂上官行禮諸府州縣則守令主之而祀典通于天下矣潛研堂金石文跋尾

縉雲縣城隍廟碑文唐李陽冰撰并篆書碑形上圓下方後楷書宣和重刻年月立石人官爵姓名下截一格缺蝕三字僅存偏傍可意會也文只八十六字而敘述禱雨遷廟二事義意已足古人作文言簡意該于此可見山農需雨多在盛夏此自七月不雨至八月既望始行禱祀以今日情事較之則亢旱成灾已不可支矣豈今昔農事亦遲早異候耶縉雲治當婺女括蒼之交山水奇秀燕坐衙齋如作仙吏余嘗遊其境徘徊不忍去惜匆遽經過未暇搜剔苔蘚一讀遺碑碑作于乾元迨宋宣和襊逾三百而已遭寇擾斷裂宣和至今閱歲倍于前而完好可讀若有鬼神呵護之者碧溪文集

按城隍二字始于易之城復于隍其後則修治宮室濬繕城隍語見後漢書班固傳六朝以降凡言城隍皆繕治備禦之事唐書百官志職方郎中員外掌地圖城隍鎮戍烽候防人道路之遠近六典祠部郎中員外掌祠祀享祭司中司命風師雨師衆星山林川澤五龍祠等及州縣社稷釋奠爲小祀而皆不及城隍之在祀典據此碑則爲風俗之所尙而亦惟吳越之所有也五代梁初吳越錢鏐嘗于鎮東軍今紹興府臥龍山上重建牆隍廟奏請以故唐右尙將軍總管龐玉爲牆隍神封崇福侯撰

文并勑勒石廟中文見紹興府志及吳越裔孫錢文瀚所纂吳越錢氏志其稱牆隍者吳任臣十國春秋曰歐公五代史梁本紀注梁嘗更戊曰武朱温父名成戊字類成故改之城之改牆亦此類也據牆隍廟碑稱吳越重建則在唐時已先有廟而請封龐玉爲神則始見于錢氏陽冰此碑未嘗云有人爲神也陽冰兩唐書無傳惟見於宰相世系表趙郡李氏出自秦司徒曇次子璣裔孫行敳離狐主簿行敳子懷一晉陽尉懷一子雍門湖城令雍門子長湜次澥字堅冰刑部侍郎次卽陽冰將

作少監宣和書譜稱陽冰字少溫述書賦注云陽冰趙郡人兄弟五人世系表只三人此疑誤皆負詞學工于小篆初師李斯嶧山碑後見仲尼吳季札墓誌便變化開闔如虎如龍李肇國史補云陽冰自言斯翁之後直至小生曹喜蔡邕不足言也墨池編云陽冰雅好書石嘗貽書李大夫願刻石作篆備書六經立於明堂是曰大唐石經志不克就金石錄謂陽冰在肅宗朝所書時年尙少故字書差疎瘦至大歷以後諸碑皆暮年所篆筆法愈淳勁然則此碑書于乾元二年尙非暮年淳勁之筆矣陽冰

嘗論書勞筆法所禁撰翰林禁經八卷見郡齋讀書志又推原筆法別其點畫者筆法論見宣和書譜因史無專傳故詳識之縉雲縣今隸浙江處州府縣治四面環山不立城郭廟在山巓與在城中無異石墨鐫華蓋未悉廟之所在也

金石萃編卷九十一終

金石萃編卷九十二

賜進士出身　誥授光祿大夫刑部右侍郎加七級王昶譔

唐五十二

郭氏家廟碑

碑高一丈八寸廣五尺一寸三十行行五十八字正書今在西安府布政司署中

有唐故中大夫使持節壽州諸軍事壽州刺史上柱國

贈太保郭公廟碑銘并序

御題額

金紫光祿大夫檢校刑部尚書上柱國魯郡開國公

顏真卿撰并書

昔申伯翰周降神於維嶽仲父匡齊演慶於箕淮而猶
見美詩人騰芳史策豈北夫神明積高之壤百二懸隔
之都三峯發地而削成九派浮天而噴激炳靈毓粹弈
葉生賢括宇宙而口和摠河山而蘊秀莫與京者其唯
郭宗乎其先蓋出周之虢叔虢或爲郭因而氏焉代爲
太原著姓漢有光祿大夫廣意生孟儒爲馮翊太守子
孫始自太原家焉後轉徙于華山之下故一族今爲華
州鄭縣人夫其築臺見師座子致養家承金穴之貲政
有露冕之高或怒或謀或肅或乂皆海有珠而鳥有鳳
也閥閱之盛其流益光隋有金州司倉諱履球府君懋
其德輝不屑下位克己復禮州邦化焉篤生　唐涼
州司法諱昶府君能世其業以伸其道遠近宗之不隕
厥問生美原縣主簿贈兵部尚書諱通府君清識澈照
博綜群言始登王畿鬱有佳稱道悠運促靡及貲仕垂
于後昆殁而見尊是生我諱敬之府君府君幼而好仁
長有全德身長八尺二寸行中潔矩聲如洪鐘河目竃
喌虬鬚蝟磔進退閑雅望之若神以仲由之政事兼翁
歸之文武始自涪州錄事參軍轉瓜州司倉雍北府右
果毅如游擊將軍申王府典軍金谷府折衝兼左衛長
上原州別駕遷扶州刺史未上除左威衛左郎將兼監

牧南使渭吉二州刺史侍中牛仙客薦君清節奏授綏
州遷壽州累加中大夫策勳上柱國以天寶三載春正
月十口遘疾終于京師常樂坊之私第春秋七十有八
乾元元年春二月以公之賢嗣開府儀同三司司徒兼
中書令柱國汾陽郡王曰子儀有大勳于
王室乃下　詔曰故中大夫壽州刺史郭敬之果君
子之行毓達人之德才兼文武政美中和生此大賢爲
我良弼頃以雙胡稱亂黠首擢殃朕於是儆與神武之
師克掃攙搶之氣而子儀師彼勁卒赫然先驅口京洛
如拾遺剪兇殘猶振槁功存社稷澤潤生人是用寵洽

哀榮義申存歿可贈太保於戲府君體含宏之量履秉沖邈之高烈言必主於忠信行不違於直方淸白爲吏者之師死生敦交友之分端一之操不以夷險緊其懷堅明之姿不以雪霜易其令用情不間於疏遠汎愛莫資於賤貧拳拳服膺終始靡二故所居則化所去見思人到于今稱之斯不朽矣傳曰德盛必百代祀其有後也宜哉恭惟令公　先皇之佐命臣也少而美秀長而瓌偉姿性質直天然孝悌寬仁無比騎射絕倫所莅以淸白見稱居常以經濟自命弱冠以邪鄉之賦驟膺將帥之舉四擢高第有聲　前朝三爲將軍兼守

大郡累典兵要必聞休績天寶末安祿山反于范陽令公以節度使擁朔方之衆圍高秀巖于雲中破史思明于嘉山　先帝之幸朔方赴　行在于靈武擊同羅于河曲走崔乾祐于蒲坂　今上之爲元帥也首副旄鉞會迴紇于扶風摧兇寇于汝水退餘孽于陝服長驅河洛剿戍　睿圖再造生靈克淸天步乂爾夏之未乂安天下之不安一年之間區宇大定丕休哉徒觀其元和降精間氣生德威星辰而作輔應期運以濟時忠於國而孝於家威可畏而儀可像盛德緊物寬身厚下用人由己從善如流沉謀祕於鬼神精義貫

於天地推赤誠而許國冒白刃以率先霆擊於雲雷之初鷹揚乎廟堂之上大凡二歷鼎司兩升都座四作元帥九年中書歷事　三聖而厥德維懋易相二十而受遇益深甚勉復上都者再戡定東京者一其餘降城撤邑得儁摧鋒亦非遠敗之所周也信可謂王國城虎生人瘳疾者歟非太保之遺種不孤則何以鍾美若是況乎友于著睦鬱龍虎者十人貽厥有光紆靑紫者八十勳庸畢集今古莫儔昔奮兮尊榮紅粟纔霑於萬石惲家全盛朱輪不出于十人孫我觀之事不侔矣於乎淸廟之興所以仁祖考鴻伐之刻亦以垂子孫爰新

製於舊居將永圖而觀德中唐有伍丕構克崇感霜露而怵惕以增叙昭穆而敬恭斯在庶乎觀盥饗若既無斁於永懷入室僾然必有覩乎其位哀榮既極情禮用申仁人之所及遠哉孝子之事親終矣豈唯溫溫孔父遵稱儀鼎之銘穆穆魯侯獨美龍旂之祀其詞曰

郭之皇祖肇允號上逮于後居賓守在輔從華陰兮其一
源長流光施于司倉涼州兵部克熾而昌載德深兮其二
篤生太保允口白道神之聽之永錫難老式如金兮其三
於穆令公汾陽啟封文經武緯訓徒陟空簡　帝心兮其四
含一不二格于天地愷悌君子邦之攸懸貊德音

兮其五芝馥蘭芳羽儀公堂子子孫孫爲龍爲光鏘璆琳
兮其六乃立新廟肅雍允劭神保是聽孝思孔炤宣居歆
焉其七乃立高碑盛美奚敘日月有既徽猷永垂眎來今
兮其八
廣德二季歲次甲辰十一月甲午朔廿一日甲寅建

碑陰

其三十四行分三截書上截男中截孫下截曾孫字數不等行書

男

昭武校尉守絳州萬泉府折衝都尉上柱國子琇
子儀武舉及第授左衛長上　改河南府城臯府別

將　又改同州興德府右果毅左金吾衛知隊仗長
上　又改汝州魯陽府折衝知右羽林軍長上　又
遷桂州都督府長史充當管經畧副使　又改北庭
副都護充四鎮經畧副使　又除左威衛中郎將
轉右司禦率兼安西副都護　改右威衛將軍同朔
方節度副使　改定遠城使本軍營田使　又加單
于副大都護東受降城使左廂兵馬使　又拜右金
吾衛將軍兼判單于副都護　又拜左武衛大將軍
兼安北副都護橫塞軍使本軍營田使　又兼充天
德軍使安北副都護　又兼豐州都督西受降城使

右廂兵馬使　改衛尉卿兼單于安北副大都護靈
州判史攝御史中丞權充朔方節度關內支度營田
鹽池押諸蕃部落副大使知節度事六城水運等使
又拜御史大夫餘並如故　又拜兵部尚書同中
書門下平章事兼單于安北副大都護靈州大都督
府長史節度等使餘如故　又特加銀青光祿大夫
又拜司空餘如故　又充副元帥餘如故　又拜
尚書左僕射同平章事兼武部尚書餘如故　又加
朔方管內採訪處置使　又加司徒封代國公食實
封一千戶餘如故　又兼中書令司徒兼靈州大都

督府長史單于鎮北副大都護朔方節度等諸使餘
並如故　又充東京畿及山南東道并河南等道諸
節度防禦兵馬元帥仍權知東京留守判留司尚書
省事餘如故　又兼邠寧鄜坊等兩道節度使　又
封汾陽郡王知朔方河中北庭潞儀澤沁等節度行
營兼與平定國等軍兵馬副元帥仍充本管觀察處
置使餘並如故　加實封五百戶　又加實封二百
戶　又充關內副元帥餘如故　又兼上都留守餘
如故　又兼河東副元帥河中節度本道觀察處置
等使兼河中尹餘如故　又兼靈州大都督單于鎮

北大都護充朔方節度大使及關內支度營田堰池
押諸蕃部落等使六城水運使管內觀察處置使餘
如故　又拜太尉兼河西副元帥通和吐蕃等使餘
如故　又拜尚書令兼中書令餘如故
游擊將軍左武衛將軍上柱國子雲
朝議郎行延州都督府法曹參軍子瑛
朝議郎行衢州盈川縣尉子珪
銀青光祿大夫衛尉卿單于副都護振武軍使朔方
左廂兵馬使上柱國幼賢贈太子少保
正議大夫光祿少卿兼漢州別駕賜紫金魚袋上柱

國幼儒
銀青光祿大夫太府卿上柱國太原郡開國公幼明
銀青光祿大夫試鴻臚卿上柱國幼沖
孫
銀青光祿大夫試太常卿上柱國太原縣開國公曤
朝議郎守通州別駕騎都尉賜緋魚袋暅
特進兼鴻臚卿贈開府荊州大都督上柱國旰
雲麾將軍守左武衛大將軍同正上柱國昕
特進試鴻臚卿兼御史大夫左散騎常侍上柱國太
原縣開國公晞

正議大夫試光祿卿贈開府太常卿清源縣開國男
昢
銀青光祿大夫行少府少監樂平縣開國男晤
宣德郎試太子中舍人賞緋魚袋昉
銀青光祿大夫試殿中監駙馬都尉廣陽縣開國男
曖尚　昇平公主
奉義郎試太常寺協律郎晉陽縣開國男晛
宣德郎試左衛率府兵曹參軍曉
銀青光祿大夫試祕書監太原縣開國男曙
宣德郎行京兆府參軍太原縣開國男昫

朝散大夫試祕書著作郎壽陽縣開國男映
朝請郎試太常寺協律郎晅
曾孫
通直郎行將作丞銳
朝請郎守太府少卿鈂
朝請郎守國子監主簿鋒
碑在今陝西布政司御題額顔魯公撰并書敬之汾
陽忠武王父也夫以汾陽家廟得魯公手書千載而
下猶有生氣其文與書又非所論也但其碑在役人
雜遝之所雖巋然壁上而不無磨蝕之憂然以二公

之靈鬼神呵護有由來矣　碑陰具述汾陽兄弟子孫始知汾陽兄弟九人皆列大位不止史所稱幼明一人而已且汾陽封拜與史小異錄其左方碑正書陰作行書不審亦出魯公否槪其筆力似非魯公不能也　史稱子儀初授左衛長史累遷單于副都護振遠軍使又以天德軍使兼九原太守又衛衛尉卿靈武郡太守又加實戶七百頗與碑不合碑立于廣德二年十一月子儀是時年六十八歲官止于尚書令兼中書令故不及攝冢宰尊尚父等事但史言子儀辭尚書令碑乃實書之且通鑑拜尚書令在十二

月此前一月書當是誤石墨鐫華

右郭敬之廟碑陰記汾陽初授左衛長上改官封拜至尚書令兼中書令凡二十四考序次歷歷本傳初授左衛長史而非長上或云累遷或云又兼多略而不錄碑記實封二次止四百戶本傳則七百戶碑云拜尚書令在廣德一年十一月而傳云辭尚書令在十二月宜以碑爲信金石錄補

予從郭氏寵命錄抄當日碑有所未載者世次於後汾陽有大勳於唐室宜其後之以熾而昌也旰子儀次子晞子儀三子兵部尚書封趙國公暧子儀六子卒贈尚書左僕射以女爲憲宗后穆宗太后復贈太尉曙子儀七子先金吾大將軍卒封沂國公昕子儀姪幼明之子安西大都護四鎮節度使文子儀姪郭太后叔父封鄭國公曜太子太傅謚曰孝郭太后穆宗母憲宗后也爲暧尚代宗長女昇平長公主之女追贈曾祖太保追封岐國公敬之贈太傅父暧爲太尉母號國長公主爲齊國太長公主釗暧之子工部尚書劍南西川節度入爲太常卿檢校司徒郭太后兄也鏦金吾大將軍卒贈尚書左僕射尚順宗長女漢陽公主鋹太子詹事仲恭尚穆宗第四女金堂公

主銀青光祿大夫仲詞尚穆宗第六女饒陽公主釗之第三子也銀青光祿大夫襲封太原郡公仲文殿中少監以上抄寵命錄　忠武王陪葬肅宗建陵陵內陪葬止王一人在武將山與太宗九嵕山昭陵相連而稍西北何以無墓碑或經後人埋沒未可知也郭氏子孫今尚盛住居華下華州之東路旁有郭汾陽故里石碑此地山川亦極秀麗集古錄有忠武王將左略碑云貞元十二年陳翊撰翊之所書亦爲盛矣猶言得其六七蓋其官至宰相者七人爲節度使者二十八人尚書丞郎京尹者十人爲察使者五人據翊所得而書者實

六十八而顯名於世者蓋五十八雖喬琳周智光李懷光僕固懷恩等陷於禍敗然杜鴻漸黄裳李光弼光進之徒偉然名見於當時而垂稱於後世者亦爲不少豈惟得失相當而已哉雖汾陽功業士多喜附以成名然其亦自有以得之也其忠信之厚固出其天性至於處富貴保名德古人之所難者謀謨之際宜亦得其助也 來齋金石刻考略

此碑書於代宗廣德二年十一月正與論坐書同時是時公年五十六正月除檢校刑部尚書兼御史大夫朔方行營汾晉等六州宣慰使宰相元載與公不協恐公因使奏對必言其短竟罷前命但以公撿挍刑部尚書置之閒散故得從容翰墨而爲此碑常時以魯公自書告雍容朗暢不類魯公平生風格爲其晚歲極深到之作今觀此碑與自書告畧同而朗暢處更出自書告上直使人不復思自書告矣碑陰雖無顏公欵然決知亦是魯公書公既已大書其前誰敢更續貂其後故趙德甫金石録斷然目爲魯公書雖非公經意之作然即此尚可函蓋徐季海張少悌等數十輩豈直正碑爲足高出一切而已 太保卒於元宗天寶三載時令公甫從戎功名未盛後十

餘年令公屢立奇勳再造王室至德二年以功加司徒封代國公明年二月始有追贈太保之命又七年當代宗廣德二年令公始爲太保立廟當是時僕固懷恩引迴紇深入天子幸陝避狄令公方雪涕勤王刻無寧晷乃萬端拮据中猶能以其舊居爲父立廟忠孝之盛顛沛不忘於戲豈非人倫綱紀也歟舊史書太保追封祁國公此碑不書恐是史誤 碑陰書令公歷官與新舊兩史皆同但史略而碑詳耳又史稱八子七壻皆爲朝廷重臣而不知令公兄弟九人亦皆貴也碑曰友于著睦鸞龍虎者十八言兄弟也兄弟止九而云十者舉成數也貽厥有光紆青紫者八士言子孫也令公子姪凡十五人而但云八碑以令公爲主故但言令公之子也 碑立于廣德二年故書令公歷官止於尚書令按史是年十一月帝以子儀爲尚書令子儀以太宗嘗爲此官屢表堅辭荅詔有無待禮成曲從德讓之語則已允其辭矣既允其辭不宜復書而碑陰有又拜尚書令之語此碑立於十一月當拜命之時詔允辭讓在其後歟 天以郭氏再造唐室靈粹之氣鍾於一門豈惟令公秉仁蹈義始終爲社稷純臣即其子孫無不世世忠孝自

古名臣往往無後獨令公子孫無復遺議史稱令公子八人壻七人皆朝廷重臣猶淺之乎知公者矣虛舟題跋

公名敬之漢光祿大夫廣意之後廣意世系表作廣智碑載子儀官爵甚詳大略與史傳合史稱振遠軍使郎單于副都護九原太守郎兼豐州都督也又通鑑稱是年十二月拜尚書令此碑建于十一月郎稱尚書令者應是碑陰後書攷之也傳稱武舉及第授左衛長史應依碑作長上碑載子儀兄弟七人孫十五人曾孫三人孫除子儀子八人外曜是子琇子昕

煦暅幼明子昉曉幼賢子覗子瑛子曾孫銳是曜子銑是映子關中金石記

郭太保敬之乃汾陽王之父碑在今陝西布政司下庫相傳布政司即汾陽府第下庫即家廟舊基也碑雖漫漶然猶當在顏氏家廟上若碑陰則斷非魯公書趙子函之言不足信也鐵函齋書跋

碑列其上世云漢有光祿大夫廣意生孟儒爲馮翊太守又云隨有金州司倉履球府君舊唐書地理志金州隨西城郡武德元年改爲金州是隨不名金州而支亦遷就爲之也下文篤生府涼州司法諱昶府君生美原縣主簿贈兵部尚書諱通府君今案新唐書宰相世系表廣意作廣智昶作隨京州法曹亦非金州司倉而通作美原尉尤不言主簿碑在當世魯公自所書宜爲有據而表或誤也碑載敬之遷扶州刺史又渭吉二州刺史又授綏州遷壽州據表所書敬之吉渭壽綏憲五州刺史與碑歷官數亦合而其地獨不載扶州又別書一憲州攷元和郡縣志憲州無文新唐書地理志始有之其小注云憲州本樓煩監牧嵐州刺史領之貞元十五年別置監牧使龍紀元年李克用表置州舊唐書志作貞觀十五年楊鉢

爲監牧使下又云龍紀元年特置憲州于樓煩監則憲州蓋起於唐末故元和志不載而當敬之時州尚未設何以云爲刺史由是言之知表亦誤也今碑所云扶州者當依以爲正授堂金石跋

碑陰正書無書人名氏載敬之子孫曾孫凡三世石墨鐫華跋此碑獨詳子儀歷官於本傳爲備予更以新唐書宰相世系表校之表載子琇失其官勳今碑第一層首列男昭武校尉守絳州萬泉府折衝都尉上柱國郎子琇也表載子雲左領軍將軍碑列游擊將軍左武衛將軍上柱國表載子瑛延州司法參軍

碑列朝議郎行延州都督府法曹參軍表載子珪無官勲碑列朝議郎行衢州盈川縣尉表載幼賢副都護碑列銀青光祿大夫衛尉卿單于副都護振武軍使朔方左廂兵馬使上柱國贈太子少保表載幼儒成都少尹碑列正議大夫光祿少卿兼漢州别駕賜紫金魚袋上柱國表載幼明少府監太原公碑列銀青光祿大夫太府卿上柱國太原郡開國公表載幼沖太子詹事碑列銀青光祿大夫試鴻臚卿上柱國又表於子雲下載子晭幼沖下載幼謙而碑無之第二層列諸孫首爲曬銀青光祿大夫試太常卿上柱

國太原縣開國公載表太子少保太原孝公次朝議郎守通州别駕騎都尉賜緋魚袋瞱表載瞱無官勲次特進兼鴻臚卿贈開府荆州大都督上柱國盱表載鴻臚卿同正次雲麾將軍守左武衛大將軍同正上柱國昕表載檢校左僕射磧西節度次特進試鴻臚卿兼御史大夫左散騎常侍上柱國太原縣開國公晞表載工部尚書次正議大夫試光祿卿贈開府太常卿清源縣開國男朏表載試鴻臚卿次銀青光祿大夫行少府少監樂平縣開國男晤表載兵部郎中次宣德郎試太子中舍人賞緋魚袋昉表載試太

子中舍次銀青光祿大夫試殿中監駙馬都尉廣陽縣開國男曖尚昇平公主表載左散騎常侍駙馬都尉次奉義郎試太常寺協律郎晉陽縣開國男晛表亦載試協律郎晉陽男次宣德郎試左衛率府兵曹參軍曉表亦載試左衛率府兵曹參軍次銀青光祿大夫試秘書監太原縣開國男曙表載右金吾將軍祁國公次宣德郎行京北府參軍太原縣開國男晌表載鴻臚少卿次朝散大夫試秘書著作郎壽陽縣開國男映表載右庶子壽陽尹次朝請郎試太常寺協律郎晅表不列官勲第三層碑列曾孫僅三人通

直郎行將作丞銳朝請郎守太府少卿銑朝請郎守國子監主簿名已殘剝表載銳嘉王府長史銑試太常主簿凡此互爲詳略實足以佐証史表而壽陽尹唐於縣官不稱尹表誤記也子琇子一人瞧子英子一人晛至如昉曉爲幼賢子晌晅爲幼明子昕爲子雲子餘皆汾陽王子也授堂金石跋

按此碑今在陝西省城布政使司署下庫司署在西安府城東鐘樓西陝西通志云相傳爲秦穆公故府唐爲尚書省一爲于志寧郭汾陽宅鐵函齋跋云司署即汾陽府第下庫即家廟舊基也然攷

之長安志尚書省在皇城承天門街之東面第四
橫街之北尚父汾陽郡王郭子儀宅在京城丹鳳
門街南親仁坊是尚書省與汾陽宅有皇城京城
之别不可謂尚書省即汾陽宅也至于志寧宅與
汾陽宅相連則長安志原云于宅在郭宅之西也
長安志于親仁坊載汾陽宅于大通坊載汾陽園
而總不云有郭氏家廟則宋氏略也家廟之制唐
書禮志云諸臣之享其親廟室服器之數視其品
開元十二年著令一品二品四廟三品三廟五品
二廟嫡士一廟庶人祭于寢天寶十載京官正員

四品清望及四品五品清官聽立廟勿限兼爵廟
制三品以上九架夏兩旁又三品以上有神主又
五品以上有几筵此皆唐時家廟之制也据此碑
乃汾陽爲其父立廟不在四廟之例而碑文亦專
叙其父太尉之事蹟及汾陽勲業文云摹製于舊
居永圖而觀德殆即親仁坊宅爲廟而以太尉爲
始祖也碑叙郭氏先世云虢或爲郭因而氏焉代
爲太原著姓漢有孟儒爲馮翊太守子孫家焉後
轉徙華山今爲華州鄭縣人宰相世系表郭氏武
王封虢叔于西虢後平王東遷奪虢叔地與鄭武

公楚莊王伐周責王滅虢於是求虢叔裔孫封于
陽曲號曰郭公虢謂之郭聲之轉也因以爲氏華
陰郭氏出自太原漢有郭亭亭曾孫廣智（智公文集作廣
德碑作廣意）廣智生孟儒子孫遂從馮翊語與碑合而
較詳也下叙曾祖祖父皆稱諱而加府君二字與
他碑不同碑云履球官金州司倉表云金州司倉
叅軍碑云祖涼州司法表云隋涼州法曹碑云諱
敬之府君不著其字表云敬之字敬之新唐書郭
子儀傳不叙其父舊傳則云父敬之歷綏渭桂壽
泗（表作吉渭壽綏忠碑作扶渭吉綏壽）五州刺史以子儀貴贈太保

追封祁國公（碑不書此封）皆碑與表傳之互異也稱子
儀爲公之寶允此二字乃賢嗣令子之别稱始見
于此其碑叙子儀戰功與史傳叅校之備詳而事
皆合傳云廣德二年十一月以子儀爲尚書令上
表懇辭答詔不允勅子儀於尚書省視事子儀復
上表詔荅曲從德讓遣内侍魚朝恩傳詔賜美人
盧氏等六人從者八人并車服帷帳牀褥珍玩之
具益家廟之作正在此時也子儀以建中二年薨
年八十五此時年六十八矣据傳所載似子儀之
得從容安居者僅此數月至明年爲永泰元年五

月以後遂有出鎮河中之命矣碑陰載諸孫官位不獨與表異且有與傳異者今以舊書子儀傳參校之如長子曜碑云銀青光祿大夫試太常卿上柱國太原縣開國公傳云累遷至太子賓客此下是建中時官新傳云至德初推子儀功授衛尉卿累進太子詹事太原郡公三子晞碑云特進試鴻臚卿兼御史大夫左散騎常侍上柱國太原縣開國公傳云初以戰功授左贊善大夫加銀青光祿大夫鴻臚卿拜殿中丞廣德二年加御史中丞領朔方軍破蕃軍戰捷加御史大夫子儀固讓此下是永泰二年官新傳同六子曖碑云銀青光祿大夫

試殿中監駙馬都尉廣陽縣開國男尚昇平公主傳但云年十餘歲尚代宗第四女昇平公主此下是大歷中事新傳云曖字曖以太常主簿尚昇平公主拜駙馬都尉試殿中監封清源縣侯曙碑云銀青光祿大夫試祕書監太原縣開國男傳但云代宗朝累歷司農卿此下是建中時事新傳同子儀弟幼明碑云銀青光祿大夫太府卿上柱國太原郡開國公傳但云以子儀勲業累歷大卿監此下是大歷時事幼明子昕碑云雲麾將軍守左武衛大將軍同正上柱國傳但云肅宗末爲四鎮留後此下是建中時事以上新傳同碑所載曾孫三人惟鋒見新史子儀傳銳鋭俱不載而舊傳所有者曜男鍊新傳有鋒無鍊昭男鍇晞男鋼鈞曖子釗鏦銛新傳有長子鑄皆碑所未書又以世系表校之敬之之子十一人碑所未書者子雲之弟子晭幼沖之弟幼謙孫二十六人碑僅書十五人曾孫三十一人碑僅書三人其書子碑者官位又多不同大抵傳載多在立碑以後不能盡合也長安志載家廟甚多而家廟之有碑獨始見於郭氏碑陰書歷官之詳亦未有如子儀者史傳所不能備也碑銘八章章各五句上四句各自用韻下一句則合八章之末句同一韻又銘詞之變格也

李光弼碑

碑連額高一丈三尺四寸廣五尺一寸一分四十行行八十二三字不等額題大唐太尉兼侍中臨淮武穆王贈太保李公神道碑二十字並行書在富平縣

唐故□□儀同三司□□□□□□河南副元帥都督河南淮南淮西□南山南東道□節度行營事□□□□上柱國贈太保□□武穆王李公神道碑并序

金紫光祿大夫檢校刑部尚書上柱國魯郡開國公顏真卿撰

□中大夫□□□少□上柱國□紫金魚袋張少悌書

昔宗周之中興也時則有若方叔召虎□□□□□之
業南威荊蠻東截淮浦以左右宣王詩人歌之刻在風
雅　我皇唐之反正也時則有若臨淮汾陽秉文
武忠義之姿廓清河朔保人王室以翼戴
三聖天下之人謂之李郭異代同德今古一時公諱光
弼京兆萬年人也曾祖　皇左威衛大將軍幽州經
畧軍副使府君諱令節祖鴻臚卿兼檀州刺史府君諱
重英父雲麾將軍左領左羽林二軍大將軍朔方節度
副使薊郡開國公贈幽州都督司空諱楷洛皆以英果
沈勇累葉將邊憺威稜於幽磧公即薊□公之第四子

也體混元之正性秉宏毅之高躅天予純嘏生知禮度
謨謀炳邃默識沖深傑出韜武之才鬱爲興王之佐故
能東征北伐厭難康屯挺草昧不世之功允蒼生具瞻
之望　社稷威寳公之謂歟初　天后萬歲
中大將軍燕國公武喈固爲國大將威震北陲有女曰
今韓國太夫人才淑冠族訾鑒之曰爾後必生公侯之
子因擇薊公配焉後果生公公年十六歲嘗撫鹿而遊薊
公視而誨之曰兒勿更爾公振手而起遂絶不爲童戲
未冠以將門子工於騎射能讀左氏春秋兼該太史公
班固之學開元中起家左衛左郎將歷豐夏二都督府

長史尋遷別駕加朝散大夫丁父憂以毀聞終喪不入
妻室太夫人高明嚴肅有慈有威公下氣怡聲承順而
侍竭其力雖已官達小不如意猶加譙讓之責故能濟
其勲業天寳二年拜寧朔郡太守四載加左淸道率兼
安北都護仍充朔方行軍都虞候五載充王忠嗣河西
節度兵馬使加游騎將軍守右領軍賜紫金魚袋仍充
赤水軍使八月襲封薊郡開國公八載遷右金吾衛將
軍充節度副使以破吐蕃及招討吐谷渾加雲麾將軍
左武衛大將軍十一載拜單于副都護十三載爲安思
順朔方節度兵馬使思順慕公信義請爲婚姻公辭不

獲免遂託疾罷官西平王哥舒翰聞而壯之奏歸京師
遂守道屏居杜絶人事十四載冬十一月安祿山反范
陽天下驛騷　朝廷旰食聿求虓闞之將爰統鷹
揚之師明年春正月起公爲銀青光祿大夫鴻臚卿兼
雲中郡太守攝御史中丞持節充河東節度支度營田
副大使知節度事仍充大同軍使二月拜攝御史大夫
魏郡太守充河北道採訪使俄除范陽郡大都督府長
史充范陽節度使初公以朔方馬步八千人出土門其
月既望收常山郡前是太守顏杲卿與長史袁履謙□
藁山土門使李欽湊撫其心腹高邈□丁□□□□□

□□□□出救□□□履謙□史思明所□戰士□□
□□□泮滬之上公□□□□□□□□□□
□以祭之分遣恤其家屬城中莫不感激一心史思明
正圍饒陽驟來拒戰公屢摧陷之　詔拜公兼御
史大夫　命尚書令汾陽王郭公子儀悉朔方之衆與
公合勢□收趙郡又敗之于沙河夏六月戰于嘉山大
敗之斬獲萬計思明露髮跣足奔于博陵窮蹙無計歸
節於祿山祿山大恐逆徒幾潰屬潼關不守　肅
宗理兵于靈武盡追朔方之師加公太原尹公以麾下
及景城河間之卒數千人至秋八月拜戶部尚書同中

書門下平章事史思明既有河北之地與蔡希德悉衆
來攻纍月不尅而退公自賊逼城於東南角張帳火居
止竟不省視妻子每過府門未嘗回顧是後決遣事務
信宿方歸至德二年拜司徒冬十二月十五日
肅宗既還京師策勳換司空兼兵部尚書封鄭國公食
實封八百戶公弟光進亦以懋功同　制封拜乾
元元年八月拜侍中其年冬十月與九節度圍安慶緒
於相州明年春三月史思明至滏陽屢絕我糧道衆咸
請公簡精銳以擊之交鋒竟日思明奔北于百里之外
公反旆而歸烟塵亘天諸將皆以爲賊軍大至遂南渡

黄河公至則無見矣迺歸于太原是年夏五月除范陽
節度使尋代汾陽王爲朔方節度使秋八月充天下兵
馬副元帥以數千騎東巡追兵馬使張用濟會于汜水
用濟獨來上謁公數其罪而斬之因追都知兵馬使御
史大夫僕固懷恩懷恩中夜馳赴無責而前再宿遂至
秋毫不犯公趣河而東及滑州聞史思明已過河遂迎
彊旅以至東京移牒留守及官吏等悉皆□避公獨與
麾下趣河陽橋城賊先鋒已下倒愁坂公至石橋命秉
燭徐行一夜方達賊望之不敢近思明來至城下請見
公公於城上謂之曰我三代無葬地一身必以死國家

之患爾爲逆虜我爲王臣義不兩全我若不死于汝手
汝必死於我手將士聞之無不激厲相持凡八月思明
暴露不敢入東京乾元二年冬十月甲申賊將周智悉
河北之衆萃于河陽城北思明以河南之衆頓于河陽
南城之南南北夾攻表裏受敵公設奇分銳襲其虛而
大破賊軍臨陣擒其大將徐□□殺獲略盡賊僅以身
免收軍資器械不可勝數思明心摧氣索燗人不舉者
三日官軍大振初公以爲戰者危事勝負難必每臨陣
嘗貯伏突於靴中義不受□至□登城西向拜辭因歔
欷不自勝三軍見之無不涙下三年春正月□太□兼

中書令□□□□□上元□□□□月攻拔懷州擒其僞節
度安太清二年春二月統僕固懷恩自河陽趨河淸與
思明合戰于邙山屬風雨晦冥王師不利公收合餘軍
屯于垣縣遂引過請罪懇讓太尉肅宗不能違
之二月拜開府儀同三司中書令兼河中尹節度使夏
五月十有一日復拜太尉兼侍中充河南副元帥都知
河南淮南淮西山南東荊南五道節度行營事出鎭臨
淮時史朝義乘邛山之捷圍逼申安等一十三州自領
精騎圍李岑於宋州公之將吏皆兇懼議南保揚州公
謂之曰臨淮城池卑陋不堪鎭遏不如徑赴彭城俟其

東寇賊而追之賊可擒也遂趣徐州因召田神功宴慰
與同寢宿以宋州之難告祖道郊外俾先飲以寵之分
麾下隸於其將喬岫仍命兵馬使郝庭玉與岫掎角而
擊之賊遂一戰而走使來告捷公已屈指俟報賊而吉
語至焉今上登極寶應元年夏五月進封臨淮
郡王廣德元年秋七月加實封三百戶通前後凡二千
戶賜鐵券名藏太廟仍圖畫於凌烟閣冬十一月
上在陝州以公兼東都留守□制書未
下久之□□□□□□□□□□□□□□使□
□□□□廣德二年秋七月五日己亥薨于徐州之官

舍初將吏等問以後事公曰吾久在軍中不得就養今
爲不孝子矣夫復何言因瞑己封布絹各三千匹錢三
千貫當葬以分遺將士衆皆感痛不自勝及公云亡遂
以其布爲公製服庚申哀聞至上都上痛悼之
輟朝三日太夫人一慟而絕終夕方蘇上使開
府魚朝恩就宅敦喻京兆尹第五琦監護喪事九月己
未追贈太保十一月□□太常議行謚曰武穆夫人薛
國夫人太原王氏泉長子太僕卿義忠並先公而逝次
曰太府少卿太僕卿象殿中丞寬等皆保家克荷備聞
詩禮無忝燕翼過庭之訓冬十一月廿七日庚申泣而

窆于王母虔窆公于富平縣先塋之東禮也於戲公以
吉甫文武之姿兼樊仲將明之德王國多難羣胡搆紛
藉朔方偏師之旅入井陘不測之地思明挫銳於恒定
祿山絕筭於江淮守太原而地道設奇保河陽而雲梯
罔襲破周贄於溫洺擒太淸於覃懷走史朝義叛渙之
衆於梁宋救僕固瑒已危之軍於瀛莫皆意出事外勝
陛計中□□□□□□□家無贅旒之患此皆公之
力也公兄遵宜遵行仕至將軍泉弟光贊玆不幸早世
次曰光顏特進鴻臚卿皆有將略見稱時輩季曰光進
□□□□□太子太保兼御史大夫渭北節度使京

國公清識表微沈謀絶衆剛亦不吐柔而能立與公並
時伏鉞分閫□□麥看翼聖既有戴天之功兼原統師
獨閫禁暴之德□□會同□至□□□□□□□□
□□□□□泰階之上歸聯綵服頌雙節於高堂之
□□□□□□何居□□子□□□□州□□□
□北齊拔□□□□□□州亦宜力於西魏成稱義
烈各懋勳庸而□□□□□隅臨壓比之我族事則不
侔眞卿昔守平原□□□□□緊公滋止獲保餘生束帶
興居空想北平之禮操□□摂敵壘中郎之辭銘曰
羯胡猖狂恢擾皇綱降生臨淮佐我興

王緯此臨淮萬夫之望愛初發迹罔或弗臧出入忠孝
入倫激昂其心鐵石其行圭璋天寶未造河朔倔彊
天子命公經營朔方沙河嘉山我伐用張思明歸
節祿山雀惶遵闕勿□醜虜其亡　肅宗有命大
鹵于襄應變如神兇徒靡亢介珪入覲台座用光俾公
東征北國是皇長駈鄴下望入河陽擒斬渠魁霆擊龍
驤淮濆鎮定徐上翔翔服田蝬屈料瑒鷹揚不有神算
疇戡暴强弟兄同時秉鉞煌煌方期凱旋雙映旂常長
趨法座夕慶高堂如何不辰愍此百祥素輤反葬白騏
躑躅箱簫鼓悲鳴羽儀分行萬乘致祭于官送喪生榮死

哀身殁名揚渭水川上虛山路旁唯餘豐碑矣兀連岡
往來必拜萬古沾裳

關西道耀州富平縣李光弼墓在縣西四十里顏眞卿
公爲碑太平寰宇記

張少悌書在當時不大知名而此碑殊勁拔淸圓深
得右軍行草遺意惜殘缺不完且于李公中興偉畧
不得一一證之唐史耳石墨鐫華

右李光弼碑顏眞卿撰張少悌書按史光弼營州柳
城人父楷洛爲契丹酋長武后時入朝而碑云京光
萬年人父楷洛薊郡開國公未嘗言契丹酋長也地

理志柳城郡于萬歲通天元年爲契丹所陷開元五
年還治大都督府楷洛于武后時入朝柳城陷未久
不應即爲酋長既陷後又安得入朝也或以入朝後
附籍京兆而酋長之說爲公爲臨淮諱故并其舊籍
而遯之耶史云楷洛贈營州都督謚忠烈碑云贈幽
州都督而無謚又云兄遵頋遵沂弟光玫光彥光進
子義忠彙而史但稱光進與彙詳貴也夫臨淮雖與
汾陽齊名戰功尤爲中興第一如斬侍御史崔衆賞
郝廷玉之裨將援才者壁野水度還軍以避李日越
之劫其胆識出諸將上碑皆略之顏公筆弱不能如

司馬子□韓彭諸將傳使千載下鬚眉如見也金石後錄
按此碑間段缺泐賴顏魯公集刻此文可以校補
碑無立石年月文云廣德□年□七月五日己亥
薨而年上泐一字顏集作二年据通鑑目錄是年
七月丙申朔則己亥是四日非五日然推其前五
月爲丁酉朔若五月小盡則六月爲丙寅朔再小
盡七月爲乙未朔五日正是己亥與碑合或通鑑
有誤文也則碑當立于廣德二年與魯公集合矣
新唐書稱光弼營州柳城人碑作京兆萬年人宰
相世系表云柳城李氏本奚族不知何氏至寶臣

爲張鍱高養子冒姓張氏後賜姓李氏表末云李
氏三公七人三師　人柳城李氏有光弼而于表
內不書光弼名且碑所載曾祖令節祖重英父楷
洛皆不在表內所未詳也光弼傳不載曾祖祖惟
云父楷洛本契丹酋長武后時入朝累官左羽林
大將軍封蓟郡公吐番寇清源楷洛率精兵擊走
之初行謂人曰賊平吾不歸矣師還卒于軍贈營
州都督謚曰忠烈所載官位與碑不同然楷洛自
契丹入朝則居萬年者即自光弼始矣傳所叙光
弼事蹟大較與碑同其不同者碑云朔方馬步八

千人出土門傳作五千人碑云以數千騎東巡追
兵馬使張用濟傳云以河東騎五百馳東都碑云
賊將周智傳作周摯碑云嘗貯伏突于靴中傳云
納刀于靴刀有伏突之名未有所攻碑云圍逼申
安等一十三州傳作申光唐書地理志申州義陽
郡安州安陸郡光州弋陽郡同屬淮南道不能定
其孰是也又傳云浙東賊袁晁反台州建元寶勝通鑑與此同宋庠紀元通譜作昇國
以建丑月爲正月殘剽州縣光
弼遣麾下破其衆于衢州廣德元年遂禽晁浙東
平詔增實封戶二千與一子三品階碑但書增戶

二千餘俱不載又傳云吐蕃寇京師代宗詔入援
光弼畏禍遷延不敢行及帝幸陝猶倚以爲重數
存問其母以解嫌疑帝還長安因拜東都留守察
其去就光弼以久須詔書不至歸徐州收租賦爲
解帝令郭子儀自河中輦其母還京二年光弼疾
篤此事碑多泐文魯公刻集又多漫漶賴傳得其
詳也碑不書薨年若干傳云五十七碑稱長子太
僕卿義忠先逝次太府少卿太僕卿象次殿中丞
彙等皆保家克荷傳惟載彙有志操廉介自將從
賈耽爲裨將終兼御史大夫此下是元和年事不云其官

殿中丞也碑云公兄遵宜遵行弟光允皆早世次曰光顏特進鴻臚卿季光進亦以懋功同制封拜光進附見光弼傳云字太應初爲房琯裨將將北軍戰陳濤斜兵敗犇行在肅宗宥之代宗卽位拜檢校太子太保封涼國公吐蕃入寇至便橋郭子儀爲副元帥光進及郭英乂佐之此下是至德以後事傳載光進官與碑同而碑有兼御史大夫渭北節度使傳所無也碑云天后萬歲中大將軍燕國公武楷固爲國大將威震北陲有女曰今韓國太夫人才淑冠族嘗鑒之曰爾後必生公侯之子因擇副公

配焉後果生公是光弼之母武氏也傳則云母李有鬚數十長五寸許封韓國太夫人是以其母爲李氏矣疑子爲李氏不應母與同姓史誤顯然碑云窆公于富平縣先塋之東是其先塋在富平也傳則云死葬長安南原皆碑傳之互異者碑云眞卿其守平原緊公蒞止獲保餘生以唐書顏眞卿傳證之眞卿出爲平原太守安祿山反眞卿募勇士得萬人祿山遣其將李欽湊高邈何千年等守土門眞卿從父兄常山太守杲卿與長史袁履謙謀殺湊邀擒千年送京師土門既開十七郡同日歸順共推眞卿爲帥卽碑所云公以朔方馬步八千人出土門云云語皆合也

金石萃編卷九十三

賜進士出身　誥授光禄大夫刑部右侍郎加七級王昶譔

唐五十三

顔魯公與郭僕射書

石横廣四尺六分高三尺二分兩截書上截三十二行旁添一行下截三十二行旁添三行每行字數不計草書在西安府學

十一月　日金紫光禄大夫檢校刑部尚書上柱國魯郡開國公顔真卿謹奉書于右僕射定襄郡王郭公閣下蓋太上有立德其次有立功是之謂不朽抑又聞之端揆者百寮之師長諸侯王者人臣之極地今僕射挺

不朽之功業當人臣之極地豈不以才爲世出功冠一時挫思明跋扈之師抗迴紇無厭之請故得身畫凌煙之閣名藏太室之廷吁足畏也然美則美矣然而終之始難故曰滿而不溢所以長守富也高而不危所以長守貴也可不儆懼乎書曰爾惟弗矜天下莫與汝爭功爾惟不伐天下莫與汝爭能以齊桓公之盛業片言勤王則九合諸侯一匡天下葵丘之會微有振矜而叛者九國故曰行百里者半九十里言晚節末路之難也從古至今自我高祖太宗已來未有行此而不理廢此而不亂者也前者菩提寺行香僕射指麾宰相與兩省臺省已下常參官並爲一行坐魚開府及僕射率諸軍將爲一行坐若一時從權亦猶未可何況積習更行之乎一昨以郭令公父子之軍破犬羊凶逆之衆衆情欣喜恨不頂而戴之是用有興道之會僕射又不悟前失徑率意而指麾不顧班秩之高下不論文武之左右苟以取悦軍容爲心曾不顧百寮之側目亦何異清晝攫金之士哉甚非謂也君子愛人以禮不聞姑息僕射得不深念之乎眞卿竊聞軍容之爲人清修梵行深入佛海況乎收東京有殄賊之業守陜城有戴天之功朝野之人所共貴仰豈獨有分于僕射哉加以利衰塗割恬然

於心固不以一毁加怒一敬加喜尚何半席之座咫尺之地能汨其志哉且鄉里上齒宗廟上爵朝廷上位皆有等威以明長幼故得彝倫叙而天下和平也且上自宰相御史大夫兩省五品以上供奉官自爲一行十二衛大將軍次之三師三公令僕少師保傅尚書左右丞侍郎自爲一行九卿三監對之從古以然未嘗參錯至如節度軍將各有本班卿監有卿監之班將軍有將軍之位縱是開府特進並是勳官用蔭卽有高卑會讌合依倫叙豈可裂冠毁冕反易彝倫貴者爲卑所凌尊者爲賤所偪一至於此振古未聞如魚軍容階雖開府官

郎監門將軍朝廷列位自有次叙但以功績既高恩澤莫二出入王命衆人不敢爲比不可令居本位須別示有尊崇只可於宰相師保座南橫安一位如御史臺衆尊知雜事御史別置一榻使百寮共得瞻仰不亦可乎聖皇時開府高力士承恩宣傳亦只如此橫座亦不聞別有禮數亦何必令他失位如李輔國倚承恩澤徑居左右僕射及三公之上令天下疑怪乎古人云益者三友損者三友願僕射與軍容爲直諒之友不願僕射爲軍容佞柔之友

又一 昨裴僕射誤欲令左右丞勾當尚書當時輒有詬

對僕射時貴張目見尤介衆之中不欲顯過令者興道之會還爾遂非再犒八座尚書欲令便向下座州縣軍城之禮亦恐未然朝廷公讌之宜不應若此今既若此僕射意只應以爲尚書之與僕射若州佐之與縣令乎若以尚書同於縣令則僕射見尚書令得如上佐事刺史乎益不然矣今既三廳齊列足明不同刺史且尚書令與僕射同是二品只校上下之階六曹尚書並正三品又非隔品致敬之類尚書之事僕射禮數未敢有失僕射之顧尚書何乃欲同卑吏又據宋書百官志八座同是第三品隋及國家始升別作二品高自標致誠則尊崇向下擠排無乃傷甚況再於公堂猶喘常伯當爲令公初到不欲紛披僶俛就命亦非理屈朝廷紀綱須共存立過爾隳壞亦恐及身 明天子忽震雷含怒責斆彝倫之人則僕射將何口以對

昨日長安安師文出所藏顏公與定襄郡王書草數紙比公他書尤爲奇特信手自書動有姿態乃知瓦注賢于黃金雖公猶未免也東坡集

魯公與郭令公書論魚軍容坐席凡七紙而長安安氏兄弟異財時以前四紙作一分後三紙及乞鹿脯帖作一分以故人間但傳至不顧與軍容爲佞柔之

友而止元祐中余在京師始從安師文借得後三紙遂合爲一此書雖奇特猶不及祭濠州刺史文之妙蓋一紙半書而眞行草法皆備也黃文憲公集

右唐顏魯公與郭僕射書僕射郭英乂也魯公於座位高下小有失當猶力爭如此使之立朝其肯逢君之惡乎金石錄

魚朝恩擠郭令公折元載搖相里造侵王縉一時權燄熏灼若此魯公秉義以奪其驕至今幾五百年尚凛凛有生意猗其偉與但其間稱舉朝恩尚數十言大半於行間增入豈猶未免於危行言孫邪魏了翁鶴山集

魯公作字多擘窠大書端勁而秀偉黃魯直云此所
期無不欲高照千載者此帖草略匆匆前所未見開
軸未暇熟視已覺粲然忠義之氣橫溢而點畫所至
處便自奇勁公嘗謂盧杞曰朝廷法度豈更堪公誠
壞也于此又曰朝廷綱紀須共存立凜然想見其爲
人益公所遭之時如此而所守之道不得不然故倉
卒未敢忘國之綱紀也余私有感于中者因記于此石門文字禪

坐位帖真蹟在京兆安氏家嘗刻以傳世吳中復守
永興謂安氏石未盡筆法因再模刻此二本余家咸

有之安氏子孫分析坐位帖乃剖爲二此帖至行香
寺僕射指後不復有蓋長安石刻本卓頭高指後別
爲一行遂由是平分爲兩是安氏兄弟不學之謬東
坡見安師文時帖尚全嘗手搨數十本余得坡公搨
本於東平王氏無纖豪失真旁用眉陽蘇氏及趙郡
蘇軾印記米襄陽年少嘗臨之郁伯溫亦云安氏析
後不復見全本此卷筆法絕類米老遂定爲米老所
臨無疑袁桷清容居士集

西安府學顏魯公座位帖得之按察使李俊此帖與
北京本字行微有不同處字亦稍剝不若北京本之
精好也北京本云初止二石永樂十一年民家發地
又得二石始爲完物然予所得於洪常秀才者亦四
幅但觀此則首缺六行尾缺八行不知其如何也竹葉堂稿

按元章待訪錄是楮紙用先豐縣先天廣德中牒起
草秃筆今此石刻中秃筆宛然都元敬寓意編謂馬
主事抑之家藏有米臨此帖内有元時袁文清桷跋
謂京兆安氏嘗刻以傳世吳中復守永興以安氏石
未盡筆法因再摹京兆永興皆陝中地名今石在陝
中豈即安氏原石耶抑永興重摹者耶又謂安氏分

析時剖此帖爲二至僕射指下遂平分爲兩以石刻
較之正居其半今此帖其六十九行僕射指處止十
九行正得四分之一多二行豈馬所藏本又止半幅
耶元章書史又謂内小行是於行間添注不盡又於
行下空紙邊橫寫與刻本不同若是米臨本亦當作
橫寫乃是何袁跋未見言及此帖首十餘行尚覺屈
彊未舒至僕射指以下乃始活潑飛動至皆有等威
後又更渾化入妙結末數行筆已倦意已懈而餘興
淋漓更出屋漏雨蹟殆若所云懷素自言初不知者
若分得後半當是獲膺賊牽矣袁跋又云嘗得坡翁

搨本無毫髮失眞蘇公見安師文帖時帖尙全嘗手
搨數本書遂大進蘇本久不聞意已湮沒馬氏藏米
本不遠今尙能存否內尊者爲賊所偪當是賤所偪
又別置一搨下重使字想皆係原稿誤古人書皆手
寫其正本奈何反不傳書畫跋跋
宋沈括夢溪筆談曰都堂及寺觀百官會集坐次多
出臨時唐以前故事皆不可考惟顏魯公與左僕射
定襄郡王郭英乂書云宰相御史大夫兩省五品供
奉官自爲一行十二衛大將軍次之三師三公令僕
少師保傅尙書左右丞侍郎自爲一行九卿三監對

之從古以來未嘗參錯此亦畧見當時故事金石文字記
此魯公與郭英乂書英乂爲尙書右僕射封定襄郡
王驕蹇泰侈陰事元載魚朝恩以固其權時郭子儀
大破吐蕃於長安朝臣德之爲興道之會英乂擠八
座尙書坐朝恩下公移書糾正之年譜以此書在代
宗廣德二年按行狀公以肅宗寶應元年加上柱國
廣德元年加金紫光祿大夫是年十月吐蕃冠長安
上幸陝州子儀擊却之十二月上還京師以魚朝恩
爲天下觀軍容使二年正月以公檢校刑部尙書三
月進封魯郡開國公觀公自署銜及稱朝恩爲軍

者與年譜正合則知此書正當在廣德二年十一月
蓋明年夏劒南節度使嚴武死英乂往代之卽不復
在京矣顧寧人金石文字記不知其年列此書于大
歷之後葢未深考耳　按米氏書史爭坐帖是唐畿
縣獄狀麄熟紙起草內小字是於行間添注不盡又
與行下空紙邊橫寫與刻本不同石刻麄存梗槩耳
又袁清容集爭坐眞蹟京兆安師文嘗刻以傳世吳
中復再模刻今此二本世未之見所見惟關中刻耳
如米氏言行列已非麄存梗槩不知眞蹟妙處何如
使人神往又不知安氏吳氏所刻比今關中本又何

如或曰今關中本卽安氏所刻亦未知其是否也竹雲題跋
書稱英乂挫思明跋扈之師抗回紇無厭之請按新
史史思明陷洛陽謀掠陳蔡詔英乂統淮南節度兵
賊卽陝虢又改陝西節度使而不言其破思明之功
及英乂留守都史稱其無束撿御才縱麾下與回紇
兵大掠都城並無抗拒回紇之語皆與此書不合當
由失書或稱公作書時不免稍有假借爲孔子危行
言遜之義公於名義所關執論侃侃略不假借豈肯
遽於英乂妄推其功如此定是史者失之耳　三稿

祭姪爲先告伯父次之論坐㝡後祭姪告伯皆在乾元元年公以三月刺蒲州故九月祭姪稱蒲州刺史十月改刺饒州故告伯父稱饒州刺史後七年當代宗廣德二年公乃與定襄有論坐書三稿皆公奇絶之作祭姪奇古豪宕告伯父淵潤從容至論坐則兼有祭姪告伯兩稿之奇情緒不同書隨以異所以直入神品足爲蘭亭後勁也虛舟題跋

舊唐書代宗紀廣德二年十一月丁未郭子儀自涇陽入覲詔宰相百僚迎之於開遠門上御安福寺待之此帖所稱興道之會正在其時魯公年譜系之廣

德二年信矣此書前一段言魚朝恩階雖開府官止監門將軍以班列言之應序於十二衞大將軍之次即欲別示尊崇只可於宰相師保座南横安一位如御史臺知雜御史之例不當列于僕射之上後一段言僕射是二品六曹尚書並三品非隔品致敬之類不當擠排尚書使在下座所云裴僕射者左僕射裴冕也尊者爲賊所偪賤謂作賊所曾要尚書左右僕射自武德至長安四年以前並是正宰相豆盧欽望拜左僕射不言同中書門下三品不敢參議省事數日始加知軍國重事至景雲二年韋安石除左僕射東都留守不帶同三品自後空除僕射不是宰相遂爲故事英乂除僕射時已非宰相然官品最高在侍中中書令之上過此則爲三公三師非等常人臣之職故稱百寮之師長也潛研堂金石文跋尾

按爭坐位帖自宋以來摹刻者有七種一曰京兆安氏刻本長安安師文見東坡集一曰吳中復重刻本中復守永興再摹刻見淸容集一曰米襄陽臨本見寶章待訪錄一曰北京本見蒼竹堂稿一曰戲鴻堂本見畫禪室隨筆一曰嘉善魏氏本即半村錢旃摹本嘉善魏學濂正之學濂字子一號內齋忠節公大中子明亡殉難著內齋集十卷日知錄五卷蓋帖爲錢氏手摹魏氏校正而戲妙齋金石考畧定以爲魏氏摹刻一曰關

中本見竹雲題跋今在西安府學碑林者即關中本也祕藏本南宋時搨　國初爲無錫錢陸燦湘靈所藏字畫端勁湘靈嘗書其生年甲子並科分事實于下則其寶貴可知矣帖中塗抹添注處如謹寓書改爲謹奉書不其盛矣改呼足畏也然美則美矣宰相一行坐添注與兩省臺省已下常參官等字文武之左右添注不論二字苟以悅軍容爲心苟以下添取字竊見閤姑息添注甚非謂也君子愛人以禮不等字深入佛海字添注況乎收東京至豈獨有分于僕射哉等字西省官自爲一行兩

旨下添注五品以上供奉六字十二三師三公十
二下添注衛大將軍次之六字未嘗參錯下添注
至如軍將至振古未聞等字不亦可乎下添注聖
皇時至亦不聞別有禮數等字豈不然矣下添注
今既三廳齊列足明不同刺史等字此外尚有數
處零星添注不計可見魯公當時雖信筆直書之
中仍委曲詳盡非率意爲之也文云奉書于右僕
射定襄郡王郭公新唐書郭知運傳知運次子英
乂舊傳作知運季子字元武代宗朝位雍王率諸將討賊
洛陽留英乂殿于陝東都平權知留守以功實封

三百戶舊傳作二百戶召拜尚書右僕射封定襄郡王文
云魚開府及僕射率諸軍將爲一行魚朝恩傳云
朝恩洛陽平從屯汴州加開府儀同三司文云郭
令公以父子之軍破犬羊兇逆之衆郭子儀傳云
子儀次子晞復兩京戰最力吐蕃回紇入冦擊破
之文云苟以取悅軍容爲心軍容之爲人淸修梵
行深入佛海魚朝恩傳九節度圍賊相州以朝恩
爲觀軍容宣慰處置使觀軍容使自朝恩始而不
言其修梵行殆由當時宮禁尚沿崇佛之舊習朝
恩亦嘗奉之而史家所宜從略耳文云收東京有

殄賊之業守陝城有戴天之功朝恩傳云史思明
攻洛陽朝恩以神策兵屯陝洛陽陷思明長驅至
硤石肅宗詔銳兵十萬循渭而東以濟師朝恩按
兵陝東使神策將衛伯玉與賊將康文景等戰敗
之洛陽即此事也攷之史傳多與此帖語合傳稱
郭英乂陰事宰相元載以久其權而眞卿又不爲
元載所容論事坐以誹謗不久即有硤州別駕之
貶然則英乂得此書其以眞卿之之言爲是與否
史無明文皆不可知而旣爲陰事元載之人則眞
卿之被貶未始非英乂陰爲之譖巳

白道生碑
碑高七尺一寸廣三尺九寸七分二十一行行四十字正書篆額在正定府
大唐故左武衛大將軍贈太子賓客白公神道碑銘并序
朝議郎行尚書禮部員外郎翰林學士賜緋魚袋于
益奉　勑撰
□議大夫行將作□□翰林待　詔上柱國賜紫金
魚袋摯宗奉　勑書并篆額
淳維之地上戴斗極其氣勁悍其人□□間生將才□
我王略其有革去故俗鼎新華□建功惟忠戡難以武
常稱戈革每襟邊陲胙土連華□□襲祉啓迪從嗣光

昭前人可得而言也公諱道生其先呼韓之宗谷蠡之
黶代居南部□入中原漢典論封將命弓高之秩周臣
赴會爰書潞子之班祖廣琛雲麾將軍左羽林大將軍
心膂北軍爪牙中壘□道□□□門有嚴父崇禮忠武
將軍左金吾衛翊府中郎將職副緹騎名雄鶡冠警於
誰何勤以夙夜公誕自□□□于干戈太公之符如已
神授孫子之要動皆暗合心傾奉國膽略禦邊鎮在疆
埸統其蕃部爭爲寧朔州刺史兼部落主恩附獷俗威
除寇攘軍門罷扃虜騎遠遁開元中□安郡□□以宗
室之賢受登壇之寄每有討伐命公先鋒寇必能賞險

不避難馘黠虜之首梟林胡之俘仍拔河湟大破戎醜
數實過當議功居多一自捍邊卅餘載終于左衛大將
軍春秋六十夫積善曦慶嗣績不忘辛□繼封耿門多
將求之於代公寔有焉其子朔方先鋒使同節度副使
開府儀同三司試太子賓客左武衛大將□□□□□
□□□□□□勇乃絕倫忠而□力九伐之際常爲戰鋒
勞旋策勳議績當最□□□□□□　皇上
□乃茂功義崇追遠　恩光照於幽□厚澤降于
重泉贈公太子賓客夫人康氏爲□國大夫人喪事官
供有加常等以永泰元年三月廿四日遷窆于萬年縣

鳳栖原禮也□□同列千車會送更刊貞石式建豐碑
同武庫之閟樵蘇永禁比祁連之象丘隴長存銘曰
地在元朔代生良將名重關西氣雄塞上繼秉金鉞遞
居玉帳戰必爲鋒居常保障粵有令子時高茂勳援戈
揮日仗劒決雲東平寇孽西掃狄氛志由忠立名以勇
聞刻茲貞石以表孤墳
永泰元年歲次乙巳三月壬辰朔廿四日甲寅建
清河張渾　魯國粟光刻字
道生系出突厥爲寧朔州刺史終于左衛大將軍以
子元光貴贈太子賓客史但云寧朔州刺史而已碑

題左武衛大將軍而文稱左衛太將軍殊不可解碑
始著于京兆金石錄歐趙諸家俱未載予於京師琉
璃廠市上購得之文尚完好無大漫漶而書法亦道
整可喜潛研堂金石文跋尾
道生南陽郡王元光之父官終左衛大將軍追贈太
子賓客夫人康氏爲趙國太夫人唐書元光傳以爲
終寧朔州刺史者非也關中金石記
按此碑撰書篆額皆奉勅撰者于益結銜云朝議
郎行尚書禮部員外郎翰林學士新唐書于志寧
傳志寧曾孫休烈休烈二子益肅及休烈時相繼

為翰林學士并天寶初進士第不云其官禮部員
外也傳又稱天子嘉休烈父子著儒行休烈妻韋
卒詔贈國夫人史不詳何國葬給鹵部鼓吹是益以儒
行著也宰相世系表載益官終諫議大夫書碑篆
額者摯宗兩唐書無傳書譜亦不列其名攷摯姓
風俗通云摯疇古諸侯國也通志氏族畧或言帝
嚳子摯之後周有摯荒漢有摯綱又後漢有摯恂
晉有摯虞皆最著者宗殆其裔歟碑云公諱道生
其先呼韓之宗谷蠡之允代居南部□入中原呼
韓邪本匈奴單于見漢書匈奴置左右賢王左右

谷蠡見史記則道生係突厥之族賬與白氏為黃
帝之後出南陽望者不同系也祖廣琛父崇禮世
居右職史皆無傳新唐書道生亦無專傳附見李
光弼傳後自元光傳元光即道生之子也字元光
其先突厥人父道生歷寧朔州刺史而不詳道生
之事蹟碑云開元中□安郡□□以宗室之賢受
登壇之寄每有討伐命公先鋒云云文中渤字以
元宗紀及太宗諸子傳證之乃信安郡王禕也紀
云開元十八年五月己酉奚契丹附于突厥二十
年正月乙卯信安郡王禕為河東河北道行軍副

元帥以伐奚契丹三月己巳信安郡王禕及奚契
丹戰于薊州敗之傳稱太宗子鬱林王恪恪子琨
進封吳王琨子禕中宗時封嗣江王以繼嗣後開
元時亦以傍繼從信安郡王累遷禮部尚書朔方
節度使契丹可突于叛詔拜忠王為河北道行軍
元帥討之勅禕以副忠王不行禕率裴耀卿諸將
分道出范陽北擊二蕃破之即碑所載宗室登壇
之事也碑云其子朔方先鋒使同節度副使開府
儀同三司試太子賓客左武衛大將下闕此叙道生
子元光之官也傳稱元光初隸寧朔本軍補節度

先鋒安祿山反詔從朔方兵東討元光領所部結
義營長驅從光弼出土門累遷太子詹事封南陽
郡王為兩都遊奕使長安平轉衛尉卿兼朔方先
鋒史思明攻河陽光弼召主騎軍其後歷靈武留
後定遠城使此元光歷官可以補碑之闕也碑云
遷窆于萬年縣鳳栖原長安志無此原名蓋失傳
矣末云永泰元年歲次乙巳三月壬辰朔廿四日
甲寅建壬辰朔則甲寅是廿三非廿四也道生父
子功績官位不甚崇顯遷窆時亦別無特恩不知
何因摸書碑文皆奉勅文無可攷

李寶臣碑
碑高一丈八尺四寸六分廣八尺八寸五分二十五行行五十五字正書
成德軍節度使開府儀同三司捡挍尚書右僕射兼御
史大夫恒州刺史充管內支度營田使清河郡王李公
紀功載政頌 并序
支度判官朝散大夫行監察御史王佑上
推勾官朝散大夫行太子司儀郎王士則書并篆
惟天　明命　聖人允成□□□□□□
□□戡　君非臣無以化化臣非　君無以
贊贊明明，　君臣品□□□陰陽載□□□□

□□□□□□歲　□應　帝嗣位敬綂舊
服惠周於下下罔不格夕十一月　我亞相張公忠志
率東諸侯□出復命元元以貞□太和也先是祿□□
亂朋毒中夏□政血□覆忠良殖姦宂蒸人側側不貳
竽乃幾　公越在東土受制宇下爲侯□恒克□復變
□□王室誕宣　我化靡□尒□敷聞　帝
庭奉若　王命　帝曰休才正侯良才
授恒州刺史封密雲郡公表獻□□越二□□□□□
羣海　□□擅□無入濟三川威五長播紳管管
不自卽乃上　公執在厲階登若股上罔咈祗命命我

□□□□□□□□□□□□□□□德式□庶欲歸於
本朝朝廷嘉茂功錫丕□□禮部尚書兼御史大夫
成德軍節度使淸河郡王賜姓李□□□□□□□□
□懿□□□□□□□□司國樞□□□□□□□革
風俗是　揔朝憲率寧全趙開復東土是用苴白茅昭
宗武功允正□□□用□□□□維城宗我□□□□
□□□□名銘之景鍾永憲□後　公固讓不獲祗奉
天之明命惟　祖惟父佐世有勳享祿無及□
□□□□□□天□□德□□□邦忠孝剛義□直□
亮家用□□位□宜才彻　公牧恒元年爲也爲師尅

恒恒不堪命羣盜衆聚□野□□□□□□罔極　公
□□□□明武殄暴暴服□□人諟不□廬□□□以
晏□□士馴業□□穡工就務商通貨四者各正□□
日用□□□二□□□□更更告　公曰滹沲會流暨
于城下天雨淫降須湧□□　皮積如阜□□乃□□恐
爲魚其日囩久　公以聚人慾□□□□流□□天
造層城蘇蘇居人坦坦□德合□無牆冬十月　□□
□□　先帝洎慶緒嗣凶自洛奔鄴修好於
公公不□□□□折□□□得請命□□三年二月
上以思明作藩於蓟□□□□□□□思明僞

叙不供賊鎮威梟俥　公如薊將賊　公□　□執忠
□□□□□害□□□□□□□□□□□□□□
大旱□滌□□□殺如焚人曰祈土龍　公曰非旱備
乃貶躬之食勤人之□□□寅□朝而□□□□□
□□□□□□□□□□□□□□秋　雨旬□□□
匪宕稼不書政冬十一月思明外　公以其黨幸萬寶
張□□□□□焉□□□一□□□□□□□□自下
流□□□□□延於平人人用齋咨涕洟額　公如
　　天公曰不戢乃暴貢乃人憂夏四月戮萬寶□□
□□□□□□□□□□□□□□□　□五

州之侯或曰厚賦人　公盡人蕎焉封政不賦乃釐善
抑惡發滯糾佚藏慝昭利□□□□□□□□□□
□□易□□之□訪於定定□□文訪於深□修之文
訪於趙趙齊之克諧五州允奉如一虜不我制　公用
哆然惟八年□□□□□□□□受命　王也
初朝義播亡係命於　公自　公歸　朝是翦厥
翼翌日　公會　王師於□郊恭行□□□□
□□□用勤焉時戎揭飲化爰方啓行夫戎性沓貪茂
煞俘蚨殫實虔劉暴骨厚厲於懷人南自相魏邢貝東
至滄德瀛鄚□夫匹婦蕩在草莽越□　公境宣服

公威愓愓矍矍彌進成序若　公在首五州之人無荒
寧風行於冀冀億之景願附　公昭請於　上上
集下望申命用艮冀人熙熙嗜化永休惟九年冬
　帝念宗臣特拜右僕射端武主戎捴經外政欽
酌彝典敬揚　天心緊　公德載於人人以蕃殖
翼贊　三主鋪敦四凶　聖咨乃賢神
被乃祿其惟有終旨才恒中耆老賈審祥　等師
錫言曰姦臣反常迭起東土人用密蹟殆無指告惟
公牧恒　天眷不下尒有　君臣公正爾有
父子　公保不有災厲　公莫不有稼穡　公成微

公嗜依恒大圯也賡曰昭茂德崇豐碑阜成於文庶永
於世克建樂石昜揚頌聲頌曰
惟　君配天惟配臣　君矯矯　我公爲
　君武臣龔贊　皇家奄有廿動大盜䣊䣊荒
我東鄙孔蟥不芙元元靡恃恒人保　公乃有父子我
沴載懲我年載登我用有孚不無不承貞石峨峨永以
垂頌惟　公之德不崩下闕
永泰二年七月一日建
右成德節度使李寶臣德政碑寶臣降虜與田承嗣
輩創藩鎮之禍其人本不足道碑辭脅下爲諛佞諂

不支獨王士則者僅見陶九成書譜中不甚著而書法遒勁瀟灑有李北海張從申之筆真可寶也碑在真定御史行臺不易搨弇州山人稿

李公者寶臣也予讀其傳每嘆奚奚附逆反覆不常朝廷輒以僞署爲真賜姓名授鐵券唐之不振至于如此然竊計當時强藩互結不如此不足以慰來投之心招未歸之賊按碑建于永泰二年七月追頌其功則曰壬寅歲寶應皇帝嗣位冬十一月我亞相張公忠志率東諸侯復命兩唐書無月日而代宗紀與碑合九節度之圍相州也寶臣懼而來歸封密雲郡

公爲舊書所遺新書云擢寶臣爲禮部尚書封趙國公又與碑異碑云授禮部尚書兼御史大夫成德軍節度使封清河郡王賜姓改名此恒州耆老賈審祥等頌之之碑立于當時必無疑悞何兩書俱不之及而末載隴西郡王豈寶臣王封有二次耶抑兩書誤以清河爲隴西耶如寶臣以五州未獻開東門納王師而止封趙公則加于密雲無幾豈足以酬其志似當以碑爲正碑在今真定府公署中巋然巨碣也豈劉宋二公未之見耶金石錄補

鎮州察院前庭有風動古碑乃李寶臣功德頌永泰間立察院即寶臣節度理所也碑文王士則書筆法遒逸有漢人遺意絶似孟頫趙公所作因知吳興源遠流長所本不獨二王也隱綠軒題識

士則蓋武俊之子其署銜稱推勾官案史節度使之屬有推官有衙推此推勾官疑即推官矣寶臣之降唐封清河郡王唐書藩鎮傳不載却有進封隴西郡王事然宰相世系表止稱清河郡王疑傳之誤也潛研堂金石文跋尾

按此碑云在真定御史行臺又云真定府公署中其實在察院署今察院廢而爲公館相屬宿于此至必摩挲是碑字之精勁如前人所言書者王士則見韓文集兄弟皆能書

金石萃編卷九十三終

金石萃編卷九十四

賜進士出身 誥授光祿大夫刑部右侍郎加七級王昶譔

唐五十四

㾈臺銘

石高八尺三寸廣四尺五寸十五行行十六字篆書在祁陽縣浯溪

㾈臺銘有序
河南元結字次山撰
浯溪東北廿餘丈得怪石焉周
行三四百步從未申至丑寅涯
壁斗絕左屬回鮮前有磴道高

八九十尺下當洞潭其勢硱磳
半出水底蒼然泛若在波上石
顛勝異之處悉爲亭堂小峯嵌
竇宜閒松竹掩映軒戶畢皆幽
奇於戲古人有畜憤悶與病於
時俗者力不能築高臺以瞻眺
則必山巔海畔伸頸歌吟以自
暢達今取茲石將爲㾈臺蓋非
愁怨乃所好也銘曰
湘淵淸深㾈臺陗陵登臨長望
無遠不盡誰猒朝士羈牽局促
借君此臺壹縱心目陽崖礱琢
如瑾如珉作銘刻之彰示後人
有唐大曆二年歲次丁未六月
十五日刻

釋文

㾈臺銘有序

河南元結字次山撰

浯溪東北廿餘丈得怪石焉周行三四百步從未申至丑寅涯壁斗絕左屬回鮮前有磴道高八九十尺下當

洞潭其勢硱磳半出水底蒼然泛若在波上石顛勝異之處悉爲亭堂小峯嵌竇宜閒松竹掩映軒戶畢皆幽奇於戲古人有畜憤悶與病於時俗者力不能築高臺以瞻眺則必山巔海畔伸頸歌吟以自暢達今取茲石將爲㾈臺蓋非愁怨乃所好也銘曰

湘淵淸深㾈臺陗陵登臨長望無遠不盡誰猒朝士羈牽局促借君此臺壹縱心目陽崖礱琢如瑾如珉作銘刻之彰示後人

有唐大曆二年歲次丁未六月十五日刻

右斯人之作非好古者不知爲可愛也然來者安知

無同好也邪集古錄

元結次山撰峿臺銘見歐陽永叔集古錄中次山凡文多從顔尚書眞卿李學士陽冰索書此篆書不知陽冰作者或自作之次山於文爾雅然不能高而愛身後名其銘亦類是昔杜襄陽碑峴首一絕頂一深淵曰吾懼千秋之後之陵谷也嗚呼古人之於名如此弇州山人四部稿

峿臺銘元結撰篆書大歷二年浯溪銘元結撰瞿令問篆書大歷三年㾈亭銘元結撰瞿令問篆書大歷三年右三銘竝在祁陽縣元次山愛祁陽山水遂寓

居焉名其溪曰浯溪築臺曰峿臺亭曰㾈亭所謂三吾者也臺銘刻在臺之後甚完整溪銘亭銘刻於東崖石上隨石欹斜蘚厚難搨而篆筆特佳視臺銘更勝別有黄山谷書百餘字云與陶介石披榛翦穢得次山銘刻喜而試之又有皇甫湜五言古詩一首次山之子讓五言長律一首金石文字記

右唐峿臺銘黄山谷云溪銘季康篆亭銘江華令瞿令問篆惟臺銘篆書無姓名又云以字法觀之亦季康篆也金石存

右峿臺銘次山尚有浯溪㾈廎二銘皆瞿令問篆書以地僻蘚厚難搨惟此銘世多有之雖不著書人姓名當亦令問筆也李少温名陽冰本取木華海賦陽冰不冶之義其兄澥字堅冰皆冰霜之冰也而少温書名亦從俗作氷蓋由楷書借冰爲仌相承已久章奏告身旣用冰字篆書不便更易故爾潛研堂金石文跋尾

按峿臺之峿字與㾈亭之㾈字皆不見于說文臺與亭似因浯溪得名則字體亦出次山新意爲之凡水之以浯字得名者有三說文浯水出琅邪靈門壺山東北入濰此別是山左之浯水若浯溪則在今湖南永州府祁陽縣在唐時屬江南西道永

州零陵郡又今福建泉州府有浯江見陳懋仁泉南雜志蓋同一浯字地分三處異其名也方輿紀要浯溪在岐陽縣南五里山溪諸水匯流于此稱爲奇勝流入湘江唐元結自道州歸愛其山川家于此今浯溪摩崖碑結所撰中興頌也而獨不及峿臺銘及浯溪㾈亭二銘殆椎搨者所不易到耶碑題河南元結字次山撰新唐書元結傳舊書無結後魏常山王遵十五代孫以討賊功遷監察御史裏行佐荆南節度使呂諲判府事又參山南東道來瑱府瑱誅攝領府事會代宗立固辭丐侍親歸

樊上授著作郎益著書作自釋曰河南元氏望也結元子名也次山結字也云云拜道州刺史進授容管經略使母喪請留加左金吾衛將軍罷還京師卒贈禮部侍郎傳所載歷官止此其官道州刺史不詳何年玩傳語是代宗即位後之事自宋吳曾以下多言次山愛祁陽山水遂寓居焉顧祖禹則云自道州歸愛其山水家于此傳不言結寓居浯溪而末云罷還京師且此碑銘序亦無家居之語則非家于浯溪者顯然據次山集次山嘗僦居瑞昌之瀼溪上因自號瀼溪居士有詩云尤愛一

溪水而能存讓名則次山所居者瀼溪也溪在今江西九江府之瑞昌縣與永州隔遠惟其官道州時或是愛浯溪山水常來登眺因而刻銘刻頌蓋道與永相距不遠也顧氏諸說殆沿舊志之訛銘文篆書無姓名銘中書體不合六書者如涯嵌銘三字皆徐鉉說文新附字涯當作厓嵌當作嶔見集韻銘當作名春官小祝注今書銘或作名既夕禮士喪禮注並云今文銘皆作名是其證也峯借二字亦徐氏所補鈕布衣樹玉云峯疑封之俗字漢書司馬相如傳云歷封巒又云論以封巒義雖不同或後人本此作峯耳封亦有高義漢書西域傳出封牛師古曰封牛項上隆起者也集韻峯或作峯又與封之古文坒形相近也借當作藉抑詩借曰未知漢書霍光傳引作籍曰又趙充國傳遣使至匈奴藉兵師古注藉借也司馬相如傳乃著書藉蜀父老爲辭師古曰藉假也溪磴磵磴皆俗字又銘文云三四百步百字竟書作自亦所未詳金石文字記云別有黃山谷書百餘字又有皇甫湜元讓二詩山谷書詩并序爲中興頌碑作見後卷湜讓二詩則未見搨本

王訓墓誌

石高二尺六寸四分廣二尺四寸二十二行行二十三字正書

大唐故光祿卿王公墓誌銘并序

前祕書監嗣澤王湛撰并書

公諱訓字訓瑯琊臨沂人也　永穆大長公主之中子昔周文授圖靈王纂曆誕我太子晉晉有儀鳳之瑞瑞流子孫粤王氏焉爲異姓首　曾祖知道　皇贈魏州刺史祖同晈　皇光祿卿駙馬都尉贈太子少保尚　定安長公主父繇　皇特進太子詹事駙馬都尉贈　太傅尚　永穆長公主上龍種鳳鶵長淮

積潤文武間出衣冠寔繁譜諜稱之豪族鍾鼎傳于不
朽　公文備四教學通六藝博聞雅量厚德高明三歲
尚輦奉御四轉至光祿卿早年娶嗣紀王鐵城之季女
也夫人尋逝有女方笄生人之哀孤遺之極後尚博平
郡主癸卯歲居鄧州別業因中風疾遂還京師　公
主藉兹上藥竭以秦醫千攘萬療月衰日羸若使經方
有敓　公亦保合于永年矣嗚呼春秋卌一大曆二年
巳月癸巳奄終鳳樓之右　中使弔賵度僧尼以追
福　公主崩心震悼哀過禮經孝子邠柴毀骨立古
今未聞其年八月七日遷厝萬年縣滻川鄉滻川原之

禮也嗚呼生涯畢矣龜兆斯安青門始啓朱輅方引返
旆之聲絕矣脩門之望休焉銘曰
龍渠之右鳳城之東罔原夾輔卜宅叶同　山開黃壤
地列青松萬古已矣千年寔封　多才多藝惟聰惟惠
如松之盛如川之逝　陵谷將平石記爰旌長懷令德
永頌英聲
右光祿卿王訓墓誌訓字訓光祿卿駙馬都尉同皎
之孫駙馬都尉繇之子唐書王同皎傳不載其名同
皎贈太子少保繇官特進太子詹事贈太傅亦史所
未及也史稱相州安陽人而碑云瑯琊臨沂人者舉

其族望爾宗室表嗣紀王澄初名鐵誠嘗從碑作城
為是潛研堂金石文跋尾
撰文者濾義珣之子見宗室世系表關中金石記
誌言同皎皇光祿卿駙馬都尉贈太子少保今案史
但云睿宗立詔復官爵而不及贈官誌言繇皇特進
太子詹事駙馬都尉贈太傅尚永穆長公主史亦云
繇尚永穆長公主而不及歷官皆于文略也史載繇
生子潛今訓亦為繇子訓娶嗣紀王鐵誠之季女攷
宗室世系表澄初名鐵誠語合而撰誌者為嗣澤王
濾表惟書濾守光祿卿而已今誌仍有前祕書監亦

濾所歷官則未之及宜依此互舉也授堂金石跋
按碑稱訓為瑯琊人而表不載訓之本支則不與
表所列瑯琊者同系唐書王同皎傳稱為相州安
陽人必是同皎之先世遷居安陽又從安陽徙河
北與表所列者異系而遷安陽之緣起碑傳皆未
及詳也碑云曾祖知道皇贈魏州刺史兩唐書王
同皎傳但云陳駙馬都尉寬曾孫而不載其父知
道又云子繇尚永穆公主生子潛而不及訓傳稱
潛元和中累擢將作監大和初檢校尚書左僕射
卒据碑稱訓卒于大歷二年是訓卒甚早傳所不

及載也碑云訓早年娶嗣紀王鐵城之季女尋逝後尚博平郡主而下文云因中風疾公主谿兹上藥及奄終公主崩心震悼此公主即謂博平前稱郡主後稱公主所未詳也碑云遷厝萬年縣滻川鄉滻川原長安志萬年縣不載此鄉名原名惟云長樂坡在縣東北一十里即滻水之西岸十道志曰舊名滻坂隋文帝惡之改曰長樂坡疑滻川鄉滻川原與滻水近也

會善寺戒壇牒

碑高四尺八寸三分廣二尺八寸八分作三層書上牒二十六行行十六字中謝表十二十四行行十字竝正書下批答六行行四字行書在登封縣會善寺

河南府登封縣嵩岳會善寺戒壇牒

濤□東都白馬寺僧崇光敬愛寺僧□□

同德寺僧重進　奉國寺僧法□

香谷寺僧□恕惠深安州龍興寺僧□□

□河南副元帥黃門侍郎平章事王縉奏□安國寺僧乘如□前件寺戒□□供奉大德一行禪師□故□壇□□元同律師□□創造殿宇幽□□□嚴淨受戒之所洛城推宸□□□□淪殘壖院□涼更屬艱□□□□□不有修葺□愧先賢望□前件□律僧七人住持掃□有□□□□□□□建方等道場常講戒律□□□□□□□安寧

中書門下　牒

牒奉　勅宜依牒至准

勅故牒

大曆二年十月十三日牒

中書侍郎平章事元載

黃門侍郎平章事杜鴻漸

黃門侍郎平章事王縉

兵部尚書平章事李使

檢校侍中李使

檢校右僕射平章事使

中書令使

沙門乘如□伏奉去十月十三日

恩命於河南府登封縣嵩岳□□□常建戒壇兼抽□律七僧灑掃講律者

湛恩自　天睿荷無地沙門乘如誠歡誠喜載欣載躍嵩者□□之□戒者萬行之首非□□岑□□請兹希□會善戒壇□□□□□□登其封□遺塵□□其受必□□□□比為頹毀□□□□□□毁觀者與黍離之歎□

之增涕殞之悲　陛下駐佛日之傾布堯雲之潤
抽僧灑掃設壇講律雷音永震更平万歲之口聖壽無
疆弥極九天之峻不任戴荷之至謹詣右銀臺門奉表
陳謝以聞沙門乘如誠歡誠喜謹言
大曆二年十一月口日安國寺沙門乘如上表
戒分律儀釋門宏範用申獎導俾廣勝因允在嚴持頌
於中謝
會善寺門之右有大歷二年中書門下牒其下勒代
宗手敕二十四字無一筆蝕者袁宏道嵩遊記
碑文准字本當作準宋周必大二老堂雜志曰敕牒

準字去十爲准或謂本朝因寇準爲相而改胡三省通鑑注
亦云本朝寇準爲相省吏避其名凡文書準字皆去十後因而不改又云曾公亮蔡京
父皆名準而避其實不然予見唐告已作准又考五
代堂判亦然項在密院令吏用準字既而作相又令
三省如此寫至今遂定今據大歷時牒已用准字則
知此字自取省筆廣韻二字並收准字下注曰俗然
管子書準字皆作准莊子平中准文子放准循繩淮
南子眇者使之准王襃洞簫賦夔襄准法皆用此字
緯書有洛書靈准聽京房造准形如瑟十三弦郭忠
恕佩觿集曰字林用准爲平準之準字林呂忱作而後魏

仇儒爲趙準造祆言曰燕當傾趙當續欲知其名淮
水不足北史長孫肥傳則准字之來久矣又按宋順帝名準
故沈約宋書平準令王準之皆作准然管莊諸書亦
豈因此而改乎金石文字記
碑刻會善寺後僧苦於求搨凡石上會善寺三字皆
椎去棄之寺西荒草中傳太常物色得之仍立戒壇
之左又按書史稱代宗留心翰雲於行書益工論其
筆力非有太宗元宗超邁之氣然亦有足觀者此敕
爲行書矜嚴圓穩固自可珍嵩陽石刻記
大歷二年十二月會善寺僧沙門乘如因請允抽東

都白馬等寺七人赴戒壇灑掃講律具表稱謝帝手
敕二十四字荅之碑陰刻陸長源戒壇記陸郢書八
分遒逸多態嵩說
劉昫唐書王縉傳云縉與杜鴻漸捨財造寺無限極
初代宗喜祠祀未甚重佛而元載杜鴻漸與縉喜飯
僧徒代宗嘗問以福業報應事載等因而啓奏代宗
由是奉之過當漢述其弊又云故大歷刑政日以陵
遲有由然也又云其傷教之源始于縉也今此奏牒
正是作俑之証劉昫良史防微杜漸之言豈不信而
有徵哉中州金石記

按碑稱抽東都白馬寺僧某敬愛寺僧某同德寺僧某奉國寺僧某香谷寺僧某白馬敬愛見寺觀其同德奉國香谷三寺今不可考河南府志

按會善寺牒頒于大歷二年十月十五日後列使相銜名前三人皆具姓氏曰元載杜鴻漸王縉後二人皆曰李使但有姓而無名又二人但有使字不著姓所謂使者大抵居相位而出使在外者也以唐書宰相表考之大歷二年但云六月丙戌鴻漸自劒南追至不載他人拜罷之事更追其前元載之同中書侍郎平章事寶應元年建辰月始也

杜鴻漸之爲黄門侍郎平章事始于大歷元年十二月其時即兼成都尹充劒南西川節度副大使至二年六月自劒南追入朝也王縉之爲黄門侍郎在廣德二年正月然是年八月持節都統河南淮南淮西山東道行營節度使永泰元年爲河南副元帥此後不云入朝而牒則仍列其名不在使内其兵部尚書平章事李使者疑是澤潞節度使李抱玉爲司空兼兵部尚書乃廣德元年事檢校侍中李使者疑是河東節度使李光弼其官侍中始于乾元元年八月檢校右僕射平章事使疑是朔方行營節度使僕固懷恩其官右僕射始于廣德二年八月表作左僕射或訛也中書令使疑是朔方節度使郭子儀其兼中書令始于乾元元年八月碑中銜名可考者如是碑云謹詣右銀臺門奉表陳謝以閣長安志禁苑内苑章載東内苑南北二里與大明宮城齊東西盡一坊之地南即延政門北即銀臺門東即太和門不云右銀臺門据元稹詩當年出入右銀臺每怪春風例早迴又李商隱詩右銀臺路雪三尺鳳詔裁成當直歸是皆有右字與碑合据碑右銀臺門可以奉表陳謝則

當時必設專司進奏之官而職官志無文殆史略也

三墳記

碑高六尺四寸四分廣二尺八寸兩面刻共二十三行行二十字篆書在西安府學

光祿卿之子曰

曜卿字華名齊中廟諱口樂易樸質

識度閎遠家承諾諾季仲蘊植之以口

藝擅之以文亦能調禮書正字授奇衛

騎轉轉新口尉豪偏未孚在滄之以亦之

禮澤禽未撫未仁之以亦之義領兵宿尉

直京師浩穰口賦曹繁劇有立斷焉口
見焉左遷普安郡戶椽賦古樂府廿四
章左史韋艮嗣爲之敘文集十卷
口卿字萬天骨琅琅德口文蔚識度標
邁弱冠以明口觀國莅鹿邑虞鄉二尉
魏守崔公洒涓相國晉公口口口甲科第
之進等舉之嘗遊嵩少夜聞山鐘賦云口
口也洪鐘沸鼎火半死巨鎔重林風
稍止無聞口口口口末已詞人珍之轉金
城尉曹無受謝吏不敢口口口口口卷行

於世
口卿字榮實京兆人也立於襟不殞紹家聲
靈邑主簿乙丑歲以家寧本於孝悌以
其文敦嘗朝呂公諲吉溫沮之遂復登
科釐以植苗役於明識下士得以上聞
成賦以勤于今頼之文集四十二篇
爲戲　三族孝友曾閔以之文學繼
業瑋琅產也綜固合章杞梓杞也吳守
生德皆受封福洎謫爲仕以講誨堂未
逾一紀三墳相以思其歌聯許以論占

占昔時權山霸陵故塋前不諱焚周于
市家歲攜挈構圖貞陽上市禍　大塘
三墳以東南無泊冲和則以昔原大漸
大曆肆年圓元止四月兆於新刻石大燕
爲壁者以勒焉

李衛錄　陽冰書　卓然刻

釋文

先侍郎之子曰
曜卿字華名世才也覃口樂易機符朗徹既冠遭家不
造諸季种𥳑植之以口藝博之以文行始調祕書正字
授右衛騎曹轉新口尉象猾未字立信以示之禮浮寂
未復本仁以示之義領長安尉直京師浩穰口賦曹繁
劇有立斷焉口見焉左遷普安郡戶椽賦古樂府廿四
章左史韋艮嗣爲之敘文集十卷
口卿字萬天骨琅琅德口文蔚識度標邁弱冠以明口
觀國莅鹿邑虞鄉二尉魏守崔公洒涓相國晉公口口口
甲科第之進等舉之嘗遊嵩少夜聞山鐘賦云口口口𥩹
也洪鐘沸鼎火半死巨鎔重林風稍止無聞口口口口末
已詞人珍之轉金城尉曹無受謝吏不敢口口口口口卷
行於世

□卿字榮覽栗柔立於穆不瑕起家拜靈昌主簿己丑
歲小冢宰李公彭年尚其文翰署朝邑簿時漆沮決溢
馮翊昏墊釃渠楗菑股兕脉散下土得漑上腴成賦入
到于今賴之文集百一十二篇烏戲　三英孝友曾閔
傳也文學繼　業璿碧產也純固含章杞梓材也昊穹
生德宜受封福僅逾強仕以講陰堂未盈一紀三墳相
比思其咎職訊之逢占占者邵權曰霸陵故塋葬不違
禁害于而家歲攝提格廼貞陽卜而祔　大墳三墳以
東南爲伯仲叔𣬉之若鴈行終大廟諱建元之明年於斯
刻石恐夫溟海爲陸老沙防焉

季卿述　　陽冰書　　栗光刻

按此碑爲李曜卿兄弟三墓其人皆有文學早仕宦
而不壽以歿最少弟季卿撰表而宗人陽冰以玉筯
刻之也其石猶故物故無傳改之譌（弇州續稿）
此季卿表曜卿三墓陽冰書碑雖無翻刻字字畫法
具而神亡似與前碑同陽冰顏魯公家廟碑書作陽
冰（石墨鐫華）
元吾邱衍謂陽冰卽杜甫之甥名潮取海賦陽冰不
冶之義爲字旣以字行乃別字少温楊用修嘗辨其
非（按陽冰趙郡人太白從叔其字少温見於宣和書譜與其名相應若名潮而以陽冰少温爲字於義皆無取且陽冰工篆書潮工八分觀趙氏金石錄載城隍神祠記忘歸臺銘孔子廟記先塋碑三墳記等爲李陽冰篆書而慧義寺彌勒像碑彭元曜墓誌爲李潮書則其非一人明矣）今人讀陽冰
爲陽凝非也按文苑英華有林滋陽冰賦戴侗六書
故曰說文仌凍也冰水堅也俗作凝孫氏魚陵切說
文蓋以冰爲凝按仌於隸楷不能獨成文故後人加
水焉凝之从冫从水無義當從今文（金石文字記）
篆書自秦漢而後推李陽冰爲第一手今觀三墳記
運筆命格矩法森森誠不易及然予曾於陸探微所
畫金滕圖後見陽冰手書遒勁中逸致翩然又非石
刻所能及也（庚子銷夏記）

右唐李氏三墳記李陽冰書與李氏遷先塋記同在
今西安府學皆大歷二年建先塋記有宋人重開歲
月此碑無有　說文禮從豊豊篆作豊豐篆作豐隸楷
皆同而篆文迥異陽冰上李大夫論古篆書云蔡中
郎以豊同豐泰承相以束爲東魯魚一惑涇渭同流
此碑立信以示之禮禮字反若從豐何也古者官有
掾屬掾字從彖從手其從木者屋上椽也碑云左遷
晉安郡戶掾字乃從木二字不當通用蓋因字形近
下筆時偶誤耳不然陽冰不嘗使別字也又股兕脈
散兕卽引字當是曲其直以取勢耳若從弓從巳則

無此字矣劉禹錫高陵令君遺愛頌有股引而東句與此義同（金石存）

文有云下土得灕者用宋玉九辯文也灕玉篇以爲即古文乾字以講陰堂講從冓聲與搆字通史記漢書凡媾解字多作講亦是也谿字見魏張猛龍碑及周華嶽廟頌嵩少字應即用崇見于漢書而竟作嵩劇甚字應用勮見于漢隸字原而竟作劇猾字應從允作猾而從犬作猾禮字應從豊作禮而從豐作禮徹字從青作徹斷字從劉作斷焯字作焯埶字作藝昇字作昦皆其不合于六書之正者也又說文無第

字只作弟而孔穎達正義引以爲從竹從弟說文無莅字只作隸故鄭康成注儀禮每讀位爲莅此竟有第字莅字蓋後人隸寫之譌而以之作篆則尤謬也（關中金石記）

右三墳記碑末無重開年月而字畫更明顯筆力似較弱蓋開鑿又在前碑之後也文云下土得灕上腴成賦說文無灕字蓋用楚辭后土何時而得灕語又云僅逾强仕以講陰堂後漢書周磐夢見先師東里先生與講于陰堂之奥既而長歎其月無病忽終記蓋用此事也昊當從夰而碑從天㲋當從叙而碑從

谿疑溺刻之譌（潛研堂金石文跋尾）

右唐李氏三墳記凡二碑中俱有半截裂紋第一碑左角斷闕下脚微闕凡全闕者十四字半闕而猶可辨識者七字末行吏不敢以後文氣未盡隱曜尚有八字右旁痕迹可辨者四字趙明誠金石録祇載其目（碧溪文集）

按記爲李季卿所述季卿在大歷中宣慰江南語見新唐書陸羽傳而未詳其先世所謂先侍郎者不知何名三墳惟長曰曜卿其名全次二人皆闕上一字兩唐書傳無曜卿等兄弟四人之傳下碑

捃先塋記又不復述三墳之名碑稱曜卿賦古樂府廿四章韋良嗣爲敘文集十卷次口卿游嵩少閶山鐘賦詩亦有集若干卷行世又次口卿有文集百一十二篇稽諸兩唐書經籍藝文皆不著録全唐詩不載李曜卿而有李子卿李幼卿二人皆大歷閒人此三墳皆卒于天寶十年以前其非此二人明矣碑爲從子陽冰篆書其不合說文者曜卿之曜當從火作燿而從日和貌之和依尚書當作沖而從不蒙猾之猾當從水作滑或從允作猾而從犬皆非也藝字亦說文所無徐鉉以爲俗書

篛謬不合六書之體本只作埶後人加艸云義無所取而碑中竟書作藝陽冰不講六書大率如此其餘譌謬祟剏第莅等亦皆俗字已詳潛研關中諸跋不贅論焉

棲先塋記

碑高六尺八寸三分廣三尺三寸十四行行二十六字篆書在西安府學

棲先塋記

粵烏虖昔蒼龍大泉獻遭家不造　先侍郎卽世

建塋霸陵遺令也先大夫徐公高口俌矣洎單閼歲十有一月

先夫人合祔天瑞改元我之伯也卒開五六年仲也卒不四三年叔也卒君子曰李氏子天假其才不將其壽盍謀及龜策謀及鬼神欵方士邵權偏得管郭之道嘗曰霸岸鑿龕客土埏矣干溫冥之禁非宅攸宜是用口叶永地其原鳳栖笄之遇損三之解三曰損孚解緩吉執甚焉適口卜郃城左口口右惟茲食於上濯水東□水南大惟茲宅新卜塋連山南北□□口口坤艮之

宜臨丙渭之伯氏仲氏叔氏三墳臨渭擩提梧章四仲句口日　靈轎以歸葬

葬於延邸葬金王暨惟其書　先考也

冀昔疑口三百篇永寓中小宗伯貢以

主爲之敘　上澤悅幽明錫類口口

追贈黃門侍郎爲命禮部尚書

口口清河郡太夫人口口口版未葬

皇命大廟諱惟二祀歲泉后

祠口口口祿

從子陽冰書　泉

釋文

棲　先塋記

粵烏虖昔蒼龍大泉獻遭家不造　先侍郎卽世建塋霸陵遺令也先大夫徐公高口俌矣洎單閼歲十有一月　先夫人合祔天瑞改元我之伯也卒開五六年仲也卒不四三年叔也卒君子曰李氏子天假其才不將其壽盍謀及龜策謀及鬼神欵方士邵權偏得管郭之道嘗曰霸岸鑿龕客土埏矣干溫冥之禁非宅攸宜是用口叶永地其原鳳栖笄之遇損三之解三曰損孚解緩吉執甚焉適口卜郃城左口口右惟茲

食枚卜瘞水東樊水西亦惟茲食新卜塋連山南佐平
岡□□坤勢之宜隧而順之伯氏仲氏叔氏三墳陪側
攝提格辜月仲旬□日 靈輴以降壽藏有伷無藏金
玉㫖惟琴書 先志也異昔述□三百篇永泰中小宗
伯賈公至爲之敘 上澤悅幽明錫類□□追贈黃
門侍郎申命禮部尚書 皇命大壟惟
□□淸河郡太夫人□□□□版未篆
二刊刻貞石
嗣□□□述 從子陽冰書 衆光刻
闕是鉅唐李監陽冰書以其年代寫遠風雨昏潰字
體不完讀者斯泥遂有吳興姚宗尊肇意率好古者
數人同出刊刻之費 闕 威安璨重開所貴名賢筆跡
傳諸不朽時大中祥符三年九月十四日畢功助緣
僧智全 僧審凝 僧省中 僧靜已 僧文遇
勾當人鄧德誠

此李氏卜葬李曜卿兄弟三人而弟季卿記從子陽冰書卜地人爲邵權記云徧得管郭之道管謂公明郭則景純也書玉筋經大中祥符閒翻刻故不及縉雲碑 石墨鐫華

右唐李氏遷先塋碑經宋大中祥符閒重開今復剝落自淸河郡太夫人以下文多不可卒讀 爾雅歲在亥曰大淵獻此碑書作泉獻避高祖諱也唐兗公頌碑亦書顏回字爲子泉容上毛矣毛字書不載疑是耗字重開時譌耒爲土也 金石存

陽冰書結體茂美而多乖于六書之義然蔡邕石經已多別體豈書家多不究小學耶文中若㝷從宀碑作𡨋高從口讀如圍碑下口從口舌之口亯碑作罰龕從含碑省從合棲或作西碑合作栖樊中從文碑從夕佐古只作左碑加人岡碑譌作㟝勢古只作埶見漢書碑加力宜從夕碑從冈隧古只作隊見竹書穆天子傳碑作隧輴碑作輀藏古只作臧詩中心臧之先儒有臧藏二義碑作藏悅經傳多作說碑作悅版加作版皆詭于文字之正若泉作泉借洎字爲之改從已借敍改字爲之寶作琂案琂字見竹書穆天子傳玉篇引聲類亦曰古文琂字此或古人省文借字之法猶未大失也篆者聖人不虛作非可依隸以造昔徐鉉作說文新附識者多譏其謬獨怪陽冰自言斯翁之後直至小生又欲求刻石經立于大學而不究小學如此倘任鴻都之役未見其勝于張參唐元度諸人也 關中金石記

右李陽冰書遷先塋記說文改更字从戊己之己攺改字从辰巳之巳徐鉉引陽冰說謂已有過攴之卽改而此碑書改元字卻从巳不从己泰詛楚文改亦從已蓋二文可假借也毛字說文玉篇廣韻集韻俱不載惟家語執轡篇息土之人美毛土之人醜注毛耗字此少温所本矣敘說文从攴此與三墳記俱从又泉卽洎字水當在左旁變文居下 潛研堂金石文跋尾

按此碑述者名全泝石墨鐫華以爲季卿據三墳記爲季卿述首稱先侍郎之子云云此碑亦有先侍郎卽世之語則其同爲季卿所述固無可疑碑

云天寶改元我之伯也卒天寶以壬午年改元則其前云蒼龍大淵獻是開元二十三年乙亥歲前云先侍郎卽世又云先大夫徐公此先大夫未詳何謂也下云單閼歲先夫人合祔是二十七年己卯也伯之卒在合祔後四年又其後十年之閒仲叔俱卒卽前碑三墳者是也霸岸鑿龕客土毛矣此是形家之言龕與堪通今俗用磡字太平寰宇記灞岸在通化門東三十里霸崖鑿龕有傷地脈此云客土剝形家謂之來龍也土毛則脈傷而藏者體魄不安矣温其之禁未詳以瘱瘞之温取室閉而壙冥有幽冥之義皆謂墳穴也又云攝提格辜月攝提格者寅年也當是壬寅年仲叔之卒在天寶十一載壬辰又越十載爲寶應元年辜月十一月也以壬寅十一月栖葬也碑云異時述□三百篇永泰中小宗伯賈公至爲之敘此必是其先侍郎所作之詩也唐書賈至傳至之轉禮部侍郎正在永泰二年未改大歷之前惜不知其集名無從考矣碑今在西安府學不知當時從何處移來碑有其原鳳栖之語則其先塋在今咸寧縣鳳栖原長安志云少陵西北三十里皆此原葬大記栁

宗元爲伯妣志曰葬于萬年之鳳棲原在唐時爲萬年縣安化里似碑當立于此處今碑移而墓亦不可考矣碑爲宋初威安璨重開而助緣者皆僧名想宋時李墓尚存墓旁當有僧寺爲之守護諸僧皆住寺者也

顏魯公祖關二大字

字徑三尺許隸書後有翁覃谿跋并七言古詩共二十三行行二十一字正書在吉安府

禮關

右禮關二字顏魯公八分書寺舊有魯公題名今惟存此二字耳青原志載汪舟次與寺僧書云祖作禮

非傳寫之誤必有原委寺僧荅云祖古作䄙八分取以相配若此二字上石後落永泰年吉州司馬欽此山光千丈矣据此則今所傳木刻後有天寶十四年平原太守欽者訛也天寶稱載不稱年且如果是天寶年題則寺僧與舟次札內何以云欽落永泰年欽乎其爲後人妄加可知也但此二字實出魯公手魯公八分僅見東方贊題額未有如此之大者誠至寶也祖字作䄙漢宗俱孔謙曹娥諸碑皆如此至於魯公題名年月則寶刻類編云魯公爲吉州別駕題名吉之淨居寺大歷二年十月題此其確可据者故爲

考其大略而系以詩西江魯公題石二其一丙午匡廬陰此題明年孟冬月大書尚記黃李詩八分岌嶪更雄峙勁勢獨出無古今後題不存存僅此始覺禪境尤清深少陵雙峯得門否曹谿一滴誰嗣音後來姚江講學派亦假題識青欽崟宣城老子孰陳迹未會松竹高邱吟亦如寺僧與汪子商略補刻爭摹臨世閒忠孝眞仙佛正氣耿耿留精忱森然魄動仰星斗何必更訪東西林區區歲月那足較兩字已重千球琳旌旗歌舞照千載文山黃李猶同岑嘉客來遊偶然記雲泉相印太古心松門風起衆山響天籟聲荅文山琴乾隆五十二年歲在丁未冬十二月北平

翁方綱

按青原志云上石後落永泰年吉州司馬欽寶刻類編云魯公爲吉州別駕大歷二年十月題此舊唐書顏眞卿傳以誹謗貶硤州別駕撫州湖州刺史不載吉州別駕之官新傳則云貶硤州別駕改吉州司馬遷撫湖二州刺史眞卿之刺撫州在大歷三年則改吉州司馬當在二年若永泰年其時宜初貶硤州未改吉州似寶刻類編較確也惟吉州別駕或寶刻傳譌當從傳作司馬耳祖之作䄙

漢碑多有之孔謙碣䄙述家業正與此同司空宗俱碑䄙父司隸校尉筆法大同小異顧藹吉云玉篇䄙與祖同碑以爲祖字孝女曹娥碑其先與周同䄙亦以䄙爲祖蓋有自來也然則汪舟次與寺僧問荅之語似亦所見之不廣矣

金石萃編卷九十四終

金石萃編卷九十五

賜進士出身 誥授光祿大夫刑部右侍郎加七級王昶譔

唐五十五

會善寺戒壇碑

碑高三尺一寸廣約二尺九寸作兩截書上截廿六行行十六字下截廿四行行十字正書在登封

河南府登封縣嵩岳□□寺戒壇碑

請抽東都白馬寺僧崇光敬愛寺僧□□同德寺僧重
進 奉國寺僧法□ 香國寺僧從恕惠深安州
龍興寺僧□□
右河南副元師黃門侍郎平章事王縉奏得安國寺
僧乘如狀前件寺戒□□供奉大德一行禪師□故
□壇□□□同律師□□□殿宇幽閑□□□□
受戒之□□城推宬□□□□□墉院荒涼吏屬艱
難壇□摧□不有修葺竊愧先賢望抽前件□律僧
七人住持□□有闕□塡□□建方等道場常請戒
律庶□□聖□國土安寧
中書門下 牒 牒奉 勅宜依牒至准 勅
故牒
大曆二年十月十三日牒
中書侍郎平章事元 載

黃門侍郎平章事杜鴻漸
黃門侍郎平章事王 縉
兵部尚書平章事李 使
檢校侍中李 使
中書令 使

沙門乘如言伏奉云十月十二日
恩命於河南府登封縣嵩岳□□□常建戒壇兼抽持
律七僧灑掃講律者
湛恩自 天祗荷無地沙門乘如誠歡誠喜載欣載
□□者□□之□戒者萬行之首非絕□岑□□詣茲
□□會善戒壇□□□□□登其封杳道塵累躋其□必
□□□比爲碩德湮沉虛迹□毀覩者興黍離之歎□
之增溺殞之悲 陛下駐佛日之傾布堯雲之澤抽僧
灑掃設壇講律雷音永震更呼万歲之□ 聖壽無
疆彌極九天之峻不任載荷之至謹詣右銀臺門奉表
陳謝以聞沙門乘如誠歡誠喜謹言
大曆二年十一月 日安國寺沙門乘如上表

扶風夫子廟殘碑

碑不全僅存一石高廣俱一尺五寸許共七十一字正書今在華州

闕 司員郎瑯邪顏眞卿書 闕

闕書都官郎中東海徐浩闕
天地吾知至廣也以其無所不覆載日月吾知其至明
也以其無所不照臨江海吾知至大也以其無所不容
納料廣以寸管測景以尺圭航大以一葦廣不能逃其
數明不能私其質大不能亡其險偉哉夫子後天地而
生知天地之始先天地而沒知天地之終非日非月光
之所及者遠不江不海潤之所浸者博三代禮樂吾知
其損益百王憲章吾知其消息君臣以位父子以親家
國用凥鬼神以享道未可詮其有物釋未可證於無生
一以貫之我先師夫子夫子聖人也帝之聖者曰堯王

之聖者曰禹師之聖者曰夫子堯之生有時而息禹之
功有時而窮夫子之道久而彌芳遠而彌光用之者昌
捨之者亡昔否於周今泰於唐不然者何被衰而褒垂
旒而王者哉扶風古縣也在京之西瓌渭之北望標闕
輔之首雄壓劇秦之大有尉曰袁弁者學吞漢臺賢負
伊臯文則變雅行乃矩物其爲政也剛以斷其理身也
柔而立迺大君之淸問動賢相之精選賁奉詔旨廓新
祠宇廟閫岑立宮牆鳥趾睟先師於兩楹羅亞聖於十
哲衕藺有主院相分行徂庭自肅入室加敬陳牲牢而
如在開籩豆而無算天下大軍之後也時弊而沒禮域

中小康之前也俗揄而迷歸俯循以戢兵設義而銷戰
使人從善遠惡而不自知大哉袁氏之子其用心也至
矣邑宰李公才思練達政心和理風聲樹於丕變吹頌
樂而不支縣丞主簿尉等琅琊王幾黍稷公器覽容色
窺相公之明鏡整鬢髮趣相公之龍門雲衢坐馳鳴躍
可俟浩自帝鄉薄遊鳳翔入境而醉聞佳政告歸而發
咏尤續前尉許贊起予能事春秋之徒如何勿書時大
歷二年某月日記

此文載于唐文粹爲扶風縣文宣王廟記大歷二年
駕部郎中程浩文而今西安府學有僧夢英書此一

記其文正同但去扶風古縣也以下半篇其跋云此
記刊石元在湖州臨安縣夢英愛而書之豈駕部先
作此於扶風爵公又書之於湖州而去其半篇耶又
考唐地里志臨安縣屬杭州不屬湖州得非夢英之
誤耶今華州有此殘碑數十字其文同（金石文字記）
此文浩以大歷二年作于扶風爵公曾書此于湖州
華州有之非也疑後人僞作（關中金石記）
按此碑文五百四十餘字今存者連銜名祗七十
一字文存十之一耳撿唐文粹刻本有此文錄補
成篇文粹載此文題曰扶風縣文宣王廟記撰人

爲程浩今碑題與程浩名俱不存但存顔眞卿書
及徐浩名徐浩必是篆額者也唐書地理志扶風
縣屬關内道鳳翔府扶風郡武德二年初置湋川
縣貞觀八年更名扶風然碑又云扶風古縣也在
京之西環渭之北扶風爲貞觀改名不得爲古若
扶風之名莫古于漢即鳳翔府爲漢右扶風地自
隋以來謂之扶風郡今以縣爲古乃文之失實者
云在京之西謂至德二載號鳳翔府爲西京也顔
眞卿結銜存司員郎三字以本傳考之眞卿之爲
武部員外郎在天寶初年此後未嘗官員外然此

文末題大歷二年文粹所載要非無據未敢斷以
爲誤也程浩無傳可考篆者徐浩碑存其銜曰書
都官郎中徐浩傳載浩歷憲部郎中在安祿山反
之前則亦是天寶十四載以前之官而未嘗爲都
官郎中文盛稱扶風縣尉袁弁賁奉詔旨建文宣
王廟奉先師及亞聖十哲像而令丞簿皆牽連及
之則興建之功獨在尉矣文云浩自帝鄉薄遊鳳
翔則此文專爲扶風縣之文宣王廟而作魯公不
應又書之于湖州至湖州之無臨安縣與杭州臨
安縣之現無魯公書此碑皆屬蔓英之謬記又不
足深論總之此碑文爲程浩作固無可疑其書碑
篆額結銜與作文之年不合當必有傳刻託名之
誤而碑在華州則或是殘石易于轉徙未可知也

義琬禪師墓誌

石高廣皆二尺廿二行行廿一字正書在洛陽乾元寺

唐故張禪師墓誌銘并序

香山禪師諱義琬字思靖俗姓董氏河南陽翟人紹嵩
岳會善大安禪師智印法歲廿七世齡五十九開元十
九年七月十九日長天色慘塞樹凝霜頂白方面赤方
右肱枕席左髀垂脉言次寂黙奄魂而歸舉體香軟容

華轉鮮感瑞嘉祥具載碑錄師未涅洹先則豫記吾滅
度後卅年内有大功臣置寺度遺法居士爲僧卌五年
後焚身留吾菓園待其時也果廿八年有文武朝綱□
國老忠義司徒尚書左僕射朔方大使相國郭公上額
於居士拜首受僧奏塔梵宮牓乾元寺法孫明演授禪
父託葬祖黄金述德於中書令汾陽郡王郭公徹
天請号焚葬借威儀所由撿挍大曆三年二月汾陽表
曰義琬禪行素高爲智海舟航是釋門龍象心超覺路
遠近歸依身歿道存實資褒異伏望允其所請光彼法
流其月十八日　勅義琬宜賜謚号大演禪師餘

依澤吉辰□月十九日荼毗入塔今卌載無記不從大
禪翁也行慈悲海得王髻珠施惠若春研芳吐翠破邪
寶劍見網皆除業爲學山萬法包納練行凝寂方能動
天塔磨青霄砌下雲起星龕月戶面河背山清淨神靈
庶幾銘曰
行破羣邪　業爲學海　戒月青空　心珠自在
塔面長伊　鈴搖岳風　動天威力　無住無空
碑述中書令汾陽郡王郭公表義琬禪行素高勅賜
謚號大演禪師郄字作脒以蚆體爲楷書也中州金石記
按河南通志乾元寺在河南府城西南三十里魏

時創建昔在伊闕東山之嶺明嘉靖間遷於山麓
碑云法歲廿七世齡五十九法歲猶言僧臘世齡
猶言世壽皆艱見此碑又云頂白方面赤方右肱
枕席左臂垂膝此述禪師示寂之象禪師之揭向
南而設其卧向東頂白方者首在西也面赤方者
面向南也釋氏示寂以右脇爲上故右肱枕席則
其面向外而南是側身而逝也他碑述高僧示寂
但言右脅而已未有若此之詳盡者禪師臨終有
滅度後三十年內及三十五年後之語果於二十
八年有相國郭公牓乾元寺大歷三年二月汾陽

表請賜號大演禪師按禪師以開元十九年示寂
越二十八年爲肅宗乾元二年三十五年爲代宗
永泰二年其云司徒尚書左僕射朔方大使相國
郭公牓乾元寺此郭公即郭子儀唐書子儀傳是
年留守東都寺僧殆以額請也至永泰二年則吐
蕃冦醴泉子儀方屯涇陽與吐蕃戰自無暇爲禪
師表請賜號據碑載大歷三年二月汾陽表詞則
距禪師之寂三十八年傳載是年三月子儀還河
中則二月方自涇陽入朝宜有表請之事也碑下
文有四十載無記之語是約畧之詞其實三十八

年正與三十五年後之語合也乾元寺牓題于乾
元二年未有此牓以前不知此寺何名通志但云
魏時創建不云何寺此碑首云香山禪師豈香山
是寺名耶

趙敵沖碑

碑高七尺一寸五分廣三尺八寸十九行行四十二字隸書

唐故同州河西縣丞贈虢州刺史太常卿天水趙公神
道碑并序
尚書兵部郎中安陽邵説撰
左衛率府兵曹參軍集賢殿待　詔瑯邪王瑀書并

篆額

惟天水趙公諱叡沖公惟隋員外散騎常侍平東將軍
渭源公顒和之曾孫開府儀同三司博州刺史悊立之
曾孫　皇朝監察御史君照之孫虢王府法曹參軍徵
之子自渭源四代咸著清德洎公纂承嘉聞益彰志業
貞簡形儀朗異以孝友謹敬協柔昆弟以義禮誠純接
奉朋交文蔚行茂顯于當世　天后時應明堂大
禮科　上異其對授陝州陝縣尉轉汾州平遙尉鄠劇
之地以幹敏稱秩滿從調吏部侍郎蕭至忠以公所試
超等授大理評事公趨於祿養請署同州河西丞贊貳

其政旰轄吏肅劇賊逼逋伏姦不與縣六百石郡二千
石皆受成仰辦而已道長運速奄忽遷殂以景雲二年
冬十月二旬有一日終于縣館享年五十二及夫人平
陽敬氏卒以開元廿四年四月廿一日合祔于虞鄉縣
五老原初公寢疾告其二子良器良弼曰吾祖成季宣
孟忠勳炳著迨漢吏部尚書融晉黃門侍郎纂亦能勤
擭冠韡捍衛王室二祖皆爲河東守子孫因徙家焉由
魏歷隋位與旹昇爾後仕唐三葉而未登吉祿以吾祖
宗之福豐慶演固不當湮抑論廢意爾曹爾嗣其將必
有達人洎公卽世逾卅歲而良器官至中書舍人未五

十歲而良弼官至陝華等七州刺史御史中丞浙東嶺
南兩道節度使太子賓客　肅宗朝以嗣子參掌
綸誥追贈公豳州刺史夫人平陽郡太夫人
肅宗朝以次子節制方面累贈公太常卿　今聖
踐極嗣孫密邑蕃復縱袞等咸擅才業宦成三署竟如
公疇昔之所識於戲趙氏再世昌茂克大其門皆號州
祇奉先軌貽裕後續仁積訓深之所致也宜其誕受光
飾享茲徽章敢纂石立表紀旌風烈銘曰
德積於微業成而彰先時鬱鬱彌羨其昌於烈趙公亶
惟貞良砥修行學顯茂家邦施子及孫再世以光登

朝就烈佩玉鏘鏘　澤存本根沃潤黃腸有苾遺風入
邇馨香於斯篆刻希美無疆

大曆四年歲在己酉五月戊辰朔十五日壬午建

按趙叡沖兩唐書無傳撰人安陽邵說題銜曰尚
書兵部郎中舊唐書傳說舉進士爲史思明判官
史敗說降于郭子儀累授長安令祕書少監遷吏
部侍郎太子詹事新書文藝傳惟不載侍郎詹事
官餘與舊傳同而皆不云官兵部郎中傳之畧也
書篆者王瑀無攷碑敘叡沖先世云顒和之元孫
悊立之曾孫君照之孫徵之子不云高祖某曾祖

某祖某父某也隋唐書亦無諸人傳碑云天后時
應明堂大禮科兩唐書選舉志皆不載此科目天
后之享明堂在永昌元年正月歡沖應舉當在是
年碑云公𥨊疾告其二子艮器艮𢸱曰吾祖成季
宣孟忠勳炳著迨漢吏部尚書融晉黄門侍郎元
亦能勤攘冠難捍衛王室按成季趙衰也宣孟趙
盾也衰字子餘盾衰子字孟謚宣子左傳韓厥言
于晉侯曰成季之勳宣孟之忠而無後爲善者懼
矣碑語本此趙融附見魏書趙逸傳云逸天水人
也十世祖融漢光祿大夫而不言其官吏部尚書

趙元見晉載記晉師伐秦秦將姚洸鎮洛陽部將
趙元說洸固守洸出戰元從之會陽城及成臯滎
陽武牢諸城降元死于陣而不言其官黄門侍郎
皆史之略也蓋歡沖之先世可攷者如是艮器艮
𢸱兩書亦無傳

大證禪師碑

碑高八尺廣三尺九寸三分二十五行
行五十二字正書在登封縣嵩嶽寺後

大唐東京大敬愛寺故大德大證禪師碑銘并序
金紫光祿大夫門下侍郎平章事 太清太微宮使
崇賢館大學士上柱國齊國公王縉撰
銀青光祿大夫行尚書吏部侍郎集賢殿學士副知
院事上柱國會稽縣開國公徐浩書
醴泉涌而獨疾寶炬然而破闇蓮花無染而獨淨夜光
不繫而自得其惟上智乎夫上智之身曲隨世界上智
之心常遊聖境或宿植德本乘願復來或意生人閒用
顯闡示非慧見口孰能知之大德号曇真姓邊陳留開
封人也厥初爲生稟知特異亦既有識用晦如愚家有
耕桑未嘗問鄉有學校未嘗顧則曰處豐屋何如方丈
馳艮馬何如振錫珪組耀世不如被褐金玉滿堂不如
虛白食珍者豈覩飰來香積聽樂者豈聞梵唱云何戰

既勝矣出門絕迹潛嵩少間專於讀誦年至二十遂適
太原受聲聞戒習根本律性甚聰敏博涉經論時同學
者仰之爲師久而歎曰大聖要道存乎解脫不入其門
非佛之子乃損落枝葉澄清泉源詣長老大照歷述解
縛開心地如毛頭掃意塵於色界從此日益唯師能知
於四威儀之中無一剎那有息不住以至於大寂無作
以至於恒用我止無所虛空未爲廣我照能遍日月未
爲明震雷破山聞不聞等烈風拔樹見不見等是主無
主與四大假合方寸無生於一切離相猶以爲未出心
量彌勒深入火聚湮沒又承廣德大師一見而拱手再

見而分座問之於了答之以默俱詣等妙忽合自他梵
網之行楞伽之心密契久矣廣德又謝學徒嗷嗷相顧
靡依來求於我嗣續前教皆以實歸出宅諸子俾稱所
乘渡河三獸自止於分天寶季年祿山作逆陷我洛陽
亂兵蜂蟄大德濟然獨在本處天龍潛衛於左右狞狠
仰瞻而讚嘆施財獻供終朝盈門於善惡等以慈於苦
厄人以忍言說不辱無畏故也動靜皆如自在故也度
衆無邊大願力也依報無量遍種福也夫修行之有宗
旨如水木之有本源始自達摩傳付慧可可傳僧璨璨
傳道信信傳弘忍忍傳大通大通傳大照大照傳廣德

廣德傳大師一一授香一一摩頂相承如嫡密付法印
唯聖智所證非思議能測也大德既捨眷屬竊爲沙彌
身不顧名志在成道聲稱浸遠歸依如林天寶八年緇
侶傾袖舉以上聞乃蒙正度初隸東都衛
國寺旋爲敬愛寺請充大德還彼與住此有緣非無因
地雜人天之會法如雲雨之施衆有塵勞之悟寺盈河
潤之福今學與其進當學起其信善誘不倦得師則喜
利往者導之以捷觀與者辯之以正深在定者戒於貪
悟所覺者使之遠觀彼來學如菴摩勒果冀其出世如
優曇鉢花齊我知稀故我貴矣寶應二年正月十四日

趺坐如生薪盡火滅年六十夏十四哀纏門人悲及塵
衆樹爲之變色獸爲之失聲棟折航沉佛土蕭索其年
九月葬於嵩岳寺之北阜大曆二年有司奏謚
上聞惻然乃賜號曰大證禪師緇嘗官於登封因
學於大照又與廣德素爲知友大德弟子正順卽十哲
之一也覩緇猶父心用感焉以諸因緣爲之強述銘曰
上德不德與慈連悲現於獨界俯爲人師以
我無思破彼盡思爾方耽俗我則隨時由多
分別妄生垢淨根不緣□像豈染鏡法不可
著空卽是病無得之得絶聖而聖

文字非文字言語非言語云何以解脫云何而
語女隨宜說方便究竟非我與舍利依嵩山
寂寥松柏所
大曆四年歲次己酉□□二十四日
檢校僧敬愛寺談振聖善寺僧義辯安定劉
英模勒河南屈集臣鐫
碑在嵩嶽寺後欹側荒坡中傳燈錄載達磨傳慧可
可傳僧燦燦傳道信信傳□忍忍傳盧能今碑載忍
傳大通自通以下三傳爲大証摩頂付法然則少林
衣鉢授受六傳入嶺南蓋南宗也傳燈錄載北宗神

秀其門人嵩山普寂立秀師爲六祖云說嵩
右大證禪師碑眞跡剥缺過半行款字數不可數可
識者共六百八十八字完全者三百二十五字金石圖
文苑英華載此碑其文尚可攷年月據寶刻類編全
磨滅也述書賦注稱縉爲文筆泉藪是時縉捨財造
寺之弊甚矣唐代宗尊重二氏至沙門道士死而賜
官賜謚誠可嗤笑碑列縉銜云太清太微宮使崇元
宏文館大學士上柱國齊國公劉眗書止云太微宮
使其崇元作崇賢無齊國公封號皆當以碑爲正中州
金石記

按此碑間段磨泐文苑英華載此文今據以錄補
說嵩云碑在嵩嶽寺後欹側荒坡中河南通志嵩
嶽寺在登封縣城西北嵩山之前武則天幸嵩山
常以此爲行宮而不載敬愛寺之所在則敬愛寺
毁廢已久今碑在嵩嶽寺後大抵敬愛寺址當時
與嵩嶽爲鄰矣撰文者王縉字夏卿維之弟河中
人舊唐書傳稱其以文翰著名廣德二年拜黄門
侍郎碑作門下同平章事太微宮使碑有太清宏文崇賢碑作
崇元館大學士加上柱國碑有齊國公新傳較畧然碑立于大
歴四年而傳稱三年以縉領幽州盧龍節度尋兼

太原尹北都留守河東節度營田觀察等使皆四
年之官而碑無之似撰文尚在四年以前也書者
徐浩舊傳稱其代宗朝爲吏部侍郎集賢殿學士
新傳不言其官集賢而有會稽縣公之封兩傳互
異合之則與碑同也碑云禪師年至二十受聲聞
戒捨眷屬爲沙彌天寶八年上聞正度充敬愛寺
大德寶應二年正月趺坐而滅年六十夏十四蓋
自天寶八年受度至此僅十四年故云夏十四以
前爲沙彌者且二十六年也寶應二年七月改元
廣德故正月仍稱寶應碑又云縉嘗官于登封因

學于大照又與廣德素爲知友縉傳稱廣德二年
以縉爲侍中持節都統河南淮西山南東道諸節
度行營事兼東都留守碑所云嘗官于登封者當
即在此時也

逍遥樓三大字

石高九尺六寸廣四尺正書徑二尺七八寸在廣西臨桂

逍遥樓

大歴五年正月一日顔眞卿書

庾賁德政頌

碑連額高九尺七寸六分廣四尺二寸五分十四行行三十字篆書後有小記二各六行上下截刻上截

行四十一字至三十九字下截二十九字或三十一
三十三字不等並正書額題唐龔丘縣令庾公德政
頌十字篆書
在寧陽縣

荀蘈古之良宰也榆次碣之庾公今之
賢百里也龔丘頌之如無□能□□□
紀議者謂庾公之政尤矣公初告羣吏
曰昔孝宣龔元□爲經國致理□□□
長道擇郎官御史之宰縣邑我自任城
尉驟居五百石非才何以當之折□□
餘瘢人祇若　明命酒崇禮讓省刑罰
紓力役闢土田宣茲　□□□儉□□潤

佗時雨味爲春風於是齊魯丕變井閭
咸復三載考績一方歸最　都□□□
御史清河張公曰昌牧伯之賢也訓俗
馭官勸直沮枉述職之地類能□之□
方諸爽氣日暮更清比之松筠歲寒轉
茂題以上下之目出乎羣萃之表□□
孝思里聲同歡曰於伯諱之良牧賞浹
孫之茂宰宣吳公名貴宰□明其光□
川之成周之時史爲寧庾因以命族公
其先爲以之考曰銘嗣爲　人從所集

王父曰元淹爲寧陽令　曾王父曰師
彭爲蜀王文學楷模繼代龜鑑榜世大
曆中邑者彭滔等三十五人以公政事
口大咸顯刻石垂美居于　元栻元栻
者縣人以陽城與公周旋備詳德於
口之作頌名婉刻文辭曰　給事庾公
宰官之良化洽百里風猶一方邑者之
讀觀音頌德元栻嘉之人石圖刻
大曆諱五年九月三日建

釋文

荀蘈古之良宰也榆次碣之庾公今之賢百里也龔丘
頌之如無□能□□□紀議者謂庾公之政尤矣公初
告蘈吏曰昔孝宣龔元二□爲經國致理□□□長道
擇郎官御史之宰縣邑我自任城尉驟居五百石非才
何以當之折□□餘瘢人祇若　明命酒崇禮讓省刑
罰紓力役闢土田宣茲□□□儉□□潤佗時雨味爲
春風於是齊魯丕變井閭咸復三載考績一方歸最
都□□□御史清河張公曰昌牧伯之賢也訓俗馭官
勸直沮枉述職之地類能□之□方諸爽氣日暮更清
比之松筠歲寒轉茂題以上下之目出乎羣萃之表□

□千里異聲同歡曰以伯達之良牧賞次孫之茂宰宜
矣公名貢字□明其先□川人成周之時世爲掌庾因
以命族公其曾諱公之考曰欽嗣爲□州別駕　王父
曰元汪爲尋陽令　曾王父曰師則爲蜀王文學楷模
繼代鱗鱗接武大曆中邑考彭滔等三十五人以公政
柔□大咸願刻石褒美申予　元戎元戎允答縣人以
陽冰與公周旋備詳德行□之作頌多愧能文辭曰
於穆庾公宰字之良化洽百里風摛一方邑老上　請
願言頌德元戎嘉之金石迺刻
大曆五年九月三日建此九字極大書在碑之第一行

佑之聞襲邱庾公德政碑舊矣自唐大曆五年歲在
庚戌至今貞元三年乙亥凡三百八十五年善政獨
彰芳塵孰嗣而李公之文辭篆字世所貴者佑之到
官之初首加詢訪乃於聽事之後糞土中得其□斷
壞散亡僅存其半嗟青瑤之沉埋懼磨滅之無日思
欲得完本重刻于石未易得也聞邑尉永□趙珣君
瑞首爲尋訪於邑人彭竊家得舊藏舊紙本一以示
佑之詳讀玩味頗慰願見於是礱石命工□刻□記
庶乎庾公之德政與夫李公之辭翰爲不朽云五月
一日承務郎兖州龔縣令林棣宋佑之記

有唐庾公嘗宰是邑當時治績昭著而名公若李陽
冰者因邑人之請曰文以頌其實□□既刻亦庶不
朽不期圮壞其間廿餘年未遑再立德政□□不絕
如綫　縣令宋公下車之初首加詢訪越明年再勒
其碑豈非　宋公之爲治有慕於庾公之治邪不
然何以勸課農桑奉公竭節以今較昔不謀而合者
往往皆是歟儒卿謂庾宋之治時雖異而美則同矣
邑人鄉貢進士□□□□
徵事郎主簿孫思　忠武校尉縣尉王景俊
管勾造碑佐史耿□□

碑殘剝僅存其半貞元三年林棣宋佑之來宰是縣
訪得完本於邑人彭竊家重勒諸石今按其文序庾
公名貢字文明其先□川人成周之時世爲掌庾因
以命族公其曾諱公之考曰欽嗣爲光州別駕王父
曰元汪爲尋陽令曾王父曰師則爲蜀王文學又云
大歷中邑老彭滔等三十五人請於元戎云云然則
當日彭滔之立頌石竟未上於朝也劉夢得高陵令
劉君遺愛碑載寶應詔書凡以政績將立碑者具所
紀之文上尚書考功有司考其詞宜有紀者乃奏令
碑稱請於元戎及縣人以陽冰與公周旋備詳德行

口之作頌豈此時節度此方者宜可以專殭固不必待朝命耶書之亦以考世變焉文內有歧字與弔相通說文歧撫也從攴亾聲讀與撫同此下一字存其上半弔是爲柔字撫柔葢稱其惠于斯氏也授堂金石跋

此碑建於唐大歷五年至金貞元三年龔縣令宋佑之以舊本重摹於石佑之自爲記並卜儒卿後跋刻於碑之左方碑文下截每行泐去三五字餘俱可辨黄小松司馬云碑陰尚有金貞元間給事郎守令子象及典史單文等名未有拓本山左金石志

按此碑無撰書人姓名文云縣人以陽冰與公周

旋云云宋佑之記亦云李公之文辭篆字世所貴者則撰書皆陽冰爲之也山東通志龔邱本漢寧陽縣地北齊置平原縣隋以縣東南二十里有龔邱城更名宋大觀四年避宣聖諱祇稱龔縣金大定二十九年避顯宗諱復改爲寧陽元明以來因之此碑重刻于金貞元三年其時未改寧陽故宋佑之記自稱龔縣令也碑云都口口口御史清河張公曰昌牧伯之賢也訓俗馭官勸直沮枉題以上下之目出乎羣萃之表云云玩其文義似與盧正道清德碑相同中宗神龍二年勅內外五品以上充十道巡察使廉按州郡其時正道爲滎陽縣令衛州司馬路敬潛爲河南道巡察使以正道政術尤異奏聞中宗降勅褒美識法師爲之立碑頌清德此碑似係御史張曰昌爲巡察使品定庾公政績邑老彭滔等三十五人刻石褒美所謂題以上下之目者猶言上考下考庾公治居上考也特是碑但言申于元戎元戎允答而無奏聞之明文故不聞朝廷有勅旨如盧正道耳碑云公名賁其先□川人泐一字乃潁川也廣韻云庾出潁川新野二望碑又云成周之時世爲掌庾因以命族公

其胄焉通志氏族畧庾氏堯時掌庾大夫以官命氏至春秋時周有大夫庾皮皮子過邑于鄢氏然則碑以爲成周掌庾者傳訛也碑敘其先世曰考欽嗣王父元汪曾王父師則史皆無傳碑中用字如荀蘶之荀松筠之筠皆新附字荀當作郇徐鉉云今人姓荀氏本郇侯之後宜用郇字筠當作䈬嘉定錢君大昭云周禮考工記梓人上綱與下綱出舌縳縜寸焉鄭司農注縜籠綱者讀爲竹中皮之縜縜持綱紐也此即古筠字又說文莫日且冥也从日在茻中碑書作暮从兩日俗字也繼續也

从糸𧷤一曰反𧷤爲繼糸𧷤古文絶字繼字从反𢇍爲義碑竟从𢇍亦誤凡碑誌之例多自高曾順下此則自考上溯曾祖又一例也庾公賚史亦無傳碑題建立年月在文前一行字較文特大亦他碑所未有

臧懷恪碑

碑高一丈一尺一寸廣五尺四分共二十八行行字自五十八至六十四不等正書在三原縣

唐故右武衛將軍贈工部尚書上柱國上蔡縣開國侯臧公神道碑銘并序

金紫光祿大夫行撫州刺史上柱國魯郡開國公顏

眞卿撰并書

翰林　待詔光祿卿李秀巖題額

公諱懷恪字貞節東莞人其先出于魯孝公之子疆字子臧大夫不得祖諸侯其孫以王父字爲氏僖哀二伯既納忠於魯䣝文武兩仲亦不朽於言哲丈人成功而遁迹子原抗節而捨生義和辭金飾之器榮緒奮陽秋之筆賢達繼軌紛綸至今曾祖滿隋驃騎將軍祖龍皇通議大夫霊州都督府長史父德朝散大夫贈銀州刺史咸務遠圖克開厥後恤釁之慶世祀宜哉公卽銀州之第三子也身長六尺一寸眉目雄朗鬚髯灑秀雅善騎射尤工尺牘沉靜少言寛仁得衆奇謀沖邈英風冠倫友于弟兄謹介鄉黨每致詩而執禮不茹柔以吐剛莅事而剖判泉流臨戎而智略鋒起古所謂文武不墜高明有融者焉少以勳勞亟紆戎級開元初嘗遊平盧屬奚寇華大下公挺身與戰所向摧靡繇是發名

玄宗聞而嘉之拜勝州都督府長史銳精佐理絜矩嘗官朔漠不空邊隅用父俄拜左衛率府左郎將轉右領軍中郎將兼安北都護中受降城使朔方五城都知征馬使戎事齊足十萬維摯我伐用張軍威以肅由是深爲節度使王晙所器奏充都知兵馬使嘗以百五十

騎遇突厥斬啜八部落十萬餘衆於猲頭山殺其數百人引身據高環馬禦外虜矢如雨公徒且殲遽而紿之曰我爲賊懷恪　勑令和汝何得與我拒戰乎時僕固懷恩父設支適在其中獨遮護之諸部落持疑不肯公刲羊以盟之仗義以責之衆皆感激由此獲免遂與設支部落二千帳來歸後充河西軍前將盤禾安氏有馬千駟怙富不虔一族三人立皆毆斃軍州悚慄疇敢不祗俄爲節使相國蕭嵩所賞後充河源軍使兼隴右節度副大使關西兵馬使拜右武衛將軍吐蕃不敢東向者累季俄封上蔡縣開國侯開元十二季歲次甲子

春二月廿有六日薨于鄴城之官舍享秊五十六其秊
八月廿三日　詔曰故具官公頃以幹能亟承任使操
行逾謹勞効未酬不幸遷殂艮增追悼可贈右領軍衛
大將軍卽以其秊冬十月庚戌遷窆于京兆府三原縣
北原禮也嗚呼公兄左羽林軍大將軍平盧副持節懷
亮以方虎之材膺爪牙之任孔懷斯切致美則深七子
游擊將軍崇仁府折衝希崇豐州別駕贈宋州刺史希
昶左武衛將軍朔方節度副使贈太子賓客希忱右衛
左郎將劒南討擊副使贈汝州刺史希愔右驍衛郎將
靜邊軍使贈祕書監希景寧州刺史左金吾衛將軍贈

揚州大都督希晏開府儀同三司行太子詹事兼御史
大夫邠寧山南觀察使集賢待　制工部尚書渭北節
度使魯國公希讓等夙漸詩禮恭承教義芬潤挺蘭玉
之姿英威儕虓闞之質而希讓識度弘遠器謀沉邃仁
親以孝殿國以忠綽裕冠於人倫勳勞協於　王室至
德中　今上爲元帥東伐肇允押牙從收兩京陟降
左右入侍帷幄旣崇翼戴之功出擁麾幢載叶澄淸之
寄加以篤睦葬從糺綏宗族吉凶贍恤終始無渝行道
之人孰不嗟尚　肅宗以公有謀翼之勤乾元三秊
春三月贈魏州刺史寶應元秊冬十月又贈太常卿廣

德元秊冬十月　詔曰孝以立身可揚名於後代忠能
事主故追榮而及親開府儀同三司兼御史大夫元帥
都虞候魯國公臧希讓亡父贈太常卿懷恪業茂勳賢
地華簪紱佩忠信而行己包禮樂以資身守節安卑幽
貞自處養蒙全正聲利不營雖與善無徵促齡悲於逝
晷而積善垂裕餘慶光於後昆故得業濟艱難功參締
搆出有藩條之寄入多爪牙之任位以德遷禮宜加等
父由子貴贈合超倫宜登八座之榮式慰九原之路又
贈工部尚書褒異之典於斯爲盛臧氏自驃騎而下世
以材雄朔陲尚書旣還特以功楙當代兄弟子姪勳賢

間出自天寶距于開元乘朱輪而拖珪組者數百人追
于今茲蕃衍彌熾綰軍州而握兵要者相望國都有後
之慶固殊異于他族者矣眞卿早歲與公兄子謙爲田
蘇之游敦伯仲之契晩從大夫之後每接賓寮之歡故
公之世家竊備聞見敢述遺烈將無媿辭銘曰
魯史褒者臧孫有之陳與則諫納鼎以規殁貴言立時
稱聖爲仁昭典墳智叶蓍龜世濟忠肅口光羽儀以至
夫公英明雄毅鷙視騰彩龍驤作氣鋒淬霜棱妙窮金
匱謀猷泉寫翰墨風馳儒勇是兼勳庸以位介馳戎馬
猛奮虓虎絕漠援孤連兵戰苦萬虜鳴鏑紛紛如雨一

身抗詞謌謌連拄精貫雲日氣雄鉦鼓狄人義激僕固誠金眇湯窮裔隨降幾千野靜沙雪風恬塞煙我騎如雲我旗連天牧無南向凱有北全　天子休之命侯開國謂福而壽康衛騁力奚命之遒幽扃是郎十城玉折萬里鵬息陣雲蒼蒼日暮無色令人超奉　天眷孔明九原不作八座哀榮勇列嶽範芳時蘇名里成冠蓋族茂簪纓萬古千祀瞻言涕零

臧懷恪碑顏魯公篡并書懷恪再爲王晙蕭嵩兵馬使積官右武衛將軍封上蔡縣侯三贈而至工部尚書則以子希讓貴故也兄懷亮至左羽林大將軍懷

恪有子七人咸顯而希讓至尚書節度使魯國公碑稱兄弟子姪勛賢間出自天寶距于開元乘朱輪而拖珪組者數百人而唐史不爲立傳故聊載之書法偉勁不減家廟芧山而石完不泐尤可喜也金石錄又載韓擇木書第三子太子賓客希忱碑及希晏碑以韓秀弼書之希讓冑子也而能爲不朽計乃爾誠有過人者矣　弇州山人稿

尚書墓在陜西之三原縣顏公此刻入閣少傳予向以使事道陜得之尚書七子皆爲顯官而希讓至魯國公顏公文集復有臧氏糾宗碑書七子官與此不同　金薤琳琅

右贈工部尚書臧懷恪碑不見立碑年月趙氏金石錄以爲大歷中立顧氏金石文字記據碑文載廣德元年十月贈官詔書因系之廣德元年予以魯公署銜證之而知德甫爲可信也魯公麻姑仙壇記云大歷三年貶卿刺撫州具撰李含光碑云大歷六年貶卿罷刺臨川旋舟建鄴今此碑題金紫光祿大夫行撫州刺史上柱國魯郡開國公則必在大歷三年以後矣寶刻類編以爲開元十二年立則但據其卒之年月并未讀其全文尤爲疏舛　潛研堂金石文跋尾

碑云開元初嘗遊平盧屬奚室韋大下公挺身與戰所向摧靡新唐書室韋傳惟載開元天寶間凡十朝獻其後貞元四年與奚共寇乃見于傳證之碑則開元初已內侵而史蓋失錄又碑下文遇突厥斬啜八部落十萬餘衆于狼頭山今檢突厥部落無此名通鑑聖歷九年九月改默啜爲斬啜當時武后憤其偏彊故謾爲此號而魯公亦襲用之然懷恪應變紿敵功不爲細乃卒不附奚厥本傳亦其疏也又所云僕固懷恩父設支適在其中獨身遮之由此獲免遂與設支部落二千帳來歸案之唐書皆不合傳載懷恩鐵勒部人則懷恩父亦僖屬鐵勒矣又云乙

李啜生懷恩世襲都督則傳言父蓋名乙李啜今碑乃云懷恩父設支則又名設支矣至云與設支部落二千帳來歸設支又自有部落及開元初來歸始爲唐臣亦非世襲都督者疑此數事史文皆未悉並當以碑爲據且足補突厥室韋二傳之闕則是碑之傳益可寶也（授堂金石跋）

按此碑無年月以撰書之顔眞卿結銜考之碑題行撫州刺史魯郡開國公新唐書眞卿傳代宗立起爲利州刺史不拜再遷吏部侍郎除荆南節度使未行改尚書右丞帝自陝還眞卿請先謁陵廟

宰相元載以爲迂僻以檢校刑部尚書爲朔方行營宣慰使未行留知省事更封魯郡公時載多引私黨眞卿上疏載以爲誹謗貶硤州別駕改吉州別駕遷撫湖二州刺史載誅楊綰薦之擢刑部尚書遷吏部（舊傳畧同）帝自陝還者代宗本紀廣德元年十月庚午吐蕃陷邠州辛未寇奉天武功京師戒嚴丙子如陝州戊寅吐蕃陷京師十二月甲午至自陝州是也元載爲宰相乃寶應元年建辰月之事元載之誅乃大歴十二年事眞卿之爲撫州刺史傳雖不詳何年玩其敘次在載誅之前据麻姑仙壇記大歴三年已刺撫州則不出三年至十二年矣（集古録目載顔眞卿乞御書放生池碑額表幷碑陰記大歴中眞卿爲湖州刺史建于州之駱駝橋東以大歴九年立据此則眞卿之刺湖州在九年其刺撫州又在九年之前今据）其子希晏大歴五年立碑則此碑必與同時所立因列于其前碑載懷恪以開元十二年二月薨十月窆乾元三年贈魏州刺史寶應元年贈太常卿廣德元年贈工部尚書自是又踰數年而後立碑蓋距其薨四十餘年矣碑云祖寵父德据魯公文集東莞臧氏紇宗碑銘祖寵與此同而父作善德金薤琳瑯載此碑父善德與紇宗同而祖作君寵

蓋金薤訛也碑云斬啜八部落又云僕固懷恩父設支（金薤琳瑯訛作設之）新唐書僕固懷恩傳父乙李啜舊書傳作乙李啜拔似新書脱一拔字啜拔即碑云啜八皆部落之名至碑所稱設支雖無可攷然以其爲部落之名亦可無疑以臆度之猶漢時郅支之遺也疑懷恩之父本未有名即以部落爲名故啜拔設支皆可隨稱而乙李啜拔又蕃語繁簡之不同也紇宗碑載懷恪有兩兄懷慶懷亮而懷慶已書贈官是已先卒故碑但書懷亮碑書懷恪七子官與紇宗碑不同者長希崇游擊將軍崇仁府

折衝紇宗作右衛中郎將贈口州刺史次希昶與
碑同次希恍以下贈官俱同所不同者希恍左武
衛將軍朔方節度副使紇宗作左驍衛中郎將次
希愔右衛左郎將劍南討擊副使紇宗作忠武將
軍次希景右驍衛郎將靜邊軍使紇宗作左威衛
中郎將次希晏紇宗贈左衛使餘同次希讓紇宗
但書曾國公不書官位前六子皆有贈官則立碑
時皆已先卒惟希讓在矣碑云眞卿早歲與公兄
子謙敦伯仲之契所謂兄子謙者不知是兄字子
謙抑或是兄子名謙据紇宗碑懷恪兩兄既無子

謙之稱懷慶五子希古希眞希賓希胐希逸懷亮
五子敬廉希莊敬之讓之敬此此疑有訛亦無謙名再
据碑懷恪以開元十二年卒年五十六其生在總
章二年則其兩兄當生于龍朔麟德之間史稱眞
卿以興元元年卒年七十七其生在景龍二年少
于懷恪兩兄之年四十餘則早歲所與敦契者爲
兄子無疑特不知謙爲何人之原名耳眞卿撰此
碑當與紇宗碑同時而文有不同者如此所未詳
也

臧希晏碑

碑高九尺四寸五分廣四尺五寸六分二十四行行四十九字隸書在三原縣

口唐故金紫光祿大夫左金吾衛將軍口口州大都督
臧府君神道碑銘并序
銀青光祿大夫行兵口侍郎上柱國清河郡口口口
張孚撰
朝議郎守衛尉少卿淮陽縣開國男賜緋魚袋韓秀
弼書
有唐廣德二年八月五日朔左金吾衛將軍臧公薨于
口口安邑里之私第享年五十有三大曆五年十月十
五日葬于三原縣長坳鄉禮也公諱希晏字恭靖先封

受氏奔莒重光僖伯諫魚哀伯諫鼎文仲立德武仲立
言傳慶口口口口之口口口口口口之際子孫有後大庇
生靈游職因官今爲京兆人也曾祖君寵通議大夫靈
州長史祖善德銀青光祿大夫銀州刺史贈太子少師
父懷恪右領軍衛將軍魏州刺史上蔡侯贈工部尚書
重世將門一時人傑光臨舊國非驚於守口繼登列郡
越美於口口纍祉白茅式旌餘烈爵明朝也握五兵之
要漏幽泉也追八座之尊禮備口榮　　澤覃存殁
名器之重今古無儔而高門榮戟前庭鍾鼎谷量千駟
之馬籯滿萬金之裝三武邁賈氏諸昆八元口高陽才

子公□□□飾長摽雅操用武則武可畏學文則文足
昭懋爲珪璋俯拾青紫常以爲千戸侯力可取萬人敵
才之餘□藝總九流射穿□札長纓係頸於闕越□兵
斷□於何奴開元理兵之歲塵飛碣石烽照甘泉盧龍
北隱胡馬南牧克貞師律□□親賢　天子
御正陽前殿乃命禮部尚書信安郡王建牙璋擁金飾
控弦廿萬以專征之六郡良家公爲特□而□征□□
□□□□公以爲楊雄執戟阮籍步兵千古同□□無
慙色其後出右地窮河源收壁城拔高壘戰勝攻取左
旋右抽合變出奇智□□過以□功累遷至衛尉少卿

壽加□受降城使河曲之間威聲載路屬三水之地五
載未巡公侯腹心受委而拜遂以公爲□□皇城使遷
左監門將軍兼麟州刺史無何轉慶州刺史去思來暮
行古之道特拜太僕卿兼寧州刺史夫漢宣共理所以
寄□候也□□以寧是用咨多□也故佩中朝之印綬
外臺之帷抑有由矣屬親征振旅薄伐邗人駐　蹕而
萬姓來蘇迎　鑾而百神望　幸由是□其列
郡□爲行宮鎮六龍之旂儀雙鳳之闕擇能作牧匪易
其人以政理殊尤拜主金吾衛將軍左街使任切爪牙
寄崇心膂□利功業亞夫□名方欲鑿出師之門分制

軍之闈未加明命忽閟幽泉故老泣於邊疆賢臣愴於
冠劍將星夜落陣雲朝起凛然餘勇千載猶生故夫人
贈燕國夫人劉氏百代舊封五公貽慶嬪則彰美姆訓
番芳生前已飾其□并歿後更封於石窌先公□□合
祔同歸公之季弟希讓御史大夫工部尚書渭北節度
贈太子太師往與公更執金吾同□□□王肅儀貌陳
平智謀雄憲臺之一□□長城之萬里因心則友義切
天倫嗣子睦王府長史叔獻次子郢州別駕叔雅季子
河南府河清縣主簿叔清欒欒□□攀號罔極羔柴泣
血曾參絕漿喪過乎哀行過於禮敬承副相之託式紀

冠軍之銘銘曰
臧孫有後千古立程才爲將畧道實人英出入三代光
□百城□□之□□之□□□□□定傾□□
□□□嘉名□□父子□□弟兄高碑之上□紀忠
□

按寶刻叢編載諸道石刻錄有唐贈楊州都督臧希
晏碑云唐張孚撰韓秀弼八分書大歷五年立在三
原今碑不見贈楊州都督事亦無大歷五年字或皆
在所缺處葬于廣德而建碑于大歷年亦不遠也
希晏爲懷恪子兄弟七人皆貴繼懷恪碑爲魯書甚

傳于時金石錄載臧氏墓碑凡三金石畧載韓秀弼所書碑凡四而俱不及此何也碑雖斷缺然名字世系歲月功勛及夫人嗣子俱尚可見亦異于泯滅失傳者矣金石存

按臧希晏爲懷恪第六子弇州山人稾誤作長子碑題□□州大都督渤二字據懷恪碑是贈揚州也撰文者張孚孚字可辨蓋與曹倦圃先生藏本同爲佳搨矣張孚及書人韓秀弼史皆無傳古今碑帖考載韓秀弼秀實秀榮三人云並以八分擅名又俱同時必其兄弟諸書皆無可攷墨池編載秀弼所書

碑有六曰元待聘碑李齊物碑鄭叔清碑裴曠改葬碑鎮國公李元亮功德頌李晟先廟碑並八分書而不及此碑弇州山人稾則載此碑云廣德二年書是亦未細閱全文也碑稱曾祖君龍祖善德與懷恪碑不同又稱父懷恪右領軍衛將軍魏州刺史贈工部尚書亦與懷恪碑異碑云開元理兵之歲命禮部尚書信安郡王揔弦廿萬以專征之此卽開元二十年正月信安郡王禕爲河東河北道行軍副元帥伐奚契丹事詳見白道生碑跋中碑云屬親征振旅薄伐弔人此指肅宗靈武時事

顏魯公撰臧氏糺宗碑懷恪七子書贈官者六惟希讓不書贈官蓋其時希讓在也此碑則云希讓贈太子太師則亦卒矣希晏三子叔獻叔雅叔清其官位與糺宗碑不同碑云叔獻睢王府長史糺宗云朝散明州長史碑云叔雅鄆州別駕糺宗云朝散洋州司馬碑云叔清河清縣主簿糺宗云京兆府叅軍蓋糺宗與此碑有建立前後之不同也

金石萃編卷九十五終

金石萃編卷九十六

賜進士出身　誥授光祿大夫刑部右侍郎加七級王昶撰

唐五十六

麻姑仙壇記

石橫廣二尺八寸高九寸記四十六行行二十字後跋二十一行一十四行每行俱十六字正書在建昌府南城縣

有唐撫州南城縣麻姑山仙壇記

顏眞卿撰并書

麻姑者葛稚川神仙傳云王遠字方平欲東之括蒼山過吳蔡經家教其尸解如蛇蟬也經去十餘年忽還語家言七月七日王君當來過到期日方平乘羽車駕五龍各異色旌旗導從威儀赫奕如大將也既至坐須臾引見經父兄因遣人與麻姑相聞亦莫知麻姑是何神也言王方平敬報久不行民間今來在此想麻姑能蹔來有頃信還但聞其語不見所使人曰麻姑再拜不見忽已五百餘年尊卑有序修敬無階思念久煩信承在彼登山顛倒而先被記當按行蓬萊今便蹔往如是便還即親覲願不即去如此兩時閒麻姑來時不先聞人馬聲既至從官當半於方平也麻姑至蔡經亦舉家見之是好女子年十八九許頂中作髻餘髮垂之至要其

衣有文章而非錦綺光彩耀目不可名字皆世所無有也得見方平爲起立坐定各進行廚金盤玉杯無限美膳多是諸華而香氣達於內外擘麟脯行之麻姑自言接侍以來見東海三爲桑田向聞蓬萊水乃淺於往者會時略半也豈將復還爲陸陵乎方平笑曰聖人皆言海中行復揚塵也麻姑欲見蔡經母及婦經弟婦新產數十日麻姑望見之已知曰噫且止勿前即求少許米便以擲之墮地即成丹沙方平笑曰姑故年少吾了不喜復作此曹狡獪變化也麻姑手似鳥爪蔡經心中念言背蛘時得此爪以把背乃佳也方平已知經心中念言即使人牽經鞭之曰麻姑者神人汝何忽謂其爪可以把背耶見鞭著經背亦不見有人持鞭者方平告經曰吾鞭不可妄得也大曆三年眞卿刺撫州按圖經南城縣有麻姑山頂有古壇相傳云麻姑於此得道壇東南有池中有紅蓮近忽變碧今又白矣池北下壇傍有杉松皆偃蓋時聞步虛鐘磬之音東南有瀑布淙下三百餘尺東北有石崇觀高石中猶有螺蚌殼或以爲桑田所變西北有麻源謝靈運詩題入華子崗是麻源第三谷恐其處也源口有神祈雨輒應開元中道士鄧紫陽於此習道蒙召入大同殿修功德廿七年忽見虎駕

龍車二人執節於庭中顧謂其友竹務猷曰此迎我也
可爲吾奏願欲歸葬本山仍請立廟於壇側　睿宗
從之天寶五載投龍於瀑布石池中有黃龍見　玄
宗感焉乃　命增修仙宇眞儀侍從雲鶴之類於戲自
麻姑發迹於茲嶺南眞遷壇於龜源花姑表異於井山
今女道士黎瓊仙年八十而容色益少曾妙行夢瓊仙
而飡花絕粒紫陽姪男曰德誠繼修香火弟子譚仙巖
法籙尊嚴而史元洞左通元鄒鬱華皆淸虛服道非夫
地氣殊異江山炳靈則曷由纂懿流光若斯之盛者矣
眞卿幸承餘烈敢刻金石而志之時則六年夏四月也

江南西道建昌軍南城縣麻姑山在縣西南二十二
里山頂有古壇相傳麻姑得道于此壇東南有池池
中有紅蓮曾變爲碧壇邊杉松皆偃蓋時聞鐘磬步
虛之音東南有瀑布源下三百餘尺山頂上石中有
石螺蚌殼或爲桑田所變也西北有麻源謝靈運題
入華子岡是麻源第三谷詩云銅陵映碧澗石磴瀉
紅泉卽此處也刺史顏眞卿按神仙傳撰仙壇碑備
詳其事太平寰宇記

右麻姑壇記顏眞卿撰并書顏公忠義之節皎如日
月其爲人尊嚴剛勁象其筆畫而不免惑於神仙之
說釋老之爲斯民患也深矣　小字麻姑壇記或疑
非魯公書魯公喜書大字余家所藏顏氏碑最多未
嘗有小字者惟干祿字書注最爲小字而其體法與
此記不同蓋干祿之注持重舒和而不局蹙此記道
峻緊結尤爲精悍此所以或者疑之也余初亦頗以
爲惑及把翫久之筆畫巨細皆有法愈看愈佳然後
知非魯公不能書也故聊誌之以釋疑者集古錄

右唐麻姑仙壇記顏魯公撰并書在撫州又有一本
字絕小世亦以爲魯公書驗其筆法殊不類故正字
陳無已謂余嘗見黃魯直言乃慶歷中一學佛者所

書魯直猶能道其姓名無已不能記也小字本今錄
於後使覽者詳其眞僞云金石錄

麻源第三谷入太霄觀別由小路約行十里上山其
紆峻亦略類徑山中路有界青亭次雙練亭枕流亭
懸瀑對瀉雪濺雷吼天下奇觀也近之龍王祠有潭
天寶中黃龍見於此自此始得平地而爲仙都觀方
士謂之丹霞小有天觀宇雖古而道士星居無復淸
高氣象主者晉景常具飯五峯堂五峯謂葛仙朝眞
望仙拜仙秦人皆強名也元豐間封麻姑爲淸眞夫
人元祐改封妙寂眞人宣和加上眞寂沖應元君徽

宗御書元君之殿四字仁宗亦嘗賜飛白來字余見
魯公碑魯公塑像在祠堂中周必大歸廬山日記
顏碑刻于唐大歷六年魯公纂文紀山迹也石膩書
工良足珍重元季兵燹流落人間永樂初爲薊州衛
知事郡人雷豫所得成化紀元其子泰獻于府遂什
襲藏之蓋欲其可久也謝士元跋
陸放翁云魯公麻姑壇記有大小二本蓋用羊叔子
峴山故事通志金石畧載魯公書亦有小字麻姑壇
記則歐陽公之疑與魯直之言又似不足信元柳待
制道傳云麻姑壇碑小字楷法尤精緊比聞舊石焚

毀山中雖重刻無復當時筆意則亦以小字爲顏書
但謂石已不存非也與文正公云麻姑碑在吾鄉舊
爲雷所破重刻至再字體浸失其真則被焚者乃臨
川大字本而南城之石至今固無恙也金薤琳瑯
撫州南城縣舊有顏魯公麻姑仙壇碑後分南城入
建昌碑隨入公廨間爲一守褰之歸而命俗工摹一
碑于郡今所相傳者是也余廣訪宋搨命良工精刻
爾之即中用存故事其碑陰衛夫人等書一一並留
不差毫髮臨池者尙鑒余之苦心哉明藩益王重刻碑跋
仙都觀壇即蔡經故居王方平來會仙人麻姑之處

顏魯公記其事手書入刻往在京師見一舊本當時
購之不得後十餘年來守建昌此刻匣貯郡齋啟視
之石方廣盈尺中斷字多磨滅不可辨爲之慨然偶
過近溪羅大參出所藏舊本點畫波發與京師所見
毫髮不差遂鐫之以傳郡之舊跡碑陰有唐衛夫人
褚河南虞永與歐陽率更薛稷柳河東李北海諸小
楷因併刻之李膺跋
是碑失去既久洪武初郡守新學宮見舊壘聖座東
偏發委仙都道士立石殿隅今具在也正德中山璪
樵監于澗底拾出其碑版字跡猶無恙先君以其奇

遊輒珍襲一副後碑入郡中漸就剜裂觀者每爲悵
快茲郡公鴈山季先生將圖翻刻而莫獲善本暇日
過從姑山房肆覽遺墨得是册色喜遂命工入石羅汝
芳跋
撫州有魯公仙壇記字形大如指頂筆筆帶有隸意
魯公最得意書也不知何時毁壞至行世蠅頭小書
乃慶歷中人僞書載金石録而今舉世奉爲楷模誤
矣庚子銷夏記
往見魯公所書麻姑壇記皆小字甲戌夏景陵吳既
闇驥之子閎彥來京師求作其父遺集序遺余麻姑

壇記大字末云奉議大夫建昌府知府梁伯達重建蓋臨川舊石毀後梁君重刻于建昌者草廬所謂殘失其眞者是也帶經堂集

右碑高六寸廣尺許相傳爲玉版可入懷袖唐顏魯公眞卿撰書共九百餘字字甚小有尋丈之勢爲魯公正書第一碑在麻姑山觀中宋末觀圮與道士攜置雲崖山遂流落青綴東平間明永樂中爲薊州衛知事雷蒙所得其子泰示撫州守謝士元以巨石函置之外刻詠碑諸公如宋曾文定鞏李說書覯劉郎中涇李丞相綱潘邠老大臨明謝戶部磐左吏部贊詩與書皆足附魯公之後而士元則戶部子也集古錄云顏公忠義之節皎如日月而不免惑于神仙釋老之說予觀魯公使李希烈時見危授命非深于二氏之說者不能夫富貴不淫貧賤不移威武不屈二氏之教與吾儒同也以魯公而猶謂之惑乎卽此碑石既失復歸諒不止魯公忠義之所感召抑有神人如麻姑者狡獪于其間乎金石後錄

余所得猶是南城元本爲新建裘曾青所遺以較大字精神結搆無毫髮異惟見鞭著經背作具鞭疊字皆作二爲小異耳虛舟題跋

麻姑仙壇記魯公手書不知何年遺失山澗中謂爲好事者攜去宋景祐間一樵豎偶于山間劚得之斷其一角故曾子固詩云碑文老勢信可愛碑石小缺誰能鐫後人每珍之謂翻刻新本不如也麻姑山丹霞洞天記

右麻姑仙壇記小字本黃魯直謂是慶歷間學佛者所書趙德甫亦疑其僞宋人書多放縱不守唐法尤不喜作小楷故有意抑之未可爲定論也碑題撫州南城縣攷南城漢舊縣本屬豫章郡晉宋以後改隸臨川郡唐改臨川爲撫州縣仍隸焉宋始於南城置建昌軍自是乃別於撫州耳潛研堂金石文跋尾

按小字麻姑仙壇筆力遒勁寬綽而有尋丈之勢非魯公不能作此此雖翻刻摹勒尚佳惜碑陰不可得見而大字者世亦罕傳迺兩至江西竟無從訪得也

三教道場文

碑高四尺廣三尺七寸二十二行每行字不等正書

資州刺史叱干公三教道場文其傍題周文王神□基

故後周文王號□□□□□

朝請郎行成都府廣都縣丞李去泰述

書人樂安郡任惟諫

四維無涯玄黃混其體特氣相射陰陽孕乎中寒暑推
移日月所以交會道德敷暢仁義所以表儀即有金人
流化開悟方便之門寶籙□宗中融自然之理法本無
別道亦強名隨化所生同歸妙用故知二儀生一萬象
起三殊途而歸體本無異至哉廣運玄之又玄方丈之
閒示我三教察其規製即資州刺史 叱干公作禮虔
誠大曆二年十月奉為 我國家之所造也公六德居
邦千里作鎮心貫白日志勵秋霜出敵忘家長安不徒
甲第以身許 國閫域獨作長城公之忠也每歎黑山
尙乇常以丹誠望 闕所經幽異志誠感神上啟靈祇

誓清壤褁公之義也今南方已定全蜀無虞戢馬歸山
衆落附歘公之力也襟帶無外書軌永同至于海隅罔
不咸若公之□也所以建此道場上荅神理公之信也
天地合應鬼神共資磅礴山川崇邃祠宇□□智力
誰敵此門巍巍乎視現不窮蕩蕩乎思量無及人世幻
影盡證虛無衆聖眞容超然利見無言說法無色現身
不動如如能生此會黃金照曜上有白毫放光紫氣氤
氳下有眞人現世漢崇褒聖已表儒風唐號文宣弥尊
德位仙雲法雨併灑虛空東序西庠盡涵霧露別爲世
界更有神形手持寶刀常親護法拔業本根則後周之
苗裔也位尊茅土再系文王之名班列將軍特□龍驤
之號羅列四部變現十方迴向之間不覺恍惚想之疑
遠入理並行聽之無言風樹傳法悲夫造化未出陶鈞
稽首歸依願離生死迎蹋勒石用紀斯文其詞曰 西
方大聖爲法現身不生不滅無我無人甘露灑雨水□
淨塵心澄智□道引迷津湛然不動永絕諸因 混元
難測杳杳冥冥恍惚有物想像無形□□辯位四方□
星中含仙道下育人靈法傳不死空餘老經 廣學成
海煥文麗天光□十哲軌範三千獲麟悲鳳讚易窮變
首唱忠孝跡重仁賢其道不朽今古稱先

大曆六年歲次辛亥孟夏月十五日記
門師京兆府萬年縣沙門智順
鐫字人平原郡雍慈順
都料丈六彌勒佛匠雍慈敏

按此碑題資州刺史叱干公三教道場文唐書地理志資州資陽郡屬劒南道文內不著叱干公之名兩唐書傳亦無姓叱干者通志氏族略代北複姓有叱干氏云代人後魏獻帝定姓爲叱干氏居武川魏書官氏志叱干氏後改爲薛氏今此碑仍作叱干公者殆唐時猶有此姓而未盡改歟碑題

下注云其傍即周文王神口基故後周文王下闕文
有云别爲世界更有神形手持寶刀常親護法枝
葉本根則後周之苗裔也位尊茅土再忝文王之
名班列將軍特口龍驤之號所謂後周文王者似
指後周文帝宇文泰初謚文公閔帝受禪追尊爲
文王廟曰太祖武成元年追尊爲文皇帝以文義
求之當是資州建三教道場其旁有周文王之舊
祠建後周文于之廟即以後周文王爲護法塑像
爲持寶刀者猶今佛刹之有伽藍神也文内敘三
教先佛次道次宣聖蓋三教之目肇于此矣沙門

智順謂之門師未曉其義三教似皆有造像而獨
有都料丈六彌勒佛匠姓名著于末行亦未詳也

大唐中興頌

磨崖高一丈二尺五寸廣一丈二尺七寸二十一行行二十字左行正書在祁陽縣石崖

尚書水部員外郎兼殿中侍御史荆南節度判官元
結撰
金紫光祿大夫前行撫州刺史上柱國魯郡開國公
顏真卿書

天寶十四秊安祿山陷洛陽明秊陷長安 天子
幸蜀 太子即位於靈武明秊 皇帝移軍
鳳翔其秊復兩京 上皇還京師於戲前代帝王有
盛德大業者必見于歌頌若今歌頌大業刻之金石非
老於文學其誰宜爲頌曰
噫嘻前朝孽臣姦驕爲惛爲妖邊將騁兵毒亂國經群
生失寧 大駕南巡百寮竄身奉賊稱臣天將昌
唐繄睨 我皇匹馬北方獨立一呼千麾万旗戎
卒前驅我師其東 儲皇撫戎蕩攘羣兇復復指
期曾不逾時有國無之事有至難 宗廟再安
二聖重歡地闢天開蠲除祆災瑞慶口來兇徒逆
儔涵濡 天休死生堪羞功勞位尊忠烈名存澤流

子孫盛德之興山高日昇萬福是膺能令 大君聲容
沄沄不在斯文湘江東西中直浯溪石崖天齊可磨可
鐫刊此頌焉何千萬秊
上元二秊秋八月撰 大曆六秊夏六月刻

崇寧三年三月己卯風雨中來泊浯溪進士陶豫李
格僧伯新道遵同至中興頌崖下明日居士蔣大年
石君豫太醫成權及其姪逸口守能志觀德清義明
等衆俱來又明日蕭褎及其弟褒來三日裴回崖次
請口賦詩老矣不能爲文偶作數語惜秦少游已下
世不得此妙墨劖之崖石耳春風吹船著浯溪扶

上讀中興碑平生半世有墨本摩莎石刻鬓成絲明皇不作苞桑計顛倒四海由祿兒九廟不守乘輿西萬家□作鳥擇栖撫軍監國太子事何乃趣取大物爲事有至難天幸耳上皇蹐還京師□閒□召色可否外間李父頤指揮南內妻京幾苟活高將軍□□□□臣結春秋二三策臣甫杜鵑再拜詩安知忠臣痛至骨世上但賞瓊琚詞同來□僧六七輩亦有文士相追隨斷崖蒼蘚對立久涷雨爲洗前朝非

宋豫章黃庭堅字魯直諸子從行相梲柏梧春□允悟超

右大唐中興頌元結撰顏眞卿書書字尤奇偉而文辭古雅世多模以黃絹爲圖障碑在永州磨崖石而刻之模打既多石亦殘闕今世人所傳字畫完好者多是傳模補足非其眞者此本得自故西京留臺御史李建中家蓋四十年前崖石眞本也尤爲難得爾集古錄

在祁陽浯溪石崖上俗謂之磨崖碑又按繚澹□熙寧間作笑峴亭記曰次山文章遒勁魯公筆畫□□皆有以驚動人耳目故中興頌寶之中州士大夫家而浯溪之名因人稱著天下輿地碑記

湖南浯溪在永州北一百餘里流入湘江其溪水石奇絕唐上元中邕管經略使元結罷任居焉以其所著中興頌刻之厓石撫州刺史顏眞卿書吳曾能改齋漫錄

浯溪近山石潤也噴薄有聲流出江中臨石厓數壁纔高尋丈中興頌在最大一壁碑之餘石無幾所謂石厓天齊者說者謂或是天然整齊之義范成大驂鸞錄

結自以老于文學故頌國之中興頌成乞書顏太師以書名時而此尤瑰瑋故世貴之今數百年蘚封苺固遠望雲烟外至者仰而玩之其亦天下偉觀耶嘗謂唐之文弊極矣結芟擢蓬艾奮然拔出數百年外

嘗曰山蒼然一形水泠然一色大抵以簡潔爲主韓退之許其文謂以所能鳴者余謂唐古文自結始至愈而後大成也廣川書跋

宋馬永卿曰中興頌云復復指期此兩字出漢書匡衡傳云所更或不可行而復復之注云下復扶目反又何武爲九卿時奏言宜置三公官又與翟方進共奏罷刺史更置州牧後皆復復故注云依其舊也下復扶目反金石文字記

浯溪遊覽之石壁嶙峋如屏如闕近視之嵌空玲瓏疊峰而多穴石質類太湖復類靈壁面背皆奇隨步

異態設窮人巧爲假山未有能髣髴者崖畔槎枒老樹交柯垂陰蒼藤倒掛瓔珞百千清溪一線注於江觸石而墜有聲鏘然境致清絕元次山罷道州樂其幽勝遂移家焉一水一石各爲之銘又乞顏魯公書其所作中興頌鑱諸崖壁潘耒遂初堂集

黃山谷跋及書磨崖碑詩字奇偉可喜跋所云崇寧三年三月己卯今山谷集刻本脫三月字則己卯日竟無所屬又下列敘僧守能志觀德清義明等衆而刻本以等衆作崇廣不能爲文刻本作豈復能文偶强作數語借秦少游已下世刻本亦少偶字及已字

詩內烏擇栖刻本烏作鳥至臣結春秋二三策句刻本春秋作春陵此其尤謬不可不以石刻舉正者也攷次山春陵行自敘蓋爲諸使徵求而發於中興碑無所寓詞惟易以此石作春秋二三策與碑云天子幸蜀太子即位靈武其中隱寓貶例此春秋之義也集刻半誤于工人而此跋又謬遠爲世所不見故爲存錄以訂近本之疎使校勘者知有考也授堂金石跋

按撰頌者元結新唐書傳史思明亂命結發軍拒賊南鋒結屯洛陽守險全十五城以討賊功遷監察御史裏行荊南節度使呂諲請益兵拒賊帝進

結水部員外郎佐諲府與碑題銜合呂諲傳稱上元初拜荊州長史澧朗峽忠等五州節度使則結之爲判官亦在其時頌撰于上元二年正與兩傳合也碑題顏真卿書末云大歷六年夏六月刻真卿官撫州刺史亦在大歷六年則是元結撰頌後十年而後書且刻也碑頌肅宗中興即位靈武收復兩京上皇還京等事唐書肅宗本紀至德二載十二月丙午上皇天帝至自蜀郡則撰頌又在還京後四年頌磨崖在祁陽縣浯溪結判荊南時寓居于此其刻峿臺銘在大歷二年浯溪銘唐亭銘

俱在大歷三年不知何以刻此頌獨遲至大歷六年也黃山谷詩磨崖据金石文字記與峿臺浯溪唐亭等銘連及但詩爲中興頌碑而作因移附于此山谷詩後有秀才家以私錢刻之云云一行又有康熙癸丑重修刻一行不具錄此碑爲祀族姪宸官永州知府及小門生林崑瓊知永明縣先後以搨本見貽較之外間傳本最爲精審至次山此頌並無春秋譏刺之意山谷所言殊不足憑　國朝王文簡公士禎所作磨厓碑詩議論頗正附錄於後云有客新自湘江歸登堂示我浯溪碑苔寒

色正三百字忠義之氣何淋漓白日行天破幽曀
走避罔兩潛神夔憶昔天寶初喪亂漁陽突騎如
飈馳二十四郡少義士平原太守獨誓師平生不
識顏眞卿乃能一木支傾危淸河年少氣慷慨太
歲作質平盧兒中興大業起靈武功成不死神扶
持道州刺州昔漫叟振筆大放瓊琚詞請公磨厓
書絕壁鐫鑱千仞靑雲梯蠻烟瘴雨不剝蝕萬古
照曜天南陲昨者劇賊亂瀕海盜據衡永爲根基
太平祭告徧羣望山川一洗無磷緇宜有雄詞繼
前代磨崖重刻浯溪碑

田尊師碑

碑連額高七尺九寸廣三尺四寸二十八行行字數不等行書篆額在富平縣

大唐檢校兩縣威儀兼永仙觀主田尊師德行之頌

此行闕

□□□內供奉□光書并題額

□□□□□□□□□□□□□德乃昭□□而□□
□□□□□□□□□□□□□□□□□□□□□
□□□□□□□上公用之　漢帝降而□□□□□
□□□□□□□□□□□□而□□□丹□而遊
紫府□□□□□□□□□□□□□□□□□□□

神仙□□□□能脩苟能脩之何遠之有　師□□□
□□□□□□□□曰□原縣縣西□一十五里□□
曰永寧鄉□□□□□□□□□□尤殊仙才特異□
歲□□尊師學道方通衆妙之門卅□□□□□□□
盡十□□□四□□　中宗大和大聖大昭孝皇帝
□□□□□□□□□□□□名永仙□□□□□紀
星月以登壇步乾坤而入□金丹易□將□□廿之津
木□□魂已得養生□□□□□□□□□□□不
墜□□猶□雖江□海瀾無□□□智能地久天長
有盡却先於□□□邑舊俗多□□□□□至道悟□

□□□□□□□□□□□□□之有□□此此生無
滅□竭精念□□□知道遙不□於谷神寂寞永□於
山鬼吁□悲哉尊師愍之曰豈有思其□□忘其□
□將□□□□□□　□□氣象遂□於仁里□
開秘訣□□　元君舉手□招□□知復最之大笑者
莫不勤而行之□□□何其盛也則知陽□□□寒
□□□□□□□□□□□□□□□□□□□□天
寶二載五月廿三日從入之願欝起仙宮[illegible]曲而勢左
　陵右邑自卯而□□□發及酉而百堵齊□□□山
積艮不□□□□□□□掞□□候時而□不日而成

睿宗至道大聖大明孝皇帝賜額曰永仙觀崇
□却望隔□而青翠盈襟太華斜看出戶而□□□□
則□□□□出俯□□門□□□□□□□虹梁
□楣綺疏蹲熊伏兕蟠螭躍魚自尊師厥初旣而桂□
□山□□□谷槐移儒市杏擲仙林□□□□□□□
請　眞君之宅海□湘□朱□紫□異藥千品名花萬
類庶春華之可採豈秋實之無望雖固在生成亦爰資
樹植穿畦種子汲井□根昔□□□□□□□七寶
□□三珠□□覆院□□□□列背緇成帷□成蓋當
畏景掩赫而清陰靄靄翳尊師是賴夫人者滋味□□

□之所養也□則害身故□□□□□□□□□淫而
生疾若宮商失節甘□逾□始雖愔心塡耳終乃腐腸
伐性至於風飄雨濕明思晦惑□□□腹□□瘵而
脉分三部意□多方有□□□□而愈之者有宜
以言辭解釋而愈之者有宜以消息導引而愈之者有
宜以針灸湯藥而愈之者皆□□□□之則沉痼
旣已深膏肓無所□□□□□□劣五藏六府四
支百節均令不寒調令不熱此尊師妙絕亦有時朝拜
或終日閑安開太上□□□華之奧旨四時山□
卯無爲而□□□□□□物可齊了非馬以喻已馬
之非馬有無雙遣彼我俱忘欲使向薄浮華業敦清淨
則釋□□□□□□稽首請益伏膺街告分剖疑滯發
□□□□□□□不到實尊師善導粤有道門使撿挍
殿中監冲虛申先生志高詎仰道邃難名偏□　□□
□□□□□□□□奏尊師爲四方妙選領兩縣□□
□□□聲自宮闈□□而　詔從天落□於□□□以
光榮□抑□之□豈求之也初上元歲大兵□□螢
失事五穀不登天降凶災人受凍餒尊師乃□□食
以待□者凡所蒙活數逾千計於是搢紳處士孝廉秀
才先□□□左衛胄曹參軍金□□□府兵曹參軍

田視等卅八人皆鄉邑髦彥河山□□□□□□□
曹□僉曰尊師德行可稱將傳不朽頃國家多難遂因
鄉里□□□刊勒而常有□焉□　我寶應元
聖文武皇帝□□□立功中書令汾陽王子儀□□
事兵部尚書□□□中書侍郎元公載黃門侍郎王
公縉光□□□□　京兆尹于公□兩□尹□□公
□于公□□□府邑宰□公□主簿陸公□□□
公平陳公審□□□□□以道化令行□□□□古
干戈載戢□□攸寧夫然故羣英翹□□□□□□
□□□□□□□□□□□□式建豐碑於耶□行

□□□南陽三絶有□□□□□□□□□無媿林宗
□爲頌曰
大□太上三清□□□□□□□□□宮□□往□鶴
馭來冲□□有盡壽命無窮修以□□□□□□□□
□□□□□□□□適性全生盡理代□□□□□甲
士□名乎哉□名□矣□□□□□□放兮□渭北□
□□□□□□□滅法罕□□術□□□□□□□□
□青天□□白日指引迷途□□□□□□□□□白
□□□□□□□□□□□□□□□□□□□□□
□□□□□□□□□□□□□□救有方□□無玷
俞扁思齊施周□□□□□□□□□□□□□□□
□□□□徵猷播□□□□

相傳美原鎮爲眞人拔宅上昇處故後人立碑于此
碑甚磨泐號年莫可攷故附置于此關中金石記
按碑文約一千六百餘字今存者約九百餘字而間斷難讀文義不能曉暢撰人姓名全泐据孫星衍寰宇訪碑錄載此碑云蕭森撰田名德集王羲之行書大歷六年十月立又据抱經堂集觀身經銘碑跋云關中金石記名之曰永仙觀主田尊師碑蕭森撰名德集書非也蕭森所撰乃永仙觀記亦集右軍書是皆以此碑爲蕭森撰集右軍書也今按此碑蕭森姓名雖不見而次行則有內供奉□光書并篆額等字其非集右軍書明甚碑今在西安府富平縣美原鎮唐書地理志美原縣屬京兆府太平寰宇記美原縣屬燿州義林旌義二鄉唐元和三年割隸富平縣以奉豐陵然則今富平縣之美原鎮卽唐美原縣地而立碑之所疑卽義林旌義二鄉也長安志美原縣載靈集觀而無永仙觀卽富平縣亦無此觀是觀在宋時當已廢毁宜乎陝西通志亦無攷也然據碑文云□原縣西□一十五里曰永寧鄉似永仙觀建于其處縣名泐一字疑美原也攷長安志美原縣無永寧鄉碑既闕泐無可證矣碑云中宗皇帝名永仙則似中宗時已有永仙之名又云天寶二載欝起仙宮元宗皇帝賜額曰永仙觀是永仙之額元宗始賜也碑又云上元歲大兵凶災人受凍餒尊師活逾千計于是田覰等卅八人刋碑頌尊師德行下有寶應皇帝及中書令汾陽王子儀中書侍郎元載黃門侍郎王縉等姓名唐書肅宗紀乾元二年十二月史思明寇陜州上元元年閏四月大饑代宗紀

寶應二年七月壬寅羣臣上尊號曰寶應元聖文
武孝皇帝壬子大赦改元廣德宰相表乾元元年
八月郭子儀兼中書令寶應元年五月元載行中
書侍郎廣德二年正月王縉爲黃門侍郎碑所載
與唐書皆合据會善寺戒壇牒大歷二年十二月
王縉列銜尚是黃門侍郎則立碑歲月不出大歷
初年金石錄補稱田名德造觀大歷六年三月落
成則立碑當在是年今與觀身經碑並列之碑稱
尊師脉分三部意□多方觀身經碑亦云智方愈
疾慧食充飢是尊師又常以醫藥濟人不獨道行

高妙也關中金石記以美原鎭爲眞人拔宅處後
人立石此蓋流俗傳訛未詳玩碑文者也

觀身經銘碑

碑高六尺一寸三分廣五尺五寸五分前刻觀身經
銘後刻永仙觀碑文共三十行每行五十二字行書
在富平縣
美原鎭

清淨智慧觀身經銘經文不錄

三皇內景弟子永仙觀主兼撿校奉先□□威儀田
名德集晉右軍王羲之書

大唐京兆府美原縣永仙觀碑文
朝散大夫兼丹州別駕上柱國蘭陵蕭森字從政撰
并撰集王右軍書
逝夫□冥灊泊者不可以思及混成空有者不可以□
量故　我聖人云□不知其名而強名之者其惟
大道乎先天□生後時□進希微豈得乎□聽混澄
焉撓其淸濁湛然無爲莫之領□三才自敘万物□成
泊乎叔世智巧□滋□飾陶甄之用漸昧自然之本是
以聖人維綱深仁救時存乎□象以匡□弊　我
大唐纂□大聖皇帝道超萬古功冠百王探至□而拯
蒼生廣淸化而敦地庶欽若　上帝追遠　元始□以
天寶二年□月□日下　□問□縣□置元廟年

代將遠或多頹□宜令所在長官量加修葺時縣令河
東柳升長河之秀高嶽之英負不羈之才□□雲之氣
上承　□□下順人心因庭筯之餘爰搜永寧鄉古廟
夫行政治者必務洽乎道乃與景龍觀　先生田名德
語斯改更□□□生之□□□□人之力乃於縣東纘
舊業創新制周廻數里垣□百雉朝戒疏壤夕終朽飾
若非至道精感其孰能與於此乎　尊師勸勉有方歸
化如市堂殿廊宇煥焉惟新靈像眞容肅然如在至五
年又以□術之餘資□洪鐘一□并植奇樹珍林廣芝
田蘭圃不可勝數□□□□精感潛通六年□月□日

有　詔賜額曰永仙觀勅尊師爲觀主別新度七人以
充灑掃則自此而立也頃以　國家多難未終□□之
功今天下□平土宇淸謐　一人有慶兆庶咸穌
復與一匱之功將成九仞之業大歷六年乃建門屋
尊師□務既畢內□蒼生聿脩開□之門大啟迷津之
□於是集晉右軍王羲之書勒淸淨智慧觀身經銘碑
刻石寔邁古今經文鎮開永疑王子之世道門復値何
必甲申之年觀是則身患頓忘仰之則筌蹄懸解抱諸
盛事克就其功不稱不伐者惟　尊師乎　尊師潁陽
人也□道而□含道而長年十四　中宗孝和皇

帝登極置景龍觀而度凡□五十載然主此觀又踰三
紀行業□□於海內令聲聞達於天府其年□月十六
日□□　□旨令知奉先等縣威儀使　尊師德合□
□□同其廣事無爲而無不爲行常道乃非常道□□
上善無得而稱鬱波莫測其淺深□涯豈量其遠近上
座蘭法會監□公孫志誠弟子　　徒衆彭惠源并
諸縣□道俗門□等千有餘人並道行純脩智懷泉遠
咸仰慈德業患作而無記幸時逢康泰人喜豐年縣令
裴公平政殊有方惠訓無喻故得鏤文金石特建豐碑
庶不朽之功並乾坤□可久靜默之教歷億歲而彌彰

其詞曰
浩浩元始寘寘□成□分萬□□□千名淳□□起□
□□生偉哉□聖聿□善誘探賾隱顯覃思空有□乎
未形吾乃無咎握圖繼冑粤我大唐轉彼凝迹降此新
綱廟遷邑左化敵潁陽碧堂□起靈宮秀出墨棟□雲
浮梁暎日面□聖衆羅衛匪一□□善貸表列希聲萬
鈞陶冶九乳方成饗愈迷俗韻節昏明璨璨珙林氛氛
蘭圃神草遍秀祥花開吐帷蓋元都垂陰紫府道弦業
廣精□無垠天仙合德人物通神皇宮錫號翰苑題文
觀□觀惠非實非虛身有患有身無患無或異周蝶或

同鵬魚盡至道□道亦眞如□如□文既□於□火雕
篆是□于玉書功高望重曰我尊師道□□聖德邁□
夷智方愈疾慧食充飢千齡奉壽萬品承規道則斯在
何必具茨式刊琬琰永久爲期

今在富平縣美原鎮題曰美原縣永仙觀碑文相傳
田眞人拔宅上昇處也金石文字記

永仙觀在唐京兆府美原縣即今之富平縣觀主田
名德同令柳升奉天寶二年詔書尋治永寧鄉古廟
至大歷六年三月落成建碑也自明皇夢見老子眞
容之後承奉風旨者獻符瑞興土木于戈肆起幾至

亡國恬不知悔田名德爲中宗時景龍觀所度道士年八十餘刻清淨智慧觀身經亦集右軍書襲五千言之糟粕殊不足觀與此碑竝傳于世金石録補

文甚剥泐其標題尤不易辨識關中金石記名之曰永仙觀主田尊師碑蕭森文名德集書非也蕭森所撰乃永仙觀記亦集右軍書同在一碑森稱尊師集王羲之書勒清淨智慧觀身經銘今以其言諦覩碑之首行智慧觀身四字隱隱可辨其下云三皇内景弟子永仙觀主兼撿挍奉仙等縣威儀田名德集晉右軍王羲之書蓋名德卽尊師之名也美原今爲鎮屬富平縣又有一碑篆額曰大唐撿校兩縣威儀兼永仙觀主田尊師德行之碑惟光行書上一碑大歷六年十月立此碑先後相去殆亦不遠可知抱經堂文集

按道藏有太上靈寶智慧觀身經卽此碑所刻者道藏目録注云觀身實相深達智慧了見四大六種根識内外照盡悉皆空寂此是觀身極則今此碑所刻經文首行多缺泐而其存者有智慧了見四口六口根識等字正合也惟標題碑有清淨字道藏作太上靈寶彼此不同耳

金石萃編卷九十六終

金石萃編卷九十七

賜進士出身　誥授光祿大夫刑部右侍郎加七級王昶譔

唐五十七

宋璟碑

碑高一丈一尺七寸廣六尺側厚一尺二寸五分兩面俱二十七行行五十二字側七行行五十字正書在沙河縣

有唐開府儀同三司行尚書右丞相上柱國贈太尉廣平文貞公宋公神道碑銘并序

金紫光祿大夫行撫州刺史上柱國魯郡開國公顔眞卿撰并書

於戲逆鱗劘上匡救之義深守死不回臣人之致極况乎文包風雅道濟生靈建一言而天下倚平含九德而三光式序超無友而獨立者其唯廣平公乎公諱璟字

邢州南和人其先出于殷王元子七代祖弁魏吏部尚書襲列人子祖欽道北齊黄門侍郎並事跡崇高各見本傳高祖元節定州田曹曾祖諱峻大理丞祖務本　皇櫟陽令父諱撫衞州司戶贈戶部尚書自田曹至于尚書皆實浮於名而位不充量事見許公蘇頲所撰神道碑公七歲能屬文一遍誦服鳥賦丁尚書府君憂水漿絶口者五日八九歲時嘗夢大烏銜書吐公

口中而咽之遂乘而直上倏忽驚寤猶若下在胷問自
後藻思日新襟靈益爽年十六七時讀易曠時不精公
遲而覽之自亥及寅精義必究明年進士高第補上黨
尉轉王屋主簿相國蘇味道爲侍御史出使精擇判官
奏公爲介公作長松篇以自興梅花賦以激時蘇深賞
歎之曰眞王佐才也轉合宮尉長壽三年從調判入高
等有司特闘　天后親問所欲公以代爲唐臣不
求榮達詭奏云家本山東願得魏之一吏遂手詔授錄
事參軍拜舞趍出異而召還又手詔拜監察御史裏行
尋丁齊國太夫人憂服闋築室反耕志圖不起俄而即

眞遷殿中侍御史同列有博子臺中者將責名品而黜
之博者惶恐自匿翌日公獨正辭引過　天后悅
而釋之遷天官員外郎鳳閣舍人御史中丞乃謂所親
曰吾比欲優游鄉里不圖要近驟至於斯其敢廢所職
乎乃悉心納忠無所迴避時張易之昌宗兄弟席寵爲
權天下側目公危冠入奏奮不顧身　天后失色
蒼黃欲起公扣頭流血誓以死爭拾遺李邕奏曰
陛下坐則天下安起則天下危內史令勑公出公曰
天顏咫尺親奉德音不勞宰臣擅宣王命詞氣慷慨左
右震悚遂俱擿諳臺廷立切責二豎股栗氣索不敢仰

視自朝至于日昃　勑使馳救之公不得已而罷又
令詣公謝罪公拒之後有僇倔二豎來弔公辭曰豎近
不宜與執政通問假滿朝士慰公二豎又欲序進公舉
板迎揖之不得成禮而去神龍之興復也公實佐奇謀
及當疇庸讓而不受曰清宮問罪事冂　五王祀夏中興
功歸明主非曰逃賞誰敢貪天俄拜朝散大夫吏部侍
郎兼諫議大夫遷黃門侍郎嘗遇梁王武三思於朝三
思方欲言事公正色謂之曰當今復子明辟王宜以侯
就第何得尚干朝政三思慙懼而退請急累月俄而兼
攝尚書左丞　中宗將幸西京深虞北鄙乃兼檢

校并州大都督府長史又改兼貝州刺史与數人同辭
三思獨揖公住公顧謂之曰諸人已出不可獨留遂揖
之而去屬不穀不登國租罷入三司食邑公悉蠲之既
屢挫其鋒亦處之自若俄而眞拜轉杭州又遷相州又
爲洛州長史唐隆初拜吏部尚書同中書門下三品粤
五日兼右庶子尋加銀青光祿大夫　睿宗之在
儲闈鎭國太平長公主潛謀廢立嘗於光範門內坐步
檐中諷宰相以此旨諸相失色莫敢先言公盛氣詰之
曰春宮有大功主安得異議遂奏婦人干政恐生禍階
請不令朝謁俄而男又縱橫公奏之繇是貶楚州刺史

主亦竟以凶終無何復拜銀青歷魏兗冀三州兼河北
按察使尋遷幽州都督兼御史大夫復爲魏州入爲國
子祭酒東都留守開元二年拜御史大夫兼京兆尹貶
睦州刺史轉廣州都督充按察經略討擊使又兼御史
大夫特許便宜從事前是首領桀驁多據洞不賓公之
下車無敢不蔬彼之風俗競趖苛繭茅茨竹櫓比屋鱗
次火災歲起煨燼無餘公敎之度材變以陶旗千甍齊
翼万堵皆興于今賴焉燕國公張說嘗爲碑頌無何使
中官楊思勖召公公拜恩而就馬便行在路竟不交一
言思勖以將軍賓倖泣訴于 帝帝嗟歎久之拜

刑部尚書四年遷吏部兼黃門監監修國史五年復兼
侍中明年 駕幸東都至三崤馳道險隘騎不得前
河南尹李朝隱知頓使中丞王怡並坐當降黜公奏曰
若致罪二臣將來必受其弊遂命公捨之曰 陛下
責之以臣免之是過歸於上恩由於下臣請使且待罪
然後俾其復職遂嘉而從之 睿宗嘗命公名諸
皇子及公主邑号既而又令各定一美名公奏稱七子
均養鳴鳩之德錫以名号不宜有殊若母寵子異恐非
正家之道王化所宜 睿宗悅而從之八季拜開
府儀同三司進爵廣平郡開國公策勳上柱國狂豎權

梁山搆逆長安有司深探其獄勑公按覆如京兆司錄
李如璧等百餘家皆以借宅假器悉當連坐公以婚姻
假借天下大同至于京城其例尤衆知情即是同反無
罪不合論辜兇渠之外一切原免天下欣服焉中書令
河東公張公傑出將明之材獨運廟堂之上鏡機朝澈
見事風生求公規模悉闕堂案每至危言讜議執正守
中未嘗不廢卷失聲汗流洽背其爲通賢所服也如此
十三季 駕幸東都以公爲西京留守公極言得失
無有所隱 睿宗感悅 制曰所奏之言置諸
座右出入觀省以誠終身因賜綵物二百疋明季又兼

吏部十七季拜尚書右丞相公雅善戲謔不常矜莊与
口口尚書王晙爲莫逆之友曉而弥篤凡所詠諧人輒
疏取端五日蒙賜鍾乳命醫歸鍊或以爲上藥殊異不
宜委之公曰推誠求信猶懼不應猜以待人信其可得
聞者慙退廿一年抗疏告老至于再三手詔優遂特給
全祿賜絹五百匹還東京公以爲大臣歸休不宜關通
人事遂杜絕賓客其季 駕幸洛陽公迎拜道左
睿宗親駐龍蹕使榮王琬勞問者數四自後中使
往來賞賚不絕方崇乞言之典以極師臣之敬廿五季
仲冬月十有九日寢疾薨于東都明教里第享季七十

五天下失聲　　廟諱宗震悼追贈太尉謚曰文貞公
賻物米粟常數有加喪葬官供仍詔河南少尹崔縡之
充監護使夫人齊國夫人博陵崔氏滄州長史藝之女
淑慎嚴整高明柔克訓諸子而慈且有威佐丞相而德
無違者門內之理一以見咨佴公而殁允終偕老嗚呼
公有七子復同州司功先公而卒昇尚書郎太僕少卿
尚漢東太守渾職方郎中諫議大夫御史中丞東京畿
採訪使太子左諭德恕都官郎中延太原少尹華判入
高等登封尉尉氏令衡右散騎常侍兼御史中丞河西
節度行軍司馬或肅或文或悊或乂克篤前烈以休令

聞以戊寅歲五月廿九日庚奉遺約歸葬公于沙河縣
太尉鄉丞相原之先塋夫人合而祔焉禮也惟公間氣
降神應期傑出生知禮度天縱才明玉立殿天子之邦
介然秉大臣之節震雷憑怒讜言而不有厥躬鼎鑊沸
前臨事而義形于色蠢廸撿柙難常情之所易志深直
諒易古人之所難外其身而富貴不離行其道而死生
弗替非夫合一之德格于皇天不二之心形于造次則
何以昇是乎允所謂振古之元龜皇王之威寶者矣且
夫公之德烈充塞寰寓公之謀猷著明日月大廟諱五年
冬十二月孫儼懼遺盛美不遠求蒙以愼鄉天祿挍文

叨太僕之下列憲臺執簡承論德之深知雖青史傳信
實錄已編於方冊而豐碑勒銘表墓願備於論譔謹憑
吏部員外郎盧偡所上行狀略陳萬一多恨闕遺其辭
曰
天命廟諱鳥降而生商湯孫之緒微子分疆訶招正則尉
翼文皇吏部黃門紛綸耿光忠賢世出信史相望篤生
丞相祚　　我有唐文明純嘏毅烈堅剛恒衛間氣星
辰降芒嶷然山立鏗尒金鏘忠孝之盛人倫紀綱垂髫
能文夢鳥發辞通昔究易冲齡擅場勝冠結綬歷政洋
洋乃尉合宮貳軺琅琅賦啞梅豔篇美松長蘇公差稱

才必佐王滿歲從調試言高驤登閭　　黼扆驟列繡
裳簪跡天官如珪如璋司言鳳閣綸綍煌煌乃作中丞
威稜莫當志除兇狡廷劾二張　　天后愕眙百寮
震惶公獨凜然出身激昂義形言色精貫穹蒼
皇室中興嘉謀克彰功成牢讓事軼居羊貳職遷曹諫
議是匡載清流品屢奏封章乃侍瑣闈時維夕郎悉心
糺正庶績咸康三思睢盱席寵于常碁之就第慙懼靡
亢左曹攝轄大鹵于襄兼刺貝丘朋辭儳行三思揖語
公獨偱牆處之不怍轉旆于杭旣遷鄴城遂尹洛陽乃
作冢宰訏謨廟堂俄兼宮相亟縮銀黃　　廟諱宗登

儲鎮國是遏潛謀廢立諂詠相翔厥男撓政果奏慾殃
聿臨楚邦存察冀方總督幽薊翻飛國庠亞相烈烈尹
京趲蹷旋臨建德欸莅南荒俚帥咸蔵茅擒是擴張公
頌德儁永甘棠所忠來名拜命即裝路無交言
帝用式臧載司刑吏八座抑揚兼監黃樞鈞軸是將匪
躬謇謇終始洸洸乃拜儀同允釐保障河東闕故汗洽
如衆狂豎犯關兇渠既臧命公覆獄咸脫死亡乃陟右
揆右揆決決每謔王君豈常矜莊懸車告老庶保康强
方祟饞酷孤昳纖緗天不憖遺萎哲壞梁　一人
震悼九有淒京市既罷賈舂仍絕帳乃贈太尉飾終禮

洊返葬沙河羽儀央央圖朝傾祖河　尹　護晷生榮死哀
行路感傷令人薦慕攀泣喤喤高墳崔嵬鉅鹿劇旁森
捐宰樹繚繞連崗于彦廣平宅此不暘孝孫翼翼論譔
靡忘豐碑礀竪萬古訾相
大曆七年歲次壬子九月二十五日孫儼追建

碑側記
碑側長與碑同厚一尺一寸十行行七十字正書

唐故太尉廣平文貞公宋公神道碑側記
顏真卿撰并書
初公任監察御史持服於沙河縣屬突厥寇趙定州河
朔兇懼邢州刺史黃文軌投艱于公公以父母之邦金
革無避及賊至城下公爲曉陳禍福其徒有素聞公威
名者乃相率而去之開元末安西都護蓋含章冒于貨
賄多以金帛賂朝廷之士九品已上悉皆有名其後節
度范陽事方發覺有司具以上聞　廟諱宗切責名
品將加黜削公一無所受乃進諫焉　廟諱宗納之
遂御花萼樓一切釋放舉朝皆謝公衣冠儼然獨立不
拜翌日入奏　廟諱宗謂公曰古人以清白遺子孫乃
卿一人而已公曰含章之賄偶不至臣門非不受也
廟諱宗深嘉歎之前碑缺焉故略述于此公第三子渾之

爲中丞也方欲陳乞　御製碑頌未果而中受讒
謫旋口羯胡作亂事竟不成真卿時忝監察殿中爲中
丞屬吏故公孫儼泣請真卿論譔之昭義軍節度觀察
使尚書左僕射兼御史大夫平陽郡王薛公曰嵩以文
武忠義之姿爲國保障上慕公之德業歎尚無窮次嘉
儼之懇誠崇竪莫致迺命屯田郎中權知邢州刺史封
演購他山之石曳以百牛傢刻字之工成乎半歲磨礱
既畢建立斯崇遠近嗟稱古今榮觀雖大賢爲德樹善
庸　限　於存亡而小子何知附驥托跡於階序真卿剌湖
州之日　因成　口　文　請儼刻其側而志之末及雕鐫而公

第八子衡因謫居沙州參佐戎幕河隴失守介于吐蕃以功累拜工部郎中兼口御史河西節度行軍司馬与節度周鼎保守燉煌僅十餘歲遂有中丞常侍之拜
恩命未達而吐蕃圍城兵盡矢窮爲賊所陷吐蕃素聞太尉名德曰　唐天子我之舅也衡之父舊賢相也落魄於此其可留乎遂贈以驼馬送還大曆十三季十一月以二百騎盡室護歸士君子偉之乃古來所無也　上欲別加超奬且命待　制於側門十三季春三月吏部尚書顔眞卿記

宋公神道碑獨完好惟碑側記闕八字碑去官道二

里餘世罕知者以故久不顯于世致君因謁墓下始得之且雖舊史不載新書闕遺乃刻顔公體大書字畫別刻于石庶久其傳邢惟襄國舊都邱冡纍然類皆煙滅于無聞獨公之墓高不踰丈豐碑尚存豈特忠義足以垂名于不朽世亦以顔魯公之賢而此碑尤爲可貴也墓之東有碑字闕二之祖贈邢州刺史爲居民斧而剝之所謂側門是也自衡之後子孫無顯宦于唐今有隸編户者猶收公誥官置墓田俾耕以守誥爲前政取去莫知所在大宋崇寧二年七月一日編修國朝會要所檢閲文字范致君記此石未闕今從金薤琳琅抄出

右唐宋璟碑顔眞卿撰并書唐書廣平十六子曰升尚渾恕華衡今此碑言公有七子曰復昇尚渾恕延華衡乃八子也魯公所撰廣平碑側記亦曰公之第八子衡謫官沙州蓋廣平實有八子唐書闕復延二人而此碑魯公誤書八字爲七爾又碑云廣平自吏部侍郎兼攝尚書左丞而史不載後自楚州刺史歷魏兗冀三州兼河北按察使遷幽州都督復爲魏州而史但言歷兗冀魏三州刺史河北按察使進幽州都督而已史又載廣平爲廣州都督時郡人爲璟立遺

愛頌璟上疏辭讓有詔許停而碑乃云燕公張説嘗爲碑頌今燕公集中實有此文豈已爲文而未嘗刻石歟　右唐宋廣平碑側記顔魯公撰載廣平逸事有以見其清德冠當世威名動夷狄如此而新舊史皆不載故併錄之於此覽者傳焉金石錄

宋文貞神道碑側記顔魯公篆書石刻沙河二公剛勁大節相埒書亦稱是眞足三絕　余始有碑側記又後一歲乃得碑文頗剝蝕其行筆與記全異碑辞內稱公雅善譺謔不常矜莊凡所詠諧人輒疏取昔人見公賦梅花以鐵心石腸爲怪故不足怪也非所

望于諸傳亦是一證太史公讀張文成事而疑其偉
然丈夫乃如好女子世固有不可曉者弇州山人稿
右唐宋文貞公碑并碑側記皆顏魯公撰并書文貞
墓在沙河縣碑久埋沒土中近予友方思道作縣出
之重樹于墓以搨本見示金石錄謂碑與新史不同
者二事又謂碑側紀載文貞逸事甚詳而新舊史皆
無之予家藏魯公文集中有此碑因得比較以補石
本之闕但其文時有小異如集本云建一言而天下
倚平碑一言作一陽集本云曾祖宏俊碑作宏峻集
本云嘗夢大鳥銜書吐公口中公吞之碑作大鳥銜

書吐公口中而咽之集本云欲優游自免碑自免作
鄉里集本云左右震竦碑左右作天后集本云敕使
馳救之碑救作赦集本云與執法通問碑作與執政
通問集本云元宗將幸西蜀碑作中宗將幸西京集
本云公盛氣詰之碑氣作色集本云東宮有大功宗
廟社稷主也安得異議碑作春宮有大功主安得異
議集本云駕幸洛陽碑作駕達東都集本云馳道險
隘行不得前碑作馳道隘稽車騎不得前集本云以
臣免之碑臣字下有言字集本云毋寵子愛碑作毋
寵子異集本云敕公按覆碑無敕字集本云置之座

右碑之作諸集本云仲冬十九日碑作十有九日集
本云喪葬官供碑喪葬作器葬集本云戊寅歲五月
碑無歲字集本云叨太僕之下烈碑烈作列集本云
義形言色碑言作顏集本云既遷鄴城碑遷作還集
本云汗洽流漿碑流作如其不同者又如此此則趙
氏之所未及也金薤琳琅
右廣平宋文貞公碑顏魯公書在今沙河縣之東北
康陵丁丑之年太末方思道為沙河令碑已斷沒出
之土中鎔二百斤鐵貫而續之今方公所為修復封
樹皆無存矣惟此碑屹立於風霜烈日之中恐亦不

能久也歐陽文忠公以謂魯公真蹟今世在者得其
零落之餘猶足以為寶今此碑剝蝕猶少況以廣平
之重使歐公得之其為珍賞當倍他書矣歸震川集
按年譜顏公以大歷三年除撫州刺史時公年六十
大歷七年九月除湖州刺史碑正書於七年九月而
猶稱撫州者當書碑時未有湖州之命也又六年當
大歷十三年公由刑部尚書改吏部尚書時公年七
十始有廣平碑側之記先是顏公以天寶八載遷殿
中侍御史於時宋公第四子渾官中丞為御史吉溫
所誣謫賀州欲請御製碑文緣此中止大歷五年十

二月宋公第七子華之子儼以顔公嘗爲中丞屬吏
遂請製碑闕二年而公至東京除書未至居閑多暇
始爲書之及刺湖州復製碑側記未及刻而宋公第
八子衡復有沙州之謫至十二年十一月衡自吐蕃
還朝明年春乃續書而刻之自大歷二年至十三年
凡經九年而碑始完蓋廣平爲人魯公所特矜重故
於其碑也不憚詳書深考必至無有闕遺乃止非由
宋公能持天下之正以佐唐中興焉得有此功在社
稷名垂古今實自致之寧有倖乎　按新史宰相世
系表宋公八子與顔碑同舊史僅載其六而無復與

延碑文八子俱載而但稱公有七子非緣筆誤當由
復先公而卒故碑側亦稱第三子渾不稱四也而復
稱第八子衡者公實有八子存者乃七數之則八核
之則七也然公八子皆以贓私淫穢敗乃門閥廣平
風教無復存者名有八子實竟無後自古名臣往往
而然天道不可知一至于此豈不惜夫　宋公有名
無字新舊史皆同顔碑亦復闕如宋公爲唐室名臣
其孫屬魯公爲之碑且碑之成去宋公之薨不過三
十五年而其祖之字已不能舉如此不可解已　按
碑與史不同處碑稱父元撫贈戶部尚書舊史作贈

邢州刺史碑云俄拜朝散大夫新舊史俱無之碑云
中宗將幸西京深虞北鄙乃兼檢校并州大都督府
長史新史但云詔璟權檢校并州長史不稱將幸西
京碑云四年遷吏部兼黄門監五年復兼侍中舊史
則云官名改易爲侍中碑云十三年駕幸東都新舊
史俱作十二年又新史云東巡泰山不云駕幸東都
更與舊史及碑文異碑云二十一年抗疏告老新舊
史俱作二十年碑云其年駕幸洛陽舊史作二十二
年駕幸東都凡此皆足以証史書之誤廣平勳業著
日月威名冠宇宙顔碑名並典籍書儷篆籀較然在

人耳目之前而互有異同如此碑側記所載三事皆
於公大有關係而新舊史並闕之所未解已　又碑
文與集中不同處碑云夢大鳥銜書吐公口中而吞
之集作公吞之碑云異而召還碑作后異而召還碑
云貴近不宜與執政通問集作不宜與執政通同碑
云公實佐奇謀集作其謀碑云中宗將幸西京集作
元宗將幸西蜀碑云又爲洛州長史集作尋入爲洛
州長史碑云東宮有大功主安得異議集本大功下
多宗廟社稷主也六字碑云兼黄門監監脩國史集
本少一監字碑云五年復兼侍中集作改號侍中碑

云明年駕幸洛陽集無駕字碑云以臣言免之集無
言字碑云毋寵子異集作毋寵子愛碑云手詔優遂
集作優許碑云俾公而歿集作躡公而歿又都穆金
薤琳琅云建一言而天下倚平碑作一賜今碑正作
一言欲優游自免碑作優游鄉里今碑正作自免左
右震悚碑作天后震悚今碑正作左右震悚救使馳
救之碑作馳赦今碑正作馳救公盛氣詰之碑作盛
色今碑正作盛氣駕幸洛陽碑作駕達東都今碑正
作洛陽幸字陽字猶髣髴可見馳道險隘行不得前
碑作馳道隘稽車騎不得前今碑正作馳道險隘行

不得前敕公覆按碑無敕字今碑正有敕字喪葬官
供碑作器葬今碑正作器葬戊寅歲五月碑無歲字
今碑正有歲字義形言色碑作顔色今碑正作言色
既遷鄴城碑遷作還今碑正作遷都氏之云皆與元
碑不合按碑以宋崇寧五年范致君别刻一石都氏
所見必范致君别刻本也　顔碑云開元十三年駕
幸東都以公爲西京留守新舊史本傳皆在十二年
明年東巡泰山鴐發東都益帝以十二年十一月幸
東都十三年十月將封泰山遂發自東都耳碑益欲
約而言之故但云鴐幸東都也綱目載爲西京留守

於開元四年十二月按是年帝未嘗幸東都無用留
守或以明年將幸東都故先以公爲留守乎又公引
年致政碑在二十一年新舊史本傳皆在二十年而
舊史元宗紀仍在二十一年前後自相違反宋公始
終右丞相綱目誤書左丞相新舊史及本傳公之拜
右丞相在開元十七年綱目不書俱是疏忽竹雲題跋
以碑證傳互有脱漏如史云張易之誣魏元忠引證
張說公語說以名義時人呼易之爲五郎而稱之曰
卿韋月將告武三思亂宫掖不奉詔以救之王仁皎
卒諫止用竇孝諶故事皆公志節所繫而碑遺之至

遷殿中侍御史同列有博于臺中者天后將黜之公
獨引過神龍復辟讓封不受改貝州刺史與數人同
辭三思獨擠公住公竟出太平長公主有異謀遂奏
婦人干政恐生禍階男又縱横公執奏之及碑側所
記必歷歷在人耳目開修史者有何避忌而不之載
也嘗請窮治易之兄弟時武后春皐欲起遽令之出
者新史曰姚璹舊書曰楊再思碑止書内史而遯其
名若李邕曰陛下坐則天下安起則天下危詳述其
詞蓋揚善隱惡之意寓焉以公之忠直諸子皆不肯
殁後三十五年孫儼始爲樹碑雖公名在天壤不以

碑爲久遠然過公之里拜公之墓讀斯碑而興起者未嘗不以魯公之文而欷歔長太息也金石後錄

蕭䔍菴至邢訪文貞公後二十四代孫道亨攜族譜來公子七六無譜爲六子華譜甚詳華子儼蘇州刺史儼二子長嗣先左補闕次子詞宗奉化令家焉明景泰初兵部侍郎譚玹者公十七代孫也過邢有望墓詩其家南和者十七代而絕宏治間南和令朱銳於奉化取公十九代孫伍來以守祠自伍至亨凡六世今家沙河者百餘人業農家南和者僅道亨一人奉化者久不相往來䔍菴震記來齋金石刻考略

按棠陵方豪字思道重立宋文貞碑有斷碑集一書以記其事余見之太和堂吳氏藏書目中訪之三衢方氏後人或有存者只少有心之人耳丁敬辭觀妙齋金石考略

舊唐書本紀開元二十一年十一月尚書右丞相宋璟以年老請致仕許之碑稱開元廿一年抗疏告老正與舊紀合而新舊書本傳俱作二十年誤矣唐以黃門監即侍中紫微令即中書令及同三品平章事爲眞宰相開元元年改尚書左右僕射爲左右丞相雖名丞相而非宰相之職文貞以開元八年由侍中拜開府儀同三司始罷政事十七年拜尚書右丞相非再入政府也　碑側記別載遺事二條又云昭義軍節度觀察使尚書左僕射兼御史大夫平陽郡王薛公嵩慕公德業乃命屯田郎中權邢州刺史封演購石俾工刻之舊唐書薛嵩傳不稱御史大夫平陽郡王者略之也封演天寶末進士所著有聞見記古今年號錄潛研堂金石文跋尾

按新舊唐書璟本傳皆闕復延惟宰相世系表列璟八子獨全趙氏蓋未嘗檢及又魯公記碑側已言第八子而于璟碑書七子此必非誤自魯公亦爲傳刻者遺也趙氏又以碑云自吏部侍郎兼攝尚書左丞

而史不載後自楚州刺史歷魏兗冀三州兼河北按察使遷幽州都督復爲魏州而史但言歷兗冀魏三州刺史河北按察使進幽州都督而已是兼攝尚書左丞與復爲魏州誠如趙氏所指二史皆未之及然余又以碑按璟之歷官方其始也調上黨尉以後轉王屋主簿又轉合宮尉又授錄事參軍凡三遷官然後拜監察御史裏行自此又遷殿中侍御史又遷天官員外郎然後爲鳳閣舍人新書但于自上黨尉而下即書爲監察御史遷鳳閣舍人而舊書以累轉鳳閣舍人包之其失皆略也新書四年遷吏部兼侍中

證之此碑所載四年遷吏部兼黃門監五年復兼侍中八年拜開府儀同三司此新書衍文誤也舊書四年遷吏部尚書兼黃門監明年官名改易爲侍中與碑次敘符合而新書遂于兼侍中亦附之四年之下則中間方隔一年其官仍名黃門監而牽連書之至此是尤疎也舊書弱冠舉進士據碑言十六下卽稱明年進士高第則璟年十七成進士猶未及弱冠也新書刪弱冠二字較舊史爲不苟矣又碑言十三年駕幸東都新舊書本傳及元宗紀皆作十二年或碑亦摹勒有失眞耶然新書本傳遽改易其文作東巡

泰山則爲非是按紀十三年乃有封泰山之文其于幸東都蓋已兩書之而景文又誤以二事合爲一此大不可也新舊書竝以璟二十年請老碑作二十一年公抗疏告老碑從當時盧僎所上行狀宜可據璟之子復先璟卒昇尚書郎太僕少卿宰相世系表作太僕少卿渾職方郎中諫議大夫御史中丞東京畿採訪使太子左諭德表作太子右諭德華判入高等登封尉尉氏令表作尉氏令衡右散騎常侍兼御中丞河西節度行軍司馬表作河西行軍司檢校左散騎常侍其中詳略亦可參證然史載廣平諸子皆荒

飲俳嫚而碑云或肅或文或哲或乂克篤前烈以休令聞嗚呼諛墓之詞雖魯公亦不免若是與新舊書言渾怨尚坐貶皆書地而華衡得罪獨從略焉今碑言衡謫居沙州是亦史所未及可備錄也外又有神道碑側記道德父已具錄茲不再贅云授堂金石跋

按此碑兩面一側皆神道碑銘其一側記宋公軼事謂之碑側記魯公文集有碑銘而無側記金薤琳瑯有側記而無碑銘今取兩書互勘碑闕數字得以補足碑云其先出于殷王元子史記宋世家微子開者殷帝乙之首子而紂之庶兄也武王伐

紂克殷釋微子復其位封紂子武庚續殷祀武庚作亂成王誅之乃命微子開奉其先祀國于宋梁玉繩人表考云微子始見商周書紂庶兄始見宋世家微國名子爵見尚書孔傳又作𩂈子見路史後紀注云𩂈卽微玉繩按魯世家伯禽之孫爲𩂈公徐廣引世本作微公本書律歷志仝小司馬謂古書多用𩂈字作微而殷紀微子索隱亦云家語微或作𩂈諸從微音此路史所本也蓋二字古通名啓書微子之命序又見左傳僖六年哀九年又作開見史記別紀世家又見荀子議兵又見呂氏春秋誠廉承人避景帝諱改國于宋爲上公見微子之命亦曰殷公見周書王會解要之微子之封宋在成王時也唐書宰相世系表乃謂殷王帝乙長子啓周武王封之于宋誤矣碑云七

世祖弁魏吏部尚書襲列人子祖欽道北齊黄門
侍郎据世系表宋氏在楚有上將軍義義生昌居
西河介休十二世孫異異三子恭畿洽徙廣平利
人畿生榮國榮國下闕子一代孫即弁後魏吏部
尚書襲利人子弁子紀紀子欽道欽道子元節元
節子宏峻宏峻子務本務本子元撫即璟父也是
欽道爲璟之五代祖今碑云祖似脱五代二字矣
碑所敘高曾以下官位與表同惟表云廣平利人
襲利人子碑及魏書弁傳皆作列人爲不同据魏
書地形志列人縣屬魏郡表作利人誤也徙居列

人者爲璟之十世祖今璟稱邢州南和人不知何
代遷南和也魏書宋弁傳弁祖愔（世系表作榮國）歷位中
書博士員外散騎常侍賜爵列人子弁伯父世顯
無子養弁爲後弁父叔珍因李敷事死是弁父叔
珍嗣父世顯可以補唐表一代之闕也魏傳又稱
弁長子維維弟紀字仲烈遷尚書終北道行臺卒
于晉陽是爲璟之六代祖紀子欽道武定末冀州
別駕又北齊書宋欽道傳云初爲大將軍主簿典
書記後爲黄門侍郎遷祕書監贈吏部尚書趙州
刺史（碑與表但云黄門侍郎）璟父元撫碑云衞州司戶（表皆參軍）

贈戶部尚書舊書傳云贈邢州刺史皆彼此互異
也碑敘璟歷官與兩傳同者十之八九惟封廣平
郡公兩傳在開元五年官侍中之後碑在八年拜
開府儀同三司之時爲異碑稱璟轉廣州都督教
廣人度材陶旊以弭火災于今賴焉燕國公張說
嘗爲碑頌是撰頌立碑者張說也舊傳不載張說
撰碑但云人皆懷惠立頌以紀其政是仍立碑也
新傳則云廣人爲璟立遺愛頌璟上言頌所以傳
德載功也臣之治不足以紀廣人以臣當國故爲
溢辭徒成諂諛者欲釐正之請自臣始有詔許停

是未嘗立碑也一事而三者不同如此又兩傳載
皇后父王仁皎卒葬墳高五丈一尺璟言極剴切
帝謂人所難言公等能之賜綵絹四百匹又兩傳
載十七年爲尚書右丞相與張說源乾曜同日拜
（璟拜右丞相與張說源乾曜同日拜惟兩傳作十七年與碑同而碑不云三人同日拜舊書本紀書璟拜右丞相乾曜拜太子少傅同爲十七年八月乙酉事而張說之拜左丞相在十七年二月丁卯非三人同日新書本紀則皆不載宰相表亦無惟於開元四年閏十二月書宋璟爲吏部尚書兼黃門監紫微侍郎通鑒亦與新紀同）詔太官設饌太常奏樂會百官
尚書堂帝賦三傑詩自寫以賜璟亦有詩應制句
云太常陳禮樂中掖降簪裾聖酒山河潤仙文象

緯舒此爲璟風節所繫及元宗從諫得賢盛事光
照史冊皆不可略者而碑皆不書碑載璟告老後
駕幸洛陽公迎拜道左元宗使榮王琬勞問此是
開元二十二年正月事（據本紀）璟有蒲津迎駕詩知
其迎拜之地爲蒲津也詩云回鑾下蒲坂飛旆指
秦京雒上黃雲送關中紫氣迎是自東都回鑾時
也榮王琬者元宗第六子始王鄄從王榮後謚靖
恭太子也璟八子新傳僅列六子之名舊傳則極
詆其飲謔俳優廣平風教無存且言衡最麤險据
碑側記則言衡陷吐蕃吐蕃素聞名德稱之爲賢

相之子以驄馬盡室護歸使其果麤險何能感動
若此史家言或失之太過往往如此碑側記云上
欲別加超獎且命待制于側門側門之地無考新
唐書代宗紀大歷十二年四月詔諫官獻封事勿
限時側門論事者隨狀面奏則側門殆是論狀進
奏之所會善寺牒載大歷二年沙門乘如詣右銀
臺門奏表陳謝此所謂側門或即右銀臺門之類
也記爲璟之孫儼所請者儼爲璟第七子華之子
官蘇州刺史見世系表上行狀之盧僎新唐書附
趙冬曦傳稱其開元間爲集賢學士惟唐音統籤

稱僎爲從愿從父自聞喜尉入爲學士終吏部員
外郎是碑所載乃其終官也購石立碑之封演唐
書無傳宰相世系表亦不列其名其所撰聞見記
卷首結銜題朝散大夫撿挍尚書吏部郎中兼御
史中丞是其所終之官計其時當在德宗貞元間
（聞見記中有尊號一條記貞元間事）卷中石經條稱天寶中爲太學
生（登第時張繟有千佛名經之戲見貢舉條）佛圖澄碑條記大歷中行
縣至內邱則是官邢州刺史時事此碑結銜稱屯
田郎中權知邢州刺史即其時也潛研堂跋謂舊
唐書薛嵩傳不稱御史大夫爲史略攷唐制節度

等使例兼御史大夫故封長清岑參詩稱御史大
夫而傳亦不載與此同例非史失也

金石萃編卷九十七終

金石萃編卷九十八

賜進士出身　誥授光祿大夫刑部右侍郎加七級王昶譔

唐五十八

八關齋會報德記

幢八面高一丈一尺四分廣二尺五分每面五行行二十八字正書在歸德府南門亭內

有唐宋州官吏八關齋會報德記

金紫光祿大夫前行撫州刺史上柱國魯郡開國公

顏眞卿撰并書

夫德之所感淪骨髓而非深誠之所至去神明而何遠有唐大歷壬子歲宋州八關齋會者此都人士臯文武將吏朝散大夫使持節宋州諸軍事行宋州刺史兼侍御史本州團練守捉使賜紫金魚袋徐向等奉爲河南節度觀察使開府儀同三司太子太師左右僕射知省事兼御史大夫汴州刺史上柱國信都郡王田公頃疾良已之所建也公名神功冀州南宮人稟元和之粹靈膺期運以傑出含醇厚下正直率先起孝而德感生人竭忠而精貫白日和衆必資於寬簡安人務在於撫柔況武藝絕倫英謀沉祕所向而前無强敵日新而學有緝熙故能發天子之邦鬱蒼生之望有日矣羯胡搆逆公以平盧節將佐今右僕射李公忠臣收滄德攻相州

拒杏園守陳留許叔冀降而陷焉思明懼忠臣圖己令公佐南德信隨劉從諫收江淮至宋州欲襲李銑公斬德信走從諫遂并其衆而報焉　肅宗大悅拜公鴻臚卿再襲敬釭於鄆州加中丞討劉展于潤州斬平之遷徐州刺史明年拜淄青節度使屬侯希逸自平盧至公以州讓之時宋州刺史李岑爲賊所圍副元帥李光弼請公討平之拜御史大夫加開府充兗鄆節度破法子營又討敬釭釭歸順焉史朝義聞之奔下博投范陽自縊死廣德元年拜戶部尚書封信都郡王　上幸陝公首末扈從都知六軍兵馬每食宿公皆躬自省視　上感焉方委以政事公涕泣固辭而止二年拜汴宋節度遷兵部大歷二年加右僕射封母清河張氏爲趙國夫人妻信安郡王禕女爲涼國夫人太夫人慈和勤儉睦于親□□□純孝居常不離左右闕讀書史或時疾病公輒累月不茹葷家中禮藏不絕仍造崇夏鑾聖二寺以祈福祐□三年兼判左僕射知省事加太子太師公德厚量深勞謙重慎功既高而心益下位弥大而體益恭故遠無不懷邇無不肅今夏四月忽嬰熱疾沈頓累旬積善降祥勿藥遄喜鷹犬之翫悉皆棄捨蠢帥感焉無復弋□□屐之内咸懷歡欣雕陽

之人踊躍尤甚乃咨于州將曰昔我公之陷賊也丕弊
邑而首誅德信李岑之見圍也破其黨而克保城池是
郎我公再有大造于弊邑矣微我公之救恤則皆死於
鋒鏑入於煎熬矣□□□尚何能保完家室嬉戲鄉井
者乎不貲齋明何以報德徐君悅而從之來五月八日
首以俸錢卅万設八關大會飯千僧于開元御藍將佐
爭承唯恐居後已而州縣官吏長史苗藏實等設一千
五百人爲一會鎮遏團練官健副使孫琳等設五百人
爲一會□□耆壽百姓張䂮等設五千人爲一會法筵
等供氏塞於郊垧讚唄香花喧塡於晝夜其餘鄉村聚

落來往舟車闐風而靡督自勤聳惠而怵先胥懋者又
不可勝數矣非夫美政淳深德風汪濊則何以感人若
此其至者乎眞卿叨接好仁飽承餘烈覩茲盛美益靦
求蒙若不垂諸將來則記事者奚述
唐宋州刺史徐向及官吏奉爲汴宋節度觀察使右
僕射信都王八關齋會報德記此二行篆書
宣義郎行宋州錄事參軍崔淮
專知官朝議郎宋城縣令田珽
勅字官宣德郎前守汝州梁縣令王良器
篆額宣德郎楚丘縣令田涚

顏魯公石幢事
宋州刺史崔倬撰
會昌中有 詔大除佛寺凡銘塱□刻堂閣室宇關
於佛祠者焚滅銷破一無遺餘分遣御史覆視之州
縣□畏至於碑幢銘鏤讚述之類亦皆毁而瘞藏之
此州開元寺先有大師魯國顏公以郡守僚吏州人
等爲連帥田氏八關齋會紀太幢立□文而□幾
再尋梩材□□八觚如砥偉詞逸翰龍躍鸞翔時刺
史邑宰以□□不可折遂鑿鑿鈌□以仆之蓋三面
僅存委埋于土倬大中己巳歲守郡明年嘗暇日訪

求前賢事蹟郡從事涂君因言□魯公石幢索而得
之□壞之下□□□失文義乖絕尋繹研究不可復
知意其邑居之中必有藏錄其文者果於前刺史唐
氏之家得其模石本完備炳然輝耀溢目倬自㓜學
慕習魯公書法□不能窺涉其門宇然惜其高□堙
沒遂命攻治□□□□纘其文雖眞贋懸越貂狗相
屬且復瞻仰魯公遺文昭示於後矣大中五年正月
一日叙
副使崔□□判官涂景 推官崔璘
錄事參□□順孫 □□□□

曹州口口縣主簿口師口傳打石本

鎸字人石從建　高元瞻

八關齋碑唐河南節度使田神功寢疾宋州刺史徐向等爲禳祈報恩者也碑在今歸德州城外僧寺中永樂丁酉秋余得此本每行下闕四字蓋打碑時爲夏潦所淤也 東里續集

右顔魯公書字徑可二寸許方整遒勁中別具姿態真蠶頭鼠尾得意時筆也此書不甚名世而其格不在東方家廟下故非餘子所及也記文宋州將吏爲節度使田神功疾愈請禱此猶裨媚驕帥之常亡足

怪者第其時有可概也蓋載縉鴻漸輩方以因果之說聳人主至引阿脩羅帝釋爲証每虜至禮佛祈禱退則脩八關齋飯僧報謝將帥禮解而世風靡矣嗚呼唐之所以終不復振也有由哉 弇州山人稿

八關齋會始於宋齊之間通鑑齊武帝永明元年上於華林園設八關齋胡三省注曰釋氏之戒一不殺生二不偷盜三不邪淫四不妄語五不飲酒食肉六不著花鬘瓔珞香油塗身歌舞倡伎故往觀聽七不得坐高廣大牀八不得過齋後喫食已上八戒故爲八關雜錄名義云八戒者俗衆所受一日一夜戒也謂八戒一齋通爲八關齋明以禁防爲義也 金石文字記

八關齋碑去郡城南里許爲魯公碑舊立處崇禎戊寅春碑之址築爲堞下臨濠水久之浸及碑郡人張翩遷之碑高八尺橫八稜稜尺許凡八百八十六字闕七十四字 侯方域壯悔堂集

今日叢林以臘月八日四月八日名冬夏結制而設戒期自六戒以下不聞于世然有過午不食之說非即第八戒之意乎 金石後錄

八關碑字法大徑三寸許方整而有風致予向年官汴城于故家得一不斷本後督餉彼中親至碑下見

石尚完好今爲時三十年得宋長公犖搨寄此本乃碑至下段已蠹泐落不勝憮然 庚子銷夏記

按碑日收滄德攻相州拒杏園守陳留陷思明斬德信走從諫襲敬釭讓侯希逸破法子嘗封信都郡王等事舊史皆無之而新史悉合必歐公得此碑而更定之也新史又謂八年自力入朝卒代宗爲飯千乘門追福然七年壬子得疾宋州官吏爲之祈禳至八年卒而朝廷又爲飯僧追福可見當時從信釋氏之深也 金石評考

寳刻類編有此碑云顔真卿撰并書田悅篆額大歷

七年立大中五年崔倬補書在應天劉昫唐書田神功傳云忠朴幹勇當時所稱而明趙崡以神功非良臣徐向等媚其主帥非佳事責魯公爲撰爲書蓋以小節掩大功古人不如是矣碑後有刺史崔倬敘石幢事略云云則是此碑毁于會昌刻于大中者也倬實重刻而非補書寶刻類編蓋誤倬見宰相世系表附義同鄜城公枈四世之孫所書有大和六年四月裴度撰文宣王廟記在襄州見寶刻類編　篆額云唐宋□□州刺史徐向及官吏奉爲汴宋節度觀察使右僕射信都王八關齋會報德記是宣德郎楚邱

縣令田說書其篆至劣寫徐爲徐汳爲汴度爲度儀爲儀關爲關爲唐人之不通篆學如此汳州以水名即水經汳水出陰溝于浚儀縣北又東至梁郡蒙縣爲獲水地理志滎陽卞水在西南亦但作卞徐鉉注說文云汳今作汴非是或說隋煬帝避反字故改汳爲汴然則猶飯作飰之屬也今依隸造篆不成字體若从地里志作卞亦當篆作㝸字不應下加丶也悅即神功族子通鑑大歷十四年二月魏博節度使田承嗣薨有子十一人以其姪中軍兵馬使悅爲才使知軍事即說是也後爲田緒所殺贈太尉見劉昫唐書

德宗本紀　中州金石記

右唐宋州官吏八關齋會報德記文字減沒闕一百九字因以魯公文集校補以便快讀朝散大夫使下闕持節宋州字徐向等下闕奉字左右僕射知省下闕事兼御字之所建也下闕公名字起下闕孝字安入務在于撫下闕柔兇字緝熙下闕故能殿天字佐今下闕右僕射李公忠臣字思明懽忠下闕臣圖已令公字公斬下闕德信走從諫遂并其字副元帥李下闕光弼請公字又討敬釭下闕釭歸順焉史字封信下闕都郡字每食宿下闕皆躬自省視字二年拜

下闕汴宋節度遷兵部大歷二字妻信安下闕郡王禕女爲涼國夫人字居常不離下闕左右閱讀史書或時疾字二寺下闕以祈福祐三年字功下闕既高字忽嬰熱下闕疾沉頓字走郎下闕我公字入于煎下闕熬矣字徐君悅下闕而從之來字開元伽藍將下闕佐爭承惟字一千五百人爲下闕一字耆壽百姓張下闕烈等設字又按碑本淪骨髓文集作瀹字梟文武將吏集作衆字鞨胡攜逆集失胡字又討敬釭集作六年清河張氏集作清州則又集本之訛也元年拜戶部尚書集作授戶部駐于姻黨集作親黨

不茹薰集作茹葷禮讖不絶集作禮懺則當從碑爲正也首題顔眞下當闕卿誤字篆尾唐下當闕行朱字則又推而可知也竹雲題跋

按碑今在河南歸德府南門亭内今之歸德府唐時爲宋州睢陽郡屬河南道故碑題宋州官吏也碑敘田神功歷官與新唐書神功傳同舊傳較略惟遷徐州刺史及廣德元年拜戸部尚書爲兩傳所無又淄青節度使兩傳作淄靑似係碑偶筆誤也傳不載神功封母妻事碑稱妻信安郡王禕女禕爲太宗八子鬱林王恪之孫贈張掖郡王追封吳王

琨之子初封嗣江王徙信安郡王碑無建立歲月其敘嬰疾修齋事云大歷壬子夏五月是爲七年傳敘神功之卒在大歷八年而寢疾時宋之將吏爲禳祈報恩惟新書敘其事在八年以前亦不定爲何年撰碑者顔眞卿以其結銜考之宋文貞公神道碑署曰行撫州刺史爲大歷七年九月立此碑署前行撫州刺史加一前字則已解撫州之任可知而湖州之命卽在七年九月要是初離撫州未剸湖州中閒撰書此碑故加前字於行撫州刺史之上則似修齋在五月立碑在九月與宋璟碑同時列于宋璟碑之後爲宜也碑云設齋於開元伽藍河南通志載歸德府開元寺有三一在府城東南明正統四年創建一在寧陵縣城西北四十里明正統閒創建一在虞城縣治東始建未詳今此碑在府城南門當是府城東南之開元寺非寧陵虞城二處矣設齋之數初徐向飯千僧旣而苗藏寶等設千五百人孫琳等設五百人張烈等設五千人凡飯僧八千人準以俸錢卅萬飯千僧之數則共糜錢二百四十萬也王圻續文獻通考釋家總紀載大歷八年五月以太宗諱日會有司修

四千僧齋于服成寺八月修一萬僧齋于慈恩寺爲百姓祈福可見是時修齋之會方盛而修齋必設戒故謂之八關會也續通考又載會昌五年上惡僧尼耗蠹天下欲去之敕上都東都各留二寺天下節鎭各留一寺凡天下所毁寺四千六百餘區此卽碑後載大中五年宋州刺史崔倬所記重刻石幢之語其時幢已委埋于土卽寺亦在拆毁之數崔倬但云重刻顔碑而不云建寺則通志所載之府城東南開元寺或非卽唐時此碑所立之舊址矣

李陽冰書般若臺

碑高一丈四尺八寸廣五尺八寸四分共二十四字篆書末僧名五字正書在福州烏石山

般若臺

大唐大曆七年著作郎兼監察御史李貢造

李陽冰書

般若臺

大唐大曆七年著作郎兼監察御史李貢造　李陽冰書　住持僧惠攝 此五字正書

在神光寺般若臺記刻于華嚴頂與處州新驛記縉雲縣城隍記鏡水忘歸臺銘世寶之爲四絕 天下輿地碑記

閩中絕少古刻鼓山題刻如麻無一唐蹟惟此銘在三山爲最古又聞石塔寺有唐貞元中碑余未之見 金石文字記

李陽冰書謙卦

碑共四石各高六尺五寸廣三尺四寸前三石均六行後一石四行行皆十字篆書在蕪湖縣

亖謙亨君子有終彖曰謙亨天道下濟而光明地道卑而上行天道虧盈而益謙地道變盈而流謙鬼神害盈而福謙人道惡盈而好謙謙尊而光卑而不可踰君子之終也象曰地中有山謙君子以裒多益寡稱物平施初六謙謙君子用涉大川吉象曰謙謙君子卑以自牧也六二鳴謙貞吉象曰鳴謙貞吉中心得也九三勞謙君子有終吉象曰勞謙君子萬民服也六四无不利撝謙象曰无不利撝謙不違則也六五不富以其鄰利用侵伐无不利象曰利用侵伐征不服也上六鳴謙利用行師征邑國象曰鳴謙志未得也可用行師征邑國也

唐李陽冰書

陽冰篆書昶秦相斯而筆力過之舒元輿輩論之詳矣是刻藏蕪湖王氏□□□□□□□□□風骨雅健卓有古意近諸刻失之矣豈即守應陽作令時書耶歲久板機拆裂予視榷服乃屬吳郡章生簡甫壽之石樹邑庠明倫堂與諸好古君子共焉 劉石池張大用識

李陽冰此刻雖再登石居然有殘雪滴澗之狀是廷

尉正脈至於謙卦當人置座右一紙弇州山人四部稿
謙卦爻辭李陽冰篆書石在直隸太平府蕪湖縣民家（考槃餘事）
篆學之亡四百餘年矣斯喜妙跡淪絕至唐李少溫上追孔轍下襲斯法篆學于是中興謙卦尤其奇絕之作運筆如蠶吐絲骨力如綿裹鐵舒元輿所謂蟲食鳥步鐵石隔壁龍池蟣解鱗甲活動者于此見之
僕論書法有意求變即匪能變少溫書謙卦謙字數十兼用大小篆不足又以訥為謙雖字各異體然未免有意求變所以變譎輒窮絳雲在霄化工肖物所以萬古不同者無心於變也作書但因時舒卷卽變化具足何事研同較異逐字推排乃始為變乎（竹雲題跋）
右李陽冰書易謙卦謙字凡二十見無一同者其以嗛嗛訥代謙字世多疑之案漢書藝文志易之嗛嗛一謙而四益顔氏注嗛字與謙同大學此之謂自謙鄭氏注謙讀為慊荀子與之而無嗛于皇楊倞注與慊同蓋謙嗛慊三字古皆通用也說文㢘古文籃字集韻廉古作㢘廉與籃聲相近故可借用碧落碑飛廉之廉作㢘蓋省一中此碑以言旁㢘為謙則借廉

為謙也訥說文多語也唐韻汝閻切與謙字音雖相近而義各殊未知少溫所據（潛研堂金石文跋尾）
按陽冰謙卦據張大（尸跋）云近諸刻失之是刻者不一又云歲久板幾拆裂乃壽之石是先有板本而後有石刻也木刻未詳始于何代刻石亦未詳明之何年陽冰自署名而不署書時歲月張跋以為寶應間作令時書者是懸揣之詞今因附般若臺之後與陽冰諸篆連類及之下碑黃帝祠宇及聽松等刻亦此例也凡篆書皆用釋文此書謙卦經文可以不釋至其書用筆秀勁字多變體陽冰書中又一種也其書謙字數見而字體各別然惟嗛慊訥諸字借用餘止大同小異耳考周易釋文引子夏傳嗛謙也漢書司馬相如傳陛下嗛讓而弗發也尹翁歸傳溫良嗛退師古注並云嗛古以為謙字文選魏都賦嗛嗛同軒注引周易謙謙君子云嗛古謙字又東征賦思嗛約兮注云嗛與謙音義同金石韻府引古尚書謙作嗛是二字同也荀子非十二子篇嗛然而終日不言解蔽篇由俗謂之道盡嗛矣楊倞注並云嗛與慊同是謙嗛慊三字皆通也韻府又引古老子謙作䜿䜿是从

古文也眉古文簋字見於説文然義雲章廉作眉
陰符經作眉則眉本廉之古文故碧落碑書廉爲
眉也廉謙皆从兼聲古老子兼作肖故謟又作謟
也謟借爲謙于義未詳或者兼省又从秝秝并爲
𥝙又變文爲𥝙也

李陽冰書黃帝祠額

碑高七尺九寸廣三尺九寸四分
二行四字書人及勒石人書額上

李陽冰
黃帝祠宇

李陽冰

黃帝祠宇

丹陽葛蒙勒石 正書

黃帝祠宇篆額唐李陽冰篆在仙都山 天下輿地碑記

李陽冰書聽松二字

石横廣二尺三寸高一尺四
寸五分篆書在無錫縣惠山

聽松

按錫山志慧山寺有石床在殿前月臺下長可五尺
廣厚半之上平可供偃仰故名石床頂側有聽松二
篆字傳是唐李陽冰筆蒼潤有古色斷非陽冰不能
唐皮日休詩殿前日暮高風起松子聲聲打石床是

也雍正六年三月余率同志往搨此書一時觀者列
如堵櫝益塵埋經久莫有過而拂拭者驟見搥搨故
迷驚爲僅事也右有楷跋十數行日久磨蝕不可復
識悵悒良未有已 竹雲題跋

元結墓碑

碑高八尺廣三尺九寸厚一尺一寸五分四面刻面
背均十七行左右側均四行共四十二行行三十三
字至三十五字不等
正書在魯山縣學

唐故容州都督兼御史中丞本管經略使元君表墓碑
銘并序

金紫光祿大夫行湖州刺史上柱國魯郡開國公顏

真卿撰并書

嗚呼可惜哉元君君諱結字次山 皇家忠烈義激
文武之直清臣也忝後魏昭成皇帝孫曰常山王遵之
十二代孫自遵七葉王公相繼著在惇史高祖善禕
皇朝尚書都官郎中常山郡公曾祖仁基朝散大夫
褒信令襲常山公祖利貞霍王府參軍隨鎮改襄州父
延祖清靜恬儉歷魏成主簿延唐丞思闡輒自引去以
魯縣商餘山多靈藥遂家焉及終門人謚曰太先生寶
應元年追贈左贊善大夫君聰悟宏達倜儻而不羈十
七始知書乃受學于宗兄 先生德秀嘗著說楚賦

三篇中行子蘇源明駮之曰子居今而作眞淳之語難
哉然世自澆浮何傷元子天寶十二載舉進士作文編
禮部侍郎陽浚曰一第汙元子耳有司得元子是賴遂
登高科及羯胡首亂逃難于猗玗洞因招集鄰里二百
餘家奔襄陽　肅宗異而徵之値君移居瀼溪乃寢
乾元二年李光弼拒史思明於河陽　肅宗欲幸河
東聞君有謀略虛懷召問君悉陳兵勢獻時議三篇
上大悅曰卿果破朕憂遂停乃拜君右金吾兵曹攝
監察御史充山南東道節度參謀仍於唐鄧汝蔡等州
招緝義軍山棚高晃等率五千餘人一時歸附大壓賊

境於是思明挫銳不敢南侵前是泌南戰士積骨者君
悉收瘞刻石立表命之曰哀丘將吏感焉無不勇勵璽
書頻降威綏甘崇時張瑾殺史翽於襄州遣使請罪君
爲聞奏特蒙嘉納乃眞拜君監察仍授部將張遠帆田
瀛等十數人將軍屬荆南有叛者呂諲爲節度使諲
辭以無兵　上曰元結有兵在泌陽乃拜君水部員
外郎兼殿中侍御史充諲節度判官君起家十月超拜
至此時論榮之屬道士申泰芝誣湖南都防禦使龐承
鼎謀反并判官吳子宜等皆被決殺推官嚴郢坐流俾
君按覆君建明承鼎被冤者百餘家及諲卒淮西節度

使王仲昇爲賊所擒襲茂與來瑱交惡遠近危懼莫敢
誰何君知節度觀察使事經八月境內晏然　今上
登極節使留後者例加封邑君遜讓不受遂歸養親特
蒙襃獎乃拜著作郎遂家于武昌之樊口著自釋以見
意其略曰少習靜于商餘山著□□□□□□□難于
猗玗洞著猗玗子三篇將家瀼濱乃自稱浪士著浪說
七篇及爲郎時人以浪者亦漫爲官乎遂見呼爲漫郎
著漫記七篇及家樊上漁者戲謂之聱叟□□□□□
□□□又以君漫浪於人間或謂漫叟歲餘　上以
君居貧起家爲道州刺史□□州爲西原賊所陷人十

無一戶纔滿千君下車行古人之政二年閒歸者萬餘
家賊亦懷畏□□不敢來犯既受代百姓詣闕請立生
祠仍乞再留觀察使奏課第一轉容府都督兼侍御史
本管經略使仍請禮部侍郎張謂作甘棠頌以美之容
府自艱虞以來所管皆固拒山谷君單車入洞親自喻
撫六旬而收復八州丁陳郡太夫人憂百姓詣使請留
大曆四年夏四月拜左金吾衛將軍兼御史中丞本管
使如故君矢死陳乞者再三　優詔襃許七年春正
月朝京師　上深禮重方加位秩不幸遇疾中使臨
問者相望夏四月庚午薨于永崇坊之旅館春秋五十

朝野震悼焉二子以方以明能世其業名雖著而官未立以其季冬十一月壬寅虔葬君于魯山青嶺泉陂原禮也嗚呼君其心古其行古其言古躬是三者而見重於今雖擁旄麾幢揔戎於五嶺之下彌綸秉憲對越於九天之上不爲不遇然以君之才之德之美竟不得專征方面登翼太階而感激者不能不爲之太息也君雅好山水聞有勝絶未嘗不枉路登覽而銘賛之感中行見知之恩及亡至今分宅以恤其子其不□□□此類中書舍人楊炎常哀皆作碑誌以抒君之德業故吏大廬令劉袞江華令瞿令問故將張滿趙熆張協王進與

等感念恩舊皆送客以終葬竭貲鬻石頌垂美以述誠眞卿不敏嘗忝次山風義之末 尚存盡往敢廢無媿之辭銘曰

次山斌斌王之藎臣義烈剛勁忠和儉勤炳文華國孔武寧屯辛性貞方秉心貞淳見危不撓臨難遺身倪倪全德今之古人奈何淸賢賫志莫申覃士立表垂聲不泯

元結碑顏魯公撰并書按唐書列傳結後魏常山王遵十五世孫而碑與元氏家錄序皆云十二世葢史之誤又碑與元和姓纂云結高祖名善禕而家錄作善禕未知孰是也金石錄

石容州都督元結表墓碑顏魯公書四面刻字與宋廣平李含光及家廟碑式相同後題大歷下闕一字按魯公行狀稱大歷七年除湖州此碑署湖州刺史必在七年以後矣唐書元結傳稱曾祖仁基寧塞令而碑云褒信令又稱父延祖再調春陵丞而碑云歷魏成主簿延唐丞皆其異者潛研堂金石文跋尾

碑舊在靑條嶺予近所見搨本藍魯山李君來家所藏持以贈予者字間有剝泐證以舊志所載全文讀之始無遺缺碑云曾祖仁基朝散大夫褒信令傳乃

作寧塞令次山父延祖歷魏城主簿延唐丞傳僅云再調春陵丞而已春陵漢舊縣宋景文書唐人仍襲用舊名使其歷官所在後世幾不可考殆非例也元和郡縣志春陵故城在延唐縣北十里景文于傳書之其亦用古之過而遂僻澀如是與凡史以紀實也作尋常文字猶不宜遷就其詞況于成一代之史以俟後世其毋益滋之惑而大失眞與碑載次山起家爲道州刺史爲西原賊所陷人十無一戶纔滿千今傳云道戶裁四千攷次山舂陵自序道州舊四萬餘戶經賊以來不滿四千傳所書皆據此文而碑云戶

幾滿千貞卿在當時手自傳錄理亦不謬然或史有
所本與殆亦詩人難有子遺之謂與次山祖傳云諱
亨字利貞碑惟云利貞由避肅宗諱不書（按堂金石跋）
容州都督元結表墓碑大歷口年十月立其文與新
唐書本傳略同宋祁當卽據此爲之惟碑云祖利貞
史云祖亨字利貞碑云充山南東道節度參謀史作
西道碑云猗玗洞史作猗玗泚碑云將家讓濱史作
瀼濱蓋傳寫之誤李義山作元結文集後序云見憎
于第五琦元載故其將兵不得受作官不至達母老
不得盡其養母喪不得終其哀碑獨不述其事者以

同時忌諱而新唐書則應採錄此事乃僅襲碑文何
也碑云葬君于魯山青嶺泉陂原今在縣城北三十
里青嶺俗名青條嶺也（中州金石記）
銘載道士申泰芝誣湖南都防禦使龐承鼎謀反幷
判官吳子宜等皆被決殺推官嚴郢坐流碑君按覆
君建明承鼎獲免者百餘家新唐書結本傳不載此
事惟附于嚴郢傳方士申泰芝（舊唐書作奉芝）以術得幸肅
宗遨遊湖衡間以妖幻誑衆姦贓鉅萬潭州刺史龐
承鼎按治帝不信召還泰芝下承鼎江陵獄郢具言
泰芝左道云云帝怒叱郢去卒殺承鼎流郢建州與

誌銘符舊唐書呂諲傳龐承鼎因泰芝入奏至長沙
縶之遣使奏聞輔國黨泰芝召泰芝赴闕旣得召見
具言承鼎曲加誣陷詔鞫承鼎誣罔之罪據是則泰
芝之不避指承鼎爲誣陷何至帝怒不已必致之死地
以銘考之泰芝乃誣承鼎謀反傳殆未具其實也後
承鼎竟得雪泰芝竟以贓敗流死亦由結建明承鼎
而新舊史皆于結本傳不書其疏甚矣銘載淮西節
度使王仲昇爲賊所擒裴茂與來瑱交惡事亦見來
瑱傳（董作棟魯山縣志）
按此碑顏魯公文集載其文今取以互校有不同

者碑云高祖善禕集作善褘曾祖仁基朝散大夫
集作朝請宗兄先生德秀集無先生二字鄉果破
朕憂（傳同）集破下有賊字招撫義軍集招作拓感望
日崇集作日隆部將張遠帆集無帆字將家讓濱
集作瀼濱作甘棠頌以美之集無頌字君單車入
洞集作單車七年春正月集無春字二子以方以
明集無以方二字躬是三者而見重于今集見重
作身重擁旄麾幢集作擁旄而感激者不能不爲
之嘆息也集無者不能三字銘詞率性貞方集作
方直秉心眞淳集作貞純賁志莫申集作素志莫

伸凡此皆集本刻訛也結所歷官新唐書傳俱同舊書無傳惟禮部侍郎陽浚傳作湯浚山南東道節度參謀傳作西道將家讓濱傳作瀼濱真顏集同陽浚湯浚不能定其孰是山南東道作西道則史誤也碑下文云仍於唐鄧汝蔡等州招輯義軍此四州皆屬山南東道則不應爲西道參謀矣讓濱作瀼濱据九江志瀼溪在瑞昌縣南唐元結嘗居此自號瀼溪浪士其詩云尤愛一溪水而能存讓名自當作瀼爲是然碑前云讓溪後云讓濱兩皆作讓或亦以結詩有存讓名之語似亦可通也碑云後魏昭成皇帝孫曰常山王遵之十二代孫下云自遵七葉王公相繼者在停史高祖善薦云云高曾祖考本身加以上世七葉正十二代也昭成皇帝者北魏太祖平文帝之子諱什翼犍据魏書昭成子孫列傳昭成子壽鳩之子遵太祖初有佐命勳賜爵略陽公平中山拜尚書左僕射加侍中遷州牧封常山王改昭成帝稱代王建元建國始于晉咸康四年戊戌自此下推至結當天寶十二載癸巳舉進士之年計之得四百七十五年除昭成父子二代約七十五年則自遵至結約四百年不過十

二代而已不至有十五代則傳誤也碑云父延祖以魯縣商餘山多靈藥遂家爲魯縣本隋大業初廢魯州置縣唐初改魯山縣自三代至六朝皆謂之魯陽此稱魯縣者仍隋舊名也魯山縣志大義山又東北爲壺山壺山又東南爲商餘山元結演興詩商餘山有太靈古祠集古錄目云元結隱居教授于商餘之肥溪据此碑則隱居教授者不自結始矣碑云及終門人私謚曰太先生謚法無太字太與泰同說文大也通也私謚殆取義于此不必拘于法也碑云結始知書乃受學于宗兄先生德秀此卽元德秀也宗兄之稱始見於此新唐書德秀傳爲河南人蓋與結同姓而不同系故稱之爲宗兄德秀傳則稱族弟結是旣爲同姓卽可稱同族矣宗兄而又謂之先生者以其受學也德秀傳稱德秀卒族弟結哭之慟或曰子過哀禮歟結曰若知禮之過而不知情之至大夫高行吾哀之以戒荒淫貪佞綺紈粱肉之徒耳觀此可以見古人師生兄弟之至情矣碑云嘗著說楚賦三篇中行子蘇源明駭之新書蘇源明傳但云初名預字弱夫不著其號中行子傳云源明雅善杜甫鄭虔

其最稱者元結梁肅即此源明駭之之證碑云唐鄧汝蔡等州招輯義軍山棚高晃等率五千餘人一時歸附傳則云降劇賊五千高晃等不過當兵亂之時結山寨以自保一聞招輯率衆歸附正見其義而傳乃以劇賊加之此史文之失實也碑云虔葬君于魯山青嶺泉陂原虔葬二字他碑未見魯山縣志歇馬嶺又東南爲青嶺在今縣治北三十里碑稱君之碑誌爲中書舍人楊炎常衮所作此碑則故吏劉衮等竭資礱石而立之唐書楊炎傳炎由禮部侍郎知制誥遷中書舍人與常衮並掌綸誥常衮傳言天寶末及進士第由太子正字累爲中書舍人兩人之官中書舍人傳皆無年月不能定其撰碑誌之在何年則此碑之立亦不能定今以其碑稱七年正月朝京師四月薨其年冬十一月葬遂系於大歷七年

金石萃編卷九十八終

金石萃編卷九十九

賜進士出身 誥授光祿大夫刑部右侍郎加七級王昶譔

唐五十九

黄石公祠記

碑高五尺六寸二分廣三尺八寸五分二十行行三十一字隸書碑題及撰人二行額題濟州穀城黄石公祠記九字並篆書在東阿縣穀城山

黄石公祠記

布衣趙郡李卓撰

秦滅六國遂并區宇張良哀韓之亡怒秦之暴義感天地降神於圯神授良之書良爲帝之師滅秦報韓成功遂志祠黄石於濟北穀城之山下葢謂是矣世用其道傳祠此山惟德之馨尒福不替天寶歲夏六月旱旣太甚遍走羣望密雲卷而復舒零雨濛而不降太守河東裴公聚黄髮而咨謀曰山川神祇有不畢乎聞斯行諸夙夜展祭祀事未畢感而遂通自寅及未澤潤千里吁其靈也夫聖哲立斯制君子脩理道莫不順承

天則祇畏神明以天視無私神功不測或殄覆昏暴或左右明德與時推移未始有極葢將輔其善必聽於人昔夏之興也崇山降焉殷之興也岠山次焉周之興也岐山鳴焉漢興有圯橋之事 我唐之興

有霍山之異今古不爽謂之神志聰明正直而弌者也惟秦政滅德用刑厲人從欲宼痛在下寧有不登祚及二世毒流四海與天自絶惟神不爾有開必先祝降寶命故其書極　天之際備興亡之端子房將有行也師焉而以言酌消息於盈虛逈擬議於變化楚漢之勢功利相百　天威扶乘人謀叶贊觀釁而動極深研機發八難銷六國之印招四人定重明之業以斷天下之疑以奪嚴國之計正　乾坤之位發日月之光所謂被堅執銳其功狗也居守饋粮其功人也運籌帷幄之中決勝千里之外其功神也此其大者豈徒

効祉發祥於州里之間共為今淳風允塞休徵荐臻意者謂宜上聞有以旌異嘗學舊史敢記所知

碑陰

碑陰十三行行十五字隸書末後書人一行篆書

前試義王府倉曹參軍裴平書

穀城下黄公祠實在濟之東阿　　爨宗李季濟陽廢而東平兼領之所稱河東裴公即故郡守名序所題趙郡李卓即今臺長棲筠頃歲馬公炫自郎官出牧少與臺長交契莫逆嘗勤雨於廟不覩所記迺披李文以勒貞石每歎曰所謂經國文章者其在茲乎未及畢而詠痾言歸今二千石郭公岑尚德是務踵成厥美何曽掾韋騰戎曹掾俞黄中郡之良也承命集事殿中侍御史高陽齊嵩聆而嘉之故紀云

唐大歷八年七月十五日建

碑側

一行隸書

雨止子郭登庸過此題記

右黄石公祠記祠在東阿縣史記所謂濟北穀城山也唐天寶中郡守裴序禱雨有應布衣李卓為文記之卓即棲筠之初名也記成未刻至大歷八年馬炫

為郡守始勒諸石工未畢而謝痾去後守郭岑實踵成之是時棲筠已為御史大夫矣潛研堂金石文跋尾

記首行列題及稱布衣趙郡李卓撰皆小篆文與碑陰書者為一手也卓即棲筠傳稱世為趙人此記亦云趙郡又棲筠族子華毎稱有王佐才士多慕向始居汲共城山下華固請舉進士俄擢高第此記云布衣蓋其初服如是與傳可相証記略敘天寶歲夏旱太守河東裴公禱祠致雨因言祠事始末云秦滅六國遂并區宇張良哀韓之亡怒秦之暴義感天地降神于圯神授良之書良為帝之師云云東坡留侯論

謂世不察以爲兒物者當治于此矣太守之名百官志天寶元年改刺史曰太守是也族子華卽李華見新唐書文苑列傳云字遐叔趙州贊皇人　記文列殿中侍御史高陽齊嵩紀前試襄王府倉曹參軍裴平書平見宰相世系表未著其官稱表或有所遺嵩見金石錄雙廟記卽嵩所撰也記載穀城下黃公祠實在濟之東阿元宗季年濟陽廢而東平兼領之元和郡縣志東阿天寶十三載廢濟州縣屬鄆州州卽東平郡記載趙郡李卓卽今臺長棲筠唐書傳棲筠世爲趙人代宗引拜爲御史大夫記當大歷八年故

以臺長目之而棲筠前名卓史文失紀記載項歲馬公炫自郎官出牧少與臺長交契莫逆嘗勸雨于廟不覩所記乃援李文以勒貞石未及畢而謝病言歸馬燧傳兄炫字弱翁少以儒學聞隱蘇門山不應辟名至德中李光弼鎮太原始署掌書記常參軍謀光弼器爲刑部郎中舊書奏授比部刑部郎中田神功卽宣武署節度判官授連潤二州刺史據是記炫自郎官出牧益以刑部郎中爲鄆州刺史而傳僅稱連潤二州非也炫隱蘇門山與棲筠始居共城山下地旣相比意二人交契當在此時故記爲言之與後有句曹掾韋騰

戎曹掾俞貴中名句曹戎曹亦不見百官志授堂金石跋

此碑側有郭登庸過此題記一行乃明人所題也李北海嶽麓寺碑陰有郭登庸題字爲前明提學山左金石志

按此碑在東阿縣穀城山東阿縣志云城之東爲小泰山東郭門枕之百步而近由小泰而北五里爲黃山卽穀城山也山海經曰縞羝之首東望穀城之山注曰山在濟北穀城縣西張良所與圯上老人期矣今所有者非其故黃石而山巔大石方數丈如印色頗黃故魏土地記以爲穀城出文石

蓋其山石大抵多黃有文釆也山之前二里許黃石公祠在焉祠下有古柏可千餘年物也此碑在祠中爲祈雨感應而作但言天寶歲夏六月旱而不詳天寶之何年祈雨者但稱太守河東裴公而不著其名禱雨能應亦徵太守之誠而山東通志東平州志但有河東裴識爲節度使卽晉公之子而不及太守裴公賴此碑陰知太守爲裴序志乘之漏略如此碑云我唐之興有霍山之異舊唐書高祖紀師次靈石縣營於賈胡堡隋武牙郎將宋老生屯霍邑以拒義師會霖雨積旬餽運不給高

祖命旋師太宗切諫乃止有白衣老父詣軍門曰
余爲霍山神使謁唐皇帝曰八月雨止路出霍邑
東南吾當濟師高祖曰此神不欺趙無恤豈負我
哉八月辛巳高祖引師趨霍邑斬宋老生平霍邑
碑語正指此事碑云被堅執鋭其功狗也居守饋
糧其功人也運籌帷幄之中決勝千里之外其功
神也語本漢書蕭何傳碑陰云元宗季年濟陽廢
而東平兼領之新唐書蘇源明傳源明天寶間及
進士第出爲東平太守是時濟陽郡太守李倰以
郡瀕河請增領宿城中都二縣以紓民力二縣隸

東平魯郡者也於是源明議廢濟陽析五縣分隸
濟南東平濮陽詔河南採訪使會濮陽太守崔季
重魯郡太守李蘭濟南太守田琦及源明倰五太
守議于東平不能決既而李廢濟陽以縣皆隸東
平是濟陽之廢由于蘇源明也

丁思礼竪心經碑記

碑高五尺八寸五分廣二尺一寸五分分作四截書上截心經十七行行十七字次截記十六行行十九字三截五行皆尼僧名下截十六行行八字至十一字不等行書

摩訶般若波羅蜜多心經　經文不錄

□□□□□□大道難量無廣乘則不知其永歸無漸
教則莫詳其啓發□□□□□□也□□□□□□□
□也爰有濟信士丁思礼碩德純孝諒直彰仁□□□
□詞林□□早揚儒訓曷□釋流宿殖善□一門深入
妻朱氏芳蘭佳秀智炬恒暉雖染世塵常樂□□往因
東邁路届□濟遇見石碑猥壞弥極于時稽顙遂發願
言敬鐫阿弥陀佛一鋪蜜多心經一卷願則彼作碑在
此修竭力盡忠繼踵前跡竪雖殊異功乃無差百福莊
嚴檀波□一是時也惠風□響瑞色舒輝緇黃駢闐衣
冠霧集且以珠投濁水便乃澄清日出浮雲皎然開霽
發於內而應乎外起於微而至乎極休哉幽靈寶相標

德妙梵爲碑板永□不息其詞曰
□士修兮聖作□立靈相兮尋覺路標豐碑兮色身求
了心證兮登淨土
大唐大曆八載七月廿一日竪

右在第二截

徐州沛縣□□□夏□□□□村衆　□□
在村有□□□堂子无人看□□村主商議請到一
尼省崇□□□修造如有愚俍□□□□並是村衆
爲主一任□□修造諸各及□功德□□
治平二年二月十五日記

後建立大殿□座具施主姓名如後

趙□□　李□　□勤　趙景　趙簡　□眞

杜文　金諫　杜乂　成□

許欽　劉氏　韓氏　□謙

淨明村邵綺榮　王行若　李氏

右在第四截

□像主　妙智

□管事

尼　妙□　妙□　妙善

妙德　妙嚴

右在第三截

大宋國崇寧元年二月丁酉日記

碑側

三行行書

□□□度左僕射轄冠軍大將軍行右淸□

□府□開國公食邑五百戸上柱國夏侯□

貞元十五年孟春之月於此主務故記之耳

按碑書剋爲碑板剋卽刻通用字碑版之稱始見于此

文宣王廟新門記

碑下截二字失連額高六尺一寸三分廣三尺二寸行字數不計隸書額題文宣王廟門記六字篆書在曲阜孔廟

文宣王廟新門記

朝散大夫檢校祠部員外郎兼侍御史裴孝智撰

前袁王府倉曹參軍裴平下丹篆額

成域中之大歸天下之往曰王二者應聲以宰物酌當以觀化威聲雷霆號令風雨不嚴人理合自然之運不行家至契如神之速德叶協於幽明道術衍於古始無爲無事其大矣哉洎乎澆淳既變仁義斯起偃息庠序棲遲洙泗憲章萬物之首馳騁百王之末淸頹波於幽

厲扇儒術於殷周故春秋作而賊亂懼風興刪而靡恥生美韶護而慆懲之音息行揖讓而莊敬之心勸夫子聖者歟名與日月周流業與乾坤終始隱焉而光闇然而彰命服袞冕代稱王曲阜聖人之鄉也先是闕宮復甍正殿岑立繚以環堵邃其臺門巍若化造疑如□勳允所謂淹中之勝槩闕里之全模刺史孟公休鑒德潤尊師道肥希聖哲椅百氏□□□言夜火非官曹之燭春桑絶附枝之詠判官郡功曹盧璀以文發身以淸撿物博通□□□數四科惟此祠廟厥初層構朱戸半傾雕甍中落雖名之閭奥造次可遊如在之□□□□

易覩將何以克恭過位加敬及庭於是孟公首之盧公
翊之因命縣大夫兼大□□□□□裴公新其南門書
時也公名有象育元含眞廣學攻文始登甲科吏干舒
二人□□□□□等吏于兗二人悅服書可大之用爲
致遠之資由是庀廼程具乃役不斬仲□□□□□□
山之石償以日而給功不時而就大屋横亘雙扉洞開
丹拱繡桷瞭葛罔□□□□□□□□景飛檐騈遏而棲
霧扃鑰既固享獻聿修官吏唯肅清之謹邑人無藝瀆
□□□□□□□□席及階而升數仞之牆由戶而入君
子以非孟公之化不行非盧公之□□□□□□□□□

不成三事叶同□底于善孝智不斂儒家之流徒挹春
秋舍萊之禮□□□□□□□□誌不朽之文俾刊
永貞之石時大曆八年十二月一日也

碑側

厚四寸題名四人三行隸書

朝議郎行令上柱國李子嵩建
文林郎尉曹賛卿
文林郎守丞張隱琴　朝議郎行主簿姜崇晉

碑陰

題名二段一段在陰額三行正書左眞一段在陰上截三行正書

兗海沂密等州節度觀察使兼御史大夫鄭滂瓊咸通
九年八月廿九日題

右在額

曲阜縣尉敬叔虔
貞元十五年孟春月廿三日題
鄆府東平縣尉郤來庭

右在上截

右碑文二十行行三十五字下截尚有二字爲趺所
掩難於施拓碑文裴孝智撰孝智見唐書宰相世系
表官至都官郎中裴平書碑不曰書而曰下丹又題

碑之一例也平工篆隸是年七月先書黃石公祠記
文云判官郡功曹盧璡案郡功曹郡爲州異名當稱
司功參軍事今碑稱功曹者兗州爲大都督府故別
於他州稱功曹也判官則節度使有之蓋以都督府
置員歟闕宮霞敞敞字錢辛楣少詹以爲蔽之省集
韻蔽敞二字互相通碑陰有貞元十五年咸通九年
題名鄉皆遺之碑側題縣令尉丞簿姓名亦裴平所
書也山左金石志

按此碑篆額六字分二行字縱二寸横一寸額字
之小無逾於此題字處上銳當銳處懸一珠左右

二龍繞之漢碑畫龍形皆如馬四足奔馳此碑與後世之蟠龍無異碑之刻二龍捧珠者始見于此其文自九行以後缺左下角斜向上今以他石補之而無文故缺者自三字至九字也其前每行失搨二字則闕里文獻考載此文可以錄補裴平前書黃石公祠記結銜云前試義王府倉曹參軍此碑無試字而仍有前字則非見任官或省試字非官序有加也碑書多別體如往作徃曲作甴變作覍雙作雙徒作徙皆不見於他碑至以鉊讒作鉊護想由筆誤闕官霞斂義不可曉曲阜志闕里文献考俱釋作霞斂於義爲安然碑實是斂字或是斂省或是斂誤皆不可知碑陰題名不詳其所爲何事鄭漢璋等事蹟亦無攷

干祿字書

碑下截斷缺凡兩面一高七尺八寸五分一高六尺九寸七分俱廣四尺七寸五分書分五層三十三行行九字正書額題顏氏干祿字書六字篆書在潼川府

朝議大夫滁沂豪三州刺史上柱國贈祕書監顏元孫撰

第十三姪男金紫光祿大夫行湖州刺史上柱國魯郡開國公眞卿書

史籀之興備存往制筆削所誤抑有前聞豈惟豕上加三盤亦馬中闕五迨斯以降舛謬寔繁積習生常爲弊滋甚元孫　伯祖故祕書監貞觀中刊正經籍因錄字體數紙以示讐校楷書當代共傳號爲顏氏字様懷鉛是賴汗簡攸資時訛頃遷歲久還變後有羣書新定字様是學士杜延業續修雖稍增加然無條貫或應出而靡載或詭衆而難依且字書源流起於上古自改篆行隸漸失本眞若總據說文便下筆多礙當去泰去甚使輕重合宜不揆庸虛久思編緝頃因閑暇方契宿心遂參校是非較量同異其有義理全僻罔弗畢該點畫小虧亦無所隱勒成一卷名曰干祿字書以平上去入四聲爲次□□□□□□具言俗通正三體□□□□□□□三體偏旁同者不復廣出謂忽□氐回曰名之類是也字有相亂因而附焉謂彤形允究禕褘之類是也所謂俗者例皆淺近唯籍帳文案券契藥方非涉雅言用亦無爽儻能改革善不可加所謂通者相承久遠可以施表奏牋啓尺牘判狀固免詆訶若須作文言及選曹銓試兼擇正體用之尤佳所謂正者並有憑據可以施著述文章對策碑碣將爲允當進士考試理宜必遵正體明經對□貴合經注本文碑書多作八任口詢舊則分有此區別其故何哉夫筮仕觀光惟人所急循名責實有國恒規既考文辭兼詳翰墨昇沉是

緊要可忽諸用捨之間尤須折衷目以干祿義在茲乎
綆短汲深誠未達於涯涘岐多路惑庶有歸於適從如
曰不然請俟來哲
文刻全書後不錄
有唐大曆九秊□□□寅正月庚子□□□□午眞
卿於湖□□□□東廳院書之
栁公權對穆宗□□□曰心正則筆正□□□雖公
權時以筆□□□書法理固如是□□□魯公筆蹟
乃知公□□言不妄魯公忠正□□功名事業列于
國□□全德偉行英風義□□映千古文學之外□

□隸書大小二體筆□□勁如服介胄如冠□□凜
凜乎若蹈盧杞□□希烈有不可犯之勢□其心畫
所寓誠可畏而仰之往由左宦臨牧吳興暇隙書干
祿字樣鐫刻于石傳示後生然石刻在刺史宅東廳
院傳之惟艱故世罕得善本而蜀士大夫所見惟板
刻尤鮮得其眞　府尹　龍閣　宇文公比刺
湖州得魯公所書與楊漢公所摹二本特爲精詳於
是俾以楊蜀二本參校若顏書之刓缺者以二本補
焉不可推究者闕之令通顏書之士摹勒刻石於頴
使學者矜式且欲所傳之廣壬戌八月旣望成都句
詠記
右干祿字樣別有模本文注完全可備檢用此本刻
石殘缺處多直以魯公所書眞本而錄之爾魯公書
刻石者多而絕少小字惟此注最小而筆力精勁可
法尤宜愛惜而世俗多傳模本此以殘缺不傳獨余
家藏之　右干祿字樣模本顏眞卿書楊漢公模眞
卿所書乃大歷九年刻石至開成中遽已訛缺漢公
以謂一二工人用爲衣食之業故摹多而速損者非
也蓋公筆法爲世楷模而字畫辨正譌繆尤爲學者
所資故當時盛傳於世所以模多爾豈止工人爲衣

食業邪今世人所傳乃漢公模本而大歷眞本以不
完遂不復傳若顏公眞蹟今世在者得其零落之餘
藏之足以爲寶豈問其完不完也故余并錄二本並
藏之亦欲俾覽者知模本之多失眞也集古錄
歐陽文忠言漢公模本多失眞則不然今觀此書精
隱勁媚殊得顏眞楊自以爲不差纖豪信矣然文忠
又云干祿之注持重舒和而不局促余輒易之曰持
重而不局促舒和而含勁氣迺盡魯公筆意也東觀餘論
右顏魯公干祿字書辨別字之正俗及通用亦間有
析其義者云干祿者蓋唐以書取士也而公眞書小

字之傳於後者亦獨見此耳 東里集

此顏魯公干祿字書也按成都句詠跋公嘗刺湖州此刻初在其宅東廳後翻刻蜀中予所得乃全帖然缺平聲字雖上聲亦不完豈是二石或一石而兩面書之予所得者乃其半邪或所謂刓缺而不可推究者邪然不應缺之之多也書盛於晉顏多破壞其體魯公此本特正其繆誤以惠學者則其書名豈特妙於筆墨而已詠所書與公書頗類豈嘗師公而得其髣髴者邪 匏翁家藏集

余讀顏魯公家廟碑知公世有書學及覽顏秘監干

祿字書益信蓋秘監於公爲伯父其所辨證偏傍結構雅俗燦然而公於此書尤加意幾無一筆縱緩余故識而藏之以爲臨池指南書曰干祿蓋唐以書判取士故耳 弇州山人四部稿

序稱第十三姪男眞卿書按顏氏家訓曰兄弟之子北土多呼爲姪案爾雅喪服經左傳姪名雖通男女竝是對姑之稱晉世以來始呼叔姪 晉書王湛傳濟才氣抗邁於湛畧無子姪之敬 柳宗元祭六伯母文亦自稱姪男 書姪而又加男此唐人之俗稱也 戴侗六書故曰爾雅女子謂晜弟之子曰姪喪服傳曰姪丈夫婦人報又曰謂吾姑者吾謂之

姪 賈公彥疏曰姪者對姑之稱若對世叔唯得言昆弟之子不得言姪也 春秋傳曰姪其從姑 潘岳楊仲武誄姑姪繼隕止用此所謂通男女之稱 又曰齊靈公娶于魯曰顏懿姬無子其姪鬷聲姬生光又曰臧宣叔娶于鑄生賈及爲而死繼室以其姪生紇今人謂兄弟之丈夫子亦曰姪非也古者兄弟之子皆曰子漢書疏廣與其兄子受父子竝爲師傅後漢書蔡邕與其叔父質得罪上書自陳亦曰言事者欲陷臣父子晉書謝安傳安與兄子元父子皆著大勳世說江左殷太常父子亦謂殷融與其兄子浩 史記武安侯傳往來侍酒魏其跪起如子姪疑當時未有稱姪者漢

書作子姓 禮記喪大記注子姓謂衆子孫也 列子秦穆公謂伯樂曰子姓有可使求馬者乎 史記外戚世家既驩合矣或不能成子姓 朱子語類姪字本非兄弟之子所當稱當稱從子爲是自曾祖而下三代稱從子高祖四世而上稱族子 金石文字記

顏魯公干祿字書在開成間石本已有刓缺至歐陽公爲集古錄稱楊漢公橅本並多訛漫此蜀本勒石於紹興壬戌其去歐公時又百有餘年矣卷中自陽庚二韻而後類多淩亂失次又嘗見寶祐間郴陽本近日吳門鏤板以行與蜀本小有同異而唐韻之淆紊畧無是正豈開成楊刻即已譌誤耶抑誤自紹興

耶又何以蜀楚兩本並誤耶至蜀刻凡脱成几艸手從丰及注中並上小誤或由傳摹失眞觀此則其於用筆結體更無足言矣吾友金壽齋閣學籤識前後位置不爽此石至今尚存雍正癸丑同年顧觀察㻌軒宦蜀歸貽以見貽較此稍遜蓋此本當是百年前舊搨慕齋宜善藏之恐後此幷不多覯也汪由敦松泉文集

干祿字書一卷唐顔元孫撰元孫杲卿之父眞卿之諸父也官至滁沂濠三州刺史贈祕書監大歷九年眞卿官湖州時書是編勒石開成四年楊漢公復摹刻於蜀中今湖本已泐闕蜀本僅存宋寶祐丁巳

衡陽陳蘭孫始以湖本鋟木 國朝揚州馬曰璐得宋槧翻刻之卽此本也然證以蜀本率多謬誤如卷首序文本元孫作所謂伯祖故祕書監乃師古也蘭孫以元孫亦贈祕書監遂誤以爲眞卿稱元孫而以序中元孫二字改爲眞卿以就之曰璐亦承其譌殊爲失考其他闕誤亦處處有之今以蜀本互校補闕文八十五字改譌體十六字刪衍文二字始稍復顔氏之舊是書爲章表書判官作故曰干祿其例以四聲隷字又以二百六部排比字之後先每字分俗通正三體頗爲詳核其中如虫蟲啇商湅涷截然

兩字而云上俗下正又如皃古貌字而云貌正皃通非之作韭䍃之作盍葢直是俗字而以爲通用雖不免千慮之失然其書酌古準今實可行用非詭稱復古以奇怪釣名者四庫全書總目提要

按豪州據唐書地理志濠州鍾離郡濠字初作豪元和三年改从濠韓退之有徐泗濠三州節度掌書記廳石記洪慶善攷退之作記在貞元十五年因據唐志以證俗本作濠之誤而吳曾能改齋漫錄駁之且引杜佑通典稱濠州北齊爲西楚州隋改曰濠州因濠水爲名而唐因之佑上通典在貞元十年其書初

不見豪字以此知韓文作濠者爲是今攷此碑元孫結銜稱滁沂豪三州刺史豪不从水旁石刻分明可以徵信又廣韻豪字下注州名古鍾離國隋改爲州廣韻本於孫愐愐撰唐韻在天寶十載足徵其時州名不从水也李吉甫元和郡縣志亦云武德五年杜伏威附改濠州濠字中間誤去水元和三年又加水爲正與唐志相合杜氏通典偶漏不載而吳乃據以議歐志之失豈其然乎潛研堂金石文跋尾

魯公書石遍天下其存蜀者僅武連逍遥樓三字至南部縣離堆摩崖記已泯劍州中興碑則紹興初撕

州事吳玕摹刻而費少南跋之四川新舊志不復舉其名矣千祿碑見潼川州志謂公自書在州學予惟歐陽公以謂千祿書眞本開成中石已訛缺世所傳者乃楊漢公摹本潼安得有此亟訪之尊經閣下碑石厚尺餘穴兩旁如貫綷之制其正面則表裏刻之碑下斷一尺餘宋人跋已不完跋首言千祿碑在湖州刺史宅東廳蜀士大夫所見惟板刻鮮得其眞府尹龍閣宇文公比刺湖州得公所書以缺下州職官志宇文氏三人昌齡雙流進士時中成都進士峒成都人修治學校四川科第志無時中名惟費著氏族譜

言宇文氏凡六院其自廣都院者閎中粹中虛中迭登第時中賜進士第後以直龍圖閣知潼川即是跋所云府尹龍閣者矣虛中以建炎初使金被留遇害與時中爲兄弟行碑之立當在建炎紹興之際容訪足本再考之吳省欽白華前稿

金石文字記收得此本証其序稱第十三姪男眞卿書推明姪男爲當時俗稱語不爲無據然魯公臨書亦少有訛舛證之說文繫傳云此書蠹字改末爲牙𤼵字轉冂爲向鄉正體也而謂之訛隣俗謬也反謂之正益爲病矣蓋徐氏所訂已如此惜余未覩全本爲一詳攷也又徐氏謂顏元孫作干祿字書其從孫眞卿書之于石案序旣云第十三姪男家廟碑又云生我伯父諱元孫則從孫殆從子之訛傳鈔者不及審也爲附正于此授堂金石跋

按顏元孫干祿字書一卷見唐志此碑題額標首皆作字書集古錄因楊漢公跋題曰字様非也元孫杲卿之父兩唐書並附見杲卿傳碑首題朝議大夫滁沂豪三州刺史上柱國贈秘書監顏元孫撰據傳但云歷官長安尉太子舍人亳州刺史卒此云滁沂豪三州刺史與顏氏家廟碑所述正同

則劉歐兩史略也次題第十三姪男金紫光祿大夫行湖州刺史上柱國魯郡開國公眞卿書攷家廟碑敘顏氏世系自後齊黃門侍郎之推生思魯愍楚游秦三子思魯生勤禮其兄弟行又有師古相時育德三人勤禮生昭甫敬仲殆庶無卹少連務滋䟫彊七子昭甫生元孫惟貞二子元孫生春卿杲卿曜卿旭卿茂曾五子惟貞生闕疑允南喬卿眞長幼輿眞卿允臧七子是元孫爲眞卿之伯以杲卿兄弟雁行數之眞卿應居十一而云第十三姪者或統男女計之或尚有諸兄早殤廟碑所

不及也此碑叙云元孫伯祖故秘書監者卽顔師古師古爲勤禮之兄故稱伯祖耳云貞觀中刊正經籍因錄字體數紙以示讎校楷書當代共傳號爲顔氏字樣又云後有羣書新定字樣是學士杜延業續修二書皆不見於著錄蓋是書既出之後較師古延業所著特爲詳善而二書遂以不傳也顔於宋齊隋唐閒皆爲著族以簪紱世家至開天時更以忠節顯名天下然顔氏自之推以後類能研覃經史著書立說而於六書聲韻之學尤有專長其所撰述此書之外載隋唐兩志經解小學類

者則有之推急就章注一卷訓俗文字略一卷筆墨法一卷愍楚證俗音略一卷師古匡謬正俗八卷急就章注一卷眞卿韻海鏡源三百六十卷餘如之推家訓書證篇游秦漢書决疑師古漢書注諸書皆於小學家言再三致意是則一門著作多有淵源其討論之功非止旦夕元孫字書繁簡得中辨證確鑿爲歷代楷模者宜也唐制取士之法兼及書判有小學科此書剖析正俗便於蒙誦故以干祿命名書分平上去入四聲所列字以韻之先後爲次統分通正俗三等其例凡六有舉二字

而注上俗下正者功功之類是也注上通下正者褱衆之類是也亦有二字並正者躬船之類是也有兼舉二字而分疏其義者童僮之注上童幼下僮僕之類是也有舉三字而注上中通下正者聰聦聰之類是也注上俗中通下正者玆茲兹之類是也雖通卷未必折衷至當盡合六書之義然唐承六朝之後書體譌謬百出得是書綜其大概以津逮學者實足以輔翼經史且其時三蒼字林凡將勸學飛龍諸書尚存采擇既博說或不同未可概以許氏說文律之也原碑爲魯公刺湖州時所

書刻於大歷九年開成中楊漢公嘗有摹本集古錄兼收兩碑已云原碑殘缺過多則自宋而後寖巳不顯今楊漢公本亦不可見而湖州府志猶存其跋云太師魯公忠孝全德儀型古今存道没身煥乎國史文學之外尤工隸書畫鍾繇之精能極逸少之楷則頃因在官嘗牧兹郡才大事簡居多餘閒錄干祿字樣鐫於貞石仍許傳本示諸後生一二工人用爲衣食業晝夜不息刓缺遂多親姪男頍牧天台懼將壓滅欲以文字移於他石貲用且乏不能克終漢公謬忝宗陰獲覩墨妙得以餘

倖成禹之意自看摹勒不差織毫庶筆蹤傳於永
永時開成四年六月廿九日凡一百六十字玩謬
憇棠陰獲覩墨妙諸語是漢公所摹之本仍在湖
州而此碑後刻紹興壬戌成都何詠跋稱府尹宇
文公比剌湖州得曾公所書云云則宇文所摹自
在蜀中故至今潼川學宮猶存其石輿地碑目稱
于祿字書湖州有二一在墨妙亭一在曾公祠者
謂原碑及漢公本也元談鑰吳興志稱干祿字書
今在墨妙亭者其時原碑已亡僅據漢公摹本而
言也鄭元慶湖錄論此碑乃謂輿地碑目所云即

楊漢公宇文時中所摹之二碑談志在紹興之後
何以止載其一則元慶誤以宇文摹本爲在湖州
而反疑談鑰之陋其謬甚矣宋金兩史皆有宇文
虛中傳而無時中傳四川通志但於職官志載時
中名注云成都人據元費著氏族譜則時中與虛
中爲兄弟行以直龍圖閣知潼川與碑悉合而不
言其嘗刺湖州且時中身爲刺史留心古蹟如此
當時善政必有可紀者而湖州府志名宦傳不載
幷郡守表亦無其名何歟碑字方整有法度尚存
魯公遺意何詠跋所云令通顏書之士摹勒刻石

者信非虛語而鮑翁渠直謂詠所書與公頗類則
誤也詠跋又謂蜀士大夫所見惟板本是南宋初
已有登諸梨棗者其後寶祐丁巳陳蘭孫亦嘗以
是書雕板尚存於世近揚州馬日璐所刊干祿字
書即用宋本然其中謬誤不一而足誠如　四庫
提要所云者今石刻雖已斷缺而可見之處猶有
十之七八以校陳氏之本迥有徑庭爰嘗手錄其
文詳加校定偏旁點畫一依原碑行付剞劂冀復
顏氏之舊焉

又按宋婁機有廣干祿字書五卷見中興藝文志
爲廣顏書而作書錄解題稱機熟於小學嘉泰中
教授資善堂景獻時爲惠國公數問字畫之異因
爲此書續唐之舊故仍干祿之名旣而悟其非所
以施於朱邸乃傅會以干祿百福之義則婁氏標
題之意雖欲自別於元孫而其書大旨不必有異
可知所謂五卷者或分上下平上去入聲爲五部
耳惜其書不傳不得一校此本也

盧朝徹謁嶽廟文

碑高四尺二寸廣三尺四寸五分文九行行字數二十八至三十不等正書在華嶽廟

謁　嶽廟文

唐大歷九年甲寅季春□□生明華陰令盧朝徹下車
散齋浹日精意撰擇元辰吉蠲饋饎靡愛斯□□脩祀
事端𢖍祠宇搢紳奠饋敢告
金天王粵山嶽配　天聰□□直豈寶禍淫寧眞祚德
朝徹不佞獲領茲縣職監洒埽躬備陳薦顧嗟菲□任
受愚蒙清是　家風所遺方乃　天誘其衷與衆
難合於時不容向老□□如何遭逢抱拙恬澹委運窮
通僶力於政　王降百祿稍私其身　王肆□□福謙
害盈則仰　嶽靈不識不知何敬神爲拜手稽首兮氣
莫敢怠□□晬酒兮儼然有待松柏颸颸兮□宰若來

容衛森森兮髣髴如在
文正書微損十餘字此爲唐時守令蒞任晉廟之詞
元張養浩著三事忠告言故事牧民官既上必告境
內所當祀之神宜以不腆自誓庶堅其遷善之心即
此義也授堂金石跋
按盧朝徹兩唐書無傳文皆用韻詞意簡賅有云
清是家風所遺方乃天誘其衷與衆難合於時不
容可見其世守清正而有不諧于俗之槩也陝西
通志令長卷亦不爲立傳

朝陽巖銘

石高三尺九寸廣二尺五寸六分十一行行十二字隸書在零陵縣巖內

唐元次山朝陽巖□
永泰丙午中自□□至零陵　其郡中有水石之異泊
舟尋之得巖與洞□巖洞此邦之形勝也自古𡻕之
亦無名稱以其東向遂以命之焉以攝刺史獨孤愐爲
吾親闢榛莽復攝刺史竇必爲創制茆閣于是朝陽水
石始爲勝絕之名也而刻銘巖下以晞來世銘曰
於戲朝陽怪異難狀蒼二半山如在水上朝陽水石可
謂幽奇岩下洞□洞中泉垂彼高岩絕崖深洞寒縱倂
□幽遠猶宜往爲況郡城井邑巖洞相對无人修賞竟

使蕪穢刻銘巖下問我何爲欲零陵水石世人有知
岂甲寅中鏂零邑後學田山玉書石
按唐書地理志永州零陵郡屬淮南西道有零陵
縣又有祁陽縣縣有浯溪此銘序云永泰丙午中
自□□至零陵渺二字或是祁陽或即浯溪也唐
書元結傳代宗立丐侍親歸樊上顏眞卿撰墓碑
亦云今上登極拜著作郎遂家於武昌之樊口則
或自樊口至零陵亦未可知代宗初立改元廣德
凡二年改元永泰至二年十一月改元大歷此云
永泰丙年中當在十一月以前尚是永泰也甲寅

爲大歷九年叅次山題銘後九年矣下題零邑後
學田山玉書石後學之稱始見于此

金石萃編卷一百

賜進士出身　誥授光祿大夫刑部右侍郎加七級王昶譔

唐六十

王忠嗣碑

碑高一丈三尺三寸廣五尺九寸四十二行行九十字行書在渭南縣鄉賢祠

唐故朔方河東河西隴右節度御史大夫贈兵部尚書
太子太師清源公王府君神道碑銘并序
銀青光祿大夫守中書侍郎同中書門下平章事集
賢殿崇文館大學士修國史潁川郡開國公元載撰
金紫光祿大夫門下侍郎同中書門下平章事　太

清太微宮使弘文崇賢館大學士上柱國齊國公王
縉書
太中大夫行少府少監集賢殿學士趙甚篆額
睿宗再受命宅帝位三十有五載兵加幽都討平匈奴
大將軍載戈稅弓來朝獻功　天子勞旋告成廻
虜西戎迺制詔丞相御史浴尒朔方河東節度支度採
訪使安北單于大都護御史大夫清源公王忠嗣統我
六師万口皆全磔裂單于封狼居山歸馬漠南列郡祁
連撫茲北荒厥功茂焉犬戎睢眦作虐西裔攘據石堡
潢獵青海皇天震怒以時致罪公拜稽首敢留

主誅猖狂先零國怨家讎建牙榆溪樹羽河源東綴飛
狐西壓陽罽本天下勁兵制緣邊万里徂長轂動雷馹
旌旄戀揷干雲蔽地歘流沙而瞰烏弋峧崑崙而睇濛
汜方且籍完補鈌勸穡戒車圖全遺近功盡敵非一戰
陳章立論別白甚明以孤特之姿失貴臣之意安祿山
保奸伺變忌公宿名李林甫居遏示專嫌公不附寢營
平之奏沮樂毅之謀內隙外讒陰中交訕卒從吏議竟
羅大獄雖釗溫肆爪牙之毒而哥舒有折檻之爭辯牙
門之至冤逢匡石之排妬黜守沔上歿于漢東泗我橫
海鱗年終四十五羯胡得口拆雲朔荏禍幽燕縱鳴騎

於兩都投大艱於區宇悲夫父 龍顏之英主感
風雲之早契散禍於微圖堅在脆乾坤改施忠邪易地
譎放膠落離披困畏人之云亡邦國殄瘁狩 皇
輿於巴蜀劫 宮廟於虺虺口倒持而授柄豈天
意與人事 今上撫軍用公舊校士留殘憤
將有餘雉詞諸葛之猶生走仲達而知懼及肅清東土
正位 北宸傷悶鼓鞞載感風烈追贈兵部尚書
太子太師邊吏増氣三軍激節藎念功悼抂國之任也
義明運詘神所勞也公本太原祁人六代祖仕後魏爲
青州刺史北齊爲白道鎮將五代祖隨周武帝入關署

馮翊掾因徙家于鄭今爲華陰人也皇考諱海賓九原
太守安撫朔方諸蕃部落兼豐安軍使開元二年七月
以騎士屯蕭關盛秋臨垌牧禿髮舉卅万衆東蹈狄道
郭知運節制隴右委稼嗷寇嬰城不動遂得踐圍西使
駈掠馬牛爟火照平涼羽書驚朔塞公召將校計事皆
曰衆寡不敵利病相懸濟河外之兵徼涼州之援公以
爲羌虜入盜吞噬腹心掃口口而西歸不崇朝而事去
方爲四夷恥終遺大漢羞職守封壃身爲障蔽辭難就
易進熟偷安而無後咎餘責者徼諸公誰不樂此乃拔
勇簡材輕賫舍馬有氣敢往不滿千人雷動飈移自辰

徂亥踰六百里突掩賊營縱奇兵乘彼不意拔猖受
戮橫潰狩馳終夜追奔遲明會食勵歸師於漛口藏用
獸於逵毗棶輞之所殘戈矛之所斃積屍與崆峒侔厚
漂血與洮河爭流氣盛忘銜擗之虞戰酣無存變之意
蒼黃顚仆落於我手亦足以暴威武於天下憺洪稜於
蠻貊五十年間犬羊遁迹不敢窺邊以取當咸皆失地
而遠客勲與古烈名垂壯籍初 睿宗省書
瘼朝悶故流悼偉其心而大其節哀其歿而念其忠褒
贈開府儀同三司安北大都護仍給事中倪若水乘馹
吊祭命許國公蘇頲爲之文以致意焉輕車介士鏖兕

屬將飾柩護喪封墳寵葬公之道閱年初九歲　詔復
朝散大夫尙輦奉御持令中貴扶入內殿意苦而羸形
絕地辟哀而迸血沾衣左右動容　上亦
歔欷因撫而謂曰此去病之孤吾當壯而將之万戶侯
不足得也衣之以朱紱錫名曰忠嗣部曲主家後宮收
視每隨諸王問安否獨與　肅宗同臥起
至尊以子育儲后以兄事公亦唯專唯直不傾不
墮未嘗近日孰云有過毎歲　天子口戎鑾旗冬
狩秋田翼鑾奉車越莽淩阡輅轔長楊掩兎黃山鷙履
輕狡流離往還矸纍溢奮搏捷無前出而有獲多不自

賢　上旣知公有日磾之純固加李廣之材
氣義形於主確然秉志少而侍中慮不省事乃試守代
州別駕大同軍戎副于法大豪閉門自斂賈功老將備
伏聽令凉秋八月秉乾草腓方佯白登外馳突長城下
單戈指虜輕騎犯胡有向必摧能當輙破往往射鵰者
居公掌握中匈奴憚遏不敢近口　肅宗口
上泣曰王忠嗣口材敢戰必恐亡之卽日
徵還守未央衛尉入侍之歲將方就冠　元獻皇
太后降家人之慈盛擇配之禮命之主饋恩情甚厚公
以讐恥未雪激憤逾深毎對案忘餐或獨居掩涕

肅宗雖欲大其伸而全其屈終亦覩其志而感
其衷俾以中郞將官從徐公蕭嵩出塞但使遍知四夷
事飽習軍陣容不得先啟行無令當一隊且有後命虞
其天闕杭戈假寐如　詔三年及徐公將入覲京師收
轅張掖公口口以歸報願一甘心乃候月乘風卷旗鞭
馬精兵七百驽深入欝摽川遇賛普牙官踐更角武戈
鋌山立介馬雲屯霧雨忽開旌旗相接將校失色猶欲
引馳公謂一足未移追射且盡無敢妄動觀吾破之乃
超乘貫差當前皆靡吐蕃九將臨高整旅公陷胃走麾
曲折廻旋取白馬於衆中搶大黃而益振肩倚膝蹄蹈

藉蹙圯蠢軼機駭群擠亂墜提刀四顧如土委地綱決
網漏連誅久矣旣伐且弔當而勿喜芟夷之叉蘊崇焉
係纍之亦焚燎焉執訊獲醜何啻數千牽牟櫜駒殆將
萬計擁戎州以入塞積京觀而徐廻幕府上功貳師奏
狀　上益歎息　詔令凱旋
天子御勤政樓親閱軍實太常稽憲度獎授執金吾
上亦多元戎因爲右丞相仍令圖寫置於座
隅自茲厥後恒當重任趙承先之敗於怒皆也隻輪不
返公度紫乾河虜其全部復失亡之東重杜希望之輯
鹽泉也戎侵宇下三師受擒公獨潰堅圍護經時之板

築信安王之臨遼碣也用武於盧龍塞朝鮮盛刋壘之
功口光乘之征騄驪峽也會援於李陵臺河朔受全軍
之惠初佐戎關隴分鎮河湟一之歲拔新城走莽布支
烽壘燒積聚二之歲開九曲奪三橋梁洪河泝西海縱
雷鼓勇士厲指麾振耀傍偟塞袞開元之末擁旄汾代
天寶之始兼統朔方獯鬻卢離九姓橫叛大單于控弦
度漢聲言口附扳恐竄引弓乘後剋口會師中使邊闈
　　帝思淚蕩受降蠢狄屈指猶暹亟决急
裴　天書百下公以爲出壇之任得守便宜冒頓
北方之強未當屈折叛胡畏服大種不輕用兵勢闊言

甘可虞他變盛師臨木刺致餽出蘭山會垢并容兩存
口口全口口重閉壁堅營無名王大人到轅門受事絕
單車疋馬報候吏前期防寇慮周詐窮情見果奪廬築
黠將侵鎬及方右地郅支已解仇交質幾欲圖成大禍
寧唯獨化未醇於是設間以散其從肆誅以離其約二
虜不合遁口遠舍　天子使繡衣御史問後將軍
不念中國之費乘機之速其十畏懦優遊之故且陳支
解戎颯之謀苟事得其中如將軍素料又匈奴何時可
滅公條對不爲之虜易以計破難以兵碎彼有乖離之
漸我知貪利之戒威加　幽荒武暢陰海口口歸德不二

三歲因白逗留未決之狀脩列平戎一十八策璽書還
報從公所畫突厥前有畏漢之偪後有事讐之恐縮衂
遷徙散亡貧破遭羅家墮之患傍緣諭告之辞朝不及
夕以俟王師受言而去者什二三委辯而降者五千帳
明年秋引軍度磧定討乘虛至多羅斯璞巢焚聚掠汨
昆水下將降旗皆倒戟自殘輿尸請命斬白眉可汗之
首傳置槀街繫葛督祿娑匐可敦獻於闕下阿波達干
持愛妾宵遁乘六贏突圍嘯聚東藩迫脅小種立烏蘇
爲君長自尊任爲賢王保薩河口以據丁零古塞謂中
國有磧鹵之限官軍無可到之期披甲休徒擊鮮高會

思歸故地卒復大名間歲方暮嚴冬仲月公出白道誓
衆自單于北伐俾僕固懷恩阿布斯爲鄉導覘視井泉
命王思禮李光弼爲遊軍收羅服聽顧万里若俄頃過
山川如枕席豈百舍之敢休不再旬而履狄夜駈胡馬
瞻合戎圖自丑至辰頭駈而縛乘無物故士蓄餘怒羈
虜全國永清朔土告類上帝薦功　皇祖三
代之盛獫狁孔熾方叔吉甫駈之而已勤霍伐衛蒙亦
終斃口口築怨糜漢償費雖張恩列三城衛公擒頡利
機遏乘冰之勢但雪浮陽之恥則自命將已來肅將天
刑誅而不伐素定廟勝陣而不戰龍荒絕貴種大漠無

王庭恢武節而振天聲未有如公之比公始以馬邑鎮軍守在代北外襟帶以自隘弃奔衝而壁國河東乃城大同於雲中徙清塞橫野張吾左翼朔方則并受降爲振武築靜邊雲內直彼獯虜巨防周設崇墉万堵開陽閇陰拓跡爰土藏山掩陸磅礴固護西自五京東暨瀕陽南並陰山北臨大荒聯烽接守乘高掎要塞風揚沙絕漠起鳥悉數於瞬息傳致於晷刻麾黃不得雜其彖秋毫無以逃其狀剝襲侵與牧馬敢淩遠而南向冰河風牲車甲鱗萃誰何疆理千長百帥秦將彝於降虜漢卒羈於戎騎公乃衡懸華夷勢分衆寡由中制外長御

遠駕恢我朔邊有如彼圖難於易又如此當秉鈞之顓國也巧文傷詆網密事蘗借公爲資動搖　國本諷操危法言酷意誣雖丞相苴辭猶鬱獄吏而貫高長者竟出吾王成公謫居人無不恨方逆胡之兆亂也意并河東偶築雄武常山臨代飛狐扼塞制夷夏之亢撫崤函之背徵鄰請助邀公赴會將欲誑遇買歡冀得兵留鎮癈公先期應　詔未覯而退奏論本末之難指切未然之戒危辭洩漏凶黨交窅擿抉排折俾公終敗公之始仕也自家移孝孤童被識策慮奮發義勇倜儻其受任也屬三軍之氣同万夫之力致誅則百蠻竦振武

則暴強服支離約己盡悴事國嗚呼哀哉惟公明邁激昂信廉仁勇機敏神速內和外重處盛權不得以非理撓臨大節不可以危亡動道將世迕器與時屯折衝猷難之臣旅踵及身不淄不磷之堅摧於刀筆之前此慷慨義烈之士所以掩泣而流漣剝我依仁受賜託姻逮予守官秉策司勳運恒功在誠存理寃明沒河渭蒼□古原左掌太華邪睨鴻門刋銘路隅庶慰精魂其詞曰古人有言兵者凶器戰實危事三代爲將道家所忌得非好勝樂殺欺降嗜利絕域到李杜卸悲起每原始而要終吾固知其所以温溫清源幼窮　聖君勇必

顧禮質而能文摧剛爲柔塞□解紛破虜忘□平戎讓勳肅致天討義誅不順密謀神斷四囘六奮火烈風掃逶馳電震捨服解網知成示信首膾歸堯三苗格舜有守矜功謂之不克井堙木刋孰云非賊唯後將軍古訓是式先計後戰貴和賤力哀勝不敢持全制極遭罹□故頗僻反側蒼鷹厲吻雜鶩爭食顛倒靜邁汨陳白黑威暴鄒顚功廢節墨浩歌滄淚飲恨南國希仁聖之遐暢兮亦管誅而蔡殛謂賢哲之悔亡兮顏與冉又不得極尊周而滅項猶存功而掩慝苟思人以愛樹將十世而宥直如爲虜而報讎使□讒而失職顧汧城以流慟

投潘誄而太息賈生徒驚於紈纓花叟焉知其倚伏松凋玉缺直冈貞灕竟埋千將終碎明月宿草陳根蕪沒蒼墳垂清風於頌石與終古而存存

大曆十年四月三日建

唐朔方河東河西隴右節度使淸源公王忠嗣碑所記事與史不甚異其文詞瑣冗無足多者縉于書稱名家與李邕相伯仲弇州山人稿

忠嗣歿于天寶初碑立于大歷十年元載撰文王縉書載忠嗣女夫縉王摩詰兄也石墨鐫華

清源不獨忠勇敢戰其策石堡料祿山皆深謀早見

非一將之識也獨爲林甫所惡陰使誣告明皇不察論死非哥舒翰以官爵贖罪幾至不免然猶貶死史稱工於謀國拙于身圖其然哉元載淸源女夫也其筆力庸冗固爾不言林甫排陷何也史稱忠嗣華州鄭人碑稱華陰人碑豎州城西三十里赤水道南又南高原卽其塚也余猶及布氈其下頗極窮蒐追琢之妙非今人可及側刻水獸尤奇異怪偉益令人遠想唐人書蹟不覺色飛萬歷間渭南崔令君邦亮忽移置縣城之西道北不知何故金石存

按忠嗣初名訓賜今名李林甫惡之陰使人誣告欲奉太子帝怒付三法司鞫治應死哥舒翰請以官爵代贖罪貶漢陽太守久之遷漢東郡年四十五而卒碑多不詳忠嗣功在社稷知祿山有亂萌不免以讒死史官惜之碑文宏麗其敘述處多與史合至云借公爲資動搖國本成公讁居人無不恨以四語易史傳敷衍微而顯矣金石後錄

王海賓戰死靑海西元宗育孤於禁中恩隆寵渥千載下爲之飲血況身受其賜者乎淸源之不爲身謀良有以也特元宗始厚而終薄始任賢而終信讒亦始治而終亂然而社稷無限唐祚再安用舊日之部

曲成光復之大功其一念誠懇夫固有入人深者矣來齋金石刻考畧

史稱忠嗣與皇甫惟明輕重不得貶東陽府左果毅爲李林甫所惡貶漢陽太守碑皆不及之舊唐書敘元載王縉官爵頗詳亦無載封潁川郡公縉太微宮使齊國公事是史碑兩失之可互証而兩得之者也崇元館本崇元學天寶二載置大學士一人以宰相爲之領兩京元元宮及天下道院攷嵩陽觀聖德感應頌石臺孝經李林甫陳希烈等題名並同新史百官志及縉本傳並稱爲崇賢館者誤關中金石記

按載封許昌縣子見於唐書本傳其進封潁川郡公傳却失書王縉封齊國公新史亦未書也載以中書相領集賢殿崇文館大學士縉以門下相領宏文崇元館大學士史所謂宏文集賢分隸中書門下省也崇文館置大學士則百官志所未詳吐蕃者南凉秃髮利鹿孤之後音轉爲吐蕃故碑稱吐蕃爲秃髮潛研堂金石文跋尾

舊唐書忠嗣太原郡人家于華州之鄭縣新唐書云忠嗣華州鄭人今案碑五代祖臨周武帝入關晉爲翊掾因徙家于鄭今爲華陰人所錄載詳于史而史特

就其占籍之始言之宜叅之此碑爲據也紀功與史同然其文頗贍麗可喜蓋亦所謂當時體也碑雖磨泐數字細推皆可識唐石刻之幸完整無缺者如是碑亦不多見其爲後人取資多矣授堂金石跋

按碑敘忠嗣先世但有六代祖五代祖述其由太原郡徙家華州鄭之由而不稱其諱下云皇考諱海賓而不及其高曾祖唐書宰相世系表太原王氏有大房二房皆無忠嗣名故其先世無攷父海賓舊唐書云贈太谷男碑不書新傳亦無兩傳皆云贈左金吾大將軍碑作開府儀同三司安北大都護

舊傳又云開元十八年又贈安西大都護恐碑云安北即此也碑云元獻皇太后降家人之慈盛擇配之禮命之主饋恩情甚厚元獻太后者元宗后楊氏生肅宗及寧親公主其後寧親下嫁張說之子垍碑所謂擇配主饋之語所未詳也其餘碑敘歷官戰功諸事蹟大較與兩傳合而文繁句冗意爲辭掩讀之不易了了碑無歲年以舊傳攷之在天寶八載其贈兵部尚書在寶應元年而碑立于大歷十年則距其薨二十七年至撰書者元載王縉其同居相位亦在寶應廣德之間則自撰書當

在其時書後又距十餘年而始立石也

眞化寺尼如願墓誌

石高廣俱二尺二寸八分二十七行行二十八字蓋題唐國師故如願律師謚大正覺禪師誌銘十六字並正書

大唐眞化寺多寶塔院故寺主臨壇大德尼如願律師墓誌銘并序

勅撿挍千福寺法華道場沙門飛錫撰

隴西秦昊書

大曆十年歲次乙卯五月廿九日律師薨于長安眞化寺之本院律師法諱如願俗姓李氏隴西人也中丞之

翼脩砥之盛眞以寶乎律師天生道牙自然神秀十一
詔度二十具圖弥沙塞律其所務也分髭之義不
殊折金之理斯在律師僅登十臘聲實兩高邀臨香壇
許不見允望之儼然卽之温然其慧也月照于潭其操
也松寒萬嶺乃曰威儀三千吾鏡之矣度門八万復焉
在哉遂習以羅浮雙峰無生之觀位居元匠矣
我皇帝纂聖君臨千佛付囑　貴妃獨孤氏葛蕈蘊
德十亂匡　時受道　紫宸登壇　黃屋因
賜律師紫袈裟一副前後所錫錦綺綃帛凡數千疋以
旌其高琛乎盈庭了無是相道何深也由此　勅書

纍篋　中使相望　御馬每下於　雲霄天花
屢墜於玉砌締搆多寶塔繕寫蓮華經環廊繚絙金刹
熠耀頴題　御札光赫宇宙皆　吾君之特達亦
貴妃之爲　國宏哉噫律師擲鉢他方應遂還於
静室散花上境何便往於香天顏貌如生若在深定曲
肱右脇湛然已滅春秋七十六法夏五十六具以上聞
皇情惻焉中使臨吊賻贈之禮有加常等律師
果聖欽若三都取則意濟江海心閑爐空而令而後恐
難繼矣於戲　六宫誰投其影寶八部孰示於衣珠
覺路醒而却迷人花茂而還落哀哉弟子長樂公主与

當院嗣法門人登壇十大德尼常眞勅賜弟子證道政
定證果寺大德凝照惠照凝寂悟眞資敬寺上座洪演
寺主孝因律師眞一遠塵法雲寺律師遍照等凡數千
人則懿戚相門爰道花色而爲上首怨壹宗匠如觀鶴
林卽以其年七月十八日奉　勅法葬于長安城
南畢原塔之禮也素幡棲於道路丹旐慘於郊扃式揚
國師敢爲銘曰
紫袈裟者彼何人已了如來清淨身登壇不向　明
光殿去去應超生死津
廣平程用之刻字

按銘云律師薨于長安眞化寺師諱如願俗姓李
氏隴西人也申公之裔僧尼之化未有稱薨者此
如願爲隴西人又爲申公之裔必是宗室之女故
其化也稱薨以別之（唐書宗室傳申公無考）銘又云貴妃獨
孤氏葛蕈蘊德十亂匡時葛覃作葛蕈始借用字
獨孤氏爲代宗貴妃大歷十年薨追冊爲皇后諡
曰貞懿唐書后妃傳不詳獨孤氏之薨在何月此
銘則云律師薨于十年五月葬于七月而文稱獨
孤氏爲貴妃可知獨孤氏之薨在七月以後矣銘
又云弟子長樂公主主爲肅宗長女始封長樂從

封宿國下嫁豆盧湛傳不云其師事如願也銘又
云奉勅法葬于長安城南畢原長安志畢原在萬
年縣西南二十八里法葬二字始見于此

裴遵慶碑

碑拓下截未全不知所缺幾字廣四尺四寸二十四行字數不計正書在洛陽

□□□□□光祿大夫□□□□□□□□□□東郡
貞□□□□□□□
朝議大夫□□□卿□□國史充禮□□□□□□
□□□國楊綰文
易坤之爲義臣道也君子履之文言曰直方大不習□

不利又曰陰雖有美含之以從王事然後以黃中通理
之道(闕下)終則受黃裳之吉矣安貞應地者其順矣乎公
□□□□□□□□□在□爲伯益若子上下
在周爲非子(闕下)□□□□字重□□□□□因其
生也濟物之慶垂名□□□□□□□□河東著族
其後始大以至于大(闕下)逮先考贈司空□□　君重之
以明義虞□□公公少而□□□□□□□□□
於近究末而必愼其初嘗□(闕下)□足以盡□則□然矣
介是者君子之所□□□□□爲寶□□□□□
□□而不察解禍以門蔭授興寧陵(闕下)□之功用刑者

必求其意□法者□極於文□□□□□疑□□□
□□□□□加徒没辭□翻勤文致於理(闕下)體□自
前解□批案云才辯不足□入威力不□□□□□
□□□□□省□□□□□別曹奪已□之(闕下)
□外□轉司勳吏部郎皆掌曹事前古宮省而久任中
代□□□□□鄉里之□□□□□□□掄材之
重專(闕下)□□□萌難□隱匿□環訛爲□結投刃不惑
應茲而□□自□□□不自貸其□□□問望已□於
公輔矣丁內(闕下)□太守外□□□中權□擾私欲□求
不給則□□□貶守□□□□稱惜□□□□郎中

至德初□□賊庭將(闕下)賀於朝□拜給事中累遷尚書
右丞兵部戶部□按吏部□郎□□之後以擢□□□
□之道□而多端公鑒以□(闕下)季除吏□侍郎不竟事
時寇戎未平□國多務□以數變生害殺以不遑爲慈
公□□□敬□之信不擅其利不(闕下)則□而□温雅
□浮說□□矜伏諷諫見□□□內懼□□□□爲
文□惟左右近□□記創□之疎數莫知其(闕下)食一百
戶又追先□□之德寵贈亞司以□勉焉公以季常賜
杖禮有懸車不矜□□□□銜守官之節固請老(闕下)
上難□□至□太子少傅又以官制□明選曹求舊還

除吏部尚書遷右僕射再□□□□入顧也公咊順積
中□闕下欲進之□及踐大任彌自喜之色當其未可審
其體而能安當其可蹈其□而不失每□安危故事與
替舊章論同闕下□極上列祭□實賦養不加厚謙以自
持酒禮之歡儉故能賡林泉之□□□□□惠愛以合
親施舍以周給古之闕下以大曆十秊拾月二十九日薨
於□秊縣升平里之私弟以明秊二月二十□日□□
于東都萬安山之舊塋　□謚曰□□公禮也
詔使□□兼客護喪卿大夫庶僚百吏追送于國門
之外生榮殁哀人理至矣有子太子闕下□踐德之□□
□抱□之□□□之義以文見託論譔□□□□□不□
其銘曰
天生萬物有彝有則人之秉彝好□□□□空之大古
訓是式知□知□有嚴有翼懿善同寅敬□奉職五刑
恤□闕下□□是力□□□□自□□□□□
其直是非□□□□□□□盈虛與時消息□□□
□哀榮同域闕下
右唐裴遵慶碑唐書列傳載遵慶所歷官甚簡畧以
碑考之其尤著者自吏部郎出爲濮陽太守貶符陽
郡徵拜禮部郎中而史不載肅宗朝拜給事中累遷

尚書右丞兵部戶部侍郎再授吏部而史但言爲吏
部侍郎而已又史云遵慶薨時年九十餘碑云年八
十五碑云遵慶謚貞孝而史無之皆其闕誤也金石錄
寶刻類編有右僕射裴遵慶碑云楊綰撰盧曉隸書
大曆十一年二月立在洛今碑缺年月及書撰人名
知卽是也碑記遵慶歷官詳于本傳云以門蔭授興
寧陵丞叅遷大理丞外□蘄司勳吏部郎丁內難去
職免喪以太守外□至德初□□戡庭將趨行在故
太尉清賀於朝遠拜給事中累遷尚書右丞兵部戶
部□校吏部□郎黃門侍郎平章事就加金紫光祿
食一百戶□□太子少傅□□吏部尚書遷右僕射
并領□□云云皆與史不甚異遵慶有二子向會宰
相世系表云向吏部尚書會都官郎中中州金石記
裴府君遵慶唐書列傳並取之此碑而載此君歷官
頗備畧金石錄已指其疏然碑言轉司勳吏部郎又
遷兵部戶部侍郎傳並亦未之及趙氏旣摘言兵部
而戶部仍不爲傳文舉遺當更依碑爲據也碑于諭
蕭克濟罪案云才辯不足聚人今傳以才辨作財賦
語太簡易恐失其實授堂金石跋
按此碑拓既不全而存者文多缺泐如金石錄所

稱自吏部郎出爲濠陽太守貶符陽郡徵拜禮部
郎中薨年八十五謚貞孝趙氏皆及見之而今盡
泐矣碑前但有撰人楊綰而無書人恐亦泐也碑
題尙存貞字尙郎是謚貞孝之貞字也唐書宰相
表及楊綰傳綰以大歷十二年遷太常卿充禮儀
使拜中書侍郎同中書門下平章事集賢殿崇文
館大學士兼修國史今碑於楊綰結銜但存朝議
大夫字卿字國史充禮字可据傳以補碑之缺也
新書裴遵慶傳云字少良此碑有字重二字似其
字上爲重字非少字然碑上下皆泐不足据也碑

不見其敘上世但云逺先考贈司空而不著其名
兩傳又不敘其父宰相世系表則遵慶之父諱惓
字翁喜杭州刺史河東縣男而不載贈司空碑云
批案云才辯不足□人威力不□□□据新傳舊傳
無云邊將蕭先齊督役苛暴役者有醜言有司以
大逆論遵慶曰財不足聚人力不足加衆焉能反
此傳語如是也而授堂辨之云今傳以才辨作財
賦語太竄易恐失其實不知授堂所据何本唐書
而以才辨作財賦也碑云食一百戸又追先□□
之德寵贈正司以□勉爲此敘其封邑及贈父司
空之事是時遵慶將告老則已官尙書右僕射何
以祇食一百戸疑碑有訛泐也碑云薨于萬年縣
升平里之私第長安志昇平坊西北隅有東宮藥
園尙書右僕射裴遵慶宅注引國史補曰遵慶罷
相知選朝廷優其年德令就第注官自宣平坊牓
引士子以及東市兩街時人以爲盛事此可補碑
傳之所未及也

王履清碑

碑僅存上截連額高六尺六分廣三尺四寸二十三行每行字數無考正書篆額在高陵

唐故同朔方節度副使金紫光祿大夫試太常卿兼慈
州刺史汪府君神道碑
朝散大夫行河中府功曹參軍上柱國賜魚袋上谷
侯冕撰

府君諱履清字履清京兆萬年人也王惟聖後系出田
宗闕下也五代祖立行工部郎中更靈夏巂潭等四府都
督封晉陽闕下早世考尙賓歷原州參軍事定遠城兵曹
參軍贈金紫光祿大夫闕下藝尙德業脫略諸子憲章五
經處吏事也能果斷居朋友也無忌闕下以桓文之勳伊
呂之重開建大府　邦家長城知其名而辟之闕下
中幽寧三道營田等務致使後來難繼前政□懸坐止

充牣當時苟闕下力寡夫恤弟疾篤割其股肉則所部靡
草上之風矣秋麥兩岐靈芝闕下旌别府君課効多此類
也以前後功累遷官凡十五任而至金紫光闕下汾陽王
以吉昌濁河上流邊郡善地戎州夷落易動難安永言
緝綏闕下帝可其奏仍乘傳之郡又敷興衛載底吉祥猛
獸渡河而去境感我善闕下兩穗卿雲炳而五色瑞圖騈
披臺使攸屆於是歸禾之　詔藏在闕下命賢愚同
歸以大曆十一年正月廿四日遘疾不起薨于官舍之
正寢享闕下兄履堅朝散大夫守豐州長史弟履濟朝散
大夫守慈州别駕長子綸朝闕下葬合度以十二年二月

廿日還葬于高陵之奉正原禮也名成於代官達於闕下
匪敢愧詞迺爲銘曰
聖祀百世弈世其昌有嬀之後言育于姜陳宗不守命
氏惟王滔滔秦淮爲我闕下廿濟其美芬芳竹素跌宕杞
梓君家盛事不可勝紀　天步未清闕下上介部
有仁兄岐麥挺秀靈芝發生　邊郡近胡邑無完郛荆
棘誰剪豺狼未馴闕下皇帝曰俞　下車幾何畏愛更作
允文允武爰究爰度裔牧新泰謳歌簿闕下歎孝子負土
嘉禾有畔吉凶同域生死一貫倏忽長逝嗚呼永歎
舊业還葬遠道闕下日羽葆秋煙一掩黃泉于萬億年

大曆十二年二月二十日建
太

按文云恤弟疾篤割其股肉是兄療弟疾而割股
和藥也此事世不多見因拈出之

高力士殘碑

碑僅存上截連額高六尺四寸五分廣五尺三十行每行字數無考行書額題大唐故開府儀同三司贈揚州大都督高公神道碑二十字篆書

思故開府儀同三司兼内侍監闕下
尙書駕部員外郎知　制誥韓闕下
初有適越者請觀南方之樂主人爲之歌馮寶曰遠矣

闕下後衰而復起一飛沖天伯服有子不在外其爲中貴
乎不在闕下馮之先有自北而南者自宋懷化□業以至
於益五嶺之表推□闕下子智戣爲高州刺史智𢧐爲恩
州刺史智□爲潘州刺史感有□闕下襲位象賢□禮王
祀守封且有曾□□□代祿使有□□□□察□闕下天子
廣錫類之恩覽先賢之狀初贈潘州刺史又贈廣州大
都督闕下侍玉階　則天矜其覆巢知必成器選内官
而母之命近侍以闕下窺大寶不利王室已成禍梯
蠱宗□然提劍而起公實勇□闕下剿宰臣因以決事中
立而不倚得君而不驕順而不諛諫而不犯闕下也公弱

□之日太夫人□□于南荒服遐陬晨昏問絶折菱之
教下闕而至稱觴拜慶兄弟鴈行自闔傚而就養□城當
代罕有終堂之下闕官卑乞迴所授　上允其請時議
稱多君子曰此所謂事親之下闕車駕幸三山宮　天
子講藝呈材感戎夸狄有二鵰食鹿□□下闕飲羽而片
雲徐下壯六軍而增氣呼万歲以動天　英主愜心
下闕而平之臨大事而有大功皆此類也□□□□土内
□今朝散大下闕首爲監遷冠軍鎮軍輔國驃已大將軍
開府儀同三司封齊國公下闕使歷官□任五十餘年從
蒙塵□□□□□□□歸長安一心貫下闕可得而闕□

上□初□□請□□□□□□□之心常在　魏闕下闕
□州龍興寺享年七十有□□□□□喪至於滅性斬
□之痛何下闕陪葬　泰陵□□□□□□□□日安
厝成其志也夫人呂氏下闕而不遷嗣子□□□□前將
□□□南海郡開國公□悅禮謂猶□下闕旅有加□□
□□□□貞□□文用紀□陵之側　大君□命□
下闕
惟公之□南　□□□□□家傳擁旄有馮之後遂
育于高　惟下闕惟公之□出入　□□□□□事　階
陞日□歷載五紀□□　□下闕惟公之□遠于□□

□□万里自越阻京爰及風樹□其哀榮　惟公下闕勲
會合風雲□□□□□□紛一麾而□克定□□
惟公之節□下闕□□　二聖晏駕□□□□哀而遂
□□□黃□　惟公之葬　泰下闕
大歷十二年歲次丁巳五月辛亥朔十一日辛酉奉
勑□

右内侍監高力士碑石已中斷失其下截每行止存二十餘字文稱馮盎子智戣爲高州刺史智戴爲恩州刺史智玳爲潘州刺史攷唐書盎傳惟有智戴及智彧無智戣智玳亦不云智戴爲恩州刺史皆其漏

畧也史稱寶應元年力士自巫州赦還見二帝遺詔北向哭歐血而卒不云卒於何所此碑云朗州龍興寺蓋其卒之地也潛研堂金石文跋尾

碑載力士溢官遷冠軍鎮軍輔國驃騎大將軍舊唐書本傳不紀鎮軍輔國唐書但云累驃騎大將軍皆于文爲畧力士幼與母相失唐書云嶺南節度使得之瀧州汲古閣本作隴州舊唐書云嶺南節度使于潘州求其本母麥氏送長安兩地微異考力士旣爲潘州人則母先失而後歸士嶺南節度訪而得之亦或然也舊唐書寶應元年三月會赦歸至朗州遇流人言京

國事始知上皇厭代力士北望號慟嘔血而卒蓋哀
隕郎在朗州矣碑云蕘于朗州龍興寺較史更爲詳
實按堂金石跋
按碑云口窺大寶不利王室已成禍梯元宗口然
提劍而起公實勇口此即傳稱先天中預誅蕭岑
等事唐書元宗紀開元元年七月太平公主及岑
羲蕭至忠竇懷貞謀反伏誅傳稱力士以功超拜
銀青光祿大夫行內侍同正員碑載車駕幸三山
宮有二鵰食鹿又云飲羽而片雲徐下壯六軍而
增氣呼万歲以動天此似從幸狩獵等事而兩傳

皆不書碑文又泐不能得其詳也碑云夫人呂氏
舊傳載開元初瀛州新傳作河間呂元晤作吏京師女
有姿色力士娶之爲婦碑又云嗣子口口口口前
將口口口南海郡開國公口悅禮此是力士之嗣
子名悅禮爵南海郡公者兩傳亦不載舊傳稱力
士卒于寶應元年二月銘詞有二聖晏駕之語二
聖謂元宗肅宗也碑立于大歷十二年距其卒十
六年蓋代宗時追念其保護先朝之功贈官陪陵
而表其墓也

李元靖先生碑

碑已斷裂約高一丈餘廣三尺二寸五分厚一尺四
分四面刻前後各十九行兩側各四行行皆三十九
字真書在句容
縣茅山玉晨觀

有唐茅山元靖先生廣陵李君碑銘并序

金紫光祿大夫行湖州刺史上柱國魯郡開國公顔
真卿撰并書

先生姓李氏諱含光廣陵江都人本姓弘以孝
敬皇帝廟諱改焉廿一代祖宏江夏太守避王莽徙居
晉陵遂爲郡人高祖文疑陳桂陽王國侍郎曾祖榮
皇朝雷州司馬祖師愈隱居以求其志徙于江都父
孝威博學好古雅修彭聃之道与天台司馬練師子微

爲方外之交尤以篤慎著于州里考行議謚曰正隱先
生母瑯邪王氏賢明有德行先生孩提則有殊異耶日
獨取孝經如捧讀焉爾丱好靜虛諷習墳典年十八志
求道於遂師事同邑李先生遊藝數年神龍初以清行
度爲道士居龍興觀尤精老莊周易之深趣執卷過哀
日不嘗甘旨之味食唯蔬麥而已封植膳羞皆出其手
號毀骨立親族莫不傷之開元十七年從司馬練師於
王屋山傳受大法靈文金記一覽無遺綜覈古今該明
奧旨元宗知先生偏得子微之道乃詔先
生居王屋山陽臺觀以繼之歲餘請居茅山纂修經法

頻徵皆謝病不出天寶四載冬乃命中官賫璽書徵之
既至延入禁中每欲諮禀必先齋沐他日請傳道法先
生辭以足疾不任科儀者數焉　玄宗知不可強
而止先生嘗以茅山靈跡蕪焉將墜真經祕籙亦多散
落請歸修葺乃特　詔於楊許舊居紫陽以宅之仍
賜絹二百疋法衣兩副香爐二具　御製詩及序以
餞之又禁於山側採捕漁獵食葷血者不得輒入公私
祈禱咸絕牲牢先生以六載秋到山是歲　詔書三
至渥澤頻繁輝映崖谷初山中有上清真人許長史揚
君陶隱居自寫經法歷代傳寶時遭喪亂散逸無遺先

生奉　詔搜求悉備其跡而進上之先時　肅
宗將求大法請先生為師先生竟執謙沖疾辭而還泉
七載春　元宗又欲受三洞真經以其春之三月
中官齎璽書云其月十八日剋受經誥是日於大同殿
絜修其事遂遣請先生為元師并賜衣一襲以申師資
之禮因以璽請為先生之嘉號焉仍　詔刻石於華
陽洞古以志之是歲夏五月隱居先生合丹之所有芝
草八十一莖散生於松石之間　詔俾先生與中官
啟告靈仙緘封表進夏又　詔以紫陽觀側近二百
戶太平崇元兩觀各一百戶並蠲其官傜以供香火秋

七月又徵先生既至請居　道觀以養疾九載春辭歸舊
山其季夏六月前生靈芝之所又産三百餘莖煌煌秀
異人所莫覩先生又圖而奏之是歲冬又徵先生於紫
庭別院館之十載秋先生又懇詞告老　御製序詩
以餞之十有一載先生奉　詔與門人韋景昭等於
紫陽之東嶺岡山別建齋院立心誠肅是夜仙壇林間
還生甘露因以上聞特　詔嘉異初隱居先生以三
洞真法傳昇元先生昇元付體元先生體元付正一先
生正一付先生自先生距于隱居凡五葉矣皆總襲妙
門大正真法所以茅山為天下道學之所宗矣於戲是

非可齊也物我均焉生死可忘也覺夢同焉如此者何
域心於變化之際哉先生以大曆己酉歲冬十一月十
有四日遁化於茅山紫陽之別院春秋八十有七其十
二月八日門人赴葬而至者凡數千人號奉冠舄遷窆
于雷平山之西原還命以松棺竹杖木几水瓶香奩香
鑪置於藏內門弟子等仰奉嘉猷克遵儉德先生識思
真淳業行高古道窮情性之本學冠天人之際所以優
游可曲儕為王者之師出入　明庭特寵肩輿之賚
是知順風而問答稱於黃帝望山而請今見於
肅宗矣又博覽群言長於著撰嘗以本草之書精明藥

物事關性命難用因循著音義兩卷又以老莊周易爲
家靜之書著學記義略各三篇內學記二篇以續仙家
之遺事皆名實無遺詞旨該博初先生幼季頗工篆籀
而隸書尤妙客或賞之云賢於其父因投筆不書
一顧宗詔山人王敢張請先生楷書上經一十三紙以
補楊許之闕先生能於陰陽數術之道而不以藝業爲
能極於轉練服食之事而不以壽養爲極但冥懷素朴
妙味元津非夫博大之至人孰能盡於此真卿乾元二
季以昇州刺史充浙江西節度欽承至德結慕靈徽遂
專使致書於茅山以抒誠懇先生特令韋練師景昭復

書於真卿恩眷綢繆足厲超然之志然宗師可仰望紫
府而非遙王事不遑寄白雲而敛遠泉大鑒六年真卿
罷刺臨川旋舟建業將宅心小嶺長庇高蹤而轉刺與
興事乖風願徘徊郡邑空懷尊道之心雅望林巒永負
借山之記而景昭泉郭閟跡以先生茂烈芳猷願銘金
石乃邀道士劉明素來託斯文真卿与先生門人中林
子殷淑還名韋渠牟常接采真之遊緒聞含一之德敢
強名於巷黨易足辨於鴻蒙其詞曰
抱一混茫入之紀綱先生以之氣王神強乃敬元首元
門以彰乃爲帝師帝道惟康甘露呈瑞靈芝效祥上士

云感高風載揚鶴返仙廟寘辞帝鄉退歸而老妙識行
藏德本無累道心有常寔曰形解孰云坐忘伐石表墓
勒銘傳芳谷變陵遷厥跡弥光
大曆十二季夏五月建　渤海吳崇休鐫
紹興丁巳五月十有四日大風折顏碑霅溪沈作舟
扶起之
魯公好仙術不特書麻姑壇已也按李含光者晦隱
居奇凡五世其事絕無可紀獨人謂其隸法勝乃父
遂斷不作綮差近學耳余州山人稿
茅山元靜先生碑一顏魯公楷書并文一唐柳識文

張從申書李陽冰篆額世號三絕碑俱在直隸應天
府句容縣茅山考槃餘事
碑稱隱居先生以三洞真法傳升元先生升元付體
元先生體元付正一先生正一付先生自先生距隱
居凡五葉矣今考之隱居先生者梁陶宏景升元爲
王遠知體元爲潘師正正一爲司馬子微三人唐書
有傳惟元靖無之予嘗遊茅山至玉晨觀其前有雷
平池池南爲伏龍岡元靖葬其上碑今在觀中四周
皆刻文字道士以亭覆之金薤琳瑯
予嘗遊茅山過雷平池登伏龍岡弔先生墓慨然有

遺世之想碑中所謂靈芝甘露固不可復得卽鬱岡山齋壇仙院亦改舊觀惟穹碑屹峙聲施至今金石後錄

魯公以大歷六年罷判撫州七年九月至東京除湖州刺史十二年爲此碑於時年六十有九先是乾元二年由昇州刺史充浙西節度使兼江寧軍使致書元靜與之締交越十年而元靜死又八年而公爲之作碑留元剛年譜系碑於大歷八年誤也是年春三月元載伏誅召公爲刑部尚書而此碑書於五月猶稱湖州刺史當由刑部尚書之命猶在五月後耳

原碑斷於宋紹興七年丁巳不知何時毀去今茅山所有碑乃是覆刻筆畫細瘦全乏魯公雄健之氣且字之訛者七十餘處而原碑不可復得矣虛舟題跋

乾隆壬子秋錢辛楣先生語予云向游茅山至玉晨觀訪顏魯公書元靖先生碑已糜碎尚存二十餘片道士不知寶愛委諸糞土瓦礫之場恐妙蹟不復留人間矣並出游山記示予予竊惟辛楣以訪碑出游隨處表章舊蹟而茲復向予諄諄者蓋以拾殘補缺爲守土者責也予公冗不暇入山札句容縣學兩廣文徐君彬俞君獻搜尋殘碑督工椎搨越月來報言此石見存觀中者半屬疊床支竈砌地鋪階及附近居民家供在書案者檢來共得二十三片當逕至學舍藏貯但四面刻字難以架空磊竪並郵到搨本六十紙計存一千四十餘字經辛楣詳加考訂其完全之字僅得七百六十有六其殘缺者正面三百六十一字右側八十六字背面三百三十三字左側五十九字計其殘缺字八百三十有九以硃書補注之適賈人挾此碑宋搨本至其文字與辛楣考訂無異而神采尤爲煥發予且喜且驚豈知予相需之殷來索重價耶抑魯公之靈默默相之耶乃償賈人直付姚東樵以鈌字鉤勒上石期成完璧又恐膠合以還舊

觀日久仍不免有摧裂之虞今仍於玉晨觀中築石臺兩行將殘碑及補石分別大者爲一行小者爲一行排置臺上其兩行之頂亦砌石覆蓋俾免散失又以文字顚倒另縮小字勒碑於旁以爲後人敍次之據復建石亭以蔽之爰偕僚友捐廉以襄其事茲因工竣而爲之記汪志伊記

按碑在茅山玉晨觀雲笈七籤紀洞天福地第八曰句曲山洞周迴一百五十里名曰金壇華陽之洞天在潤州句容縣屬紫陽眞人治之江寧府志茅山在句容縣東南四十五里初名句曲山又名

巳山皆以形似名吳越春秋禹巡天下登茅山以朝諸侯更名爲會稽茅山記秦始皇三十七年遊會稽還登句曲今茅山北垂有㫃常秦望諸山以始皇名也漢有三茅君得道於此因謂之三茅𡶶梁陶宏景亦隱居此山道書以爲第八洞天第一福地唐六典江南道名山之一曰茅山山以三茅君得名漢茅盈元帝時隱句曲山學道遇至人授以仙術盈弟衷爲西河太守固爲執金吾各棄官來就兄皆得道世稱三茅君者是也玉晨觀在大茅峯下舊傳高辛氏時展上公于此得仙其後周

有郭真人巴陵侯漢有杜廣平東晉有楊真人許長史梁有陶宏景唐有李元靜南唐有王貞素俱在此得道梁爲朱陽觀唐太宗時爲華陽觀明皇時爲紫陽觀宋祥符初改今額王圻續文獻通考仙釋考道家姓氏不載李含光歷代道家統紀惟載天寶六載五月詔茅山紫陽觀取側近百戶太平崇元二觀各一百戶並蠲免租稅差科永充修葺灑掃語與碑所載合但據碑則紫陽觀側近是二百戶續通考疑脫二字也其餘碑文所載俱無攷碑敘元靖先世二十一代祖宏不見於漢書高

祖文功臣陳桂陽王國侍郎文疑陳書無傳桂陽王者陳書列傳諱伯謀字深之世祖第十三子也太建中立爲桂陽王七年爲明威將軍置佐史所謂王國侍郎者蓋即佐史之屬也碑云先生以大歷己酉歲遁化己酉爲大歷四年道家諱世謂之遁化始見于此碑稱元靖各種皆撰惟本草音義二卷新唐書藝文志著錄餘如老莊周易學記義略諸篇皆不載碑云先生工篆籀隸書客云賢于其父因投筆不書是其父孝威亦能書也今檢書譜無其名碑云真卿乾元二年以昇州刺史充浙江

西節度唐官稱無浙江西節度據唐書顏真卿傳是浙江西道節度使此碑舊文原是充浙西節度充字上泐一字殆亦碑賈宋搨本見有闕字因於浙字下妄增江字耳

金石萃編卷一百終